Wolf (Hg.)
Systematisches Repertorium zur Buchzensur 1701–1813
Inquisition

Römische Inquisition und Indexkongregation

Grundlagenforschung II: 1701–1813

herausgegeben von
Hubert Wolf

2009
FERDINAND SCHÖNINGH
Paderborn · München · Wien · Zürich

Hubert Wolf (Hg.)

SYSTEMATISCHES REPERTORIUM ZUR BUCHZENSUR 1701–1813

INQUISITION

Bearbeitet von Bruno Boute, Cecilia Cristellon und Volker Dinkels

2009
FERDINAND SCHÖNINGH
Paderborn · München · Wien · Zürich

Gedruckt mit Unterstützung der Deutschen Forschungsgemeinschaft

Umschlagabbildung:
Seite aus einem nicht datierten Gutachten für die Inquisition von Giacomo Maria di Tarsia OM zu dem anonym erschienenen, von Jean-Baptiste de Boyer d'Argens stammenden Werk „Lettres juives"
(ACDF SO CL 1744-1745, Nr. 1, Bl. [3r])

Bibliografische Information Der Deutschen Nationalbibliothek

Die Deutsche Nationalbibliothek verzeichnet diese Publikation in der Deutschen Nationalbibliografie; detaillierte bibliografische Daten sind im Internet über http://dnb.d-nb.de abrufbar.

Einbandgestaltung: Anna Braungart, Tübingen

Gedruckt auf umweltfreundlichem, chlorfrei gebleichtem
und alterungsbeständigem Papier ♾ ISO 9706

(Verlag Ferdinand Schöningh GmbH & Co. KG, Jühenplatz 1, D-33098 Paderborn)

Internet: www.schoeningh.de

Printed in Germany
Herstellung: Ferdinand Schöningh, Paderborn
ISBN 978-3-506-76834-6

Inhalt

EINLEITUNG ZU DEN SYSTEMATISCHEN REPERTORIEN 1701–1813

HUBERT WOLF

„Legimus aliqua, ne legantur, legimus ne teneamus, sed ut repudiemus. Dicebat Divus Ambrosius; Accurate, et ego, Emi et Rmi Patres perlegi ista duo impudica Volumina, nè legantur."[1] Mit diesen Formulierungen beginnt der Konsultor der Römischen Indexkongregation, Girolamo Maria Allegri, sein Gutachten über das Werk von Robert Challes „Les illustres francoises histoires veritables" vom 27. April 1722.[2] Er bringt damit das Selbstverständnis römischer Zensoren treffend auf den Punkt. Die Gutachter von Inquisition und Indexkongregation müssen schlimme Bücher lesen, um andere vor dem Lesen dieser gefährlichen Druckwerke schützen zu können. Sie lesen nicht aus Wissenshunger oder zur „Ergötzung", sondern um „unkeusche" und andere „schlimme" Publikationen zu „verwerfen". Sie lesen, um Bücher auf den „Index librorum prohibitorum" zu setzen und Katholiken damit davor zu bewahren, sie zu lesen. Allegri fügt allerdings hinzu, eine solche Zensur dürfe nicht oberflächlich geschehen, sondern verlange eine dem Rat des Heiligen Ambrosius folgende „sorgfältige" Analyse.

Nur in diesem letzten Punkt deckt sich die Absicht der Systematischen Repertorien zur Buchzensur von Römischer Inquisition und Indexkongregation im 18. Jahrhundert mit den Intentionen Allegris und der römischen Zensoren. Die Erschließung aller einschlägigen Bestände im Archiv der Kongregation für die Glaubenslehre (ACDF) verlangt in der Tat höchste „Sorgfalt", um einen wirklich zuverlässigen Schlüssel für das vornehmste Archiv neuzeitlicher Wissenskultur mit negativem Vorzeichen zu erhalten. Denn wir haben im Gegensatz zu den römischen Zensoren Blatt für Blatt im Archiv umgedreht, gelesen und verzeichnet, damit andere lesen können, damit die Arbeit der Zensoren ans Tageslicht gerät, damit sich Forscher aus aller Welt und allen Disziplinen rasch einen Überblick über alle in Rom verhandelten Bücher machen können: Legimus aliqua legantur. Zugegeben: Ergötzen kann

---

1 ACDF Index Prot. 72 (1721-1723), Bl. 170r, 27. April 1722.

2 Vgl. Robert CHALLES, Les illustres francoises histoires veritables. Ou l'on trouve, dans des caracteres tres particuliers & fort differens, un grand nombre d'exemples rares & extraordinaires. Des belles manieres, de la politesse, & de la galanterie des personnes de l'un & de l'autre sexe de cette nation, 2 Bde., A La Haye 1715. Das Verbot erschien mit dem Bando vom 4. Dezember 1724.

man sich durchaus an mancher Formulierung der Zensoren. Meist aber war es eher harte Arbeit, die derjenigen der Zensoren in manchem durchaus gleicht. Wir hoffen, dass es uns gelingt, die Intentionen der Zensoren zu durchkreuzen und viele Wissenschaftler und Interessierte zum Lesen im Systematischen Repertorium zur Grundlagenforschung, aber auch zum Studieren der dadurch erschlossenen Quellen selbst zu inspirieren.

Denn das Systematische Repertorium zur Dokumentation aller anhängigen Buchzensurverfahren in Indexkongregation und Inquisition erschließt in umfassender Art und Weise die Tätigkeit beider Kongregationen. Aufgrund der verschiedenen Arbeitsweisen beider Dikasterien und der unterschiedlichen Quellenlage wurden die Repertorien für das 19. Jahrhundert bereits getrennt vorgelegt. Für diese Einleitung ergibt sich deshalb folgende Gliederung: Zunächst wird das Repertorium für die Inquisition vorgestellt, bevor es an die Indexkongregation geht. Dann folgen die Hinweise zur Bibliographie, die für beide Repertorien gelten.

Das Systematische Repertorium zur Inquisition

Im Unterschied zum Repertorium für die Indexkongregation, das auf den Sitzungseinladungen beruht und daher nach den Daten der Kardinalskongregation geordnet ist, wurde das Repertorium für die Inquisition auf der Basis einer systematischen Auswertung der im Archiv der Kongregation für die Glaubenslehre liegenden einschlägigen Serien, die sich auf die Buchzensur beziehen, erstellt.[3] Daraus resultiert, dass hier sowohl Repressiv- als auch Präventivzensur verzeichnet werden, da in den jeweiligen Serien beide Typen von Zensur auftreten. Schließlich wurden häufig bereits Manuskripte vom Sanctum Officium begutachtet, damit eine Druckerlaubnis erteilt oder verweigert werden konnte. Dies stellt im Unterschied zum 19. Jahrhundert und im Vergleich mit den Aktivitäten der Indexkongregation eine sehr wichtige Tätigkeit der Inquisition im 18. Jahrhundert dar.

Von besonderer Bedeutung sind im 18. Jahrhundert auch die Beziehungen und Auseinandersetzungen zwischen der Inquisition in Rom und den lokalen Behörden. In einigen Fällen wurden nämlich zunächst Revisoren von den Lokalinquisitionen beauftragt. Waren lokale Inquisitionstribunale im 19. Jahrhundert nur noch in dem sich auflösenden Kirchenstaat (bis 1870) tätig, erleichterten die Inquisitionen in den italienischen Staaten bis zu ihrer Aufhebung im Laufe der zweiten Hälfte des 18. Jahrhunderts[4] nicht nur im Bereich der Kriminalverwaltung, sondern auch im Bereich der Buchzensur die lokale Verwurzelung der Römischen Kongregation – eine Verwurzelung, die sich oft im Zusammenhang, aber auch in Konkurrenz mit ande-

3 Vgl. Hubert WOLF, Einleitung 1814-1917 (Römische Inquisition und Indexkongregation. Grundlagenforschung: 1814-1917), Paderborn 2005, 82.

4 Vgl. Andrea DEL COL, L'Inquisizione in Italia dal XII al XXI secolo, Milano 2006, 729-737.

ren kirchlichen, akademischen und staatlichen Behörden innerhalb und außerhalb Italiens entwickelte. Dies hat sich natürlich auch in der Überlieferung im Archiv der Glaubenskongregation niedergeschlagen. Bei der Verzeichnung der Archivalien für das Repertorium haben wir diesen Befund einbezogen. Sowohl in Fußnoten als auch in der Rubrik „Weiterhin beiliegend“[5] wurden daher Hinweise auf das in Rom liegende „periphere“ Material aufgenommen. Hierbei handelt es sich zum Beispiel um Relationen von Lokalinquisitoren über das Vorgehen der Zollämter gegen den Schmuggel von verbotenen Büchern und über Verfahren gegen Drucker sowie um Verhöre von Zeugen und Autoren oder um Gutachten, die im Auftrag lokaler Inquisitionen oder bischöflicher Instanzen von lokalen Revisoren verfasst wurden. Diese Angaben erfolgen – freilich ohne Anspruch auf Vollständigkeit – vor allem mit dem Ziel, die institutionelle, soziale und kulturelle Verwurzelung in Italien, die das Heilige Offizium der Frühen Neuzeit von dem im 19. Jahrhundert unterscheidet, deutlich zu machen.

Folgende Archivbestände konnten für das Repertorium herangezogen werden:

1. Insgesamt ca. 50 Bände der Serie **ACDF SO Censurae Librorum 1701-1809** (SO CL), mit einer unterschiedlichen Anzahl von Faszikeln, die sich auf ein oder mehrere verhandelte Werke beziehen. In diesem Bestand dürften sich zwischen 80 und 90 Prozent aller in der Inquisition verhandelten Buchzensurfälle befinden. Der erste Zugang zum Material erfolgt wie für das 19. Jahrhundert über die entsprechenden Rubricella.
2. Insgesamt 100 Faszikel der Serie **ACDF SO Vota Censurae Librorum I (1740-1757)** und **II (1757-1809)** (SO Vota CL),[6] die sich über 11 Buste mit Voten verteilen. Manchmal ließen sich hier Protokolle, meistens der sogenannten „consulta“ der Konsultoren, auf der Rückseite der Gutachten finden, zum Teil begleitet von einer Relation des Assessors des Sanctum Officiums. Gelegentlich liegen auch noch weitere Dokumente bei, wobei die Zahl dieser im Vergleich mit der Serie ACDF SO CL eher gering ist. Daraus und aus der Tatsache, dass sich in dieser Serie viele Abschriften von bereits in ACDF SO CL vorliegenden Gutachten und oft auch mehrere Exemplare eines Gutachtens finden, lässt sich schließen, dass es sich wahrscheinlich in den meisten Fällen um die Vota handelt, die den Kardinälen vom Assessor zur Vorbereitung der Sitzungen überstellt wurden.
3. Zehn Bände mit mehreren hundert eingebundenen Faszikeln der Serie **ACDF SO Tituli Librorum (1698-1808)** (SO Tit. Libr.). Dies sind größtenteils Anträge zur Druckerlaubnis, die im Zweifelsfall von lokalen Inquisitoren oder von Nuntien, gegebenenfalls über das Staatssekretariat, der Kongregation überstellt wurden. Meistens handelt es sich demnach um (noch) nicht veröffentlichte Werke; jedoch wurden durchaus auch bereits veröffentlichte Werke übergeben. Ein Faszikel enthält die Korrespondenz und vorwiegend hand-

[5] Diese Rubrik wurde im Repertorium des 19. Jahrhunderts dafür verwendet, um alle Druckwerke (Bücher, Zeitungen, Andachtsbildchen usw.) zu verzeichnen, die sich zwar im Faszikel befanden, aber nicht verhandelt worden sind.

[6] Die zwei Serien werden durchlaufend nummeriert. Serie 1 besteht aus Nr. 1 bis 30, Serie 2 aus Nr. 31 bis 100.

schriftliche Abschriften der Frontispizen der betroffenen Werke, Protokolle der Entscheidungen der Kongregation, die sich auf der Rückseite der Dokumente oder auf den Faszikeldeckeln befinden, sowie sporadisch kleinere Drucke und Gutachten. In der Mehrheit der Fälle wird die Entscheidung – Erteilung oder Verweigerung einer Druckerlaubnis – aufgrund der in der Korrespondenz vorliegenden Informationen getroffen. Anderenfalls wurde den Korrespondenten des Heiligen Offiziums aufgetragen, die Werke der Kongregation selbst, beziehungsweise der Indexkongregation, der Propaganda Fide oder der Ritenkongregation zur Prüfung zu überstellen. In diesen Fällen stellen die Faszikel einen ersten Verfahrensschritt dar.

4. Dazu kommen Bände aus der Serie **ACDF SO Stanza Storica** (SO St. St.). Diese Serie macht mehr als die Hälfte des Bestands im Archiv aus und wurde erst im Laufe des 18. Jahrhunderts systematisiert. In diesen Bestand eingegangen sind Fälle, deren Dokumentation für die Ablage in der Censurae Librorum zu voluminös geworden wäre, oder Fälle, die sich mit Büchern zu einem bestimmten Thema beschäftigen und damit eine getrennte Subserie darstellen. Obwohl sich anhand der Titel mancher Bände relevantes Material zur Verhandlung von Büchern leicht identifizieren ließ und damit Eingang ins Repertorium fand, könnten sich weitere Zensurfälle auch in anderen Bänden (zum Beispiel in den Serien Giansenismo, Dubia circa Sacramenta, Spogli von Kardinälen wie Carpegna und Casanate) finden, da die Buchzensur natürlich nicht in einem Vakuum, sondern gerade auch im Kontext theologischer Kontroversen stattfand. Diese konnten im Repertorium nicht berücksichtigt werden. Diese Einschränkung gilt auch für andere Serien des Sanctum Officium.[7]

Dass diese Bestände für das Repertorium herangezogen wurden, heißt jedoch nicht, dass sie alle systematisch aufgenommen werden konnten. So ließ der Stand der Inventarisierung der Stanza Storica es nicht zu, im Rahmen der abgelaufenen dreijährigen Projektphase das dort aufbewahrte und die Buchzensur im 18. Jahrhundert betreffende Material komplett auszuwerten.[8] Ein Inventarisierungsprojekt dieses Bestandes in Kooperation des ACDF mit dem italienischen Ministeriums für Kulturgüter (Ministero per i Beni e le Attività Culturali) wurde zwar in Angriff genommen, das Inventar ist aber noch nicht frei verfügbar.[9] Dennoch konnten in einigen Fällen konkrete Hinweise auf Bestände in der Stanza Storica als Zusatzinformation zu einem Fall in einer Anmerkung verzeichnet werden. Diese Angaben können aber keinen Anspruch auf Vollständigkeit erheben, da wir die Bestände selbst nicht in jedem Einzelfall detailliert auswerten konnten.

---

7 Vgl. WOLF, Einleitung, 41-43.

8 Auf einen Sonderfall ist hinzuweisen: Der Band ACDF SO CL 1777 findet sich unter ACDF SO St.St. O-4-i und wurde demnach systematisch verzeichnet.

9 Zum Stand der Inventarisierung vgl. Marco PIZZO, La Stanza Storica dell'Archivio del Sant'Ufficio come fonte per la storia dell'Inquisizione. Una ricognizione archivistica e un metodo di intervento, in: Hubert WOLF (Hg.), Verbotene Bücher. Zur Geschichte des Index im 18. und 19. Jahrhundert (Römische Inquisition und Indexkongregation 11), Paderborn 2008, 209-218. Das Inventar kann auf Anfrage von den Angestellten des Archivs auf relevantes Material zu dem den Forscher interessierenden Thema geprüft werden.

Anders sieht es hingegen mit den drei erstgenannten Serien aus. So wurde die Serie Tituli Librorum systematisch ausgewertet, aber nur selektiv für das Repertorium verwendet. Denn obwohl die Aufnahme von Anträgen, mit denen lokale Inquisitionen über die Genehmigung oder Verweigerung von Schriften Bericht erstatteten, für die Buchgeschichte und das Verfahren des Heiligen Offiziums sehr interessant ist, geht eine solche Volldokumentation über die Ziele des Projekts hinaus. Deshalb wurde folgendes Kriterium angewandt: Aufgenommen werden erstens nur Bücher, die aktiv in Rom verhandelt wurden (in denen also nicht nur aufgrund der zugesandten Titelblätter entschieden wurde); zweitens die Causen, in denen dekretiert wurde, dass das Werk für eine weitere Prüfung durch Heiliges Offizium oder eine andere Kongregation nach Rom geschickt werden sollte; und drittens die Fälle, in denen Exemplare von zugeschickten Drucken im einschlägigen Faszikel beiliegen.

Grundlage des Repertoriums ist und bleibt die Serie Censurae Librorum. Faszikel aus den Serien Vota Censurae Librorum oder Tituli Librorum werden nur dann separat aufgenommen, wenn kein entsprechendes Faszikel zu den verhandelten Werken in den Censurae Librorum aufgefunden wurde. In allen anderen Fällen werden die Einträge zur Censurae Librorum weiter ergänzt und mit Hinweisen auf die jeweiligen Serien ausgestattet. Dies gilt auch für Fälle, die in den anderen beiden Serien archiviert, aber von der Indexkongregation verhandelt oder an diese weitergeleitet wurden. In diesen Fällen, für die keine Verhandlungen durch das Sanctum Officium zu ermitteln waren, werden die entsprechenden Hinweise im Repertorium zur Indexkongregation verzeichnet.

Gesondert hinzuweisen ist auf die Verbindung zwischen den von uns systematisch aufgenommenen drei Serien, die sich im Laufe des 18. Jahrhunderts verändert und generell einen widersprüchlichen Befund ergibt. So besteht eine Überlappung zwischen den Serien Tituli Librorum und Censurae Librorum, die in der ersten Hälfte des 18. Jahrhunderts größer ist als in der zweiten Hälfte. Dazu kommt, dass die Serie Vota Censurae Librorum erst 1740 beginnt und etwa die Hälfte der in dieser Serie liegenden Fälle keine Grundlage in der eigentlichen Serie Censurae Librorum hat. Trotzdem zeigt unsere Liste der „weiteren Bücherverbote", dass sich die Quellenlage im Bestand der Censurae Librorum in der ersten Hälfte des 18. Jahrhunderts, insbesondere von 1701 bis 1742, als recht lückenhaft darstellt. Denn verglichen mit dem 19. Jahrhundert ist die Liste der weiteren Verbote, also der Indizierungen, für die wir kein Material gefunden haben, für den Zeitraum 1701 bis 1742 sehr lang.

Diese Bestandaufnahme führt zu dem Fazit, dass die im Repertorium gebotene Dokumentation der von der Inquisition ausgeübten Buchzensur aufgrund der im Vergleich zum 19. Jahrhundert komplexeren Quellenlage eventuell lückenhaft sein kann. Aus diesem Grund sollte der Forscher beim Archivbesuch zusätzliche Recherchen für jene Serien einplanen, die im Repertorium nicht systematisch berücksichtigt werden konnten. Denn wenn Fälle in den einschlägigen Serien nicht verzeichnet worden sind, bedeutet dies nicht mit letzter Sicherheit, dass es dazu keine Akten im Archiv gibt. Auf jeden Fall ergänzend zu betrachten sind die Serien der SO Decreta und SO Stanza Storica, die für das Repertorium 1542 bis 1700 auch im Rahmen unserer Forschungen verstärkt herangezogen werden sollen.

Zum Aufbau des Repertoriums Inquisition

Dem archivalischen Befund entsprechend ist das Repertorium Inquisition in vier Teile gegliedert.

ACDF SO CL 1744-1745, Nr. 3

1744. Censura in Dissertationem in Casus reservatos Venetae Dioceseos P. Benzi Soc. J. Retractatio facta a praefato P[at]re Benzi.

Prohibitio Libri ins[cript]i: Ritrattazione di tutte le ingiuriae etc. stampate ne Libri di F. Daniel Concina Domenicano Gavotto contro la Ven. Compagnia di Gesù etc.

1. BENZI, BERNARDINO: Dissertatio in casus reservatos Venetae dioeceseos / auctore Bernardino Benzi Societatis Jesu presbytero. - Venetiis : apud Joannem Mariam Lazaronio [...], 1743. - 24 S. ; 4°. *SBN*

2. CONCINA, DANIELE: Ritrattazione solenne di tutte l'ingiurie, bugie, falsificazioni, calunnie, contumelie, imposture, stampate in varj libri da fra Daniello Concina domenicano gavotto contro la venerabile Compagnia di Gesu da aggiungersi per modo di appendice alle due infami lettere teologico-morali ultimamente pubblicate contro il rev. p. Benzi della medesima compagnia. - In Napoli : [S.n.], 1744. - 35, [1] S. ; 4°. *SBN*[1]

Gutachter: Gianantonio Bianchi OFMObs
Gutachten: 23 S., [15. April 1744] (zu Nr. 1)[2]

Gutachter: keine Angabe
Gutachten: nicht aufgefunden (zu Nr. 2)

Dekret: SO 16. April 1744
Bando: SO 16. April 1744 (zu Nr. 1)

Dekret: SO 17. Juni 1744
Bando: SO 17. Juni 1744 (zu Nr. 2)

Weiterhin beiliegend: Anonym [FAURE, GIOVANNI BATTISTA]: All'Autore// Delle Due// Epistole// Contro La// Dissertazione// Dei Casi Riservati in Venezia : Secondo Avviso Salutevole// Acciò conosca se Stesso. - Napoli : [S.n.], 1744. - 85 S. *SBN*

[1] In einer Relation des SO wird für Nr. 2 folgendes Werk angegeben: Anonym [CONCINA, DANIELE]: Epistolae theologico-morales ad illustrissimum, et reverendissimum episcopum N.N. adversus librum inscriptum: Dissertatio in casus reservatos, Venetae Dioeceseos. Apud Joannem Maria Lazzaroni. - Editio secunda. - Venetiis : apud Simonem Occhi [...], 1744. - 117, [3] S. ; 8°. *SBN.*

[2] Informatio in Causa Patris Benzi und Entwurf Formula Retractationis faciendae a patre Bernardino Benzi Societatis Jesu presbitero (unterschrieben von Lucini und Tamburini) in ACDF SO Vota CL I (1740-1757), Nr. 14.

Nach den drei systematisch ausgewerteten Serien (ACDF SO CL, ACDF SO Vota CL und ACDF Tit. Libr.) erfolgt zudem eine Verzeichnung der „Weiteren Bücherverbote des SO" – dies sind Verbote, die sich auf einem Bando finden, für die aber kein weiteres Material zum Verfahren ausgemacht werden konnte. Der Aufbau folgt weitgehend dem Vorbild des Repertoriums zum 19. Jahrhundert, ist für die drei Serien weitgehend identisch und liefert exakte Informationen zum verhandelten Werk, zu Verlauf und Ergebnis des Verfahrens sowie zu weiterhin beiliegenden Dokumenten:

1. In der Kopfzeile wird die Signatur der jeweiligen Serien- und Faszikelnummer in fortlaufender Reihenfolge angegeben.
2. Danach folgt der Faszikeltitel, der – verkürzt und häufig auch fehlerhaft – den Titel des von der Inquisition verhandelten Werkes wiedergibt. Für die Serie ACDF SO CL wurde dieser, wie im 19. Jahrhundert, der Rubricella entnommen. Da für die Vota Censurae Librorum keine Rubricella vorhanden ist, der Titel des verhandelten Werkes allerdings auf dem Papierband, das die Gutachten und eventuell weiteres Material zu dem jeweiligen Werk zusammenhält, geschrieben wurde, konnte diese Angabe übernommen werden. In den Fällen, in denen Orts- und Datumsangabe fehlen, wurden diese in eckigen Klammern zur eindeutigen Identifikation der gemeinten Einheit ergänzt. Für die Serie Tituli Librorum, für die weder eine Rubricella noch Faszikeltitel vorhanden sind, wurde auf einen separaten Faszikeltitel verzichtet. Auf die Signatur des Archivbestands folgt hier direkt der bibliographische Nachweis.
3. Nach Signatur und Faszikeltitel folgt der exakte bibliographische Nachweis des oder der verhandelten Werkes/Werke, die durchnummeriert werden. Da es vorkommen kann, dass die Rubricella oder der Papiereinband der Vota SO CL nicht alle Werke verzeichnen, um die es in dem jeweiligen Faszikel geht, werden in diesen Fällen selbstredend sämtliche verhandelten Werke bibliographisch nachgewiesen, auch wenn sie nicht im Faszikeltitel genannt wurden.
4. Analog zum Indexrepertorium und dem Procedere im Repertorium für das 19. Jahrhundert erfolgen die Auflistung der Gutachter und der Gutachten.
   a) Da im 18. Jahrhundert die Identifikation der einzelnen Gutachter schwieriger ist, werden anders als im 19. Jahrhundert nicht nur der Nachname, sondern auch der Vorname und die Ordenszugehörigkeit verzeichnet. Wenn es keine Unterschrift auf dem Gutachten gibt, aber der Name des Gutachters anhand der Begleitschreiben oder Sitzungsprotokolle ermittelt werden konnte, wird dieser in eckigen Klammern angegeben. Falls ein externer Gutachter, der weder Mitarbeiter des Heiligen Offiziums noch der Indexkongregationen war, von der Inquisition beauftragt wurde, wird dieser mit einer Anmerkung „als externer Gutachter" qualifiziert. In einigen Fällen war es mit Hilfe von Herman H. Schwedt möglich, biographische Daten zu diesen Personen in einer Anmerkung zu liefern.
   b) Erfasst wurden alle römischen Gutachten. Da im 18. Jahrhundert alle Gutachten handschriftlich sind, entfällt die für das 19. Jahrhundert notwendig

gewesene Differenzierung „Druck“ oder „Hs.“ (Handschriftlich). Falls ein Gutachten nicht datiert war, aus den Sitzungsprotokollen oder Begleitschreiben aber eine Datierung ermittelt werden kann, wird diese in eckigen Klammern angegeben. Nicht-römische Gutachten werden in der Gutachtenliste nicht berücksichtigt, abgesehen von denjenigen, die externe Zensuren im Auftrag des Heiligen Offiziums darstellen. In den Fußnoten finden sich aber Hinweise auf beiliegende nicht-römische Gutachten oder auf mit einem „Gutachten“ ausgestattete Denunziationsschreiben. Dies ist besonders für die Fälle wichtig, in denen kein Gutachten von römischen Zensoren aufgefunden wurde.

5. Anders als bisher wird das Ergebnis des Verfahrens in einer eigenen Rubrik erfasst.
   a) Ein eindeutiges Verbot wird als eigener Eintrag unter dem Stichwort „Dekret“ und „Bando“ unter der Gutachten-Rubrik festgehalten. Unter „Dekret“ werden Behörde und Datum des Verbots oder ein mögliches Breve angegeben. Unter „Bando“ findet sich das entsprechende Bandodatum mit Verweis auf die ausstellende Behörde. Damit erhält man einen direkten Verweis auf die Bandi-Edition.[10] Ein Asteriskus „*“ am Bandodatum der Indexkongregation bedeutet, dass das Bando nach dem Affixum datiert werden musste, da weder ein Promulgations- noch ein Sitzungsdatum vorliegt. Sollte das entsprechende Werk auch in anderen Kongregationen – zumeist im Index – Gegenstand gewesen sein, wird der Benutzer darauf durch einen Verweis auf das Sitzungsdatum der Indexkongregation aufmerksam gemacht. Nicht zuletzt dadurch wird die enge Verzahnung beider Repertorien deutlich. Konnten Dekret oder Bando nicht aufgefunden werden, so wird dies entsprechend vermerkt („nicht aufgefunden“).
   b) Festgehalten werden auch alle anderen Ergebnisse beziehungsweise Beschlüsse oder der Befund, dass gar kein Ergebnis zustande kam. Denn aus den Faszikelumschlägen oder den beiliegenden Sitzungsprotokollen lassen sich häufig auch die Entscheidungen des Heiligen Offiziums zu einem verhandelten Werk ermitteln, die kein Verbot darstellen. Diese Urteile werden in den Fußnoten systematisch aufgenommen und eventuell näher qualifiziert. Entscheidungen dieser Art stellen sich äußerst vielfältig dar: sehr häufig handelt es um die Erteilung (mit oder ohne Korrekturen) oder Verweigerung der Druckerlaubnis; gegebenenfalls fiel zudem die Entscheidung, Manuskripte, zum Beispiel nach einer Verweigerung der Druckerlaubnis, im Heiligen Offizium zu behalten; es finden sich auch Verordnungen verschiedenster Art an lokale Inquisitoren; oder man nahm einfach nur Kenntnis von einem Fall, ohne diesen weiterzuführen; es ging um die Entfernung neuer Werke (beziehungsweise Widerruf des Autors) ohne ein explizites Verbot; oder es kam zu einer Suspension der Verhandlung. In einzelnen Fällen konnte über die Entscheidung der Behörde allerdings kein Aufschluss gewonnen werden.

---

[10] Zu den Problemen der Bandi-Datierung vgl. die Einleitung zur Bandi-Edition 1701-1813.

6. Die letzte Rubrik bietet Informationen zu weiterhin beiliegenden Dokumenten. Wie im 19. Jahrhundert werden hier alle Druckwerke verzeichnet, die in einem Faszikel liegen, also etwa beiliegende Drucke, die nicht unmittelbar verhandelt wurden, sich aber in irgendeiner Weise auf die verhandelten Werke beziehen. Anders als in der Grundlagenforschung zum 19. Jahrhundert werden darüber hinaus auch nicht gedruckte Traktate, Relationen des gerichtlichen Verfahrens etc. verzeichnet, die dem Leser einen besseren Eindruck über die Quellenlage zu den einzelnen Fällen vermitteln. Bei dieser Rubrik handelt es sich um eine Auswahl nach den für das Repertorium aufgestellten Kriterien, die keinen Anspruch auf Vollständigkeit erfüllt. In einigen Fällen wurde diese Rubrik ersetzt durch „weiterhin Hinweise auf“. Hier finden sich dann etwa Hinweise auf Titel, die in Beziehung zu dem verhandelten Fall stehen und sich aus den Akten ergeben.

Die Verzeichnung der „Weiteren Bücherverbote des SO“ lehnt sich an die der Serien an und ist dementsprechend aufgebaut. In der Kopfzeile finden sich die Angabe der verhandelnden Kongregation sowie das Datum des Bando. Statt Rubricella oder Faszikeltitel folgt die Angabe des verhandelten Titels direkt nach dem Bando-Eintrag. Die Identifizierung erfolgt wie gewohnt mit dem exakten bibliographischen Nachweis. In einzelnen Fällen war es möglich, mithilfe des Inventars weitere Hinweise auf Material in der Stanza Storica zu geben. Da wir die betreffenden Bestände nicht immer einzeln einsehen konnten, werden dem Nutzer dadurch lediglich Anknüpfungspunkte für weitere Recherchen geboten. Auch hier kann natürlich kein Vollständigkeitsanspruch erhoben werden; vielmehr handelt es sich um über das eigentliche Projekt hinausgehende Zusatzinformationen.

Bando SO 1. Juli 1723

Dell' Istoria Civile del Regno di Napoli libri XI. scritti da Pietro Giannone Giureconsulto, ed Avvocato Napoletano: In Napoli 1723. Per lo Stampatore Nicolò Naso[1]

GIANNONE, PIETRO: Dell'//Istoria// Civile// Del// Regno Di Napoli// Libri XL. / Scritti// Da Pietro Giannone// Giureconsulto, ed Avvocato Napoletano. [...]. - In Napoli : Per lo Stampatore Niccolo Naso, 1723. - 4 vol. ; 4°. *BNP*

[1] Vgl. ACDF SO St.St. N-5-e,-f; ACDF, SO St.St. N-5-a,-b,-c,-d und ACDF SO St.St. N-5-g,-h,-i,-l,-m,-n. Vgl. ACDF SO Tit.Libr. 1746-1758, Nr. 56 und 1759-1783, Nr. 10.

Ausgehend von der systematischen Erfassung der Quellen zur Buchzensur in den drei genannten Serien sowie durch etwaige Querverweise auf weitere Faszikel in derselben oder in anderen Serien ist es leicht möglich, alle im Archiv der Kongregation für die Glaubenslehre vorliegenden Informationen zum Verfahren und den Großteil des einschlägigen Materials zu dem jeweiligen Zensurfall aufzufinden. Durch die Verzeichnung von Querverweisen auf die entsprechenden Verhandlungen der Indexkongregation und durch die Identifikation von Fällen, in denen Konsultoren der Indexkongregation als Gutachter für die Inquisition tätig waren, wird zudem die Vernetzung der römischen Zensurbehörden dokumentiert. Zwei wichtige

Resultate ergeben sich aus den Repertorien: zum einen die große Bedeutung der innerkurialen Zusammenhänge zwischen Indexkongregation und Inquisition, wie wir sie auch noch für das 19. Jahrhundert konstatieren können, und zum anderen die im 18. Jahrhundert intensiver ausgestalteten außerkurialen Zusammenhänge. Aufgrund der lokalen Verwurzelung der Inquisition haben wir es beispielsweise nicht selten mit bestimmten Karrieremustern zu tun: Qualifikatoren und Konsultoren des Heiligen Offiziums sind manchmal zuerst oder später Angehörige lokaler Inquisitionstribunale. Die Dynamik der Verwurzelung der Römischen Inquisition vollzieht sich eben nicht nur über Institutionen, sondern gerade auch über Personen – hier ergibt sich wiederum die Verbindung zur Prosopographie.

Analysiert man für das Sanctum Officium den Zeitraum 1701 bis 1813, hat man ca. 550 Verbote von insgesamt ca. 1.700 verhandelten Büchern zu konstatieren. Das heißt, es wurden pro Jahr durchschnittlich fünf Buchverbote ausgesprochen. Dieser Durchschnitt sagt jedoch nichts über die Regelmäßigkeit der Verbote aus. So wurde etwa ab 1780 durchschnittlich nur ein Buch pro Jahr verboten.

Inquisition	**1701-1813**	**1814-1917**
Zahl der verhandelten Bücher insgesamt	Ca. 1.700	Ca. 1.100
Zahl der Buchverbote	Ca. 550	Ca. 290

Eine Ursache dafür könnte die Auflösung der lokalen Verwurzelung der Kongregation außerhalb des Kirchenstaats sein: ab 1770 wurden nämlich die lokalen Inquisitionen in Italien nach und nach aufgehoben. Erst im 19. Jahrhundert konnte dies durch neue Kommunikationskanäle im Rahmen der römischen Zentralisierung aufgefangen werden. Eine andere Erklärung für diese geringe Verbotsanzahl dürfte in der Veränderung der kurialen Verhältnisse liegen. Immer mehr Werke wurden von der Inquisition an die Indexkongregation weitergeleitet und nicht selbst verhandelt. Ganz allgemein ist aber anzumerken, dass in diesen Jahren auch in der Indexkongregation die Gesamtzahl der verhandelten Werke rückläufig ist und sich über die Ursache dafür nur spekulieren lässt. Auf jeden Fall ursächlich damit zusammen hängen die Revolutionszeit und die Französischen Kriege in Italien.[11] Im Zuge der Besetzung des Kirchenstaats durch die Franzosen und der Verhaftung Pius' VII. kam die Arbeit des Heiligen Offiziums von 1808/1809 bis 1814 gänzlich zum Erliegen.[12]

[11] Vgl. als Beispiel ACDF SO CL 1797-1802, Nr. 1: "1797. Faenza. Circa l'introduzione di certi libri e stampe provenienti da Bologna e da altre parti d'Italia occupate dai Francesi, che sebbene in approvazione stampati sembrano pericolosi: e circa l'imprimatur di alcune thesi theologiche riguardandi il primato del Papa del D. Temperini Agostiniano. Ravenna". Neben der Frage des Imprimaturs für die theologischen Thesen findet sich in diesem Faszikel eine Anfrage des Inquisitors von Faenza, Angelo Maria Merenda, vom 29. Januar 1797, wie er mit Büchern und Drucken umgehen sollte, die aus Bologna und anderen Teilen Italiens, die von den Franzosen besetzt wurden, kommen.

[12] Dies schlägt sich in den entsprechenden Serien natürlich nieder. Die Tätigkeit des Sanctum Officium ist von 1808 (entsprechend Tit. Libr.) bzw. 1809 (CL, Vota CL) bis 1814 unterbrochen; dies tangiert nicht nur die Buchzensur, sondern auch andere Serien (etwa Decreta SO). Vgl. dazu auch WOLF, Einleitung, 38f.

Repertorium der Indexkongregation

Das Repertorium der Indexkongregation basiert auf den Sitzungseinladungen. Im Archiv der Kongregation für die Glaubenslehre erfolgte für den Zeitraum von 1701 bis 1813 eine systematische Durchsicht der Serien der Indexkongregation „Protocolli“ 59 bis 103 (45 Bände) und „Diari“ 12 bis 18 (7 Bände). Vom Bestand „Atti e Documenti“ wurde lediglich ein Band herangezogen, da er nur in wenigen Fällen nach 1802 vom Sekretär als Ablageort genutzt wurde. Besonders ergiebig für die Untersuchung der Acta Sanctorum ist der sogenannte Bestand „Index XXIV“.

Das aus diesen Serien erarbeitete Repertorium bietet eine vollständige Dokumentation der rund 268 Sitzungen der Kardinäle zwischen 1701 und 1808. Damit wurden durchschnittlich 2,5 Sitzungen pro Jahr in der Indexkongregation abgehalten. Die Zahl der Sitzungen war im Vergleich zum 19. Jahrhundert um fast 100 höher (175). Analysiert man den gesamten Zeitraum, fällt auf, dass zu Beginn des 18. Jahrhunderts mehr Sitzungen abgehalten wurden als am Ende. Unter Sekretär Giulio Maria Bianchi kamen die Konsultoren zwischen 1701 und 1707 zu vier bis sieben Sitzungen pro Jahr zusammen; im Zeitraum 1707 bis 1738 (Sekretäre Gregorio Selleri, Agostino Pipia, Domingo Peréz, Niccolò Luigi Ridolfi) zwei bis viermal pro Jahr, wobei unter Ridolfi die Tendenz zu zwei bis drei Sitzungen ging. Gleiches gilt für die Zeit von Giuseppe Agostino Orsi (1738-1749). Unter Tommaso Angelo Ricchini kam es zu einem leichten Anstieg der Zahlen; zwischen 1749 und 1759 traf man sich zwischen zwei und viermal, 1753 zu vier Sitzungen. In der Folge pendelte sich die Sitzungszahl auf ein bis zwei Kongregationen im Jahr ein, so etwa zwischen 1759 und 1778 unter Pio Tommaso Schiara und von 1779 bis 1796 unter Tommaso Maria Mamachi, Giacinto Maria Bonfigli, Pio Bonifacio Fassati, wobei 1785 und 1794 gar keine Sitzung stattfand. Von 1796 bis 1801 fand schließlich unter Filippo Angelico Becchetti, Tommaso Maria Soldati und Tommaso Maria Mancini wenn überhaupt, nur eine Sitzung pro Jahr statt, oft auch gar keine, wie etwa 1798 bis 1803 und 1807.

Auf diesen Sitzungen wurden circa 1.100 Buchverbote ausgesprochen. Interessant ist die Verteilung: 1701 bis 1710 kam es zu 173 Verboten in 50 Sitzungen, 1779 bis 1790 zu 91 Verboten in 15 Sitzungen.

Indexkongregation	**1701-1813**	**1814-1917**
Zahl der Sitzungen	268	230
Zahl der Sitzungen im Durchschnitt pro Jahr	2,4	2,2
Zahl der verhandelten Bücher insgesamt	Ca. 1.700	Ca. 2.200
Zahl der Buchverbote	Ca. 1.100	Ca. 1.600

Der Grund für dieses Ungleichgewicht liegt darin, dass zwar, wie gesehen, am Ende des Jahrhunderts viel weniger Sitzungen abgehalten wurden, diese aber einerseits viel mehr Tagesordnungspunkte abzuarbeiten hatten und andererseits weniger Entscheidungen vertagt wurden. Manches Urteil wurde im ersten Jahrzehnt unseres Untersuchungszeitraums sogar bis zu fünfmal vertagt.

Zum Aufbau des Repertoriums Indexkongregation

Die Aufnahme der verhandelten Bücher erfolgt in bewährter Weise nach den einzelnen Sitzungen.[13] Diese werden chronologisch nach dem Datum der *Congregatio generalis*, also der eigentlichen Kongregation der Kardinäle, aufgenommen. Jede Sitzung bildet eine neue Überschrift. Der Sitzungsverlauf erschließt sich aus den Sitzungseinladungen, die den Kardinälen zugeschickt wurden. In diesen sind die einzelnen zu verhandelnden Werke aufgelistet. Eingang ins Repertorium finden alle Tagesordnungspunkte, die Bücherverhandlungen tangieren, jedoch keine Fragen organisatorischer oder ähnlicher Art. Wer sich dennoch über die ganze Sitzung umfassend informieren möchte, sollte einen Blick in das entsprechende Diarium werfen, in dem sich ein Protokoll der jeweiligen Sitzung findet.

In Fällen, in denen die Sitzungseinladung nicht aufgefunden werden konnte, mussten wir den Verlauf der Sitzung beziehungsweise die verhandelten Bücher anhand der Diarien erschließen. Sofern auch dieses nicht zur Verfügung stand, wurde auf die Relationen zurückgegriffen.[14] Fälle, die nicht in der Sitzungseinladung, dafür aber auf dem Bando und im Diarium verzeichnet sind, werden mit einem entsprechenden Vermerk versehen ([Bando] oder [Diarium]) und ans Ende des Eintrags zu einer Sitzung gesetzt:

[Diarium] **In hac tandem Cong[regatio]ne Secretarii praevia verbis facta relatione fuit prohibitus liber quidam valde ex professo obscoenus, in cuius titulo alia nulla praeter haec extant verba: Joannis Meursii elegantiae latini sermonis**

MEURSIUS, JOANNES <Pseudonym> [CHORIER, NICOLAS]: Joannis Meursii Elegantiae Latini Sermonis. - [S.l.] : [S.n.], [ca. 1700]. - [2 vol.]. - 152 S., [2] Bl., 230 S. *SWB*

Dekret: CIndex 20. Januar 1716
Bando: CIndex 7. Februar 1718

Einige Titel wurden zwar auf einem Bando verboten, zum Verfahren selbst findet sich aber nichts in den Akten der Indexkongregation. Solche Titel werden der jeweils letzten Sitzung vor Veröffentlichung des entsprechenden Bando zugeordnet

[13] Vgl. grundsätzlich WOLF, Einleitung, 64-82.
[14] Die Diarien 16 (10.01.1746 bis 05.07.1746; 18.04.1747 bis 16.12.1748) und 18 (der letzte Eintrag vor 1800 stammt aus der Indexkongregation vom 27. Juli 1778) weisen einige Lücken auf.

und mit einem Hinweis auf den Ursprung des Verbots in den Kategorien Dekret und Bando versehen. So liegt etwa im Falle der Congregatio generalis vom 14. Mai 1779 nichts weiter außer dem Bando und einigen Gutachten vor. Die Rekonstruktion der Sitzung erfolgt deshalb auf der Grundlage des Bando gestützt durch die Gutachten. Gleiches gilt für die Congregatio generalis vom 10. Juli 1797: Es gibt nur ein Gutachten zu einem der in dieser Sitzung verbotenen Bücher und dementsprechend auch keine Hinweise auf diejenigen Werke, deren Verhandlung keine Indizierung zur Folge hatte. Interessant daran ist, dass diese Sitzung gleichzeitig die letzte nachweisbare Sitzung während der Amtszeit des Sekretärs Filippo Angelo Becchetti und vor dem französischen Feldzug in den Kirchenstaat ist, den Napoleon mit seinen Truppen 1797 führte. Sitzungen, für die es außer sporadisch auftretenden Gutachten lediglich das Bando gibt, werden mit einer Fußnote an der Überschrift *Congregatio generalis* als solche markiert. Das Datum richtet sich nach dem Bando.

Congregatio generalis 10. Mai 1706

Sitzungseinladung:	ACDF Index Prot. 67 (1706-1707), Bl. 7r/v
Teilnehmer:	Leandro Colloredo, Francesco del Giudice, Präf. CIndex Tommaso Maria Ferrari, Sperello Sperelli, Baldassare Cenci senior, Francesco Pignatelli, Giuseppe Renato Imperiali, MSP Paolino Bernardini junior
Relation:	ACDF Index Prot. 67 (1706-1707), Bl. 144r-149v
Folium agendorum:	ACDF Index Prot. 67 (1706-1707), Bl. 8r-10r
Diarium:	ACDF Index Diari 13 (1704-1708), Bl. 96r-101v

Nach dem jeweiligen Datum der *Congregatio generalis* folgt im Repertorium ein erster Block, der Sitzungskopf, in dem folgende grundsätzliche Informationen geboten werden:

1. Der Fundort der *Sitzungseinladung*. Sollte keine Sitzungseinladung nachgewiesen worden sein, verweist eine Fußnote auf die Quelle zur Erschließung der Tagesordnungspunkte. Der Begriff „Sitzungseinladung" wurde dann gestrichen.
2. Die Liste der *Teilnehmer*. Diese wurde in der Regel aus den Diarien gewonnen. Da die Reihenfolge, in der die einzelnen Teilnehmer erwähnt sind, auch Aufschluss über die Bedeutung bietet, die ihnen beigemessen worden ist, wurde sie beibehalten.
3. Die *Relation* und ihr archivalischer Fundort. Die Relation bietet einen schriftlich verfassten Bericht über die Urteile und ihre Begründung und ging sozusagen als Sitzungsprotokoll an den Papst. Wenn diese nicht vorhanden ist, wurde der Eintrag komplett gestrichen. Da die meisten Sekretäre dennoch einen kurzen (oder auch längeren) Eintrag über die Relation im Diarium machten, wird dieser Nachweis in eine Fußnote gesetzt. Wenn das Datum der Audienz ermittelt werden konnte, wurde dieses in die Fußnote zum Eintrag der Relation aufgenommen.

4. Das *Folium agendorum*, die Aufzählung und Erläuterung der verhandelten Punkte. Die Folia agendorum wurde vom jeweiligen Sekretär verfasst und können als eine Art Merkzettel oder Tischvorlage des Sekretärs angesehen werden. So verfasste etwa der Sekretär Domingo Peréz sein Folium agendorum auf Latein, allerdings erst nach der Sitzung und nutzte es offenbar als Vorlage zur Relation an den Papst, denn er verfasste keine weitere Relation mehr. Obwohl die von Peréz verfassten Folia der Sache nach Relationen sind, wurden sie in den Akten mit „Folium agendorum" betitelt, weshalb wir diese Bezeichnung auch übernommen haben. Der Eintrag wurde gestrichen, wenn kein Folium vorhanden war. In einer Fußnote erfolgen die dazugehörigen Erklärungen, sofern ermittelt werden konnte, warum kein Folium agendorum vorliegt.
5. Der archivalische Nachweis der Sitzung im *Diarium*.
6. Die *Congregatio consultorum* mit Angabe des Datums und archivalischem Nachweis. In Klammer wird der Tagesordnungspunkt des verhandelten Werkes vermerkt, darunter werden die jeweiligen Teilnehmer verzeichnet. Auch wenn es sie der Sache nach schon gegeben hatte, ist eine Congregatio consultorum[15] erst nach der Konstitution *Sollicita ac provida* nachweisbar und fand zum ersten Mal am 27. September 1753 statt. In dieser Sitzung und der Konsultorensitzung vom 13. Dezember 1753 bereitete man die Congregatio generalis vom 18. Dezember vor. Allerdings scheint der neuen Verfahrensordnung in Bezug auf die Einführung dieser Konsultorensitzung kein großer Erfolg beschieden gewesen zu sein, denn sie ist nur noch 1754, vereinzelt in den Jahren 1760 und 1761 sowie Anfang der 1780er Jahre nachzuweisen. Erst seit 1790 wurde eine Congregatio consultorum dann regelmäßig im Vorfeld der Congregatio generalis abgehalten. Dreimal trafen sich dann die Konsultoren, um die Generalkongregation vom 2. Juli 1804 – der ersten seit 1797 – vorzubereiten. Eine Congregatio consultorum konnte für 27 Sitzungen nachgewiesen werden.

Nach diesem ersten Block mit grundsätzlichen Informationen folgt im Repertorium der Indexkongregation ein zweiter Block zum konkreten Sitzungsverlauf. Wie bereits oben gesagt, wurden ausschließlich die Verhandlungen von Büchern aufgenommen und alle anderen Tagesordnungspunkte ausgespart. Die einzelnen Titel werden analog zum Repertorium 19. Jahrhundert mit römischen Zahlen versehen. Im Unterschied zum 19. Jahrhundert wird jedoch nicht nur der Titel des jeweiligen Werkes aufgenommen, sondern der Text, wie er in der Quelle steht. So wird auf den ersten Blick deutlich, welcher Gutachter ein von ihm erstelltes Gutachten vorträgt.

Um möglichst nah an den Quellen zu bleiben, haben wir in der Regel die allgemein verwendeten Abkürzungen übernommen (z.B. Dr., Mr.) und, im Interesse des Leseflusses, nur Abkürzungen innerhalb eines Wortes aufgelöst (z.B. S[anc]ti,

---

15 Neben der für das Repertorium gewählten, weil am häufigsten vorkommenden Bezeichnung Congregatio consultorum finden sich in den Akten auch andere Bezeichnungen, wie etwa *Congressus consultorum, Congregatio particularis consultorum, Congregatio privata, consultatio privata consultorum.*

Cong[regation]is). Dies wird durch die Verwendung von eckigen Klammern gekennzeichnet. Besondere Trennungszeichen wie „=“ oder „:“ werden ignoriert, gleiches gilt auch für grammatikalisch nicht nachvollziehbare Akzente, die sich als Eigenheiten der jeweiligen Schreiber entpuppten.

II. R. P. D. Nicolaus du Mortier Relig[io]nis Cler. Regul. Infirmis ministrantium Exgeneralis, Qualificator S[anc]ti Officii, et Sacrae huius Cong[regatio]nis Consultor pro 2.a vice referet Theses ex Sacra Scriptura, Theologia Dogmatica, et Scholastica, quas sub auspiciis etc. publicè disputandas proposuit in Collegio Caelestino etc.[1]

GALLIANUS, CELESTINUS (Resp.) ; BUTTOLINI, FRANCISCUS ANTONIUS (Resp.?): Theses ex scriptura sacra, theologia dogmatica, et scholastica / quas sub auspiciis [...] publice disputandas proponit in Collegio S. Eusebii [...]. - [S.l., Romae?] : [S.n., apud Franciscum Gonzagam in Via Lata?], [S.a., 1709?]. *Das Werk wurde nicht nachgewiesen*[2]

Gutachter:	Nicola Du Mortier MI
Gutachten:	ACDF Index Prot. 69 (1710-1712), Bl. 190r-198r, 17 S.

1 Vgl. Congr. gen. der CIndex 20. Januar 1711 und 5. April 1712.

2 Ermittelt wurde: PEPE, BONIFACIO (Resp.): Theses ex scriptura sacra, theologia dogmatica, et scholastica : quas sub auspiciis [...] principis Jo. Dominici Paracciani, S.R.E. Cardinalis, Congregationis Coelestinorum Ordinis S. Benedicti protectoris vigilantissimi / publice disputandas proponit in Collegio Celestino D. Bonifacius Pepe ejusdem Congregationis alumnus. Anno 1710., mense januarii [...]. - Romae : apud Franciscum Gonzagam in Via Lata, [ca. 1710]. - [6], 38 S. ; 4°. *SBN.*

Dem jeweiligen aus dem Archivmaterial erhobenen Eintrag folgt der bibliographische Nachweis.[16]

Unter Buchtitel und bibliographischem Nachweis findet sich dann die Angabe des Gutachters. Dieser wird mit vollem Namen und Ordenszugehörigkeit aufgenommen. Falls das Votum nicht gezeichnet war, wurde versucht, den Gutachter aus den Sitzungsunterlagen oder dem Index des jeweiligen Protocolli-Bandes zu ermitteln. Führte diese Recherche nicht weiter, erfolgte die Identifizierung des Gutachters durch einen Handschriftenvergleich. Für das 18. Jahrhundert gilt aus verfahrensgeschichtlicher Perspektive: Der Gutachter war grundsätzlich auch Referent. Aus diesem Grund fällt im Unterschied zum 19. Jahrhundert der Eintrag „Referent“ weg. Nur in einigen wenigen Fällen referierte der Gutachter nicht selbst, weshalb die Kategorie „Referent“ dort zusätzlich aufgenommen wurde. Dies gilt allerdings für höchstens 15 bis 20 Fälle. In einer Fußnote wird zudem soweit als möglich rekonstruiert, wer das Gutachten verfasst und in der Sitzung vorgetragen hat, wenn der Gutachter sich nicht aus den Quellen ergibt.

16 Vgl. dazu unten XXV.

Referent:	Pio Bonifacio Fassati OP
Gutachter:	Lodovico Brocchi TOR
Gutachten:	ACDF Index Prot. 99 (1792-1793), Bl. 367r-373r, 15 S.

Die Gutachten selbst werden mit dem genauen archivalischen Nachweis aufgenommen. Das jeweilige Datum wird nur verzeichnet, wenn es von derselben Hand ist wie das Gutachten selbst. Ist es vom Sekretär beziehungsweise der Registratur nachträglich angebracht worden – in der Regel wird dann einfach nur das Datum der Sitzung auf das Gutachten geschrieben – gilt es als undatiert.

Ab der Amtszeit Tommaso Maria Mamachis (1779) werden verstärkt mehrere Gutachten in Auftrag gegeben, wobei entweder einer der Gutachter oder der Sekretär referiert. Später kommt es auch oft dazu, dass der Sekretär selbst ein Gutachten verfasst. Dies trifft vor allem für die Zeit ab dem Sekretär Pio Bonifacio Fassati zu. Bei mehreren Gutachtern ist der jeweils zuerst Eingetragene auch derjenige, der referiert hat.

Gutachter:	Benedetto Peñarubia OP
Gutachten:	ACDF Index Prot. 98 (1791), Bl. 48r-49v, 4 S.
Gutachter:	Gaetano Gallìa OFMConv
Gutachten:	ACDF Index Prot. 98 (1791), Bl. 50r-56v, 14 S.

Nach den Informationen zu Gutachtern und Gutachten folgen Angaben zum Dekret und zum Bando. Dies bedeutet eine Neuerung im Unterschied zum 19. Jahrhundert. Denn zum einen wurden manche Titel im Zeitraum 1701 bis 1813 bis zu fünfmal verhandelt, weshalb es unbedingt notwendig war, das Dekret mit dem Verbotsdatum (meistens dem Datum der Sitzung) zu verzeichnen. Zum anderen existieren im 18. Jahrhundert die sogenannten Sammelbandi. Daraus resultiert, dass das Bando nicht mehr im ersten Block mit den grundsätzlichen Informationen aufgenommen wird, da eben nicht nach jeder Sitzung ein eigenes Bando erlassen wurde. Deshalb wird das Datum des Bando unmittelbar unter dem Dekretdatum verzeichnet. Der Verweis auf die Bandi-Edition erfolgt somit nicht mehr über ein „+".

Dekret:	CIndex 11. Juli 1701
Bando:	CIndex 12. März 1703

Diejenigen Dekrete, für die ermittelt wurde, dass sie *donec corrigatur* erlassen wurden, sind mit einem entsprechenden Hinweis verzeichnet:

Dekret:	CIndex 15. November 1740 *donec corrigatur*

Das im Repertorium aufgenommene Bandodatum ist das Promulgationsdatum. Sollte dieses nicht im Bando verzeichnet sein, wird nach dem Affixum aufgenommen. Der Eintrag ist dementsprechend mit einem „*" gekennzeichnet:

Bando:	CIndex 28. Juli 1742*

Aufgrund der häufigen Mehrfachverhandlungen von Titeln war festzulegen, welcher Sitzung man welchen Titel zuordnet. Dekret und Bando werden im Falle von mehreren Verhandlungsterminen für ein Werk nur beim letzten, nämlich dem tatsächlichen Verbotstermin aufgenommen. Bei Vertagungen wegen vorangeschrittener Zeit oder Abwesenheit des Gutachters wird auf sämtliche Einträge nach dem Tagesordnungspunkt und dem bibliographischen Nachweis verzichtet. Das Gutachten wird deshalb erst bei der Sitzung verzeichnet, in der es auch tatsächlich vorgetragen wurde und wo es im Archiv denn auch faktisch liegt, und nicht bei der Sitzung, für die es ursprünglich verfasst wurde. Sollte ein Werk tatsächlich öfter verhandelt worden sein, so sind die Kategorien Gutachter und Gutachten mit den jeweiligen Angaben aufgenommen. In Fällen, in denen es zu mehreren Verhandlungsterminen kam, werden die jeweils übrigen Termine in der Fußnote zum Verhandlungspunkt festgehalten.

So lautet der Eintrag für die Congregatio generalis vom 25. April 1701 nur:

III. Referet p[ri]ma vice (esto non sit Consultor) D. Abbas Joseph Cordero nonnulla opuscula, quae continentur in Tomo 3.o omnium operum Henrici Mori Cantabrigensis etc.

MORE, HENRY [Opera theologica] Henrici Mori Cantabrigiensis opera theologica : anglice quidem primitùs scripta, nunc verò per autorem Latine reddita ; hisce novus praefixus est de synchronismis apocalypticis tractatulus, cum luculenta demonstratione necessariae & inevitabilis intelligibilitatis visionum apocalypticarum calci ejusdem tractatûs adjecta. - Londini : Typis J. Macock, impensis Johan. Martyn [...], & Gualteri Kettibly [...], 1675. - [6], 908, [40] S. ; 2°. - (Henrici Mori Cantabrigiensis opera omnia ; [3]). *COPAC*

Die komplette Angabe für das Verbot dieses Titels mit Gutachter, Gutachten, Dekret und Bando findet sich dementsprechend erst am 11. Juli 1701:

II. Referetur pro p[ri]ma vice (esto non sit Consultor) a D. Abb[at]e Joseph Cordero nonnulla opuscula, quae continentur in Tom. 3.° omnium operum Henrici Mori Cantabrigensis etc.

MORE, HENRY [Opera theologica] Henrici Mori Cantabrigiensis opera theologica : anglice quidem primitùs scripta, nunc verò per autorem Latine reddita ; hisce novus praefixus est de synchronismis apocalypticis tractatulus, cum luculenta demonstratione necessariae & inevitabilis intelligibilitatis visionum apocalypticarum calci ejusdem tractatûs adjecta. - Londini : Typis J. Macock, impensis Johan. Martyn [...], & Gualteri Kettibly [...], 1675. - [6], 908, [40] S. ; 2°. - (Henrici Mori Cantabrigiensis opera omnia ; [3]). *COPAC*

Gutachter:	Ignazio Giuseppe Cordero
Gutachten:	ACDF Index Prot. 60, Bl. 401r-403v, 6 S.
Dekret:	CIndex 11. Juli 1701
Bando:	CIndex 12. März 1703

Neben dem Sitzungskopf mit den grundsätzlichen Informationen und der Rekonstruktion des tatsächlichen Sitzungsverlaufs bietet das Repertorium der Indexkongregation 1701–1813 zusätzliche Informationen. So finden sich etwa weitere Hinweise auf Korrespondenzen, Verfahren etc. in den Fußnoten, die ohne Anspruch auf Vollständigkeit aufgenommen wurden, aber anhand derer sich der Verlauf der Sitzungen leichter nachvollziehen lässt.

Ergänzend bleibt darauf hinzuweisen, dass zum Teil auch Werke verboten wurden, die nicht auf einem Bando stehen. In den Quellen ließen sich dafür vor allem drei Gründe finden. Erstens kam es vor, dass die Kardinäle explizit verlangten, ein Verbot geheim zu halten. So zum Beispiel in der Sitzung vom 9. Dezember 1806, als es um die „Cognizioni essenziali della Cristiana Cattolica Religione" ging.[17] Zum Zweiten ist anzunehmen, dass ab und an der eine oder andere Titel einfach bei der Zusammenstellung der Bandi beziehungsweise des Index vergessen wurde. Dies geschah etwa in der Congregatio generalis vom 30. August 1745, in der die „Discours historiques" von Thomas Gordon verhandelt und verboten wurden, der aber weder auf einem Bando noch jemals in den Indices erschienen.[18] Drittens wurden Verbote, falls die von den Gutachtern vorgeschlagenen Korrekturen vor dem Druck des Bando vom Autor eingearbeitet wurden, wie das bei „donec corrigatur"-Verboten häufig der Fall war, nicht mehr erwähnt: Die Gründe eines Verbots waren ja damit weggefallen. Ein solcher Fall begegnet uns etwa in der Sitzung von 15. November 1740 beim Verbot von Giovanni Marangonis „De passione Jesu Christi".[19] Nachdem Marangoni um die Angabe von Korrekturen, um sein Werk zu überarbeiten, gebeten hatte, entfiel die Grundlage für ein Verbot.[20]

Aufgrund der von uns vorgenommenen kompletten Durchsicht des Archivmaterials lassen sich zudem Angaben aus den beiden wichtigen Standardwerken von Hilgers[21] und Bujanda[22] präzisieren und zum Teil auch korrigieren. So finden sich bei beiden sehr oft Hinweise auf „Opera-omnia-Verbote". Eine genaue Überprüfung der Unterlagen zeigte jedoch, dass in weniger als 20 Prozent der von beiden angegebenen Opera-omnia-Verbote dies auch tatsächlich der Fall war. Aufgrund der Angaben von Bujanda könnte man vermuten, dass beide Bände von Premontevals „Vues Philosophiques"[23] am 8. Mai und am 24. August 1761 verboten wurden. Die Quellen zeigen aber, dass zum ersten Termin der erste Band und zum zweiten

17 Anonym [Luigi MIRRI], Cognizioni essenziali della cristiana cattolica religione o sia Catechismo per ogni ceto di persone comprovato con i testi della Sacra Scrittura: con altre aggiunte istruttive, ed edificanti, 2 Bde., Firenze 1804.

18 Thomas GORDON, Discours historiques, critiques & politiques sur Tacite. Traduits de l'anglois de Mr. Th. Gordon, 2 Bde., Amsterdam 1742.

19 Giovanni MARANGONI, De passione D. N. Jesu Christi considerationes asceticae XVI. ad excitandos animae affectus per nobiliores dominici corporis partes, & membra distributae. Quibus accedit consideratio de passione Beatae Virginis Mariae orbis redemptori crucifixo dicatae, Romae 1728.

20 ACDF Index Prot. 81 (1737-1740), Bl. 316r-318r und ACDF Index Prot. 82 (1740-1746), Bl. 19r-20v.

21 Joseph HILGERS, Der Index der verbotenen Bücher. In seiner neuen Fassung dargelegt und rechtlich-historisch gewürdigt, Freiburg 1904.

22 Jesús Martinez de BUJANDA, Index librorum prohibitorum 1600-1966 (Index des livres interdits 11), Sherbrooke 2002.

23 André Pierre LEGUAY DE PRÉMONTVAL, Vues philosophiques, ou protestations et déclarations sur les principaux objets des Connoissances humaines, Amsterdam 1757.

Termin der zweite Band des Werkes verboten wurde.[24] Hilgers versieht etwa immer wieder den calvinistischen Theologen Jean Leclerc mit einem Opera-omnia-Verbot, was nicht zutreffend ist.[25]

Für Schriften, die sowohl von der Indexkongregation als auch vom Heiligen Offizium untersucht wurden, ist ein Querverweis aufgenommen worden, in dem auf die Ordnungskategorie des zweiten Repertoriums hingewiesen wird.

Bibliographie

Mit dem 18. Jahrhundert erreicht die Grundlagenforschung zur Römischen Inquisition und Indexkongregation das Zeitalter der alten Drucke. Dieses reicht von den frühen Wiegendrucken oder Inkunabeln (von der Erfindung des Buchdrucks mit beweglichen Lettern bis ca. 1500), die noch viele Elemente der Handschriften aufwiesen, bis zur Wende vom 18. zum 19. Jahrhundert, als sich allmählich die industrialisierte Buchherstellung in Form von Massendruckverfahren ankündigte. Ziel der Grundlagenforschung ist weiterhin die exakte, nationalen wie internationalen bibliographischen Normen entsprechende Identifikation der von Römischer Inquisition und Indexkongregation verhandelten und verbotenen Bücher, das heißt der Werke, Ausgaben und Übersetzungen.[26]

Wie schon im 19. Jahrhundert wird auch im 18. Jahrhundert aus den Akten beider Kongregationen und den auf den Bandi publizierten Urteilen nicht immer zweifelsfrei deutlich, welches Buch in welcher Ausgabe oder in welcher Übersetzung verhandelt beziehungsweise verboten wurde. Es ist klar, dass man in den römischen Zensurbehörden nicht nach modernen bibliographischen Gesichtspunkten arbeitete. Je weiter man in der Erforschung der römischen Buchzensur in frühere Jahrhunderte vordringt, desto weiter entfernt man sich von den erst in der zweiten Hälfte des 19. Jahrhunderts verstärkt einsetzenden Professionalisierungstendenzen des Bibliothekswesens.

Die alten Drucke stellen die Bearbeitung der Bibliographie des 18. Jahrhunderts vor neue Herausforderungen. Grundsätzlich wird bei der Verzeichnung der Titel die möglichst genaue und vollständige Wiedergabe des Titelblatts angestrebt. Problematisch wird dies, wenn es sich um komplexere Titel handelt, wenn es zahlreiche, oft nur in unauffälligen Details voneinander abweichende und deshalb schwer zu identifizierende Ausgaben gibt, oder wenn sich orthographische Abweichungen und

[24] Vgl. BUJANDA, Index, 526, und die entsprechenden Einträge der Congregatio generalis vom 24. August 1761 und vom 8. Mai 1761.

[25] HILGERS, Index, 438 (11. September 1702), 440 (16. Januar 1708, 15. Mai 1708 und 18. September 1708, 4. März 1709), 442 (19. Juli 1718).

[26] Zu den grundsätzlichen Überlegungen vgl. WOLF, Einleitung, 103f. Die im Folgenden erläuterten bibliographischen Richtlinien gelten nur zum Teil für die Prosopographie, für die separate Recherchen notwendig waren, und deren Bibliographie eine andere Zielsetzung verfolgt.

Besonderheiten wie Ligaturen, Abbreviaturen, diakritische Zeichen usw. finden. Als Informationsquelle für die Titelaufnahme dient bei alten Drucken das gesamte Werk. Für eine eindeutige Identifikation ist die Angabe der Vorlageform von Verfasser, Auflage und Erscheinungsvermerk sowie außerdem die Angabe von Umfang und Format erforderlich, die zum Teil nur schwer und aufwändig zu ermitteln sind. Dementsprechend waren die für das 19. Jahrhundert in Anwendung gebrachten bibliographischen Richtlinien für die alten Drucke zu erweitern und anzupassen. Die Richtlinien werden, um einen Bruch innerhalb der Titelaufnahmen zu vermeiden und in Übereinstimmung mit den Bestimmungen der RAK-WB Alte Drucke,[27] auch auf die in den ersten beiden Jahrzehnten des 19. Jahrhunderts verhandelten Werke angewendet, die in den hier vorgelegten Bänden der Grundlagenforschung zum 18. Jahrhundert miterfasst werden.

Darüber hinaus haben wir es im 18. Jahrhundert häufig mit wenig verbreiteten Schriften (wie Dissertationen beziehungsweise Disputationen) oder mit Werken zu tun, die über einen langen Zeitraum in zahlreichen, kaum unterscheidbaren Ausgaben erschienen sind. Fehlen zum Beispiel bei Hochschulschriften in den Katalogen der nachweisenden Bibliotheken exakte Angaben zu den Respondenten und zum Prüfungstermin oder -ort, wird die exakte Identifikation schwierig. Hinzu kommt, dass frühe Periodika wie etwa die „Acta Eruditorum" mit wechselnden Titeln, Erscheinungsorten, Verlagen und Herausgebern erschienen, aber über das gesamte 18. Jahrhundert wiederholt verhandelt wurden. Deshalb musste eine normierte übergeordnete Titelaufnahme für das Gesamtwerk entwickelt werden, in das sich die jeweils verhandelte Ausgabe einfügen lässt.

Leider bietet die durch einen Zettelkatalog erschlossene Bibliothek des Archivs der Kongregation für die Glaubenslehre für das 18. Jahrhundert nur wenige Belegexemplare. Zudem stellte sich heraus, dass die dort vorhandenen Bände nicht unbedingt mit den begutachteten und verhandelten Ausgaben identisch waren. Generell erschwerten die häufigen Ungenauigkeiten – etwa ein abweichendes Erscheinungsjahr gegenüber ermittelbaren Ausgaben oder eine Differenz zwischen Erscheinungsjahren in Sitzungseinladung/Diarium und Gutachten – die bibliographische Identifikation.

Positiv für die bibliographische Erschließung wirkte sich allerdings aus, dass in den Beständen SO Censurae Librorum nicht selten Exemplare der verhandelten Schriften beiliegen und so direkt bibliographisch aufgenommen werden konnten. Ferner finden sich in der Serie SO Tituli Librorum Abschriften von Titelblättern, die für die Recherche genutzt werden können. Schließlich wurde in der Biblioteca Apostolica Vaticana (BAV) ein Bestand von Manuskripten ausgemacht, der aus dem Besitz des Heiligen Offiziums in die Bibliothek gelangte. Verhandelte Handschriften können so in sonst kaum recherchierbarer Vollständigkeit (sogar mit handschriftlichen Anmerkungen zum Verfahren) aufgenommen werden.

---

27 RAK-WB = Regeln für die alphabetische Katalogisierung in wissenschaftlichen Bibliotheken. Vgl. dazu Klaus HALLER/Hans POPST, Katalogisierung nach den RAK-WB. Eine Einführung in die Regeln für die alphabetische Katalogisierung in wissenschaftlichen Bibliotheken, München [6]2003; Klaus HALLER, Regeln für die Katalogisierung alter Drucke, erarbeitet von der Arbeitsgruppe des Deutschen Bibliotheksinstituts „RAK-WB und alte Drucke", Berlin 1994.

Wie im 19. Jahrhundert hatten wir es auch im 18. Jahrhundert mit mehr als 3.000 Titeln zu tun, die in den beiden römischen Kongregationen in Zensurverfahren untersucht wurden. Grundsätzlich basiert die Titelaufnahme auf den Grundinformationen, wie sie sich in den Archivalien finden. Hierbei handelt es sich im Optimalfall um eine Transkription des Titelblatts (oder einzelner Teile) mit Angaben zu Umfang und Format des verhandelten Buches. Ausgehend von diesen mitunter unvollständigen bis fragmentarischen bibliographischen Angaben wurden die verhandelten Werke in den Online-Katalogen nationaler und internationaler Bibliotheken und überregionaler Verbünde sowie in den römischen Bibliotheken (BAV, Biblioteca Casanatense) recherchiert. Die so gewonnene exakte bibliographische Angabe wird an allen Stellen, an denen das Werk in der Grundlagenforschung vorkommt, verwendet.

Bei Werken, die nicht oder nicht eindeutig identifiziert werden konnten, ist auf folgende Varianten hinzuweisen: Stützt sich die Recherche nur auf mittelbare Informationen etwa aus den Sitzungseinladungen, den Verhandlungsakten, den Bandi oder auf den Zettelkatalog des ACDF, ließen sich – entsprechend dem Vorgehen im 19. Jahrhundert – fehlende Elemente häufig durch Recherchen in den entsprechenden Bibliotheksverbünden ermitteln und ergänzen. Ist keine exakte Identifikation möglich und passen mehrere Titelaufnahmen beziehungsweise Ausgaben zu den aus den Quellen gewonnenen Informationen, werden alle in Frage kommenden Werke/Ausgaben angegeben. Diese Titel wurden mit dem Zeichen „♦“ versehen, um sie von den sicher verhandelten Ausgaben abzugrenzen.

In Zweifelsfällen wird jeweils die ausführlichste beziehungsweise verlässlichste Titelaufnahme mit den meisten Übereinstimmungen in den wichtigsten Kategorien aufgeführt, mit ergänzenden Nachweisen in der Fußnote. Reichen die Angaben nicht aus, um die Ausgabe eindeutig zu identifizieren, wird wie bisher auf die zeitnächste Ausgabe vor der Verhandlung zurückgegriffen, ergänzt um die früheste ermittelbare Ausgabe in der Fußnote. Durch dieses Verfahren sind zumindest der Terminus post und ante quem des Erscheinens des verhandelten Titels eingegrenzt. In den Fällen, in denen die Identität eines Werkes aufgrund fehlender oder zu allgemeiner Angaben nicht mit Sicherheit ermittelt werden konnte, wird es als „nicht ermittelt“ ausgewiesen. Gegebenenfalls wird das Rechercheergebnis in der Fußnote ergänzt. Ließ sich allerdings anhand der im Archiv gewonnenen Informationen eine weitgehend vollständige Titelaufnahme rekonstruieren, das Werk jedoch in keiner Bibliothek und keinem Verbund recherchieren, wird es als „nicht nachgewiesen“ verzeichnet. Liegt ein Werk dem Gutachten bei, wird die bibliographische Angabe nach dem Zusatz „Beiliegend:“ mit der Archivsignatur versehen, die gegebenenfalls auch noch um einen Verbundnachweis ergänzt wurde. Befindet sich ein verhandeltes Werk in der Bibliothek des ACDF, wird die Bibliothekssignatur des ACDF vermerkt, je nachdem ebenfalls erweitert um einen Verbundnachweis.

Die Titelaufnahme im 18. Jahrhundert besteht aus folgenden Kategorien:

1. Verfasser/beteiligte Person:
   Die Angabe erfolgt möglichst in normierter Ansetzungsform, meist in der Muttersprache, orientiert an den Normen der wissenschaftlichen deutschen Bibliotheken (RAK-WB, Personennormdatei des Hochschulbibliothekszentrums). Die Vornamen werden möglichst vollständig und nicht abgekürzt wie-

dergegeben. Der gesamte Verfassername/die Verfassernamen sind in Kapitälchen gesetzt. Bei mehreren Verfassern werden lediglich zwei Namen angeführt und gegebenenfalls durch ein nachgestelltes „[u.a.]“ auf weitere hingewiesen.

Anonyme und Pseudonyme sowie angebliche Verfasser der Vorlage werden nach Möglichkeit durch den ermittelten normierten Namen ergänzt. Befinden sich zum Beispiel die Angaben zum Verfasser nur in der Widmung, aber nicht auf dem Titelblatt, wird der Verfasser nach der Widmung aufgenommen, damit der Titel nicht „anonym“ bleibt.

Einen Sonderfall bilden Fürsten und kirchliche Hierarchen sowie Ordensangehörige. Sind die Verfasser regierende Fürsten, Päpste oder Bischöfe (in amtlicher Funktion), wird der Name mit dem Zusatz des Wirkungsorts beziehungsweise Herrschaftsbereichs und der Amtsbezeichnung in Winkelklammern versehen. Gleiches gilt für Ordensnamen.

Anonym [Gerberon, Gabriel][28]
OUDENHEIM, F. (VON) [Pseudonym][29]
EYCKENBOOM, IGNATIUS <Pseudonym> [Gerberon, Gabriel][30]
TRAUTMANNSDORFF, MARIA THADDEUS VON [Tamburini, Pietro][31]
TALON, DENIS [LeVayer de Boutigny, Rolland?][32]
FEYDEAU DE BROU, HENRI <Amiens, Bischof>
JORGE <de San José>

2. Titel:
   Im Unterschied zur Bibliographie des 19. Jahrhunderts werden für die eindeutige Identifikation der Ausgaben Akzente, diakritische Zeichen, typographische Besonderheiten, Satzzeichen, Groß- und Kleinschreibung usw. nicht den heutigen orthographischen Regeln angepasst, sondern wie in der Vorlage übernommen.

SCHUUR, ANDREAS VAN DER: [Epistolae] Andreae Schurii Gorcomiensis, presbyteri S.T.P. Epistolarum liber [I-III]. - Trajecti ad Rhenum : typis Desiderii Muntendam, 1694-1697. - 3 vol. ; 8°. *UU*

HARVEY, GIDEON: [Ars curandi morbos expectatione] Gedeonis Harvei, M.D. medici Regis & Reginae, Ars curandi morbos expectatione : item de vanitatibus, dolis, et mendaciis medicorum ; accedunt his praecipuè supposita, et phaenomena, quibus veterum recentiorumque dogmata de febribus, tussi, phthiae, asthmate, apoplexia, calculo renum et vesicae, ischuria et passione hysterica convelluntur, aliaque verisimiliora traduntur. - Amstelodami : [S.n.], 1695. - [8], 302 S. ; 12°. *RERO*

28 Anonym mit ermitteltem Verfasser.
29 Pseudonym ohne ermittelten tatsächlichen Verfassernamen.
30 Pseudonym mit ermitteltem tatsächlichen Verfassernamen.
31 Angeblicher und mutmaßlich tatsächlicher Verfasser.
32 Angeblicher und vermutlich tatsächlicher Verfasser.

Orthographische und grammatikalische Besonderheiten von Titeln können dabei die Formulierung eines normierten Ansetzungstitels erforderlich machen. Sinnentstellende Druckfehler der Vorlage werden mit nachgestelltem „[sic!]" kenntlich gemacht. Besonderheiten der verwendeten Drucktypen (Fettdruck, Rot-Schwarz-Druck etc.) bleiben allerdings unberücksichtigt. Die Schreibung in fremden Alphabeten wird nach Möglichkeit aus der Vorlage übernommen und durch Transkription ergänzt. Im Unterschied zum 19. Jahrhundert wird auch die dem Titel nachgestellte Verfasserangabe in Vorlageform aufgenommen (bei lateinischen Werken eingeleitet durch Formeln wie „auctore ...", häufig mit biographischen Anmerkungen zu Herkunft, Beruf, wissenschaftlichen Graden usw.).

3. Auflagenbezeichnung:
   Die Auflage wird, anders als im 19. Jahrhundert, im 18. Jahrhundert ungekürzt in der Sprache der Vorlage wiedergegeben.
4. Erscheinungsort, Drucker/Verlag:
   Diese Angabe wird ungekürzt nach Vorlage geboten.
5. Erscheinungsjahr:
   Wie bereits in der Bibliographie des 19. Jahrhunderts werden auch hier römische Zahlen in arabischen wiedergegeben.
6. Kollationsvermerk (Umfang, Format):
   Da bei vielen, insbesondere den ausländischen Bibliotheksverbünden keine konsequente und verlässliche Unterscheidung zwischen Blatt- und Seitenzahlen gemacht wird, werden alle Umfangsangaben einheitlich als Seitenzahlen wiedergegeben. Eine Unterscheidung wird nur bei Titelaufnahmen aus nach RAK-WB katalogisierenden Verbünden gemacht. Illustrationen werden nicht verzeichnet. Existieren von einem Werk, wie es zur Zeit der alten Drucke häufig vorkommt, zahlreiche Ausgaben, bildet das Format ein wichtiges Unterscheidungsmerkmal für die Identifikation und wird nach Möglichkeit verzeichnet. Dies ist gegenüber der Praxis in der Grundlagenforschung zum 19. Jahrhundert eine Neuerung. Allerdings sind die Angaben zum Format in den archivalischen Quellen nicht in jedem Fall verlässlich. Zwei Gründe dafür sind anzuführen: Erstens waren die Mitarbeiter der Zensurbehörden keine professionellen Bibliothekare und zweitens gab es bei der Buchherstellung große Schwankungen in der Größe des Buchblocks beziehungsweise der Blattmaße innerhalb der Formate aufgrund einer fehlenden Normierung der Ausgangsmaße des Druckbogens.
7. Druckprivilegien:
   Diese werden nach Möglichkeit aufgenommen.
8. Reihentitel:
   Gegebenenfalls werden Reihentitel mit Bandzählung in runden Klammern nachgestellt.
9. Nachweiskürzel:
   Angefügt wird, wie schon im 19. Jahrhundert, der Nachweis mit dem Kürzel der Bibliothek(en) beziehungsweise Verbünde, in denen das Werk ermittelt werden konnte. Bei in den Archivalien beiliegenden Werken wird der Archivnachweis des ACDF angefügt.

Weitere Kategorien, die bibliographische Einzelaspekte berücksichtigen, können sein:

10. Mehrbändiges Werk:
    Aufgrund der Besonderheiten im 18. Jahrhundert musste das Verfahren gegenüber dem 19. Jahrhundert geändert werden: Wurde ein mehrbändiges Werk verhandelt, wird die Titelaufnahme des Gesamtwerks unter Angabe der Gesamtzahl der erschienenen Bände und des Erscheinungsverlaufs (Erscheinungsjahr frühester bis spätester Band, gegebenenfalls Gesamt-/Reihentitel mit Bandzählung) geboten. Verhandelte Bände werden nicht mehr in der übergeordneten Titelaufnahme, sondern in der Fußnote angegeben.[33]

> LIBERIUS <A JESU>: Controversiae dogmaticae adversus haereses utriusque orbis occidentalis, et orientalis explicatae alumnis seminarii s. Pancratii fratrum Carmelitarum discalceatorum apud sanctum Pancratium de Urbe / A rev. p. fr. Liberio a Jesu [...]. - In tres tomos distributae. - Romae : typis, & sumptibus Cajetani Zenobii, & Georgii Plachi, 1701. - 3 vol. ; 2°. *MAI*[1]
>
> [1] Verhandelt wurde vol. 1. De Ecclesia militante et de praetenso primatu anglicano. (1701). *MAI*

11. Zeitschriften:
    Bei Periodika wird, entsprechend dem Verfahren bei mehrbändigen Werken, der Gesamttitel verzeichnet und der/die verhandelte Jahrgang/Ausgabe in der Fußnote angeführt.

> Acta eruditorum : anno [...] pubblicata. – Lipsiae : Grosse & Gleditsch, (1682)-(1731). *DNB, ZDB*[1]
>
> [1] Verhandelt wurde Jg. (1723). Ermittelt wurde: Acta// Eruditorum : Anno// MDCCXXIII// publicata.// (Cum S. Caesareae Majestatis [et] Regis Pol.// atque Electoris Saxoniae Privilegiis). – Lipsiae : Prostant apud Johan. Grossii Haeredes,// Joh. Frid. Gleditschii & Fil.// Et// Thomam Fritschium.// Typis Bernardi Christoph. Breitkopfii, (1723). *Gallica*. Beil.: Acta eruditorum / Indices generales. 1693-. HBZ. Forts.: Nova acta eruditorum. – Lipsiae : [Gleditsch et Lanckis], (1732/33) – (1776/82); damit Ersch. Eingest. *DNB, SBB*.)

12. Übersetzung:
    Handelt es sich bei der untersuchten Ausgabe um eine Übersetzung, wird wie bisher das zugrundeliegende originalsprachige Werk in der Fußnote, eingeleitet durch „Vgl.“, verzeichnet.
13. Enthaltene und beigefügte Werke:
    Zwischen in dem Werk beziehungsweise in der ermittelten Ausgabe enthaltenen oder beigefügten Werken wird nicht unterschieden (einheitlich „enth.“).

---

[33] Bandbezeichnung wie bisher bei deutschsprachigen Werken: „Bd.“, bei fremdsprachigen „vol.“.

14. Ergänzungen und Auslassungen:
Ergänzungen (zusätzliche Informationen, Ergänzung unvollständiger Titelfassungen) und Auslassungen (der Vorlage) werden grundsätzlich in eckige Klammern gesetzt.[34]

Zusätzlich können aufgrund der Besonderheiten des 18. Jahrhunderts folgende Sonderfälle auftreten:

15. Aufnahme bildlicher Darstellungen:
Für die Aufnahme der im 18. Jahrhundert häufiger beiliegenden und vor den Kongregationen verhandelten bildlichen Darstellungen wurde in Anlehnung an RAK-NBM[35] ein eigenes Muster entwickelt.
16. Hochschulschriften:
Zur eindeutigen Identifikation und vollständigen Erfassung werden nicht nur die Vorsitzenden der Prüfung („Praes.“) als Verfasser angegeben, sondern nach Möglichkeit auch die Geprüften („Resp.“).

> FRENZ, CHRISTOPH (Praes.) ; DONNELLY, JOHN (Resp.): Theses theologicae de scientia, voluntate, providentia, praedestinatione, et gratia Dei : Cum justà refutatione appendicis R.P. Joannis Baptistae Van der Woestyn jesuitae, ad duas theses in nostro collegio defensas an. 1702 diebus 19. & 20. julii, & pari depulsione quaerelae publicè excitatae per R.P. Livinum De Meyer ejusdem instuti. Juxta inconcussa, et tutissima dogmata SS. Augustini et Thomae, communium, & praestantissimorum ecclesiae doctorum / Quas praeside F. Christophoro Frenz s. theol. praesentato, & studii generalis Lovaniensis ff. praedicat. Hibernorum regente primario, defendet Joannes Donnelly ejusdem ordinis. Lovanii, in collegio S. Crucis, die [ ] maii horâ 9. ante & 3. post meridiem. - Lovanii : typis Henrici Van Overbeke, 1703. - [18] S. ; 4°. *Abes*

17. Virgeln und Zeilenumbrüche, Akzente, Abbreviaturen und Ligaturen:
Falls möglich, entweder per Autopsie, oder auch über digitalisierte Titelblätter in den Bibliothekskatalogen, werden Zeilenumbrüche in der Titelaufnahme verzeichnet, und zwar durch einen doppelten Schrägstrich mit nachfolgendem Spatium „// “.[36] Virgeln, das heißt dem Komma vergleichbare frühe Satzzeichen, werden als normale Kommata verzeichnet. Auch weitere orthographische Eigenarten wie Groß- und Kleinschreibung, Akzente usw. werden

[34] Unsichere, geschätzte Angaben werden zusätzlich zur eckigen Klammer mit „?“ oder „ca.“ versehen. Erläuternde lateinische Kürzel in eckigen Klammern wie „i.e.“, „S.a.“, werden unabhängig von der Sprache des Werkes verwendet.

[35] RAK-NBM = Regeln für die alphabetische Katalogisierung von Nichtbuchmaterialien. Vgl. dazu Hans POPST (Red.), Regeln für die alphabetische Katalogisierung von Nichtbuchmaterialien: Sonderregeln zu den RAK-WB und RAK-ÖB, Berlin 1996 (Loseblattausgabe).

[36] Werden die Zeilenumbrüche durch technische Satzzeichen der Titelaufnahme (z.B. den trennenden Doppelpunkt zwischen Hauptsachtitel und Zusatz zum Hauptsachtitel oder den einfachen Schrägstrich vor der Verfasserangabe) überlagert, fallen sie weg. Fällt der Zeilenumbruch in ein durch Trennungsstrich getrenntes Wort, so wird der doppelte Schrägstrich ohne nachfolgendes Spatium eingefügt.

übernommen und nicht an die heutige Orthographie angepasst. Ligaturen, also durch besondere Zeichen verdeutlichte Abkürzungen beziehungsweise Zusammenziehungen von Buchstaben innerhalb eines Wortes, werden nach Möglichkeit aufgelöst und in eckigen Klammern ergänzt. Abkürzungen am Wortende werden nicht aufgelöst.

Dank

Die Grundlagenforschung zur Römischen Inquisition und Indexkongregation ist ein Gemeinschaftswerk. Die Deutsche Forschungsgemeinschaft mit ihrem Programm für Langfristvorhaben stellt für solche Projekte eine gute Grundförderung zur Verfügung, die eine forschungsfreundliche und relativ planungssichere Atmosphäre ermöglicht. Mein Dank richtet sich deshalb zunächst an die Verantwortlichen in der DFG, die in vorbildlicher Weise ihrer Aufgabe als Mittler zwischen den theoretischen Wünschen des Forschers und der praktischen Möglichkeiten der Finanzierung nachkommen.

Ein Universitätsprofessor mit einem großen Forschungsprojekt ist aber immer nur so viel, wie seine Mitarbeiterinnen und Mitarbeiter sind: Historische Präzision, Sprachkenntnisse und das Wissen um Zusammenhänge sind dabei die eine, Begeisterung, Identifikation mit der Sache und Kreativität die andere Seite. Davon lebt jedes Projekt, und diese Erfahrung machen zu dürfen, dafür bin ich dankbar.

Verantwortlich für das Repertorium Inquisition waren Dr. Bruno Boute und Dr. Cecilia Cristellon. Beide haben sich in die Untiefen der Akten der Inquisition vorgewagt und mit Souveränität und hoher fachlicher Kompetenz die Serien erschlossen. Dasselbe gilt für Andreea Badea und Jan Dirk Busemann, unter deren Regie das Repertorium Indexkongregation entstand. Sie haben sich durch die Aktenbestände durchgearbeitet und mit Fleiß und dem Blick für das Wesentliche jede einzelne Sitzung verzeichnet. Der gegenseitige Austausch war für beide Seiten sehr befruchtend. Verantwortlich für die Bibliographie des 18. Jahrhunderts war Volker Dinkels. Er hat sich mit bibliothekarischer Präzision und unendlicher Geduld den Alten Drucken und Schriften des 18. Jahrhunderts angenommen und mit besonderer Sorgfalt und hoher fachlicher Kompetenz dafür gesorgt, dass wir zu fast jedem in Rom verhandelten Buch auch den richtigen Titel gefunden haben.

Tatkräftig unterstützt wurden sie im Projekt von den Wissenschaftlichen Mitarbeitern Maike Hartmann, Dr. Jyri Hasecker und Ursula Paintner, den beiden Fremdsprachenkorrespondentinnen Dr. Maria Pia Lorenz-Filograno und Hedwig Rosenmöller, sowie von den Studentischen Hilfskräften Ruth Fehlker, Felix Hüffer, Kathrin Söllner und Miriam Schoden. Auch hat Dr. Bernward Schmidt trotz seines Wechsels in den Sonderforschungsbereich immer mit Rat und Tat zur Seite gestanden. Besonders bedanken möchte ich mich auf jeden Fall bei Judith Schepers, die in den aufgrund vieler Personalwechseln sehr turbulenten Zeiten des Projekts ganz selbstverständlich dessen Koordination übernommen hat, und diese Aufgabe mit großer Voraussicht und exzellentem Wissen um die Probleme bei der Erforschung der Buchzensur wahrnimmt.

Die Arbeit im Projekt erfährt stete Unterstützung durch alle Mitarbeiterinnen und Mitarbeiter in meinem Seminar für Mittlere und Neuere Kirchengeschichte. Hier möchte ich stellvertretend meinen Geschäftsführer Dr. Thomas Bauer nennen, der die gesamte Verwaltung des Projekts mit großer Zuverlässigkeit und hoher Professionalität erledigt. In allen Fragen der Wissenschaftskommunikation und des Wissenschaftsmanagements kann ich mich wie immer auf Dr. Barbara Schüler verlassen.

Hervorheben möchte ich in diesem Zusammenhang auch das Engagement unserer sogenannten „IVV 7“, der für uns zuständigen EDV-Abteilung der Westfälischen Wilhelms-Universität. Matthias Goden und seine Mitarbeiter sorgen dafür, dass die riesigen Datenmengen sicher gespeichert werden und sind auch im Notfall immer für uns da, ob es um ein kaputtes Archivlaptop geht oder gar um einen USB-Stick, der gelötet werden muss, damit die Daten nicht verloren gehen. Herzlichen Dank für alles, was hier zumeist im Hintergrund passiert.

Mein Dank richtet sich aber auch an alle Kolleginnen und Kollegen, die uns bei der Arbeit häufig mit hilfreichen Tipps zur Seite stehen. Stellvertretend möchte ich für das Repertorium Indexkongregation Dr. Niclas Förster vom Institutum Judaicum Delitzschianum erwähnen. Nicht vergessen möchte ich die Unterstützung im Archiv der Kongregation für die Glaubenslehre, die wir durch den Direktor Msgr.Alejandro Cifres und seine Mitarbeiter Daniel Ponziani, Fabrizio De Sibi und Fabrizio Faccenda erfahren.

Wie bereits in den Bänden zum 19. Jahrhundert war es uns ein Anliegen, den Service mehrsprachiger Übersetzungen bieten. Danken möchte ich deshalb meinen Mitarbeiterinnen Hedwig Rosenmöller und Elisabeth-Marie Richter, die sofort bereit waren, sich an die Übertragung der Texte ins Italienische und Englische zu machen, und Javier Sánchez-Arjona Voser, der als Lehrbeauftragter am Romanischen Seminar unserer Universität für die spanische Übersetzung bestens qualifiziert ist.

Alle zusammen liefern einen wichtigen Beitrag zu diesem großen Gemeinschaftswerk.

INTRODUZIONE AI REPERTORI SISTEMATICI 1701–1813

TRADUZIONE DI HEDWIG ROSENMÖLLER

«Legimus aliqua, ne legantur, legimus ne teneamus, sed ut repudiemus. Dicebat Divus Ambrosius; Accurate, et ego, Emi et Rmi Patres perlegi ista duo impudica Volumina, nè legantur.»[1] Con queste parole Girolamo Maria Allegri, consultore della Congregazione dell'Indice a Roma, inizia il suo parere del 27 aprile 1722 sull'opera di Robert Challes «Les illustres francoises histoires veritables».[2] Efficacemente mette così a fuoco l'immagine che hanno di se stessi i censori romani. I periti dell'Inquisizione e della Congregazione dell'Indice devono leggere libri malvagi, per essere in grado di proteggere altri dalla lettura di tali pericolosi stampati. Non leggono per sete di sapere o per diletto, ma per rigettare le pubblicazioni impudiche e altri scritti perniciosi. Leggono per mettere dei libri sull'«Index librorum prohibitorum», preservando in tal modo i cattolici dal leggerli. Allegri aggiunge tuttavia che una tale censura non deve essere eseguita in modo superficiale ma esige, seguendo il consiglio di Sant'Ambrogio, un'accurata analisi.

Soltanto in quest'ultimo punto l'intenzione dei Repertori sistematici concernenti la censura libraria dell'Inquisizione Romana e della Congregazione dell'Indice nel XVIII secolo coincide con le intenzioni di Allegri e dei censori romani. La descrizione di tutti i fondi dell'Archivio della Congregazione per la Dottrina della Fede (ACDF) che riguardano la censura, richiede, di fatto, la massima accuratezza per ottenere una chiave davvero affidabile all'archivio più illustre della moderna «cultura del sapere», con segno negativo. Infatti, al contrario dei censori romani noi abbiamo guardato, letto e registrato foglio per foglio nell'archivio, affinché altri possano leggere, affinché venga alla luce il lavoro dei censori, affinché i ricercatori di tutto il mondo e di tutte le discipline possano rapidamente farsi un quadro di tutti i libri trattati a Roma: legimus aliqua legantur. Ammettiamo che si può provare un certo divertimento a leggere alcune espressioni usate dai censori. Di solito però il nostro è stato un lavoro duro che somiglia per alcuni versi a quello dei censori. Speriamo di riuscire a sventare le intenzioni dei censori, ispirando alla lettura del Repertorio si-

---

1 ACDF Index Prot. 72 (1721-1723), fol. 170r, 27 aprile 1722.

2 Cfr. Robert CHALLES, Les illustres francoises histoires veritables. Ou l'on trouve, dans des caracteres tres particuliers & fort differens, un grand nombre d'exemples rares & extraordinaires. Des belles manieres, de la politesse, & de la galanterie des personnes de l'un & de l'autre sexe de cette nation, 2 vol., A La Haye 1715. La condanna apparve sul Bando del 4 dicembre 1724.

stematico della ricerca di base, e anche allo studio delle stesse fonti ivi descritte, molti scienziati e altre persone interessate.

Infatti, il Repertorio sistematico per la documentazione dei procedimenti di censura libraria pendenti presso la Congregazione dell'Indice e quella dell'Inquisizione descrive in modo esauriente l'attività di entrambe le congregazioni. A causa delle differenti modalità procedurali dei due dicasteri e della forte differenziazione delle fonti, già i repertori riguardanti il XIX secolo sono stati esposti separatamente. Per questa introduzione si delinea pertanto la seguente struttura: in primo luogo si presenta il Repertorio per l'Inquisizione, poi ci si dedica alla Congregazione dell'Indice. Seguono delle indicazioni sulla bibliografia che valgono per entrambi i repertori.

Il Repertorio sistematico sull'Inquisizione

A differenza del Repertorio per la Congregazione dell'Indice che si basa sulle convocazioni alle sedute ed è pertanto presentato nell'ordine cronologico delle date delle congregazioni cardinalizie, il Repertorio per l'Inquisizione è stato elaborato muovendo dall'analisi sistematica di tutte le serie riguardanti la censura libraria e conservate nell'Archivio della Congregazione per la Dottrina della Fede.[3] Motivo per cui qui si registrano i casi sia di censura repressiva sia anche di quella preventiva, perché nelle rispettive serie si presentano entrambi i tipi di censura. Il Sant'Uffizio infine periziava frequentemente già i manoscritti, per concedere o negare l'imprimatur. Questa è un'importante mansione dell'Inquisizione nel XVIII secolo, a differenza del XIX secolo e anche in confronto all'attività della Congregazione dell'Indice.

Nel XVIII secolo sono di particolare importanza anche i rapporti e le controversie tra l'Inquisizione romana e le autorità locali. In alcuni casi i tribunali delle inquisizioni locali inizialmente incaricavano dei revisori. Se da un lato durante il XIX secolo le inquisizioni locali erano rimaste attive soltanto nello stato pontificio in via di dissoluzione (sino al 1870), d'altro canto le inquisizioni negli stati italiani, sino alla loro soppressione nel corso della seconda metà del XVIII secolo,[4] agevolavano il radicamento locale della Congregazione Romana non soltanto nel campo dell'amministrazione della giustizia criminale, ma anche in quello della censura libraria – un radicamento che si sviluppò, dentro e fuori l'Italia, spesso in correlazione, ma anche in concorrenza rispetto ad altre autorità ecclesiastiche, accademiche o statali. Ciò ha naturalmente trovato riscontro anche nel materiale tradito nell'Archivio della Congregazione per la Dottrina della Fede. Nel rilevamento del materia-

[3] Cfr. Hubert Wolf, Einleitung 1814-1917 (Römische Inquisition und Indexkongregation. Grundlagenforschung: 1814-1917), Paderborn 2005, 82.

[4] Cfr. Andrea Del Col, L'Inquisizione in Italia dal XII al XXI secolo, Milano 2006, 729-737.

le archivistico per il Repertorio abbiamo preso in considerazione questo dato. Sia nelle note a piè di pagina che nella rubrica «Weiterhin beiliegend»[5] (ulteriormente allegati) sono riportati dei rinvii al materiale «periferico» conservato a Roma. Si tratta per esempio di relazioni di inquisitori locali sui modi di procedere degli uffici doganali contro il contrabbando di libri proibiti o sui procedimenti giuridici contro i tipografi; ovvero si tratta d'interrogatori di testimoni o autori, oppure di pareri redatti da revisori locali per incarico di inquisizioni locali o di istanze vescovili. Queste indicazioni sono date senza pretesa di completezza e con l'obiettivo primario di illustrare il radicamento istituzionale, sociale e culturale che distingue il Sant'Uffizio della prima età moderna da quello del XIX secolo.

Per il Repertorio ci si è potuti avvalere dei fondi d'archivio sotto elencati.

1. Circa 50 volumi complessivi della serie **ACDF SO Censurae Librorum 1701-1809** (SO CL), con un variabile numero di fascicoli ognuno dei quali si riferisce a una o a più opere trattate. In questo fondo si trovano presumibilmente tra l'80 e il 90 per cento di tutti i casi di censura librorum trattati nell'Inquisizione. Il primo accesso al materiale avviene come per il XIX secolo tramite le relative Rubricellae.
2. 100 fascicoli complessivi della serie **ACDF SO Vota Censurae Librorum I (1740-1757)** e **II (1757-1809)** (SO Vota CL),[6] che si distribuiscono su 11 buste di voti. A tergo dei pareri in alcuni casi sono stati rilevati dei protocolli, relativi per lo più alla cosiddetta «consulta» dei consultori, alcuni accompagnati da una relazione dell'assessore del Sant'Uffizio. Talvolta si trovano anche altri documenti allegati il cui numero rimane tuttavia piuttosto modesto in confronto alla serie ACDF SO CL. Per questo e per il fatto che in questa serie si trovano molte trascrizioni di pareri che sono conservati anche in ACDF SO CL, si può concludere che nella maggior parte dei casi si tratta dei Vota inviati dall'assessore ai cardinali in preparazione alle sedute.
3. Dieci volumi con centinaia di fascicoli rilegati della serie **ACDF SO Tituli Librorum (1698-1808)** (SO Tit. Libr.). Per la maggior parte si tratta di richieste dell'imprimatur, che nei casi dubbi venivano trasmessi alla Congregazione dagli inquisitori locali o dai nunzi, eventualmente anche tramite la Segreteria di Stato. Nella maggior parte dei casi si tratta pertanto di opere non (ancora) pubblicate; si trasmettevano tuttavia anche delle opere già pubblicate. Un fascicolo contiene la corrispondenza e le trascrizioni perlopiù manoscritte dei frontespizi delle opere coinvolte, i protocolli delle decisioni della Congregazione che si trovano sul tergo dei documenti o sulle cartelle dei fascicoli, nonché saltuariamente dei piccoli stampati e pareri. Nella maggioranza dei casi la decisione – concessione o diniego dell'imprimatur – è presa in base alle informazioni che si trovano nella corrispondenza. Altrimenti i corrispondenti del Sant'Uffizio venivano incaricati di inviare le opere per l'esame alla Congregazione stessa oppure alle Congregazioni dell'Indice, de Propa-

[5] Questa rubrica nel Repertorio del XIX secolo è stata utilizzata per annotare tutti i materiali stampati (libri, giornali, immaginette sacre etc.), che sono stati trovati nel fascicolo, ma non furono trattati.

[6] Le due serie portano numerazione continua. La serie 1 consta dei numeri 1-30, la serie 2 dei numeri dal 31 al 100.

ganda Fide o dei Riti. In tali casi i fascicoli rappresentano un primo passo del procedimento giuridico.

4. Si aggiungono alcuni volumi della serie **ACDF SO Stanza Storica** (SO St. St.). Questa serie comprende più della metà del patrimonio dell'archivio e fu sistemata soltanto nel corso del XVIII secolo. In questo fondo furono inseriti i casi la cui documentazione sarebbe diventata troppo voluminosa per l'archiviazione nella Censurae Librorum, oppure i casi che si occupano di libri concernenti un determinato soggetto, costituendo una sottoserie separata. Anche se partendo dai titoli di taluni volumi si è potuto facilmente identificare del materiale che risulta rilevante per la trattazione di libri ed ha perciò trovato ingresso nel Repertorio, si potrebbero rinvenire ulteriori casi di censura anche in altri volumi (per esempio nelle serie *Giansenismo*, *Dubia circa Sacramenta*, *Spogli* di Cardinali come Carpegna o Casanate), perché la censura libraria naturalmente non avveniva in uno spazio vuoto, ma proprio anche nel contesto delle controversie teologiche. Di questi volumi non è stato possibile tenere conto nel Repertorio. Una simile restrizione vale anche per altre serie del Sant'Uffizio.[7]

Il fatto che tali fondi siano stati consultati per il Repertorio non significa che fosse stato possibile descriverli sistematicamente. Lo stato dell'inventariazione della Stanza Storica non ha permesso, nell'ambito della passata triennale fase del progetto, di analizzare completamente il materiale ivi conservato che concerne la censura libraria nel XVIII secolo.[8] Un progetto d'inventariazione di questo fondo in cooperazione dell'ACDF con il Ministero per i Beni e le Attività Culturali è stato intrapreso, l'inventario tuttavia non è ancora liberamente disponibile.[9] Ciononostante in alcuni casi si è riusciti a registrare in una nota dei concreti rimandi a fondi della Stanza Storica quale informazione accessoria per un determinato caso. Queste indicazioni non possono tuttavia pretendere di essere complete, perché non in ogni singolo caso abbiamo potuto analizzare nel dettaglio i fondi stessi.

Diverso è il caso delle tre serie nominate per prime. La serie Tituli Librorum per esempio fu analizzata sistematicamente, ma utilizzata per il Repertorio soltanto in modo selettivo. Nonostante la registrazione delle richieste con cui le inquisizioni locali facevano rapporto sulla concessione o il rifiuto di scritti fosse particolarmente interessante per la storia libraria e per i modi di procedere del Sant'Uffizio, una tale documentazione completa esula dalle finalità del progetto. Pertanto è stato adoperato il seguente criterio: sono stati registrati in primo luogo soltanto i libri attivamente trattati a Roma (la decisione relativa ai quali cioè non si basava unicamente sui

---

7 Cfr. WOLF, Einleitung, 41-43.

8 Occorre segnalare un caso particolare: il volume ACDF SO CL 1777 si trova in ACDF SO St.St. O-4-i ed è stato dunque registrato sistematicamente.

9 Sullo stato dell'inventariazione cfr. Marco PIZZO, La Stanza Storica dell'Archivio del Sant'Ufficio come fonte per la storia dell'Inquisizione. Una ricognizione archivistica e un metodo di intervento, in: Hubert WOLF (ed.), Verbotene Bücher. Zur Geschichte des Index im 18. und 19. Jahrhundert (Römische Inquisition und Indexkongregation 11), Paderborn 2008, 209-218. L'inventario può, a richiesta, essere utilizzato dai collaboratori dell'archivio alla ricerca di materiale rilevante per il tema d'interesse dello studioso.

frontespizi inviati); in secondo luogo le cause in cui si decretava che l'opera sarebbe dovuta essere spedita a Roma per un ulteriore esame presso il Sant'Uffizio o un'altra Congregazione; e in terzo luogo i casi in cui si trovano esemplari di stampati inviati nel relativo fascicolo.

La base del Repertorio rimane tuttora la serie Censurae Librorum. I fascicoli delle serie Vota Censurae Librorum oppure Tituli Librorum si registrano separatamente solo nel caso in cui non è stato possibile trovare un fascicolo relativo alle opere discusse nelle Censurae Librorum. In tutti gli altri casi si completano ulteriormente le annotazioni relative alla Censurae Librorum corredandole di rimandi alle serie corrispondenti. Ciò vale anche per i casi che sono stati archiviati nelle altre due serie, ma che furono trattati dalla Congregazione dell'Indice oppure trasferiti a essa. In questi casi per cui non è stato possibile trovare delle trattazioni presso il Sant'Uffizio, le indicazioni corrispondenti sono state registrate nel Repertorio per la Congregazione dell'Indice.

Occorre segnalare espressamente la connessione tra le tre serie descritte da noi in modo sistematico, la quale si trasforma nel corso del XVIII secolo e porta ad un dato generalmente contraddittorio. Infatti c'è tra le serie Tituli Librorum e Censurae Librorum una sovrapposizione che nella prima metà del XVIII secolo è maggiore rispetto alla seconda metà. Si aggiunge che la serie Vota Censurae Librorum inizia soltanto nel 1740, e che a circa la metà dei casi conservati in questa serie manca il corrispettivo nella serie Censurae Librorum vera e propria. Ciononostante il nostro elenco di «Weitere Bücherverbote des SO» (ulteriori condanne di libri) mostra che nella prima metà del XVIII secolo la situazione delle fonti nella serie Censurae Librorum si presenta piuttosto lacunosa, particolarmente dal 1701 al 1742. Giacché in confronto con il XIX secolo la lista delle ulteriori condanne per cui non abbiamo potuto trovare del materiale è piuttosto lunga proprio per il periodo dal 1701 al 1742.

Questo punto della situazione porta alla conclusione che la documentazione, offerta nel Repertorio, della censura libraria esercitata dall'Inquisizione potrebbe forse essere lacunosa, a causa delle fonti più complesse rispetto al XIX secolo. Per questo motivo si consiglia al ricercatore di preventivare, per la consultazione dell'archivio, delle ricerche ulteriori riguardo a quelle serie che nel Repertorio non sono state potute essere considerate sistematicamente. Se un caso, infatti, non fu registrato nelle serie concernenti la censura, non significa con assoluta sicurezza che mancano i relativi atti nell'archivio. Ad ogni modo bisogna, in aggiunta, consultare le serie SO Decreta e SO Stanza Storica, alle quali per il Repertorio riguardante il periodo dal 1542 al 1700 si prevede di ricorrere più ampiamente anche nell'ambito delle nostre ricerche.

La struttura del Repertorio dell'Inquisizione

In corrispondenza al dato archivistico, il Repertorio per l'Inquisizione si articola in quattro parti. Dopo le tre serie analizzate sistematicamente (ACDF SO CL, ACDF SO Vota CL e ACDF Tit. Libr.) segue inoltre un elenco delle «Weitere Bücherverbote des SO» (ulteriori condanne di libri del Sant'Uffizio) – si tratta di proibizioni che si trovano sui Bandi, per le quali tuttavia non è stato possibile individuare dell'ulteriore materiale riguardante il procedimento. La struttura, che segue a grandi linee il modello del Repertorio per il XIX secolo, è in gran parte identica per le tre serie e apporta delle informazioni esatte sull'opera trattata, sullo svolgimento del procedimento e sul suo esito e anche su documenti ulteriori allegati (cfr. pag. XII).

1. Nell'occhiello si riporta la segnatura della serie e del fascicolo in ordine numerico progressivo.
2. Segue il titolo del fascicolo che riporta – abbreviato e spesso errato – il titolo dell'opera trattata dall'Inquisizione. Per la serie ACDF SO CL il titolo è stato attinto dalla Rubricella, come nel Repertorio sul XIX secolo. Per i Vota Censurae Librorum non esiste Rubricella alcuna; siccome il titolo dell'opera trattata fu però scritto sul nastro cartaceo che tiene insieme i pareri e l'eventuale materiale ulteriore relativo ad un'opera, è stato possibile inserire tali dati. Nei casi in cui mancano le indicazioni di luogo e data, queste sono state aggiunte tra parentesi quadre, per arrivare all'identificazione inequivocabile dell'unità libraria cui si riferisce la ricerca. Per le serie Tituli Librorum, per cui non esistono nè Rubricella nè titoli del fascicolo, si è rinunciato ad un titolo separato del fascicolo. Alla segnatura del fondo d'archivio segue in questo caso direttamente la testimonianza bibliografica.
3. Dopo la segnatura e il titolo del fascicolo segue l'esatta testimonianza bibliografica dell'opera trattata o delle opere trattate che sono state provviste di numerazione progressiva. Siccome può verificarsi che la Rubricella o l'involucro cartaceo dei Vota SO CL non riportino tutti i titoli di cui tratta il relativo fascicolo, in questi casi ovviamente tutte le opere trattate sono state fornite di testimonianza bibliografica, anche se non se ne trova menzione nel titolo del fascicolo.
4. Analogamente al Repertorio sull'Indice e alle modalità usate nel Repertorio per il XIX secolo segue l'elencazione dei periti e dei pareri.
   a) Siccome nel XVIII secolo l'identificazione dei singoli periti è più difficile, si riporta, diversamente da come fatto per il XIX secolo, non soltanto il cognome, ma anche il nome di battesimo e l'appartenenza a un ordine religioso. Se non c'è la sottoscrizione apposta sul parere, ma è stato possibile individuare il nome del perito sulla base degli scritti accompagnatori o dei protocolli delle sedute, questo è riportato fra parentesi quadre. Se un perito esterno, membro né del Sant'Uffizio né della Congregazione dell'Indice, fu incaricato dal Sant'Uffizio, in una nota è qualificato «als externer Gutachter» (come perito esterno). In alcuni casi è stato possibile, con l'aiuto di Herman H. Schwedt, fornire una nota sui dati biografici relativi a tali persone.
   b) Tutti i pareri romani sono stati considerati. Siccome nel XVIII secolo tutti i pareri sono scritti a mano, viene a cadere la differenziazione «Druck» (a stampa) o «Hs.» (scritto a mano), che era stata necessaria per il XIX secolo. Se un parere non era stato datato, ma dai protocolli delle sedute o da scritti accompagnatori è stato possibile appurare una datazione, questa è riportata fra parentesi quadre. Pareri non romani non sono considerati

nell'elenco dei pareri, ad eccezione di quelli redatti come censure esterne per incarico del Sant'Uffizio. Nelle note a piè di pagina tuttavia si trovano dei rimandi per esempio a pareri non romani allegati oppure a scritti di denuncia corredati di un «parere». Ciò acquisisce importanza soprattutto nei casi in cui non si sono potuti rintracciare dei pareri di censori romani.

5. Il risultato del procedimento è annotato in una propria rubrica, diversamente che in passato.
   a) Ad ogni condanna inequivocabile è dedicata una propria registrazione sotto le voci «Dekret» (decreto) e «Bando» che seguono quella relativa al parere. La voce «Dekret» elenca l'autorità, la data della proibizione e un eventuale Breve. La voce «Bando» riporta la data del Bando corrispondente, indicando l'autorità che ha emesso il verdetto. In tal modo si ottiene un rimando immediato all'edizione dei Bandi.[10] Un asterisco «*» apposto alla data del Bando della Congregazione dell'Indice denota che, in mancanza delle date relative alla promulgazione e alla seduta, il Bando si è dovuto datare in base all'affisso. Nei casi in cui l'opera in questione è stato oggetto di procedimento anche in altre congregazioni – perlopiù in quella dell'Indice – l'utente ne è avvisato tramite un rimando alla data della seduta della Congregazione dell'Indice. Anche da questo punto emerge la stretta concatenazione dei due repertori. Nei casi in cui non è stato possibile rintracciare il decreto o il bando, se ne fa nota: «nicht aufgefunden» (non rintracciato).
   b) Si annotano anche tutti gli altri risultati o le delibere oppure la costatazione che il procedimento non aveva portato ad alcun esito. Infatti in base alle buste dei fascicoli o ai protocolli delle sedute allegati, spesso si possono individuare anche quelle decisioni del Sant'Uffizio su un'opera trattata che non sono proibizioni. Tali giudizi sono inseriti sistematicamente nelle note a piè di pagina, eventualmente con ulteriori specificazioni. Delibere di questo tipo si presentano in svariati modi: molto spesso si tratta della concessione (con o senza correzioni) oppure del diniego dell'imprimatur; eventualmente si decideva inoltre di trattenere un manoscritto presso il Sant'Uffizio, per esempio dopo un diniego dell'imprimatur; si trovano anche delle prescrizioni di svariato tipo dirette agli inquisitori locali; oppure semplicemente si prendeva nota di un caso senza proseguirlo; si poteva trattare della rimozione di opere nuove (o della ritrattazione di un autore) senza una condanna esplicita, oppure si arrivava a sospendere una trattazione. In singoli casi non è stato possibile far luce sulla decisione dell'autorità.
6. L'ultima rubrica offre delle informazioni sui documenti ulteriormente allegati («Weiterhin beiliegend»). Come per il XIX secolo si registrano qui tutti i materiali stampati che sono conservati all'interno di un fascicolo, per esempio gli stampati allegati non trattati direttamente, ma in qualche modo correlati alle opere trattate. Inoltre si registrano, diversamente da quanto fatto nella ricerca di base sul XIX secolo, anche gli scritti non stampati, per esempio trattati, relazioni appartenenti al procedimento giuridico etc., per offrire al lettore

[10] Per i problemi riguardanti la datazione dei Bandi cfr. l'Introduzione all'edizione dei Bandi.

un'impressione il più possibile precisa sulle fonti per i singoli casi. Tale rubrica riguarda una scelta di criteri stabiliti per il repertorio che non pretende di essere completa. In alcuni casi tale rubrica è stata sostituita da «weiterhin Hinweise auf» (inoltre riferimenti a). Qui si trovano per esempio dei riferimenti a titoli che emergono dagli atti e stanno in correlazione con il caso trattato.

La registrazione delle «Weitere Bücherverbote des SO» (ulteriori proibizioni) si orienta a quella effettuata sulle serie ed è strutturata in modo analogo. Nell'intestazione si trovano l'indicazione della congregazione presso la quale lo scritto è trattato, e la data del Bando. Subito dopo il testo riportato dal Bando segue l'indicazione del titolo trattato, al posto del titolo della Rubricella o del fascicolo (cfr. pag. XV). L'identificazione avviene come di consueto con l'esatta testimonianza bibliografica. In singoli casi è stato possibile, con l'ausilio dell'inventario, dare dei cenni aggiuntivi ai materiali conservati nella Stanza Storica. Siccome non in ogni caso abbiamo potuto consultare i rispettivi fondi singolarmente, si mettono a disposizione dell'utente soltanto degli spunti per ulteriori ricerche. Naturalmente anche in questo punto non è possibile pretendere completezza; piuttosto si tratta di informazioni supplementari che esulano dal progetto.

Partendo dalla descrizione sistematica delle fonti riguardanti la censura libraria nelle tre serie sopra nominate e tramite eventuali rinvii incrociati a ulteriori fascicoli nella stessa o in altre serie, è facile ritrovare tutte le informazioni sul procedimento conservate nell'Archivio della Congregazione per la Dottrina delle Fede, nonché gran parte del materiale relativo al singolo caso di censura. Registrando i rinvii incrociati alle relative trattazioni della Congregazione dell'Indice e identificando i casi in cui consultori della Congregazione dell'Indice svolgevano attività di perito per l'Inquisizione, si documentano inoltre i collegamenti tra le due autorità censorie romane. Due risultati importanti emergono dai repertori: da un lato la grande importanza (costatabile ancora per il XIX secolo), delle relazioni interne alla curia, ovvero tra la Congregazione dell'Indice e quella dell'Inquisizione, d'altra parte le relazioni extracuriali che nel XVIII secolo si presentano più vivamente articolate. A causa del radicamento locale dell'Inquisizione non di rado abbiamo a che fare con determinati schemi di carriera: taluni qualificatori e consultori risultano, o prima o dopo di assumere la carica presso il Sant'Uffizio, appartenenti ai tribunali delle inquisizioni locali. La dinamica del radicamento dell'Inquisizione Romana si compie non soltanto per mezzo delle istituzioni, ma anche per mezzo delle persone – qui emerge ancora il nesso con la Prosopografia.

Riguardo al Sant'Uffizio l'analisi del periodo dal 1701 al 1813 porta alla costatazione di circa 550 proibizioni su un totale di circa 1.700 libri trattati. Significa che in media venivano pronunciate cinque condanne all'anno. Questa media non dice però nulla sulla regolarità delle condanne. Infatti dal 1780 in poi si condannava mediamente soltanto un libro all'anno.

Inquisizione	1701-1813	1814-1917
Numero totale dei libri trattati	Circa 1.700	Circa 1.100
Numero delle proibizioni di libri	Circa 550	Circa 290

Un motivo ne potrebbe essere il venir meno del radicamento locale della Congregazione fuori dallo Stato della Chiesa: dal 1770 le inquisizioni locali in Italia furono progressivamente soppresse. Soltanto nel XIX secolo si è potuto compensare questo sviluppo tramite nuovi canali comunicativi nell'ambito della centralizzazione romana. Un'altra spiegazione per l'esiguo numero di proibizioni sarà dovuto ai mutamenti delle condizioni interne alla curia. Sempre più opere furono dall'Inquisizione, invece di trattarle essa stessa, trasmesse alla Congregazione dell'Indice. Occorre far notare che in genere negli stessi anni il numero totale delle opere trattate diminuisce anche per la Congregazione dell'Indice e che sulle cause di questo calo si possono proporre soltanto delle ipotesi. In ogni caso vi sono rapporti causali con i tempi rivoluzionari e le guerre francesi in Italia.[11] Con l'occupazione dello Stato della Chiesa da parte dei francesi e con l'arresto di Pio VII, il lavoro del Sant'Uffizio arrivò al fermo totale dal 1808/1809 fino al 1814.[12]

Repertorio della Congregazione dell'Indice

Il Repertorio della Congregazione dell'Indice si basa sui protocolli delle sedute. Per il periodo dal 1701 al 1813 sono state sistematicamente prese d'esame, nell'Archivio della Congregazione per la Dottrina della Fede, le serie della Congregazione dell'Indice «Protocolli» 59-103 (45 volumi) e «Diari» 12-18 (7 volumi). Del fondo «Atti e Documenti» è stato utilizzato soltanto un volume, perché solo in alcuni casi dopo il 1802 fu utilizzato dal Segretario per l'archiviazione. Particolarmente fruttuoso per l'esame degli Acta Sanctorum è il fondo denominato «Index XXIV».

Il Repertorio elaborato sulla base di tali serie offre una documentazione completa delle ben 268 sedute dei cardinali tra il 1701 e il 1808. Nella Congregazione dell'Indice si tenevano quindi mediamente 2,5 sedute all'anno. Rispetto al XIX se-

[11] Cfr. per esempio ACDF SO CL 1797-1802, n. 1: «1797. Faenza. Circa l'introduzione di certi libri e stampe provenienti da Bologna e da altre parti d'Italia occupate dai Francesi, che sebbene in approvazione stampati sembrano pericolosi: e circa l'imprimatur di alcune thesi theologiche riguardandi il primato del Papa del D. Temperini Agostiniano. Ravenna. » Accanto alla domanda dell'imprimatur per le tesi teologiche, in questo fascicolo si trova un dubbio dell'inquisitore di Faenza, Angelo Maria Merenda, del 29 gennaio 1797, su quale comportamento tenere rispetto ai libri e agli stampati che stavano arrivando da Bologna e da altre parti dell'Italia occupate dai francesi.

[12] Naturalmente se ne trova riscontro nelle serie corrispondenti. L'attività del Sant'Uffizio è interrotta dal 1808 (secondo i Tit. Lib.) o dal 1809 (CL. Vota CL) fino al 1814; ciò riguarda non soltanto la censura libraria, ma anche altre serie (come i Decreta SO). Cfr. su questo punto anche WOLF, Einleitung, 38s.

colo il numero complessivo delle sedute è maggiore di quasi 100 (175). Analizzando il periodo intero si nota che all'inizio del XVIII secolo ci furono più sedute che alla fine. Sotto il segretario Giulio Maria Bianchi, i consultori si radunavano per le sedute, tra il 1701 e il 1707, da quattro fino a sette volte all'anno; nel periodo dal 1707 al 1738 (segretari Gregorio Selleri, Agostino Pipia, Domingo Peréz, Niccolò Luigi Ridolfi) dalle due alle quattro volte per anno, più precisamente con la tendenza, sotto Ridolfi, a tenere due o tre sedute. Lo stesso vale per l'era di Giuseppe Agostino Orsi (1738-1749). Sotto Tommaso Angelo Ricchini ci fu un lieve aumento numerico; tra il 1749 e il 1759 ci s'incontrarono dalle due alle quattro volte per anno, nel 1753 per quattro sedute. In seguito la frequenza oscilla tra una e due Congregazioni all'anno, per esempio tra il 1759 e il 1778 sotto Schiara e dal 1779 e il 1796 sotto Tommaso Maria Mamachi, Giacinto Maria Bonfigli, Pio Bonifacio Fassati, specificando che tra il 1785 e il 1794 non fu tenuta alcuna seduta. Infine dal 1796 fino al 1801 sotto Filippo Angelico Becchetti, Tommaso Maria Soldati e Tommaso Maria Mancini ci fu al massimo un'unica seduta all'anno, spesso neanche una, come per esempio tra il 1798 ed il 1803, e nel 1807.

In tali sedute furono decise all'incirca 1.100 proibizioni di libri. È da notare la distribuzione: dal 1701 al 1710 si perviene a 173 condanne in 50 sedute, dal 1779 al 1790 a 91 condanne in 15 sedute. Il motivo per questo squilibrio sta nel fatto che, come si è visto, se da un lato alla fine del secolo furono tenute molto meno sedute, queste però dovettero affrontare tanti più punti all'ordine del giorno, e inoltre meno decisioni furono rinviate. Nel primo decennio del periodo preso in esame, alcuni voti furono rinviati fino a cinque volte.

Congregazione dell'Indice	**1701-1813**	**1814-1917**
Numero delle sedute	268	230
Numero delle sedute in media per anno	2,4	2,2
Numero totale dei libri presi in esame	Circa 1.700	Circa 2.200
Numero delle proibizioni di libri	Circa 1.100	Circa 1.600

La struttura del Repertorio per la Congregazione dell'Indice

La registrazione dei libri discussi avviene nel modo collaudato secondo l'ordine delle singole sedute.[13] Queste vengono riportate cronologicamente in base alla data della *Congregatio generalis*, ovvero della concreta Congregazione dei cardinali. Ogni seduta corrisponde a una nuova titolazione. Lo svolgimento delle sedute si deduce dai fogli di convocazione inviati ai cardinali. Su questi sono elencate le singole opere da trattare. Nel Repertorio trovano ingresso tutti i punti all'ordine del giorno che toccano la trattazione di libri, ma non questioni di tipo organizzativo o simili. Chi volesse nondimeno informarsi in modo esaustivo su tutta la seduta, può dare

[13] Cfr. sostanzialmente Hubert WOLF, Einleitung, 64-82.

uno sguardo al rispettivo Diario in cui si trova il protocollo della seduta corrispondente.

Nei casi in cui non sono stati rintracciati i fogli di convocazione alla seduta, abbiamo dovuto descrivere lo svolgimento della seduta, ovvero l'elenco dei libri discussi, in base ai Diari. Quando anche il Diario non era a disposizione, si è fatto ricorso alle Relazioni.[14] I casi non riportati nel foglio di convocazione, ma presenti sul Bando e nel Diario, sono corredati di un relativo appunto («[Bando]» ovvero «[Diarium]») e posti alla fine dell'annotazione relativa alla seduta (cfr. pag. XVIII).

Alcuni titoli si trovano proibiti su un Bando, ma sulla procedura stessa non si trova nulla negli atti della Congregazione dell'Indice. Tali titoli si appongono all'ultima seduta prima della pubblicazione del relativo Bando, e sono corredati di un rimando all'origine della proibizione nelle categorie «Dekret» e «Bando». Nel caso della Congregatio generalis del 14 maggio 1779 per esempio non si trova altro che il Bando e alcuni pareri. La ricostruzione della seduta pertanto avviene in base al Bando, integrato dai pareri. Lo stesso vale per la Congregatio generalis del 10 luglio 1797: c'è un solo parere relativo a uno dei libri proibiti in questa seduta, e pertanto non c'è alcun cenno a quelle opere la cui trattazione non ebbe come conseguenza la messa all'Indice. Occorre rilevare che questa è anche l'ultima seduta documentabile durante gli anni di servizio del segretario Filippo Angelo Becchetti e prima della campagna militare francese nello Stato della Chiesa che fu condotta da Napoleone con le sue truppe nel 1797. Le sedute per le quali oltre alcuni sporadici pareri c'è soltanto il Bando sono contrassegnate con una nota a piè di pagina apposta alla titolazione *Congregatio generalis*. La data si basa su quella del Bando.

Dopo la data della *Congregatio generalis* segue nel Repertorio un primo blocco in cui sono riportate le seguenti informazioni fondamentali (cfr. pag. XIX).

1. L'ubicazione della *Sitzungseinladung* (convocazione alla seduta). Nel caso in cui non è stata ritrovata alcuna convocazione alla seduta, una nota a piè di pagina rinvia alla fonte utilizzata per la descrizione dei punti all'ordine del giorno. In tale caso il termine «Sitzungseinladung» è stato omesso.
2. L'elenco dei *Teilnehmer* (partecipanti). Questo fu di regola dedotto dai Diari. Siccome l'ordine in cui sono elencati i partecipanti fornisce informazioni sull'importanza attribuita ai singoli, esso è stato mantenuto.
3. La *Relation* (relazione) e la sua ubicazione archivistica. La relazione offre un rapporto scritto sulle pronunce e le loro motivazioni, e veniva consegnata al Santo Padre quale protocollo della seduta. Quando manca, tutto il punto è stato omesso. Siccome però la maggior parte dei segretari inseriva nel diario una breve (talvolta anche piuttosto ampia) annotazione sulla relazione, tale informazione è posta nella nota a piè di pagina. Nei casi in cui è stato possibile determinare la data dell'udienza, questa è stata inserita nella nota a piè di pagina relativa all'annotazione sulla relazione.
4. Il *Folium agendorum*, l'elenco e la spiegazione dei punti discussi. I folia agendorum erano compilati dal segretario e possono essere considerati una specie di promemoria o foglietto di appunti del segretario. Il segretario Do-

[14] Alcune lacune sono riscontrabili nei Diari 16 (10.01.1746-05.07.1746; 18.04.1747-16.12.1748) e 18 (l'ultimo appunto prima del 1800 concerne la Congregazione dell'Indice del 27 luglio 1778).

mingo Peréz per esempio compilava il suo folium agendorum in latino, ma soltanto dopo la seduta, e lo utilizzava a quanto sembra come modello per la relazione al Santo Padre, perché non compilava ulteriori relazioni. Anche se i folia redatti da Peréz oggettivamente sono relazioni, negli atti portano l'intitolazione «Folium agendorum», per cui anche noi abbiamo adottato questa denominazione pur trattandosi in verità di relazioni. Questo punto è stato omesso laddove manca il Folium. In una nota a piè di pagina se ne danno le relative spiegazioni per quanto fosse stato possibile accertare il motivo per cui manca il Folium agendorum.

5. La testimonianza archivistica della seduta nel *Diarium*.
6. La *Congregatio consultorum* con l'indicazione della data e con la testimonianza archivistica. Tra parentesi si annota il punto all'ordine del giorno dell'opera trattata, sotto sono riportati i rispettivi partecipanti. Anche se, di fatto, ce n'erano già state prima, una Congregatio consultorum[15] è testimoniabile soltanto dopo la *Sollicita ac provida* ed ebbe luogo per la prima volta il 27 settembre 1753. In questa seduta e nella seduta dei consultori del 13 dicembre 1753 si preparò la Congregatio generalis del 18 dicembre. Però a questo nuovo regolamento di procedura riguardante l'introduzione di una tale seduta dei consultori non sembra essere stato destinato un grande successo, poiché dopo la si riscontra soltanto nel 1754 e isolatamente negli anni 1760 e 1761 nonché all'inizio degli anni '80 del Settecento. Solo a partire dal 1790 la Congregatio consultorum si teneva regolarmente prima della Congregatio generalis. I consultori si incontrarono tre volte per preparare la Congregazione generale del 2 luglio 1804 – la prima dopo il 1797. Per 27 sedute è stato possibile documentare una Congregatio consultorum.

Dopo questo primo blocco con informazioni basilari, segue nel Repertorio della Congregazione dell'Indice un secondo blocco sull'andamento concreto della seduta. Come già accennato sopra, si registrano soltanto le trattazioni di libri, omettendo tutti gli altri punti all'ordine del giorno. In analogia al Repertorio per il XIX secolo, i singoli titoli sono muniti di numeri romani, trascrivendo tuttavia non solo il titolo della rispettiva opera, ma il testo così come si trova nella fonte. In tal modo è evidente al primo sguardo quale perito espone un parere da lui stesso redatto.

Per tenerci il più possibile vicini alle fonti, abbiamo di regola mantenute le abbreviazioni utilizzate (per esempio Dr., Mr.) e, nell'interesse di una lettura scorrevole, abbiamo sciolto soltanto le abbreviazioni all'interno di una parola (per esempio S[anc]ti, Cong[regation]is), contrassegnandole tramite parentesi quadre. Si omettono i segni di separazione particolari come «=» oppure «:», lo stesso vale per le accentazioni grammaticalmente non comprensibili, che si sono rivelate essere peculiarità dei rispettivi scriventi.

[15] Accanto alla denominazione *Congregatio consultorum*, scelta per il Repertorio perché la più frequente, si trovano negli atti anche altre denominazioni come *Congressus consultorum, Congregatio particularis consultorum, Congregatio privata, consultatio privata consultorum.*

Alla registrazione rilevata dal materiale archivistico segue la testimonianza bibliografica (cfr. pag. XXI).[16]

Sotto il titolo del libro e la testimonianza bibliografica si indica il perito, riportandone il nome per esteso e l'appartenenza a un ordine religioso. Quando il voto non era sottoscritto, si è cercato di individuare il perito in base agli atti della seduta o all'indice del volume dei protocolli corrispondente. Laddove tale ricerca non ha dato esito positivo, l'identificazione del perito è stata effettuata tramite confronto calligrafico. Dal punto di vista procedurale vale pertanto per il XVIII secolo: il perito era di principio anche il relatore. Per questo motivo in confronto ai Repertori del XIX secolo manca qui la voce «Referent» (relatore). Soltanto nei pochi casi in cui il perito non espone di persona è stata aggiunta la categoria «Referent». Ciò vale tuttavia al massimo per 15 o 20 casi. Quando il nome del perito non emerge dalle fonti, in una nota a piè di pagina si ricostruisce, per quanto possibile, chi ha periziato ed esposto il parere nella seduta (cfr. pag. XXII).

I pareri stessi sono registrati con l'esatta testimonianza archivistica. La data relativa è riportata soltanto se è della stessa mano del parere stesso. Quando la data è stata apposta a posteriori dal segretario o dall'addetto al registro – di regola in questo caso si trova semplicemente la data della seduta annotata sul parere – il parere è considerato non datato.

Dall'attività di Tommaso Mamachi (1779) in poi si rafforza la tendenza a commissionare più di un parere, in qual caso a relazionare è uno dei periti oppure il segretario. In seguito avviene spesso che anche il segretario stesso rediga un parere. Questo vale soprattutto a partire dal segretario Pio Bonifacio Fassati. Nel caso di più periti, quello enumerato per primo è colui che ha relazionato.

Dopo le informazioni su periti e pareri seguono informazioni sul decreto e sul Bando. Ciò costituisce un'innovazione rispetto alla ricerca sul XIX secolo. Infatti, da un lato alcuni titoli, nel periodo dal 1701 al 1813, venivano trattati sino a cinque volte, per cui si è reso assolutamente necessario registrare il decreto con la data della proibizione (di solito la data della seduta). D'altro canto nel XVIII secolo ci sono i Bandi-raccolta. Ne consegue che il Bando non viene più incluso nel primo blocco contenente le informazioni basilari sulla seduta, perché appunto non dopo ogni seduta fu promulgato un Bando a sé stante. Perciò la data del Bando è registrata subito sotto la data del decreto. Il rimando all'edizione dei Bandi non avviene più tramite il segno «+».

Quei decreti di cui si è potuto accertare che furono promulgati *donec corrigatur*, sono registrati con l'indicazione relativa. La data del Bando riportata nel Repertorio è la data della promulgazione. Nel caso tale data non fosse annotata sul Bando, si registra in base all'Affixum. L'annotazione in tal caso è contrassegnata dal segno «*».

Siccome molti titoli venivano trattati più volte, si è reso necessario stabilire a quale seduta correlare un tale titolo. Nel caso un'opera fosse stata oggetto di trattazione in più sedute, si registrano i dati relativi a decreto e Bando soltanto sotto l'ultima data che corrisponde a quella dell'effettiva proibizione. Nei casi di aggiornamento per l'ora avanzata o per l'assenza del perito si rinuncia a tutte le annota-

---

16 Su questo cfr. sotto XLVIII.

zioni successive al punto all'ordine del giorno e alla testimonianza bibliografica. Il parere pertanto è registrato soltanto presso quella seduta in cui fu effettivamente esposto e dove, di fatto, si trova anche nell'archivio, e non invece presso quella seduta per cui era stato originariamente redatto. Nei casi in cui un'opera era oggetto di trattazione in più sedute, le altre date sono trascritte nella nota a piè di pagina apposta al punto all'ordine del giorno.

Pertanto l'annotazione per la Congregatio generalis del 25 aprile 1701 fornisce soltanto la testimonianza bibliografica (cfr. pag. XXIII). L'annotazione completa relativa alla proibizione di questo titolo con perito, parere, decreto e Bando si trova pertanto soltanto sotto la data dell'11 luglio 1701 (cfr. pag. XXIII).

Accanto al primo blocco con le informazioni di base e la ricostruzione dell'andamento effettivo della seduta, il Repertorio della Congregazione dell'Indice 1701–1813 offre anche informazioni aggiuntive. Nelle note a piè di pagina si trovano per esempio cenni complementari a corrispondenze epistolari, a procedimenti etc.; questi cenni sono stati trascritti senza pretesa di completezza, ma in base ad essi è più facile comprendere l'andamento delle sedute.

Resta d'aggiungere che furono proibite anche delle opere che non sono riportate su alcun Bando. Sostanzialmente sono tre i motivi che si trovano nelle fonti. In primo luogo avveniva che i cardinali richiedessero esplicitamente di tenere segreta una proibizione. Un esempio ne sono le «Cognizioni essenziali della Cristiana Cattolica Religione», trattate nella seduta del 9 dicembre 1806.[17] In secondo luogo c'è motivo di presumere che di quando in quando un titolo fosse stato dimenticato nel momento della redazione del Bando oppure dell'Indice. Ciò avvenne per esempio nella Congregatio generalis del 30 agosto 1745 in cui i «Discours historiques» di Thomas Gordon furono trattati e proibiti, però non apparvero mai sui Bandi né sugli Indici.[18] In terzo luogo le proibizioni non erano più menzionate, se le correzioni proposte dai periti erano state inserite dall'autore prima della stampa del Bando, il che capitava spesso per le proibizioni «donec corrigatur»: poiché in tal modo i motivi per una proibizione erano caduti. Incontriamo un caso di questo tipo nella seduta del 15 novembre 1740 con la proibizione di «De passione D.N. Jesu Christi» di Giovanni Marangoni.[19] Quando Marangoni ebbe pregato di indicargli le correzioni per rielaborare la sua opera, era svanito il presupposto per una proibizione.[20]

In base all'esame completo da noi effettuato sul materiale archivistico, si possono inoltre precisare e in parte anche correggere alcune indicazioni delle due opere fondamentali di Hilgers[21] e Bujanda.[22] In entrambe si trovano molto spesso rinvii a

---

17 Anonimo [Luigi MIRRI], Cognizioni essenziali della cristiana cattolica religione o sia Catechismo per ogni ceto di persone comprovato con i testi della Sacra Scrittura: con altre aggiunte istruttive, ed edificanti, 2 vol., Firenze 1804.

18 Thomas GORDON, Discours historiques, critiques & politiques sur Tacite. Traduits de l'anglois de Mr. Th. Gordon, 2 vol., Amsterdam 1742.

19 Giovanni MARANGONI, De passione D. N. Jesu Christi considerationes asceticae XVI. ad excitandos animae affectus per nobiliores dominici corporis partes, & membra distributae. Quibus accedit consideratio de passione Beatae Virginis Mariae orbis redemptori crucifixo dicatae, Romae 1728.

20 ACDF Index Prot. 81 (1737-1740), fol. 316r-318r e ACDF Index Prot. 82 (1740-1746), fol. 19r-20v.

21 Joseph HILGERS, Der Index der verbotenen Bücher. In seiner neuen Fassung dargelegt und rechtlich-historisch gewürdigt, Freiburg 1904.

«condanne dell'opera omnia». Un esame minuzioso dei documenti ha tuttavia potuto dimostrare che in meno del 20 per cento delle condanne dell'opera omnia segnalate dai due autori, ciò è effettivamente corretto. In base alle indicazioni di Bujanda si potrebbe presumere che entrambi i volumi delle «Vues Philosophiques» di Premontval[23] fossero stati proibiti l'8 maggio ed il 24 agosto del 1761. Le fonti rivelano però che nella prima data fu proibito il primo volume e nella seconda data il secondo volume dell'opera.[24] Hilgers attribuisce ripetutamente al teologo calvinista Jean Leclerc una condanna dell'opera omnia, il che non corrisponde ai fatti.[25]

Per gli scritti che furono esaminati sia dalla Congregazione dell'Indice che dal Sant'Uffizio, è stato inserito un rimando incrociato con cui si rinvia alla categoria ordinatrice del secondo Repertorio.

Bibliografia

Con il XVIII secolo la ricerca di base sull'Inquisizione Romana e la Congregazione dell'Indice giunge all'epoca degli stampati antichi. Tale epoca va dai primi incunaboli (cioè dall'invenzione della stampa a caratteri mobili all'anno 1500 circa) che mostravano ancora molti elementi dei manoscritti, sino al passaggio dal XVIII al XIX secolo, quando gradualmente con i procedimenti per la stampa di massa si annunciava la produzione industrializzata di libri. Lo scopo della ricerca di base è costituito tuttora dall'esatta identificazione, che corrispondesse alle norme nazionali e internazionali, dei libri trattati o proibiti dall'Inquisizione Romana e dalla Congregazione dell'Indice, cioè delle opere, delle edizioni e delle traduzioni.[26]

Anche nel XVIII secolo, come già nel XIX secolo, dagli atti delle due congregazioni e dalle sentenze pubblicate sui Bandi non sempre emerge indubitabilmente quale libro fu trattato o proibito, e in quale edizione o traduzione. È chiaro che all'interno delle autorità romane preposte alla censura non si usava lavorare secondo i criteri bibliografici moderni. Più ci si inoltra, studiando la censura libraria romana, nei secoli remoti, più ci si allontana dalle tendenze alla professionalizzazione della biblioteconomia che si rafforzano soltanto nella seconda metà del XIX secolo.

---

22 Jesús Martinez de BUJANDA, Index librorum prohibitorum 1600-1966 (Index des livres interdits 11), Sherbrooke 2002.

23 André Pierre LEGUAY DE PRÉMONTVAL, Vues philosophiques, ou protestations et déclarations sur les principaux objets des Connoissances humaines, Amsterdam 1757.

24 Cfr. BUJANDA, Index, 526, e le relative annotazioni della Congregatio generalis del 24 agosto 1761 e dell'8 maggio 1761.

25 HILGERS, Index, 438 (11 settembre 1702), 440 (16 gennaio 1708, 15 maggio 1708 e 18 settembre 1708, 4 marzo 1709), 442 (19 luglio 1718).

26 Sulle riflessioni fondamentali cfr. WOLF, Einleitung, 103s. Le linee guida bibliografiche illustrate qui di seguito valgono solo in parte per la Prosopografia, per la quale sono state necessarie ricerche separate e la cui bibliografia segue altri obiettivi.

Gli stampati antichi pongono l'elaborazione della bibliografia sul XVIII secolo davanti a nuove sfide. Fondamentalmente si mira, nella registrazione dei titoli, a rendere con la maggiore esattezza possibile il frontespizio. Ciò è reso problematico quando si tratta di titoli piuttosto complessi, quando esistono numerose edizioni che differiscono spesso solo in dettagli poco appariscenti e che perciò sono difficilmente distinguibili, oppure quando si trovano divergenze ortografiche e particolarità come legature, abbreviazioni, segni diacritici etc. Negli stampati antichi, l'intera opera funge come fonte di informazioni per l'acquisizione dei titoli. Per l'identificazione univoca è necessaria l'indicazione della conformazione dell'originale riguardo ai dati sull'autore, sull'edizione, sul luogo di edizione e sull'editore, nonché l'indicazione del numero di pagine e del formato, informazioni che in parte sono difficilmente reperibili. Conseguentemente per gli stampati antichi le linee guida bibliografiche utilizzate per il XIX secolo sono dovute essere ampliate ed adeguate. Per evitare una rottura nelle acquisizioni dei titoli e in corrispondenza alle disposizioni delle «RAK-WB Alte Drucke» (Regole per la catalogazione di stampati antichi),[27] le linee guida si applicano anche alle opere trattate nei primi due decenni del XIX secolo, le quali sono comprese nei volumi qui presentati della ricerca di base sul XVIII secolo.

Inoltre nel XVIII secolo spesso abbiamo a che fare con scritti poco diffusi (come tesi di dottorato o disputazioni), oppure con opere che apparvero lungo un vasto arco di tempo in numerose edizioni quasi indistinguibili. Se per esempio per gli scritti accademici mancano, nei cataloghi delle biblioteche che li documentano, le indicazioni esatte sul rispondente e su luogo e data dell'esame, l'esatta identificazione risulta difficile. Per di più i primi periodici come gli «Acta Eruditorum» apparvero con titoli, luoghi di edizione, editori e curatori mutevoli, ma venivano ripetutamente trattati durante l'intero XVIII secolo. Pertanto è stato necessario elaborare una registrazione del titolo sovraordinata e uniforme per l'opera intera, registrazione nella quale l'edizione concretamente trattata può essere inserita.

La biblioteca dell'Archivio della Congregazione per la Dottrina della Fede, che è descritta tramite un catalogo cartaceo, purtroppo possiede soltanto poche copie delle pubblicazioni di nostro interesse. Inoltre si è rivelato che i volumi ivi presenti non sono necessariamente identici alle edizioni esaminate e trattate. Le frequenti inesattezze – come un anno d'edizione divergente da quello delle edizioni identificabili oppure una differenza tra gli anni di edizione annotati nella convocazione alla seduta o nel Diarium da una parte e nel parere dall'altra – hanno generalmente ostacolato l'identificazione bibliografica.

Per la descrizione bibliografica è risultato positivo il fatto che nei fondi SO *Censurae Librorum* non di rado si trovano allegati esemplari degli scritti trattati che sono così potuti essere descritti direttamente per la bibliografia. Per di più nella serie SO Tituli Librorum si trovano trascrizioni di frontespizi che si possono utilizzare per l'indagine. Infine nella Biblioteca Apostolica Vaticana (BAV) è stato individua-

[27] RAK-WB = Regole per la catalogazione alfabetica nelle biblioteche scientifiche. Cfr. Klaus HALLER/Hans POPST, Katalogisierung nach den RAK-WB. Eine Einführung in die Regeln für die alphabetische Katalogisierung in wissenschaftlichen Bibliotheken, München [6]2003; Klaus HALLER, Regeln für die Katalogisierung alter Drucke, erarbeitet von der Arbeitsgruppe des Deutschen Bibliotheksinstituts «RAK-WB und alte Drucke», Berlin 1994.

to un fondo di manoscritti che dal possesso del Sant'Uffizio è pervenuto alla biblioteca. I manoscritti trattati possono in tal modo essere acquisiti in una completezza (addirittura con annotazioni manoscritte sul procedimento) che altrimenti sarebbe stata difficilmente raggiungibile.

Come nel XIX secolo, anche nel XVIII secolo abbiamo avuto a che fare con più di 3.000 titoli che furono indagati nelle due congregazioni romane in procedimenti di censura. La registrazione dei titoli si basa principalmente sulle informazioni fondamentali come si trovano nei documenti d'archivio. Si tratta, nel caso migliore, di una trascrizione del frontespizio (o di singole parti) con i dati relativi al numero di pagine e al formato del libro trattato. Partendo da questi dati bibliografici a volte incompleti o frammentari, le opere trattate sono state ricercate nei cataloghi online delle biblioteche nazionali ed internazionali, nei cataloghi collettivi transregionali e nelle biblioteche romane (BAV, Biblioteca Casanatense). Il dato bibliografico esatto così ottenuto viene, nella ricerca di base, riportato in tutti i luoghi nei quali l'opera ricorre.

Per le opere la cui identificazione non è stata possibile o non è stata univoca, si fanno notare i seguenti casi possibili: laddove la ricerca poggia unicamente su informazioni mediate, provenienti per esempio dalle convocazioni alle sedute, dagli atti del procedimento, dai Bandi oppure dal catalogo cartaceo dell'ACDF, gli elementi mancanti spesso si sono potuti – in analogia con il modo di procedere per il XIX secolo – individuare ed integrare tramite le ricerche negli specifici cataloghi collettivi delle biblioteche. Se un'identificazione esatta non è stata possibile e più acquisizioni di titoli o edizioni combaciano con le informazioni ottenute dalle fonti, tutte le opere/edizioni che potrebbero corrispondere a quella cercata, vengono elencate. A tali titoli è stato apposto il segno «♦» per distinguerli dalle edizioni che con ogni sicurezza corrispondono a quelle trattate.

Nei casi dubbi si riporta la registrazione del titolo più estesa ovvero la più affidabile, col maggior numero di corrispondenze nelle più importanti categorie, corredata di testimonianze complementari nella nota a piè di pagina. Se i dati non bastano per identificare univocamente l'edizione, si continua a ricorrere all'ultima edizione precedente il procedimento, aggiungendo la più remota edizione documentabile in una nota a piè di pagina. A questo modo si riesce a circoscrivere almeno il terminus post e ante quem dell'uscita di un titolo trattato. Nei casi in cui, a causa di dati mancanti o troppo generici, l'identità di un'opera non si è potuta appurare con certezza, la si denota quale «nicht ermittelt» (non individuata). Il risultato della ricerca è eventualmente aggiunto nella nota a piè di pagina. Quando invece in base alle informazioni ottenute nell'archivio, si è potuto ricostruire una registrazione del titolo grossomodo completa, ma l'opera non è stata trovata in alcuna biblioteca né in alcun catalogo collettivo, la si registra come «nicht nachgewiesen» (non testimoniata). Se un'opera si trova acclusa al relativo parere, il dato bibliografico, dopo l'aggiunta «Beiliegend» (in allegato), è corredato della segnatura archivistica eventualmente integrata da una testimonianza dai cataloghi collettivi. Se l'opera trattata si trova nella biblioteca dell'ACDF, si riporta la segnatura bibliotecaria dell'ACDF, eventualmente anch'essa ampliata di una testimonianza dai cataloghi collettivi.

La registrazione di un titolo consiste, per il XVIII secolo, delle seguenti categorie.

1. Autore/persona coinvolta (cfr. pag. XXX):
   l'indicazione avviene possibilmente nella forma dell'intestazione uniforme, di solito nella lingua nativa dell'autore, e si basa sulle norme delle biblioteche scientifiche tedesche. I prenomi sono riportati possibilmente completi e non abbreviati. L'intero nome dell'autore/i nomi degli autori sono posti in maiuscoletto. Nel caso di più autori, si riportano soltanto due nomi, rinviando eventualmente ad altri autori con l'aggiunta «[u.a.]» (ed altri).
   Gli anonimi e gli pseudonimi come anche i presunti autori dell'originale sono corredati, ove possibile, dell'indicazione del nome uniforme individuato. Se per esempio le indicazioni sull'autore si trovano soltanto nella dedica, ma non sul frontespizio, l'autore è riportato sulla base della dedica per evitare che il titolo rimanga «anonimo».
   Un caso a parte è costituito dai principi, dai gerarchi ecclesiastici e dagli appartenenti ad ordini religiosi. Se gli autori sono principi, papi o vescovi (in funzione ufficiale), al nome si aggiunge, fra parentesi uncinate, il luogo in cui l'autore operò, oppure il territorio di suo dominio e la denominazione della sua carica. Lo stesso vale per i nomi religiosi.

Anonym [Gerberon, Gabriel][28]
OUDENHEIM, F. (VON) [Pseudonym][29]
EYCKENBOOM, IGNATIUS <Pseudonym> [Gerberon, Gabriel][30]
TRAUTMANNSDORFF, MARIA THADDEUS VON [Tamburini, Pietro][31]
TALON, DENIS [LeVayer de Boutigny, Rolland?][32]
FEYDEAU DE BROU, HENRI <Amiens, Bischof>
JORGE <de San José>

2. Titoli (cfr. pag. XXVIII):
   a differenza dalla bibliografia per il XIX secolo, per l'identificazione univoca gli accenti, i segni diacritici, le particolarità tipografiche, la punteggiatura, le iniziali maiuscole o minuscole etc. non si adeguano alle regole ortografiche odierne, ma sono riportate come nell'originale. Le particolarità ortografiche e grammaticali di titoli possono rendere necessaria la formulazione di un'intestazione uniforme del titolo.
   Errori di stampa nell'originale che travisano il senso vengono contrassegnati tramite un «[sic!]» posposto. Particolarità dei tipi di stampa utilizzati (in neretto, in rosso e nero etc.) non vengono tuttavia considerate. La grafia di alfabeti stranieri viene possibilmente ripresa dall'originale ed integrata tramite la trascrizione. Diversamente da quanto fatto per il XIX secolo si registra anche l'indicazione dell'autore nella forma dell'originale (nelle opere latine è intro-

[28] Anonimo con il nome dell'autore individuato.
[29] Pseudonimo senza individuazione del reale nome dell'autore.
[30] Pseudonimo con l'individuazione del reale nome dell'autore.
[31] Autore presunto e autore supposto reale.
[32] Autore presunto e autore probabilmente reale.

dotta da formule quale «auctore ...», spesso con annotazioni biografiche su provenienza, professione, gradi accademici etc.).

3. Indicazione d'edizione:
l'edizione è riportata senza abbreviazioni e nella lingua dell'originale, sicché in questo punto il lavoro sul XVIII secolo differisce da quello sul secolo successivo.
4. Luogo di pubblicazione, stampatore/editore:
questa indicazione si dà in base all'originale e senza abbreviazioni.
5. Anno di pubblicazione:
come già nella bibliografia sul XIX secolo, anche qui i numeri romani si rendono con cifre arabe.
6. Descrizione fisica (numero di pagine, formato):
siccome molti cataloghi collettivi, soprattutto quelli internazionali, non distinguono in modo coerente e affidabile tra foliazione e paginazione, tutte le indicazioni a riguardo vengono uniformate e riportate in numeri di pagine. Solo nelle registrazioni di titoli derivate da cataloghi collettivi che catalogano secondo le regole «RAK-WB», si fa una tale distinzione. Non si registrano le illustrazioni. Se di un'opera esistono numerose edizioni, caso frequente nell'epoca degli stampati antichi, il formato costituisce un'importante caratteristica distintiva per l'identificazione, e si registra ove possibile. Rispetto alla prassi nella ricerca di base sul XIX secolo ciò costituisce un'innovazione. Le indicazioni sul formato date dalle fonti archiviste non sono tuttavia in ogni caso affidabili. Se ne possono addurre due motivi: in primo luogo i collaboratori delle autorità censorie non erano bibliotecari professionisti, e in secondo luogo nella produzione dei libri c'erano grandi variazioni rispetto alla grandezza del libro cioè, all'interno dei singoli formati, rispetto alle dimensioni dei fogli. Tali variazioni erano dovute alla mancanza di standardizzazione delle dimensioni di partenza del foglio di stampa.
7. Privilegi di stampa:
possibilmente si registrano.
8. Titoli di collana:
fra parentesi tonde si pospongono gli eventuali titoli di collana con la numerazione dei volumi.
9. Sigle dei cataloghi:
si riporta, come già per il XIX secolo, la testimonianza con la sigla del catalogo della biblioteca/delle biblioteche ovvero dei cataloghi collettivi in cui è stato possibile individuare l'opera. Per le opere accluse ai documenti d'archivio si aggiunge la testimonianza archivistica dell'ACDF.

Ulteriori categorie che tengono in considerazione singoli aspetti bibliografici possono essere le seguenti.

10. Opera a più volumi (cfr. pag. XXX):
a causa delle caratteristiche del XVIII secolo diverse e specifiche rispetto al XIX secolo, si è dovuto modificare il modo d'agire: quando fu trattata un'opera a più volumi, si riporta la registrazione del titolo dell'opera intera indicando il numero complessivo di volumi apparsi e gli anni di pubblicazio-

ne (l'anno di pubblicazione del primo e dell'ultimo volume, eventualmente il titolo complessivo ovvero il titolo della collana con la numerazione dei volumi). I volumi trattati non sono più menzionati nella registrazione del titolo sovraordinata, bensì in una nota a piè di pagina.[33]

11. Periodici (cfr. pag. XXX):
per i periodici si indica, in analogia a come si procede per le opere a più volumi, il titolo complessivo, riportando l'annata/edizione trattata in una nota a piè di pagina.

12. Traduzione:
se l'edizione esaminata è una traduzione, si continua a registrare in una nota a piè di pagina l'opera di riferimento in lingua originale introdotta da «Vgl.» (confronta).

13. Opere contenute o allegate:
non si distingue tra le opere contenute nell'edizione individuata e quelle allegate ad essa. Entrambi i casi si indicano con «enth.» (contiene).

14. Aggiunte e omissioni:
aggiunte (informazioni supplementari o l'integrazione di versioni incomplete dei titoli) ed omissioni (all'interno dell'originale) sono poste tra parentesi quadre.[34]

A causa delle peculiarità del XVIII secolo possono inoltre presentarsi i seguenti casi particolari.

15. Registrazione di rappresentazioni visive:
per la registrazione delle riproduzioni visive che nel XVIII secolo si trovano frequentemente allegate agli atti e trattate davanti alle congregazioni, si è elaborato un proprio schema, orientandosi alle regole «RAK-NBM».[35]

16. Scritti accademici (cfr. pag. XXXI):
per ottenere un'esatta identificazione e una registrazione completa, si riportano come autori non soltanto i presidenti dell'esame («Praes.»), ma possibilmente anche gli esaminati («Resp.»).

17. Barre e interruzioni di riga, accenti, abbreviazioni e legature:
laddove è possibile tramite autopsia oppure anche per mezzo dei frontespizi digitalizzati dei cataloghi delle biblioteche, si segnalano le interruzioni di riga tramite una doppia barra seguita da uno spazio «// ».[36] Le virgulae a forma di

[33] Per indicare il singolo volume si continua a usare per le opere tedesche l'abbreviazione «Bd.», per le altre lingue «vol.».

[34] Ai dati insicuri o stimati si aggiunge, oltre alle parentesi quadre, un punto interrogativo «?» o l'abbreviazione «ca.». Abbreviazioni esplicative latine come «i.e», «S.a.» sono poste tra parentesi quadre e adottate indipendentemente dalla lingua dell'opera.

[35] RAK-NBM = Regole per la catalogazione alfabetica di materiale non librario. Cfr. Hans POPST (Red.), Regeln für die alphabetische Katalogisierung von Nichtbuchmaterialien: Sonderregeln zu den RAK-WB und RAK-ÖB, Berlin 1996 (edizione in fogli sciolti).

[36] Se alle interruzioni di riga si sovrappongono segni d'interpunzione tecnici inerenti alla registrazione dei titoli (per esempio il doppio punto che separa il titolo principale dall'aggiunta al titolo principale o sottotitolo, oppure la barra semplice che precede l'indicazione dell'autore), esse non sono contraddistinte. Se l'interruzione di riga cade in una parola divisa tramite un trattino, s'inserisce la barra doppia senza spazio.

barra, segni tipografici antichi paragonabili alla virgola, sono rese come le virgole normali. Anche altre peculiarità ortografiche come gli inizi di parola in lettere maiuscole o minuscole e come gli accenti, sono riportate senza adattarle all'odierna ortografia. Le legature, cioè le abbreviazioni o precisamente fusioni di lettere all'interno di una parola, sono possibilmente sciolte e completate tra parentesi quadre. Le abbreviazioni a fine parola non sono sciolte.

Ringraziamento

La ricerca di base sull'Inquisizione Romana e sulla Congregazione dell'Indice è un'opera collettiva. La Fondazione tedesca per la ricerca *Deutsche Forschungsgemeinschaft* (DFG) con il suo programma per le ricerche a lungo termine mette a disposizione, per progetti di questo tipo, un buon sostegno di base che permette un'atmosfera favorevole alla ricerca, e relativamente sicura quanto alla programmazione. Il mio grazie si rivolge perciò in primo luogo ai responsabili della *DFG* che in modo esemplare adempiono ai loro ruoli di mediatori tra le ambizioni teoriche del ricercatore e le condizioni pratiche del finanziamento.

Un professore universitario con un grande progetto di ricerca è quanto sono le sue collaboratrici e i suoi collaboratori: da un lato ci sono la precisione storica, le conoscenze linguistiche e la cognizione dei contesti, dall'altro l'entusiasmo, l'identificazione con il lavoro e la creatività. Da qui prende vita ogni progetto, e sono grato di potere fare questa esperienza.

I responsabili per il Repertorio dell'Inquisizione sono Dr. Bruno Boute e Dr. Cecilia Cristellon. Entrambi si sono avventurati nelle profondità degli atti dell'Inquisizione descrivendo le serie con grande capacità e alta competenza scientifica. Lo stesso vale per Andreea Badea e Jan Dirk Busemann, sotto la cui regia è nato il Repertorio della Congregazione dell'Indice. Hanno esaminato accuratamente i fondi d'archivio registrando ogni singola seduta con diligenza e con il senso dell'essenziale. Lo scambio d'idee è stato per entrambe le parti molto fecondo. Il responsabile per la Bibliografia del XVIII secolo è Volker Dinkels. Con la precisione del bibliotecario e con un'inesauribile pazienza egli si è occupato degli stampati e scritti antichi del XVIII secolo, provvedendo con singolare accuratezza e grande competenza specialistica a farci trovare, per quasi tutti i libri discussi a Roma, il titolo giusto.

Sono stati efficacemente aiutati, all'interno del progetto, dai collaboratori scientifici Maike Hartmann, Dr. Jyri Hasecker e Ursula Paintner, dalle due corrispondenti in lingue estere Dr. Maria Pia Lorenz-Filograno e Hedwig Rosenmöller, e inoltre dagli studenti collaboratori Ruth Fehlker, Kathrin Söllner, Felix Hüffer e Miriam Schoden. Nonostante si fosse ormai trasferito ad un altro programma di ricerca collaborativo, anche il Dr. Bernward Schmidt è naturalmente rimasto sempre pronto ad aiutare con consigli e suggerimenti. Vorrei ringraziare in particolare Judith Schepers che in tempi assai movimentati per il progetto per il forte ricambio di personale, ne ha con tutta naturalezza assunto il coordinamento e compie questo incarico con grande previdenza e con un'eccellente cognizione delle problematiche legate alla ricerca sulla censura libraria.

Il lavoro nel progetto fruisce del costante sostegno di tutte le collaboratrici e di tutti i collaboratori del mio *Seminar für Mittlere und Neuere Kirchengeschichte*. In modo rappresentativo vorrei nominare il mio amministratore Dr. Thomas Bauer che esegue l'intera gestione del progetto con grande affidabilità ed alta professionalità. In tutte le questioni di comunicazione scientifica e management della ricerca posso, come sempre, contare sulla Dr. Barbara Schüler.

Mi preme rilevare in questo contesto anche l'impegno della «IVV 7», che è, all'interno della *Westfälische Wilhelms-Universität*, la «nostra» sezione elaborazione elettronica dei dati. Matthias Goden e i suoi collaboratori provvedono a memorizzare e a salvare enormi moli di dati; e anche nel caso d'emergenza sono sempre disposti ad intervenire in nostro aiuto sia che si tratti di un laptop rotto di ritorno dal lavoro in archivio sia che si tratti addirittura di una chiavetta USB che deve essere saldata per evitare la perdita di dati. Grazie di cuore per tutto quello che in questo settore si fa perlopiù nei retroscena.

Il mio ringraziamento si rivolge comunque anche a tutte le colleghe e a tutti i colleghi che frequentemente sostengono il nostro lavoro con i loro suggerimenti proficui. Per tutti vorrei qui nominare, per il Repertorio della Congregazione dell'Indice, il Dr. Niclas Förster dell'*Institutum Judaicum Delitzschianum*. Non vorrei chiudere senza menzionare il sostegno dell'Archivio della Congregazione per la Dottrina della Fede offertoci dal direttore Mons. Alejandro Cifres e dai suoi collaboratori Daniel Ponziani, Fabrizio De Sibi e Fabrizio Faccenda.

Come già nei volumi sul XIX secolo è stato nostro intento offrire il servizio di traduzioni plurilingue. Perciò vorrei ringraziare le mie collaboratrici Hedwig Rosenmöller ed Elisabeth-Marie Richter che sono state subito disposte ad accingersi alla traduzione dei testi in italiano e in inglese, e Javier Sánchez-Arjona Voser che quale docente presso il *Romanisches Seminar* della nostra università è perfettamente qualificato per la versione spagnola. Tutti insieme apportano un importante contributo a questa grande opera collettiva.

INTRODUCTION TO THE SYSTEMATIC REPERTORIES 1701–1813

TRANSLATION BY ELISABETH-MARIE RICHTER

"Legimus aliqua, ne legantur, legimus ne teneamus, sed ut repudiemus. Dicebat Divus Ambrosius; Accurate, et ego, Emi et Rmi Patres perlegi ista duo impudica Volumino, né legantur."[1] With these words Girolamo Maria Allegri, consultor of the Roman Congregation of the Index, opens his report on Robert Challes' work "Les illustres francoises histoires veritables" on 27th April 1722.[2] He thus gets to the heart of the Roman censors' self-image: the consultors of the Inquisition and the Congregation of the Index are compelled to read horrid books in order to protect others from reading them. They do not read out of hunger for knowledge, nor for personal delight, but to "discard" these "unchaste" and dangerous publications. They read in order to put books on the "Index librorum prohibitorum" and to keep Catholics from reading them. Allegri, however, adds that censorship must not be accomplished superficially, but requires "careful" analysis heeding the advice of St. Ambrose.

It is only this last point that the systematic repertory on book censorship by the Roman Inquisition and the Congregation of the Index in the 18th century shares with the intentions harboured by Allegri and the Roman censors. The analysis of the relevant material in the Archive of the Congregation for the Doctrine of the Faith (ACDF) indeed demands high "diligence" of someone in quest of a truly reliable key to the most distinguished archive of modern knowledge culture, however negatively branded it may be. In contrast to the Roman censors we have fulfilled the laborious task of turning every single page in the archive, of reading and documenting everything, so that others may read it, too, so that the work of the censors may come to light, so that researchers from all over the work and of all academic disciplines may get an overview of all the books dealt with in Rome: legimus aliqua legantur. We must admit: some of the censors' expressions really do evoke sheer de-

---

1 ACDF Index Prot. 72 (1721-1723), fol. 170r, 27th April 1722.

2 Cf. Robert CHALLES, Les illustres francoises histoires veritables. Ou l'on trouve, dans des caracteres tres particuliers & fort differens, un grand nombre d'exemples rares & extraordinaires. Des belles manieres, de la politesse, & de la galanterie des personnes de l'un & de l'autre sexe de cette nation, 2 vol., A La Haye 1715. The book was banned by the bando of 4th December 1724.

light. In most of the cases, however, our work was hard and therefore comparable to the censors' duties. We hope that we succeeded in thwarting the censors' intentions and in inspiring many researchers and others interested in this subject to read the systematic repertory of the basic research, but also to read the sources analysed in it.

The systematic repertory to document all pending book censorship proceedings within the Congregation of the Index and the Inquisition thoroughly discloses the work of both congregations. Given the diverse modi operandi of the two dicasteries and the highly discrepant sources, the repertories for the 19th century have been published earlier. The present introduction is structured as follows: first, the repertory for the Inquisition is introduced; a presentation of the volume on the Congregation of the Index then comes next. The following guidelines to the bibliography apply to both repertories.

The Repertory for the Inquisition

In contrast to the repertory for the Congregation of the Index, which is based on the invitations to the sessions and therefore arranged according to the dates of the meetings of the cardinals, the repertory for the Inquisition was compiled as the result of a systematic evaluation of those series in the Archive of the Congregation for the Doctrine of the Faith pertaining to book censorship.[3] The conclusion drawn from this evaluation is that cases of both repressive and preventive censorship were dealt with, as both kinds of censorship emerge in the respective series. Moreover, already then a considerable number of manuscripts was examined by the Holy Office, which thereupon decided whether to grant or to refuse an imprimatur. Compared to the duties of the Congregation of the Index and in distinction from the 19th century this was a very important task the Inquisition had to perform during the 18th century.

The connections and controversies between the Inquisition in Rome and local authorities were of particular relevance in the 18th century. In some cases revisers of the local inquisitions were actually instructed first. While local Inquisition tribunals only operated within the dissolving Papal State (until 1870), the Inquisitions in the Italian city states promoted the local entrenchment of the Roman Congregation until their dissolution in the second half of the 18th century,[4] not only in the realm of criminal administration, but also as far as book censorship was concerned. This entrenchment evolved in combination, but also in competition with other ecclesiastical, academic and civil authorities within and outside the borders of Italy. Of course, this affected the records in the Archive of the Congregation for the Doctrine

3 Cf. Hubert WOLF, Einleitung 1814-1917 (Römische Inquisition und Indexkongregation. Grundlagenforschung: 1814-1917), Paderborn 2005, 82.

4 Cf. Andrea DEL COL, L'Inquisizione in Italia dal XII al XXI secolo, Milano 2006, 729-737.

of the Faith. We have taken this finding into account when listing the archival materials for the repertory. Information on enclosed materials in the Roman archive is given in footnotes or listed under "Weiterhin beiliegend" (Also enclosed).[5] It, for instance, comprises "relationes" by local inquisitors concerning measures taken by customs offices against smugglers of banned books, legal actions against printers, interrogations of witnesses and authors or reports written by local assessors on behalf of local Inquisitions or Episcopal authorities. Without claim to completeness, this information aims at emphasizing the institutional, social and cultural entrenchment of Italy. In this point, the Holy Office of the early modern times differs from its successor in the 19th century.

The following archival collections were consulted for the compilation of the repertory:

1. Altogether 50 volumes of the series **ACDF SO Censurae Librorum 1701-1809** (SO CL), varying in the number of fascicles. Each of these volumes relates to one or more works dealt with. 80 to 90% of all cases of book censorship dealt with by the Inquisition are likely to be located in this series. As in the case of the 19th century, the materials are accessed via the respective rubricella.
2. Altogether 100 fascicles of the series **ACDF SO Vota Censurae Librorum I (1740-1757)** and **II (1757-1809)** (SO Vota CL),[6] distributed over eleven buste, which include voti. In some cases minutes, especially of the so-called "consulta", the session of the consultors, were found on the reverse of the reports, sometimes together with a relatio by the assessor of the Holy Office. Occasionally, further documents were enclosed, but less frequently than in the series ACDF SO CL. This finding and the fact that this series often contains copies of reports already found in ACDF SO CL as well as several samples of one report leads us to conclude that in the majority of cases we have to do with the vota that the assessor passed on to the cardinals for preparation to the sessions.
3. Ten volumes of the series **ACDF SO Tituli Librorum (1698-1808)** (SO Tit. Libr.) containing several hundreds of integrated fascicles. They chiefly contain applications for printing licenses, which, in case of doubt, were passed on to the congregations by local inquisitors or nuncios, sometimes via the Secretariat of State. This mainly concerned works not (yet) published, but works that already circulated on the market were sometimes consigned, too. The respective fascicles contain the correspondence as well as the predominantly handwritten copies of the frontispieces of the works investigated, minutes of the congregations' decisions, written on the reverse of the documents or on the covers of the fascicles and every once in a while small publications and reports. In most of the cases the decision – the grant or denial of a printing license – was come to on grounds of the information offered in the correspon-

[5] In the repertory on the 19th century this heading was used to list all printed works (books, periodicals, devotional pictures) that were enclosed in the fascicle without being investigated.

[6] The two series are paginated continuously. Series no. 1 contains Nos. 1-30, Series no. 2 contains Nos. 31-100.

dence. Otherwise, the correspondents of the Holy Office were asked to deliver the works to the congregation itself or to the Congregation of the Index, the Propaganda Fide or the Congregation of Rites to have them investigated by either of them. In these cases, the fascicles represent the first stage of the proceedings.

4. Moreover, some volumes of the series **ACDF SO Stanza Storica** (SO St. St.) were consulted. This series represents more than half of the records of the archive and was only systematized in the course of the 18th century. It contains cases that have become to voluminous to be documented in the Censurae Librorum, as well as cases concerning books on one particular subject, which therefore constitute a separate sub-series. Although the titles of some volumes were of great help with the identification of material on the disputation of books, which was consequently included in the repertory, the theoretical possibility of coming across cases of censorship in other volumes as well remains (e.g. in the series Giansenismo, Dubia circa Sacramenta and in spogli of cardinals such as Carpegna and Casanate), as, of course, book censorship did not take place in a vacuum, but in the midst of theological controversies. These volumes could not be taken into consideration for the repertory. The same limitation applies to other series of the Holy Office.[7]

The fact that we consulted these records, unfortunately does not guarantee that we were able to include them systematically. The present state of the inventory made it impossible to evaluate all the materials on book censorship in the 18th century therein kept during the past triennial project phase.[8] A project to prepare an inventory of these archival collections has already been tackled by the ACDF in cooperation with the Italian Ministry of Cultural Heritage and Activities (Ministero per i Beni e le Attività Culturali); it is, however, not accessible yet.[9] Nevertheless, the records of the Stanza Storica are sometimes referred to as offering additional information on a case in the annotations. However, no claim to completeness is made here, as we were not able to examine every single record en detail.

This is not the case with the three aforementioned series. The series Tituli Librorum, for example, was evaluated systematically, but only selectively used for the repertory. Although it would be illuminating for a better understanding of book history and of the modus operandi of the Holy Office to include letters by local inquisitions on the approval and condemnation of works, a comprehensive documentation of this kind heads beyond the aims of the project. Therefore the following criterion has been applied: firstly, only books actually investigated in Rome are included (i.e. cases in which the decision was not only come to on the basis of submitted title

7 Cf. WOLF, Einleitung, 41-43.

8 Here, we would like to refer to a special case: the volume ACDF SO CL 1777 comes under ACDF SO St. St. 0-4-I and was recorded accordingly.

9 On the state of the inventory cf. Marco PIZZO, La Stanza Storica dell'Archivio del Sant'Ufficio come fonte per la storia dell'Inquisizione. Una ricognizione archivistica e un metodo di intervento, in: Hubert WOLF (ed.), Verbotene Bücher. Zur Geschichte des Index im 18. und 19. Jahrhundert (Römische Inquisition und Indexkongregation 11), Paderborn 2008, 209-218. Upon request, the staff of the archive will inspect the inventory for relevant material on a subject of interest.

pages); secondly, those causae are taken into account, in which it was decreed that a work was supposed to be sent to Rome for further examination by the Holy Office or by another congregation; thirdly, cases with copies of forwarded prints enclosed in the fascicle are included in the repertory.

The series Censurae Librorum is and remains the basis for the repertory. Fascicles of the series Vota Censurae Librorum or Tituli Librorum are only included if no fascicle on the works investigated was found in Censurae Librorum. In all other cases, the entries on Censurae Librorum are replenished and provided with references to the respective series. This also applies for cases filed in the other two series, but dealt with by or submitted to the Congregation of the Index. In cases of this kind, in which we were unable to find documents on the proceedings by the Holy Office, the respective references have been recorded in the repertory for the Congregation of the Index.

The connection between the three series included systematically, which has changed in the course of the 18th century and generally proves to be somewhat contradictory, merits separate consideration. Overlapping between the series Tituli Librorum and Censurae Librorum is evident and appears to a greater extent in the first half of the 18th century than in the second half. Furthermore, the series Vota Censurae Librorum only started in 1740 and half of its cases are not based in the actual series Censurae Librorum. Nonetheless, our list of "Weitere Bücherverbote des SO" (further bans of the Holy office) discloses that the sources in Censurae Librorum are fairly incomplete in the 1st half of the 18th century, especially from 1701 to 1742. In comparison to the 19th century the list of further bans – i.e. those bans on which no material has been found at all – is very long for the period from 1701 to 1742.

This appraisal leads us to conclude that the documentation of book censorship activities by the Inquisition as presented in the repertory may be incomplete, as the sources are more complex than those of the 19th century. For this reason, researchers should prepare for additional investigations of those series in the archive that have not been considered systematically for the repertory. If cases have not been listed in the respective series, this does not forcibly mean that the archive holds no material on them. By all means, the series of the SO Decreta and SO Stanza Storica, which we are planning to consult more intensively for the repertory on the period from 1542 to 1700, merits special consideration.

The structure of the repertory for the Inquisition

As a result of the evaluation of the sources in the archive we divided the repertory for the Inquisition into four parts. Following the three series analyzed systematically (ACDF SO CL, ACDF SO Vota CL and ACDF Tit. Libr.) "Weitere Bücherverbote des SO" (further bans by the Holy Office) are listed; these bans appear on a bando, but no further material on the proceedings was found. To a large extent, the repertory's structure resembles the volume on the 19th century, being almost identical as far as the three series are concerned; it offers precise information on the works in question and on the course and the result of its proceedings as well as on documents additionally enclosed (see illustration on p. XII):

1. The headline gives the classification of the respective series and fascicle numbers in consecutive order.
2. The headline is followed by the fascicle title, quoting – in an abbreviated form and frequently flawed – the title of the work dealt with by the Inquisition. As in the 19th century, it is inferred from the rubricella for ACDF SO CL. There is no such rubricella for the Vota Censurae Librorum; since the title of the work in question, however, is written on the strap that binds the reports and additional material on the respective work, it is adopted as it appears there. In cases with no indication of place and time, this information is added in brackets for unambiguous identification of the unit in question. The separate fascicle title is omitted for the series Tituli Librorum, which knows neither a rubricella nor a fascicle titles. The classification of the archival collections is then immediately followed by the bibliographical identification.
3. The classification and fascicle titles are followed by the precise bibliographical identification of the work(s) dealt with, which are numbered consecutively. It may occur that the rubricella or the paper strap of the Vota SO CL do not list all works treated in the respective fascicle. Of course, all works dealt with are identified bibliographically in that case, even if they are not explicitly specified in the fascicle title.
4. Analogous to the repertory for the Congregation of the Index and to the procedure used in the volume on the 19th century, the names of the censors and the censors' reports are listed.
   a) As the identification of the respective censors of the 18th century turned out to be more difficult than in the 19th century, not only the surname, but also the first name and the belonging to an order are indicated. If in case of an unsigned report the name of a censor was identified from the covering letter or from the minute of the session, it is given in square brackets. If an external assessor, who was neither a member of the Holy Office nor of the Congregation of the Index, was commissioned by the Inquisition, he is referred to as "externer Gutachter" ("external censor"). In many cases it was Herman H. Schwedt who helped us to offer biographical information on these individuals in the annotations.
   b) All "Roman reports" are documented. As all reports of the 18th century are handwritten, the differentiation between "Druck" (printed) and "Hs." (handwritten), which is essential in the volume on the 19th century, became superfluous. If in case of undated reports the date could be reconstructed with the help of minutes or covering letters it is given in square brackets. Reports from outside of Rome are not included in the list of reports, apart from those that were written by external censors on behalf of the Holy Office. The footnotes offer references to enclosed non-Roman reports or to denunciatory letters that, so to speak, contain a "report". This is of particular importance for cases in which no report by Roman censors was found.
5. Unlike hitherto, the result of the proceedings is documented in a heading of its own.

a) An unambiguous ban is recorded as an entry of its own under the keywords "Dekret" (decree) and "Bando" in the heading intended for the censor's report. Listed under "Dekret" are the respective censoring body, the date of the ban and, if applicable, a brief. Under "Bando" the date of the bando and a reference to the censoring body are given. This way, a direct reference to the edited bandi collection is made.[10] An asterisk "*" at the date of a bando issued by the Congregation of the Index means that the date of the bando had to be obtained from the affixum, for neither the date of the promulgation nor of the session were on hand. If the respective work was subject to discussion in other congregations, too, – in most of the cases in the Congregation of the Index –, a reference to the date of the session held by the Congregation of the Index is given. Not least because of this connection the tight interlocking of both repertories becomes evident. If neither the decree nor the bando were found, this is recorded accordingly ("nicht aufgefunden" – not found).

b) All further results and decisions or the outcome that no result had been come to are recorded. The decision on a work dealt with by the Holy Office that finally led to an acquittal may frequently be identified from the fascicle cover or from enclosed minutes of the sessions. These decisions are systematically recorded in the footnotes and specified, if possible. The congregation's decisions turned out to be multi-faceted: frequently the grant (with or without amendments) or denial of a printing license were involved; in some cases it was additionally decreed that a manuscript be kept in the Holy Office, e.g. after the denial of an imprimatur; various kinds of orders for local inquisitors were found; sometimes, a case was taken note of, but not pursued any further; besides, the elimination of new works (or the revocation of an author) without an explicit prohibition was a daily occurrence; sometimes, the proceedings were suspended. In some cases, however, no information on the decision reached by the censoring bodies was found.

6. The last heading offers information on enclosed documents. As in the volume on the 19th century, all printed matters filed in one fascicle are recorded; this includes enclosed prints that were not actually examined, but which refer to the investigated works in one way or the other. Other than in the basic research on the 19th century, unprinted treatises, reports on legal proceedings etc. are also recorded, which altogether convey the reader a better impression of the sources on the singular cases. The content of this heading is a selection according to the criteria established for the repertory, but it does not make claim for completeness. In some cases, it was replaced by "Weiterhin Hinweise auf" ("Further references to"). There, references to works that are connected to the cases dealt with and result from the files are given.

The listing of "Weitere Bücherverbote des SO" (further bans) follows the procedure pursued for the series and is structured correspondently. The headline contains in-

10 On the problem of dating the bandi see the introduction to the edited bandi collection.

formation on the congregation in charge and on the date of the bando (see illustration on p. XV). It is not the rubricella or fascicle title, but the title of the work dealt with that comes immediately after the entry referring to the bando. As usual, the exact title is then identified bibliographically. In some cases, we were able to provide further references to the materials in the Stanza Storica with the help of the inventory. As it is impossible to inspect the respective records individually, the user is solely given points of reference for future research. The information offered is not intended to be exhaustive, being an additional service that goes beyond the actual aims of the project.

Due to the systematic inclusion of the sources on book censorship in the three series mentioned and with the help of cross references to other fascicles in the same or in other series it is simple to locate all documents on the proceedings filed in the Archive of the Congregation for the Doctrine of the Faith and the bigger part of the relevant material on the cases of censorship. The cross references to the proceedings within the Congregation of the Index and the identification of cases in which consultors of the Congregation of the Index acted as assessors for the Inquistion document the entrenchment of the Roman censorship bodies. Two important observations result from the compilation of the repertories: on the one hand, the huge importance of the connections within the Curia between the Congregation of the Index and the Inquisition, which had also been established for the 19th century, becomes once more clearly evident; on the other hand, the connections outside the Curia developed far more intensively in the 18th century than ever before. Due to the local entrenchment of the Inquisition we are frequently confronted with a specific career pattern: either before or after their involvement with the Holy Office, many qualificators and consultors belonged to local inquisitional tribunals. Not only did the vitality of the entrenchment of the Roman Inquisition spread in institutions, but especially on the shoulders of their members– and this is a point of connection with the prosopography.

An analysis of the period from 1701 to 1813 shows that 550 of the 1,700 books dealt with by the Holy Office were banned. This means that on average 5 books per year were banned. This average, however, has no significance as far as the regularity of bans is concerned. From 1780 on, for instance, averagely one book per year was prohibited.

Inquisition	**1701-1813**	**1814-1917**
Total number of books dealt with	about 1,700	about 1,100
Number of book bans	about 550	about 290

The dissolution of the congregation's local entrenchment outside the Papal State may explain this development: from 1770 on the local inquisitions in Italy were gradually abolished. It was only in the 19th century that new modes of communicating that emerged in the context of the Roman centralisation managed to compensate this. Another explanation for the fairly low number of bans may lie in a change of situation within the Curia. The Inquisition forwarded more and more books to the

Congregation of the Index and thus did not investigate them itself. On the whole, however, the total number of works dealt with by the Congregation of the Index during these years is regressive, too, which makes the reason a subject to speculation. In any case, the revolutionary period and the French wars in Italy are causally connected to it.[11] During the occupation of the Papal State by the French and after the imprisonment of Pius VII the work of the Holy Office came to a standstill from 1808/09 to 1814.[12]

THE REPERTORY FOR THE CONGREGATION OF THE INDEX

The repertory for the Congregation of the Index is based on the invitations to the sessions. In the Archive of the Congregation for the Doctrine of the Faith the congregation's series "Protocolli" 59 to 103 (45 volumes) and "Diari" 12 to 18 (7 volumes) have been evaluated for the period from 1701 to 1813. Only one volume of the "Atti e Documenti" has been considered, as the secretary only rarely used it as a deposit after 1802. The collection "Index XXIV" has been particularly profitable for the analysis of the Acta Sanctorum.

The repertory compiled from these series fully documents the roughly 268 sessions that have taken place between 1701 and 1808. The Congregation of the Index hence convened averagely 2.5 times a year. Compared to the 19th century the number of sessions has ergo risen by almost 100 (175). An analysis of the entire period shows that more sessions were held at the beginning of the 18th century than at the end of it. Under secretary Giulio Maria Bianchi, the consultors met four to seven times a year between 1701 and 1707; from 1707 to 1738 (under secretaries Gregorio Selleri, Agostino Pipia, Domingo Peréz, Niccolò Luigi Ridolfi) they convened two to four times a year, Ridolfi tending to hold two to three sessions. The same is true for the period in office of Giuseppe Agostino Orsi (1738-1748). Under Tommaso Angelo Ricchini a slight increase is assessable; from 1749 to 1759 three to fours sessions were held, four in 1753. In the following years, the number of sessions levelled off at one to two sessions a year; this was the case between 1759 and 1778 under Pio Tommaso Schiara and from 1779 to 1796 under Tommaso Maria Mamachi, Giacinto Maria Bonfigli and Pio Bonifacio Fassati, while no sessions

11 See for instance ACDF SO CL 1797-1802, no. 1: "1797. Faenza. Circa l'introduzione di certi libri e stampe provenienti da Bologna e da altre parti d'Italia occupate dai Francesi, che sebbene in approvazione stampati sembrano pericolosi: e circa l'imprimatur di alcune thesi teologiche riguardandi il primato del Papa del D. Temperini Agostiniano. Ravenna." Apart from the question concerning the imprimatur for the theological theses, this fascicle contains an inquiry by the Inquisitor of Faenza, Angelo Maria Merenda, of 29th January 1797, in which he asks how to deal with books and printed matters published in Bologna or in other parts of Italy occupied by the French.

12 This is, of course, reflected in the respective series. The work of the Holy Office is interrupted from 1808 (acc. to Tit. Libr.) respectively 1809 (CL, Vota CL) to 1814; this does not only affect book censorship, but other series, too (such as Decreta SO). Cf. WOLF, Einleitung, 38f.

were held between 1785 and 1794. From 1796 to 1801 only one session – if at all – was held under Filippo Angelico Becchetti, Tommaso Maria Soldati and Tommaso Maria Mancini; frequently there was none at all, as is the case during the period from 1798 to 1803 and in 1807.

About 1,100 book bans were declared at these sessions. Their distribution is strikingly interesting: from 1701 to 1710 173 bans were declared in 50 sessions; from 1779 to 1790 91 bans were pronounced in 15 sessions. The reason for this disequilibrium is the following: although fewer sessions were held at the end of the century, as shown above, far more items than ever before were on the agenda and fewer decisions were postponed. In the first decade of the period in question for our project some decisions were deferred up to five times.

Congregation of the Index	**1701-1813**	**1814-1917**
Number of sessions	268	230
Average number of sessions per year	2.4	2.2
Total number of books dealt with	about 1,700	about 2,200
Number of book bans	about 1,100	about 1,600

The structure of the repertory for the Congregation of the Index

As in the previous volume, the books dealt with are included by the respective sessions.[13] They are arranged chronologically according to the date of the *Congregatio generalis*, the congregation of the cardinals. Each session makes up a new title. The course of the session is inferred from the invitations to the sessions that were sent to the cardinals and list the works to be dealt with. All agenda items concerning the investigation of books except for those touching questions of administrative or comparable nature are incorporated into the repertory. Anyone who wishes for more information on the entire session is asked to have a look at the respective diarium, which contains a minute of the corresponding sessions.

In cases in which no invitation to a session was found, we were compelled to reconstruct the course of the session and the books dealt with by means of the diarii. If this, however, was neither available, we had to hark back to the relationes.[14] Cases not listed in an invitation to a session, which, however, appear on a bando and in the diarium, are annotated accordingly ([Bando] or [Diarium]) and placed at the end of the entry on the respective session (see illustration on p. XVIII).

Although some works were explicitly banned by a bando, no documents on the proceedings were found in the records of the Congregation of the Index. In these cases, the titles are assigned to the last session before the publication of the bando and provided with a reference to the provenance of the ban in the categories "Dekret" (decree) and "Bando". For instance, only the bando and a few reports are on hand for the Congregatio generalis of 14th May 1779. The reconstruction of this ses-

---

13 For basic information see WOLF, Einleitung, 64-82.

14 The Diarii 16 (10.01.1746-05.07.1746; 18.04.1747-16.12.1748) and 18 (the last entry before 1800, namely of 27th July 1778, derives from the Congregation of the Index) are incomplete.

sion is therefore solely based on the bando and supported by the report. The same holds true for the Congregatio generalis of 10th July 1797: only one single report on one of the books banned in this session was found and consequently those works that were investigated but not banned remain a complete enigma. Interestingly, this session was also proved to be the last one of secretary Filippo Angelo Becchetti's time of office and the last before the French campaign in the Papal State, conducted by Napoleon and his forces in 1797. The fact that only the bando and occasional reports are on hand for a session is indicated by a footnote to the headline *Congregatio generalis*. The date follows the bando.

The dateline of the *Congregatio generalis* is followed by a first block – the head of the session – which offers the following basic information (see illustration on p. XIX):

1. The location of the *"Sitzungseinladung"* (invitation to the session). If no invitation was found, a footnote refers to the source that was used to identify the items on the agenda. In that case, the term "invitation to the session" is cancelled.
2. The list of *"Teilnehmer"* (participants). Generally, it was taken from the Diarii. As the order in which the participants appear on the list also sheds light on the importance that was attached to them, it is retained as it is.
3. The *"Relation"* (relatio) and its location. The relatio offers a written account of the decrees and their motivation, which was, as it were, passed on to the pope as a minute of the session. If it was untraceable, the entire entry is cancelled. As the majority of secretaries, however, penned a short (sometimes also a lengthy) entry on the relatio in the Diarium, it is identified in the footnote. In case we also ascertained the date of the audience, it was included in a footnote to the entry on the relatio.
4. The *Folium agendorum*, an enumeration and explanation of the topics dealt with. The Folia agendorum were written by the respective secretary and are to be regarded as a kind of notepad or hand-out. Secretary Domingo Peréz, for instance, wrote his Folium agendorum in Latin, however, only after the session, and obviously used it as a draft for the relatio to the Pope, as he apparently did not compose any further relationes. Although these folia written by Peréz are in fact relationes, they appear as "Folium agendorum" in the files, which is why we have adopted this term. The entire entry is cancelled, if no folium was on hand. In case we managed to ascertain why no folium agendorum is available, the appurtenant explanations are offered in the footnotes.
5. The archival identification of the session in the *diarium*.
6. The *Congregatio consultorum*, with a specification of the date and the archival classification. In brackets, the agenda item concerning the work dealt with is noted down; below the relative participants of the session are listed. Although a Congregatio consultorum[15] had intrinsically already existed before, it is only identifiable after *Sollicita ac provida;* the first session of this kind took place

[15] Apart from the term „Congregatio consultorum“, which we have chosen for the repertory, as it is the most common, other expressions can be found in the files, such as *Congressus consultorum, Congregatio particularis consultorum, Congregatio privata, consultatio privata consultorum.*

on 27th September 1753. There and in the session of the consultors of 13th December 1753 the Congregatio generalis of 18th December was prepared. However, the new rules of procedure were not crowned with success as far the implementation of the sessions of consultors was concerned, as it can only be detected in 1754, sporadically in the years 1760 and 1761 as well as at the beginning of the 1780s. It was only from 1790 on that a Congregatio consultorum was regularly held in the run-up to a Congregatio generalis. The consultors met three times to prepare the general congregation on 2nd July 1804 – the first after 1797. A Congregatio consultorum was established for altogether 27 sessions.

Following this first block, which furnishes general information, the second one focuses on the actual course of the sessions. As we said above, only investigations of books were included, whereas all other agenda items were omitted. Analogous to the repertory for the 19th century, the titles are provided with Roman numerals. In contrast to the other volume, however, not only the title of the respective work is included, but the entire text as it appears in the source. That way, a first glance conveys an idea of which assessor orally presented a report that he had previously compiled.

In order to remain as close as possible to the source we have as a general rule adopted the abbreviations used (e. g. Dr., Mr.). For the sake of easy legibility, only abbreviations within a word (e. g. S[anc]ti, Cong[regationis]) are resolved. These are marked with square brackets. Separators such as "=" or ":" and accents that are grammatically irrelevant, but turn out to be oddities of the respective writers, are ignored.

The entry acquired from the archival material is followed by the bibliographical identification (see illustration on p. XXI).[16]

The book-title and the bibliographical identification are followed by the censor's name. The full name and the belonging to an ecclesiastical order are recorded. In case the votum was not signed, we have tried to identify the censor with the help of the documents of the session or by means of the index of the respective Protocolli-volume. If this was not crowned with success, the censor's identity was established by a comparison of handwritings. From a historical-methodological perspective, one basic thing holds true for the 18th century: the censor was at the same the one who presented the report orally. For this reason, the entry "Referent" (speaker) is omitted unlike in the volume on the 19th century. Only in a few cases, the censor did not present the oral report himself; this is why the category "Referent" is then added. This, however, only applies to no more than 15 to 20 cases. In a footnote, it is reconstructed – as far as this is possible – who has rendered a report and presented it in a session, in case the sources were not helpful with the identification of the censor (see illustration on p. XXII).

The reports themselves are included with a precise archival identification. The respective date is only documented, if it was written down by the same person who authored the report. If it was inserted afterwards by the secretary or the registry –

16 Cf. below.

generally, only the session's date is then put on the report – the report is considered as undated.

From Tommaso Mamachi's time in office (1779) on, more reports than ever before were commissioned; it was either one of the censors or the secretary who presented them orally. Later, it also occurred that the secretary wrote reports himself. This is particularly true for the period after Pio Bonifacio's time in office. In case of more than one censor the one registered first is the one who presented the oral report.

The part on the censor and the report is followed by information on the decree and on the bando. This is new compared to the volume on the 19th century. As, on the one hand, some titles were discussed up to five times during the period from 1701 to 1813, it was mandatory to list the decree with the date of the ban (which was in most of the cases the date of the session). On the other hand, the so-called collective bandi came up in the 18th century. As a consequence of this, the bando is not included within the first block that contains the basic information, for not after every session a bando was decreed. This is why the bando's date is recorded immediately below the date of the decree. The reference to the edited bandi collection with a "+" is omitted.

If we ascertained that a decree was issued on the condition *donec corrigatur*, this is marked accordingly. The bando's date incorporated into the repertory is the date of promulgation. If it was not specified on the bando, the entry is based on the affixum. It is then accordingly marked with a "*".

As some titles were discussed several times, we were compelled to decide which title was supposed to be assigned to which session. In case a work was dealt with more than once, the decree and the bando are included only for the last, that is, for the factual date of the ban. If the decision was deferred for reasons of time or due to the absence of the censor all entries following the agenda item and the bibliographical identification are omitted. The report is therefore only assigned to the session in which it was actually presented and in whose archival periphery it is located; it is, however, not recorded for the session for which it was originally written. If a work was then indeed dealt with several times, the categories "Gutachter" (censor) and "Gutachten" (report) are listed together with the respective information. In case of more than one session the others are specified in a footnote to the date of investigation.

The entry on the Congregatio generalis of 25th April 1701, for instance, looks like this (see illustration on p. XXIII). Full information on the ban of this title including the respective report, decree and bando is only given on 11th April 1701 (see illustration on p. XXIII).

Apart from the head of the session, which offers basic information and reconstructs the actual course of the sessions, the repertory of the Congregation of the Index 1701–1813 contains additional information. For instance, further references to correspondences, proceedings etc. are provided by the footnotes, which make no claim to completeness, but in any case make it easier to fully comprehend the course of the sessions.

Moreover, certain works were banned, but do not appear on a bando. The sources present three possible reasons for that. Firstly, it occurred that the cardinals explicitly demanded that a ban be kept a secret. This is the case with the session of 9th December 1806, in which the "Cognizioni essenziali della Cristiana Cattolica Religione" was dealt with.[17] Secondly, we may assume that every once in a while a title was simply forgotten when a bando or the Index were compiled. This, for instance, happened in the Congregatio generalis of 30th August 1745, in which Thomas Gordon's "Discours historiques" were investigated and finally banned, which, however, never appeared on a bando or on the Index.[18] Thirdly, some bans remained unmentioned, if the author had incorporated the emendations proposed by the censors into his work before the bando was printed, as was frequently the case with "donec corrigatur"-bans: the reasons for the ban were then, of course, decrepit. The session of 15th November 1740, in which Giovanni Marangoni's "De passione Jesu Christi" was banned, offers a case of this kind.[19] After Marangoni had asked for the proposed amendments in order to revise his work, there was no reason for a ban.[20]

On the basis of the complete review of the archival collections that we have undertaken we were able to specify and partially rectify some indications in the two important standard works by Hilgers[21] and Bujanda.[22] For instance, both frequently speak of "Opera-omnia"-bans. A close examination of the material, however, revealed that less than 20% of these eventually turned out to be Opera-omnia-bans. According to Bujanda both volumes of Premoteval's "Vues Philosophiques"[23] were banned on 8th May and on 24th August 1761. The sources, however, show that the first volume was banned on the first date, whereas the second one was banned on the second date.[24] Hilgers, for example, constantly attributes an Opera-omnia-ban to the works to the Calvinistic theologian Jean Leclerc, which is incorrect.[25]

Works that were examined both by the Congregation of the Index and the Holy Office, are provided with a cross-reference that refers to the other repertory's category of order.

---

[17] Anonymous [Luigi MIRRI], Cognizioni essenziali della cristiana cattolica religione o sia Catechismo per ogni ceto di persone comprovato con i testi della Sacra Scrittura: con altre aggiunte istruttive, ed edificanti, 2 volumes, Firenze 1804.

[18] Thomas GORDON, Discours historiques, critiques & politiques sur Tacite. Traduits de l'anglois de Mr. Th. Gordon, 2 volumes, Amsterdam 1742.

[19] Giovanni MARANGONI, De passione D. N. Jesu Christi considerationes asceticae XVI, ad excitandos animae affectus per nobiliores dominici corporis partes, & membr distributae. Quibus accedit consideratio de passione Beatae Virginis Mariae orbis redemptori crucifixo dicatae, Romae 1728.

[20] ACDF Index Prot. 81 (1737-1740), fol. 316r-318r and ACDF Index Prot. 82 (1740-1746), fol. 19r-20v.

[21] Joseph HILGERS, Der Index der verbotenen Bücher. In seiner neuen Fassung dargelegt und rechtlich-historisch gewürdigt, Freiburg 1904.

[22] Jesús Martinez de BUJANDA, Index librorum prohibitorum 1600-1966 (Index des livres interdits), Sherbrooke 2002.

[23] André Pierre LEGUAY DE PREMONTEVAL, Vues philosophiques, ou protestations et déclarations sur les principaux objets des Connoissances humaines, Amsterdam 1757.

[24] Cf. BUJANDA, Index, 526, and the respective entries on the Congregatio generalis of 24th August 1761 and of 8th May 1761.

[25] Cf. HILGERS, Index, 438 (11th September 1702), 440 (16th January 1708, 15th May 1708 and 18th September 1708, 4th March 1709), 442 (19th July 1718).

BIBLIOGRAPHY

With the present volume on the 18th century the basic research on the Roman Inquisition and the Congregation of the Index reaches the age of old prints. It covers the period from the early incunables (i.e. from the invention of the letterpress with movable letters until about 1500), which still contain numerous features typical of handwritten documents, to the turn from the 18th to the 19th century, when the industrialized production of books in the form of mass printing announced its advent. The precise bibliographical identification of the books dealt with and banned by the Roman Inquisition and the Congregation of the Index (i.e. the works, editions and translations) according to national and international bibliographic standards remains the main target of the basic research.[26]

As in the 19th century, the documents of both congregations and the verdicts published on the bandi during the 18th century often leave us in doubt as to which book, which edition or which translation was investigated or banned. It is obvious that the roman censorship bodies did not work in accordance with modern bibliographic guidelines. The further the research on roman book censorship goes into past centuries, the further away it gets from the tendencies to professionalize librarianship in the second half of the 19th century.

The old prints confront the work on the bibliography for the 18th century with new challenges. When listing the titles, our chief aim was to reproduce the title page as fully and precisely as possible. Problems arise in the case of complex titles, of numerous editions that often only differ from each other in inconspicuous details, which makes them hard to identify, or if orthographic discrepancies and peculiarities such as ligatures, abbreviations or diacritical signs etc. turn up. The entire work serves as the chief source of information for the identification of the old prints' titles. For unambiguous identification, the author, the edition and the imprint as well as the scope and the format as they appear in the original need to be indicated; partially, these are hard and time-consuming to find. Therefore the bibliographic guidelines developed for the volume on the 19th century had to be upgraded and adapted to the old prints. In order to avoid discontinuity within the recorded titles and to remain in accordance with the terms of the RAK-WB Alte Drucke, they are also applied to the works investigated during the first two decades of the 19th century, which are included in the present volumes of the basic research on the 18th century, too.[27]

---

[26] For basic information cf. WOLF, Einleitung, 103f. The following bibliographic guidelines only partially apply to the prosopography, for which separate research was needed and whose bibliography pursues different aims.

[27] RAK-WB = Regeln für die alphabetische Katalogisierung in wissenschaftlichen Bibliotheken ("Regulations for Alphabetical Indexing in Scientific Libraries"). Cf. Klaus HALLER/Hans POPST, Katalogisierung nach den RAK-WB. Eine Einführung in die Regeln für die alphabetische Katalogisierung in wissenschaftlichen Bibliotheken, München ^{6}2003; Klaus HALLER, Regeln für die Katalogisierung alter Drucke, erarbeitet von der Arbeitsgruppe des Deutschen Bibliotheksinstituts „RAK-WB und alte Drucke"; Berlin 1994.

What is more, the 18th century frequently confronts us with low-circulation writings (such as dissertations or disputations) and with works that were repeatedly published throughout a long period of time, appearing in varying but hardly distinguishable editions. If in the case of academic writings, for instance, the catalogues of the consulted libraries lack precise information on the examinees and on the time and place of the examination, it was hardly possible to identify them precisely. Moreover, early periodicals such as the "Acta Eruditorum" were published under different titles and with different places of publication, publishing houses or editors. As they were repeatedly investigated throughout the 18th century a standardized superordinate title for the identification of the complete works, in which the investigated edition would then be included, was urgently needed.

Unfortunately, the library in the Archive of the Congregation of the Faith, which is served by a card catalogue, only holds few specimen copies. Besides, the copies available sometimes turned out not to be identical with the editions dealt with and investigated by the censorship bodies. In general, the numerous inaccuracies – such as, for instance, a different year of publication than in the established edition or a different date of publication in an invitation to a session or in the diarium than in the censor's report – complicated the bibliographical identification.

The bibliographic identification, however, greatly profited from the fact that the series SO Censurae Librorum sometimes contains copies of the works dealt with, which were then directly included bibliographically. Moreover, the series SO Tituli Librorum includes transcripts of title pages that we used for further investigation. Finally, a series of manuscripts was found in the Biblioteca Apostolica Vaticana (BAV), which had formerly belonged to the Holy Office. The manuscripts dealt with were thus included in a completeness that is hardly attainable through research (it even includes handwritten comments on the proceedings).

As in the 19th century, we were confronted with more than 3,000 titles that had been investigated in censorship proceedings by the two Roman congregations. As a matter of principle, the inclusion of the titles is based on the main information as it is found in the archival material. In the optimum, it comprises a transcription of the title page (or of single parts of it) with information on the scope and format of the book dealt with. Based on these bibliographical indications, which frequently remain incomplete and fragmentary, the works dealt with were researched in the online catalogues of national and international libraries and of supraregional unions as well as in the Roman libraries (BAV, Biblioteca Casanatense). The precise bibliographical identification thus obtained is henceforth used for each mention of the work in the basic research.

As far as works are concerned that were not identified at all or partially, we would like to advert to the following variants: if the research was only based on indirect information from e.g. the invitation to the session, the proceedings files, the bandi or the card catalogue of the ACDF, the missing elements were – in analogy to the procedure pursued in the volume on the 19th century – frequently identified and enhanced by means of research in library unions. If it was impossible to precisely identify a work and if more than one title or edition matched the information taken from the sources, all works/editions coming into consideration were listed. These titles were provided with a "♦" in order to distinguish them from the editions that were definitively investigated.

In case of doubt, the most detailed or the most reliable title, matching in the most important categories, is given, supported by additional evidence in a footnote. If, still, the information was insufficient to identify the edition unambiguously, the edition coming most shortly after or before the investigation is referred to, enhanced by information on the earliest edition established in a footnote. This way the terminus post and ante quem of the publication of the title dealt with is limited. Works whose identity could not be definitely determined due to missing or incomplete information are marked as "nicht ermittelt"(undetermined). As the case may be, the result of our investigation is commented in a footnote. If the title was fully reconstructed with the help of the information found in the archive, the work, however, being untraceable in libraries or unions, it is marked as "nicht nachgewiesen" (not determined). In case a work was enclosed to a censor's report, the bibliographical information is supplemented by the archival classification (following the additional information "Beiliegend" (enclosed)); in given cases, it is replenished by a reference to a library union. If a work dealt with is held by the library of the ACDF, the classification of the ACDF is offered and, as the case may be, supplemented by a reference to a library union.

In the 18th century, the inclusion of titles consists of the following categories:

1. The author and other persons involved:
   Preferably, the standardized form of the title is included, geared to the norms of scientific German libraries (RAK-WB, Personennormdatei des Hochschulbibliothekszentrums). In most of the cases it appears in the original language. The first names are reproduced in a form as complete and unabbreviated as possible. The entire name of the author(s) appears in small capitals. In case of more than one author maximally two names are adduced; if applicable, other authors are referred to as "[u.a.]" ([et alii]).
   Anonyms and pseudonyms as well as alleged names of authors of the original in question are supplemented by the standardized form of the reconstructed name, if we succeeded in determining it. If, for instance, it is only the dedication and not the title page that contains information on the author's identity, the name is recorded according to the dedication in order to avoid the indication "anonymous".
   Sovereigns and ecclesiastical hierarchies as well as members of religious orders form an exception. If the author was a reigning sovereign, a pope or a bishop (exercising his office), his name is provided with additional information on the place of activity or on the domain and designation of office in angle brackets. The same is true for religious names.

Anonym [Gerberon, Gabriel][28]
OUDENHEIM, F. (VON) [Pseudonym][29]
EYCKENBOOM, IGNATIUS <Pseudonym> [Gerberon, Gabriel][30]
TRAUTMANNSDORFF, MARIA THADDEUS VON [Tamburini, Pietro][31]
TALON, DENIS [LeVayer de Boutigny, Rolland?][32]
FEYDEAU DE BROU, HENRI <Amiens, Bischof>
JORGE <de San José>
FEYDEAU DE BROU, HENRI <Amiens, Bischof>
JORGE <de San José>

2. The title (see illustration on p. XXVIII):
   In contrast to the bibliography on the 19th century, accents, diacritical signs, typographical peculiarities, punctuation marks, the use of capital and small initial letters etc. are not adapted to today's orthographical rules for the sake of unambiguous identification of the editions, but adopted as they appear in the original. Orthographical and grammatical peculiarities in titles may require the formulation of a standardized title.
   Typographical errors in the original distorting the meaning are marked with a post-positioned "[sic!]". Special types (bold print, red-black-print etc.) are not taken into account. The spelling in different alphabets is adopted from the original, if possible, and enhanced by a transcription. In contrast to the volume on the 19th century the indication of the author following the title is included as it appears on the work itself (in case of Latin works it is introduced by set phrases such as "auctore…", often containing biographical information on the origin, profession, academic status etc.).
3. Indication of the edition:
   Other than in the volume on the 19th century, the edition is recorded in an unabbreviated form and in the original language.
4. The place of publication and the printer/publishing house:
   This information is rendered as it appears on the original and in an unabbreviated form.
5. The date of publication:
   As in the bibliography on the 19th century, Roman numerals are changed into Arabic numerals.
6. Notes on the collation (scope, format):
   As many library unions, especially the foreign ones, do not pay attention to reliable pagination, all information concerning the scope uniformly refers to the number of pages. A distinction is only made in case of titles included from unions catalogued according to the RAK-WB. Illustrations are not

28 Anonymous; the author was identified.
29 Pseudonym; the real name of the author was not identified.
30 Pseudonym; the real name of the author was identified.
31 Alleged and conjectured name of the author.
32 Alleged and probably real name of the author.

listed. If confronted with several editions of a work, which is, after all, not uncommon during the period of the old prints, the format is an important distinctive feature for the identification and is therefore recorded if possible. This is new compared to the basic research on the 19th century. However, the information on the format that results from the archival sources is not always reliable. There are two possible explanations for this: on the one hand, the personnel of the censorship bodies were no professional librarians; on the other hand, the bookmaking industry was confronted with massive oscillations as far as the size of the body of the book and the measure of a page within a format were concerned, as the standard measurements of the print sheet had not been defined yet.

7. The printing licenses:
   If possible, these are included.
8. The series titles:
   Where applicable, the series title is put at the end; the numbers of the respective volumes are given in parentheses.
9. The Library siglum:
   As in the volume on the 19th century, the contraction of the respective library or union in which the work was identified bibliographically is indicated. The archival classification of the ACDF is given for works enclosed in the archival material.

Moreover, the following categories that concern individual bibliographical aspects may appear:

10. Multivolume works (see illustration on p. XXX):
    As we are concerned with a completely new situation in the 18th century, the procedure pursued in the volume on the 19th century had to be altered: if a work consisting of several volumes was dealt with, the title of the complete works is included with an indication of the total number of volumes published and the chronology of the publication (the years of publication of the first and the last volume and, if applicable, series or overall titles incl. a numeration of the volumes). Volumes dealt with are not incorporated in the superordinated title entry, but in a footnote.[33]
11. Periodicals (see illustration on p. XXX):
    The complete title of periodicals is recorded in compliance with the procedure used for works consisting of several volumes; the volume(s) dealt with are indicated in a footnote.
12. Translations:
    If the edition dealt with was a translation, the procedure used so far is maintained: the respective work in the original language is recorded in a footnote, introduced by “Vgl.” (cf.).

[33] The volumes are referred to as before: German works: „Bd.“ (vol.); foreign works: „vol.“.

13. Contained and enclosed works:
    No distinction is made between works contained or enclosed in the work or in the investigated edition. They are uniformly referred to as "enth." (contained).
14. Addenda and omissions:
    Addenda (additional information, emendation of incomplete titles) and omissions (of the original) are as a rule put in square brackets.[34]

Moreover, the following special cases may occur, being characteristic of the 18th century:

15. Inclusion of illustrations:
    A special pattern for illustrations, which were often enclosed and dealt with by the congregations, has been developed in accordance with the RAK-NBM.[35]
16. Academic writings (see illustration on p. XXXI):
    For the sake of complete and unambiguous identification not only the head of the examination board ("Praes.") is indicated as the author, but, if possible, also the examinee ("Resp.").
17. Virgules and line breaks, accents, abbreviations and ligatures:
    If possible, line breaks in the spelling of the title are marked with a double slash followed by a space "// "; these are either identified by means of "autopsy" or with the help of the digitalized title pages in the library catalogues.[36] Virgules, i.e. punctuation marks formerly used, that are comparable to the comma, are simply recorded as commas. Further orthographic peculiarities such as capital or small initial letters, accents etc. are adopted as they are and not adjusted to today's orthography. Ligatures, i.e. abbreviations marked by special signs or by the contraction of letters within a word, are dissolved, if possible, and put into square brackets. Abbreviations at the end of a word are not dissolved.

---

34 Unverified and assumed indications are marked with square brackets as well as with a question mark „?“ or with „ca.“. Commentarial Latin abbreviations in square brackets such as „i.e.“ and „S.a.“ are used independent of the language of the work.

35 RAK-NBM = Regulations for Alphabetical Indexing of non-book material. Cf. Hans POPST (Red.), Regeln für die alphabetische Katalogisierung von Nichtbuchmaterialien: Sonderregeln zu den RAK-WB und RAK-ÖB, Berlin 1996 (loose-leaf edition).

36 If the line breaks coincide with punctuation marks belonging to the included title (e.g. the separating colon between the main title and the addition to it or a slash before the indication of the author) they are omitted. If the line break happens to fall into a word separated by a hyphen, the double slash is inserted without the following space.

ACKNOWLEDGEMENTS

The basic research on the Roman Inquisition and the Congregation of the Index is the result of team work. Thanks to the German Research Foundation (DFG) we enjoy the privilege of long-term financial support, which is the ideal foundation for a research friendly and reliable atmosphere. My first words of thanks are therefore addressed to the ladies and gentlemen of the DFG, who comply with their role as intermediary between the theoretical wishes of researchers and the factual possibilities of funding in an exemplary way.

A university professor with an enormous research project is, however, only as good as his employees: historic precision, language abilities and the knowledge of contexts are one side of the coin, enthusiasm, commitment to the project and creativity are the other. Each project lives on this and I am grateful for being able to experience it.

Dr. Bruno Boute and Dr. Cecilia Cristellon have been responsible for the repertory for the Inquisition. They have ventured into the depths of the Inquisition's files and accessed the respective series with aplomb and professional competence. The same is true for Andreea Badea and Jan Dirk Busemann, who directed the compilation of the repertory for the Congregation of the Index. They have waded through the archival collections and listed each single session with zeal and an eye for the essential. The collaboration was highly fruitful on both sides. Volker Dinkels has been responsible for the bibliography of the 18th century. It was with the precision of a librarian and endless patience that he has dealt with the old prints and writings of the 18th century; thanks to his diligence and professional competence we have found the correct title of almost every book that had been dealt with in Rome.

They were actively supported by research assistants Maike Hartmann, Dr. Jyri Hasecker and Ursula Paintner, the two foreign language correspondence clerks Dr. Maria Pia Lorenz-Filograno and Hedwig Rosenmöller, as well as by student assistants Ruth Fehlker, Felix Hüffer, Kathrin Söllner and Miriam Schoden. Of course, Dr. Bernward Schmidt has not ceased to lend his support after his move to the collaborative research centre (SFB). My special words of thanks are addressed to Judith Schepers, who has sovereignly assumed the coordination of the project in turbulent times of the project due to many changes of staff and who performs this task with high providence and excellent knowledge of the problems of the research on book censorship.

The work of the project is permanently supported by all employees of my Seminar for Early Modern and Modern Church History. Representatively, I would like to mention managing director Dr. Thomas Bauer, who has dealt with the administration of the project reliably and professionally. In all questions concerning science communication and science management I could – as always – perfectly rely on Dr. Barbara Schüler.

Moreover, the so-called „IVV 7", the information systems team of the Westfälische Wilhelms-Universität, responsible for our department, merits special mention. Matthias Goden and his colleagues make sure that the enormous data volume is safely stored; and be it a broken notebook needed for archive research or a defect

USB-drive that has to be soldered in order not to loose important data – they are there to help us in each case of emergency. Thanks a lot for everything that mostly takes place in the background.

My words of thanks are also addressed to all colleagues that frequently lent us a helping hand with helpful hints. Representatively, I would like to mention Dr. Niclas Förster of the Institutum Judaicum Delitzschianum. Last but not least, I would like to thank Director Msgr. Alejandro Cifres and his colleagues Daniel Ponziani, Fabrizio De Sibi and Fabrizio Faccendo for the support in the Archive of the Congregation for the Doctrine of Faith.

As in the volumes on the 19th century, the translations into English, Italian and French are a special service to colleagues from all over the world, who have supported the development and the success of our project by means of various ideas and advices. I would therefore like to thank my employees Hedwig Rosenmöller and Elisabeth-Marie Richter, who were ready to undertake the task of translating the text into Italian and English, and Javier Sánchez-Arjona Voser, who being a lecturer at the Department of Romance Languages of our university was the ideal person to deal with the Spanish translation. Each one of them has a share in this gigantic opus.

INTRODUCCIÓN A LOS REPERTORIOS SISTEMÁTICOS 1701–1813

TRADUCCIÓN DE JAVIER SÁNCHEZ-ARJONA VOSER

„Legimus aliqua, ne legantur, legimus ne teneamus, sed ut repudiemus. Dicebat Divus Ambrosius; Accurate, et ego, Emi et Rmi Patres perlegi ista duo impudica Volumina, nè legantur."[1] Con estas formulaciones empieza el consultor de la Congregación para el Índice, Girolamo Maria Allegri, su dictamen sobre la obra de Robert Challe "Les illustres francoises histoires veritables" del 27 de abril de 1722.[2] De esta manera explicita exactamente la autognosis de los censores romanos. Los peritos de la Inquisición y de la Congregación para el Índice tienen que leer libros perniciosos para poder salvaguardar así a otros lectores de la lectura de estas peligrosas impresiones. No leen por avidez intelectual o por "divertimento", sino para "condenar" publicaciones "impúdicas" o simplemente "malas". Leen para colocar libros en el "Index librorum prohibitorum" y proteger así a los católicos de su lectura. Allegri añade, eso sí, que una censura así no puede ser superficial, sino que, siguiendo el consejo de San Ambrosio, implica un análisis "cuidadoso".

Sólo en este último punto coincide la intención de los repertorios sistemáticos de la censura de libros de la Inquisición y Congregación para el Índice romanas en el siglo XVIII y la intención de Allegri y de los censores romanos. El análisis de todos los fondos correspondientes en el Archivo de la Congregación para la Doctrina de la Fe (ACDF) exige de hecho el máximo "cuidado", para obtener un instrumento verdaderamente eficaz para el archivo más notable de cultura de la ciencia de la Edad Moderna, negativamente marcado. Porque al contrario que los censores romanos, hemos hojeado cada una de las páginas del archivo, las hemos leído y registrado, para que otros puedan leer, para que la labor de los censores salga a la luz, para que investigadores de todo el mundo y de todas las disciplinas puedan hacerse rápidamente una idea de todos los libros que se encuentran en Roma: Legimus aliqua legantur. Lo admitimos: realmente uno se puede divertir con algunas de las formula-

---

1 ACDF Index Prot. 72 (1721-1723), p. 170r, 27. April 1722.

2 Vid. Robert CHALLES, Les illustres francoises histoires veritables. Ou l'on trouve, dans des caracteres tres particuliers & fort differens, un grand nombre d'exemples rares & extraordinaires. Des belles manieres, de la politesse, & de la galanterie des personnes de l'un & de l'autre sexe de cette nation, 2 vol., A La Haye 1715. La prohibición se emitió con el Bando del 4. de diciembre de 1724.

ciones de los censores. Pero en la mayoría de los casos fue un trabajo difícil, que en algunos puntos se equipara a los de los censores. Esperamos haber conseguido impedir que se cumplan las intenciones de los censores y que muchos los investigadores e interesados se vean llamados a leer en el Repertorio Sistemático para la Investigación de Fuentes, pero también a estudiar las fuentes así reveladas.

Porque el Repertorio Sistemático para la documentación de todos los procesos de censura de libros en la Congregación para el Índice y en la Inquisición incluye ampliamente la labor de las dos Congregaciones. Debido a los diferentes métodos de trabajo de ambos dicasterios y a la distinta situación de las fuentes, se presentaron ya para el siglo XIX de forma separada ambos repertorios. En lo que respecta a esta introducción, se da la siguiente estructura: primeramente se presenta el repertorio para la Inquisición, antes de pasar a la Congregación para el Índice. Finalmente, se adjuntan las indicaciones para la bibliografía que rigen para los dos repertorios.

El Repertorio Sistemático para la Inquisición

A diferencia del Repertorio de la Congregación para el Índice, que se basa en las convocatorias a las sesiones y está por tanto ordenado en función de las fechas de las Congregaciones de Cardenales, se ha elaborado el repertorio para la Inquisición sobre la base de una valoración sistemática de las series relacionadas con la censura de libros, que se encuentran en el Archivo de la Congregación para la Doctrina de la Fe.[3] De ello resulta que aquí se haya recogido tanto la censura represiva como la preventiva, ya que en las series correspondientes aparecen los dos tipos de censura. Finalmente, se examinaron incluso manuscritos del Santo Oficio, para poder permitir o rechazar un permiso de impresión. Este hecho representa, a diferencia del siglo XIX y en comparación con las actividades de la Congregación para el Índice, una labor muy importante de la Inquisición en el siglo XVIII.

De especial importancia en el siglo XVIII son también las relaciones y los conflictos entre la Inquisición romana y las autoridades locales. En algunos casos se encomendó de hecho primero a revisores de las inquisiciones locales. Mientras en el siglo XIX los tribunales locales de la Inquisición sólo operaban en los Estados Pontificios en pleno proceso de disolución (hasta 1870), en los Estados italianos las Inquisiciones diluían, hasta su supresión a lo largo de la segunda mitad del siglo XVIII,[4] el arraigo local del dicasterio romano, no sólo en el campo de la justicia penal, sino en el de la censura de libros – un arraigo que se desarrolló a menudo en relación, pero también en competencia con otras administraciones eclesiales, académicas y

---

3 Vid. Hubert Wolf, Einleitung 1814-1917 (Römische Inquisition und Indexkongregation. Grundlagenforschung: 1814-1917), Paderborn 2005, 82.

4 Vid Andrea Del Col, L'Inquisizione in Italia dal XII al XXI secolo, Milano 2006, 729-737.

estatales dentro y fuera de Italia. Esto se ha visto naturalmente reflejado en la transmisión del Archivo de la Congregación para la Doctrina de la Fe. En la notación de las fuentes del repertorio hemos recogido este hallazgo. Tanto en las notas a pie de página como en la columna “Weiterhin beiliegend” (además adjunto),[5] se han recogido referencias al material “periférico” que se encuentra en Roma. Se trata en estos casos, por ejemplo, de relaciones de inquisidores locales sobre el procedimiento en los organismos aduaneros contra el contrabando de libros prohibidos o de interrogatorios de testigos y autores o de dictámenes, que se redactaron por encargo de las inquisiciones locales o de instancias episcopales de revisores locales. Estos datos se recogen – naturalmente sin pretender ser completos – con el fin de mostrar claramente el arraigo institucional, social y cultural en Italia, que diferencia al Santo Oficio de la primera Edad Moderna del siglo XIX.

Los fondos de los siguientes archivos pudieron ser consultados para el Repertorio:

1. Un total de 50 volúmenes de la serie **ACDF SO Censurae Librorum 1701-1809** (SO CL), con un número variable de fascículos, que se refieren a una o varias obras. En este fondo deben encontrarse entre un 80 y un 90 por ciento de todos los casos de censura de libros tratados en la Inquisición. El primer acceso al material se realiza como para el siglo XIX a través de las correspondientes Rubricellae.
2. Un total de 100 fascículos de la serie **ACDF SO Vota Censurae Librorum I (1740-1757)** y **II (1757-1809)** (SO Vota CL),[6] que se reparte en 11 *buste* con votos. A veces se pudieron encontrar aquí protocolos, en la mayoría de los casos los llamados “consulta” de los consultores, en el reverso de los dictámenes, que están acompañados en parte por una relación del Asesor del Santo Oficio. En unos pocos casos se encuentran también más documentos, aunque su número es más bien escaso en comparación con la serie ACDF SO CL. De ello y del hecho de que en esta serie se recogen muchas copias de dictámenes que ya se encuentran en el ACDF SO CL y también varios ejemplares de un mismo dictamen, se deduce que probablemente se trate en la mayoría de los casos de votos que le fueron proporcionados a los cardinales por el asesor para la preparación de las sesiones.
3. Diez volúmenes con varios cientos de fascículos encuadernados de la serie **ACDF SO Tituli Librorum (1698-1808)** (SO Tit. Libr.). Estos son en su mayor parte solicitudes de permisos de impresión que en casos dudosos trasladaban al dicasterio los inquisidores locales o los nuncios, en algunos casos a través del Secretario de Estado. Sobre todo se trata por lo tanto de obras (aún) no publicadas; aunque también fueron entregadas obras ya publicadas. Un fascículo contiene la correspondencia y copias principalmente manuscritas de los frontispicios de las obras en cuestión, protocolos de las decisiones de la Congregación, que se encuentran en el reverso de los documentos o en

5 Esta columna se empleó en el Repertorio del siglo XIX para registrar todas las obras impresas (libros, periódicos, estampas etc.), que, a pesar de encontrarse en el fascículo, no han sido tratados.

6 Las dos series se numeran de forma continua. La Serie 1 se compone de los números 1-30, la serie 2 de los números 31 al 100.

las tapas de los fascículos, así como esporádicamente pequeños escritos y dictámenes. En la mayoría de los casos se toma la decisión – concesión o prohibición del permiso de impresión – a través de las informaciones que se encuentran en la correspondencia. En otros casos se encargaba a los corresponsales del Santo Oficio el traslado de las obras para su comprobación a la Congregación, en concreto la Congregación para el Índice, la Propaganda Fide, la Santa Congregación del Rito. En estos casos son los fascículos el primer paso del proceso.

4. A ello hay que añadir los volúmenes de la serie **ACDF SO Stanza Storica** (SO St.St.). Esta serie representa más de la mitad del fondo del archivo, y que no fue sistematizada hasta el siglo XVIII. En este fondo han sido recogidos casos cuya documentación habría sido demasiado voluminosa para el depósito en la Censurae Librorum, o casos que tratan de libros sobre un tema específico, por lo que representan una subserie aparte. A pesar de que por medio del título se puede identificar con facilidad, gracias al título, algún que otro material relevante sobre el proceso contra libros y de esta manera la entrada en el repertorio, se pueden encontrar otra serie de casos de censura en otros volúmenes (por ejemplo en las series *Giansenismo*, *Dubia circa Sacramenta*, *Spogli* de cardenales como Carpegna y Casanate), dado que la censura naturalmente tenía lugar también en el contexto de controversias teológicas. Estas no pudieron ser contempladas en el Repertorio. Esta delimitación vale también para otras series del Santo Oficio.[7]

Que estos fondos hayan sido utilizados para elaborar el repertorio no quiere decir que pudieran haber sido sistematizados totalmente. Así, el estado del proceso de inventariado de la Stanza Storica no permitió, en el marco de la ya concluida fase de tres años del proyecto, el cotejo completo de todo el material allí existente relacionado con la censura de libros en el siglo XVIII.[8] Ha sido ya emprendido un proyecto de inventariado de este fondo en cooperación del ACDF con el Ministerio italiano de Patrimonio Cultural (Ministerio per i Beni e le Attività Culturali), pero el inventario aún no está plenamente disponible.[9] A pesar de todo, en algunos casos han podido ser registradas como información adicional en una nota al pie referencias concretas a fondos de la Stanza Storica. Estos datos no pueden tener por ello ninguna pretensión de ser completos, ya que no hemos podido analizar detalladamente nosotros mismos para cada caso los fondos.

No ocurre lo mismo en cambio en las tres series nombradas primero. Así, en la serie Tituli Librirum fue analizada sistemáticamente, pero no fue empleada más que

7 Vid. WOLF, Einleitung, 41-43.

8 Hay que apuntar un caso excepcional: El volumen ACDF SO CL 1777 se encuentra bajo ACDF SO St.St. O-4-i y así fue sistemáticamente registrado.

9 Sobre el estado del inventariado ver Marco PIZZO, La Stanza Storica dell'Archivio del Sant'Ufficio come fonte per la storia dell'Inquisizione. Una ricognizione archivistica e un metodo di intervento, en: Hubert WOLF (Hg.), Verbotene Bücher. Zur Geschichte des Index im 18. und 19. Jahrhundert (Römische Inquisition und Indexkongregation 11), Paderborn 2008, 209-218. El inventario puede ser comprobado en lo que respecta al material relevante para el tema que le interese al investigador, previa solicitud, por los bibliotecarios del archivo.

de forma selectiva para el Repertorio. Porque a pesar de que la recepción de solicitudes con las que informaban las inquisiciones locales sobre el permiso o prohibición de escritos, son de especial interés para la historia del libro y la actuación del Santo Oficio, una documentación completa de este estilo sobrepasa los objetivos del proyecto. Por ese motivo se empleó el siguiente criterio: Se recogen en primer lugar sólo los libros que fueron tratados de forma activa en Roma (en los que por tanto no sólo se decidía atendiendo a las portadas enviadas); en segundo lugar, las causas en las que se decretaba que la obra tenía que ser enviada a Roma para una investigación ulterior a cargo del Santo Oficio u otro dicasterio; y en tercer lugar, los casos en los que los ejemplares de las impresiones enviadas están recogidos en los correspondientes fascículos.

La base del Repertorio es y sigue siendo la serie Censurae Librorum. Los fascículos de las series Vota Censurae Librorum o Tituli Librorum sólo se recogen separadamente cuando no se encontrara ningún fascículo relacionado con las obras tratadas en la Censurae Librorum. En el resto de casos, se amplían las anotaciones a la Censurae Librorum y se completan con referencias a las series correspondientes. Esto vale también para casos en los que están archivados en las otras dos series, pero que fueron tratados por la Congregación para el Índice o remitidos a la misma. En estos casos, en los que el Santo Oficio no tenía que proseguir diligencia alguna, se anotan las correspondientes referencias en el Repertorio para la Congregación para el Índice.

Hay que hacer referencia aparte a la relación entre las series que hemos recogido sistemáticamente, que va variando a lo largo del siglo XVIII y que tiende a ofrecer un resultado contradictorio. Así, se produce un solapamiento entre las series Tituli Librorum y Censurae Librorum, que es más grande en la primera mitad del siglo XVIII que en la segunda. A eso hay que añadirle que en la serie Vota Censurae Librorum no empieza hasta 1740 y que aproximadamente la mitad de los casos de esta serie no se basa en la serie original Censurae Librorum. A pesar de todo, nuestra lista "Weitere Bücherverbote des SO" (otras prohibiciones) muestra que el estado de las fuentes en el inventario Censurae Librorum en la primera mitad del siglo XVIII, en especial de 1701 a 1742, contiene bastantes lagunas. Porque, comparada con el siglo XIX, la lista de otras prohibiciones, es decir de las indizaciones, para las que no hemos encontrado material alguno, es muy larga.

Este inventario de las existencias lleva a la conclusión de que la documentación de la censura de libros por parte de la Inquisición, ofrecida en el Repertorio puede tener eventualmente lagunas debido a la situación de las fuentes, mucho más compleja si se compara con el siglo XIX. Por esta razón, el investigador debería contemplar en su visita a la biblioteca investigaciones adicionales para las series que no han podido ser analizadas sistemáticamente en el Repertorio. Porque aun cuando algunos casos no fueron recogidos en las series correspondientes, no implica con total seguridad que no haya ningún acta al respecto en el archivo. En cualquier caso, hay que consultar las series del SO Decreta y SO Stanza Storica, que serán tenidas en cuenta en mayor medida en el marco de nuestras investigaciones para el Repertorio de 1542 a 1700.

Sobre la estructura del Repertorio de la Inquisición

De acuerdo con los fondos de los archivos, el Repertorio de la Inquisición está dividido en cuatro partes. Tras las tres series analizadas sistemáticamente (ACDF SO CL, ACDF SO Vota CL y ACDF Tit.Libr.), se lleva a cabo además un registro de "Weitere Bücherverbote des SO" (otras prohibiciones del Santo Oficio) – éstas son prohibiciones que se encuentran en el Bando, pero para las que no se encuentra material adicional alguno sobre el proceso. La estructura sigue en su mayor parte el modelo del repertorio para el siglo XIX, es prácticamente idéntica para las tres series y transmite informaciones exactas sobre la obra tratada, sobre el transcurso y resultado del proceso, así como sobre otros documentos adjuntos (fig. p. XII):

1. En la cabecera se indica de forma consecutiva la signatura de los números de serie y fascículo correspondientes.
2. A continuación le sigue el título del fascículo, que – abreviadamente y a menudo también con errores – cita el título de la obra tratada por la Inquisición. Para la serie ACDF SO CL fue tomado, como en el siglo XIX, de la Rubricella. No hay ninguna Rubricella para los Vota Censurae Librorum; pero como el título de la obra tratada está escrito en la banda de papel que mantiene juntos los dictámenes y eventualmente el material adicional sobre la obra correspondiente, se pudo tomar este dato. En los casos en los que falta la referencia al lugar y a la fecha, se completan entre corchetes para la identificación unívoca de la unidad respectiva. Para las series Tituli Librorum, para las que no se encuentran ni Rubricella ni título del fascículo, se ha optado por no ordenarlas bajo un título de fascículo aparte. A la signatura del inventario del archivo le sigue directamente aquí la referencia bibliográfica.
3. A la signatura y el título del fascículo le sigue la notación bibliográfica de la obra o las obras tratadas, que se numeran. Como puede ocurrir que la Rubricella o la banda de papel de los Vota SO SL no registren todas las obras, de las que trata el correspondiente fascículo, en esos casos por supuesto se anotan bibliográficamente todas las obras tratadas, aún cuando no se nombre en el título del fascículo.
4. El listado de dictámenes y de peritos se lleva a cabo de forma análoga al Repertorio del Index y el modo de proceder del Repertorio para el siglo XIX.
   a) Como la identificación de los dictaminadores es en el siglo XVIII más complicada, se anotan de forma distinta al siglo XIX no sólo con el apellido, sino también el nombre y la orden a la que pertenece. Cuando no hay firma en el dictamen, pero el nombre del perito pudo ser averiguado mediante el escrito que acompaña o el protocolo de la sesión, se recoge entre corchetes. Cuando es un perito externo, que ni es colaborador del Santo Oficio o de las congregaciones para el Índice, el que ha sido encargado por la Inquisición, se le calificará con la anotación "als externer Gutachter" (como perito externo). En algunos casos fue posible proporcionar en una nota al pie con ayuda de Herman H. Schwedt datos biográficos sobre estas personas.

b) Se han recogido todos los dictámenes romanos. Como en el siglo XVIII, todos los dictámenes son manuscritos, al contrario que en el siglo XIX, los dictámenes no se imprimían, se suprime la diferenciación necesaria para el siglo XIX "Druck" (impresión) o "Hs." (manuscrito). En el caso de que un dictamen no esté datado, pero pueda ser fechado mediante el protocolo de la sesión o por las cartas adjuntas, se hará indicándolo, entre corchetes. Dictámenes no romanos no se contemplan en la lista de dictámenes, sin contar aquellos que presentan órganos censores externos por encargo del Santo Oficio. Pero en las notas al pie se encontrarán las referencias a otros dictámenes no romanos o a escritos de denuncia acompañados de un dictamen. Este es sobre todo importante para casos en los que ha encontrado "dictamen" alguno de los censores romanos.

5. Al contrario de lo que ocurría hasta ahora, se recogen en una columna aparte.
   a) Una prohibición incuestionable se marca en nota aparte con el término "Dekret" (Decreto) y "Bando" (Bando) en la columna de dictámenes. Bajo "Dekret" (Decreto), se especifican las administraciones, la fecha de la prohibición y un posible breve. Bajo "Bando", se encuentra la correspondiente fecha con la referencia a la autoridad dictaminante. De esta manera se obtiene una referencia directa a la edición de Bandi.[10] Un asterisco "*" junto a la fecha del Bando de la Congregación para el Índice significa que el Bando tuvo que ser datado atendiendo al Affixum, ya que no se ha hallado ni una fecha de promulgación ni de sesión. Si la obra hubiera sido objeto de otros dicasterios – sobre todo en el Index –, se le pone al lector sobre aviso mediante una referencia a la fecha de sesión de la Congregación en cuestión. Este hecho da también fe de la estrecha relación entre los dos Repertorios. Si no pudieron ser encontrados ni Decreto ni Bando, se marca correspondientemente ("nicht aufgefunden" – no encontrado).
   b) También se marcan otros resultados o sea decisiones, o la conclusión de que no se llegó a resultado alguno. Porque de los envoltorios de los fascículos o de los protocolos de las sesiones adjuntos se transmiten también en muchas ocasiones las decisiones del Santo Oficio sobre una obra tratada pero que no fue prohibida. Estos fallos se recogen sistemáticamente en las notas al pie y eventualmente son calificados más concretamente. Decisiones de este tipo son muy variadas: muchas veces se trata de la concesión (con o sin correcciones) o la denegación del permiso de impresión; en algunos casos se toma la decisión de recoger manuscritos en el Santo Oficio, por ejemplo después de la denegación de un permiso de impresión; se encuentran también disposiciones variopintas dirigidas a inquisidores locales; o se toma simplemente nota de un caso, sin investigarlo; se trató de la confiscación de obras nuevas (o de la retractación de un autor) sin prohibición explícita; o se llegó a una suspensión del proceso. En algunos casos no se pudo concluir nada sobre la decisión de la autoridad en cuestión.
6. La última columna informa sobre otros documentos adjuntos. Como en el siglo XIX, se recogen aquí todas las impresiones que se encuentran en un fascí-

[10] En lo que respecta al problema de la datación de Bandi, ver la Introducción a los Bandi.

culo, como por ejemplo impresos que no fueron tratados directamente, pero que de alguna manera se refieren a las obras tratadas. Al contrario que en la investigación de fuentes del XIX, tampoco se recogen aquí tratados impresos, relaciones del proceso judicial etc. que pudieran ofrecer al lector una impresión mejor sobre la situación de las fuentes en cada caso concreto. En esta columna se trata de una selección de acuerdo con los criterios establecidos para el Repertorio, que no pretende ser integral. En algunos casos se ha sustituido esta columna por "weiterhin Hinweise auf" (además referencias a). Aquí se encuentran, por ejemplo, referencias a títulos que están relacionados con el caso tratado y que se deducen de las actas.

La anotación de "Weitere Bücherverbote des SO" (otras prohibiciones) se basa en la de las series y está construida en función de las mismas. En la cabecera se encuentran también la referencia al dicasterio que instruye el caso, así como la fecha del bando (fig. p. XV). En vez de Rubricella o título del fascículo le sigue la referencia al título tratado justo después de la anotación del Bando. La identificación se lleva a cabo como siempre mediante la identificación bibliográfica completa. En casos puntuales fue posible mediante el inventario ofrecer referencias al material de la Stanza Storica. Como no siempre hemos podido consultar los fondos en cuestión, se le ofrecen así al usuario tan sólo una serie de pistas para futuras investigaciones. Naturalmente tampoco aquí puede haber un afán de integridad; más bien se trata de informaciones adicionales que sobrepasan los límites del auténtico proyecto.

Partiendo del registro sistemático de las fuentes sobre la censura de libros en sí, en las tres series mencionadas así como mediante posibles referencias cruzadas a otros fascículos en la misma o en otra serie, es fácilmente posible encontrar todas las informaciones presentes en el Archivo de la Congregación para la Doctrina de la Fe sobre el proceso y la mayor parte del material correspondiente acerca de cada caso de censura. Mediante el registro de referencias cruzadas a los correspondientes procesos de la Congregación para el Índice y mediante la identificación de casos en los que consultores de la Congregación para el Índice ejercieron de fedatarios para la Inquisición, se documenta la vinculación entre los dicasterios censores romanos. Dos conclusiones importantes resultan de los repertorios: por un lado la gran importancia de las relaciones intracuriales como entre la Congregación para el Índice y la Inquisición, como ya se puede constatar para el siglo XIX, y por otro lado las relaciones extracuriales, que se van perfeccionando en el siglo XVIII. Debido al enraizamiento local de la Inquisición nos las vemos en no pocos casos por ejemplo con determinados modos de hacer carrera: Calificadores y consultores del Santo Oficio son a veces antes o después miembros de tribunales locales de la Inquisición. La dinámica del enraizamiento de la Inquisición romana se lleva a cabo por tanto no sólo sobre las instituciones, sino también a través de personas – de aquí resulta asimismo la relación con la prosopografía.

Si se analiza para el Santo Oficio el periodo de 1701 a 1813, se constata entonces que se tienen aproximadamente 550 prohibiciones de un total aproximado de 1.700 libros tratados. Esto quiere decir que se publicaron anualmente cinco prohibiciones de libros de media. Este promedio no dice nada sin embargo de la regularidad de las prohibiciones. Así por ejemplo a partir de 1780 sólo se prohibió anualmente un libro de media.

Inquisición	1701-1813	1814-1917
Número total de los libros tratados	Aprox. 1.700	Aprox. 1.100
Número de prohibiciones de libros	Aprox. 550	Aprox. 290

Una de las causas para ello podría ser la disolución del enraizamiento local de la Congregación fuera del Estado papal: a partir de 1770 se fueron eliminando paulatinamente las inquisiciones locales en Italia. No será hasta el siglo XIX que se podrá mitigar este hecho mediante nuevos canales de comunicación en el marco de la centralización romana. Otra explicación para este escaso número de prohibiciones podría residir en el cambio de las relaciones curiales. Cada vez fueron más las obras que se remitieron sin tratarlas desde la Inquisición a la Congregación para el Índice. Pero en general hay que apuntar que en estos años también remite el número total de obras tratadas en la Congregación para el Índice y que sobre la causa de este hecho sólo se puede especular. En cualquier caso y en cuanto a la causa tienen que ver tanto los años de la Revolución como las Guerras Francesas en Italia.[11] En el transcurso de la ocupación del Estado papal por los franceses y el apresamiento de Pío VII, la labor del Santo Oficio quedó paralizada completamente de 1808/1809 hasta 1814.[12]

El Repertorio de la Congregación para el Índice

El Repertorio de la Congregación para el Índice se basa en las convocatorias a las reuniones. En el Archivo de la Congregación para la Doctrina de la Fe se llevó a cabo una revisión sistemática para el periodo de 1701 a 1813 de las series de los "Protocolli" 59 a 103 (45 tomos) y los "Diari" 12 a 18 (7 tomos) de la Congregación para el Índice. Del fondo "Atti e Documenti" tan sólo se tomó un tomo, porque a partir de 1802 fue empleado por el secretario como depósito sólo en unos pocos

11 Véase come ejemplo ACDF SO CL 1797-1802, nr. 1: "1797. Faenza. Circa l'introduzione di certi libri e stampe provenienti da Bologna e da altre parti d'Italia occupate dai Francesi, che sebbene in approvazione stampati sembrano pericolosi: e circa l'imprimatur di alcune thesi theologiche riguardandi il primato del Papa del D. Temperini Agostiniano. Ravenna." Junto a la pregunta del imprimátur para las tesis teológicas se encuentran en este fascículo un requerimiento del inquisidor de Faenza, Angelo Maria Merenda, del 29 de enero 1797, sobre cómo debía obrar con libros e impresos provenientes de Bologna o de otras zonas de Italia ocupadas por los franceses.

12 Esto naturalmente se plasma en las series correspondientes. La actividad del Sanctum Officium fue interrumpida desde 1808 (en relación al Tit. Libr.) o 1809 (CL, Vota CL) hasta 1814; esto afecta no sólo, la censura de libros, sino también, otras series (p.ej. Decreta SO). Ver también Wolf, Einleitung, 38f.

casos. De especial importancia para la investigación de los Acta Sanctorum es el Fondo llamado “Index XXIV”.

El repertorio elaborado a partir de estas series ofrece una documentación completa de alrededor de 268 sesiones entre 1701 y 1808. Con lo que se deduce que la Congregación para el Índice se reunió una media de 2,5 veces por año. El número de sesiones ha aumentado en casi 100 respecto al siglo XIX (175). Si se analiza el periodo completo, se repara en que sobre todo al principio del siglo XVIII hay más reuniones que al final. En tiempos del Secretario Giulio Maria Bianchi entre 1701 y 1707 se reunieron los consultores entre cuatro y siete veces por año; en los años entre 1707 y 1738 (siendo Secretarios Gregorio Selleri, Agostino Pipia, Domingo Pérez, Niccolò Luigi Ridolfi), entre dos y cuatro veces al año, aunque bajo Ridolfi la tendencia va de dos a tres sesiones. Lo mismo ocurre para los años de Giuseppe Agostino Orsi (1738-1749). Bajo Tommaso Angelo Ricchini se llega a un ligero aumento de las cifras; entre 1749 y 1759 hubo dos y cuatro reuniones, en 1753 cuatro reuniones. En lo sucesivo, el número de sesiones oscila entre y dos congregaciones por año, como por ejemplo entre 1759 y 1778 bajo Pio Tommaso Schiara y de 1779 a 1796 bajo Tommaso Maria Mamachi, Giacinto Maria Bonfigli, Pio Bonifacio Fassati, aunque entre 1785 y 1794 no tuvo lugar ninguna reunión. De 1796 a 1801 bajo Filippo Angelico Becchetti, Tommaso Maria Soldati, Tommaso Maria Manzini se celebró, si llegó a hacerse, sólo una reunión por año, a menudo ninguna, como entre 1798 y 1803 y en 1807.

En estas sesiones se prohibieron cerca de 1.100 libros. Es interesante la distribución: de 1701 a 1710 se llegó a 173 prohibiciones en 50 reuniones, de 1779 a 1790 a 91 prohibiciones en 15 sesiones. La razón de este desequilibrio resulta del hecho de que, como se ha visto, a finales del siglo son muchas menos reuniones las que tienen lugar, en las que además por un lado se tienen que tratar más puntos del orden del día y por otro lado se aplazaron menos decisiones. Algún fallo se aplazó hasta cinco veces en la primera década de nuestro periodo de análisis.

Congregación para el Índice	**1701-1813**	**1814-1917**
Número de reuniones	268	230
Número promedio de reuniones por año	2,4	2,2
Número total de libros tratados	Approx. 1.700	Approx. 2.200
Número de prohibiciones	Approx. 1.100	Approx. 1.600

Sobre la estructura del Repertorio de la Congregación para el Índice

El registro de los libros tratados se lleva a cabo de forma probada tras cada una de las reuniones.[13] Estas se registran cronológicamente por la fecha de la *Congregatio generalis*, o sea de la propia Congregación de Cardenales. Cada sesión constituye un nuevo encabezado. El desarrollo de la reunión se deduce de las convocatorias de

13 Cfr. básicamente WOLF, Einleitung, 64-82.

la sesión que eran enviadas a los cardenales. En estas se listan cada uno de los libros a tratar. Entran en el Repertorio todos los puntos del orden del día que afectan a procesos de libros, pero no cuestiones organizativas o similares. Quien quisiera informarse de forma completa sobre la sesión completa debería consultar el diario correspondiente, que se encuentra en el protocolo de la sesión en cuestión.

En los casos en los que no se pudo encontrar la convocatoria de la sesión, tuvimos que deducir el desarrollo de la reunión así como de los libros tratados en función de los Diaria. De no encontrarse ninguna, se recurrió a las relaciones.[14] A los casos que no están recogidos en la convocatoria, pero sí en el Bando o en el Diarium, se les dota de un apunte ([Bando] o [Diarium]) y se los coloca al final de la entrada de una sesión (fig. p. XVIII).

Para algunos títulos, aunque están prohibidos en un Bando, no se encuentra nada sobre su proceso en las actas de la Congregación para el Índice. Estos títulos se colocan respectivamente en la última sesión antes de la publicación del bando correspondiente y se provee de una referencia al origen de la prohibición en las categorías Decreto y Bando. Así, en el caso de la Congregatio generalis del 14 de mayo de 1779 no consta nada más que el Bando y un par de dictámenes. La reconstrucción de la sesión se lleva por tanto a cabo sobre la base del Bando, apoyado por los dictámenes. Lo mismo ocurre para la Congregatio generalis del 10 de julio de 1797: Sólo hay un dictamen sobre uno de los libros prohibidos en esa sesión y, por tanto, tampoco hay ninguna referencia a las obras cuyo proceso no desembocó en indización. Lo interesante del caso es que esta sesión es además la última reunión probable durante del tiempo del secretario Filippo Angelo Becchetti y antes de la campaña francesa contra el Estado papal que llevó a cabo Napoleón con sus tropas en 1797. Sesiones en las que a parte de los dictámenes que aparecen esporádicamente sólo queda el Bando, se las marca como tales con una nota al pie vinculada al encabezamiento *Congregatio generalis*. La fecha se rige por el Bando.

A la fecha respectiva de la *congregatio generalis* le sigue en el Repertorio un primer bloque, el encabezamiento de la sesión, en el que se ofrecen las siguientes informaciones básicas (fig. p. XIX):

1. El lugar donde se encontró la *"Sitzungseinladung"* (Convocatoria de la reunión). De no poderse probar ninguna convocatoria, se hace referencia mediante una nota al pie a la fuente que permite deducir los puntos del orden del día. El término "Sitzungseinladung" es tachado en estos casos.
2. La lista de los *"Teilnehmer"* (asistentes). Esta se toma por regla general de los diarios. Como el orden en el que se nombra a cada uno de los asistentes también ofrece información sobre la importancia que se les otorga, se ha mantenido.
3. La *"Relation"* (Relación) y su ubicación archivística. La Relación recoge un informe manuscrito sobre las decisiones y sus razones y era remitida como protocolo de sesión al Papa. Cuando no se encuentra, se tacha completamente toda la entrada. Como la mayoría de los secretarios hacía no obstante una anotación breve (o también larga) sobre la Relación en el Diarium, se le hace

[14] Los Diaria 16 (10.01.1746-05.07.1746; 18.04.1747-16.12.1748) y 18 (el último apunte antes de 1800 proviene de la Congregación para el Índice del 27 de julio de 1778) contienen algunas lagunas.

referencia en una nota al pie. Cuando se pudo averiguar la fecha de la audiencia, se la recoge en una nota al pie vinculada a la entrada de la Relación.

4. El *Folium agendorum*, la enumeración y comentario de los puntos tratados. Los Folia agendorum eran elaborados por el secretario correspondiente y pueden ser vistos como una especie de notas u hoja de apuntes del secretario. Así, por ejemplo, el secretario Domingo Pérez elaboraba su *Folium agendorum* en latín, eso sí, siempre después de la sesión, y lo utilizaba como resulta evidente como referencia para la Relación para el Papa, ya que no elaboraba ninguna Relación más. A pesar de que los Folia elaborados por Pérez atendiendo al objeto son Relaciones, se las ha titulado en las actas con "Folium agendorum", por lo que hemos tomado esta denominación, aunque realmente se trate de "Relaciones". El apunte fue eliminado si no había ningún Folium. En una nota al pie se llevan a cabo las explicaciones pertinentes, en la medida en que se pudo averiguar por qué no hay ningún Folium agendorum.
5. La prueba archivística de la sesión en el *Diarium*.
6. La *Congregatio consultorum* con referencia a la fecha y a la prueba archivística. Entre paréntesis se anota el punto del orden del día de la obra tratada, debajo se recogen los participantes. Aunque por el objeto haya ya habido una, sólo después de la *Sollicita ac provida* se puede probar una Congregatio consultorum[15] y tuvo lugar por vez primera el 27 de septiembre de 1753. En esta reunión y en la reunión de consultores del 13 de diciembre de 1753, se preparó la Congregatio generalis del 18 de diciembre. Aunque esta nueva manera de actuar no pareció tener mucho éxito en relación con la introducción de esta reunión de consultores, porque sólo se encontrará en 1754, algunas veces en los años 1760 y 1761, así como a comienzos de los 1780. Sólo a partir de 1790 tuvo lugar de manera regular una Congregatio consultorum como preludio de la Congregatio generalis. Por tres veces se reunieron entonces los consultores para preparar la Congregación general del 2 de julio de 1804 – la primera desde 1797. Una Congregatio consultorum puede ser probada hasta para 27 sesiones.

A de este primer bloque con informaciones básicas le sigue en el Repertorio de la Congregación para el Índice un segundo bloque acerca del desarrollo de las sesiones. Como se dijo más arriba, tan sólo se recogen procesos de libros, dejando de lado otros puntos del orden del día. Cada uno de los títulos se los numera de forma análoga al siglo XIX, con números romanos. A diferencia del siglo XIX, no sólo se recoge el título de la obra respectiva, sino el texto tal y como se encuentra en la fuente. Así se puede ver a primera vista qué perito expone su propio dictamen.

Para ser lo más fieles posible a las fuentes, hemos tomado como regla general las abreviaturas (p. ej. Dr., Mr.) y, para facilitar la lectura, sólo hemos deshecho las abreviaturas dentro de una palabra (p. ej. S[anc]ti, Cong[regation]is). Esto se marca

[15] Junto al término Congregatio consultorum, elegido para el Repertorio porque es el que más aparece, se encuentran en las actas otras denominaciones, como por ejemplo *congressu consultorum, Congregatio particulares consultorum, Congregatio privata, consultatio privata consultorum.*

mediante la utilización de corchetes. Signos de separación especiales como "=" o ":" se ignoran; lo mismo ocurre también para acentos que gramaticalmente no son correctos, que resultaron ser peculiaridades del escribiente respectivo.

A la entrada respectiva del material del archivo, le sigue la referencia bibliográfica (fig. p. XXI).[16]

Bajo el título del libro y la indicación bibliográfica se encuentran los datos del perito. Este se recoge con el nombre completo y la orden a la que está adscrito. En el caso de que el Votum no fuera apuntado, se intentó deducir al perito de las actas de la reunión o del correspondiente volumen de Protocolli. En el caso de que esta pesquisa no produjera ningún resultado, la identificación se llevó a cabo mediante una comparación de manuscritos. Para el siglo XVIII rige por ese motivo desde una perspectiva histórica sobre los procesos: El perito era generalmente también el ponente. Por este motivo desaparece, a diferencia del siglo XIX, la entrada "Referent" ("ponente"). Sólo en unos pocos casos no exponía el perito por sí mismo, por lo que se retoma allí adicionalmente la categoría "Referent" ("referente"). Esto vale para un máximo de 15 a 20 casos. En una nota al pie se reconstruye además en la medida de lo posible quién dictaminó y quién expuso en la reunión, cuando el perito no se deduce de las fuentes (fig. p. XXII).

Los dictámenes en sí se recogen con una referencia archivística exacta. La fecha respectiva sólo se anota si es de la misma mano que en el dictamen.

A partir del tiempo de Tommaso Mamachis (1779) se amplía el número de dictámenes encargados, de los que uno es expuesto o bien por el perito o bien por el secretario. Más tarde suele ocurrir que es el secretario mismo el que redacta el dictamen. Esto es aplicable sobre todo a partir del secretario Pio Bonifacio Fassati. En el caso de muchos peritos, es el primero de los anotados el que refiere.

A las informaciones sobre peritos y dictámenes le siguen informaciones sobre el decreto o sobre el bando. Esto implica una novedad en comparación con el siglo XIX. Porque por un lado algunos títulos fueron tratados en cinco ocasiones en el periodo de 1701 a 1813, por lo que era imperiosamente necesario anotar el decreto con la fecha de prohibición (en la mayoría de los casos la fecha de la reunión). Por otro lado, existen en el siglo XVIII los llamados Sammelbandi (colección de bandi). De ello resulta que el Bando no se recoge en el primer bloque con las informaciones básicas, ya que no se emitía un bando al término de cada sesión. Por este motivo se especifica la fecha del Bando inmediatamente después de la fecha del Decreto. La referencia a la Edición de Bandi no se sigue llevando a cabo con un "+".

Aquellos decretos para los que se averiguó que fueron emitidos *donec corrigatur*, se los caracteriza con la referencia correspondiente.

La fecha del Bando recogida en el Repertorio es la fecha de su promulgación. Si no estuviera especificada en el Bando, se recoge en el Affixum. La entrada se marca por ese motivo con un "*".

Debido a los numerosos procesos múltiples de libros, había que fijar a qué sesión se le asignaba cada título. Decreto y Bando se registran, en el caso de que haya varias convocatorias para una obra, en la última sesión, es decir, en la verdadera fecha de prohibición. En el caso de aplazamientos a causa de la falta de tiempo o por

16 Véase más abajo XCII.

la ausencia del perito, se prescinde de todo apunte sobre el punto del orden del día y la referencia bibliográfica. Por este motivo, el dictamen sólo registra en la sesión en la que fue expuesto realmente y donde efectivamente está en el Archivo, y no en la reunión para la que originalmente estaba redactado. Si una obra hubiera sido efectivamente tratada en varias sesiones, entonces se incluyen las categorías perito y dictamen con las correspondientes anotaciones. En los casos en los que tuvieron lugar varias sesiones, se recogen el resto de sesiones en un pie de página vinculado al punto del proceso.

Así, el apunte sobre la Congregatio generalis del 25 de abril de 1701 reza sólo (fig. p. XXIII). La entrada completa para la prohibición de este título con perito, dictamen, Decreto y Bando no se encontrará hasta el 11 de julio de 1701 (fig. p. XXIII).

Junto al encabezamiento de la sesión con las informaciones de base y la reconstrucción del desarrollo real de la sesión, ofrece el Repertorio de la Congregación para el Índice 1701–1813 informaciones adicionales. Así se encuentran referencias suplementarias a correspondencia, proceso etc. en las notas al pie, que han sido recogidas sin afán de ser integrales, pero gracias a las cuales se puede seguir mejor el desarrollo de las sesiones.

Hay que hacer además referencia a que también fueron prohibidas obras que no están incluidas en un Bando. En las fuentes se pudieron encontrar tres motivos que lo expliquen. En primer lugar ocurre que los cardenales pedían explícitamente que una prohibición se mantuviera en secreto. Así por ejemplo en la reunión del 9 de diciembre de 1806, cuando se trató de la "Cognizioni essenziali della Cristiana Católica Religione".[17] En segundo lugar, hay que suponer que de vez en cuando algún que otro título simplemente fue olvidado a la hora de la elaboración de los Bandi o del Índice. Esto ocurre, por ejemplo, en la Congregatio generalis del 30 de agosto de 1745, en la que se trataron y prohibieron los "Discours historiques" de Thomas Gordon, pero que no aparecieron nunca ni en Bando ni en los Índices.[18] En tercer lugar, las prohibiciones no se nombran más, si las correcciones propuestas por los peritos son acatadas por el autor antes de la impresión del Bando, como era normalmente el caso en las prohibiciones "donec corrigatur": Las razones para una prohibición desaparecen de esta manera. Un caso así nos lo encontramos, por ejemplo, en la sesión del 15 de noviembre de 1740 en la prohibición de las "De passione Jesu Christi" de Govanni Maragoni.[19] Después de que Maragoni pidiera indicaciones para la corrección de su obra, desaparece la base para una prohibición.[20]

---

17 Anónimo [Luigi MIRRI], Cognizioni essenziali della cristiana cattolica religione o sia Catechismo per ogni ceto di persone comprovato con i testi della Sacra Scrittura: con altre aggiunte istruttive, ed edificanti, 2 vol., Firenze 1804.

18 Thomas GORDON, Discours historiques, critiques & politiques sur Tacite. Traduits de l'anglois de Mr. Th. Gordon, 2 vol., Amsterdam 1742.

19 Giovanni MARANGONI, De passione D. N. Jesu Christi considerationes asceticae XVI. ad excitandos animae affectus per nobiliores dominici corporis partes, & membra distributae. Quibus accedit consideratio de passione Beatae Virginis Mariae orbis redemptori crucifixo dicatae, Romae 1728.

20 ACDF Index Prot. 81 (1737-1740), Bl. 316r-318r y ACDF Index Prot. 82 (1740-1746), p. 19r-20v.

Debido a la revisión completa del material de archivo que hemos llevado a cabo, se pueden precisar y en parte corregir las obras de referencia de Hilger[21] y Bujanda[22]. En ese sentido se encuentran en ambos en muchos casos referencias a prohibiciones "Opera omnia". Un examen preciso de las fuentes mostró sin embargo que en menos de un 20 por ciento de las prohibiciones "Opera omnia" nombradas por ambos fue realmente el caso. Por las informaciones de Bujanda podía suponerse que los dos tomos de las "Vues Philosophiques" de Premontevals[23] fueron prohibidos el 8 de mayo y el 24 de agosto de 1761. Pero las fuentes muestran que en la primera fecha fue prohibido el primer tomo de la obra y en la segunda el segundo.[24] Hilgers vincula continuamente al teólogo calvinista Jean Leclerc con una prohibición "Opera omnia", lo que no es correcto.[25]

Para los escritos que fueron investigados tanto por la Congregación para el Índice como por el Santo Oficio, se han llevado a cabo referencias cruzadas en las que se remite a la categoría del orden del segundo Repertorio.

Bibliografía

Con el siglo XVIII alcanza la investigación de las fuentes sobre la Inquisición y Congregación para el Índice romanas la época de las impresiones más antiguas. Ésta abarca desde los primeros incunables (esto es desde la invención de la imprenta con tipos móviles hasta aproximadamente 1500), que aún muestran muchos elementos de los manuscritos, hasta el cambio de siglo del XVIII al XIX, cuando se empieza a vislumbrar poco a poco una producción industrial de libros en forma de impresiones en masa. El objetivo de la investigación de las fuentes sigue siendo la identificación exacta y conforme a las normas bibliográficas tanto nacionales como internacionales de los libros, esto es de las obras, ediciones y traducciones, tratados y prohibidos por la Inquisición y Congregación para el Índice romanas.[26]

Como ya ocurría en el siglo XIX, tampoco en el XVIII está siempre meridianamente claro, a partir de las actas de ambos dicasterios y de las resoluciones publica-

21 Joseph HILGERS, Der Index der verbotenen Bücher. In seiner neuen Fassung dargelegt und rechtlich-historisch gewürdigt, Freiburg 1904.

22 Jesús Martinez de BUJANDA, Index librorum prohibitorum 1600-1966 (Index des livres interdits 11), Sherbrooke 2002.

23 André Pierre LEGUAY DE PREMONTVAL, Vues philosophiques, ou protestations et déclarations sur les principaux objets des Connoissances humaines, Amsterdam 1757.

24 Cfr. BUJANDA, Index, 526, y las entradas correspondientes de la Congregatio generalis del 24 de agosto de 1761 y del 8 de mayor de 1761.

25 HILGERS, Index, 438 (11 de septiembre de 1702), 440 (16 de enero de 1708, 15 de mayo de 1708 y 18 de septiembre de 1708, 4 de marzo de 1709), 442 (19 de julio de 1718).

26 Sobre las reflexiones de base, véase WOLF, Einleitung, 103s. Las directrices bibliográficas aquí especificadas valen en parte para la prosopografía, para las que hicieron falta investigaciones aparte, y cuya bibliografía persigue otros objetivos.

das, qué libro en qué edición o en qué traducción fue tratado o dado el caso prohibido. Está claro que en las administraciones censoras romanas no se trabajaba conforme a criterios bibliográficos modernos. Cuanto más se ahonda la investigación de la censura romana de libros en los siglos más tempranos, tanto más se aleja uno de las tendencias de profesionalización de la biblioteconomía que empiezan a desarrollarse a partir del siglo XIX.

Las impresiones antiguas colocan a la elaboración de la bibliografía del siglo XVIII ante nuevos retos. Básicamente se busca en el registro de los títulos una reproducción de la portada lo más exacta y completa posible. Esto se convierte en algo problemático cuando se trata de títulos complejos, cuando hay muchas ediciones que muchas veces se diferencian en detalles nimios y que, por tanto, son difíciles de identificar, o cuando nos encontramos con variantes ortográficas y peculiaridades como ligaduras, abreviaturas, signos diacríticos etc. Como fuente de la información para el registro de títulos sirve en las impresiones antiguas la obra completa. Para una identificación unívoca es necesaria tanto la referencia al formato original sobre el autor, edición y referencia a la publicación, así como la referencia al tamaño y el formato, que en parte son difíciles de averiguar, o sólo después de un ingente trabajo. Por ese motivo había que ampliar y adaptar para las impresiones antiguas las directrices bibliográficas utilizadas para el siglo XIX. Las directrices se utilizan de acuerdo con las disposiciones del RAK-WB Alte Drucke[27] también para las obras tratadas pertenecientes a los primeros decenios del siglo XIX, que se recogen en los volúmenes sobre la investigación de fuentes del siglo XVIII aquí recogidos, a fin de evitar una ruptura en el registro de los títulos.

En el siglo XVIII se trata en la mayoría de los casos de escritos poco difundidos (como disertaciones o disputaciones) o de obras que durante un largo periodo de tiempo aparecen en multitud de muestras que apenas se diferencian. Si faltan, por ejemplo, en escritos académicos indicaciones exactas en los catálogos de las bibliotecas pertinentes acerca del *respondens* o del lugar o fecha del examen, entonces la explicación se convierte en complicada. A ello hay que añadirle que periódicos como la "Acta Eruditorum" aparecían con títulos, lugares de aparición, editoriales o editores cambiantes, pero que a lo largo de todo el siglo XVIII se trataban varias veces. Por eso tuvo que desarrollarse una recogida normada de títulos que prevalezca, en la que poder insertar cada una de las ediciones tratadas.

Desgraciadamente, la biblioteca del Archivo de la Congregación para la Doctrina de la Fe, dotada de un catálogo de fichas, presenta pocos ejemplares que sirvan de prueba. Además se dio el caso de que los volúmenes allí guardados no siempre eran idénticos a las ediciones dictaminadas o tratadas. Generalmente hacían muy difícil la identificación bibliográfica las múltiples inexactitudes – como un año de aparición distinto al de las ediciones localizadas o una diferencia entre los años de aparición en las convocatorias/Diarium y el dictamen.

[27] RAK-WB = Reglas para la Catalogación alfabética en las bibliotecas científicas. Cfr. Klaus HALLER/Hans POPST, Katalogisierung nach den RAK-WB. Eine Einführung in die Regeln für die alphabetische Katalogisierung in wissenschaftlichen Bibliotheken, München ^{6}2003; Klaus HALLER, Regeln für die Katalogisierung alter Drucke, erarbeitet von der Arbeitsgruppe des Deutschen Bibliotheksinstituts „RAK-WB und alte Drucke", Berlin 1994.

Aunque resultó positivo para la descripción bibliográfica que en los fondos SO Censurae Librorum haya a menudo ejemplares de las obras tratadas que pudieron así ser registradas bibliográficamente de forma directa. Además se encuentran en la serie SO Tituli Librorum copias de las portadas, que pueden ser utilizadas en la investigación. Finalmente se encontró en la Biblioteca Apostolica Vaticana (BAV) un conjunto de manuscritos que provenía de los fondos del Santo Oficio. Los manuscritos tratados pueden ser registrados de una forma casi completa (incluso con anotaciones sobre el proceso).

Como en el siglo XIX, también en el XVIII tratamos más de 3.000 títulos, que fueron investigados en procesos de censura por los dos dicasterios romanos. Principalmente se basa el registro de títulos en informaciones fundamentales, tal y como se encuentran en los archivos. En estos casos se tratan en el mejor de los supuestos de una trascripción de la portada (o de partes aisladas) con referencia a la extensión y formato del libro tratado. Partiendo de estas referencias bibliográficas en ocasiones incompletas o fragmentadas, se cotejaron las obras tratadas en los catálogos online de bibliotecas nacionales e internacionales y en catálogos unificados, así como en las bibliotecas romanas (BAV, Biblioteca Casanatense). La referencia bibliográfica exacta así obtenida se utiliza en los lugares en los que la obra aparece en la investigación de fuentes.

En el caso de obras que no pudieron ser identificadas de forma inequívoca, hay que hacer referencia a las siguientes variantes: si la búsqueda se basa sólo en informaciones mediatas, como por ejemplo de las convocatorias a las reuniones, las actas de las deliberaciones, los Bandi o del catálogo de fichas de la ACDF, se determinan y completan en muchos casos – de acuerdo con el proceder en el siglo XIX – los elementos que faltan mediante investigaciones en catálogos colectivos de bibliotecas. De no ser posible una identificación exacta y en el caso de que correspondan varios registros de títulos o ediciones a las informaciones extraídas de las fuentes, se anotan todas las obras/ediciones en cuestión. Estos títulos se marcan con el signo "♦", para diferenciarlos de las ediciones de las que se sabe con seguridad que fueron tratadas.

En casos dudosos, se presenta el registro del título más detallado o fiable con el mayor número de coincidencias en las categorías más importantes, con las referencias complementarias en la nota al pie. Si no bastaran los datos para identificar de forma unívoca la edición, se recurre como hasta ahora a la edición cronológicamente más cercana a la discusión de la obra, completada en nota al pie con la edición más temprana que pueda ser probada. De este modo, se delimitan al menos el terminus post y ante quem de la publicación del título tratado. En los casos en los que no puede ser identificada una obra unívocamente por falta de datos o porque estos son demasiado generales se le marca como "nicht nachgewiesen" (no probado). Si se adjunta a la obra un dictamen, se dota a la referencia bibliográfica con la signatura del archivo tras el suplemento "Beiliegend" (adjunto), que, dado el caso, fue completada con una referencia al catálogo colectivo. Si una obra tratada se encuentra en la Biblioteca del ACDF, se apunta la signatura de la Biblioteca del ACDF, a veces completada también con una referencia al catálogo unificado.

El registro de los títulos en el siglo XVII está formado por las siguientes categorías:

1. Autor/persona implicada:
La anotación se lleva a cabo, en la medida de lo posible, en un modo de citación normado, a menudo en la lengua materna, orientándose con las normas de las bibliotecas científicas alemanas. Los nombres de pila se recogen de forma completa y no abreviada, en la medida de lo posible. El nombre completo del autor o autora se colocan en versales. En el caso de que sean varios los autores, se hace referencia tan sólo a dos nombres y, dado el caso, se hace referencia a otros mediante un [u.a.] ([et al.]) pospuesto.
Anónimos y pseudónimos, así como supuestos autores del original, se completan si es posible con el nombre normal transmitido. Si, por ejemplo, las referencias al autor sólo se recogen en la dedicatoria, pero no en la portada, se registra el autor en función de la dedicatoria, para que el título no quede "anonym" (anónimo).
Un caso aparte lo constituyen príncipes y jerarcas eclesiásticos, así como miembros de órdenes. Si los autores son príncipes regentes, papas u obispos (con función oficial), se completa entre cuñas el nombre con el suplemento del lugar de influencia o campo de poder y la vinculación oficial. Lo mismo ocurre con los nombres de las órdenes.

Anonym [Gerberon, Gabriel][28]
OUDENHEIM, F. (VON) [Pseudonym][29]
EYCKENBOOM, IGNATIUS <Pseudonym> [Gerberon, Gabriel][30]
TRAUTMANNSDORFF, MARIA THADDEUS VON [Tamburini, Pietro][31]
TALON, DENIS [LeVayer de Boutigny, Rolland?][32]
FEYDEAU DE BROU, HENRI <Amiens, Bischof>
JORGE <de San José>

2. Título (fig. p. XXVIII):
Al contrario de la bibliografía para el siglo XIX, no se adaptan para una identificación unívoca de las ediciones acentos, signos diacríticos, peculiaridades tipográficas, sino que se toman del original. Peculiaridades ortográficas o gramaticales de los títulos pueden hacer necesario un título del asiento normalizado.
A los errores de imprenta en el original que varían el sentido, se les hace referencia con un "[sic!]" pospuesto. Peculiaridades de los tipos de impresión (negrita, impresión en rojo y negro etc.) no se contemplan. La grafía en alfabetos extranjeros se toma en la medida de lo posible del original, completándolo mediante la trascripción. Al contrario de lo que ocurre en el siglo XIX, también aquí se recoge la referencia al autor añadida detrás del título en el original (en las obras latinas introducida con fórmulas como "auctore…", a

28 Anónimo con autor averiguado.
29 Pseudónimo sin nombre del autor realmente averiguado.
30 Pseudónimo con nombre del autor realmente averiguado.
31 Autor supuesto y presuntamente real.
32 Autor supuesto y probablemente real.

menudo con referencias biográficas sobre el lugar de origen, profesión, grado académico etc.).

3. Referencia a la edición:
   La edición no se plasma, al contrario que en el siglo XIX, de forma completa en el idioma del original.
4. Lugar de publicación, impresor/editorial:
   Estos datos se ofrecen sin abreviar, siguiendo el original.
5. Año de publicación:
   Como ya ocurriera en la bibliografía del siglo XIX, también aquí se ofrecen los números romanos como arábicos.
6. Referencia de colación (extensión, formato):
   Como en muchos catálogos unificados de bibliotecas, sobre todo extranjeros, no se da ninguna diferenciación consecuente y fiable sobre la numeración de las páginas, se dan todos los datos sobre el tamaño de forma unificada como números de página. Una diferenciación sólo se hace en registros de títulos de los catálogos colectivos que listan conforme al RAK-WB. No se recogen ilustraciones. Si existen varias ediciones para una obra, como es muchas veces el caso en las primeras impresiones, el formato representa una importante característica diferenciadora para la identificación y se recoge en la medida en que sea posible. Esto representa una novedad frente a la investigación de fuentes del siglo XIX. En cualquier caso, los datos sobre el formato en las fuentes archivísticas no son siempre fiables. Hay que reseñar dos razones para ello: en primer lugar, los miembros de las administraciones no eran bibliotecarios profesionales, y, en segundo lugar, había grandes vaivenes en la producción del libro en lo que se refiere al tamaño del libro o del tamaño de la hoja dentro de los formatos, debido a la falta de regulación del tamaño del pliego impreso.
7. Privilegios de impresión:
   Se registran, en la medida de lo posible.
8. Títulos de una colección:
   Dado el caso, se posponen los títulos de las colecciones con el número de volumen, puestos entre paréntesis.
9. Abreviatura de la referencia:
   Se adjunta, como ya ocurría para el siglo XIX, la referencia con la abreviatura de la(s) biblioteca(s) en las que la obra se pudo encontrar. En las obras que se encuentran en los archivos, se adjunta la referencia del Archivo de la ACDF.

Otras categorías que contemplan aspectos bibliográficos puntuales:

10. Obra de más de un volumen (fig. p. XXX):
    Debido a las peculiaridades en el siglo XVIII tuvo que ser cambiado el proceso con respecto al XIX: si se trata una obra de más de un volumen, se ofrece el registro del título de la obra completa con la referencia al número total de volúmenes publicados y del proceso de publicación (año de publicación del primer al último volumen, dado el caso, título completo o de la serie con el

número de volúmenes). Los volúmenes tratados no se registran en función del título de la obra completa, sino que se ofrecen en una nota al pie.[33]

11. Rivistas (fig. p. XXX):
En el caso de periódicos y de acuerdo con el procedimiento en obras de varios volúmenes, se registra el título general y haciendo referencia al año/a la edición tratados en una nota al pie.
12. Traducción:
De tratarse, en el caso de la edición investigada, de una traducción, se registra como hasta ahora la obra referida en la lengua original en una nota al pie, introducida por "Vgl." (cfr.)
13. Obras contenidas o adjuntas:
No se diferencia entre las obras contenidas o adjuntas a la obra o a la edición encontrada (de forma uniforme "enth.").
14. Adiciones y omisiones:
Las adiciones (informaciones adicionales, ampliación de títulos no completos) y omisiones (del original) se marcan generalmente entre corchetes.[34]

Adicionalmente pueden surgir los siguientes casos especiales debido a las particularidades del siglo XVIII:

15. Registro de reproducciones gráficas:
Para el registro de las reproducciones gráficas, muy comúnmente adjuntas en el siglo XVIII y tratadas por las Congregaciones, se ha desarrollado un modelo propio, basándonos en el RAK-NBM.[35]
16. Escritos universitarios (fig. p. XXXI):
Para la identificación unívoca y registro completo no sólo se especifican los asistentes al examen ("Praes.") como editores, sino, en la medida de lo posible, también los examinandos ("Resp.").
17. Vírgulas y saltos de línea, acentos, abreviaturas y ligaduras:
En la medida de lo posible, se recogen, bien por autopsia, o también mediante digitalizaciones de portadas en los catálogos de las bibliotecas, los saltos de línea en el registro de los títulos, mediante doble barra con espacio consecutivo "// ".[36] Vírgulas, es decir el signo de puntuación antiguo comparable a la coma, se registran como comas normales. Otras particularidades ortográficas como las mayúsculas y minúsculas, acentos etc. se toman sin adaptarlas a la

[33] La notación del volumen es como hasta ahora "Bd." para el caso de obras alemanas, "vol." para las extranjeras.

[34] Referencias no seguras, sino intuidas, se marcan adicionalmente a los corchetes con "?" o "ca." Las abreviaturas latinas explicativas entre corchetes como "i.e.", "S.a.", se emplean independientemente de la lengua de la obra.

[35] RAK-NBM = Reglas para la catalogación de materiales que no son libros (Regeln für die alphabetische Katalogisierung von Nichtbuchmaterialien). Cf. al respecto Hans POPST (Red.), Regeln für die alphabetische Katalogisierung von Nichtbuchmaterialien: Sonderregeln zu den RAK-WB und RAK-ÖB, Berlin 1996 (edición en hojas sueltas).

[36] Si los saltos de línea se sobreponen mediante signos técnicos de puntuación del registro del título (p.ej. los dos puntos separadores entre el título general y el añadido al mismo o la barra simple delante del dato del autor), desaparecen. Si el salto de línea cae en una palabra separada por un guión, se incluye la doble barra sin espacio consecutivo.

ortografía actual. Ligaduras, es decir abreviaturas marcadas por signos especiales o contracciones de letras dentro de una misma palabra, se disuelven en la medida de lo posible, completándolas entre corchetes. Abreviaturas al final de una palabra no se deshacen.

Agradecimientos

La investigación básica sobre la Inquisición Romana y la Congregación para el Índice es un proyecto colectivo. La Deutsche Forschungsgemeinschaft (DFG), con su programa para proyectos a largo plazo, pone a disposición de ese tipo de empresas una buena financiación de base, que permite una atmósfera favorable a la investigación y de relativa seguridad a la hora de la planificación. Mi agradecimiento se dirige por ese motivo primeramente a los responsables dentro de de la DFG, que hacen casar las pretensiones teóricas del investigador con las posibilidades prácticas de la financiación.

Un catedrático de universidad con un gran proyecto de investigación no es más que lo que sus colaboradores son: precisión histórica, competencia lingüística y la capacidad de relación son una cara, entusiasmo, identificación con la causa y creatividad la otra cara de la moneda. De ello vive cada proyecto, y estoy muy agradecido de poder haber hecho esta experiencia.

Responsables del Repertorio de la Inquisición fueron el Dr. Bruno Boute y la Dra. Cecilia Cristellon. Ambos se han aventurado en las profundidades de las actas de la Inquisición y analizado las series soberanamente y con un gran conocimiento de causa. Lo mismo ocurre en el caso de Andreea Badea y Jan Dirk Busemann, bajo cuya batuta ha tomado forma el Repertorio para la Congregación para el Índice. Han batido el cobre en el trabajo con los fondos de actas y anotado cada sesión con diligencia y con un sentido de lo esencial. El intercambio mutuo fue muy enriquecedor para ambas partes. Responsable de la bibliografía del siglo XVIII fue Volker Dinkels. Con la precisión de un bibliotecario y una paciencia infinita, se ha aventurado en los vericuetos de los impresos y escritos antiguos del siglo XVIII y velado con especial cuidado y un gran conocimiento de causa por que encontráramos el título correcto para prácticamente cada libro tratado en Roma.

Con energía fueron apoyados en el proyecto por los colaboradores científicos Maike Hartmann, Dr. Jury Hasecker y Ursula Paintner, por las dos corresponsales de lenguas extranjeras Dr. Maria Pia Lorenz-Filograno y Hedwig Rosenmöller, así como por los becarios Ruth Fehlker, Felix Hüffer, Kathrin Söllner y Miriam Schoden. Dr. Bernward Schmidt ha estado naturalmente siempre a nuestro lado, a pesar de su cambio al área de investigación especial. Querría agradecer de forma especial a Judith Schepers el haberse hecho cargo de forma resoluta de la coordinación del proyecto en un periodo muy turbulento, resultado de muchos cambios de personal; una tarea que ha llevado a cabo con mucha previsión y un excelente conocimiento sobre los problemas de la investigación de la censura de libros.

El trabajo en el proyecto recibe un apoyo constante de todas las trabajadoras y trabajadores de mi Seminario para Historia Moderna y Contemporánea de la Iglesia. Aquí querría nombrar en representación a mi gerente el doctor Thomas Bauer, que ha llevado la gestión de todo el proyecto con gran eficacia y profesionalidad. En todo lo que se refiere a la transmisión y gestión de los conocimientos científicos puedo como siempre delegar en la doctora Barbara Schüler.

Me gustaría destacar en este contexto también la implicación de nuestra „IVV 7", el departamento EDV de la Westfälische Wilhelms-Universität al que estamos adscritos. Matthias Goden y sus colaboradores se ocupan de que las cantidades ingentes de datos sean almacenadas de forma segura y están siempre disponibles en casos urgentes, sea por un portátil para el archivo roto o incluso por un USB-stick, que tiene que ser soldado para que no se pierdan los datos. Gracias de corazón por todo esto, que ocurre normalmente en la trastienda.

Pero mi agradecimiento se dirige además a todas y todos las colegas que nos apoyan en nuestro trabajo con indicaciones útiles. En representación y para el Repertorio de la Congregación para el Índice querría nombrar a Dr. Niclas Förster del Institutum Judaicum Delitzschianum. Tampoco querría olvidar el apoyo recibido en el Archivo de la Congregación para la Doctrina de la Fe, a través de su director Mons. Alejandro Cifres y sus colaboradores Daniel Ponziani, Fabrizio De Sibi y Fabrizio Faccenda.

Como ya lo hiciéramos para los volúmenes del siglo XIX, hemos querido ofrecer una traducción plurilingüe. Por ello querría agradecer a mis colaboradoras Hedwig Rosenmöller y Elisabeth-Marie Richter, que se mostraron desde el principio dispuestas a traducir los textos al italiano y al inglés, y a Javier Sánchez-Arjona Voser, que, como personal docente del Seminario de Románicas de esta Universidad, se encuentra perfectamente cualificado para la traducción al español. Todos ellos han aportado un elemento fundamental a este gran trabajo colectivo.

ABKÜRZUNGSVERZEICHNIS

ALLGEMEIN

*	Datum des Aushangs (Affixum) eines Verbotsplakats (Bando)
♦	entspricht nicht mit Sicherheit der verhandelten Ausgabe
Abt.	Abteilung
Anh.	Anhang
Anm.	Anmerkung
Apr.	April
Aufl.	Auflage(n)
Aug.	August
Ausg.	Ausgabe
Bandtitelbl.	Bandtitelblatt
Bd.	Band
Bde.	Bände
Bearb.	Bearbeiter
Begr.	Begründer
begr.	begründet
beigef.	beigefügt
Beil.	Beilage
Beitr.	Beiträger/Beitrag
bes.	besonders
Bl.	Blatt
bzw.	beziehungsweise
ca.	circa
cap.	Kapitel
chines.	chinesisch
Congr. gen.	Congregatio generalis
Dez.	Dezember
Diss.	Dissertation
dt.	deutsch

ed./éd.	Auflage
eingest.	eingestellt
Einheitssacht.	Einheitssachtitel
Einl.	Einleitung
engl.	englisch
enth.	enthält/enthalten
Ersch.	erscheint/erschien/Erscheinen
Erstausg.	Erstausgabe
erzb.	erzbischöflich
europ.	europäisch
Ex.	Exemplar
f./ff.	folgende
fasc./Fasz.	Faszikel
Febr.	Februar
Forts.	Fortsetzung
franz.	französisch
FS	Festschrift
geb.	geboren
gedr.	gedruckt
gef.	gefaltet
gest.	gestorben
griech.	griechisch
H.	Heft
Hauptsacht.	Hauptsachtitel
hebr.	hebräisch
Hg./hg.	Herausgeber/herausgegeben
Hl./hl.	Heilige(r)/heilig
hs.	handschriftlich
i.e.	id est
ital.	italienisch
Jan.	Januar
Jg.	Jahrgang
Kap.	Kapitel
Kard.	Kardinal
Kopft.	Kopftitel
Kt.	Karte(n)
Kupfert.	Kupfertitel
lat.	lateinisch
Lit.	(weiterführende) Literatur
m.d.T.	mit dem Titel
Mitarb.	Mitarbeiter
Mitverf.	Mitverfasser
Msgr.	Monsignore
N.S.	Neue Serie
Nachdr.	Nachdruck
ND	Neudruck

Nebent.	Nebentitel
Neuaufl.	Neuauflage
Neuausg.	Neuausgabe
niederländ.	niederländisch
Nov.	November
Nr.	Nummer
o.A.	ohne Angabe
o.Bl.	ohne Blatt
o.D.	ohne Datum
o.J.	ohne Jahr
o.N.	ohne Namen
o.Nr.	ohne Nummer
o.O.	ohne Ort
Okt.	Oktober
Oktav-Ausg.	Oktav-Ausgabe
Orig.-Ausg.	Original-Ausgabe
Parallelt.	Paralleltitel
Pers.	Person
Portr.	Portrait
portug.	Portugiesisch
Praes.	Praeses
ps./Ps.	Pars
pt./Pt.	Part
r	recto
Reg.	Register
Repr.	Reproduktion
reprogr.	reprographisch
Resp.	Respondent
röm.	römisch
S.	Seite
s.	siehe
S.a.	sine anno
S.l.	sine loco
S.n.	sine nomine
s.o.	siehe oben
s.u.	siehe unten
Sept.	September
Ser./ser./sér.	Serie
Sez.	Sektion
Sondertitelbl.	Sondertitelblatt
Sp.	Spalte
span.	spanisch
Suppl.	Supplement
Suppl.-Ausg.	Supplement-Ausgabe
T.	Teil
Taf.	Tafel

Teilbd.	Teilband
teilw.	teilweise
tip./typ.	Druckerei
Titelbl.	Titelblatt
tom.	tomus/tomo
u.a.	und andere
u.d.T.	unter dem Titel
u.ö.	und öfter
Übers.	Übersetzer/Übersetzung
übers.	übersetzt
Umschlagt.	Umschlagtitel
Univ.	Universität
unvollst.	unvollständig
v	verso
Verf.	Verfasser
Verf.-Name	Verfassername
Verl.	Verlag
Verl.-Angabe	Verlagsangabe
vermutl.	vermutlich
Verz.	Verzeichnis
vgl.	vergleiche
vol.	volumen/volumina
Vorg.	Vorgänger
Vorr.	Vorredner/Vorrede
Vorsatzbl.	Vorsatzblatt
Vort.	Vortitel
Vortitelbl.	Vortitelblatt
z.T.	zum Teil
Zeitschr.	Zeitschrift
Zwischentitelbl.	Zwischentitelblatt

ARCHIVE UND BIBLIOTHEKEN

ACDF — Archivio della Congregazione per la Dottrina della Fede, Vatikanstadt

Index AeD Sacra Congregatio Indicis, Atti e Documenti
Index Prot. Sacra Congregatio Indicis, Protocolli
SO CL Sanctum Officium, Censurae Librorum
SO Extens. Sanctum Officium, Extensorum
SO Priv. Sanctum Officium, Privilegia

	SO St.St. Sanctum Officium, Stanza Storica
	SO Tit.Libr. Sanctum Officium, Tituli Librorum
ASR	Archivio di Stato di Roma, Rom
	MI Ministero dell'Interno
ASV	Archivio Segreto Vaticano, Vatikanstadt
	Segr. Brevi Reg. Segreteria dei Brevi, Registra
	SS Ep Mod Segreteria di Stato, Epoca Moderna
	SS Mem Bigl Segreteria di Stato, Memoriali e Biglietti
	SS Carte Varie Segreteria di Stato, Carte Varie
BAV	Biblioteca Apostolica Vaticana, Vatikanstadt

Ämter

Adv.	Advocatus
Ass.	Assessor
Comm.	Commissarius
MSP	Magister Sacri Palatii
Präf.	Präfekt
Sekr.	Sekretär

Orden

B	Congregatio Clericorum Regularium Sancti Pauli, Barnabitae - Barnabiten
CCRRMM	Ordo Clericorum Regularium Minorum - Mindere Regularkleriker
CM	Congregatio Missionis - Vinzentiner, Lazaristen
CMF	Congregatio Missionariorum Filiorum Immaculati Cordis Beatae Mariae Virginis (Cordis Mariae Filii) - Missionare/Söhne des Unbefleckten Herzens Marias; Claretiner
CPPS	Congregatio Missionariorum Pretiosissimi Sanguinis - Missionare vom kostbaren Blut
CR	Ordo Clericorum Regularium (vulgo Theatinorum) - Theatiner

CRes	Congregatio a Resurrectione Domini Nostri Jesu Christi - Resurrektionisten
CRL	Congregatio Sanctissimi Salvatoris Lateranensis; Canonici Regulares Congregationis Lateranensis - Augustiner-Chorherren vom Lateran
CRS	Ordo Clericorum Regularium a Somasca - Somasker
CSSp	Congregatio Sancti Spiritus - Kongregation vom Hl. Geist; Spiritaner
CSsR	Congregatio Sanctissimi Redemptoris - Kongregation des Heiligsten Erlösers; Redemptoristen
DC	Congregatio Patrum Doctrinae Christianae - Doktrinarier
FSVPaul	Frères de Saint Vincent de Paul
IC	Institutum Caritatis - Institut der Liebe, Rosminianer
MI	Ordo Clericorum Regularium Ministrantium Infirmis - Regularkleriker zum Dienst an den Kranken, Kamillianer
OAD	Ordo Augustiniensium Discalceatorum - Unbeschuhte Augustiner
OCarm	Ordo Fratrum Beatae Mariae Virginis de Monte Carmelo - Karmeliten
OCD	Ordo Fratrum Discalceatorum Beatae Mariae Virginis de Monte Carmelo - Unbeschuhte Karmeliten
OCist	Ordo Cisterciensis - Zisterzienser
OdeM	Ordo Beatae Mariae Virginis de Mercede - Mercedarier
OFM	Ordo Fratrum Minorum - Franziskaner, Minderbrüder
OFMAlc	Ordo Fratrum Minorum Alcantarinorum - Alkantariner
OFMCap	Ordo Fratrum Minorum Capuccinorum (Capulatorum) - Kapuziner
OFMConv	Ordo Fratrum Minorum Conventualium - Konventualen, Minoriten, Schwarze Franziskaner
OFMObs	Ordo Fratrum Minorum (Regularis) Observantiae (de Observantia) - Franziskaner-Observanten
OFMRec	Ordo Fratrum Minorum (Strictioris Observantiae) Recollectorum - Franziskaner-Rekollekten
OFMRef	Ordo Fratrum Minorum (Strictioris Observantiae) Reformatorum - Franziskaner-Reformaten
OM	Ordo Minimorum - Minimen, Paulaner
OMD	Ordo Clericorum Regularium Matris Dei - Regularkleriker der Mutter Gottes
OMel	Ordo Melitensis - Malteser, Johanniter
OMI	Congregatio Missionariorum Oblatorum Beatae Mariae Virginis Immaculatae - Oblaten der Unbefleckten Jungfrau Maria
OP	Ordo Fratrum Praedicatorum - Dominikaner
OPraem	Ordo Praemonstratensis - Prämonstratenser
Or	Institutum Oratorii Sancti Philippi Nerii - Oratorianer
OSA	Ordo (Fratrum Eremitarum) Sancti Augustini – Augustiner (-Eremiten)

OSB	Ordo Sancti Benedicti - Benediktiner
OSBCam	Congregatio Camaldulensis Ordinis Sancti Benedicti - Kamaldulenser
OSBCoel	Ordo Sancti Benedicti Coelestinensi - Cölestiner
OSBOliv	Congregatio Sanctae Mariae Montis Oliveti Ordinis Sancti Benedicti, Ordo Sancti Benedicti Montis Oliveti - Olivetaner
OSBSilv	Congregatio Silvestrina Ordinis Sancti Benedicti, Ordo Sancti Benedicti de Montefano - Silvestriner
OSBVal	Congregatio Vallis Umbrosae Ordinis Sancti Benedicti - Vallombrosaner
OSC	Oblati Sancti Ambrosii / Oblati Sancti Caroli - Ambrosianer des hl. Karl Borromäus
OSH	Ordo Sancti Hieronymi - Hieronymiten
OSM	Ordo Servorum Mariae - Serviten
OSSp	Ordo Hospitalarius S. Spiritus - Orden vom Heiligen Geist
OSST	Ordo Sanctissimae Trinitatis - Trinitarier
PO	Congregatio Piorum Operariorum
SAC	S. Apostolatus Catholici - Gesellschaft des Katholischen Apostolates; Pallottiner
SCI	Congregatio Sacerdotum a Sacro Corde Iesu - Herz-Jesu-Priester, Dehonianer
SJ	Societas Jesu - Gesellschaft Jesu, Jesuiten
SP	Ordo Clericorum Regularium Pauperum Matris Dei Scholarum Piarum - Arme Regularkleriker der Mutter Gottes von den frommen Schulen, Piaristen, Scolopi
SSCC	Congregatio Sacrorum Cordium Jesu et Mariae necnon adorationis perpetuae Sanctissimi Sacramenti Altaris - Genossenschaft von den Heiligsten Herzen Jesu und Marias und von der Ewigen Anbetung des Heiligsten Altarsakraments, Picpus-Patres, Arnsteiner Patres
TOF	Tertius Ordo Franciscanus, Ordo Franciscanus Saecularis - Weltlicher Dritter Franziskanerorden
TOR	Tertius Ordo Regularis Sancti Francisci - Regulierter Dritter Orden des hl. Franziskus

Behörden

CAcque	Kongregation für das Gewässer- und Straßenwesen
CAES	Kongregation für die Außerordentlichen Kirchlichen Angelegenheiten

CAvignone	Kongregation für die Verwaltung der Stadt Avignon und des Comtat Venaissin
CBuonGov	Kongregation des Bonum Regimen
CCenso	Kongregation für die (Steuer-)Schatzung (im Kirchenstaat)
CCeremon	Zeremonialkongregation
CConcilio	Konzilskongregation
CConciliProv	Kongregation für die Revision der Provinzialkonzilien
CConcist	Konsistorialkongregation
CConsulta	Kongregation der Sacra Consulta
CCorrLOr	Kongregation zur Korrektur der (liturgischen) Bücher der Ostkirche
CDiscReg	Kongregation für die (Disziplin der) Ordensleute
CEcclOr	Kongregation für die Ostkirche
CEcon	Kongregation für die Wirtschaftsverwaltung (im Kirchenstaat)
CEpReg	Kongregation für die Bischöfe und Orden
CExamEp	Kongregation zur Prüfung der Kandidaten für das Bischofsamt - Kanonisches Recht (Can) und Theologie (Theol)
CFabbrica	Kongregation für die Bauhütte von St. Peter, gleichzeitig Tribunal für die Implementierung von frommen Stiftungen
CFerm	Kongregation für Fermo
CImmunità	Kongregation für die kirchliche Immunität
CIndex	Indexkongregation
CIndulg	Kongregation für die Ablässe und Reliquien
CLauretana	Kongregation für (die Verwaltung des Heiligtums) Loreto
CProp	Kongregation für die Glaubensverbreitung
CPropEcon	Kongregation für die Glaubensverbreitung, Wirtschaftsverwaltung
CPropOr	Kongregation für die Glaubensverbreitung, Orientalische Angelegenheiten
CReligiosi	Kongregation für die Ordensleute
CResEp	Kongregation für die Residenz(pflicht) der Bischöfe
CRiforma	Kongregation für die Reform (des Klerus)
CRipa	Kongregation für die Tiber-Uferbefestigung und -Schifffahrt
CRiti	Ritenkongregation
CSacram	Sakramentenkongregation
CSeminari	Kongregation für die Seminarien und Universitäten
CSPaolo	Kongregation für den Wiederaufbau der Basilika St. Paul
CStatReg	Kongregation zur Untersuchung des Zustands von Klöstern und Stiften
CStudi	Studienkongregation
CVisitaAp	Kongregation für die Apostolische Visitation (des Bistums Rom)
Memoriali	Sekretariat der Memorialen
PoenitAp	Apostolische Pönitentierie
Signatur(en)	Apostolische Signatur(en)
SO	Kongregation des Heiligen Offiziums

SIGLEN DER KATALOGE UND BIBLIOTHEKEN

Abes	L'agence bibliographique de l'enseignement supérieur (Verbundkatalog, Frankreich) http://corail.sudoc.abes.fr
ABPFMC	Archivio Biblioteca Provinciale Frati Minori Cappuccini (Mestre, Italien) Curia Provinciale, P.tta S. Carlo, 2 - C.P. 3159 - 30170 Mestre - Venezia Cappuccino.veneto@libero.it
ACNP	Archivio Collettivo Nazionale Periodici (ACNP) - Catalogo Italiano dei Periodici (Università di Bologna, Italien) http://acnp.cib.unibo.it
ACORN	ACORN Catalog of the Heard Libraries (Vanderbilt University, Nashville; Tennessee, USA) http://www.library.vanderbilt.edu/
Amherst College	Five Colleges Libraries - Amherst College Library (Amherst; Massachusetts, USA) http://fcaw.library.umass.edu:8991/F/
AMICUS	Canadian National Catalogue - Catalogue national canadien http://www.collectionscanada.ca/amicus
Arch	Biblioteca comunale dell'Archiginnasio (Bologna, Italien) http://www.archiginnasio.it/html/cataloghi_online.htm s. a. Biblioteca communale dell' Archiginnasio Il Catalogo Frati-Sorbelli http://ba.comune.bologna.it/
BAV	Biblioteca Apostolica Vaticana (Rom/Vatikanstadt) http://www.vaticanlibrary.va/home.php?pag=labiblioteca
BCLu	Biblioteca Cantonale Lugano (Lugano, Schweiz) http://aleph.sbt.ti.ch/
BFCP	Biblioteca Francescano-Cappuccina Provinciale Archivio Provinciale Cappuccini Lombardi (Mailand, Italien) http://www.infoteca.it/bwnet/Frameset.asp?OPAC=BFCP
Biblioteca Ambrosiana	Biblioteca Ambrosiana (Mailand, Italien) http://www.ambrosiana.eu/cataloghi/cataloghi_biblioteca.asp
Biblioteca Casanatense	Biblioteca Casanatense (Rom, Italien) http://www.casanatense.it/jsp/cataloghi/i_nostri_cataloghi/cata-logo_generale.jsp

Biblioteca Jacobilli	Biblioteca L. Jacobilli (Foligno, Italien) Piazza E. Giacomo, 1 - 06034 Foligno (Perugia) info@jacobilli.it
BL	British Library - Integrated Catalogue (Großbritannien) http://catalogue.bl.uk
BM-Grenoble	Bibliothèques Municipales Ville de Grenoble (Grenonble, Frankreich) http://catalogue.bm-grenoble.fr:4130/index.php?acode=osv
BNC.Es	Biblioteca de Catalunya (Barcelona, Spanien) http://www.bnc.es/
BNCF	Biblioteca Nazionale Centrale Firenze (Florenz, Italien) http://www.bncf.firenze.sbn.it
BNCL	Biblioteca Nacional de Chile (Santiago, Chile) http://www.dibam.cl/biblioteca_nacional/index.asp
BNE	Biblioteca Nacional de España (Madrid, Spanien) http://catalogo.bne.es/uhtbin/webcat
BNF	Bibliothèque nationale de France (Paris, Frankreich) http://www.bnf.fr
BNL	Bibliothèque nationale de Luxembourg Catalogue collectif de la Bibliothèque nationale de Luxembourg et des bibliothèques associées (bibnet.lu) (Verbundkatalog, Luxemburg) http://aleph.etat.lu
BNP	Biblioteca Nacional (Lissabon, Portugal) http://www.bnportugal.pt/
BPE	Catálogos de las Bibliotecas Públicas del Estado (BPE) (Verbundkatalog, Spanien) http://www.mcu.es/bibliotecas/MC/CBPE/index.html
BSB	Bayerische Staatsbibliothek (München) http://www.bsb-muenchen.de/Literatursuche.30.0.html
BSL	Biblioteca Statale di Lucca (Lucca, Italien) http://www.bslu.librari.beniculturali.it
BUCL	Bibliothèques de l'Université catholique de Louvain (Löwen, Belgien) http://www.bib.ucl.ac.be/cgi/chameleon?skin=wucl&inst=0

BVB	Bayerischer Bibliotheksverbund (Verbundkatalog) http://www.bib-bvb.de/
Calames-Abes	Catalogue en ligne des archives et des manuscrits de l'enseignement supérieur - Manuscrits de la Bibliothèque Sainte-Geneviève (Paris, Frankreich) http://www.calames.abes.fr/pub/
CARLI	Consistorium of Academic & Research Libraries in Illinois (Verbundkatalog; Illinois, USA) http://i-share.carli.illinois.edu
Cataloghi Storici	ICCU - Biblioteca Digitale Italiana - Cataloghi Storici (Verbundkatalog, Italien) http://cataloghistorici.bdi.sbn.it/code/index.asp
Catalogo Palatino	Catalogo Palatino (BNCF) http://ferrovia.bncf.firenze.sbn.it/palatino/palanet.htm
CBT	Catalogo Bibliografico trentino (Verbundkatalog, Italien) http://www.trentinocultura.net/catalogo/hp_catalogo.asp
CCFR	Catalogue collectif de France (Verbundkatalog, Frankreich) http://www.ccfr.bnf.fr/index.html
CCPB	Catálogo Colectivo del Patrimonio Bibliografico Español (Verbundkatalog, Spanien) http://www.mcu.es/bibliotecas/MC/CCPB/index.html
CCUC	Catàleg Col·lectiu de les Universitats de Catalunya (Verbundkatalog; Barcelona, Spanien) http://ccuc.cbuc.es
CHVK	CHVK - Schweizer Virtueller Katalog (Verbundkatalog, Schweiz, Liechtenstein) http://www.chvk.ch/vk_schweiz.html
Collezione privata Salvatore Banzola	Collezione privata Salvatore Banzola (Faenza, Italien)
COPAC	Copac National, Academic, & Specialist Library Catalogue (Verbundkatalog, Großbritannien) http://www.copac.ac.uk/
CornellUL	Cornell University Library (Ithaca; New York, USA) https://catalog.library.cornell.edu/cgi-bin/Pwebrecon.cgi?DB=local&PAGE=First
CUL	CLIO - Columbia University Libraries online catalog (New York; NY, USA) http://clio.cul.columbia.edu/cgi-bin/Pwebrecon.cgi?DB=local&PAGE=First

CVT	Catalogo Virtuale Toscano (MetaOpac) (Verbundkatalog) http://web.rete.toscana.it/metaopac/opacselection.jsp http://www.cultura.toscana.it/biblioteche/guida/catalogo_virtuale.s html
DNB	Deutsche Nationalbibliothek (Berlin, Frankfurt a. M., Leipzig) https://portal.d-nb.de/
Duke	Duke University Libraries (Durham; North Carolina, USA) http://library.duke.edu/
EEBO	EEBO - Early English Books Online http://eebo.chadwyck.com/search
ECCO	Eighteenth Century Collections Online http://galenet.galegroup.com/servlet/ECCO?vrsn=1.0&locID=mue nster&srchtp=a&ste=2&n=10
EROMM	Europäisches Register der Mikroformmaster und digitalen Master http://gso.gbv.de/DB=2.8/
Franklin	Franklin: Penn Libraries Catalog (University of Pennsylvania Libraries) (Philadelphia; Pennsylvania, USA) http://www.franklin.library.upenn.edu/
Gallica	Gallica - Bibliothèque numérique de la BNF (Frankreich) http://gallica.bnf.fr
GBV	Gemeinsamer Bibliotheksverbund (Verbundkatalog der Länder Bremen, Hamburg, Mecklenburg-Vorpommern, Niedersachsen, Sachsen-Anhalt, Schleswig-Holstein, Thüringen und der Stiftung Preußischer Kulturbesitz) http://www.gbv.de/vgm/
HAAB	Herzogin Anna Amalia Bibliothek (Weimar) http://opac.ub.uni-weimar.de/DB=2/
HBZ	Hochschulbibliothekszentrum des Landes Nordrhein-Westfalen (Verbundkatalog, Köln) http://okeanos-www.hbz-nrw.de/F/
HEBIS	Hessisches BibliotheksInformationsSystem (HeBIS) (Verbundkatalog) http://Webcbs.rz.uni-frankfurt.de/
HELKA	University of Helsinki Libraries (Verbundkatalog; Helsinki, Finnland) https://helka.linneanet.fi/cgi-bin/Pwebrecon.cgi?LANGUAGE=En glish&DB=local&PAGE=First

Helveticat	Schweizerische Landesbibliothek (Verbundkatalog, Bern, Schweiz) http://libraries.admin.ch/cgi-bin/gw/chameleon?skin=helveticat&lng=de
HLB	Hochschul- und Landesbibliothek Fulda www.hs-fulda.de/index.php?id=hlb
HRC	Harry Ransom Center - University of Texas at Austin (Austin; Texas, USA) http://www.hrc.utexas.edu/
HU	Union Catalog of the Harvard Libraries (Hollis Catalog) (Cambridge; Massachusetts, USA) http://lib.harvard.edu/
Huntington Library	Huntington Library Catalogue (San Marino; California, USA) http://catalog.huntington.org/
IbisWeb	Ibis Web – Catalogo bibliografico cumulativo degli utenti Isis (Verbundkatalog, Italien) http://www.ibisweb.it
ICCU siehe: SBN	Istituto Centrale per il Catalogo Unico delle Biblioteche Italiane e per le Informazioni Bibliografiche - ICCU (Verbundkatalog, Italien) http://www.sbn.it/opacsbn/opac/iccu/informazioni.jsp
IDS	Informationsverbund Deutschschweiz (Verbundkatalog, Schweiz) http://aleph.unisg.ch/ids-mbs/start.htm
IDS Basel Bern	IDS Basel Bern (Online-Katalog des Bibliotheksverbundes Basel Bern im Bereich der Hochschulen Basel und Bern, Schweiz) http://aleph.unibas.ch/ALEPH
IDS Luzern	IDS Luzern (Verbundkatalog Luzerner Bibliotheken, Schweiz) http://ilu.zhbluzern.ch/F
IUL	Israel Union List – MALMAD http://aleph3.libnet.ac.il/F?func=find-b-0&local_base=uli02&con_lng=eng
JNUL	Jewish National and University Library – Main Catalogue (Israel) http://aleph500.huji.ac.il/F/?func=find-b-0&local_base=nnlall&con_lng=eng
JTS	JTS – Library of the Jewish Theological Seminary / Online Catalog (New York, NY, USA) http://alpha3.jtsa.edu:8997
JWL	James White Library – Andrews University (Berrien Springs; Michigan, USA) http://jewel.andrews.edu

KaRo	Katalog Rozproszony Bibliotek Polskich - Distributed Catalogue of Polish Libraries (Verbundkatalog, Polen) http://karo.umk.pl/Archive/K_1.05/karo.php?al=x&lang=en
KB	Koninklijke Bibliotheek - Nationale bibliotheek van Nederland (Den Haag, Niederlande) http://www.kb.nl
KBR	Bibliothèque royale de Belgique - Koninklijke Bibliotheek van België (Brüssel, Belgien) http://opac.kbr.be
KOBV	KOBV - Kooperativer Bibliotheksverbund Berlin-Brandenburg http://vs13.kobv.de/
LBÖS	Die Landesbibliotheken Österreichs und Südtirols (Verbundkatalog, Österreich, Italien) http://www.lbb.at
LC	The Library of Congress (Washington; District of Columbia, USA) http://catalog.loc.gov
Libis	Leuvens Integraal Bibliotheeken Informatiesysteem (Katholieke Universiteit Leuven, Belgien) http://access.libis.kuleuven.ac.be
Library Company of Philadelphia	The Library Company of Philadelphia (Online Catalog) (Philadelphia; PA, USA) http://librarycompany.org
LIBRIS	LIBRIS Det Nationella Biblioteks-datasystemet (Verbundkatalog, Schweden) http://www.libris.kb.se/index.jsp
MadCat	University of Wisconsin - Madison Libraries (Madison; Wisconsin, USA) http://madcat.library.wisc.edu/cgi-bin/Pwebrecon.cgi?PAGE=sb Search
MAI	MAI - MetaOPAC Azalai Italiano (Verbundkatalog, Italien) http://www.aib.it/aib/opac/mai2.htm3
Melvyl	Melvyl - The Catalog of the University of California Libraries (Verbundkatalog, California, USA) http://melvyl.cdlib.org
Mirlyn	Mirlyn - Library Catalog of the University of Michigan (Ann Arbor; Michigan, USA) http://mirlyn.web.lib.umich.edu/
MNCAT	MNCAT - University of Minnesota All Campuses Catalog (Twin Cities; Minnesota, USA) http://umnlib.oit.umn.edu/F/4K1LL6NVM5243YQ61H7CE6GR2 UKGN8KEGBS321NYSSPA76FBI2-02968?func=find-b-0&local _base=umn01pub

NBY	The Newberry Library - Newberry Library Online Catalog (Chicago; llinois, USA) http://i-share.carli.illinois.edu/nby/cgi-bin/Pwebrecon.cgi?DB=local
NEBIS	NEBIS - Netzwerk von Bibliotheken und Informationsstellen in der Schweiz (Verbundkatalog, Schweiz) http://opac.nebis.ch
Newton	Newton - catalogue for the libraries of the University (University of Cambridge, Großbritannien) http://www.lib.cam.ac.uk/newton/
NLoA	National Library of Australia (Canberra, Australien) http://catalogue.nla.gov.au/cgi-bin/Pwebrecon.cgi?DB=local&PAGE=First
NSK	Kroatische Nationalbibliothek - Nacionalna i sveučilišna knjižnica u Zagrebu (Zagreb, Kroatien) http://katalog.nsk.hr/cgi-bin/Pwebrecon.cgi?DB=local&PAGE=First
NUIM	NUI Maynooth Library Catalogue (NUIM Library) (National University of Ireland, Maynooth, Kildare) http://libaleph.nuim.ie/F
NYPL	The New York Public Library (New York; NY, USA) http://catnyp.nypl.org/
ÖBV	Österreichischer Bibliothekenverbund (Verbundkatalog, Österreich) http://bibvb.ac.at
OLIS	OLIS web OPAC - Oxford Libraries Information System (University of Oxford, Großbritannien) http://library.ox.ac.uk/
ÖNB	Österreichische Nationalbibliothek (Wien, Österreich) http://www.onb.ac.at/
Orbis	Orbis - Yale University Library Catalog (New Haven; Connecticut, USA) http://orbis.library.yale.edu/cgi-bin/Pwebrecon.cgi?DB=local&PAGE=First
OUD-Kath	Centrale Oud-Katholieke Bibliotheek (Universiteitsbibliotheek Utrecht, Niederlande) http://repertorium.library.uu.nl/standlijsten/oud_kath.htm
Pegasus	Pegasus - Catalog of the Arthur W. Diamond Law Library (Columbia University, New York; NY, USA) http://pegasus.law.columbia.edu/

PND-HBZ	HBZ-Verbundkatalog - Personennamendaten (Normsätze) http://193.30.112.134/F/CAAB16E463DPV4IRY9YPUIFFNJXU CM1KNR8D6K1ECGGM8KBCDM-01145?func=find-a-0& local_base=hbz10
PORBASE	PORBASE - Base Nacional de Dados Bibliográphicos (Verbundkatalog, Portugal) http://porbase.bnportugal.pt/
PUL	Princeton University Library (Princeton; New Jersey, USA) http://library.princeton.edu/
REBIUN	Red de Bibliotecas Universitarias (Verbundkatalog, Spanien) http://rebiun.crue.org/cgi-bin/rebiun/O7052/ID0dcb2b6c?ACC= 101
RERO	Réseau des bibliothèques de Suisse occidentale - Westschweizer Bibliotheksverbund (Verbundkatalog, Schweiz) http://www.rero.ch
RML	Ryan Memorial Library (Wynnewood; Philadelphia, USA) http://www.scs.edu/library/
Saintmeinrad	St. Meinrad Archabbey Library (St. Meinrad; Indiana, USA) http://hickory.palni.edu:4505/F/?func=file&file_name=find-d& local_base=plnsmp
SBB	Staatsbibliothek zu Berlin - StaBiKat (Online-Katalog der Staatsbibliothek zu Berlin) http://sbbweb1.sbb.spk-berlin.de
SBN	Servizio Bibliotecario Nazionale (Istituto Centrale per il Catalogo Unico delle Biblioteche Italiane e per le Informazioni Bibliografiche - ICCU) (Verbundkatalog, Italien) http://opac.sbn.it/index.html
SBS	SBS - Catalogo del Servizio Bibliotecario Senense (Verbundkatalog, Italien) http://sbs3.unisi.it:8991/F/-?func=find-b-0&local_base=sbs01
SBT	Sistema Bibliotecario Ticinese (Verbundkatalog, Schweiz) http://www.sbt.ti.ch/Sbt
SBU	St. Bonaventure University - Friedsam Memorial Library (St. Bonaventure; New York, USA) http://web.sbu.edu/friedsam/
Socrates	Socrates: Stanford's Online Catalog (Stanford University, California, USA) http://jenson.stanford.edu/uhtbin/cgisirsi/uqy0HkQzDp/GREEN/21 120026/60/668/X

SWB	Südwestdeutscher Bibliotheksverbund - SWB Online-Katalog (Bibliotheksservice-Zentrum Baden-Württemberg - BSZ, Verbundkatalog) http://swb.bsz-bw.de/DB=2.1/
The Making of the Modern World	The Making of the Modern World - Goldsmiths'-Kress Library of Economic Literature 1450-1850 (über: Universitäts- und Landesbibliothek Münster) http://galenet.galegroup.com/servlet/MOME?locID=muenster&srchtp=b &ste=1
THSLC	Texas Health Science Libraries Consortium (Housten; Texas, USA) http://ils.mdacc.tmc.edu/
Tilipirke	Tilipirke - Il nuovo portale italiano delle biblioteche (Verbundkatalog, Italien) http://www.tilipirke.it/
UBN	Universiteitsbibliotheek Radboud Universiteit Nijmegen (Nijmegen, Niederlande) http://www.ru.nl/ubn/
UBVU	Universiteitsbibliotheek VU (Vrije Universiteit Amsterdam, Niederlande) http://www.ubvu.vu.nl/index.cfm
U-CAT	Universiteit Leiden - Universiteitsbibliotheek (Catalogus) (ursprünglich: U-CAT Bibliotheekcatalog van de Universiteit Leiden) (Leiden, Niederlande) http://catalogus.leidenuniv.nl/F?RN=5257031
UChicago	University of Chicago Library (Chicago; Illinois, USA) http://libcat.uchicago.edu/ipac20/ipac.jsp?profile=ucpublic
UCL	University of Cincinatti Libraries - Library Catalog (Cincinatti; Ohio, USA) http://uclid.uc.edu/search/X
UIOWA	The University of Iowa Libraries (Iowa City; IA, USA) http://www.lib.uiowa.edu/
ULB Tirol	Universitäts- und Landesbibliothek Tirol - Nominalkatalog der ULB Tirol (1500-1988) (Innsbruck, Österreich) http://webapp.uibk.ac.at/alo_cat/collection.jsp?id=1001
UniGre	Pontificia Università Gregoriana - Biblioteca (Rom, Italien) http://www.unigre.it/newbiblio
UniMaas	Universiteitsbibliotheek Maastricht - Catalogus (Maastricht, Niederlande) http://um2091.unimaas.nl:8180/DB=1/SET=2/TTL=1/START_WELCOME

UniMelb	University of Melbourne Library Catalogue (Melbourne, Australien) http://cat.lib.unimelb.edu.au/
Università Urbino Fondo Antico	Biblioteca Universitaria Centrale (Università degli Studi di Urbino “Carlo Bo”) - Fondo Antico (Urbino, Italien) Via Saffi, 2 - 61029 Urbino (PU)
URBE	Unione Romana Biblioteche Ecclesiastiche (Verbundkatalog, Rom, Italien) http://www.usc.urbe.it/bib/mw/mw.html http://www.urbe.it/catalogo.html
URBS	Unione Romana Biblioteche Scientifiche (Verbundkatalog, Rom, Italien) http://www-urbs.vatlib.it http://www.reteurbs.org/screens/home.html
UTMB	UTMB Moody Medical Library (Galveston; Texas, USA) (über: Texas Health Science Libraries Consortium, Huston, USA) http://utmb.thslc.net/cgi-bin/Pwebrecon.cgi?DB=local&PAGE =First
UU	Universiteitsbibliotheek Utrecht (Utrecht, Niederlande) http://www.uu.nl/EN/library/Pages/default.aspx
UvA	Bibliotheek van de Universiteit van Amsterdam (Amsterdam, Niederlande) http://cf.uba.uva.nl/nl/
UvT	Universiteit van Tilburg - Catalogus UvT (Tilburg, Niederlande) http://dbiref.uvt.nl/iPort?request=search_form&db=tucat
VD16	Verzeichnis der im deutschen Sprachbereich erschienenen Drucke des 16. Jahrhunderts (VD 16) http://bvba2.bib-bvb.de/V/58PA8QQURXMU4VJMMX7YE56X BBP6MUXKQEUGUR9QAIRF194DMC-45396?func=file &file_ name= search_vd16
VD17	VD17 - Das Verzeichnis der im deutschen Sprachraum erschienenen Drucke des 17. Jahrhunderts http://gso.gbv.de/DB=1.28/LNG=DU/SRT=YOP/IMPLAND=Y/
WDB	Wolfenbüttler Digitale Bibliothek (HAB - Herzog August Bibliothek Wolfenbüttel) http://www.hab.de/bibliothek/wdb/suche.htm
WorldCat	Bibliographische Datenbank (auch über KVK) http://www.worldcat.org/
ZDB	OPAC der Zeitschriftendatenbank (ZDB) http://dispatch.opac.d-nb.de/DB=1.1/

Bibliographische Nachschlagewerke

Barbier	BARBIER, ANTOINE-ALEXANDRE: Dictionnaire des ouvrages anonymes / Antoine Alexandre Barbier. - Suit de la seconde edition des supercheries littéraires dévoilées par J.-M. Quérard. - Hildesheim [u.a.] : Olms, 1986. - 4 vol. - (Les supercheies littéraires dévoilées. - 2. éd. / Quérard, Joseph M. ; 4-7).[1]
Bujanda	BUJANDA, JESÚS MARTÍNEZ DE: Index librorum prohibitorum 1600 - 1966 / par J. M. de Bujanda. - Montréal : Médiaspaul [u.a.], 2002. - (Index des livres interdits ; 11).
De Backer/ Sommervogel (Sommervogel)	SOMMERVOGEL, CARLOS: Bibliothèque de la Compagnie de Jésus / Backer, Augustin de [Begr.] (1. pt.: Bibliographie / par Augustin et Aloys de Backer; 2. pt.: Histoire / par Auguste Carayon). - Nouv. ed. / par Carlos Sommervogel. - Bruxelles : Schepens [u.a.], [Reimp. 1960].[2]
Delecourt	DE LE COURT, JULES VICTOR: Dictionnaire des anonymes et pseudonymes : (XVe siècle - 1900) / par Jules-Victor DeLeCourt. Mis en ordre et enrichi par G. DeLeCourt. Académie Royale de Belgique, Bruxelle. - Bruxelles : Acad. Royale de Belgique, 1960. - [vol. 1]. - (Bibliographie nationale).
Melzi	MELZI, GAETANO: Dizionario di opere anonime e pseudonime di scrittori italiani o come che sia aventi relazione all'Italia. - Milano : G. Pirola, 1848-1849. - 3 vol. Nachdr. (Burt Franklin Bibliography & reference series, 23). New York : Franklin, [1960].[3]
Parenti	PARENTI, MARINO: Dizionario dei luoghi di stampa falsi inventati o supposti in opere di autori e traduttori italiani : con un'appendice sulla data Italia e un saggio sui falsi luoghi italiani usati all'estero, o in Italia, da autori stranieri / Marino Parenti. - Rist. anast. della 1. ed. - Firenze : Le lettere, 1996.[4]
Querard	QUÉRARD, JOSEPH MARIE: Les supercheries littéraires dévoilées : galerie des écrivains français de toute l'Europe qui se sont déguisés sous des anagrammes, des astéronymes, des cryptonymes, des initialismes, des noms littéraires, des pseudonymes facétieux ou bizarres, etc. / par J.-M. Quérard. [enth.: Suivie 1. du Dictionnaire des ouvrages anonymes / par Ant.-Alex. Barbier, 3. éd., et 2. d'une table générale des noms réel des écrivains anonymes et pseudonymes cités dans les deux ouvrages]. - 2. éd. considérablement augm. - Hildesheim : Olms, 1965. - 3 vol.[5]

1 Orig.-Ausg. erschienen im Verl. Daffis, Paris.

2 Réimpr. anast. bei Collège Philosophique et Théologique, Héverlé-Louvain erschienen.

3 Forts.: PASSANO, GIAMBATTISTA: Dizionario di opere anonime e pseudonime in supplemento a quelle di Gaetano Melzi. - Ancona : Morelli, 1887. Nachdr. der Ausg. Ancona 1887; Napoli 1888: New York : Franklin, [1960].

4 Nachdr. der Ausg.: Firenze : Sansoni, 1951. - (Biblioteca bibliografica Italica. ; 1).

5 Reprogr. Nachdr. der Ausg. Paris 1870-1889.

Régi Magyar Könyvtár (Alte Ungarische Bibliothek)	Régi magyar könyvtár, III/XVIII. század : magyarországi szerzők külföldön, nem magyar nyelven megjelent nyomtatványai = Alte Ungarische Bibliothek III./XVIII. Jahrhundert : im Ausland erschienene, fremdsprachige Werke ungarländischer Autoren / Országos Széchényi Könyvtár. Összeáll. Dörnyei Sándor [...] . - Budapest : Orzágos Széchényi Könyvtár, 2005-. - Ersch.: vol. 1 (1712-1760) - 2 (1761-1800).
Sommervogel	siehe: De Backer/Sommervogel
Weller	WELLER, EMIL: Lexicon pseudonymorum : Wörterbuch der Pseudonymen aller Zeiten und Völker oder Verzeichnis jener Autoren, die sich falscher Namen bedienten / von Emil Weller. - 2. Nachdr.-Aufl. der 2. verm. u. verb. Aufl. Regensburg 1886. - Hildesheim [u.a.] : Olms, 1977.
Willaert	WILLAERT, LEOPOLD: Bibliotheca janseniana belgica : répertoire des imprimés concernant les controverses théologiques en la relation avec le jansénianisme dans les Pays-Bas catholiques et le Pays de Liège aux XVII. et XVIII. Siècles / Leopold Willaert. - Namur : Fac. de Phil. et Lettres [u.a.], 1949-1951. - 3 vol. - (Bibliothèque de la Faculté de Philosophie et Lettres de Namur ; 4, 5, 12).

Systematisches Repertorium

Römische Inquisition

ACDF SO CL 1701-1702

ACDF SO CL 1701-1702, Nr. 1

1701. Permittitur impressio deleto titulo Beati Libri ins[cript]i Summa totius Theologiae Beati Egidii Columnae Ord[ini]s heremit. S. Aug[ustin]i etc. Authore Fr. August[in]o M[a]r[i]a Arpe Genuen. eiusdem Ord[ini]s S. T. M., et Collegii Bonon. S. Jacobi Maioris Regente.

ARPE, AGOSTINO MARIA: Summa Totius Theologiae// Beati Egidij Columnae Ord. Erem. S.P. Augustini// Doctoris fundamentarij, Archiepiscopi Bituriensis,// Primatis Aquitaniae, et S. R. E. Cardinalis : Ex doctrina eiusdem collecta / Auctore// Fratre Augustino Maria Arpe Genuensi eiusdem. Ord./ Sacrae Theologiae Magistro, et Collegij Bononiensis// S. Jacobi maioris Regente. - [S.l.] : [S.n.], [S.a.]. (hs. Titelbl.) *ACDF SO CL 1701-1702, Nr. 1*

♦ ARPE, AGOSTINO MARIA: Summa Totius Theologiae Aegidii Columnae Ordinis Emeritarum S.P.Augustini, Doctoris Fundamentarij, [...] / Augustinus Maria Arpe. - Bononiae : apud Pisarrum, 1701-1705. - 5 vol. *Tilipirke*

♦ ARPE, AGOSTINO MARIA: Summa totius theologiae Aegidii Columnae [...] / auctore f. Augustino Maria Arpe [...]. - Bononiae : apud Pisarrum, 1701-. - 12°. *SBN*[1]

Gutachter: Prospero Bottini
Gutachten: 3 S., [19. Januar 1701][2]

ACDF SO CL 1701-1702, Nr. 2

1701. Censura in Libr. ins[criptu]m: Apologia secunda Panegyreos Jansenianae confingens Jansenismi historiam brevem.

WITTE, GILLES DE: Apologia secunda Panegyreos jansenianae, configens jansenismi historiam brevem, corrasam à L.C. Deckero [...]. - Gratianopoli [i.e. Delft] : [S.n., Hendrik van Rhijn], 1700. - 31 S. ; 4°. *UvA*[3]

Gutachter: Giovanni Damasceno Bragaldi OFMConv

---

1 Nachgewiesen wurde [vol. 1?]. [De Deo uno et trino]. (1701). - [24], 480, [2] S. ; 12°. *SBN, Cataloghi Storici.*

2 Mit Dekret SO vom 19. Januar 1701 wurde die Druckerlaubnis erteilt; dem Inquisitor von Bologna sollte mitgeteilt werden, dass das Wort „Beati“ aus dem Titel zu entfernen sei.

3 Erscheinungsort vermutlich fingiert. Mutmaßlicher Erscheinungsort und Drucker ermittelt nach *UvA.*

Gutachten: 6 S., [20. April 1701]

Dekret: SO 20. April 1701
Bando: SO 26. Oktober 1701[4]

ACDF SO CL 1701-1702, Nr. 3

1701. Non permittitur impressio Libelli ins[cript]i: Dissertatio adversus Quietistas et recentiores Pseudomysticos etc. Authore Fr. Natali Alexandro Ord[ini]s FF. Praed[icatoru]m etc.

ALEXANDRE, NOËL: Dissertatio// Adversus Quietistas, et recensiores Pseudo-Mysticos// Eorumque Antesignanos Beguardos, et Beguinas / Autore Fr. Natali Alexandro Ord. FF. Praed. in Sac.a Facultate// Parisiensiensi Doctore, et Emerito Theologiae// Professore. - [S.l.] : [S.n.], [S.a.]. (hs. Titelbl.) *ACDF SO CL 1701-1702, Nr. 3. Das Werk wurde nicht nachgewiesen*

Gutachter: keine Angabe
Gutachten: nicht aufgefunden[5]

ACDF SO CL 1701-1702, Nr. 4

1701. Censura in Libr. ins[criptu]m: Psalterius B. M[a]r[i]ae Virginis a S. Bonaventura compositum.

♦ BONAVENTURA <SANCTUS>: Psalterium B. Mariae Virginis / a seraphico D. Bonauentura editum. Nunc vero seiunctim ab operibus eiusdem sancti, [...]. - Venetiis : Io. Iacobi Hertz, 1692. - 162, [6] S. ; 24°. *SBN*

♦ BONAVENTURA <SANCTUS>: [Psalterium in honorem B. Mariae Virginis] Seraphici Doctoris S. Patris Io. Eustachii Bonaventurae [...] Psalterium in honorem B. Mariae Virginis compilatum : Cum septem Psalmis poenitentialibus & canticis. - Romae : Typis I. de Lazaris, 1660. - 256 S. ; 16°. *COPAC*

Gutachter: Paolino Bernardini junior OP
Gutachten: 2 S., [22. Juni 1701][6]

ACDF SO CL 1701-1702, Nr. 5

1701. Censura in Libr. German., cui titulus latine translatus: Informatio Authentica circa magnum animae Thesaurum, sive Indulgentias, quas homines

4 Darüber hinaus ein Hinweis auf weitere Verhandlungen von Büchern in ACDF SO CL 1706-1707, Nr. 27.

5 Mit Dekret SO vom 8. Juni 1701 wurde die Druckerlaubnis verweigert. Zur Erlaubnis für eine Neuaufl. der Historia eclesiastica veteris testamenti desselben Autors, vgl. ACDF SO Tit.Libr. 1702-1704, Nr. 37.

6 Mit Dekret SO vom 22. Juni 1701 wurde die Druckerlaubnis mit der Auflage erteilt, die Litaneien am Ende des Buches zu entfernen. Vgl. ACDF SO Tit.Libr. 1698-1702, Nr. 102. Weiterführendes Material in ACDF SO St.St. O-3-g, Nr. 2.

lucrantur, orando Rosarium Brigitinum, benedict. in Monas[teri]o Alten-Munster in Bavaria. August. 1699.

♦ Anonym: Authentischer Bericht// Von// Dem grossen Seelen-//Schatz// Deß// Ablaß,// welchen man bey Bet-//ung der zu Alten-Mün-//ster hochgeweichten Bir-//gitaner-Rosenkräntz// erlanget. (Cum Permissu Superiorum). - Getruckt zu Neuburg : bey Johann Feuchtnr, 1693. - 24 S. ; 12°. *VD17*

♦ Anonym: Authentischer Bericht Von Dem grossen Seelen-Schatz Deß Ablaß, Welchen man bey Bettung der zu Alten-Münster hochgeweyhten Birgittaner Rosenkräntz erlanget. - Zum viertenmal Getruckt. - Neuburg : Feuchtner, 1696. - 24 S. *BVB*

Gutachter: [Paolino Bernardini junior OP]
Gutachten: 7 S., [22. Juni 1701][7]

ACDF SO CL 1701-1702, Nr. 6

1701. Censura in Libell. ins[criptu]m: Le Petit Office dell'Immacule Conception de le tres Glorieuse Vierge M[a]r[i]a Mere de Dieu. Corrigè.

Das Werk wurde nicht ermittelt[8]

Gutachter: Paolino Bernardini junior OP
Gutachten: 5 S., [22. Juni 1701]

Dekret: SO 22. Juni 1701
Bando: SO 26. Oktober 1701

ACDF SO CL 1701-1702, Nr. 7

1701. Censura in Libr. Manus[criptu]m, cui. titul.: Il Pane spezzato a Fanciulli, e Fanciulle della Dottrina Christ[ian]a etc. da D. Bartolomeo Ottani loro Curato etc.

OTTANI, BARTOLOMEO: Il Pane spezzato a fanciulli, e fanciulle della Dottrina Christiana della Parochiale di S. Biagio di Zenarigolo, Diocesi di Bologna / da D. Bartolomeo Ottani loro Curato con una raccolta di Lodi Spirituali da cantarsi dalli medesimi. - [S.a.]. (Manuskript). *Das Manuskript wurde nicht nachgewiesen*

Gutachter: Francesco Maria Campioni OMD
Gutachten: 1 S., [6. Juli 1701][9]

---

7 Mit Dekret SO vom 22. Juni 1701 sollte der Nuntius die Verbreitung des Werks nicht erlauben und die Exemplare beschlagnahmen.

8 Ermittelt wurde: Petit office de l'Immaculée Conception de la très-sainte Vierge. - Paris : H. Castermann, [1863?]. - 23 S. *WorldCat.*

9 Mit Dekret SO vom 6. Juli 1701 wurde die Druckerlaubnis erteilt.

ACDF SO CL 1701-1702, Nr. 8

1701. Censura in Libr. ins[criptu]m: De la Devotion a la Sainte Vierge e du Culte qui Lui est Du, Novelle edition, a Paris 1696.

Anonym [BAILLET, ADRIEN]: De la dévotion à la sainte Vierge, et du culte qui lui est dû. - Nouvelle édition. - Paris : Chez Florentin & Pierre Delaulne, 1696. - [26], 322 S. ; 12°. *COPAC*

Gutachter: Francesco Maria Campioni OMD
Gutachten: 2 S., [6. Juli 1701]

Dekret: SO 6. Juli 1701 *donec corrigatur*
Bando: SO 26. Oktober 1701

ACDF SO CL 1701-1702, Nr. 9

1701. Censura in Libr. ins[criptu]m: Gedeonis Harvei M. D. Medici Regis et Reginae Ars curandi morbos expectatione. Item de vanitatibus, dolis et mendaciis Medicorum etc.

HARVEY, GIDEON: [Ars curandi morbos expectatione] Gedeonis Harvei, M.D. medici Regis & Reginae, Ars curandi morbos expectatione : item de vanitatibus, dolis, et mendaciis medicorum ; accedunt his praecipuè supposita, et phaenomena, quibus veterum recentiorumque dogmata de febribus, tussi, phthiae, asthmate, apoplexia, calculo renum et vesicae, ischuria et passione hysterica convelluntur, aliaque verisimiliora traduntur. - Amstelodami : [s.n.], 1695. - [8], 302 S. ; 12°. *RERO*[10]

Gutachter: Francesco Maria Campioni OMD
Gutachten: 2 S., [6. Juli 1701]

Dekret: SO 6. Juli 1701
Bando: SO 26. Oktober 1701

---

[10] Ermittelt wurde auch: HARVEY, GIDEON: [Ars curandi morbos expectatione] Gedeonis Harvei M.D., medici regis ad Turim. Ars curandi morbos expectatione : item De vanitatibus, dolis, & mendaciis medicorum. Accedunt his praecipuè supposita, & phaenomena, quibus veterum recentiorumque dogmata de febribus, tussi, phthisi, asthmate, apoplexia, calculo renum & vesicae, ischuria, & passione hysterica convelluntur, aliaq, verisimiliora taduntur. - Londini : Impensis Guil. Freeman [...], 1696. - [4] Bl., 350 S., [1] Bl. ; [12°]. *COPAC, BL.* Das Werk war bereits erschienen: HARVEY, GIDEON: [Ars curandi morbos expectatione] Gedeonis Harveï, M.D. medici regis & reginae ad Turrim Ars curandi morbos expectatione : item de vanitatibus, dolis, & mendaciis medicorum ; accedunt his praecipuè supposita, & phaenomena, quibus veterum recentiorumque dogmata de febribus, tussi, phthisi, asthmate, apoplexia, calculo renum & vesicae, ischuria, & passione hysterica convelluntur, aliaq, verisimiliora traduntur. - Londini : Prostant venales apud J. Partridge [...], 1694. - [8], 350, [1] S. *COPAC, BL.* Vgl. HARVEY, GIDEON: The art of curing diseases by expectation : with remarks on a supposed great case of apoplectick fits. Also most useful observations on coughs, consumptions, stone, dropsies, fevers, and small pox; with a confutation of dispensatories, and other various discourses in physick / By Gideon Harvey, M.D. their Majesties Physician of the Tower, and fellow of the Colledge of Physicians of the Hague. - London : printed for James Partridge […], 1689. - [4], 224 S. ; 12°. *COPAC.*

ACDF SO CL 1701-1702, Nr. 10

1701. Censura in Libr. ins[criptu]m: Il Mistico Ritratto della Serafica Vergine S. Teresa di Gesù, Autore il P[ad]re Ambrogio da S. Barbara Carmelit[an]o Scalzo

AMBROGIO MARIA <DI SANTA BARBARA>: Mistico ritratto della serafica vergine santa Teresa di Gesù : delineato con dieci meditazioni sopra le di lei piu eroiche virtu, che possono servire per la novena, [...] / Opera del r.p. fr. Ambrogio Maria di Santa Barbera [...]. - In Bologna : per Pier-maria Monti, 1708. - [12], 144, [11] S. ; 12°. *SBN, Arch*[11]

Gutachter: Francesco Maria Campioni OMD
Gutachten: 2 S., [6. Juli 1701][12]

ACDF SO CL 1701-1702, Nr. 11

1701. Censura in Libr. gallic., cui. titul.: La Phisique occulte, ou Traite de la Baguette Divinatoire etc. a Paris 1693.

LE LORRAIN DE VALLEMONT, PIERRE: La physique occulte, ou Traité de la baguette divinatoire et de son utilité pour la découverte des sources d'eau, des miniéres, des tresors cachez, des voleurs & des meurtriers fugitifs : Avec des principes qui expliquent les phénoménes les plus obscurs de la nature. - Paris : J. Anisson, 1693. - 15, 609, [1] S. *CCFR*

Gutachter: Antonio Tommaso Schiara CR
Gutachten: 10 S., [3. Dezember 1697]

Gutachter: Francesco Maria Campioni OMD
Gutachten: 1 S., [6. Juli 1701]

Dekret: SO 6. Juli 1701
Bando: SO 26. Oktober 1701

ACDF SO CL 1701-1702, Nr. 12

1701. Censura in Manus[criptu]m, cui titul.: De Negligentiis, et omissionibus Tractatus Authore Andrea Bertono S. Th., et I. U. D. etc.

---

11 Gegenstand der Prüfung war das Manuskript. Titelvariante: Mistico ritratto di santa Teresa. *SBN*. Ermittelt wurden auch die Ausg.: AMBROGIO MARIA <DI SANTA BARBARA>: Mistico ritratto della serafica vergine Santa Teresa di Giesu : delineato con dieci meditazioni sopra le di lei piu eroiche virtu, che possono servire per la novena, [...] / Opera del r.p. fr. Ambrogio Maria di Santa Barbara [...]. - In Bologna : per li successori del Benacci, 1719. - [20], 148, [11] S. ; 12°. *SBN;* AMBROGIO MARIA <DI SANTA BARBARA>: Mistico ritratto della serafica vergine santa Teresa di Gesu delineato con dieci meditazioni sopra le di lei piu eroiche virtu, che possono servire per la Novena, e festa della medema [...] / opera del R.P. Fr. Ambrogio Maria di Santa Barbara [...]. - In Bologna, & in Forli : per Alessandro Fabbri, 1724. - [12], 143, [1] S.; 12°. *SBN.*

12 Mit Dekret SO vom 6. Juli 1701 wurde die Druckerlaubnis erteilt.

BERTONI, ANDREA: De negligentiis et omissionibus tractatus / auctore Andrea Bertono [...]. - Opus posthumum nunc primo editum [...] in duas partes divisum [...] cum triplici indice [...]. - Ferrariae : sumptibus Bernardini Pomatelli impres. episcopalis, 1704. - [26], 492, [16] S. ; 2°. *SBN*[13]

Gutachter: Carlo Tommaso Maillard
Gutachten: 11 S., [26. Juli 1702][14]

Gutachter: Tommaso Montecatini[15]
Gutachten: 10 S., [8. Juni 1701]

Gutachter: Paolo Andrea Borelli B[16]
Gutachten: 4 S., [1. Juli 1699]

ACDF SO CL 1701-1702, Nr. 13

1701. Censura in Libr. Flandricum ins[criptu]m: De Kleine Getijden of Bedestenden etc. Utrecht. 1699. Idest - Officium parvum B. Mariae Virg[ini]s.

De kleine getyden of bedestonden van de H. Maegd Maria. - T'Utrecht : [S.n.], 1699. - [14], 453 S. ; 24°. *UU*

Gutachter: Jacobus van Eyl SJ
Gutachten: 19 S., [3. August 1701]

Gutachter: Ignatius Ioannes Baptista Backx J. OPraem
Gutachten: 4 S., [18. Mai 1701]

Dekret: SO 3. August 1701
Bando: SO 26. Oktober 1701

ACDF SO CL 1701-1702, Nr. 14

1701. Censura in Opera Manus[cript]a P. Francisci Bordoni 3.[ii] Ord[ini]s S. Franc. 1.[us] inscrib.: Appendix tertia etc. de Miraculis. 2.[us]: Opus tertium posthumum etc. de Blasphemia, et Sortilegiis etc.[17]

Die Manuskripte wurden nicht ermittelt[18]

---

13 Gegenstand der Prüfung war das Manuskript. Das Manuskript wurde nicht nachgewiesen.

14 Mit Dekret SO vom 26. Juli 1701 wurde die Druckerlaubnis mit der Auflage erteilt, das Werk zu korrigieren.

15 Als externer Gutachter.

16 Paolo Andrea Borelli (1651-1710) war Qualifikator SO. Am 21. Juni 1700 wurde er zum Bischof von Noli ernannt. Zu ihm vgl. Prosopographie 17. Jh.

17 Ein anderes Buch Bordonis, De Homicidio / tam in genere, quam in specie / Tractatus absolutissimus / omnibus in utroque foro practicantibus valde utilis / Actore / R.P.F. Francisco Bordono Parmensi / tertii ordinis regularis s. Francisci doctori Theologo, für welches eine Druckerlaubnis beantragt wurde, sollte auch nach Rom geschickt werden. Vgl. ACDF SO Tit.Libr. 1702-1704, Nr. 46.

18 Ermittelt wurden: (1) BORDONI, FRANCESCO: [Opus posthumum consistens in diversis meditationibus ... super miraculorum essentiam et qualitatem ...] Reverendissimi P. Francisci

Gutachter: Pietro Antonio Rossi OSM
Gutachten: 7 S., [30. Juni 1700][19] (zu Nr. 1-2)

Gutachter: Pietro Francesco della Concezione SP
Gutachten: 5 S., [10. August 1701] (zu Nr. 1-2)

ACDF SO CL 1701-1702, Nr. 15

1701. Denegatur facultas reimprimendi folium ins[criptu]m: Oratio B[eatissi]mae Virg[ini]s Mariae, quam ore proprio dictavit in honorem suae dulcissimae Matris Annae cuidam Romano B. V. devoto etc.

♦ MARCHESE, FRANCESCO: Diario sacro d'esercitii di divotione per honorare ogni giorno la Beatissime Vergine : Raccolti dall'historie de'santi, e beati correnti in ciascun giorno dell'anno, e dalle vite d'alteri servi di Dio / Opera di Francesco Marchese della congregazione dell'oratorio. Divisa in quattro tomi. - In Venezia : per Nicolo Pezzana, 1702. - 4 vol. ; 12°. *SBN*[20]

Gutachter: keine Angabe
Gutachten: nicht aufgefunden.[21]

Bordoni [...] Opus posthumum consistens in diversis meditationibus [...] super miraculorum essentiam et qualitatem, quo facilius aperitur aditus ad beatificationem et canonizationem servorum Dei [...] cui subsequitur quaedam additio: An Deus faciat semper id quod melius est? [...]. - haec enim in lucem nunc primo prodeunt [...] industria P. Francisci Odoardi Mancini [...]. - Parmae : typis Pauli Monti, 1703. - [4], XIII, [1], 451 S. ; 2°. *Abes* (2) BORDONI, FRANCESCO: [Opus posthumum, de recenti primo in lucem proditur, quod consistit in duas appendices ad manuale consultorum in causis Sancti Officii contra haereticam pravitatem occurrentibus paulo ante impressum] Reverendissimi Francisci Bordoni Parmensis [...] opus posthumum, de recenti primo in lucem proditur, quod consistit in duas appendices ad manuale consultorum in causis Sancti Officii contra haereticam pravitatem occurrentibus paulo ante impressum [...] non minori diligentia, quam industria admodum reverendi patris magistri Francisci Odoardi Mancini. - Parmae : typis P. Montj, 1703. - [10], 669 [i.e. 671] S. ; 2°. *SBN* (3) BORDONI, FRANCESCO: Centum consilia in utroque iure et foro tam interno quam externo / exarata per Franciscum Bordonum Parmensem. - Nunc primo prodeunt ex manuscriptis authoris selecta. - Parmae : ab Oleo & Rosatus, 1689. - 265 S. ; 4°. - (Opera varia / Franciscus Bordonus ; [2]). *HBZ*.

19 Mit Dekret SO vom 10. Juli 1701 wurde die Druckerlaubnis mit der Auflage erteilt, die Werke zu korrigieren.

20 Das verhandelte Werk befindet sich nach den Angaben im Gutachten in vol. 3 des ermittelten Gesamtwerks. Vol. 3 enth.: Tomo terzo. Contiene luglio, Agosto, Settembre. (1702). *SBN*. Das Gesamtwerk erschien bereits: MARCHESE, FRANCESCO: Diario sacro d'esercitij di diuotione per honorare ogni giorno la Beatissime Vergine : Raccolti dall'historie de'santi, e beati correnti in ciascun giorno dell'anno, e delle vite d'alteri serui di Dio / opera di Francesco Marchese della Congregazione dell'Oratorio. Diuisa in quattro tomi. - In quest vltima impressione corretta, & emendata dall'auttore. - In Milano : appresso Francesco Vigone, 1669. - 4 vol. ; 12°. *SBN*. Ermittelt wurde auch die Ausg.: MARCHESE, FRANCESCO: Diario sacro doue s'insegnano varie pratiche di diuotione per honorare ogni giorno la Beatissime Vergine : Raccolte dall'historie de'santi, e beati correnti in ciascun giorno dell'anno, e delle vite d'alteri serui di Dio / Per Francesco Marchese della Congreg. dell'Oratorio. - In Roma : Per Giacomo Dragondelli, 1655-1658. - 6 vol. ; 12°. *SBN*.

21 Laut Rubricella wurde die Druckerlaubnis verweigert.

ACDF SO CL 1701-1702, Nr. 16

1701. Censura in duos Libellos 1.[us] inscribitur: Apologia de Santi Padri del P. Bernardino Ciaffone Min. Convent.

2.[us] inscribitur: La Scimia di Montalto di Francesco de Bonis Sacerdote.

1. ♦ CIAFFONI, BERNARDINO: Apologia in favore de' Santi padri contro quei che nelle materie morali fanno de' medesimi poca stima / opera postuma del p. maestro Bernardino Ciaffoni da S. Elpidio minor conventuale molto necessaria per un infallibile regolamento delle coscienze confuse fra le ambiguità de' moderni probabilisti. - In questa seconda edizione molto degli errori della prima emendata ed accresciuta della traduzione de' luoghi latini in italiano. - In Avignone : appresso Pietro Offray, 1698. - [12], 192 S. ; 12°. *MAI*[22]

2. BONIS, FRANCISCO DE <Pseudonym> [BENEDETTI, GIOVANNI BATTISTA]: La Scimia del Montalto cioe un libricciulo intitolato Apologia in favore de' Santi Padri contra quelli, che in materie morali fanno de' medesimi poca stima convinto di falsita / da Francisco de Bonis sacerdote. - A Gratz : ad istanza dell'Autore, 1698. - [16], 171, [1] S. ; 12°. *MAI*

Gutachter: Filippo Gruther CCRRMM
Gutachten: 4 S., [14. September 1701] (zu Nr. 1-2)

Dekret: SO 14. September 1701
Bando: SO 26. Oktober 1701 (zu Nr. 1-2)

ACDF SO CL 1701-1702, Nr. 17

1701. Censura in Libel. ins[criptu]m: Divozione di digiunar tutto l'anno nel giorno, in cui cade la festa della S[antissi]ma Annunciata, ricavata dall'istoria scritta, e registrata nella vita di Suor Giovanna della Croce per il P. Antonio Dazza Minorita.

♦ DAÇA, ANTONIO: Vita, et miracoli, estasi, rivelationi, et gratie della gloriosa B. Suor Giovanna della Croce Monaca del Terzo Ordine del Serafico Padre S. Francesco / composta dal R.P.F. Antonio Dazza Minore Osservante [...] ; nuovamente tradotta dalla lingua spagnuola nell'italiana da Paolo Brusantini. - In Venetia : Per Gio. Pietro Pinelli, 1656. - [30], 176 S. ; 12°. *IbisWeb*[23]

---

22 Das Werk war bereits erschienen: CIAFFONI, BERNARDINO: Apologia in fauore de' Santi Padri contra quelli, che nelle materie morali fanno de' medesimi poca stima / Opera postuma. Del P.M. Bernardino Ciaffoni da S. Lupidio Minor Conuentuale, [...]. Molto necessaria per vn'infallibile regolamento delle coscienze confuse fra le ambiguità de' moderni probabilisti. - In questa seconda impressione corretto & accresciuto da un religioso franciscano. - In Bassano : per Gio. Antonio Remondinj, 1696. - 236, [4] S. ; 24°. *MAI.*

23 Das Werk war bereits in ital. Sprache erschienen: DAÇA, ANTONIO: Istoria, vita, miracoli, estasi, e revelationi della bene avventurata vergine Suor Giovanna della Croce del Terzo Ordine del nostro serafico padre S. Francesco / composta, e di nuovo corretta, & emendata per Antonio Dazza. Tradotta di spagnuolo in italiano da Paolo Brusantini. - Pavia : Rossi, 1616. - 24 Bl., 269 S., 3 Bl. *MAI;* DAÇA, ANTONIO: Istoria, vita, miracoli, estasi, e reuelationi della bene auuenturata Vergine

Gutachter: Antonio Tommaso Schiara CR
Gutachten: 3 S., 24. August 1701[24]

ACDF SO CL 1701-1702, Nr. 18

1701. Censura in Libr. ins[criptu]m: Cleander, et Eudoxus, seu de Provincialibus, quas vocant, litteris, è gallico exemplari Coloniae Agrippinae 1694. Puteolis 1695.

Anonym [Daniel, Gabriel]: Cleander et Eudoxus, seu, De provincialibus quas vocant, litteris, dialogi : é Gallico exemplari, edito Coloniae Agrippinae typis Petri Marteau 1694. - Puteolis : Typis Jacobi Raillard, 1695. - [8], 407, [16] S. ; 8°. *BNF*[25]

Gutachter: Louis Maille
Gutachten: 21 S., [17. Januar 1696]

Gutachter: Giovanni Damasceno Bragaldi OFMConv
Gutachten: 11 S., [13. Juli 1701][26]

Gutachter: Antonio Maria Castelli OSM
Gutachten: 7 S., [5. Oktober 1702]

Dekret: SO 5. Oktober 1701
Bando: SO 17. Januar 1703

ACDF SO CL 1701-1702, Nr. 19

1701. Censura in Manus[criptu]m, cui. titul.: Vita del servo di Dio Carlo Marcello Ditacuti Sacerdote, e Canonico Osmano. Votum Mag[istr]i S. P. A. super indulgentias, ut praetendiae, concessas Crucibus S. Turribii.

Das Manuskript wurde nicht ermittelt

---

suor Giouanna della Croce del terzo ord. del nostro serafico P. San Francesco / Composta, e di nuouo corretta, & emendata per F. Antonio Dazza frate minore. [...] e cronista dell'ordine. [...] Tradotta di spagnuolo in italiano da Paolo Brusantini conte di Nismozza, e acqua Buona [...]. - In Modena : per Giulian Cassiani ; in Firenze : per il Guiducci, 1616. - [32], 167 [i.e. 197], [11] S. ; 8°. *SBN*. Eine weitere Ausg. erschien: In Modena : per Giulian Cassiani, 1616. - [20], 94, [2] S. ; 4°. *SBN*. Vgl. Daça, Antonio: Historia, vida y milagros, extasis y revelaciones de la bienaventurada virgen Sor Iuana de la Cruz, de la tercera orden de nuestro serafico P.S. Francisco : tratase desde el cap. 10 hasta el cap. 15 de las misteriosas cuentas subidas al cielo por ministerio de los Angeles y bendezidas por Christo [...] / compvesta y de nvevo corregida y eme[n]dada por F. Antonio Daça [...]. - En Lerida : por Luys Manescal, 1613. - [8], 199 [i.e. 205], [5] S. ; 8°. *REBIUN*.

24 Mit Dekret SO vom 28. September 1701 wurde die Druckerlaubnis verweigert.

25 Aus dem Franz. übers. von Joseph de Jouvancy. *BNF*. Abweichende Umfangsangabe nach *AMICUS*: [24], 407, [1] S. Vgl. Daniel, Gabriel: Entretiens de Cleandre et d'Eudoxe sur les lettres au provincial. - A Cologne [i.e. Rouen] : chez Pierre Marteau [...], 1694. - [4], 406, [2] S. ; 12°. *SBN*.

26 Eine Abschrift befindet sich in ACDF SO St.St. UV 28, Bl. 177r-184v.

Gutachter: Paolino Bernardini junior OP
Gutachten: 6 S., [5. Oktober 1701][27]

ACDF SO CL 1701-1702, Nr. 20

1701. Censura in Manus[criptu]m, cui. titul.: Censura in Atomos celeberrimae toto terrarum orbe Parisien. Accademiae rationibus probata per P. F. August[inu]m de Guidutiis Ord[ini]s Praed[icatoru]m S. T. Mag[istru]m.

GUIDUTIUS, AUGUSTINUS (DE): Censura sacrae facultatis Parisiensis in athomos rationibus probata / per patrem F. Augustinum de Guidutiis [...]. - Perusiae : typis Constantini, 1702. - [24], 519 [i.e. 521], [7] S. ; 12°. *SBN*[28]

Gutachter: Angelicus de Stronconis OFM
Gutachten: 4 S., [12. Oktober 1701][29]

ACDF SO CL 1701-1702, Nr. 21

1701. Negatur facultas imprimendi vitam Luciae de Ferrariis Sororis Inquisitae in S. Off[ici]o.[30]

MONDINI, GIOVANNI, PIETRO: Vita della venerabile serva di dio suor Lucia Ferrari da Reggio fondatrice de Monasteri delle reverende Madri Cappuccine di Guastalla, Treviso, Mantova, Venezia, Como e Parma [...] / composta dal M.R.P. D. Gio. Pietro Mondini [...]. - In Roma : per Domenico Antonio Ercole in Parione, 1709. - XVI, 303, [1] S. ; 4°. *MAI*

Gutachter: keine Angabe
Gutachten: nicht aufgefunden[31]

ACDF SO CL 1701-1702, Nr. 22

Prohibetur Opusculum anonym. cuiusdam Apostatae Ord[ini]s Min. Convent. impressi in Hollandia, cui. titul.: Avventure della Madonna, di Francesco d'Assisi.

Das Werk wurde nicht ermittelt

Gutachter: keine Angabe
Gutachten: nicht aufgefunden[32]

---

[27] Mit Dekret SO vom 5. Oktober 1701 wurde die Druckerlaubnis für das Manuskript erteilt. Ferner wurde das Dekret vom 21. Mai 1687 bekräftigt, wonach die Indulgenzschreiben Urbans VIII. für die Kreuze des Hl. Torribius als Fälschungen eingestuft worden waren. Sie sollten demnach entfernt werden.

[28] Gegenstand der Prüfung war das Manuskript. Das Manuskript wurde nicht nachgewiesen.

[29] Mit Dekret SO vom 12. Oktober 1701 wurde die Druckerlaubnis erteilt.

[30] Vgl. ACDF SO Tit.Libr. 1705-1710, Nr. 9.

[31] Darüber hinaus ein Schreiben des Inquisitors von Mantua mit Rückverweis auf das Jahr 1656. Laut Rubricella wurde die Druckerlaubnis verweigert.

Dekret: SO 19. Oktober 1701
Bando: SO 26. Oktober 1701

ACDF SO CL 1701-1702, Nr. 23

1701. Censura in Libr. ins[criptu]m: Il Magistrato Copella del Cavagliere, Orazione del Conte Nicolo Monte Mellini, Accademico insensato etc.

MONTEMELLINI, NICOLO: Il Magistrato// Coppella// del Cavaliere : Orazione / del Conte Nocolò Monte Mellini// Academico Insensato &c.//Detta// Agl'Illustris Signori Consoli, e Giurati del Nobil// Collegio della Mercazia di Perugia.// Alla presenza// Dell'Illustrissimo, e Reuerendissimo Signore// Mons. Giorgio Spinola// Nobile Genouese, Gouernatore della// medesima Città, e Presidente// Generale dell'Vmbria.// Con l'ineruento di due Illustris. Signori Nobilis// di Magistrato del medesimo Collegio.// Rendimento di Grazie// Per l'agregazione de gl'Illustrissimi Signori// Filippo Vincioli.// Gio. Federico Floramonti// Andrea Ansidei// Conte Francesco de gli Oddi.// Ildi 28. Luglio M. DCCI. - Foligno : per Nicolò Campitelli. (Con lic. de' Sup.), [ca. 1701]. - 22 S. *ACDF SO CL 1701-1702, Nr. 23, ICCU*

Gutachter: Angelicus de Stronconis OFM
Gutachten: 3 S., [26. Oktober 1701][33]

ACDF SO CL 1701-1702, Nr. 24

1701. Censura in Libr. ins[criptu]m: La Illustre Penitenza di Bessiers, ovvero Istoria Ammirabile della Nobilissima Dama Bascelier del 3.° Ord[in]e di S. Franc[esc]o, trasportata dal Francesi in italiano dal P. Crisostomo da Firenze Predicat[or]e, e Lettore Cappuccino.

Anonym [CASIMIR <DE TOULOUSE>]: La penitente illustre di Bisiers, ovvero Istoria ammirabile della nobilissima dama Bascelier del terz'ordine / trasportata dal franzese nell'italiano dal padre Crisostomo da Firenze. - In Firenze : per Michel Nestenus, 1700. - 224 S. *MAI*[34]

Gutachter: François de Latenay OCarm
Gutachten: 1 S., 12. Oktober 1701[35]

ACDF SO CL 1701-1702, Nr. 25

1702. Censura in Theses PP. Societatis J. defendendas Avenione, quae versantur circa Scientiam mediam.

32 Jedoch ein Schreiben des Kölner Nuntius an Kard. Marescotti vom 25. September 1701.

33 Am 26. Oktober 1701 wurde das Werk zugelassen.

34 Vgl. Anonym [CASIMIR DE TOULOUSE]: L'illustre pénitente de Béziers, ou l'histoire admirable de Mademoiselle Bachelier, du Tiers-Ordre S. François / [Par le P. Casimir de Tolose]. - Rouen : Du Mesnil, 1672. - 16°. *CCFR.*

35 Mit Dekret SO vom 26. Oktober 1701 wurde die Druckerlaubnis für die franz. und die ital. Ausg. erteilt.

Das Werk wurde nicht ermittelt[36]

Gutachter: Giovanni Damasceno Bragaldi OFMConv
Gutachten: 11 S., [15. März 1702][37]

ACDF SO CL 1701-1702, Nr. 26

1702. Censura in Libr. ins[criptu]m: L'etat present de la Faculté de Theologie de Louvain.[38]

L'Etat present de la Faculté de Théologie de Louvain, où l'on traite de la conduite de quelques-uns de ses théologiens, et de leurs sentimens contre la souveraineté et la sûreté des Rois et contre les IV. Articles du Clergé de France : En trois lettres. Avec plusieurs pièces curieuses sur ces matieres. - Trevoux : Ganeau, 1701. - 12°.
CCFR

Gutachter: Pietro Antonio Rossi OSM
Gutachten: 11 S., [19. April 1702][39]

Dekret: SO 19. April 1702
Bando: SO 17. Januar 1703

ACDF SO CL 1701-1702, Nr. 27

1702. Censura in Libr. ins[criptu]m: De suspectis de haeresi Opus R. D. D. Anselmi Dandini Utriusq. Signaturae Referendarii.

DANDINO, ANSELMO: De suspectis de haeresi : opus [in duas partes distributum, quarum altera, de iis, qui dicuntur suspecti de haeresi; altera, de poenis, quibus plectuntur suspecti de haeresi]. - Romae : ex Typ[ographia] D[ominici Antonii] Herculis, [Sumptibus Vincentii de Romanis bibliopolae], 1703. - XV, 710, I S. ; 2°.
ACDF G 5, Pegasus[40]

Gutachter: Serafino Gottarelli OFMConv
Gutachten: 2 S., [22. März 1702]

---

36 Inhaltsverzeichnis im Gutachten: Conclusiones exponendae per Patres societatis Jesu// Conditionalia creaturis libera praesciuntur a Deo infallibiliter per scientiam mediam, hoc est, ut litem de voce ne moveamus// independenter a decreto absoluto subiectivé, et condizionato// obiective : Decretum praedestinationis divinae praesupponit in Deo et scientiam simplicis intelligentiae, et scientiam mediam, quamvis istam non ita praesupponat, ut ex meritis, vel demeritis conditionate futuris sumat Deus ullam omnino rationem vel praedestinandi, vel reprobandi sive adultos, sive parvulos / Conclusio exposita// et Avendone impressa per Patres Ordinis// Sancti Dominici// Nulla datur in Deo scientia media, intuetur enim futura tam absoluta quam conditionata in decreto suo predeterminante, salvis tamen humanae libertatis iuribus.

37 Laut Dekret SO vom 15. März 1702 sollte der Inquisitor von Avignon die Drucklegung erlauben.

38 Vgl. ACDF SO Tit.Libr. 1702-1704, Nr. 16.

39 Darüber hinaus nicht gezeichnet, 6. S., [17. Januar 1703] „Breves animadversiones".

40 Das Werk befindet sich nach den Angaben des Zettelkatalogs in der Bibliothek des ACDF. Titelaufnahme ergänzt nach *Pegasus*. Dort abweichende Umfangsangabe: 8, 710 [i.e. 673] S.

Gutachter: Giovanni Michele Teroni B
Gutachten: 1 S., [3. Mai 1702][41]

ACDF SO CL 1701-1702, Nr. 28

1702. Censura in Libr. ins[criptu]m: Andreae Schurii Gorcomiensis Praesbit. Epistolarum Liber I. II. et III. Traiecti ad Rhenum 1694.

SCHUUR, ANDREAS VAN DER: [Epistolae] Andreae Schurii Gorcomiensis, presbyteri S.T.P. Epistolarum liber [I-III]. - Trajecti ad Rhenum : typis Desiderii Muntendam, 1694-1697. - 3 vol. ; 8°. *UU*[42]

Gutachter: Giovanni Damasceno Bragaldi OFMConv
Gutachten: 24 S., [4. Mai 1702][43]

Dekret: SO 4. Mai 1702
Bando: SO 4. Mai 1702

ACDF SO CL 1701-1702, Nr. 29

1702. Censura in Manus[criptu]m, cui. titul.: Vindiciae solidae Probabilitatis ab Authoritate SS. Patrum, et praesertim D. August[in]i, eiusq. in varia Scripturae loca interpretatione, Authore Massimiliano Deza Lucensi Cong[regation]is Matris Dei etc.

DEZA, MASSIMILIANO: Vindiciae solidae Probabilitatis ab Authoritate SS. Patrum, et praesertim D. August[in]i, ejusq. in varia Scripturae loca interpretatione / Authore Massimiliano Deza Lucensi Cong[regation]is Matris Dei [...]. - [S.a.]. (Manuskript) *Das Manuskript wurde nicht nachgewiesen*[44]

Gutachter: Giacinto Maria di S. Bernardino OAD
Gutachten: Bl. 911r-914v, 8 S., [10. Mai 1702][45]

ACDF SO CL 1701-1702, Nr. 30

1702. Conceditur Maronitis Catholicis Montis Libani Facultas imprimendi Melitae Breviaria, Missalia etc. in Lingua Syriaca.

Concordatum factum a S. Sede cum M. Magistro circa revisionem, et facultatem dandam pro impressione Librorum deputando a M. Magistro.

---

41 Mit Dekret SO vom 3. Mai 1702 wurde die Druckerlaubnis erteilt.
42 Verhandelt wurde vol. 1. Liber primus. (1694). Dort abweichende Formatangabe: 4°.
43 Vgl. auch ACDF SO St.St. UV 28, Bl. 201r-223v.
44 Anfrage von Massimiliano Deza: „Libro che l'oratore aveva consegnato al patre Inquisitore di Venetia, acciò fosse riveduto, per darlo quindi alle stampe sotto il titolo de Licita sequela opinionum vere et non tantum levi fundamento probabilium".
45 Mit Dekret vom 10. Mai 1702 wurde die Druckerlaubnis verweigert; das Manuskript sollte dem Autor nicht zurückgegeben werden.

Die Werke wurden nicht ermittelt

Gutachter: keine Angabe
Gutachten: nicht aufgefunden[46]

ACDF SO CL 1701-1702, Nr. 31

1702. Decernitur nihil esse Censura dignum in Ordinario pro recitando Officio divino et celebrandis Festivitatibus iuxta Breviarium Eccl[es]iae Rothomagen. annor. 1698, et 1701.

Directorium// Seu// Ordo Divini Officii// Recitandi : Juxta Breviarium Ecclesiae// Rothomagensis ; A die Sanctissimae Trinitatis Anni 1698. usque ad// eundem diem 1699. - Rothomagi : Apud Societatem Typographicam Librorum// Officii Ecclesiastici, (ca. 1699). - 47 S. ; 8°. *ACDF SO CL 1701-1702, Nr. 31*[47]

Gutachter: keine Angabe
Gutachten: nicht aufgefunden[48]

ACDF SO CL 1701-1702, Nr. 32[49]

1702. Censura in Libr. ins[criptu]m: Ordo Officii divini recitandi in Eccl[es]ia Cathedrali, et Dioecesi S. Pontii Tomeriarum etc. pro anno 1702. Narbonae.

Das Werk wurde nicht ermittelt

Gutachter: Nicola Serani OSA
Gutachten: 4 S., 7. Juni 1702[50]

ACDF SO CL 1701-1702, Nr. 33

1702. Censura in Libr., cui. titul.: Assertum responsivum Mag[ist]ri Fr. Hieronymi Michelini Aesinatis Augustiniani pro defensione Castitatis Coniugalis etc. qui Liber decreto Episcopi Aesinatis prohibitus fuit.

---

46 Mit Dekret SO vom 29. Juli 1702 wurde die Druckerlaubnis erteilt. Vgl. zu diesem Fall auch ACDF SO CL 1703, Nr. 36. Weiterführendes Material in ACDF SO St.St. I-6-c, Nr. 9.

47 Gesamttitel: Directorium// Seu// Ordo Divini Officii// Recitandi : Juxta Breviarium Ecclesiae// Rothomagensis; A die [...] Anni [...] usque ad [...]. - Rothomagi : Apud Societatem Typographicam Librorum// Officii Ecclesiastici, [nachgewiesen 1698/1699, 1701/1702]. - 8°. Verhandelt wurde die Ausg.: [...] A die Sanctissima Trinitatis Anni 1698. usque ad// eundem diem 1699. - (ca. 1699). - 47 S. *ACDF SO CL 1701-1702, Nr. 31.*

48 Jedoch ein Schreiben des Staatssekretariats an das SO, 24. August 1702 mit der Zustellung einer anonymen Anzeige auf Franz., 2. Juni 1702. Mit Dekret SO vom 30. August 1702 wurde das Werk zugelassen; die Formulierung des Dekrets und die schnelle Verhandlung des Werks lassen darauf schließen, dass das Werk keinem Gutachter übergeben wurde.

49 Laut Faszikelumschlag: Nr. 33.

50 Mit Dekret SO vom 5. Oktober 1702 sollte das Buch verboten werden. Laut Bericht des Ass. von der Audienz desselben Nachmittags wurde dieses Verbot aber vom Papst suspendiert.

Censura in Libr. ins[criptu]m: S. Cong[regatio]ni Supremae etc. Aesina facti, et Iuris pro justitia Edicti moderni Ep[iscop]i Aesini prohibentis quemdam Librum in Civitate, et tota Dioecesi anno 1698 etc.

1. MICHELINI, GIROLAMO: Assertum responsium [...] Hieronymi Michelini [...] Pro defensione castitatis coniugalis [...]. - Anconae : ex typ. Petri Pauli Rodulphi, 1647. - 30 S. *BAV*[51]

2. Sacrae Congregationi supremae ac sanctae universalis Inquisitionis de urbe. Aesina. Facti et iuris pro iustitia edicti moderni episcopi Aesini prohibentis quemdam libellulum in civitate, e tota dioecesi anno 1698. - Aesii : apud Alexandrum Seraphinum impressorem episcopalem, 1698. - 34, [2] S. ; 2°. *SBN*

Gutachter: Mattia di S. Maria OCD
Gutachten: 13 S., [16. Juni 1700] (zu. Nr 1)

Gutachter: Antonio Maria Castelli OSM
Gutachten: 5 S., [5. Oktober 1702] (zu Nr. 1)

Gutachter: Mattia di S. Maria OCD
Gutachten: 11 S., [23. Juni 1700] (zu Nr. 2)

Gutachter: Antonio Maria Castelli OSM
Gutachten: 5 S., [5. Oktober 1702] (zu Nr. 2)

Dekret: SO 5. Oktober 1702 *donec corrigatur*
Bando: SO 17. Januar 1703 (zu Nr. 1)

Dekret: SO 5. Oktober 1702
Bando: SO 17. Januar 1703 (zu Nr. 2)

ACDF SO CL 1701-1702, Nr. 34

1702. Censura in Libr., cui. titul.: S. Venantii Martyris Camertium Titularis Gloriae, Epistola Apologetica P. Bartholom. Rossetti Cong[regatio]nis Oratorii etc. Macerata 1699.

ROSSETTI, BARTOLOMEO: S. Venantii martyris Camertium tutelaris gloriae epistola apologetica vetustissima eius acta ab illato falsitatis dedecore vendicans [...] ad [...] Danielem Papebrochium [...]. - Maceratae : typis Michaelis Archangeli Sivestri, 1699. - 32 S. *BAV*

Gutachter: [Paolino Bernardini junior OP]
Gutachten: 10 S., [12. Oktober 1702][52]

---

51 Abweichende Angaben zum Erscheinungsjahr und Format: 1647 [i.e. 1679]. - 4°. Quelle: *http://www.cassiciaco.it/ITA/001ago/Agostiniani/storia/bibliografia/biblio_dm15.htm. (Zugriff 27.09.2006).*

52 Laut Dekret SO vom 12. Oktober 1702 sollte der Inquisitor von Perugia alle Exemplare des Werks einziehen und die Verbreitung des Werks unterbinden. Vgl. ACDF SO Tit.Libr. 1702-1704, Nr. 29 und 36.

ACDF SO CL 1701-1702, Nr. 35

1702. Censura in folia impressa, quorum titul.: Iuris pro Marchione Francisco M[a]r[i]a Marchionis Nicolai Ceuli ex Marchionibus del Carretto etc.

Das Werk wurde nicht ermittelt[53]

Gutachter: Paolino Bernardini junior OP
Gutachten: 9 S., [12. Oktober 1702][54]

ACDF SO CL 1701-1702, Nr. 36

1702. Censura in Libr. Hebraic., cui. titul.: Sapher Escel Auuraam, hoc est Liber nemoris Abraham. Auth. Rab. Mordechai filio Rab[in]i Jeuda Levi Germano.

ASHKENAZI, MORDECAI BEN JUDAH ARYEH LÖB: Eshel Abraham [...] [me'eth] Mordecai [...]. - [Fürth] : [S.n.], 5461 [1701]. - 186 Bl. ; [2°?]. *WorldCat*

Gutachter: Benedetto Ciaperoni OCist
Gutachten: 45 S., [19. Oktober 1702]

Dekret: SO 19. Oktober 1702
Bando: SO 17. Januar 1703

ACDF SO CL 1701-1702, Nr. 37

1702. Censura in Manus[criptu]m divisum in duos Tom., cui. titul.: Vita della Serva di Dio S[uo]r Maria Margherita Diomira del Verbo incarnato Religiosa del Ven. Convento delle Vergini etc. di Firenze descritta da M[onsigno]r Pietro Lodovico Malaspina Teatino Vescovo di Massa.

♦ MALASPINA, PIER LUIGI: Vita della Serva di Dio Suor Maria Margherita Diomira del Verbo Incarnato, Religiosa nel Veneranil Convento delle Vergini Stabilite nella Carità di Giesù Buon Pastore, della Città di Firenze, Dedicata alla Seremissima Violante Beatrice di Baviera Principessa di Toscana / da Pierluigi Malaspina de' Chierici Regol., Vescovo di Massa, e Populonia. - Firenze : Pietrì Antonio Brigonci, 1703. Quelle: *Centro di studi Malaspiniani „Alessandro Malaspina“ - Mulazzo.* Quelle: *http://web.mala.bc.ca/black/amrc/Links/Comunicati/Notiz05.htm (Zugriff: 02.10.2007)*

♦ MALASPINA, PIER LUIGI: Vita della serva di Dio suor Maria Margherita Diomira del Verbo Incarnato [...] / di Pier Luigi Malaspina [...]. - In Venetia : appresso A. Poletti, 1704. - [12], 324 S. *BAV*[55]

---

53 Inhaltsverzeichnis im Gutachten: Scriptura continet juridicam justificationem recursus quam facit Autor ad auditores Rote delegatos a Serenissimio Magno Etrurie Duce in civitate Pisana in causa alimentorum et expensarum pro lite prosequenda, que vertit inter ipsum autorem qui est Marchio Franciscus Maria Ceuli Romanus, et tres nobiles sorores Romanas eiusdem Familie Ceuli.

54 Mit Dekret SO vom 12. Oktober 1702 wurde die Druckerlaubnis erteilt.

Gutachter: Filippo Gruther CCRRMM
Gutachten: 6 S., [19. Oktober 1702][56]

ACDF SO CL 1701-1702, Nr. 38

1702. Censura in Libr. Gallic. Anonym. impress. Paris 1677. ins[criptu]m: Instruction sur les Dispositions Qu on doit apporter aux Sacremens de Penitence, e d'Eucaristie.

Anonym [TREUVE, SIMON-MICHEL]: Instruction sur les dispositions qu'on dort apporter aux sacrements de penitence et d'eucharistie [...]. - 2. ed. - Paris : Desprez, 1677. - 625 S. *BAV*

Gutachter: François de Latenay OCarm
Gutachten: 19 S., 26. Juni 1699

Gutachter: Giovanni Battista de Miro OSB
Gutachten: 10 S., [19. Oktober 1702][57]

ACDF SO CL 1701-1702, Nr. 39

1702. Censura in Manus[criptu]m, cui. titul.: Pie riflessioni, ovvero Consideraz[ion]i sopra la Passione di G. Cristo S. N. del P. M. Carlo Vaghi Carmelit[an]o della Cong[regazio]ne di Mantova.

VAGHI, CARLO: Pie riflessioni, ovvero Consideraz[ion]i sopra la Passione di G. Cristo S. N. / del P. M. Carlo Vaghi Carmelit[an]o della Cong[regazio]ne di Mantova. - [S.a.]. (Manuskript). *Das Manuskript wurde nicht nachgewiesen*

Gutachter: Bonaventura Santelia TOR
Gutachten: 16 S., [26. Oktober 1702][58]

ACDF SO CL 1701-1702, Nr. 40

1702. Censura in Libr. Gallic. Tholosae impress. an. 1691. ins[criptu]m: Lettre d'un Abbe a un Prelat della Cour de Rome sur le decret dell'Inquisition du 7. Settembre 1690.

♦ Anonym [QUESNEL, PASQUIER]: Lettre d'un abbé à un prélat de cour de Rome. Sur le decret de l'inquisition du 7. decembre 1690. Contre XXXI propositions. - Seconde édition. - Thoulouse : [S.n.], 1691. - 66 S. ; 12°. *COPAC*

---

55 Malaspina war Bischof von Massa et Populonia. Gegenstand der Prüfung war das Manuskript. Das Manuskript wurde nicht nachgewiesen.

56 Mit Dekret SO vom 18. Oktober 1702 wurde die Druckerlaubnis erteilt; zu diesem Zweck sollte das Buch dem Inquisitor von Faenza zugestellt werden.

57 Mit Dekret SO vom 19. Oktober 1702 wurde das Buch „pro nunc" nicht verboten.

58 Laut Dekret SO vom 26. Oktober 1702 sollte das Buch vom SO einbehalten werden.

♦ Anonym [QUESNEL, PASQUIER]: Lettre d'un abbé a un prelat de cour de Rome. - [Toulouse] : [S.n.], [1691?]. - 3, 86 [i.e. 76] S. *Orbis*

Gutachter: Giovanni Damasceno Bragaldi OFMConv
Gutachten: 5 S., [26. Oktober 1702][59]

Dekret: SO 26. Oktober 1702
Bando: SO 17. Januar 1703

ACDF SO CL 1701-1702, Nr. 41

1702. Censura in Manus[criptu]m Anonym., cui. titul.: Notizie di alcune Venerande Serve di Dio morte in grande opinione di Santità nell'insigne Monistero di S. Chiara nella nobil Città di Macerata messe in nota l'anno 1698.

Anonym: Notizie di alcune venerande Serve di Dio morte in grande opinione di Santità nell'insigne [Monasterio] di S. Chiara nella nobil Città di Macerata messe in nota l'anno 1698. - [ca. 1698]. (Manuskript). *Das Manuskript wurde nicht nachgewiesen*

Gutachter: [Pio Grossi][60]
Gutachten: 7 S., [26. Oktober 1702][61]

ACDF SO CL 1701-1702, Nr. 42

1702. Censura in Libr. ins[criptu]m: Memorie del Ven. Servo di Dio P. Fr. Francesco da Bagnone Cappuccino descritte etc. dalla penna di F. Gioacchino da Soragna del med[esi]mo Ordine.

GIOACHINO <DA SORAGNA>: Memorie del venerabile servo di Dio p.f. Francesco da Bagnone Capuccino / descritte, ed esposte alla imitazione, ed ammirazione de' posteri, dalla penna di f. Gioachino da Soragna del medesimo Ordine e da essolui dedicate [...]. - In Parma : per Alberto Pazzoni, e Paolo Monti, 1703. - [16], 364 S. ; 4°. *SBN*

Gutachter: [Pio Grossi][62]
Gutachten: 8 S., [26. Oktober 1702][63]

---

59 Vgl. auch ACDF SO St.St. UV 28, 242r-245r.

60 Als externer Gutachter. Grossi war Inquisitor von Saluzzo.

61 Mit Dekret SO vom 26. Oktober 1702 wurde die Druckerlaubnis verweigert; das Manuskript sollte dem Autor nicht zurückgegeben, sondern vom SO einbehalten werden. Vgl. ACDF SO Tit.Libr. 1702-1704, Nr. 23.

62 Als externer Gutachter. Grossi war Inquisitor von Saluzzo.

63 Mit Dekret SO vom 26. Oktober 1702 wurde die Druckerlaubnis mit der Auflage erteilt, das Werk zu korrigieren.

ACDF SO CL 1701-1702, Nr. 43

1702. Censura in duas Theses Coloniae impress. 1696. 1.ª inscribitur: Assertiones Theologicae de Volunt[at]e Dei. 2.ª Assertiones Theologicae de Providentia Dei, et Praedestinatione.

Die Thesen wurden nicht ermittelt

Gutachter: Filippo Gruther CCRRMM
Gutachten: 4 S., [22. September 1700] (zu Nr. 1-2)

Gutachter: Filippo Gruther CCRRMM
Gutachten: 24 S., 22. September 1702 (zu Nr. 1-2)

Gutachter: Girolamo di S. Carlo OCD
Gutachten: 3 S., [26. Oktober 1702] (zu Nr. 1-2) [64]

ACDF SO CL 1701-1702, Nr. 44

1702. Censura in Libr. Belgic., cui. titul. latinè redditus: Instructio ad primam Communionem, seu spirituales nuptias adolescentium Authore quodam Societ. J. Presbitero etc.

Anonym: Onderwys// Voor de eerste// H. Communie,// Dat is// De geestelyke Bruyloft van de// Jonge Kinderen / Gemaakt door een Priester der Societeyt Jesu.// Waar in de Onderwijsinge op het stuk van// de Biegte veel breeder, als in de voor- //gaande, worden verklaart. - t'Amsterdam : By Willem van Bloemen, Boekverkooper [...], [S.a.]. - 48 S. ; 12°. *ACDF SO CL 1701-1702, Nr. 44*[65]

Gutachter: Franciscus Maria ab Hollandia OFM
Gutachten: 5 S., [26. Oktober 1702]

Dekret: SO 26. Oktober 1702 *donec corrigatur*
Bando: SO 17. Januar 1703

ACDF SO CL 1701-1702, Nr. 45

1702. Censura in Libr., cui titul.: Breve Compendio intorno la perfezione Cristiana dove si vede una pratica mirabile per unir l'anime con Dio, del M. R. P. Achille Gagliardi della Compagnia di Gesù.

GAGLIARDI, ACHILLE: Breve Compendio// Intorno alla Perfettione// Cristiana// Dove si vede una Pratica// mirabile per unir l'Anima// con Dio / Del M. R.P. Acchille Gagliardi// Teologo della Companía di// Giesù. - In Brescia : Per Giacomo

---

64 Am 26. Oktober 1702 wurden die Verhandlungen suspendiert, „cum possint habere bonum sensum".

65 Ermittelt wurde auch: Anonym: Onderwijs voor de eerste H. Communie, dat is, De Geestelijcke Bruyloft van de Jonge Kinderen. - Antwerpen : [S.n.], [1735?]. - 12°. *COPAC*.

Turlino, 1672 (Con licenza de Sup.) (hs. Titelbl.) *ACDF SO CL 1701-1702, Nr. 45. Die Ausg. wurde nicht nachgewiesen*[66]

Gutachter: Antonio Tommaso Schiara CR
Gutachten: 6 S., [28. September 1701]

Gutachter: Mattia di S. Maria OCD
Gutachten: 7 S., [26. Oktober 1702]

Gutachter: Agostino Matteucci OFMObs
Gutachten: 30 S., 26. Oktober 1702

Dekret: SO 26. Oktober 1702
Bando: SO 17. Januar 1703

ACDF SO CL 1701-1702, Nr. 46

1702. Censura in Libr. ins[criptu]m: Praxis, et doctrina communis Ecclesiae absolvendi mox Peccatores Ordinarios vindicata adversus doctrinam de Laborioso Baptismate, eiusque appendicem cum animadversione in Epistolam, cui. titul.: Lettre d'un Docteur Cattolique au Pere Cyprien. Lovanii 1697.

Anonym [MEYER, LIÉVIN DE]: Praxis et doctrina communis ecclesiae absolvendi mox peccatores ordinarios vindicata : adversus doctrinam De laborioso baptismo, ejusque appendicem, cum animadversione in epistolam, cui titulus Lettre d'un docteur catholique au pere Cyprien [...]. - Lovanii : typis Petri De Vaddere', 1697. - [8], 103 S. ; 8°. *UniMaas*[67]

Gutachter: Mattia di S. Maria OCD
Gutachten: 7 S., [28. November 1702][68]

ACDF SO CL 1701-1702, Nr. 47

1702. Censura in Theses propugnatas an. 1700 in Monasterio S. Galli in Helvet. Praeside D. Joanne de Antlau etc. recurrente die Natalitio Leodegarii Ab[bat]is Utriusq. Monasterii S. Galli, et Joannis apud Helvetios. Praefatae Theses inscribuntur: Corona gloriae, et honoris collecta, et contexta ex Libro 1.° Decretalium super Titulo Dignitatum, et Praeminentiarum.

[ANTLAU, JOHANN VON (Praes.)]: Corona Gloriae et Honoris : Collecta et Contexta// Ex libro 1.mo Decretalium Super titulos Dignitatum// et

---

66 Ermittelt wurde: GAGLIARDI, ACHILLE: Breve compendio intorno alla perfettione christiana / Del P. Achille Gagliardi della Comp. di Giesù. - Con nuova aggiunta [...] d'altre prattiche, e documenti spirituali [...]. - In Roma : a spese d'Ignazio de Lazari, 1672. - [3], [2], 240 S. ; 24°. *MAI.* Ermittelt wurde auch: GAGLIARDI, ACHILLE: Breve compendio intorno alla perfettione christiana [...] / del M. R.P. Achille Gagliardi [...]. - Di nuovo ampilato. - [In Brescia & poi in Viterbo] : [S.n.], [1614]. *SBN.* Weitere Ausg. erschienen: Colonia, 1642. *ICCU*; Siena, 1644. *HBZ.*

67 Abweichende Umfangsangabe nach *UU*: VIII, 104 S.

68 Eine Abschrift des Gutachtens befindet sich in ACDF SO St.St. UV 28, 234r-327v. Am 28. November 1702 wurden die Verhandlungen zu diesem Werk suspendiert.

Praeminentiarum// Rev[erendissi]mi ac Celsissimi S.R.T. Principis ac Domini// Leodegarii.// Utriusque Mon[aste]rij S. Galli, et S. Joannis Abbatis, Regij// ordinis, v.a. Equitis, ad eiusdem altefati Prae-//sulis Natalitia facta, Publica in arenâ Canonica// Disputationi, Proposita, Exposita, Imposita.// Accedentibus Generali positioni, Corollarijs Practicis// insuper Problematica in utramque partem, discep-//tatione in gratiam et Honorem// Natali Zantis// Tanti Principis// D.D.D. - [S. Galli], [1700]. - 14 S. (Manuskript) *ACDF SO CL 1701-1702, Nr. 47*[69]

Gutachter: [Giovanni Michele Teroni B]
Gutachten: 3 S., [28. November 1702][70]

ACDF SO CL 1701-1702, Nr. 48

1702. Censura in Libr., cui. titul.: Le Precellenze della S. Cintura di Maria Verg[in]e etc. da Frà Angelo Finardi da Bergamo etc. della Cong[regazio]ne de Agostiniani di Lombardia.

Das Werk wurde nicht ermittelt[71]

Gutachter: Angelicus de Stronconis OFM
Gutachten: 8 S., 8. Dezember 1701

Gutachter: Nicola Castelli CM
Gutachten: 12 S., [28. November 1702][72]

ACDF SO CL 1701-1702, Nr. 49

1702. Censura in Libr. Gallicos. 1.us inscrib.: Instruction Catholique adresee aux nouveaux reunis. A Bezieres 1701.

2.us Inscrib. Conferences Ecclesiastiques de Mons[eigneu]r Pier Jean Francois Eveque de S. Pons.[73]

3.us inscrib.: Lettre d'un Prelat a Monsigneur l'Eveque de S. Pons.

4.us inscrib.: Denunciatio suprad[ictoru]m Librorum facta a Fr. Cherubino a S. Maria strictioris Observantiae Recollectorum.

---

69 Name des Praes., Entstehungsort und -zeit ergänzt.

70 Mit Dekret SO vom 28. November 1702 sollte der Abt von St. Gallen ermahnt werden; der Lektor, der diese Thesen vertreten hatte, sollte so lange von der Lehre suspendiert werden, wie es das SO für notwendig hielt.

71 Ermittelt wurde: ZACCO, BENIAMINO: L'Eccellenze della sacra cintura di Maria Vergine Santissima Madre di Dio e di consolatione / composta dal Padre Beniamin Zacco da Ponteuico bresciano lettore di S.T. dell'Ordine Agostiniano dell'Osservanza di Lombardia. - In Bologna : presso Gio. Battista Ferroni, 1660. - [16], 254, [2] S. ; 4°. *MAI* (Weitere Ausg.: In Venezia : a spese della Compagnia, 1683; Bologna : Ferroni, 1690. *MAI*).

72 Mit Dekret SO vom 28. November 1702 wurde die Druckerlaubnis verweigert; das Manuskript sollte vom SO einbehalten werden.

73 Vgl. ACDF SO Tit.Libr. 1702-1704, Nr. 12.

1. Anonym [PERCIN DE MONTGAILLARD, PIERRE JEAN FRANÇOIS <Saint-Pons-de-Thomières, Bischof>]: Instruction catholique adressée aux nouveaux Réunis. - A Beziers : chéz Etienne Barbut, 1701. - [VI], 294 S. ; 8°. *CCFR*

2. ♦ PERCIN DE MONTGAILLARD, PIERRE JEAN FRANÇOIS <Saint-Pons-de-Thomières, Bischof>: Instruction [de M. l'Evêque de S.-Pons] adressée aux conférences ecclésiastiques de son diocèse, pour prouver par l'autorité de S. Augustin et de S. Thomas et par l'usage de l'Eglise universelle dans l'administration des sept sacremens et par le droit canonique qu'on peut attester avec serment une chose avec le témoignage des gens dignes de foi, sans tomber dans le parjure bien que la certitude n'en soit fondée ni sur l'évidence ni sur la parole de Dieu. - [S.l.] : [S.n.], [S.a.]. - [24] S. - (Recueil des pièces composées par M. l'évêque de St-Pons concernant le Jansénisme ; 18). *CCFR*

♦ PERCIN DE MONTGAILLARD, PIERRE JEAN FRANÇOIS <Saint-Pons-de-Thomières, Bischof>: Instruction [de M. l'Evêque de S.-Pons] adressée aux conférences ecclesiastiques de son diocèse pour leur ouvrir un moïen autorisé par la doctrine de S. Augustin, de S. Thomas et du droit cononique, d'obéir à l'Eglise touchant ses décisions sur les fiats non révélés, sans criante de confondre la parole des hommes avec celle de Dieu. - [S.l.] : [S.n.], [S.a.]. - 43 S. ; 8°. - (Recueil des pièces composées par M. l'évêque de St-Pons concernant le Jansénisme, 19). *CCFR*

3. T. E. C.: Lettre [1re-4e] d'un prélat à monseigneur l'évêque de Saint-Pons / [Signé : T. E. C.]. - [S.l.] : [S.n.], [S.a.]. - 4 °. *CCFR*[74]

Gutachter: Giovanni Battista de Miro OSB
Gutachten: 18 S., [28. November 1702] (zu Nr. 1-3)[75]

ACDF SO CL 1701-1702, Nr. 50

1702. Censura in Libr. P. D[octor]is Bernardi Desirant Ord[ini]s S. Aug[ustin]i ins[criptu]m: Commonitorium ad Hortodoxos.

Item Censura in Libr. ins[criptu]m: Reflexiones ad nuperrimam declarationem Doct. Hennebellii per Franciscum Martinum S. Th. Doctorem = Lovanii 1701.

1. DÉSIRANT, BERNARD: Commonitorium ad orthodoxos de accusatis in urbe doctrinis DD. Gummari Huygens [...], Joannis Liberti Hennebel [...], Zegeri Bernardi van Espen [...], Joannis Opstraet [...] cum suis, sive imposturarum quae ipsorum nomine prodierunt, confutatio dispunctoria. - Lovanii : van Overbeke, 1701. - 632, 88 S. *HBZ*

---

74 Ermittelt wurden auch: T. E. C.: Lettre d'un prélat à Monseigneur l'Evèque de Saint-Pons / [Signé T. E. C.]. - [S.l.] : [S.n.], [S.a.]. - 6 S. ; 4°. *CCFR;* T. E. C.: Lettre [II.] d'un prélat à Monseigneur l'Evèque de S. Pons / [Signé T. E. C.]. - [S.l.] : [S.n.], [S.a.]. - 4 S. ; 4°. *CCFR;* T. E. C.: Lettre [III.] d'un prélat à Monseigneur l'Evèque de S. Pons / [Signé T. E. C.]. - [S.l.] : [S.n.], [ca. 1680]. - 1 Bl. ; 4°. *CCFR.*

75 Am 28. November 1702 wurde entschieden, einen anderen Gutachter mit der Prüfung des Werks zu beauftragen.

2. ♦ Martin, François: Reflexiones ad nuperrimam declarationem Doctoris Hennebel. - Lovanii : [S.n.], 1701. - 47 S. ; 8°. *BL*

♦ Martin, François: Reflexiones ad nuperrimam declarationem Doctoris Hennebel / per Franciscum Martin. - Ed. altera emend., & auct. solutis objectionibus novis. - Lovanii : Overbeke, 1701. - [1] Bl., 53 S. *BVB*

Gutachter: Giovanni Michele Teroni B
Gutachten: 8 S., [12. Oktober 1702] (zu Nr. 1-2)[76]

Dekret: nicht aufgefunden
Bando: SO 26. Oktober 1707 (zu Nr. 1)

Dekret: nicht aufgefunden
Bando: SO 11. März 1704 (zu Nr. 2)

[76] Am 12. Oktober 1702 wurde entschieden, einen anderen Gutachter mit der Prüfung des Werk zu beauftragen. Weiterführendes Material in ACDF SO St.St. E-3-f, Nr. 8; ACDF SO St.St. UV 26 und ACDF SO St.St. UV 48. Zu Hennebel, vgl. auch ACDF SO St.St. UV 28, Bl. 171r-176v und Bl. 224r-230v.

ACDF SO CL 1703

ACDF SO CL 1703, Nr. 1

1703. Censura in Libell. ins[scriptu]m: Copia d'una Lettre ecrite a Monsieur de ... Sur l'excommunication du Procureur General di Roy.

Anonym: Copie d'une lettre escritte à Monsieur [...] sur l'Excommunication du Procureur General du Roy à Malines. - [S.l.] : [S.n.], [1700?]. - 55 S. ; 8°. *Libis*

Gutachter: Francesco Maria Campioni OMD
Gutachten: 1 S., 16. Januar 1703

Dekret: SO 16. Januar 1703
Bando: SO 17. Januar 1703

ACDF SO CL 1703, Nr. 2

1703. Censura in Libr. ins[criptu]m: Discussion historique, Juridique, et Politique sur l'immunitè reelle des Églises, et autres lieux pieux, sur l'usage des excommunications, leur origine, et leur forces etc.

Anonym: Discussion historique, juridique, et politique sur l'immunite reelle des eglises et autres lieux pieux, sur l'usage des excommunications, leur origine & leurs forces, & sure le pretexte que monsieur l'Archevesque de Malines s'est donné pour excommunier le procureur general du roy avec des reflections sur l'ordonnance du grand Conseil du 8. aoust 1700. [Premiere partie]. - [S.l.] : [S.n.], [1700?]. - 126, [2] S. *CornellUL*[1]

Gutachter: Francesco Maria Campioni OMD
Gutachten: 2 S., 16. Januar 1703[2]

Dekret: SO 16. Januar 1703
Bando: SO 17. Januar 1703

ACDF SO CL 1703, Nr. 3

1703. Censura in diversos Libros denunciatos a Fr. Felice da Alantino in Hispaniis Cappuccino in quibus contineri videntur Quietistarum, Illuminatorum, et Beguardorum errores.

---

1 Abweichende Umfangs- und Formatangabe nach *Libis*: 126, [1] S., [1] Bl. ; 8°.
2 Das Gutachten liegt vor in ACDF SO CL 1703, Nr. 1.

1. LÓPEZ NAVARRO, GABRIEL: Theologia mystica, union y iunta perfecta de la alma con Dios en este destierro por medio de la oración de contemplacion [en vista sencilla de fé] : recogida de la diuina Escritura, Padres de la Iglesia y doctores mysticos / por f. Gabriel Lopez Nauarro de la Orden de los Minimos de S. Franco de Paula [...]. - En Madrid : en la Imprenta Real, 1641. - [20], 238 [i.e. 210], [34] S. ; 4°. *CCPB, Abes*[3]

2. ROJAS, ANTONIO DE: Vida del espiritu para saber tener oracion y union con Dios / compuesto y nuevamente corregido y emendado en esta tercera impression por el doctor don Antonio de Rojas [...]. - En Madrid : por la Viuda de Alonso Martin, 1630. - [31], 207, [1] S. ; 32°. *CCPB*

3. PELAYO <DE SAN BENITO>: Sumario de oracion : en que, para mañana, y tarde, se ponen en pratica dos exercicios della [...] ; con un modo facil de rezar [...] el oficio diuino, mayor, y menor, y el rosario, y corona de nuestra Señora / por [...] Pelayo de S. Benito, abad del monasterio de S. Pedro de Arlança. - En Burgos : por Pedro Gomez de Valdiuielso, 1626. - [14], 389 [i.e. 391], [21] S. ; 8°. *CCPB*

4. ♦ ZEAORROTE, MARTÍN DE: Dios contemplado y Christo imitado : practica de la oracion mental para todos los estados [...] / por [...] Martin de Zeaorrote [...] de la Sagrada Orden de Padres Clerigos Reglares Menores. - En Madrid : por Mateo de Espinosa y Arteaga ; a costa de Juan de San Vicente [...] vendese en su casa [...], 1672. - [32], 168, [3] S. ; 4°. *CCPB*

5. PONCE DE LEON, PEDRO: Milagros y loores confirmados con muchos exemplos de la soberana emperatriz de los cielos, santa Maria de Texeda con discursos morales y espirituales para las personas devotas : Ponese al fin un breue tratado de oracion de contemplacion muy provechoso, y seguro [...] / autor [...] Pedro Poce de Leon. - En Valencia : por Geronimo Vilagrasa [...], 1663. - [26], 398, 77, [21] S. ; 8°. *REBIUN*[4]

---

3 Hauptsacht. ergänzt nach *Abes*. Ermittelt wurden auch: LÓPEZ NAVARRO, GABRIEL: Theologia mystica, union y iunta perfecta de la alma con Dios en este destierro por medio de la oracion de contemplacion [...] : recogida de la divina escritura, padres de la Iglesia y doctores mysticos / el R. P. F. Gabriel Lopez Navarro de la Orden de los Minimos de S. Francisco de Paula. - Segunda impression añadida y enmendada por su autor. - En Madrid : en la Imprenta Real, 1651. - [32], 398, [58] S. ; 4°. *REBIUN;* LÓPEZ NAVARRO, GABRIEL: Theologia mystica, vnion y ivnta perfecta de la alma con Dios en este destierro por medio de la oracion de contemplacion en vista sencilla de fe : recogida de la divina escritvra, padres de la iglesia y doctores mysticos / segvnda impression añadida y enmendada por su autor el R.P.F. Gabriel Lopez Navarro. - Publisher: En Madrid : en la Imprenta Real, 1651. - [32], 398, [58] S. ; 4°. *REBIUN.*

4 Enth.: Tratado breve, seguro, y provechoso de la oracion de contemplación. Abweichende Umfangsangabe nach *CCPB*: [14], 398 S. ; 4°. Ermittelt wurde auch: PONCE DE LEÓN, PEDRO: Milagros y loores confirmados en muchos exemplos de la soberana emperatriz de los cielos Santa María de Texeda [...] : pónese al fin vn breve tratado de oración de contemplación [...] / avtor El P. Presentado Fray Pedro Ponze de León [...] del orden de la Santisima Trinidad, &c. - [S.l, Valencia] : [S.n., Jerónimo de Vilagrasa], [1663]. - 4°. *BNE*; PONCE DE LEÓN, PEDRO: Milagros y loores de la Soberana Emperatriz de los cielos Santa María de Texeda : pónese al fin vn breve tratado de oración de contemplación. - [S.l., Valencia] : [S.n., Geron. Vilagrasa], 1663. - 4°. *BNE.*

6. ♦ BRÉTON, JUAN: Mistica theologia y doctrina de la perfection euangelica a la que puede llegar el alma en esta vida : sacada del sp[irit]u de los sagrados doctores [...] / compuesto por [...] fray Ioan Breton, frayle minimo de S. Franco. de Paula [...]. - Impresso en Madrid : en casa de la buida de Alonso Martin [en casa de Francisca de Medina, viuda de Alonso Martin], 1614. - [10], 176, 280, [40] S. ; 4°. *CCPB*[5]

♦ CALDERA, FERNANDO: Mistica theologia, y discrecion de espiritus : Dirigida a la muy noble senora dona Maria de Arellano y Sotomayor [...] / Compuesta, y emendata en esta segunda impression por el P.F. Fernando Caldera, de la Orden de N.P.S. Francisco de Paula. - En Madrid : por la viuda de Alonso Martin, 1629. - [16], 288 S. ; 16°. *SBN*

7. ♦ FRANCO FERNANDÉZ, BLAS: Vida de la venerable sierua de Dios Maria de Iesus, [natural de Villa-Robledo] de la Tercera Orden del serafico Padre S. Francisco, [virgen extatica, prodigiosa, admirabile en fauores, que nuestro Senor la hizo] : tratanse los puntos mas dificultosos de la mistica teologia, y camino de vnirse las almas con Dios / escriuiolo [el doctor don] Blas Franco Fernandez [...]. - En Madrid : por Ioseph Fernandez de Buendia ; en la Imprenta Imperial, 1675. - 2 vol. ; 4°. *BPE, SBN*[6]

8. ♦ FALCONI, JUAN: Alfabeto per saper leggere in Christo : libro di vita eterna [...] tradotto dalla lingua spagnola nell'italiano [...]. Con aggiunta del ristretto della vita dell'autore, e d'una scritta dal medesimo ad una sua devota. - In Roma : [per M. Ercole], 1680. - 250 S. *BAV*[7]

♦ FALCONI, JUAN: Sacro monumento, Cartilla segunda para leer en Christo sueltamente, que [...] fr. Iuan Falconì [...] de los Padres Calzados [...] de la Merced, Redencion de Cautiuos, prometio en vida [...] / precioso i celestial tesoro que consagra el P. Presentado F. Pedro de Arriola [...] de la misma Orden [...]. - Sale a luz por los [...] Regidores del Hospital Real i General de nuestra Señora de Gracia de [...] Çaragoça [...] ; el D. don Diego Antonio Frances de Urrutigoyti [...] [et alii]. - En Çaragoça : en el Hospital Real i General de N.S. de Gracia, 1651. - [56], 96 S. ; 8°. *CCPB*[8]

♦ FALCONI, JUAN: Cartilla para saber leer en Christo [...] ; [Cartilla segunda para leer en Christo sueltamente ... ; La vida de Dios ...] / por [...] Fr. Iuan Falconi, del Orden de N.S. de la Merced [...]. - Corregida y emendada en esta quarta impression

---

5 Titelvariante nach *REBIUN*: Mistica theologia y doctrina de la perfection euangelica a la que puede llegar el alma en esta uida : sacada del sp[irit]u de los sagrados doctores [...].

6 Titelaufnahme ergänzt nach *SBN*. Ermittelt wurde auch die Titelvariante mit abweichender Orthographie: FRANCO FERNANDÉZ, BLAS: Vida de la venerable sierva de Dios Maria de Iesvs, natvral de Villa-Robledo, de la Tercera Orden del Serafico Padre S. Francisco [...] : Tratanse los pvntos mas dificultosos de la mistica teologia, y camino de vnirse las almas con Dios / Escriuiolo [...] Blas Franco Fernandez [...]. - En Madrid : Por Ioseph de Buendia ; en la Imprenta Imperial, 1675. - 2 vol. ; 4°. *BNC.Es*.

7 Für das im Gutachten erwähnte Erscheinungsjahr 1680 wurde nur eine italienische Ausg. ermittelt.

8 Enth.: Compendio breve de la vida i milagros del Autor [...] Fr. Iuan Falconi / sacado por el mismo P. Presentado Fr. Pedro de Arriola [...]. *CCPB*.

[...]. - En Madrid : por Diego Diaz de la Carrera ; a costa de Gabriel de Leon [...], 1656. - [8], 97 [i.e. 77], [2] S., [1] Bl.; 120 S.; [13], 122 S. ; 16º. *CCPB*[9]

♦ FALCONI, JUAN: [Obras espirituales del Venerable Padre Presentado ... del Orden Calçado de N. Señora de la Merced: Primera cartilla. Vida de Dios. Segunda Cartilla. Pan quaotidiano. Mementos de la misa ...]. - En Valencia : por Bernardo Nogues [...], 1660. - 490, [6] S. ; 8º. *CCPB*

9. AUGUSTIN <DE SAN ILDEFONSO>: Theologia mystica, sciencia y sabiduria de Dios [...] / por el Pe. F. Aug. de S. Ildefonso [...] de los Descalcos de S. Aug. [...]. - En Alcala : en casa de María Fernâdez [...], 1644. - [16], 744 [i.e. 734], [30] S. ; 4º. *REBIUN*

10. ISIDRO <DE LEON>: Mistico cielo en qve se gozan los bienes del alma y vida de la verdad : adornado de tres gerarqvias y en cada vna tresordenes que hazen nueve coros de espiritus viadores en el destierro, à semejança del cielo beatifico y glorioso, que seadorna de tres gerarquias y en cada vna tres ordenes, que hazen nueve coros de espiritus comprehensores en la patria ; dibvxado en primera, segunda y tercera parte, donde se halla la teorica y practica de las tres vias del espiritu y se comprehende la sustancia de toda la mistica teologia [...] / compvesto por el P. Fr. Isidoro de Leon [...]. - En Madrid : por Roque Rico de Miranda, 1685-1687. - 3 vol. ; 4°. *REBIUN*

11. JORGE <DE SAN JOSE>: Buelo del espiritu, y escala de la perfeccion y oracion / compuesto por [...] Iorge de S. Ioseph [...] de los Descalços de N. Señora de la Merced [...]. - En Seuilla : en la imprenta de la Orden [...] ; por Andres Grande [...], 1647. - [32], 256 S. ; 8°. *CCPB*

12. GASPAR <DE VIANA>: Luz Clarissima que desengaña, mueue, guia y aficiona las almas que aspiran a la perfeccion y las lleua por el camino mas solido y seguro a la union con Dios : encendida con las luzes y doctrina de la Sagrada Escritura, Santos Padres, y doctores Misticos [...] / autor Fr. Gaspar de Viana, Religioso Capuchino de N.P. S. Francisco […]. - En Madrid : por Domingo Garcia Morrás, 1661. - [20], 602, [26] S. ; 4°. *CCPB*

13. ♦ BOLDUC, JUAN BAUTISTA: Compendio de la vida intima del espiritu : recopilada de lo que enseñò y escriviò el V.P. Fr. Juan Bautista de Bolduc Capuchino / sacado à luz por don Ignacio de Alenxo [...]. - En Barcelona : por Josef Lopez ; a costa de Juan Cassañas y Pedro Pau [...], 1682. - [18], 350 S. *REBIUN*

♦ BOLDUC, JUAN BAUTISTA: Compendio de la vida intima del espiritu : recopilada de lo que enseno, y escrivio el V.P. Fr. Juan Bautista de Bolduc Capuchino / Sacado a luz por don Ignacio de Alenxo [...]. - Edicion ultima. - En Barcelona : por Josef Lopez ; a costa de Juan Cassanas, y Pedro Pau libreros, 1682. - [16], 350, [2] S. ; 16°. *SBN*[10]

---

9 Die „Cartilla segunda" enth. auf S. 16-36 eine von Pedro de Arriola verfasste Biographie Falconis. *CCPB.*

10 Ermittelt wurden auch: BOLDUC, JUAN BAUTISTA: Compendio de la vida intima del espiritu : recopilada de lo que enseñò y escriviò el venerable Padre Fray Juan Bautista Bolduc capuchino.

♦ BOLDUC, JUAN BAUTISTA: Compendio de la vida intima del espiritu : recopilada de lo que enseno y escrivio el venerable Padre Fray Juan Bautista Bolduc. - Leon : [S.n.], [1682]. - 444 S. *BVB* [11]

14. JOSÉ <DE JESÚS MARÍA>: Subida del alma a Dios, que aspira a la diuina vnion / por el P. Fr. Ioseph de Iesus Maria [...]. - En Madrid : por Roque Rico de Miranda ; a costa de Iuan de Triviño, 1675. - [16], 520 S. ; 4°. *CCPB*

15. ♦ FRANCISCO <DE SANTO TOMAS>: Medula mystica : sacada de las diuinas letras de los Santos Padres, y de los mas classicos doctores mysticos, y escolasticos [...] ; donde tambien se trata ex professo de las visiones, locuciones, reuelationes [...] ; con dos indices [...] / por [...] Francisco de Santo Thomas [...] de los Carmelitas Descalços [...]. - Segunda impression, añadida por su Autor. - En Madrid : en la imprenta de Manuel Ruiz de Murga, 1702. - [16], 358, [26] S.; 4°. *CCPB*[12]

16. JOSÉ <DEL ESPÍRITO SANTO>: Cadena mystica Carmelitana de los autores Carmelitas Descalzos, por quien se ha renouado en nuestro siglo la doctrina de la Theologia Mystica, de que ha sido discipulo de san Pablo y primero escritor san Dionisio Areopagita, antiguo obispo y martir : adornada con la doctrina del doctor angelico que si èl no ha sido Carmelita en la professio y habito religioso, son los Descalços en los theologicos muy professos suyos : formada en metodo de las colaciones espirituales del Carmelo Heremitico / por el muy reuerendo padre Fray Ioseph del Espiritu Santo, Carmelita Descalço, Portuguès. - En Madrid : en la oficina de Antonio Gonçalez de Reyes, 1678. - [28], 396, [20] S. ; 2°. *REBIUN*[13]

17. ♦ ANTONIO <DE LA ANUNCIACIÓN>: Manual de Padres espirituales : en el qual se contienen auisos y documentos para el gouierno de las almas [...] / por el P. Fr. Antonio de la Anunciacion [...] de los Carmelitas Descalzos de Alcalà. - Segunda impression añadida y enmendada por su autor. - En Alcalá : por Francisco Garcia Fernandez [...] y a su costa [...], 1679. - [32], 475 [i.e. 485], [9] S. ; 8°. *CCPB*[14]

Añadido en esta imprecion a un Tratado de la enormidad del pecado mortal por el Padre Fray Marcos de Aviano Capuchino. - En Leon de Francia : por Anisson y Posuel, [S.a., Drucklizenz datiert 1682]. - [32], 356 S. ; 12°. *CCPB*. Enth.: Aviano, Marcos de: La enormidad del pecado mortal. *CCPB*.

11 Das Werk war bereits erschienen: BOLDUC, JUAN BAUTISTA: Compendio de la vida intima del espiritu : recopilada de lo que enseñò y escriviò [...] Fray Juan Bautista Bolduc [...] / sacado à luz por don Ignacio de Alenxo [...]. - En Leon de Francia : por Anisson y Posuel, 1680. - 356 S. ; 24°. *CCPB*.

12 Das Werk war bereits erschienen: FRANCISCO <DE SANTO TOMAS>: Medula mystica : sacada de las diuinas letras, de los Santos Padres, y de los mas classicos doctores mysticos, y escolasticos en que con claridad, breuedad, buena doctrina y erudicion se explica el camino [...] de la oracion [...] ; donde también se trata ex professo de las visiones, locuciones, reuelaciones [...] con muchas aduertencias y conuenientes auisos ; con dos indices [...] / por el R.P. Fr. Francisco de Santo Thomas [...] de los Carmelitas Descalços [...]. - En Madrid : en la imprenta de Manuel Ruiz de Murga, 1695. - [16], 350, [26] S. ; 4°. *CCPB*.

13 Abweichende Umfangsangabe nach *CCPB*: [28], 396, [18] S.

14 Das Werk war bereits erschienen: ANTONIO <DE LA ANUNCIACION>: Manual de Padres espirituales : en el qual se contienen auisos, y documentos para el gouierno de las almas [...] / por

18. ♦ José <de Jesús María>: Segunda parte de la subida del alma a Dios y entrada en el parayso espiritual [...] / por el R.P. Fr. Ioseph de Iesus Maria [...]. - En Madrid : por Diego Díaz de la Carrera, 1659. - [32], 526 [i.e. 528], [62] S. ; 8º. *CCPB*

19. ♦ Diego <de Jesus>: Apuntamientos, y advertencias en tres discursos, para una facil inteligencia de las frasis misticas, y doctrina de las obras espirituales de San Juan de la Cruz / por fray Diego de Jesus [Carmelita Descalzo]. - Enth. in: Juan <de la Cruz> [u.a.]: Obras espirituales que encaminan a una alma a la perfecta union con Dios, en transformacion de amor [...] / por [...] San Juan de la Cruz [...]. - Impression duodecima. - En Sevilla : por Francisco Leefdeal [...], 1703. - 23 S. ; 2°. *REBIUN, CCPB*[15]

Gutachter: [José de Alfaro SJ]
Gutachten: Bl. 39r-54v, 32 S., [16. Januar 1703] (zu Nr. 1-19)[16]

ACDF SO CL 1703, Nr. 4

1703. Censura in Libell. ins[scriptu]m: Traitè de l'Autoritè des Roys touchant l'Administration des Eglises etc. par Mons. Talon etc. Amsterdam 1700.

Talon, Denis [LeVayer de Boutigny, Rolland]: Traité de l'autorité des rois touchant l'administration de l'Eglise / par M. Talon, [...] avec quelques pièces qui ont du rapport à la matière. - Amsterdam : D. Pain, 1700. - 312 S. ; 12°. *CCFR*[17]

Gutachter: Francesco Maria Campioni OMD
Gutachten: Bl. 29r-v und 38r, 3 S., [16. Januar 1703]

---

el P. Fr. Antonio de la Anunciacion [...] de los Carmelitas Descalços de Alcalá. - En Alcalá : por Francisco Garcia Fernandez [...] y a su costa [...], 1675. - [38] S., 410, [6] S. ; 8º. *CCPB.*

15 Titelaufnahme ergänzt nach *CCPB*. Umfang des Gesamtwerks: [16], 120, 511, 23, [54] S. *REBIUN*. Das Werk war bereits erschienen: Diego <de Jesus>: Apuntamientos y advertencias en tres discursos para una facil inteligencia de las frasis misticas y doctrina de las obras espirituales de [...] Fray Iuan de la Cruz [...] / por Fray Diego de Iesus [...]. - Enth. in: Juan <de la Cruz> ; Diego <de Jesus>: Obras espirituales que encaminan a una alma ala perfecta union con Dios / por el Venerable P.F. Iuan de la Cruz primer Descalzo [...] de N. Senora del Carmen [...] ; con una resunta de la vida del autor y unos discursos / por el P.F. Diego [de Iesus] [...]. - En Barcelona : por Sebastian de Cormellas [...], 1619. - 4°. *REBIUN.*

16 Am 16. Januar 1703 wurde entschieden, dass Alfaro einen Katalog [beiliegend, 2 S.] aller vom Kapuziner Felice de Alantin angezeigten Werke erstellen sollte. Danach sollte geprüft werden, ob diese Werke schon vom SO oder der CIndex verboten worden waren, und ob Exemplare in Rom vorlagen. Wenn nicht, sollte dem Nuntius von Spanien einen Abschrift dieses Kataloges mit der Bitte zugestellt werden, die Exemplare aufzuspüren, nach Rom zu schicken und zu prüfen, ob sie schon von der Span. Inquisition verboten worden waren. Laut beiliegendem Cathalogus Librorum [2 S. hs.] wurden in der Anzeige außerdem noch drei weitere Titel erwähnt. vgl. ACDF Index Prot. 64 (1703-1704), Bl. 19r-25r, Bl. 86r-87v und ACDF Diari 12 (1700-1703), Bl. 129v-136v.

17 Das Werk entspricht laut *CCFR* den von Rolland LeVayer de Boutigny veröffentlichten „Dissertations sur l'autorité légitime des rois en matière de régale", die fälschlicherweise Denis Talon zugeschrieben wurden. Siehe: M. L. V. M. D. R. [LeVayer de Boutigny, Rolland]: Dissertations Sur l'Autorité légitime des Rois, En matière de Regale / Par M. L. V. M. D. R. - Cologne : Chez Pierre Marteau, 1672. *CCFR.*

Dekret: SO 16. Januar 1703
Bando: SO 17. Januar 1703

ACDF SO CL 1703, Nr. 5

1703. Non permittitur Venetiis impressio Ritualis Romani sine Litteris rubris.

Eine eindeutige Identifikation ist nicht möglich[18]

Gutachter: keine Angabe
Gutachten: nicht aufgefunden[19]

ACDF SO CL 1703, Nr. 6

1703. Permittitur impressio Libri ins[cript]i: Memoria dell'Origine, fondazioni etc. della Cong[regazio]ne de Chierici Regolari di S. Paolo descritta da D. Franc[esc]o Luigi Barelli C. R. della med[esi]ma Cong[regazio]ne.[20]

BARELLI, FRANCESCO LUIGI: Memorie dell'origine, fondazione, auanzamenti, successi, ed uomini illustri in lettere, e in santitá della congregazione de Cherici Regolari di S. Paolo [...] / descritte da D. Francesco Luigi Barelli da Nizza [...]. - In Bologna : per Costantino Pisarri [...], 1703-1707. - 2 vol. ; 2°. *MAI*[21]

Gutachter: keine Angabe
Gutachten: nicht aufgefunden[22]

ACDF SO CL 1703, Nr. 7

1703. Censura in Libell. ins[criptu]m: Lettre de M. Chanoine de B. A. Mr. T. D. A. cas de Conscience propose par un Confesseur de Province touchant un Ecclesiastique, qui est sous sa conduite, et resolù par plusieurs Docteurs de la facultè de Theologie de Paris.**

---

18 Ermittelt wurden u.a.: (1) Rituale romanum Pauli 5. Pont. Max. Jussu editum : Cum conjurationibus ad fugandas tempestates, benedictione aquae, quae fit in vigilia Epiphaniae, & aliis. Addita nunc formula absolvendi, & benedicendi populos, & agros. - Venetiis : apud Nicolaum Pezzana, 1700. - 285 S., [3] S. ; 4°. *SBN* (2) Rituale Romanum Pauli 5. Pont. Max. jussu editum : cum conjurationibus ad fugandas tempestates, & benedictione aquae quae sit in Vigilia Ephifaniae, ac aliis. Addita formula pro benedicendis populo [...]. - Venetiis : sumptibus Pauli Balleonii, 1705. - 262, [2] S. ; 8°. *SBN* (3) Rituale romanum Pauli 5. pont. max. jussu editum, demptis quibusdam additationibus juxta Decretum Sacrae Congr. Indicis sub Benedicto papa 13. emanatum, et in calce hujus Ritualis impressum. - Venetiis : apud Andream Poleti, 1726. - 235, [5] S.; 8°. *SBN*

19 In den Sitzungsprotokollen vom 6. Februar 1703 wurde nur vermerkt, dass die Kard. die Korrespondenz zu diesem Fall gelesen hatten. Laut Rubricella wurde die Druckerlaubnis verweigert.

20 Zu diesem Autor, vgl. auch ACDF SO Tit.Libr. 1710-1721, Nr. 76.

21 Verhandelt wurde vol. 1 (1703).

22 Mit Dekret SO vom 6. Februar 1703 wurde die Druckerlaubnis erteilt; diese Enscheidung sollte dem Inquisitor von Bologna gemeldet werden.

Anonym [EUSTACE, NICOLAS ; COUET, BERNARD]: Lettre de M. *** chanoine de B. à Mr. T.D.A. [...] Cas de conscience proposé par un confesseur de province touchant un ecclesiastique qui est sous sa conduite, & resolu par plusieurs docteurs de la Faculté de theologie de Paris (20. juillet 1702). - [S.l.] : [S.n.], [1702]. - 8 S. ; 4°. *Abes*

Gutachter: Giovanni Damasceno Bragaldi OFMConv
Gutachten: 5 S., [8. Februar 1703][23]

Dekret: SO 8. Februar 1703
Bando: Breve 12. Februar 1703

ACDF SO CL 1703, Nr. 8

1703. Censura in Librum reimprimendum, cui. titul.: Vita del P. Carlo Spinola della Compagnia di Gesù morto per la S. Fede nel Giappone.

♦ SPINOLA, FABIO AMBROGIO: Vita del padre Carlo Spinola della Compagnia di Gesu morto per la santa fede nel Giappone / del P. Fabio Ambrosio Spinola dell'istessa Compagnia. - In Roma : Per gli Eredi del Corbelletti, 1671. - [8], 336 S. ; 8°. *MAI*[24]

Gutachter: Prospero Bottini
Gutachten: 2 S., [20. Februar 1703][25]

ACDF SO CL 1703, Nr. 9

1703. Non permittitur impressio Appendicis ponendae in Libro Joan. Torre Praesidis Consilii Ducalis Placentiae, in qua continentur plures propositiones circa Jurisdictionem Ecclesiasticam.

Das Werk wurde nicht ermittelt

Gutachter: keine Angabe
Gutachten: nicht aufgefunden[26]

[23] Vgl. auch ACDF SO St.St. UV 28, Bl. 246r-254v.

[24] Das Werk war bereits erschienen: SPINOLA, FABIO AMBROGIO: Vita del P. Carlo Spinola della Compagnia di Giesu morto per la santa fede nel Giappone / del P. Fabio Ambrosio Spinola dell'istessa Compagnia. - In Roma : appresso Francesco Corbelletti, 1628. - [8], 223, [1] S. ; 8°. *SBN*.

[25] Darüber hinaus Antonio Barucchi Barnabita (Konsultor der Inquisition von Bologna), 3 S., 23. Januar 1703. Mit Dekret SO vom 20. Februar 1703 wurde die Druckerlaubnis erteilt. Dem Inquisitor von Bologna sollte allerdings mitgeteilt werden, dass die von Urban VIII. vorgeschriebenen „Protestationes" an Anfang und Ende des Werks einzufügen seien.

[26] Mit Dekret SO vom 14. März 1703 wurde die Druckerlaubnis verweigert.

ACDF SO CL 1703, Nr. 10

1703. Censura in Libr. ins[criptu]m: Controversia della Concezione della B. Vergine descritta istoricamente dal P. Tommaso Strozzi della Compagnia di Gesù. Palermo 1700.[27]

STROZZI, TOMMASO: Controversia della concezione della Beata Vergine Maria / descritta istoricamente dal p. Tommaso Strozzi della Compagnia di Giesù. - In Palermo : presso Giuseppe Gramignani stampatore del regio palazzo, 1700. - 2 vol. ; 2°. *MAI*

Gutachter:	Liberio di Gesù OCD
Gutachten:	Bl. 211r-213v, 6 S., 15. Januar 1703
Gutachter:	Giacinto Maria di S. Bernardino OAD
Gutachten:	Bl. 210r-220r, 9 S., [17. April 1703]
Dekret:	SO 17. April 1703
Bando:	SO 11. März 1704

ACDF SO CL 1703, Nr. 11

1703. Censura in duos Tomos manuscript., quorum titul.: Flores decretalium Regularium, seù brevis compilatio rerum omnium, quae quomodo ex Libris decretalium Gregorii IX., et Bonifacii VIII., nec non ex Clementinis, Extravagantibus Joan. XXII., et Communium deduci, et ad Statum Regularem reduci possunt Auctore Fr. Francisco Antonio de Leonis a Carpi Ord[ini]s Cappuccinorum.

CARPI, GIOVANNI FRANCESCO DA: Flores// Decretalivm Regvlarivm,// seu// Breuis compilatio eorum omnium,// quae quoquo modo// Ex libris Decretalium Greg: IX., & Bonif: VIII, nec non// Ex Clementinis, Extrauagantibus Ioan. XXII. &// Communium deduci, & ad Statu[m] Regularem// reduci possunt / Avctore// F. Ioa: Francisco De Leonis A Carpi,// Ordinis Minorum S.P. Fran:[cis]ci Capucinorum Concionatore Sac: Theologi[ae],// Iurisq[ue] Canonici Professore, ac Ser:[enissi]mi Ducis Mantuae Theologo.// Serenissimo// Rinaldo. I. Aestensi// Mvtinae, Regii, Carpi,// Duci Inuictissimo// Dicati. – [Mantua], [S.a.]. – 2 vol. ; [2°]. (Manuskript) *BAV Vat. lat. 12819*, *BAV Vat. lat. 12820*[28]

---

[27] Vgl. ACDF SO Tit.Libr. 1702-1704, Nr. 42 und 43.

[28] Blattmaße: ca. 23 x 17 cm. Durchgehende Seitenzählung. Laut Gutachten wurden 2 vol. verhandelt. Entweder sind dies die beiden in der BAV vorhandenen Teilbände (des Tomus secundus) oder es wurde zusätzlich ein (nicht in der BAV vorhandener) Tomus primus verhandelt. Als gedruckte Ausgabe des „Tomus primus super primo" wurde ermittelt: CARPI, GIOVANNI FRANCESCO DA: Flores decretalium regularium seu brevis compilatio eorum omnium quae quomodo ex libris decretalium [...] reduci possunt / auctore Fr. Jo. Francisco de Leonis a Carpi Ordinis Minorum S. Francisci Capucinorum concionatore [...]. [Tomus primus super primo]. - Mantuae : ex Typographia S. Benedicti, apud Albertum Pazzonum, 1699. - LII, 390 S. ; [2°]. *MAI.* Das in der BAV vorhandene Manuskript enth.:[1].=2,1. Tomvs Secvndvs/ Svper Secvndo. – 618 S. *BAV Vat. lat. 12819.* Incipit: [...] De Iudicius. Cap. I. De quod vult Deo § 1. ab hoc titulo de iudiciis. Des. aliquid dici vel fieri. Auf dem Vorsatzblatt (r) Censura/Decretum S.O.: Feria 3.a Die 17. Aprilis

Gutachter: Bonaventura Santelia TOR
Gutachten: 32 S., [28. September 1701][29]

Gutachter: Giulio Lucenti OCist
Gutachten: 19 S., [12. Oktober 1702]

Gutachter: Nicola Castelli CM
Gutachten: Bl. 124r-134r, 21 S., [17. April 1703][30]

Gutachter: Giovanni Damasceno Bragaldi OFMConv
Gutachten: 11 S. [18. April 1703][31]

ACDF SO CL 1703, Nr. 12

1703. Ordinatur Pa[tr]i In[quisito]ri Mediolani, ut Colligere faciat omnia exemplaria Libri ins[cript]i: Raccolta d'alcune decisioni, e istruzioni, colle quali si dimostra qual sia la pratica della Chiesa nel decidere controversie insorte fra' Missionari. Augusta.

DELPICO, DANIELE: Raccolta d'alcune decisioni ed'istruzioni colle quali si dimostra qual sia stata la pratica della Chiesa nel propagare la Fede, e nel decidere controversie insorte tra missionarij / opera di Daniele del Pico. - In Augusta : [S.n.], 1702. - 372 S. *MAI*[32]

Gutachter: keine Angabe
Gutachten: nicht aufgefunden[33]

1703 Em[inentissi]i dix.[eru]nt, quod p[raese]ns Liber nullo modo imprimat[ur], sed retineat[ur] hoc[?] S.O. Vorn eingebunden Anmerkungen zum vorliegenden Werk: Doctrina, qu[ae] fuit indicata non sana in hoc Libro Inscripto : Flores decretalium [etc.]// Pagina 5 § 3. usq[ue] ad 26. [...]. – [1] Bl. (r u. v.).[2].: 2,2. – S. 619-1284. *BAV Vat. lat. 12820.* Incipit: ...§ 3 Testes igitur de auditu alieno. Des. et invalida esse possunt. Auf dem Vorsatzbl. (v) Provenienzeintrag: S. Off. Vorn eingebunden Anmerkungen zum Werk: Doctrina, qu[ae] fuit Judicata non [s?]ana in hoc libro Jncipiente à pagina 619. cap: 33 [ff?]// Pagina 866. linea 2.// Pag: 869. §. 9.// Pag: 882. §. 3. in principio:// et §. 7. versus finem:// sed iste libellus non fuit re-//visus totus. – [1] Bl.

29 Das Buch sollte einem zweiten Gutachter übergeben werden.

30 Mit Dekret SO vom 17. April 1703 wurde die Druckerlaubnis verweigert.

31 Das Gutachten und die Korrekturvorschläge befinden sich in ACDF SO St.St. UV 28, Bl. 257r-262v; 263r-265r.

32 Als tatsächlicher Verf. wird auch Baldassare Francolini genannt. *MNCAT*. Ermittelt wurde auch: DELPICO, DANIELE: Raccolta d'alcune decisioni ed'istruzioni colle quali si dimostra qual sia stata la pratica della chiesa nel propagare la fede, e nel decidere controuersie insorte tra missionarij / opera di Daniele del Pico dottore in Sacra teologia. - In Augusta : [S.n.], 1702. - 372, [3] S. ; [8°]. *MNCAT*. Abweichende Umfangsangabe nach *BVB*: 262 S.

33 Laut Dekret SO vom 2. Mai 1703 sollte der Inquisitor von Mailand alle Exemplare des Werks beschlagnahmen und im Archiv aufbewahren. Der Ass. sollte dem Jesuiten Balthasar Drancolini mitteilen, er habe vor dem SO zu erscheinen und alle in seinem Besitz befindlichen Exemplare an die Kongregation zu übergeben.

ACDF SO CL 1703, Nr. 13

1703. Censura in Theses propugnatas Romae 1703. in G[enera]le PP. Miniminor. S[anctis]s[i]mae Trinitatis Montis Pincii, quarum titul.: Conclusiones Theologicae Polemico Scholasticae etc. S[anctis]s[i]mae Virgini M[a]r[i]ae dicatae.[34]

1. CORTASSE, JOSEPHUS IGNATIUS (Praes.) ; LE GROS, PAULUS (Resp.): Conclusiones Polemico-scholasticae Sacratissimae virgini deiparae Mariae dicatae. - [Romae] : [novis typis Cajetani Zenobii], 1703. 4°, *ACDF SO St.St. UV, Nr. 28, Bl. 273r*[35]

2. CORTASSE, JOSEPHUS IGNATIUS (Praes.) ; CHEVALIER, JEAN (Resp.): Conclusiones polemicoscholasticae divo Francisco de Paula dicatae. - [Romae] : [novis typis Cajetani Zenobii], 1703. - 13, 3 S. ; 4°. *ACDF SO CL 1703, Nr. 13, CCFR, GBV*

Gutachter: Carlo Filiberto Barberi OCarm
Gutachten: 3 S., 15. Mai 1703 (zu Nr. 1-2)

Gutachter: Bonaventura Santelia TOR
Gutachten: Bl. 143r-150r, 15 S., [15. Mai 1703] (zu Nr. 1-2)

Gutachter: Pietro Antonio Rossi OSM
Gutachten: 11 S., [15. Mai 1703] (zu Nr. 1-2)

Gutachter: Giovanni Damasceno Bragaldi OFMConv
Gutachten: 8 S., [15. Mai 1703] (zu Nr. 1-2)[36]

Dekret: SO 15. Mai 1703
Bando: SO 15. Mai 1703 (zu Nr. 1-2)

ACDF SO CL 1703, Nr. 14

1703. Censura in Libr. Amstelodami impress. 1700., cui. titul.: Histoire Generale dù Jansenisme etc. Par l'Abbé…

Anonym [GERBERON, GABRIEL]: Histoire générale du jansénisme : contenant ce qui s'est passé en France, en Espagne, en Italie, dans les Païs-Bas &c au sujet du livre, intitulé, Augustinus Cornelii Jansenii / Par Monsieur l'abbé ******* [...]. - A Amsterdam : chez J. Louis De Lorme, 1700. - 3 vol. ; 8°. *BNF*

Gutachter: Tommaso Giuseppe Studendoli OM
Gutachten: Bl. 166r-169r, 8 S., [15. Mai 1703]

Dekret: SO 15. Mai 1703
Bando: SO 11. März 1704

---

34 Vgl. ACDF Index Prot. 64 (1703-1704), Bl. 8-15.
35 Die Seitenzahl wurde nicht ermittelt.
36 Das Gutachten befindet sich in ACDF SO St.St. UV 28, Bl. 269r-272v.

ACDF SO CL 1703, Nr. 15

1703. Non permittitur impressio Thesium P. Peroni Soc. Jesu, in quarum 1.[a] propugnat sufficere ad valorem sacramenti intentio virtualis praeterita, quae applicaverit potentias externas ad operandum; in 2.[a] Thesi propugnatur: Essentiam sacram[en]ti Eucharistiae esse ea Verba tantum hoc est Corpus meum, et hic est Calix sanguinis mei, vel aequivalentia.

Das Werk wurde nicht ermittelt[37]

Gutachter: keine Angabe
Gutachten: nicht aufgefunden[38]

ACDF SO CL 1703, Nr. 16

1703. Censura in duos Libellos. 1.[us] inscribitur: Vari santi modi per far buona, ed efficace Orazione etc.

2.[us] inscribitur: Sicuro modo di acquistar col divino aiuto la vera santità, e di crescere in essa.

Die Werke wurden nicht ermittelt

Gutachter: Antonio Tommaso Schiara CR
Gutachten: 3 S., [16. Januar 1703] (zu Nr. 1)

Gutachter: Antonio Tommaso Schiara CR
Gutachten: 3 S., [16. Januar 1703] (zu Nr. 2)

Gutachter: Baldassare di S. Filippo Neri OCist
Gutachten: Bl. 92r-93v, 4 S., [13. März 1703] (zu Nr. 1-2)

Gutachter: Serafino Gottarelli OFMConv
Gutachten: Bl. 191r-193r, 5 S., [15. Mai 1703] (zu Nr. 1-2)[39]

ACDF SO CL 1703, Nr. 17

1703. Censura in Libr. Coloniae impressum 1703, cuius titul.: Catholicae Religionis veritas, quam ad suae Conversionis Apologiam ex solo S. Scripturae rationali usu omnibus Christianis demonstrat, et ab adversariorum nominatim Reformatorum apodistice vindicat David Hugueninus Litterarum divinarum Doctor.

HUGUENIN, DAVID: Catholicae religionis veritas : quam ad suae conversionis apologiam, ex solo S. Scripturae rationali usu, omnibus Christianis communi

[37] Laut Schreiben von Francesco Gonelli, Inquisitor von Mondovì, sollte das Werk vom Drucker Veglia herausgegeben werden.

[38] Jedoch Francesco Gonelli (SO di Mondovi, 2 S., 15. Mai 1703). Mit Dekret SO vom 13. Juni 1703 wurde die Druckerlaubnis verweigert.

[39] Mit Dekret SO vom 19. Juni 1703 wurden die Verhandlungen zu beiden Werken suspendiert.

principio, analytice demonstrat, et ab adversariorum objectionibus, nominatim reformatorum, apodictice vindicat / D. Hugueninus. - Coloniae : sumptib. Wilhelmi Metternich, 1703. - XXIV, 400, XV S. *UU, UvT*

Gutachter: Mattia di S. Maria OCD
Gutachten: Bl. 176r-181r, 12 S., [19. Juni 1703]

Gutachter: Baldassare di S. Filippo Neri OCist
Gutachten: Bl. 182r-185v, 8 S., [19. Juni 1703][40]

ACDF SO CL 1703, Nr. 18

1703. Censura in Libr. ins[criptu]m: Statuts Synodaux du Diocese d'Amiens. Amiens 1696.

♦ FEYDEAU DE BROU, HENRI <Amiens, Bischof> (Hg.): Statuts synodaux du diocèse d'Amiens. - Amiens : N. C. Hubault, 1696. - 16 S. ; 16°. *CCFR*

♦ FEYDEAU DE BROU, HENRI <Amiens, Bischof> (Hg.): Statuts synodaux du diocèse d'Amiens : publiez en 1696 [Acte. 1696] / par Henry Feydeaux de Brou, évêque d'Amiens. - Amiens : Nic. Caron Hubault, 1696. - 8°. *CCFR*

Gutachter: Girolamo di S. Carlo OCD
Gutachten: Bl. 196r-205r, 19 S., [17. April 1703]

Gutachter: Serafino Gottarelli OFMConv
Gutachten: Bl. 226r-229r, 7 S., [vor 17. April 1703]

Gutachter: Francesco Maria Campioni OMD
Gutachten: 9 S., [6. Juni 1701]

Gutachter: Serafino Gottarelli OFMConv
Gutachten: Bl. 231r-234r, 5 S., [19. Juni 1703][41]

ACDF SO CL 1703, Nr. 19

1703. Non permittitur impressio Libri ins[cript]i: Officio della B. Vergine nuovamente stampato con l'aggiunta della Parafrasi sopra i Salmi da Lorenzo Mattei.

Officio della b. Vergine nuovam[en]te stampato con l'aggionta della parafrasi fatta sopra i salmi da Loretto Mattei dedicato alla Madre di Dio. (hs. Titelbl.) *ACDF SO CL 1703, Nr. 19*[42] *Das Werk wurde nicht nachgewiesen*

---

[40] Vgl. ACDF SO St.St. UV 28, Bl. 315r-320v. Gemäß Dekret SO vom 19. Juni 1703 sollten sich die Zensoren über die Korrekturen einigen, später sollte der Nuntius von Köln beauftragt werden, dem erst kürzlich konvertierten Autor ein Lob für seine Frömmigkeit auszusprechen und ihn dazu anzuhalten, sich in seinen zukünftigen Schriften zu diesen Themen klarer auszudrücken.

[41] Am 19. Juni 1703 wurde entschieden, dass den Kard. die von Verospi in seinen beiden Gutachten zusammengetragenen Thesen zusammen mit dem Werk vorgelegt werden sollten. Auf dem Faszikelumschlag finden sich keine weiteren Hinweise zu diesem Fall.

Gutachter: keine Angabe
Gutachten: nicht aufgefunden[43]

ACDF SO CL 1703, Nr. 20

1703. Censura in versionem Novi Testamenti, seu in Librum, cui. titul.: Le noveau Testament de N. Seigneur Jesus Christ etc. a Trevoux 1702.

Le nouveau Testament de Notre Seigneur Jésus-Christ : traduit sur l'ancienne édition latine, avec des remarques litérales et critiques sur les principales difficultez / [par Richard Simon]. - Trévoux : E. Ganeau, 1702. - 2 vol. *CCFR*

Gutachter: Norbertus Delbecque OP
Gutachten: Bl. 79r-85r, 12 S., [15. Februar 1703]

Gutachter: [Giovanni Battista de Miro OSB]
Gutachten: Bl. 251r-261v, 10 S., [19. Juli 1703]

Gutachter: Giovanni Battista de Miro OSB
Gutachten: Bl. 252r-266r, 17 S.

Dekret: SO 19. Juli 1703[44]
Bando: SO 11. März 1704

ACDF SO CL 1703, Nr. 21

1703. Censura in Libr. ins[criptu]m: La devotion au Sagre Coeur de Jesu. Troiseme Edition par un Pere de la Compagnia de Jesus. A Lyon 1694.[45]

♦ Anonym [CROISET, JEAN]: La Dévotion au Sacré-Coeur de N.S. Jésus-Christ / par un P. de la Compagnie de Jésus [Jean Croiset]. - Troisième édition augmentée [d'un abrégé de la vie de la soeur Marguerite-Marie Alacoque, religieuse de la Visitation de S(ain)te Marie]. - Lyon : H. Molin, 1694. - 2 Teile in 1 vol. ; 8°. *CCFR*

♦ Anonym: La Dévotion au sacré coeur de N.S. Jésus Christ / par un P. de la C[ompagn]ie de Jésus. - 3e éd. - Lyon : Horace Molin, 1694. - 2 vol. ; 12°. *CCFR*

Gutachter: keine Angabe
Gutachten: nicht aufgefunden

Dekret: SO 31. Juli 1703
Bando: SO 11. März 1704

---

42 Beiliegend ein Schreiben der Inquisition von Mailand. Das Manuskript wurde der Inquisition von Mailand vom Drucker Agnelli zugestellt.
43 Mit Dekret SO vom 27. Juni 1703 wurde die Druckerlaubnis verweigert.
44 Vgl. auch ACDF SO St.St. G-5-h,i.
45 Das Faszikel fehlt. Vgl. ACDF SO CL 1706-1707, Nr. 1.

ACDF SO CL 1703, o.Nr.[46]

1703. Censura in Libell. Thesium ins[criptu]m: Theologia, quam praeside P. D. Nicolao Rajè Soc. J. defendet P. Thomas Ausens eiusd. Soc. Lovanii etc. die 3. iulii 1701.

Censura in Libell. Thesium ins[criptu]m: Theses Theologicae de Sacramentis in genere etc. cum appendice ad duplicem Thesium defensam in Conventu FF. Praedicatorum Hybernorum die 19, et 2 Iulii 1701. Praeside Jo. Bapt. Vander. Woestein S. Jesu etc. Lovanii die 25. Novembr. 1702.

Item Censura in Libell. Thesium ins[criptum]m: Theses Theologicae de Scientia, Voluntate etc. cum iusta confutatione Appendicis R. P. Jo: Bap. Wander Woestein Jesuitae ad duas Theses in nostro collegio defensas anno 1702 etc. Praeside P. Christopharo Frens. Ord[ini]s Praed[icato]rum Regente etc.

1. *Das Werk* Theologia *wurde nicht ermittelt*

2. ♦ WOESTYNE, JOHAN BAPTIST VANDER (Praes.) ; BLESEN, HENRICUS (Resp.) ; ANTHEUNIS, JOSEPHUS (Resp.): Theses de Sacramentis In genere et tribus primis in specie, cum Appendice Ad Duplicem Thesim defensam in Conventu Sanctae Crucis FF. Praedicatorum Hibernorum die 19. et 20. Iulii 1702. / Quas [...] defendent P. Henricus Blesen, P. Josephus Antheunis [...] Die 28. Novemb. 1702. Hora 9. ante et medium 3. post meridiem - Lovanii : Typis Petri de Vaddere, 1702. - 16 S. ; 4°. *De Backer/Sommervogel, VIII, Sp. 1194*

3. FRENZ, CHRISTOPH (Praes.) ; DONNELLY, JOHN (Resp.): Theses theologicae de scientia, voluntate, providentia, praedestinatione, et gratia Dei : Cum justà refutatione appendicis R.P. Joannis Baptistae Van der Woestyn jesuitae, ad duas theses in nostro collegio defensas an. 1702 diebus 19. & 20. julii, & pari depulsione quaerelae publicè excitatae per R.P. Livinum De Meyer ejusdem instuti. Juxta inconcussa, et tutissima dogmata SS. Augustini et Thomae, communium, & praestantissimorum ecclesiae doctorum / Quas praeside F. Christophoro Frenz s. theol. praesentato, & studii generalis Lovaniensis ff. praedicat. Hibernorum regente primario, defendet Joannes Donnelly ejusdem ordinis. Lovanii, in collegio S. Crucis, die [ ] maii horâ 9. ante & 3. post meridiem. - Lovanii : typis Henrici Van Overbeke, 1703. - [18] S. ; 4°. *Abes*[47]

Gutachter: Nicola Serani OSA
Gutachten: 41 S. (zu Nr. 1-3)[48]

Gutachter: Giovanni Antonio Sessa e Sidoti OFMObs
Gutachten: 5 S. (zu Nr. 1-3)[49]

Dekret: SO 21. August 1703

---

46 Das Faszikel ist leer.
47 Abweichende Umfangsangabe nach *BVB*: 17 S.
48 Das Gutachten befindet sich in ACDF SO St.St. G-3-i, Bl. 451r-471r.
49 Das Gutachten befindet sich in ACDF SO St.St. G-3-i, Bl. 474r-477r.

Bando: SO 11. März 1704 (zu Nr. 1-3)

ACDF SO CL 1703, Nr. 22

1703. Censura in Libr. D[omi]ni Barcos ins[criptu]m: Instructions su le Grace selon l'Ecriture, et les peres par feù Monsieur Arnauld Docteur de Sorbonne; Avec l'esposition della Foi de l'Eglise Romaine etc. a Cologne 1700.

ARNAULD, ANTOINE: Instructions sur la grace selon l'Ecriture et les Peres / par feu monsieur Arnauld docteur de Sorbonne. Avec l'Exposition de la foi de l'Eglise romaine touchant la grace et la predestination: par monsieur Barcos. Et plusieurs autres piéces sur ce sujet. - A Cologne : chez Pierre Marteau, 1700. - [4], LXII, [22], 440 S. ; 8°. *CCFR*[50]

Gutachter: Carlo Filiberto Barberi OCarm
Gutachten: Bl. 96r-97v, 4 S., [13. März 1703]

Gutachter: Diodato Nuzzi OSA
Gutachten: Bl. 358r-361v, 8 S., [25. September 1703]

Dekret: SO 25. September 1703
Bando: SO 11. März 1704

ACDF SO CL 1703, Nr. 23

1703. Censura in Libr. ins[criptu]m: Defense de l'Eglise Romaine, et des Souverains Pontifes contre Melchior Leydecker Theologien d'Utrecht etc. par M. German etc. a Liege 1696.

GERMAIN <Pseudonym> [QUESNEL, PASQUIER]: Défense de l'Eglise Romaine et des souverains Pontifes, contre Melchior Leydecker theologien d'Utrecht : Avec un recoeuil de plusieurs ecrits curieux & importans pour l'histoire & la paix de l'Eglise, sur les questions du tems: qui peut servir de quatrième tome de la tradition de l'Eglise Romaine sur la grace / par mr. Germain [...]. - A Liege : chez Henri Hoyoux [...], 1696. - [32], 648, [4] S. ; 12°. *KB*

Gutachter: Francesco Maria Campioni OMD
Gutachten: Bl. 12r-13v, 4 S., 16. Januar 1703

Gutachter: Pietro Francesco della Concezione SP
Gutachten: Bl. 370r-371v, 4 S., [25. September 1703][51]

Dekret: SO 25. September 1703
Bando: SO 11. März 1704

---

50 Enth.: BARCOS, MARTIN DE: L'Exposition de la foi de l'Eglise romaine touchant la grace et la predestination. *CCFR*. Erscheinungsort nach *CCFR* möglicherweise fingiert.

51 Vgl. auch ACDF SO St.St. UV 28, Bl. 291r.

ACDF SO CL 1703, Nr. 24

1703. Censura in Libr. ins[criptu]m: Defense de l'Eglise Romaine contre les Calumnies des Protestans etc. a Cologne 1688.

GERBERON, GABRIEL: Défense de l'Eglise romaine contre les calomnies des protestans / Gabriel Gerber. - Cologne : Jacques de Vale', 1688. - 3 Teile in 1 vol. - 24, 30, [16], 179 S. *UniGre*

Gutachter: Francesco Maria Campioni OMD
Gutachten: Bl. 9r-v, 2 S., 16. Januar 1703

Gutachter: Pietro Francesco della Concezione SP
Gutachten: Bl. 364r-366r, 5 S., [25. September 1703][52]

Dekret: SO 25. September 1703
Bando: SO 11. März 1704

ACDF SO CL 1703, Nr. 25

1703. Censura in Libellum Thesium ins[criptu]m: Theses ex Universa Theologia, quas D. Th. favente tueri conabitur P. Lambertus Chasteau S. J. in Celeber. II. Coronarum Gymmasio etc. Coloniae 1700.

DUCHASTEAU, LAMBERT: Theses ex universa Theologiam / quas Divo Thoma favente tueri conabitur Pater Lambertus Chastea[u] in celeberrimo III Coronarum Gimnasio. - Coloniae : Typis Petri Theodori Hilden, 1700. *Das Werk wurde nicht nachgewiesen*

Gutachter: Giovanni Michele Teroni B
Gutachten: Bl. 107r-108r, 3 S., [13. März 1703]

Gutachter: Pietro Antonio Rossi OSM
Gutachten: Bl. 348r-349v, 3 S., [25. September 1703]

Dekret: SO 25. September 1703
Bando: SO 11. März 1704

ACDF SO CL 1703, Nr. 26

1703. Censura in Libell. Ab. Du Manoir ins[criptu]m: Defense des Deux Brefs de N. S. P. le Pape Innocent XII. Aux Evesque de Flandre contre le D[octeu]r Steyaert etc. a Douay 1697.

DU MANOIR, ABBÉ <Pseudonym> [QUESNEL, PASQUIER]: Defense des deux brefs de N.S.P. le pape Innocent XII. aux eveques de Flandre contre le docteur Martin Steyaert : Au sujet de deux decrets qui concernent le Formulaire & la morale.

52 Vgl. auch ACDF SO St.St. UV 28, Bl. 291r.

Adressée à ce même docteur / par l'abbé Du Manoir. - A Douay & se vend a Bois-Le-Duc : chez Samuel Van Bergh, 1697. *CCFR*[53]

Gutachter: Carlo Filiberto Barberi OCarm
Gutachten: Bl. 88r-89v, 3 S., 12. März 1703

Gutachter: Diodato Nuzzi OSA
Gutachten: Bl. 352r-355r, 7 S., [25. September 1703]

Dekret: SO 25. September 1703
Bando: SO 11. März 1704

ACDF SO CL 1703, Nr. 27

1703. Negatur impressio Petro Van Dale Lillien cuiusdam folii ins[cript]i: Manifestum in responsionem alterius impressi a Cornelio Vosch eius adversario etc.

Manifesto. [Incipit: Serbato Cornelio Vosch per Divina misericordia]. - In Pisa : Nella Stamperia di Francesco Bindi, Stampatore Archiepisc. (Con Licenza de' Superiori), 1703. - 8 S. (2 Ex.) *ACDF SO CL 1703, Nr. 27*

Gutachter: keine Angabe
Gutachten: nicht aufgefunden.[54]

ACDF SO CL 1703, Nr. 28

1703. Censura in Libr. ins[criptu]m: Risposte date da un Teologo per scioglimento di alcuni quesiti fattigli da più Confessori desiderosi di ben indrizzar l'anime a Dio raccolte, e poste in luce dal Canonico Francesco Maria Morano.

MORANO, FRANCESCO MARIA: Risposte date da un Teologo, per scioglimento d'alcuni quesiti fattigli da più Confessori, desiderosi di ben indirizzare l'anime a Dio / Raccolte e poste in luce dal Canonico Francesco Maria Morano. - Milano : G. P. Malatesta, 1698. - 24°. *ICCU*

Gutachter: Benedetto Ciaperoni OCist
Gutachten: Bl. 240r-244r, 9 S., [19. Juni 1703]

Gutachter: Giacinto Maria di S. Bernardino OAD
Gutachten: Bl. 246r-248v, 6 S., [19. Juni 1703]

Gutachter: Sebastiano Pepoli[55]

---

[53] Abweichender Erscheinungsvermerk nach *CCFR*: A Douay, et se vend à Delft : chez Henry Van Rhyn.

[54] Mit Dekret SO vom 26. September 1703 wurde die Druckerlaubnis verweigert, der Inquisitor von Pisa sollte das Manuskript einbehalten. Beiliegend Korrespondenz von Pietro Van Dale mit der Inquisition von Pisa.

Gutachten: Bl. 381r-387r, 13 S., [11. Oktober 1703]

Dekret: SO 11. Oktober 1703
Bando: SO 11. März 1704

ACDF SO CL 1703, Nr. 29

1703. Censura in Libros Anglos, quorum titul. latine redditus: 1.us Usura explicata, seu conscientia pacata de conceptione pecuniae ad usum, seù incrementum annuum, sub nomine Philopenis.

2.us inscribit.: Vindicatio consuetudinis Angliae de concedenda ad usum pecunia. Anonym.

1. ♦ PHILOPENES <Pseudonym> [HUDDLESTON, JOHN]: Usury explain'd; or Conscience quieted in the case of putting out money at interest / By Philopenes. - London : [S.n.], 1695/1696. - 12°. *COPAC*

♦ PHILOPENES <Pseudonym> [HUDDLESTON, JOHN]: Usury explain'd. - London : D. L., 1695/1696. - 130 S. *BVB*[56]

♦ PHILOPENES <Pseudonym> [HUDDLESTON, JOHN]: Usury explained; or conscience quieted in the case of putting out money at interest / by Philopenes. - London : Printed by D. E., 1695/1696. - 211 S. *NLoA*

2. D., J. <Pseudonym> [HUDDLESTON, JOHN]: A vindication of the practice of England in putting out money at use. - The 2d edition. - London : Printed for T. Beaver, 1699. - [10], 116 S. *COPAC*[57]

Gutachter: Giovanni Michele Teroni B
Gutachten: 6 S., [28. November 1702]

Gutachter: Baldassare di S. Filippo Neri OCist
Gutachten: Bl. 373r-377v, 10 S., [11. Oktober 1703]

Dekret: SO 11. Oktober 1703
Bando: SO 11. März 1704 (zu Nr. 1-2)

ACDF SO CL 1703, Nr. 29bis[58]

1703. Censura in Librum ins[criptu]m: La rovina del Quietismo, e dell' amor puro etc. per Fr. Guglielmo Felle M[aest]ro Domenicano, ed Elemosiniero di Gio. 3. Re di Polonia. Colonia 1702.

---

55 Als externer Gutachter. Unterzeichnet als Mitglied des Ordens B. Pietro von Pisa, Professor im Konvent S. Onofrio.

56 Umfangsangabe abweichend auch 126 S. *BVB*.

57 Die verhandelte sogenannte 2. Aufl. ist, abgesehen vom Titelbl., identisch mit der ebenfalls verhandelten 1695/96 u.d.T. „Usury explain'd, or, Conscience quieted in the case of putting out mony at interest / By Philopenes" erschienenen Ausg. *COPAC*, s. De Backer/Sommervogel.

58 Ohne Angabe in der Rubricella.

FELLÉ, GUILLAUME: La Rovina del quietismo e dell'amor puro [...] / per F. Guglielmo Felle [...]. - In Colonia : S. Hecht, 1702. - VIII, 235 S. ; 8°. *CCFR*

Gutachter: Giovanni Michele Teroni B
Gutachten: Bl. 402r-403r, 4 S., [11. Oktober 1703]

Gutachter: Mattia di S. Maria OCD
Gutachten: Bl. 406r-410r, 9 S., [11. Oktober 1703]

Dekret: SO 11. Oktober 1703
Bando: SO 11. März 1704

ACDF SO CL 1703, Nr. 30

1703. Censura in Epistolam ad S[anctis]s[i]mum P[at]ris Joannis Geofredi Monaci Chartusiani Galli, in qua exponit quoddam Proiectum pro Reformatione Ecclesiae.

GEOFFROY, JEAN: [Brief] [Incipit: Très Saint Père, Le Zele que vôtre sainteté a pour la gloire de dieu ... (Ende:) De la chartreuse de Bonlieu au Conté de Bourgogne diocèse de Besançon ce 15e Maij 1672 Le tres humble et tresobeissant serviteur fils et sujet frere Jean Geoffroij]. - 1672. - 5 S. (Manuskript) *ACDF SO CL 1703, Nr. 30*

GEOFFROY, JEAN: Projet de la Congregation des Agneaux de Jésus. - [S.a.]. - 7 S. (Manuskript) *ACDF SO CL 1703, Nr. 30*

Gutachter: Norbertus Delbecque OP
Gutachten: 6 S., [18. Oktober 1703][59]

ACDF SO CL 1703, Nr. 31

1703. Censura in Libell. inscript.: Lettera, nella quale si discorre da qual tempo probabilmente s'infonde nel Feto l'anima ragionevole etc. di Bartolomeo Corio Medico Milanese.

CORTE, BARTOLOMEO: Lettera Nella quale si discorre da qual tempo probabilmente s'infonda nel Feto l'anima ragionevole scritta al Alfonso Lodi / Bartolomeo Corte. - [S.l.] : [S.n.], 1702. - 63 S. *BVB*[60]

Gutachter: Nicola Castelli CM
Gutachten: Bl. 439r-442r, 7 S., [18. Oktober 1703]

Dekret: SO 18. Oktober 1703
Bando: SO 11. März 1704

---

[59] Mit Dekret SO vom 18. Oktober 1703 wurde der Vorschlag abgelehnt.

[60] Formatangabe nach *ICCU*: 8°. Zusatz zum Hauptsacht. nach *Biblioteca statale di Cremona*: Scritta al [...] P.D. Alfonso Lodi Chierico Reg. Somasco. *ICCU*.

ACDF SO CL 1703, Nr. 32

1703. Censura in Libr. Anonym., cui. titul.: La Confiance Chretien appuiee sur quattre principes necessariamen les principales Verites, qui regardent la salut des Hommes etc.

Anonym: La confiance chretienne appujee sur quatre principes inebranlables, d'ou s'ensuivent necessairement les principales veritez, qui regardent le salut des hommes. - [S.l.] : [S.n.], [1701?]. - 38, [2] S. ; 8°. *SBN*[61]

Gutachter: Giovanni Damasceno Bragaldi OFMConv
Gutachten: Bl. 452r-455v, 8 S., [18. Oktober 1703][62]

Dekret: SO 18. Oktober 1703
Bando: SO 11. März 1704

ACDF SO CL 1703, Nr. 33

1703. Censura in Theses ins[cripta]s: Theologia, quam praeside R. P. Joanne Bapt. Vander Woestyn Soc. J. S. Th. Professore defendet P. Josephus Antheunis eiusdem Societ. Lovanii in Collegio Societ. J. die 4. Julii 1703.

♦ WOESTYNE, JOHAN BAPTIST VANDER (Praes.) ; ANTHEUNIS, JOSEPHUS (Resp.): Theologia / quam [...] defendet P. Josephus Antheunis [ejusdem Societ. Lovanii in Collegio Societ. Jesu] die 4. Julii 1703. Hora 9. ante et 3. post meridiem - [Louvanii] : [Typis Petri de Vaddere], [ca. 1703]. - [8] S. ; 4°. *De Backer/Sommervogel, VIII, Sp. 1194*

Gutachter: Bonaventura Santelia TOR
Gutachten: Bl. 413r-419v, 14 S., [18. Oktober 1703]

Dekret: SO 18. Oktober 1703
Bando: SO 11. März 1704

ACDF SO CL 1703, Nr. 34[63]

1703. Censura in Theses propugnatas die 17. Januar. 1703. Praeside P. Perrico Colendall Philosophiae Mag[istr]o in Gymnasio Paulino Soc. Jesu Monasterii in Westphalia. Inscribuntur: Theses Theologicae de Peccatis, et Gratia.

COLENDALL, HEINRICH (Resp.): Theses// Theologicae// de// Peccatis et Gratia / Defendet// P. Henricus Colendall// Societ. Jesu AA.LL.Phil. Magister,// In celeberrimo Gymnasio Paulino ejusdem So.//cietatis Monast. Westph. Die 17 Januar, 1703. - [Monast. Westph.] : Typis Viduae Raesfeldii, [1703]. - 4 S. *ACDF SO CL 1703, Nr. 34*

61 Vermutl. Erscheinungsjahr nach der Druckerlaubnis. *SBN*.
62 Vgl. auch ACDF SO St.St. UV 28, Bl. 324r-337v.
63 Nummer aus der Rubricella.

Gutachter: Mattia di S. Maria OCD
Gutachten: Bl. 310r-315v, 12 S., [21. August 1703]

Gutachter: Giacinto Maria di S. Bernardino OAD
Gutachten: Bl. 316r-318v, 6 S., [21. August 1703]

Gutachter: Giovanni Michele Teroni B
Gutachten: Bl. 469r-472r, 7 S., [13. November 1703]

Dekret: SO 13. November 1703
Bando: SO 11. März 1704

ACDF SO CL 1703, Nr. 35

1703. Censura in Libr. cui. titul.: Esercizio di divozione verso la S[ancti]s[si]ma ed Augustis[si]ma Trinità etc. composto dal P. D. Stefano Parisot in Lingua Francese, e tradotto in italiano dal R. P. Paolo Toti Luchese. In Padova.

♦ PARISOT DE VILLARS, ÉTIENNE: Esercitio di deuotione verso la santissima, et augustiss. Trinità [...] / Composto in francese dal r.p. Stefano Parisot [...] e tradotto in lingua italiana dal r. Paolo Toti lucchese. - In Lione ; e il Lucca : per Francesco Marescandoli [...], 1653. - 144 S. ; 24°. *SBN, ICCU*

♦ PARISOT DE VILLARS, ÉTIENNE: Esercitio di devotione verso la Santissima, et Augustissima Trinità : Che contiene in se molti atti di altissime virtù, facilissimi à praticarsi / Composto in Francese dal R.P. Stefano Parisot della Compagnia di Gesù: e tradotto in lingua italiana dal R. Paolo Toti Lucchese. - In Lione : appresso Jacopo Rossini, [1631?]. - 135 S. *ICCU*[64]

Gutachter: Giovanni Damasceno Bragaldi OFMConv
Gutachten: Bl. 473r-v und 476r, 3 S., [13. November 1703][65]

ACDF SO CL 1703, Nr. 36

1703. Maronitae Catholici Montis Libani instant pro imprimendis eorum Breviariis etc. non Melitae, sed Romae in Topographia Collegii de Propaganda fide.

♦ Shehimta dhe-shabh'a yaume methkarkhane dhe-shabbetha khullah = Officium simplex Septem dierum Hebdomadae : iuxta usum Ecclesiae Maronitarum [...]. - Romae : Ex Typographia Sacrae Cong. de Propag. Fide, 1717. - 8°. *COPAC*[66]

Gutachter: keine Angabe
Gutachten: nicht aufgefunden[67]

64 Eine franz. Orig.-Ausg. wurde nicht ermittelt.
65 Mit Dekret SO vom 13. November 1703 wurde die Druckerlaubnis für eine Neuaufl. erteilt.
66 Zusatz zum Hauptsacht. nach *MAI*: iuxta usum Ecclesiae Maronitarum jussu sanctissimi domini nostri Innocenti 10. pont. max. Umfangsangabe nach *MAI:* [487] S.

ACDF SO CL 1703, Nr. 37

1703. Censura in Libros gallicos.

1.us inscribitur: Apologie des Lettres Provinciales de Louis de Montalte contre la Derniere responses des PP. Jesuites etc.

2.us inscrib.: Conference de Diodore, et de Theotime sur les Entretiens de Cleandre e d'Eudoxes etc. a Paris 1697.

1. Anonym [PETITDIDIER, MATTHIEU]: Apologie des lettres provinciales de Louis de Montalte contre la dernière réponse des PP. jésuites, intitulée Entretiens de Cléandre et d'Eudoxe. - A Rouen, et se vend à Delft : chez Henri Van Rhin, marchand libraire & imprimeur, 1697-1698. - 2 vol. - 12°. *SBN, CCFR*[68]

2. Anonym [GERBERON, GABRIEL]: Conference de Diodore et de Theotime, sur les Entretiens de Cleandre et d'Eudoxe : qui servent de nouvelle réponse aux Lettres provinciales. - A Paris : chez J. Louis de Lorme, 1697. - 31 S. ; 8°. *CCFR*[69]

Gutachter: Giovanni Damasceno Bragaldi OFMConv
Gutachten: Bl. 270r-275v, 12 S., [31. Juli 1703] (zu Nr. 1)[70]

Gutachter: Pietro Francesco della Concezione SP
Gutachten: Bl. 465r-467r, 5 S., [13. November 1703] (zu Nr. 1-2)

Dekret: SO 13. November 1704
Bando: SO 11. März 1704 (zu Nr. 1-2)

ACDF SO CL 1703, Nr. 38

1703. Censura in Manuscript., cui. titul.: Opusculum Theologicum, in quo ostenditur sententiam Probabilistarum etc. esse iam proxime damnabilem, imò iam esse virtualiter, et implicite damnatam per Decretum, quo anno 1679. Innocent[iu]s XI. prohibuit etc. Authore P[at]re Tyrso Gonzalez Praeposito Generali Soc. Jesu.

GONZALES, THYRSO: Opusculum Theologicum : In quo ostenditur, sententiam Probabilistarum, quam appellant benignam// de usu licito opinionis minus probabilis et minus tutae, relictâ probabilieri// et tutiori, esse jam proximè damnabilem; immo jam esse virtualiter et implicitè// damnatam per Decretum, quo anno 1679. Innocentius XI. prohibuit, et// damnauit 65 propositiones, ut minimum tanquam scandalosas, et in praxi// pernicolosas; et inter illas damnatae sunt quatuor,

---

67 Vgl. ACDF SO CL 1701-1702, Nr. 30. Mit Dekret SO vom 14. November 1703 hielt man an den vorherigen Entscheidungen zu diesem Fall fest. Die Oratoren sollten sich an Kard. Barberini wenden.

68 Erschienen: Teil 1,1 - 2,2. *SWB*. Vol. 1 wurde in dem im Gutachten erwähnten Erscheinungsjahr 1697 gedruckt. *SBN*.

69 Titelvariante: Conference sur la nouvelle réponse aux Lettres provinciales. Vermutl. Verf. ermittelt nach *CCFR*, *SBN*, s. Dom René-Prosper Tassin, Histoire littéraire de la congrégation de Saint-Maur [...], Bruxelles, 1770. Erscheinungsort nach *CCFR* vermutl. fingiert.

70 Vgl. ACDF SO St.St. UV 28, Bl. 277r-290v.

quarum damnatio est virtualis// damnatio sententiae benignae, sumptae in sensu inuidioso, in quo allam defendunt// aliqui Probabilijtae cum Episcopo Caramuele, et P. Antonio Terillo, quatenus// non solùm dicunt, licitum esse in operando sequi opinionem minus tutam, quae// non solum absolutè, et in communi aestimatione sit minus probabilis, quia minus// communis inter Authores graues; sed quae insuper ipsi operanti appereat// minus verisimilis. [...] / Authore P. Thyrso Gonzalez Praeposito Generali// Socientatis Jesu, olim in Salamanticensi Academia// Primario Sacrae Theologiae Antecessore Emerito. - [S.a.]. - 5 S. (Manuskript) *ACDF SO CL 1703, Nr. 38*

Gutachter: Giovanni Battista de Miro OSB
Gutachten: Bl. 477r-478v und 486r, 5 S.

Gutachter: Agostino Pipia OP
Gutachten: Bl. 479r-480v und 484r, 5 S., 18. November 1703[71]

ACDF SO CL 1703, Nr. 39

1703. Censura in Libr. Manus[criptu]m P[at]ris Nicolai Cari Ord[in]s S. Augustini cuius titul.: De innovatione Mundi.

Das Manuskript wurde nicht ermittelt

Gutachter: Angelo Alamanni SJ[72]
Gutachten: Bl. 57r-v, 2 S., 24. September 1703[73]

ACDF SO CL 1703, Nr. 40

1703. Censura in Volumina Belgica, quorum titul. : Trionph van de Christelyghe Leere etc. hoc est, Triumphus doctrinae Christianae, sive Magnus Catechismus cum ampla declaratione omnium suorum praecipuorum Capitum, atque brevi refutatione Catechismi, Authore R. P. Cornelio Nazart Presbi[ter]o Soc. Jesu Antuerpiae 1680.

♦ HAZART, CORNELIUS: Triomph vande christelycke leere ofte grooten catechismus met eene breede verklaringhe van alle syne voornaemste stucken ende eene korte wederlegginghe van den catechismus der Calvinisten / alles beschreven door den Eerw. P. Cornelius Hazart [...]. - T'Antwerpen : by Michiel Knobbaert, 1683. - 2 vol. ; 2°. *Libis*

Gutachter: Franciscus Maria ab Hollandia OFM
Gutachten: Bl. 1r-29r, 29 S.

Gutachter: Giacinto Maria di S. Bernardino OAD
Gutachten: 14 S., [1. Juni 1701]

---

71 Mit Dekret SO vom 19. Dezember 1703 wurde die Druckerlaubnis verweigert.
72 Als externer Gutachter.
73 Dieser Fall wurde nicht referiert. Hinweis auf vol. Thesum regestum ab anno 1701 ad 1739.

Gutachter: Franciscus Maria ab Hollandia OFM
Gutachten: 11 S., [12. Oktober 1702]

Gutachter: Baldassare di S. Filippo Neri OCist
Gutachten: Bl. 109r-110r und 119r-121r, 9 S., [17. April 1703][74]

[74] Am 17. April 1703 wurde entschieden, das Buch von Cornelius Hazart SJ zusammen mit den von den Gutachtern zusammengetragenen Propositionen einem Niederländ. sprechenden Gutachter zu übergeben. Laut Fazikelumschlag wurden die Gutachten jedoch nicht referiert und keine Entscheidung getroffen.

ACDF SO CL 1704-1705

ACDF SO CL 1704-1705, Nr. 1

1704. Non permittitur impressio Libri petita a Ferdinando Collini Esino, cui. titul.: Novena in onore degli nove Mesi, che la Vergine Maria dopo la sua Concezione dimorò nel ventre di S. Anna etc. stampato in Praga.[1]

Novena in honore delli nove Mesi, che la Vergine Maria dopo la sua concettione dimorò nel ventre di S. Anna / data in luce à commandi [...] dell'Augustissima Imperatrice Eleonora Gonzaga d'Austria. - Praga : Stamp. dell'Univ., [ca. 1670]. *HBZ*[2]

Gutachter: keine Angabe
Gutachten: nicht aufgefunden[3]

ACDF SO CL 1704-1705, Nr. 2[4]

1704. Censura in Libellum attributum Joanni Launoyo D^e^. Parisien. cui. titul.: Veritable Tradition de l'Eglise sur la Predestination etc. et la Grace etc. a Liege 1702.

LAUNOY, JEAN DE [MARAIS, LOUIS]: Veritable tradition de l'Eglise, sur la predestination et la grace [...] / Par Mr. Delaunoy [...]. - A Liege : chez Nicolas Le François, 1702. - [10], 142 [i.e. 144] S. ; 12°. *CCFR*

Gutachter: Norbertus Delbecque OP
Gutachten: Bl. 499r-505v, 14 S., 23. Januar 1704[5]

Dekret: SO 23. Januar 1704
Bando: Breve 28. Januar 1704

ACDF SO CL 1704-1705, Nr. 3

1704. Censura in Libellum impressum 1703. Paris. Authore Ludovico Ellies Dupin D.^e^ Theol. Parisien., cui. titul.: Traitè de la Doctrine Chretienne et

---

1 Vgl. ACDF SO CL 1706-1707, Nr. 41.

2 Nebent.: Novena della beatissima vergine Maria. *HBZ*.

3 Mit Dekret SO vom 9. Januar 1704 wurde die Druckerlaubnis verweigert.; diese Entscheidung sollte dem Inquisitor von Ancona mitgeteilt werden.

4 Angabe aus der Rubricella, da der Faszikel keine Nummerierung enthält.

5 Unter dem Beschluss des SO Feria 4^a^ : Die 23. Januarij 1704 (Bl. 488r) ist notiert: „La Censura del sud[dett]o P. Delbecque stà nelle mani di S. S[anti]tà che non l'ha rimandata al S. Off[ic]io".

Orthodoxe, dans la quel les verites de la Religion sont etables, sur l'Ecriture, e sur la Tradition, et les erreurs opposees dètruites par les memes principeis etc.

DUPIN, LOUIS ELLIES: Traité de la doctrine chrétienne et orthodoxe, dans lequel les véritéz de la religion sont établies sur l'Ecriture et sur la tradition, et les erreurs opposées détruites par les mêmes principes / par [...] Louis Ellies Du Pin [...]. - Paris : A. Pralard, 1703. - 732 S. ; 8°. *CCFR*

Gutachter: Norbertus Delbecque OP
Gutachten: Bl. 560r-564r, 9 S., 29. Januar 1704[6]

Dekret: SO 29. Januar 1704
Bando: SO 11. März 1704

ACDF SO CL 1704-1705, Nr. 4

1704. Censura in Libr. ins[criptu]m: Premiere Lettre de Mons[ieu]r Gerbais Doct. de Sorbonne a un Benedictin de la Congregation de Saint Maur touchant la Pecule des Religieux faits Curez ou Evesques etc. Paris 1698.

GERBAIS, JEAN: Première [-Troisième] lettre de M. Gerbais, [...] à un Bénédictin de la Congrégation de Saint-Maur, touchant le pécule des religieux faits curez ou évesques. - Paris : M. Villery, 1698. - 3 Teile in 1 vol. ; 8°. *CCFR*

Gutachter: Nicola Castelli CM
Gutachten: Bl. 557r-558v, 4 S., [29. Januar 1704]

Dekret: SO 29. Januar 1704
Bando: SO 11. März 1704

ACDF SO CL 1704-1705, Nr. 5

1704. Censura in Libell. ins[criptu]m: Iudicium S. Facultatis Theologicae Lovanien. de octo articulis inter alios excerptis ex Casu Conscientiae in Sorbona a 40 Doctoribus 20 iulii 1702 subscripto etc. Lovanii 13 Martii 1703.

Judicium// S. Facultatis Theologicae// Lovaniensis// De octo Articulis inter alios excerptis// ex Casu Conscientiae in Sor-//bona à quadraginta Doctoribus// 20. Julii 1702. subscripto,// Recenter verò Universitati Lovaniensi palàm noti-//ficato, & eidem Facultati Theologicae ex parte// Mechliniensium Archiëpiscopi proposito,// Lovani[i] expeditum die 13. Martii 1703. - Lovani[i] : Apud Henricum van Overbeke, 1703. - 14 S. ; 4°. *ACDF SO CL 1704-1705, Nr. 5*[7]

Gutachter: Giacinto Maria di S. Bernardino OAD
Gutachten: Bl. 515r-521v, 14 S.

---

6 Darüber hinaus [Delbecque], Bl. 565, 1 S. eine Tabelle mit Exzerpten „S. Cyprianus. Lib. de Unit. Eccl. in principio".

7 Ermittelt wurde auch die Ausg.: Juxta exemplar impressum Lovanii, typis H. Van Overbeke. - Bruxellis : vidua P. Vande Velde, 1703. - 4°. *CCFR.*

Gutachter: Girolamo di S. Carlo OCD
Gutachten: Bl. 523r-525v, 6 S., [29. Januar 1704]

Dekret: SO 29. Januar 1704
Bando: SO 11. März 1704

ACDF SO CL 1704-1705, Nr. 6

1704. Censura in Libr. P. F. Liberii a Jesu Ord[ini]s Carmelit. Excalceat, cui titul.: Controversiae dogmaticae adversus haereses utriusq. Orbis in tres Tomos distributae. Tomus Primus.[8]

LIBERIUS <A JESU>: Controversiae dogmaticae adversus haereses utriusque orbis occidentalis, et orientalis explicatae alumnis seminarii s. Pancratii fratrum Carmelitarum discalceatorum apud sanctum Pancratium de Urbe / A rev. p. fr. Liberio a Jesu [...]. - In tres tomos distributae. - Romae : typis, & sumptibus Cajetani Zenobii, & Georgii Plachi, 1701. - 3 vol. ; 2°. *MAI*[9]

Gutachter: Pierre-Lambert Ledrou OSA
Gutachten: Bl. 573r-574v und 597r-v, 6 S., 21. Februar 1704

Gutachter: Agostino Pipia OP
Gutachten: Bl. 575r-v und 596r, 3 S., 13. Februar 1704[10]

Dekret: SO 21. Februar 1704 *donec corrigatur*
Bando: SO 11. März 1704

ACDF SO CL 1704-1705, Nr. 7

1704. Censura in Libr. ins[criptu]m: La Mente del Savio etc. da Gio. Batt[ist]a Comazzi. In Vienna 1685.[11]

COMAZZI, GIOVANNI BATTISTA: La Mente// Del// Savio : Dedicata.// Alla Sacra Cesarea Real Mae-//stà dell' Imperatrice// Eleonora, Regina// Della// Germania, Ungaria,// Boemia, &c.// Arciducessa// D' Austria &c.// Nata// Principessa Di Mantova// E Monferrato &c. / Da Gioan Battista Comazzi. - In Vienna : appresso gli Heredi del Viviani, 1685. - [4] Bl., 170 S., [2] Bl. ; 8°. *VD17*

Gutachter: Serafino Gottarelli OFMConv
Gutachten: Bl. 433r-437r, 9 S., [18. Oktober 1703]

Gutachter: Liberio di Gesù OCD
Gutachten: Bl. 99r-100r, 3 S., [13. März 1704]

Gutachter: [Mattia di S. Maria OCD]

---

8 Vgl. auch ACDF SO CL 1704-1705, Nr. 14 und ACDF SO CL 1708-1710, Nr. 16. Weiterhin Hinweise auf die Verhandlung der Werke Quesnels; vgl. ACDF SO CL 1704-1705, Nr. 9

9 Verhandelt wurde vol. 1. De Ecclesia militante et de praetenso primatu anglicano. (1701). *MAI*.

10 Vgl. auch ACDF SO St.St. UV 28, Bl. 379r-402v.

11 Vgl. ACDF SO Tit.Libr. 1702-1704, Nr. 17 und 32.

Gutachten: Bl. 600r-605r, 11 S., [26. Februar 1704]

Dekret: SO 26. Februar 1704
Bando: SO 11. März 1704

ACDF SO CL 1704-1705, Nr. 8

1704. Censura in libros, quorum titulus. 1.us Quaestiones selectae in praecipuis Theologiae Moralis Tractatibus Authore R. P. Matthaeo de Moja Societ. Jesu. 2.us inscribitur: Appendix ad Quaestiones selectas prioris Tomi.[12]

1. MOYA, MATEO DE: Quaestiones selectae in praecipvis Theologiae Moralis Tractatibvs / Auctore Matthaeo de Moya Societatis Iesv [...]. - Editio quarta locupletior [...]. - Matriti : Ex typographia Antonij Gonçalez a Reyes ; A costa de Gabriel de Leon, 1695. - 2 vol. ; 4°. *CCPB*[13]

2. MOYA, MATEO DE: Quaestiones selectae in praecipvis Theologiae Moralis Tractatibvs / Auctore Matthaeo de Moya Societatis Iesv [...]. - Editio quarta locupletior [...]. - Matriti : Ex typographia Antonij Gonçalez a Reyes ; A costa de Gabriel de Leon, 1695. - 2 vol. ; 4°. *CCPB*[14]

Gutachter: Francesco Antonio Bonacina OSH
Gutachten: Bl. 389r-400r, 23 S., [11. Oktober 1703] (zu Nr. 1-2)

Gutachter: Baldassare di S. Filippo Neri OCist
Gutachten: Bl. 618r-621v, 8 S., [26. Februar 1704] (zu Nr. 1-2)

Dekret: SO 26. Februar 1704
Bando: SO 11. März 1704 (zu Nr. 1-2)

ACDF SO CL 1704-1705, Nr. 9

1704. Censura in libell. Anonym., cui titul.: Lettre d'un Eveque a un Eveque, ou consultation sur le fameux Cas de Conscienze resolù par 40 Docteurs de la Facoltà de Theologie de Paris.[15]

♦ Anonym [QUESNEL, PASQUIER]: Lettre d'un eveque a un eveque, ou Consultation sur le fameux „Cas de conscience", résolu par quarante docteurs de la faculté de théologie de Paris. - [S. l.] : [S.n.], [1703]. - 190 S. ; 12°. *CCFR*[16]

♦ Anonym [QUESNEL, PASQUIER]: Lettre d'un eveque a un eveque, ou Consultation sur le fameux „Cas de conscience", résolu par quarante docteurs de la faculté de théologie de Paris. - [S. l.] : [S.n.], 1704. - [1] Bl., 130 S. ; 8°. *CCFR*[17]

---

12 Vgl. ACDF SO Tit.Libr. 1702-1704, Nr. 48.
13 Vol. 2 u.d.T.: Appendix ad qvaestiones selectas. (1695). *CCPB*.
14 Verhandelt wurde vol. 2. Appendix ad qvaestiones selectas (1695). *CCPB*.
15 Hinweise auf diesen Fall in ACDF SO CL 1704-1705, Nr. 6.
16 Abweichende Umfangsangabe nach *CCFR*: 158 S.
17 Enth.: ARNAULD, HENRI: Epistola illustrissimi [...] Henrici Arnauld [...] ad [...] Innocentium XI. [...]. *CCFR*.

Gutachter: Giovanni Damasceno Bragaldi OFMConv
Gutachten: Bl. 635r-641v, 14 S., [27. Februar 1704][18]

Dekret: SO 27. Februar 1704
Bando: SO 11. März 1704

ACDF SO CL 1704-1705, o.Nr.

1704. Censura in Libr. ins[criptu]m: L'Esprit de Gerson. ou instructions catholique touchant la S. Sege. 1692.[19]

Anonym [LeNoble, Eustache]: L'esprit de Gerson. - [S.l.] : [S.n.], 1692. - 249 S. ; 12°. *UU*[20]

Gutachter: Giovanni Damasceno Bragaldi OFMConv
Gutachten: 13 S., [22. April 1704]

Dekret: SO 22. April 1704
Bando: SO 15. September 1707; SO 4. Juli 1765

ACDF SO CL 1704-1705, Nr. 10

1704. Censura in Opus divisum in duos Tomos ins[criptu]m: Ius ecclesiasticum universum hodiernae disciplinae praesertim Belgiii, Galliae et vicinarum Provinciarum accomodatum etc. Authore Zegero Bernardo Van Enspen Presb[yte]ro J.U.D. S. Canon. Profes[sor]e in accademia Lovanien. 1700.

Espen, Zeger Bernard van: Jus ecclesiasticum universum hodiernae disciplinae, praesertim Belgii, Galliae et vicinarum provinciarum accommodatum [...] / Authore Zegero Bernardo Van Espen [...]. - Lovanii : sumptibus Guilielmi Stryckwant ; Bruxelliis : sumptibus Francisci t'Serstevens, 1700. - 2 vol. - ([78], 1578, XXXI S.) ; 2°. *Libis*

Gutachter: Anselmo Dandini
Gutachten: Bl. 5r-8r, 7 S., [16. Januar 1703]

Gutachter: Pietro Priuli
Gutachten: Bl. 665r-670r, 11 S., [22. April 1704]

Dekret: SO 22. April 1704[21]
Bando: SO 22. April 1704

---

18 Vgl. ACDF SO CL 1704-1705, Nr. 6. Vgl. auch ACDF SO St.St. UV 28, Bl. 348r.

19 Für die späteren Verhandlungen des Werks, vgl. ACDF SO CL 1765, Nr. 3.

20 Titelvariante: L'esprit de Gerson, ou instructions catholiques, touchant le saint Siège. Abweichende Umfangsangabe nach *AMICUS:* [2], 249, [1] S.

21 Zum Autor und seinen polemischen Auseinandersetzungen mit dem Löwener Theologen Hermannus Damen, vgl. auch die Korrespondenz, ca. 1725, in ACDF SO St.St. E-3-f, Nr. 1.

ACDF SO CL 1704-1705, Nr. 11

1704. Censura in libr. cui. titul.: Strada di Salute, breve, facile e sicura insegnata nuovamente da un Religioso Scalzo Eremit[an]o Agostiniano ad una sua Penitente etc. In Milano 1686.

Anonym: Strada di salute breve, facile, e sicura insegnata nuouamente da un religioso Scalzo Eremitano Agostiniano ad una sua penitente; qual poi dalla medema per utilità commune è stata data alle stampe : Opera utilissima per tutti quelli, che desiderano far profitto nello spirito, et acquistar la perfettione. - In Milano : per Francesco Vigone, 1686. - 452 S. ; 24°. *ICCU*[22]

Anonym: Strada di salute breue, facile, e sicura insegnata nuouamente da un religioso Scalzo Eremitano Agostiniano piemontese. da una sua penitente [...]. - Stampata in Torino del 1681. In Milano, e Bologna del 1683, & in Venetia; e nuouamente corretta dall ' Autore. - in Roma : per Domenico Antonio Ercole, 1687. - [12], 556 S. ; 12°[23]

Gutachter: Antonio Tommaso Schiara CR
Gutachten: 9 S., [13. Juli 1688][24]

Gutachter: [Antonio Tommaso Schiara CR]
Gutachten: 7 S.

Gutachter: Nicola Castelli CM
Gutachten: Bl. 461r-464r, 7 S., [13. November 1703]

Gutachter: Baldassare di S. Filippo Neri OCist
Gutachten: Bl. 662r-663v, 4 S., [22. April 1704][25]

Dekret: SO 22. April 1704
Bando: SO 26. Oktober 1707

ACDF SO CL 1704-1705, Nr. 12

1704. Redargutio facta cuidam P. Sylvestrino, eo quia imprimere fecit in sua Relatione festivitatis celebratae in Urbe Veteri Coronationis imaginis B. Virg[ini]s S. Britii etiam id quod deletum fuerat a Vic[ari]o S. Of[fic]ii circa enuntiationem Eucharistici lintei sive corporalis.

SILVESTRUCCI, LATTANZIO: Racconto// Delle Feste D'Orvieto// Fatte// Per L'Incoronazione Della// Miracolosa Immagine// Della Madonna// Di S. Brizio// il dì 8. 9. e 10. Giugno 1704. : Dedicato Agl'Illustrissimi Signori// Confaloniero, E Conservatori// della Pace d'Orvieto / Da Lattanzio Silvestrucci// Canonico della Catedrale di detta Città. - In Orvieto : Appresso Livio Tosini Stamp. Camerale, e

---

22 Abweichende Formatangabe nach *MAI*: 12°.

23 Diese Ausg. wurde ebenfalls im Gutachten erwähnt. Abweichende Umfangsangabe nach *BAV*: 545 S.

24 Zur röm. Ausg.

25 Zur Mailänder Ausg.

Publ. (Con Licenza de Signori Superiori), [1704]. - 32 S. ; 8°. *ACDF SO CL 1704-1705, Nr. 12*

Gutachter: keine Angabe
Gutachten: nicht aufgefunden[26]

ACDF SO CL 1704-1705, Nr. 13

1704. Censura in Manus[criptu]m, cui. titul.: Compendio delle Meditazioni sopra la vita di Gesù Cristo per tutti li giorni dell'anno, e per le feste de Santi etc. composto dal P. Giuliano Haynnefue della Compagnia di Gesù.[27]

♦ HAYNEUFVE, JULIEN: Abrege des meditations sur la vie de Jesus-Christ pour tous les jours de l'annee, et pour les festes des saints : Composees & divisees en quatre parties, selon les quatre saison de l'annee / Par le p. Julien Hayneufve, de la Compagnie de Jesus. - Huitieme edition. - A Paris : chez Sebasytien Mabre-Cramoisy, imprimeur du Roy [...], 1685. - 4 vol. ; 12°. *SBN*[28]

Gutachter: Paolo Maria Cauvini OP
Gutachten: Bl. 657r-660r, 7 S., [22. April 1704]

Gutachter: Antonio Francesco Saluti CCRRMM
Gutachten: Bl. 705r-711r, 13 S., [23. September 1704][29]

ACDF SO CL 1704-1705, Nr. 14

1704. Censura in libr., cui. titul.: Controversiae dogmaticae adversus haereses utriusq. Orbis etc. explicatae a P. Liberio a Jesu Carmel. Discalc. Provinciae S. Angeli Longobardi.[30]

---

26 Mit Dekret SO vom 25. Juni 1704 sollte dem Bischof von Orvieto mitgeteilt werden, er solle den Kanoniker Silvestrino streng tadeln, weil dieser sein Werk veröffentlicht hatte, ohne Rücksicht auf die vom Vikar SO aufgetragene Korrekturen zu nehmen.

27 Offenbar geht es hier nur um Teil 1 und Teil 2, da Teil 3 und 4 des Werks nochmals verhandelt wurden. Vgl ACDF SO CL 1706-1707, Nr. 15.

28 Gegenstand der Prüfung war das Manuskript u.d.T HAYNEUFVE, JULIEN: Compendio delle Meditazioni sopra la vita di Gesù Cristo per tutti li giorni dell'anno, e per le feste de Santi / composto dal P. Giuliano Haynnefue della Compagnia di Gesù. - [S.a.]. Das Manuskript wurde nicht nachgewiesen. Die franz. Ausg. enth.: 1. Premiere partie, qui est la partie de l'hiver, depuis le premiere dimanche de l'Avent, jusques au dimanche de la Septuagesime; 2. Seconde partie, qui est la partie du printemps, depuis le dimanche de la Septuagesime, jusques au dimanche de la Trinite; 3. Partie troisieme. Qui est la partie de l'este, depuis le dimanche de la Trinte, jusques au quinzieme d'apres la Pentecoste; 4. Partie quatrieme. Qui est la partie de l'automne, depuis le quinzieme dimanche d'apres la Pentecoste, jusques a l'Advent. *CCFR*. Ermittelt wurde auch: HAYNEUFVE, JULIEN: Abrégé des méditations sur la vie de Jésus-Christ : pour tous les jours de l'année et pour les festes des saints. - 8e éd. - Paris : S. Mabre-Cramoisy, 1685. - 4 vol. ; 12°. *CCFR.*

29 Mit Dekret SO vom 23. September 1704 wurde die Druckerlaubnis mit der Auflage erteilt, das Werk zu korrigieren.

30 Vgl. auch ACDF SO CL 1705-1705, Nr. 6 und ACDF SO CL 1708-1710, Nr. 16.

LIBERIUS <A JESU>: Controversiae dogmaticae adversus haereses utriusque orbis occidentalis, et orientalis explicatae alumnis seminarii s. Pancratii fratrum Carmelitarum discalceatorum apud sanctum Pancratium de Urbe / A rev. p. fr. Liberio a Jesu [...]. - In tres tomos distributae. - Romae : typis, & sumptibus Cajetani Zenobii, & Georgii Plachi, 1701. - 3 vol. ; 2°. *MAI*[31]

Gutachter: Agostino Pipia OP
Gutachten: Bl. 721r-726v, 12 S., 6. Juli 1704 (zu vol. 1)

Gutachter: Nicola Castelli CM
Gutachten: Bl. 728r-735r, 15 S. (zu vol. 1)

Dekret: SO 21. Februar 1704 *donec corrigatur*; SO 23. September 1704
Bando: SO 11. März 1704

ACDF SO CL 1704-1705, Nr. 15

1704. Censura in Theses propugnatas 1703 a PP. Carmelitis Discalceat. in eorum collegio Duaceno, in quarum una agitur de Immaculata Conceptione B. Virginis. Inscribuntur: Theologia Carmelitana de Deo Uno, et Trino etc.

Anonym: Theologia Carmelitana de Deo uno et trino. - [Douai] : [typis B. Belleri]. - 1703. *Das Werk wurde nicht nachgewiesen*

Gutachter: Giovanni Battista de Miro OSB
Gutachten: Bl. 701r-703v, 6 S., [23. September 1704][32]

ACDF SO CL 1704-1705, Nr. 16

1704. Censura in Theses Parisiis propugnat. die 22 Aug[ust]i 1702 a quodam Canonico Regulari in Scholis D. Jacobi Pruvini, quorum titulus: Quaestio Theologica. Quae est disciplina Sapientiae Ecclesiast. I.°

Anonym: Quaestio theologica. Quae est disciplina sapientiae? Eccli. I. 7. - Parisiis : ex typographiâ Viduae Antonii Lambin, 1702. - 15 S. ; 4°. *Abes, CCFR*

Gutachter: Tommaso Giuseppe Studendoli OM
Gutachten: Bl. 692r-695r, 7 S., [23. September 1704]

Gutachter: Francesco Antonio Bonacina OSH
Gutachten: Bl. 696r-699v, 8 S., [23. September 1704][33]

Dekret: SO 23. September 1704
Bando: SO 26. Oktober 1707

---

[31] Verhandelt wurde vol. 1. De Ecclesia militante et de praetenso primatu anglicano. (1701). *MAI.*

[32] Am 23. September 1704 nahmen die Kard. das Gutachten zur Kenntnis, ohne eine Entscheidung zu treffen.

[33] Vgl. auch ACDF SO St.St. UV 28, Bl. 421r-428v.

ACDF SO CL 1704-1705, Nr. 17

1704. Censura in duas Conciones denunciatas ab Arnoldo de Champs Sacerdote Leodien. recitatas Leodii in Ecclesia Soc. J. diebus 13, et 17 April. 1704 a P. Coret Soc. Jesu.

1. CORET, JACQUES: Extrait// Du// Sermon// Prononcé 13. d'Avril 1704. dans l'Eglise de// la Compagnie de Jesus à Liége par le// R.P. Coret Examinateur Synodal// Au sujet du fameux Cas de Conscience proposé par un Confes-//seur qui demande s'il peut absoudre un Janseniste; denoncé// comme un Attentat de 40. Docteurs de Sorbonne contre// l'Eglise, parce qu'ils ont signé qu'on peut absoudre ce Janse-//niste; foudroyé par Sa Sainteté Clement XI. le 12.// Febv. 1703.; et condamné par les Archevéques et// Evéques de France et des Pays-bas, et enfin par le// Décret du 20. Mars 1704. de Son A.S.E. Jos.// Clement Evesque et Prince de Liége. - A Liege : Chez Arnould Bronckart [...], [1704]. - 8 S. ; [4°]. *ACDF SO CL 1704-1705, Nr. 17, Libis*[34]

2. CORET, JACQUES: Extrait// Du Second// Sermon// Du R. P. Coret// De la Comp. de Jesus, Examinateur Synodal,// Prononcé à Liége le 27. d'Avril Veille de la// Translation de S. Lambert// Pour affermir la Foy, que ce Glorieux Martyry a preschée et séellée// de son Sang; et pour consoler les bons et vertueux Liégeois si// soumis aux Constitutions Apostoliques de l'Eglise de Rome,// dont celle de Liége fait glorie d'être la sainte Fille// Sancta Legia Ecclesiae Rom. Filia.// Que celuy, qui n'écoute point l'Eglise, soit à votre êgard comme un// Payen, ou Idolatre, & par consequent comme un ré-//prouvé & un damné pour une Eternité. Mat. 18. - A Liege : Chez Arnould Bronckart [...], [1704]. - 8 S. *ACDF SO CL 1704-1705, Nr. 17, HBZ*[35]

Gutachter: Giovanni Damasceno Bragaldi OFMConv
Gutachten: 4 S., 16. Juli 1704 (zu Nr. 1-2)[36]

ACDF SO CL 1704-1705, Nr. 18

1704. Censura in libr. ins[criptu]m: Factum, ou Propositions succintement recueillies des Question, qui se forment au jourd'huy sur la Matiere de l'usure etc. 1680.

Anonym [GUINET, FRANÇOIS]: Factum, ou Propositions Succinctement recueillies, des questions qui se forment aujourd'hui sur la matière de l'Usure, sur lesquelles il est à propos de faire une Consultation forte, et sérieuse, que l'on ne peut mieux faire, qu'après avoir entendu les parties qui ont qualité pour parler sur ce sujet, et qui peuvent raisonnablement être écoutées : et ces parties sont le Théologien

---

34 Formatangabe ergänzt nach *Libis*.

35 Ermittelt wurde: CORET, JACQUES: Extrait du second sermon : prononcé à Liége le 27. d'Avril veille de la translation de S. Lambert. - Liège : Bronckart, 1704. - 8 S. *HBZ*.

36 Zu diesem Fall liegt kein Dekret SO vor. Der Gutachter war der Meinung, dass die vorliegenden Predigten nicht verboten werden sollten. Der Verf. sollte aber ermahnt werden, sich in Zukunft vorsichtiger auszudrücken.

Scholastique et canoniste tout ensemble, le Jurisconsulte, et le Conseiller d'Etat, par l'avis desquels les Princes ont accoutumé de faire leurs ordonnances. - Imprimé à Ville-sur-Illon : [S.n.], 1680. - 4°. *CCFR*

Gutachter: Louis Maille
Gutachten: Bl. 628r-634r, 13 S., 26. Februar 1704[37]

Dekret: nicht aufgefunden
Bando: SO 11. März 1704

ACDF SO CL 1704-1705, Nr. 19

1705. Censura in tres libellos Gallicos Coloniae impressos, quorum titulus.

1.^{s} Première, et Seconde Partie des difficultes proposees a M[onsieu]r Stejaert Docteur, e Professeur de la Faculté de Louvain etc. et continet etiam 3.^{m}, 4.^{m} et 5.^{m} partem.

2.^{s} Siexieme (et continet etiam 7.^{m}) Partie des difficultes proposees a M[onsieu]r Stejaert sur le nouveau Testament de Mons etc.

3.us inscribitur : Huitieme (et continet etiam 9.^{m} part) Partie des difficultes proposees a M[onsieu]r Stejaert de ses Emportemens sur la Lecture de la Ecriture Saint etc.

1-3. Anonym [ARNAULD, ANTOINE]: Des difficultez proposeés a Mr. Steyaert [...]. - A Cologne : Chez Pierre le Grand, 1691-1692. - 9 Teile in 3 vol. *NBY*[38]

Gutachter: Carlo Filiberto Barberi OCarm
Gutachten: 9 S., 2. März 1705 (zu Nr. 1-3)

Dekret: SO 3. März 1705
Bando: SO 3. März 1705 (zu Nr. 1-3)

37 Am 26. Februar 1704 wurde entschieden, das Buch und die Thesen dem General der Dominikaner, dem MSP, dem Comm. SO und Giovanni Damasceno Bragaldi OFMConv zuzustellen.

38 Titelvariante: [...] Partie Des Difficultez Proposées A Mr. Steyaert Docteur & Professeur en Theologie de la Faculté de Lovain [...]. *VD17*. Jeder Teil, mit Ausnahme des 2., hat ein eigenes Titelbl. und getrennte Seitenzählung. Die Teile 1 - 8 erschienen 1691, Teil 9 erschien 1692. Titel der Teile 3 - 9: 3. Sur l'administration du sacrament de penitence; 4. Sur la lecture de l'Ecriture Sainte; 5. De la IV. des regles ajoûtées à l'Index, touchant la lecture de l'Ecriture Sainte en langue vulgaire; 6. Sur le Nouveau Testament de Mons; 7. Justification de la version du Nouveau Testament de Mons contre les objections particulieres de M. Simon; 8. De ses [i.e. Mr. Steyaert] emportemens sur la lecture de l'Ecriture Sainte: et d'une nouvelle ordonnance sur ce mesme sujet; 9. Des prohibitions de livres, & de quelques autres matieres. *NBY*. Enth.: Dissertation critique touchant les exemplaires grecs [sur lesquels M. Simon pretend que L'ancienne vulgate a esté faite, et sur le iugement que l'on doit faire du fameux] (1691). *VD17, NBY*. Erscheinungsort nach *VD17* fingiert. Formatangabe nach *CCFR*: 12°.

ACDF SO CL 1704-1705, Nr. 20

1705. Permittitur impressio Operis Philosophici, et Theologici P. Francisci Mellaglia Min. Observ., in quibus negatur Praemotio Physica Dei ad agendum in causis 2.^{is} necessariis et liberis iuxta instructionem.

Das Werk wurde nicht ermittelt

Gutachter: keine Angabe[39]
Gutachten: nicht aufgefunden[40]

ACDF SO CL 1704-1705, Nr. 21

1705. Censura in quosdam libellos, seù potius folia impressis in Linguis Gallica, Latina, et Flandrica, in quibus agitur de Depositione Archiep[iscop]i Sebasteni a Munere Vicarii Apostolici in Provinciis Foederatis.

1.us inscribitur: Assertio juris Ecclesiae Metropolitanae Traiectinae - Anonym.

2.us Apologia pro Clero Ecclesiae Battavorum Joan. Paleopistum edit.

3.us inscribitur: Imago Pontificiae dignitatis penicillo Desiderii Paleophili delineata etc. Item altra folia.[41]

1. E., J. C. [ERCKEL, JOHANNES CHRISTIAN]: Assertio juris Ecclesiae metropolitanae Ultrajectinae romano catholicae : adversus quosdam qui eam, adinstar Ecclesiarum per infidelium persecutiones destructarum, jure pristino penitus excidisse existimant / Per J.C.E.J.U. licent. ejusdem Ecclesiae can. [...]. - Delphis : typis Henrici Rhenani, 1703. - [8], 72 S. ; 4°. *CCFR*[42]

2. PALAEOPISTUS, JOANNES <Pseudonym> [WITTE, GILLES DE]: Apologia pro clero ecclesiae Batavorum romano-catholicae, seu Rationes ob quas clerus censuit in locum R[everendissi]mi Archiepiscopi Sebasteni non esse illico recipiendum D. Theodorum Cokkium / per Joannem Palaeopistum. - Delphis : apud H. Van Rhyn, 1702. - 79 S. ; 4°. *CCFR*[43]

3. PALAEOPHILUS, DESIDERIUS <Pseudonym> [WITTE, GILLES DE]: Imago pontificiae dignitatis, penicillo Sacrarum Scripturarum ac traditionis native delineata : ubi quid Pontifici romano competat, vel non competat, collectis ex ecclesiastica supellectile documentis, luculenter ac compendio demonstratur /

39 Jedoch Notiz: Questa lettera [mit hs. Fragment des Buches] si manda al P. Consultore de SS.ii Apostoli.
40 Die Druckerlaubnis wurde erteilt.
41 Laut Faszikelumschlag: item alia folia. Vgl. ACDF SO CL 1706-1707, Nr. 13.
42 Abweichende Umfangsangabe nach *UU*: [8], 72, [2] S.
43 Das Pseudonym Joannes Palaeopistus wird auch Johannes Christian van Erckel zugeschrieben. *SBN*, s. Bibliografia Generale Latina. Ermittelt wurde auch: Anonym [WITTE, GILLES DE]: Groote Apologie Ofte Verdedig-Schrift Van den Hoogw. Heer Petrus Codde, Aerts-Bisschop Van Sebasten : Behelsende De opwerpingen hem te Romen voorgedragen, te samen met syne antwoordden; En eenige voordere Verdedingen Van de selfde / [Gilles de Witte]. - [S.l.] : [S.n.], 1702. - 84 S., [2] Bl. ; 4°. *HBZ*.

auctore Desiderio Palaeophilo. - Constantiae : apud Ae. Silvium, 1704. - 70 S. ; 4°. *CCFR*

4.1. CODDE, PIETER <Sebaste, Titular-Erzbischof>: Declaratio et responsiones ab archiepiscopo Sebasteno, cum in Urbe esset, EE. DD. Cardinalibus traditae; etijam orbi panditae christiano, ut censeat de censura per Romanam inquisitionem illis infflicta 3. Aprilis 1704. - [S.l.] : [S.n.], 1704. - [VIII], 263 S. *U-CAT*[44]

4.2.a. CATO UTICENSIS REDIVIVUS <Pseudonym>: [Ad amplissimos archidioeceseos Ultraiectensis, et diocaeseos Harlemiensis capitulares viros] Cato Uticensis Redivivus ad amplissimos Archidioeceseos Ultrajectensis, et diocaeseos Harlemiensis capitulares viros. Pro aris & focis. - [S.l.] : [S.n.], [1703]. - 8 S. *UU*[45]

4.2.b. AMSTELIUS, GISBERTUS <Pseudonym>: [Expostulatio prima adversus eos qui dicunt se de consortio Jesu esse, et non sunt, sed sunt synagoga Satanae ...] Gisberti Amstelii Expostulatio, adversus eos qui dicunt se de consortio Jesu esse et non sunt, sed sunt Synagoga satanae ; Expostulatio altera, adversus Loiolitas, foedos Societatis Jesu desertores ; Expostulatio tertia, adversus injustos nominis Jesu possessores. - Coloniae : apud Balthazar ab Egmont, 1704. - 35, [1] S. *UU*[46]

4.2.c. M. M. A. P. C.: Collyrium Theodoro de Cock dono missum / per M. M. A. P. C. - [S.l.] : [S.n.], 1704. - 7 S. *HBZ*

4.2.d. Anonym: Lamenta & querelae sponsae Sebastenae, per Clementem XI. viduatae, ad eundem, pro sponso suo. - [S.l.] : [S.n.], [1704]. - 21 S. ; 4°. *UU*[47]

4.2.e. ADEODATUS, PRESBYTER <Pseudonym> [TIBBEL, JOANNES]: Adeodatus presbyter compresbyteris de clero per foederatum Belgium, D. Theod. Cockium ut provicarium non recipientibus, S. P. D. - Delphis : apud H. Van Rhyn, 1703. - 4°. *BNF*[48]

4.2.f. SPOOR, HENRICUS: De Klagende Merkuur : opgedragen aan de Heer Franc. Fairlemont, Theol. Doct. - Utrecht : [S.n.], 1703. *BVB*[49]

4.2.g. SPOOR, HENRICUS ; BUSSI, GIOVANNI BATTISTA: Copie der brief, van den Heer Internuntius geschreven aan Hendrik Spoor, tot wiens antwoord den volgende dient [...]. - [S.l.] : [S.n.], [1703]. - 8 S. *UU*[50]

4.2.h. ♦ Anonym [QUESNEL, PASQUIER]: Avis sincères aux catholiques des Provinces-Unies, sur le décret de l'Inquisition de Rome contre M. l'archevêque de

---

44 Als vermutl. Erscheinungsorte werden Romae bzw. [Utrecht] genannt. *CCFR*. Abweichende Umfangs- und Formatangabe z.B.: VIII, 255 S. ; 8°. *CCFR*; XII, 243 S. ; 12°. *CCFR*; [12], 252, [3] S. ; 8°. *Abes.*

45 Formatangabe nach *KB*: 4°.

46 Das Gutachten bezieht sich auf die Expostulatio altera, adversus Loiolitas, foedos Societatis Jesu desertores.

47 Abweichende Umfangsangabe nach *Libis*: 21, [3] S.

48 Erscheinungsvermerk und Umfangsangabe nach *UU*: apud Henricum van Rhyn; 6, [I] S.

49 Text niederländ. u. lat. *BVB*. Abweichender Erscheinungs- und Kollationsvermerk nach *UU*: Tot Utrecht : by Johann Visch, 1703. - 14 S.

50 Erscheinungsjahr nach der Datierung der Briefe.

Sébaste, [...] avec plusieurs pièces qui ont rapport à son affaire / [par le P. P. Quesnel]. - [S. l.] : [S.n.], 1704. - XXIV, 148 S. ; 12°. *BNF*

4.3. ♦ N.: Lettre de monsieur N. a un seigneur d'Angleterre, sur la demande: s'il est bon d'employer les pp. jesuites dans une mission? Qu'on à trouvé à propos de donner derechef au publicq, entant qu'elle fournit de la lumiere dans l'affaire de monseigneur de Sebaste. - [Brussels?] : [S.n.], [1702?]. - 7 S. ; 4°. *WorldCat*[51]

Gutachter: Carlo Francesco da Varese Fraida OFMRef
Gutachten: 7 S., [13. Mai 1705] (zu Nr. 1-3)

Gutachter: Bonaventura Santelia TOR
Gutachten: 10 S. (zu Nr. 1-3)

Gutachter: Paolo Maria Cauvini OP
Gutachten: 2 S., [13. Mai 1705] (zu Nr. 4)

Gutachter: Nicola Castelli CM
Gutachten: 3 S., [13. Mai 1705] (zu Nr. 4)

Dekret: SO 13. Mai 1705[52]
Bando: Breve 4. Oktober 1707 (zu Nr. 1-3)[53]

Dekret: nicht aufgefunden
Bando: Breve 4. Oktober 1707 (zu Nr. 4)

ACDF SO CL 1704-1705, Nr. 22

1705. Censura in Libr., cui titul.: Il Colloquio di Cristo N[ost]ro Redentore all'Anima divota etc.

♦ LANDSBERG, JOHANNES JUSTUS: Lettera, ouero colloquio di Christo nostro redentore, all'anima diuota / composto dal R.P.D. Giouanni Laspergio cartusiano in lingua latina. Nuovamente tradotta di spagnuolo in italiano, dall'illustrissima signora Elena Lucretia Cornara Piscopia [...]. - In Torino : a spese di Michele Oggena libraro [...], 1687. - 16, 221, [3] S. ; 12°. *SBN*[54]

---

51 Erscheinungsort und Datierung nach S. 6: „A.B. [Brussels?] ce 3. fevier, 1686". Möglicherweise wurde das Werk im Jahr 1702 erneut gedruckt. *WorldCat*.

52 Nach Dekret SO vom 13. Mai 1705 sollen die vorliegende Werke und sowie alle Werke zum Thema, die künftig noch veröffentlicht werden könnten, durch einen päpstliches Breve verboten werden.

53 Vgl. auch ACDF SO St.St. UV 28, Bl. 342r-347v.

54 Eine in Brescia erschienene Ausg. wurde nicht ermittelt. Ermittelt wurde auch: LANDSBERG, JOHANNES JUSTUS: Lettera, overo Colloquio di Christo nostro redentore, all'anima devota / composta dal [...] Giovanni Laspergio Cartasiano in Lingua Latina [...] / Giovanni Laspergio; hor vice tradotta di Spagnuolo in Italiana, dall'Illustrissima Signora Elena Lucretia Cornara-Piscopia. - [Parmae] : [Ed. Bened. Bacchinus], [1688]. - 8°. *SBB*. Das Werk war bereits erschienen: LANDSBERG, JOHANNES JUSTUS: Lettera, ouero colloquio di Christo nostro redentore, all'anima deuota / composta dal R.P.D. Giouanni Laspergio cartusiano in lingua spagnuola, e portata nell'italiana, dall'illustrissima signora Elena Lucretia Cornara Piscopia, figliuola dell'illustriss. & eccell. sig. Gio. Battista Proc. di San Marco. - In Venetia : appresso Andrea Giuliani, 1669. - 10,

Gutachter: Angelo Michele Nanni da Modena OP
Gutachten: 2 S.[55]

ACDF SO CL 1704-1705, Nr. 23

1705. Censura in Manus[criptu]m cui. titul.: Regola delle Monache scritta da S. Gerolamo ad Eustachio Giulia, ed altre Vergini, e da Giovanni Cinelli Calvoli Patrizio Fiorentino e Forlivese volgarizzata.

HIERONYMUS, SOPHRONIUS EUSEBIUS ; CINELLI CALVOLI, GIOVANNI: Regola delle Monache / scritta da S. Girolamo ad Eustachio Giulia, ed altre Vergini, e da Giovanni Cinelli Calvoli Patrizzio Fiorentino, e Forlivese Accademico Gelato, Dissonante, Concorde, Incitato, et Intronato volgarizzata. - [S.a.]. (Manuskript).[56]
Das Manuskript wurde nicht nachgewiesen[57]

Gutachter: Angelo Michele Nanni da Modena OP
Gutachten: Bl. 826r, 1 S., [9. September 1705][58]

ACDF SO CL 1704-1705, Nr. 24

1705. Censura in Manus[criptu]m, cui titul.: Esposizione della Regola di S. Agostino secondo la pratica de PP. Agostiniani Scalzi, fatta per Opera della M. S[uo]r Chiara Teresa Margarita di Gesù Monaca in S. Agostino di Ferrara etc.

CHIARA TERESA MARGARITA <DI GESÙ>: Esposizione della Regola di S. Agostino secondo la pratica de PP. Agostiniani Scalzi / fatta per Opera della M. S[uo]r Chiara Teresa Margarita di Gesù Monaca in S. Agostino di Ferrara [...]. - [S.a.]. (Manuskript) *Das Manuskript wurde nicht nachgewiesen*

Gutachter: Angelo Michele Nanni da Modena OP
Gutachten: Bl. 834r, 1 S., [9. September 1705][59]

---

[12], 11, 198, [2] S. ; 12°. *SBN*. Vgl. LANDSBERG, JOHANNES JUSTUS: [Divini amoris pharetra] Diuini Amoris Pharetra: item, Iesu Christi ad animam fidelem alloquium / autore Ioan. Lansperg. Huic aeditioni primum accessit, Iesu Christi crucifixi, & peccatoris colloquium saluberrimum, Iacobi Gruytrodii Carthusiani, cum aliquot aliorum precibus. - Coloniae : apud Ludouicum Alectorium & haeredes Iacobi Soteris, 1576. - [10], 466, [4] S. ; 12°. *SBN*. Abweichende Angaben zur Ausg.: Coloniae : Alictor & Soter, 1576. - 645 [i.e. 465] S. ; 8°. *SBB*.

55 Mit Dekret SO vom 22. Juli 1705 wurde das Buch zugelassen. Am 25. Juli 1705 wurde es an den Inquisitor von Cremona zurückgeschickt.

56 Abschrift des Titels auf einem einzelnen Blatt: Regola delle Monache scritta da S. Girolamo ad Eustachio Giulia, ed altre Vergini, e da Giovanni Cinelli Calvoli Patrizzio Fiorentino, e Forlivese Accademico Gelato, Dissonante, Concorde, Incitato, et Intronato volgarizzata.

57 Ermittelt wurde: Regola delle monache tradotta dal latino e attribuita a san Gerolamo. (Manuskript) *Biblioteca Ambrosiana*.

58 Mit Dekret SO vom 9. September 1705 wurde die Druckerlaubnis verweigert; das Manuskript sollte vom SO einbehalten werden.

59 Mit Dekret SO vom 9. September 1705 wurde die Druckerlaubnis verweigert. Das Manuskript sollte vom SO einbehalten und der Inquisitor von Ferrara darüber benachrichtigt werden.

ACDF SO CL 1704-1705, Nr. 25

1705. Censura in quasdam additiones in nova Editione Operum S. Catharinae Virg[ini]s Senensis.

CATHARINA <SENENSIS> ; GIGLI, GIROLAMO (Hg.): L' opere della serafica Santa Caterina da Siena / Nuovamente pubblicate da Girolamo Gigli. - In Siena : appresso il Bonetti nella Stam. del Pubbl., 1707-1721. - 4 vol. ; 4°. *MAI* [60]

Gutachter: Angelo Michele Nanni da Modena OP
Gutachten: Bl. 895r-v, 2 S., [20. Juli 1705][61]

Gutachter: Alessandro Lorenzo Zaccagni
Gutachten: Bl. 897r-898v und 904r-905v, 8 S.[62]

ACDF SO CL 1704-1705, Nr. 26

1705. Censura in Manus[criptu]m, cui titul.: Vita, e detti notabili del V. P. Antonio Maria Zaccaria Fondatore della Cong[regazio]ne de Chierici Regolari di S. Paolo etc. raccolte dalle Memorie della stessa Religione scritta da D. Francesco Luigi Barelli Barnabita etc.[63]

BARELLI, FRANCESCO LUIGI: Vita e detti notabili del venerabile Padre Antonio Maria Zaccaria Fondatore della Congregazione de' Cherici Regolari di S. Paolo chiamata de' Barnabiti : raccolta dalle Memorie della stessa Religione / scritta da D. Francesco Luigi Barelli. - Bologna : [Per Constantino] Pisarri, 1706. - 328 S. ; 16°. *ICCU, MAI*[64]

Gutachter: Raffaele Maria Filamondo OP
Gutachten: Bl. 846r-v und 845r[65], 3 S., [14. Oktober 1705]

Gutachter: Raffaele Maria Filamondo OP
Gutachten: Bl. 841r-843r, 6 S., [14. Oktober 1705][66]

---

60 Zum Zeitpunkt der Verhandlung waren die im Werk enthaltenen Dialoge bereits fertig gestellt. 4. Il dialogo della serafica Santa Caterina da Siena : composto in volgare dalla medesima, essendo lei, mentre dettava ai suoi scrittori, rapita in singolare eccesso, ed astrazione di mente diviso in quattro trattati. Opera cavata fedelmente dagli antichi testi originali a penna scritti da' discepoli della Santa a dettatura di lei; [...] Aggiuntovi ultimamente un quinto Trattato, tolto dalla Libreria vaticana, e le Orazioni della Santa, con alcuni de' suoi particolari documenti non più stampati. Ed una Scrittura apologetica di Monsig. Raffaelle Maria Filamondo vescovo di Sessa contro alcuni detrattori della Santa. - In Siene : nella Stamperia del Pubblico. (1707). *MAI*. Vol. 1 - 3 erschienen 1707, 1721 und 1713. Erscheinungsort und Verlag wechseln. *MAI*.

61 Darüber hinaus Bl. 899r-899v; 903r-903v, nicht gezeichnet, 4 S.

62 Mit Dekret SO vom 28. September 1705 wurde die Druckerlaubnis für eine Neuaufl. erteilt; der Inquisitor von Siena sollte jedoch nicht erlauben, dass im Titelkupfer, das die Ekstase der Hl. Katharina von Siena zeigte, ein Zitat der Hl. Schrift [„Spiritus Domini loquutus est per me, et sermo eius per linguam meam. Reg. 2.23"] verwendet wurde.

63 ACDF SO CL 1706-1707, Nr. 2.

64 Gegenstand der Prüfung war das Manuskript. Das Manuskript wurde nicht nachgewiesen. Erscheinungsvermerk ergänzt nach *MAI*.

65 Fehler in der Blattzählung.

ACDF SO CL 1704-1705, Nr. 27

1705. Censura in Libr. quem optat reimprimere P. Antonius Francisc. Bellati Soc. Jesu. cum novis additionibus, cui titul.: Orazione funebre per l'Anniversario della fù Serenis[si]ma Anna Isabella Gonzaga Duchessa di Mantova etc.

BELLATI, ANTONFRANCESCO: Orazione Funebre// Per l'Anniversario// della fù Serenissima// Duchessa di Mantova// Monserrato, Carlovilla, Guastalla [etc.] / detta dal P[ad]re Anton Francesco Bellati// della Compagnia di Gesù// A di 19 di Novembre dell'anno 1704// Nella Chiesa di S. Maria dell'Umiltà. - Terza editione riveduta, e coretta dall'autore// A gl'Ill[ustrissi]mi Sigli Convittori del Collegio// de Nobili di P. Fran[ces]co Saverio. - In Mantova : Per Alberto Sazzoni (Con Licenza de Superiori), 1704. (hs. Titelbl.) *ACDF SO CL 1704-1705, Nr. 27. Die Ausg. wurde nicht nachgewiesen*[67]

Gutachter: Pietro Francesco della Concezione SP
Gutachten: Bl. 846r-v und 853r, 3 S.., [21. Oktober 1705][68]

ACDF SO CL 1704-1705, Nr. 28

1705. Censura in duo Opuscula Manus[cript]a authore Episcopo Assisien.

1[um] inscribitur: Universalis Antiquorum consensus de Corpore Seraphici P. S. Francisci contro novellas fabulas ab anno 1498 antiquandas.

2[um] Opusculum continet quinque Theses, in quibus vult: Abolendum esse Pseudocultum confictae incorruptionis Corporis eiusdem Sancti etc. [69]

1. OTTAVIO <DI SAN FRANCESCO>: Universalis Antiquorum Consensus// De Corpore Seraphici Patris Sancti Francisci contra// novellas fabulas iam ab anno 1498 antiquandas / Rhapsodia, et Notulae Fratris Octauij à S. Francisco// Lectoris Jubil. Aracelitani, Episcopi Assisiensis.// Argumentum. - [S.a.]. - 48 S. (Manuskript) *ACDF SO CL 1704-1705, Nr. 28*

2. OTTAVIO <DI SAN FRANCESCO>: Theses Quinque// Fratris Octauij à S. Fran[ces]co Lectoris Jubilati Aracelitani Episcopi Assisiensis. [S.a.]. - 10 S. (Manuskript) *ACDF SO CL 1704-1705, Nr. 28*

---

66 Mit Dekret SO vom 14. Oktober 1705 wurde die Druckerlaubnis mit der Auflage erteilt, das Werk zu korrigieren; diese Entscheidung sollte dem Inquisitor von Bologna mitgeteilt werden.

67 Ermittelt wurde auch: BELLATI, ANTONFRANCESCO: Orazione per l'anniversario della fu serenissima Anna Isabella Duchessa di Mantova, Monferrato, etc. - Venezia : presso [...]rino Rossetti in Marzaria, 1705. - 114 S. ; 16°. *ICCU;* BELLATI, ANTONFRANCESCO: Orazione funebre per l'anniversario della Duchessa di Mantova (Anna Isabella Gonzaga). - Bologna : Pisarri, 1706. - 12°. *ICCU.*

68 Mit Dekret SO vom 21. Oktober 1705 wurde die Druckerlaubnis für eine Neuaufl. mit der Auflage erteilt, das Werk zu korrigieren.

69 Hinweis auf Volumen Censurarum 1706. Weitere Informationen zu diesen Werken wurden in ACDF SO CL 1706-1707 nicht aufgefunden. Vgl. jedoch ACDF SO CL 1706-1707, Nr. 29 und 34.

Gutachter: Giuseppe Maria Tabaglio da Piacenza OP
Gutachten: Bl. 854r-858v, 10 S., [25. November 1705] (zu Nr. 1-2)[70]

70 Mit Dekret SO vom 14. Oktober 1705 wurde die Druckerlaubnis für eine Neuaufl. mit der Auflage erteilt, das Werk zu korrigieren.

ACDF SO CL 1706-1707

ACDF SO CL 1706-1707, Nr. 1

1706. Non permittitur nova impressio Libri ins[cript]i: Divozione al Sacro Cuor di Gesù.

Anonym [CROISET, JEAN?] ; LACOLOMBA, CLAUDIO: Divozione al sagro cuore// Di Gesù Nostro Sig[no]re Amabilissimo : Con la Vita di Suor Margherita Maria Alacoque// Monaca della Visitazione nella Città di Paroy// Nel Ducato di Boyogna, anteposta al trattato / Del P. Claudio La Colomba della Compagnia// Di Gesù, in Idioma francese,// E portata fedelmente all'Italiana Lingua// Dà un divoto Canonico Regolare Lateranense// Ad instanza// D'un Pache dell'Oratorio. (hs. Titelbl.) *ACDF SO CL 1706-1707, Nr. 1. Die Ausg. wurde nicht nachgewiesen*[1]

Gutachter: keine Angabe
Gutachten: nicht aufgefunden[2]

ACDF SO CL 1706-1707, Nr. 2

1706. Permittitur, ne in nova impressione vitae Pauli Antonii Zaccharia Fundatoris Cler. Regul. S. Pauli detur praef[ect]o Zacchariae titulum Venerabilis.[3]

BARELLI, FRANCESCO LUIGI: Vita e detti notabili del venerabile padre Antonio Maria Zaccaria, fondatore della Congregazione de' cherici regolari di S. Paolo

---

1 Ermittelt wurde: Anonym [CROISET, JEAN]: La Divozione al Sacro Cuore di Nostro signor Gesu-Cristo / di un sacerdote della Compagnia di Gesù. Tradotta dal Francese nell'Italiano. Aggiuntovi il compendio della vita di Suor Margherita Maria Alacoque [...]. - Venezia : [S.n.], 1731. - 527 S. ; 12°. *COPAC*: Enth.: Compendio della vita di suor Margherita Maria Alacoque. *COPAC*. Als letzte vor dem Verhandlungstermin erschienene Ausg. wurde ermittelt: CROISET, JEAN: La Dévotion au Sacré Coeur de Notre Seigneur Jésus-Christ / par un P. de la Compagnie de Jésus. [Abrégé de la vie de soeur Marguerite Marie Alacoque, religieuse de la visitation de Ste Marie]. - 6e éd. augmentée et corrigée. - Lyon : H. Molin, et se vend à Bruxelles ; L. Marchant, 1701. *CCFR*. Das Werk war bereits erschienen: Lyon : chez Antoine et Horace Molin, 1691. *CCFR*. Ermittelt wurde auch: CECCONI, GIOVANNI FRANCESCO: La divozione del sacro cuore di Gesu Christo : expressa nella vita, e virtu della madre suor Margarita Maria Alacoque [...]. - In Palestrina : Nella stamperia Barberina, per Masci, 1735. - 66, [2] S. ; 4°. *WorldCat*.

2 Mit Dekret SO vom 20. Januar 1706 wurde die Druckerlaubnis für eine Neuaufl. verweigert, mit dem Hinweis auf das Verbot des Werks durch das Dekret SO vom 31. Juli 1703. Vgl. ACDF SO CL 1703, Nr. 21. Weiterführendes Material in ACDF SO St.St. C-4-p.

3 Vgl. ACDF SO CL 1704-1705, Nr. 26.

chiamata de' Barnabiti / scritte da D. Francesco Luigi Barelli. - Bologna : Per Costantino Pisarri, 1706. - 328 S. *MAI*[4]

Gutachter: keine Angabe
Gutachten: nicht aufgefunden[5]

ACDF SO CL 1706-1707, Nr. 3

1706. Censura in Manus[criptu]m, cui. titul.: Agnelli, qui et Andreas Ab. S. M[ari]ae ad Blachernas et S. Bartholomaei Ravennatis, qui circa dimidium noni seculi florebat, Liber Pontificalis, seu Vitae Ravennatum Pontificum etc. cum Benedicti Bacchinii notis.[6]

AGNELLUS <DE RAVENNA>: [Liber pontificalis, sive vitae pontificum Ravennatum] Agnelli, qui et Andreas, abbatis S. Mariae ad Blachernas, et S. Bartholomaei Ravennatis, Liber pontificalis, sive Vitae pontificum Ravennatum. D. Benedictus Bacchinius abbas S. Mariae de Lacroma O.S.B. Congregationis Casinensis ex Bibliotheca Estensi eruit, dissertationibus, & observationibus, nec non appendice monumentorum illustravit, & auxit [...]. - Mutinae : Typis Antonii Capponii impressoris episcopalis, 1708. - 2 vol. ; 4°. *MAI*[7]

Gutachter: Alessandro Lorenzo Zaccagni
Gutachten: Bl. 796r-808v, 26 S.[8]

Gutachter: Francesco Bianchini
Gutachten: Bl. 782r-793r, 23 S.[9]

Gutachter: Alessandro Lorenzo Zaccagni
Gutachten: 15 S.[10]

Gutachter: Francesco Bianchini
Gutachten: 7 S., 10. März 1706[11]

Gutachter: Giuseppe Maria Tomasi CR
Gutachten: 15 S., 27. März 1706[12]

---

4 Umfangs- und Formatangabe nach *WorldCat*: [20], 328, [1] ; 12°.

5 Laut Dekret SO vom 3. Februar 1706 sollte der Inquisitor von Bologna die Anredeformel „venerabilis" im Titel erlauben.

6 Vgl. Auch ACDF SO Tit.Libr. 1702-1704, Nr. 98 und ACDF SO Tit.Libr. 1705-1710, Nr. 10.

7 Gegenstand der Prüfung war das Manuskript. Das Manuskript wurde nicht nachgewiesen. Abweichend wird nach *SBN* der „Appendix ad Agnelli Ravennatis pontificale" als vol. [3] gezählt.

8 A: Prima censura del Signor Abbate Zaccagna. Darüber hinaus Zaccagni, Bl. 809r-812v, 8 S. Relation.

9 [Buchstabe B]: Prima censura di Monsignor Bianchini.

10 Buchstabe D: Seconda censura del Signor Abbate Zaccagna sopra l'accennata nuova prefazione, e le altre correzioni fatte dall'istesso p. Bachhini in diversi luoghi del libro d'Agenello Ravenate. Mit Dekret SO vom 3. März 1705 wurde die Druckerlaubnis verweigert; das Manuskript sollte vom SO einbehalten werden; diese Entscheidung sollte dem Inquisitor von Modena mitgeteilt werden.

11 Buchstabe E: seconda censura fatta da Mons. Bianchini sopra le medesime prefazione, e correzione.

ACDF SO CL 1706-1707, Nr. 4

1706. Censura in quaedam folia, quae continent lectiones dictatas anno praeterito a Physico Ludovico Martinello Profes[sor]e Phil[oso]phiae Perusiae, in quibus edocetur Doctrina Atomorum.

MARTINELLO, LUDOVICO: Brevis Universae Physicae Tractatus. - [S.a.]. - 14 S. (Manuskript) *ACDF SO CL 1706-1707, Nr. 4*

Gutachter: Angelo Michele Nanni da Modena OP
Gutachten: Bl. 921r-v, 2 S.[13]

Gutachter: Giovanni Damasceno Bragaldi OFMConv
Gutachten: Bl. 934r, 1 S., [7. Juni 1706]

ACDF SO CL 1706-1707, Nr. 5

1706. Permittitur impressio Thesium circa verum principia ex Physica deleta Thesi de Atomis.

ALEXANDRINUS, JOANNES FRANCISCUS MARIA: Theses logico-metaphysicae / quas alumni archiepiscopalis Seminarii Spalatensis publice defendendas proponunt [...] assistente d. Jo. Francisco Maria Alexandrino [...], disputabuntur in cathedrali metropolitana ecclesia Spalatensi [...] anni 1706. - Venetiis : Apud Andream Poletti, 1706. - 23 S. ; 8°. *NSK*[14]

Gutachter: keine Angabe
Gutachten: nicht aufgefunden[15]

ACDF SO CL 1706-1707, Nr. 6

1706. Censura in quasdam Cantiones exhibitas a Sacerd. Carolo Usupina Brixien., Manuscriptum inscribitur: Un'anima convertita a Dio da dovvero vien agitata da scrupoli interni, e da Parenti, ed amici, ricorre a Dio, acciò resti illuminata, e fortificata per vincere questi contrasti. Canzonetta sopra l'aria della Nina.

Anonym: Un Anima convertita a Dio da dovero, vien agitata da scrupoli interni, e da Parenti, ed Amici; ricorre a Dio, acciò resti illuminata, e fortificata per vincere

12 Buchstabe G: Censura del P. Don Giuseppe Maria Tomasi. Mit Dekret SO vom 5. Mai 1706 wurde die Druckerlaubnis mit der Auflage erteilt, das Werk zu korrigieren; das Werk und die Korrekturen wurden dem Inquisitor von Modena zugestellt.

13 Mit Dekret SO vom 19. Juni 1706 wurde entschieden, dem Inquisitor von Perugia mitzuteilen, dass er die Verbreitung der Atomlehre nicht erlauben solle und dass er Ludovico Martinello ermahne, nicht mehr über diese Lehre zu sprechen.

14 Ein hs. Deckblatt mit demselben Titel liegt vor. Eine hs. Version wurde nicht nachgewiesen.

15 Mit Dekret SO vom 1. September 1706 wurde die Druckerlaubnis für die These „circa rerum principia ex physica" erteilt; der Inquisitor von Venedig solle aber die These über die Atomenlehre entfernen lassen.

questi contrasti : Canzonetta sopra l'aria della Nina. - [S.a.]. - 7 S. (Manuskript)
ACDF SO CL 1706-1707, Nr. 6[16]

Gutachter: Luigi Maria Lucini da Milano OP
Gutachten: 2 S.[17]

ACDF SO CL 1706-1707, Nr. 6bis

Decretum S. Cong[regatio]nis sub die 7. Septembris 1706. Statuens scribendum P[at]ri Inq[uisito]ri Florentiae S. Congregationem non inclinare, ut imprimatur Libellus, cui titulus: Vita della Serva di Dio Maria di Gesù Religiosa, e Badessa delle Francescane Scalze d'Agreda tradotta dal Spagnolo dal Dot. Paolo Medici.[18]

♦ JIMÉNEZ SAMANIEGO, JOSÉ: Vita della serva di Dio la madre suor Maria di Giesu, abbadessa, e fondatrice del Monastero dell'Immacolata Concezione nella Villa d'Agreda della provincia de Burgos della Regolare Osservanza del Padre S. Francesco / Scritta dall'illustriss. [...] fra Giuseppe Ximenez Samaniego [...] Tradotta dalla lingua spagnuola nell'italiana dal padre fra Paolo Prandone da Milano [...]. - In Milano : nella regia ducal corte, per Marc'Antonio Pandolfo Malatesta [...], 1712. - [12], 214, [2] S. ; 4°. *SBN*[19]

Gutachter: keine Angabe
Gutachten: nicht aufgefunden[20]

ACDF SO CL 1706-1707, Nr. 7

1706. Censura in Libr. insc[riptu]m: Francolinus Clerici Romani Paedagogus, laxioris in administrando Poenitentiae Sacram[en]to disciplinae Magister Commentitae Rigoristarum Sectae fictitiarum in Eccl[es]iam Veterem, ac recentem impugnator Observationibus Historico-Critico-Moralibus exagitatus etc.

♦ Anonym [BARDON, ANTOINE]: Francolinus Clerici Romani Paedagogus, Laxioris, in administrando Poenitentiae Sacramento, disciplinae Magister : Commentitiae Rigoristarum Sectae, fictitiarumque in Ecclesiam veterem ac recentem calumniarum

---

16 Dazu eine Abschrift mit Abweichungen, unterzeichnet vom Inquisitor von Brescia, 4 S.

17 Mit Dekret SO vom 7. September 1706 wurde die Druckerlaubnis verweigert; diese Entscheidung sollte dem Vikar der Inquisition von Brixen mitgeteilt werden.

18 Faszikelaufschrift. Das Werk findet sich nicht in der Rubricella. Vgl. ACDF SO Tit.Libr. 1702-1704, Nr. 50 und ACDF SO Tit.Libr. 1705-1710, Nr. 15. Beiliegend eine Zusammenfassung für die CIndex.

19 Abweichende Umfangs- und Formatangabe nach *ICCU*: 214 S. ; 16°. Vgl.: JIMENEZ SAMANIEGO, JOSE: Relacion de la vida de la venerable Madre Sor Maria de Jesus abadesa de el convento de la Inmaculada Concepcion de la Villa de Agreda [...] / hazela el Padre Fray Joseph Ximenes Samaniego [...]. - En Barcelona : en la imprenta de Martin Gelabert [...] ; vendense en casa Juan Veguer [...] y en casa Juan Casañas [...], 1687. - [12], 328 S. ; 4º. *REBIUN.*

20 Mit Dekret SO vom 7. September 1706 wurde die Druckerlaubnis verweigert; diese Entscheidung sollte dem Inquisitor [von Florenz] mitgeteilt werden. Vgl. ACDF SO Tit.Libr. 1705-1710, Nr. 15.

impugnator; Observationibus Historico-critico-moralibus exagitus / [per quendam S. Th. doct. et profess. Antonium Bardon]. - Delphis : Van-Rhin, 1706. - [4] Bl., 255 S. *BVB*[21]

Gutachter: Nicola Castelli CM
Gutachten: 7 S., [11. August 1706]

Gutachter: Bonaventura Santelia TOR
Gutachten: 10 S., [15. September 1706]

Gutachter: Giovanni Michele Teroni B
Gutachten: 7 S., [10. November 1706]

Dekret: SO 10. November 1706
Bando: SO 26. Oktober 1707

ACDF SO CL 1706-1707, Nr. 8

1706. Censura in Manus[criptu]m, cui titul.: La Voce nel deserto etc. del P. Pietro Contesino della Compagnia di Gesù etc.

CONTESSINI, PIETRO: La voce nel deserto, che ad ogn'anima desiderosa di sempre nuovi avanzamenti nella via del Signore si fa sentire, ne' giorni massime precedenti alla principali solennità di chiesa santa : considerazioni compartite in quattro divisioni utilissime agli amatori della divina voce, e a pro di questi indirizzata / da Pietro Contessini [...]. - In Bologna : per Costantino Pisarri [...], 1707. - 4 Teile. - 136 S.; 109, [3] S.; 129, [1] S.; 135, [1] S. ; 12°. *MAI*[22]

Gutachter: Giovanni Michele Teroni B
Gutachten: 4 S., [7. November 1706]; 2 S., [7. Dezember 1706][23]

ACDF SO CL 1706-1707, Nr. 9

1706. Censura in Manus[criptu]m, cui titul.: Dubia selecta emergentia circa Sollicitationem in Confessione Sacramentali iuxta Ap[osto]licas Constitutiones etc. per A. R. P. Laurentium Cozza a S. Laurentio Ord. Minor. Regular. Observantiae.

COZZA, LORENZO: Dubia selecta emergentia circa sollicitationem in confessione sacramentali : juxta apostolicas constitutiones ex probatis auctoribus digesta, atque discussa / per P. Laurentium Cozza [a S. Laurentio Ordinis Minorum Regularis Observantiae ...]. Adjectis ad calcem nonnullis decretis ad Sanctum officium spectantibus, summarie collectis necnon et damnatis propositionibus a Martino V,

---

21 Erscheinungsvermerk nach *UU*: Apud Henricum Van-Rhin.

22 Gegenstand der Prüfung war das Manuskript. Das Manuskript wurde nicht nachgewiesen.

23 Korrekturen. Mit Dekret SO vom 7. Dezember 1706 wurde die Druckerlaubnis mit der Auflage erteilt, das Werk zu korrigieren; das Werk und die Korrekturen sollten dem Inquisitor von Bologna zugestellt werden.

in concilio Constantiensi, usque ad Clementem XI [...]. - Romae : typis G[eorgii] Plachi [...], 1709. - [16], 291, [1] S. ; 8°. *BNF, SBN*[24]

Gutachter: Giovanni Damasceno Bragaldi OFMConv
Gutachten: 3 S., [7. Dezember 1706][25]

ACDF SO CL 1706-1707, Nr. 10

1706. Censura in Librum Lingua belgica conscriptum, cui titul.: Christelyghe Onderrichtingen etc. idest – Christiane instructiones circa cognitionem Dei, et lapsus hominum ipsorum reparationis per D. J. Christum propositae a R. D. Lamberto Baerts Mechlinen. Plebano etc.

BAERTS, LAMBERT: Christelycke onderrichtingen weghens de kennisse van Godt, de scheppinghe en den val der menschen, ende hunne herstellinghe door den Heere Jesus-Christus / By vraghen en antwoorden voor-ghestelt door [...] Lambertus Baerts. - Tot Luyck : by Hendrick Hoyoux, 1691. - 555 S. *UBN*

Gutachter: Franciscus Maria ab Hollandia OFM
Gutachten: Bl. 159r-163v, 10 S., [15. Mai 1703]

Gutachter: Norbertus Delbecque OP
Gutachten: Bl. 603r-606v, 8 S., 26. Februar 1704

Gutachter: Nicolas du Mortier MI
Gutachten: 9 S., [20 Oktober 1706]

Gutachter: Fr. Josephus De Pot S.T.L.[26]
Gutachten: Bl. 608r-611v, 8 S., 10. Oktober 1707

Gutachter: Angelo Michele Nanni da Modena OP
Gutachten: 10 S.[27]

ACDF SO CL 1706-1707, Nr. 11

1706. Censura in Libr. ins[criptu]m: La Pax de Clement IX, ou demonstration des Deus faussetes Capitales, avancees dans l'Histoire des V. Propositions contre la Foi des Discipules de S. Augustin, et la sinceritè des quattre Eveques etc. a Chamberri 1700.

♦ Anonym [QUESNEL, PASQUIER]: La paix de Clément IX., Ou Demonstration des deux faussetés capitales avancées dans l'histoire des V. propositions contre la foi des disciples de S. Augustin & la sincerité des quatre évêques avec l'histoire de leur

[24] Gegenstand der Prüfung war das Manuskript. Das Manuskript wurde nicht nachgewiesen. Titelaufnahme ergänzt nach *SBN*.

[25] Mit Dekret SO vom 10. Dezember 1706 wurde die Druckerlaubnis erteilt.

[26] Als externer Gutachter. Unterzeichnet als Vertreter der Natio Germano-Belgica der OFMRec.; Ort des Gutachtens ist Ara Coeli.

[27] Laut Faszikelumschlag wurde in diesem Fall keine Entscheidung getroffen.

accommodement, & plusieurs piéces justificatives et historiques. - A Chamberri : Jean Batiste Giraux, 1700. - XI, 308, 291, [9] S. *HU*[28]

Gutachter: Giovanni Battista de Miro OSB
Gutachten: Bl. 340r-344v, 10 S., [25. September 1703]

Gutachter: Diodato Nuzzi OSA
Gutachten: Bl. 548r-554r, 13 S., [29. Januar 1704]

Gutachter: Nicola Castelli CM
Gutachten: 8 S., [12. Januar 1707]

Dekret: SO 12. Januar 1707
Bando: SO 26. Oktober 1707

ACDF SO CL 1706-1707, Nr. 12

1707. Censura in Libr. Anonym., ins[criptu]m: Histoire des cinq. Propositions de Jansenius. A Liege 1699.

♦ Anonym [DUMAS, HILAIRE]: Histoire des cinq propositions de Jansenius. - A Liège : Chez Daniel Moumal [...], 1699. - [32], 654 S. *UniMaas*[29]

♦ Anonym [DUMAS, HILAIRE]: Histoire des cinq propositions de Jansenius. - A Liege : chez Daniel Moumal, 1699. - 2 vol. ; 12°. *Abes*[30]

Gutachter: Nicola Castelli CM
Gutachten: 6 S., [12. Januar 1707] [31]

ACDF SO CL 1706-1707, Nr. 13

1707. Censura in Libr. ins[criptu]m: Imago Pontificiae dignitatis penicillo S. Scripturarum, ac Traditionis nativè delineata. Authore Desiderio Paleophilo.[32]

PALAEOPHILUS, DESIDERIUS <Pseudonym> [WITTE, GILLES DE]: Imago pontificiae dignitatis, penicillo Sacrarum Scripturarum ac traditionis native delineata : ubi quid Pontifici romano competat, vel non competat, collectis ex ecclesiastica supellectile

---

28 Ermittelt wurde auch: Anonym [QUESNEL, PASQUIER]: La paix de Clément IX. ou, Démonstration des deux faussetés capitales avancées dans l'Histoire des V propositions contre la foi des disciples de S. Augustin et la sincérité des quatre évêques, avec l'Histoire de leur accommodement et plusieurs pièces justificatives et historiques. - Chamberri : Chez Jean Batiste Giraud, 1700. - 2 vol. in 1. *WorldCat;* Anonym [QUESNEL, PASQUIER]: La Paix de Clément IX, ou Démonstration des deux faussetés capitales avancées dans l'„Histoire des cinq propositions“ contre la foi des disciples de S. Augustin et la sincérité des quatre évêques, avec l'histoire de leur accommodement et plusieurs pièces justificatives. - Chamberri : J. B. Giraux, 1700. - 2 vol. ; 12°. *CCFR.*

29 Abweichende Umfangsangabe nach *BSB*: [16] Bl., 654 S., [1] Bl.

30 Zu beiden Ausg.: Verf. ermittelt nach *UniMaas, SBB, Abes*, s. Sommervogel. Das Werk wird nach Barbier fälschlicherweise Michel LeTellier zugeschrieben, s. Sommervogel.

31 Mit Dekret SO vom 12. Januar 1707 wurde die Druckerlaubnis erteilt.

32 Vgl. ACDF SO CL 1704-1705, Nr. 21.

documentis, luculenter ac compendio demonstratur / auctore Desiderio Palaeophilo. - Constantiae : apud Ae. Silvium, 1704. - 70 S. ; 4°. *CCFR*

Gutachter: Alessandro Pollioni SJ
Gutachten: 6 S., [16. Februar 1707]

Dekret: SO 16. Februar 1707
Bando: Breve 4. Oktober 1707

ACDF SO CL 1706-1707, Nr. 14

1707. Censura in Libr. ins[criptu]m: Histoire de l'Eglise de puis Jesus Christ, jusques a present, divise en quattre parties par le Sieur Basnage – Rotterdam 1699.

BASNAGE, JACQUES: Histoire de l'église depuis Jesus Christ jusqu'à présent : divisée en quatre parties / par Mons. Basnage. - Rotterdam : chez Reinier Leers, 1699. - 2 vol. ; 2°. *IDS*

Gutachter: Louis Maille
Gutachten: 19 S., 22. März [1707]

Dekret: SO 29. März 1707
Bando: SO 26. Oktober 1707

ACDF SO CL 1706-1707, Nr. 15

1707. Censura in Manus[criptu]m, cui titul.: Compendio delle Meditazioni sopra la vita di G. Cristo per tutti i giorni dell'anno del P. Giuliano Hainefuè. parte 3. e 4.[33]

Das Manuskript in ital. Sprache wurde nicht ermittelt[34]

Gutachter: Paolo Maria Cauvini OP
Gutachten: 3 S., [29. März 1707][35]

Gutachter: Antonio Francesco Saluti CCRRMM
Gutachten: 20 S.; 9 S.[36]

---

[33] Beide Gutachter geben an, über Teil 3 und 4 zu gutachten; Saluti gibt an, dass er auch schon Teil 1 und 2 begutachtet hat. Für Teil 1 und 2, vgl. ACDF SO CL 1704-1705, Nr. 13 (3).

[34] Vgl. HAYNEUFVE, JULIEN: Abbregé Des Méditations Svr La Vie De Iésus-Christ, Povr Tovs Les Iovrs De L'Année Et Povr Les Festes Des Saints : Composées & divisées en quatre Parties, selon les quatre saisons de l'année / Par [...] Ivlien Haynevfve [...]. - Paris : Cramoisy, 1658. - 4 vol. *SWB*; HAYNEUFVE, JULIEN: Abrégé des méditations sur la vie de Jésus-Christ pour tous les jours de l'année et pour les festes des saints. - 8e éd. - Paris : S. Mabre-Cramoisy, 1685. - 4 vol. ; 12°. *CCFR*.

[35] Mit Dekret SO vom 29. März 1707 wurde die Druckerlaubnis mit der Auflage erteilt, das Werk zu korrigieren.

[36] Korrekturen.

ACDF SO CL 1706-1707, Nr. 16

1707. Censura in duos Libell. 1[us] inscribitur: Oveweginge etc. idest Modesta consideratio Decreti Rom[an]ae Inq[uisitio]nis anni 1704. 3[a] April. contra Expositionem etc. Archiep[iscop]i Sebasteni per Van Vrede etc. 2[us] inscribit.: Vreedzamige etc. idest pacifica admonitio super certam Epistolam nomen ferentem Clementis XI. – Anomym.

1. VREDE, TIMOTHEUS VAN <Pseudonym>: Zedelyke overweginge van het decreet der Roomse inquisitie, des jaars 1704. 3. April, tegens de verklaringe en verantwoordinge des aarschsbisschops van Sebasten / door Timotheus van Vrede. - Tot Rotterdam : by Frans Arnoldi, boekverkoper, 1704. - 4°. *UU*

2. Anonym [TIBBEL, JOANNES]: Vreedzamige waarschouwing over zekere brief de naam voerende van Clemens XI. - [S.a.] : [S.n.], [ca. 1703]. - 11 S. ; 4°. *UU*

Gutachter: Nicolas du Mortier MI
Gutachten: 7 S., [29. März 1707] (zu Nr. 1-2)

Dekret: SO 29. März 1707
Bando: Breve 4. Oktober 1707 (zu Nr. 1-2)

ACDF SO CL 1706-1707, Nr. 17

1707. Censura in Librum in duas partes divisum, ins[criptu]m Les entretiens des Voyageurs su la Mer – Coloniae 1704. Anonym.

Anonym [FLOURNOIS, GEDEON]: Les entretiens des voyageurs sur la mer. - A Cologne : Chez Pierre Marteau, & se vend à Londres, chez François & Paul Vaillant [...], 1704. - 2 Teile in 1 vol. *AMICUS*[37]

Gutachter: Pietro Francesco della Concezione SP
Gutachten: 3 S., [12. April 1707]; 7 S.[38]

Gutachter: Giovanni Damasceno Bragaldi OFMConv
Gutachten: 3 S. [12. April 1707][39]

Dekret: SO 12. April 1707
Bando: SO 26. Oktober 1707

ACDF SO CL 1706-1707, Nr. 18

1707. Censura in Manus[criptu]m, cui. titul.: Dubia selecta disputationum Theologicarum ex 1.[a] 2.[ae], ex 2.[a] 2.[ae] partis D[octori]s Angelici annexis, et

---

37 Verf. ermittelt nach *AMICUS, WorldCat*, s Barbier; *NUC*. Nach *WorldCat* sind Erscheinungsort und Verlag fingiert. Teil 2 mit dem Untertitel.: Seconde partie, dans laquelle on traite de plusieurs affaires concernant l'etat & la religion. *AMICUS*.

38 Propositionen.

39 Das Gutachten befindet sich in ACDF SO St.St. UV 57, Nr. 5.

insertis etiam Dogmaticis: a Fr. Simeone a S. Cruce Ord[ini]s S. Aug[ustin]i Discalc. Cong[regatio]nis italiae, et Germaniae Rom[an]o Tomus 2.us.

SIMEON <A SANCTA CRUCE>: Dubia selecta disputationum theologicarum ex prima secundae et ex secunda secundae partis Doctoris Angelici, annexis et insertis etiam dogmaticis / a R.P. Simeone a S. Cruce [...]. - Romae : typ. G. Plachi, 1709. - 342 S. ; 4°. *BNF*[40]

Gutachter: Mattia di S. Maria OCD
Gutachten: 1 S., 22. November 1708 und 2 S., 11. Dezember 1708[41]

Gutachter: Giovanni Michele Teroni B
Gutachten: 4 S., [12. April 1707]

ACDF SO CL 1706-1707, Nr. 19

1707. Censura in Libr. ins[criptu]m: Nota in Decretum, quod sub Inquisitionis nomine circumfertur contra Archiep[iscopu]m Sebastenum Janum Parrhasium.

PARRHASIUS, IANUS <Pseudonym> [CODDE, PIETER]: [Notae in decretum, quod sub inquisitionis nomine circumfertur contra Archiepiscopum Sebastenum] Iani Parrhasii Notae in decretum, quod sub inquisitionis nomine circumfertur contra Archiepiscopum Sebastenum. - [S.l.] : [S.n.], [ca. 1705]. *BVB*

Gutachter: Alexis du Buc CR
Gutachten: 3 S., [12. April 1707]

Dekret: SO 12. April 1707
Bando: Breve 4. Oktober 1707

ACDF SO CL 1706-1707, Nr. 20

1707. Permittitur impressio scripturae legalis, cui titul.: Rimostranza delle ragioni del Sig[no]r Prencipe di Messerano nelle vertenze pendenti trà lui, e suoi sudditi, anche intorno la nuova pretensione della Corte di Roma sopra la Giurisdizione nel Principato.

Rimonstranza// Delle Ragioni// Del Signor// Prencipe Di Messerano// Nelle vertenze pendenti// trà lui, e suoi Sudditi,// anche intorno// La Nuova Pretensione//

---

40 Gegenstand der Prüfung war das Manuskript. Das Manuskript wurde nicht nachgewiesen. Abweichende Umfangsangabe nach *MAI*: [16], 342, [2] S. Ermittelt wurde auch: SIMEON <A SANCTA CRUCE>: Dubia selecta disputationum theologicarum ex prima secundae, et ex secunda secundae Partis Doctoris Angelici, annexis, et insertis etiam Dogmaticis. - Romae : typ. G. Plachi, 1709. - [?] vol. *ICCU*.

41 „Notula". Mit Dekret SO vom 12. April 1707 wurde die Druckerlaubnis mit der Auflage erteilt, das Werk zu korrigieren.

Della/ Corte Di Roma// Sopra la Giurisdizione nel Prencipato. - [S.l.] : [S.n.], [S.a.]. - 23 S. ; [2°]. *ACDF SO CL 1706-1707, Nr. 20, o.Bl., BAV*[42]

Gutachter: keine Angabe
Gutachten: nicht aufgefunden[43]

ACDF SO CL 1706-1707, Nr. 21

1707. Censura in Theses propugnatas ex Universa Philosophia in Collegio S. Zeni Veronae Clericor. Regular. Cong[regatio]nis Somaschae.

Anonym: Conclusiones ex Universa Philosophia : [Disputabuntur publice in ecclesia Sanctorum Firmi et Rustici ad Pontem; die 14 mensis Julii, Anno 1707 Hora 21]. - [Veronae] : [ca. 1707]. - 4 S. (Manuskript) *ACDF SO CL 1706-1707, Nr. 21*

Gutachter: Giuseppe Pergolini OFMConv
Gutachten: 7 S., [8. Mai 1708][44]

ACDF SO CL 1706-1707, Nr. 22

1707. Censura in Libellos Gallicos, quorum titulus latinè redditus.

1us inscribitur: Epistola cuiusdam Doctoris super mandatum D. Cardinalis de Noailles in institutiones Theologicas P[at]ris Juenin.

2us inscribitur: Iudicium Doctrinale Theologorum super institutiones Theologicas P[at]ris Juenin, cui additum Problema in mandata Em[inentissim]i de Novailles.

1. ANONYM: Lettre d'un docteur sur l'ordonnance de monseigneur le cardinal de Noailles, touchant les Institutions théologiques du P. Juenin; sur la déclaration de cet auteur, mise en forme de lettre au bas de la même ordonnance; sur la Somme de Becan, celle d'Abély, et celle de Dumetz: suivie de la dénonciation de ces ouvrages. – [S.l.] : [S.n.], 1707. – 86 S. ; 8°. *Abes*

2. Jugement doctrinal des théologiens sur les institutions théologiques du P. Juenin : suivi d'un problème sur l'ordonnance de son Eminence Monseigneur le Cardinal de Noailles, archevêque de Paris, et sur le mandement de M. Madot, évêque de Belley. - [S.l.] : [S.n.], [S.a.]. - 112 S. ; 12°. *CCFR*

Gutachter: Antonio Maria Castelli OSM
Gutachten: 12 S. (zu Nr. 1-2)

Dekret: SO 20. Mai 1707
Bando: SO 26. Oktober 1707 (zu Nr. 1-2)

---

42 Formatangabe ergänzt nach *BAV*.
43 Mit Dekret SO vom 13. April 1707 wurde die Druckerlaubnis erteilt.
44 Mit Dekret SO vom 8. Mai 1708 wurden die Thesen nicht zugelassen.

Weiterhin beiliegend: NOAILLES, LOUIS ANTOINE DE <Paris, Erzbischof ; Kardinal>: Ordonnance// De Son Eminence// Monseigneur// Le Cardinal De Noailles// Archevesque De Paris,// Portant Défense d'enseigner les Institutions Theologiques// du Pere Juenin, jusques à ce qu'elles aïent été corrigées,// [et] même de les lire, qu'aprés qu'on aura mis à la tête// de toutes les éditions, la déclaration de l'Auteur, [et] la// presente Ordonnance. - A Paris : Chez Louis Josse, Imprimeur de son Eminence// Monseigneur l'Archevêque [...], 1706. (Avec Privilege Du Roy). - 8 S. ; 2°. *ACDF SO CL 1706-1707, Nr. 22*[45]

ACDF SO CL 1706-1707, Nr. 23

1707. Censura in Libr. ins[criptu]m: Le Janseniste convenicu de vaine Sophistiquerìe, ou examen des Reflexions de M[onsigneu]r Arnaud, sur le preservatif contre le Cangiement de Religion. A Amsterdam 1683.

Anonym [JURIEU, PIERRE]: Le janséniste convaincu de vaine sophistiquerie, ou examen des réflexions de Monsieur Arnaud sur le Préservatif contre le changement de religion. - A Amsterdam : chez Henry Desbordes, 1683. - [8], 328 S. ; 12°. *CCFR*

Gutachter:	Nicolas du Mortier MI
Gutachten:	9 S., [10. Mai 1707]
Dekret:	SO 10. Mai 1707
Bando:	SO 26. Oktober 1707

ACDF SO CL 1706-1707, Nr. 24

1707. Censura in Libr. reimpress., cui. titul.: Lexicon Hebraicum, et Chaldaicum Joannis Buxtorfii.

♦ BUXTORF, JOHANN (DER ÄLTERE): [Lexicon hebraicum et chaldaicum] Johannis Buxtorfi[i] Lexicon Hebraicum et Chaldaicum : complectens omnes voces, tam primas quam derivatas, quae in Sacris Bibliis, Hebraeâ, & ex parte Chaldaeâ linguâ scriptis, extant: [...]. Accessit Lexicon breve rabbinico-philosophicum, communiora vocabula continens, quae in commentariis passim occurrunt. Cum indice locorum Scripturae & vocum Latino. - [Basileae] : Johann Philip Richters Erben, 1710. *COPAC*[46]

---

45 Ermittelt wurde: NOAILLES, LOUIS ANTOINE DE <Paris, Erzbischof ; Kardinal>: Ordonnance de Son éminence Monseigneur le Cardinal de Noailles, archevesque de Paris. 1706, 12 juin. - Paris : Chez L. Josse Impr., [1706]. - 4°. *CCFR*. Ausg. Lyon 1696 und Paris 1700. Zu den Werken, auf die Noailles sich bezieht, vgl. ACDF SO CL 1708-1710, Nr. 6.

46 Ermittelte Neuaufl. Als letzte vor der Verhandlung erschienene Ausg. wurde ermittelt: BUXTORF, JOHANN (DER ÄLTERE): [Lexicon hebraicum et chaldaicum] Johannis Buxtorfi[i] lexicon Hebraicum et Chaldaicum : complectens omnes voces, tam primas quam derivatas, quae in Sacris Bibliis, Hebraeâ, & ex parte Chaldeâ linguâ scriptis, extant: interpretationis fide, exemplorum Biblicorum copiâ, locorum plurimorum difficilium ex variis Hebraeorum commentariis explicatione, auctum & illustratum. Accessit lexicon breve rabbinico-philosophicum, communiora

Gutachter: Benedetto Ciaperoni OCist
Gutachten: 5 S., [31. Mai 1707][47]

ACDF SO CL 1706-1707, Nr. 25

1707. Censura in Libr. ins[criptu]m: Henrici Hulssii inanitas, sive Libri Pseudocatholicae Religionis inanitas ab ipso nuncupati. Dissertatio Authore J. C. D. Huguenino etc.

HUGUENIN, DAVID: Henrici Hulsii Inanitas Sive Libri, Pseudo-Catholicae Religionis Inanitas ab ipso inscripti, Dissipatio / Authore J. G. D. Huguenino, Litterarum Div. Doct., & [...] Suam Catholicae Religionis Veritatem, ab Inaniis ejus inaniloqui, non sine risu, Vindicante. - Coloniae : Metternich, 1704. - [8] Bl., 222 S., [1] Bl. ; 8°. *HBZ*

Gutachter: Carlo Filiberto Barberi OCarm
Gutachten: Bl. 714r-717r, 7 S., 7. Oktober 1704[48]

Gutachter: Baldassare di S. Filippo Neri OCist
Gutachten: 5 S., [31. Mai 1707]

ACDF SO CL 1706-1707, Nr. 26

1707. Censura in Libros, quorum titul.: L'Europe esclave, si l'Angleterre ne rompe ses fers etc.

2.us Response aux faussetes, et aux invectives, qui se lisent dans la relation dù Voyage de Sorbiere en Angleterre etc.

3.us inscribitur: Memoires de Monsieur le Chevalier de Melvill etc.[49]

1. Anonym [CERDAN, JEAN PAUL DE]: L'Europe esclave, si l'Angleterre ne rompt ses fers. - Cologne : Jean l'Ingenu, 1702. - 90 S. ; 12°. *COPAC*[50]

---

vocabula continens, quae in commentariis passim occurrunt. Cum indice locorum Scripturae & vocum latino. - Editio decima, de novo recognita, & innumeris in locis aucta & emendata. - Basileae : Sumptibus Francisci Plateri & Joh. Philippi Richteri, 1698. - [16], 976, [76] S. ; 8°. *COPAC*. Das Werk war bereits erschienen: BUXTORF, JOHANN (DER ÄLTERE): [Lexicon hebraicum et chaldaicum] Johannis Buxtorfi[i] Lexicon hebraicum et chaldaicum : complectens omnes voces [...] quae in Sacris Bibliis, Hebraeâ, & ex parte Chaldaeâ linguâ scriptis, extant. Interpretationis fide, exemplorum biblicorum copia, locorum plurimorum difficilium ex variis Hebraeorum commentariis explicatione, auctum & illustratum. Accessit Lexicon breve rabbinico-philosophicum, communiora vocabula continens, quae in commentariis passim occurrunt. Cum indice vocum Latino. - Basileae : Typis Conradi Waldkirchi [...], [1615]. - [16], 960, [64] S. ; 8°. *COPAC*.

47 Mit Dekret SO vom 31. Mai 1707 wurde die Druckerlaubnis mit der Auflage erteilt, die Widmung zu entfernen. Vgl. ACDF SO Tit.Libr. 1705-1710, Nr. 18. Das Werk war durch ein Dekret der CIndex 4. Juni 1661 verboten worden; jetzt geht es um die Neuaufl.

48 Mit Dekret SO vom 31. Mai 1707 wurde entschieden, das Werk nicht weiter zu beachten.

49 Vgl. ACDF SO Tit.Libr. 1705-1710, Nr. 59 (zu Nr. 1-3); ACDF SO CL 1708-1710, Nr. 3 (zu Nr. 1) und ACDF SO CL 1708-1710, Nr. 25 (zu Nr. 3)

50 Erscheinungsvermerk fingiert. Tatsächlicher Erscheinungsort nach *SBB*: Holland.

2. Anonym: Réponse aux faussetés & aux invectives qui se lisent dans la Relation du voyage de Sorbière en Angleterre. - A Amsterdam : Chez Jean Maximilian Lucas, 1675. - [8], 136 S. ; 12°. *COPAC*

3. MELVILLE, ANDREW: Memoires de Monsieur le chevalier de Melvill, General Major des troupes de S.A.S. Monseigneur le duc de Cell, & grand baillif du comté de Giforn. - A Amsterdam : Chez Jacques Desbordes, 1704. - [12], 242, [10] S. ; 12°. *COPAC*[51]

Gutachter: Nicolas du Mortier MI
Gutachten: 6 S., [31. Mai 1707] (zu Nr. 1-3)

Dekret: SO 8. Mai 1708
Bando: SO 17. Juli 1709 (zu Nr. 1)

Dekret: SO 31. Mai 1707
Bando: SO 26. Oktober 1707 (zu Nr. 2-3)

ACDF SO CL 1706-1707, Nr. 27

1707. Censura in Libellos quorum titul. 1.us Apologia tertia Panegyreos Janseniane etc. 2.us inscrib.: Apologia Panegyreos Jansenianae ad Theologum Lovaniensem etc.

1. Anonym [WITTE, GILLES DE]: Apologia tertia Panegyreos Jansenianae, enervans Defensionem brevis historiae jansenismi, conflatam à L.C. Deckero [...]. - Gratianopoli : [S.n.], 1701. - 39, [1] S. ; 4°. *BNF*[52]

2. Anonym [WITTE, GILLES DE]: Apologia Panegyreos Jansenianae, ad theologum Lovaniensem : ubi Janseniani facti assertionem formulario ineluctabiliter contineri ostenditur; ejusdem formularii exactores subscriptoresque non unius criminis peraguntur re; ac ligubres has controversias tandem aliquando finiendi necessitas denuo & via panditur. - Gratianopoli : [S.n.], 1699. - 36 S. ; 4°. *Abes*[53]

Gutachter: Flaminio da Parma OFMRef
Gutachten: 5 S., [31. Mai 1707] (zu Nr. 1-2)

Dekret: SO 31. Mai 1707
Bando: SO 26. Oktober 1707 (zu Nr. 1-2)

---

51 Abweichende Formatangabe nach *GBV*: 8°. Hg./beteiligte Person nach *SBB, GBV*: Jacques Desbordes.

52 Erscheinungsort fingiert. Das Werk könnte tatsächlich in Delft durch Hendrik van Rhijn gedruckt worden sein. *UvA*.

53 Erscheinungsort nach *BNF* fingiert.

ACDF SO CL 1706-1707, Nr. 28

1707. Prohibitio Libelli ins[cript]i De revolutione animarum humanarum, quanta sit istius Doctrinae cum veritate Catholicae Religionis conformitas Problematum centuriae duae etc.

Anonym [HELMONT, FRANCISCUS MERCURIUS VAN]: De revolutione animarum humanarum : quanta sit istius doctrinae cum veritate, christianae religionis conformitas problematum centuriae duae; lectori modesto, modeste proposita, & latinitate donatae. - Londini : [S.n.], 1684. - 144 S. *BVB, SWB*

Gutachter: keine Angabe
Gutachten: nicht aufgefunden

Dekret: SO 31. Mai 1707
Bando: SO 26. Oktober 1707

ACDF SO CL 1706-1707, o.Nr.

1707. Censura in Libr., cui. titul.: Memoire touchant le dessein qu'on ad introduire le Formulaire du Pape Alex. VII. des l'Eglise du Pais bass.

Anonym [QUESNEL, PASQUIER]: Mémoire touchant le dessein qu'on a d'introduire le formulaire du pape Alexandre VII dans l'église du Païs-Bas. - [S.l.] : [S.n.], [1707]. - 3 Teile in 1 vol. ; 4°. *UU* [54]

Gutachter: keine Angabe
Gutachten: nicht aufgefunden[55]

Dekret: SO 15. Juni 1707
Bando: SO 26. Oktober 1707

ACDF SO CL 1706-1707, Nr. 29

1707. Censura in Libr. ins[criptu]m: Thesaurus perpetuus Indulgentiarum Seraphici Ord[ini]s S. Francisci de Observantia Authore Fr. Joanne Anicio eiusdem Ord[ini]s iam Parocho Velnae Nassiziar etc. Venezia 1662.

ANČIĆ, IVAN: Thesaurus perpetuus indulgentiarum seraphici ordinis sancti patris nostri Francisci [...] / Auctore p.f. Joanne Anicio [...] et denuo cura, ac diligentia reimpressum ad. r.p. fr. Gabrielis Stanich ab Imota [...]. - Venetiis : Apud Carolum Conzattum, 1662. - [24], 153 S. ; 16°. *NSK*

---

54 Teil 2 und 3 u.d.T.: Second mémoire touchant l'introduction du formulaire d'Alexandre VII dans le Pays-Bas : pour servir de reponse à la refutatio du premier; Troisieme memoire ou l'on défend, contre les réponses aux deux premiers, les droits du Roi Catholique & des autres souverains, touchant l'introduction des bulles, decrets ou formulaires de Rome dans leurs états avec une déduction historique de plusieurs différens arrivés sur ce sujet aux Pays-bas. *UU*.

55 Vgl. auch ACDF SO St.St. F-3-i, Bl. 15r-31r.

Gutachter: Paolino Bernardini junior OP
Gutachten: 9 S.

Dekret: SO 5. Juli 1707
Bando: SO 26. Oktober 1707

Weiterhin beiliegend: Anonym: Indulgenze, Gratie, E Privilegi Perpetui.// Che godono i Divoti del Serafico Padre S. Francesco, e Benefattori dell'Ordine, concesse da diversi Sommi Pontefici, raccolte dal// Compendio de' Privilegi de' Frati Minori da un Predicatore del medesimo Ordine de' Frati Minori Osservanti per consolatione,// e beneficio di essi Divoti, [et] affezionati di un tanto Serafico Padre. Quali Privilegi, [et] Indulgenze sono state confirmate// nelle sue concessioni per Bolla della Santità di Papa Clemente VIII. l'anno 1597. e di Paolo V. a I. Decembre l'anno// 1609., e fino al presente stanno nel suo vigore, nè da Sommi Pontefici si è fatta sopra di esse innovazione alcuna. - In Piacenza, & in Milano : da Giacomo Bolgiani Stampatore [...] (Con licenza de' Superiori), [S.a.]. (Einblattdruck).

ACDF SO CL 1706-1707, Nr. 30

Censura in Libellos sequentes.

1.us inscribitur: Jesuitarum aliorumq. Romanae Curiae adulantium de S. Pontificis auctoritate commenta per J. C. Batavum. Amstelodami 1704.

2.^{s} inscribitur: Gratia triumphans de novis liberi arbitrii decomptoribus etc. per Vincentium Paleophilum. Delfis 1699.

3.^{ius} inscribitur: Aviti Academici Parenesis ad alumnos Lovanienses, ex quo liquet quid deferendum sit Constitutioni Clementinae, quae Vineam D[omi]ni Sabaoth de exordio dicitur.

1. Anonym [ERKEL, JOHANN CHRISTIAN VAN]: Jesuitarum, aliorumque Romanae curiae adulantium de summi pontificis authoritate commenta, regnis regibusque infesta, ac specialiter supremis praepotentibusque faederati Belgii ordinibus periculosa: fideliter proposita / per jurisconsultum Batavum, Ecclesiae & patriae amantem. - Amsterodami : [S.n.], 1704. - 40 S. ; 4°. *Abes*

2. PALAEOPHILUS, VINCENTIUS <Pseudonym> [WITTE, GILLES DE]: Gratia triumphans de novis liberi arbitrii decomptoribus, inflatoribus, deceptoribus: ac praesertim scribillatore notarum brevium in refutationem prodromam brevis memorialis de statu ac progressu Jansenismi in Hollandia / per Vincentium Palaeophilum. - Vooeneunt, Delphis : apud Henricum van Rhyn, 1699. - [14], 82 S. ; 4°. *UU*

3. Anonym [WITTE, GILLES DE]: Aviti academici paraenesis ad alumnos almae universitatis Lovaniensis; e qua et liquet quid deferendum sit constitutioni clementinoe nuperoe, quae vineam Domini sabaoth de exordio dicitur. - [S.l.] : [S.n.], 1706. - 20 S. ; [4°]. *KB*

Gutachter: Giovanni Michele Teroni B
Gutachten: 10 S. (zu Nr. 1-3)

Dekret: SO 5. Juli 1707
Bando: Breve 4. Oktober 1707 (zu Nr. 1)

Dekret: SO 5. Juli 1707
Bando: SO 26. Oktober 1707 (zu Nr. 2-3)

ACDF SO CL 1706-1707, Nr. 31

1707. Censura in Libr. ins[criptu]m: Philosophia sacra de duplici statu vitae humanae Authore P. Antonio Ursaia Ord[ini]s Minimorum.

URSAYA, ANTONIUS: De duplici statu vitae humanae seu de Adam ante, & post Praevaricationem philosophia sacra dissertationibus duabus comprehensa / authore r.p. Antonio Ursaya [...]. - Coloniae : apud Jo. Jacobum de Hertz, 1704. - [16], 413, [1] S. ; 4°. *SBN*

Gutachter: Diodato da Roma OFM
Gutachten: 11 S., [5. Juli 1707]

Dekret: SO 5. Juli 1707
Bando: SO 26. Oktober 1707

ACDF SO CL 1706-1707, Nr. 32

1707. Censura in Libr. ins[criptu]m: Denuntiatio Apologetica Petri Coddaei Archiep[iscop]i Sebasteni sinceris, solidisq. argumentis firmata, quam circa praecipua causae suae capita vulgandam duxit etc. Trajecti ad Rhenum 1706.

♦ CODDE, PIETER <Sebaste, Titular-Erzbischof ; Utrecht, Bischof>: Denuntiatio// Apologetica Petri Coddaei,// Archiepiscopi Sebasteni,// Sinceris Solidisque// Documentis// Firmata:// Quam circa praecipua Causae suae// capita evulgandam duxit. - Trajecti ad Rhenum, : typis Theodori ab Eynden, 1706. - 120 S. ; 8°. *UBN*

♦ CODDE, PIETER: Denuntiatio apologetica Petri Coddaei, archiepiscopi sebasteni, sinceris solidisque documentis firmata: quam circa praecipua causae suae capita evulgandam duxit. - Trajecti ad Rhenum : typis Theodori ab Eynden, 1706. - 78 S. ; 4°. *HU*

Gutachter: Alexis du Buc CR
Gutachten: 4 S.

Dekret: SO 5. Juli 1707
Bando: Breve 4. Oktober 1707

ACDF SO CL 1706-1707, Nr. 33

1707. Non permittitur impressio cuiusdam epistolae R. P. D. Joannis de la Casa, Nuncii iam Venetiarum, ut supponitur.

DELLA CASA, GIOVANNI <Benevento, Erzbischof ; Venedig, Nuntius>: [Brief] [Incipit: E venuto alla notizia]. - [S.a.]. - 8 S. (Manuskript) *ACDF SO CL 1706-1707, Nr. 33*

Gutachter: keine Angabe
Gutachten: nicht aufgefunden[56]

ACDF SO CL 1706-1707, Nr. 34

1707. Censura in Libell. ins[criptu]m: Rosarium Seraphicum cruentae Passionis Dominicae vermiculatum flosculis, quod S. Pater Franciscus vivus SS. V. Vulnerum Christi Baiulus recentissimae immemoris mundi offert memoriae etc.

Anonym: Rosarium seraphicum cruentis passionis dominicae vermiculatu floscellis : Fasciculus myrrhae, sive Devotio ad SS. quinque vulnera Christi. - Varsaviae : typis Collegii scholarum piarum, [1705]. - [50] S. *BAV*

Gutachter: Giovanni Damasceno Bragaldi OFMConv
Gutachten: 3 S., [3. August 1707]

Dekret: SO 3. August 1707
Bando: SO 26. Oktober 1707

ACDF SO CL 1706-1707, Nr. 35

1707. Censura in Libr. ins[criptu]m: Defense dens Theologiens, et en particulier des Disciples de S. Augustin contre l'Ordinance de M[onsigneu]r l'Eveque de Chartres etc.[57]

Anonym [FOUILLOU, JACQUES]: Défense des théologiens, et en particulier des disciples de S. Augustin : contre l'Ordonnance de M. l'Evêque de Chartres, portant condamnation du „Cas-de-conscience“. Avec une Réponse aux Remarques du même Prélat sur les Déclarations de M. Couet. - Seconde édition revue et augmentée. - [S.l., Nancy] : [S.n., Joseph Nicolai], 1706. - [60], [4], 656 S. ; 12°. - (Histoire du cas-de-conscience signé par quarante docteurs de Sorbonne ; 3). *Abes, RERO, SWB*[58]

---

[56] Laut Rubricella wurde die Druckerlaubnis verweigert.

[57] Vgl. ACDF SO CL 1708-1710, Nr. 15.

[58] Titel des Gesamtwerks: Anonym [LOUAIL, JEAN BAPTISTE]: Histoire du cas-de-conscience signé par quarante docteurs de Sorbonne : contenant les brefs du pape, les ordonnances épiscopales, censures, lettres, et autres pièces pour et contre ce cas; avec des réflexions sur plusieurs des ordonnances. - A Nancy : chez Joseph Nicolai, 1705-1706. - 8 vol. ; 12°. *RERO*. Das Gesamtwerk wird auch Françoise Marguerite de Joncoux zugeschrieben. Als beteiligte Verf. werden Jacques

Gutachter: Pietro Francesco della Concezione SP
Gutachten: 5 S., [13. September 1707]

Dekret: SO 13. September 1707
Bando: SO 26. Oktober 1707

ACDF SO CL 1706-1707, Nr. 36

1707. Censura in Libr. ins[criptu]m: Manuductio ad Theologiam Moralem etc. Authore Joanne Juliano e Societ. Jesu. Patavii 1707.

GIULIANO, GIOVANNI: Manuductio ad theologiam moralem, qua per dilucidam quaestionum ad eam spectantium explicationem illius studium mire facilitatur : Opus tyronibus necessarium, & omnibus confessariis peropportunum / Authore Joanne Juliano e Societate Jesu. - Patavii : ex typographia Seminarii ; apud Joannem Manfre, 1707. - [8], 616, [94] S. ; 4°. *SBN*

Gutachter: Flaminio da Parma OFMRef
Gutachten: 12 S., [5. Juli 1707]

Gutachter: Baldassare di S. Filippo Neri OCist
Gutachten: 6 S., [31. Mai 1707]

Gutachter: Diodato da Roma OFM
Gutachten: 20 S., [20. September 1707]

Dekret: SO 20. September 1707
Bando: SO 26. Oktober 1707

ACDF SO CL 1706-1707, Nr. 37

1707. Censura in Manus[criptu]m, cui titul.: La Santa Infanzia del Verbo incarnato proposta a qualunque anima desiderosa di venerare i Misteri della nostra Redenzione, da Giuseppe Antonio Petrignani della Compagnia di Gesù etc. [59]

♦ PATRIGNANI, GIUSEPPE ANTONIO: La santa infanzia del figliuolo di Dio / da Giuseppe Antonio Patrignani. - Venezia : Pezzana, 1715. - [2?] vol. *HBZ*[60]

♦ PATRIGNANI, GIUSEPPE ANTONIO: La santa infanzia del figliuolo di Dio : proposta con esempi, e pratiche fruttuose a qualunque anima desiderosa di venerare i misteri di nostra redenzione e divisa in tre parti / da Giuseppe Antonio Patrignani [...]. -

Fouillou, Nicolas Petitpied und Pasquier Quesnel genannt. *RERO*. Ermittelt wurde auch: Anonym [JACQUES FOUILLOU]: Défense de Tous les Theologiens, Et en particulier Des Disciples De S. Augustin : Contre L'Ordonnance De M. L'Eveque De Chartres ; Du 3. d'Aout 1703. - [S.l.] : [S.n.], 1704. - XV S., [4] Bl., 540 S. *GBV, Abes*. Abweichende Umfangsangabe: XXIV, 540 S. ; 12°. *Abes*

59 Vgl. ACDF SO Tit.Libr. 1705-1710, Nr. 14.

60 Gegenstand der Prüfung war das Manuskript. Das Manuskript wurde nicht nachgewiesen.

Terza edizione corretta, e ampliata dall'autore. - In Venezia : presso Nicolo Pezzana, 1722. - 3 Teile in 2 vol. ; 12°. *SBN*[61]

Gutachter: Nicola Castelli CM
Gutachten: 2 S., [20. September 1707]

Gutachter: Baldassare di S. Filippo Neri OCist
Gutachten: 5 S., [10. Mai 1707][62]

ACDF SO CL 1706-1707, Nr. 38

1707. Censura in Manus[criptu]m, cui titul.: Vita della B. Cattarina Negri Ferrarese detta di Bologna, tratta da vari Scrittori, e da Processi fatti in Roma per la di lei Canonizazione, e compendiosamente scritta dal Dot[tor]e Gerolamo Barufaldi Ferrarese.[63]

BARUFFALDI, GIROLAMO: Vita della beata Catarina Vegri ferrarese, detta da Bologna, tratta da varj scrittori, e da' processi fatti in Roma per la di lei canonizzazione / opera di Girolamo Baruffaldi [...]. - Seconda edizione. - In Venezia : [S.n.], 1708. - 112 S. ; 8°. *SBN*[64]

Gutachter: Ulisse Giuseppe Gozzadini
Gutachten: 8 S., [21. September 1707][65]

ACDF SO CL 1706-1707, Nr. 39

1707. Catalogus librorum prohibendorum a S. Congregatione Indicis.

Ein konkreter Zensurfall liegt nicht vor

Gutachter: keine Angabe
Gutachten: nicht aufgefunden

ACDF SO CL 1706-1707, Nr. 40

1707 Censura in Libr. ins[criptu]m: Examen professionis Tridentinae, idest Scripturistica probatio Confessionis a Papa Paulo V. ex Concilio Trident[in]o extracta, quas omnes Papistae specialiter, qui a vera Evangelica Fide ad Papatum transeunt iuramento confirmare debent etc. propositum ab Innocentio Deodato Sincero etc. 1707.

---

61 Ermittelt wurde auch die Ausg.: Quinta edizione corretta, ed ampilata dall'autore. - In Venezia : presso Nicolo Pezzana, 1746. - 4 vol. ; 12°. *SBN.*

62 Mit Dekret SO vom 20. September 1707 wurde die Druckerlaubnis erteilt.

63 Vgl. ACDF SO Tit.Libr. 1705-1710, Nr. 70.

64 Gedr. Ausg. verzeichnet auf beiliegendem hs. Titelbl. Gegenstand der Prüfung war das Manuskript. Das Manuskript wurde nicht nachgewiesen.

65 Darüber hinaus: o.Bl., 2 S. Korrekturvorschläge. Mit Dekret SO vom 21. September 1707 wurde die Druckerlaubnis mit der Auflage erteilt, das Werk zu korrigieren. Laut Dekret SO vom 16. Mai 1708 sollte das Titelblatt entfernt werden.

SINCERUS, INNOCENTIUS DEODATUS <Pseudonym> [SCHWERTNER, JOHANN DAVID]: Examen Professionis Tridentinae. Das ist: Schrifftmäßige Prüfung Der Vom Pabst Pio IV. aus dem Concilio zu Trient extrahirten Confession, Oder: Bekänntnüß/ Welche alle Päbstler/ Insonderheit/ die vom wahren Evangelischen Glauben zum Pabstthum übertretenen/ eydlich abschweren müssen; Wie solche insonderheit von der Durchlauchtigsten Princeßin Elisabethen Christinen/ Hertzogin zu Braunschweig-Lüneburg/ Wolfenbüttlicher Linie, Am 1. Maji 1707. zu Bamberg öffentlich abgeleget worden / Zu Bezeugung der Nichtigkeit und Ungrundes [...] entworffen von Innocentio Deodato Sincero. - [S.l] : [S.n.], 1707. - 142 S. ; 4°. *GBV*

Gutachter: Valentinus [C]ueck SJ[66]
Gutachten: 13 S.[67]

ACDF SO CL 1706-1707, Nr. 41

1707. Censura in Libellum ins[criptu]m: Novena in onore delli nove Mesi, che la Vergine Maria dopo la sua Concezione dimorò nel Ventre di S. Anna etc. In Praga.

Novena in honore delli nove Mesi, che la Vergine Maria dopo la sua concettione dimorò nel ventre di S. Anna / data in luce à commandi [...] dell'Augustissima Imperatrice Eleonora Gonzaga d'Austria. - Praga : Stamp. dell'Univ., [ca. 1670]. *HBZ*[68]

Gutachter: Benedetto Ciaperoni OCist
Gutachten: 5 S., [20. September 1707][69]

Gutachter: Paolino Bernardini junior OP
Gutachten: 5 S., [10. Mai 1707]

66 Als externer Gutachter. [C]ueck ist Revisor Assistentiae Germanie der SJ.

67 Laut Faszikelumschlag liegt keine Entscheidung vor.

68 Nebent.: Novena della beatissima vergine Maria. *HBZ*.

69 Laut Dekret SO vom 20. September 1707 sollte das Werk einem dritten Gutachter übergeben werden; weitere Informationen wurden nicht aufgefunden. 1704 war dem Inquisitor von Ancona bereits mitgeteilt worden, dass er eine Neuaufl. des Werks nicht erlauben solle: vgl. ACDF SO CL 1704-1705, Nr. 1.

ACDF SO CL 1708-1710

ACDF SO CL 1708-1710, Nr. 1

1708. Censura in Libr. ins[criptu]m: Breve ragguaglio della vita del Sig[no]r Aurelio Malvezzi Arciprete dell'insigne Metropolitana di Bologna etc. del P. Egidio Cropols Agostiniano.

CRAPOLS, EGIDIO: Brieve ragguaglio della vita del signor Aurelio Malvezzi proposto dell'insigne metropolitana di S. Pietro di Bologna; offerto in attestato di umilissimo ossequio [...] / dal padre Egidio Crapols Agostiniano di S. Giacomo. - In Bologna : per Costantino Pisarri [...], 1708. - 155, [1] S. ; 12°. *MAI*

Gutachter: Ulisse Giuseppe Gozzadini
Gutachten: 2 S., [15. Februar 1708][1]

ACDF SO CL 1708-1710, Nr. 2

1708. Censura in Libr., cui titul.: Balthassar Francolinus Theologus Clerici Rom[an]i institutor, ab Anonymi Scriptoris accusationibus vindicatus Authore eodem, qui accusatur, et vindicatur. Romae 1706.[2]

FRANCOLINI, BALDASSARE: Balthassar Francolinus Societ. Jesu theologus clerici romani institutor ab anonymi scriptoris accusationibus vindicatus, auctore eodem, qui accusatur et vindicatur. - Romae : typiis Cajetani Zenobii typographi [...], 1706. - [16], 191, [1] S. ; 8°. *MAI*

Gutachter: Bonaventura Santelia TOR
Gutachten: 9 S., [21. März 1708][3]

Gutachter: Giovanni Michele Teroni B
Gutachten: 5 S., [20. September 1707][4]

ACDF SO CL 1708-1710, Nr. 3

1708. Censura in Libr. Anonym., cui titul.: L'Europe Esclave, si l'Angleter ne rompt ses fers.[5]

---

1 Mit Dekret SO vom 15. Februar 1708 wurde die Druckerlaubnis mit der Auflage erteilt, das Werk zu korrigieren.

2 Anzeige in ACDF SO Tit.Libr. 1705-1710, Nr. 66.

3 Am 25. März 1708 wurden die Verhandlungen zu diesem Werk suspendiert.

4 Darüber hinaus nicht gezeichnet, 4 S. „Observationes".

5 Vgl. ACDF SO CL 1706-1707, Nr. 26.

Anonym [CERDAN, JEAN PAUL DE]: L'Europe esclave, si l'Angleterre ne rompt ses fers. - Cologne : Jean l'Ingenu, 1702. - 90 S. ; 12°. *COPAC*[6]

Gutachter: Pietro Francesco della Concezione SP
Gutachten: 3 S., [8. Mai 1708]

Dekret: SO 8. Mai 1708
Bando: SO 17. Juli 1709

ACDF SO CL 1708-1710, Nr. 4

1708. Censura in sequent. Libr.

1.us inscribitur: Preservativ contre le Venin d'un Ecrit etc.

2.us inscr.: De Quaestione facti Jansenii variae quaestiones Juris, et responsi etc.

3.us inscrib.: Responsum juris Claris[si]mi et doctis[si]mi Viri D[omi]ni Wernheri Thummermuth etc. 1708.

1. Anonym [MAIMBOURG, LOUIS]: Preservatif contre le venin d'un écrit intitulé Lettre à une dame, où l'on examine. 1. Si on doit craindre les excommunications injustes. 2. Si on doit les garder : Publiée à l'occasion de divers bruits d'excommunication, qui se repandent à Bruxelles, & ailleurs / Par un docteur en theologie. - [S.l.] : [S.n.], 1708. - 68 S. ; 8°. *BNF*

2. Anonym [OPSTRAET, JOHANNES]: De quaestione facti Jansenii variae quaestiones juris et responsa. - [S.l.] : [S.n.], 1708. - 16 S. ; 8°. *Libis*

3. THUMMERMUT, WERNER: Responsum juris clarissimi & doctissimi viri D. Wernheri Thummermuth, jurisconsulti Germani &c. : quo firmissimis rationibus, gravissimisque authoritatibus evinctur rescripta pontificia, falsis suggestionibus, in praejudicium tertii, parte in judicio non audita, cum gravi scandalo inde proveniente, impetrata [...] esse [...]. - [S.l.] : [S.n.], 1708. - 48 S. *UU*

Gutachter: Nicolas du Mortier MI
Gutachten: 10 S., [22. Mai 1708] (zu Nr. 1-3)[7]

Dekret: SO 22. Mai 1708
Bando: SO 17. Juli 1709 (zu Nr. 2-3)

ACDF SO CL 1708-1710, Nr. 5

1708. Censura in Libr. Manus[criptu]m: Meditazioni sopra li Sette dolori della B. Vergine con altre divote Orazioni di Maria Margarita Vitalini Grimani etc.[8]

---

[6] Erscheinungsvermerk fingiert. Tatsächlicher Erscheinungsort nach *SBB*: Holland.
[7] Die Verhandlungen zu Nr. 1 wurden suspendiert „tamquam bonum."
[8] Vgl. ACDF SO Tit.Libr. 1705-1710, Nr. 92.

VITALINI GRIMANI FORTIS, MARIA MARGHERITA: Meditazioni sopra li Sette dolori della B. Vergine con altre divote Orazioni / di Maria Margarita Vitalini Grimani all'A.R. della Gran Principessa die Toscana. - [S.a.]. (Manuskript) *Das Manuskript wurde nicht nachgewiesen*[9]

Gutachter: Pietro Francesco della Concezione SP
Gutachten: 3 S., [22. Mai 1708][10]

ACDF SO CL 1708-1710, Nr. 6

1708. Censura in septem Tomos inscript.: Institutiones Theologicae ad usum Seminariorum Auth. Gaspare Iuenin Oratorii Gallicani Presb[iter]o. – Parisiis, et Venet. 1704. 1705.[11]

1.[12] a. JUÉNIN, GASPARD: Institutiones theologicae ad usum Seminariorum / Authore Gaspare Juenin. - Parisiis : Anisson, 1704. - 7 vol. ; 12°. *CCFR*

b. JUÉNIN, GASPARD: Institutiones theologicae ad usum seminariorum / Authore Gaspare Juenin [...]. - Editio veneta anterioribus multo auctior, & accuratior. - Venetiis : apud Paulum Balleonium, 1704-. - 7 vol. ; 12°. *MAI*

c. JUÉNIN, GASPARD: Institutiones theologicae ad usum seminariorum / Authore Gaspare Juenin [...]. - Editio secunda priore multò auctior & accuratior. - Parisiis : apud Joannem Anisson, 1700-1702. - 7 vol. ; 12°. *CCFR*

2.[13] a. JUÉNIN, GASPARD: Institutiones theologicae ad usum Seminariorum / Authore Gaspare Juenin. - Parisiis : Anisson, 1704. - 7 vol. ; 12°. *CCFR*

b. JUÉNIN, GASPARD: Institutiones theologicae ad usum seminariorum / Authore Gaspare Juenin [...]. - Editio veneta anterioribus multo auctior, & accuratior. - Venetiis : apud Paulum Balleonium, 1704-. - 7 vol. ; 12°. *MAI*

c. JUÉNIN, GASPARD: Institutiones theologicae ad usum seminariorum / Authore Gaspare Juenin [...]. - Editio secunda priore multò auctior & accuratior. - Parisiis : apud Joannem Anisson, 1700-1702. - 7 vol. ; 12°. *CCFR*

Gutachter: Nicola Castelli CM
Gutachten: 12 S., [13. September 1707] (zu Nr. 1)

Gutachter: Agostino Pipia OP
Gutachten: 12 S., 15. Februar 1708 (zu Nr. 1)

---

9 Ermittelt wurde: VITALINI GRIMANI FORTIS, MARIA MARGHERITA: Trattenimenti spirituali umiliati alla Sacra Real Maestà di Donna Marianna Gioseppa D'Austria Regina di Portogallo. - [S.a.]. Quelle: *http://descargas.cervantesvirtual.com/servlet/SirveObras/12937735337075977421624/025554_0024.pdf (Zugriff: 15.01.2009).*

10 Mit Dekret SO vom 22. Mai 1708 wurde die Druckerlaubnis verweigert; das Manuskript sollte vom SO einbehalten und die Entscheidung dem Inquisitor von Bologna mitgeteilt werden.

11 Vgl. zu Juenin ACDF SO St.St. UV 57, Nr. 3.

12 Zu 1.a-c wurde jeweils vol. 1 verhandelt.

13 Zu 2.a-c wurden jeweils vol. 2-7 verhandelt.

Gutachter: Bonaventura Santelia TOR
Gutachten: 22 S., [17. Juli 1708] (zu Nr. 2)

Gutachter: Nicola Castelli CM
Gutachten: 12 S., [17. Juli 1708] (zu Nr. 2)

Gutachter: Bonaventura Santelia TOR
Gutachter: 11 S., [10. Mai 1707] (zu Nr. 1)[14]

Dekret: SO 22. Mai 1708; SO 17. Juli 1708
Bando: SO 25. September 1708

Weiterhin Hinweise auf:[15] (1) Novum testamentum gallicum cum reflexionibus moralibus ad singulos versus, quae lectionum eorum utiliorem, ac faciliorem meditiationem efficiunt; Parisiis apud Andream Pralard; (2) ESTIUS, GUILLELMUS [Sacrae Theologiae Doctor, et olim primarius Professor nec non Cancellarius in Academia Duacensi]: Commentaria in 4 libros sententiarum Petri Lombardi, impressa Parisiis, via Jacobêa, anno 1680, sumptibus Viduae Georgij Josse; (3) ESTIUS, GUILLELMUS: Comentaria in omnes B. Pauli, et septem catholicas apostolorum epistulas tribus tomis distribuita, impressa Parisiis 1679 apud Fredericum Leonard, via Jacobêa sub scuto Veneto; (4) ESTIUS, GUILLELMUS: Annotationes in praecipua, ac difficiliora Sacrae Scripturae Loca, impressa Antverpiae anno 1681. apud Joannem Verdussen, sub signo duarum Ciconiarum in Folio; (5) NEESEN, LAURENTIUS [Canonicus Theologalis Metropolitanae Ecclesiae Mechlinensis Seminarij Profes.]: Universa Theologia in Tomos duos divisa ad mentem SS. Augustini, et Thomae exposita. Primus tomus huius Theologiae impressus est Insulis apud Franciscum Fievier 1687, et continet tractatus de Deo, et de Incarnatione. Secundus impressus est Coloniae Agrippinae apud Hermannum Demen 1687; (6) NEESEN, LAURENTIUS: Theologia moralis Christiana de actibus humanis ad mentem SS. Augustini, et Thomae. Coloniae apud Hermannum Demen 1687; (7) [La Theologie de Florence]. Principia totius Theologiae moralis, et speculativae, ex sacra scriptura, concilijs, SS. Patribus, maxime S. Augustino, et aliis probatis Authoribus compendiose depromta. Auctore Horentio de Coq, Ecclesiae S. Michaelis Antverpiae ordinis Praemonstratensis canonico sac. Theologiae Lectore. Coloniae Agrippinae, sumptibus Balthasarius ab Egmond, et sociorum. 1679. Illud opus quattuor habet Tomus in octavus; (8) Les Commentaires Historiques et dogmatiques sur les sacrements par le Pere Juenin 2 tom.; in folio avec deux propositions l'une sur l'intention du Ministre des sacrements, l'autre de l'attrition, tirées de cett'Autheur; (9) La devotion des Pecheurs. Petit vol. in 8.°; (10) L'Oraison du pecheurs. Petit vol. in 8.°; Le noveau Testament etc. ovvero Abrégé de la morale de le evangile.

14 Darüber hinaus nicht gezeichnet, 13 S. (zu den drei genannten Aufl.); nicht gezeichnet, 20 S. „Sanctitati Sue Memoriale seu Observationes" (zu den drei genannten Aufl.).

15 Aus der Anzeige des Erzbischofs von Besançon.

ACDF SO CL 1708-1710, Nr. 7

1708 Censura in Libr. ins[criptu]m: Traite del Origine de la Regale di D. Gaspar Andoul. Paris 1708.

AUDOUL, GASPARD: Traité de l'origine de la regale, et des causes de son établissement / Par Me Gaspard Audoul [...]. - A Paris : chez Jacques Collombat ; A Paris : des caracteres & de l'imprimerie de Jacques Collombat, 1708. - [32], 428, [1] S. ; 4°. *CCFR*

Gutachter: Pietro Francesco della Concezione SP
Gutachten: 2 S., [25. September 1708]

Gutachter: Giuseppe Maria Tomasi CR
Gutachten: 23 S., 2. Juli 1708

Dekret: SO 25. September 1708
Bando: Breve 18. Januar 1710

ACDF SO CL 1708-1710, Nr. 8

1708. Censura in Libr. ins[criptu]m: Troisieme Memoire ou l'on defend contre les responses aux Deux premiers etc. id est Tertia Memoria, in qua defenditur, contra responsiones ad duas priores, ius Regis Catholici, aliorumque Principum, circa introductionem Bullarum, Decretorum, et Formularii Rom. Curiae in eorum ditionibus.

♦ QUESNEL, PASQUIER: Troisieme memoire ou l'on défend, contre les réponses aux deux premiers, les droits du roi catholique & des autres souverains, touchant l'introduction des bulles, decrets ou formulaires de Rome dans leurs etats : Avec une deduction historique de plusieurs différens arrivés sur ce sujet aux Pays-Bas. - [S.l.] : [S.n.], [1701?]. - 72 S. ; 4°. *CCFR*[16]

Gutachter: Antonio Maria Castelli OSM
Gutachten: 11 S., [25. September 1708]

Dekret: SO 25. Januar 1708
Bando: nicht aufgefunden

---

16 Ermittelt wurde auch: QUESNEL, PASQUIER: Mémoire touchant le dessein qu'on a d'introduire le formulaire du pape Alexandre VII dans l'église du Païs-Bas. - [S.l.] : [S.n.], [1707]. - 3 Teile in 1 vol. ; 4°. *OUD-Kath.* Teil 2 u.d.T.: Second mémoire touchant l'introduction du formulaire d'Alexandre VII dans le Pays-Bas : pour servir de reponse à la refutatio du premier; Teil 3 u.d.T.: Troisieme mémoire ou l'on défend, contre les réponses aux deux premiers, les droits du Roi Catholique & des autres souverains, touchant l'introduction des bulles, decrets ou formulaires de Rome dans leurs états. *OUD-Kath.*

ACDF SO CL 1708-1710, Nr. 9

1708. Censura in Theses inscript.: Theses Theologicae de Peccatis, Gratia, merito, Legibus etc. Lovanii in Colleg. Societ. J. die 7 Decembris 1706. Praeside R. P. Francisco de Meezemaker Soc. Jesu etc.

MEEZEMAKER, FRANCISCUS DE (Praes.) ; MUSSELE, JOHANN BAPTIST (Resp.): Theses Theologicae de peccatis, gratia, merito, et legibus / quas praeside R. P. Francisco de Meezemaker Soc[ietat]is Jesu S. Theologiae Professore, defendet P. Jo: Baptista Mussele eiusdem Societatis. Lovanii in Collegio Soc[ietat]is Jesu die 7 Decemb. 1706. Hora 9 ante meridiem. - Lovanii : Typis Petri de Vadere, [ca. 1706]. *ACDF SO CL 1708-1710, Nr. 9.*

Gutachter: Nicolas du Mortier MI
Gutachten: 7 S., [8. Mai 1708][17]

ACDF SO CL 1708-1710, Nr. 10

1708. Censura in Librum, cui titul.: Risposta all'Autor dell'Apologie de SS. Padri, in cui si fà vedere dannarsi senza fondamento alcune Opinioni et i moderni non esser contrari a SS. Padri, come falsamente gl'impone il d[ett]o autore. Operetta di Don Guido Bellagra Professore di S. Teologia.

BELLAGRA, GUIDO <Pseudonym> [GUALDO, GABRIELE]: Risposta all'autor dell'Apologia de santi padri, in cui si fa uedere dannarsi senza fondamento alcune opinioni, et i moderni non esser contrarij a s.s. p.p. come falsamente gli impone il detto autore / Operetta di don Guido Bellagra [...]. - In Salisburgo : appresso Gio. Battista Mayr, 1701. - 2 vol. ; 12°. *SBN*[18]

Gutachter: Benedetto Ciaperoni OCist
Gutachten: 5 S., [12. April 1707][19]

Gutachter: Gaetano Corazza CCRRMM
Gutachten: 14 S., [26. September 1708]

Weiterhin Hinweise auf: ♦ [BENEDETTI, GIOVANNI BATTISTA]: La Scimia del Montalto cioe un libricciulo intitolato Apologia in favore de' Santi Padri contra quelli, che in materie morali fanno de' medesimi poca stima / convinto di falsita da Francisco de Bonis sacerdote. - A Gratz : ad istanza dell'Autore, 1698. - [16], 171 S. ; 12°. *SBN*[20]

---

17 Zu diesem Werk wurde keine Entscheidung getroffen.

18 Das Werk ist eine Replik auf die „Apologia in favore de' Santi Padri, contra quelli, che nelle materie morali fanno de' medesimi poca stima" (Bassano 1696) von P. Bernadino Ciaffoni OFMConv, die 1701 auf den Index der verbotenen Bücher gesetzt wurde. Gualdo vertrat die Prinzipien des Probabilismus. Quelle: *http://www.univie.ac.at/Spiritualitaet/texte/cupetioli/index.htm#gualdo. (Zugriff: 26.07.2007).*

19 Zu diesem Werk wurde keine Entscheidung getroffen. Weitere Hinweise auf: La Scimia del Montalto, das laut Gutachten Corazzas bereits vom SO verboten worden war.

20 Nach *PND-HBZ* (Quelle: *NUC* pre '56) ist Francesco de Bonis ein von Giovanni Battista Benedetti (1622-1706) verwendetes Pseudonym. Ermittelt wurden auch: [BENEDETTI, GIOVANNI BATTISTA]:

ACDF SO CL 1708-1710, Nr. 11

1709. Censura in Libr. ins[criptu]m: Cinquanta Massime di Cristiana perfezione molto profittevoli alle Persone Religiose, cavate dal libro della Battaglia Spirituale, composto dalla B. Cattarina di Bologna, e date alla luce da un Sacerdote Ferrarese di lei divoto.

CATHARINA <BONONIENSIS>: Cinquanta Massime di Cristiana perfezione molto profittevoli alle Persone Religiose, cavate dal libro delle Battaglie Spirituali / composto dalla B. Cattarina di Bologna, e date alla luce da un Sacerdote Ferrarese di lei divoto. - [S.a.]. (Manuskript). *ACDF SO CL 1708-1710, Nr. 11*[21]

Gutachter: Ulisse Giuseppe Gozzadini
Gutachten: 1 S.[22]

ACDF SO CL 1708-1710, Nr. 12

1709. Censura in Manus[criptu]m ins[criptu]m: Vita di S. Cresci, e de Santi Compagni Martiri tradotta da un Manoscritto esistente nell'Opera di S. Maria del Fiore di Firenze etc. da Marco Antonio Mozzi Canonico Fiorentino.

Censura in Libr. ins[criptu]m: Lettera di un Cavaglier Fiorentino devoto de SS. Martiri Cresci, e Compagni, in risposta di quella lettera scritta dal P. Fr. Gherardo Capassi de Servi di Maria a Giusto Fontanini contro gli atti de medesimi Santi dati alla Luce da Giacomo Laderchi Prete della Cong[regazio]ne dell'Oratorio di Roma.

La Scimia del Montalto, o sia Apologia in favore de' Santi Padri, contra quelli che in materie morali hanno de' medesimi poca stima. Convinta di falsità da F. de Bonis [...] : Premessavi una lettera cristiana (del reverendissimo signor abate Sabinto Fenicio) proposta da leggersi alli malevoli della Ven. Compagnia di Gesù, da Ernesto Sabiniano. - [Venice?] : [S.n.], [1760]. - XLVII, 84 S. ; 8º. *COPAC*; [BENEDETTI, GIOVANNI BATTISTA]: La scimia del Montalto, o sia Apologia in favore de'Santi Padri contra quelli che in materie morali hanno de medesimi poca stima, convinta di falsitá da Francesco de Bonis [...] : premessavi una lettera cristiana proposta da leggersi alli malevoli della Ven. Compagnia di Gesu da Ernesto Sabbiniano. - [S.l.] : per Gino Bottagrifi [...], [1760?]. - VIII, 104 S. ; 8°. (Raccolta d'apologie ... ; 4). *REBIUN*; BENEDETTI, GIOVANNI BATTISTA: La scimia del Montalto o sia apologia in favore de' santi padri contra quelli che in materie morali hanno de' medesimi poca stima / convinta di falsità da Francesco de Bonis. Premessavi una Lettera cristiana [...] da Ernesto Sabiniano. - Fossombrone : Bottagrifi, [1760]. - VIII, 104 S. - (Raccolta d'apologie edite, ed inedite della dottrina, e condotta de' pp. Gesuiti ; 4). *HBZ*; [BENEDETTI, GIOVANNI BATTISTA]: La scimia del Montalto o sia apologia in favore de's. padri Contra quelli che in materie morali hanno de' medesimi poca stima / convinta di falsita' Da Francesco de Bonis Sacerdote [= Giovanni Battista de Benedictis] Premessavi una lettera cristiana proposta da leggersi alli malevoli della von Comp. di Gesù da Ernesto Sabiniano. - Fossombrone : S. Botlagrifi & C., 1760. - 8°. - (Raccolta di apologie edite ed inedite della dottrina e condotta dè P. P. Gesuiti in risposta Agli opuscoli che escono contro la Compagnia di Gesú ; 4). *SBB*.

21 Ermittelt wurde die gedr. Ausg.: CATHARINA <BONONIENSIS>: Cinquanta massime di cristiana perfezione molto profitteuoli alle persone religiose, cauate dal libro delle battaglie spirituali / composto dalla B. Catarina di Bologna, date in luce da un Sacerdote ferrarese di lei diuoto. - In Roma : per Gaetano Zenobi intagliatore di N.S., 1712. - 36 S. ; 12°. *SBN*.

22 Mit Dekret SO wurde die Druckerlaubnis erteilt.

1. MOZZI, MARCO ANTONIO DE: Storia di S. Cresci e de' ss. compagni martiri e della chiesa del medesimo santo posta in Valcava del Mugello / scritta da Marco Antonio de' Mozzi [...]. - In Firenze : nella stamperia di S.A.R. ; per Antonio Maria Albizzini [...], 1710. - [14], XXVII, [3], 180, [2] S. ; 2°. *MAI*[23]

2. ♦ LADERCHI, GIACOMO: Lettera ad un cavaliere fiorentino devoto de' santi martiri Cresci, e compagni in risposta di quella scritta dal p.fr. Gherardo Capassi dell'Ordine de' servi di Maria a Giusto Fontanini contro gli Atti de' medesimi santi / dati alla luce da Giacomo Laderchi prete della Congregazione dell'Oratorio di Roma. - [S.l.] : [S.n.], [nicht vor 1707]. - [8], 197, [3] S. ; 4°. *MAI*[24]

Gutachter: Gaetano Corazza CCRRMM
Gutachten: 6 S. (zu Nr. 1)

Gutachter: Alessandro Pollioni SJ
Gutachten: 1 S. (zu Nr. 1)[25]

Gutachter: [Pietro Francesco della Concezione SP]
Gutachten: 4 S. (zu Nr. 2)

Gutachter: Mattia di S. Maria OCD
Gutachten: 23 S. (zu Nr. 2)[26]

Dekret: nicht aufgefunden[27]
Bando: SO 22. Juni 1712 (zu Nr. 2)

ACDF SO CL 1708-1710, Nr. 13

1709. Censura in Libell. Thesium ins[criptu]m: Rationalis, et experimentalis Philosophiae placita Ill[ustrissi]mo ac Rev[erendissi]mo D. Marcellino Albergotto Patrizio Aretino, et nobili Florentino Marchiae Gubernatori Gen[era]li a Venantio Cricchi Leonissano studente dicata. Maceratae 1705.

1. CRICCHI, VENANTIO (Resp.): De Rationali et experimentali philosophi[a]e Placitis / Ill[ustrissi]mo ac Rev[erendissi]mo D. Marcellino Albergotto Patrizio Aretino, et nobili Florentino Marchiae Gubernatori Gen[era]li a Venantio Cricchi Leonissano studente dicata. - Macerata : typis Michaelis Archangeli Silvestri (Impr.

---

23 Gegenstand der Prüfung war das Manuskript. Das Manuskript wurde nicht nachgewiesen.

24 Nach den Angaben im Gutachten lautet der zweite Titel: Cloaca massima del P. Giacomo Laderchi ad un Cav[alier]e Fiorentino devota de SS. MM. Cresci, e Compagni in risposta alla l[ette]ra scritta dal P. Fr. Gherardo Capassi dell'Ord[in]e de Servi di M[ari]a a Giusto Fontanini. Das Werk erschien laut Gutachten: In Firenze, 1709. (Senza licenza de Sup[erio]ri).

25 Darüber hinaus ein Blatt mit der Zustimmung von MSP Paolino Bernardini junior OP und lokaler florentinischer Instanzen zur Erteilung der Druckerlaubnis. Mit Dekret SO vom 23. April 1709 wurde die Druckerlaubnis vom SO bestätigt.

26 Das Buch unter Nr. 2 war dem SO in zwei Schreiben angezeigt worden: Burgos, 6 S. und Celestino Galiani (Monaco Celestino e Lettore di Sacra Teologia), 2 S.

27 Wahrscheinlich nach dem 20. August 1709, als das Buch von den Kard. einem dritten Revisor übergeben wurde.

S. Off. Cam. Episc. et Publ. Superiorum Facultate), 1705. - 4°. *Das Werk wurde nicht nachgewiesen*

2. GUGLIELMINI, DOMENICO: De salibus dissertatio epistolaris physico-medico-mechanica / conscripta a Dominico Guglielmini philosopho et medico bononiensi et in patavino lyceo medicinae theoricae professore primario ad illustrissimum & excellentissimum dominum D. Christinum Martinelli patritium venetum. - Venetiis : Apud Aloysium Pavinum, 1705. - 280 S. ; [8°]. *NEBIS*[28]

Gutachter: Flaminio da Parma OFMRef
Gutachten: 4 S. (zu Nr. 1-2)

Gutachter: Giuseppe Pergolini OFMConv
Gutachten: 8 S. und 6 S. „Assertiones" (zu Nr. 1)

Dekret: SO 23. April 1709
Bando: SO 17. Juli 1709 (zu Nr. 1)[29]

ACDF SO CL 1708-1710, Nr. 14

1709. Censura in Libr. anonym., cui titul.: Justification dù Silence respecteux, ou response aux instructions Pastorales, et autres Ecrits de M. l'Archeveque de Cambray. Tome troisieme 1707.

Anonym [FOUILLOU, JACQUES ; PETITPIED, NICOLAS]: Justification du silence respectueux, ou réponse aux instructions pastorales et autres écrits de M. l'archevêque de Cambray. - [Paris] : [S.n.], 1707. - 3 vol. - 12°. *UU, CCFR*[30]

Gutachter: Tommaso Giuseppe Studendoli OM
Gutachten: 7 S.

Dekret: SO 23. April 1709
Bando: SO 17. Juli 1709

ACDF SO CL 1708-1710, Nr. 15

1709. Censura in Libr. Anonym., cui titul.: Defense de Tous les Theologiens, et en particulier des discipules de S. Augustin contre le Ordinance de M. l'Eveque de Chartres du 3 Aoust 1703.[31]

Anonym [FOUILLOU, JACQUES]: Défense de tous les théologiens, et en particulier des disciples de S. Augustin, contre l'ordonnance de M. l'évêque de Chartres, du 3 d'août 1703. - [S.l.] : [S.n.], 1704. - XXIV, 540 S. ; 12°. *CCFR*

28 Abweichende Umfangsangabe nach *SBN*: [16], 280 S. Formatangabe ergänzt nach *SBN*.
29 Zum unter Nr. 2 verhandelten Werk wurden keine weiteren Informationen aufgefunden.
30 Nach *Abes* ist das Werk möglicherweise in den Niederlanden erschienen.
31 Vgl. auch ACDF SO CL 1706-1707, Nr. 35

Gutachter: Bertoldo Crassous a SS.mo Sacramento[32]
Gutachten. 3 S., 23. April 1709

Dekret: SO 23. April 1709
Bando: SO 17. Juli 1709

ACDF SO CL 1708-1710, Nr. 16

1709. Censura in Libr. ins[criptu]m: Controversiae dogmaticae adversus haereses utriusq. Orbis etc. explicatae etc. a R. P. F. Liberio a Jesu Carmelita Excalceato.

LIBERIUS <A JESU>: Controversiae dogmaticae adversus haereses utriusque orbis occidentalis, et orientalis explicatae alumnis seminarii s. Pancratii fratrum Carmelitarum discalceatorum apud sanctum Pancratium de Urbe / a rev. p.fr. Liberio a Jesu [...] ; In tres tomos distributae. - Romae : ex typographia Bernabo, 1710. - 3 vol. ; 2°. *SBN*[33]

Gutachter: Giovanni Antonio Sessa e Sidoti OFMObs
Gutachten: 2 S., [24. April 1709][34]

ACDF SO CL 1708-1710, Nr. 17

1709. Non permittitur impressio folii continentis Decretum una cum notis factis a P[at]re Dominicano S. Marci Cardinalis Tournon Legati a Latere in Sinis, quo Christi Ministris ad Imperatoris Tribunal citatis etc. praescribit, atque decernit quid illis sit respondendum simulq. S. Ap[osto]licae iudicium de Cultu Sinensium die 20 Novembr. 1704. Romae datum etc.

MAILLARD DE TOURNON, CHARLES THOMAS <Kardinal ; päpstl. Visitator in Indien und China>: Decretum Eminentiss[i]mi Cardinalis Turnonij. Datum Nankini die 25. Januarij 1707. Publicata Nankini die 7. februarij 1707. - [Nankini], 1707. - 2 S. (Manuskript) *ACDF SO CL 1708-1710, Nr. 17*[35]

---

32 Als externer Gutachter.

33 Neuaufl. Vol. 1 u.d.T.: Tomus primus de ecclesia militante, et de praetenso primatu anglicano : Hoc opus Sacrae Congregationis Sancti Officii decreto jam suspensum donec corrigatur, nunc eadem Sacra Congregatione permittente correctum, denuo in lucem prodit. (1710). - [34], 584, [56] S. *SBN*. Gegenstand der Prüfung war ein Vergleich mit der Ausg.: LIBERIUS <A JESU>: Controversiae dogmaticae adversus haereses utriusque orbis occidentalis, et orientalis explicatae alumnis seminarii s. Pancratii fratrum Carmelitarum discalceatorum apud sanctum Pancratium de Urbe / A rev. p. fr. Liberio a Jesu [...]. - In tres tomos distributae. - Romae : typis, & sumptibus Cajetani Zenobii, & Georgii Plachi, 1701. - 3 vol. ; 2°. *MAI*. Der Gutachter sollte prüfen, ob die Korrekturen, die vom SO aufgrund der Ausg. Romae 1701 auferlegt worden waren, in der hier beantragten Neuaufl. umgesetzt worden sind. Vgl. auch ACDF SO CL 1704-1705, Nr. 6 und Nr. 14.

34 Mit Dekret SO vom 24. April 1709 wurde die Druckerlaubnis mit der Auflage erteilt, das Werk zu korrigieren.

35 Erklärendes Beiblatt zum Dekret u.d.T.: Notae ad Superioris Decreti Intelligentia. - 1 S. (Manuskript).

1. ♦ MAILLARD DE TOURNON, CHARLES THOMAS <Kardinal ; päpstl. Visitator in Indien und China>: Acta apud Sinas in causa rituum post decretum Clementis XI / (par Ch. Maillard de Tournon). - [S.l.] : [S.n.], [1704]. - 41 S. *CCFR*

2. ♦ MAILLARD DE TOURNON, CHARLES THOMAS <Kardinal ; päpstl. Visitator in Indien und China>: Decret de l'Eminentissime cardinal de Tournon envoyé à la chine par Clement XI avec pouvoir de legat à latere par lequel il ordonne et prescrit ce que doivent repondre les ministres de Jesus Christ, citez au tribunal de l'empereur, pour être interrogez de la religon chrétienne etc. (Nankin 25 janv. 1707). - [S.l.] : [S.n.], [ca. 1707]. - 4 S. ; 4°. *CCFR*

♦ MAILLARD DE TOURNON, CHARLES THOMAS <Kardinal ; päpstl. Visitator in Indien und China>: Decret de M. le Cardinal de Tournon [...] envoié à Chine par [...] Clement XI. avec les pouvoirs de Legat a latere à M. l'Évêque de Conon [...] : touchant les cultes Chinois que les Jesuites y permettent à leurs nouveaux Convertis ; avec Quelques Notes pour l'éclaircissement du Decret, 15 février 1709. - [S.l.] : [S.n.], 1709. - 4 S. ; 8°. *HBZ*

3. MAILLARD DE TOURNON, CHARLES THOMAS <Kardinal ; päpstl. Visitator in Indien und China>: Difesa del giudizio formato dalla sede apostolica nel di 20 novembre 1704, e pubblicato in Nankino dal Cardin. di Tournon, alli 7 Febbrajo 1707, intorno a riti e ceremonie cinesi, contro un libello sedizioso intitolato: „Alcune riflessioni intorno alle cose presenti della cina" / opera di un dottore della sorbona trasportata dal manoscritto francese da un Religioso italiano. - In Torino : Gio. Battista Fontana, 1709. - 4°. *CCFR*

Gutachter: keine Angabe
Gutachten: nicht aufgefunden (zu Nr. 1-3)[36]

ACDF SO CL 1708-1710, Nr. 18

1709. Censura in Libr. ins[criptu]m: Considerazioni Theologico-Politiche fatte a prò degli Editti di S. M[aest]à Cattolica intorno alle rendite ecclesiastiche del Regno di Napoli. 1708.

Item censura in Libr. ins[criptu]m: Ragioni del Regno di Napoli nella Causa de suoi Beneficii ecclesiastici, che si tratta nel real Consiglio della Maestà del Re nuovamente a tal affare ordinato etc. 1708.

Item Censura in Libr. ins[criptu]m: De re Beneficiaria dissertationes tres, ubi Caroli III. Austrii Hispan. Regis Pii, Felicis, Victoris, P.P. Augusti edictum, quo fructuum capionem in Sacerdotiis externorum, ac vagantium Clericorum iubet, tum optimo iure rectè, atq. ordine factum demostratur.

[36] Laut Rubricella wurde die Druckerlaubnis verweigert. Ein Dekret SO vom 25. September 1710, in ACDF Index Prot. 79 (1734-1735), Bl. 250, wiederholt das allgemeine Verbot von Werken zum chines. Ritenstreit.

1. Anonym [GRIMALDI, COSTANTINO]: Considerazioni theologico-politiche fatte a pro degli editti di S. Maestà cattolica interno alle rendite ecclesiastiche del Regno di Napoli. - [S.l.] : [S.n.], 1708-1709. - 2 vol. *HBZ*[37]

2. Anonym [RICCARDI, ALESSANDRO]: Ragioni del regno di Napoli nella causa de' suoi beneficj ecclesiastici : che si tratta nel real consiglio dalla maestà del re nuovamente a tale affare ordinato. - [Napoli] : [S.n.], [1708]. - [1], 24 S. *AMICUS*[38]

3. Anonym [ARGENTO, GAETANO]: De re beneficiaria dissertationes tres ubi Caroli 3. Austrii Hisp. regis [...] edictum : quo fructum capionem in sacerdotiis externorum, & vagantium clericorum jubet, tum summo, tum optimo jure, recte, atque ordine factum, demonstratur. - [S.l.] : [S.n.], 1708. - [245] S. ; 4°. *SBN*[39]

Gutachter: Alessandro Burgos e Isveglias OFMConv
Gutachten: 8 S., [16. Juli 1709] (zu Nr. 2)[40]

Gutachter: Nicola Maria Tedeschi OSB
Gutachten: 8 S., [16. Juli 1709] (zu Nr. 1 und Nr. 3)[41]

Gutachter: José de Alfaro SJ
Gutachten: 16 S., [16. Juli 1709] (zu Nr. 1)

Gutachter: José de Alfaro SJ
Gutachten: 20 S., 25. Juni 1709 (zu Nr. 3)

Dekret: SO 16. Juli 1709
Bando: Breve 27. Februar 1710; Breve 24. März 1710 (zu Nr. 1)

Dekret: CIndex 13. Mai 1709;[42] SO 16. Juli 1709
Bando: Breve 27. Februar 1710 (zu Nr. 2)

Dekret: SO 16. Juli 1709
Bando: Breve 27. Februar 1710 (zu 3)

---

37 Vermutl. Erscheinungsort nach *SBN*, s. Melzi: Napoli. Abweichender Erscheinungsverlauf nach *ICCU*, s. Melzi: 1707-1708; Formatangaben: 4° bzw. 8°. *ICCU, SBN.*

38 Am Schluss datiert: „addì 18. di giugno, 1708". *AMICUS*. Ermittelte Formatangaben: 8°. *ICCU*; 4°. *SBN*.

39 Als mögliche Erscheinungsorte werden genannt: [Napoli]. *BL, ICCU*; [Madrid?]. *REBIUN*. Abweichende Schreibweise des Herrschernamens nach *BL, REBIUN*: Caroli III. Titelvariante: De re beneficiaria dissertationes tres ubi Caroli tertii austrii hispanii regis pii felicis victoris augusti edictum quo fructum capionem in sacerdotiis externorum e vagantium clericorum jubet tum summo tum optimo jure recte atque ordine factum demonstratur. *SBN*.

40 Das Gutachten wurde wahrscheinlich im Auftrag der CIndex verfasst. Vgl. Congr. gen. der CIndex 13. Mai 1709.

41 Darüber hinaus Propositionen, 1 S., von selbigem (zu Nr. 1). Vgl., von der Hand Tedeschis, 8 S. in ACDF SO St.St. I-6-c, Nr. 7.

42 Vgl. Congr. gen. der CIndex 13. Mai 1709.

ACDF SO CL 1708-1710, Nr. 19

1709. Censura in Libr. M. Antonii Gatti ins[criptu]m: Nugae Laderchianae in Epistola ad equitem Florentinum sub nomine, et sine nomine Petri Donati Polydori vulgata. Centuria prima.

GATTO, ANTONINO: Nugae Laderchianae in epistola ad equitem Florentinum sub nomine & sine nomine Petri Donati Polydori vulgata : Centuria prima / Accurante m. Antonio Gatto j.c. [...]. - Genuae : typis Jo. Mariae Ferroni, 1709. - [12], 144, [2] S. ; 8°. *SBN*

Gutachter: Giovanni Damasceno Bragaldi OFMConv
Gutachten: 15 S., [13. August 1709][43]

Gutachter: Nicola Castelli CM
Gutachten: 11 S., [20. August 1709]

Dekret: SO 20. August 1709
Bando: SO 22. Juni 1712

ACDF SO CL 1708-1710, Nr. 20

1709. Monentur Catholici in America degentes quod caveant a Lectura Bibliorum noviter impressorum Londini in idiomate Americano, ne a tali Lectura contaminetur vera Catholica Ecclesia, et Fides, quam profitentur.

♦ The Holy Bible, containing the Old Testament and the New : Newly translated out of the original tongues, and with the former translations diligently compared and revised [...]. - London : printed by Charles Bill, and the executrix of Thomas Newcomb, 1709. - [1128] S. ; 2°. *COPAC*

Gutachter: keine Angabe
Gutachten: nicht aufgefunden[44]

Weiterhin Beiliegend: Estratto della Gazetta di Leiden num. 50, Londra 25 Giugno 1709, 28 Giugno 1709, 9 Luglio 1709. - [1709]. (Manuskript)[45]

---

43 Vgl. ACDF SO St.St. UV 57, Nr. 18.

44 Laut Dekret SO vom 21. August 1709 sollte das Staatssekretariat den Generalinquisitor Spaniens und die Nuntien von Frankreich und Portugal in Kenntnis setzen, dass die Katholiken in Amerika die kürzlich in London gedruckte Bibel nicht lesen dürften.

45 Ermittelt wurde: Nouvelles extraordinaires de divers endroits [Gazette de Leyde]. - a Leyde : Par Etienne Luzac, (1680) - (1798, 4. Mai). - 4°. *COPAC*, *HBZ*. Auch bekannt u.d.T.: Gazette de Leyde. Hauptsacht. 1684, 23.März u. 28.Sept.: Nouvelles solides et choisies. - 1685, 15. Febr.: Nouvelles choisies et véritables. Erscheinungsweise zweimal wöchentlich. Erscheinungsverlauf: 1680 - 1798, 4. Mai. Forts.: Nouvelles politiques. - [A Leide, au Bureau des Nouvelles Politiques, par Abraham Bussé, le jeune]. Hg./Verleger: J.A. de La Font; Étienne Luzac [u.a.], s. L. E. Hatin: Bibliographie [...] de la presse périodique francaise [...], 1866, S. 85. *COPAC*.

ACDF SO CL 1708-1710, Nr. 21

1709. Censura in Libellos inscriptos.

1.us: Mandement de Monsegnieur L'Eveque de Saint Ponts, touchant l'acceptation de la Bulle de N. S. le Pape Clement XI. sur le cas signé par XI. Docteurs avec la Justification des XXIII. Eveques etc.

2.us inscribitur: Novelle Lettre de Mons[igneu]r l'Evesque de Saint Ponts, qui refute celles de Mons[igneu]r l'Archevesque de Cambray.

3.us inscribitur: Lettre de Mons[igneu]r Eveque de S. Ponts a Mons[igneu]r l'Archeveque de Cambray etc.

4.us inscribitur: Response de M[onsigneu]r l'Eveque de S. Ponts alla Lettre de M[onseigneu]r Archeveque de Cambray.

1. MONTGAILLARD, PIERRE JEAN-FRANÇOIS DE PERCIN DE <Saint-Pons-de-Thomières, Bischof>: Mandement de monseigneur l'évêque de S-Pons, touchant l'acceptation de la bulle de N.S.P. le pape Clément XI sur le Cas signé par les XL docteurs, avec la justification des XXIII évêques qui, voulant procurer la paix à l'Eglise de France, en 1667, se servirent de l'expression du Silence respectueux, pour marquer la soumission qui est due aux décisions de l'Eglise sur les faits non revelés ; avec les moyens de rétablir à présent cette paix. (31 octobre 1706.) [Acte. 1706-10-31]. - Béziers : P. Barbue, [1706]. - 8°. *BNF*[46]

2. MONTGAILLARD, PIERRE JEAN-FRANÇOIS DE PERCIN DE <Saint-Pons-de-Thomières, Bischof>: Nouvelle lettre de M[onseigneur]r l'Evêque de Saint-Pons qui réfute celles de Mgr l'Archevêque de Cambray, touchant l'infaillibilité du Pape. [22 mai 1706.] - [S.l.] : [S.n.], 1706. - 105 S. ; 8°. *CCFR*[47]

3. MONTGAILLARD, PIERRE JEAN-FRANÇOIS DE PERCIN DE <Saint-Pons-de-Thomières, Bischof>: Lettre de M[onseigneu]r l'Evêque de S.-Pons à M[onseigneu]r l'Archevêque de Cambrai, où il justifie les 19 évêques qui écrivirent en 1667 au Pape et au Roi, au sujet des 4 célèbres évêques d'Alet, de Pamiez, de Beauvais et d'Angers [9 juin 1705]. - [S.l.] : [S.n.], [S.a.]. - 31 S. ; 8°. *CCFR*[48]

---

46 Ermittelt wurden auch: MONTGAILLARD, PIERRE JEAN-FRANÇOIS DE PERCIN DE <Saint-Pons-de-Thomières, Bischof>: Mandement de M[onseigneu]r l'evesque de St Pons touchant l'acceptation de la bulle de N.S.P. le pape Clément XI sur le cas signé par XL. docteurs, avec la justification des XXIII. évêques [...] avec les moyens de rétablir à présent la paix. - Béziers : P. Barbue, [1706]. - 134 S. ; 12°. *Abes*; MONTGAILLARD, PIERRE JEAN-FRANÇOIS DE PERCIN DE <Saint-Pons-de-Thomières, Bischof>: Mandement de M[onseigneu]r l'évêque de S. Pons touchant l'acceptation de la bulle de N.S.P. le pape Clément XI sur le cas signé par 40 docteurs, avec la justification des 23 évêques qui [...] en 1667, se servirent de l'expression du Silence respectueux pour marquer la soumission qui est dûe aux décisions de l'Eglise sur les faits non révelez. - [S.l] : [s.n.], 1706. - 87 S. ; 8°. *Abes*.

47 Ermittelt wurde auch: MONTGAILLARD, PIERRE JEAN-FRANÇOIS DE PERCIN DE <Saint-Pons-de-Thomières, Bischof>: Nouvelle lettre de Mgr. l'évesque de Saint-Pons, qui réfute celles de Mgr. l'archevesque de Cambray touchant l'infaillibilité du pape. (22 mai 1705). - [S.l.] : [S.n.], 1706. - 107 S. ; 12°. *CCFR*.

48 Abweichende Umfangs- und Formatangabe nach *CCFR*: 24 S. ; 12°.

4. MONTGAILLARD, PIERRE JEAN-FRANÇOIS DE PERCIN DE <Saint-Pons-de-Thomières, Bischof>: Réponse de M[onseigneu]r l'Evêque de S. Pons à la lettre de Mgr l'Archevêque de Cambrai [22 mai 1706]. - [S.l.] : [S.n.], [S.a.]. - 147 S. ; 12°. *CCFR*

Gutachter: Nicola Castelli CM
Gutachten: 11 S., [17. Juli 1708] (zu Nr. 1-4)

Gutachter: Pietro Francesco della Concezione SP
Gutachten: 4 S. und 2 S., [29. September 1709][49] (zu Nr. 1)

Dekret: SO 17. Juli 1708; SO 10. September 1709[50]
Bando: SO 17. Juli 1709; Breve 18. Januar 1710 (zu Nr. 1-4)

ACDF SO CL 1708-1710, Nr. 22

1709. Censura in Libr. in Lingua Hollandica impress., cui titul. Latinè redditus: Novum Testamentum D. N. J. Christi cum brevibus declarationibus super obscuris locis et Chronico de vita Nostri Salvatoris, et Actis Apostolorum. Embricè 1696.[51]

Het Nieuwe Testament van Onsen Heere Jesus Christus : met korte verklaringen op de duystere plaetsen, een chronycke van het leven Onses Saligmakers en van de wercken der Apostelen, landt-kaertjens, en een tafel der rycken, landtschappen, steden &c. die in 't Nieuwe Testament bekent staen / [vert. door A. v. d. Schuur]. - Tot Emmerick : by Florentius Abbema [...], 1696. *UU*

Gutachter: Theodor de Cock SAC[52]
Gutachten: 16 S., 10. September 1709

Dekret: SO 10. September 1712
Bando: SO 22. Juni 1712

ACDF SO CL 1708-1710, Nr. 23

1709. Censura in Libr. Anonym. ins[criptu]m: Ragioni a pro della Fedelissima Città, e Regno di Napoli contro il Procedimento straordinario nelle cause del S. Off[ici]o.

Anonym [CARAVITA, NICCOLO]: Ragioni a pro della fedelissima citta e Regno di Napoli contr'al procedimento straordinario nelle cause del Sant'Officio : divisate in

[49] Propositionen.
[50] Laut Dekret SO vom 10. September 1709 sollten diese vier Bücher per Breve verboten werden; am 26. September 1709 wurde entschieden, die Gründe für die Verbote in das Breve einzufügen.
[51] Vgl. ACDF SO Tit.Libr. 1702-1704, Nr. 16.
[52] Als externer Gutachter. Theodor de Cock (Utrecht 1650-Rom 1720), Magister theol. und Kanoniker an S. Lorenzo, war in Rom seit 1706. Vgl. zu ihm auch ACDF SO CL 1704-1705, Nr. 21 und ACDF SO CL 1718-1721, Nr. 3.

tre capi [...]. - [Napoli] : [Acampora], [1709?]. - [16], 7, [1], [8], 163, [9] S. ; 8°. *MAI*[53]

Gutachter: Nicola Maria Tedeschi OSB
Gutachten: 3 S., [14. Dezember 1709]

Dekret: SO 19. Dezember 1709
Bando: Breve 17. Februar 1710

ACDF SO CL 1708-1710, Nr. 24

1710. Censura in Libr. ins[criptu]m: Concordia del Matrimonio, e del Ministerio in forma di Dialoghi esposta da Giacomo Picenino Pastore della Chiesa di Soglio. In Zurigo 1709.

PICENINO, GIACOMO: Concordia del matrimonio e del ministerio in forma di dialoghi / esposta da Giacomo Picenino, Pastore à Chiesa d. Soglio. - Zurigo : Simlero, 1709. - 108 S. ; 8°. *SBB*

Gutachter: Tommaso Giuseppe Studendoli OM
Gutachten: 4 S., [12. August 1710]

Dekret: SO 12. August 1710
Bando: SO 22. Juni 1712

ACDF SO CL 1708-1710, Nr. 25

1710. Censura in Libr. ins[criptu]m: Dialogues de Monsieur le Baron de la Hontan, et d'un Sauvage dans l'Amerique etc.

Item censura in alium Libr. ins[criptu]m: Memoires de M[onsieu]r le Chevaglier de Meevill General Major des Troupes de S. A. S. Monsieur le Duc de Cell etc.[54]

1. LAHONTAN, LOUIS ARMAND DE LOM D'ARCE DE: Dialogues de Monsieur le baron de Lahontan et d'un sauvage, dans l'Amerique : Contenant une description exacte des moeurs & des coutumes de ces peuples sauvages. Avec les voyages du meme en Portugal & en Danemarc, dans lesquels on trouve des particularitez trés curieuses, & qu'on n'avoit point encore remarquées. Le tout enrichi de cartes & de figures [...]. - A Amsterdam : Chez la veuve de Boeteman ; et se vend a Londres : chez David Mortier [...], 1704. - [16], 222 S., [6] Tafeln (gef. Bl.) ; 12°. *COPAC*[55]

---

53 Verlag, Erscheinungsort und -jahr nach der Widmung, S. [3] u. [14]. *MAI.*

54 ACDF SO CL 1706-1707, Nr. 26.

55 Die Dialoge werden auch Nicolas Gueudeville zugeschrieben. *COPAC, BNF*, s. Barbier; Quérard. Es handelt sich um die Forts. des 2. Bd. von: Nouveaux voyages de M. le baron de Lahontan dans l'Amérique septentrionale / par L.-A. de Lahontan. *BNF*. Spätere Ausg. u.d.T.: LAHONTAN, LOUIS A. de: Suite du voyage de l'Amérique ou Dialogue de M. le Baron de Lahontan et d'un sauvage de l'Amérique. *SWB*. Abweichende Formatangabe nach *HBZ*: 8°.

2. MELVILLE, ANDREW: Memoires de Monsieur le chevalier de Melvill, General Major des troupes de S.A.S. Monseigneur le duc de Cell, & grand baillif du comté de Giforn. - A Amsterdam : Chez Jacques Desbordes, 1704. - [12], 242, [10] S. ; 12°. *COPAC*[56]

Gutachter: Norbertus Delbecque OP
Gutachten: 9 S., 18. August 1706 (zu Nr. 1-2)[57]

Gutachter: Pietro Francesco della Concezione SP
Gutachten: 5 S., [12. August 1710] (zu Nr. 1)

Dekret: SO 12. August 1710
Bando: SO 22. Juni 1712 (zu Nr. 1)

ACDF SO CL 1708-1710, Nr. 26

1710. Censura in Libr., cui titul.: Vestimento per le nozze dell'Agnello qui in terra composto da Giacomo Piccinino. In Coira 1709.

PICENINO, GIACOMO: Vestimento per le nozze dell'agnello qui in terra / comp. da Giacomo Piccinino. - Coira : G. G. Smid, 1709. - 54 S. ; 8°. *SBB*

Gutachter: Tommaso Giuseppe Studendoli OM
Gutachten: 4 S., [12. August 1710]

Dekret: SO 12. August 1710
Bando: SO 22. Juni 1712

ACDF SO CL 1708-1710, Nr. 27

1710. Censura in Libr. ins[criptu]m: Anacreonte tradotto dal Greco in Versi Toscani dal Dot. Alessandro Marchetti Pistoiese, e primo Lettore di Matematica in Pisa.

ANACREON ; MARCHETTI, ALESSANDRO (Übers.): Anacreonte / tradotto dal testo greco in rime toscane da Alessandro Marchetti accademico della Crusca. - In Lucca : per Leonardo Venturini, 1707. - [8], 71, [1] S. ; 4°. *MAI*[58]

Gutachter: Alessandro Lorenzo Zaccagni
Gutachten: 6 S., [25. September 1708]

Gutachter: Giovanni Battista de Miro OSB
Gutachten: 6 S., [12. August 1710]

---

56 Abweichende Formatangabe nach *GBV*: 8°.

57 Zu Nr. 2, vgl. ACDF SO CL 1706-1707, Nr. 26.

58 Titelvariante: Anacreonte tradotto dal greco. *SBN*. Vgl.: ANAKREON ; ESTIENNE, HENRI (Übers.): [Melē] Anakreontos// T¯eiu Mel¯e (Anakreontos Tēïu Melē) = Anacreontis// Teij odae / Ab Henrico Stephano luce & Latinitate nunc primum donatae. - Lvtetiae : Apud Henricum Stephanum, 1554. - [8], 110 S. ; 4°. *SBB*. Einheitssacht.: Carmina <griech.>. Text griech. und lat. *SBB*. Abweichende Umfangsangabe nach *SWB*: [4] Bl., 110 S.

Dekret: SO 12. August 1710
Bando: SO 22. Juni 1712

ACDF SO CL 1708-1710, Nr. 28

1710. Censura in Libr. ex hispanico idiomate in Linguam italicam translatum, cuius titul.: Pratica del Confessionario 1.ª, e 2.ª parte, e spiegazioni delle Proposizioni condannate dalla Sant[it]à di N. S. Papa Clemente XI., ed Alessandro VII. del P. Giacomo di Correglia Cappuccino etc. Genova 1707, e Parma con aggiunte.

CORELLA, JAIME DE: Pratica del confessionario e spiego delle proposizioni condannate dalla santita di N.S. papa Innocenzo 9, et Alessandro 7. Sua materia. I casi piu scelti della teologia morale. Sua forma. Un dialogo fra il confessore, et il penitente. Prima parte. La consacra alla sourana imperatrice de'cieli. Maria santissima signora nostra / il P. F. Giacomo di Correglia capuccino lettore di teologia, e missionario apostolico della prouincia della purissima concezzione del regno di Nauarra etc. tradotta dall'idioma spagnuolo nell'italiano dal P.F. Pietro Francesco da Como dell'ordine stesso nella prouincia di Genoua. - Genova : per Antonio Casamara [...], [1706?]. - [16], 592 S. ; [4°]. *SBN*[59]

CORELLA, JAIME DE: Pratica del confessionario, e spiegazione delle proposizioni condannate dalla santita di N.S. Papa Innocenzo 11., & Alessandro 7. Sua materia. I casi piu scelti della teologia morale [...] Prima [-seconda] parte. La consacra [...] / il P. F. Giacomo di Coreglia capuccino [...] Tradotta dall'idioma spagnuolo nell'italiano dal P. F. Pietro Francesco da Como [...]. - Seconda edizione. - In Parma : per Paolo Monti, 1707. - [16], XXXIX, [1], 671, [1] S. ; 4°. *SBN*

Gutachter: Mattia di S. Maria OCD
Gutachten: 12 S., [20. September 1707]

59 Ermittelt wurde auch die Ausg.: CORELLA, JAIME DE: Pratica del confessionario e spiego delle proposizioni condannate dalla santita di n.s. Papa Innocenzo 11., & Alessandro 7. Sua materia. I casi piu scelti della teologia morale. Sua forma. Vn dialogo fra il confessore, et il penitente. Prima [-seconda] parte la consacra [...] / il p.f. Giacomo di Correglia [...] Tradotta dall'idioma spagnuolo nell'italiano dal p.f. Pietro Francesco da Como [...]. - In Genova : per Antonio Casamara [...], [1705]. - [16], 592 S. ; 2°. *SBN*. Vgl. u.a.: CORELLA, JAIME DE: Practica de el confessonario, y explicacion de las 65. proposiciones condenadas por la santidad de n.s.p. Inocencio 11. su materia los casos mas selectos de la theologia moral. Su forma un dialogo entre el confessor, y penitente / Su autor el p. fr. Iayme de Corella [...] capuchino [...]. Anadido, y corregido nuevamente en esta quarta impression. Le dedica al [...] senor don fray Ivan Thomas de Rocaberti [...]. - En Valencia : en la imprenta de Iayme de Bordazar [...] vendense en la casa de Pedro Andres Lazaro [...], 1689. - [48], 355, [1] S. ; 4°. *SBN*. Ermittelt wurden zahlreiche weitere Ausg., z.B.: CORELLA, JAIME DE: Practica de el confessonario, y explicacion de las sesenta y cinco proposiciones condenadas por la Santidad de N.S.P. Inocencio XI. Su materia, los casos mas selectos de la theologia moral, su forma, un dialogo entre el confessor, y penitente. - Dezimaoctava impression. Nuevamente reconocida, y mejorada por su autor [...] Primera parte, etc. (Practica del confessonario, y explicacion de las XLV. proposiciones condenadas por la Santidad de N. M. S. P. Alexandro VII. [...] Segunda parte, etc.). - Madrid : Herederos de Gabriel de Leon, 1698. - XXVI, 4[93] S. ; 2°. *REBIUN*.

Gutachter: Baldassare di S. Filippo Neri OCist
Gutachten: 10 S., [12. August 1710] (zur Ausgabe Parma 1707)

Dekret: SO 12. August 1710
Bando: SO 22. Juni 1712

ACDF SO CL 1708-1710, Nr. 29

1710. Censura in Manus[criptu]m cui titul.: Scuola Statico Mecanico Thaumaturga etc.[60]

Das Manuskript wurde nicht ermittelt

Gutachter: Antonio Baldigiani SJ[61]
Gutachten: 2 S., [19. August 1710][62]

ACDF SO CL 1708-1710, Nr. 30

1710. Censura in Libr., cui titul. Il nuovo Testamento di G. Cristo N. S. nuovamente rivveduto, e ricorretto secondo la verità del Testo Greco, et illustrato di molte, et utili annotazioni. In Coira 1709.

Il Nuovo Testamento [di Giesu Christo nostro signore] : Nuovamente riveduto e ricorretto secondo la verità del testo greco, & illustrato di molte & utili annotationi. - Coira : [S.n.], 1709. - 483 S. ; 4°. *COPAC*

Gutachter: Antonio Baldigiani SJ[63]
Gutachten: 4 S., [19. August 1710]

Dekret: SO 19. August 1710
Bando: SO 22. Juni 1712

ACDF SO CL 1708-1710, Nr. 31

1710. Censura in duos Libell.

1.us inscribitur: Seconde Lettre a une Dame sul'Excommunication iniuste pour servir de response a un Libelle intitulè Preservatif etc.

2.us inscribitur: Troisième Lettre ad une Dame sur l'Excomunication injuste avec des Reflexions sur un Libelle intitulè second Preservatif.

---

60 Vgl. ACDF SO Tit.Libr. 1705-1710, Nr. 95.

61 Zu Baldigiani (Florenz 1647-Rom 1711) vgl. Prosopographie 17. Jh.

62 Mit Dekret SO vom 19. August 1710 wurde die Druckerlaubnis erteilt; aus dem Prolog sollten jedoch die Wörter „Scuola etc." entfernt werden. Zu diesem Zweck wurde das Werk dem Inquisitor von Bologna zugestellt.

63 Als externer Gutachter.

1. Anonym [PETITPIED, NICOLAS]: Seconde lettre à une dame sur l'excommunication injuste : Pour servir de réponse à un libelle intitulé, Préservatif [...]. - [S.l.] : [S.n.], 1708. - 37 S. ; 8°. *CCFR*

2. Anonym [PETITPIED, NICOLAS]: Troisième Lettre à une dame sur l'excommunication injuste : avec des reflexions sur un libelle intitulé: Second préservatif [...]. - [S.l.] : [S.n.], 1708. - 82 S. ; 12°. *CCFR*

Gutachter: Raffaele Cosimo Girolami
Gutachten: 9 S., [19. August 1710] (zu Nr. 1-2)

Dekret: SO 19. August 1710[64]
Bando: nicht aufgefunden (zu Nr. 1-2)

ACDF SO CL 1708-1710, Nr. 32

1710. Censura in pauca folia Libelli ins[cript]i: Traitè della Pauvretè, ou Brefs discours sur l'osservance de la Pauvretè des Freres Mineurs, composè par le R. P. Frere Jean de Fane.

♦ GIOVANNI <DA FANO>: Bref discours sur l'observance de la pauvreté : Regle et testament / Jean De Fano. - [S.l.] : [S.n.], 1629. *IBISWEB*[65]

Gutachter: Nicolas du Mortier MI
Gutachten: 4 S., [nach 2. September 1710]

ACDF SO CL 1708-1710, Nr. 33

1710. Censura in Libell. ins[criptu]m: Relation Abregee de l'affaire suscitee au S[ain]t Guillaume Vandenesse Pasteur de S. Catherine a Bruxelles pour respondre a une Novelle Plainte de ce Prelat le 2 Janver 1710.

Relation abregee de l'affaire suscitée par M. l'archeveque de Mailines au Sr. Guillaume van de Nesse pasteur de Sainte Catherine à Bruxelles : Pour repondre à une nouvelle plainte de ce prelat. - [S.l., Brussels?] : [S.n.], [im Kolophon: Le 25. janvier 1710]. - 11, [1] S. ; 4°. *COPAC*

---

64 Die Publikation des Verbots sollte erst nach Vorlage aller drei Briefe stattfinden.

65 Ermittelt wurde auch: GIOVANNI <DA FANO>: Brevis discursus super observantia paupertatis Fr. Minorum / auctore R.P.F. Joanne de Fano. - In: Regula et testamentum seraphici P. Francisci, cum Declarationibus ejusdem aliisque instructionibus ad institutionem novitiorum [...]. - Antverpiae : ex officina Plantiniana [Balthasaris Moreti], 1624. - 32°. *CCFR*; GIOVANNI <DA FANO>: Brevis discursus super observantia paupertatis Fr. Minorum [...]. - In: Regula et testamentum seraphici P. Francisci [...]. - [S.l.] : [S.n.], 1631. - 24°. *BL*; GIOVANNI <DA FANO>: Brevis discursus super observantia paupertatis Fr. Minorum [...]. - In: Regula et testamentum seraphici P. Francisci [...]. - [S.l.] : [S.n.], 1692. - 24°. *BL*. Ermittelt wurde außerdem: GIOVANNI <DA FANO>: Regula et testamentum seraphici patris nostri s. Francisci / Compendioso discorso dil p. fra Giouanne da Fano, sopra il stato dell'altissima pouertà euangelica de frati minori. - Mediolani : [per Francesco & Simone fratelli Moscheni], 1554. - [38] S. ; 24°. *ICCU*; GIOVANNI <DA FANO>: Regula, et testamentum seraphici patris nostri S. Francisci : Cum discursu super observantia paupertatis / authore R. P. F. Ioanne de Fano [...]. - Antverpiae : ex off. Ch. Plantini, 1589. - 452 S. *BAV*.

Gutachter: Nicolas du Mortier MI
Gutachten: 2 S., [2. September 1710]

Dekret: SO 2. September 1710
Bando: SO 22. Juni 1712

ACDF SO CL 1708-1710, Nr. 34

1710. Censura in folium, et libellum ins[criptu]m: Lode sopra li dodeci Privilegi concessi dalla S[anti]s[si]ma Trinità alla Beatis[sim]a Vergine in onore della sua immacolata concezione etc.

Das Werk wurde nicht ermittelt

Gutachter: Antonio Maria Castelli OSM
Gutachten: 4 S., [2. September 1710]

Dekret: SO 2. September 1710
Bando: SO 22. Juni 1712

ACDF SO CL 1708-1710, Nr. 35

1710. Censura in Libr. ins[criptu]m: Protestatio Romano-Catholici Cleri in praecipuis Oppidis Hollandiae Meridionalis contra pubblicatores, ac propagatores quarumdam Epistolarum gerentium nomen Joan. Bap[tis]tae Bussi Nunc. Apostolici per J. C. Van-Vukel I.V.L. Capitularem Romano-Catholicae Ecclesiae Ultraiectinae. 1710.

ERCKEL, JOHANNES CHRISTIAN: Protest van de Rooms-Catholyke clergie der voornaeme steden van Zuijt-Holland, en van hunne medestanders, tegen de uytgevers en verbreyders van zeekere brieven, den naem voerende van [...] Joannes Baptista Bussy [...] beweerd tegen het [...] boek, bedriegelijk genaemt Troost-schrift voor de Rooms-Catholyken, door de Vereenigde Provincien verspreyd, enz. / door J. C. van Erkel. - Tot Delft : voor Hendrik van Rhyn, 1710. - 160, [2] S. ; 4°. *UU*[66]

Gutachter: Theodor de Cock SAC[67]
Gutachten: 20 S., [2. September 1710]

Dekret: SO 2. September 1710
Bando: SO 15. April 1711

ACDF SO CL 1708-1710, Nr. 36

1710. Censura in folia ins[cript]a: Denunciatio Solemnis Bullae Clementinae, quae incipit: Vineam D[omi]ni Sabaoth etc.

---

66 Im Jahr 1710 erschien auch eine lat. Ausg. des Werks. *UU*.

67 Als externer Gutachter. Vgl. zu ihm ACDF SO CL 1708-1710, Nr. 22.

Denuntiatio solemnis bullae Clementinae (quae incipit: Vineam Domini Sabaoth &c.) facta universae ecclesiae catholicae, ac praesertim omnibus hierarchis ejus: tamquam evertentis doctrinam gratiae qua christiani sumus [...]. - [S.l.] : [S.n.], [1709]. - 12 S. *UU*[68]

Gutachter: Bonaventura Santelia TOR
Gutachten: 6 S., [2. September 1710]

Dekret: SO 2. September 1710
Bando: SO 22. Juni 1712

ACDF SO CL 1708-1710, Nr. 37

1710. Censura in Manus[criptu]m, cui titul.: Alcune riflessioni intorno all'Opera data in luce da Giacomo Picenino sotto titolo di Apologia per i Reformatori.

Alcune riflessioni intorno all'Opera data in luce da Giacomo Picenino sotto titolo di Apologia per i Reformatori. - [S.a.]. (Manuskript) *Das Manuskript wurde nicht nachgewiesen*[69]

Gutachter: Paolo Maria Cauvini OP
Gutachten: 3 S., [2. September 1710][70]

ACDF SO CL 1708-1710, Nr. 38

1710. Censura in Manus[criptu]m, cui titul.: Breve dichiarazione degli tre Serafici Santuari della Sacratissima Vergine Madre di Dio, e del suo gran S. Padre n[ost]ro Francesco nel sacro luogo di Porziuncula presso Assisi etc. da Fr. Octavio Zarettini de Min. Osserv[an]ti.

ZARETTINI, OCTAVIO: Breve dichiarazione degli tre Serafici Santuari della Sacratissima Vergine Madre di Dio, e del suo gran S. Padre n[ost]ro Francesco nel sacro luogo di Porziuncula presso Assisi [...] / da Fr. Octavio Zarettini de Min. Osserv[an]ti. - [S.a.]. (Manuskript). *Das Manuskript wurde nicht nachgewiesen*

Gutachter: [Antonio Maria Castelli OSM]
Gutachten: 4 S., [2. September 1710][71]

---

68 Das Werk wird Gilles de Witte zugeschrieben. *UU*.

69 Das Manuskript bezieht sich auf: PICENINO, GIACOMO: Apologia per i Riformatori e per la Religione Riformata Contro le Invettive di F. Panigarola, e P. Segneri. - Coira : G.-G. Smid, 1706. - 55[?] S. ; 16°. *ICCU*. Ermittelt wurde auch die Ausg.: PICENINO, GIACOMO: Apologia per i riformatori e per la religione riformata contro le Invettive di F. Panigarola, e P. Segneri / Composta da [Giacomo Picenino]. - Stampata in Coira : appresso Giangiacomo Smid, 1706. - 4°. *ICCU*.

70 Mit Dekret SO vom 2. September 1710 wurde die Druckerlaubnis erteilt.

71 Mit Dekret SO vom 2. September 1710 wurde die Druckerlaubnis verweigert; der Autor sollte abgemahnt werden.

ACDF SO CL 1708-1710, Nr. 39

1710. Censura in Libr. ins[criptu]m: Refutation d'un Monitoire de Monseigneur l'Archeveque de Malines significè a M[onsieu]r Guillaume Vande-Nesse Pasteur de S. Catherine a Bruxell le 17. Fevrier 1708.

Anonym [RUTH D'ANS, PAUL ERNEST]: Refutation d'un monitoire de monseign[eu]r l'archeveque de Malines, signifié a Mr. Guilliaume Vande Nesse, pasteur de S.[ain]te Catherine à Bruxelles le 17. février 1708. - [S.l.] : [S.n.], [1708]. - 74 S. ; 4°. *CCFR*

Gutachter: Nicolas du Mortier MI
Gutachten: 7 S., [21. September 1710]

Dekret: SO 21. September 1710
Bando: SO 22. Juni 1712

ACDF SO CL 1708-1710, Nr. 40

1710. Censura in Libr. ins[criptu]m: Testament Politique de l'Empereur Leopol I, ou dernier Conseil d'un de ses Ministres etc.[72]

♦ Anonym: Derniers conseils ou testament politique, d'un ministre de l'empereur Leopold I. - A Roterodam : [S.n.], 1706. - [4], 71, [1] S. ; 12°. *SBN*[73]

♦Anonym: Testament politique ou Derniers conseils d'un ministre de l'empereur Léopold I : traduit de l'italien en français. - Roterdam : [S.n.], 1707. - 46 S. ; 12°. *CCFR*[74]

Gutachter: [Antonio Maria Castelli OSM]
Gutachten: 5 S., [23. September 1710]

Dekret: SO 23. September 1710
Bando: nicht aufgefunden

ACDF SO CL 1708-1710, Nr. 41

1710. Censura in Libr. ins[criptu]m: Vita della Serafica Madre, e gloriosissima Vedova S. Brigida da Svezia, Principessa di Nericia, scritta dal P. Guglielmo Burlamacchi della Cong[regazio]ne della Madre di Dio etc.[75]

BURLAMACCHI, GUGLIELMO: Vita della serafica madre e gloriosissima vedova S. Brigida di Svezia principessa di Nericia / Scritta dal padre Guglielmo Burlamacchi

---

72 Vgl. ACDF SO Tit.Libr. 1705-1710, Nr. 72.

73 Ermittelt wurde auch: Anonym: Derniers Conseils Ou Testament Politique D'Un Ministre De L'Empereur Leopold I. - Rotterdam : [S.n.], 1706. - 71 S. *GBV*; Anonym: Derniers conseils ou Téstament politique, d'un Ministre de l'empereur Léopold I. - Roterdam : [S.n.], 1706. - 63 S. *SWB*.

74 Eine ital. Orig.-Ausg. wurde nicht ermittelt.

75 Vgl. ACDF SO Tit.Libr. 1705-1710, Nr. 100.

della Congregazione della Madre di Dio. - Seconda impressione dedicata all'illustriss. signore [...] d. Tommaso Mazzaccara . - In Napoli : appresso gli eredi di Troyse, e Francesco Ricciardo, 1720. - [28], 568, [40] S. ; 4°. *MAI*[76]

Gutachter: Baldassare di S. Filippo Neri OCist
Gutachten: 4 S., [23. September 1710][77]

ACDF SO CL 1708-1710, Nr. 42

1710. Non conceditur licentia imprimendi Libr. ins[criptu]m: La Teologia del Volgo etc. dell'Arciprete Giuseppe Rossi.

Das Werk wurde nicht ermittelt

Gutachter: keine Angabe
Gutachten: nicht aufgefunden[78]

ACDF SO CL 1708-1710, Nr. 43

1710. Censura in Librum germanico idiomate impressum, cuius titul. latinè redditus: Pia suspiria animae, idest necessariae devotiones Christiani complectens in se diversas institutiones, et orationes ad S. Missam, Confessionem, Communionem, et reliquum tempus diei per Rev[erendissim]um D. J. Bock Abbatem Rhodensem etc. Coloniae 1704.

BOCK, I.: Andächtige Seelen-Seuffzer, das ist, Nothwendige Andachten eines Christen, begreiffend in sich unterschiedliche Unterrichtungen und Gebetter bey der H. Mess, Beicht, Communion, und übrigen Zeiten dess Tags / durch [...] Herrn I. Bock, Abten zu Klosterradt. - Cöllen : Arnold Metternich, 1704. - [16], 254, 80 S. *BAV*

Gutachter: Theodor de Cock SAC[79]
Gutachten: 15 S., [2. September 1710][80]

---

76 Neuausg. Ermittelt wurde auch eine weitere Ausg.: „ristampata ad istanza de'fratelli della Compagnia di S. Brigidia di Firenze", erschienen: Firenze : Stamp. Albizziniana, 1769. *HBZ*. Gegenstand der Prüfung war die Ausg.: BURLAMACCHI, GUGLIELMO: Vita della serafica madre, e gloriosissima vedova S. Brigida di Svetia principessa di Nericia / scritta dal p. Guglielmo Burlamacchi della congregatione della madre di Dio. - In Napoli : per Francesco Mollo, 1692. - [24], 568, [40] S. ; 4°. *MAI*.

77 Mit Dekret SO wurde die Erlaubnis für einen Neuausg. mit der Auflage erteilt, dass die „Protestatio" in das Werk eingearbeitet werde.

78 Mit Dekret SO vom 12. November 1710 wurde die Druckerlaubnis verweigert. Beiliegend Anzeige, 12 S., von Giuseppe Rossi.

79 Als externer Gutachter. Vgl. zu ihm ACDF SO CL 1708-1710, Nr. 22.

80 Zu diesem Werk wurde keine Entscheidung getroffen.

ACDF SO CL 1708-1710, Nr. 44

1710. Censura in Librum, cuius titul.: Horthodoxia Fidei, et Doctrinae Abatis, et Canonicorum Regularium S. Augustini Monasterii Rodensis exposita Urbi, et Orbi catholico per simplicem, candidam, et sinceram declarationem eorum, quae credunt, et docent circa haeresim quinque propositionum Janseniarum etc. 1710.

Anonym [HEYENDAL, NICOLAS]: Orthodoxia Fidei Et Doctrinae Abbatis Et Canonicorum Regularium S. Augustini Monasterii Rodensis : Exposita & exhibita Urbi Et Orbi Catholico Per simplicem, candidam & sinceram declarationem eorum quae credunt, tenent, ac docent circa haeresim quinque Propositionum Jansenianarum, caeteraque modernarum disputationum capita. Et defensa Adversus Authorem cujusdam Scripti, cui titulus, Scriptum Consolatorium Pro Romano-Catholicis, &c. [...]. - [S.l.] : [S.n.], 1710. - 80 S. *HBZ*

Gutachter: Theodor de Cock SAC[81]
Gutachten: 16 S., [2. September 1710][82]

ACDF SO CL 1708-1710, Nr. 45

1710. Censura in Edictum Senatus Parisiensis sub die 1. April. 1710, in quo supprimitur Breve S[anctissi]mi diei 18. Januar. 1710 damnans ordinationem cum aliis scriptis Episcopi S. Pontii, et Tractatum de Origine Regaliae Ardoul etc.

Arrest// De La Cour// De Parlement,// Sur deux imprimez en forme de Brefs du Pape,// du 18. Janvier 1710. l'un concernant le Mandement// & autres écrits de M. l'Evesque de Saint Pons;// l'autre touchant le Traité de l'Origine de la Regale, composé par le Sieur Audoul.// Du premier Avril 1710. - A Paris : Chez la Veuve François Muguet & Hubert Muguet// Premier Imprimeur du Roy & de son Parlement [...], 1710. - 15 S. (in falscher Reihenfolge geheftet) ; 2°. *ACDF SO CL 1708-1710, Nr. 45, CCFR*[83]

Gutachter: Tommaso Giuseppe Studendoli OM
Gutachten: 4 S., [12. August 1710]; 5 S.[84]

Gutachter: Pierre-Lambert Ledrou OSA
Gutachten: 5 S.

Gutachter: Giovanni Antonio Sessa e Sidoti OFMObs
Gutachten: 5 S., 1. September 1710

81 Als externer Gutachter. Vgl. zu ihm ACDF SO CL 1708-1710, Nr. 22.

82 Zu diesem Werk wurde keine Entscheidung getroffen.

83 Abweichende Umfangs- und Formatangabe nach *CCFR*: 14 S. ; 4°.

84 „Propositiones iussu S.C. extractae". Die übrigen Gutachten nehmen zu diesen neun Propositionen Stellung.

Gutachter:	José de Alfaro SJ
Gutachten:	Bl. 1r-13r, 25 S., 1. Oktober 1710
Gutachter:	Agostino Pipia OP
Gutachten:	37 S., 23. Oktober 1710
Gutachter:	Baldassare di S. Filippo Neri OCist
Gutachten:	19 S.
Gutachter:	Tommaso Giuseppe Studendoli OM
Gutachten:	8 S.
Gutachter:	Bonaventura Santelia TOR
Gutachten:	14 S.
Gutachter:	[Giuseppe Maria Tabaglio da Piacenza OP]
Gutachten:	18 S. „Summarium Censurarum“
Dekret:	nicht aufgefunden
Bando:	SO 22. Juni 1712

ACDF SO CL 1711-1714

ACDF SO CL 1711-1714, Nr. 1

1711. Censura in Manuscript., cui titul.: Apodixis Trina oppugnans clara methodo omnes, et singulas Theses quas sive attinentes ad Theologiam Moralem proscripsere SS. Pontifices Alex. VII., et Innoc. XI., sive spectantes ad Theologiam Polemicam confixit Alex. VIII. concinnata a R. P. Fabio Camorino Forolivien. Ord[ini]s Minorum.

CEMORINI, FABIO: Apodixis Trina oppugnans clara methodo omnes, et singulas Theses quas sive attinentes ad Theologiam Moralem proscripsere SS. Pontifices Alex. VII., et Innoc. XI., sive spectantes ad Theologiam Polemicam confixit Alex. VIII. concinnata / a R. P. Fabio Cemorino Foroliaien. Ord[ini]s Minorum. - [S.a.]. (Manuskript) *Das Manuskript wurde nicht nachgewiesen*

♦ CEMORINI, FABIO: Apodixis casuum in littera ecclesie foroliviensis [...] / Fabio Cemorino de Forolivio [...]. - Forolivii : typis Joannis Faelicis Dandi impressoris episcopalis, 1715. - [16], 489, [3] S. ; 4°. *SBN*

Gutachter: Giuseppe Maria Marchesi TOR
Gutachten: 5 S., [12. Mai 1711][1]

ACDF SO CL 1711-1714, Nr. 2

1711. Censura in Libr., cui titul.: Politica, e Religione trovata insieme nella Persona, parole, ed azioni di Gesù Cristo secondo l'Evangelio di S. Gio., di Giovanni Battista Comazzi. In Colonia 1709.[2]

COMAZZI, GIOVANNI BATTISTA: Politica e religione trovate insieme nella persona, parole, ed azioni di Giesu' Cristo secondo l'evangelio di S. Giovanni / Dal conte Gio. Battista Comazzi. - In Colonia : appresso di Evasio Folgori, 1709. - 4 vol. ; 8°. *SBN*[3]

Gutachter: Pietro Francesco della Concezione SP
Gutachten: 4 S., [12. Mai 1711]

Dekret: SO 12. Mai 1711
Bando: SO 22. Juni 1712

---

1 Mit Dekret SO vom 12. Mai 1711 wurde die Druckerlaubnis verweigert; das Manuskript sollte vom SO einbehalten werden.
2 Vgl. ACDF SO Tit.Libr. 1705-1710, Nr. 141.
3 Verlagsort wechselt. Nach *SBN* erschien vol. 3: In Trento : per Gio. Antonio Brunatti, 1709.

ACDF SO CL 1711-1714, Nr. 3

1711. Censura in seguentes Libros.

1.us inscribitur: Lettere Apologetiche in difesa della Teologia scolastica, e della Filosofia Peripatetica di Benedetto Alettino.

2.us inscribitur: Risposta alla 2.a lettera apologetica di Benedetto Alettino.

3.us inscribitur: Risposta alla 3.a lettera Apologetica contro il Cartesio creduto da più d'Aristotile di Benedetto Alettino.

1. ALETTINO, BENEDETTO <Pseudonym> [BENEDETTI, GIOVANNI BATTISTA]: Lettere apologetiche in difesa della teologia scolastica, e della filosofia peripatetica / di Benedetto Aletino [...]. - In Napoli : nella stamperia di Giacomo Raillard, 1694. - [24], 312 S. ; 12°. *SBN*[4]

2. Anonym [GRIMALDI, COSTANTINO]: Risposta alla seconda lettera apologetica di Benedetto Aletino : Opera utilissima a' professori della filosofia: in cui fassi vedere quanto manchevole sia la peripatetica dottrina. - In Colonia : appresso Sebastiano Hecht, 1702. - [18], 416 S. ; 8°. *SBN*

3. GRIMALDI, COSTANTINO: Risposta alla terza lettera apologetica contra il Cartesio creduto da piu d'Aristotele di Benedetto Aletino : Opera, in cui dimostrasi quanto salda, e pia sia la filosofia di Renato Delle Carte e perche questo si debba stimare piu d'Aristotele. - In Colonia [i.e. Napoli?] : appresso Sebastiano Hecht [i.e. Rosselli?], 1703. - [8], 515, [2] S. ; 8°. *MAI*[5]

Gutachter:	Tommaso Giuseppe Studendoli OM
Gutachten:	Bl. 443r-450v, 15 S., [18. Oktober 1703] (zu Nr. 2-3)
Gutachter:	Giacinto Maria di S. Bernardino OAD
Gutachten:	Bl. 622r-626v, 10 S., [26. Februar 1704] (zu Nr. 2-3)
Gutachter:	Carlo Filiberto Barberi OCarm
Gutachten:	4 S., 12. Mai 1711 (zu Nr. 1)
Dekret:	SO 12. Mai 1711
Bando:	CIndex 23. September 1726 (zu Nr. 2-3)[6]

Weiterhin beiliegend: [Decretum Generali Sanctae Romanae et Universalis Inquisitionis, 22. August 1675]. - Romae : Ex Typographia Reverendae Camerae Apostolicae, 1675. [Verbotsbando zu: Naturalium doctrina Andreae Pissini Lucensis, qua funditus eversis materiei primae, formaequè substantialis, [et] accidentalis, cunctisque fermè sectariorum sententiis, cuiuslibet auctoritate

4 Ermittelt wurde auch die Ausg.: ALETTINO, BENEDETTO <Pseudonym> [BENEDETTI, GIOVANNI BATTISTA]: Lettere apologetiche in difesa della teologia scolastica e della filosofia peripatetica / di Benedetto Aletino dedicate all'illustriss. et eccellentiss. signore D. Carlo Francesco Spinelli Principe di Tarsia, et c. - Napoli : Stamperia di Giacomo Raillard, 1644. - 312 S. *MAI.*

5 Nach Melzi und Parenti erschien das Werk tatsächlich in Neapel bei Rosselli. *MAI.*

6 Vgl. Congr. gen. der CIndex 23. September 1726. Das Werk unter Nr. 1 wurde nicht verboten.

posthabita, rationibus firmis inoptinata substituuntur, aut penitus obsoleta revocantur.]

ACDF SO CL 1711-1714, Nr. 4

1711. Censura in Libr. Anonym., cui titul.: Considerationes circa exactionem formulae Alexandrinae, variasque de hoc argumento difficultates, ac pugnantes inter se opiniones etc. Delphis 1711.

Considerationes circa exactionem formulae Alexandrinae, variasque de hoc argumento difficultates, ac pugnantes inter se opiniones et ostensa via pacis conformiter ad mentem summorum pontificum. - Delphis : apud Henricum van Rhym, 1711. - 72 S. ; 8°. *SBN*

Gutachter: Pietro Francesco della Concezione SP
Gutachten: 3 S., [7. Juli 1711]

Dekret: SO 7. Juli 1711
Bando: SO 22. Juni 1712

ACDF SO CL 1711-1714, Nr. 5

1711. Censura in Libell. Anonym., cui titul.: Vita della Ven. Serva di Dio Suor Geltruda Cappuccina etc. descritta in tre Libri da Fr. Gioacchino da Soragna etc.[7]

GIACHINO <DA SORAGNA>: Vita della Ven[erabil]e Serva di Dio S[uo]r Geltruda Cappuccina nel Monastero di S[ant]a Maria della Neve di Parma : descritta in tre libri / dà Fra. Gioacchino dà Soranga. - [S.a.]. (Manuskript). *Das Manuskript wurde nicht nachgewiesen*

Gutachter: Gaetano Corazza CCRRMM
Gutachten: 8 S., [23. April 1709]

Gutachter: Giovanni Damasceno Bragaldi OFMConv
Gutachten: nicht aufgefunden[8]

Gutachter: Pietro Maria Pieri OSM[9]
Gutachten: 4 S., [7. Juli 1711][10]

ACDF SO CL 1711-1714, Nr. 6

1711. Censura in Libr. ins[criptu]m: La Comte de Cabalis, ou entretiens sur les sciences secretes etc. a Cologne.[11]

7 Vgl. ACDF SO Tit.Libr. 1705-1710, Nr. 107 und ACDF SO Tit.Libr. 1710-1721, Nr. 2.
8 Laut Notiz in ACDF SO Tit.Libr. 1710-1721, Nr. 2 wurde das Werk dem zweiten Gutachter vom SO am 24. April 1709 übergeben, dieser aber referierte nicht.
9 Pietro Maria Pieri OSM ist Konsultor der CIndex.
10 Laut Dekret SO sollte das Werk vom SO einbehalten werden.

♦ Anonym [MONTFAUCON DE VILLARS, NICOLAS PIERRE HENRI]: Comte de Gabalis, ou Entretiens sur les sciences secretes renouvellé et augmenté d'une lettre sur ce sujet. - Cologne : P. Marteau, [ca. 1700]. - 155 S. ; 8°. *HBZ*[12]

♦ Anonym [MONTFAUCON DE VILLARS, NICOLAS PIERRE HENRI]: Le comte de Gabalis, ou entretiens sur les sciences secrètes / [par l'abbé de Montfaucon de Villars]. - Cologne : P. Marteau, [1684]. - 12°. *CCFR*

Gutachter: Antonio Maria Castelli OSM
Gutachten: 12 S., [7. Juli 1711]

Dekret: SO 7. Juli 1711
Bando: SO 22. Juni 1712

ACDF SO CL 1711-1714, Nr. 7

1711. Censura in Libr. ins[criptu]m: Sofilo Molossio Pastor Arcade Perugino, e Custode degli Armenti Automatici in Arcadia etc. Roma 1706.

Anonym [PASCOLI, ALESSANDRO]: Sofilo Molossio pastore arcade perugino, e custode degli armenti automatici in Arcadia : Gli difende dallo Scrutinio, che ne fa nella sua critica il signor Pietro Angelo Papi medico, e filosofo sabinese. - In Roma : nella libraria di Gio. Andreoli à Pasquino, per il Zenobj stampatore, ed intagliatore di N. Sig., 1706. - [12], 59 S. ; 8°. *MAI*

Gutachter: Antonio Baldigiani SJ[13]
Gutachten: 6 S., [7. Juli 1711]

Gutachter: Paolo Maria Cauvini OP
Gutachten: 3 S., [7. Juli 1711]

Dekret: SO 7. Juli 1711
Bando: SO 15. Juli 1711

ACDF SO CL 1711-1714, Nr. 8

1711. Censura in Libr., cui titul.: Considerazioni per le quali si dimostra la Giustizia delle lettere della M[aest]à del Rè Cattolico Carlo III., che stabiliscono doversi nelle cause appartenenti alla Religione, procedere nella Città, e Regno di Napoli e per la via ordinaria usata in tutti gli altri delitti etc. e dagli Ordinari etc. An. 1710.

F., C.: Considerazioni per le quali si dimostra la giustizia delle lettere della Maesta del re cattolico Carlo III. [...] / [C.F.]. - [S.l.] : [S.n.], 1710. - [8], 56 S. ; 4°. *SBN*

---

11 Vgl. ACDF SO Tit.Libr. 1705-1710, Nr. 139.

12 Das Werk war bereits erschienen: Anonym [MONTFAUCON DE VILLARS, NICOLAS PIERRE HENRI]: Comte de Gabalis, ou entretiens sur les sciences secrètes / [Par l'Abbé de Montfaucon de Villars]. - Cologne : P. Marteau, [1670?]. - 8°. *CCFR.*

13 Zu Baldigiani (Florenz 1647-Rom 1711) vgl. Prosopographie 17. Jh.

Gutachter: Cosimo Raffaele Girolami
Gutachten: 7 S., [7. Juli 1711]

Gutachter: Antonio Maria Castelli OSM
Gutachten: 11 S., [7. Juli 1711]

Dekret: SO 7. Juli 1711
Bando: SO 15. Juli 1711

ACDF SO CL 1711-1714, Nr. 9

1711. Censura in Volum. ins[criptu]m: Historia della Religione di Malta etc. distesa da Bartolomeo Conte del Pozzo.

DALPOZZO, BARTOLOMEO: Historia della sacra religione militare di S. Giouanni Gerosolimitano detta di Malta / del signor commendator Fr. Bartolomeo Co. Dal Pozzo veronese, caualier della medesima. - In Verona : per Giouanni Berno, 1703-1715. - 2 vol. ; 4°. *MAI*[14]

Gutachter: Antonio Panicari
Gutachten: 7 S., [12. Mai 1711][15]

ACDF SO CL 1711-1714, Nr. 10

1711. Censura in Theses propugnat. Nannetis 1707. in Collegio Clementino a Paulo Coquard Cruciacensi, quarum titul.: Quaestio Theologica. Quod est magnum Pietatis Sacramentum? hoc est de divini Verbi Incarnatione.

Das Werk wurde nicht ermittelt[16]

Gutachter: Baldassare di S. Filippo Neri OCist
Gutachten: 11 S., [12. Mai 1711][17]

ACDF SO CL 1711-1714, Nr. 11

1711. Acta in Manus[criptu]m, cui titul.: Il poco, e buono proposto principalmente ad abbracciarsi a suoi spirituali figliuoli di Dio per mezzo di Francesco Antonio Maffoli Sacerdote Fabrianese.

MAFFOLI, FRANCESCO ANTONIO: Il Poco, e Buono : proposto principalmente ad abbracciarsi// a suoi Spirituali Figliuoli// da Dio / per mezzo di Francesco Antonio Maffoli// Sacerdote Fabrianese. - [S.a.]. - 37 S. (Manuskript) *ACDF SO CL 1711-1714, Nr. 11*

---

[14] Vol. 1 u.d.T.: Parte prima che proseguisce quella di Giacomo Bosio dall'anno 1571 fin'al 1636; vol. 2 erschien: In Venezia : appresso Girolamo Albrizzi, 1715. *MAI*.

[15] In diesem Fall wurde keine Entscheidung getroffen.

[16] Laut Gutachten handelt es sich um gedruckte Thesen.

[17] Laut Rückseite des Gutachtens sollten die Thesen einem zweiten Gutachter übergeben werden. Laut Faszikelumschlag wurde zu diesem Fall keine Entscheidung getroffen.

Gutachter: keine Angabe
Gutachten: nicht aufgefunden[18]

ACDF SO CL 1711-1714, Nr. 12

1712. Censura in Theses Theologicas ins[cripta]s: De Fide, Spe, et Charitate, quas Praeside R. P. Jacobo Martin Soc. J. S. Th. Profes[sor]e defendent etc. Lovanii in Collegio Soc. Jesu die 24 Novembr. 1711.

Item Censura in duos Libellos. 1.^s inscribitur: Alterum motivum iuris in causa D[octori]s Martin cum P. P. Societatis, ac eorum Patronos, et asseclas oblatum Urbi, et Orbi etc. 2.us ins[cribitu]r: Nodus in Scirpo quaesitus Molinistis, et eorum asseclis contra Doct[ore]m Martin, sive motivum juris in Causa Thesis Lovan. etc. defensae die 3 Mart. 1712. Praeside eodem Doctore etc.

1. ♦ Anonym [MARTIN, JACQUES]: Motivum juris in causa thesium de fide, spe, et charitate : Lovanii in schola PP. Societatis Jesu defensarum 24. & 25. novembris 1711. Oblatum Sanctae Sedi. - [Louvain] : [S.n.], [1711]. - 54 S. ; 8°. *BNF*

2. Anonym? [MARTIN, FRANÇOIS]: Alterum motivum juris in causa doctoris Martin contra patres Societatis ac eorum patronos et asseclas : Oblatum urbi et orbi. [Lovanii die 23. martii 1712]. - [Louvain] : [S.n.], [1712]. - 4°. *BNF*[19]

3. MARTIN, FRANÇOIS: Nodus in scirpo quaesitus molinistis et eorum asseclis contra doctorem Martin sive motivum juris in causa thesis Lovanii in scholis theologicis defensae 5. Martii 1712. Praeside eodem Doctore : Oblatum urbi et orbi. - [S.l.] : [S.n.], [1712]. - 25 S. ; 4°. *BVB*

Gutachter: Gregorio Selleri OP
Gutachten: 11 S., [27. April 1712] (zu Nr. 1-3)[20]

Dekret: SO 27. April 1712
Bando: SO 22. Juni 1712; SO 29. November 1712 (Zu Nr. 2-3)

ACDF SO CL 1711-1714, Nr. 13

1712. Prohibetur Libellus ins[criptu]m: Conversazioni famigliari frà due Forestieri sul punto della vera, ed unica Religion Cristiana, studio molto utile, e necessario per confondere, e convertire gli Eretici ostinati etc. Dedicato etc. da C. C. Francoforte 1711.

---

18 Das Werk wurde keinem Gutachter übergeben.

19 Ermittelt wurde auch: Anonym: Alterum motivum juris in causa doctoris Martin contra Patres Societatis ac eorum patronos et asseclas [...]. [Lovanii die 23 martii 1712]. - [S.l.] : [S.n.], 1712. [8] Bl. ; 4°. *LIBIS*.

20 Laut Dekret SO vom 27. April 1712 sollte der Autor des unter Nr. 1 verhandelten Werks vom General SJ dazu angehalten werden, die Thesen nicht mehr in der Öffentlichkeit zu vertreten; das Buch sollte einem zweiten Gutachter übergeben werden, musste jedoch nicht mehr in der Sitzung referiert werden.

♦ C., C [CAMINATA, CRISTOFORO]: Converssationi. // famigliari frà due forestieri// sul punto della vera ed unica// Relligione Christiana : studio// molto utile e necessario per// confondere e convertire gl'// Eretici ostinati.// Dedicato// al merito grande dell Ill[ustrissi]mo.// Sig[no]re. Sig[no]re. Pro[...]ne. Sti[matissi]mo.// Il Sig[no]r: Gulielmo Burnetti / da C. C. - Francoforte : [S.n.], 1711. - 16 S. ; 6° [12°?]. *ACDF SO CL 1711-1714, Nr. 13, COPAC*[21]

♦ Anonym: Dialoghi// Frà B. e C. che sono due persone,// che s'incontrano in un paese stra-//niere, delle quali una ha lascia-//ta la propria Religione e s'è fatta// protestante : Tratato molto utile,// e necessario per confondere, e// convertire gl' eretici. - [S.l.] : [S.n.], [S.a.]. - 131 S. ; [6°]. *ACDF SO CL 1711-1714, Nr. 13*[22]

Gutachter: keine Angabe
Gutachten: nicht aufgefunden

Dekret: SO 13. Juli 1712; SO 15. Dezember 1744[23]
Bando: SO 18. August 1717;[24] SO 29. Juli 1722

ACDF SO CL 1711-1714, Nr. 14

1712. Non permittitur impressio Libri, cui titul.: Nove Martedi in onore di S. Anna etc. cum inter prohibitos a S. Cong[regatio]ne Indicis reperiatur.

Nove Martedi// In Honore// Di// S. Anna// Madre Gloriosissima// Di// Maria Vergine.// Dedicati / All'Illustriss. Sig. Conte// Girolamo Fracastori. (Con Licenza de' Sup.). - In Verona : Nella Stamparia Nuova, 1678. - 112, [14] S. ; 8°. *ACDF SO CL 1711-1714, Nr. 14*

Gutachter: keine Angabe
Gutachten: nicht aufgefunden[25]

Weiterhin beiliegend: Divozione// Da farsi in nove Martedì// frà l'Anno// Ad Onore Di// S. Anna// Madre Della Gran// Madre Di Dio : Estratta dal libro de' Pii Ristessi / Del// Padre Ridolfo// Religioso delle Scuole Pie,// Per Opera// Dell'Illustriss. Sig. Marchesa// Maria Laura Nerli// Rasponi// Priora della Congregazione di S. Anna,// eretta solamente per le Donne nella Chie-//sa di S. Pantaleo de PP. Chierici Re-//golari delle Scuole Pie in Roma.// Ad Istanza// Dell'Illustriss. [et] Eccellentiss. Signora// D. Ippolita Ludovisi// Boncompagni// Principessa di Piombino &c. e degnissi-//ma Primiceria di detta Venerabile// Congregazione. (Con licenza de' Superiori). - Roma : Nella Stamp. della R.C.A., 1705. - 24 S. ; 12°.

---

21 Teil 1. Abweichende Formatangabe nach *COPAC*: 12°.
22 Teil 2. Teil 1 und 2 sind zusammengebunden.
23 Vgl. ACDF SO CL 1744-1745, Nr. 8.
24 Vermutl. nicht veröffentlichter Probedruck.
25 Jedoch nicht gezeichnet, 2 S. mit einer Liste von bereits indizierten Werken, die sich mit der Verehrung der Hl. Anna befassen, und nicht gezeichnet, 1 S. Es ging um die Erlaubnis des Neudrucks des Werks. Diese wurde nicht erteilt, weil das Werk schon [im 17. Jh.] durch die CIndex verboten worden war.

ACDF SO CL 1711-1714, Nr. 15

1712. Prohibetur folium ins[criptu]m: Philosophia Universa continens Theses propugnatas Lovanii die 20 Julii, et seg. die 1712. Praeside Mag[istr]o Antonio Cinck Silvaeducen. S. T. B. F.

Item prohibentur Theses defensae Lovanii die 26 Julii 1712 ins[cript]ae: De Summo Pontifice. Quaestio Theologica; Qualis, et unde potestas, et jurisdictio Pontificia? a Fr. Antonio Rolliers Ord[ini]s S. August[in]i Praeside Gulielmo Renardi Hermaliensi.

1. CINCK, ANTONIUS (Praes.) ; COX, GOTTFRIED WILHELM GEREON (Resp.) [u.a.]: Philosophia Universa. [...] / Praeside Reverendo Adm. Doctissimoque Viro D. ac Magistro Antonio Cinck Sylvaeducensi S. T. B. F. Philosophiae Primario, & Eloquentiae Christianae Professore publico,// Ingenui ac probi Adolescentes// Godefridus Guilielmus Gereon Cox Hasselensis, Regnerus & Gerardus Backers Arnhemiensis, Felix Arnoldus Tinga Friso ex Heeren-veen,// Artium Baccalaurei, Poedagogii Porcensis Alumni, has Theses publicè tueri conabuntur Lovanii in Scholis Artium die 20. Julii horâ 9. ante & 3. post meridiem: Item die sequenti horâ 9. ante meridiem.// Anno 1712. Ad majorem Dei, Deiparaeque Virginis, ac SS. Antonii & Annae gloriam. Apud Ae. Denique. - [Lovanii?] : [S.n.], [ca. 1712]. (Einblattdruck) *ACDF SO CL 1711-1714, Nr. 15*

2. RENARD, GUILLAUME (Praes.) ; ROLLIERS, ANTOINE (Resp.): Lovanii 26. Julii Anno 1712.// De Summo Pontifice// Quaestio Theologica,// Qualis, [et] unde Potestas, [et] Jurisdictio Pontificia?// Propositiones. [...] / Praeside Eximio Viro Domino ac Magistro Nostro// Guilielmo Renardi Hermaliensi,// Defendet// Fr. Antonius Rolliers Antverpiensis// Ord. FF. Erem. S. P Augustini. - [Lovanii] : Typis Francisci vande Velde, [ca. 1712]. (Einblattdruck) *ACDF SO CL 1711-1714, Nr. 15*

Gutachter: keine Angabe
Gutachten: nicht aufgefunden (zu Nr. 1-2)

Dekret: SO 12. August 1712 (zu Nr. 1)
Bando: nicht aufgefunden

Dekret: SO 31. August 1712 (zu Nr. 2)
Bando: nicht aufgefunden

ACDF SO CL 1711-1714, Nr. 16

1712. Censura in duos Libros impressos.

1.us inscribitur: Allegazioni per la rivocazione dell'Editto publicato da R[everendissi]mi Vescovi di Catania, Girgenti, e Mazzara in contemplazione della lettera missiva della S. Cong[regazio]ne dell'Immunità sopra l'Assoluzione ad Reincidentiam senza il reggio exequatur.

2.[us] inscribitur: Propugnaculo della real jurisdicion, Protecion de las Regalias del Regio exequatur, y de la Real Monarchia etc.

1. Allegazioni per la rivocazione dell'Editto Publicato dà Reverendissimi vescovi di Catania, Girgenti e Mazzara, in contemplazione della lettera missiva della Sacra Congregazione, [...] tradotte dall'idioma spagnuolo. - [S.l.] : [S.n.], [S.a.]. - 78 S. ; [2°?]. *MAI*[26]

2. Propugnáculo de la Real Jurisdicion. Protección de las Regalias del Regio Exequatur, y de la Real Monarchia. Patrocinio de la jurisdición de los Metropolitanos, y de los privilegios del Regno de Sicilia en respuesta de las representaciones esparcidas per los [...] Obispos de Catania, Grigento y Mazzara. - [S.l.] : [S.n.], [S.a.]. - 66 S. ; 8°. *ICCU*[27]

Gutachter: Prospero Lambertini
Gutachten: 16 S. (zu Nr. 1)

Gutachter: Nicolas du Mortier MI
Gutachten: 5 S., [7. September 1712] (zu Nr. 1)

Gutachter: Cosimo Raffaele Girolami
Gutachten: 12 S. (zu Nr. 2)

Dekret: SO 7. September 1712
Bando: SO 7. September 1712 (zu Nr. 1-2)

ACDF SO CL 1711-1714, Nr. 17

1712. Ordinatur Episcopo Camerini, ut recolligat omnia Exemplaria Libelli impressi Casuum Moralium cum suis decisionibus edit. 1712; et casum super sollicitationem in Confessione negativè resolutum iterum iubeat proponi, et affirmativè resolvi, ac subindè iterum imprimi curet, praevia etiam approbatione Vicarii S. Off[ic]ii.

Decisiones// Casuum Conscientiae,// In Consuetis Congregationibus Discussorum// In Civitate, Et Diaecesi Camerinensi// Iussu// Illustrissimi, [et] Reverendissimi Domini// Bernardini Belluccii// Dictae Civitatis Antistitis, [et] SS.D.N.D.// Clementis PP. XI. Praelati Domestici,// eiusq. Pontificij Solij Episcopi Assistentis,// Editae / Ab admodùm Rev. P. Dionysio Peraugustino Camerte// Congregationis Hospitij S.C. Caroli nuncupat, Presbytero S.T.D.// Eiusdem Ill. De Episcopi

---

26 Ermittelt wurde auch: Allegazioni per la rivocazione / publicato da' reverendissimi vescovi di Catania, Girgenti, e Mazzara, in contemplazione della lettera missiva della Sacra Congregazione, dell'Immunita, sopra l'assoluzioni ad reincidentiam, senza il regio exequatur : Tradotte dall'idioma spagnuolo. - [S.l.] : [S.n.], [ca. 1712]. - [2], 78, [2] S. ; 2°. *SBN*. Die span. Orig.-Ausg. wurde nicht ermittelt.

27 Ermittelt wurde auch die ital. Ausg.: Propugnacolo della regal giurisdizione, protezione delle regalie del regio exequatur, e della regia monarchia, patrocinio della giurisdizione de' metropolitani, e de' privilegi del regno di Sicilia, in risposta delle rappresentazioni sparse dall'illustrissimi signori vescovi di Catania, Girgenti, e Mazzara [...]. - [S.l.] : [S.n.], [ca. 1712]. - 66, [2] S. ; 2°. *SBN*.

Theologo, ac dictarum Congregationxm // Casuum Praefecto. - Camerini : Praelis Marianis apud Portam Iuliam, 1712. - 16 S. ; 4°. *ACDF SO CL 1711-1714, Nr. 17*

Gutachter: keine Angabe
Gutachten: nicht aufgefunden[28]

ACDF SO CL 1711-1714, Nr. 18

1713. Censura in Libell. Thesium, ins[criptu]m: Conclusiones Theologicae ex 1.ª parte, et prima 2.ae Praeside Fr. Balduino de Housta Ord[ini]s Eremit. S. Aug[ustin]i. Lovanii etc.

HOUSTA, BALDOUIN DE (Praes.) ; ROELANTS, LAMBERT (Resp.) [u.a.]: Conclusiones theologicae ex prima parte et prima secundae / Quas praeside F. Balduino De Housta [...] defendent D. Lambertus Roelants, D. Amandus Vander Eycken, D. Philippus Van Leeuw [...] Trudonopoli in praefato Monasterio S. Trudonis [...] 4 Junii 1709 ; [Ded. D. Mauro Vander Heyden Imperialis et exempti monasterii Sancti Trudonis, Ordinis S. Benedicti Abbati Dignissiomo ...]. - Lovanii : typis Guilielmi Stryckwant, 1709. - [34] S. ; 8°. *LIBIS*

Gutachter: Pietro Maria Pieri OSM
Gutachten: 3 S., [10. Januar 1713]

Dekret: SO 10. Januar 1713
Bando: SO 12. September 1714

ACDF SO CL 1711-1714, Nr. 19

1713. Censura in Manus[criptu]m, cui titul.: Il Discepolo illuminato nell'Evangelica Legge con il lume de S. Canoni, e con la dottrina dei più celebri Dottori della Chiesa etc. del P. Fr. Lodovico Giacomini da Stroncone Min. Oss[ervan]te.

GIACOMINI, LUDOVICO: Il Discepolo Illuminato nell'Evang[eli]ca legge con il Lume de sacri canoni, e con la Dottrina dè i più celebri Dottori di S. Chiesa sopra le maggiori trasgressioni che si possano commettere con i precetti sì divini, che ecclesiastici, ed anche circa i sette vizi capitali, e quelli commessi sotto varj stati, e condizioni di Persone [...] / Dal P. F. Lodovico Giacomini da Stroncone Minore Osservante, Lettore Giubilato, ed Alunno della Serafica Provincia Minore Osservante. - [S.a.]. (Manuskript). *Das Manuskript wurde nicht nachgewiesen*

Gutachter: Pietro Francesco della Concezione SP
Gutachten: 3 S., [31. Januar 1713][29]

---

[28] Laut Dekret SO vom 9. November 1712 sollte der Bischof von Camerino alle Exemplare dieses Buches beschlagnahmen und das Werk nochmals dem Vikar SO übergeben; der Inquisitor von Perugia sollte über das Ergebnis des Verfahrens benachrichtet werden.

[29] Laut Dekret SO vom 31. Januar 1710 sollte das Werk vom SO einbehalten werden.

ACDF SO CL 1711-1714, Nr. 20

1713. Censura in Libellos, quorum titulus.

1.us inscribit: Commentaire Philophique sur ces Paroles de Jesus Christ: Compelle intrare etc.[30]

2.us inscrib.: Justitia, et veritas vindicata contra Calumnias, errores, et falsitates, quibus scatet Apologia Pr[esbyter]is Desirant etc.

3.us inscrib.: De nullitatibus, aliisque defectibus Schedulae, quam Don Henricus Malcorps cum suis corruperunt, publicisque Typis mandarunt etc.

1. BAYLE, PIERRE: Commentaire philosophique sur ces paroles de Jésus-Christ: „Contrain les d'entrer", où l'on prouve par plusieurs raisons démonstratives qu'il n'y a rien de plus abominable que de faire des conversions par la contrainte [...] / Traduit de l'anglois du Sieur Jean Fox de Bruggs par M.J.F. [Pierre Bayle]. - Cantorbery : T. Litwel, 1686-1688. - 4 vol. ; 12°. *CCFR*[31]

2. *Das Werk* Justitia, et veritas vindicata *wurde nicht ermittelt*

3. Anonym [DESIRANT, BERNARD]: De Nullitatibus Aliisque Defectibus Schedulae : Quam D. Henricvs Malcorps cum suis corruperunt, publicisque typis donarunt Sub Nomine Sententiae Latae Contra P. Bernardum Desirant [...]. - [S.l.] : [S.n.], 1710. - [2] Bl., 47 S. *HBZ*

Gutachter: Antonio Maria Castelli OSM
Gutachten: 24 S., [31. Januar 1713] (zu Nr. 1-3)

Dekret: SO 31. Januar 1713
Bando: SO 12. September 1714 (zu Nr. 1-3)

ACDF SO CL 1711-1714, Nr. 21

1713. Censura in Libr., cui titul.: Oratio ad Em[inentissimu]m Ecclesiae Principem Cardinalem Noallium Archiep[iscopu]m Parisien. habita Parisiis in Sorbona die 11. Decembr. 1711. a Fr. Dom[inic]o Rovviere Ord[ini]s Praed[icatoru]m, dum ultimam licentiae Sorbonicam praefato Cardinali nuncupatam pro jure praefatus defenderet.

ROUVIÈRE, FRANÇOIS DOMINIQUE: Oratio// ad Eminentissimum Ecclesiae// Principem// Cardinalem Noallium, archiepiscop[u]m// Parisiensem : habita parisiis in Sorbona die 11a// decembris anno 1711 / a F. Francisco Dominico Rouviere// dum ultimam licentiae Sorbonicam praefato// cardinali nuncupatam, pro iure [per] praed.//defenderet. - [ca. 1711]. - 12 S. (Manuskript) *ACDF SO CL 1711-1714, Nr. 21*

30 Vgl. ACDF SO Tit.Libr. 1705-1710, Nr. 139.

31 Erscheinungsort dieser Ausg. nach *COPAC* fingiert [i.e. Hamburg?].

Gutachter: Cosimo Raffaele Girolami
Gutachten: 11 S., [31. Januar 1713][32]

ACDF SO CL 1711-1714, Nr. 22

1713. Censura in Libr. Anonym. impress. anno 1710, cui titul.: Responsio pro eruditis[si]mo Viro Epistolae Leodien. Confutatore ad Perillus[tre]m eiusdem Epistolae Authorem, Defensorem, ac Vindicem etc.

Anonym: Responsio pro eruditissimo viro *** epistolae Leodiensis confutatore ad perillustrem ejusdem epistolae autorem, defensorem, ac vindicem. - [S.l.] : [S.n.], 1710. - 119, [1] S. ; 12°. *LIBIS*

Gutachter: Baldassare di S. Filippo Neri OCist
Gutachten: 5 S., [31. Januar 1713]

Dekret: SO 31. Januar 1713
Bando: SO 12. September 1714

ACDF SO CL 1711-1714, Nr. 23

1713. Censura in Libr. ins[criptu]m: Trionfo della vera Religione composto da Giacomo Picenino Servo di Gesù in Soglio contro le invettive di Andrea Semery Gesuita esposte nella vile difesa della sua Religione.[33]

PICENINO, GIACOMO: Trionfo della vera religione / composto da [Giacomo Picenio servo di Giesù in Soglio] contro le invettive di Andrea Semery gesuita esposte nella vile Difesa della sua religione. - In Geneva : appresso Pietro Jaquier, 1712. - 4°. *ICCU*[34]

Gutachter: [Antonin Cloche OP]
Gutachten: nicht aufgefunden [35]

Gutachter: Bonaventura Gervasi TOR
Gutachten: 10 S., [19. September 1713]

Dekret: SO 19. September 1713
Bando: SO 12. September 1714

ACDF SO CL 1711-1714, Nr. 24

1713. Censura in Libr. impressum Augustae Vindelicor., et Dilingae anno 1703; cui titul.: Discussio Theologica quatuor dissertationum, quas in puncto Contritionis, et Attritionis posuit D. D. Petrus Lambertus Le Drou ex Ord[in]e

---

32 Mit Dekret SO vom 31. Januar 1713 wurden die Verhandlungen zu diesem Werk suspendiert.
33 Vgl. ACDF SO Tit.Libr. 1710-1721, Nr. 40.
34 Umfangs- und (abweichende) Formatangabe nach *ICCU*: 328 S. ; 8°.
35 Laut Faszikelumschlag in ACDF SO Tit.Libr. 1710-1721, Nr. 40 wurde am 19. April 1713 dem Ordensgeneral ein Exemplar des Werks zugestellt.

heremit. S. Aug[ustin]i Episcopus Porphirien. etc. formata ab Augustino Chichel Canonico Regulari etc.

MICHEL, AUGUSTINUS: Discussio theologica quatuor dissertationum, quas in puncto contritionis et attritionis posuit [...] D[ominus] D. Petrus Lambertus Le Drou, [...] / formata ab Augustino Michel [...]. - Augustae Vindelicorum, et Dilingae : sumptibus J. C. Bencard, 1710. - XIV, 306 S. ; 4°. *BNF*

Gutachter: Onorio dell'Assunzione OCD
Gutachten: 23 S., [26. August 1711]

Gutachter: Domenico Riviera
Gutachten: 8 S., [7. Februar 1713]

Gutachter: Paolo Maria Cauvini OP
Gutachten: 7 S., [26. September 1713][36]

ACDF SO CL 1711-1714, Nr. 25

1713. Censura in Libr. ins[criptu]m: Tractatus de promulgatione Legum Ecclesiasticarum et speciatim Bullarum, et Rescriptorum Curiae Romanae, ubi et de Placito Regio etc. Authore Zegero Bernardo Van-Espen Presbit[er]o J. U. D. etc.

ESPEN, ZEGER BERNARD VAN: Tractatus de promulgatione legum ecclesiasticarum, ac speciatim Bullarum et rescriptorum Curiae Romanae : Ubi & de Placito Regio, quod antè earum publicationem & executionem in Provinciis requiritur; In quo Placiti usum, tum apud Belgas, tum alias Nationes iampridem usitatum fuisse ostenditur, atque, attento eiusdem Placiti scopo, eius usum ad nullam specialem Rescriptorum speciem posse restringi, eumque usum sine Libertatis Ecclesiasticae aut Potestatis Pontificiae violatione aut infractione ad omnes indifferentes Bullas, etiam Dogmaticas, extendi; Subjungitur Appendix monumentorum, Quae ad adstruendum hunc Placiti usum in hoc Tractatu impensa fuere, & in quorum pluribus hoc jus Placiti egregiè adstruitur, & ab Adversariorum objectionibus vindicatur / Authore Zegero Bernardo Van Espen [...]. - Venduntur Bruxellis : apud T'Serstevens Typographos iuratos, 1712. *SWB*[37]

Gutachter: Jacques de la Fontaine SJ
Gutachten: 6 S., [14. November 1713]

Dekret: SO 14. November 1713[38]
Bando: SO 12. September 1714

---

36 Mit Dekret SO vom 26. September 1713 wurden die Verhandlungen suspendiert.

37 Umfangs- und Formatangabe nach *CCFR*: XVIII, 304 S. ; 8° und XX, 304 S. ; 4°.

38 Zum Autor und seinen polemischen Auseinandersetzungen mit dem Löwener Theologen Hermannus Damen, vgl. auch die Korrespondenz, ca. 1725, in ACDF SO St.St. E-3-f, Nr. 1.

ACDF SO CL 1711-1714, Nr. 26

1713. Censura in Libr. impress. Panormi constans in principio ex decem, et octo Litteris Maiuscul.; quibus correspondent decem, et octo Versiculi Psalmor. David iuxta Litter. initial.

[Incipit: +Z.+D.I.A.+B.I.Z.+S.A.B.+Z.+H.G.F.+B.F.R.S.]. - [S.a.]. - 3 S. (Manuskript) *ACDF SO CL 1711-1714, Nr. 26*

Gutachter: Giovanni Damasceno Bragaldi OFMConv
Gutachten: 3 S., [12. Dezember 1713]

Dekret: SO 12. Dezember 1713
Bando: SO 12. September 1714

ACDF SO CL 1711-1714, Nr. 27

1713. Censura in Manus[criptu]m concernen vitam, et virtutes P. Segneri Iunioris.

Censura in Libr. impress. ins[criptu]m: Relazione distinta di quanto successe, e fù operato nella Morte del P. Paolo Segneri della Comp. di Gesù seguita in Sinigaglia li 23. Giugno 1713. Anonym.

1. *Das Manuskript* Vita, et virtutes P. Pauli Segneri *wurde nicht ermittelt*

2. Anonym: Relazione distinta di quanto successe, e fu operato nella morte del P. Paolo Segneri Giuniore seguita in Senigaglia a' 15. Giugno 1713. - Jesi : Alessandrelli e Benedetti, 1713. - 11 S. ; 8°. *ICCU*

Gutachter: [Antonio Molli OM][39]
Gutachten: nicht aufgefunden[40]

ACDF SO CL 1711-1714, Nr. 28

1713. Censura in Libr. ins[criptu]m: L'Officio della B. Vergine tradotto in versi Itagliani etc. Ispruch 1711.

FONTANA, ALDIGHERIO (Übers.): L'Offizio Della Beata Vergine Maria : Ridotto in Versi Toscani ; Dedicato Alla Serenissima Altezza Di Madama La Principessa Elisabetta Augusta Contessa Palatina Del Reno [...] / Dal Conte Aldigherio Fontana Canonico della Cattedrale di Parma. - In Insprugg : Presso gli Eredi di Jacopo Cristoforo Wagner, 1711. - [3] Bl., 176 S., [7] Bl. *ÖNB*

Gutachter: Antonio Maria Borromeo CR[41]

39 Dazu ein weiteres Schreiben Mollis, mit der Bitte, als Konsultor der CIndex im SO referieren zu dürfen.

40 Jedoch Dominicus Maria Savignoni OP, Vikar der Inquisition von Modena, 9 S., 8. September 1713 (zu Nr. 1-2). Laut Faszikelumschlag wurde keine Entscheidung zu diesem Fall getroffen.

41 Als externer Gutachter.

Gutachten: 3 S., [7. Februar 1713][42]

ACDF SO CL 1711-1714, Nr. 29

1713. Censura in Libr. ins[criptu]m: Paradiso de Contemplativi, dove si tratta per modo di Dialogo delle virtù, ed altre cose necessarie all'anima per la perfetta contemplatione etc. composta dal P. Bartolomeo da Saluzio Min. Oss[ervan]te Riformato. In Roma, e poi in Brescia 1709.

♦ CAMBI, BARTOLOMMEO: Paradiso De' Contemplatiui, dove si tratta per modo di Dialogo Delle virtù, & altre cose necessarie all'anima, per la perfetta contemplatione : Opera utilissima, & diletteuolissima ad ogni pio Christiano, & massime per le persone spirituali, & che da douero vogliono attendere alla vita contemplatiua / Novamente composta, & data in luce dal r. p. Bartolomeo da Saluthio minor osservante riformato. - In Roma ; In Brescia : Per il Bozzola, 1608. - [24], 404, [30] S. *MAI*

Gutachter: Jacques de la Fontaine SJ
Gutachten: 3 S., [7. Februar 1713][43]

Gutachter: Venanzio della Ss. Trinità OCD
Gutachten: 9 S., 19. September 1713

ACDF SO CL 1711-1714, Nr. 30

1714. Mandatur P. Philippo Mariae Necchiavelli Cameldulen. heremitae, quod desistat ab impressione incepta disertationis circa existentiam, et translationem Corporis S. Benedicti a Monte Cassino ad Floriacum.

[Introduzione// Agli Argomenti// Intendimenti dell'Autore]. - [S.a.]. - 16 S. ; [4° ?]. *ACDF SO CL 1711-1714, Nr. 30*[44]

Gutachter: [Leandro Porzia OSB][45]
Gutachten: 2 S.[46]

ACDF SO CL 1711-1714, Nr. 31

1714. Censura in Manus[criptu]m, cui titul.: Il Cuore Serafico della S. M. Teresa di Gesù etc. riverito per nove giorni dall'anima sua divota etc. del P. F. Marino della S[antissi]ma Trinità etc.

MARIANO <DELLA SANTISSIMA TRINITÀ>: Il Cuore Serafico della S. M[ad]re Teresa di Gesù Verg[in]e di sagra dilezzione, Segr[etar]ia del verbo Martire di

---

42 Zu diesem Fall wurde keine Entscheidung getroffen.
43 Zu diesem Fall wurde keine Entscheidung getroffen.
44 Vermutl. Einleitung des Buches.
45 Durch Handschriftenvergleich.
46 Laut Rubricella wurde die Druckerlaubnis verweigert.

carità, Maestra d'orazione Apostola dell' Innocenza Rivertito per nove giorni dall' Anima sua divota / Del P. F. Marino della S[antissi]ma Trinità Carm[elita]no Scalzo il minimo trà suoi figli per godere in vita, et in morte il suo beneficio patrocinio et Amore. - [S.a.]. (Manuskript) *Das Manuskript wurde nicht nachgewiesen*

Gutachter: Mattia di S. Maria OCD
Gutachten: 3 S., [23. Januar 1714][47]

ACDF SO CL 1711-1714, Nr. 32

1714. Censura in Libr. Anonym., cui titul.: Catechismo, nel quale le controversie principali di questo tempo sono brevemente decise per la parola di Dio etc. in quo libello includitur alter ins[criptu]s: Breve Catechismo per dare i primi, e più necessari fondamenti della Religione Christiana etc. Stampati in Genova nel 1668.[48]

Anonym [DuMoulin, Cyrus]: Catechismo nel quale le controuersie principali di questo tempo sono breuemente decise per la parola di Dio : Tradotto in lingua italiana, ed accresciuto [...]. - [S.l.] : [S.n.], 1668. - [12], 111, [1] S. ; 8°. *SBN*[49]

Gutachter: Pietro Maria Pieri OSM
Gutachten: 3 S., [23. Januar 1714]

Dekret: SO 23. Januar 1714
Bando: SO 12. September 1714

ACDF SO CL 1711-1714, Nr. 33

1714. Censura in Manus[criptu]m, cui titul.: Vita del Ven. P. D. Pietro Migliorotti Ab[at]e di Vallombrosa, raccolta dal P. D. Pier Gerolamo Mazzoleni di Bergamo M[aest]ro de Novizzi di S. Trinità di Firenze etc.

Mazzoleni, Pier Girolamo: Vita del V. P. D. Pietro Migliorotti Abate Vallombrosano, e Romito delle Celle di Vallombrosa / raccolta dal P. D. Pier Girolamo Mazzoleni da Bergamo, M[aest]ro de Novizzi di S. Trinità di Firenze. - [S.a.]. (Manuskript) *Das Manuskript wurde nicht nachgewiesen*

Gutachter: Benedetto Ciaperoni OCist
Gutachten: 3 S., [10. Januar 1713][50]

Gutachter: Mattia di S. Maria OCD
Gutachten: 3 S., [25. Januar 1714]

---

47 Mit Dekret SO wurde die Druckerlaubnis verweigert.

48 Vgl. ACDF SO Tit.Libr. 1705-1710, Nr. 149.

49 Vgl.: DuMoulin, Cyrus: Catéchisme auquel les controverses de ce temps sont briefvement decidées par la Parole de Dieu / par Cyrus DuMoulin, Pasteur, Chasteaudun. - Nouv. ed. - Geneve : Tournes, 1659. - 119 S. *GBV*.

50 Mit Dekret SO vom 23. Januar 1714 wurde die Druckerlaubnis verweigert.

Gutachter: Pietro Francesco della Concezione SP
Gutachten: 4 S., [25. Januar 1714]

ACDF SO CL 1711-1714, Nr. 34

1714. Non permittitur impressio folii ins[cript]i: Lettera Miracolosa trovata in luogo che si chiama di Ville tre leghe di S. Marcellino in lingua d'Ocha dettata dalla propria bocca di Gesù Cristo, scritta in lettera d'oro di sua propria mano colla figura di S. Croce portata dall'Angiolo Gabrielle etc.

Lettera miracolosa trovata in Luogo, che si chiama di Ville, tre leghe di S. Marcelino in lingua d'Ocha detta della prop[ri]a bocca di Gesù Cristo scritta in lettera d'oro di sua prop[ri]a mano, con la figura di S. Croce portata dall'Angelo Gabriele [...]. - 31. Dicembre 1638. - 2 S. (Manuskript) *ACDF SO CL 1711-1714, Nr. 34*

Gutachter: keine Angabe
Gutachten: nicht aufgefunden[51]

ACDF SO CL 1711-1714, Nr. 35

1714. Censura in Libr. impress. Mediolani, cui titul.: Fascietto di pie, e scielte divozioni per quotidiano esercizio de buoni spiriti composto dal P. M[aestr]o Girolamo Pezzani dell'Ord[in]e de Servi.

PEZZANI, GEROLAMO: Fascetto// Di Pie, e Scelte Divozioni,// per quotidiano Esercizio// de buoni Spiriti : Offerto// A Sua Eccellenza// La Signora// D. Maria Giulia// Trotti Serbellona// Duchessa di S. Gabrio, Contessa di Castione// Marchesa di Romagnano, Signora di Gor-//gonzola, con sue pertinenze,// e Grande di Spagna / Dal P. Maestro Gerolamo Pezzani// Esprovintiale, & Deffinitore Generale,// e Priore nel Convento de Servi// di Milano. - In Milano : Per li Fratelli Bolgiani, [S.a.]. - 60 S ; 8°. *ACDF SO CL 1711-1714, Nr. 35*

Gutachter: Gregorio Selleri OP
Gutachten: 2 S., [6. März 1714]

Dekret: SO 6. März 1714[52]
Bando: nicht aufgefunden

51 Mit Dekret SO vom 21. Februar 1714 wurde die Druckerlaubnis verweigert.

52 Das SO schloss sich der Meinung des Gutachters an, das Buch zu verbieten. Die „lodi e invocazioni alla Santa Vergine" hingegen sollten vom Verbot ausgenommen werden; eine Abschrift dieses Dekrets sollte dem Inquisitor von Mailand zugestellt werden.

ACDF SO CL 1711-1714, Nr. 36

1714. Prohibitur recitatio Comediae ins[cript]ae: D. Pilone etc.

♦ [MOLIÈRE] ; GIGLI, GIROLAMO (Hg.): Il Don Pilone ovvero il bacchettone falso : commedia tratta nuovamente dal franzese / da Girolamo Gigli [...]. - In Lucca : pel Marescandoli ; [Si vende in Roma a Pasquino], 1711. - [12], 224 [i.e. 124] S. ; 8°. *MAI*[53]

♦ [MOLIÈRE] ; GIGLI, GIROLAMO (Hg.): Il Don Pilone, ovvero, il bacchettone falso : commedia tratta nuovamente dal franzese / da Girolamo Gigli [...]. - 2. ed. - Lucca : pel Marescandoli, 1711. - VIII, 124 S. ; 16°. *MAI*

Gutachter: keine Angabe
Gutachten: nicht aufgefunden[54]

ACDF SO CL 1711-1714, Nr. 37

1714. Non permittitur impressio Libri ins[cript]i: Modo divotissimo di recitar il Rosario della B. Vergine cavato dall'Opere di Lodovico Blosio Abate dell'Ord[in]e di S. Benedetto.

BLOSIO, LODOVICO: Modo devotissimo di recitare il Rosario// della Beata Vergine / Cavato dall'opere di Lodovico Blosio Abbate dell'Ordine// di San Benedetto. E Trasportato in Lingua Volgare per// maggior commodo de Divoti della S[antissi]ma Vergine. - [S.a.]. - 26 S. (Manuskript) *ACDF SO CL 1711-1714, Nr. 37*

Gutachter: keine Angabe
Gutachten: nicht aufgefunden[55]

ACDF SO CL 1711-1714, Nr. 38

1714. Censura in Theses ins[cripta]s: Sorbonicorum Patronae Quaestio Theologica etc. Propugnat. a Jo. le Boucher Pres[byter]o Ambianen. etc. Praeside Josepho le Meur D[octor]e Theologo Facult.

LE MEUR, JOSEPH (Praes.) ; LE BOUCHER, [JEAN] (Resp.): Sorbonicorum Patronae quaestio theologica / quas die 27. mensis maij anni proxime elapsi 1713. propugnavit Ioannes le Boucher Montis desiderij Presbyter Ambianensis Sacrae Facultatis Parisiensis Baccalaureus Theologus et Socius Sorbonicus Praeside Josepho le Meur eiusdem Facultatis Doctore Theologo, necnon Praeposito de

---

53 Nach: Molière: Le Tartuffe ou L'imposteur. *COPAC*. Ermittelt wurde auch: [MOLIÈRE] ; GIGLI, GIROLAMO (Hg.): Il Don Pilone ouuero il bacchettone falso : commedia tratta nuouamente dal franzese / da Girolamo Gigli e dedicata all'illustrissima signora contessa Flauia Teodoli Bolonetti. - In Lucca : pel Marescandoli, 1711. - [12], 135, [1] S. ; 8°. *MAI.*

54 Jedoch ein Gutachten des späteren Kard. Vincenzo Ludovico Gotti, 2 S.; im Auftrag des Inquisitors von Bologna, Giordano Vignali. Laut Dekret SO vom 16. März 1714 sollte der Inquisitor von Siena die Bücher beschlagnahmen. Vgl. ACDF SO CL 1711-1714, Nr. 48.

55 Mit Dekret SO vom 30. Mai 1714 wurde die Druckerlaubnis verweigert. Diese Entscheidung sollte dem Inquisitor von Parma mitgeteilt werden.

Ingreio in insigni Eccl[esi]a Carnutensi. - [S.l.] : [S.n.], [ca. 1713]. *Das Werk wurde nicht nachgewiesen*

Gutachter: Leandro Porzia OSB
Gutachten: 10 S., [19. September 1713]

Gutachter: Bonaventura Santelia TOR
Gutachten: 3 S., [21. August 1714]

Dekret: SO 21. August 1714
Bando: SO 12. September 1714

ACDF SO CL 1711-1714, Nr. 39

1714. Censura in Manus[criptu]m, cui titul.: La Santità de Pensieri obbligata alle Donne. Sentimenti laconici morali sopra le vite, ed azioni delle più Sante Matrone del Vecchio Testam[en]to. Opera del P. D. Stanislao Gerardini Chier. Reg. Barnabita.

GIRARDINI, STANISLAUS: La Santità de pensieri obbligata alle donne : Sentimenti laconici morali sopra le vite, et azzioni delle più Sante Matrone del Testamento Vecchio / Opera del Padre Stanislao Girardini, chierico Regolare Barnabita di S. Paolo. Predicatore della Sac. C.R.M. del fu Leopoldo I. Imperatore. - [S.a.]. (Manuskript). *Das Manuskript wurde nicht nachgewiesen*

Gutachter: Giuseppe Maria Marchesi TOR
Gutachten: 6 S., [10. Januar 1713]

Gutachter: Benedetto Ciaperoni OCist
Gutachten: 9 S., [4. September 1714][56]

ACDF SO CL 1711-1714, Nr. 40

1714. Censura in Manus[criptu]m Anonym., cui titul.: I Prodigi della Grazia espressi nella Conversione d'alcuni Peccatori morti in odore di Santità nel Monistero della Trappa della stretta Osservanza Cisterciense.

Anonym [RANCÉ, ARMAND JEAN LE BOUTHILLIER DE]: I Prodigi della Grazia espressi nella Conversione d'alcuni Peccatori morti in odore di Santità nel Monistero della Trappa della stretta Osservanza Cistercienze. - [S.a.]. (Manuskript). *Das Manuskript wurde nicht nachgewiesen*

♦ Anonym [RANCÉ, ARMAND JEAN LE BOUTHILLIER DE]: I prodigi della grazia espressi nella conversione di alcuni peccatori, morti da veri penitenti nel Monastero della Tappa [...] / Opera trasportata dalla lingua franzese nell'italiana da un Monaco di Buonsollazzo. - In Milano : appresso Domenico Bellagatta, 1715. - [2 vol.]. ; 12°. *MAI*

---

56 Laut Dekret SO vom 4. September 1714 sollte das Werk vom SO einbehalten werden.

♦ Anonym [RANCÉ, ARMAND JEAN LE BOUTHILLIER]: I prodigi della grazia : Espressi nella conversione di alcuni grandi peccartori, morti da veri penitenti nel monastero della Trappa della stretta osservanza cistercense / Opera trasportata dalla lingua franzese nell'italiana da un monaco di Buonsollazzo. E dedicata a' peccatori. - In Firenze : nella stamperia di S. A. R. ; per Jacopo Guiducci, e Santi Franchi, 1715. - 2 vol. ; 12°. *SBN*[57]

Gutachter: Venanzio della Ss. Trinità OCD
Gutachten: 3 S., [4. September 1714][58]

ACDF SO CL 1711-1714, Nr. 41

1714. Censura in Opuscul. ins[criptu]m: Guillelmi Estii in quatuor sententiarum Libros Commentaria duobus comprehesa Tomis.

♦ ESTIUS, WILHELM: [In quatuor libros sententiarum commentaria] D[omini]ni Guillelmi Estii in quatuor libros Sententiarum commentaria : quibus pariter S. Thomae Summae theologicae partes omnes mirifice illustrantur. - Parisiis : De Nully, 1701. - 2 vol. ; 2°. *CCFR*[59]

Gutachter: Baldassare di S. Filippo Neri OCist
Gutachten: 21 S., [4. September 1714][60]

ACDF SO CL 1711-1714, Nr. 42

1714. Censura in Manus[criptu]m, cui titul.: Sacra doctrina clara methodo explicata, sive dissertationes dogmaticae positivae, canonicae ad divina praeceptae etc. reductae Authore P. M[agistr]o Julio Antonio M[ari]a Roboredo Ord[ini]s Servorum.

ROBOREDO, GIULIO ANTONIO MARIA: Sacra doctrina [clara] methodo explicata sive dissertationes dogmaticae, positivae, morales, canonicae ad duo divina praecepta, in quibus tota lex pendet et Prophetae, novo ordine redactae / Authore Admodum R. P. Magistro Julio Antonio Maria Roboredo Ordinis Servorum B. M. Virginis. - [S.a.]. (Manuskript). *Das Manuskript wurde nicht nachgewiesen*

Gutachter: Giuseppe Maria Marchesi TOR

---

57 Vgl.: Anonym [RANCE, ARMAND JEAN LE BOUTHILLIER DE]: Relations de la mort de quelques religieux de l'abbaye de la Trappe. - Paris : E. Michallet, 1678. - 333 S. ; 12°. *CCFR*. Es erschienen zahlreiche weitere Ausg. *CCFR*.

58 Mit Dekret SO vom 4. September 1714 wurde die Druckerlaubnis mit der Auflage erteilt, das Werk zu korrigieren; zu diesem Zweck wurden die vom Gutachter vorgeschlagenen Anmerkungen und Korrekturen dem Inquisitor von Florenz zugestellt.

59 Das Werk war bereits als zweibändige Ausg. erschienen: ESTIUS, WILHELM: [In quatuor libros sententiarum commentaria] D[omin]ni Guillelmi Estii in quatuor libros Sententiarum commentaria : quibus pariter S. Thomae Summae theologicae partes omnes mirificè illustrantur. - Parisiis : Quesnel, 1648. - 2 vol. ; 2°. *CCFR*.

60 Am 4. September 1714 wurde entschieden, das Werk nicht mehr zu verhandeln. Vgl. auch ACDF SO CL 1724-1728, Nr. 24.

Gutachten: 10 S., [7. Februar 1713]

Gutachter: Venanzio della Ss. Trinità OCD
Gutachten: 3 S., 4. September 1714[61]

ACDF SO CL 1711-1714, Nr. 43

1714. Censura Libell. impres. ins[criptu]m: Pratica Mirabile per unire l'anima con Dio etc. del P. Achille Gagliardi della Compania di Gesù.

GAGLIARDI, ACHILLE: Pratica mirabile per unire l'anima con Dio : che contiene in compendio la perfezione cristiana / del molto reverendo padre Achille Gagliardi [...]. - In Bologna : per Costantino Pisarri […], 1714. - 48 S. ; 12°. *SBN*

Gutachter: [Paolo Maria Cauvini OP]
Gutachten: 3 S., [25. September 1714][62]

ACDF SO CL 1711-1714, Nr. 44

1714. Censura in Libr. ins[criptu]m: Rinforzo dello Spirito Religioso, con dieci giornate d'ozio Santo appreso nella Scuola del gran Padre S. Agostino dall'infimo de suoi figli trà Scalzi Romiti Fr. Gian Bartolomeo di S. Claudia etc. Milano etc.[63]

GIOVANNI BARTOLOMEO <DA S. CLAUDIA>: Rinforzo dello spirito religioso con dieci giornate di ozio santo appreso nella scuola del gran p. S. Agostino dall'infimo de'auoi figli tra' scalzi romiti / F. Gio. Bartolomeo da S. Claudia [...]. - In Milano : appresso Francesco Vigone, 1697. - [8], 267, [5] S. ; [8°]. *SBN*, *ICCU*

Gutachter: Mattia di S. Maria OCD
Gutachten: 9 S., [23. Januar 1714]

Gutachter: Giovanni Francesco da Soresina OFMObs
Gutachten: 19 S., 25. September 1714

Dekret: SO 25. September 1714
Bando: SO 18. August 1717;[64] SO 29. Juli 1722

ACDF SO CL 1711-1714, Nr. 45

1714. Censura in Libr. anonym., cui titul.: Obedientiae credulae vana Religio, seù silentium religiosum in causa Jansenii explicatum, et salva fide, ac auctoritate Ecclesiae vindicatum adversus Theologum Leodiensem etc.

---

61 Mit Dekret SO vom 4. September 1714 wurde die Druckerlaubnis mit der Auflage erteilt, das Werk zu korrigieren; das Buch und die Korrekturen sollten dem Inquisitor von Florenz zugestellt werden.

62 Am 25. September wurde entschieden, das Werk nicht mehr zu verhandeln.

63 Vgl. ACDF SO Tit.Libr. 1705-1710, Nr. 93.

64 Vermutl. nicht veröffentlichter Probedruck.

Anonym [PETITPIED, NICOLAS]: Obedientiae credulae vana religio, seu Silentium religiosum in causa Jansenii explicatum, et salva fide ac auctoritate Ecclesiae vindicatum adversus theologum Leodiensem, aliosque obedientiae credulae defensores : opus in duas partes divisum [...]. - [S.l.] : [S.n.], 1708. - 2 vol. ; 12°. *MAI*

Gutachter: Paolo Maria Cauvini OP
Gutachten: 4 S., [25. September 1714]

Dekret: SO 25. September 1714
Bando: SO 18. August 1717;[65] SO 29. Juli 1722

ACDF SO CL 1711-1714, Nr. 46

1714. Censura in Manus[criptu]m, cui titul.: Le Parabole Evangeliche di Gesù Cristo parafrasate in Rime Anacreontiche da Presepio Presepi, sed verius a P. Josepho Ant[oni]o Patrignano Soc. Jesu.

PRESEPI, PRESEPIO <Pseudonym> [PATRIGNANI, GIUSEPPE ANTONIO]: Le Parabole Evangeliche di Gesù Cristo parafrasate in Rime Anacreontiche / da Presepio Presepi [...]. - [S.a.]. (Manuskript). *Das Manuskript wurde nicht nachgewiesen*

♦ PRESEPI, PRESEPIO <Pseudonym> [PATRIGNANI, GIUSEPPE ANTONIO]: Anacreonte cristiano. - Milano : Domenico Bellagatta, 1713. - 24°. *ICCU*

♦ PRESEPI, PRESEPIO <Pseudonym> [PATRIGNANI, GIUSEPPE ANTONIO]: Anacreonte cristiano / di Presepio Presepi. - In Firenze : nella stamperia di sua altezza reale per Jacopo Guiducci, e Santi Franchi ; ad istanza di Gio. Battista Pelagalli, 1711. - 211 S. ; 12°. *SBN*

Gutachter: Pietro Francesco della Concezione SP
Gutachten: 3 S., [25. September 1714][66]

ACDF SO CL 1711-1714, Nr. 47

1714. Censura in Libr., cui titul.: Apparatus ad positivam Theologiam Methodicus etc. Authore P. Petro Annato Cong[regatio]nis Doctrinae Christianae Generali etc.[67]

ANNAT, PIERRE: Apparatus ad positivam théologiam methodicus; in quo jam reviso multum que ditato, clara, brevis, et expedita delineatur idea positivae et scholasticae theologiae, scripturae sacrae, traditionis divinae, SS ecclesiae patrum, sacrorum ecclesiae conciliorum, pontificiarum ecclesiae decisionum, necnon variis temporibus et variis in locis ortarum in ecclesiae haeresum / auctore Petro Annato,

65 Vermutl. nicht veröffentlichter Probedruck.
66 Mit Dekret SO wurde die Druckerlaubnis verweigert.
67 Vgl. ACDF SO Tit.Libr. 1705-1710, Nr. 132.

congregationis doctrinae christianae generali praeposito. - Editio secunda, accuratior et auctior. - Parisiis : Nicolaus Couterot, 1705. - [2 vol.] ; 4°. *CCFR*[68]

Gutachter: Bonaventura Santelia TOR
Gutachten: 6 S., [19. August 1710]

Gutachter: Nicola Castelli CM
Gutachten: 10 S., [31. Januar 1713]

Gutachter: Giuseppe Maria Marchesi TOR
Gutachten: 5 S., [10. Juli 1714][69]

Dekret: SO 31. Januar 1713 *donec corrigatur*
Bando: SO 12. September 1714

ACDF SO CL 1711-1714, Nr. 48

1714. Non permittitur impressio Hieronymo Gigli Comediae traductae è gallico Idiomate in Italico dicta: Il Tartufo, quae reperitur inter alias Comitis Galli Molliers.

♦ [MOLIÈRE] ; GIGLI, GIROLAMO (Hg.): Il Don Pilone ovvero il bacchettone falso : commedia tratta nuovamente dal franzese / da Girolamo Gigli [...]. - In Lucca : pel Marescandoli ; [Si vende in Roma a Pasquino], 1711. - [12], 224 [i.e. 124] S. ; 8°. *MAI*[70]

♦ [MOLIÈRE] ; GIGLI, GIROLAMO (Hg.): Il Don Pilone, ovvero, il bacchettone falso : commedia tratta nuovamente dal franzese / da Girolamo Gigli [...]. - 2. ed. - Lucca : pel Marescandoli, 1711. - VIII, 124 S. ; 16°. *MAI*

♦ [MOLIÈRE] ; GIGLI, GIROLAMO (Hg.): Il Don Pilone, ovvero Il bacchettone falso, commedia [...] : Si aggiunge La sorellina di Don Pilone, commedia dello stesso autore. - [Lucca?] : [S.n.], [1712]. - XVI, 278 S. *MAI*

Gutachter: keine Angabe
Gutachten: nicht aufgefunden[71]

---

68 Eine Neuaufl. wurde ermittelt: ANNAT, PIERRE: Apparatus ad positivam theologiam methodicus, in quo jam reviso multumque ditato, clara, brevis, & expedita delineatur [...] / Auctore R.P. Petro Annato [...]. - Editio quarta expurgata, accuratior et auctior. - Venetiis : e typographia Balleonii, 1717. - 2 vol. ; 4°. *MAI.*

69 Mit Dekret SO vom 3. Oktober 1714 wurde die Erlaubnis für eine Neuaufl. mit der Auflage erteilt, das Werk zu korrigieren.

70 Nach MOLIERE: Le Tartuffe ou L'imposteur. *COPAC*. Ermittelt wurde auch: [MOLIÈRE] ; GIGLI, GIROLAMO (Hg.): Il Don Pilone ouuero il bacchettone falso : commedia tratta nuouamente dal franzese / da Girolamo Gigli e dedicata all'illustrissima signora contessa Flauia Teodoli Bolonetti. - In Lucca : pel Marescandoli, 1711. - [12], 135, [1] S. ; 8°. *MAI.*

71 Vgl. ACDF SO CL 1711-1714, Nr. 36. Am 10. Oktober 1714 nahmen die Kard. den Fall zur Kenntnis. Laut Rubricella wurde die Druckerlaubnis verweigert.

ACDF SO CL 1711-1714, Nr. 49

1714. Decret. S. Cong[regatio]nis sub die 21 Novembr. 1714. Statuens nihil esse respondendum instantiae factae, an sit prohibitus, nec ne? Libellus ins[criptu]s: Canzonette, che cantano li Putti di Venetia la sera di S. Martino etc. Venezia, ed in Bassano.

Canzonette// Che cantano li Putti in Ve-//netia la sera di// S. Martino : Con una Barcelletta del forte, e gran Pelao, il qual// camina con loro, acciò non li siano tolti// li sacchetti.// Con la Canzon di Mistro Rigo, bon Forner,// cosa bella da ridere. - In Venetia (Con Lic. de' Super.)// Et In Bassano : Per Gio: Antonio// Remondin., [S.a.]. - 8 S. ; 8°. *ACDF SO CL 1711-1714, Nr. 49*[72]

Gutachter: keine Angabe
Gutachten: nicht aufgefunden[73]

---

[72] Ermittelt wurde außerdem: Canzonette che cantano li putti in Venetia, la sera di S. Martino : Con una barcelletta del forte, e gran Pelao, il qual camina con li putti, acciò non li siano tolti li sacchetti. Con la canzon de Mistro Rigo bon Forner. - In Venetia : presso Gio. Battista Bonfadino, 1597. - [4] Bl. ; 8°. *GBV*; Canzonette [...] : con la canzon de mistro Rizo bon forner, cosa bella da ridere [...]. - Venetia : Appresso Agostin e Alissandro Bindoni, 1626. - 8 S. *CCFR*.

[73] Laut Rubricella sollte das SO nicht auf die Frage antworten, ob dass Werk verboten worden war.

ACDF SO CL 1715-1717

ACDF SO CL 1715-1717, Nr. 1

1715. Non permittitur reimpressio Libri ins[cript]i: Jacobi Pignatelli Ecryptaleis in Salentinis S. Theol., et J. U. Doct. novissimae Consultationes Canonicae etc.[1]

PIGNATELLI, GIACOMO: [Novissimae consultationes canonicae, praecipuas controversias, quae ad fidem, eiusque regulam spectant ...] Jacobi// Pignatelli// Ecryptaleis In Salentinis// S. Theolog. ac J.U. Doctoris// Novissimae// Consultationes// Canonicae,// Praecipuas Controversias,// Quae ad Fidem, Ejusque Regulam spectant, in quibus Errores Atheorum, Infidelium, Schismaticorum, Haereticorum, & aliorum Ecclesiae Catholicae hostium// referuntur & refelluntur; praesertimque illas quae circa S. Inquisitionis// Tribunal versantur, ubi de Inquisitoribus, eorumque Officialibus & Ministris,// de Reis in quos jus & potestatem habent, deque Poenis pro Casuum varietate istis// infligendis, & quàm plurima alia ad hoc Argumentum facientia, complectentes : Opus Prima Vice Praelo Commissum, Et Juris// Utriusque Consultis non modò, verùm etiam Theologis, imò [et] omnibus Fidem// Christianam profitentibus planè necessarium ac utile.// Cum Indice Consultationum singulis Tomis praefixo. - Cosmopoli [i.e. Roma] : Apud Dominicum Puteanum, 1711. - [2 vol.]. ; [2°]. (gedr. Titelbl.) *ACDF SO CL 1715-1717, Nr. 1, SBN*[2]

Gutachter: keine Angabe
Gutachten: nicht aufgefunden[3]

---

1 Laut Schreiben der Inquisition von Venedig ging es um einen erneuten Druck der Aufl. von 1711.

2 Titelaufnahme nach einem beiliegenden gedr. Titelbl. zu vol. 1. Ergänzt nach *SBN*. Ermittelt wurde: PIGNATELLI, GIACOMO: [Novissimae consultationes canonicae, praecipuas controversias, quae ad fidem, ejusque regulam spectant ...] Jacobi Pignatelli [...] Novissimae consultationes canonicae, praecipuas controversias, quae ad fidem, ejsque regulam spectant, in quibus errores atheorum, infidelium, schismaticorum, haereticorum, & aliorum Ecclesiae catholicae hostium referuntur & refelluntur; praesertim illas quae circa S. Inquisitionis tribunal versantur, ubi de inquisitoribus, eorumque officialibus & ministris, de reis in quos jus & potestatem habent, deque poenis pro casuum varietate istis infligendis, & quam plurima alia ad hoc argumentum facientia, complectentes [...]. Cum indice consultationum singulis tomis praefixo. - Cosmopoli [i.e. Roma] : apud Dominicum Puteanum, 1711. - 2 vol. ; 2°. *SBN*.

3 Laut Rubricella wurde die Druckerlaubnis verweigert.

ACDF SO CL 1715-1717, Nr. 2

1715. Censura in Libr. Impress. Leodii ins[criptu]m: Solitarius loquens, sive conferentiae spirituales habitae a Religiosis Carmelitis Discalceat. in Eremo S. Joseph in Marlaniae Sylva prope Namurcum commorantibus etc. deductae ab Arnoldo a SS. Petro, et Paulo etc.[4]

ARNOLDUS <A SANCTIS PETRO ET PAULO>: Solitarius loquens, sive Conferentiae spirituales, habitae a religiosis Carmelitis discalceatis in eremo Sancti Joseph in Marlaniae sylva prope Namurcum commorantibus / et deductae a quodam ejusdem ordinis et eremi religioso [...]. - Leodii : apud J. F. Broncart, 1698. - 4°. *CCFR*

Gutachter: Jacques de la Fontaine SJ
Gutachten: 4 S., [14. November 1713]

Gutachter: Carlo Antonio Donara OSA
Gutachten: 11 S., [28. August 1715][5]

ACDF SO CL 1715-1717, Nr. 3[6]

1715. Censura in Manus[criptu]m: cui titul.: Istoria dell'Ordine Monastico, nel qual vedesi l'origine, ed il progresso del stato Religioso etc. il tutto cavato delle più pure sorgenti, e rischiarato etc. da un Religioso Benedettino della Cong[regazio]ne di S. Mauro, trasportato dal Francese da un Sacerdote Secolare.

Anonym [BULTEAU, LOUIS]: Istoria dell'Ordine Monastico, nel quale vedesi l'origine, et il progresso dello stato religioso, la disciplina de i primi Istituti, la fondazione di molti Ill[ust]ri conventi, le vite, e le massime de i PP. del deserto, ed di altri S[an]ti Abati, ò semplici conventuali, il tutto cavato dalle più pure sorgenti dell'antichità, e rischiarato con una Tavola Cronologica / da un religioso Benedettino della Congreg[azio]ne di S. Mauro, portato dal Francese da un Sacerdote Secolare. - [S.a.]. (Manuskript). *Das Manuskript wurde nicht nachgewiesen*

♦ BULTEAU, LOUIS: Istoria dell'ordine monastico, nella quale vedesi l'origine, ed il progresso dello stato religioso, la disciplina de i primi istituti, la fondazione di molte illustri comunità, le vite, e massime de i padri del deserto, e di altri santi abati [...] / Opera di Luigi Bulteau, religioso benedettino della congreg. di S. Mauro [...]. - In Parma : per Paolo Monti [...], 1722. - XX, 448 S. ; 4°. *MAI*[7]

---

4 Vgl. ACDF SO Tit.Libr. 1710-1721, Nr. 47.

5 Mit Dekret SO vom 28. August 1715 wurde die Druckerlaubnis mit der Auflage erteilt, das Werk zu korrigieren.

6 Laut Faszikelumschlag: 33.

7 Vgl.: Anonym [BULTEAU, LOUIS]: Histoire de l'ordre monastique, où l'on voit la naissance & le progrés de l'état religieux, la discipline des premiers instituts, la fondation de quantité d'illustres communautez, les vies & les maximes des Peres du Désert, & de plusieurs autres saints Abbez ou simples Conventuels, le tout tiré des plus pures sources de l'antiquité, & éclaircy par une Table

Gutachter: Pietro Francesco della Concezione SP
Gutachten: 3 S., [9. Januar 1714]

Gutachter: Venanzio della Ss. Trinità OCD
Gutachten: 3 S., [25. September1715][8]

ACDF SO CL 1715-1717, Nr. 4

1715. Censura in folium Thesium ins[criptu]m: Questio Theologica. Quod est verbum irreprehensibile? Tit. 2. v. 8. quas tueri conabitur Mes. Carolus Antonius Touvenot Parisinus Socius Sorbonicus etc. 27 Augusti 1712. In Sorbona pro actu Vesperiarum.

TOUVENOT, CHARLES ANTOINE (Resp.): Facto Anathemati Pro Fratribus.// Quaestio Theologica.// Quod est verbum irreprehensibile? Tit. 2. v. 8. [...] / Has Theses, Deo duce, [et] auspice Deiparâ Virgine, tueri conabitur M. Carolus Antonius Touvenot, Presbyter Parisinus, Socius Sorbonicus,// [et] Sacrae Facultatis Parisiensis Licentiatus Theologus, die Sabbati 27. mensis Augusti, anno Domini 1712. horis vespertinis.// In Sorbonna.// Pro Actu Vesperiarum. - [Parisiis?] : [S.n.], [ca. 1712]. (Einblattdruck) *ACDF SO CL 1715-1717, Nr. 4*

Gutachter: Mattia di S. Maria OCD
Gutachten: 10 S., [2. Oktober 1715][9]

ACDF SO CL 1715-1717, Nr. 5

1715. Censura in Manus[criptu]m Anonym., cui titul.: Divoti esercizi per sette Venerdi, che si fanno in onore del Miracolosissimo Anacoreta S. Onofrio da chi desidera il di lui Patrocinio.

Item censura in alium Libr. impress. Imolae, et Ferrariae 1714. ins[criptu]m: Divozione utilissima, e facile in onore del Miracolosissimo S. Onofrio.

Item in alium Libr. impress., cui titul.: Inno, ed Antifona del glorioso S. Onofrio, che si canta in Roma ogni Venerdì al suo Altare etc. in Ronciglione.

1. Anonym: Divoti Esercitij// Per Sette Venerdi,// Che si fanno in onore// Del Miracolosissimo Anacoreta// S. Onofrio// Da chi desidera il di lui Padrocinio. - [S.a.]. - 14 S. (Manuskript) *ACDF SO CL 1715-1717, Nr. 5*

2. Anonym: Divozione// Utilissima, E Facile// In Onore del Miracolosissimo// S. Onofrio. - In Imola, & in Faenza : Per Maranti Stamp. Vesc. (Con lic. de' Sup.), 1714. - 8 S. ; in 12°. *ACDF SO CL 1715-1717, Nr. 5*

---

chronologique / Par **** de la Congrégation de S. Maur. - A Paris : Chez Pierre de Bats, 1687. - [30], 909, [25] S. ; 8°. *CCFR.*

8 Mit Dekret SO vom 25. September 1715 SO wurde die Druckerlaubnis mit der Auflage erteilt, das Werk zu korrigieren.

9 Am 2. Oktober 1715 wurden die Verhandlungen zu diesem Fall suspendiert.

3. Anonym: Hinno, Et Antifona// Del Glorioso Sant'Onofrio// Che Si Canta In Roma// Ogni Venerdì al suo Altare nella// Chiesa de' Padri dell'Ordine di// S. Girolamo della Congrega-//tione del Beato Pietro// da Pisa.// Di Sant'Onofrio : Con alcune grazie, che il detto Santo// impetrò da Dio per bene-//ficio de suoi Devoti. - In Ronciglione : Per il Toselli. (Con licenza de' Superiori), [S.a.]. - 8 S. ; 12°.
ACDF SO CL 1715-1717, Nr. 5

Gutachter: Luigi Maria Lucini da Milano OP
Gutachten: 5 S., [13. November 1715] (zu Nr. 1-3)[10]

ACDF SO CL 1715-1717, Nr. 6

1715. Censura in Manus[criptu]m, cui titul.: Apologia pro Gelasio Ciziceno Caesareae Palestinae Archiep[iscop]o, seu vindiciae Sedis Apostolicae etc. Authore D. Clemente Blasio Ord[ini]s S. Benedicti.[11]

BLASIUS, CLEMENS: Apologia// Pro Gelasio Ciziceno Caesareae Palestinae// Archiepiscopo.// Seu// Vindiciae S. Sedis eo in auctore oppugnatae,// Aduersus// Joannem Launoium, et Edmundum Richerium Docto-//res Gallos, et eorum asseclas : Vbi/ Libro I.° Illustrissimi Praesulis tum pietate comprobata; tum// ipsius historiae Concilij Nicaeni vindicata fide; Libris alijs// sex Supremi Pontificis auctoritas suprema, nec non infallibi//litas asseruntur: Generalium Conciliorum conuocatio ac prae//sidentia ipsi vendicantur: tum de varijs Ecclsiae statibus, ac// Regimine; atque de concilij Generalis integritate, validitate,// et auctoritate Judicium ferendi modus traditur.// Imo// De Episcoporum atque Parochorum Institutione diuina, Legitima//que potestate, causis et foro; tum de Regalia quid sentiendum// sit, exponitur.// Demum que Richerius de potestate Ecclesiastica, et alij non// nulli S. Sedis hostes refelluntur.// Aures arrigant Haeretici, Schismatici, Christi que sponsam impiè// conturbantes omnes / Auctore D. Clemente Blasio Ord. S. Benedicti Monacho. - [S.a.]. - 2 vol. ; [4°?] (Manuskript) *BAV Vat. lat. 12835, BAV Vat. lat. 12836*[12]

---

10 Laut Dekret SO vom 13. November 1715 sollten die verhandelten Werke vom SO einbehalten werden.

11 Vgl. ACDF SO Tit.Libr. 1710-1721, Nr. 25.

12 Titelaufnahme nach Autopsie *BAV*. Blattmaße: 23,7 x 16 cm (vol. 2: 23,2 x 16 cm). Nachträglich eingedruckte neue Zählung (*BAV*?), davon Bl. 14 und 24-33 (jeweils r u. v) unbeschrieben. Verhandelt wurde vol. 1. [Tomus Primus//] Quatuor priores Libros Continens. - [13] Bl., 709 S. [=387 Bl. neue Zählung]. BAV Vat. lat. 12835. Incipit: Praefatio. Non id modo temporis, sponsae Christi [...]. - Bl. 6r-13v. Des. [...] falsissima principia fuse confutabimus. - S. 709 [=387v (neu)]. Enth.: Anagramma [seu] Carmen encomiasticon. - Bl. 2r-3r (neu). [Anagramma ... Carmen encomiasticum] Dom[i]nus Clemens Blasius ordinis Sancti// Benedicti Sacerdos et monachus.// Anagramma : In quo vnica tantum Littere L. mutatur in R.// Hostem// Sanctae Sedis conculcabis, nec non subditum reddos;// sin moriaris.// In ejus opus de vindicijs Sanctae Sedis,// dictum que anagramma// Carmen Encomiastic[cu]m. Unterzeichnet auf Bl. 3r (neu): Humillimus nec non diuotissi//mus seruus tuus B.D.M.S.T.D. Responsio eucharistica. - Bl. 4r-5r (neu). [Respon sio eucharistica] Ad Dictum Dominum Super ejus Anagramma// et Carmen Encomiasticum// Dom[i]ni Clementis Blasij// Responsio Eucharistica. Unterzeichnet auf Bl, 5r: Humilis ac verus seruulus ille tuus D. Clemens Blasius O.S.B.M. Enth. außerdem: Praefatio. - Bl. 6r-13v; Index [Hujus operis Capitum ac Librorum Elenchus]. - Bl. 15r-23v.

Gutachter: Giuseppe Pergolini OFMConv
Gutachten: 11 S., [10. Juli 1714][13] (zu vol. 1)[14]

Gutachter: Giovanni Francesco da Soresina OFMObs
Gutachten: 12 S., 6. Januar 1714 (zu vol. 1-2)

Gutachter: Giuseppe Pergolini OFMConv
Gutachten: 9 S., [27. November 1715] (zu vol. 2)[15]

ACDF SO CL 1715-1717, Nr. 7

1715. Censura in duos Libellos Manuscriptos 1.us inscribitur: L'abuso del Sagramento della Penitenza contenuto ne discorsi del P. Nicolao Digione, già Ministro Provinciale de P.P. Cappuc. di Lione, tradotto dalla Lingua Francese nell'Italiana etc. dal Avvocato Gio. Battista Bealesi da Bene.[16]

2.us inscribitur: L'abuso del Sacramento dell'Eucaristia etc. eodem Authore, et Traductore.

1. NICOLAS <DE DIJON>: L'abuso del Sacramento della Penitenza contenuto ne Discorsi / del P. Nicolao Digione già Ministro Provinciale de P.P. Cappucini di Lione, tradotto della lingua francese nell'Italiana, e disposto in varij Capitoli dall'Avvocato Gio: Battista Bealerij da Bene. - [S.a.]. (Manuskript). *Das Manuskript wurde nicht nachgewiesen*

2. NICOLAS <DE DIJON>: L'Abuso del Sacramento dell'Eucaristia / [del P. Nicolao Digione già Ministro Provinciale de P.P. Cappucini di Lione, tradotto della lingua francese nell'Italiana, e disposto in varij Capitoli dall'Avvocato Gio: Battista Bealerij da Bene]. - [S.a.]. (Manuskript). *Das Manuskript wurde nicht nachgewiesen*[17]

Auf dem Vorsatzbl.: Decretum S.O.: Feria 3.a Die 10: Julij 1714. Em[inentissim]i dixerunt,// quod p[raese]ns Liber [(gestrichen:) prohibitur] retineatur. Im vorderen Spiegel Provenienzvermerk: S. Off.

13 Ein von Pergolino verfasster (Handschriftenvergleich) Korrekturvorschlag ist eingebunden:, 20 S.

14 Laut Dekret SO vom 14. Juli 1714 sollte der erste Band einbehalten werden.

15 Ein von Pergolino verfasster (Handschriftenvergleich) Korrekturvorschlag ist eingebunden: 8 S. Vgl. ACDF SO St.St. UV 55, Nr. 27. Laut Dekret SO vom 27. November 1715 sollte auch der zweite Band einbehalten werden.

16 Vgl. ACDF SO Tit.Libr. 1710-1721, Nr. 60.

17 Ermittelt wurde die ital. Ausg.: NICOLAS <DE DIJON>: Discorsi morali contro gli abusi de' SS. Sacramenti della Penitenza e dell'Eucaristia / tradotti dalli Sermoni delle quarant'ore del rev. p. Nicolo da Diggione [...] dal francese nell'italiano da f. Matteo da Borgogna [...]. - Napoli : per gli eredi di Michele Monaco, 1701. - [32], 506, [16] S. ; 8°. *SBN*. Vgl.: NICOLAS <DE DIJON>: Sermons pour les quarante heures contre le mauvais usage du sacrement de pénitence / prêchez par le R. P. Nicolas de Dijon,[...]. - Lyon : J.-B. de Ville, 1691. - 211 S. ; 8°. *CCFR*. Vgl.: NICOLAS <DE DIJON>: Sermons pour les quarante heures, contre le mauvais usage du sacrement de l'eucharistie / pré chez par le T. R.P. Nicolas de Dijon. - Lyon : J. B. et Nicolas De Ville, 1696. - [213] S. ; 8°. *CCFR*. Umfangsangabe ergänzt nach *HBZ*.

Gutachter: Carlo Giuseppe Imbonati OCist
Gutachten: 11 S., [9. Oktober 1715] (zu Nr. 1-2)[18]

ACDF SO CL 1715-1717, Nr. 8

1715. Censura in Libell. Thesium, cui titul.: Instrumenti veteris Epitomes pars prior, seù Liber primus Paralipomenon historicè deductus cum reflexionibus in eumdem Theologicis, aliisq. praecipue contra Praesidis Eliani de Praedestinatianorum haeresi responsiones Miscellaneis. Praesidebit Fr. Antonius Rolliers F.F. haeremit. S. Augustini in Alma Universit. Lovanii 1714.

Item Censura in alium Libell. Thesium ins[criptu]m: Verbum incarnatum, eiusq. salutaria Sacramenta. Praesidebit Fr. Joan. Libens Ord[ini]s Heremit. S. Aug[ustin]i in Alma Universit. Lovanii Theologiae Doct[or]e etc. 1714.

1. ♦ ROLLIERS, ANTONIUS (Praes.) ; MARESTEAU, NICOLAS (Resp.): Instrumenti veteris (S. Hieron. in Prologo Galeato) Epitomes pars prior sive liber primus paralipomenon / [...] miscellaneis praesidebit Antonius Rolliers [...] defendet 6. Augusti solas elucidationes in librum historicas Nicolaus Maresteau. - Lovanium : Vandevelde, 1714. - 32 S. *BVB*

2. LIBENS, JOANNES (Praes.) ; BRANTEGHEM, JOANNES VAN (Resp.) [u.a.]: Verbum incarnatum ejusque Salutaria Sacramenta / Praesidebit F. Joannes Libens [...] Propugnabunt F. Joannes Van Branteghem, F. Petrus Gustin [...] Lovanii in Schola Augustiniana [...] 13. Augusti 1714. - Lovanii : typis Guilielmi Stryckwant, 1714. - 36 S. ; 8°. *Libis*

Gutachter: Paolo Maria Cauvini OP
Gutachten: 5 S., [7. August 1715] (zu Nr. 1-2)[19]

ACDF SO CL 1715-1717, Nr. 9

1715. Censura in Libr. ins[criptu]m: Dispunctio Censurae Colonien., eiusque iustificationis adversus quasdam assertiones Theologicas Abbatis Monasterii Rhodiensis etc. Bruxell. 1714.

Anonym [HEYENDAL, NICOLAS]: Dispunctio censurae Coloniensis ejusque justificationis adversus quasdam assertiones theologicas abbatis monasterii Rodensis canonicorum regularium ordinis S. Augustini eodem abbate diluente spongiam & aquam ministrantibus eximiis dominis doctoribus Coloniensibus, ejusdem censurae authoribus. - Bruxellis : de Grieck, 1714. - 146 S. *HBZ*[20]

Gutachter: Paolo Maria Cauvini OP
Gutachten: 4 S., [31. Juli 1715][21]

---

18 Am 4. Oktober 1715 sollten die beiden Bücher einem anderen Gutachter zugestellt werden. Auf dem Faszikelumschlag finden sich keine Hinweise auf weitere Verhandlungen.
19 Zu diesem Fall wurde laut Faszikelumschlag keine Entscheidung getroffen.
20 Abweichende Umfangsangabe nach *Libis*: 146, 10 S.
21 Zu diesem Fall wurde keine Entscheidung getroffen.

ACDF SO CL 1715-1717, Nr. 10

1716. Censura in Libr. ins[criptu]m: Christophori de Ortega Sanclementini è Soc. Jesu de Deo uno Tomus 1.us Controversiarum Dogmaticarum Scholasticarum, de Essentia, attributis non vitalibus, de Scientia, et decreto concurrendi cum causis liberis etc.

ORTEGA, CRISTOBAL DE: [De Deo uno] R.P. Christophori de Ortega sanclementini è Societate Iesu [...] De Deo vno [...]. - Editio nouissima indicibus necessariis instructa. - Lugduni : sumptibus Petri Cheualier, 1671. - 2 vol. ; 2°. *CCPB*[22]

Gutachter: Baldassare di S. Filippo Neri OCist
Gutachten: 9 S., [12. April 1707]

Gutachter: Nicolas du Mortier MI
Gutachten: 8 S., [23. September 1710]

Gutachter: Claudio di S. Niccolò SP[23]
Gutachten: 7 S., [25. September 1715]

Gutachter: Federico Graffeo OM
Gutachten: 7 S., 30 November 1715

Dekret: SO 29. Juli 1716
Bando: SO 18. August 1717;[24] SO 29. Juli 1722

ACDF SO CL 1715-1717, Nr. 11

1716. Censura in Manus[criptu]m, cui titul.: Vita del R. P. Marco Christofori d'Aviano Predicator Cappuc[cin]o descritta del P. Cosmo da Castel Franco del med[esim]o Ordine.[25]

Item Censura in Manus[criptu]m, cui titul.: Vita della Serva di Dio S[uo]r M[a]r[i]a Triboli Priora del vener. Convento stabilito nella Carità di Gesù buon Pastore della città di Fiorenza scritta parte da lei med[esi]ma per obedienza del suo Confessore, e parte dal M[aest]ro Fr. Angelo Nuzza da Grottola dell'Ord[in]e de Predicatori.[26]

1. COSMO <DA CASTELFRANCO> [PETTENARI, BARTOLOMEO]: Vita// Del Reueverendo// P[ad]re Marco Christofori// D'Aviano// Predicatore Capuccino.// Della Prouincia di Venetia / Descritta// Dal P[ad]re Cosmo da Castelfranco// Sacerdote dell'Ordine stesso// Distinta in Libri IV.// Dedicata// Alla Sacra Cesarea,

---

22 Verhandelt wurde vol. 1. [...] tomus primus controuersiarum dogmaticarum, scholasticarum de essentia, attributis non vitalibus, de scientia, de Decreto concurrendi cum causis liberis [...]. (1671). *CCPB*. vol. 2 erschien im selben Jahr u.d.T.: [...] tomus secundus: controuersiarum dogmaticarum scholasticarum, de voluntate, virtutibus moralibus, prouidentia, praedestinatione, reprobatione, ac de angelis [...]. *CCPB*.

23 Als externer Gutachter.

24 Vermutl. nicht veröffentlichter Probedruck.

25 Vgl. ACDF SO Tit.Libr. 1705-1710, Nr. 133.

26 Vgl. ACDF SO Tit.Libr. 1705-1710, Nr. 75.

et Au-//gustina Maesta'// D'Eleonora Imperatrice Vedo-//ua, Nata Palatina// Neoburga. - [Milano] : [1709]. (Manuskript) *ABPFMC*

2. NUZZA, ANGELO: Vita della Serva di Dio Suor Maria Triboli Priora del Ven: Convento delle stabilite nella Carità di Gesù buon Pastore della Città di Firenze / scritta parte da lei med[esi]ma per obedienza del suo Confessore, e parte dal Maestro Frat. Angelo Nuzza da Grottola dell'Ord[in]e de Predicatori, insieme colle vite di alcune Vergini stabilite composte da una Religiosa dell'istesso Convento. - [S.a.]. (Manuskript). *Das Manuskript wurde nicht nachgewiesen*

Gutachter: Baldassare di S. Filippo Neri OCist
Gutachten: 3 S., [9. Januar 1714] (zu Nr. 1)

Gutachter: [Giovanni Battista de Miro OSB]
Gutachten: 8 S., [4. September 1714] (zu Nr. 2)

Gutachter: Giovanni Francesco da Soresina OFMObs
Gutachten: 22 S., 4. September 1714 (zu Nr. 2)

Gutachter: Venanzio della Ss. Trinità OCD
Gutachten: 3 S., [13. August 1715] (zu Nr. 1)

Gutachter: Venanzio della Ss. Trinità OCD
Gutachten: 3 S., [13. August 1715] (zu Nr. 2)

Gutachter: Prospero Lambertini
Gutachten: 6 S., [12. Februar 1716] (zu Nr. 1-2)[27]

ACDF SO CL 1715-1717, Nr. 12

1716. Censura in Manus[criptu]m, cui titul.: Gregorianae Constitutionis in Confessarios Sollicitantes Anatome accuratissima Authore Francisco Rossi Ven. Seminarii Brixiae Rectoris.[28]

ROSSI, FRANCESCO: Gregorianae Constitutionis in Confessarios Sollicitantes Anatome accuratissima / Authore Francisco Rossi Ven. Seminarii Brixiae Rectoris. - [S.a.]. (Manuskript). *Das Manuskript wurde nicht nachgewiesen*

Gutachter: Leandro Porzia OSB
Gutachten: 9 S., [15. Januar 1716]

Gutachter: Venanzio della Ss. Trinità OCD
Gutachten: 3 S., [4. März 1716][29]

ACDF SO CL 1715-1717, Nr. 13

1716. Censura in Libr. ins[criptu]m: Sentimenti della vita interiore per raccogliersi in Dio accresciuti da una Regola di Vita Cristiana, e di sentimenti

27 Mit Dekret SO wurde die Druckerlaubnis für Nr. 1 erteilt; für Nr. 2 wurde sie verweigert.
28 Vgl. ACDF SO Tit.Libr. 1710-1721, Nr. 81.
29 Laut Dekret SO sollte das Werk vom SO einbehalten werden.

di riverenza intorno alla presenza di Dio. Opera tradotta dalla Lingua Francese da un Sacerdote Fiorentino.

♦ Anonym: Sentimenti della vita interiore. - Lucca : [S.n.], 1709. - [12°?]. *BVB*[30]

Gutachter: Baldassare di S. Filippo Neri OCist
Gutachten: 6 S., [20. Mai 1716][31]

ACDF SO CL 1715-1717, Nr. 14

1716. Censura in folium Manus[criptu]m Thesium, ins[criptu]m: Theses Medico-Physicae in Almo Ferrarien. Gymnas. publico examini propositae a Joan. Bap[tis]ta Cogho Ferrariensi.

COGHO, GIOVANNI BAPTISTA (Resp.): Theses Medico-Phisicae : in Almo Ferrariensi// Gymnasio publico examini propositae / a Joanne Bap[tis]ta Cogho Ferrariensi sub// Auspicijs […] DD.// D. Marchionis Joseph Mariae Ossensis Tassoni// sapientium Judicis// D. March[io]nis Aloisii Bentivoli, et// D. March[io]nis Gaspari de Monte Almi Ferra-// riensis Gymnasii Moderatorum. - [ca. 1710]. - 9 S. (Manuskript) *ACDF SO CL 1715-1717, Nr. 14*

Gutachter: Baldassare di S. Filippo Neri OCist
Gutachten: 6 S., [20. Mai 1716][32]

ACDF SO CL 1715-1717, Nr. 15

1716. Censura in Libell. ins[criptu]m: Battavia Sacra, sive res gestae Apostolicorum Virorum, qui Fidem Battaviae primò intulerunt etc. industria, et studio T. S. F. H. L. P. V. T. Bruxell. 1714.

T. S. F. H. L. H. (S. T. L. P. V. T.) [HEUSSEN, HUGO FRANCISCUS VAN]: Batavia sacra, sive Res gestae apostolicorum virorum, qui fidem Bataviae primi intulerunt : in duas partes divisa. Prima continet gesta 20. primorum praesulum Ultrajectensium, qui fere sanctis adscripti aut sancti habiti sunt [...] Reliquorum dein Pontificum Traj. eorum suffraganeorum; vicariorumque gesta & sanctiones sacras numquam editas vel obliteratas prodit [...] praemissis prolegomenis ad res patriae illustrandas. Altera a F. Schencko orsa, traditis diplomatibus circa limites sedium, metropolitanae Ultrajectensi suffraganearum, habitisque iis in locis Conciliis, res gestas, [...] decreta [...] ac scripta praesulum, [...] una cum recensione ecclesiarum [...] ad nostrum usque seculum perducit. Cum typis aeneis / Omnia industria ac studio T.S.F.H.L. [...] [i.e. F.H.L. Heusseni Sacrae Theologiae licentiati

30 Vgl.: GONNELIEU, JEROME DE: Sentiments de la vie intérieure pour se recueillir en Dieu : avec un règlement d'une vie chrétienne, et des sentiments de respect sur la présence de Dieu. - 6e édition, augmentée des méditations sur le Pater / [par le P. de Gonnelieu]. - Paris : L. Josse, 1706. - 211 S. ; 24°. *CCFR*.

31 Mit Dekret SO vom 20. Mai 1716 wurde die Druckerlaubnis erteilt.

32 Mit Dekret SO vom 20. Mai 1716 wurde die Druckerlaubnis verweigert.

provicarii Ultrajectensis]. - Bruxellis : pro Francisco Foppens, 1714. - 2 vol. [in 1?]. - [36], 251 S.; [536], [2] S. ; 2°. *MAI, LIBIS*

Gutachter: Jacques de la Fontaine SJ
Gutachten: 6 S., 18. September 1715

Gutachter: Giovanni Francesco da Soresina OFMObs
Gutachten: 6 S., 5. August 1716

Dekret: SO 5. August 1716
Bando: SO 18. August 1717;[33] SO 29. Juli 1722

ACDF SO CL 1715-1717, Nr. 16

1716. Censura in Libr. ins[criptu]m: Traitè Historique des excommunications dans lequel en expose l'ancienne, e la Nouvelle discipline dell'Eglise au Sujet des Excommunications, et des autres censures. A Paris 1715.

Anonym [DUPIN, LOUIS ELLIES]: Traité historique des excommunications, dans lequel on expose l'ancienne et la nouvelle discipline de l'eglise, au sujet des excommunications & des autres censures. - A Paris : chez Jacques Estienne, 1715. - [8], 491, [5] S. ; 12°. *CCFR*

Gutachter: Nicola Castelli CM
Gutachten: 23 S., [22. April 1716]

Gutachter: Pietro Francesco della Concezione SP
Gutachten: 4 S., [12. August 1716]

Dekret: SO 12. August 1722
Bando: SO 29. Juli 1722

ACDF SO CL 1715-1717, Nr. 17

1716. Censura in duos Libellos Januae impressos.

1.us inscribitur: Regula salvatoris vulgò nuncupata de S. Brigitta de Regno Suetiae etc.

2.us inscribitur: Regola del Salvatore detta di S. Brigida dettata immediamente dalla Bocca di Gesù Cristo.

1. BIRGITTA <SUECICA>: Regvla Salvatoris// Vvlgo Nvncvpata// De Sancta Birgitta// De Regno Svetiae : Data Divinitvs Ab Ore// Iesv Christi:// Ab Ipsomet Consecrata// Ad Honorem// Mariae Virginis// Eivs Matris;// Et à Sancta Sede Apostolica// Iussù eiusde[m] Christi expressè approbata. - Genuae : Typis Benedicti

33 Vermutl. nicht veröffentlichter Probedruck.

Cellae, in Platea Iustinianorum. (Superiorum permissu), 1668. - [2], 3-128, [4] S. ; 4°. *Gallica, LIBRIS*[34]

2. BRIGITTA <SUECICA>: Regola del Salvatore volgarmente detta di S. Brigida : Dettata immediatemente dalla propria bocca di Giesu Christo, consecrata da lui medesimo all'honore della sua dilettissima madre vergine Maria, e della santa sede apostolica per comandamento dell'istesso Christo espressamente confermata. - Genova : Benedetto Guasco, 1652. - [2] S., S. 3-126, [2] S. ; 4°. *LIBRIS*

Gutachter: [Antonio Maria Bonucci SJ]
Gutachten: nicht aufgefunden (zu Nr. 1)

Gutachter: Antonio Maria Bonucci SJ
Gutachten: 2 S., 7. Oktober 1716 (zu Nr. 2)[35]

ACDF SO CL 1715-1717, Nr. 18

1716. Censura in Edictum Senatus Parisien. sub die 15 Januar. 1716; cui titul.: Arrest de la Cour de Parlement, qui ordonne la suppression de feüilles imprimees a Rome sous le titre de Ill[ustrissi]mi, ac Re[verendissi]mi D. Auditoris Gen. R. Camerae Ap[osto]licae Litterae Monitoriae etc. Praefatae Litterae R.P.D. Auditoris versantur contra compulsores, et vidatores Immunit. Eccl[esi]ae etc.

Arrest// De La Cour// De Parlement,// Qui ordonne la suppression de feüilles imprimées à// Rome sous le titre de Illustrissimi, [et] Reveren-//dissimi Domini Auditoris generalis Reverendae// Camerae Apostolicae Litterae Monitoriae, [et]c. avec// défenses de les imprimer, vendre ou debiter, & qui renouvelle les défenses generales de recevoir// ou publier aucunes Bulles, Brefs ou Decrets de// Cour de Rome sans Lettres Patentes registrées// en la Cour qui en ordonnent la publication.// Du 15. Janvier 1716. - A Paris : Chez la Veuve de François Muguet, Hubert Muguet, Premier Imprimeur du Roy, & Louis Denis de la Tour Libraire [...], 1716. - 12 S. ; 2°. *ACDF SO CL 1715-1717, Nr. 18*

Gutachter: Cosimo Raffaele Girolami
Gutachten: 5 S., 15. Juli 1716

Gutachter: Diodato Nuzzi OSA
Gutachten: 7 S.

Dekret: nicht aufgefunden
Bando: SO 18. August 1717[36]

---

[34] Enth.: Constitvtioni in ordine alla perfetta osservanza della regola del Salvatore detta volgarmente di Santa Brigida, [...]. - Genova : benedetto Celle, 1668. *LIBRIS.*

[35] Am 7. Oktober 1716 nahmen die Kard. das Gutachten zur Kenntnis, ohne eine Entscheidung zu treffen.

[36] Vermutl. nicht veröffentlichter Probedruck.

ACDF SO CL 1715-1717, Nr. 19

1716. Considerationes in quasdam Propositiones defensas a D[octor]e Physico Vaccari Medicinae Professore in Universitate Ferrariae.

Das Werk wurde nicht ermittelt[37]

Gutachter: keine Angabe
Gutachten: nicht aufgefunden[38]

ACDF SO CL 1715-1717, Nr. 20

1717. Censura in Libr. ins[criptu]m: Poesie Sacre Morali, e spirituali del Sig[no]r Card. Pier Matteo Petrucci di Ch. Mem. divise in otto parti, che contengono Canzonette etc.

PETRUCCI, PIETRO MATTEO: Poesie Sacre// Morali, e spirituali / Del Sig[nor]e Cardinale// Pier Matteo Petrucci/ di chiara memoria ; divise in otto parti,// che contengono canzonette, Idillij, Canzoni,// recitativi, ottave, madrigali,// sonetti, et oratorij.// Libro Primo.// Dedicate// All'Eminentissimo, e Reverendissimo Signore// Il Sig[no]re Cardinal// Paulucci// Primo Ministro, e Segretario di Stato// della Santità di N.S. Papa / Clemente XI. - [secunda (tertia?) editio]. - [Aesii], [1716]. (hs. Titelbl.) *ACDF SO CL 1715-1717, Nr. 20*[39]

1. ♦ PETRUCCI, PIETRO MATTEO: Poesie sacre morali, e spirituali / di monsignor Petrucci vescouo di Iesi ; diuise in otto parti, che contengono sonetti, canzoni, ottaue, madrigali, canzonette, cantate, idilij, & oratorij. - In Iesi : nella stamperia di Giuseppe Serafini, 1685. - XXIV, 551, [1] S. ; 12°. *MAI*

2. ♦ PETRUCCI, PIETRO MATTEO: Poesie Sacre Morali, E Spiritvali / Di Monsignor Petrvcci Vescovo Di Iesi ; Diuise in otto Parti, Che contengono Sonetti, Canzoni, Ottaue, Madrigali, Canzonette, Cantate, Idilij, & Oratorij. - In Venetia : presso GianGiacomo Hertz. (Con Licenza de' Superiori e Priuilegio), 1686. - [12] Bl., 537 S. ; 12°. *SBB*

Gutachter: Antonio Maria Bonucci SJ
Gutachten: 2 S., 7. Oktober 1716

Gutachter: Carlo Antonio Donara OSA
Gutachten: 5 S., [20. Januar 1717][40]

---

37 Brief des Inquisitors (?) von Ferrara: Il maestro Fiorentino Vaccari Gioia Ferrarese insegna in pubblico la Dottrina d'un libro che è intitolato „De inquirenda veritate e n'è l'autore il P. Malebranche della Congregazione dell'Oratorio di Francia, della medesima Religione, di cui è il padre Quesnel."

38 Laut Randnotiz wurden die Propositionen Antonio Maria Bonucci SJ am 27. Juli zugestellt. Laut Faszikelumschlag wurde keine Entscheidung getroffen.

39 Titelaufnahme ergänzt nach den Angaben im Gutachten.

40 Mit Dekret SO vom 20. Januar 1717 wurde die Druckerlaubnis erteilt.

ACDF SO CL 1715-1717, Nr. 21

1717. Non permittitur impressio Libri, cui titul.: Atti de primi Martiri etc. raccolti, estratti, ed emendati con note, ed osservazioni illustrati per opera, e Studio del R. P. Teodorico Ruinart Benedettino etc. tradotti dal Idioma Latino nell'Itagliano da un Sacerdote Monaco di Buonsolazzo etc.

RUINART, THIERRY: Atti de Primi Martiri// Sinceri, e Scelti// dai Libri tanto stampati// che manoscritti// raccolti, estratti, ed emendati,// con note, ed osservazioni illustrati / per opera, e per istudio del// R.P. D. Teodorico Ruinart// Sacerdote, e Monaco Benedettino// della Congregazione// di S. Mauro// tradotti dall'Idioma Latino nell'// Italiano da un Sacerdote Monaco// Di Buonsollazzo// e dedicati// All'Altezza Reale// di Cosimo III// Granduca di Torscana. - [S.a.] : [S.n.], [S.a.]. (hs. Titelbl.). *Das Werk wurde nicht nachgewiesen*[41]

Gutachter: [Antonio Maria Bonucci SJ]
Gutachten: nicht aufgefunden[42]

ACDF SO CL 1715-1717, Nr. 22

1717. Censura in Libr. ins[criptu]m: Il Matrimonio di buona legge considerato da D. Antonio Camillo Leoni. In Lodi.

Das Werk wurde nicht ermittelt

Gutachter: Angelo Maria Querini OSB
Gutachten: 7 S., [27. Januar 1717]

Dekret: SO 27. Januar 1717
Bando: CIndex 7. Februar 1718

ACDF SO CL 1715-1717, Nr. 23

1717. Censura in Manus[criptu]m cui titul.: De Matrimoniis, quae a Filiis familias contrahuntur Parentibus insciis, vel rationabiliter invitis; Dissertatio

---

41 Ermittelt wurde: RUINART, THIERRY: Atti sinceri de primi martiri della chiesa cattolica / raccolti dal p. Ruinart e tradotti nella lingua italiana con prenozioni e note da Francesco Maria Luchini. - In Roma : nella stamperia di S. Michele a Ripa, presso Paolo Giunchi, provisore di libri della Biblioteca Vaticana, 1777-1779 (In Roma : nella stamperia di S. Michele a Ripa presso Paolo Giunchi romano, provisor di libri della Biblioteca Vaticana, 1779). - 4 vol. ; 4°. *SBN*. Vgl.: RUINART, THIERRY: Acta primorum martyrum sincera et selecta ex libris cum editis, tum manu scriptis collecta, eruta vel emendata, notisque & obseruationibus illustrata / Opera et studio dom[i]ni Theoderici Ruinart [...]. His praemittitur praefatio generalis, in qua refellitur dissertatio 11. Cyprianica Henrici Dodwelli de paucitate martyrum. - Parisiis : excudebat Franciscus Muguet [...], 1689. - [8], LXXIV, [10], 710, [22] S. ; 4°. *SBN*; RUINART, THIERRY: Acta primorum martyrum sincera & selecta : Ex libris cum editis, tum manuscriptis collecta, eruta vel emendata, notisque & observationibus illustrata / Opera & studio domni Theodorici Ruinart [...]. His praemittitur praefatio generalis, in qua refellitur Dissertatio undecima Cyprianica Henrici Dodwelli de paucitate martyrum. - Editio secunda ab ipso auctore recognita, emendata & aucta. - Amstelaedami : ex officina Wetsteniana, 1713. - [8], LXXVII, [7], 645, [3] S. *SBN*.

42 Mit Dekret SO vom 2. Januar 1717 wurde die Druckerlaubnis verweigert.

Theologica R[everendissi]mi P. Francisci Mariae Muscettolae Ord[ini]s Theatinorum.

♦ MUSCETTOLA, FRANCESCO MARIA: [Dissertatio theologico-legalis de sponsalibus et matrimoniis ...] Francisci Mariae Muscettulae archiep. Rossanensis Dissertatio theologico-legalis de sponsalibus et matrimoniis quae a filiisfam. contrahuntur parentibus insciis vel juste inuitis. - Editio altera [...]. - Neapoli : apud Nouellum De Bonis archiepiscopalem typographum, 1742. - [24], 304 S. 8°. *SBN*

♦ MUSCETTOLA, FRANCESCO MARIA: Dissertatio theologico-legalis de sponsalibus et matrimoniis [...]. - Napoli : Altobelli, 1762 ; 8°. *ICCU*

♦ MUSCETTOLA, FRANCESCO MARIA: [Dissertatio theologico-legalis de sponsalibus et matrimoniis ...] Francisci Mariae Muscettulae [...] Dissertatio theologico-legalis de sponsalibus et matrimoniis quae a filiis fam. contrahuntur parentibus insciis vel juste invitis : cum V. CL. Alexii Symmachi Mazochii adnotationibus atque additamentis. - Editio prima romana cui accessere adpendix nova nonnullarum decisionum Sac. Rot. Rom. [...] V. CL. P. Virginii Valsechii [...]. - Romae : ex typographia Johannis Zempel ; sumptibus Venantii Monaldini bibliopolae, 1766. - XXXV, [1], 500 S. ; 4°. *MAI*[43]

Gutachter: Antonio Maria Bonucci SJ
Gutachten: 2 S., 16. Dezember 1716

Gutachter: Venanzio della Ss. Trinità OCD
Gutachten: 3 S., [17. Februar 1717][44]

ACDF SO CL 1715-1717, Nr. 24

1717. Censura in Libr. ins[criptu]m: Testament Nouveau de N[ot]re Signeur Jesus Christ, traduit en francois selon la Vulgate; avec des Notes etc. Par M. Charles Hurè Professeur Emerite del'Universitè de Paris. 1702.

Le Nouveau Testament de Nostre Seigneur Jesus-Christ : traduit en francois selon la Vulgate; avec des notes où l'on explique le sens littéral [en y ajoutant quelques Reflexions morales, qui fuirent naturellement de la Lettre] / Par M. Charles Huré [Professeur Emerite de l'Université de Paris, et Principal du College de Boncour. Imprimé avec la permission de Son Eminence Monseigneur le Cardinal de Noailles, Archeveque de Paris]. - A Paris : chez Jean de Nully, 1702. - 4 vol. ; 12°. *CCFR*[45]

Gutachter: Angelo Maria Querini OSB
Gutachten: 11 S., [13. November 1715]

Gutachter: Hyacinthe Petit OCD
Gutachten: 17 S., 14. April 1717

[43] Gegenstand der Prüfung war das Manuskript. Das Manuskript wurde nicht ermittelt.
[44] Mit Dekret SO vom 17. Februar 1717 wurde die Druckerlaubnis erteilt.
[45] Titelaufnahme ergänzt nach den Angaben im Gutachten.

Dekret: SO 14. April 1714
Bando: SO 18. August 1717;[46] SO 29. Juli 1722

ACDF SO CL 1715-1717, Nr. 25

1717. Censura in Manus[criptu]m Anonym., cui titul.: Risposta ad una scrittura in lingua Francese di autor Calvinista anonimo, che sopra il pretesto di far un discorso sopra il Decalogo accusa i Cattolici come trasgressori del primo precetto divino, e gli fà rei d'altri supposti delitti etc.

Anonym: Risposta ad una Scrittura in lingua francese d'Autor Calvinista Anonimo, che sotto il pretesto di far un discorso sopra l'Decalogo, accusa i Cattolici, come trasgressori del p[rim]o precetto divino, e gl'fà rei d'altri supposti delitti de i quali con ogni evidenza qui si dimostrano innocenti, provandosi coll'infallibile autorità della Sacra Scrittura false, e calunniose tutte le accuse dell'Aversario. - [ca. 1704]. (Manuskript). *Das Manuskript wurde nicht nachgewiesen*

Gutachter: Nicola Castelli CM
Gutachten: 3 S., [23. September 1710][47]

Gutachter: Pietro Paolo Petrucci d'Este OSH
Gutachten: 4 S., [28. April 1717] und 2 S., [28. April 1717][48]

ACDF SO CL 1715-1717, Nr. 26

1717. Censura in Libr. impressum Maceratae an. 1714 ins[criptu]m: Compendiose Memorie della Vita, e Morte di Alessandro Ilarioni, morto in Cingoli in Concetto di Santità, composta dal Preposto Angelo Simonetti.[49]

♦ SIMONETTI, ANGELO: Memorie compendiose della vita e morte di Alessandro Hilarioni. - Macerata : il Silvestri, 1714. - 8°. *ICCU*

♦ SIMONETTI, ANGELO: Compendiose memorie della vita, e morte di Alessandro Hilarioni : diuise in due parti / raccolta da Angelo Simonetti preposto dell'insigne collegiata di Cingoli. - In Macerata : per il Siluestri stampator del s. Officio, 1714. - [8], 83 S. ; 8°. *MAI*

Gutachter: Carlo Antonio Donara OSA
Gutachten: 7 S., [21. April 1717][50]

ACDF SO CL 1715-1717, Nr. 27

1717. Decretum S. Cong[regatio]nis impress. sub die 30 Jun. 1717, quo prohibetur Liber ins[criptu]s: Memoire dans lequel on examine, si l' appell

46 Vermutl. nicht veröffentlichter Probedruck.
47 Das Werk sollte einem zweiten Gutachter übergeben werden.
48 Laut Dekret SO vom 28. April 1717 sollte das Werk vom SO einbehalten werden.
49 Vgl. ACDF SO Tit.Libr. 1710-1721, Nr. 67.
50 Mit Dekret SO vom 21. April 1717 wurde die Druckerlaubnis erteilt.

interiette au futur Concile General de la Constitution Unigenitus per quattre Eveques de France, au quel plusieurs Facultè, et un grand nombre de Chanoines, et de Curez du Royamme ont adherè est Legitime, et Canonique, e quels sont ses effets de cet Appell. 1717 Anonym.

Anonym: Mémoire dans lequel on examine si l'appel interjetté au futur concile général de la constitution Unigenitus / par quatre évêques de France, auquel plusieurs facultez, & un grand nombre de chanoines, & de curez du royaume ont adheré, est légitime & canonique, & quels sont les effets de cet appel. - [S. l.] : [S.n.], 1717. - 42 S. ; 4°. *CCFR*

Gutachter: keine Angabe
Gutachten: nicht aufgefunden

Dekret: SO 30. Juni 1717
Bando: SO 30. Juni 1717;[51] SO 29. Juli 1722

ACDF SO CL 1715-1717, Nr. 28

1717. Decret. S. Congr[egatio]nis sub die 14. Julii 1717. statuens, quod ponatur in Nota Librorum prohibitorum suo tempore publicanda Liber ins[criptu]s: Christiani Feustellii Pastor etc. Miscellanea sacra, et erudita de Phraseologia, et emphasi Biblica antiquitatum studio etc. Lipsiae 1705.

FEUSTEL, CHRISTIAN: [Miscellanea sacra et erudita de phraseologia et emphasi biblica. Antiquitatum studio. Biographis. elencho pontificio &c. schediasmatibus aliquot epistolicis ad D. Val. Ern. Loescherum exposita] Christiani Fevstelii [...] Miscellanea Sacra Et Ervdita De Phraseologia Et Emphasi Biblica. Antiqvitatvm Stvdio. Biographis. Elencho Pontificio &c. Schediasmatibvs Aliqvot Epistolicis Ad D. Val. Ern. Loeschervm Exposita. Accedit Loescheri Responsio De Statv Progressvqve Scriptorvm A Se Promissorvm. - Lipsiae : Apud Io. Fridericvm Bravnivm [...], 1715. - [2], [5], [1], 775 [i.e. 757], [1], [14] S. ; 8°. *GBV*[52]

Gutachter: keine Angabe
Gutachten: nicht aufgefunden

Dekret: SO 14. Juli 1717
Bando: SO 18. August 1717;[53] SO 29. Juli 1722

ACDF SO CL 1715-1717, Nr. 29

1717. Censura in 1.um, 2.um, 3.^{m}, 4.^{m} Tomum Operis, cui. titul.: S. Gregorii Papae 1. Cognomento Magni Opera omnia ad Manuscriptos Codices Romanos,

---

51 Vermutl. nicht veröffentlichter Probedruck.

52 Enth.: LÖSCHER, VALENTIN ERNST: Responsio De Statv Progressvqve Scriptorvm A Se Promissorvm. *GBV*.

53 Vermutl. nicht veröffentlichter Probedruck.

Gallicanos, Anglicanos emendata, aucta et illustrata notis, studio, et labore Monachorum S. Benedicti e Cong[regatio]ne S. Mauri. Parisiis 1705.

GREGORIUS <Papa, I.>: [Opera omnia, ad manuscriptos codices romanos, gallicanos, anglicanos emendata, aucta, et illustrata notis] Sancti Gregorii, papae I, cognomento Magni, Opera omnia, ad manuscriptos codices romanos, gallicanos, anglicanos emendata, aucta, et illustrata notis / studio et labore monachorum ordinis Sancti Benedicti, è congregatione Sancti Mauri [Denis de Sainte-Marthe ; Barthélemy Pétis de La Croix ; Guillaume Bessin]. - Parisiis : sumptibus C. Rigaud, 1705. - 4 vol. ; 2°. *CCFR*[54]

Gutachter: Pietro Paolo Petrucci d'Este OSH
Gutachten: 6 S., [21. Juli 1717] (zu vol. 1)

Gutachter: Hyacinthe Petit OCD
Gutachten: 5 S., 28. Juli 1717 (zu vol. 2)

Gutachter: Carlo Antonio Donara OSA
Gutachten: 13 S., [28. Juli 1717] (zu vol. 3)

Gutachter: Venanzio della Ss. Trinità OCD
Gutachten: 3 S., [21. Juli 1717][55] (zu vol. 4)

ACDF SO CL 1715-1717, Nr. 30

1717. Censura in Manus[criptu]m cui. titul.: Le Parabole di Salomone parafrasate in Rime anacreontiche, e la Musica del divino amore nel Cantico de Cantici di Salomone, proposta in Rime da Presepio Presepi (che è il P. Petrignani Gesuita Senese).[56]

1. PRESEPI, PRESEPIO <Pseudonym> [PATRIGNANI, GIUSEPPE ANTONIO]: Le Parabole Evangeliche di Gesù Cristo parafrasate in Rime Anacreontiche / da Presepio Presepi [...]. - [S.a.]. (Manuskript). *Das Manuskript wurde nicht nachgewiesen*

♦ PRESEPI, PRESEPIO <Pseudonym> [PATRIGNANI, GIUSEPPE ANTONIO]: Anacreonte cristiano. - Milano : Domenico Bellagatta, 1713. - 24°. *ICCU*

---

54 Verhandelt wurden vol. 1. Libri moralium in Job XXXV. Libri II in Ezechielem. Libri II in Evangelia. *CCFR*; vol. 2. Liber regulae pastoralis. Dialogorum libri IV. Epistolae. Indices ex libro Epistolarum / [studio A. Caraffa]. *CCFR*; vol. 3. Liber sacramentorum. Notes et observationes in Librum sacramentorum / auctore H. Menardo. Liber antiphonarius. Expositiones in librum I. Regum. Expositiones super Cantica canticorum. Expositiones in septem psalmos poenitentiales. Concordia quorundam testimoniorum Sacrae Scripturae. *CCFR*; vol. 4. Vita S. Gregorii / auctore Paulo Diacono. Eadem, auctore Johanne Diacono. Eadem, ex ejusdem S. Gregorii scriptis potissimum adornata. Sancti Paterii Liber de expositione Veteris et Novi Testamenti. Alulfi de Expositione Novi Testamenti. *CCFR*.

55 Mit Dekret SO vom 28. Juli 1717 wurde die Druckerlaubnis für eine Neuaufl. mit der Auflage erteilt, das Werk zu korrigieren.

56 Vgl. ACDF SO Tit.Libr. 1710-1721, Nr. 41.

♦ PRESEPI, PRESEPIO <Pseudonym< [PATRIGNANI, GIUSEPPE ANTONIO]: Anacreonte cristiano / di Presepio Presepi. - In Firenze : nella stamperia di sua altezza reale per Jacopo Guiducci, e Santi Franchi ; ad istanza di Gio. Battista Pelagalli, 1711. - 211 S. ; 12°. *SBN*

2. PRESEPI, PRESEPIO <Pseudonym> [PATRIGNANI, GIUSEPPE ANTONIO]: La Musica// del Diuino Amore// nel Cantico de' Cantici// di Salomone : proposta in Rime// per trattenimento Sp[iritua]le// dell' Anime desiderose// de i Canti sagri / Da Presepio Presepi. - [2] Bl., 170 S., [9] Bl. [=99 Bl. neu] ; 2°. (Manuskript) *BAV Vat. lat. 12830*[57]

Gutachter: Bonaventura da Rutigliano OFMObs
Gutachten: 4 S., [23. Januar 1714] (zu Nr. 1-2)

Gutachter: Paolo Bellomo TOR
Gutachten: 7 S., [11. August 1717] (zu Nr. 2)[58]

ACDF SO CL 1715-1717, Nr. 31

1717. Censura in Libr. impress. Mediolani 1716, cui titul.: Riflessioni sopra la Naturalezza del lucimento veduto in un pezzo di carne levata del Fisico Collegiato Ignazio Carcano, ed assieme un discorso del Fisico Collegiato Paolo Girolamo Biumi.

CARCANO, IGNAZIO: Riflessioni sopra la naturalezza del lucimento veduto in un pezzo di carne lessata il giorno undici del mese di maggio / del fisico collegiato Ignazio Carcano, ed assieme un discorso del fisico colleggiato Paolo Girolamo Biumi. - In Milano : nella regia ducal corte, per Marc'Antonio Pandolfo Malatesta stampatore reg. cam., e della sanità, 1716. - 93, [1] S. ; 8°. *MAI*

Gutachter: Francesco Zavarroni OM
Gutachten: 2 S., [15. September 1717][59]

---

57 Titelaufnahme nach Autopsie *BAV*. Umfang nach neu eingedr. Zählung: 99 Bl. Blattmaße: 30,5 x 21 cm. Enth: Vorwort an den Leser: Diuoto Lettore. - Bl. [1]v-[2]v. Incipit: J. M. J// Cantum Canticorum Salomonis// [...] Almo figlio Diuino//, [...]. - S. 1; Des. [...] Con quest'ali d'amore e non uolare. - S. 170. Indice dell [...] Materie. - Bl. 91r-99r (neue Zählung). Decretum: [...] Dati della S.[acrosan]ta Inquisiz.[ion]e di Firenze 24 Marzo 1713// F. Bernard.[in]o Frachia da Volenza Min: Conu: Vic.[ari]o Gen: del S. Off. di Firenze. - Bl. 99r (neu); Decretum S.O. (Rom). - Bl. 99v (neu): Feria 4.a Die 11. Aug:[us]ti 1717. Em[inentissim]i dixe-//runt, quod pr[ae]sens Liber retineatur in S. Off. Auf den vorderen Spiegel geklebt: Undatiertes Votum[?] zweier Jesuiten, Giovanni Lorenzo Lucchieri und Baldassare Montecatini, zum vorliegenden Werk. - 1 Bl. (hs., ausgeschnitten und untereinandergeklebt), Überschrift: Approuazzioni di due Teologi della Comp: di Gesu / del P. Gio: Lorenzo Luccherini [...] del P. Baldassare Monte[c]atini. Oben links Provenienzvermerk: S. Off. Weiterer Eintrag: Jmp[r] Nicol.s de Catillanis V. Glis. - Bl. 99r (neu).

58 Mit Dekret vom 11. August 1717 wurde die Druckerlaubnis verweigert; das Werk sollte vom SO einbehalten werden.

59 Zu diesem Fall wurde keine Entscheidung getroffen.

ACDF SO CL 1715-1717, Nr. 32[60]

1. Pentecostario. Venetia su la stampa di Nicolò Glichi 1673.

2. Paracletico. Venetia secondo la stampa di Andrea Giuliano 1671.

3. Octoechi Graecorum editionis Venetae apud Nicolaum Sarum Anni 1712.

4. Triodio.Venezia apud Nicolaum Glychi 1702.

5. Triodium, Officium Quadragesimale Graecorum continens, Venetiis editum per Nicolaum Dulcem anno 1672.

6. ΤΎΠΟΣ ΤΟΥ͂ ΣΥΝΟΔΙΚΟΥ͂ ΤΗ͂Σ ἉΓΙ΄ΑΣ [...]

1. Pentēkostarion : To paron biblion tetypotai Enetiēsi, para Nikolaō tō Glykei tō ex Iōanninōn. Diorthōthen para [...]. Allousiou Gradenigu tu bibliophylakos. - [Enetiēsin] : [para Nikolaō tō Glykei], 1673. - 249 [i.e. 252] S. ; 2°. *SBN*[61]

2. Paraklētike syn theō agiō, periechusa tēn prepusan autē akoluthian. Neōsi Enetiēsi metatypōtheisa para Andrea to Iuliano: analomati men kai kamato idio, spoude de kai epanorthosei tu [...] Alusiu to Gradenigu [...]. - [Enetiēsi] : [para Andrea to Iuliano?], 1671. - 200 S. ; 2°. *SBN*[62]

3. ♦ Oktōēchos ; Neōsti metatypōtheisa, kai epimelōs diorthōtheisa. - Enetiēsi : para Nikolaō tō Sarō, 1720. *GBV*

4. Triōdion psychōphelestaton [...]. Neōsti metatypōthen, kai epimeleia diorthōthen. - [Enetiēsi] : Para Nikolaō Glykei Enetiēsi, [1702]. *BL*[63]

5. Triodion psychōphelestaton periechon tēn prepousan en tē hagia kai megalē tessarakoste hapasan akolouthian. Neōsti typōthen kai diorthōthen meta pleistes

---

60 Diese Nr. ist nicht in der Rubricella SO CL aufgeführt. Das Faszikel besteht aus nummerierten Teilfaszikeln und beiliegenden Dokumenten. Es handelt sich hierbei fast ausschließlich um nicht gezeichnete Korrekturen einer speziellen Kongregation. Aufgrund eines Antrags der süditalienischen griechisch-katholischen Bischöfe beauftragte sie der Papst mit der Korrekur der hier genannten liturgischen Werke. Geleitet wurde diese Kongregation von Kard. Tolomei, folgende Mitglieder wurden ferner erwähnt: Mons. Filippi, Bischof von Zante; der Bischof von Durazzo; der Abt von S. Basilio; Lucini, der Comm. SO; Teodoro Pangali, Scriptor der BAV; Antonio Balzarini, Professor der Sapienza; Luigi Andruzzi, Professor für Griechisch an der Universität von Bologna; und Giovanni Francesco da Soresina OFMObs. In den Akten wurden weiterhin als Gutachter erwähnt: Gabriele de Marchis; Samuel Rodota, Alumnus des Collegio Greco; Francesco Valesio; Tolomai; Gregorio [Croc.]. Zum Verfahren, vgl. Sitzungsprotokolle unter Nr. 15 und eine Relation unter Nr. 16. Vgl. bes. die Relation Pangalis (Nr. 7); und eine Relation des Comm. SO Lucini, 22 S. (ACDF SO St.St. I-6-d, Nr. 7). Die Relation Lucinis bietet kurze Inhaltsangaben zu allen begutachteten Werken. Seine Einleitung und sein Fazit machen deutlich, dass aufgrund dieser Relation die spezielle Kongregation mit der Korrektur der griech. Werke beauftragt wurde. Weiterhin wies Lucini auf ähnliche Verhandlungen unter Clemens VIII. hin.

61 Transkribiert nach *RAK-WB*.

62 Transkribiert nach *RAK-WB*.

63 Transkribiert nach *RAK-WB*.

epimeleias kai dexiotetos. - Enetiēsin : para Nikolaō to Glykei to ex Iōanninōn, 1672. - 493, [30?] S. *SBN*

6. Typos tu synodiku tēs hagias kai [h]oi [...]. - [S.l.] : [S.n.], [S.a.]. - 6 S. ; 2°. *RAK-WB*[64]

7. *Eine eindeutige Identifikation des* Menologium *ist nicht möglich*

8. *Eine eindeutige Identifikation des* Mineon *ist nicht möglich*

9.-10. ♦ Anthologion tu holu eniautu, plusioteron ton allon: Periechon hapasas umen tas en tois protypotheisin Anthologiois Akoluthias kai Hermeneias, alla kai holen ten Oktoechon meta tu heteru Kaionos tes Parakleseos / Gredenigos, Alusios (Hg.). – Venetiis : Andreas Iulianos, 1672. Quelle:
http: //www.bookmaps.de/lib/ruc.a/n/ant-20.html (Zugriff: 27.04.2009)

11. *Eine eindeutige Identifikation des* Typikon *ist nicht möglich*

12. *Eine eindeutige Identifikation des* Synaxarion *ist nicht möglich*

13. *Eine eindeutige Identifikation des* Psalterion *ist nicht möglich*

14. *Eine eindeutige Identifikation des* Horologion *ist nicht möglich*

Gutachter: [Teodoro Pangali][65]
Gutachten: 6 S. (zu Nr. 1-6)[66]

Gutachter: Samuel Rodota[67]
Gutachten: 10 S. (zu Nr. 1)[68]

Gutachter: [Gabriele de Marchis][69]
Gutachten: 8 S. (zu Nr. 2)[70]

Gutachter: [Teodoro Pangali][71]
Gutachten: nicht aufgefunden (zu Nr. 3)[72]

Gutachter: keine Angabe[73]
Gutachten: 4 S. (zu Nr. 4 u/o 5)[74]

---

64 Transkribiert nach *RAK-WB*.
65 Als Mitarbeiter der Sonderkongregation. Durch Handschriftenvergleich.
66 Vgl. Nr. 5. Ein Abschrift befindet sich in Nr. 7.
67 Als Mitarbeiter der Sonderkongregation.
68 Vgl. Nr. 2f. Laut Relation unter Nr. 2b wurde zu Nr. 1 noch eine weitere Korrektur von Giovanni Stai und Teodoro Pangali verfasst. Vgl. Korrektur, 12 S., u.d.T. Notata ut ponderanda, et respective corrigenda in Grecorum Pentecostario, unter Nr. 2d.
69 Als Mitarbeiter der Sonderkongregation. Laut Relation unter Nr. 2b. In derselben Relation wurde auch Pangali als Gutachter zu Nr. 2 erwähnt.
70 Revisio D. Gabrielis de Marchis, unter Nr. 2c. Vgl. auch Korrektur, 1 S., Teilfaszikel 2, Buchstabe a.
71 Laut Relation unter Nr. 2b.
72 Zu Nr. 3 wurde kein unterzeichnetes Gutachten aufgefunden. Jedoch 1 S.
73 Korrektur. Teilfaszikel 2, Buchstabe a.

Gutachter: [Teodoro Pangali]
Gutachten: 46 S. (zu Nr. 5)[75]

Gutachter: [Gabriele de Marchis][76]
Gutachten: 38 S. (zu Nr. 4 u/o 5)

Gutachter: [Samuel Rodota][77]
Gutachten: 19 S. (zu Nr. 4 u/o 5)

Gutachter: keine Angabe
Gutachten: nicht aufgefunden (zu Nr. 6)[78]

Gutachter: keine Angabe
Gutachten: 13 S. (zu Nr. 7)[79]

Gutachter: [Francesco Vallesio][80]
Gutachten: nicht aufgefunden (zu Nr. 8)[81]

Gutachter: [Giorgio Croc.][82]
Gutachten: nicht aufgefunden (zu Nr. 8)[83]

Gutachter: [Teodoro Pangali][84]
Gutachten: 16 S. (zu Nr. 9-10) [85]

Gutachter: [Tolomai][86]
Gutachten: 4 S. (zu Nr. 11)[87]

Gutachter: keine Angabe
Gutachten: nicht aufgefunden (zu Nr. 12-14)

74 Teilfaszikel 17, Buchstabe a. Darüber hinaus 3 S., Teilfaszikel 17, Buchstabe b. Unter Buchstabe c befinden sich noch zwei Kopien dieser Korrektur mit der Randnotiz: Corettione del Triodio mandata a Mons. Patriarcha di Venetia 1716. Vgl. auch die Korrekturen, 4 S., unter Nr. 9.

75 Correctio Triodii exhibita a Domino Don Theodoro Pangalo (Nr. 18).

76 Correctio Triodii exhibita a Domino Gabriele De Marchis (Nr. 19).

77 Correctio Triodii exhibita a Domino Samuele Rodota (Nr. 20). Weiterhin beiliegend „Animadvertiones“ zu Nr. 4 u/o 5.

78 Jedoch liegen im Teilfaszikel 18 weitere Korrekturen vor u.d.T. „Synodikon Sancte et Ecumenice Septime Synodi Benedic.“, 26 S., und „Exemplar Synodale sancti, et universalis Concilii Sexti, quod legitur [...] in sollemnibus instructionibus Grecorum orthodoxorum in Templo Sancti Georgii“, 8 S.

79 Unter Nr. 3 und 4, u.d.T. „Menologii correctio“.

80 Als Mitarbeiter der Sonderkongregation.

81 Zu vol. 2. Laut Notiz unter Nr. 12.

82 Als Mitarbeiter der Sonderkongregation.

83 Zu vol. 1. Laut Notiz unter Nr. 12.

84 Durch Handschriftenvergleich.

85 Unter Nr. 10. Dazu auch „Nonnulla observata in Anthologium” (unter Nr. 11).

86 Als Mitarbeiter der Sonderkongregation.

87 Unter Nr. 8: „Ad Typicon Notanda“.

ACDF SO CL 1718-1721

ACDF SO CL 1718-1721, Nr. 1

1718. Censura in Manus[criptu]m, cui titul.: Trutinas veritas a totaliter ex Fraude coagulatis tribus nequissimis Constitutionem Unigenitus criminationibus lacessitam vindicat, cunctas patefaciens etc. Authore P. Dom[eni]co Moura Ord[ini]is Praed[icatoru]m Mutinen. Inquisitionis Vicario etc.

Moura, Domenico: Trutinas veritas a totaliter ex Fraude coagulatis tribus nequissimis Constitutionem Unigenitus criminationibus lacessitam vindicat, cunctas patefaciens [...] / Authore P. Dom[eni]co Moura Ord[ini]is Praed[icatoru]m Mutinen. Inquisitionis Vicario [...]. - [S.a.]. (Manuskript). *Das Manuskript wurde nicht nachgewiesen*

Gutachter:	Angelo Maria Querini OSB
Gutachten:	16 S., [9. März 1718][1]

ACDF SO CL 1718-1721, Nr. 2

1718. Censura in Manus[criptu]m, cui titul.: Jacobi Fabii Stapulensis in Epistolas D. Ignatii Martiris Argumentum etc.

Lefèvre d'Étaples, Jacques: [In Epistolas divini Ignatii argumentum] Jacobi Fab. Stapulensis in Epistolas divini Ignatii argumentum. - [s.a.]. - 84 S. (Manuskript) *ACDF SO CL 1718-1721, Nr. 2*

♦ Dionysius <Areopagita> ; Polycarpus <Smyrnaeus> ; Ignatius <Antiochenus>: Opera / Trad. Ambrosius Traversarius. Ed. Jacobus Faber Stapulensis. Epistolae Ignatii Antiocheni et Polycarpi. - Paris : Jean Higman et Wolfgang Hopyl, 1498/1499. - [4], 117, [1] S. ; 2°. *CCFR*

♦ Dionysius <Areopagita>:[Caelestis hierarchia ...] Diuini Dionysii Areopagite. Caelestis hierarchia. Ecclesiastica hierarchia. Diuina nomina. Mystica theologia. Undecim epistolae. Ignatii undecim epistolae. Polycarpi epistola vna. Theologia viuificans. Cibus solidus. - Venetiis : Tacuino [im Kolophon: In inclyta ciuitate Venetiaru[m] : p Ioa[n]ne[m] tacuinu[m]|| de Tridino formulariae artis magistru[m] Anno|| ab i[n]carnatio[n]e eiusde[m] D[omi]ni ... Iesu Christi.|| MCCCCCII. die.

---

1 Mit Dekret SO vom 9. März 1718 wurde die Druckerlaubnis verweigert, das Manuskript des SO sollte einbehalten werden.

XXI. me[n]sis Nouembris.|| Principe Leonardo Lauretano.|| Lavs Deo.], 1502. - [6], CXXXXIII Bl. *SBB*

♦ DIONYSIUS <AREOPAGITA>: [Caelestis hierarchia, Ecclesiastica hierarchia, Divina nomina, Mystica theologia, Undecim epistolae] Divini Dionysii Areopagite Caelestis hierarchia, Ecclesiastica hierarchia, Divina nomina, Mystica theologia, Undecim epistolae. Ignatii Undecim epistolae, Polycarpi epistola una / [Hg.: Jacobus Faber Stapulensis] - Venetiis : Tacuinus de Tridino, 1502. - 143 Bl. *HBZ*[2]

♦ IGNATIUS <ANTIOCHENUS> ; POLYCARPUS <SMYRNAEUS> ; BARNABAS <APOSTOLUS>: [Epistolae atque martyria] Ignatii, Polycarpi, et Barnabae, epistolae atque martyria. - Oxonia : Lichfeld, 1643. - 276 S. *BVB*

♦ POLYCARPUS <SMYRNAEUS> ; IGNATIUS <ANTIOCHENUS>: [Epistolae] Polycarpi et Ignatii Epistolae : vna cum vetere vulgata interpretatione latina [...] accessit & Ignatianarum Epistolarum versio antiqua alia [...] quibus praefixa est, non de Ignatii solùm & Polycarpi scriptis, sed etiam de apostolicis constitutionibus & canonibus Clementi romano tributis, Iacobi Vsserii [...] dissertatio In Polycarpianam Epistolarum Ignatianarum syllogen annotations Appendix Ignatiana. - Oxoniae : Excudebat Leonardus Lichfield [...], 1644 [i.e. 1645]-1647. - [1], CXLVI, [1], 12, [1], 13-243, [4], 53, [8], 39, [7], 128 S. *AMICUS*[3]

♦ IGNATIUS <ANTIOCHENUS>: Epistolae Genvinae S. Ignatii Martyris : quae nunc primum lucem vident ex bibliotheca Florentina ; Accessit universis translatio vetus. Adduntur S. Ignatii Epistolae, quales vulgo circumferuntur. Adhaec S. Barnabae Epistola / Ed., & Notas addidit, Isaacvs Vossivs. - Amstelodami : Apud Ioannem Blaev, 1646. - [4] Bl., 318 S. ; 4°. *HBZ*[4]

♦ USHER, JAMES: Appendix Ignatiana : In quâ continentur: I. Ignatii Epistolae genuinae, à posterioris interpolatoris assumentis liberae, ex Graeco Mediceo exemplari expressae; & nova versione Latinâ explicatae. II. Ignatii martyrium, à Philone, Agathopode, & aliis qui passioni illius interfuerant, descriptum; ex duabus antiquis Latinis ejusdem versionibus nunc primùm in lucem editum. III. Tiberiani, Plinii Secundi & Trajani Imp. de constantiâ martyrum illius temporis, epistolae. IV. Smyrnensis Ecclesiae de Polycarpi martyrio epistola, cum antiquâ Latinâ ejusdem metaphrasi, integrè nunc primùm edita. V. In Ignatii & Polycarpi acta, atque in

---

2 Enth.: Ignatii Undecim epistolae, Polycarpi epistola una. Aus dem Griech. übers. *HBZ.*

3 Text griech. und lat. Enth. jeweils mit eigenem Titelbl. und getrennter Seitenzählung: USSER, JAMES: In Polycarpianam Epistolarvm Ignatianarvm syllogen annotationes [...]. - Oxoniae : Excudebat Henricus Hall, 1644 [i.e. 1645]; Appendix Ignatiana : in quâ continentur, I. Ignatii Epistolae genuinae [...] II. Ignatii Martyrium [...] III. Tiberiani, Plinii Secundi & Trajani Imp. [...] epistolae. IV. Smyrnensis ecclesiae de Polycarpi martyrio epistola [...] V. In Ignatii & Polycarpi acta, atque in Epistolas etiam Ignatio perperàm adscriptas, annotationes Jacobi Vsserii ... - Londini : Excudebat R.B. impensis Georgii Thomasoni ..., 1647. Epistolarvm Ignatii vetus latina versio [...] 1642. - S. 193-238; Ignatii Antiocheni et Polycarpi Smyrnensis episcopi Martyria ... ; Jacobvs Vsserivs [...] edidit, & notis illustravit ; accesserunt ejusdem, in Epistolas Ignatio adscriptas, annotationes. - Londini : Excudebat R.B. impensis Georgii Thomasoni [...], 1647. - [7], 128 S. *AMICUS.*

4 Text griech. und lat. *HBZ.*

epistolas etiam Ignatio perperàm adscriptas, annotationes / Jacobi Vsserii Armachani […] [Ignatii Antiocheni et Polycarpi Smyrnenesis episcopi martyria]. - Londini : Excudebat R.B. impensis Georgii Thomasoni […], 1647. - [8], 39, [1]; [8], 132 S. ; 4°. *COPAC*[5]

♦ IGNATIUS <ANTIOCHENUS>: [Epistolae genuinae] S. Ignatii Epistolae genuinae : juxta Exemplar Mediceum denuo recensitae, una cum Veteri Latina Versione / annotationibus D. Ioannis Pearsoni Nuper Episcopi Cestriensis, et Thomae Smithi S. T. P. illustratae. Accedunt Acta Genuina Martyrii S. Ignatii, Epistola S. Polycarpi ad Philippenses, et Smyrnensis Ecclesiae Epistola de S. Polycarpi Martyrio; cum Veteribus Latinis Versionibus, et Annotationibus Thomae Smithi. - Oxonii : E Theatro Sheldoniano, 1709. - [XII], 75, 117 S. ; [4°]. *GBV*[6]

Gutachter: Giusto Fontanini
Gutachten: 15 S., 25. Mai 1718[7]

ACDF SO CL 1718-1721, Nr. 3

1718. Censura in Manus[criptu]m, cui titul.: De Libertate Ecclesiae in conferendo Ecclesiastica Beneficia non modò Clericiis indigenis, verum etiam extraneis, et de Immunitate Beneficiariorum merè simplicium ab onere residentiae. Opus in quatuor Tomos distinctum etc. authore Ill[ustrissi]mo, ac Rev[erendissi]mo D. Joan. Bapt. Braschio Episcopo Sarsinae Comite Bobii.[8]

BRASCHI, GIOVANNI BATTISTA: De libertate Ecclesiae in conferendo ecclesiastica beneficia non modo clericis indigenis, verum etiam extraneis, ac De immunitate beneficiariorum mere simplicium a personalis debito residentiae : Opus nunc primum editum, in quatuor tomos distinctum / [...] Auctore [...] Joanne Baptista Braschio [...]. - Lugduni : [S.n.], 1718. - 4 vol. ; 2°. *SBN*

Gutachter: keine Angabe
Gutachten: nicht aufgefunden[9]

Weiterhin beiliegend: Anonym: [Incipit: Annis elapsis divulgati fuerunt]. - [Romae?] : [S.n.], [1718]. - 3 S. ; 2°. *ACDF SO CL 1718-1721, Nr. 3*

---

5 Text griech. und lat. „Ignatii Antiocheni et Polycarpi Smyrnenesis episcopi martyria“ mit eigenem Titelbl., Seitenzählung und Register. *COPAC*.

6 Die Vorlage enth. insgesamt vier Werke *GBV*. Formatangabe ergänzt nach *BL*. Abweichende Umfangsangabe nach *SBN*: [14], 75, [3], 117, [3] S.

7 Mit Dekret SO vom 25. Mai 1718 wurde die Druckerlaubnis verweigert; das Manuskript sollte vom SO einbehalten werden.

8 Weiterhin Hinweise auf folgende Werke: „Quattro libri sino stati stampati incontrario a Napoli“ (ohne Titelangabe): (1) Alessandro Ricardi (24 facciate); (2) Costantino Grimaldi (398 facciate); (3) Gaetano Argenti (500 facciate); (4) Alessandro Ricardi (248 facciate). – das sind Werke, auf die das Manuskript sich bezog.

9 Jedoch nicht gezeichnet, 6 S. und nicht gezeichnet [Ass. SO Ansidei?], 4 S. Darüber hinaus Abschriften der Approbation durch Theodor de Cock SAC, 1 S., 6. Januar 1715, und Du Mortier, 1 S., 13. Februar 1715, und des Imprimaturs durch MSP Selleri, 1. S., 12. Jui 1717. Mit Dekret SO vom 24. August 1718 wurde die Druckerlaubnis erteilt.

ACDF SO CL 1718-1721, Nr. 4

1718. Censura in folium Thesium inscript.: Theses Theologicae in 1.^{am} 2.^{ae} D. Thomae a questione XC. ad quaestionem CVIII. etc. quae propugnatae fuerunt in Eccl[es]ia Montis S. Crucis prope Bonnam die 5. Iul. 1718. Praeside P. Procopio M[ari]a Staab Ord[ini]s Serv. B. M. Virg[ini]s.

1. STAAB, PROCOPIUS MARIA (Praes.) ; WEINREISS, AUGUSTINUS MARIA (Resp.): Theses Theologicae,// In 1. 2. D. Thomae à quaestione XC. usque ad quaest. CVIII. [...] : Disputabuntur in Ecclesia Montis S. Crucis propè Bonnam / Praeside P. F. Procopio Maria Staab, Ordinis Servor. BM.V.SS. Theologiae Lectore Ordinario.// Defendente F. Augustino Maria Weinreiss. Ejusdem Ordinis & Studii. Die 5. Julii, Horà 2. Pomeridiana. - [S.l.] : [S.n.], [ca. 1718]. - Groß-2°. (Einblattdruck) *ACDF SO CL 1718-1721, Nr. 4*

2. STAAB, PROCOPIUS MARIA (Praes.) ; HARTMAN, CASSIUS MARIA (Resp.) ; WEISEN, ELIAS MARIA (RESP.): Obscurae Veritatis Oedipus.// Seu// Declaratio Germani & genuini sensûs quarundam quaestionum, quae Thesibus in// 1. 2. D. Thomae à quaesitone XC. usque ad quaestionem CVIII. in Monte S. Crucis// Disputatis à Praeside fuerant insertae, & hoc sensu defensae : Quam// Declarationem concertationi Scholasticae in Monte S. Crucis exposuit / P.F. Procopius Maria Staab Ord. Serv. B.M.V.S.S. Theologiae Lector ordinarius// Defendentibus P.F. Cassio Maria Hartman & F. Elia Maria Weisen ejusdem Ordinis & Studii. [...]// Disputabuntur in Monte S. Crucis propè Bonnam die [ ] Augusti. A. 1718. - [S.l.] : [S.n.], [ca. 1718]. - Groß-2°. (Einblattdruck) *ACDF SO CL 1718-1721, Nr. 4*

Gutachter: Bernard Désirant OSA
Gutachten: 7 S., [14. September 1718] (zu Nr. 1)[10]

Gutachter: Bernard Désirant OSA
Gutachten: 4 S., [28. September 1718] (zu Nr. 2)

ACDF SO CL 1718-1721, Nr. 5

1718. Censura in Opus ins[criptu]m: Anti=Hexaple, ovvero Analisi delle centuna proposizioni tolte dal novo Testamento del P. Chenel, condannate da N.S. Papa Clemente XI. Per risposta alle Hexaple, ovvero scritto a sei Colonne sopra la Costituzion Unigenitus, composta dal P. Paolo di Lione Cappucc[in]o, e tradotta dalla Lingua Francese dal P. Cirillo d'Oleggio Predicatore del medesimo Ordine.

Die ital. Übers. des Werks wurde nicht ermittelt[11]

---

10 Mit Dekret SO vom 14. September 1718 sollte der Richter dem Autor in erster Instanz eine Strafe und den Widerruf des Werks auferlegen. Dieser Widerruf sollte im Druck veröffentlicht werden. Zu diesem Zweck sollte das Gutachten Désirants dem Ordensgeneral und dem Kölner Nuntius zugestellt werden.

11 Vgl. PAUL <DE LYON>: Anti-hexaples, ou Analyse des cent et une propositions du Nouveau Testament du P. Quesnel [...] pour servir de réponse aux Hexaples, ou Ecrit à six colonnes sur la

Gutachter: keine Angabe
Gutachten: nicht aufgefunden[12]

ACDF SO CL 1718-1721, Nr. 6

1718. Censura in Libr., cui titul.: Di Tito Lucrezio Caro della natura delle cose Libri sei tradotti da Alessandro Marchetti. Londra 1717.[13]

LUCRETIUS CARUS, TITUS: [Della natura delle cose] Di Tito Lucrezio Caro Della natura delle cose libri sei / tradotti da Alessandro Marchetti lettore di filosofia e mattematiche nell'Università di Pisa et accademico della Crusca. - Prima edizione. - Londra : per Giovanni Pickard, 1717. - [18], 400, [8] S. ; 8°. *MAI*[14]

Gutachter: Francesco Zavarroni OM
Gutachten: 3 S., [16. November 1718][15]

Dekret: SO 16. November 1718
Bando: SO 16. November 1718

Constitution Unigenitus / par le R.P. Paul de Lyon [...]. - Lyon : J. Lions et L. Bruiset, 1715. - 2 vol. - 12°. *CCFR.* Das Werk bezieht sich auf: BOURSIER, LAURENT FRANÇOIS: (Bearb.): Hexaples ou Les six colomnes sur la constitution Unigenitus / [par Laurent François Boursier ...]. - [2. Edition]. - [S.l.] : [S.n.], 1715. - XXXVI, 582 S. ; 8°. *GBV.*

12 Jedoch nicht gezeichnet, 6 S. mit einem Begleitschreiben des Inquisitors von Mailand, Tomaso Bonaventura Boldi, 9. Oktober 1716. Vgl. auch ACDF SO CL 1708-1710, Nr. 6: Schreiben des Nuntius von Paris, Erzbischof d'Amasia, 1. S., 12. Oktober 1708 (zu Le nouveau Testament). Laut Dekret SO vom 19. Oktober 1718 sollte der Inquisitor von Mailand den Druck des Buches nicht erlauben; mit Dekret SO vom 10. Januar 1720 wurde später die Druckerlaubnis erteilt.

13 Vgl. ACDF SO CL 1771-1772, Nr. 4.

14 Vgl. LUCRETIUS CARUS, TITUS: De rerum natura. *HBZ.* In der *BAV* befindet sich auch: LUCRETIUS CARUS, TITUS: [Della natura delle cose] Di// Tito Lucrezio Caro// Della// Natura d[e]lle Cose// Libri sei / Tradotti dal Latino nel// Toscano Idioma// Da// Alessandro Marchetti// Filosofo, e Matematico// Ordinario// Nella celebre Uniuersità// di// Pisa// L'Anno MDCLXIX. - 1669. - 308 Bl. ; [4°?]. (Manuskript) *BAV Vat. lat. 12730.* Blattmaße: 20 x 14 cm. Text beginnt Bl. 6r und endet Bl. 308r, Zählung nachträglich eingestempelt; Incipit (liber 1.): Alma figlia di Giove, in elita Madre [...]. - Bl. 6r; Des. (liber 6.): [...] D'uficio estremo abbandonare i corpi. - Bl. 308r; Liber 1. (Bl. 6r-48v), Liber 2. (Bl. 50r-100r), Liber 3. (Bl. 101r-146v), Liber 4. (Bl. 148r-202v), Liber 5. (Bl. 204r-257r), Liber 6. (Bl. 259r-308r). Vorsatz/Vortitelbl. (Decretum/Censura Congregationis S.O. 2. Nov. 1696): Feria 4.a Die 2. Nou:[emb]ris 1696.// Em:[inentissi]mi DD. dixerunt, quod p[raese]ns// Liber non imprima[tur]. Enth. außerdem: Protesta di Traduttore: Bl. 2 r-2v.; Graziani, Girolamo: Lettere scritta all' Autore della// presente Traduzione sotto li 20 d' Aprile 1669. Dall' [...]// Conte Girolamo Graziani primo// Segretario, e Consiglier di Stato// del Ser:[inissi]ma Duca di Modena,// e Poeta insigne del nostro// vecolo [...] Di Mod:[en]a li 20. Apr:[il]e 1669. (=Brief des Conte Girolamo Graziani an den Übers. Alessandro Marchetti[?], datiert: Modena, den 28. April 1669, unterzeichnet: [...] Girolamo Graziani). - Bl. 3r-4v; Van den Brocke [?], Adrianus Petrus: Lucretij Manes// Ad [...] Alexandru[m] Marchetti// Philosophi[ae] in Academia Pisana// Professorem Ordinarium [...] (=Carmen ad A. Marchetti, Laut Inventarium BAV 315,6), unterzeichnet: Petri Adriani Van den Brocké Belg[ae]// Publici Eloquenti[ae] Professoris Pisis. - Bl. 5r-v.

15 Am 8. März 1719 wurden die Verhandlungen ohne weitere Entscheidung suspendiert.

ACDF SO CL 1718-1721, Nr. 6 bis[16]

Decretum S. Congregationis sub die 23. Martii 1750 statuens rescribendum P[at]ri Inq[quisito]ri Mediolani, quod curet omnino, ut non imprimatur Liber ins[criptu]s: Anti-Lucrezio, una cum Lucretio.

♦ POLIGNAC, MELCHIOR DE: Anti-Lucrezio, ovvero Di dio e della natura libri nove : Opera postuma del cardinale Melchiore di Polignac di latino trasportata in verso sciolto italiano da don Francesco-Maria Ricci [...]. - In Verona : per Agostino Carattoni, 1751. - 2 vol. ; 8°. *SBN*[17]

Gutachter: keine Angabe
Gutachten: nicht aufgefunden[18]

ACDF SO CL 1718-1721, Nr. 7

1719. Censura in Manus[criptu]m, cui titul.: Vita del Cardinal Taddeo Luigi dal Verme, Vescovo di Ferrara composta dal D[otto]r Girolamo Barufaldi Ferrarese.

BARUFFALDI, GIROLAMO: Vita// Del Cardinale// Taddeo Luigi// Dal Verme// Vescovo di Ferrara / scritta.// Dal Dott. Girolamo Baruffaldi// Ferrarese// Protonotario Appostolico.// e Beneficiaro nella Cattedrale di detta// Città. - [S.a.]. - 153 S. (Manuskript) *ACDF SO CL 1718-1721, Nr. 7*

Gutachter: Luigi Maria Lucini da Milano OP
Gutachten: 6 S., [8. März 1719][19]

ACDF SO CL 1718-1721, Nr. 8

1719. Decret. S.C. sub die 25 April. 1719. Statuens posse suspendi, donec corrigatur, Libr. ins[criptu]m: Tacite, avec des notes Politiques, et historiques, Authore Amelot de la Houssage.

---

16 Fehlt in Rubricella. Titel laut Faszikelumschlag.

17 Ermittelt wurde auch: POLIGNAC, MELCHIOR DE: Anti-Lucrezio, o di Dio e della Natura libri nove / dell'Eminentiss. Cardinale della S.R.C. Melchiorre di Polignac. Traduzione di Giampiero Bergantini chierico regolare teatino [...]. - In Verona : per Dionisio Ramanzini librajo a San Tomio, 1752. - 2 vol. ; 8°. *SBN*. Vgl.: POLIGNAC, MELCHIOR DE: Anti-Lucretius, sive de Deo et natura. - Caroli d'Orléans de Rothelin cura editioni mandatum. - Parisiis : Desaint et Saillant, 1747. - 2 vol. - 8°. *CCFR*; POLIGNAC, MELCHIOR DE: Anti-Lucretius, sive de Deo et Natura libri novem / Eminentissimi S.R.E. Cardinalis Melchioris De Polignac opus postumum; ilustrissimi abbatis Caroli d'Orleans De Rothelin cura & studio editioni mandatum. - Parisiis : apud Joannem-Baptistum Coignard et Antonius Boudet [...], 1747. - 2 vol. ; 8°. *SBN*; POLIGNAC, MELCHIOR DE: Anti-Lucretius, sive de Deo et natura, libri novem / Eminentissimi S.R.E. cardinalis Melchioris de Polignac opus postumum. - Parisiis : apud Hippolytum-Ludovicum Guerin, & Jacobum Guerin [...], 1747. - 2 vol. ; 8°. *SBN*.

18 Jedoch nicht gezeichnet, 8 S.

19 Die Entscheidung des SO vom 8. März 1719 wurde im Faszikel nicht angegeben. Laut Gutachten könne die Druckerlaubnis erteilt werden mit der Auflage, das Werk zu korrigieren.

Item prohibetur Liber Gallicus, cui titul. latine redditus: Inquisitio Gallica, seù Historia de Bastilia etc.

1. ♦ TACITUS ; AMELOT DE LAHOUSSAIE, ABRAHAM NICOLAS (Bearb.): Tacite : Avec Des Notes Politiques Et Historiques / Par Amelot De La Houssaie. - Troisiéme Edition. - Amsterdam : Chez Freres Wetstein, 1716-. - 4 Teile. ; 12° [i.e. Groß-16°]. *HBZ*[20]

2. ♦ RENNEVILLE, RENE AUGUSTIN CONSTANTIN DE: L' Inquisition françoise ou l'histoire de la Bastille / par Mr. Constantin de Renneville [...]. - A Amsterdam : E. Roger, 1719. - 4 vol. ; 12°. *CCFR*[21]

Gutachter: [Chrysanthes Schönberg CR]
Gutachten: 3 S. (zu Nr. 1)[22]

Gutachter: [Francesco Zavarroni OM]
Gutachten: 6 S. (zu Nr. 2)[23]

Gutachter: [Chrysanthes Schönberg CR]
Gutachten: 6 S. (zu Nr. 2)[24]

Dekret: SO 25. April 1719
Bando: CIndex 21. Januar 1721 (zu Nr. 1)

Dekret: SO 25. April 1719; CIndex 17. Juli 1719
Bando: CIndex 21. Januar 1721 (zu Nr. 2)[25]

ACDF SO CL 1718-1721, Nr. 9

1719. Censura in Libr. ins[criptu]m: Doctrina S. Thomae in materia de Gratia ab erroribus ipsi falso impositis liberata. Authore P. Sebastiano Knippenberg Ord[ini]s Praed[icatoru]m Inquisitore Ap[osto]lico Colonien.

KNIPPENBERG, SEBASTIAN: Opusculum, Doctrina S. Thomae In Materia De Gratia ab erroribus ipsi falso impositis liberata : Adjungitur Compendium Doctrinae Cornel Jansenii Iprens. Episcopi in quinque famosis Propositionibus illius damnatae, de verbo ad verbum simpliciter prolatae & extractae ex ejus Libro, Qui intitulatur: Cornelii Jansenii Augustinus Impresso Lovanii Anno M.D.C.XL. Typis

---

20 Aus dem Lat. übers. Vol. 5-10 im Verl. Scheurleer (Amsterdam) erschienen. *HBZ*. Das Werk war bereits erschienen: TACITUS ; AMELOT DE LAHOUSSAIE, ABRAHAM NICOLAS (Bearb.): Tacite : avec des notes politiques et historiques. Première partie contenant les six premiers livres de ses Annales. - A Paris : Chez La Veuve d'Edme Martin, Jean Boudot, & Estienne Martin, 1690. - [38], 503 S. *CCFR*.

21 Das Werk war bereits erschienen: RENNEVILLE, RENE AUGUSTIN CONSTANTIN DE: L' Inquisition françoise ou l'histoire de la Bastille. - A Amsterdam : chez Etienne Roger, 1715. - LXXIV, 473, [13], [21] S. ; 16°. *CCFR*.

22 Das Gutachten befindet sich in ACDF Index Prot. 71 (1715-1721), Bl. 586r-587v.

23 Das Gutachten befindet sich in ACDF Index Prot. 71 (1715-1721), Bl. 582r-584v.

24 Das Gutachten befindet sich in ACDF Index Prot. 71 (1715-1721), Bl. 588r-590v.

25 Vgl. zu beiden Werken Congr. gen. der CIndex 17. Juli 1719.

Jacobi Zegeri, obiit autem Jansenius Anno M.DCXXXVIII. prid. Non. Maji / Authore P. Sebastian. Knippenberg Ss. Theolog. Doct. Professore publico, & Inquisitore Apostolico Coloniensi. - Coloniae Agrippinae : Metternich, 1718. - [6] Bl., 204 S., [1] Bl. *HBZ*

Gutachter: Giuseppe Maria Baldrati da Ravenna OFMConv
Gutachten: 7 S., [10. Mai 1719]

Gutachter: José Nicolás Cavero Perez OdeM
Gutachten: 10 S., 13. September 1719

Dekret: SO 20. September 1719
Bando: SO 29. Juli 1722

ACDF SO CL 1718-1721, Nr. 10

1719. Non permittitur impressio Libri, cui. titul.: Gladius Phinees Scortum cum scortatore transfodiens, seu circa publicum Meretricium Consultatio etc. a J. A. B. Cong[regatio]nis Oratorii Presbit[er]o.

B., J. A. [BACI, GIOVANNI ANDREA]: Gladius Phinees// Scortum cum Scortatore transfodiens:// sive circa publicum Meretricium Consultatio// Sub Auspicijs Beatissimae Semperque Virginis// Genetricis Dei Mariae, omnibus Continentiae// Patronis dicata / a J. A. B. Congregationis// Oratoriis Presbitero, ad iram Dei evertentur// à Christiano Terrarum Orbe, eiusque / Misericordiam Universis Christi fidelibus// Conciliandam. - [S.l.] : [S.n.], [S.a.]. (hs. Titelbl.). *Das Werk wurde nicht nachgewiesen*

Gutachter: keine Angabe
Gutachten: nicht aufgefunden[26]

ACDF SO CL 1718-1721, Nr. 11

1720. Censura in Libr. anonym., cui. titul.: Informatio pro veritate contra iniquiorem famam sparsam per Sinas cum calumnia PP. Societat. Jesu, et detrimento Missionis comunicata Missionariis in Imperio Sinarum anno 1717.

♦ Anonym [STUMPF, KILIAN]: Informatio pro veritate contra iniquiorem famam sparsam per Sinas : cum calumnia in PP. Soc. Iesu, & detrimento missionis. Co[m]municata missionariis in imperio Sinensi. Anno 1717. - [Peking] : [S.n.], [ca. 1717]. - [94] S. *SBN*, *SBB*[27]

♦ Anonym [FRIEDEL, XAVER EHRENBERT]: Informatio pro veritate contra iniquiorum famam sparsam per Sinas : cum calumnia in PP. Soc. Jesu & detrimento

26 Laut Rubricella wurde die Druckerlaubnis verweigert.

27 Blockdruck. Erscheinungsort ermittelt nach *SBN*, s. C.R. BOXER: Some Sino-European xylographic works, 1662-1718, in: Journal of the royal asiatic society of Great Britain and Ireland, 1947, S.199-215. Das Werk wird auch Xaver Ehrenbert Friedel zugeschrieben. *COPAC*, *PORBASE*. Abweichende Formatangabe nach *SBB*: 4°.

Missionis co[m]municata missionaris in imperio Sinensi. - [Kanton] : [Soc. Jesu], 1717. - [194] S. ; 2°. *COPAC*[28]

♦ Anonym [FRIEDEL, XAVER EHRENBERT]: Informatio pro veritate contra iniquiorum famam sparsam per sinas : cum calumnia in PP. Soc. Jesu & detrimento missionis comunicata missionaris in imperio Sinensi. - Pehim : [S.n.], 1717. - [190] S. ; 4°. *PORBASE*[29]

Gutachter: Carlo Maiella
Gutachten: 6 S., [24. Januar 1720]

Dekret: SO 24. Januar 1720
Bando: SO 24. Januar 1720

ACDF SO CL 1718-1721, Nr. 12

1720. Censura in duo scripta, seù deductiones Episcopi Suffraganei Wormatien. Primi scripti titulus est: Deductio Juridico-Politica ex principiis pacis Westphalicae, atque juris publici super sequentes tres innegabiles propositiones etc.

2.[i] Scripti titulus est: Deductio super justa occupatione Ecclesiae Collegiatae ad S. Spiritum Heydelbergae etc.

1. Deductio Juridico-Politica ex principiis Pacis Westphalicae, atque juris publici super sequentes tres innegabiles propositiones. (Manuskript). *Das Manuskript wurde nicht nachgewiesen.*

2. Deductio super justa occupatione Ecclesiae Collegiatae ad Sanctum Spiritum Heydelbergae. (Manuskript). *Das Manuskript wurde nicht nachgewiesen.*

Gutachter: Bernard Désirant OSA
Gutachten: 10 S., [19. März 1720] (zu Nr. 1-2)[30]

ACDF SO CL 1718-1721, Nr. 13

1720. Non permittitur impressio Manuscripti, cui. titul.: Dissertatio de iuramentis, quae subditis in Anglia proponi solent, et quaenam Catholicis Anglis sint permittenda.

♦ Anonym: De juramentis quae subditis in Anglia praestanda proponi solent, quaenam Catholicis Anglis sint permittenda : Dissertatio. - Genevae, [1715?]. - 8°. (Manuskript) *COPAC*[31]

---

28 Blockdruck. Das Werk wird auch Kilian Stumpf zugeschrieben. *SBN*, *SBB*. Abweichende Umfangsangabe nach *COPAC*: 95 bzw. 96 Bl.

29 Das Werk wird auch Kilian Stumpf zugeschrieben. *SBN*, *SBB*.

30 Mit Dekret SO vom 19. März 1720 wurde die Druckerlaubnis für beide Werke verweigert.

31 Ermittelt wurde auch die gedr. Ausg.: Anonym: De iuramentis quae subditis in Anglia praestanda proponi solent, quaenam catholicis Anglis sint permittenda dissertatio. - Genevae : typis Leonardi Chovet, [S.a.]. - 76, [4] S. ; 8°. *SBN*.

Gutachter: keine Angabe
Gutachten: nicht aufgefunden[32]

ACDF SO CL 1718-1721, Nr. 14

1720. Censura in Libr. impress. Amstelodami 1709. Anonym., cui. titul.: Renati des Cartes Meditationes de Prima Philosophia etc.

DESCARTES, RENÉ: [Meditationes de prima philosophia] Renati Des-Cartes Meditationes de prima philosophia : in quibus adjectae sunt, in hac ultima editione, utilissimae quaedam animadversiones ex variis doctissimisque authoribus collectae, cum authoris vita breviter [...] conscripta. - Amstelodami : [S.n.], 1709. - 112 S. *HBZ*

Gutachter: Leone di S. Felice OCD
Gutachten: 12 S., [22. Mai 1720][33]

Dekret: SO 22. Mai 1720
Bando: SO 29. Juli 1722

ACDF SO CL 1718-1721, Nr. 15

1720. Censura in Manus[criptu]m Libell. P. Patrignani Soc. Jesu ins[criptu]m: Le Vite di due veri Amanti del S. Bambino Gesù di Frà Francesco, e di Suor Margarita del sacro Ord[in]e Carmelitano Scalzo etc.[34]

PATRIGNANI, GIUSEPPE ANTONIO: Le Vite di due Venerabili Amanti del S[ant]o Bambino Giesù di Frà Francesco, e di S[uo]r Margherita del Sacro Ordine Carmelitano Scalzo compilate a consolazione dell'anime devote di esso S. Bambino / da Giuseppe M. Patrignani della Compagnia di Gesù. - [S.a.]. (Manuskript) *Das Manuskript wurde nicht nachgewiesen*[35]

Gutachter: Pietro Maria Pieri OSM
Gutachten: 4 S., [9. Januar 1714]

Gutachter: Giacomo di S. Antonio OCD[36]
Gutachten: 17 S., [22. Mai 1720][37]

---

32 Laut Rubricella wurde die Druckerlaubnis verweigert.

33 Das Gutachten liegt noch einmal in einer gekürzten Fassung vor (6 S.).

34 Vgl. ACDF SO Tit.Libr. 1710-1721, Nr. 33.

35 Ermittelt wurde: PATRIGNANI, GIUSEPPE ANTONIO: Vita della Venerabil Suor Margherita del SS. Sagramento del sagro Ordine Carmelitano Scalzo, diuotissima del bambino Giesu : Ridotta in piu breue forma di quella, che si legge nell'idioma Franzese / dal P. Giuseppe Antonio Patrignani della Compagnia di Giesu. - In Firenze : Per Michele Nestenus, 1704. - XII S., [1] Taf., 199, [1] S. ; 4°. *SBN*.

36 Als externer Gutachter. Giacomo di S. Antonio (Rom 1672-Rom 1725), ehemaliger Prokurator der Rota Romana, war Professor für Theologie außerhalb Roms. 1718 begegnet er uns als Postulator für Kanonisationsverfahren an der Kurie.

37 Mit Dekret SO vom 22. Mai 1720 wurde die Druckerlaubnis verweigert.

ACDF SO CL 1718-1721, Nr. 16

1720. Prohibentur Theses defensae Parisiis Praeside S. M. N. Ludovico Ellies Dupin S. Facul. Theol. Paris. D[octor]e Theologo a Ioanne Nicolao Guillaume Presbitero Metensi Baccalaureo etc. Theses inscribuntur: Veteres figuras adimplenti Quaestio Theologica. Quis venit legem adimplere? Matthaei cap. 5 v. 17.

DUPIN, LOUIS ELLIES (Praes.) ; GUILLAUME, JEAN-NICOLAS (Resp.): Veteres Figuras Adimplenti// Quaestio Theologica.// Quis venit Legem adimplere? Matth. c. 5 v. 17.// [...] / Has Theses, Deo duce, auspice Dei-parâ, [et] Praeside S. M. N. Ludovico Ellies Du Pin, Sacrae Facultatis Parisiensis Doctore Theologo, tueri conabitur Joannes-Nicolaus Guillaume// Presbyter Metensis, ejusdem Sacrae Facultatis Parisiensis Baccalaureus Theologus, [et] Socius Sorbonicus, die Jovis quartâ mensis Maii, anno Domini 1719, à primâ ad sextam. - [Paris] : [S.n.], [ca. 1719]. *ACDF SO CL 1718-1721, Nr. 16*

Gutachter: keine Angabe
Gutachten: nicht aufgefunden

Dekret: SO 5. Juni 1720
Bando: SO 29. Juli 1722

ACDF SO CL 1718-1721, Nr. 17

1720. Censura in Manus[criptu]m, cui titul.: L'Apostola di Cristo, o sia la vita di S. Maria Maddalena pentita; Libri tre di Felice Passi Ferrarese etc.

PASSI, FELICE: L'Apostola di Cristo, ò sia la vita di S. Maria Maddalena pentita : Libri tre / di Felice Passi Ferrarese […]. - [S.a.]. (Manuskript). *Das Manuskript wurde nicht nachgewiesen*

Gutachter: Giacomo Francesco Casanova OSA[38]
Gutachten: 8 S., [19. Juni 1720][39]

ACDF SO CL 1718-1721, Nr. 18

1720. Censura in Libell. Thesium inscript.: Theses Philosophicae, quas ex Universa Philosophia publice propugnandas exhibet ex Academia Veronen. Societ. Jesu Felix Panicelli. Veronae 1719.

PANICELLI, FELIX (Resp.): Theses Philosophicae / quas ex universa Philosophia publicè propugnandas exhibet ex Academia Veronensi Societatis Jesu Felix Panicelli. - Veronae : In Typogr: Petri Ant. Berni Bibliogr. (Superiorum Permissu), 1719. *Das Werk wurde nicht nachgewiesen*

Gutachter: Leandro Porzia OSB
Gutachten: 7 S., [29. Mai 1720]

---

[38] Als externer Gutachter.
[39] Mit Dekret SO vom 19. Juni 1720 wurde die Druckerlaubnis verweigert.

Gutachter: Claudio di S. Niccolò SP[40]
Gutachten: 7 S., [26. Juni 1720]

Dekret: SO 26. Juli 1720
Bando: SO 29. Juli 1722

ACDF SO CL 1718-1721, Nr. 19

1720. Mandatur procedi contra Impressorem Libelli, cui. titul.: Il Pazzo di Cristo, ovvero il Brandano da Siena vaticinante, nell'esaltaz[ion]e gloriosissima al gran Magistero Gerosolimitano dell'E[minentissi]mo e Rev[erendissi]mo Fr. Marc Antonio Zondadari. Poesia fanatica di Amaranto Sciaditico P. A. In Siena etc.

SCIADITICO, AMARANTO <Pseudonym> [GIGLI, GIROLAMO]: Il pazzo di Cristo, ovvero il Brandano da Siena vaticinante nell'esaltazione gloriosissima al Gran Magistero Gerosolimitano [...] : Poesia fanatica / di Amaranto Sciaditico P.A. - In Siena : presso Francesco Quinza [...], [1716]. - 8, 55 [i.e. 56] S. ; 4°. *MAI*

Gutachter: Venanzio della Ss. Trinità OCD
Gutachten: 4 S., [11. September 1720][41]

ACDF SO CL 1718-1721, Nr. 20

1720. Declaratur ex regulis Generalibus prohibitum esse, ut potè tractantem expressè de haeresibus, et Religione librum impressum Cosmopoli, cui titul.: Christophori Christophori Sandii Nucleus Historiae Ecclesiasticae etc.

SAND, CHRISTOPH: [Nucleus historiae ecclesiasticae] Christoph. Christophori Sandii Nucleus historiae ecclesiasticae : cui praefixus est Tractatus de veteribus scriptoribus ecclesiasticis. - Cosmopoli [i.e. Amsterdam] : Apud Libertum Pacificum, 1669. - 3 Teile ; 8°. *COPAC*

Gutachter: keine Angabe
Gutachten: nicht aufgefunden

Dekret: SO 29. Juli 1767
Bando: SO. 29. Juli 1767; CIndex 1 März 1768[42]

ACDF SO CL 1718-1721, Nr. 21

1720. Censura in Libell. Hispanum, cui titul.: Monarchia Haebraeorum Authore D. Vincentio Bacallar, et Sanne Marchione de S. Philippo, et pro Hispaniae Regno apud Genuensem Rempublicam Oratore extraordinario.

---

[40] Als externer Gutachter.

[41] Am 11. September 1720 wurde dem Ass. SO aufgetragen, das Gutachten vor dem Papst zu referieren, da dieser Fall das SO nicht betraf.

[42] Vgl. ACDF SO CL 1767-1768, Nr. 4.

BACALLAR Y SANNA, VICENTE: Monarchia hebrea / escrito por Don Vicente Bacallar y Sanna, Marques de San Phelippe [...]. - En Genova : por Mathèo Garbizza, 1719. - 4 vol. ; 8°. *CCPB*[43]

Gutachter: José Nicolás Cavero Perez OdeM
Gutachten: Bl. 1-11, 11 S., 5. Mai 1720

Gutachter: Miguel de Cristo OCD
Gutachten: 6 S., 5. Juli 1720

Gutachter: Miguel de Cristo OCD
Gutachten: 3 S., 17. Oktober 1720[44]

ACDF SO CL 1718-1721, Nr. 22

1720. Censura in Libellos editos 1719. Primus inscribitur: Petit Catechisme Aleman dù Venerable P. Pierre Canisius de la Compagn. de Jesus etc.

Alter inscribit.: Catechisme suivant le sens, et teneur dù Venerable Pere Canisius Dressè, et augmenté etc.

1. CANISIUS, PETRUS ; DUDING, CLAUDE-ANTOINE <Fribourg, Bischof> (Hg.): Petit// Catechisme// Aleman Du Venerable// P. Pierre// Canisius// De La Compagnie// De Jesus : Traduit de nouveau en François, revu// Par Ordre de sa Grandeur Mon-//seigneur [...] Illustrissime, & Reveren-//dissime// Claude Antoine// Eveque, Et Comte De// Lausanne Prince Du// Empire, &c.// En faveur de la Jeunesse de son// Diocése pour lui faciliter le moyen// d'apprendre, & de retenir les ve-//ritez du Christianisme. - A Fribourg en Suisse : Chez Innocent Theod. Hautt, 1719. - 24 S. ; 12°. *ACDF SO CL 1718-1721, Nr. 22*

2. CANISIUS, PETRUS ; DUDING, CLAUDE-ANTOINE <Fribourg, Bischof> (Hg.): Catechisme// Suivant le sens, & teneur// Du Venerable Pere// Canisius : Dressé, & Augmenté en faveur de// la Jeunesse & de tous les Fidéles du// Diocese de Lausanne.// Divisé en quattre Parties.// 1. Ce qu'il faut croire.// 2. Ce qu'il faut faire.// 3. Ce qu'il faut recevoir.// 4. Ce qu'il faut demander.// Avec les Prieres du matin & du soir, [et]// une Methode pour bien entendre la S. Messe.// Reveû, Corrigé, & Approuvé.// Par Ordre de Monseigneur// l'Illustrissime & Reverendissime// Eveque// Et Comte De// Lausanne, Prince// Du S. Empire, &c. - A Fribourg : Chez Innocent Theod. Hautt, 1720. - 138, [8] S. ; 12°. *ACDF SO CL 1718-1721, Nr. 22*

Gutachter: [Assistens Galliae OSA]
Gutachten: 2 S. [10. Juli 1720] (zu Nr. 1)

---

43 Beiliegend hs. Titelbl. zu libro 1. Vol. 1 und 4 tragen „los juezes de Isrrael", vol. 2 und 3 „los Reyes de Juda" als Zusatz zum Hauptsacht. *CCPB*.

44 Darüber hinaus nicht gezeichnet, 3 S. „Luochi censurati" und nicht gezeichnet, 3 S. + 3 S. „Prosequtio censurae libri". Mit Dekret SO wurde die Druckerlaubnis für eine Neuaufl. mit der Auflage erteilt, das Werk zu korrigieren.

Gutachter: [Assistens Germaniae OSA]
Gutachten: 4 S. [10. Juli 1720] (zu Nr. 2)

Gutachter: Luigi Maria Lucini da Milano OP
Gutachten: 6 S., [20. Juli 1720] (zu Nr. 1-2)[45]

ACDF SO CL 1718-1721, Nr. 23

1720. Censura in Manus[criptu]m, cui titul.: Lux moralis in Universa quasi Theologiam Moralem bipartita illustratione summatim dilucidans etc. Authore Fr. Sabino Bononien. FF. Minor. strictioris Observantiae.[46]

SAVINO, FRANCESCO: Lux moralis in Universa quasi Theologiam Moralem bipartita illustratione summatim dilucidans [...] / authore Fr. Sabino Bononiensi FF. Minor scrictioris observantis. - [S.a.]. (Manuskript). *Das Manuskript wurde nicht ermittelt*

♦ SAVINO, FRANCESCO: Lux moralis bipartita illustratione universam quasi moralem theologiam summatim elucidans, clericis ordinandis, & confessariis [...] / exposita a P. Fr. Sabino Bononiensi [...] - Illustratio prima, sive pars prima (-secunda). - Venetiis : ex typographia Balleoniana, 1722. - 2 vol. ; 4°. *SBN*

Gutachter: Federico Graffeo OM
Gutachten: 13 S., [6. Mai 1716][47]

Gutachter: Baldassare di S. Filippo Neri OCist
Gutachten: 16 S., [24. Februar 1717][48]

ACDF SO CL 1718-1721, Nr. 24

1721. Comittitur Revisio P[at]ri Secretario Cong[regatio]nis Indicis sequentium librorum.

1.us inscribitur: Lettres Historiques et galantes de Deux Dames de condition dont l'une étoit a Paris, e l'autre en Province etc. A Cologne 1718.

Alter inscribitur: Les Illustres Francoises Histoires Veritables où l'on trouve dans des caracteres tres particuliers et fort diferens, un grand nombre d'exemples rares, et extraordinaires etc. Haix 1715.

1. DUNOYER, ANNE MARGUERITE PETIT: Lettres historiques et galantes de deux dames de condition, dont l'une était à Paris et l'autre en province, où l'on voit ce qui s'est passé de plus particulier depuis le commencement du siècle jusqu'à présent: la relation du congrès d'Utrecht, celle de la mort du roi, les harangues des

---

[45] Beiliegend eine Abschrift, 5 S. Mit Dekret SO vom 30. Oktober 1720 wurde die Druckerlaubnis für beide Werke mit der Auflage erteilt, die Frage „ij monta t'il comme Dieu ouen tant que Homme" und die jeweilige Antwort aus der Instructio 11 zu entfernen.

[46] Vgl. ACDF SO Tit.Libr. 1722-1728, Nr. 21.

[47] Darüber hinaus: Correctiones, nicht gezeichnet, 11 S.

[48] Mit Dekret SO vom 27. Februar 1717 wurde die Druckerlaubnis mit der Auflage erteilt, das Werk zu korrigieren.

seigneurs et officiers du Parlement : Ouvrage curieux, mêlé d'aventures / par M[ada]me Dunoyer. - Cologne : P. Marteu, 1718. - 5 vol. ; 12°. *CCFR*

2. CHALLES, ROBERT: Les illustres francoises histoires veritables. Ou l'on trouve, dans des caracteres tres particuliers & fort differens, un grand nombre d'exemples rares & extraordinaires. Des belles manieres, de la politesse, & de la galanterie des personnes de l'un & de l'autre sexe de cette nation. - A La Haye : chez Abraham de Hondt, marchand libraire pres de la Cour, 1715. - 2 vol. ; 12°. *SBN*

Gutachter: keine Angabe
Gutachten: nicht aufgefunden (zu Nr. 1-2)

Dekret: CIndex 26. Januar 1722
Bando: CIndex 4. Dezember 1724 (zu Nr. 1)[49]

Dekret: CIndex 27. April 1722
Bando: CIndex 4. Dezember 1724 (zu Nr. 2)[50]

ACDF SO CL 1718-1721, Nr. 25

1721. Ordinatur consignatio omnium exemplarium Libelli anonymi continentis Poema adversus S. Pontificem, aliosq. errores, cui titul.: Quaderni di sfogo Cristiano M. J. F. R. alla bella Ausonia sua dileti[ssi]ma Patria indiretti.

Das Werk wurde nicht ermittelt

Gutachter: keine Angabe
Gutachten: nicht aufgefunden[51]

ACDF SO CL 1718-1721, Nr. 26

1721. Monetur P[ate]r Inquisitor Mediolani ex Regulis Indicis prohibitum esse librum, insc[riptu]m: La pratica di pietà, che insegna al Cristiano il vero modo di piacere a Dio, tradotto dall'Idioma Inglese nell'Itagliano ristampato in Coira 1720.

BAYLY, LEWIS: La pratica di pieta che insegna al cristiano il vero modo di piacere a Dio / Composta in lingua inglese dal Sig[nore]re Luigi Bayli, Dottore di teologia [...] tradotta nell'italiano da G.F. - In Coira : appresso Andrea Pfeffer, 1720. - [20], 730, [14] S. ; 12°. *MAI*[52]

---

49 Laut Faszikelumschlag wurden die Werke der CIndex zugestellt. Vgl. ACDF Index Prot. 72 (1721-1723), Bl. 27r-30v und Bl. 138r-142r.

50 Vgl. ACDF Index Prot. 72 (1721-1723), Bl. 31r-v und Bl. 170r-173v.

51 Laut Dekret SO vom 11. Februar 1721 sollte sich der Inquisitor darum bemühen, dass ihm alle Exemplare des Werks übergeben werden.

52 Die erste Ausg. in engl. Sprache erschien 1611 u.d.T. „The Practice of Pietie". *BL*. Vgl. BAYLY, LEWIS: The Practise of Pietie : directing a Christian how to walke that he may please God. - The third edition. Profitably amplified by the author. - London : For Iohn Hodgets, 1613. - 1031 S. ; 12°. *BL*.

Gutachter: keine Angabe
Gutachten: nicht aufgefunden[53]

Dekret: SO 19. Februar 1721
Bando: SO 29. Juli 1722

ACDF SO CL 1718-1721, Nr. 27

1721. Permittitur deleta epistola ad Lectorem Libellus inscr.: Sacre Omilie dell'Ab[at]e Gio. Pellegrino Dandi.

DANDI, GIOVANNI PELLEGRINO: Sagre// Omelie / Dell'Abate// Gio. Pellegrino Dandi// Da Forlì,// Autore Della Nobilissima Accademia Dell'// Onore Letterario// Protonotario Appostolico, e Teologo// Dell' Altezza Sereniss. Del Sig. Duca// Francesco Farnese// Di Parma;// Confagrate al sublime Merito// Dell'Eminentissimo, e Reverendissimo Sig. Cardinale// Ludovico Pico// Della Mirandola,// Zelantissimo Vescovo di Senogalia. - Trento : Gianantonio Brunati, 1719. - [84] S. *ACDF SO CL 1718-1721, Nr. 27*

Gutachter: keine Angabe
Gutachten: nicht aufgefunden[54]

ACDF SO CL 1718-1721, Nr. 28

1721. Non permittitur impressio libelli insc[ript]i: Officium dulcissimi Cordis Jesu.

Anonym: Officium dulcissimi Cordis Jesu. - [S.a.] - [2], 13 S. (Manuskript) *ACDF SO CL 1718-1721, Nr. 28*

Gutachter: keine Angabe
Gutachten: nicht aufgefunden[55]

ACDF SO CL 1718-1721, Nr. 29

1721. Censura in libr., cui titul.: Tractatus de Libertatibus Ecclesiae Gallicanae. Authore Antonio Charlas. Editio tertia locupletior, et accedunt Opuscula quatuor ante hac seorsum vulgata etc.

CHARLAS, ANTOINE: Tractatus de libertatibus Ecclesiae [...] / auctore Antonio Charlas, [...]. - Editio tertia, ex autographo auctoris locupletior et emendatior [...]. Appendix ad Tractatum de libertatibus Ecclesiae gallicanae, auctore Antonio Charlas, [...] complectens opuscula quatuor, antehac seorsum evulgata, quorum primum est: De primatu jurisdictionis romani Pontificis adversus L. E. Dupinum;

---

53 Vgl. ACDF SO CL 1722-1723, Nr. 10.
54 Laut Rubricella wurde das Buch nicht verboten, allerdings erhielt Dandi die Auflage, den Brief an den Leser zu entfernen.
55 Mit Dekret SO vom 21. April 1721 wurde die Druckerlaubnis verweigert.

secundum: De concilio oecumenico, adversus auctorem responsionis ad posteriores theses Steyaertii; tertium inscribitur: Observationes in epistolam Gilberti, episcopi Tornacensis, ad Martinum Steyaertium: Paraenesis ad epistolam Felicis Descamps. - Romae : typis Sacrae Congregationis de propaganda fide, 1720. - 3 vol. ; 4°. *CCFR*

Gutachter: Mateo Basile da Parete OFMObs
Gutachten: 8 S., [4. März 1721]

Gutachter: Pietro Maria Pieri OSM
Gutachten: 3 S., [4. Juni 1721][56]

Dekret: SO 4. Juni 1721 *donec corrigatur*
Bando: SO 4. Juni 1721

ACDF SO CL 1718-1721, Nr. 30

1721. Non permittitur impressio libri, cui titul.: Le due Croci innestate nella Savoia, ovvero di Pregi della S. Religione de SS. Maurizio, e Lazzaro, Poema Panegirico del Cavaglier D. Giuseppe Piselli etc.

PISELLI, GIUSEPPE: Le due Croci innestate nella Savoia, ovvero// di Pregi della Sacra Religione, ed Ordine Gerosolimitano// De Santi Maurizio e Lazzaro : Poema Panegirico / Del Caval. P. Giuseppe Piselli// Dedicato// Alla Sacra Real Maestà di// Vittorio Amedeo II.// Rè di Sardegna Duca di Savoia, Re di Cipro etc.// Generale Gran Maestro del med. Ordine. - [S.a.]. (hs. Titelbl.). *ACDF SO CL 1718-1721, Nr. 30*

Gutachter: keine Angabe
Gutachten: nicht aufgefunden[57]

ACDF SO CL 1718-1721, Nr. 31

1721. Censura in manuscript. cui titul.: De Dogmatico Papae Judicio non retractando Authore Joanne Rosso Clerico Regulari etc.

ROSSO, GIOVANNI: De Dogmatico Papae Judicio non retractando / Authore Joanne Rosso Clerico Regulari [...]. - [S.a.]. (Manuskript). *ACDF SO St.St. G-1-l*

Gutachter: Bernard Désirant OSA
Gutachten: 2 S., [23. September 1721]

Gutachter: Francesco Zavarroni OM
Gutachten: 4 S., [11. November 1722][58]

---

56 Darüber hinaus Relation von Kard. Barberini in der Cong. gen. der CProp vom 1. Dezember 1720.
57 Laut Rubricella wurde die Druckerlaubnis nicht erteilt.
58 Mit Dekret SO vom 23. September 1721 wurde die Druckerlaubnis verweigert; das Manuskript sollte vom SO einbehalten werden.

ACDF SO CL 1718-1721, Nr. 32

1721. Censura in manus[criptu]m, cui titul.: Vita, morte, virtù Pastorali, Intercessioni e Predizioni del Servo di Dio Giovanni Cardinale Badovaro Vescovo di Brescia. Memorie raccolte dal P. Gio. Veneziani della Compagnia di Gesù suo Confessore in Brescia.

VENEZIANI, GIOVANNI: Vita, morte, Virtù Pastorali, Intercessioni e Predizioni del Servo di Dio Giovanni Cardinale Badovaro Vescovo di Brescia / Memorie raccolte dal P. Giovanni Veneziani della Compagnia di Gesù suo Confessore in Brescia. - [S.a.]. (Manuskript). *Das Manuskript wurde nicht nachgewiesen*

Gutachter: Venanzio della Ss. Trinità OCD
Gutachten: 3 S., [6. August 1721]

Gutachter: Mario Maccabei B
Gutachten: 4 S., [1. Oktober 1721][59]

ACDF SO CL 1718-1721, Nr. 33

1721. Non permittitur impressio Libri, cui titul.: Sacra Novena in onore della B. Rita da Cascia da farsi nove giorni avanti la Festa, come ancora fra l'anno a disposizione de suoi Divoti.

♦ Anonym: Sacra novena in onore della B. Rita di Cascia. - Foligno : Tomassini, 1805. - 34 S. *MAI*

♦ Anonym: Sacra novena in onore della b. Rita di Cascia da farsi nella ricorrenza della di lei festa ovvero fra l'anno a disposizione de' divoti dell' Autor della vita. - Edizione Seconda. - Sassari : nella Stamp. Priv. della Vedova Azzati, e Figli, 1828. - 24 S. ; 8°. *SBN*[60]

Gutachter: keine Angabe
Gutachten: nicht aufgefunden[61]

---

[59] Mit Dekret SO vom 1. Oktober 1721 wurde die Druckerlaubnis verweigert; das Manuskript sollte vom SO einbehalten werden.

[60] Ermittelt wurde auch die Ausg.: Anonym: Sacra novena in onore della beata Rita da Cascia da farsi nella ricorrenza della di lei festa ovvero fra l'anno a disposizione de' devoti conforme si pratica ad uso di un triduo nella ven. chiesa di essa beata Rita in Roma a piè le scale Araceli ; con un triduo per gl'infermi. - Roma : Contedini, 1836. - 24 S. *MAI*.

[61] Mit Dekret SO vom 29. Oktober 1721 wurde die Druckerlaubnis verweigert.

ACDF SO CL 1722-1723

ACDF SO CL 1722-1723, Nr. 1

1722. Censura in opus, cui titul.: Exercitationes historicae, criticae, Polemicae de Christo eiusq. Vergine Matre etc. habitae in Academia Patavina a Fr. Jacobo Hyacintho Sery Primario ibidem S. Theolog. Lectore etc. Ord[ini]s Pred[icatoru]m Venetiis.

SERRY, JACQUES HYACINTHE: Exercitationes historicae, criticae, polemicae, de Christo, ejusque Virgine Matre : Quibus Judaeorum errores, de promisso sibi liberatore, nova methodo refelluntur: Christianae religionis mysteria omnia, ad certam historiae fidem exiguntur, explicantur, defenduntur / Habitae in Academia Patavina, a F. Jacobo Hyacintho Serry. - Venetiis : apud Joannem Malachinum [...] Impensis Julii de Maphaeis, 1719. - [16], 486, [2] S. ; 4°. *COPAC*

Gutachter: Pietro Maria Pieri OSM
Gutachten: 7 S., [11. März 1722]

Gutachter: Matteo Basile da Parete OFMObs
Gutachten: 7 S., [2. Juli 1721]

Gutachter: Leone di S. Felice OCD
Gutachten: 4 S.

Dekret: SO 11. März 1722
Bando: SO 11. März 1722

ACDF SO CL 1722-1723, Nr. 2

1722. Censura in Theses propugnatas Taurini die 26. Februar 1722. a Comite Petro Ludovico Mellarede iur. Baccalau[re]o inscribuntur: Theses ex juris Pontificii Prolegomenis selectae etc. Item censurae in alias Theses Taurini defensas die 12 Mart. 1722 a Com. Mauro Antonio a Castro-Monte iur. Baccalaureo ins[cribuntu]r: Ex institutionum iuris Pontificii Prolegomenis et titulo de Episcopis Delectae enunciationes.

1. CASTRO-MONTE, MAURO ANTONIO A (Resp.): Ex Istitutionum Juris Pontificii// Prolegomenis,// Et Titulo De Episcopis,// Delectae Enunciationes / Quas Comes Maurus Antonius A Castro-Monte// De Lezulo// Juris Baccalaureus// In Regio Taurinensi Archigymnasio publicè disputabit Anno 1722. Mense Martii Die 12. Horâ […] promeridianâ. - [Augustae Taurinorum] : Ex Typographiâ Joannis

Francisci Mairesse […]. (Superiorum permissu.), 1722. - 2°. (Einblattdruck) *ACDF SO CL 1722-1723, Nr. 2*

2. MELLAREDE, PIETRO LUIGI (Resp.): Theses Ex Pontificii Prolegomenis Selectae […] / Has Theses in Regio Taurinensi Archi-gymnasio, Deo Duce, favente Deipara, publicè propugnabit// Comes Petrus Ludovicus Mellarede Jur. Baccalaureus. Anno M. DCC. XXII. die 26. mensis februarii, horâ […] pomeridianâ. - Augustae Taurinorum : Apud Ioannem Baptistam Valetta, Reg: Typogr: ordinar: (Sup. permissu.), 1722. - 2°. (Einblattdruck) *ACDF SO CL 1722-1723, Nr. 2*

Gutachter: keine Angabe
Gutachten: 5 S. (zu Nr. 1-2)[1]

ACDF SO CL 1722-1723, Nr. 3

1722. Censura in Libr. ins[criptu]m: Historia Societ. Jesu. Pars 5.ª, Tomus posterior ab anno Christi 1591 ad 1616. Authore Josepho Juvencio Societ. eiusdem Sacerdote. Romae 1710.

Historiae Societatis Iesv pars [...] / [autore Nicolao Orlandino (u.a.)]. - Romae [u.a.] : Zanneti [u.a.], 1615-[1859]. *HBZ, SWB.*[2]

Gutachter: Cosimo Raffaele Girolami
Gutachten: 4 S., 9. Januar 1713

Gutachter: Pietro Francesco della Concezione SP
Gutachten: 4 S., [14. November 1713]

Gutachter: Leandro Porzia OSB
Gutachten: 14 S., [6. Mai 1722]

Dekret: SO 6. Mai 1722 *donec corrigatur*[3]
Bando: SO 29. Juli 1722

ACDF SO CL 1722-1723, Nr. 4

1722. Censura in Manus[criptu]m, cui titul.: Itinerario dell'Anima Pellegrina appartenente alli incipienti, proficienti, e perficienti nella via spirituale dell'Ab[at]e Carlo Nuti da Foligno.[4]

NUTI, CARLO: Itinerario dell'anima Pellegrina appartenente alli incipienti, proficienti, e perficienti nella via spirituale / dell'Ab[at]e Carlo Nuti da Foligno. - [S.a.]. (Manuskript) *Das Manuskript wurde nicht nachgewiesen*

---

1 Am 24. März 1722 nahmen die Kard. das Gutachten zur Kenntnis, ohne eine Entscheidung zu treffen.

2 Verlag wechselt. Verhandelt wurde vol. 5,2: JOUVANCY, JOSEPH DE: [Historiae societatis Jesu pars ...] Ab anno Christi MDXCI ad MDCXVI / autore Josepho Juvencio. - Romae : Marcus ; Plachus, 1710. - 974 S. - (Historia societatis Jesu ; 5,2). *SWB, HBZ.*

3 Laut Dekret SO vom 6. Mai 1722 sollten die Passagen über die chines. Riten entfernt werden.

4 Vgl. ACDF SO St.St. Q-5-a und ACDF SO Tit.Libr. 1710-1721, Nr. 121.

Gutachter: Eustachio da S. Maria OCD
Gutachten: 19 S., 20. Mai 1722[5]

ACDF SO CL 1722-1723, Nr. 5

1722. Censura in 1.um 2.um, et 3.um Tomum Operis P[at]ris Henrici a S. Ignatio Ord[ini]s Carmelit. Discalc. cui titul.: Ethica amoris, sive Theologia Sanctorum Magni praesertim Augustini et Thomae Acquinatis circa universam Amoris et Morum doctrinam, adversus novitias opiniones strenuè propugnata etc.

HENRI <DE SAINT IGNACE>: Ethica Amoris, Sive Theologia Sanctorum, Magni Praesertim Augustini, Et Thomae Aquinatis : Circa Universam Amoris & Morum Doctrinam, Adversus Novitatis Opiniones Strenuè propugnata, Et In Materiis Principaliter Hodie Controversis Fundamentaliter discussa / Per Fr. Henricum A S. Ignatio, Athensem, Ordinis Fratrum Beatae Virginis Mariae de Monte Carmelo, [...] Opus nedum Theologis [...] utilissimum, plena manu argumenta subministrans ad [...] disserendum de omni materia, ad vitam Christianam pertinente. - Leodii : Ex Officina Typographica J. Francisci Broncart, 1709. - 3 vol. ; 2°. *HBZ*[6]

Gutachter: Nicola Castelli CM
Gutachten: 16 S., [14. November 1713] (zu vol. 1)

Gutachter: Bonaventura Santelia TOR
Gutachten: 9 S., [14. November 1713] (zu vol. 2)

Gutachter: Bonaventura Santelia TOR
Gutachten: 16 S., [21. August 1714] (zu vol. 1)

Gutachter: Nicola Castelli CM
Gutachten: 15 S., [21. August 1714] (zu vol. 2)

Gutachter: Leandro Porzia OSB
Gutachten: 11 S., [21. August 1714] (zu vol. 3)

Gutachter: Giovanni Francesco da Soresina OFMObs
Gutachten: 19 S., 21. August 1715 (zu vol. 3)

Gutachter: Pietro Maria da Lucca OFMCap
Gutachten: 4 S., [27. Mai 1722] (zu vol. 2)

Dekret: SO 21. August 1714; SO 21. August 1715; SO 27. Mai 1722
Bando: SO 12. September 1714; SO 29. Juli 1722 (zu vol. 1)

---

5 Mit Dekret SO vom 20. Mai 1722 wurde die Druckerlaubnis verweigert, das Manuskript sollte vom SO einbehalten werden. Eine Abschrift des Gutachtens sollte dem Inquisitor von Spoleto zugestellt werden, damit er den Autor benachrichtigen könne.

6 Verhandelt wurden vol. 1. De Generalibus Principiis Amoris Et Morum : Prolegomena septem, Librosque undecim complectens. (1709); vol. 2. De Externis Regulis Amoris Et Morum, Legibus Utique, ac Praeceptis Virtutum Theologicarum, & Cardinalium, necnon Decalogi & Ecclesiae : Libros Vndecim Complectens. (1709); vol. 3. De Sacramentis In Genere Et Specie : Libros Octo Complectens. (1709). *HBZ.*

Dekret: SO 27. Mai 1722
Bando: SO 29. Juli 1722 (zu vol. 2)

Dekret: SO 21. August 1715; SO 27. Mai 1722
Bando: SO 18. August 1717;[7] SO 29. Juli 1722 (zu vol. 3)

ACDF SO CL 1722-1723, Nr. 6

1722. Censura in opus in quatuor Tomos divisum, ins[criptu]m: Traitè de l'Authoritè du Pape, dans le quel ses Droits sont etablis, et reduits a lieur iustes Cornes et les Principes des libertez de l'Eglise Gallicane justifiez etc. A la Haye 1720.

Anonym [Burigny, Jean Levesque de]: Traité de l'autorité du pape : dans lequel ses droits sont établis & réduits à leurs justes bornes, & les principes des libertez de l'Eglise Gallicane justifiez. - A La Haye : Chez A. de Rogissart, 1720. - 4 vol. ; 12°. *Abes*

Gutachter: Leandro Porzia OSB
Gutachten: 10 S., [3. Juni 1722]

Dekret: SO 3. Juni 1722
Bando: SO 29. Juli 1722

ACDF SO CL 1722-1723, Nr. 7

1722. Consegnatur S. Cong[regatio]ni Indicis Liber infamatorius, in[scriptu]s: La Paleologeide, ovvero Diana Flaggellata.

♦ Virbio <Pseudonym> [Montalbani, Castore]: La paleologeide ouuero Diana flaggellata / di Virbio Accademico tra Spensierati lo Sfaccendato ; Dedicata alla Verita. - In Spizberga [i.e. Bologna?] : per Ruggiero Nemesiano, 1720. - [31], [2] S. ; 8°. *SBN*

Gutachter: keine Angabe
Gutachten: nicht aufgefunden[8]

ACDF SO CL 1722-1723, Nr. 8

1722. Censura in Manus[criptu]m, cui titul.: La Dottrina Cristiana fatta in versi dedicata all'Em[inentissim]o Cardinal Badovaro Vescovo di Brescia da un Paroco di Valle etc.

Anonym: La Dottrina C[hrist]iana : fatta in versi dedicata all'Emin[entissi]mo// Cardinale Badoaro Vescovo di Brescia / da un Parocho di Valle a' benefizio// de suoi Valleriani. Aggiontivi alcuni Atti delle principalí Virtù, et in fine il// Stabat

[7] Vermutl. nicht veröffentlichter Probedruck.
[8] Laut Rubricella wurde das Buch der CIndex übergeben.

Mater ridotto in versi volgari. - [S.a.]. - 22 S. ; 4°. (Manuskript) *ACDF SO CL 1722-1723, Nr. 8*

Gutachter: Gaetano Corazza CCRRMM
Gutachten: 4 S., [17. Juni 1722][9]

ACDF SO CL 1722-1723, Nr. 9

1722. Censura in Libell. ins[criptu]m: Calendarium ad annum Jesu Christi 1721 primum post Bisextilem ad Meridianum Tyrnaviensem, et elevationem Poli 48 Graduum 30 m. in usum Regni Hungarie etc. Opera, et studio cuiusdam Astrophili è Societ. Jesu, in Archiepiscopali Universitate Tyrnaviensi in Hungaria. Tyrnaviae.

Calendarium Tyrnaviense, ad annum Christi [...] ad meridianum Tyrnaviensem [...] in usum Hungariae, et vicinarum provinciarum [...]. - Tyrnaviae : Typis Academicis, [(1691?)-]. *ÖNB*[10]

Gutachter: keine Angabe
Gutachten: nicht aufgefunden[11]

Dekret: SO 23. Juni 1722
Bando: SO 29. Juli 1722

ACDF SO CL 1722-1723, Nr. 10

1722. Prohibitur Liber, cui titul.: La pratica di pietà, che insegna al Cristiano il vero modo di piacere a Dio. Composta in lingua Inglese dal Sig[no]r Luigi Baylì Doc. di Teologia, Ministro del S. Vangelio, Cappellano della M[aest]à del Rè della gran Bretagna, e Vescovo di Nangor tradotta nell'italiano da G. F. In Coira 1720.[12]

BAYLY, LEWIS: La pratica di pieta che insegna al cristiano il vero modo di piacere a Dio / Composta in lingua inglese dal Sig[nore]re Luigi Bayli, Dottore di teologia [...] tradotta nell'italiano da G. F. - In Coira : appresso Andrea Pfeffer, 1720. - [20], 730, [14] S. ; 12°. *MAI*[13]

---

[9] Laut Dekret SO vom 17. Juni 1722 sollte das Werk vom SO einbehalten werden.

[10] Verhandelt wurde die Ausg.: Calendarium Tyrnaviense, ad annum [Jesu] Christi [M.D.C.C.XXI. (1721) primum post Bisextilem] ad meridianum Tyrnaviensem [et elevationem Poli 48 Graduum 30. m] in usum Hungariae, et vicinarum provinciarum / [operâ et studio cuiusdam Astrophili e Societ. Jesu in Archiepiscopali Universitate Tyrnauiensi in Hungariâ ...]. - Tyrnaviae : Typis Academicis [per Fridericus Gall], (Jg. [1719-]1721). *ÖNB*. Titelaufnahme ergänzt nach den Angaben im Gutachten. Nachgewiesene Jahrgänge nach *ÖNB*: 1692, 1695, 1697, 1719-1721, 1723, 1727, 1730, 1734, 1737, 1738, 1756, 1757. Erscheinungsverlauf nach *ÖNB*: Tyrnaviae : Typis Academicis, 1691-; abweichend nach *ZDB*: Tyrnaviae : Widmanstadius, 1684-1770.

[11] Jedoch: 17 S., Anzeige von Giovanni F. de Nicolais.

[12] Vgl. ACDF SO CL 1718-1721, Nr. 26.

[13] Die erste Ausg. in engl. Sprache erschien 1611 u.d.T. „The Practice of Pietie". Vgl. BAYLY, LEWIS: The Practise of Pietie : directing a Christian how to walke that he may please God. - The

Gutachter: [Marco Antonio Ansidei]
Gutachten: nicht aufgefunden

Dekret: SO 15. Juli 1722
Bando: SO 29. Juli 1722

ACDF SO CL 1722-1723, Nr. 11

1722. Censura in opus in duos Tomos divisum, cui titul.: Rationale de S. Riti etc. o Esposizione Morale dogmatica de Riti, e Ceremonie ecclesiastiche del Breviario, e Messale etc. di D. Vittorio Silvio Grandi Paroco di S. Vittore di Rimini.

♦ GRANDI, VITTORE SILVIO: Razionale de sacri riti, o' Sposizione de'riti, e ceremonie ecclesiastiche. - Rimino : [S.n.], 1723. - 306 S. ; 8°. *COPAC*

Gutachter: Giuseppe Maria Caffarelli OCD[14]
Gutachten: 2 S., 20. September 1722[15]

ACDF SO CL 1722-1723, Nr. 11bis[16]

1722. Capo d'Istria[17]

R. C. R. D. S. P.: Brevissima Instruzzione Del Cristiano / Data in luce per le Persone idiote da R. C. R. d. S. P. – In Roma : per Domenico Antonio Ercole, 1719. (Con licenza de' Superiori). (Einblattdruck) *ACDF SO CL 1722-1723, Nr. 11bis*

GRAVISI, GIROLAMO: Compendio// Della// Dottrina Christiana / Composto da D.// Girolamo Gravisi// Per li Fanciulli più Idioti.// Consacrato/ Alla Regina De Cieli// Maria. – In Padova : Appresso Domenico Rubbini, 1721. (Con Licenza de' Superiori). - 45 S. ; 12°. *ACDF SO CL 1722-1723, Nr. 11bis*

Gutachter: Gregorio Selleri OP
Gutachten: 10 S.[18]

Gutachter: Giuseppe Maria Baldrati da Ravenna OFMConv
Gutachten: 6 S.

Gutachter: Luigi Maria Lucini da Milano OP
Gutachten: 6 S.

---

third edition. Profitably amplified by the author. - London : For Iohn Hodgets, 1613. - 1031 S. ; 12°. *BL*.

14 Cafarelli unterzeichnete als Magister theol. und Konsultor SO. Davon abgesehen ist in den Quellen keine Ernennung zum Konsultor nachweisbar.

15 Laut Dekret SO vom 21. Oktober 1722 sollte der Inquisitor von Rimini den Druck des ersten Bandes mit der Auflage erlauben, die Marginalien von einem Zensor korrigieren zu lassen.

16 Ohne Eintrag in der Rubricella. Nummer aus Faszikelumschlag.

17 Notiz auf erster Seite.

18 Laut Dekret SO vom 21. Januar 1722 sollte der Bischof von Capo d'Istria ermahnt werden, sich für den Unterricht seiner Gläubigen nach der von Bellarmin verfassten Doctrina Christiana zu richten; der Inquisitor sollte benachrichtigt werden.

ACDF SO CL 1722-1723, Nr. 12

1723. Censura in Manus[criptu]m, cui titul.: De Episcopo Regulari Commentaria nova, et vetera in epist. 1. libr. 8 D. Gregorii Magni et C. Statutum 18 quest. 1. Accedunt constitutiones et decreta Clericorum Regularium digesta a P. Gioia eiusdem Ord[ini]s Presbitero etc. [19]

GIOIA, [...]: De Episcopo Regulari Commentaria nova, et vetera in epist. I. libr. 8 D. Gregorii Magni et C. Statutum 18 quest. l. Accedunt constitutiones et decreta clericorum Regularium digesta / a P. Gioia eiusdem Ord[ini]s. Presbitero [...]. - [S.a.]. (Manuskript) *ACDF SO St.St. E-3-a*

Gutachter: [Francesco Bianchini]
Gutachten: 40 S., 9 September 1722

Gutachter: [Francesco Bianchini]
Gutachten: 17 S., 22. September 1722

Gutachter: Christoph Raßler SJ
Gutachten: 30 S., [5. Januar 1723]

Gutachter: Domenico [Ursaya][20]
Gutachten: 1 S., 16. April 1721

Gutachter: Agostino Romano Fiori OSBCam[21]
Gutachten: 2 S., 19 August 1721

Gutachter: Venanzio della Ss. Trinità OCD[22]
Gutachten: 1 S., 3. Oktober 1721[23]

ACDF SO CL 1722-1723, Nr. 13

1723. Censura in octo Tomos Operis, cui titul.: La Chiesa di Gesù Cristo vindicata ne suoi contrasegni e nei suoi dogmi contro le impugnazioni di Giacomo Picenino etc. Opera del P. Antonio da Venezia Minor Oss[ervan]te di S. Francesco. [24]

♦ ANTONIO <DA VENEZIA>: La chiesa di Gesu Cristo vendicata ne' suoi contrassegni, e ne' suoi dogmi contro le impugnazioni presentate ne' tre libri di Giacomo Picenino che sono Apologia per li riformatori: Trionfo della religione: e Concordia del matrimonio e del ministero / Opera del p. Antonio di Venezia minor

---

[19] Vgl. ACDF SO St.St. E-3-a.

[20] Als externer Gutachter vom MSP mit der Prüfung des Buches beauftragt. Er unterzeichnete als Magister theol. und Professor für Kanonisches Recht der Sapienza.

[21] Fiori wurde vom MSP mit der Prüfung des Buches beauftragt.

[22] Della SS. Trinità wurde vom MSP mit der Prüfung des Buches beauftragt.

[23] Mit Dekret SO vom 5. Januar 1723 wurde die Druckerlaubnis für eine Neuauflage verweigert; das Werk sowie die bereits gedruckten Exemplare sollten vom SO einbehalten werden.

[24] Zum Trionfo della religione, vgl. ACDF SO CL 1711-1714, Nr. 23; zur Concordia, vgl. ACDF SO CL 1722-1723, Nr. 13.

osservante di S. Francesco, [...]. - Venezia : Appresso Gio: Battista Recurti, 1724. - 2 vol. ; 4°. *SBN*[25]

Gutachter: Baldassare di S. Filippo Neri OCist
Gutachten: 17. S., [23. Juni 1722] (zu vol. 1-3)

Gutachter: Baldassare di S. Filippo Neri OCist
Gutachten: 20. S., [30 September 1722] (zu vol. 4-8)

Gutachter: Mario Maccabei B
Gutachten: 10 S., [24. Februar 1723][26]

Gutachter: keine Angabe
Gutachten: 31 S.

ACDF SO CL 1722-1723, Nr. 14

1723. Monitio actis facienda Fr. Joan. Preti a Cossentia Ord[ini]s Minor. Reformat. S. Francisci eo quia quaestionem exaraverit, in qua propositionem censurabilem sustinet, nempe quod S. Pontifex possit Matrimonium ratum, et consumatum dissolvere in suo Manus[cript]o cuius titul.: Manipulus quaestionum singularium iuris Canonici.[27]

Summus Pontifex suprema sua auctoritate iuxta tamen rationabili ac urgentissima causa potest Matrionium consummatum validum a radice per dispensationem solvere. - [S.a.]. - 19 Bl. (Manuskript) *ACDF SO CL 1722-1723, Nr. 14*

Gutachter: [Benedetto Ciaperoni OCist]
Gutachten: 2. S.[28]

ACDF SO CL 1722-1723, Nr. 15

1723. Acta in Libr. Manus[criptu]m Abbatis de Croch sic ins[criptu]m: Responsum ad Argumentum Generale quo enervantur conatus Simonis Zelote perperam contendentis probare solam scripturam sacram reiectis traditionibus non scriptis esse principium cognoscendi veritates divinas etc.

---

25 Verhandelt wurden nach den Angaben im Gutachten Tom. 1-3. Abweichende Formatangabe nach *SBN*: 2°.

26 Laut Dekret SO vom 24. Februar 1723 sollte der Inquisitor von Venedig den Druck mit der Auflage erlauben, das Werk zu korrigieren.

27 Zum selben Autor, vgl. auch ACDF St.St. N-4-i.

28 Laut Dekret SO vom 14. April 1723 sollten folgende Maßnahmen getroffen werden: Der Inquisitor von Faenza sollte angewiesen werden, den beteiligten Bruder Joannes Preti a Cossentia OFMRef streng zu ermahnen, denn selbiger hatte diese Quaestio behandelt und eine zensurwürdige Position vertreten, „nempe quod S. Pontifex possit matrimonium ratum et consumatum dissolvere". Dem Autor sollte verboten werden, diese Propositio mündlich oder schriftlich zu verbreiten oder zu verteidigen. Der Inquisitor sollte sich darüber hinaus das Werk u.d.T. Manipulus Quaestionum singularium iuris canonicis zustellen lassen und nach Rom schicken für weitere Prüfung durch das SO. Vgl. ACDF SO CL 1722-1723, Nr. 26.

Responsio// ad Argumentum generale contra Pontificios// qua enervantur conatus// Simonis Zelote// perperam contendentis probare solam scripturam// sacram rejectis traditionibus non scriptis// esse principium cognoscendi veritates// Divinas// Romanae Ecclesiae Doctrinae Amantibus concinnata// a Teologo Catholico// Itaque fratres state, et tenete Traditiones, quas didicistis,// sivè per sermonem, sive per epistolam nostram// Apostolus Paolus ad Thess. 2. 14. - [S.a.]. - 40 S. (Manuskript) *ACDF SO CL 1722-1723, Nr. 15*[29]

Gutachter: [Luigi Maria Lucini da Milano OP]
Gutachten: nicht aufgefunden[30]

Weiterhin beiliegend: Argumentum// Generale// Contra// Pontificios// Quo// Probatur// Solam// Scripturam// Sacram// Rejectis Traditionibus// Non Scriptis Esse// Principium// Cognoscendi// Veritates Divinas// Eruditorum Examini Submissum// à// Simone Zelote. - [S.a.]. - 14 S. ; 4°.

ACDF SO CL 1722-1723, Nr. 16

1723. Prohibitio reimpressionis Operum Gassendi.

♦ GASSENDI, PIERRE: [Opera omnia] Petri Gassendi Diniensis Ecclesiae Praepositi, Et In Academia Parisiensi Matheseos Regii Professoris Opera Omnia : In Sex Tomos Divisa ; Posthuma verò totius Naturae explicationem complectentia, in lucem nunc primùm prodeunt, ex Bibliotheca illustris Viri Henrici Ludovici Haberti Mon-Morii, Libellorum Supplici Magistri. - Hactenus edita Auctor ante obitum recensuit, auxit, illustravit. - Lugduni : Anisson & Devenet, 1658. - 6 vol. *BVB*[31]

Gutachter: keine Angabe
Gutachten: nicht aufgefunden[32]

ACDF SO CL 1722-1723, Nr. 17

1723. Censura in Manus[criptu]m, cui titul.: Istruzione a una Dama sopra il modo di conversare con innocenza etc. del P. Gaetano Ruggieri Gesuita.[33]

---

29 Vermutlicher Verf.: Abbas de Croch.

30 Am 28. April 1723 wurde entschieden, nachdem der Comm. SO die von Croch verfasste Confutatio gelobt und deren Veröffentlichung empfohlen hatte, dass das Werk von Kard. Giuseppe Sacripanti dem Kard. Damian Hugo Philipp Schönborn, Fürstbischof von Speyer und Konstanz, zugeschickt werden solle.

31 Vol. 3 u.d.T.: [Opuscula philosophica]; vol. 4 u.d.T.: [Astronomica]; vol. 5 u.d.T.: [Miscellanea]; vol. 6 u.d.T.: [Epistolae]. *BVB*. Ermittelt wurde auch die neue Ausg. Florenz 1727: GASSENDI, PIERRE: [Opera omnia] Petri Gassendi Diniensis Ecclesiae Praepositi Et In Academia Parisiensi Matheseos Regii Professoris Opera Omnia : In sex Tomos divisa / Curante Nicolao Averanio Advocato Florentino. - Florentiae : Typis Regiae Celsitudinis Apud Joannem Cajetanum Tartini, & Sanctem Franchi , 1727. - 6 vol. *BVB*, *SBB*.

32 Mit Dekret SO vom 30. Juni 1723 wurde die Druckerlaubnis für einen erneuten Druck verweigert. Am 7. Juli wurde entschieden, den Inquisitor von Venedig von diesem Dekret in Kenntnis zu setzen.

33 Vgl. ACDF SO Tit.Libr. 1722-1728, Nr. 25.

RUGGIERI, GAETANO: Istruzione a una Dama sopra il modo di conversare con innocenza […] / del P. Gaetano Ruggieri Gesuita. - [S.a.]. (Manuskript). *Das Manuskript wurde nicht nachgewiesen*

Gutachter: Gaetano Corazza CCRRMM
Gutachten: 7 S., [7. Juli 1723][34]

ACDF SO CL 1722-1723, Nr. 18

1723. Non conceditur facultas imprimendi quamdam Thesim De principiis intrinsecis corporis naturalis propositam a PP. Societ. Jesu Bononiae.

Das Werk wurde nicht ermittelt

Gutachter: keine Angabe
Gutachten: nicht aufgefunden[35]

ACDF SO CL 1722-1723, Nr. 19

1723. Censura in novam reimpressionem operis, cui titul.: Theologia Moralis ante hac ex probatis Authoribus breviter concinnata a R. P. Herm. Bussembaun Societ. J. etc. , nunc pluribus partibus aucta a R. P. Claudio La-Croix eiusd. Societ. etc.

♦ BUSENBAUM, HERMANN: Theologia moralis : Antehac ex probatis Auctoribus breviter concinnata / à Hermann Busenbaum, Societatis Jesu ; Nunc pluribus partibus aucta à Claudio la Croix ejusdem Societ. Jesu. - Coloniae Agrippinae : S. Noethen, 1707-1714. - 8 vol. *BVB*

♦ BUSENBAUM, HERMANN: Theologia moralis : antehac ex probatis auctoribus breviter concinnata / à R.P. Herm. Busenbaum Societatis Jesu, SS. Theologiae Licentiato ; Nunc pluribus partibus aucta à R.P. Claudio la Croix ejusdem Societatis Jesu, SS. Theologiae in Universitate Coloniensi Doctore & Professore ordinario. - Coloniae Agrippinae : Apud Servantium Noethen Bibliopolam […], 1710-[1720]. - 9 vol. ; 8°. *SBB*[36]

♦ BUSENBAUM, HERMANN: Theologia moralis : antehac ex probatis auctoribus breviter concinnata ; opus duobus tomus distributum com gemino indice, altero tractatuum, rerum altero natabilium / Herm. Busembaum. Nunc pluribus partibus aucta Claudio La Croix. - Venetiis : apud Nicolaum Pezzana, 1716. - 4°. *SBB*

♦ BUSENBAUM, HERMANN: Theologia moralis : antehac ex probatis auctoribus breviter concinnata / a R.P. Herm. Busembaum [...] nunc pluribus partibus aucta a R.P. Claudio La Croix. - Venetiis : apud Nicolaum Pezzana, 1718. - 2 vol. ; 2°. *REBIUN*

---

34 Mit Dekret SO vom 7. Juli 1723 wurde die Druckerlaubnis verweigert; das Werk sollte vom SO einbehalten werden.

35 Laut Rubricella wurde die Druckerlaubnis verweigert.

36 Abweichender Erscheinungsverlauf nach *GBV*: 1710-[1724?]. - 8 vol.

♦ BUSENBAUM, HERMANN: Theologia moralis : antehac ex probatis auctoribus breviter concinnata / a R.P. Herm. Busembaum societatis Jesu [...] Nunc pluribus partibus aucta a R.P. Claudio La Croix ejusdem societatis Jesu [...]. - Recentior, et accuratior editio, cui accessit index locupletissimus rerum omnium, quae in toto opere continentur. Opera & studio R.P. Leonardi Colendall ejusdem societati sacersotis. - Venetiis : apud Nicolaum Pezzana, 1720. - 2 vol. ; 2°. *SBN*[37]

Gutachter: keine Angabe
Gutachten: 18 S.[38]

ACDF SO CL 1722-1723, Nr. 20

1723. Permittitur nova impressio operis prohibiti P[at]ris Pellizarii de Monialibus, sed correcti.[39]

♦ PELLIZZARI, FRANCESCO: [Tractatio de Monialibus] Franc. Pellizzarii Tractatio de Monialibus. - 5. ed. - Roma : [S.n.], 1666. *SBB*[40]

Gutachter: keine Angabe
Gutachten: nicht aufgefunden[41]

ACDF SO CL 1722-1723, Nr. 21

1723. Non permittitur impressio operis ins[cript]i: Guida dell'Anima al Paradiso, ove si contiene il modo di ringraziar Iddio subito levato, la sera etc.

---

37 Titelvariante: [Theologia moralis] R.P. Claudii La Croix Theologia moralis : duobus tomis distributa. *SBN*. Mehrere neue Ausg. wurden ebenfalls ermittelt: BUSENBAUM, HERMANN: Theologia moralis : Antehac ex probatis Authoribus breviter concinnata / a R.P. Herm. Busembaum Societatis Jesu [...] ; nunc pluribus partibus aucta a R.P. Claudio La Croix ejusdem Societatis Jesu. - Editio novissima in qua nunc primùm antiquis adduntur recentiora [...] necnon Bulla Cruciatae a P. Andrea Mendo deprompta, unà cum Indice locupletissimo à P. Leonardo Colendall elaborato. - Venetiis : apud Nicolaum Pezzana, 1725. - 2 vol. ; 2°. *REBIUN*; BUSENBAUM, HERMANN: Theologia moralis : antehac ex probatis authoribus breviter concinnata / a R.P. Herm. Busembaum [...] ; Nunc pluribus partibus aucta a R.P. Claudio La Croix [...]. - Editio novissima, cui additur liber octavus De sanctae cruciatae bulla. Cum indice locupletissimo a P. Leonardo Colendall elaborato. - Venetiis : apud Nicolaum Pezzana, 1727. - 2 vol. ; 2°. *SBN*. Titelvariante: [Theologia moralis] R.P. Claudii La Croix Theologia moralis : duobus tomis distributa. *SBN*.

38 Mit Dekret SO vom 3. August 1723 wurde die Druckerlaubnis für eine Neuaufl. erteilt.

39 Das Buch wurde schon Anfang des 18. Jh. verhandelt, vgl. ACDF SO Tit.Libr. 1702-1704, Nr. 62.

40 Das Werk war bereits erschienen: PELLIZZARI, FRANCESCO: Tractatio de monialibvs : in qua resoluuntur omnes ferè qvaestiones (& ex his plurimae adhuc non tractatae) quae de ijs excitari solent in communi, & in particulari; nimirvm de receptione, nouitiatu, dote [...] accessit formvlarivm licentiarvm, quarum vsus in monialium gubernatione solet esse frequentior. - Venetiis : Apud Paulum Baleonium,1660. *WorldCat*. Ermittelt wurde auch die Ausg.: PELLIZZARI, FRANCESCO: [Tractatio de monialibus] Francisci Pellizzarii Tractatio de Monialibus. - Roma : [S.n.], 1755. *BVB*.

41 Laut Dekret SO vom 12. August 1723 sollte dem Inquisitor von Venedig mitgeteilt werden, dass die CIndex die Korrekturen des Autors schon genehmigt habe. Der Inquisitor sollte demnach die Druckerlaubnis erteilen, nachdem der Autor eine vom Sekr. CIndex unterzeichnete Korrektur vorgelegt hatte. Diese korrigierte Version war dem General der Gesellschaft Jesu vom Indexsekretär übergeben worden.

una protesta di farsi ogni giorno etc. una novena del S. Natale etc. e tutte le parti essenziali della Dottrina Cristiana in versi, ed altre Canzonette spirituali composte dal Canonico Barbanti da Spoleti etc.

Das Werk wurde nicht ermittelt

Gutachter: keine Angabe
Gutachten: nicht aufgefunden[42]

ACDF SO CL 1722-1723, Nr. 22

1723. Decretum S. Congr. sub die 27. Septembr. 1723. Statuens scribendum P[at]ri Inq[uisito]ri Bononiae, quod non permittat publicationem folii ins[cript]i: Notificazione quae vertitur circa quaestuationem pro edificanda Ecclesia S. Lucae extra moenia Bononiae; sed omnes copias curet colligere, cum alias ab hac S. Cong[regatio]ne fuerit proscripta Propositio, quod B. Virgo sit Corredentrix, et Canonicum Theologum Octavium Ringhieri Authore dictae notificationis moneat, ut imposterum a dicta Propositione se abstineat.

Notificazione […]. - in Bologna : nella Stamperia Arcivescovale. - 2°. (Einzelblatt)
ACDF SO CL 1722-1723, Nr. 22

Gutachter: keine Angabe
Gutachten: nicht aufgefunden

ACDF SO CL 1722-1723, Nr. 23

1723. Non permittitur impressio Libri ins[cript]i: Vita di Monsig[no]re Malvicini Fontana etc. Vescovo di Foligno raccolta dal P. Antonio Da Orvieto Cronista Minor Riformato etc.

ANTONIO <DA ORVIETO>: Vita Di Monsig[no]re Dondazio Alessio Malvicini Fontana Piacentino de'Marchesi di Nibbiano, già dell'una e l'altra Segnatura Reverendario Ap[osto]lico, Ponente di Sacra Consulta della Santità di N. Sig[nor]e Clemente XI prelato Domestico e uno degli assistenti al Soglio, Vescovo di Foligno e Terziario Degniss[im]o de Min. Rif[orma]ti di S. Fran[cesc]o / Raccolta e Ordinata Dal P. Antonio da Orvieto Cronista Min. Riform[at]o della Provincia Serafica Dedicata Al Glorioso S. Filippo Neri. - [S.l.] : [S.n.], [S.a.]. (hs. Titelbl.)
ACDF SO CL 1722-1723, Nr. 23.[43]

♦ ANTONIO <DA ORVIETO>: Vita di monsignor Dondazio Alessio Malvicini Fontana, marchese di Nibbiano, [...] vescovo di Foligno, [...] / raccolta e ordinate

[42] Mit Dekret SO vom 25. August 1723 wurde die Druckerlaubnis für die ital. Lieder, die die christlichen Dogmen betreffen, verweigert; der Inquisitor von Spoleto sollte aber den Druck der Laudes gestatten.

[43] Titelvariante: Vita di monsignor Malvicini. *SBN*. Ermittelt wurde auch: ANTONIO <DA ORVIETO>: Vita di Monsignor D. A. Malvicini Fontana, Marchese di Nibbiano, […] Vescovo di Foligno, etc. - Perugia : [S.n.], 1734. - 8°. *BL*.

dal p. Antonio di Orvieto [...]. - In Perugia : pe'l Costantini, 1734. - [16], 169, [3] S. ; 4°. *SBN*

Gutachter: keine Angabe
Gutachten: nicht aufgefunden[44]

ACDF SO CL 1722-1723, Nr. 24

1723. Censura in duos libros. 1.us inscribitur: Petri Danielis Huetii Episcopi Abricen. Alnetanae Quaestiones de Concordia Rationis et Fidei etc.

Alter inscribitur: Petri Danielis Huetii Episcopi Abricen. Demonstratio Evangelica ad Serenis[simu]m Delphinum etc. Francofurti 1722.

1. HUET, PIERRE DANIEL: [Alnetanae quaestiones de concordia rationis et fidei] Petri Danielis Hvetii, Episcopi Abrincensis, Alnetanae Qvaestiones De Concordia Rationis Et Fidei : Qvarum Libro I. Lex Concordiae Rationis Et Fidei, II. Dogmatvm Christianorvm Et Ethnicorvm Comparatio, III. Praeceptorvm Christianorvm Et Ethnicorvm Ad Vitam Pie Recteqve Institvendam Pertinentivm Comparatio Continetvr ; Accedit Avctoris Commentarivs De Rebvs Ad Evm Pertinentibvs. - Francofvrti & Lipsiae : Apud Haered. Iohannis Grossii, 1719. - 2 Teile. - [8] Bl., 344 S., [4] Bl., 178 S., [23] Bl. ; 4°. *SBB*[45]

2. HUET, PIERRE DANIEL: [Demonstratio evangelica, ad serenissimum Delphinum] Petri Danielis Huetii Episcopi Abrincensis Demonstratio Evangelica, Ad Serenissimum Delphinum. - Sexta Edituio Ab Auctore Recognita, Castigata, Et Amplificata. - Francofurti : Sumptibus Thomae Fritschii, 1722. - [10] Bl., 718 S., [31] Bl. ; 4°. *GBV*

Gutachter: Franciscus van Ranst OP
Gutachten: 7 S., [7. Dezember 1723] (zu Nr. 1-2)[46]

ACDF SO CL 1722-1723, Nr. 25

1723. Non permittitur ratione materiae et modi eam tractandi impressio Libri, cui titul.: Discorso Cristiano, scientifico, dogmatico, istorico sopra la Cabala

---

44 Laut Rubricella wurde die Druckerlaubnis verweigert.

45 Enth.: Avctoris Commentarivs De Rebvs Ad Evm Pertinentibvs. *SBB*. Das Werk war bereits erschienen: HUET, PIERRE DANIEL: [Alnetanae quaestiones de concordia rationis et fidei] Petri Danielis Huetii, [...] Alnetanae quaestiones de concordia rationis et fidei. - Cadomi : apud J. Cavelier, 1690. - 438 S. ; 4°. *Abes*; HUET, PIERRE DANIEL: [Alnetanae quaestiones de concordia rationis et fidei] Petri Danielis Huetii episcopi Abricensis [...] Alnetanae quaestiones de concordia rationis et fidei : Quarum primo libro continetur lex concordiae, rationis & fidei. Secundo dogmatum christianorum & ethnicorum comparatio. Tertio praeceptorum christianorum & ethnicorum ad vitam pie recteque instituenda pertinentium comparatio. - [Cadomi ; Parisiis] : apud Thomam Moette, bibliopolam […], 1690. - [8], 437, [15] S. ; 4°. *SBN*.

46 Mit Dekret SO vom 7. Dezember 1723 wurde die Druckerlaubnis verweigert; dem Inquisitor von Venedig sollte eine nicht gezeichnete Abschrift des Gutachtens zur Kenntnisnahme zugestellt werden.

numerica, esaminata con i fonti della Dottrina Cattolica, della Magia Egiziaca, della Cabala Ebraica, della Cabala Magica Arabica, del numero Pitagorico etc. Autore Antonio Fondi Veneto etc.

FONDI, ANTONIO: Discorso Christiano// Scientifico, Dogmatico, Istorico// sopra la Cabala numerica// essaminata con i fonti// Della Dottrina Cattolica// Della Magia Egizziaca// Della Cabala Ebraica// Della Cabala magica Arabica// Del Numero Pitagorico// le confutazioni contro Cornelio Agrippa : Diviso in cinque Parti / Autore// Antonio Fondi Veneto. - [S.l.] : [S.n.], [S.a.]. (hs. Titelbl.) *ACDF SO CL 1722-1723, Nr. 25*

Gutachter: keine Angabe
Gutachten: nicht aufgefunden[47]

ACDF SO CL 1722-1723, Nr. 26

1723. Censura in Libr. ins[criptu]m: Manipulus Quaestionum singularium iuris Canonici etc.[48]

Manipulus Questionum singularium iuris canonici. *Das Werk wurde nicht nachgewiesen*[49]

Gutachter: [Benedetto Ciaperoni OCist]
Gutachten: 32 S.[50]

ACDF SO CL 1722-1723, Nr. 27

1723. Transmittuntur ad S. Cong[regatio]nem Indicis, Libellus et quaedam Epistola Anonyma quae concernunt Catechismum Episcopi Montispessulani iam proscriptum anno 1721 a S. Cong[regatio]ne Indicis.[51]

1. Anonym [DELLAMOTTE, ABBÉ]: Lettre d'un ecclésiastique au théologal d'une cathédrale, sur le catéchisme de Montpellier. - [S.l.] : Eysseric, 1723. - 12°. *CCFR*

2. Anonym [POUGET, FRANÇOIS-AIME]: Instructions generales en forme de catechisme : ou, l'on explique en abrége par l'ecriture sainte & par la tradition, l'histoire & les dogmes de la religion, la morale chrétienne, les sacrements, les priéres, les cérémonies & les usages de l'eglise / imprimées par ordre de Charles-Joachim Colbert ; a l'usage des anciens & des nouveaux Catholiques de son

---

47 Laut Rubricella wurde die Druckerlaubnis verweigert.

48 Vgl. ACDF SO CL 1722-1723, Nr. 14.

49 Nach den Angaben im Gutachten befindet sich das Werk in der Libreria Segreta unter Nr. 1.

50 Laut Marginalie wurde das Gutachten wegen Ciaperonis Tod nicht referiert. Weitere Informationen wurden nicht aufgefunden.

51 Titel laut Faszikelumschlag: Epistola prolegati Avennionensis sub die 3. Maij. Agit de quadam controversia exorta inter duos sacerdotes coram episcopo Carpentoracensi occasione Catechismi ab episcopo Montispesulani compositi. Mittit opuscula a contentientibus edita. Prefatus catechismus prohibitus fuit a Sacra Congregatione Indicis. Predicta opuscula remissa fuerunt ad S. Congregationem Indicis pro revisione.

diocèse, & de tous ceux qui sont charges de leur instruction ; avec deux catechismes abrégés, à l'usage des enfants Catéchisme de Montpellier. - Nouv. éd. : revuë et augmentée. - Paris : Simart, 1719. - 2 vol. in 1. *AMICUS*[52]

Gutachter: keine Angabe
Gutachten: nicht aufgefunden (zu Nr. 1-2)[53]

Dekret: CIndex 12. Juli 1723
Bando: CIndex 4. Dezember 1724 (zu Nr. 1)

52 Das auch u.d.T. „Catéchisme de Montpellier" bekannte Werk wird François-Aimé Pouget zugeschrieben und wurde auf Veranlassung von Charles Joachim Colbert de Croissy, Bischof von Montpellier, herausgegeben. *AMICUS*, s. Barbier. Ermittelt wurde auch: POUGET, FRANÇOIS-AIME: Instructions generales en forme de catechisme, ou l'on explique en abrege par l'Ecriture Sainte & par la tradition l'histoire et les dogmes de la religion [...] / Imprimees par ordre de messire Charles Joachim Colbert [...] A l'usage des anciens & des nouveaux catholiques des son diocese [...] Avec deux catechismes abregez, a l'usage des enfans. - Nouvelle edition revue & augmentee. - A Lyon : chez Leonard Plaignard […], 1719. - 4 vol. ; 12°. *SBN*. Das Werk war bereits erschienen: POUGET, FRANÇOIS-AIME: Instructions Générales En Forme De Catechisme : Ou L'On Explique [...] l'Histoire & les Dogmes de la Religion [...] & les Usages de l'Eglise ; A l'usage des anciens & des nouveaux Catholiques de son Diocése, [...] Avec deux Catéchismes abrégez, à l'usage des Enfans Imprimée par Ordre De Messire Charles Joachim Colbert, Evêque de Montpellier. - Paris : Chez Augustin Leguerrier […], 1702. - [3 vol.] ; 12°. *HBZ*.

53 Laut Dekret SO vom 9. Juni 1723 sollte der Legat von Avignon den Bischof von Carpentras über das Verbot des Katechismus von Montpellier benachrichtigen; zu diesem Zweck sollte ihm ein Exemplar des Verbotsdekrets zugestellt werden, damit er beide Verfasser ermahnen könne. Das Buch und der Brief sollten dem Sekr. CIndex zugestellt werden zur weiteren Prüfung. Vgl. die Verhandlung des Briefes in Congr. gen. der CIndex 12. Juli 1723. Die franz. Ausg. des Katechismus wurde nicht von der CIndex verhandelt. Die ital. Fassung des Werks unter Nr. 2 war bereits verhandelt und verboten worden. Vgl. Congr. gen. der CIndex 23. April 1720 und 21. Januar 1721 (Bando CIndex 21. Januar 1721).

ACDF SO CL 1724-1728

ACDF SO CL 1724-1728, Nr. 1

1724. Acta in Libr. inscr[iptu]m: Romanorum Pontificum Epistolae studio, et labore D. Petri Coustant Presbiteri, et Monaci S. Benedicti e Cong[regatio]ne S. Mauri. Tom. I. Parisiis 1721.

1. COUSTANT, PIERRE (Hg.): Epistolae Romanorum Pontificum, et quae ad eos scriptae sunt a S. Clemente I. usque ad Innocentium III. quotquot reperiri potuerunt / Studio & labore Dom[i]ni Petri Cousant. - Parisiis : Apud Ludovicum-Dionysium Delatour [...] Antonium-Urbanum Coustelier [...] et Petrum Simon [...] ; [im Kolophon: E typographia Petri Simon cleri Gallicani typographi], 1721. - 2°. *COPAC*[1]

2. *Die Werken wurde nicht ermittelt*[2]

Gutachter: [Baldassare di S. Filippo Neri OCist]
Gutachten: nicht aufgefunden [10. November 1723] (zu Nr.1)

Gutachter: [Bernard Désirant OSA]
Gutachten: nicht aufgefunden [10. November 1723] (zu Nr.1)

Gutachter: [Giovanni Bortoni]
Gutachten: nicht aufgefunden [26. Januar 1724] (zu Nr.1)[3]

Gutachter: [Carlo Maiella]
Gutachten: nicht aufgefunden [14. September 1724] (zu Nr. 2)[4]

---

1 Verhandelt wurde vol. 1. [...] ab anno Christi 67. ad annum 440. (1721). Mehr nicht erschienen. *COPAC*. Ermittelt wurde auch: COUSTANT, PIERRE (Hg.): Epistulae Romanorum Pontificum, et quae ad eos scriptae sunt a S. Clemente I. usque ad Innocentium III. quotquot reperiri potuerunt, seu novae seu diversis in locis sparsim editae, adjunctis Fragmentis, spuriis segregatis, in unum secundum ordinem temporum collectae, ad veterum Codicum fidem recognitae et emendatae, praeviis Admonitionibus ubi opus fuit, Notis criticis ac Dissertationibus quae historiam, dogmata, disciplinam explicant, illustrata / studio et labore Petri Coustant. - Parisiis : Delatour ; Coustelier, 1721. *GBV*.

2 Laut Sitzungsprotokolle und Schreiben von Simon Mompinat OSB handelt es sich um die Ausg. des zweiten und des dritten Teils.

3 Mit Dekret SO vom 26. Januar 1724 wurde das Buch verboten; das Staatssekretariat solle dem Nuntius auftragen, den Druck aller Bände des Werks zu verbieten. Am 9. Februar wurden nach Gesprächen zwischen dem Prokurator der Kongregation von St.-Maur und dem Ass. SO die Verhandlungen suspendiert in Erwartung der Antwort des Ordensgenerals.

4 Als Reaktion auf den Antrag des Ordensprokurators um eine Druckerlaubnis für die beiden folgenden Bände wurde das Verbot des ersten Teils am 13. September 1724 suspendiert; die Bände wurden zusammen mit den drei bereits vorliegenden Zensuren dem Konsultor Maielle als vierten

ACDF SO CL 1724-1728, Nr. 2

1724. Censura in nonnullas Conciones recitatas Casalis, et alibi a P. Mag[istr]o Hiacyntho Deodato Gori Ord[ini]s S. Augustini.

1. Al Merito Sublime Del M.R.P.// Giacinto Diodato Gori// Regente dello studio Agostiniano d'Ancona, Predicatore Insigne// Nella Chiesa De R.P. Agostiniani Di Casale, Detta di S. Croce L'Anno 1723// Per il dottissimo, et Ingegnosissimo Panigirico detto in lode di S. Gioseppe// nel quale hà provato esser maggiore la Santità del Santo dai due non// essere// cioè dal non volere essere Sposo di Maria Vergine, e dal non// potere essere Padre di Giesù Christo, arguendo in esso l'umanità// più profonda, e la Virginità più illibata : Sonetto [...]. - In Casale : Per Girolamo Lorenzo Savioni Stamp. di S.S.R.M., dell'Eccellentissimo Senato, del// Magistrato Sopra la Sanità, e del Vescovale &c., [1723]. (Einblattdruck) *ACDF SO CL 1724-1728, Nr. 2*

2. In Lode del M.R.P.// Giacinto Diodato Gori// [...] Nella Chiesa De P.P. Agostiniani Di Casale, Detta Di S. Croce L'Anno 1723.// Per la Virtuosissima Predica dell'Anima, havendola provata Nobile nella sua Creatione e Redentione// e fatto comprendere, che anche la di lei Nobilità si conosce dal peccato.// Si Dedica Al Merito Sempre Grande Dell'Ilustrissimo Sig. Conte// Gioanni Bernardino// Langosco// [...] : Sonetto// [...]. - In Casale : Per Girolamo Lorenzo Savioni Stamp. di S.S.R.M., dell'Eccellentissimo Senato, del// Magistrato Sopra la Sanità, e del Vescovale &c., [1723]. (Einblattdruck) *ACDF SO CL 1724-1728, Nr. 2*

Gutachter:	Leandro Porzia OSB
Gutachten:	3 S., [14. Juni 1724][5] (zu Nr. 1-2)

ACDF SO CL 1724-1728, Nr. 3

1724. Prohibetur ne in impressione Librorum pro Scoto admittatur Titulus: Theologorum Principi, sed tantum Theologorum subtilium Principi.

LUCINIANO, FRANCISCUS MARIA DE (RESP.) ; SPLANATIS, FERDINANDO MARIA DE (RESP.): Augustissimae// Coeli Terraeque// Reginae Vergini et Matri// Semperque Illibatae// Se, Suasque// ad Mentem Theologorum Omnium Principis// Johannis Duns Scoti Doctoris Subtilissimi, Immaculataeque Deiparae// Conceptionis Defensoris acerrimi,// Philosophicas Theses / propugnandas commendat// Pater Franciscus Maria de Luciniano// ord. Min. Observ. S. P. Francisci, Provinciae Tusciae Alumnus,// et in Convento Beatissime Virginis Mariae Civitatis// Liburni Lector Artium,// Defendente// P. F. Ferdinando Maria De Splanatis Studente

---

Gutachter übergeben. Dem Prokurator sollte die Druckerlaubnis weder verweigert noch erteilt werden. In der Sitzung vom 14. September 1724 genehmigte der Papst das Gutachten Maielles; allerdings nahm er den Fall nur zur Kenntnis, ohne weitere Entscheidungen zu treffen.

5 Darüber hinaus: Gutachten von Fra Filippo Ippolito Fanti de Servi di Maria im Auftrag der Inquisition von Foligno. Laut Dekret SO vom 24. Juni 1724 sollte der Vikar der Inquisition von Foligno dem betreffenden Autor mitteilen, dass seine Thesen vom SO geprüft würden und dass er sie nicht mehr in seinen Predigten vertreten solle.

Generali. - Liburni : [S.n.], 1724. (Superiorum Permissu). (Einblattdruck) *ACDF SO CL1724-1728, Nr 3*

Gutachter: Francesco Conti[6]
Gutachten: 4 S., [7. Juni 1724][7]

ACDF SO CL 1724-1728, Nr. 4

1724. Prohibitio Epigrammatis vulgo Sonetto, impressi a P. Jo. Bapt. Merendi Ord[ini]s Minor. Convent. Inscriptum: Per la Festa del gran Santo de Miracoli Antonio di Padova etc. Sonetto dedicato al merito della Nobil Dama etc. 1724.

MERENDI, GIOVANNI BAPTISTA: Per la Festa del Gran Santo de' Miracoli// Antonio di Padoa,// Sua Umiltà, e Sapienza in gara per renderlo Glorioso : Sonetto// Dedicato al Merito Insigne della Nobil Dama// Contessa Violante// Gualteria// Consorte degnissima del// Conte Marcantonio// Conte di Monte Marte, e di Titignano &c. Baron Romano, e Napolitano// Eroe, e Difensore della Santa Chiesa Cattolica Romana &c.// [...]. - In Orvieto : appresso Livio Tosini Stamp. Camer. e Pubblic., 1724. (Einblattdruck) *ACDF SO CL 1724-1728, Nr. 4*

Gutachter: keine Angabe
Gutachten: nicht aufgefunden

Dekret: SO 5. Juli 1724
Bando: nicht aufgefunden

ACDF SO CL 1724-1728, Nr. 5

1724. Non permittitur impressio Libri, cui titul.: Il vero, e il falso in giusta bilancia, Apologia della Pietra, o sia Elixir de Filosofi detto communemente Lapis Philosophorum, in cui si dimostra chiarissimamente la di lui possibilità. Opera dell'Abate Jacopo Augusto de Sacquepie Francese.

SACQUÉPÉE, JACQUES AUGUSTE DE: Il vero, e il Falso// in// Giusta Bilancia// Apologia della Pietra ò sia elixir de Filosofi detto// communemente 'Lapis Philosophorum'. In cui si// mostra chiarissimam[en]te la di lui possibilità / Operà// dell'Abbate Jacopo Augusto de Sacquép[è]é Francese// All'Altezza Reale del Ser[enissi]mo Gio. Gastone// Primo Gran Duca di Toscana. - [S.l.] : [S.n.], [S.a.]. (hs. Titelbl.) *Das Werk wurde nicht nachgewiesen*

Gutachter: keine Angabe
Gutachten: nicht aufgefunden[8]

6 Als externer Gutachter. Conti war Inquisitor von Florenz.
7 Laut Begleitschreiben. Laut Rubricella wurde die Druckerlaubnis mit der Auflage erteilt, im Titel Scotus nicht als „Princeps omnium theologorum", sondern als „Princeps theologorum subtilium" zu bezeichnen.
8 Mit Dekret SO vom 8. November 1724 wurde die Druckerlaubnis erteilt.

ACDF SO CL 1724-1728, Nr. 6

1724. Acta in Libr. Manus[criptu]m P. Desirant Ord[ini]s S. Augustini, cui titul.: Consilium pietatis de non sequendis errantibus, sed corrigendis. Pars IV., sive Tomus IV.

DÉSIRANT, BERNARD: Consilium Pietatis de non sequendis errantibus sed corrigentibus. [Pars quarta seu Tomus quartus]. (Manuskript) *Das Manuskript wurde nicht nachgewiesen*[9]

Gutachter: [Baldassare di S. Filippo Neri OCist]
Gutachten: nicht aufgefunden

Gutachter: [Gaetano Corazza CCRRMM]
Gutachten: nicht aufgefunden [10]

ACDF SO CL 1724-1728, Nr. 7

1724. Censura in Libr. ins[criptu]m: Amandi Bauwens J. Cons. Dissertatio de Concordia Sacerdotii, et Imperii habita in Alma Universit[at]e Lovanien. quinto idus Novembris 1723, cum Iuris publici Caesareus et Regius Professor eligeretur.

BAUWENS, ARMAND: [Dissertatio de concordia sacerdotii et imperii] Amandi Bauwens// Juris-Consulti// Dissertatio// De Concordia Sacerdotii Et Imperii : Habita// In Alma Universitate Lovaniensi// Quinto Idus Novembris Anni 1723// Cum Juris Publici Caesaeus ac Regius// Professor eligeretur. - Lovanii : Typis Joannis Baptistae Vander Haert [...], 1723. - 24 S. *ACDF SO CL 1724-1728, Nr. 7, SWB*[11]

Gutachter: Giuseppe Maria Baldrati da Ravenna OFMConv
Gutachten: 11 S., [12. Dezember 1724]

---

9 Verhandelt wurde das Manuskript von vol. 4. [Pars quarta seu Tomus quartus]. Ermittelt wurde die gedr. Ausg.: DESIRANT, BERNARD: Consilium pietatis de non sequendis errantibus, sed corrigentibus [...] / Per P.M.F. Bernardum Desirant Ord. Erem. S. P. Augustini, S. Th. Doctorem &c. - Romae : apud Jo. Mariam Salvioni typographum Vaticanum in Archigymnasio Sapientiae, 1720-1725. - 4 vol. ; 4°. *ACDF E 89 1-4, SBN*. Die gedr. Ausg. befindet sich laut Zettelkatalog in der Bibliothek des ACDF. Vol. 4 dieser Ausg. erschien u.d.T.: Juxta revocationes 5: Parlamenti Aquensis, et retractationes 6: Petri de Marca archiepiscopi Parisiensis. aliorumque / per P.M.F. Bernardum Desirant [...]. - Romae : apud Hieronumum Maynardi [...], (1725). - [4], 187 S. *SBN*. Das Werk war bereits erschienen: DÉSIRANT, BERNARD: Consilium pietatis de non sequendis errantibus, sed corrigentibus, juxta retractationes I. Philippi IV, Galliarum regis [...] circa gesta contra papam Bonifacium VIII ; II. Joannis Charlier Gersonii, circa suas novitates [...] / per P.M.F. Bernardum Desirant [...]. - Romae : apud J. M. Salvioni, 1700. - 3 Teile in 1 vol. ; 4°. *BNF*.

10 Mit Dekret SO vom 8. November 1724 wurde die Druckerlaubnis für die Veröffentlichungen, die die Bulle Unigenitus oder das Corpus Doctrinae der franz. Bischöfen betreffen, verweigert; für die anderen Teile des Manuskripts sollte der MSP selbst entscheiden, ob eine Druckerlaubnis in Frage käme oder nicht.

11 Abweichende Umfangsangabe nach *SWB*: 24, 274 S.

Gutachter: [Niccolò Luigi Ridolfi OP]
Gutachten: 9 S., [6. Dezember 1724]

Dekret: SO 12. Dezember 1724
Bando: SO 13. Februar 1725

ACDF SO CL 1724-1728, Nr. 8

1725. Censura in Libr., cui titul.: Dimostrazione Cronologica brevissima dell'Indulgenza, che ottenne il Serafico P[ad]re S. Francesco dal nostro Salvator Gesù Cristo etc.[12]

OTTAVIO <DI SAN FRANCESCO>: Dimostrazione cronologica brevissima dell'indulgenza, che ottenne il serafico padre San Francesco dal nostro Salvatore Gesù Cristo [...] di Corrado vescovo d'Assisi esposto dal suo succesore / F. Ottavio di S. Francesco opera postuma. - In Lucca : per Francesco Marescandoli a Pozzotorelli, 1726. - 191, [1] S. ; 8°. *SBN*

Gutachter: keine Angabe
Gutachten: nicht aufgefunden[13]

ACDF SO CL 1724-1728, Nr. 9

1725. Censura in Theses propugnatas in Collegio Cesaraugustano die 8. et 12. Martii 1723 inscriptas: Theologiae Flores propugnandae a Fr. Sebastiano Mellen, et Iranzu Ord[ini]s Redempt. Captivor. Praeside P. Ignatio Sans, et Peynado S. Th. Lectore Collegii Cesaraugustani S[anctissi]mae Trinitatis.

SANZ, IGNAZ (Praes.) ; MALLEN, SEBASTIAN (Resp.): Hos Sacrae Theologiae flores, in aete[rn]ae memoriae pignus, suus obsequentissimus filius Fr. Sebastianus Mallen, & Iranzu , D.O. & C. Dei. [...] Haec propugnanda (Divino numine flante) idem qui supra, cui aderit P. Fr. Ignatius Sanz, & Peynado, Sacrae Theologiae Lector Collegii Caesar-Augustani, Ordinis Sanctissimae Trinitatis, Redemptoris Captivorum. Locum certamini dabit Templum Caesar-Augustanum ejusdem Collegii Sanctissimae Trinitatis Die [sic] Mensis [sic] Anni 1723. - Caesar-Augustae : Apud [...?] Emmanuelis Roman, Universitatis Typographi. - [ca. 1723]. (Einblattdruck) *ACDF SO CL 1724-1728, Nr. 9*

Gutachter: Niccolò Luigi Ridolfi OP
Gutachten: 7 S., [31. Januar 1725]

Gutachter: Antonio Lucci OFMConv
Gutachten: 3 S., [31. Januar 1725]

---

[12] Vgl. ACDF SO Tit.Libr. 1722-1728, Nr. 18.

[13] Jedoch ein Gutachten, 4 S., verfasst vom Revisor der Inquisition von Venedig; vgl. Begleitschreiben des Inquisitors von Venedig. Das Buch wurde in Rom wahrscheinlich nicht weiter geprüft. Mit Dekret SO vom 17. Januar 1725 wurde mit Hinweis auf das Gutachten aus Venedig die Druckerlaubnis verweigert.

Dekret: SO 31. Januar 1725[14]
Bando: SO 13. Februar 1725

ACDF SO CL 1724-1728, Nr. 10

1725. Censura in libr. insc[riptu]m: Di Senofonte Efesio degli amori di Abrocome, ed. Anthia libri cinque tradotti da Antonio Maria Salvini. Londra 1723.

XENOPHON <EPHESIUS>: Di Senofonte efesio degli amori di Abrocome e d'Anthia : libri V / tradotti da A. M. Saluini. - Londra : per Giouanni Pickard, 1723. - [12], 107 S. ; 12°. *MAI*[15]

Gutachter: keine Angabe
Gutachten: nicht aufgefunden

Dekret: SO 7. Februar 1725
Bando: nicht aufgefunden

ACDF SO CL 1724-1728, Nr. 11

1725. Minuta decreti prohibentis diversos Libros sub die 13. Februar. 1725.

Es liegt kein konkreter Zensurfall vor

Gutachter: keine Angabe
Gutachten: nicht aufgefunden

ACDF SO CL 1724-1728, Nr. 12

1725. Ordinatur Inquisitoribus Mediolani, et Mantuae ne permittant imprimi in Diariis imprimi aliquid concernens constitutionem-Unigenitus contra Sanam Doctrinam.

Es liegt kein konkreter Zensurfall vor

Gutachter: keine Angabe
Gutachten: nicht aufgefunden[16]

ACDF SO CL 1724-1728, Nr. 13

1725. Non permittitur pro nunc Venetiis reimpressio Operum S. Augustini cum notis Monachorum Congregationis S. Mauri.

♦ AUGUSTINUS, AURELIUS: [Opera] Sancti Aurelii Augustini Hipponensis Episcopi operum tomus [...] : Post Lovaniensium theologorum recensionem castigatus denuo

14 Das Dekret wurde am 1. Februar 1725 vom Papst bestätigt.
15 Vgl. XENOPHON <EPHESIUS>: Tōn kata Anthian kai Habrokomēn Ephesiakōn logoi pente. *HBZ*.
16 Es handelt sich um ein allgemeines Dekret des SO vom 16. Mai 1725.

ad manuscriptos codices Gallicanos, Vaticanos, Anglicanos, Belgicos, &c. nec non ad editiones antiquiores & castigatiores / Opera et studio Monachorum Ordinis S. Benedicti è Congregatione S. Mauri. - Parisiis : Franciscus Muguet, 1679-1700. - 11 vol. ; 2°. *COPAC*[17]

Gutachter: keine Angabe
Gutachten: nicht aufgefunden[18]

ACDF SO CL 1724-1728, Nr. 14

1725. Censura in Libell. impress., cui titul.: Umilissimo Tributo di Lodi da offerirsi all'Augustis[si]ma Trinità in ringraziamento alla S.D.M. degli altissimi privilegi etc. concessi alla purissima sempre Vergine Maria specialmente della di lei immaculata Concezione etc. Censura in Schedulas distributas a Sacerdote Dom[ini]co de Vecchi etc. Liburni pro fovenda pietate in immaculat. B. Virg[ini]s Conceptionem, quae pro articulo Fidei credendo proponitur.

Anonym: Umilissimo// Tributo Di Lodi// Da offerirsi all'Augustissima// Trinità// In ringraziamente alla D.M.S. degl'al-/tissimi Privilegj, Prerogative, Doni,// e Grazie concessi alla purissima// sempre Vergine Maria,// Specialmente Nella Di Lei// Immacolata// Concezione,// Da praticarsi specialmente nella Chiesa// della Ven. Compagnia del SS. Sagramen-//to e S. Giulia di Livorno, dov' è fonda-//ta l'Angelica Congregaz[i]one dell'Ado-//razione Perpetua a Gesù Sagra-//mentato,// Da' divoti Adoratori nella Novena della// sudetta Immacolata Concezione di// Maria principalissima Avvocata di// detta Congregazone. - Nuovamente ricorretta da suo primo Autore// ad onore del Ven. Sagramento,// e di Maria purissima. - In Livorno : appresso Ferdinando Dolfinetti// Librajo [...], 1720. - 95 S. ; 12°. *ACDF SO CL 1724-1728, Nr. 14*

Gutachter: Leandro Porzia OSB
Gutachten: 3 S., [21. Juni 1725][19]

---

17 Enth.: Sancti Aurelii Augustini [...] Vita ex ejus potissimum scriptis concinnata; nec non Indices generales tum in opera S. doctoris, tum in alia quae in Appendices rejecta sunt; Index quoque alphabeticus operum S. Augustini; distributio nova eorundem operum comparata cum editione Lovaniensi. *COPAC*, *SBB*. Abweichender Erscheinungsverlauf nach *AMICUS*: 1683-1700. - 11 vol. in 8; 1689-1700. - 12 vol. in 9. Als nächste nach dem Verhandlungstermin erschienene Ausg. wurde ermittelt: AUGUSTINUS, AURELIUS: [Opera] Sancti Aurelii Augustini Hipponensis Episcopi Operum Tomus [...] : Post Lovaniensium Theologorum recensionem castigatus denuo ad manuscriptos codices Gallicanos, Vaticanos, Anglicanos, Belgicos &c. nec non ad editiones antiquiores & castigatores / Opera Et Studio Monachorum Ordinis Sancti Benedicti E Congregatione Sancti Mauri. - Venetiis : Excudebat Jo: Baptista Albrizzi Hieron. Fil. Venetus Typographus, 1729-[1734]. - [13] vol. *HBZ*. Abweichender Erscheinungsverlauf nach *GBV*: 1729-1735.

18 Laut Rubricella wurde die Druckerlaubnis verweigert.

19 Am 11. Juli 1725 nahmen die Kard. das Gutachten zur Kenntnis, ohne weitere Entscheidungen zu treffen. Vgl. auch ACDF SO CL 1724-1728, Nr. 15.

ACDF SO CL 1724-1728, Nr. 15

1725. Censura in praefationem, quam apponere vult Nuncius in Helvetia reimpressioni Operis S. Caroli Borromei, quod instructiones pro Clero, et Monita complectitur.

♦ BORROMEO, CARLO: Avvertimenti di S. Carlo per li confessori stampati d'ordine della felice memoria di papa Innocenzo 12. e pubblicati dalla [...] card. Carpegna suo vicario per uso de' confessori di Roma, e suo distretto [...]. - Quarta edizione accresciuta d'alcune bolle, e decreti, canoni penitenziali, ed una breue notizia delle censure, e pene ecclesiastiche. - In Roma : nella Stamperia della Reu. Camera Apost., 1722. - [12], 388 S. ; 12°. *SBN*[20]

Gutachter: Leandro Porzia OSB
Gutachten: 5 S., [21. Juni 1725][21]

ACDF SO CL 1724-1728, Nr. 16

1725. Advertitur P[ate]r Inquisitor Venetiar., quod Opera Ovidii, nempe: Metamorphosis, et de arte amandi numquam fuerunt prohibita.

Eine eindeutige Identifikation ist nicht möglich

Gutachter: keine Angabe
Gutachten: nicht aufgefunden[22]

ACDF SO CL 1724-1728, Nr. 17

1725. Censura in Manus[criptu]m, cui titul.: Alcune Lettere Teologiche di D. Gio. Batt[ist]a Simonetta Canonico Regolare del Salvadore scritta ad un riguardevole amico sopra un Libro d'incerto autore, che s'intitola: Dissertatio de Gratia per se ipsa efficaci etc. Coloniae 1717.

SIMONETTA, GIOVANNI BATTISTA: Alcune Lettere Teologiche di D. Gio. Batt[ist]a Simonetta Canonico Regolare del Salvadore scritte ad un riguardevole amico sopra un libro d'incerto autore, che s'intitula: Dissertatio de Gratia se ipsa efficaci, et Paedestinatione Coloniae Typis Corradi de Hinter 1717. - [S.a.]. - 90 S. (Manuskript) *Das Manuskript wurde nicht nachgewiesen*[23]

Gutachter: Antonio Lucci OFMConv
Gutachten: 4 S., [11. Juli 1725]

---

20 In der Bibliothek des ACDF befindet sich laut Zettelkatalog eine ital. Ausg. von 1788: BORROMEO, CARLO: Avvertimenti di San Carlo per i confessori. - Siena : Pazzini Carli, 1788. *ACDF G 113.*

21 Mit Dekret SO vom 21. Juni 1725 wurde die Druckerlaubnis mit der Auflage erteilt, das Werk zu korrigieren. Vgl. ACDF SO CL 1724-1728, Nr. 14.

22 Es handelte sich nicht um einen Zensurfall, sondern um einen Antrag.

23 Seitenzahl ergänzt nach Angabe im Schreiben des Vikars SO von Mantua. Das Manuskript bezieht sich auf folgendes Werk: Anonym: Dissertatio de gratia se ipsa efficaci, et de praedestinatione. - Coloniae : Typis Conradi de Einter, 1717. - 236, [4] S. ; 8°. *SBN.*

ACDF SO CL 1724-1728, Nr. 18

1725. Censura in Libr., cui titul.: De la Meilleure maniere d'entendre la S. Messe de M...de. par M. Nicolas le Tourneux Pretre Prieur de Villers etc. a Paris 1700.

LETOURNEUX, NICLOAS: De la mellieure manière d'entendre la Sainte Messe / par Nicolas LeTourneux. - Brusselles : chez Lambert Marchant ; Paris : chez Lambert Roulland, 1700. - 318 S. ; 12°. *SWB*

Gutachter: Leandro Porzia OSB
Gutachten: 10 S., [29. August 1725]

Gutachter: Vincenzo Maria Ferretti OP
Gutachten: 7 S., [12. September 1725] [24]

Gutachter: keine Angabe
Gutachten: 13 S.

Gutacher: keine Angabe[25]
Gutachten: 5 S.

Weiterhin beiliegend: ein hs. Zettel mit einer Auflistung von Werken mit Quellenangabe: „De Operibus editis a R[everendissi]mo Tourneaux haec habet Vincentius Placcius Theatri Anonymorum, et Pseudonymoum Cap. 24. de script. Gallic. n.° 2130. / Breviarii Romani versio Gallica, vel potius Defensio versionum scripturae sacrae officiorum, ac Patrum eccl. et Speciatim vesionis Gallicae receris editae Breviarii Romani aadversus sententiam officialis Parisiensis 10. April 1688. Latam. / Accedit Advocatus pubblicus conora requisitionem Promovoris 3 Maij datam Coloniae apud Nicolam Schoulen 1688 in 12. pag. 34 / Idem etiam Author est Historiae Vitae Jesu Christi / De optimo modo audienti Missam / De Anno Christiano / De Instructionibus / De Sacramentis, seu epistolis Polemicis / De Officio [...] Hebdomadis Sanctae / Sta dictus Placcius Loco citato."

ACDF SO CL 1724-1728, Nr. 18 bis

1725. Permittitur impressio Libri facienda Venetiis, cui titulus: Il gran Giornale di Europa, o sia Biblioteca universale etc. dummodo tamen in relatione Compendii Librorum apponatur clausula: Si avvisa, che questo libro è proibito vel: da Roma è proibito.

Il Gran Giornale// Di Europa// O Sia// La Biblioteca Universale : In cui vengono a compendiarsi// Li Giornali Oltramontani// Più Rinomati:// Ed a raccogliersi gli estratti de' libri migliori, usciti alla luce dall'Anno MDCLXVI. e

[24] Mit Dekret SO vom 27. September 1725 wurde das Buch zugelassen; der Druck der dt. Ausg. sollte nicht unterbrochen werden.

[25] Informatio de Libello sub Titolo de La Meilleure maniere d'entendre La Sainte Messe par M. Nicolas Le Tourneux Pretre, Prieur Villers. Dieser lat. Informatio liegt noch eine ital. Übers. bei u. d. T.: Censura del Libro intitolato = De La Meilleure maniere d'entendre La Sainte Messe par M. Nicolas Le Tourneux (7 S.). Darüber hinaus liegen noch Korrekturen bei (4 S.).

susseguentemente, in ogni sorta di materie. - In Venezia : Apresso Antonio Bortoli [...], vol. 1,1. [T. 1, Pt. 1] (1725). - VI, 96 S. ; 4°. *ACDF SO CL 1724-1728, Nr. 18bis*, *MAI*, *SWB*[26]

Gutachter: Marco Antonio Ansidei
Gutachten: 2 S.

Dekret: SO 6. Oktober 1725[27]
Bando: nicht aufgefunden

ACDF SO CL 1724-1728, Nr. 19

1725. Censura in Libr. ins[criptu]m: Biblia Sacra vulgatae Editionis etc. una cum selectis adnotationibus, ex optimis quibusque interpretibus excerptis. Authore J. B. Hamel Presbit[er]o, et Professsore Regio. Parisiis 1706.

Biblia Sacra, Vulgatae Editionis : Sixti V. & Clementis VIII. Pont. Max. auctoritate recognita, Versiculis Distincta Una Cum Selectis Annotationibus Ex Optimis Quibusque Interpretibus Excerptis, Prolegomenis, novis Tabulis Chronologicis, Historicis & Geographicis Illustrata, Indiceque Epistolarum & Evangeliorum aucta / Auctore J. B. DuHamel. - Parisiis : Apud Dionysium Mariette, [1705-]1706. - 2 Teile. - ([5] Bl., XXI, 520 S.; 504, 9, 12 S.) ; 2°. *SWB*[28]

Gutachter: Gaetano Maria Mercati CR[29]
Gutachten: 2 S., 12. August 1725[30]

ACDF SO CL 1724-1728, Nr. 20

1726. Censura in duas Orationes Panegyricas impressas in laude B. M[a]r[i]ae Virg[ini]s Immaculatae.

1.ª inscribitur: Immaculata Deiparae Conceptio aeternitatis sacramentum etc. Pragae 1724. Mense Decembri authore P. FlorianoWeindeger a Societ. J. et ab eodem publicè recitata.

Altera inscrib.: Mariae Immunitas ad pietatis Tribunal in ius vocata etc. Vratislav. 1725. Mense Decembri Auth[or]e P. Antonio From è Societ. Jesu, et ab ipso coram populo recitata.

1. WEIDINGER, FLORIAN: Immaculata// Deiparae// Conceptio// Aeternitatis// Sacramentum [...] / Oratore// Reverendo, ac Doctissimo Patre// P. Floriano

---

26 Als vermutl. Erscheinungsverlauf wurde nur 1. (1725) nachgewiesen. *SWB*, *ZDB*.

27 Laut Dekret SO vom 6. Oktober 1725 sollte der Inquisitor von Venedig, einen Hinweis auf evtl. Verbote in den Bücherkatalog einarbeiten lassen, falls er den Druck nicht anhalten könnte.

28 Teil 2 erschien 1705. *SWB*. Abweichende Umfangsangabe nach *COPAC*: [10], XXXI, [1], 520; 504, 9, [1], 12 S.

29 Als externer Gutachter. Mer[c]ati ist Konsultor der CRiti.

30 Titel: „Approbatio“. Mit Dekret SO vom 14. November 1725 wurde die Druckerlaubnis mit der Auflage erteilt, den Titel zu korrigieren.

Weidinger// è Societate Jesu,// AA.LL & Philosophiae Doctore, in eadem Alma Uni-//versitate Theologiae moralis Professore Regio, Publico,// & Ordinario, Concionatore Academico.// Anno Salutis 1724. Mense Decembri. - Pragae : typis Universitatis Carolo. Ferd. in Colleg. Soc. Jesu ad S. Clementem, [ca. 1724]. - 11 S. ; [4° ?]. *ACDF SO CL 1724-1728, Nr. 20*

2. FROMM, JOHANN: Mariae Immu-//nitas,// Ad pietatis tribunal in jus vocata// Atque in hoc// Ab haereditario Adamiticae servitutis reatu// propugnata [...] / Reverendo, ac Clarissimo Patro,// P. Joanne From,// è Societate Jesu, SS. Canonum Doctore, Eorundémque// in Alma, Caesarea Regiáque Universitate Leopoldina// Wratislaviae Professore Publico// ac Ordinario.// Annô M DCC XXV.// Mense Decembri// Die Nona. - [S.l., Wratislaviae?] : [S.n.], [ca. 1725]. - 10 S. ; [4°?]. *ACDF SO CL 1724-1728, Nr. 20*

Gutachter: Giuseppe Maria Baldrati da Ravenna OFMConv
Gutachten: 4 S., [4. Februar 1726] (zu Nr. 1-2)[31]

Dekret: SO 19. Februar 1726
Bando: nicht aufgefunden (zu Nr. 1-2)

ACDF SO CL 1724-1728, Nr. 21

1726. Censura in Libr. Anonym ins[criptu]m: Dell'Autorità degli Imperatori nel Governo esteriore degli affari ecclesiastici. 1724.

Anonym [BELLISOMI, FRANCESCO]: Dell'Autorità// Degl' Imperatori// Nel/ Governo Esteriore// Degl' Affari// Ecclesiastici. - [S.l.] : [S.n.], 1724. - X, 132 S. ; 8°. *ACDF SO CL 1724-1728, Nr. 21, SBN*[32]

Gutachter: Luca dell'Assunta OAD
Gutachten: 10 S., [10. April 1726]

Dekret: SO 10. April 1726
Bando: nicht aufgefunden

ACDF SO CL 1724-1728, Nr. 22

1726. Censura in Libr. Manus[criptu]m transmissum a P. Inq[uisito]re Placentino absq. titulo continens quadraginta quinque quaestiones Morales reducibiles sub Tractatibus de interna, ac de externa lege, cuius Author dicitur P. Abbas Landi Monacus Cisterciensis.

Anonym [LANDI, ABBAS]: Qu[ae]stiones Theologic[ae] in materia morali / [Authore, ut ass.(eritur?), P. Abb: Landi// ord Cistercien(sis)] . - [S.l.], [S.a.]. - 386 Bl. ; 2°. (Manuskript) *BAV Vat. lat. 12821*[33]

---

31 Vgl. auch verschiedene Gutachten zu Predigten, Disputationen und Werken zur Frage der Unbefleckten Empfängnis, ACDF SO St.St. UV 55, Nr. 17-23.

32 Abweichende Umfangsangabe nach *SBN*: [12], 132 S.; nach Zettelkatalog des ACDF: [6] Bl., 132 S.

Gutachter: Bernardo Cavaliero CR
Gutachten: 16 S., [17. November 1717]

Gutachter: Leone Bertolotti CCRRMM
Gutachten: 4 S., [12. Juni 1726]

Gutachter: Leone Bertolotti CCRRMM
Gutachten: 15 S., [12. Juni 1726][34]

ACDF SO CL 1724-1728, Nr. 23

1726. Prohibitio Epigrammatis vulgò Sonetto edito Faventiae occasione Festivitatis S[anctis]s[i]mae Trinitatis celebratae in Ecclesia Monialium Camalduensium, incipit: O Altitudo divitiarum etc.

Anonym [FESCHINI, MARCO]: Solennizzandosi La Festa// Della Santissima Trinità// Dalle Molto Reverende Monache Camaldolesi nella loro Chiesa in Faenza l'1726. : Componimenti Poetici// Dedicati Al Merito Del Reverendissimo Padre// D. Michel Angelo Gasparrini// Abate Generale Di Tutto L'Ordine Camaldolese [...]. - In Faenza : Per Carlantonio Maranti Impressor Vescovile, e del S. Ufizio, [ca. 1726]. (Einblattdruck) *Das Werk wurde nicht nachgewiesen*

Gutachter: keine Angabe
Gutachten: nicht aufgefunden

Dekret: SO 3. Juli 1726
Bando: nicht aufgefunden

ACDF SO CL 1724-1728, Nr. 24

1726. Brevis censura in Libr. ins[criptu]m: Guilielmi Estii etc. Annotationes in praecipua, ac difficiliora Sacrae Scripturae loca etc.

1. ESTIUS, WILHELM: [Annotationes in praecipua ac difficiliora Sacrae Scripturae loca] Gvilielmi// Estii,// S. Theologiae Doctoris,// Et In Academia Duacensi// Primarii Professoris,// Ejusdem Universitatis Cancellarii, Regiique// bonorum Pastorum Seminarii Praesidis;// Annotationes// In Praecipua Ac Difficiliora// S. Scripturae Loca. - Editio Nova, Ex Ipsivs Avthoris Scriptis Plvrimvm// aucta; in

---

[33] Titelaufnahme nach Autopsie in *BAV*. Blattmaße: 30,4 x 21 cm. Verf. nach dem hs. Eintrag auf dem vorderen Einbanddeckel. Titel und Verf.-Angabe auf dem vorderen Einbanddeckel von derselben Hand wie der Vermerk des Beschlusses des SO: Feria 4. die 12. Junij 1726. E[minentissi]mi dixe-//runt, hunc librum non esse impri-//mendum, sed in S. Off. retinendum. Titelaufnahme ergänzt nach Inventarium Cod. Lat. Biblioth. Vat. 12345/12847 (Sala di Consultazione dei Manoscritti), 315,6. Enth. 45 quaestiones. Provenienzeintrag auf vorderem Innendeckel: S. Off. Incipit: Questio prima.// :Vtrum uoluntarium indirectum sufficiat ad contra-//hendam malitiam// Voluntarium indirectum est voluntarium in alio; [...]. Schluß (Bl. 384v): [...] ab obligatione pr[a]ecepti. Bl. 385r-386v: Index Qu[ae]stionu[m].

[34] Mit Dekret SO vom 12. Juni 1726 wurde die Druckerlaubnis verweigert; das Buch sollte vom SO einbehalten werden.

qua quid praestitum sit, praefatio ad Lectorem docebit.// Cui accesserunt singulari studio & industria confecti indices Rerum,// Materiarum, Controversiarum & Concionum in Dominicas & Festa totius// anni, nunquam ante hac excusi. (Cum gratia ac Privilegio S. Caesar. Majestatis). - Moguntiae : Impensis Joannis Baptistae Schönwetteri, 1667. - [4] Bl., 1472 Sp., [46] Bl. ; 2°. *VD17*

2. ESTIUS, WILHELM: [In quatuor libros sententiarum commentaria] D[omi]n Guillelmi Estii [...] In quatuor libros Sententiarum commentaria : quibus pariter S. Thomae Summae theologicae partes omnes mirifice illustrantur, cum triplici indice. - Parisiis : sumptibus Viduae Georgii Josse, Edmundi Couterot, Caroli Angot, Joannis de la Caille [...], 1680. - 4 Teile in 2 vol. ; 2°. *SBN*

Gutachter: keine Angabe
Gutachten: nicht aufgefunden (zu Nr. 1)[35]

Gutachter: [Baldassare di S. Filipo Neri OCist]
Gutachten: nicht aufgefunden (zu Nr. 2)[36]

ACDF SO CL 1724-1728, Nr. 25

1726. Censura in Manus[criptu]m cui titul.: Causa Piraustana a Michaele Verio Philosophiae, Medicinae, ac S. Th. Doctore etc. promota etc. Opus, in quo divina Gratiarum actualium auxilia occasione Virginearum Nuptiarum Ven. Servi Dei Fr. Sebastiani Apparitii Minor. Observantium Pyraustae dicti, tum practicè, tum Theoricè declarantur.

VERIUS, MICHAEL: Causa Piraustana / A Michaele Verio, Philosophiae, Medicinae, ac Sacrae// Theologiae Doct[or]e, olim in Seminario Catanino// Philosophiae, Matheseos, ac San. Theol. Lect.,// nunc autem in Universit. Catanina// Pub. Philosophiae Profess. promota.// Opus// In quo Div. Gratiarum actualium Auxilia, occasione Virginearum Mystiarum// Venerab. Servi// F. Sebastiani Apparitii Min. Observ. Pyraustae// dicti,// tum practicè, tum theoricè declarantur. - [S.a.]. (hs. Titelbl.) *Das Manuskript wurde nicht nachgewiesen*[37]

Gutachter: keine Angabe
Gutachten: nicht aufgefunden[38]

---

35 Mit Dekret SO vom 4. September 1726 wurde die Druckerlaubnis für eine Neuaufl. des Werks unter Nr. 1 verweigert; der Inquisitor von Venedig sollte benachrichtigt werden. Vgl. ACDF SO CL 1714, Nr. 41.

36 Laut Votum der Konsultoren SO sollte das Werk nicht mehr vorgelegt werden.

37 Ermittelt wurde: VERIUS, MICHAEL: Causa Pyraustana / a Michaele Verio defensa. - Patavii : typis Joan. Baptistae Conzatti, 1722. - 23, [1] S. ; 4°. *SBN*.

38 Jedoch ein Gutachten, 25 S., von Bernardinus Cordenos Mag. S. Off. Venet. Commissarius. Laut Dekret SO vom 24. September 1726 sollte dem Inquisitor von Venedig mitgeteilt werden, dass Leben und Leben des ven. s. Dei Fr. Sebastianus Apparitius in der CRiti geprüft wurden und er deshalb die Druckerlaubnis für das erwähnte Buch bis zu einer Entscheidung der CRiti suspendieren solle.

ACDF SO CL 1724-1728, Nr. 26

1726. Non permittitur impressio folii, cui titul.: Modo facile, e divoto per recitare il Rosario del S[anctissimo] nome di Gesù etc. in suo Libello reperiuntur novae Litaniae.

Das Werk wurde nicht ermittelt

Gutachter: keine Angabe
Gutachten: nicht aufgefunden[39]

ACDF SO CL 1724-1728, Nr. 27

1726. Ordinatur, ut Inquisitoribus transmittatur Decretum S. Cong[regatio]nis Indicis, in quo prohibentur libri Constantini Grimaldi.

♦ GRIMALDI, CONSTANTINO: Riposta alla terza lettera apologetica contra il cartesio creduto da piu d'Aristotele di Benedetto Aletino : Opera, in cui dimostrasi quanto falda, e pia sia la filosofia di Renato delle Carte [...]. - Colonia : S. Hecht, 1703. - 4, 515, [2] S. *Orbis*

♦ GRIMALDI, CONSTANTINO: Discussioni istoriche, teologiche e filosofiche : fatte per occasione della riposta alle lettere apologetiche di Benedetto Aletino / di Constantino Grimaldi. - Lucca : [S.n.], 1725. - 3 vol. *MadCat*, *GBV*[40]

Gutachter: keine Angabe
Gutachten: nicht aufgefunden.[41]

ACDF SO CL 1724-1728, Nr. 28

1726. Censura in libellum Thesium ins[criptu]m: Theses Theologicae ad mentem subtil. Doctoris Eccl[esi]ae Joan. Duns Scoti Hyberni, quas defendet anno 1724. P. Daniel Considin Ord[ini]s Min. strictioris Observ. in Collegio Neopragae Praeside P. Petro Anedecne eiusd. Ord[ini]s.

ANEDECNE, PETRUS (Praes.) ; CONSIDIN, DANIEL (Resp.): Theses Theologicae ad mentem subtilis Doctoris Eccl[esi]ae Joan. Duns Scoti Hiberni / quas defendit anno 1724. Pater Daniel Considin Ord. Min. strictioris Observ. in Collegio Neopragae Praeside P. Petro Anedecne ejusd. Ord. - [Neopragae?] : [S.n.], [ca. 1724]. *Das Werk wurde nicht nachgewiesen*

Gutacher: Luigi Maria Lucini da Milano OP
Gutachten: 9 S., [13. August 1726][42]

---

39 Mit Dekret SO vom 25. September 1726 wurde die Druckerlaubnis verweigert.

40 Benedetto Aletino ist das Pseudonym für Giovanni Battista Benedetti. *PND-HBZ.*

41 Laut Rubricella sollte mit Dekret SO vom 5. November 1726 das Dekret der CIndex mit Verbot aller Werke Grimaldis den Lokalinquisitoren zugestellt werden.

42 Am 13. August 1726 wurde entschieden, die Thesen einem zweiten Gutachter zu übergeben. Zu diesem Fall wurden keine weiteren Entscheidungen getroffen.

ACDF SO CL 1724-1728, Nr. 29[43]

1727. Censura in Manus[criptu]m, cui titul.: La vera Religione Cristiana dimostrata a riflessi delle divine scritture ad un preteso Riformato. Opera del P. Fr. Carlo M[a]r[i]a da Chiavenna Predicator Cappuccino. [44]

CARLO MARIA <DA CHIAVENNA>: La vera Religione Cristiana dimostrata a riflessi delle divine scritture ad un preteso Riformato / Opera del P. Fr. Carlo M[a]r[i]a da Chiavenno Predicator Cappuccino. - [S.a.] (Manuskript) *Das Manuskript wurde nicht nachgewiesen*

Gutachter: Domenico da Cles OFMRef
Gutachten: 8 S., [12. November 1727][45]

ACDF SO CL 1724-1728, Nr. 30

1727. Censura in Testamentum novum in linguam Flandricam translatum. Antwerpiae 1717.

Het Nieuwe Testament Van Onzen Heere Jesus Christus : Vertaelt Volgens De Gemeyne Latynische Overzettinge. Verzien Met korte Aenteekeningen, en behoorlijke Tafels / [Bearb.: Andreas van der Schur ; Gilles de Witte]. - [Tot] Antwerpen : by Franciscus Muller [Boekverkooper]. Men vintse te koope Tot Ghendt, by Franciscus en Dominicus vander Ween, [op de Kooremerck, Stadts Drukkerye], 1717. - [6] Bl., 698 S., 2 Taf. ; 6° [i.e. 12°]. *HBZ, COPAC*[46]

Gutachter: Franciscus van Ranst OP
Gutachten: 6 S., 19. März 1727[47]

ACDF SO CL 1724-1728, Nr. 31

1728. Censura in Manus[criptu]m cui titul.: L'Assistente in pratica, ovvero Dottrine, Regole, e Pratiche per assistere a Condannati, per disporre gli Moribondi, e per vivere da Cristiano, scritte, praticate e dedicate a Cristo etc. dal P. Francesco Antonio da Gallarate Cappuccino etc.[48]

FRANCESCO ANTONIO <DA GALLARATE>: L' assistente in pratica, ovvero Dottrine, Regole, e Pratiche assistere a Condannati, per disporre gli Moribondi, e per vivere da Cristiano / scritte, praticate e dedicate a Cristo Figlio d'Iddio ottimo Maximo Signore di infinità misericordia dal. P. Fr. Francesco Antonio da Gallarate

---

43 Der Faszikel ist im Band falsch nummeriert: „27". Die obige Nummerierung folgt der Rubricella.

44 Vgl. ACDF SO Tit.Libr. 1722-1728, Nr. 144.

45 Mit Dekret SO wurde die Druckerlaubnis verweigert.

46 Titelaufnahme ergänzt nach *COPAC*. Enth. 2. Teile in einem vol.: 1. I. Deel : Bevattende de vier Evangelien en de Werken der Apostelen. 2. II. Deel : Bevattende de XIV. Brieven van Paulus, de VII. Catholyke Brieven, en het Boek der Veropenbaringen van Joannes. *HBZ*.

47 Laut Marginalie wurde das Gutachten nicht referiert. Hinweise auf weitere Verhandlungen oder Entscheidungen zu diesem Fall wurden nicht aufgefunden.

48 Vgl. ACDF SO Tit.Libr. 1722-1728, Nr. 163.

Cappuccino, Pred. attuale della Corte, ed Assistente della sudetta scuola. - [S.a.]. (Manuskript) *Das Manuskript wurde nicht nachgewiesen*[49]

Gutachter: Domenico da Cles OFMRef
Gutachten: 7 S., [10. Februar 1728][50]

ACDF SO CL 1724-1728, Nr. 32

1728. P. Inquisitor Placentiae transmittit copiam Indulgentiarum publicatar. a quodam Vago.

Das Werk wurde nicht ermittelt

Gutachter: keine Angabe
Gutachten: nicht aufgefunden[51]

ADF SO CL 1724-1728, Nr. 33

1728. Non permittitur impressio Thesium dicatarum P[at]ri Procuratori Generali Ord[ini]s Minorum Observantium cum titulo illimitato Procuratori Ord[ini]s Minorum.

Das Werk wurde nicht ermittelt

Gutachter: keine Angabe
Gutachten: nicht aufgefunden[52]

---

49 Ermittelt wurde die gedruckte Ausg.: FRANCESCO ANTONIO <DA GALLARATE>: L' Assistente in pratica, overo dottrine, regole, e pratiche per assistere a' condannati, per disporre li moribondi, e per vivere da cristiano / Scritte, practicate e dedicate a Cristo [...] Dal padre F. Francesco Antonio da Gallarate [...]. - In Milano : per Paolo Antonio Montano, 1728. - 238 S. ; 12°. *SBN.*

50 Mit Dekret SO vom 18. Februar 1728 wurde die Druckerlaubnis mit der Auflage erteilt, das Werk zu korrigieren. Das Werk sollte dem Inquisitor von Mailand zugestellt werden.

51 Laut Dekret SO vom 2. Juni 1728 sollte der Inquisitor von Pavia das Orig. der vermeintlichen Bulle aufspüren und nach Rom schicken. Hinweise auf weitere Verhandlungen wurden nicht aufgefunden.

52 Laut Rubricella wurde die Druckerlaubnis verweigert.

ACDF SO CL 1729-1732

ACDF SO CL 1729-1732, Nr. 1

1729. Censura in Librum Coloniae Agrip. impress., cui titul.: Sacrosanctum Concilium Tridentinum, additis declarationibus Cardinalium Concilii Interpretum etc.

Sacrosanctum Concilium Tridentinum : Additis Declarationibus Cardinalium Concilii Interpretum / ex ultimâ recognitione Joannis Gallemart, Et Citationibus Joannis Sotealli Theologi, Et Horatii Lucii, J.C. Nec non Remissionibus D. Avgvstini Barbosae. Quibus Recens Accesserunt Utilissimae Additiones Balthasaris Andreae, J.C. Caesar-Augustani, Cum Decisionibus Variis Rotae Romanae eòdem spectantibus, è Bibliotheca D. Prosperi Farinacii, J.C. - Editio Reformata Et Supra Omnes Superiores Gallicas & Belgicas locupletata [...] Cum Indice Librorum Prohibitorum ex Praescripto Concilii. - Coloniae Agrippinae : Metternich, 1728. - [20] Bl., 736 S., [72] Bl. *BVB*[1]

Gutachter: Eustachio da S. Maria OCD
Gutachten: 4 S.[2]

ACDF SO CL 1729-1732, Nr. 2

1729. Non permittitur impressio Libri ins[cript]i: Regola da osservarsi da Divoti di Maria, che professano di esser incatenati Schiavi di Lei etc.

---

1 Das Werk war bereits in Köln erschienen: Sacrosanctum Concilium Tridentinum : Additis Declarationibus Cardinalium Concilii Interpretum / ex ultima recognitione Joannis Gallemart, & Citationibus Joannis Sotealli Theologi, & Horatii Lucii, I.C. Nec non Remissionibus D. Augustini Barbosae. Quibus Recens Accesserunt Utilissimae Additiones Balthasaris Andreae I.C. Caesar-Augustani, Cum Decisionibus Variis Rotae Romanae eodem spectantibus, e Bibliotheca D. Prosperi Farinacii, J.C. - Editio Reformata Et Supra Omnes Superiores Gallicas & Belgicas locupletata [...]. - Coloniae Agrippinae : Metternich, 1700. - [24] Bl., 651 S., [65] Bl., 17 S. ; 8°. *VD17*, *BVB*. Im Zettelkatalog des ACDF befindet sich die in Köln erschienene Ausg.: Ss. concilii tridentini canones et decreta : Item declarationes Cardinales concilii interpretum [...]. - Coloniae Agrippinae : sumptibus A. Hierati, 1620. - [7] Bl., 745, [159] S. *ACDF Index D 44*. Ermittelt wurde außerdem: Sacros. Concilivm Tridentinvm : Additis Declarationibvs Cardinalivm / Ex Vltima Recognitione Ioannis Gallemart: Et Citationibvs Ioan. Sotealli Theologi, & Horatii Lucii Iurisconsulti: necnon Remissionibus P. Avgvstini Barbosae, Qvibvs Recens Accrevervnt vtilissimae Additiones Balthasaris Andreae I. C. Caesaraugustani ; Cvm Decisionibvs Variis Rotae Romanae [...] Cum Indice librorum prohibitorum ex praescripto Concilij. - Editio Reformata, Et Svpra Omnes superiores Gallicas & Belgicas locupletata [...]. - Coloniae Agrippinae : Henning, 1633. - [20] Bl., 651 S., [65] Bl. ; 8°. *HBZ*.

2 Mit Dekret SO vom 26. Januar 1729 wurde die Druckerlaubnis für eine Neuaufl. verweigert.

Regole da osservarsi// Da' Divoti di Maria// Che professano d'esser incatenati// Schiavi di Lei. - In Torino : [S.n.], 1625. (Con Licenza de// Superiori). - 17 S. (hs. Abschrift) *ACDF SO CL 1729-1732, Nr. 2*

Gutachter: keine Angabe
Gutachten: nicht aufgefunden[3]

ACDF SO CL 1729-1732, Nr. 3

1729. Censura in sequent. proposition. extract. ab Edicto Episcopi Bictetensis impresso Romae 1729. occasione eiusdem Consecrationis, nempe: Episcopos Apostolis successisse nulli dubium est, et sicuti apud illos, ita penes ipsos Disputationum de Fide iudicium est

Lazarus San-Johannes// Dei, et apostolicae sedis gratia// Episcopus Bitectensis// SS.mi Domini Praelatus Domesticus, & Pontificio Solio Assistens [Bando incipit: Dilecto Clero, Populoque suo salutem in Domino sempiternam. Antiquum aeque, ac laudabilem]. - Romae : ex Typographia Rochi Bernabò, 1729. (Superiorum permissu.). (2 Ex.) *ACDF SO CL 1729-1732, Nr. 3*

Gutachter: keine Angabe
Gutachten: nicht aufgefunden[4]

ACDF SO CL 1729-1732, Nr. 4

1730. Non permittitur impressio Manuscripti, cuius titul.: Joseph Verzaglia Cesenaten. Epistola ad Actorum Eruditorum Lipsiae Scriptores.

VERZAGLIA, GIUSEPPE: [Epistola ad Actorum Eruditorum Lipsiae scriptores] Joseph Verzaglia Cesenaten. Epistola ad Actorum Eruditorum Lipsiae Scriptores. - [S.a.]. (Manuskript) *Das Manuskript wurde nicht nachgewiesen*

Gutachter: keine Angabe
Gutachten: nicht aufgefunden[5]

ACDF SO CL 1729-1732, Nr. 5

1730. Prohibetur reimpressio Libri, ins[cript]i: Orazioni Cristiane, ovvero tutti gli Esercizi ordinari del Cristiano etc. del P. Gio. Croiset della Comp. di Gesù. Traduzione dal Francese di Selvaggio Canturani. Venezia 1730.

CROISET, JEAN: Orazioni// cristiane,// ovvero// Tutti gli Esercizj Ordinarj// del cristiano,// Con un Ristretto di sua Fede / Del Rev. Padre// Giovanni Croiset// Della

---

3 Laut Rubricella wurde die Druckerlaubnis verweigert.

4 Laut Faszikelumschlag waren die Konsultoren der Meinung, dass die These nicht verboten werden sollte, obwohl es zu dieser Zeit nicht opportun war, diese These zu vertreten. Am 21. September 1729 nahmen die Kard. den Fall zur Kenntnis, ohne weitere Entscheidungen zu treffen.

5 Mit Dekret SO vom 24. April 1730 wurde die Druckerlaubnis verweigert.

Compagnia di Gesù.// Traduzione dal Francese/ Di Selvaggio Canturani. - Venezia : Nella Stamperia Baglioni, 1730. (Con Licenza de' Superiori, e Privilegio). (hs. Titelbl.) *ACDF SO CL 1729-1732, Nr. 5*[6]

Gutachter: keine Angabe
Gutachten: nicht aufgefunden[7]

ACDF SO CL 1729-1732, Nr. 5bis[8]

1630 [sic]. Censura in Librum de Libertate humana S[anctis]s[i]mo oblatum.

Das Werk wurde nicht ermittelt

Gutachter: keine Angabe
Gutachten: nicht aufgefunden[9]

ACDF SO CL 1729-1732, Nr. 6

1730. Censura in Manus[criptu]m, cui. titul.: Versione dell'Apocalisse di S. Giovanni cap. 22 del Dot. Flaminio Scarselli Cancell[ier]e del Senato di Bologna.[10]

SCARSELLI, FLAMINIO: Versione dell'Apocalisse di S. Giovanni cap. 22 / del Dot. Flaminio Scarselli Cancell[ier]e del Senato di Bologna. - [S.a.]. (Manuskript) *Das Manuskript wurde nicht nachgewiesen*[11]

Gutachter: Domenico da Cles OFMRef
Gutachten: 7 S., [13. September 1730][12]

---

6 Ermittelt wurden außerdem: CROISET, JEAN: Orazioni christiane / traduzione dal Francese di Selvaggio Canturani. - Venezia : [S.n.], 1736; CROISET, JEAN: Orazioni cristiane, ovvero Tutti gli esercizj ordinarj del cristiano, con un ristretto di sua fede / Del rev. padre Giovanni Croiset della Compagnia di Gesu. Traduzione dal francese di Selvaggio Canturani. - Venezia : nella Stamparia Baglioni, 1740. - XXIII, [1], 588 S. ; 12°. *SBN.* Vgl. CROISET, JEAN: Heures, ou Prières chrétiennes, contenant tous les exercices ordinaires du chrétien, avec un abrégé de notre créance / par le R.P. Jean Croiset. - Paris : J.-B. Coignard fils, 1729. - [XXIV], 504 S. *ACORN*; CROISET, JEAN: Heures ou prières chrétiennes, contenant tous les exercices ordinaires du chrétien, avec un abrégé de notre créance / par Jean Croiset S.J. - Bruxelles : Chez Jean Leonard, 1730. - [16], 498 S. ; 8°. *UBN.*

7 Laut Rubricella wurde die Druckerlaubnis verweigert.

8 Zu diesem Faszikel findet sich keine Angabe in der Rubricella.

9 Am 8. August 1730 wurde das Gutachten vom Papst bestätigt; laut Entscheidung des Papstes wurden die Thesen, die entfernt oder korrigiert werden sollten, den Kard. Barjen, Bentivoglio, Cremona und S. Onofrio zur weiteren Prüfung übergeben. Danach sollten das Werk und die Korrekturvorschläge dem Kard. Balneo zugestellt werden. Dieser sollte darauf achten, dass die gedruckte Exemplare des Werks nicht ohne Korrektur verbreitet wurden.

10 Vgl. ACDF SO Tit.Libr. 1729-1745, Nr. 24.

11 Ermittelt wurde: LOCRESIO, PASTORE ARCADE <Pseudonym> [SCARSELLI, FLAMINIO]: L'Apocalisse di San Giovanni in versi italiani : dedicata alla sanità di Nostro Signore Papa Benedetto XIV. / da Locresio P.A. - In Padova : Appresso Giuseppe Comino, 1743. - 234, [1] S. ; 4°. *BNF.*

12 Mit Dekret SO vom 13. September 1730 wurde die Druckerlaubnis verweigert.

ACDF SO CL 1729-1732, Nr. 7

1730.[13] Censura in Libr., cui titul.: Eccellenze della Dottrina Cristiana da Ottavio Imberti Sacerdote della Cong[regazio]ne della Dottrina Cristiana di Avignone, Rettore del Collegio Pamfili di S. Agnese. Roma 1711.

Item Censura in Opuscul. ins[criptu]m: La Providenza divina nel permettere i peccati etc. da Imberti etc.

1. ♦ IMBERTI, OTTAVIO: Dottrina cristiana secondo il metodo, e la prattica de' p.p. dottrinari della Congregazione della dottrina cristiana d'Avignone dedicata [...] / da Ottavio Imberti sacerdote della medesima Congregazione. - In Viterbo : per Giulio de' Giulii, 1710. - [24], 178 [i.e. 180] S. ; 12°. *SBN*

♦ IMBERTI, OTTAVIO: Eccellenze della dottrina christiana : raccolta della sagra scrittura, e da' santi padri, principalmente da s. Agostino, e da s. Gio. Grisostomo [...] / da Ottavio Imberti. - Roma : per Dom. Ant. Ercole, 1711. - [2], V-XXIII, [3], 355, [1] S. ; 12°. *SBN*

2. IMBERTI, OTTAVIO: La provvidenza divina nel permettere i Peccati, che si fanno nel Mondo : con la dichiarazione di alcune materie, che a questa si riferiscono / Da Ottavio Imberti [...]. - In Roma : per il Bernabo, 1718. - [20], 292 S. ; 12°. *SBN*

Gutachter: Bonaventura Gervasi TOR
Gutachten: 7 S., [20. September 1730] (zu Nr. 1)

Gutachter: Bonaventura Gervasi TOR
Gutachten: 11 S., [20. September 1730] (zu Nr. 2)

Gutachter: [Francesco Zavarroni OM]
Gutachten: nicht aufgefunden[14]

ACDF SO CL 1729-1732, Nr. 8

1730. Censura in Libell. ins[criptu]m: Dissertatio inauguralis Canonem novi Testamenti pandere incipiens etc. Christophori Isellii. Basileae 1711.[15]

BURCKHARDT, HIERONYMUS (Praes.) ; ISELIN, JACOB CHRISTOPH (Resp.): Dissertatio Inauguralis Canonem Novi Testamenti Pandere Incipiens : Quarum prior argumento ex Vet. Test. petito, ut Virum sanctum atque integrum sistat Enochum Patriarchum, Ex Novo altera, eundem ut Prophetam atque extremum impiis judicium comminantem describentemque proponat ac declaret / Quam [...] D.

13 Faszikelumschlag: 1726, et 1730.

14 Im Umschlag des fehlenden Votums Zavarronis findet sich das Gutachten Gervasis zu Nr. 1. Am 20. November 1730 wurde entschieden, die Werke einem zweiten Gutachter zu übergeben. Außerdem sollte den Bischöfen von Viterbo und Terracina mitgeteilt werden, dass die Patres der Congregatio Doctrinae Christianae in ihren jeweiligen Diözesen für die Bildung der Jugend die von Bellarmin verfasste Doctrina Christiana oder andere schon gedruckte Werke benutzen sollten. Beide Bischöfe sollten die unterrrichteten Inhalte überprüfen und das SO davon in Kenntnis setzen.

15 Vgl. ACDF SO Tit.Libr. 1729-1745, Nr. 1.

Hieron. Burcardi [...] Publicae eruditorum disputationi submittit [...] M. Jac. Christoph. Iselius, Hist. Pr. Gemina etiam Inaugurali recitatione Die 24. & 28 ej. mensis h. 10. mat. defuncturus [...]. - Basileae : Typis Friderici Lüdij, Academ. Typogr., 1711. *GBV*[16]

Gutachter: Angelicus de Stronconis OFM
Gutachten: 4 S., [20. September 1730][17]

ACDF SO CL 1729-1732, Nr. 9

1730. Censura in Manus[criptu]m, cui titul.: Opuscoli Spirituali sotto li seguenti titoli: Vita divota di Gesù Cristo proposta per esemplare di perfezione etc.; Tesoro de Tesori in mano degli Uomini etc.; Specchio fedele della Coscienza, distesi da un Religioso Cappuccino a beneficio, e in grazia de Novelli Professori di Perfezione. Tomo 2.°[18]

1. Anonym [Carlo Antonio <da Modena>]: Vita divota di Gesù Cristo proposita per esemplare di perfezione [...]. - [S.a.]. (Manuskript) *Das Manuskript wurde nicht nachgewiesen*

2. Anonym [Carlo Antonio <da Modena>]: Tesoro de Tesori in mano degli Uomini [...]. - [S.a.]. (Manuskript). *Das Manuskript wurde nicht nachgewiesen*

3. Anonym [Carlo Antonio <da Modena>]: Specchio fedele della Coscienza / distesi da un Religioso Cappuccino a beneficio, e in grazia de Novelli Professori di Perfezione. - [S.a.]. - 2 tom. (Manuskript). *Das Manuskript wurde nicht nachgewiesen*[19]

Gutachter: Angelo Guarnieri
Gutachten: 11 S., [18. Oktober 1730] (zu Nr. 1-2)[20]

ACDF SO CL 1729-1732, Nr. 10

1730. Censura in Thesim circa intentionem Ministri in conferendis Sacram[en]tis propugnatam anno 1730 in Civit. Aesina a P. Angelo Nicolao Grandi a S. Flore in Collegio S. Augustini Recinetensium Mag[istr]o Studii sub assistentia P. Petri Anton. Rezzii Amerini Regentis.

---

16 Ermittelt wurde auch: Burckhardt, Hieronymus (Praes.) ; Iselin, Jakob Christoph (Resp.): Dissertatio inauguralis canonem Novi Testamenti pandere incipiens / quam [...] pro doctoris theologi dignitate rite adipiscenda sub moderamine [...] D. Hieron. Burcardi [...] publicae eruditorum disputationi submittit in d. 23. Julij 1711. loco & horis solitis M. Jac. Christoph. Iselius. - Basileae : typis Friderici Lüdij [...], [ca. 1711]. - [2], 84 S. ; 4°. *COPAC*. Abweichende Umfangs- und Formatangabe: [2] Bl., 24 S. ; 4°. *BVB*; 44 S. *SWB*.

17 Am 20. September 1730 nahmen die Kard. das Gutachten zur Kenntnis, ohne weitere Entscheidungen zu treffen.

18 Vgl. ACDF SO Tit.Libr. 1729-1745, Nr. 4.

19 Verhandelt wurde tom. 2.

20 Mit Dekret SO vom 18. Oktober 1730 wurde die Druckerlaubnis verweigert.

Das Werk wurde nicht ermittelt

Gutachter: José Maria Fonseca d'Evora OFMObs
Gutachten: 3 S., 3. Dezember 1730[21]

ACDF SO CL 1729-1732, Nr. 11

1730. Censura in Libr. editum Neapoli 1725. Authore Joan. Bap[tis]ta de Vico, cui titul.: Principi d'una scienza nuova intorno alla Natura delle Nazioni, per la quale si ritrovano i principi d'altro Sistema del Diritto naturale delle Genti etc.

VICO, GIAMBATTISTA: Principj di una scienza nuova intorno alla natura delle nazioni per la quale si ritruovano i principj di altro sistema del diritto naturale delle genti : all'eminentiss. principe Lorenzo Corsini amplissimo cardinale dedicati / [Giambattista Vico]. - In Nap. : per Felice Mosca, 1725. - 270, [12] S. ; 12°. *SBN*[22]

Gutachter: Fortunato Tamburini OSB
Gutachten: 6 S., [13. Oktober 1730]

Gutachter: Giovanni Rossi CR
Gutachten: 4 S., [19. Oktober 1730][23]

ACDF SO CL 1729-1732, Nr. 12

1730. Censura in Libr. impress. Patavii 1728, cui titul.: Il Gentiluomo istruito nella Condotta d'una virtuosa, e felice vita in tre parti, scritto dal Sig[no]r Dorel Gentiluomo Inglese Cattolico etc. a cui è aggiunto un avvertimento alle Dame tradotto dall'Inglese nell'Idioma Itagliano da D. Francesco Giuseppe Morelli Sacerdote Fiorentino. [24]

DARRELL, WILLIAM: Il gentiluomo instruito nella condotta d'una virtuosa, e felice vita : In tre parti / scritto dal signor Dorell [...] A cui e aggiunto un avvertimento alle Dame. Tradotto dall'originale inglese nell'idioma italiano da D. Francesco Giuseppe Morelli sacerdote fiorentino. - In Padova : nella stamperia del Seminario ; appresso Giovanni Manfre, 1728. - [28], 528 S. ; 4°. *SBN*[25]

---

[21] Mit Dekret SO vom 6. Dezember 1730 sollte der Inquisitor von Fermo ermahnt werden, weil er die Drucklegung dieser Thesen gestattet hatte; dieser oder seine Stellvertreter sollten auch den Praeses oder den Assistenten der Disputationen ermahnen.

[22] Abweichende Umfangs- und Formatangabe nach *SBB*: 270 S. ; 8°.

[23] Zu diesem Fall wurde keine Entscheidung getroffen.

[24] Vgl. ACDF SO Tit.Libr. 1722-1728, Nr. 175.

[25] Vgl. Anonym [DARRELL, WILLIAM]: The gentleman instructed, in the conduct of a virtuous and happy life : In three parts. Written for instruction of a young nobleman. To which is added, a word to the ladies, by way of supplement to the first part. - The fifth edition. - London : Printed by J. Heptinstall for E. Smith, and are to be sold by Rich Wilkin [...], 1713. - [22], 94, CXXVI, [2] S., S. 97-456 ; 8°. *COPAC*; Anonym [DARRELL, WILLIAM]: The gentleman instructed in the conduct of a virtuous and happy life : Written for instruction of a young nobleman. - London : Printed for E. Evets [...], 1704. - [24], 168 S. ; 12°. *COPAC*.

Gutachter: Gaudenzio da Genova OFMRef
Gutachten: 10 S., [26. Juli 1730][26]

ACDF SO CL 1729-1732, Nr. 13

1730. Censura in Manus[criptu]m, cui titul.: La Gloria de Beati dell'Anime divote venerata in Terra, ovvero Corona di Sacre Novene, diligenza assai profittevole non solo alla Religion Cappuccina, ma a tutte le Persone... affezionate allo Stigmatizato S. Francesco etc.

Anonym: La Gloria de Beati dell'Anime divote venerata in Terra, ovvero Corona di sacre Novene, diligenza assai profittevole non solo alla Religion Cappuccina, ma a tutte le Persone [...] affezionate allo Stigmatizato S. Francesco [...]. - [S.a.]. (Manuskript) *Das Manuskript wurde nicht nachgewiesen*

Gutachter: Diego Colombani OSBVal[27]
Gutachten: 9 S.[28]

ACDF SO CL 1729-1732, Nr. 14

1730. Censura in Manus[criptu]m, cui titul.: Vita di S. Giovanni Confes[sor]e Arcives[cov]o di Ravenna Protettore del luogo di S. Ambrogio nel Marchesato di Susa, scritta da Pietro Giacinto Galizia Canonico della Collegiata di Giaveno.[29]

GALLIZIA, PIER GIACINTO: Vita di S. Giovanni Confes[sor]e Arcives[cov]o di Ravenna Protettore del luogo di S. Ambrogio nel Marchesato di Susa / scritta da Pietro Giacinto Galizia Canonico della Collegiata di Giaveno. - [S.a.]. (Manuskript) *Das Manuskript wurde nicht nachgewiesen*

Gutachter: Antonio da Mazara OFMObs
Gutachten: 3 S., [27. September 1730][30]

ACDF SO CL 1729-1732, Nr. 15

1731. Non permittitur Titulus Venerabilis in Vita edenda Eleonorae Florentiae, nisi constet fuisse concessum a S. Cong[regatio]ne super Ritibus.

Votum Benedicti XIV. iam Promotoris Fidei super Titulum Venerabilis.

UGOLINI DEL CHIARO, MARIA: Vita della serva di Dio Donna Leonora Ramirez Montalvo fondatrice dell' umili ancille della santissima Trinità del nobile conservatorio detto La Quiete e dell' Ancille della SS. Vergine dell' incarnazione

[26] Zu diesem Fall wurde keine Entscheidung getroffen.
[27] Als externer Gutacher. Unterzeichnet als Abbate di Santa Prassede.
[28] Zu diesem Fall wurde keine Entscheidung getroffen.
[29] Vgl. ACDF SO Tit.Libr. 1729-1745, Nr. 19.
[30] Am 27. September 1730 wurde entschieden, dass das Manuskript Giusto Fontanini zur weiteren Prüfung übergeben werden sollte. Zu diesem Fall wurde keine Entscheidung getroffen.

All' Altezza Reale del Serenissiomo Gio. Gastoni Granduca di Toscana loro signore. - In Firenze : Per Michele Nestenus, e Francesco Moücke, 1731. - XLVIII, 592 S. ; 4°. *SBB*[31]

Gutachter: [Prospero Lambertini]
Gutachten: 3 S., [31. Januar 1731][32]

ACDF SO CL 1729-1732, Nr. 16

1731. Censura in Manus[criptu]m, cui titul.: Idea del Buon Pastore copiata da SS. Padri, rappresentata in imprese Sacre con avvertimenti Spirituali, Morali, Politici, ed Economici per lo Governo d'un Prencipe Ecclesiastico, tradotto dalla Lingua Spagnola nell'Itagliana Favella dal Dot. D. Pietro Mart[ir]e Grossi Prevosto di Casa nuova Offredi di Cremona etc.[33]

NÚÑEZ DE CEPEDA, FRANCISCO: Idea del Buon Pastore copiata da SS. Padri, rappresentata in imprese Sacre, con avvertimenti Spirituali, Morali, Politici, ed Economici per lo Governo d'un Prencipe Ecclesiastico / tradotto dalla Lingua Spagnola nell'Itagliana Favella dal Dot. D. Pietro Mart[ir]e Grossi Prevosto di Casa nuova Offredi di Cremona [...]. - [S.a.]. (Manuskript) *Das Manuskript wurde nicht nachgewiesen*[34]

Gutachter: Gaudenzio da Genova OFMRef
Gutachten: 6 S., [16. Mai 1731][35]

ACDF SO CL 1729-1732, Nr. 17

1731. Non conceditur reimpressio supplicis Libelli Haebraeorum anno 1697. Praesentatus S. Cong[regatio]ni impressus pro impedienda Editione, et

---

31 Ermittelt wurde auch: UGOLINI DEL CHIARO, MARIA: Vita della venerabile serva di Dio donna Leonora Ramirez Montalvo fondatrice dell'umili ancille della Santissima Trinita del nobile conservatorio detto La quiete e dell'ancille della SS. Vergine dell'Incarnazione dedicata fino dall'anno 1731 all'altezza reale del serenissimo Gio. Gastone granduca di Toscana loro signore / [Maria Ugolini del Chiaro]. - In Firenze : nella stamperia di Piero Matini, 1740. - XLVIII, 592 S. ; 4°. *SBN*.

32 Am 6. Februar 1731 wurde dem Bittsteller aufgetragen, sich an die CRiti zu wenden.

33 Vgl. ACDF SO Tit.Libr. 1722-1728, Nr. 159.

34 Ermittelt wurde: NÚÑEZ DE CEPEDA, FRANCISCO: Idea del buon pastore : recopiata dalle opere de' Santi Padri rappresentata in imprese sacre contenenti avvisi spirituali, morali, politici ed economici pe'l governo d'un principe ecclesiastico / composta in lingua Spagnuola dal P. Francesco Nunez de Cepeda della Compagnia di Gesù ; Tradotta nella Italiana, e dedicata alla sanità di nostro signore Papa Benedetto XIV da Francesco de Castro della stessa Compagnia. (Con licenza de superiori, e privilegio). - In Venezia : presso Gio Battista Recurti, 1741. - [6], XXIV, 739 S., [5] S. *COPAC*. Vgl. NÚÑEZ DE CEPEDA, FRANCISCO: Idea de el Buen Pastor : copiada por los SS. Doctores, representada en empresas sacras: con avisos espirituales, morales, políticos, y económicos para el govierno de un príncipe ecclesiástico. Dedicada al Eminentissim. Senor Don Luis Cardenal Portocarrero [...] Arçobispo de Toledo / por el Padre Francisco Núnez de Cepeda, de la Companía de Jesús. - En Leon [i.e. Lyon] : A costa de Anisson y Posuel, 1682. - [26], 703, [1] S. *COPAC*.

35 Mit Dekret SO vom 16. Mai 1731 wurde die Druckerlaubnis verweigert; das Buch sollte vom SO einbehalten werden. Diese Entscheidung sollte dem Inquisitor von Cremona mitgeteilt werden.

Publicatione Operis Neophyti Pauli Sebastiani Medici. Vid. Volum. Censurar. anni 1697.

Alla Sacra// Congregazione// del S. Offizio// per/ l'Vniuersità degl'Ebrei : Memoriale. - Romae : Typis Reu. Cam. Apost., 1697. (Con licenza de'Superiori). - 29 S. *ACDF SO CL 1729-1732, Nr. 17*

Gutachter: [Antonin Massoulié OP][36]
Gutachten: 3 S., [25. Sept 1697][37]

ACDF SO CL 1729-1732, Nr. 18

1731. Censura in Libr. impress. cui. titul.: Dimostrazione del Diritto, che s' appartiene a Magistrati del Prencipe di riconoscere i R.R. P.P. di S. Martino nel Giudizio contro essi promosso per parte del Regio Spedale di S. Spina Corona congiuntamente col Regio Fisco. Di Francesco Mastellone Avvocato Napolitano. In Napoli 27. Gennaro 1730.

MASTELLONE, FRANCESCO: Dimostrazione del Diritto, che si appartiene a Magistrati del Prencipe di riconoscere i R. R. P.P. di S. Martino nel Giudizio contro essi promosso per parte del Regio Spedale di S. Spina Corona congiuntamente col Regio Fisco / Di Francesco Mastellone Avvocato Napolitano. - In Napoli : [S.n.], (27. Gennaro) 1730. *Das Werk wurde nicht nachgewiesen*

Gutachter: Angelo Guarnieri
Gutachten: 17 S., [9. Mai 1731][38]

ACDF SO CL 1729-1732, Nr. 19

1732. Censura in Manuscript., cui. titul.: Succinto Raguaglio del Tesoro Celeste dell'abitino dell'Immacolata Concezion di Maria, dato negli ultimi secoli dalla stessa Vergine alla Vener. Serva di Dio S[uo]r Orsola Benincasa, Fondatrice delle Monache Romite della Concezione, dato in luce dal P. M. F. Angiolo Maria da Orgio dell'Ord[in]e Eremitano di S. Agostino.

ORGIO, ANGELO MARIA DE: Succinto Raguaglio// del Tesoro celeste dell'Abitino dell'Immacolata// Concezzione di Maria// dato negl'ultimi secoli dall'istessa Vergine// Alla Ven. Serva di Dio Suor Orsola Benincasa Fondatrice// delle Moniche Romite della Concezzione / dato in luce dal P. M[aest]ro F. Angelo Maria di Orgio

36 Laut Sitzungsprotokollen. Es handelt sich um ein älteres Gutachten, das 1697 von Massoulié als Inquisitor von Toulouse verfasst worden war. Faszikelumschlag: Hinweis auf Volum. Censurar. Anni 1697.

37 Laut Rubricella wurde die Druckerlaubnis verweigert.

38 Am 9. Mai 1731 wurde das Buch einem zweiten Gutachter zugestellt, der mit der Prüfung der Propositiones beauftragt wurde. Hinweise auf weitere Verhandlungen wurden jedoch nicht aufgefunden. Auf dem Faszikelumschlag findet sich kein Hinweis auf eine Entscheidung zu diesem Fall.

dell'// Ordine Erem. di S. Agostino. - Foligno, 1731. - 9 S. (Manuskript) *ACDF SO CL 1729-1732, Nr. 19*

Gutachter: Bonaventura Gervasi TOR
Gutachten: 4 S., [21. Mai 1732][39]

ACDF SO CL 1729-1732, Nr. 20

1732. Censura in Manus[criptu]m, cui. titul.: La Guida dell'Anima alla Cristiana perfezione dal Sacerdote Diego Boscita Nobile Tarentino.[40]

BOSCITA, DIEGO: Il Direttore dello spirito// Ouero// La Guida dell'Anima// Alla Cristiana Perfezzione / del// Sacerdote Diego Boscita// Nobile Tarentino// Dottore d'ambe le Leggi// e Professore di Teologia// Dedicato// All'Illustriss. e Reuer[endissi]mo Sig[no]re// Monsignor Pier Carlo Benedetti// Vescouo degnissimo// Di Spoleti. - [S.a.]. - 92 S. (Manuskript) *ACDF SO CL 1729-1732, Nr. 20*

Gutachter: Bonaventura Gervasi TOR
Gutachten: 6 S., [21. Mai 1732][41]

ACDF SO CL 1729-1732, Nr. 21

1732. Prohibitio Libelli, cui. titul.: Libretto, che contiene nove liste di tutte le arti, che sono per tutte l'Estrazioni, che si faranno nei presenti anni in avvenire aggiuntevi due liste generali etc. ed in fine una Cabala per i nomi della Luna.[42]

Anonym: Libretto,// che contiene Nove Liste// di tutte / L'Arti,// Che sono per tutte l'Estrazioni,// che si faranno nei presenti// Anni avvenire : Aggiuntavi due Liste Generali,// che medesimamente serve// per qualunque Estra-//zione;// Ed in fine una Gabola per li Nomi della// Luna con alcune Tariffe de' prezzi// per miglior chiarezza de'// Giocatori, quanto de' Prenditori. - In Genova : Per il Casamarra, [S.a.]. - 24 S. ; [6°]. *ACDF SO CL 1729-1732, Nr. 21*

Gutachter: keine Angabe
Gutachten: nicht aufgefunden

Dekret: SO 28. Mai 1732
Bando: SO 28. Mai 1732

---

39 Mit Dekret SO vom 21. Mai 1732 wurde die Druckerlaubnis verweigert; das Buch sollte vom SO einbehalten werden. Diese Entscheidung sollte der Inquisition von Spoleto mitgeteilt werden.
40 Vgl. ACDF SO Tit.Libr. 1729-1745, Nr. 45.
41 Mit Dekret SO vom 21. Mai 1732 wurde die Druckerlaubnis verweigert; das Buch sollte vom SO einbehalten werden. Diese Entscheidung sollte der Inquisition von Spoleto mitgeteilt werden.
42 Weiterführendes Material in ACDF SO CL 1729-1732, Nr. 23.

ACDF SO CL 1729-1732, Nr. 22

1732. Censura in Libr. Anonym., cui. titul.: Traitè de la Confience Chretienne, où de l'usage legitime des Veritez de la Grace etc. 1731.

Anonym [OPSTRAET, JOHANNES]: Traité// de la Confiance// Chrétienne,// ou// de l'usage legitime// des Veritez// de la Grace. - Nouvelle edition,// Plus ample & plus correcte que la pré-//cédente, & pour servir de Supplement// à l'Idée de la Conversion du Pécheur. - [S.l.] : [S.n.], 1731. - VIII, 87 S. ; 4°. *ACDF SO CL 1729-1732, Nr. 22, CCFR*[43]

Gutachter: Tommaso Puccetti[44]
Gutachten: 7 S., [11. Juni 1732]

Dekret: SO 11. Juni 1732
Bando: nicht aufgefunden

ACDF SO CL 1729-1732, Nr. 23

1732. Prohibitio libri ins[cript]i: Curiosa, e distinta annotazione di tutti gli nomi etc. et alter, qui inscribitur: Lista delle Arti di tutte l'Estrazioni etc.

Insuper statutum fuit, ut prohibeantur omnes alii similes Libelli impressi, vel imposterum imprimendi tractantes quomodolibet de vana, ac superstitiosa interpretatione somniorum.[45]

1. *Das Werk* Curiosa, e distinta annotazione *wurde nicht ermittelt*

2. Libreto,// che contiene Nove Liste// di tutte / L'Arti,// Che sono per tutte l'Estrazioni,// che si faranno nei presenti// Anni avvenire : Aggiuntavi due Liste Generali,// che medesimamente serve// per qualunque Estra-// zione;// Ed in fine una Gabola per li Nomi della// Luna con alcune Tariffe de' prezzi// per miglior chiarezza de'// Giocatori, quanto de' Prenditori. - In Genova : Per il Casamarra, [S.a.]. - 24 S. ; [6°]. *ACDF SO CL 1729-1732, Nr. 21*

Gutachter: keine Angabe
Gutachten: nicht aufgefunden

Dekret: SO 15. Juli 1732
Bando: SO 15. Juli 1732 (zu Nr. 1-2)

ACDF SO CL 1729-1732, Nr. 24

1732. Censura in Libr. ins[criptu]m: Ragioni per le quali si dimostra, che l'Arcivescovato di Benevento, non ostante che il Dominio temporale della Città di Benevento fosse passato a Romani Pontefici, sia compreso nella Grazia

---

43 Als Verf. des Werks wird auch Jean Baptiste de Fourquevaux genannt. *CCFR*.

44 Als externer Gutachter. Unterzeichnet mit Romanus, Magister theol. und Mitglied der röm. Akademie.

45 Vgl. ACDF SO CL 1729-1732, Nr. 21.

conceduta da sua M[aest]à Cat[tolic]a a Nazionali, e sottopposto al Regio exequatur, come tutti gli altri Arcivescovati del Regno. Anonimo.

Anonym [GIANNONE, PIETRO]: Ragioni// per le quali// si dimostra,// Che l'Arcivescovado Beneventano, non ostante,// che il Dominio temporale della Città di// Benevento fosse passato a' Ro-//mani Pontefici,// sia compreso// nella// Grazia Conceduta da S. M. C. C.// A' Nazionali;// e sottoposto// al Regio Exequatur, come tutti// gli altri Arcivescovadi// del Regno. - [S.l., Vienna?] : [S.n.], [1732?]. - 40 S. ; 4°. *ACDF SO CL 1729-1732, Nr. 24, BVB, SBN*[46]

Gutachter: Angelo Guarnieri
Gutachten: 17 S., [15. Juli 1732][47]

ACDF SO CL 1729-1732, Nr. 25

1732. Decret. S. C. sub die 24. Septembr. 1732. Statuens, ut notetur in Regestis S. Off[ic]ii asservari in Castro S. Angeli Liber ins[criptu]s: Manuale Actorum in causa R.P.D. Caranza Archiepiscopi Toletani ab anno 1567. ad ann. 1576., et continet etiam Indicem processuum etc. in hac. causa.

♦ Manuale actorum Romae factorum 1567 usque ad annum 1576 in causa RMI. D. Bartholomei archiepiscopi Toletani in quo sunt etiam Inventaria processuum et scripturarum. - In: Tellechea Idigoras, José Ignacio (Hg.): El proceso romano del arzobispo Carranza : (1567-1576) / [ed.:] J. Ignacio Tellechea Idigoras. - Roma : Iglesia Nacional Española, 1988. - (Publicaciones del Instituto Español de Historia Eclesiastica. Monografías ; núm. 30). *RERO*[48]

Gutachter: keine Angabe
Gutachten: nicht aufgefunden[49]

ACDF SO CL 1729-1732, Nr. 26

1732. Censura in Manuscript., cui. titul.: Trattato dell'Autorità del Papa, nel quale sono stabiliti i suoi Dritti, e ridotti a suoi giusti limiti, e giustificati li principi della libertà della Chiesa Gallicana.

Anonym: Trattato dell'Autorità del Papa,// Nel quale sono stabiliti i suoi Dritti e ridotti// a suoi giusti limiti e giustificati li Princip[ij]// della Libertà della Chiesa Gallicana. - All'Haia : appresso A de Rogissart, 1720. - 30 S. (Manuskript) *ACDF SO CL 1729-1732, Nr. 26*

---

46 Vermutl. Erscheinungsort und vermutl. Erscheinungsjahr ermittelt nach *SBN*, s. Melzi.

47 Am 15. Juli 1732 wurde entschieden, das Gutachten Kard. Pico zur weiteren Prüfung zu übergeben. Dieser teilte dem Ass. in der nächste Sitzung der Kongregation mit, dass die These „minus erronea" sei. Nach Gesprächen mit den Kard. wurde entschieden, den Gutachter mit dem Verfassen einer Konfutatio zu beauftragen. Zu diesem Zweck wurde das Buch Guarnieri am 24. Juli 1732 übergeben.

48 Die Edition enth. nach *RERO* den lat. Text des Prozesses gegen Bartholomé de Carranza, Erzbischof von Toledo.

49 Außer der Notiz des Dekrets ist dieses Faszikel leer.

Gutachter: Tommaso Puccetti[50]
Gutachten: 3 S., [15. Oktober 1732][51]

ACDF SO CL 1729-1732, Nr. 27

1732. Censura in Manus[criptu]m, cui. titul.: Breve compendio dell'istruzione stimate le più utili, e necessarie per ammaestrare i Fanciulli, e le Fanciulle nella Dottrina Cristiana, e particolarmente a ben confessarsi e communicarsi etc. raccolte etc., e nuovamente fatte stampare dal R. S. D. Giulio Cesare Badalini Sacerdote.

BADALINI, GIULIO (Hg.): Breue Compendio dell'Istruzione stimate le più utili, e// necessarie per amaestrare i Fanciulli, e le Fanciulle// nella Dottrina Cristiana, e particolarmente à// ben confessarsi, e degnamente comunicarsi / raccolte da varj Autori, e nuouamente fatte// stampare dal R.S.D. Giulio// Badalini Sacerdote. - [S.a.]. - 22 S. (Manuskript) *Das Manuskript wurde nicht nachgewiesen*

Gutachter: Romualdo di S. Giuliano OCD
Gutachten: 6 S., [29. Oktober 1732][52]

ACDF SO CL 1729-1732, Nr. 28

1732. Censura in Folia manuscripta, quorum titul.: Lettera scritta a nome d'una Inglese Cattolica ad uno Inglese Protestante del Sig[no]r Ludovico Antonio Muratori Bibliotecario del Seren[issi]mo Sig[no]r Duca di Modena.

Censura in Libr., cui. titul.: Opere varie critiche di Lodovico Castelvetro Gentiluomo Modanese, non più stampate con la vita dell'Autore, scritta dal Sig[no]r Proposto Ludovico Muratori etc.

Item Censura in Libr. Ludovici Antonii Muratorii etc., cui. titul.: Lamindi Pritanii de Moderatione ingeniorum in Religionis negotio.

1. MURATORI, LODOVICO ANTONIO: Lettera scritta a nome d'una Inglese Cattolica ad uno Inglese Protestante / del Sig[no]r Ludovico Antonio Muratori Bibliotecario del Seren[issi]mo Sig[no]r Duca di Modena. - [S.a.] (Manuskript) *Das Manuskript wurde nicht nachgewiesen*

2. PRITANIUS, LAMINDUS <Pseudonym> [MURATORI, LODOVICO ANTONIO]: [De ingeniorum moderatione in religionis negotio] Lamindi Pritanii de ingeniorum moderatione in religionis negotio : ubi quae jura, quae frena futura sint homini christiano in inquirenda & tradenda veritate, ostenditur: et Sanctus Augustinus vindicatur a multiplici censura Joannis Phereponi [...]. - Editio praecedentibus

---

50 Als externer Gutachter. Unterzeichnet als Römer, Magister theol. und Mitglied der röm. Akademie.

51 Am 14. Oktober 1732 wurde die Entscheidung aufgeschoben.

52 Mit Dekret SO vom 29. Oktober 1732 wurde die Druckerlaubnis verweigert; diese Entscheidung sollte dem Inquisitor von Bologna mitgeteilt werden.

accuratior et castigatior. - Venetiis : apud Sebastianum Coleti, 1727. - [16], 503 S. ; 4°. *SBN*[53]

3. CASTELVETRO, LODOVICO: Opere varie critiche / di Lodovico Castelvetro gentiluomo modenese non piu stampate, colla Vita dell'autore scritta dal sig. Proposto Lodovico Antonio Muratori [...]. - In Berna [i.e. Milano] : nella stamparia di Pietro Foppens [i.e. Stamperia Palatina?], 1727. - [12], 326, [2] S. ; 4°. *SBN*[54]

Gutachter: Antonio Maria Mazzei OM
Gutachten: 2. S., [3. August 1731][55] (zu Nr. 1)

Gutachter: Tommaso Sergio PO
Gutachten: 17 S., [14. November 1731][56] (zu Nr. 3)

Gutachter: Eustachio da S. Maria OCD
Gutachten: 13 S., [9. August 1730] (zu Nr. 2)

Gutachter: Fortunato Tamburini OSB
Gutachten: 7 S., [21. Mai 1731][57] (zu Nr. 2)

ACDF SO CL 1729-1732, Nr. 29

1732. Acta in Librum Blasphemum, impium, et iniuriosum S. Sedi Hollandico idiomate impressum, cui. titul.: Sodoms Zonde en Straffe etc. Door Leonard Beels, Predikant te Amsteldam etc. Te Amsteldam 1730. Hoc est Peccatum, et Punitio Sodomae.

♦ BEELS, LEONARD: Sodoms zonde en straffe, of streng wraakrecht over vervloekte boosheidt, en Loths vrouw verandert in een zoutpilaar. - Amsteldam : [S.n.], 1730. - 154 S. ; 8°. *COPAC*

♦ BEELS, LEONARD: Sodoms zonde en straffe of Streng wraakrecht over vervloekte boosheidt, en Loths vrouw, verandert in een zoutpilaar / door Leonard Beels [...]. -

---

53 Abweichende Umfangsangaben: XVI, 503 S. *BNF*; [7] Bl., 503 S. *BVB*. Das Werk war bereits erschienen: PRITANIUS, LAMINDUS <Pseudonym> [MURATORI, LODOVICO ANTONIO]: [De ingeniorum moderatione in religionis negotio] Lamindi Pritanii De Ingeniorum Moderatione In Religionis Negotio : Ubi Quae Jura, Quae Fraena Futura sint Homini Christiano in inquirenda & tradenda veritate, ostenditur: & sanctus Augustinus vindicatur à multiplici censura Joannis Phereponi. - Lutetiae Parisiorum : Robustel, 1714. - [13] Bl., 548 S., [1] Bl. *BSB*.

54 Enth.: MURATORI, LODOVICO ANTONIO: Vita di Lodovico Castelvetro / composta dal sig. Lodovico Antonio Muratori bibliotecario del sereniss. sig. duca di Modena. *SBN*. Tatsächlicher Erscheinungsort und Erscheinungsvermerk ermittelt nach *SBN*, s. Parenti. Variante des Erscheinungsortes nach *SBN*: Lione.

55 Abweichende Lesart: 1735.

56 Am 14. November 1731 wurde entschieden, das Buch einem anderen Gutachter zu übergeben. Außerdem sollte beim Sekr. CIndex angefragt werden, ob das Buch bereits in der CIndex verhandelt worden war.

57 Am 21. Mai 1731 wurde entschieden, ein drittes Gutachten in Auftrag zu geben. In einer Marginalie wird verwiesen auf den Band Thesium regestum ab anno 1705 ad 1739 (fol. 263 v°). Darin war vermerkt, dass das Buch einbehalten werden sollte und dass die Verhandlungen suspendiert worden waren.

2de dr. - Amsteldam : Adriaan Wor, en de erve G. Onder de Linden, 1730. - [24], 154, [12] S. ; 8°. *UU*

♦ BEELS, LEONARD: Sodoms zonde en straffe of streng wraakrecht over vervloekte boosheidt, en Loths vrouw verandert in een zoutpilaar [...]. - Derde druk. - Amsteldam : by Adriaan Wor, en de Erve G. Onder de Linden, 1730. - [24], 154, [12] S. *COPAC*[58]

Gutachter: keine Angabe
Gutachten: nicht aufgefunden[59]

Weiterhin beiliegend: Synodus Urbevetana [Incipit: Sessio Prima/ de Fide./ Caput I./ De Fide Catholica, & illius Professione.]. - [S.l.] : [S.n.], [S.a.], S. 1-4 u.13-16.

58 Titel des zweiten Teils: Loths vrouw verandert in een zoutpilaar, of Reukeloos omzien op ene buitengemene wijze bestraft. *UU*.

59 Jedoch ein Schreiben des Erzdiakons von Orvieto, Girolamo Morabottini und des Kanonikers Sebastiano Rosari an das SO. Auf der Rückseite ist vermerkt, dass sich das SO am 22. und 24. Januar 1731 mit der Sache befasst hat. Am 3. Januar 1732 wurde entschieden, das Buch der CProp zu übergeben, damit eine Übers. ins Lat. oder Ital. angefertigt würde. Auf dem Faszikelumschlag finden sich keine Hinweise auf weitere Verhandlungen oder eine Entscheidung.

ACDF SO CL 1733-1734

ACDF SO CL 1733-1734, Nr. 1

1733. Censura in libr. inscr[iptu]m: De Romano Pontifice inferendo de Fide moribusque iudicio falli et fallere nescio eodemq[ue] Conciliis oecumenicis authoritate, Potestate, iurisdictione Superiori. Dissertatio Duplex etc. Fr. Jacobi Hiacynthi Sery Ord[ini]s Praed[icator]um etc.

Item censura in alia folia eiusde inscr.: Preservativo contro la Critica d'alcuni Zelanti.

1. SERRY, JACQUES HYACINTHE: De Romano Pontifice In Ferendo De Fide Moribusque Judicio, Falli Et Fallere Nescio : Eodemque Conciliis Oecumenicis Auctoritate Potestate Jurisdictione, Superiori: Dissertatio duplex. Accedit Appendix De mente Ecclesiae Gallicanae, & Academiae Parisiensis, circa duo illa Sedis Apostolicae privilegia / Auctore F. Jacobo Hyacintho Serry [...]. - Patavii : Typis Seminarii [...] Apud Jo: Manfrè, 1732. - [11] Bl., 295 S. *HEBIS*[1]

2. Anonym: Preservatio// Contro la Critica d'alcuni// falsi Zelanti. - [S.l.] : [S.n.], [S.a.]. - 13 S. *ACDF SO CL 1733-1734, Nr. 1*

Gutachter: Tommaso Sergio PO
Gutachten: 7 S., [14. Januar 1733] (zu Nr. 1)[2]

Gutachter: Francesco Zavarroni OM
Gutachten: 4 S., [14. Januar 1733] (zu Nr. 1)

Gutachter: Francesco Zavarroni OM
Gutachten: 7 S., [14. Januar 1733] (zu Nr. 1-2)

Dekret: SO 14. Januar 1733
Bando: SO 14. Januar 1733 (zu Nr. 1-2)

ACDF SO CL 1733-1734, Nr. 2

1733. Censura in libell., seu folia inscr[ipt]a: Lettera scritta da un particolare di Napoli ad un suo amico di Roma, con cui gli dà piena contezza delle pendenze di Gravina. Napoli 1732.

---

1 Abweichende Umfangsangabe nach *UU*: XXII, 295 S.
2 Darüber hinaus: Relatio, 13 S., von Sergio.

Anonym: Lettera// Scritta da un particolare di Napoli ad// un suo Amico in Roma, con cui gli// dà piena contezza delle pen-//denze di Gravina. - [Napoli] : [S.n.], [1732]. - 18 S. ; 4°. (2 Ex.) *ACDF SO CL 1733-1734, Nr. 2*[3]

Gutachter: Gaudenzio da Genova OFMRef
Gutachten: 9 S., [17. Februar 1733]

Dekret: SO 17. Februar 1733
Bando: nicht aufgefunden[4]

ACDF SO CL 1733-1734, Nr. 3

1733. Censura in libell. Thesium ins[criptu]m: Universa Philosophia, quam Preside R. D. Gasparo Wadeleux Philosoph. Profe[ssor]e defendet Henricus Mackar etc. Leodii an. 1732.

Item censura in fol. Thesium inscr[iptu]m: Conclusiones Logicae et Metaphysicae, quae propugnabunt. in Seminario suae Celsitudin. Leodii Praeside R. D. Guilelmo Vivario, Philosophiae Professore mensis iulii die 23. Defendet Ludovicus Palthour ex Argleur.

1. WADELEUX, GASPARUS (Praes.) ; MACKAR, HENRICUS (Resp.): Universa// Philosophia / quam// Praeside Reverendo Domino Gasparo// Wadeleux Philosophiae Professore.// Defendet.// Henricus Mackar, ex Herstalle.// In Seminario Suae Celsitudinis Leodii Anno// 1732., Mensis Julii die 29 horâ nonâ ante &// tertia post meridiem. - Leodii : Apud Guilielmum Barnabe', Suae Celsitudinis Typographum [...], [ca. 1732]. - 31 S. ; 4°. *ACDF SO CL 1733-1734, Nr. 3*

2. VIVARIUS, GUILELMUS (Praes.) ; DELTOUR, LUDOVICUS (Resp.): Conclusiones Logicae// Ac// Metaphysicae / Ha[s?] Theses propugnabuntur in Seminario Suae Celsitudinis Leodii// Praeside Reverendo Domino// Guilielmo Vivario, Philosophiae Professore.// Mensis Julii die 23 hora nonâ ante & tertiâ post meridiem.// Defendet.// Ludovicus Deltour, ex Angleur. - [Leodii?] : [S.n.], [S.a.]. (Einblattdruck) *ACDF SO CL 1733-1734, Nr. 3*

Gutachter: Domenico da Cles OFMRef
Gutachten: 14 S., [11. November 1733] (zu Nr. 1-2)

Gutachter: Gianfrancesco Baldini CRS
Gutachten: 6 S., [16. November 1734] (zu Nr. 1-2)

Dekret: SO 28. Februar 1735
Bando: nicht aufgefunden (zu Nr. 1-2)

---

3 Datum der „Lettera“: 30. Dez. 1732. Enth. außerdem: Sommario// Num I.// Copia del Capitolo Nono dell'offerta presentata in// Regia Camera dal Dottor Sebastiano delle// Donne sotto li 31. Agosto 1730. per l'af-//fitto delle Gabelle di Gravina. - [S.l.] : [S.n.], [S.a.]. - 6 S. (2 Ex.) *ACDF SO CL 1733-1734, Nr. 2*. Das 2. Ex. dieses Werks ist unvollständig, S. 1-4 fehlen.

4 Ein hs. Bando SO vom 17. Februar 1733 liegt vor.

ACDF SO CL 1733-1734, Nr. 3bis

1733. Nuncius in Helvetia transmittit Ephemerides inscriptum: Le Glaneur historique, Critique, Politique, Moral, Litteraire, Galant, et Calotin, que imprimantur in Hollandia, cum ibi plura exprimantur circa Materiam Religionis, et Sedem Pontificiam.[5]

Le// Glaneur// Historique, Critique,// Politique, Moral, Lit-//teraire, Galant Et// Calotin […]. - A La Haye : Imprimé pour l'Auteur: Et se distribue chés les prin- /cipaux Libraires des Provinces-Unies; & dans/ les autres Pays au Bureau des Postes, 3 (1733). - 208 S. ; 4°. *ACDF SO CL 1733-1734, Nr. 3bis*, *KB*[6]

Gutachter: keine Angabe
Gutachten: nicht aufgefunden[7]

ACDF SO CL 1733-1734, Nr. 4

1733. Censura in nonnulla Manuscripta, quae continent Tractatus traditos a nonnullis Professoribus Taurini in eorum Lectionibus.

CAMPIANI, MARIO (AGOSTINO?): Prolegomina seu methodus facile cognoscendi Canones et Capita in Canonicis Iuris Corpore false dispersa a veris / authore D[omi]no J. U. D. Campiano, Pubblici Canonicis Iuris professore in Archigymnasio Taurinens. - [1728/1730]. (Manuskript) *Das Manuskript wurde nicht nachgewiesen*

Gutachter: Antonio da Mazara OFMObs
Gutachten: 5 S., [24. Mai 1732]

Gutachter: Diego Revillas OSH
Gutachten: 11 S., [18. Juni 1732]

Gutachter: Eustachio da S. Maria OCD
Gutachten: 11 S., [25. Juni 1733][8]

Gutachter: Gaudenzio da Genova OFMRef
Gutachten: 8 S.

ACDF SO CL 1733-1734, Nr. 5

1733. Censura in opus divisum in duos Tomos, cui. titul.: Anno ecclesiastico, ovvero istruzione famigliare, e divota sopra i misteri, Domeniche, Feste de Santi etc. Dal P. Giuseppe Dom[eni]co Boriglioni della Dottrina Christ[ian]a e Paroco di S. Nicolò degli Incoronati. Roma 1710.

---

5 Die Angabe stammt vom Faszikelumschlag, da in der Rubricella Nr. 3bis fehlt.

6 Erscheinungsverlauf: 3 (1733) nachgewiesen Vorg.: Le Glaneur historique, moral, littéraire et galant. Erscheinungsverlauf: 1 (1731) - 2 (1732). *HBZ.*

7 Mit Dekret SO vom 11. April 1733 wurde die Empfehlung des Nuntius berücksichtigt und eine Neuaufl. verboten.

8 Mit Dekret SO vom 25. Juni 1733 wurde die Druckerlaubnis verweigert.

BORIGLIONI, GIUSEPPE DOMENICO: Anno ecclesiastico, overo istruzione familiare, e divota, sopra i misteri, domeniche, feste de'santi [...] / Opera del p. Giuseppe Domenico Boriglioni [...]. - In Roma : per Paolo Komarek, 1710. - 2 vol. ; 12°. *SBN*

Gutachter: Bonaventura Santelia TOR
Gutachten: 13 S., [6. März 1731]

Gutachter: Giovanni Rossi CR
Gutachten: 6 S., [4. Juni 1732]

Gutachter: Antonio Leoni CR
Gutachten: 4 S., [8. August 1731]

Gutachter: Angelo Guarnieri
Gutachten: 41 S., [1. Juli 1733][9]

ACDF SO CL 1733-1734, Nr. 6

1733. Non permittitur impressio Manus[cript]i Placidi Vimercati Canonici Veronen., cui. titul.: Istruzioni per il trattamento, che si fà nell'anticamera degli Em[inentissim]i Sig[nor]i Cardinali in occasione di Visite.

VIMERCATI, PLACIDO: Trattamento solito a praticarsi dagli Emi. Sig[nor]i Cardinali in occasione di visite : Dedicato// All'Em[inentissi]o. Principe// Il Sig. Cardinale Ruspoli. - [S.a.]. - 2 Bl. (Manuskript) *ACDF SO CL 1733-1734, Nr. 6*

Gutachter: keine Angabe
Gutachten: nicht aufgefunden[10]

ACDF SO CL 1733-1734, Nr. 7

1733. Censura in manus[criptu]m, cui. titul.: Pianto del Peccatore estratto del Pianto di Maria, cioè dallo Stabat Mater dolorosa. L'uno e l'altro spiegato in metro Volgare proposti etc. da Gianfrancesco Receputi Sacerdote di Forlì, Rettore etc.[11]

RICEPUTI, GIANFRANCESCO: Pianto del// Peccatore// estratto// Dal Pianto di Maria// Cioè dallo Stabat Mater Dolorosa : L'Uno e L'Altro// Spiegati in Metro volgare// Proposti a chi desidera// di santificare il Mese// 'A dieci per dieci giorni// Nelle Piaghe di Gesù// e nel Cuore dell'Addolorata gran Madre// Dedicati// Al merito sempre grande// del Ecc[ellentissi]mo e D[octissi]mo [?] Mons. Niccolò Spinello de Prencipi della Scalea// Viceligato di Romagna / Da Gianfrancesco Riceputi Sacerdote di Folì// Rettore della Chiesa degli Orfani dove detti Pianti// si cantano, e sagre divozioni si fanno. - [S.a.]. - 66 S. ; [2°]. (Manuskript) *ACDF SO CL 1733-1734, Nr. 7*

[9] Mit Dekret SO vom 1. Juli 1733 wurde das Buch zugelassen.
[10] Laut Dekret SO vom 29. Juli 1733 sollte das Manuskript vom SO einbehalten werden.
[11] Vgl. ACDF SO Tit.Libr. 1729-1745, Nr. 78.

Gutachter: Pio Tommaso Schiara OP
Gutachten: 4 S., [30. September 1733][12]

ACDF SO CL 1733-1734, Nr. 8

1733. Censura in libr., cui. titul.: Ungrund des Rom. - Catholischen Glaubens in einer Kurrtzen etc.; Id est Carentia fundamenti Romano Catholicae Fidei deducta, atque in lucem edita ab authore Trifolii Christlieb Rezendorf etc.

REZENDORF, CHRISTLIEB <Pseudonym> [ZOBEL, ERNST FRIEDRICH]: Ungrund des Röm. Catholischen Glaubens, in einer Kurtzen Antwort auf das anderte Post Scriptum, Welcher der wider die Evangelische Lehre als ein trotzender Goliath sich aufgeworfene Jesuit zu Amberg, Thomas Binner, wider das bekan[n]te Büchlein Dreyfaches Kleeblat[t] abermahln herausgegeben [...] / Gezeuget von dem Verfasser des Kleeblats Christlieb Rezendorf. - [S.l.] : [S.n.], 1733. - 242 S., [5] Bl. *SWB*

Gutachter: Domenico da Cles OFMRef
Gutachten: 3 S., [11. November 1733]

Dekret: SO 11. November 1733
Bando: nicht aufgefunden

ACDF SO CL 1733-1734, Nr. 9

1734. Conceditur impressio libri deletis tamen iliis verbis – La Serafina del Carmelo, cui. titul.: La Serafina del Carmelo, ovvero S. Maria Maddalena de Pazzi, Opera Sacra ed esemplare del Conte Antonio Zaniboni, Bolognese etc.

ZANIBONI, ANTONIO: La Serafina// Del Carmelo// overo// La Santa M[ari]a Maddalena de Pazzi : Opera Sacra, ed esemplare / del// Conte Antonio Zaniboni// Bolognese// Pastore Arcade. - [S.l.] : [S.n.], 1734. (hs. Titelbl.) *ACDF SO CL 1733-1734, Nr. 9. Das Werk wurde nicht nachgewiesen*

Gutachter: keine Angabe
Gutachten: nicht aufgefunden[13]

ACDF SO CL 1733-1734, Nr. 10

1734. Summa censurarum latarum in S. Cong[regatio]ne Indicis in Historiam Baianae haeresis editam a P[at]re Joanne Baptista de Chesne Societ. Jesu.

DUCHESNE, JEAN-BAPTISTE PHILIPPOTEAU: Histoire du baianisme ou de l'heresie de Michel Baius : avec des notes historiques, chronologiques, critiques &c. Suivie d'éclaircissemens theologiques, et d'un recueil de pieces justificatives / par le pere Jean-Baptiste du Chesne de la Compagnie de Jesus. - A Douay : Chez Jacques-

---

12 Mit Dekret SO vom 30. September 1733 wurde die Druckerlaubnis verweigert.
13 Laut Rubricella wurde die Druckerlaubnis erteilt.

François Willerval [...], 1731. - 3 Teile in 1 vol. - [12], 450, [2], 76, [2], 82, [8] S. ; 4°. *COPAC*, *Abes*[14]

Gutachter: Fortunato Tamburini OSB
Gutachten: 8 S.[15]

Gutachter: Giuseppe Agostino Orsi OP
Gutachten: 14 S.[16]

Dekret: CIndex 11. August 1733
Bando: CIndex 17. Mai 1734

ACDF SO CL 1733-1734, Nr. 11

1734. Censura in Libr. ins[criptu]m: Essay Philosophique concernant l'entendement Romain etc. traduit traduit dal'Anglois da M[onsieu]r Loche. Par Pierre Coste etc. in eiusque compendium, cui. titul.: Extrait d'un Livre anglois, qui n'est pas encor publiè, intitule: Essay Philosophique etc.

LOCKE, JOHN: Essai philosophique concernant l'entendement humain ou, l'on montre quelle est l'etendue de nos connoissances certaines, et la maniere dont nous y parvenons / traduit de l'Anglois de Mr. Locke par Pierre Coste, sur la quatrième édition, revûë, corrigée, & augmentée par l'auteur. - A Amsterdam : Chez Henri Schelte, 1700. - [56], 936, [22] S. *COPAC*[17]

Gutachter: Gian Domenico Agnani OP
Gutachten: 8 S., [2. Juni 1734]

Dekret: SO 2. Juni 1734
Bando: Breve 19. Juni 1734

ACDF SO CL 1733-1734, Nr. 12

1734. Censura in Libell. Latinè redditum una cum Foliis traductionis eiusd. libelli in idiomate Italico, cui. titul.: Motiva quinquaginta ad praeferendam et praeligendam ex tot Religionibus, ac sectis inter Christianos hac tempestate vigentibus, Religionem Catholico-Romanam tum haereticis, ut revocentur ab errore tum Orthodoxis etc. validissima, et utilissima etc.[18]

♦ Anonym: Motiva quinquaginta ad praeferendam & praeligendam Ex tot Religionibus ac Sectis Inter Christianos hac tempestate vigentibus Religionem

---

14 Abweichende Formatangabe nach *CCFR*, *GBV*: 8°.

15 Das Gutachten befindet sich in ACDF Index Prot. 78 (1731-34), Bl. 344r-347v und wurde im Auftrag der CIndex verfasst. Vgl. Congr. gen. der CIndex 11. August 1733.

16 Das Gutachten befindet sich in ACDF Index Prot. 78 (1731-34), Bl. 312r-318v und wurde im Auftrag der CIndex verfasst. Vgl. Congr. gen. der CIndex 16. März 1733.

17 Formatangabe nach *GBV:* 4°. Vgl. LOCKE, JOHN: An essay concerning humane understanding : in four books. - London : Printed by Eliz. Holt for Thomas Basset [...], 1690 [1689]. - [12], 362, [22] S. ; 2°. *LC*.

18 Vgl. ACDF SO Tit.Libr. 1729-1745, Nr. 79 und weiterführendes Material unter Nr. 83.

Catholico-Romanam [...]. - Ticini Regii : Excudente Jo. Antonio Ghidino, 1732. *BCLu*

Gutachter: Giuseppe di S. Croce OSST
Gutachten: 2 S., [23. Juni 1734][19]

ACDF SO CL 1733-1734, Nr. 13

1734. Censura in libr. ins[crip]tum: Le Droit des Souverains touchant l'administration de l'Eglise etc. a Paris 1734. Anonym.

Anonym [LEVAYER DE BOUTIGNY, ROLLAND ; DELPECH DE MERINVILLE (Bearb.)]: Le Droit// des Souverains// touchant l'Administration// de l'Eglise// ou l'on traite,// 1. De la conduite de l'Eglise en general, &// de son partage entre les Puissanes temporelles// & spirituelles.// 2. De l'autorité du Roy touchant l'adminis-//tration de la Foy.// 3. De l'autorité du Roy dans la discipline qui// concerne le Culte Ecclesiastique.// 4. De l'autorité du Roy touchant les person-//nes Ecclesiastiques. - A Paris : [S.n.], 1734. - 53 S. ; [4°]. *ACDF SO CL 1733-1734, Nr. 13, BNF*[20]

Gutachter: Fortunato Tamburini OSB
Gutachten: 11 S., [23. Juni 1734]

Dekret: SO 23. Juni 1734
Bando: nicht aufgefunden

ACDF SO CL 1733-1734, Nr. 14

1734. Censura in Manus[criptu]m, cui. titul.: Privilegia absolvendi, ac dispensandi Praelati Regularis pro suis subditis; et confessarii Regularis pro suis Fratribus etc. plenè ritèque discussa a P. F. Adriano a S. Tecla Augustiniano excalceato etc. Genua 1733.

ADRIANO <DI SANTA THECLA>: Privilegia// Absolvendi, Ac Dispensandi// Praelati Regularis// pro suis Subditis// Et Confessarij Regularis// tam pro suis Fratribus// quàm pro Saecularibus// juxta posteriores// Apostolicas Constitutiones// Et S. Congreg. Declarationes// plenè, riteque discussa / A P. F. Adriano A S. Thecla// Augustiniano Excalceato// Sacrae Theologiae Lectore. - Genuae, 1733 [MDCCXXXIII.]. - 4 Teile in 1 vol. - 173 Bl. ; 2°. (Manuskript) *BAV Vat. lat. 12749*[21]

---

19 Mit Dekret SO vom 23. Juni 1734 wurde die Druckerlaubnis erteilt.

20 Formatangabe ergänzt nach *BNF*. Das Werk ist eine von Delpech de Mérinville angefertigte Bearbeitung von: M. L. V. M. D. R. [LE VAYER DE BOUTIGNY, ROLLAND]: Dissertations Sur l'Autorité légitime des Rois, En matière de Regale / Par M. L. V. M. D. R. - A Cologne [i.e. Amsterdam?] : Chez Pierre Marteau, 1682. - [6] Bl., 333 S. ; 12°. *VD17*.

21 Titelaufnahme nach Autopsie *BAV*. Blattmaße: 29,1 x 20,3 cm. Im vorderen Einbanddeckel Provenienzvermerk: S. Off. Vorwort an den Leser: Bl. 2r-2v; Indices: Bl. 3r-8r; Bl. 174v Vermerk des Beschlusses: Feria 4. die 27. Octob[ris] 1734. Em.[inentissimi] dixerunt p[raese]ntem Librum non esse impriman[tur] sed retenendum in hoc S. Off[ici]o: et hoc [...] P. Jacqin[us?] [...], qu[..] Librum transmisit. Indices - Bl. 164r-173v. Enth.: 1. Tractatus Primus Fundamentalis.// De

Gutachter: [Clemente di Gesù Maria OCD]
Gutachten: 7 S., [27. Oktober 1734][22]

ACDF SO CL 1733-1734, Nr. 15

1734. Censura in Libr. ins[criptu]m: Catechism or Abridggement of Christian doctrine. Printed in the year 1725.[23]

Item censura in alios duos Catechismos unitos praefato Libro. 1us inscribitur: Instructions and Prayers For Children etc. Printed in the year 1724; 2us inscribitur: A Cathechism for those that are more advanced in years and knowledge; 3us inscribitur: A short Treatise upon indulgences.

1. Catechism or abridgement of Christian doctrine. - [London?] : [S.n.], [printed in the year] 1725. - XIV, 167, [1] S. ; 8°. *COPAC*

2. ♦ CARNEGY, JAMES: Instructions and Prayers for Children. - [S.l.] : [S.n.], 1725. - 48 S. ; 8°. *BL*[24]

♦ CARNEGY, JAMES: Instructions and prayers for children. - [London?] : [S.n.], [printed in the year] 1725. - [8], 48 S. ; 8°. *COPAC*[25]

3. *Das Werk* A Short Treatise *wurde nicht ermittelt*

4. ♦ Anonym [CHALLONER, RICHARD]: A short explanation of indulgences : grounded upon holy scriptures from the authority of popes and general-councils / By a lover of souls. - London : [printed by John Hoyles?], [in the year] 1742. - 93, [3] S. ; 12°. *COPAC*

Gutachter: John O'Maddin OFMRef
Gutachten: 12 S., 7. Dezember 1734 (zu Nr 1-4)

Dekret: SO 7. Dezember 1734
Bando: SO 7. Dezember 1734 (zu Nr. 1)

Dekret: SO 29. Dezember 1734
Bando: SO 12. Januar 1735 (zu Nr. 2-4)[26]

---

pr[ae]ambulis ad privilegia absolvendi, & dispensandi. - Bl. 10r-35v; 2. Tractatus Secundus// De privilegijs absolvendi, et dispensandi,// quibus gaudent Prelati Regulares erga suos subditos. - Bl. 36r-77v; 3. Tractatus Tertius// De Privilegijs absolvendi, et dispensandi// quibus gaudent Confessarij Reg.[ula]res erga suos Fratres. - Bl. 78r-97v; 4. Tractatus Quartus// De privilegijs absolvendi, & dispensandi,// quibus gaudent Confessarij Regulares erga S[ae]culares. - Bl. 98r-13r. Beiliegend: ADRIANO <DI SANTA THECLA>: Privilegia// absolvendi, ac dispensandi// Prelati Regularis// pro suis subditis// Et Confessarii Regularis// tam pro suis fratribus// quam pro' saecularibus iuxta posteriores// Apostolicas Constitutiones// et S. Cong[regatio]nis declarationes// rite discussa / A P[at]re. Fr[atr]e. Adriano a S. Tecla// Augustiniano Excalceato// Sacrae Theologiae Lectore. - Genuae : [S.n.], 1733. (hs. Kopie des Titelbl.) *ACDF SO CL 1733-1734, Nr. 14.*

22 Mit Dekret SO vom 27. Oktober 1734 wurde die Druckerlaubnis verweigert; das Manuskript sollte vom SO einbehalten werden.

23 Weiterführendes Material in ACDF SO Tit.Libr. 1729-1745, Nr. 76.

24 The Holy Mass in English. *BL*.

25 Widmung unterzeichnet: Ja. Carnegy. *COPAC.*

Weiterhin Hinweise auf: Anonym [HACKET, ANDREW]: A catechism or abridgement of Christian doctrine : for the use of children, and ignorant people. - The second edition. - [London?] : [S.n.], [printed in the year] 1730. - [2], II, [4], 127, [1], 15, [1] S. ; 8°. *COPAC*[27]

ACDF SO CL 1733-1734, Nr. 16

1734. Censura in Libr. ins[criptu]m: Instruction sur le Jubilè del'Eglise Primatiale de S. Jean de Lyon, a l'occasion du concour de la Fete Dieu avec celle de la Nativitè de S. Jean Baptiste, qu' arrive le 24 Juin de cette annee 1734.

♦ Anonym [COLONIA, DOMINIQUE DE]: Instruction sur le jubilé de l'eglise primatiale de S. Jean de Lyon, a l'occasion du concours de la Fête-Dieu avec celle de la Nativité de S. Jean-Baptiste, qui arrive le 24. juin de cette année 1734. : Imprimée par ordre de Monseigneur L'archevêque. - A Lyon : Chez Pierre Valfray, 1734. - [32], 161, [7] S. ; 12°. *Abes*[28]

Gutachter: Benedetto da S. Maria OCist
Gutachten: 16 S.[29]

ACDF SO CL 1733-1734, Nr. 17

1734. Censura in scripta continentia Tractatum de actibus humanis digestum duodecim Liberculis. Authore anonymo, sed agnoscitur esse ex Ord[in]e S. Dominici Professore Theologiae Dogmaticae Taurini.

Das Werk wurde nicht ermittelt

Gutachter: [Torretti][30]
Gutachten: 6 S.[31]

26 Zu Nr. 4 wurde keine Angabe in den Bandi aufgefunden. Laut nicht gezeichnetem Schreiben handelt es sich um eine Anlage des 1724 und 1725 veröffentlichten Katechismus.
27 Enth.: The feasts of obligation. *COPAC*.
28 Abweichende Formatangabe nach *BNF*: 4°. Laut Notiz findet das Buch sich in Lib. Segr. Nr. II
29 Zu diesem Fall wurde keine Entscheidung getroffen.
30 Als externer Gutachter. Ist auf der letzte Seite des Gutachtens als sig. abb[at]e Torretti verzeichnet.
31 Zu diesem Fall wurde keine Entscheidung getroffen.

ACDF SO CL 1735-1736

ACDF SO CL 1735-1736, Nr. 1

1735. Censura in Libr. ins[criptu]m: La scuola Mabillona, nella quale si trattano que' studi che possono convenire agli ecclesiastici etc. già eretta per i P. P. Benedettini di Francia, ed ora aperta a tutti i Religiosi d'Italia dal P. M. Nicola Girolamo Ceppi Agostiniano etc.

1. CEPPI, NICOLA GIROLAMO: La scuola mabillona nella quale si trattano quei studj, che possono convenire agl'ecclesiastici : con una lista delle principali difficolta, che si trovano nella lettura de concilij, de Padri, e dell'istoria. Gia eretta per li pp. benedettini di Francia, & ora aperta a tutti li religiosi d'Italia / dal maestro Nicola Girolamo Ceppi. - In Roma : per Antonio de Rossi, 1701. - [12], 252, [12] S. ; 12°. *SBN*

2. CEPPI, NICOLA GIROLAMO: La scuola mabillona nella quale si trattano quei studj, che possono convenire agli ecclesiastici : con una lista delle principali difficolta, che si trovano nella lettura de concilij, de' Padri, e dell'istoria. Gia eretta per li pp. benedettini di Francia, ed ora aperta a tutti li religiosi d'Italia / Dal maestro Nicola Girolamo Ceppi agostiniano. - In Roma : per Antonio de Rossi [...] a spese di Gaetano Elia, 1727. - [12], 264 S. ; 12°. *SBN*[1]

Gutachter: Antonio da Mazara OFMObs
Gutachten: 3 S., [13. Oktober 1734] (zu Nr. 2)

Gutachter: [Agosto Canali][2]
Gutachten: 17 S., [12. Januar 1735] (zu Nr. 1)

Dekret: SO 13. Oktober 1734
Bando: SO 12. Januar 1735 (zu Nr. 2)

Dekret: SO 12. Januar 1735
Bando: SO 12. Januar 1735 (zu Nr. 1)[3]

---

1 Das Werk ist nach *COPAC* eine freie Übers. des zweiten Teils von: MABILLON, JEAN: Traité des études monastiques : divisé en trois parties ; avec une liste des principales difficultez qui se recontrent en chaque siécle dans la lecture des originaux, & un catalogue de livres choisis pour composer une bibliotéque ecclesiastique / par Dom Jean Mabillon. - Paris : chez Charles Robustel, 1691. - [16], 478, [12] S. ; 4°. *COPAC.*

2 Als externer Gutachter.

3 Am 19. Januar 1735 sollte die franz. Orig.-Ausg. ebenfalls begutachtet werden. Hinweise auf weitere Verhandlungen wurden nicht aufgefunden.

ACDF SO CL 1735-1736, Nr. 2

1735. Censura in Librum anonym., cui. titul.: Traitè des Bornes de la Puissance Ecclesiastique, et de la Puissance civile, avec un sommaire Chronologique des entreprises des Papes, pour intendre la Puissance spirituelle etc.

Anonym [LEVAYER DE BOUTIGNY, ROLLAND ; DELPECH DE MERINVILLE (Bearb.)]: Traité des bornes de la puissance ecclésiastique et de la puissance civile : Avec un sommaire chronologique des entreprises des papes pour étendre la puissance spirituelle et des suites que ces entreprises ont eu, sur tout en France, comme aussi des faits concernant les disputes du tems / Par un conseiller de Grand' Chambre. - Amsterdam : [Changuion], 1734. - [2] Bl., 192 S. *COPAC, GBV*

Gutachter: Jean-Genèse Barrin OSA
Gutachten: 15 S., [4. Mai 1735][4]

Dekret: CIndex 14. Februar 1735; SO 4. Mai 1735
Bando: CIndex 14. Januar 1737

ACDF SO CL 1735-1736, Nr. 3

1735. Censura in Theses propugnat. in Eccl[es]ia S. Crucis propè Bonnem PP. Servorum Mariae Virg[ini]s, inscript.: Ave Maria amussis vitae, seu Lex ad mentem Angelici D[octo]ris D. Thomae Aquinat. etc. Praeside P. F. Jacobo M[a]r[i]a Staab Ord[ini]s. Servor. B. V. etc. defendente F. Cassio M[a]r[i]a Hareman, et Fr. Elia M[a]r[i]a Waissen eiusdem Ordinis Die ... 1718.

STAAB, PROCOPIUS MARIA (Praes.) ; HARTMAN, CASSIUS MARIA (Resp.) [u.a.]: Ave Maria.// Amussis Vitae,// seu// Lex// Ad Mentem Doctoris Angelici Divi Thomae Aquinatis,// Honori, & Venerationi// Admodum Reverendorum, ac Religiosissimorum in Christo Patrum,// P. Provinciae Bohemicae Superiorum Maiorum Ordinis Servorum B.V. Mariae,// In Dioeta Provinciali Congregatorum, Dedicata.// […] / Praeside P. F. Procopio Maria Staab, Ordinis Serv. B.M.V. SS. Theologiae Lectore ordinario.// Defendentibus F. Cassio Maria Hartman, & F. Elia Maria Weisen. Ejusdem Ordinis & Studii. Die Maji. M D [CC]XVIII. - [S.l.] : [S.n.], [1718]. (Einblattdruck) *ACDF SO CL 1735-1736 Nr. 3*

Gutachter: Gianfrancesco Baldini CRS
Gutachten: 5 S., [13. Juli 1735]

Gutachter: Bonaventura Gervasi TOR
Gutachten: 10 S., [13. Juli 1735]

Dekret: SO 23. Juli 1735
Bando: nicht aufgefunden

---

4 Vgl. auch Congr. gen. der CIndex 14. Februar 1734 und 12. Januar 1739.

ACDF SO CL 1735-1736, Nr. 4

1735. Censura in Libr. ins[criptu]m: Memoires de Messire Robert Arnauld de Andilly, escrits par lui meme, Primiere parte. A Hambourg 1734.

ARNAULD D'ANDILLY, ROBERT: Memoires de messire Robert Arnauld d'Andilly / ecrits par lui-même. - A Hambourg [i.e. Paris] : de l'imprimerie d'A. Vanden-Hoeck, libraire à Londres, 1734. - 2 Teile in 1 vol. - [4], VI, [2], 183 S.; [4], 165 S. ; 8°. *CCFR*[5]

Gutachter: [Clemente di Gesù Maria OCD]
Gutachten: 7 S., [16. November 1735]

Dekret: SO 16. November 1735
Bando: nicht aufgefunden

ACDF SO CL 1735-1736, Nr. 5

1735. Censura in Libr. Anonym. cui. titul.: Eclaercissemen de plursieurs difficultes touchant les Conciles Generaux. A Amsterdam 1734.

Anonym [DUSELLIER, OSMONT/LEGROS, NICOLAS]: Éclaircissement de plusieurs difficultés touchant les conciles généraux, où l'on répond aux principales objections, soit des protestans, soit des ultramontains, pour la défense de la doctrine du clergé de France et la justification de la conduite de nos Parlemens à l'égard des décrets de la cour de Rome : avec l'analyse des principes établis dans cet ouvrage [...] / par l'auteur de l' „Instruction théologique sur les promesses faites à l'Église". - Amsterdam : Z. Chastelain, 1734. - XXVI, 465 S. ; 12°. *BNF*

Gutachter: Bartolomé del Valle y Saavedra OCarm
Gutachten: 3 S., [26. Oktober 1735][6]

ACDF SO CL 1735-1736, Nr. 6

1735. Censura in Libr. ins[criptu]m: Apologie de M. Nicole ecrite par lui mesme sur le refus qu'il fit en 1639 de l'unir avec M[onseigneu]r Arnauld etc. A Amsterdam 1732.

NICOLE, PIERRE: Apologie de M. Nicole, ecrite par lui-mesme, sur le refus qu'il fit en 1679, de s'unir avec M. Arnauld, et sur la lettre qu'il écrivit dans le même temps à M. de Harlay archeveque de Paris. - A Amsterdam : chez Michel-Charle Le Cene, 1734. - [1], XIV, 130, 95 S. ; 12°. *Abes*[7]

Gutachter: [Agosto Canali][8]
Gutachten: 9 S., [8. Juni 1735][9]

---

5 Abweichende Formatangabe nach *CCFR*, *COPAC*: 12°.
6 Zu diesem Fall wurde keine Entscheidung getroffen.
7 Erscheinungsort nach *KB* fingiert. Abweichende Umfangs- und Formatangabe: [4], XIV, 130, 95 S. ; 12°. *KB*. Abweichende Formatangabe nach *GBV*: 8°.
8 Als externer Gutachter.

ACDF SO CL 1735-1736, Nr. 7

1735. Censura in Libr. ins[criptu]m: La Sainte Biblie traducte in Francois etc. Foppens 1702.

La Sainte Bible : Traduite En François Sur La Vulgate, avec De courtes Notes pour l'intelligence de la Lettre / par Monsieur de Sacy [Übers.]. - A Brusselles : Chez François Foppens [...], 1702. - 8 vol. *GBV*

Gutachter: Gaudenzio da Genova OFMRef
Gutachten: 12 S., [10. August 1735][10]

Weiterhin Hinweise auf: FAUCONIER, JOSEPH (Resp.) ; GENEN, MELCHIOR (Resp.): Isagoge// Sive// Manuductio// Ad Scripturae Sacrae Intelligentiam// Dedicata// Reverendissimo Patri In Christo// P. F. Godefrido Stüve// […]// R. A. P. F. Simoni Josepho Tibesart// S. Theol. lect. Jubilato,// […]/ Sub// Fratre Christophoro Fassin,// Sac. Theolog. Lect. Emerito et Scripturae S. actuali / Respondentibus RR. FF. Josepho Fauconier & Melchiore Genen;// Eiusdem instituti sacerdotibus.// [...]. - Leodii : Typis Bartholomaei Collette, Typographi [...], 1734. - 12 S. ; [4°?]. *ACDF SO CL 1735-1736, Nr. 7*

ACDF SO CL 1735-1736, Nr. 8

1735. Censura in Libr. ins[criptu]m: Dictionarium Casuum Conscientiae, seu praecipuarum difficultatum circa Moralem, ac Disciplinam Ecclesiasticam Authore Ioanne Pontas Presbitero Facultat. Parisien. I. Can. Doctor. ac Ecclesiae Parisien. Propaenitentiar.

PONTAS, JEAN: Dictionarium casuum conscientiae, seu Praecipuarum difficultatum circa moralem, ac disciplinam ecclesiasticam decisiones, e scripturis, conciliis, pontificum decretalibus, patribus, necnon celeberrimis theologis & canonum peritis depromptae / Authore J. Pontas. - Editio recens, e Gallico in Latinum pari studio & fide concinnata. - Luxemburgi : sumptibus Andreae Chevalier [...] et Marci-Michaelis Bousquet [...], 1731-1732. - 3 vol. ; 2°. *KB*[11]

---

9 Zu diesem Fall wurde keine Entscheidung getroffen.

10 Am 10. August 1735 sollte das Werk einem zweiten Gutachter übergeben werden. Hinweise auf weitere Verhandlungen wurden nicht aufgefunden. Eine Entscheidung zu diesem Fall wurde nicht getroffen.

11 Vgl. PONTAS, JEAN: Dictionnaire De Cas De Conscience, Ou Decisions Des Plus Considerables difficultez tochant la Morale & la Discipline Ecclesiastique : Tirées De l'Ecriture, Des Conciles, Des Decretales des Papes [...] / Par [...] Jean Pontas, Prêtre, Docteur en Droit-Canon de la Faculté de Paris [...]. - Paris : Chez Pierre-Augustin Le Mercier [...] Simon Langlois [...] Jacques Josse [...] Pierre-François Emery [...] Jacques Quillau [...] Louis-Anne Sevestre [...] Jacques Vincent [...], 1715 [-1718]. - 2 vol. u. Suppl. ; 2°. *HBZ*. In der Bibliothek des ACDF befinden sich laut Zettelkatalog die 1757 und 1761 in Venedig erschienenen Ausg.: PONTAS JEAN: Dictionarium casuum conscientiae, seu praecipuarum difficultatum circa moralem, ac disciplinam ecclesiasticam decisiones, e Scripturis, conciliis, patribus, necnon celeberrimis theologis, & canonum peritis depromptae / Auctore Joanne Pontas [...]. Accedunt menda pontasiana [...]. Item Fr. Danielis Concina [...] praefatio ad lectorem, & Animaduersiones critico-morales in praestata menda pontasiana [...]. - Venetiis : apud Antonium Bortoli, 1757. - 3 vol. ; 2°. *ACDF G 41, 1-3, SBN*;

Gutachter: [Agosto Canali][12]
Gutachten: 14 S., [4. Oktober 1735][13]

ACDF SO CL 1735-1736, Nr. 9

1735. Censura in Opus distributum in duos Tomos, cui. titul.: Theologia Dogmatica et Moralis ad usum seminarii Catalaunens. etc. Authore Lovis Habert. etc. Parisiis 1708, et 1712.

1. Anonym [HABERT, LOUIS]: Theologia dogmatica et moralis, ad usum seminarii Catalaunensis. - Parisiis : apud Spiritum Billiot, in domo Dionysii Thierry, 1707-1712. - 7 vol. ; 12°. *BNF*[14]

2. Anonym [HABERT, LOUIS]: Theologia dogmatica et moralis ad usum seminarii Catalaunensis. - Editio secunda [...]. - Parisiis : apud Spiritum Billiot [...] ; è typographia Dionysii Thierry, 1711[-1713]. - 7 vol. ; 12°. *BNF*[15]

Gutachter: Bonaventura Gervasi TOR
Gutachten: 8 S. (zu Nr. 1)[16]

Gutachter: Bonaventura Gervasi TOR
Gutachten: 9 S. (zu Nr. 2)

ACDF SO CL 1735-1736, Nr. 10

1736. Non permittitur impressio cuiusdam Orationis pro benedicendis animalibus saeviente in eisdem morbo epidemico.

PONTAS, JEAN ; LAMET, ADRIEN AUGUSTIN DE BUSSY DE ; FROMAGEAU, GERMAIN: Dictionarium casuum conscientiae, quos [...] / domini quondam De Lamet et Fromageau [...] deciderunt, e gallico idiomate, quo Parisiis prodiit, Latine redditum. In supplementum Dictionarii [...] Jo. Pontas. - Venetiis : Apud Antonium Bartoli, 1761. - 2 vol. ; 2°. *ACDF G 42, 4-5, BL.*

12 Als externer Gutachter.

13 Das Buch sollte einem zweiten Gutachter übergeben werden. Hinweise auf weitere Verhandlungen wurden nicht aufgefunden.

14 Verhandelt wurde vol. [5]. Tractatus de Sacramentis in genere; de baptismo; de confirmatione; & de Eucharistiâ. (1708). *BNF*. Verf. ermittelt nach *BNF*. Ermittelt wurde auch: Anonym [HABERT, LOUIS]: Theologia dogmatica et moralis ad usum seminarii Catalaunensis. - Parisiis : S. Billiot, 1708-1712. - [7] vol. ; 12°. *BNF*.

15 Verhandelt wurde vol. 6. Tractatus de poenitentiâ, & de extremâ-unctione. (1712). *BNF*. Verf. ermittelt nach *BNF*. In der Bibliothek des ACDF befinden sich laut Zettelkatalog außerdem die Ausg.: HABERT, LOUIS: Theologia dogmatica et moralis ad usum seminariorum / auctore d. Ludovico Habert [...]. - Edtio novissima in 8. tomos cum compendio distributa, novissimis sum. pontificum constitutionibus, ac ad singulos tomos rerum indicibus necessariis nunc primum aucta, atque ab innumeris mendis [...] diligentissime repurgata. - Placentiae : excudebat Josephus Tedeschi, 1772-1775. - 8 vol. (=7 vol. u. Compendium) ; 4°. *ACDF C 30, SBN*. HABERT, LOUIS: Compendium theologiae dogmaticae, et moralis ad usum seminariorum / auctore D. Ludovico Habert [...]. - Editio novissima. - Placentiae : excudebat Josephus Tedeschi, 1775. - VIII, 286 S. - (Habert, Louis: Theologia dogmatica et moralis ad usum seminariorum ; [8]). *ACDF C 31, SBN*; HABERT, LOUIS: Compendium theologiae dogmaticae et moralis ad usum seminariorum / authore d. Ludovico Habert [...]. - [Editio novissima rerum indicibus necessariis nunc primum aucta]. - Venetiis : ex typographia Balleoniana, 1794. - VIII, 472 S. ; [12°]. *ACDF Index D IV 20.*

16 Das Gutachten wurde nicht referiert. Zu diesem Fall wurde keine Entscheidung getroffen.

Das Werk wurde nicht ermittelt

Gutachter: keine Angabe
Gutachten: nicht aufgefunden[17]

ACDF SO CL 1735-1736, Nr. 11

1736. Censura in Officium septem Dolorum B. Virginis, quod habetur in Operibus S. Bonaventurae.

Das Werk wurde nicht ermittelt

Gutachter: Tommaso Sergio PO
Gutachten: 2 S., [6. März 1736][18]

ACDF SO CL 1735-1736, Nr. 12

1736. Censura in manus[criptu]m, cui. titul.: Comento affettuoso sopra il Salmo Miserere per servire di preparazione alla morte composto in lingua Francese dal R. P. Auvillon Religioso Minimo e traslatato nella Toscana favella dal M[aest]ro di Campo Conte Gianpaolo della Torre di Rezzonico.

AVRILLON, JEAN BAPTISTE ÉLIE : Comento affetuoso sopra il salmo Miserere : per servire di preparazione alla// morte / composto in lingua franzese dal Reverendo// Padre Aurillon Religioso Minimo:// E traslatato nella toscana favella dal Mastro di Campo Conte Giovampaolo della Torre di// Rezzonico. - [S.a.]. - 200 S. (Manuskript) *ACDF St.St. N-4-m*[19]

Gutachter: Bartolomé del Valle y Saavedra OCarm
Gutachten: 3 S., [30. Mai 1736][20]

ACDF SO CL 1735-1736, Nr. 13

1736. Decretum sanctioris Consilii Regis Galliarum sub die 28 Iulii 1736 in quo supprimitur liber ins[criptu]s: L'ordre de l'Eglise, ou la Primautè et la subordination ecclesiastique selon S. Thomas par le Pere Bernard d'Arras Capucin etc. A Paris 1735.

BERNARD D'ARRAS: L'Ordre de l'Église, ou la Primauté et la subordination ecclésiastique selon saint Thomas / par P. Bernard d'Arras [...]. - Paris : [Geneviève Couterot], 1735. - XXV, 312 S. ; 12°. *BNF*[21]

---

17 Mit Dekret SO vom 19. Januar 1736 wurde die Druckerlaubnis verweigert.

18 Am 1. Februar 1736 wurde entschieden, dass Kard. Sanclemente dem Erzbischof von Urbino ein Lob aussprechen sollte, weil dieser nach Anweisung des Kard. die Neuaufl. des Werks nicht erlaubt hatte.

19 Vgl. AVRILLON, JEAN BAPTISTE: Commentaire affectif sur le pseaume Miserere : pour servir de préparation à la mort / par R.P. Avrillon [...]. - Paris : Le Mercier père, 1729. - 12°. *BNF*.

20 Am 30. Mai 1736 wurde entschieden, das Werk einem zweiten Gutachter zu übergeben. Das Werk wurde aber nicht weiter verhandelt.

Gutachter: keine Angabe
Gutachten: nicht aufgefunden[22]

Weiterhin beiliegend: Arrest// Du Conseil D'Estat Du Roy,// Portant suppression d'un Livre qui a pour titre,// l'Ordre de l'Eglise, &c.// Du 28. Juillet 1736. - A Paris : De L'Imprimerie Royale, 1736. - 4 S. ; [4°]. *ACDF SO CL 1735-1736, Nr. 13, Abes*

ACDF SO CL 1735-1736, Nr. 14

1736. Acta circa Hymnum in laudem B. Mariae Virginis Te Matrem Dei Laudamus etc. compositum, ut praetenditur, a S. Bonaventura, qui posteà correctus permissum fuit a S. Rituum Congr[egation]e an. 1617, 22 Decembris ut insereretur in Breviario Canonicorum Regularium S. Salvatoris a quibus publicè cantatur.

1. BONAVENTURA <SANCTUS>: [Sacrae Congregationi Romanae Universalis Inquisitioni pro Canonicis Regularibus SS. Salvatoris. Typis Mainardi 1736] Hymnus// In Laudem// B. Mariae Virginis// A Sacra Congregatione Rituum// emendatus, & approbatus. - [S.l.]. - 4 S. (2 Ex.) *ACDF SO CL 1735-1736, Nr. 14*[23]

2. BONAVENTURA <SANCTUS>: Hymnus// Doctoris Seraphici D. Bonaventurae. - [S.l.] : [S.n.], [S.a.]. - 3 S. *ACDF SO CL 1735-1736, Nr. 14*

3. Ritratto dell'Antichissima Imagine della B.V. posta nella Chiesa dell'Arciconfraternità di S. Maria della Neue [...]. - In Bologna : per l'Erede di Vittorio Benacci, 1686 (Con licenza de' Superiori.). - 2 S. *ACDF SO CL 1735-1736, Nr. 14*[24]

Gutachter: Luigi Maria Lucini da Milano OP
Gutachten: 4 S. (zu Nr. 1-3)

Gutachter: [unleserlich]
Gutachten: 107 S. (zu Nr. 1-3)[25]

Weiterhin beiligend: (1) [Alla Sagra Romana Universale Inquisizione Per Li Canonici Regolari del Santissimo Saluatore] (Incipit: E[minentissi]mi, e R[everendissi]mi Signori.// Essendo stata solita la Congregazio-//ne de' Canonici Regolari del Santissimo Salvadore ...). - [Romae?] : Typis Mainardi, 1736. - 4 S. (3 Ex.)[26] (2) [Sacrae Congregationi Sanctae Romanae Universalis Congregationis pro

21 Abweichende Umfangsangabe nach *Abes*: [1], XXV, [5], 312, [4] S. Drucker ermittelt nach dem Druckprivileg vom 27. August 1735. *Abes*.

22 Hinweise auf Verhandlungen oder Entscheidungen zu diesem Werk wurden nicht aufgefunden.

23 Erscheinungsvermerk ergänzt nach den Angaben im Gutachten.

24 Zwischenüberschrift auf S. 2: Hymnus In Laudem B. Mariae Virginis.

25 In der Sitzung vom 27. September 1736 entschied der Papst, das Rezitieren der betrefffenden Hymne zu verbieten. Diese Entscheidung sollte nicht als Dekret verabschiedet, sondern den Patres SS. Salvator mündlich übermittelt werden. Die Hymne selbst wurde nicht verboten; die Patres durften sie einzeln privat oder gemeinsam in einem privaten Oratorium rezitieren.

26 Vermutl. Erscheinungsort ermittelt nach *SBN*.

Canonicis Regularibus Sanctissimi Salvatoris. Typis Leone et maynardi 1733] (Incipit: Videtur permittenda Canonicis Regularibus Sanctissimi Salvatoris continuatio antiquissimae Recitationis Hymnis inscripti Te Matrem Dei laudamus). - [S.l.]. - 4 S.

ACDF SO CL 1735-1736, Nr. 14bis

Censura in Librum ins[criptu]m: Collectio seu apparatus absolutionum, Benedictionum, Conjurationum etc. Opus coordinatum a P. Bernardo Sannig Ord. S. Francisci Reformatiorum. [27]

SANNIG, BERNHARD: Collectio sive appparatus absolutionum, benedictionum, conjurationum, exorcismorum, [vituum, et ceremoniarum ecclesiasticarum : continens etiam modum introducendi mulieres in Ecclesiam post puerperium, visitandi, et adiuvandi infirmos, et denique sepeliendi mortuos] / Opus parochis, & curam animarum gerentibus, perutile & necessarium coordinatum a R.P. Bernardo Sannig [...]. - Venetiis : apud Jo. Baptistam Recurti, 1734. - XII, 466, [2] S. ; 12°. *SBN*[28]

Gutachter: Benedetto da S. Maria OCist
Gutachter: Luigi Maria Lucini da Milano OP
Gutachten: 15 S., [28. November 1736]

Dekret: SO 28. November 1736
Bando: nicht aufgefunden

ACDF SO CL 1735-1736, Nr. 15

1736. Censura in Libr. ins[criptu]m: Principes de Conduite Dans le Defense de la Veritè. Par Mons[ieu]r Hamen. 1724.

HAMON, JEAN: Pincipes// De Conduite// Dans La Defense// De La Verite / Par Monsieur Hamon. Avec// Des Regles// Pour Les Tems// D'Epreuve Et De Persecution// Par M. Nicole. - [S.l., Paris?] : [S.n.], 1734. - 176 S. ; [12°]. *ACDF SO CL 1735-1736, Nr. 15, Abes*[29]

Gutachter: Romualdo di S. Giuliano OCD
Gutachten: 5 S., [28. November 1736]

Dekret: SO 28. November 1736
Bando: nicht aufgefunden

---

27 Titel laut Faszikelumschlag. Keine Angabe in der Rubricella. Vgl. ACDF SO Tit.Libr. 1729-1745.

28 Titelaufnahme ergänzt nach den Angaben im Gutachten und den Angaben zur Ausg. Venezia : ex typographia Remondiana, 1734. *SBN*.

29 Enth.: NICOLE, PIERRE: Avec des Règles pour les tems d'épreuve et de persecution. Vermutl. Erscheinungsort und Formatangabe ermittelt nach *COPAC*.

ACDF SO CL 1735-1736, o. Nr.[30]

[MEYER BEN. ABRAHAM, SAMUEL]: Zeer Waarde Heer// [...]// Geschreeven London den 3den van deese maand Adar / Samuel Meijer// Ben. Abraham.- [S.a.]. - 18 S. (Manuskript) *ACDF SO CL 1735-1736, 1735*

Gutachter: keine Angabe
Gutachten: nicht aufgefunden[31]

---

30 Angabe auf Faszikelumschlag: 1735. In der Rubricella fehlt der Eintrag.

31 Der Fall wurde dem SO vom Staatssekretariat übergeben. Hinweise auf Verhandlungen wurden jedoch nicht aufgefunden. Allerdings Schreiben von Bernardo Franck, Kanzler der Nunziatur in Luzern, vom 24. März 1735, und Anzeige von Joannes Hoogstraeten, Ort: Delft und Den Bosch.

ACDF SO CL 1737-1738

ACDF SO CL 1737-1738, Nr. 1

1737. Censura in Thesim propugnat. an. 1736. Aletii a P. Laurentio M[a]r[i]a de Laurentiis Studior. Praefecto circa intentionem Ministri pro Validitate Sacramentorum.

LAURENTIIS, JOHANNES LAURENTIUS DE (Praes.): Asserta Varia Theologica// Ex primarijs Sacrae Theologiae locis excerpta// (videlicet)// De Sacra Doctrina, de Ecclesia, de Fide, de Gratia, de Peccato Originali,// de Sacrosanctis Ecclesiae Concilijs, de Sacramentis// Quae// Magno Patri, Praeclarissimo Sapientiae Lumini, Potentissimo Haereticorum// Malleo, Invictissimo Divinae Gratiae Propugnatori, Ac Vindici,// Maximoque Ecclesiae Magistro// Augustino// In praecipuae devotionis, venerationis, ac filialis reverentiae argumentum.// D.D.D.// Humillimus Filius// Fr. Nicolaus Maria Serio a Massafra// In Lyciensi Augustiano Lyceo Studij Magister.// Sanctissimus Pater Augustinus// Anagramma Purissimum// Stas pius Magister natus unicus// Di Bonità, di saper ricolmo appieno// Nascesti sol per illustrare il Mondo.// [...] / Disputabuntur publicè Lycij in Ecclesia S. Angeli, recurrentibus Divae Catharinae Sollennijs Stud.// Patronae. Objecta diluer idem qui supra. Praeside Adm. Rev. Patre Johanne Laurentio// de Laurentijs Stud. Mag. Regente. Anno 1736. Mense Die Hora. - Neapoli : [S.n.]. - [ca. 1736] (Superiorum Permissu, & Regio Assensu.). (Einblattdruck) *ACDF SO CL 1737-1738, Nr. 1*

Gutachter: Tommaso Sergio PO
Gutachten: 4 S., [25. Februar 1737][1]

ACDF SO CL 1737-1738, Nr. 2

1737. Censura in Allegationem, cui. titul.: Ragioni a prò de Frati Minori Osserv[an]ti della Provincia di S. Nicolò di Bari, con le quali si dimostra non doversi seguire il Breve, in cui viene eletto il P. Bonaventura di Bisceglia Provinciale. Impress. Neapol. Autore Ascanio Centomani.

Item Censura in allegationem, cui. titul.: Nota a pro del Sacerdote D. Giuseppe Nardelli, nella quale si dimostra, che non dovevasi interporre L'Exequatur Regio al Decreto di Roma destinante Visitator Apostolico della Diocesi d'Oria

1 Laut Dekret SO vom 25. Februar 1737 sollte [Tommaso] Cervini, Patriarch [von Jerusalem], den General der Augustiner anweisen, letztgenannten De Laurentius, Präfekt des Kollegs in Lecce, zu ermahnen, solche Thesen nicht mehr zu vertreten und sich den Anweisungen des Bischofs von Lecce zu fügen.

Mons[igno]r La Gatti da Bitonto, da esaminarsi nella Camera di S. Chiara etc. impress. Neap. Authore Ascanio Centomani 1737.

1. CENTOMANI, ASCANIO: Nota// A Prò// Del Sacerdote D. Giuseppe Nardelli,// Nella Quale Si Dimostra,// Che non doveasi interporre l'exequatur// Reggio al decreto di Roma, desti-//nante Visitatore Apostolico della// Diocesi d'Oria Monsignor La// Gatti di Bitonto;// Da esaminarsi nella Real Camera di S. Chiara// A Relazione// Del Regio Consigliero, e Capo Ruota// Sig. D. Francesco Ventura// [...]. - Napoli : [S.n.], (3. Febbraro) 1737. - 84 S. ; [6°?]. *ACDF SO CL 1737-1738, Nr. 2*

2. CENTOMANI, ASCANIO: Ragioni// A Prò// De' Frati Minori Osservanti della Pro-//vincia di S. Nicolò di Bari,// Con Le Quali// Si dimostra non doversi eseguire il Breve,// in cui viene eletto il P. Buonaventu-//ra di Bisceglia Provinciale. [...]. - Nap[oli] : [S.n.], (6. Ottobre) 1736. - 58 S. ; 8°. *ACDF SO CL 1737-1738, Nr. 2*

Gutachter: Fortunato Tamburini OSB
Gutachten: 7 S., [4. September 1737] (zu Nr. 1)

Gutachter: Fortunato Tamburini OSB
Gutachten: 6 S., [4. September 1737] (zu Nr. 2)

Gutacher: Angelo Guarnieri
Gutachten: 21 S., [27. Februar 1737] (zu Nr. 2)

Dekret: SO 4. September 1737
Bando: SO 4. September 1737 (zu Nr. 1)

Dekret: SO 27. Februar 1737; SO 4. September 1737
Bando: SO 4. September 1737 (zu Nr. 2)

ACDF SO CL 1737-1738, Nr. 3

1737. Censura in Libr. insc[riptu]m: Seconde Lettre de Don Vincent Thuillier Benedectin de la Cong[regatio]n de S. Maur, servant de Replique a la response, que luy à faite un des confreres, qui persiste dans son Appell. Nouvelle edition a Paris 1728.

THUILLIER, VINCENT: Seconde lettre de Dom Vincent Thuillier [bénédictin de la congrégation de Saint Maur], servant de réplique à la response que lui a faite un de ses confrères qui persiste dans son appel. - Nouv. éd. - Paris : P.-F. Giffart, 1728. *CCFR*

Gutachter: John O'Maddin OFMRef
Gutachten: 5 S., 9. Augustus 1730

Gutachter: Cayetano Niclás Benítez de Lugo OP
Gutachten: 3 S., [15. Mai 1737][2]

2 Am 15. Mai 1737 sollte das Buch einem zweiten Gutachter übergeben werden. Hinweise auf weitere Verhandlungen wurden aber nicht aufgefunden.

ACDF SO CL 1737-1738, Nr. 4

1737. Censura in Libr. inscr[iptu]m: Le Christianisme Raisonnable Tel qu' il nous est rapresentè dans L'Ecriture Sainte. Traduit de l'Anglois de M. Locke etc. Amsterdam 1731.

LOCKE, JOHN: Le christianisme raisonnable tel qu'il nous est représenté dans l'Ecriture sainte / trad. de l'anglois de M. Locke par M. Coste. - Troisième édition, revûë, corrigée et augmentée d'une dissertation où l'on établit le vrai et l'unique moyen de réünir tous les chrétiens malgré la différence de leurs sentiments ; on a joint à cette édition „La religion des dames". - A Amsterdam : chez Zacharie Chatelain, 1731. - 2 vol. ; 8°. *RERO*[3]

Gutachter: [Jean-Genèse Barrin OSA]
Gutachten: 18 S., [25. September 1737]

Dekret: SO 25. September 1737 *in 1a classe absque ullis censuris*
Bando: SO 25. September 1737

ACDF SO CL 1737-1738, Nr. 5

1737. Censurae quorumdam librorum a D. Joan. Bap[ti]sta. Folis transmiss. ad Em[inentissimu]m Maior. Poenitentiarium. Authorum nomina sunt: 1. Guillelmus Estius; 2. Laurentius Heesen; 3.[s] Florentius Cocq. Ord[ini]s Praemonstrat.; 4.[us] P. XXX Presbiter Oratorii. 5. [us] Author quarumdam notarum litteral. addiect. traductioni gallicè Novi Testamenti impressae Parisiis 1729. 6.[us] Antonius Godeau episcopus Vincinensis.

1.-4. *Die Werke wurden nicht ermittelt*

5. ♦ MESENGUY, FRANÇOIS PHILIPPE (Übers./Bearb.): Le nouveau testament de notre Seigneur Jesus-Christ : Traduit en françois, avec des notes litterales pour en faciliter l'intelligence. - A Paris : Chez Philippe-Nicolas Lottin [...] et Jean Desaint [...], 1729. - [4], 24, 630, [2] S. ; 12°. *COPAC*[4]

♦ MARTIN, DAVID (Übers./Bearb.): Le nouveau Testament : traduit en françois selon la vulgate, avec de courtes notes pour l'intelligence des endroits les plus difficiles. - Paris : Desprez, 1729. - 4 vol. ; 12°. *CCFR*

---

3 Enth.: La religion des dames : discours où l'on montre que la religion est et doit être à la portée des plus simples, des femmes et des gens sans lettres. *RERO*. Vgl. Anonym [LOCKE, JOHN]: The Reasonableness of Christianity as delivered in the scriptures. - London : Churchil, 1695. *GBV*; Anonym [LOCKE, JOHN]: [Reasonableness of christianity] A Vindication of the Reasonableness of Christianity from Mr. Edwards's Reflections [...]. - London : [S.n.], 1695. - 8°. *BL*; B., A. [LOCKE, JOHN]: A Second Vindication of the Reasonableness of Christianity [...] / By the author of the Reasonableness of Christianity [...] [By A. B., i.e. J. Locke]. - London : A. & J. Churchill ; Edward Castle, 1697. - 480 S. ; 8°. *BL*. Vgl. (enth. Werk) Anonym: A lady's religion : in a letter to the Honourable My Lady Howard / by a divine of the Church of England [...]. - London : pr. by T. Warren for R. Baldwin, 1697. - 71 S. ; 12°. *COPAC*.

4 *CCFR*. Zahlreiche Nachweise mit unterschiedlichen Umfangsangaben. *CCFR*.

6. *Das/Die Werk(e) wurde(n) nicht ermittelt*

Gutachter: keine Angabe
Gutachten: nicht aufgefunden (zu Nr. 1-6)[5]

ACDF SO CL 1737-1738, Nr. 6

1738. Brevis censura, seu correctiones faciendae Libro anonymo inscr[ipt]o: Giornale del 1738 distinto co' Festi di Gesù Cristo, e colle memorie d'alcuni suoi Santi Ecclesiastici Secolari.

Giornale del 1738. Distinto co' Festi di Gesù Cristo e colle memorie d'alcuni suoi Santi Ecclesiastici Secolari. - [ca. 1738]. (Manuskript) *Das Manuskript wurde nicht nachgewiesen*

Gutachter: keine Angabe
Gutachten: nicht aufgefunden[6]

ACDF SO CL 1737-1738, Nr. 7

1738. Censura in libr. insc[iptu]m: Riti, e Costumi degli Ebrei descritti, e confutati dal Dottor Paolo Medici Sacerdote, e Lettor publico Fiorentino.

MEDICI, PAOLO (SEBASTIANO): Riti e costumi degli ebrei / descritti, e confutati dal dottore Paolo Medici sacerdote [...]. - In Firenze : nella nuova stamperia di Pietro Gaetano Vivini [...], 1736. - 560 S. ; 8°. *SBN*

Gutachter: Tommaso Sergio PO
Gutachten: 6 S. (zu Nr. 1-2)[7]

Gutacher: Tommaso Sergio PO
Gutachten: 3 S. (zu Nr. 1)[8]

Weiterhin Hinweise auf: VENTURINI, GIUSTO: Scrittura// Nella quale la Nazione ebrea etc. dimorante, ed// affidata nella Toscana prova, che non// è vantaggioso alla Guiete sua, e dei Luoghi,// dove dimora di lasciare avere il libero spaccio// al Libro intitolato Riti, e Costumi degl' ebrei// descritte, e confutati dal Dottore Paolo Medici// la qual opera già un altra volta fu comandato, che non si dare alle stampe. - [S.a.]. - 117 S. (Manuskript) *ACDF SO CL 1737-1738, Nr. 7*

---

5 Zu diesem Fall wurde keine Entscheidung getroffen.

6 Mit Dekret SO vom 8. Januar 1738 wurde die Druckerlaubnis erteilt.

7 Das Gutachten wurde nach dem 23. Januar 1737 verfasst und bezieht sich auf das Gutachten Sergios. Darüber hinaus nicht gezeichnet, 2 S.: Carattere istorico, o sia metodo dell'Autore della Scrittura a favore della Nazione ebrea contro il Medici; nicht gezeichnet 11 S.: Sommario delle ragione adotte nella Scrittura a favore della Nazione di Toscana contro il libro stampato dal Sig. Dot. D. Paolo Medici; nicht gezeichnet 3 S.: Notificazioni di alcune Proposizioni contenute nel Libro intitolato Riti, e Costumi degli Ebrei, descritti, e confutati dal Dott[or]e Paolo Medici. Laut Dekret SO vom 23. Januar 1723 sollte nach Einarbeitung der Korrekturen des Gutachters das Werk in Rom erneut gedruckt werden, aber nicht von Druckern offizieller Institutionen.

8 Das Gutachten wurde zwischen dem 21. November 1736 und dem 23. Januar 1737 verfasst.

ACDF SO CL 1737-1738, Nr. 8

1738. Censura in manusc[riptu]m cui. titulus: Riflessioni Morali, e Cristiane cavate per lo più dall'Epistole di S. Paolo della Sig[no]ra March[es]a Ippolita Massimi da Prato etc.

MASSIMI, IPPOLITA: Riflessioni Morali e Cristiane cavate per lo più dall'Epistole di S. Paolo / dalla Sig.ra Marchesa Ippolita Massimi da Prato, e dedicare All'Altezza Serenissima Elettorale di Maria Amalia Arciduchessa d'Austria, e duchessa dell'inferiore, e Superiore Baviera. - [S.a.]. (Manuskript) *Das Manuskript wurde nicht nachgewiesen*

Gutachter: Tommaso Sergio PO
Gutachten: 2 S., [27. Januar 1738][9]

ACDF SO CL 1737-1738, Nr. 9

1738. Censura in manusc[riptu]m, cui. titul.: Trattato della Predestinazione del Prete Guglielmo Trovamala di Sale dedicato all'Ill[ustrissi]mo e Rev[erendissi]mo M[onsigno]r Giulio Resta Vescovo di Tortona.

TROVAMALA (DI SALE), GUGLIELMO: Trattato della predestinazione / del Prete Guglielmo Trovamala di Sale dedicato all'Ill[ustirissi]mo e Rev[erendissi]mo Monsig[nor]e Giulio Resta Vescovo di Tortona. Marchese, e Conte. - [S.a.]. - 65 S. (Manuskript) *ACDF SO CL 1737-1738, Nr. 9*

Gutachter: Luigi Maria di Gesù OCD
Gutachten: 2 S., [5. November 1738][10]

ACDF SO CL 1737-1738, Nr. 10

1738. Censura in Manusc[riptu]m, cui. titul.: Compendio della Vita della Serva di Dio Suor Antonia Gaetana Casalini Bolognese etc. scritta dal sacerd[ot]e D. Liborio Schiavi.

SCHIAVI, LIBORIO: Compendio della Vita della Serva di Dio Suor Antonia Gaetana Casalini Bolognese[...] / scritta dal Sacerdote D. Liborio Schiavi. - [S.a.]. (Manuskript) *Das Manuskript wurde nicht nachgewiesen*

♦ SCHIAVI, LORENZO ANTONIO: Compendio della vita della serva di Dio suor Antonia Gaetana Casalini vergine bolognese [...] / descritto da d. Lorenzo Antonio

---

9 Mit Dekret SO vom 27. Januar 1738 wurde die Druckerlaubnis erteilt, jedoch sollte im Titel das Wort „Riflessioni" durch „Pensieri" ersetzt werden. Diese Entscheidung sollte dem Inquisitor von Bologna mitgeteilt werden.

10 Laut Dekret SO vom 5. November 1738 sollte das Werk vom SO einbehalten werden, nicht wegen der im Werk vertretenen Thesen, sondern wegen der Verhandlung des Themas auf Ital. Der Inquisitor von Ticino sollte nicht über diese Entscheidung benachrichtigt werden.

Schiavi sacerdote bolognese [...]. - In Bologna : per Lelio dalla Volpe, 1739. - [8], 124 S. ; 4°. *SBN*[11]

Gutachter: [Francesco Giuseppe Maria Perrimezzi OM]
Gutachten: nicht aufgefunden[12]

ACDF SO CL 1737-1738, Nr. 11

1738. Censura in librum P. Belelli Ord[ini]s S. Augustini etc. inscript.: Mens D. Augustini de statu Creaturam rationalis ante peccatum etc.

♦ BELLELLI, FULGENZIO: Mens Augustini De Statu Creaturae Rationalis Ante Peccatum : Polemica Dissertatio adversus aliquot Pelagianos, Bajanos, Jansenianos errores quorundam Doctorum opiniones / Authore P. F. Fulgentio Bellelli Ord. Erem. S. P. Augustini [...]. - Antverpiae : Robyns, 1715. - [7] Bl., 320 S., [4] Bl. *BVB*

♦ BELLELLI, FULGENZIO: Mens Augustini de statu creaturae rationalis ante peccatum : polemica Dissertatio adversus aliquot Pelagianos, Bajanos, Jansenianos errores recentesve quorundam doctorum opiniones / authore Fulgenzio Bellelli. - Iuxta exemplar Lucernae impr. - Antverpiae : Robyns, 1715. *SWB*[13]

Gutachter: keine Angabe
Gutachten: nicht aufgefunden[14]

---

11 Der im Gutachten genannte Verf.-Name Liborio Schiavi wurde nicht nachgewiesen.

12 Mit Dekret SO vom 10. Dezember 1738 wurde die Druckerlaubnis erteilt.

13 Das Werk war bereits erschienen: BELLELLI, FULGENZIO: Mens Augustini de statu creaturae rationalis ante peccatum [...] / Authore P. F. Fulgentio Bellelli [...] et illustrissimi ac reverendissimi Jacobi Carraccioli archiepiscopi Ephesini ad Helvetios [...] Accessere summorum pontificum Bullae contra Michaelem Bajum et Cornelium Jansenium. - Lucerna : typis Annae Felicitatis Hauttin, per Innocent. Theodoricum Hautt, 1711. - 16, 520, 8 S. ; 8°. *SBN*.

14 Der Faszikel ist leer. Es existiert nur noch der Umschlag.

ACDF SO CL 1739-1741

ACDF SO CL 1739-1741, Nr. 1

1739. Censura in Libros sequent. 1.us inscribitur: M. Thymoleuntis adversus improbos litterarum, bonarumq. Artium Osores Menippea 1.^{a} etc. Londini 1738.

2.us inscrib.: L. Sectani Q. Fil de tota Greculorum huius aetatis litteratura ad Gallum Salmorium sermones quatuor. Accessere quaedam M. Philocardii enarrationes. Genevae 1737.

3.us inscribitur: I Piffari di Montagna, che andarono per suonare e furono suonati. Raggionamento I. di Cessellio Filomastige. A Leida 1737.

1. THYMOLEON, M. <Pseudonym> [LAMI, GIOVANNI]: [Adversus improbos litterarum bonarumque artium osores Menippea I.] M. Thymoleontis adversus improbos litterarum bonarumque artium osores Menippea I. : Accesserunt Sex. Philomidis ennarationes. - Londini : Apud Iacobum Tonson, 1738. - 36 S. ; 4°. *COPAC*, *GBV*[1]

2. SECTANUS, LUCIUS QUINTUS FILIUS <Pseudonym> [CORDARA, GIULIO CESARE] ; PHILOCARDIUS, M. <Pseudonym> [LAGOMARSINI, GIROLAMO]: [De tota Graeculorum huius aetatis litteratura ad gaium salmorium sermones quattuor] L. Sectani// Q. Fil.// De tota Graeculorum// Huius Aetatis// Litteratura// Ad// Gaium Salmorium// Sermones Quattuor.// Accessere quaedam M. Philocardii// Enarrationes. - Genevae [Lucca?] : Apud Tornesios Superiorum Permissu, 1737. - [4], 63, [1] S. ; 4°. *BNCF*

3. FILOMASTIGE, CESELLIO <Pseudonym> [LAMI, GIOVANNI]: I Pifferi// di Montagna// Che andarono per sonare, e furono sonati : Ragionamento I. / Di

---

[1] Enth.: PHILOMIDES, SEXTUS <Pseudonym> [LAMI, GIOVANNI]: Ennarationes. Die Verf.-Namen M. Thymoleon und Sex. Philomidis sind Pseudonyme. Die unter dem Pseudonym M. Thymoleon erschienenen Werke werden sowohl Giovanni Lami als auch Giuseppe Clemente Bini zugeschrieben. Die unter dem Pseudonym Sextus Philomides erschienenen Werke werden Giuseppe Clemente Bini zugeschrieben. Allerdings werden die Werke Binis bisweilen G. Lami zugeschrieben. *COPAC, AMICUS, GBV, ÖNB*, *Abes*, s. Melzi. Nach *PND-HBZ* ist der Verf.-Name Giuseppe Clemente Bini eines der von Giovanni Lami verwendeten Pseudonyme. Der Erscheinungsort ist nach *COPAC* fingiert. Tatsächlich sei das Werk in Florenz gedruckt worden. 1742 erschien: [Adversus mutonium Lycoresten Archipaedagogum Menippea II.] M. Thymoleontis adversus mutonium Lycoresten Archipaedagogum Menippea II. [...]. *GBV*.

Cesellio Filomastige. - A Leida : Appresso l'Erede degli Elzevier, 1737. (Con Privilegio.). - 21 S. *ACDF SO CL 1739-1741, Nr. 1, LIBRIS*[2]

Gutachter: Francesco Landi
Gutachten: 18 S., [2. Dezember 1738] (zu Nr. 1)

Gutachter: Francesco Landi
Gutachten: 19 S., [11. März 1739] (zu Nr. 1-3)

Dekret: SO 11. März 1739[3]
Bando: CIndex 13. April 1739 (zu Nr. 1-3)

ACDF SO CL 1739-1741, Nr. 2

1739. Non permittitur Sacerd[ot]i Eustachio Fabri publicatio, et evulgatio Libri ins[cript]i: Modo divoto di venerare la Gloriosa S. Anna etc.

Anonym [FABRI, EUSTACHIO]: Modo divoto// Per venerare// La gloriosa Madre// Sant'Anna : Con alcune pie Orazioni// per ottendere la sua as-//sistenza al punto// della Morte, ed// in altri biso-//gni.// Aggiuntevi le Meditazioni// delle Sette Allegrezze// Del Patriarca// S. Gioachino. - In Pesaro : Per Niccolò Gavelli.// (Con licenza de' Sup.), [S.a.]. - 47 S. *ACDF SO CL 1739-1741, Nr. 2*[4]

Gutachter: keine Angabe
Gutachten: nicht aufgefunden.[5]

ACDF SO CL 1739-1741, Nr. 3

1739. Censura in Libr. ins[criptu]m: Histoire du Concile de Trent ecrite en Italien par Frà Paolo Sarpi de l'Ordre des des [sic] Servites, et traduite de nouveau en Francois, avec des notes Critiques etc. Par Pierre Francois le Courajer Doct. en Theolog. Amsterdam 1736.[6]

SARPI, PAOLO: Histoire Du Concile De Trente / Ecrite En Italien Par Fra-Paolo Sarpi, de l'Ordre des Servites; Et Traduite De Nouveau En François, Avec Des Notes Critiques, Historiques Et Theologiques, Par Pierre-François Le Courayer, Docteur en Théologie de l'Université d'Oxford [...]. - Amsterdam : Chez J. Wetstein Et G. Smith, 1736. - 2 vol. ; 4°. *HBZ*[7]

---

2 Das Werk wird auch Giuseppe Maria Mecatti zugeschrieben. *Abes*, *GBV*, *RERO*, *AMICUS*.

3 Vgl. ACDF Index Diari 16 (1734-1746), Bl. 42v-44r und ACDF Index Prot. 81 (1737-40), Bl. 173r-182v; Bl. 162r-v: Biglietto des SO vom 16. März 1739 mit zwei beiliegenden Gutachten.

4 Ermittelt wurde auch: Anonym: Modo divoto per venerare la gloriosa madre sant'Anna : con alcune pie orazioni per ottenere la di lei assistenza al punto della morte, e in altri bisogni. Aggiuntevi le meditazioni delle sette allegrezze del patriarca san Gioachino. - In Faenza : presso l'Archi., [1730]. - [24?] S. ; 24°. *SBN*.

5 Die Druckerlaubnis wurde verweigert. Vgl. ACDF Index Diari 16 (1734-1746), Bl. 11v. Vgl. auch ACDF Index Prot. 80 (1735-1737), Bl. 25.

6 Vgl. ACDF SO Tit.Libr. 1729-1745, Nr. 123.

7 Vgl. SOAVE, PIETRO <Pseudonym> [SARPI, PAOLO]: Historia del Concilio Tridentino : Nella quale si scoprono tutti gl' artificii della corte di Roma, per impedire che né la veritá dogmi si palesasse,

Gutachter: Gianantonio Bianchi OFMObs
Gutachten: 25 S., [19. August 1739]

Dekret: SO 19. August 1739
Bando: Breve 26. Januar 1740

ACDF SO CL 1739-1741, Nr. 4

1739. Non permittitur impressio Manus[cript]i, cui titul.: Salterio Davidico, Profetico, Storico, Morale, Deprecatorio generalmente secondo le immagini di eruditi sagri approvati Spositori latini etc. da Benedetto Antonio Pasqualigo Nobil Uomo Canonico Padovano sotto titolo di S. Francesco Saverio. Parti due etc.

PASQUALIGO, BENEDETTO ANTONIO: Salterio Davidico Profetico, Storico, Morale, Deprecatorio generalmente secondo le immagini di eruditi sagri approvati Spositori latini [...] / da Benedetto Antonio Pasqualigo Nobil Uomo Canonico Padovano sotto titolo di S. Francesco Saverio : Parti due [...]. - [S.a.]. (Manuskript) *Das Manuskript wurde nicht nachgewiesen*

Gutachter: keine Angabe
Gutachten: nicht aufgefunden[8]

ACDF SO CL 1739-1741, Nr. 5

1739. Censura in Tractatum Manuscriptum de Iustitia, et Iure.

Anonym [SOTO, DOMINGO DE]: De Iust[iti]a et Iure.// Seuerae// Libri 10. - [1739] - 180 S. (Manuskript) *ACDF SO CL 1739-1741, Nr. 5*[9]

Gutachter: Gaudenzio da Genova OFMRef
Gutachten: 9 S.[10]

ACDF SO CL 1739-1741, Nr. 6

1739. Censura in Libr. Anonym., cui. titul.: Doutes sur la Religion. Dent en cherche de bonne foy l'Eclaircissement.

né la riforma del papato, & della chiesa si trattasse / Di Pietro Soaue Polano. - In Londra : Appresso Giovan. Billio. Regio stampatore, 1619. - [8], 806, [10] S. ; 2°. *COPAC.*

8 Laut Rubricella wurde die Druckerlaubnis verweigert.

9 Liber secundus des Manuskripts fehlt. Der Zettelkatalog des ACDF verzeichnet außerdem: SOTO, DOMINGO DE: [De iustitia et iure] Fr. Dominico Soto, Segobiensis [...] Libri decem De iustitia & iure. - Nunc postremo post omneis omnium editiones summo studio, fide, exactaque diligentia recogniti. Quibus recens accessit liber octauus, De iuramento, et adiuratione, septimo nimirum in sextum reiecto. Cum gemino indice [...]. - Venetiis : apud Bartholomaeum Rubinum, 1573. - [20], 279 S. ; 2°. *ACDF Sign. G 11, SBN.*

10 Zu diesem Fall wurde keine Entscheidung getroffen.

Anonym: Doutes sur la Religion,// dont on cherche de bonne foy l'Eclaircissement. - [S.a.]. - 77 S. (Manuskript) *ACDF SO CL 1739-1741, Nr. 6*[11]

Gutachter: Jean François Descontes OSB
Gutachten: 45 S.[12]

ACDF SO CL 1739-1741, Nr. 7

1740. Censura in Libr. ins[criptu]m: B. M. Virgini sine originali labe conceptae singulis horis dicendae laudes e Sacrae Scipturae locis ab Octavio Antonio Bajardi excerptae etc. Ulyssiponae 1733.[13]

BAYARDI, OTTAVIO ANTONIO: Beatae Mariae Virginis sine originali labe conceptae singulis horis dicendae laudes e Sacrae Scipturae Locis / ab Octavio Antonio Bayardi excerptae Elisabeth Hispaniarum Reginae ad usum. - Vlyssipone : Typis Antonij a Sylva, 1733. *Die Ausg. wurde nicht nachgewiesen*[14]

Gutachter: keine Angabe
Gutachten: 3 S.

Dekret: SO 23. Juni 1739[15]
Bando: CIndex 4. Mai 1742*

ACDF SO CL 1739-1741, Nr. 8

1740. Acta in Ephemerides in quibus referuntur quaedam Epistolae falsò praeferentes nomen Cardin. Davia ad Pseudo-Episcopum Montis Pessulani.[16]

Suite des Nouvelles Ecclesiastiques du 20 Fevrier 1740. [incipit: De Paris. Le Cardinal Jean Antoine Davia], in: Nouvelles ecclésiastiques, ou mémoires pour

---

11 Ermittelt wurde auch: Anonym: Doutes sur la religion : ou examen sur la religion en général dont on cherche l'éclaircissement de bonne foy. - [zwischen 1765 und 1784?]. - [126] Bl. (Manuskript) *NBY*; DU MARSAIS, CESAR CHESNEAU: Examen de la religion ou Doutes sur la religion dont on cherche l'éclaircissement de bonne foi / César Chesneau Du Marsais ; introd. et éd. critique par Gianluca Mori. - Oxford : Voltaire Foundation, 1998. - VIII, 400 S. : Ill. - (Libre pensée et littérature clandestine ; 7). *BNF*.

12 Eine kürzere Fassung des Gutachtens, 21. S., liegt vor. Hinweise auf weitere Verhandlungen und eine Entscheidung zu diesem Fall wurden nicht aufgefunden. Laut Notiz auf Faszikelumschlag war der Gutachter der Meinung, das Manuskript sollte verbrannt werden.

13 Vgl. ACDF SO CL 1742-1743, Nr. 10.

14 Ermittelt wurde: BAYARDI, OTTAVIO ANTONIO: Beatae Mariae virgini sine labe conceptae e sacrae scripturae locis Elisabeth Hispaniarum regine ad usum / ab Octavio Antonio Bayardo excerpendarum laudum occasione panegyricus Hispali habitus. - [Hispaniae] : [Typis D. Didaci Lopez de Haro], 1733. - [115] S. ; 8°. *REBIUN*.

15 Faszikeldeckel: Vide censuras annorum 1741 et 1742. Laut Dekret SO vom 23. Juni 1723 sollte der Autor außerdem ermahnt werden. Vgl. ACDF Index Prot. 81 (1737-40), Bl. 188r: Biglietto SO vom 4. Juli 1739; und ACDF Index Prot. 82 (1740-1748), Bl. 31r-v: Biglietto SO 27. April 1742.

16 Laut Faszikelaufschrift: Acta in Folium ins.m : 29. Suite des Nouvelles Ecclesiastiques du 20 Fevrier 1740. Sine loco impressionis, et sine nomine impressoris. In dictis Ephemeridis referuntur... Vgl. ACDF SO CL 1739-1741, o.Nr.

servir à l'histoire de la constitution Unigenitus. - Utrecht, Nr. 29 ([20.] Fevrier 1740). - 11 S. [S. 29-31?]. (hs. Abschrift) *ACDF SO CL 1739-1741, Nr. 8*

Gutachter: keine Angabe
Gutachten: nicht aufgefunden

Dekret: nicht aufgefunden
Bando: SO 19. April 1740[17]

Weiterhin beiliegend: (1) Suite du supplement. Du 11 Juillet 1740, Lettre de M. Asais, Curé de Grabels, dans le Diocese de Montpellier, écrite à M. l'Abbé le Noir, Théologal et Vicaire Général, in: [Nouvelles Ecclesiastiques?], ([11.] Juli 1740). - S. 109-112. (2) Suite du Supplement. Du 19 Septembre 1740, in: [Nouvelle Ecclesiastique?], ([19.] Sept.). - S. 149-152.[18] (3) Anonym [BREMOND, ANTONIN?]: Reponse// A un Ami touchant les lettres qu'on// atribue au Cardinal Davia dans// la Suite des Nouvelles Ecclesiastiques - N. 29 Article de Paris// du 20. Fevrier 1740. pa-//ges 29. 30. 31. - [S.l.] : [S.n.], [ca. 1740]. - 23 S. ; 4°. (2 Ex.)

ACDF SO CL 1739-1741, Nr. 9

1740. Permittitur impressio sequentium Librorum. 1.us inscribitur: Vita del Ven. Servo di Dio P. Francesco di Geronimo della Compagnia di Gesù etc. descritta dal M. R. P. Pellegrino Nicelli della stessa Compagnia.

Alter Liber inscribit.: Jacobi Garini ad Ferrariensis Gymmasii Historiam per Ferrantem Borsettum conscriptam, Supplementum in animadversiones. 1.a Pars.

1. NICELLI, PELLEGRINO: Vita del Ven. Servo di Dio P. Francesco di Geronimo della Compagnia di Gesù [...] / descritta dal M. R. P. Pellegrino Nicelli della stessa Compagnia. - [S.a.]. *Das Werk wurde nicht ermittelt*[19]

2. GUARINUS, JACOBUS <Pseudonym> [BARUFFALDI, GIROLAMO (Priester)]: [Ad Ferrariensis gymnasii historiam] Jacobi Guarini ad Ferrariensis gymnasii historiam

---

17 Eine Abschrift des Bando sollte dem Nuntius von Frankreich zugeschickt werden.

18 Hauptsacht. anfangs: Nouvelles ecclésiastiques, ou mémoires pour servir à l'histoire ecclésiastiques. Hauptsacht. 1713-1729: Nouvelles ecclésiastiques. Hauptsacht. teils: Suite des nouvelles ecclésiastiques. Hauptsacht. teils: Nouvelles ecclèsiastiques ou mémoires pour servir à l'histoire de la constitution. Auf dem Bandtitelb. teils: Nouvelles ecclésiastiques, collegii parisiens Societatea Jesu ou mémoires pour servir á l'histoire ecclésiastiques. Ersch. in mehreren Neuausg. mit leicht abweichendem Hauptsacht. Zählung einer Neuausg.: 1 (1728/30) - 18 (1797/1803). *HBZ.*

19 Ermittelt wurde: BAGNATI, SIMONE: Vita del servo di Dio P. Francesco di Geronimo della Compagnia di Gesu / nuovamente scritta dal P. Simone Bagnati della medesima compagnia per le nuove notizie delle sue virtu, e grazie impetrate da Dio. Libri tre. [...]. - In Napoli : Nella Stamperia di Felice Mosca, 1725. - [30], 373 [i.e. 393], 3 S. ; 4°. *SBN*; ODDI, LONGARO DEGLI: Vita del venarabil servo di Dio p. Francesco di Girolamo della Compagnia di Gesu cavata da' processi autentici formati per la sua canonizzazione / da Longaro Degli Oddi della medesima Compagnia con in fine il decreto emanato dalla Sede Apostolica [...]. - Edizione seconda accresciuta. - Roma : nella stamparia Mainardi, 1761. - [20] Bl., 295 S. ; 4°. *SBN.*

per Ferrantem Borsettum conscriptam supplementum, & animadversiones. - Bononiae : ex typographia Laurentii Martelli, 1740-1741. - 2 vol. ; 4°. *COPAC*[20]

Gutachter: keine Angabe
Gutachten: nicht aufgefunden[21]

ACDF SO CL 1739-1741, Nr. 10

1740. Mandatur Inq[uisito]ri Melitae, ut obsistere pergat evulgationi Libri ins[cript]i: Les soupers de Dapnè, et les Dortoirs de Lacedemone. Anecdotes Greques etc. A Onfort 1740.

Anonym [MEUSNIER DE QUERLON, ANNE GABRIEL]: Les// Soupers de Dapnè// et Les// Dortoirs de Lacedemonè : Anecdotes Greques// Où Fragmentes Historiques publies pour// le primiere Fois, et traduites suir La Version// Arabè. Imprimè a Constantinople l'// An de l'Hegire 1110. et de// Notre Ere 1731. - À Oxfort : [S.n.], 1740. (hs. Titelbl.) *ACDF SO CL 1739-1741, Nr. 10*

♦ Anonym [MEUSNIER DE QUERLON, ANNE GABRIEL]: Les Soupers de Daphené et Les Dortoirs de Lacédémone : Anecdotes greques, ou fragments historiques publiés pour la première fois & traduits sur la version arabe imprimée à Constantinople, l'an de l'Hégire 1110. & de nôtre ère 1731. - Oxfort [i.e.Paris] : [S.n.], 1740. - 96 S. ; 8°. *COPAC.*[22]

Gutachter: keine Angabe
Gutachten: nicht aufgefunden[23]

ACDF SO CL 1739-1741, Nr. 11

1740. Decret. S. Cong. sub die 16 Novembr. 1740. Statuens relata ad instantiam Hieronymi Durani[24] pro imprimenda vita Sacerdotis Philippi Costa Neapolitani Fundatoris Cong[regatio]nis Presbiterorum Missionariorum erectae Bitunti.

Das Werk wurde nicht ermittelt

Gutachter: keine Angabe
Gutachten: nicht aufgefunden[25]

---

20 Verhandelt wurde vol. 1 (1740).

21 Laut Rubricella wurde die Druckerlaubnis zu beiden Werken erteilt. Das Schreiben des Inquisitors von Bologna bezieht sich außerdem auf weitere Manuskripte, vgl. ACDF SO CL 1739-1741, Nr. 13.

22 Erscheinungsort nach *COPAC* fingiert.

23 Laut Rubricella wurde die Druckerlaubnis verweigert.

24 Laut Faszikelaufschrift: Morani.

25 Am 14. November 1740 nahmen die Kard. auf das Votum der Konsultoren hin den Fall zur Kenntnis, ohne weitere Entscheidungen zu treffen. Laut Relation wurde gegen den beteiligten Filippo Costa 1693 ein gerichtliches Verfahren wegen vermeintlichem Molinismus am erzb. Gerichtshof eröffnet, mit Hinweis auf vol. 3447.

ACDF SO CL 1739-1741, Nr. 12

1740. Censura in Manus[criptu]m, cui titul.: Nunzio Memoriale dell'Abbondanza della Divina pietà, o sia La vita di S. Geltruda detta per la sua Eccellenza La Grande etc. il tutto raccolto dal Dot. D. Gaspare Antonio Campacci.

LANDSBERG, JOHANNES JUSTUS; CAMPACCI, ANTONIO: Nunzio memoriale dell'abbondanza della divina pieta, o sia la vita di S Gertruda detta per la sua eccellenza la Grande / ridotta gia in cinque libri dal RP Gio Lanspergio monaco della certosa, nuovamente riveduta, e corretta da un sacerdote dottore teologo divoto di essa santa etc il tutto raccolto dal dotore D Gasparo Antonio Campacci. - [S.a.]. (Manuskript) *Das Manuskript wurde nicht nachgewiesen*[26]

Gutachter: Innocenzo Balestracci da Montone OFMConv
Gutachten: 8 S.[27]

ACDF SO CL 1739-1741, Nr. 13

1740. Censura in Libr. ins[criptu]m: Osservazioni sopra due Trattati tradotti dal Francese, e stampati in Padova l'anno 1733. L'uno della libertà, l'altro della concupiscenza, fatte da Fr. Gioseffo Maria Platina Min. Conventuale Primario Teologo etc.

Die Werke wurden nicht ermittelt

Gutachter: Tommaso Sergio PO
Gutachten: 7 S., [10. Oktober 1740][28]

ACDF SO CL 1739-1741, Nr. 14

1741. Acta in Decret. senatus Parisien. diei 1 Septembr. 1740, quo supprimitur Epistola Episcopi Laudunen., quae concernit modum tenendi circa Refractarios Bullae Unigenitus.

Die Werke wurden nicht ermittelt

Gutachter: keine Angabe
Gutachten: nicht aufgefunden[29]

---

26 Ermittelt wurde: CAMPACCI, ANTONIO: Vita di S. Gertrude vergine, badessa dell'ordine di S. Benedetto, detta per la sua eroica santita, la grande, la magna / Descritta da Gasparo Antonio Campaccio, diuisa in due parti. Nella prima si narrano le sue eroiche virtu, azioni. Nella seconda li diuini ammaestramenti riceuuti da Gesu Cristo suo amatissimo sposo [...]. - In Venezia : presso Niccolo Pezzana, 1748. - [12], 409, [21] S. ; 4°. *SBN.*

27 Mit Dekret SO vom 9. Dezember 1740 wurde die Druckerlaubnis mit der Auflage erteilt, das Werk zu korrigieren. Zu diesem Zweck sollten das Manuskript und eine anonyme Abschrift des Gutachtens dem Inquisitor von Bologna zugestellt werden. Vgl. auch ACDF SO Tit.Libr. 1729-1745, Nr. 115.

28 Am 12. Oktober 1740 sollte das Werk dem Konsultor Balestracci als zweitem Gutachter übergeben werden. Hinweise auf weitere Verhandlungen wurden nicht aufgefunden. Zu diesem Fall wurde keine Entscheidung getroffen.

Dekret: SO 12. Januar 1741[30]
Bando: nicht aufgefunden

ACDF SO CL 1739-1741, Nr. 15

1741. Laudatur Nuntius Galliar., eo quod in Carcerem detruserit Mercatorem imaginum qui vendere audebat folium impressum continens preces Diacono Paris oblatas.

Es liegt kein konkreter Zensurfall vor

Gutachter: keine Angabe
Gutachten: nicht aufgefunden[31]

ACDF SO CL 1739-1741, Nr. 16

1741. Censura tum in Theses Philosophicas propugnatas die 24. Februar. 1740 in Schola S. Joan. ad Falesiam impressas Cadomi, tum in Libellum impressum, cui titul.: Censura S. Facultatis Theologiae Cadomen. lata in quasdam Conclusiones Philosophicas propugnat. in Schola S. Joan. Falesiam die 24. Februar. 1740 Cadomi.

Censura// S. Facultatis Theologiae// Cadomensis,// Lata in quasdam Conclusiones Philoso-//phicas propugnatas die 24.â mensis Fe-//bruarii praesentis Anni 1740. in Scholâ// S. Joannis ad Falesiam, typis excusas// Cadomi, apud Joannem Poisson. - Cadomi : Apud Antonium Cavelier, et Joannem// Claudium Pyron, Universitatis Typographos. - 1740. - 6 S. *ACDF SO CL 1739-1741, Nr. 16*

Gutachter: Innocenzo Balestracci da Montone OFMConv
Gutachten: 12 S., [24. August 1740][32]

ACDF SO CL 1739-1741, Nr. 17

1741. Non permittitur impressio Opusculi Manuscripti, cui titulus: Pace, Concordia ed Unione etc. Operata del P. Gio. della S[anti]s[i]ma Trinità, scalzetto.

GIO. <DELLA SANTISSIMA TRINITÀ>: Pace, Concordia, ed Unione// Alla Beatitudine di N[ostr]o S[igno]re// Padre Benedetto XIII. che// da N[os]tro Signor Gesu Cristo sia// benedetto.// S. M. T. / Al Molto R[everend]o Padre D. Gio. della//

29 Hinweis auf Faszikelumschlag: Vid. Volum. Infrascriptum: Acta a Senatu Parisien in causa const. Unigenitus Parte 3.

30 Laut Dekret SO vom 12. Januar 1741 sollten die Werke per Breve verboten werden.

31 Am 24. Mai 1741 wurde entschieden, den Nuntius zu loben. Er sollte gleichzeitig ermutigt werden, sich in ähnlichen Fällen in dieser Weise zu verhalten.

32 Darüber hinaus: nicht gezeichnet, 4 S.: „Osservazioni“. Laut Dekret SO vom 25. Mai 1741 sollte keine Aussage zur Zensur der Theologischen Fakultät in Caen oder zu philosophischen Thesen bekannt gemacht werden aber der MSP sollte darauf achten, dass die fraglichen Propositionen nicht als Thesen oder Bücher gedruckt wurden.

S[antis]s[im]a Trinità Scalsetto// Montelupo per l'Ambrogiana. - [S.a.]. - 33 S. (Manuskript) *ACDF SO CL 1739-1741, Nr. 17*

Gutachter: keine Angabe
Gutachten: nicht aufgefunden[33]

ACDF SO CL 1739-1741, Nr. 18

1741. Censura in Manus[criptu]m, cui titul.: Vita della Serva di Dio la Madre D. Costante Maria Ciappi Religiosa del Monist[er]o di S. Lucca di Fabriano sotto la Regola del Patriarca S. Benedetto, scritta da Angelo Agostino Buti Canonico etc.

BUTI, ANGELO AGOSTINO: Vita// Della Serva di Dio// la Madre Donna// Costante Maria Ciappi// Religiosa nel Monastero di S. Luca// di Fabriano// Sotto la Regola del Patriarca San Benedetto / Scritta// Da Angelo Agostino Buti// Canonico della Cattedrale della stessa Città// e dedicata. - [S.a.]. (hs. Titelblatt, Manuskript) *ACDF SO CL 1739-1741, Nr. 18. Das Manuskript wurde nicht nachgewiesen*

Gutachter: Giuseppe del Sera OSBOliv
Gutachten: 4 S., [9. August 1741][34]

ACDF SO CL 1739-1741, Nr. 19

1741. Acta in attentata impressione facta a P. Constantino Jesuita Operis ins[cript]i: Risposta alle accuse date al praticato sin ora da Religiosi della Compagnia di Gesù nelle Missioni del Maduras etc. in due libri diversi del Rev[erendissim]o Fr. Luigi M[a]r[i]a Lucini etc. gia impressa fino dall'anno 1729. Coll'aggiunta del Decreto della S. M. di Clemente XII. manoscritto, e postillato a lor favore.

LUCINO, LUIGI MARIA: Risposta alle accuse date al praticato sinora da Religiosi della compagnia di Giesu nelle missioni [del Madurey ...]. - Colonia : [S.n.], 1729. - [3 Teile in] 2 vol. *ACDF L 19, 2, BVB*[35]

Gutachter: keine Angabe
Gutachten: nicht aufgefunden[36]

---

33 Laut Rubricella wurde die Druckerlaubnis verweigert.

34 Mit Dekret SO vom 9. August 1741 wurde die Druckerlaubnis erteilt.

35 Laut Zettelkatalog des ACDF fehlt vol. 1. Das Werk wird auch Antonio Brandolini zugeschrieben. *MAI.*

36 Am 6. September 1741 einigten sich die Kard. auf eine Empfehlung an den Papst. Dieser solle sich ernsthaft mit dem General der Jesuiten über die vorhandene Edition des Werks unterhalten und ihn ermahnen, künftige Neuauflagen zu verbieten. 30 Exemplare des päpstlichen Breve von 1734 über den malabrischen Ritenstreit sollten dem Inquisitor von Venedig zugesandt werden, um das vermeintl. Verbrechen des P. Constantinus Mendacius bekannt zu machen. Nachdem der Ass. den Papst von dieser Empfehlung benachrichtigt hatte, teilte letztgenannter ihm mit, dass der General der Jesuiten versprochen habe, den Druck des Werks zu verhindern. Das SO solle sich vom Vikar der Inquisition von Padua die vorhandenen Exemplare des Werks übergeben lassen.

ACDF SO CL 1739-1741, Nr. 20

1741. Censura in Libr. Germanic., cuius titul. latine redditus est: Regula Tertii Ord[ini]s a Seraphico Patriarcha S. Francesco ad omnium utriusq. Sexus in saeculo, sive in Matrimonio, sive extra illud viventium etc. ex Speciali Dei inspiratione anno 1221 concepto, ac a Nicolao IV. confirmata etc. Argentinae 1729.

♦ FRANCISCUS <ASSISIAS>: Die Regel des dritten Ordens / von dem Seraphischen Patriarchen S. Franziskus [...] verfasset [...]. - Straßburg : [S.n.], 1728. - 8°. *SBB*

Gutachter: Tomás Ripoll OP
Gutachten: 10 S., 7. September 1740[37]

Dekret: [SO 12. November 1740][38]
Bando: CIndex 4. Mai 1742*

ACDF SO CL 1739-1741, Nr. 21

1741. Acta in particulari Congregatione Theologorum deputata a Benedicto XIV. pro examine septuaginta sex propositione in Materia Morali, et Probabilismi.[39]

Die Werke wurden nicht ermittelt

Gutachter: keine Angabe
Gutachten: nicht aufgefunden[40]

ACDF SO CL 1739-1741, Nr. 22

1741. Censura in folium ins[criptu]m: Epistola P. Bernardi Marchal Monachi Benedictini etc. ad quemdam anonymum occasione Libri ab ipso editi: De Concordia SS. Patrum Graecorum et latinorum, qui primis seculis floruerunt.

Die Werke wurden nicht ermittelt

Gutachter: Jean-Genèse Barrin OSA
Gutachten: 14 S.[41]

---

37 Faszikelumschlag: Vide volum. Censur. Anno 1751 1753 1746.

38 Wurde an diesem Tag der CIndex zugestellt. Index Prot. 81 (1737-40), Bl. 256r-v: Biglietto SO vom 12. November 1740 und ACDF Index Prot. 82 (1740-48), Bl. 31r-v: Biglietto SO 27. April 1742.

39 Laut Rubricella handelt es sich um eine spezielle Kongregation. Weiterführendes Material (u.a. zur Verhandlungen der Lehre des Martino de Torrecilla OFMCap) in ACDF SO St.St. O-5–m; und ACDF SO St.St. E-5–g.

40 Jedoch ein Protokoll der Sitzungen ab 5. Februar 1742, 166 S., mit Stellungnahmen der teilnehmenden Konsultoren zu den jeweiligen Propositionen. Eine Abschrift befindet sich in ACDF SO-St.St. I 6-b, Nr. 1. Eine Entscheidung zu diesem Fall wurde nicht aufgefunden.

41 Im Faszikel fehlen Angaben zum Ergebnis des Verfahrens.

ACDF SO CL 1739-1741, Nr. 23

1741. Decretum S. C. sub die 5 Julii 1741, quo prohibentur, ac ordinatur, ut publicè per Ministrum Justitiae comburantur folia ins[cript]a: Tableau Historique des Principaus traits de la Vie du Bien-Heureux Jean Soanen Eveque de Senes.

♦ Tableau historique des principaux traits de la vie du bienheureux Jean Soanen, évêque de Senez, né le 10 janvier 1647, mort réappelant, à La Chaise-Dieu, le 25 décembre 1740, et enterré le 28 dans la 94e année de son âge et la 13e de son exil. - [S.l.] : [S.n.], [ca. 1750]. - 18 Bl. ; 12°. *UU*

Gutachter: keine Angabe
Gutachten: nicht aufgefunden

Dekret: SO 5. Juli 1741
Bando: SO 5. Juli 1741

ACDF SO CL 1739-1741, o.Nr.[42]

1740. Acta in folium ins[criptu]m: 29: Suite des Novelles ecclesiastique du 20 Fevrier 1740 sine loco impressionis, et sine nomine impressoris. In dictis Ephemeridis referuntur quaedam Epistolae falsò praeferentes nomen Cl. Mem. Antonii Cardinal. Davia ad Pseudo Episcopum Montis Pessulani.

Suite des Nouvelles Ecclesiastiques du 20 Fevrier 1740. [incipit: De Paris. Le Cardinal Jean Antoine Davia], in: Nouvelles ecclésiastiques, ou mémoires pour servir à l'histoire de la constitution Unigenitus. - Utrecht, Nr. 29 ([20.] Fevrier 1740). - 11 S. [S. 29-31?]. (hs. Abschrift) *ACDF SO CL 1739-1741, Nr. 8*

Gutachter: keine Angabe
Gutachten: nicht aufgefunden

Dekret: nicht aufgefunden
Bando: SO 19. April 1740

ACDF SO CL 1739-1741, Nr. 24[43]

1741. Censura Pris. Caroli Horatii de Castorano Min. Observ. Missionarii Cinensis in Librum compositum a Catholico degente in Missione P[at]ris Sigueira Jesuitae.

Vân vu Kên iuên Sciû. - [S.a.]. - 34 S. (chines. Original) *ACDF SO CL 1739-1741, Nr. 24*

Gutachter: Carlo Orazi da Castorano OFMObs
Gutachten: 11 S., 4. Oktober 1741[44]

---

42 Laut Rubricella. Das Faszikel fehlt. Vgl. ACDF SO CL 1739-1741, Nr. 8.
43 Keine Angabe in der Rubricella.

ACDF SO CL 1739-1741, o.Nr.[45]

1741. Acta in Libr., cui titul.: Recueil des Consultations de Messieurs les Advocats de Paris aus sujet de la procedure extraordinajre del'Oficial de Cambray come le Sieur Bardon, Chanoine de Leuze per sur son refus de souscrire aux Bulles contre Bajus, et Jansenius et a la Bulle Unigenitus. 1740. Vide in Tomo 3°. Actorum in Edicta seù Arresta Senatus Parisiens.

♦ Recueil des consultations de M[essieu]rs les Avocats du Parlement de Paris au sujet de la procédure extraordinaire instruite à l'Officialité de Cambrai, contre le Sieur Bardon, chanoine de Leuze; sur son refus de souscrire aux Bulles contre Baïus et Jansénius, et à la Bulle Unigenitus. - [S.l.] : [S.n.], 1740. - 4°. *CCFR*[46]

Gutachter: keine Angabe
Gutachten: nicht aufgefunden

Dekret: nicht aufgefunden
Bando: SO 6. Dezember 1741

ACDF SO CL 1739-1741, o.Nr. [47]

1741. Censura in consultationem Advocatorum Senatus Parisiens. Super jure, quod sibi seculares iudices arrogant cognoscendi causas pertinentes ad administrationem vel negationem sacramentorum sub praetextum impediendi schisma. Vid. In eod. Thomo 3. Actorum in edicta Senat. Parisiens.

♦ Consultation de MM. les avocats du parlement de Paris, sur le pouvoir des juges séculiers de connaître des faits de schisme et de réprimer les attentats des ecclésiastiques qui le fomentent par le refus des sacrements / [Signé: Deniau, ancien bâtonnier ... 5 juin 1739]. - [S.l.] : [S.n.], [ca. 1739]. - 4°. *BNF*

Gutachter: keine Angabe
Gutachten: nicht aufgefunden

---

44 F. Carlo Orazi da Castorano verweist in seinem Gutachten auf das Dekret SO von 1704 und auf die apost. Konstitution von Clemens XI. von 1715. Der Fall wurde dem SO von der CProp übergeben. Angaben zum Ergebnis des Verfahrens wurden nicht aufgefunden.

45 Nur in der Rubricella, nicht in der Aktenserie SO CL. Vgl. ACDF SO CL 1742-1743, Nr. 11.

46 Liegt bei in ACDF SO St.St. F-6-a.

47 Das Faszikel fehlt. Vgl. ACDF SO St.St. F-6-a.

ACDF SO CL 1742-1743

ACDF SO CL 1742-1743, Nr. 1

1742. Censura in Libr. insc[riptu]m: Apologia sopra l'Autore dell'Historia del Concilio Tridentino, creduta com[m]unemente (ma a torto) Produzione di Paolo Sarpi etc. Opera del Si[gno]r Damiano Romano Reg. Avvocato Fiscale nella S. Udienza Reg. di Lecce. In Lecce 1741.

ROMANO, DAMIANO: Apologia sopra l'autore della Istoria del Concilio Tridentino che va sotto il nome di Pietro Soave Polano, creduta comunemente, ma a torto, produzione di Fra Paolo Sarpi [...]. - In Lecce : [S.n.], 1741. - 321 S. ; 4°. *COPAC*

Gutachter: Innocenzo Balestracci da MontoneOFMConv
Gutachten: 5 S.

Dekret: SO 10. Januar 1742
Bando: SO 10. Januar 1742

ACDF SO CL 1742-1743, Nr. 2

1742. Censura in Libr. insc[riptu]m: Ragioni del Rè delle due Sicilie nella real Provincia de Frati Min. Scalzi di S. Pietro d'Alcant. nel Regno di Napoli a prò de Minori Scalzi Ottrantini etc.

PATRIZI, STEFANO: Ragioni del potentissimo, e felicissimo principe Carlo Borbone, re delle Due Sicilie, [...] implorate a pro de' Minori Scalzi otrantini contro alla divisione, che il p. provinciale vuol fare d'essa provincia: da esaminarsi nella Real Camera di s. Chiara / [Steffano Patrizj]. - [Napoli] : [S.n.], [1741?]. - [20], 203 [i.e. 201], [3] S. ; 4°. *SBN*[1]

Gutachter: Angelo Guarnieri
Gutachten: 22 S.[2]

---

1 Erscheinungsort und -jahr werden nach *SBN* auf S. 173 des Werks genannt. Titelaufnahme ergänzt nach den bibliographischen Angaben im Gutachten.

2 Laut Dekret SO vom 17. Januar 1742 sollte das Werk verboten werden. Es wurde aber in der Audienz mit dem Ass. vom Papst einbehalten und das Verbot vermutlich suspendiert. Am 24. Januar 1742 wurden die Kard. vom Papst schriftlich von seiner Entscheidung in Kenntnis gesetzt. Die Kard. empfahlen dem Papst, den Generalprokurator des OFMObs zu Rate zu ziehen, um den wahren Hergang des Falls zu erfahren. Hinweise auf weitere Verhandlungen wurden nicht aufgefunden.

ACDF SO CL 1742-1743, Nr. 3

1742. Censura in Manusc[riptu]m, cui. titul.: Dell'Antico Ducato di Ferrara Libri due Storiografia del Dot. Egidio dalla Fabbra.

Item in Manusc[riptu]m cui. titul.: Notizie riguardanti la Città, e le Terre, Ville, e Luoghi di Ferrara, e del suo Ducato del Dot. Ferrante Borsetti etc.

1. DALLA FABBRA, EGIDIO: Dell'antico ducato di Ferrara : Libri due / Storiografia del D. Egidio della Fabbra. - [S.a.]. (Manuskript) *Das Manuskript wurde nicht nachgewiesen*

2. BORSETTI FERRANTI BOLANI, FERRANTE: Notizie Riguardanti la Citta, e le Terre, Ville, e Luoghi di Ferrara, e del suo Ducato / del Dottor Ferrante Borsetti Ferranti Bolani Segretatio della Città medesima L'anno 1740. - [1740]. - 30 S. (Manuskript) *Das Manuskript wurde nicht nachgewiesen*

Gutachter: Domenico Giorgi
Gutachten: 12 S., 10. Dezember 1741 (zu Nr. 1-2)[3]

Gutachter: Gaudenzio da Genova OFMRef (zu Nr. 1-2)
Gutachten: 8 S.[4]

ACDF SO CL 1742-1743, Nr. 4

1742. Arrestum Consilii Status Parisien sub die 5 Januar. 1742, in quo declaratur irrita sententia lata a Locum Tenente Civit. Andegaven. contra Parochum, qui sacramentum Eucharistiae Mulieri Praebere recusavit.

Arrest Du Conseil D'Estat// Du Roy,// Du cinq Janvier mil sept cens quarante-deux// Extrait des Registres du Conseil d'Estat du Roy. [...]. - A Nantes : Chez N. Verger, Imprimeur du Roy, de Monseigneur l'Evêque & de la Ville, 1742. - 4 S. *ADCF SO CL 1739-1741, Nr. 4*

Gutachter: keine Angabe
Gutachten: nicht aufgefunden[5]

ACDF SO CL 1742-1743, Nr. 5

1742. Censura in Libr. insc[riptu]m: Trattato della Natura della Terra, e di Corpi celesti di Gianbattista Bertucci da Cingoli.

---

3 Das Gutachten befindet sich in ACDF SO St.St. I-6-c, Nr. 5.

4 Das Gutachten befindet sich in ACDF SO St.St. I-6-c, Nr. 5. Mit Dekret SO vom 30. Mai 1742 wurde die Druckerlaubnis verweigert, weil die Kard. eine Ausgabe des Werks „in diesen Zeiten" nicht als opportun betrachteten. Der Inquisitor von Ferrara sollte über dieser Entscheidung benachrichtigt werden. Das Werk wurde vom SO einbehalten.

5 Am 28. März 1742 wurde entschieden, durch den Nuntius dem Kard. Fleury zu danken und ihn zu ermutigen, in Zukunft dieselben Maßnahmen gegen die Einmischung von Laien und Zivilverwaltungen zu ergreifen.

BERTUCCI, GIAMBATTISTA: Trattato della Natura della Terra// e de' Corpi Celesti / di Giovanni Battista Berrucci// da Cingoli// che cui principalmente si spiega// la Cagione de' Corpi Marini// che sono su' i Monti// e di aloris Avvenimenti Generali// della Terra. - [S.a.]. - 324 S. (Manuskript) *ADCF SO CL 1739-1741, Nr. 5*

Gutachter: Angelo Guarnieri
Gutachten: 27 S., [19. April 1742]

Gutachter: Tommaso Sergio PO
Gutachten: 11 S.[6]

ACDF SO CL 1742-1743, Nr. 6

1742. Votum P. Com[m]issarii S. Off[ic]ii. super novam impressionem operum Galilei de Galileis faciendam Patavii iuxta conditiones a P. Inq[uisito]re Patavii praescriptas.

♦ GALILEI, GALILEO: Opere di Galileo Galilei : divise in quattro tomi. / [A cura die Giuseppe Toaldo]. - in questa nova edizione accresciute di molte cose inedite. - In Padova : nella stamperia del Seminario ; appresso Gio. Manfre, 1744. - 4 vol. ; 4°. *SBN*[7]

Gutachter: keine Angabe
Gutachten: nicht augefunden[8]

ACDF SO CL 1742-1743, Nr. 7

1742. Censura in Libr., cui. titul.: Vita Mirabile, e Dottrina Celeste di S. Cattarina Fiesca Adorna da Genova, scritta già da Cattaneo Marabotto Confessore della medesima, e da Ettore Vernazza spirituale di lei figlio etc. Genova 1731.

♦ MARABOTTO, CATTANEO ; VERNAZZA, ETTORE: Vita mirabile, e dottrina celeste di Santa Caterina Fiesca Adorna da Genova / scritta gia da Cattaneo Marabotto, confessore della suddetta, e da Ettore Vernazza, spirituale di lei figliuolo: insieme col Trattato del Purgatorio, e col Dialogo della Santa. - Il tutto nella presente impressione con somma diligenza ricoretto, e alla moderna ortografia ridotto. - In

6 Im Gutachten findet sich jedoch ein Hinweis auf das Gutachten von Guarnieri. Mit Dekret SO vom 25. April 1742 (Variante laut hs. Notiz auf dem beiliegenden Manuskript: 25. August 1742) wurde die Druckerlaubnis verweigert; das Manuskript sollte vom SO einbehalten werden.

7 Vol. 4 u.d.T.: Dialogo di Galileo Galilei, dove ne i congressi di quattro giornati si discorre sopra i due massimi sistemi del mondo tolemaico, e copernicano : Proponendo indeterminatamente le ragioni filosofiche, e naturali tanto per l'una, quanto per l'altra parte. - In questa impressione migliorato ed accresciuto sopra l'esemplare dell'autore stesso. (1744). Enth.: Dissertazione sovra il sistema del mondo degli antichi ebrei / del rev. padre d. Agostino Calmet. *SBN*.

8 Laut Dekret SO vom 13. Juni 1742 sollte der Inquisitor von Padua das Werk zulassen mit Hinweis auf Vereinbarungen, die mit dem Drucker getroffen wurden.

Padova : appresso Giuseppe Comino, 1743 [In Padova : Giovanni Antonio e Gaetano Volpi ; appresso Giuseppe Comino, 1743]. - XVI, 514, [6] S. ; 8°. *SBN*[9]

Gutachter: [Ludovico Valenti]
Gutachten: 14 S.[10]

ACDF SO CL 1742-1743, o.Nr.[11]

1742. Censura in libr. ins[criptu]m: Memoire pour les Religieuses de la Cong[regatio]n du Calvaire.

Memoire// Pour Les Religieuses// De La// Congregation Du Calvaire [...] Délibéré à Paris le 2 Septembre 1740. [Signé:] Le Roy, Doyen de l'Ordre des Avocats. Le Roy de Vallieres. De la Vignes. Duhamel. Guiellet de Blaru. Chevallier. Pothouin. Visinier. Cochin. Bellanger. Coueseau. Le Roy de la Tour. Texier. Lerondelle de Feranville. Pothouin d'Huillet. Le Paige, fils. [...] Déliberé à Paris le 21 Janvier 1741. [Signé:] Prevost. Leconte. Lequeux. Boullè. Soyer. Diziè. Lemoine. Du Chemin. Durmortier du Rocher. - [S.l., Paris?] : [S.n.], [ca. 1741]. - 68 S. ; [4°]. *ADCF SO CL 1742-1743, Nr. 8bis, Abes, BNF*[12]

Gutachter: keine Angabe
Gutachten: nicht aufgefunden

ACDF SO CL 1742-1743, Nr. 8

1743. Censura in Opus Gallicum inscr[iptu]m: Opuscula omnia Caroli Joachimi Colbert Episcopi Montis Pesulani tribus Tomis recollecta, Coloniae 1740.

Colbert de Croissy, Charles: Les Oeuvres de Messire Charles-Joachim Colbert, Evesque de Montpellier. - A Cologne : aux dépens de la Compagnie, 1740. - 3 vol. ; 4°. *CCFR*

Gutachter: [Isidoro Mancini OM]
Gutachten: 4 S., [15. Mai 1743]

9 Enth.: Altre notizie intorno a Santa Caterina Fiesca Adorna da Genova, principalmente circa la sua canonizziazione, tratte dalla Vita che se ne scrisse il padre Alessandro Maineri della compagnia di Gesu; stampata in Genova l'anno 1737; Dialogo spirituale di Santa Caterina Fiesca Adorna da Genova; Trattato del Purgatorio, di Santa Caterina Fiesca Adorna da Genova. *SBN*. Abweichende Umfangsangabe nach *SBN*: VIII, 514, [6] S. Enth.: Dialogo spirituale di Santa Caterina Fiesca Adorna da Genova.- [281]-410; Trattato del Purgatorio, di Santa Caterina Fiesca Adorna da Genova. - S. [257]-279; Catalogo de' libri Cominiani ancora vendibili, co' legittimi loro prezzi a ragion di pronti contanti; Altre notizie intorno a Santa Caterina [...] principalment circa la sua canonizzazione, tratte dalla vita che ne scrisse il padre Alessandro Maineri ...] stampata in Genova l'anno 1737. - S. [411]-492. *SBN*. Titel und Umfangsangaben der enth. Werke ergänzt nach *UCL*.

10 Darüber hinaus: nicht gezeichnet, 25 S. Auf dem Faszikelumschlag findet sich kein Hinweis auf eine Entscheidung. Das Votum des Gutachters war, dass das Werk nur unter seinem Originaltitel Vera mirabile, e dottrina santa zugelassen werden könne, und keineswegs unter dem Titel Dottrine celeste.

11 Nur Titel in der Rubricella. Kein Faszikel aufgefunden. Vgl. ACDF SO CL 1742-1743, Nr. 8bis.

12 Vermutl. Erscheinungsort und Formatangabe ergänzt nach *Abes*, *BNF*.

Dekret: SO 15. Mai 1743
Bando: CIndex 28. Juli 1742

ACDF SO CL 1742-1743, Nr. 8bis[13]

1742. Censura in Libr. insc[riptu]m: Memoire pour Les Religieuses de la Con[gregatio]n du Calvaire.

Memoire// Pour Les Religieuses// De La// Congregation Du Calvaire [...] Délibéré à Paris le 2 Septembre 1740. [Signé:] Le Roy, Doyen de l'Ordre des Avocats. Le Roy de Vallieres. De la Vignes. Duhamel. Guiellet de Blaru. Chevallier. Pothouin. Visinier. Cochin. Bellanger. Coueseau. Le Roy de la Tour. Texier. Lerondelle de Feranville. Pothouin d'Huillet. Le Paige, fils. [...] Déliberé à Paris le 21 Janvier 1741. [Signé:] Prevost. Leconte. Lequeux. Boullè. Soyer. Diziè. Lemoine. Du Chemin. Durmortier du Rocher. - [S.l., Paris?] : [S.n.], [ca. 1741]. - 68 S. ; [4°]. *ADCF SO CL 1742-1743, Nr. 8bis, Abes, BNF*[14]

Gutachter: François Jacquier OM
Gutachten: 15 S.[15]

Dekret: SO 10. Mai 1742
Bando: nicht aufgefunden

ACDF SO CL 1742-1743, Nr. 9

1743. Censura in Decretum Senatus Parisien. sub die 9 Augusti 1742 quo prohibetur ordinatio quaedam impressa Rhemis, seù Casus Conscientiae, an scilicet Poenitens sit absolutione dignus, qui detrectat interius acquiescere declarationi obedientiam subiicere Constitutioni - Unigenitus -.

1. Arrest De La Cour De Parlement, Qui ordonne qu'un Imprimé in 4°. intitulé: Cas de Conscience, commençant par ces mots: Terence & Terencienne, contenant quinze pages, où est à la fin la permission d'imprimer, à Reims le 31. May 1742. Signé, Carbon Lieutenant général de Police. Et plus bas, à Reims chez Regnault Florentin, Imprimeur du Roy, sera laceré & brûlé par l'Exécuteur de la haute Justice. Du 9. Aout 1742. Extrait Des Registres de Parlement. [...] Signé, Dufranc. - A Paris : chez Pierre-Guillaume Simon, Imprimeur du Parlement [...], 1742. - 3 S. ; [4°]. *ADCF SO CL 1742-1743, Nr. 9, COPAC*[16]

---

13 Die Nummerierung folgt dem Band. In der Rubricella fehlt die Nummerierung.

14 Vermutl. Erscheinungsort und Formatangabe ergänzt nach *Abes*, *BNF*.

15 Darüber hinaus nicht gezeichnet, 52 S.: Reflexions sur Le mèmoire des Religieuses du Calvaire. Eine Abschrift befindet sich in ACDF SO Vota CL I (1740-1757), Nr. 1.

16 Formatangabe ergänzt nach *COPAC*.

2. Arrest Du Conseil D'État Du Roy. Du 12. Septembre 1742. Extrait des Registres du Conseil d'État. [...] Signé Phelypeaux. - A Paris : De L'Imprimerie Royale, 1742. - 3 S. *ADCF SO CL 1742-1743, Nr. 9*[17]

3. Cas de Conscience. [...] Délibéré à Reims, le 30 Mai 1742. [Signé:] F. Berlaut, Augustin. Le Fils, Professeur en Théologie. Gobreau, Syndic de la Faculté de Théologie, & Curé de Saint Timothée. Gobreau, Curé de S. Julien. F. G. Mangeard, ancien Professeur de Théologie dans l'Université de Reims, & Prieur des Augustins. Vû les Signatures ci-deffus, permis d'imprimer à Reims, le 31 Mai 1742. Signé Carbon, Lieutnant G[e]n[er]al de Police. - A Reims : chez Regnauld Florentain, Imprimeur du Roi, [ca. 1742]. - 15 S. ; [4°]. *ADCF SO CL 1742-1743, Nr. 9, BNF*[18]

Gutachter: keine Angabe
Gutachten: nicht aufgefunden (zu Nr. 1)

Gutachter: Luigi Maria Lucini da Milano OP
Gutachter: Gioacchino Besozzi OCist
Gutachter: Tommaso Sergio PO
Gutachten: 7 S. (zu Nr. 2)

Gutachter: Luigi Maria Lucini da Milano OP
Gutachten: 5 S. (zu Nr. 3)[19]

Dekret: SO 26. Januar 1743
Bando: nicht aufgefunden (zu Nr. 2)[20]

ACDF SO CL 1742-1743, Nr. 10

1743. Acta in Libell. insc[riptu]m: De Immaculata B. Virginis Conceptione Dissertatio P[at]ris Joannis De Luca Veneti ex Ord. Minor. S. Francisci etc.[21]

DE LUCA, GIOVANNI: [De immaculata B. Virginis conceptione dissertatio] R.P. Joannis De Luca Veneti ex ordine minorum S. Francisci theologi [...] De

17 Nach *BL* in: M*** [LEGROS, NICOLAS]: Lettres de M***, docteur de l'ancienne Faculté de théologie de Reims sur le „Cas de conscience" décidé par cinq docteurs de la nouvelle Faculté de théologie de Reims, imprimé [...] et brûlé à Paris, le 9 août 1742, en exécution de l'arrêt du Parlement du même jour. - Arrest de la cour de Parlement [...] - Arrest du Conseil d'Ètat du Roy du 12 septembre 1742. - [S.l., Paris?] : [S.n.], 1743. - 96, VII S. ; 12°. *BNF*, *BL*.

18 Formatangabe ergänzt nach *BNF*.

19 Darüber hinaus Entwurf eines Breve zu Nr. 2

20 Nr. 1 und 3 wurden nur mit Rücksicht auf Nr. 2 verhandelt. Das SO schlug am 8. November 1742 vor, das Arrêt per Breve zu verbieten. Ein Entwurf dieses Breve liegt im Faszikel vor. Diese Entscheidung wurde vom Papst suspendiert; in der Audienz mit dem Ass. SO am 26. Januar 1743 wurde entschieden, dass das Dekret des Parlaments von Paris zusammen mit einem anderen franz. Werk ähnlicher Ausrichtung verboten werden sollte.

21 Vgl. ACDF SO CL 1739-1741, Nr. 7.

immaculata B. Virginis conceptione dissertatio. - Editio tertia, prioribus auctior, & emendatior. - Neapoli : ex typographia Blasiana, 1742. - 24, 132, 2 S. ; 4°. *SBN*[22]

Gutachter: Fortunato Tamburini OSB
Gutachten: 18 S., 23. September 1739[23]

ACDF SO CL 1742-1743, Nr. 11

1743. Censura in duas Consultationes Senatus Parisien.

1.ª inscribitur: Consultation de MM. Les Avvocats du Parlament de Paris, au Sujet du Sinode tenù a Montpellier le 12 Juillet 1742, par M. Berger de Charanci, Eveque de Montpellier.

2.ª inscribitur: Consultation de MM. Les Avvocats du Parlement de Paris au Sujet du Mandament de M. Berger de Charanci Eveque de Montpellier du 1. Juillet 1742, pour l'acceptation de la Bulle Unigenitus, publiè dans le Synode tenu le 12 du même Mois.

1. Consultation// De MM. les Avocats du Parlement de Paris, au sujet du Synode tenu à Montpellier, le 12. Juillet 1742, par M. Berger de Charanci, Évêque de Montpellier. [...] Délibéré à Paris, ce 28 Août 1742.// [Signé:] Gin, Belichon, Merlet, Lequeux, Soyer, Milley, Le Paige le fils,// Pothouin d'Huillet, Lemoyne, Mey. - [S.l.] : [S.n.], [S.a., ca. 1742]. - 12 S. ; 4°. *ADCF SO CL 1742-1743, Nr. 11, BNF*[24]

2. Consultation// De MM. les Avocats du Parlement de Paris, au sujet du Mandement// de M. Berger de Charanci, Evêque de Montpellier, du I// Juillet 1742, pour l'acceptation de la Bulle Unigenitus, publié dans// le Synode tenule le 12 du même Mois. - [S.l., Paris] : [S.n.], [S.a., 1742]. - 7 S. ; [4°]. *ADCF SO CL 1742-1743, Nr. 11, WorldCat*[25]

Gutachter: Tommaso Sergio PO
Gutachten: 4 S. (zu Nr. 1-2)[26]

Gutachter: keine Angabe
Gutachten: 3 S. (zu Nr. 1-2)

Dekret: SO 8. August 1743
Bando: nicht aufgefunden (zu Nr. 1-2)

22 Verhandelt wurde der 1742 erschienene Neudruck des Werks. Ermittelt wurde auch: DE LUCA, GIOVANNI: [De immaculata B. Virginis conceptione dissertatio] R.P. Joannis De Luca Veneti ex ordine minorum S. Francisci theologi De immaculata B. Virginis conceptione dissertatio. - Neapoli : ex typographia Januarii, & Vincentii Mutio, 1739. - [8], 138, [2] S. ; 4°. *SBN*.

23 Am 5. September 1742 wurde entschieden, dass der Inquisitor von Padua die Neuausgabe verbieten solle und dass demselben die Dekrete SO von 1679 und 1701 zugestellt werden sollten. Für die Verhandlungen von 1701 vgl. weiterführendes Material in ACDF SO CL 1700-1701, Nr. 8.

24 Formatangabe ergänzt nach *BNF*.

25 Datiert auf S. 5: Paris, 5. September 1742. *WorldCat*. Formatangabe ergänzt nach *WorldCat*.

26 Abschrift in ACDF SO Vota CL I (1740-1757), Nr. 13.

Weiterhin Beiliegend: (1) Arrest// Du Conseil D'État// Du Roy,// Qui ordonne la supression de deux Ecrits intitulez// Consultations de MM. les Avocats du Parlement de Paris, etc.// Du 26. Avril 1743.// [...] Signé Phelypeaux. - A Paris : De l'Imprimerie Royale, 1743; (2) Extrait// Du Proces-Verbal Du Sinode Diocesain// de Montpellier, tenu le 12. Juillet 1742 auquel ont// assiste les Députés du Chapitre Cathédral, ceux des// collégiales, ec. cent quatre curés. - [S.l.] : [S.n.], [S.a., ca. 1742]. - 4 S. ; [4°]. *CCFR*[27]

ACDF SO CL 1742-1743, Nr. 12

1743. Censura in libr. insc[riptu]m: Memoire de Plusieurs Chanoines, Cures, et autres Ecclesiastiques du Diocese, et de la Ville de Sens au sujet de'Appel au futur Concile general qui ils ont interiette du nouveau Catechisme du Diocese de Sens, et des Mandament de Mons[eigne]ur l'Archeveque de Sens, qui en ordonnent l'usage.

Memoire// De Plusieurs Chanoines, Curès// Et Autres Ecclesiastiques// du Diocése et de la Ville de Sens.// Au sujet de l'Appel au futur concil generale qu'ils ont interietté du nouveau// Catéchisme du Diocèse de Sens & des Mandemens de Monseigneur// l'Archevêque de Sens, qui en ordonnent l'usage.// [...]. - [S.l.] : [S.n.], [1740 oder 1741]. - 122, [2] S ; [4°]. *ADCF SO CL 1742-1743, Nr. 12, BNF*[28]

Gutachter: Jean-Genèse Barrin OSA
Gutachten: 18 S.

Gutachter: [Luigi Maria Lucini da Milano OP]
Gutachten: 3 S., 7. Augustus 1743

ACDF SO CL 1742-1743, Nr. 13

1743. Censura in manusc[riptu]m, cui. titul.: Le Cristiane virtù praticate in vita dalla Nobil. Donna la Sig[no]ra Orsola Vandini Perondoli esposte in una lettera dal suo Confessore D. Bartolomeo Borsetti alla Nob. Donna Contessa Tadea Montecasini Muzzarelli etc.

BORSETTI, BARTOLOMEO: Le Cristiane virtù praticate in vita dalla Nobil. Donna la Sig[no]ra Orsola Vandini Perondoli / esposte in una lettera dal suo Confessore D. Bartolomeo Borsetti alla Nob. Donna Contessa Tadea Montecasini Muzzarelli. - [S.a.]. (Manuskript) *Das Manuskript wurde nicht nachgewiesen*

Gutachter: keine Angabe
Gutachten: nicht aufgefunden[29]

---

27 Formatangabe ergänzt nach *CCFR*.

28 Formatangabe ergänzt nach *BNF*. Abweichende Umfangsangabe nach *BNF*: [2], 122, [2] S.

29 Mit Dekret SO vom 11. September 1743 wurde die Druckerlaubnis erteilt. Diese Entscheidung sollte dem Inquisitor von Ferrara mitgeteilt werden.

ACDF SO CL 1742-1743, Nr. 14

1743. Censura in manusc[riptu]m, cui. titul.: Summa Augustiniana ex selectis S. Aurelii Augustini Hipponen. Episcopi sententiis digesta. Opera et studio Laurentii Alticozzi Soc. Jesu. etc. Pars 1. de Gratia, et Libero arbitrio ad Bened[ictu]m XIV. Pontif. Max.[30]

ANGELLIERI ALTICOZZI, LORENZO: Summa Augustiniana ex Selectis S. Aurelii Augustini Hipponensis Episcopi Sententiis digesta / Opera et studio Laurentii Alticozzi SJ Collegii Poenit. S.D.N.P. Moderatoris. - [S.a.]. (Manuskript) *Das Manuskript wurde nicht nachgewiesen*

♦ ANGELLIERI ALTICOZZI, LORENZO: Summa augustiniana : Ex collectis, ordinatis, disputatis, explicatisque sententiis theologicis divi Aurelii Augustini hipponensis episcopi / p. Laurentio Alticotio Societatis Jesu presbytero interprete. - Roma : typis Antonii de Rubeis [...], 1744-1745. - 2 vol. ; [4°?]. *SBN*[31]

Gutachter:	Carlo Maria da Perugia OFMObs
Gutachten:	5 S., [24. April 1743]
Gutachter:	Tommaso Sergio PO
Gutachten:	2 S., [28. September 1743][32]

ACDF SO CL 1742-1743, Nr. 15

1743. Censura in Manusc[riptu]m cui. titul.: Vita del B. Benedetto di Pace della Città di Castello dell'Ord. de Gesuati; Notizie de Beati, e Servi di Dio, Santi, Nero, Stefano Bontoluccio, ed altri Castellani del med[esi]mo Istituto etc. Memorie istoriche raccolte da me Alessandro Certini etc.

CERTINI, ALESSANDRO: Vita del Beato Benedetto di Pace// di Città di Castello dell´Ordine dei Gesuati : Origine, e progressi della sudetta Religione in essa Città.// Notizie delle Beati, e Servi di Dio, Santi, Nero, Stefano, Bon-//toluccio, ed altri Castellani, del medesimo Istituto// Sito del di loro Convento// mutazione del medesimo, et altri notabili// occorti in quella città nel secolo 1300.// Nel quale [fiorirono?] detti Religiosi per introduzione// dell'opera.// Memorie istoriche / Raccolte da me Alessandro Certini// della medesima Patria// Accademico incitato di Faenze.// Dedicate in contrasegno di antica corrispondenza// al Molt. Ill. Sig. D. Francesco Abbate// Capelli Caszellano. - [S.a.]. (Manuskript, hs. Titelbl.) *ADCF SO CL 1742-1743, Nr. 15. Das Manuskript wurde nicht nachgewiesen*

---

30 Vgl. ACDF SO Tit.Libr. 1729-1745, Nr. 137.

31 Verhandelt wurde Pars 1. De Gratia, et Libero arbitrio ad Bened[ictu]m XIV. Pontif. Max. Vol. 1. erschien 1744 u.d.T.: De gratia Dei & libertate hominis. *SBN*. Abweichender Erscheinungsverlauf: 1744-1747. - 3 vol. ; [4°?]. *SBN*; 1744-1761. - 6 vol. ; 4°. *COPAC*. Ermittelt wurde auch: ANGELLIERI ALTICOZZI, LORENZO: Summa augustiniana : ex collectis, disputatis, explicatisque sententiis diui Aurelii Augustini Hipponensis episcopi / p. Laurentio Alticotio Cortonensi [...] interprete. - Romae : ex typographia Generosi Salomoni, [-1755]. - [4?] vol. ; 4°. *SBN*.

32 Laut Dekret SO vom 28. September 1743 sollte der MSP angewiesen werden, den Druck des Werks zu erlauben, nachdem Sergio und Perugino sich über die Korrekturen geeinigt hatten.

Gutachter: [Giovanni Francesco Caroelli OSBOliv]
Gutachten: 3 S., 16. Oktober 1743[33]

ACDF SO CL 1742-1743, Nr. 16

1743. Censura in manusc[riptu]m, cui. titul.: La Mistica Sulamitide, o sia il celeste Epitalamio dell'anima con Cristo nel Libro della Cantica, Dramma Sacro, Parafrasato in Versi Itagliani da Clarione Hestoradeo etc.

CLARIONE, NESTORIDEO <Pseudonym> [VINCENZO <DA SANT'ERACLIO>]: La Mistica// Sulamitide,// O Sia// Il Celeste Epitalamio// Dell'Anima Con Cristo// Nel Libro Della Cantica : Dramma Sacro// Parafrasato In Versi Italiani,// Con la spiegazione de passi più oscuri, secondo che dà// Sacri Interpreti vengono esposti / Da Clarione Nestorideo P. A.// E Dal Medesimo Dedicato// A S. Eccellenza Il N.U.// Marcantonio Grimani// Cavalliere. - In Milano : Nella Regia Ducal Corte ; A spese di Giuseppe Cairoli Mercante de Libri sotto il Coperto de' Figini (Con licenza de' Superiori, e Privilegio.), 1743. - [8], XXVII, [1], 212, [2] S. ; [4°]. (gedr. Titelbl.) *SBN*[34]

Gutachter: Giovanni Francesco Caroelli OSBOliv
Gutachten: 1 S., 22. Oktober 1743[35]

ACDF SO CL 1742-1743, Nr. 17

1743. Censura in Libr., cui. titul.: Elementa Philosophiae rationalis et moralis Joan. Gottl. Heineccii Iur. Consulti etc. Venetiis 1740.

HEINECCIUS, GOTTLIEB: [Elementa philosophiae rationalis et moralis] Jo. Gottl. Heinecii, Jc. [...] Elementa philosophiae rationalis, et moralis : ex principiis admodum evidentibus justo ordine adornata. Accessere historia philosophica, & index locupletissimus. - Editio nova & castigatior. - Venetiis : ex typographia Balleoniana, 1740. - 346, [2] S. ; 12°. *SBN*[36]

Gutachter: Giovanni Andrea Tria
Gutachten: 14 S.[37]

Dekret: SO 13. November 1743;[38] SO 11. Dezember 1743
Bando: nicht aufgefunden

33 Zudem beiliegend: „Correzione" nicht gezeichnet, 1 S. Mit Dekret SO vom 16. Oktober 1743 wurde die Druckerlaubnis mit der Auflage erteilt, das Werk zu korrigieren. Zu diesem Zweck sollte dem Inquisitor von Spoleto eine Zusammenfassung der Korrekturen übersandt werden.

34 Umfangs- und Formatangabe ergänzt nach *SBN*.

35 Mit Dekret SO vom 16. Oktober 1743 wurde die Druckerlaubnis erteilt.

36 Abweichende Umfangsangabe nach *SBN*: 352 S.

37 Darüber hinaus Anzeige von Emmanuel Rodriguez Sancta Maria.

38 Das Verbot wurde suspendiert in der Erwartung einer Antwort des Inquisitors von Venedig, der gefragt werden sollte, ob das Buch in Venedig gedruckt worden war und welche Instanz die Druckerlaubnis erteilt hatte.

ACDF SO CL 1742-1743, Nr. 18

1743. Censura in quartum, et quintum Librum Revelationum divinae pietatis D. Geltrudis Virginis Isfeldensis.

Das Werk wurde nicht ermittelt

Gutachter: Antonio Andrea Galli CRL
Gutachten: 6 S.

Gutachter: Innocenzo Balestracci da Montone OFMConv
Gutachten: 4 S.[39]

[39] Mit Dekret SO vom 31. Dezember 1743 wurde die Druckerlaubnis für den vierten und fünften Teil erteilt. Der Inquisitor von Bologna sollte aber darauf achten, dass die in den Gutachten angegebenen Entfernungen durchgeführt wurden. Zu diesem Zweck wurden das Manuskript und die Gutachten dem Inquisitor übergeben.

ACDF SO CL 1744-1745

ACDF SO CL 1744-1745, Nr. 1

1744. Censura in Librum ins[criptu]m: Lettres Juives, ou correspondences Philosophiq., Historique et critique entre un iuif voyageur a Paris, et ses corrispondens en divers endroits T. 1. 2. 3. 4. 5. a Lovanne e a Geneve 1738.

Censura in Libr. ins[criptu]m: Histoire du Diable traduit da l'Anglois etc. Amsteld. 1730.[1]

Censura in folia quorum titul.: Testament spirituel de Mesiire Jean Francois Penet Prestre Doct. en Teologie etc. et Curè de la Paroisse de S. Landrii etc. 1740.

Item Censura in librum italic. ins[criptu]m: Gli avvenimenti felici e sinistri degli amanti regolati dall'influenza de Pianeti l'anno 1744 in Augusta.

1. ♦ Anonym [ARGENS, JEAN-BAPTISTE DE BOYER D']: Lettres juives, ou Correspondance philosophique, historique & critique, entre un juif voyageur a Paris, & ses correspondans en divers endroits. - Nouvelle edition. - A Lausanne & a Geneve : chez Marc-Michel Bousquet & compagnie, 1738-1739. - 7 vol. ; 8°. *SBN*

♦ Anonym [ARGENS, JEAN-BAPTISTE DE BOYER D']: Lettres juives, ou correspondance philosophique, historique et critique, entre un juif voyageur à Paris, et ses correspondans en divers endroits. - Nouvelle édition augmentée. - Lausanne : Bosquet, 1738. - 6 vol. *BVB*[2]

2. Anonym [DEFOE, DANIEL]: Histoire du Diable : traduite de l'anglois. - À Amsterdam : Aux dépens de la Compagnie, 1730. - 2 vol. in 1. - [10], 264 S.; [4], 302, [2] S. ; 12°. *COPAC*[3]

3. PENET, JEAN-FRANÇOIS: Testament spirituel / de messire Jean-Franç. Penet, prêtre, docteur en théologie de la Faculté de Paris, et curé de la paroisse de S.-Landry en la Cité de ladite ville [...] (10 septembre 1738.). - [S.l.] : [S.n.], 1740. - [14 S.] ; 4°. *BNF*

4. *Das Werk* Gli Avvenimenti Felici *wurde nicht ermittelt*

---

1 Vgl. ACDF SO Tit.Libr. 1729-1745, Nr. 121.

2 Verhandelt wurden vol. 1-5.

3 Vgl. DEFOE, DANIEL: The political history of the Devil : as well ancient as modern: in two parts. Part I. Containing a state of the Devil's circumstances, [...] from his expulsion out of Heaven, to the creation of man; [...] Part II. Containing his more private conduct, down to the present times: [...]. - [First edition]. - London : Warner, 1726. - [4 Teile in 1 vol.]. - 408 S. *LC*, *HBZ*.

Gutachter: Giacomo Maria di Tarsia OM
Gutachten: 9 S. (zu Nr. 1)

Gutachter: Carlo Maria da Perugia OFMObs
Gutachten: 6 S. (zu Nr. 2)

Gutachter: Giovanni Battista Marsili OSBSilv
Gutachten: 3 S. (zu Nr. 3)

Gutachter: keine Angabe
Gutachten: nicht aufgefunden (zu Nr. 4)

Dekret: SO 16. Januar 1743
Bando: CIndex 28. Juli 1742*; SO 29. April 1744 (zu Nr. 1)

Dekret: SO 24. April 1743
Bando: SO 29. April 1744 (zu Nr. 2)

Dekret: SO 11. März 1744
Bando: SO 29. April 1744 (zu Nr. 3-4)

ACDF SO CL 1744-1745, Nr. 2

1744. Transmittuntur ad S. Congr. Indicis una cum censuris duo Libelli; 1° inscrib.: Pamela, ou le virtù recompsensee traduit dal Anglois etc.

Aliter inscribitur: L'anti-Pamela ou la Fausse innocente de Converte dans les aventures de Syrene histoire veritable.

1. Anonym [RICHARDSON, SAMUEL]: Pamela, ou La vertu recompensée : Traduit de l'Anglois. - Londres : Jean Osborne, 1742. - 4 vol. ; 12°. *COPAC*[4]

2. Anonym [HAYWOOD, ELIZA FOWLER?]: Anti-Pamela. Ou la Fausse innocence découverte dans les avantures de Syrène : Histoire véritable et attestée par l'expérience de tous les jours. Ecrite pour servir de préservatif aux jeunes gens

[4] Die Übers. wird Antoine François Prévost d'Exiles zugeschrieben. *COPAC*. Ermittelt wurde auch: Anonym [RICHARDSON, SAMUEL]: Pamela, ou la vertu recompensée : Traduit de l'anglois. - Amsterdam : aux depens de la compagnie, [1742-]1743. - 4 vol. ; 12°. *COPAC*; Anonym [RICHARDSON, SAMUEL]: Pamela, ou La vertu recompensée : Traduit de l'Anglois. - Nouvelle edition revue & enrichie de figures en taille-douces. - A Amsterdam : Aux depens de la compagnie, 1743. - 4 vol. ; 12°. *COPAC*; Anonym [RICHARDSON, SAMUEL]: Pamela, ou La vertu recompensée : Traduit de l'anglois. - Troisième édition, revue [...]. - Amsterdam : aux dépens de la Compagnie, 1743-1744. - 4 vol. ; 12°. *COPAC*. Vgl. Anonym [RICHARDSON, SAMUEL]: Pamela, or, Virtue rewarded : In a series of familiar letters from a beautiful young damsel, to her parents. Now first published in order to cultivate the principles of virtue and religion in the minds of the youth of both sexes. A narrative which has its foundation in truth and nature; and at the same time that it agreeable entertains, by a variety of curious and affecting incidents, is intirely divested of all those images, which, in too many pieces calculated for amusement only, tend to inflame the minds they should instruct. In two volumes. - London : Printed for C. Rivington [...] and J. Osborn [...], 1741 [i.e. 1740]. - 2 vol. - XIV, 296 S.; [2], 396 S. ; 12°. *COPAC*. (Richardson veröffentlichte vol. 3-4 1742. *COPAC*).

contre les ruses des coquettes / Traduit de l'anglois par Mr. D. M****. - A Amsterdam & a Leipzig : chez Arkstee & Merkus, 1743. - [6], 445 S. ; 12°. *BNF*[5]

Gutachter: [Giovanni Francesco Caroelli OSBOliv]
Gutachten: nicht aufgefunden (zu Nr. 1-2)[6]

Dekret: SO 15. April 1744
Bando: CIndex 22. Mai 1745* (zu Nr. 1-2)

ACDF SO CL 1744-1745, Nr. 3

1744. Censura in Dissertationem in Casus reservatos Venetae Dioceseos P. Benzi Soc. J. Retractatio facta a praefato P[at]re Benzi.

Prohibitio Libri ins[cript]i: Ritrattazione di tutte le ingiuriae etc. stampate ne Libri di F. Daniel Concina Domenicano Gavotto contro la Ven. Compagnia di Gesù etc.

1. BENZI, BERNARDINO: Dissertatio in casus reservatos Venetae dioeceseos / auctore Bernardino Benzi Societatis Jesu presbytero. - Venetiis : apud Joannem Mariam Lazaronio [...], 1743. - 24 S. ; 4°. *SBN*

2. CONCINA, DANIELE: Ritrattazione solenne di tutte l'ingiurie, bugie, falsificazioni, calunnie, contumelie, imposture, stampate in varj libri da fra Daniello Concina domenicano gavotto contro la venerabile Compagnia di Gesu da aggiungersi per modo di appendice alle due infami lettere teologico-morali ultimamente pubblicate contro il rev. p. Benzi della medesima compagnia. - In Napoli, 1744. - 35, [1] S. ; 4°. *SBN*[7]

Gutachter: Gianantonio Bianchi OFMObs
Gutachten: 23 S., [15. April 1744] (zu Nr. 1)[8]

Gutachter: keine Angabe
Gutachten: nicht aufgefunden (zu Nr. 2)

Dekret: SO 16. April 1744
Bando: SO 16. April 1744 (zu Nr. 1)

---

5 Vgl. Anonym [HAYWOOD, ELIZA FOWLER?]: Anti-Pamela: or, feign'd innocence detected; in a series of Syrena's adventures : A narrative which has really its foundation in truth and nature [...] Publish'd as a neccessary caution to all young gentlemen. - London : printed for J. Huggonson, 1741. - [4], 281, [1] S. ; 12°. *COPAC*.

6 Jedoch ein Gutachten von Artaserse Baiardi der Inquisition von Parma, 2 S.

7 In einer Relation des SO wird für Nr. 2 folgendes Werk angegeben: Anonym [CONCINA, DANIELE]: Epistolae theologico-morales ad illustrissimum, et reverendissimum episcopum N.N. adversus librum inscriptum: Dissertatio in casus reservatos, Venetae Dioeceseos. Apud Joannem Maria Lazzaroni. - Editio secunda. - Venetiis : apud Simonem Occhi [...], 1744. - 117, [3] S. ; 8°. *SBN*.

8 Informatio in Causa Patris Benzi und Entwurf Formula Retractationis faciendae a patre Bernardino Benzi Societatis Jesu presbitero (unterschrieben von Lucini und Tamburini) in ACDF SO Vota CL I (1740-1757), Nr. 14.

Dekret: SO 17. Juni 1744
Bando: SO 17. Juni 1744 (zu Nr. 2)

Weiterhin beiliegend: Anonym [FAURE, GIOVANNI BATTISTA]: All'Autore// Delle Due// Epistole// Contro La// Dissertazione// Dei Casi Riservati in Venezia : Secondo Avviso Salutevole// Acciò conosca se Stesso. - Napoli : [S.n.], 1744. - 85 S. *SBN*

ACDF SO CL 1744-1745, Nr. 4

1744. Censura in diversos Libros in pluribus locis editos continentes Christianes Catecheses.[9]

1. BERTO(G)LIATTI, GIAN MARTINO: Somma della dottrina Cristiana addattata alla capacità e bisogno de' Fanciulli, e degli adulti / da Gian Martino Bertoliatti Teologo della Regia università di Torino ; [Dedicata all'Ill.mo e Rmo Monsign. Michele Vittorio di Villa Vescovo d'Ivrea]. - In Torino : [S.n.], 1743. *Das Werk wurde nicht nachgewiesen*

2. Breve compendio della dottrina Cristiana per facilitare la prattica d'insegnarla, et impararla, Dialogo tra il maestro, et il discepolo &: - in Brescia : per Giam: Battista Bossino, [S.a.]. *Das Werk wurde nicht nachgewiesen*

3. Catechismo della fede Catholica [...]. - in Brescia : per Giam Batt. Bossino, [S.a.]. *Das Werk wurde nicht nachgewiesen*

4. Compendio della dottrina Cristiana per la Città e diocesi di Torino [...]. - in Cuneo : per Carlo Francesco Astri, [S.a.]. *Das Werk wurde nicht nachgewiesen*

5. Somario delle cose, che si contengono nel libretto dell'Istituzione Cristiana per la seconda classe [...]. - in Brescia : per Gio: Maria Rizzardi, [S.a.]. *Das Werk wurde nicht nachgewiesen*

6. Istituzione Cristiana per ordine dell'Emo: e Rmo: Angelo Maria per divina misericordia del titolo di S. Marco Prete Card.le Querini nuovam[en]te [...]. - in Brescia : per Gio. Mra. Rizzardi, 1741. *Das Werk wurde nicht nachgewiesen*

7. BELLARMINO, ROBERTO: Dottrina Cristiana / breve composta d'ordine di N.S. Papa Clemente VIII. dall'Emo. e Rmo. Roberto Cardinale Bellarmino della Compagna di Gesù. Ristampata d'ordine di Monsig. Illmo. e Rmo. Benedetto de Luca.Vescovo di Ceneda: Con le Regole degli Operarj della Dottrina, e Rivisione delle Classi, novamente stampate. - In Venezia : [S.n.], 1731. *Das Werk wurde nicht nachgewiesen*

8. BELLARMINO, ROBERTO: Copiosa Richiavazioni della Dottrina Cristiana composta dall'Emo. e Rmo. Sig. Card. Bellarmino : Per uso di quelli, che insegnano a Fanciulli ed altre Persone semplici. - Revista, ed approvata dalla Congregazione

---

9 Zu den Verhandlungen zu diesen und ähnlichen Werken in den Jahren 1733 und 1744 vgl. auch ACDF SO St.St. I-6-a, Nr. 7.

della Riforma, ed in questa edizione espurgata di molti errori. - In Ferrara : per Bernardino Pomarelli stampatore Arcivescovile, 1742. *Das Werk wurde nicht nachgewiesen*

9. Abregé du Catechisme, qui à été imprimé par l'Ordre de Dernier Concile Provincial d'Avignon. - Cinquieme edition. - Carpentras : [S.n.], 1738. *Die Ausg. wurde nicht nachgewiesen*[10]

Gutachter: Gianantonio Bianchi OFMObs
Gutachter: Tommaso Sergio PO
Gutachten: 2 S., [27. April 1744] (zu Nr. 1)

Gutachter: Luigi Maria di Gesù OCD
Gutachten: 4 S., 7. Januar 1745 (zu Nr. 2-6)

Gutachter: Lorenzo Ganganelli OFMConv
Gutachten: 15 S. (zu Nr. 1 und Nr. 7-9)[11]

ACDF SO CL 1744-1745, Nr. 5

1744. Censura in Libr. ins[criptu]m: Biblioteque Choisiè pour servir de Suitè a la Biblioteque universale Par Jean le Clerc annee 1703 Tom. 1. A Amsterdam.

LE CLERC, JEAN (Hg.): Bibliotheque choisie : pour servir de suite a la Bibliotheque universelle / Par Jean Le Clerc. - A Amsterdam : Chez Henry Schelte. - 1 (1703) - 27 (1713); 28 (1718). - 12°. *COPAC*[12]

Gutachter: Lorenzo Ganganelli OFMConv
Gutachten: 26 S., [29. April 1744] (zu vol. 1)[13]

Gutachter: Francesco Giuseppe Maria Perrimezzi OM
Gutachten: 4 S., [10. Mai 1707] (zu vol. 3 und 4)
Dekret: SO 10. Mai 1707;[14] CIndex 16. März 1733[15]
Bando: CIndex 17. Mai 1734

ACDF SO CL 1744-1745, Nr. 6

1744. Censura in Libellum continentem Doctrinam Christianam in Lingua Armena compositam ab Abbate Michitar Sebastensi impressam Venetiis.

---

10 Ermittelt wurde: Abregé du catéchisme qui a été imprimé par l'ordre de dernier concile provincial d'Avignon. - Avignon : J. Challiot, [S.a.]. - 72 S. ; 12°. *CCFR*.

11 Laut Votum der Konsultoren SO vom 27. April 1744 sollten die verhandelten Bücher mit Ausnahme des Werks von Giovanni Martino Bertogliatti (Nr. 1) nicht zensiert werden, außerdem sollten einige Druckfehler im „Abrégé du Catéchisme" (Nr. 9) korrigiert werden.

12 Verhandelt wurde 1[-2?] (1703). Erscheinungsverlauf: 1 (1703) - 27 (1713); 28 (1718). Vorg.: Bibliothèque universelle et historique. Forts.: Bibliothèque ancienne et moderne. *COPAC, HBZ*

13 Für diesen Tag liegt auch die Relation Ganganellis, 3 S., vor.

14 Das Verbot sollte aber nur veröffentlicht werden, nachdem die Gutachten zu den (noch aufzuspürenden) Bänden des Werks referiert worden waren.

15 Am 29. April 1744 wurden die Verhandlungen ausgesetzt, weil das Werk schon mit Dekret der CIndex verboten worden war. Vgl. Congr. gen. der CIndex 16. März 1733.

Das Werk wurde nicht nachgewiesen

Gutachter: keine Angabe
Gutachten: nicht aufgefunden[16]

ACDF SO CL 1744-1745, Nr. 7

1744. Censura in edictum Senat. Parisien. ins[criptu]m: Arrest de la Cour Rendu sur les Remonstrance et conclusion de Mons[ieu]r le Procureur Gen[era]le du Roy, qui le recoit apellant comme d'abus d'un mandement du Rev. Eveque de Vannes 5 Juin 1744 etc.

Arrest// De La Cour// Rendu sur les Remontrance & Conclusions de Monsieur// le Procureur Général du Roy, qui le reçoit Apellant comme// d'abus d'un Mandement du Reverend Evêque de Vannes// du 5. Juin 1744.// […]// Signé, L. C. Picquet. - [Rennes] : De l'Imprimerie de Guillaume Vatar, Imprimeur du Roy & du Parlement, [ca. 1744]. - 4 S. *ACDF SO CL 1744-1745, Nr. 7*[17]

Gutachter: Clemente di Gesù Maria OCD
Gutachten: 8 S., [18. November 1744][18]

Dekret: SO 18. November 1744
Bando: CIndex 22. Mai 1745

Weiterhin beiliegend: (1) Arrest// Du Conseil D Ètat// Du Roy,// Qui casse & annulle un Arrêt rendu par le Parlement// de Bretagne le 27. Juin 1744. fait défenses à cette// Cour d'en rendre à l'avenir de semblables, lui enjoint// de se conformer aux Edits, Déclarations & Ordon-//nances du Royaume, notamment aux Articles XXX.// & XXXIV. de l'Edit du mois d'Avril 1695. en ce qui// concerne les matieres de Doctrine, de Religion, &// autres puremen spirituelles./ […]. - A Paris : Chez Pierre-Guillaume Simon, Imprimeur du Clergé de France [...], 1744. - 10 S. (2) CHAPELLE DE SAINT-JEAN DE JUMILHAC, JEAN-JOSEPH <Vannes, Bischof>: Mandement// De Monseigneur// L'Illustrissime et Reverendissime// Evêque De Vannes.// Pour La Visite Episcopale// de son Diocèse. - A Vannes : Chez la Veuve de Guillaume Le Sieur, Impriment-Libraire de Monseigneur / l'Evêque, du Clergé & du College, 1744. - 6 S.

ACDF SO CL 1744-1745, Nr. 8

1744. Censura in Libr. ins[criptu]m: Conversazioni famigliari frà due Forastieri sul ponto della vera, ed unica Religione Cristiana etc. Francfort. 1727.

---

[16] Mit Dekret SO vom 29. Mai 1744 wurde die Druckerlaubnis für eine eventuelle Neuaufl. mit der Auflage erteilt, die Wörter „Dalle mani dei Demoni […] in Paradiso" zu entfernen. Die noch zu verfassenden Korrekturvorschläge sollten zu diesem Zweck dem Inquisitor von Venedig und dem Prosekretär der CProp zugestellt werden.

[17] Vermutl. Erscheinungsort ermittelt nach *BNF*.

[18] Für diesen Tag liegt auch die Relation von Clemente di Gesù Marias, 3 S., vor.

Anonym [Caminata, Cristoforo]: Converssationi // famigliari frà due forestieri// sul punto della vera ed unica// Religione Christiana : studio// molto utile e necessario per// confondere e convertire// gl'// Eretici ostinati.// [...]. - Francoforte : [S.n.], 1727. - 121, [18] S. ; 6°. *ACDF SO CL 1744-1745, Nr. 8*[19]

Gutachter: Antonio Andrea Galli CRL
Gutachten: 7 S., [15. Dezember 1744]

Dekret: SO 13. Juli 1712;[20] SO 15. Dezember 1744
Bando: SO 18. August 1717;[21] SO 29. Juli 1722

ACDF SO CL 1744-1745, Nr. 9

1744. Censura in Libr. ins[criptu]m: Confutatio sex priorum epistolarum Ferdinandi Valdesii, sive appendicis ad Librum Antonii Lampridii de Superstitione vitanda etc.

Confutatio sex priorum epistolarum ex eo libro, cui titulus est: „Ferdinandi Valdesii Epistolae, sive Appendix ad librum Antonii Lampridii De superstitione vitanda". - Mediolani ; Venetiis : Tibernius, 1744. - 85 S. *BVB*[22]

Gutachter: [Gianfrancesco Baldini CRS][23]
Gutachten: nicht aufgefunden[24]

Gutachter: Nicola Cimaglia OSBCoel
Gutachten: 5 S., [13. Juni 1744][25]

ACDF SO CL 1744-1745, Nr. 10

1744. Censura in Librum ins[criptu]m: Causa Regia, seu defensio Regii Patronatus, et regalium Praerogativarum super ecclesia et Regia Cappella Agrigenti etc.

Causa regia, o sia difesa del regio padronato delle reali sue prerogative sopra la chiesa e regia Capella di Grigenti; da esaminarsi da' Signori Consultori della Real Giunta di Sicilia in Napoli. - [S.l.] : [S.n.], [S.a.]. - [4], 254, [2], 53, [3] S. ; 4°. *SBN*[26]

Gutachter: [Antonio Maria Mazzei OM]
Gutachten: 6 S., [19. August 1744][27]

19 Verf. ermittelt nach den Angaben im Zettelkatalog des ACDF.
20 Vgl. ACDF SO CL 1711-1714, Nr. 13.
21 Vermutl. nicht veröffentlichter Probedruck.
22 Erscheinungsvermerk nach *GBV*: Prostant Venales Venetiis, apud Joannem Tibernium.
23 Als Konsultor der CIndex. Vgl. Congr. gen. der CIndex 16. März 1744.
24 Das Gutachten konnte nicht nachgewiesen werden. Der Fall wurde dem SO übergeben, vgl. ACDF Index Diari 16 (1734-1746), Bl. 59r.
25 Zu diesem Fall wurde keine Entscheidung getroffen.
26 Erscheinungsort und -jahr nach *COPAC*: [Napoli?] : [1738?].
27 Zu diesem Fall wurde keine Entscheidung getroffen.

ACDF SO CL 1744-1745, Nr. 11

1744. Censura in seguent. Libellos.

1[us] inscrib.: Voie de Prescriptions legitemement emploieè contre le Bulle unigenitus etc.

2[us] inscrib.: Instruction par demandes et par responses sur l'humilitè. A Rouen 1743.

3[ius] inscrib.: Bref Parisien pour l'anée Bisextile 1744. Paques arrivant les Avril 1744.

1. Anonym [LeLarge de Lignac, Joseph Adrien]: Voie de prescription légitimement emploiée contre la bulle „Unigenitus", ou Préjugez décisifs présentez contre la constitution aux évêques pacifiques de France par les fidèles persécutez dans diférens diocèses. - [S.l.] : [S.n.], 1743. - 124 S. ; 12°. *BNF*

2. ♦ Collard, Abbé: Instructions par demandes et par réponses sur l'humilité : sur le rapport des actions à Dieu, et sur la prière / Collard. - [Paris] : [S.n.], 1744. - 320 S. ; 12°. *Abes*

3. *Das Werk* Bref Parisien *wurde nicht ermittelt*

Gutachter: Benedetto Baldoriotti OSM
Gutachten: 15 S. (zu Nr. 1-3) [28]

ACDF SO CL 1744-1745, Nr. 12

1745. Censura in folium impress., cui. titul.: Novena in preparazione alla Festa dell'Immaculata Concezione di M[a]r[i]a proposta alla Congregaz[ion]e eretta in S. Rocco sotto il med[esi]mo titolo.
Item Censura in folium continens votum Sanguinarium manuscript., cui. titul.: Unione de cuori in ossequio dell'Immacolata Concezione etc.

1. Novena// In Preparazione Alla Festa Della// Immacolata Concezione// Di Maria : Proposta alla Congregazione eretta in// S. Rocco// Sotto il medesmo Titolo.// [...]. - In Parma : Per gli Eredi di Paolo Monti, 1733. - 4 S. *ACDF SO CL 1744-1745, Nr. 12*

2. Novena// In Preparazione Alla Festa Della// Immacolata Concezione// Di Maria : Proposta alla Congregazione eretta in S. Rocco// Sotto il medesmo Titolo.// [...]. - In Parma : per gli Eredi Pescatori, 1724. - 4 S. *ACDF SO CL 1744-1745, Nr. 12*

3. Anonym: Unione De Cuori// in osserguio dell'immacolata Concezione// Di Maria Sempre Vergine. - 1 S. (Manuskript) *ACDF SO CL 1744-1745, Nr. 12*

Gutachter: Tommaso Sergio PO
Gutachten: 1 S., [13. Januar 1745] (zu Nr. 1-3) [29]

---

[28] Darüber hinaus Baldoriotti, 28 S. „Propositiones" (zu Nr. 2). Auf dem Faszikelumschlag findet sich kein Hinweis auf eine Entscheidung zu diesem Fall.

ACDF SO CL 1744-1745, Nr. 13

1745. Censura in Libellos sequens.

1.us inscribitur: Lettre de Monsigneur l'Eveque d'Auxerre a M[onsigneu]r l'Eveque de Montpellier etc. 1742.

2.us Lettre de Plusieurs Curez, Beneficiers et autres Pretres de la Ville et du Diocese de Montpellier a M[onsigneu]r Georges Lazare Berges de Charancy leur Eveque etc. 1744.

3.^{ius} inscribitur: Memoire Theolocique sur cè qu'on Appelle les Secours Violens dens les Convulsion. 1743.

4.us inscrib.: Defense de l'Ecrit intitulè: Doctrine de S. Thomas etc. 1743.

1. CAYLUS, CHARLES DANIEL DE <Auxerre, Bischof>: Lettre de Monseigneur l'évêque d'Auxerre à Monseigneur l'évêque de Montpellier à l'occasion de ce que ce prélat dit de lui dans son mandement en date du 1. juillet 1742. (29 décembre 1742.). - [S.l.] : [S.n.], 1744. - 92 S. ; 4°. *Abes*[30]

2. Anonym [GAULTIER, JEAN BAPTISTE (u.a.)]: Lettre de plusieurs curés, bénéficiers et autres prêtres de la ville et du diocèse de Montpellier à M[onsei]g[neu]r Georges Lazare Berger de Charancy, leur évêque, au sujet de son mandement du 1er juillet 1742, pour la publication de la bulle „Unigenitus" [25 août 1742] et Mémoire apologétique [de l'abbé Jean Baptiste Gaultier] pour la défense des ecclésiastiques de ce même diocèse accusés dans leur foi par M[onseigneu]r l'évêque dans ce même mandement. - [S.l.] : [S.n.], 1744. - 102 S. ; 4°. *BNF*

3. BOURSIER, LAURENT FRANÇOIS: Mémoire théologique sur ce qu'on appelle les secours violens dans les convulsions. - [S.l.] : [S.n.], 1743. - 142 S. ; 4°. *Abes*

4. Anonym [DESESSARTS, ALEXIS]: Défense de l'écrit intitulé, Doctrine de S. Thomas sur l'objet et la distinction des vertus theologales, et sur les habitudes, contre la Réponse de l'auteur des Nouveaux eclaircissemens. - [S.l.] : [S.n.], 1743. - [4], 80, [2] S. ; 4°. *BNF*

Gutachter: Antonio Andrea Galli CRL
Gutachten: 7 S., [24. Februar 1745] (zu Nr. 1-4)

[29] Mit Dekret SO vom 13. Januar 1745 wurde die Druckerlaubnis erteilt für eine Neuaufl. (zu Nr. 1-2). Zu Nr. 3 wurde entschieden, dass der Inquisitor von Parma die Drucklegung des Manuskripts nicht erlauben sollte.

[30] Das Werk war bereits erschienen: CAYLUS, CHARLES DANIEL DE <Auxerre, Bischof>: Lettre de Monseigneur l'évêque d'Auxerre à Monseigneur l'évêque de Montpellier, à l'occasion de ce que ce prélat dit de lui dans son mandement en date du 1er juillet 1742. - [S.l.] : [S.n.], 1743. - 92 S. ; 4°. *Abes*. Ermittelt wurde auch eine 1743 erschienene Ausg. mit abweichender Umfangsangabe: 66 S. *Abes*

Dekret: SO 24. Februar 1745
Bando: nicht aufgefunden (zu Nr. 1-3)[31]

ACDF SO CL 1744-1745, Nr. 14

1745. Censura in Manus[criptu]m, cui. titul.: Breve ragguaglio della vita e Santa morte di Suor Maria Angelica degli Azzi Cappuccina in Città di Castello morta li 2 Gennaro 1744 in età d'anni 29. Scritta da un Religioso della Compagnia di Gesù.

Anonym: Breve ragguaglio della Vita e Santa morte di Suor Maria Angelica degli Azzi Cappuccina in Città di Castello morta il dí 2 Gennaio 1744. In età di Anni 23. / Scritta da un Religioso della Compagnia di Gesù. - [ca. 1744]. (Manuskript) *Das Manuskript wurde nicht nachgewiesen*

♦ Anonym: Breve ragguaglio della vita, e santa morte di suor Maria Angelica degli Azzi Cappuccina in Città di Castello morta il dì 2 gennaio 1744 in età d'anni 23 / scritto da un religioso della Compagnia di Gesù ; dato in luce da Giuseppe Brù. - In Monte Fiascone : per Zinelli, 1745. - XX, 86 S. ; 8°. *MAI*

Gutachter: Tommaso Maria de Luca da Molfetta OP
Gutachten: 3 S., [17. März 1745][32]

Weiterhin beiliegend: Anonym: Lettera// Scritta all'Illustrissima Signora// Dimitria Sozi Di Perugia// Negli Azzi Di Arezzo// Dal Direttore Di// Suor Maria Angelica// Cappuccina in Città Di Castello,// Figlia della suddetta Signora,// Morta il dì 2. Gennajo 1744.// in età di anni 23. - In Firenze : Da Anton Maria Albizzini [...] (Con Licenza de' Superiori), 1744. - 30 S. ; 8°.

ACDF SO CL 1744-1745, Nr. 15

1745. Censura in Libr. ins[criptu]m: Instruction familiere par demandes et par responses sur le Formulejre etc.

Item Censura in alium Librum ins[criptu]m: Lettres de M[onsigneu]r Arnauld a M[onsigneu]r des Lions, Doct. de Sorbonne Doyen de l'Eglise de Senlis.

1. Anonym: Instruction familière par demandes et par réponses sur le Formulaire. - La Haye : Charles le Sincère [...], [S.a.]. - 12°. *BNF*

---

31 Zu Nr. 4: Am 24. Februar 1745 wurde entschieden, dass der Kard. Albani weitere Informationen über den Namen des Verf. und seine anderen Werken liefern sollte und dass danach das Werk nochmals geprüft werden sollte. Zum Werk unter Nr. 4 wurde keine Entscheidung getroffen.

32 Mit Dekret SO vom 17. März 1745 wurde die Druckerlaubnis verweigert, weil diese Vita schon von einem anderen Autor veröffentlicht worden war. Am 1. April 1745 wurde vom Papst die Druckerlaubnis mit der Auflage erteilt, dass das Werk vom MSP geprüft und von zwei Qualifikatoren der CRiti korrigiert werden und dass die Edition außerhalb Roms stattfinden sollte.

2. ♦ Arnauld, Antoine: Lettres de Monsieur Antoine Arnauld, docteur de Sorbonne. - A Nancy [i.e. Amsterdam] : Aux depens de Joseph Nicolai, 1727-1743. - 9 vol. ; 12°. *COPAC*[33]

Gutachter: Luigi Maria di Gesù OCD
Gutachten: 1 S., 6. April 1745 (zu Nr. 1-2)

Dekret: SO 7. April 1745
Bando: nicht aufgefunden (zu Nr. 1-2)

ACDF SO CL 1744-1745, Nr. 16

1745. Censura in Libr. ins[criptu]m: Explication des qualitez, ou des Caracteres, que S. Paul donne a la Charitè. Novelle Edition 1728.

Anonym [Duguet, Jacques Joseph]: Explication des qualitez ou des caracteres que S. Paul donne a la charité. - Nouvelle edition revûë, corrigée & augmentée. - A Amsterdam : chez Henry Van der Hagen, 1728. - XII, 468 S. ; 12°. *Abes*[34]

Gutachter: Jean François Descontes OSB
Gutachten: 4 S., [22. Mai 1737]

Gutachter: Angelo Guarnieri
Gutachten: 33 S., [11. August 1745]

Dekret: SO 11. August 1745; SO 14. Dezember 1745[35]
Bando: CIndex 7. Oktober 1746*

ACDF SO CL 1744-1745, Nr. 17

1745. Censura in sequent. Libellos. 1.us inscribitur: Projet de Response de M[onsigneu]r Bossuet eveque de Troyes a M[onsigneu]r de Tencin archeveque d'Embrun, communichée aux ecclesiastiques du Diocese de Troyes pour leur instruction.

2.us inscrib.: Lettre de Monsigneur Jean Soanen Eveque de Senez au Sujet d'un écrit intitulè: Vains efforte des Malangistes etc.

3.us inscrib.: Defense de la nouelle Traduction de Histoire du Concile de Trente.

---

33 Erscheinungsort und Verlag nach *COPAC* fingiert.

34 In der Bibliothek des ACDF befindet sich laut Zettelkatalog die Ausg.: Duguet, Jacques Joseph: Explication des qualitez ou des caractères que S. Paul donne à la charité. - Nouv. Ed. – Amsterdam : van der Hagen, 1727. - XII, 2, 258 S. *ACDF Index D III 33*. Im Bestand der BAV wurde ermittelt: Duguet, Jacques Joseph: Explication des qualitez ou des caractères que s. Paul donne à la charité. - Nouv. Ed. - Amsterdam : chez van der Hagen, 1727. - 258 S. *BAV Stamp. Chig. V. 2761 (int.2)*.

35 Laut Dekret SO vom 14. Dezember 1745 (Variante: 11. Dezember) sollte das Buch von der CIndex verboten werden.

1. BOSSUET, JACQUES BENIGNE <Troyes, Bischof>: Projet// De Résponse// De M. Bossuet// Evêque De Troyes,// A M. De Tencin// Archevêque D'Embrun:// Communiquée Aux Ecclesiastiques Du Diocese De Troies// pour leur instruction. - [S.l.] : [S.n.], 1744. - 42 S., [2] Bl. ; 2°. *ACDF SO CL 1744-1745, Nr. 17*[36]

2. SOANEN, JEAN <Senez, Bischof>: Lettre// De Monseigneur// Jean Soannen// Evêque De Sénez,/ Au Sujet D'Un Ecrit Intitulé:// Vains Efforts Des Mélangistes etc. - Ouvrage Posthume En Trois Parties. - [S.l.] : [S.n.], 1744. - 40 S., [2] Bl. ; 2°. (Druck) *ACDF SO CL 1744-1745, Nr. 17*[37]

3. LECOURAYER, PIERRE FRANÇOIS: Defense de la nouvelle traduction de l'histoire du Concile de Trente contre les censures de quelques prelats [...] / Par Pierre-Francois Le Courayer [...]. - A Amsterdam : chez Guillaume Smith, 1742. - [4], XXIV, 462, [4] S. ; 12°. *SBN*

Gutachter: Antonio Andrea Galli CRL
Gutachten: 5 S., [7. September 1745] (zu Nr. 1-3)

Dekret: SO 7. September 1745[38]
Bando: CIndex 7. Oktober 1746* (zu Nr. 1-3)

ACDF SO CL 1744-1745, Nr. 18

1745. Censura in opuscula sequentia.

1.^{m} inscrib.: Lettre a M[onseigneu]r Berquet Professeur en Theologie au Seminaire de Verdun, Sujet de la These qu'il y fait soutenir au Mois d'Avril 1740. A Cologne 1741.

2.us inscrib.: Seconde lettre a M[onseigneu]r Berguet etc. de la seconde These qu'il y fait soutenir li 11 Avril 1741. A Cologne 1741.

3.^{ius} inscribitur: Reflexion Nouvelles sur la Veritè du Serment per rapport aux jugement de l'Eglise. 1744.

1. BERGUET, [...]: Lettre a M[onseigneu]r Berguet Professeur en Theologie au Seminaire de Verdun, au Sujet de la These qu´il y fait soutenir au Mois d´Avril 1740. - A Cologne : [S.n.], 1741. *Das Werk wurde nicht nachgewiesen*

2. BERGUET, [...]: Seconde lettre a M[onseigneu]r Berguet Professeur en Theologie au seminaire de Verdun au sujet de la seconde These qu´il y a fait soutenir il 11 Avril 1741. - A Cologne : [S.n.], 1741. *Das Werk wurde nicht nachgewiesen*

---

36 Abweichende Formatangabe nach *Abes*: 4°; Umfangsangaben nach den Angaben im Zettelkatalog des ACDF: 42 S.; nach *Abes*: IV, 42 S. bzw. [2], 42 S.

37 Abweichende Formatangabe nach *Abes:* 4°; Umfangsangabe nach Zettelkatalog des ACDF und *Abes*: 40 S.; nach *BNF*: II, 40 S.

38 Laut Dekret SO vom 7. Dezember 1745 sollten die Werke von der CIndex verboten werden.

3. Anonym [BAZIN, ABBÉ <Pseudonym>?]: Réflexions nouvelles sur la vérité du serment par rapport aux jugement de l'Eglise. - [S.l.] : [S.n.], 1744. - 51 S. ; 12°. *BNF*[39]

Gutachter: Antonio Andrea Galli CRL
Gutachten: 4 S., [14. Dezember 1745] (zu Nr. 1-3)

Dekret: SO 14. Dezember 1745[40]
Bando: CIndex 7. Oktober 1746* (zu Nr. 1-3)

ACDF SO CL 1744-1745, Nr. 19

1745. Censura in sequent. Libros.

1.us inscribitur: Lettre de M[onseigneu]r l'Abbè D. F. a Madame le Marquise de... contenent le véritable Secret de Franc Macon etc.

2.us inscribitur: Lettres Chretiennes et spirituales de Messire Jean du Verger de Hauranne Abbe de Cyran. Tome I et II. 1744.

3.us inscribitur: Recueil de divers Ouvrages propres a instruire, consoler et affermir etc. 1743.

1. *Das Werk* Lettre de Mr. L'Abbè *wurde nicht ermittelt*

2. ♦ Anonym [PÉRAU, GABRIEL LOUIS CALABRE]: Le secret des Francs-Maçons, avec un Recueil de leurs Chansons [...] : [Beigedr.]: Chansons de la très-vénérable confrairie à des maçons libres [...] 1744. - [S.l.] : [S.n.], 1744. - X, 160, 69 S. ; 8°. *SBB*

♦ Anonym [PÉRAU, GABRIEL LOUIS CALABRE]: Le Secret des Francs-Maçons / [G. L. Calabre-Perau] : avec un recueil de leurs chansons, précédé de quelques pièces de poësies [J. J. Naudot]. - En France [Paris?] : [S.n.], 1744. - X, 160 S. ; 12º. *COPAC*

♦ Anonym [PÉRAU, GABRIEL LOUIS CALABRE]: Le secret des francs-maçons / [G.L.C. Pérau] : avec un recueil de leurs chansons, précédé de quelques piéces de poësies. - [Par.?] : [S.n.], 1744. - [12°]. *COPAC*

♦ Anonym [PÉRAU, GABRIEL LOUIS CALABRE]: Le Secret des francs-maçons / [G. L. Calabre-Pérau]. - nouvelle édition, revûë [...] & augmentée. [Enth.: Vers et chansons de la maçonnerie / J. J. Naudot.]. - [S.l.] : [S.n.], 1744. - XI, 125 S., S. 1-22. 1744. - 12°. *BL*[41]

3. DUVERGIER DE HAURANNE, JEAN: Lettres chrétiennes et spirituelles de messire Jean Du Verger de Hauranne, abbé de S. Cyran : Qui n'ont point encore été imprimées jusqu'à présent. - [S.l.] : [S.n.], 1744. - 2 vol. ; 12°. *Abes*

[39] Verf. hs. vermerkt. *BNF.* Die *PND-HBZ* verzeichnet Abbé Bazin als eines der von Voltaire verwendeten Pseudonyme.
[40] Laut Dekret SO vom 14. Dezember 1745 sollten die Werke von der CIndex verboten werden.
[41] Verf. ermittelt nach: *SBB*, *COPAC*.

4. HAMON, JEAN ; LEROY, GUILLAUME [u.a.]: Recueil de divers ouvrages, propres à instruire, consoler, & afermir, dans les tems d'épreuves & de persécution : I. La consolation véritable des epouses de Jesus-Christ / Par M. Hamon. II. Principes de conduite dans la défense de la vérité / Par le même. Avec des régles pour les tems d'épreuves & de pesécution / Par M. Nicole. III. Lettre sur la constance & le courage qu'on doit avoir pour la vérité / Par M. Le Roi, abbé de Haute-Fontaine. IV. Principes propres à afermir, & à consoler dans les épreuves presentes [...]. - [S.l.] : [S.n.], 1743. - [48], 392, [5] S. ; 12°. *Abes*

Gutachter: Clemente di Gesù Maria OCD
Gutachten: 5 S., [29. Dezember 1745] (zu Nr. 1-4)

Dekret: SO 29. Dezember 1745[42]
Bando: nicht aufgefunden (zu Nr. 1-4)

ACDF SO CL 1744-1745, Nr. 20

1745. Censura in Libr. ins[criptu]m: Il Terziario di S. Francesco d'Assisi del P. Casimiro Liborio Tempesti Minor Conventuale.

TEMPESTI, CASIMIRIO LIBORIO: Il Terziario di S. Francesco d´Assisi / del P. Casimiro Liborio Tempesti Minor Conventuale. - [S.a.] (Manuskript) *Das Manuskript wurde nicht nachgewiesen*

Gutachter: Giovanni Francesco Caroelli OSBOliv
Gutachten: 1 S.[43]

42 Laut Dekret SO vom 29. Dezember 1745 sollten die Werke von der CIndex verboten werden.
43 Am 22. Januar 1745 wurde Caroelli vom den Ass. SO mit der Erstellung eines Gutachtens beauftragt. Zu diesem Fall wurde keine Entscheidung getroffen.

ACDF SO CL 1746-1747

ACDF SO CL 1746-1747, Nr. 1

1746. Censura in Libell. ins[criptu]m: Lettre au Sujet de la Bulle de N. S. Pere le Pape du XII. Septembre 1744. concernant le Rits Malabares. 1745.

Anonym [GAULTIER, JEAN BAPTISTE]: Lettre// Au Sujet// De La Bulle// De N.S. Pere// Le Pape// Du XII. Septembre M. DCC. XLIV.// Concernant/ Les Rits// Malabares [5 mars 1745]. - [S.l.] : [S.n.], 1745. - 43 S. ; [8°]. *ACDF SO CL 1746-1747, Nr. 1, BNF*[1]

Gutachter:	Fortunato Tamburini OSB
Gutachten:	4 S., [9. Februar 1746]
Dekret:	SO 9. Februar 1746[2]
Bando:	CIndex 7. Oktober 1746*

ACDF SO CL 1746-1747, Nr. 2

1746. Non permittitur impressio Libri, cui. titul.: Brevis Tractatus de Sollicitatione etc. Authore Philippo Antonio de Leonardis Vicario Gen.li Archiep[iscop]i Ferrarien.

LEONARDIS, PHILIPPO ANTONIO DE: Breuis Tractatus// De Sollicitatione// Quidquid de argumento scitu utile, et necessarium est// Complectens / A Philippo Antonio de Leonardis Nobili Tifernatense Iuris// Vtriusque Doctore, Prothonot[ari]o Apostolico// Atque Ill[ustrissi]mi, et R[everendissi]mi D[omi]ni. Domini// Hieronÿmi Crispi// Patriarch[ae] Alexandrini, et Ferrari[ae] meritissimi Archiepiscopi// Vicario in Temporalibus, et spiritualibus Generali// editus// eisdemque Ill[ustrissi]mo, et R[everendissi]mo Patriarch[ae] et Archiepiscopo// Dicatus. - [S.l., Ferrariae?], [S.a.]. - 125 Bl. ; [4°?]. (Manuskript) *BAV Vat. lat. 12847*[3]

---

1 Formatangabe ergänzt nach *BNF*. Abweichende Formatangabe nach *Abes*: 12°.

2 Laut Dekret SO vom 9. Februar 1746 sollte das Werk von der CIndex verboten werden.

3 Titelaufnahme nach Autopsie des Manuskriptes in *BAV*. Blattmaße: 25 x 18 cm. Nachträglich eingestempelte Blattzählung. Incipit: Titulus Primus// Antequam assumatur discussio [...]. - Bl. 21r. Des.: (Censura Fr. Thomae Barberini de Cento) [...] Datum Ferrariae In Conventu S: Spiritus die 12: Octobris 1745. - Bl. 125v. Enth.: Schreiben des Verf. (unterzeichnet: Humillissimus, [...]// Philippus Antonius de Leonardis). - Bl. 2r-3r; Vorwort (Praefatio ad Lectorem). - Bl. 4r-v.; Index// Constitutionum Apostolicarum, Casuum, et Dutiorum, qu[ae] in toto hoc Opus-//culo in quinque Titulos diviso continentur. - Bl. 5r-21r. Auf der Innenseite des Vorderdeckels Provenienzeintrag: S. Off.; Vorderdeckel außen: [... Pre Con.rio?]. Bl. 124r-v: Decretum Feria 5. die 5. Aug. 1745:

Gutachter: [Alessandro Pio Sauli da Forlì OP]
Gutachten: nicht aufgefunden[4]

ACDF SO CL 1746-1747, Nr. 3

1746. Censura in Epistolam Pastoralem Cardinalis de Sintzendorf. Episcopi Vratislavien. facta occasione Belli Regis Borusiae publicata idib. Novembr. 1745.

SINZENDORF, PHILIPP LUDWIG VON <Breslau, Bischof ; Kardinal>: Nos Philippus Ludovi-//cus, Dei Miseratione Sacrae// Romanae Ecclesiae Tituli San-//ctae Mariae Supra Minervam Presby-//ter Cardinalis De Sintzendorff,// Episcopus Wratislaviensis Et Princeps, Sacri Romani Imperii Haereditarius Thesaurarius Et Comes, Burg-//gravius In Rheinegg, &c. [Incipit: Quanquam vos omnes]. - [S.l.] : [S.n.], [1745]. - 4 S. ; [4°]. *ACDF SO CL 1746-1747, Nr. 3*[5]

Gutachter: Gioacchino Besozzi OCist
Gutachten: 11 S., [6. Februar 1746]

Gutachter: Celestino Orlandi OSB[6]
Gutachten: 8 S., [17. Februar 1746]

Gutachter: Antonio Andrea Galli CRL
Gutachten: 6 S., [24. Februar 1746][7]

Weiterhin beiliegend: Hs. Fassung des „Epistola Pastoralis“. - 7 S. (Manuskript)

ACDF SO CL 1746-1747, Nr. 4

1746. Censura in libr. D[omi]ni Duclos in tribus voluminibus distributum, cui. titul.: Histoire des Ludovic XI. Parisiis 1745.

DUCLOS, CHARLES PINOT: Histoire de Louis XI. / Par M. Duclos [...]. - [Ed. orginale]. - A Paris : chez les frères Guerin [...] ; & Prault, fils. [...], 1745. - 3 vol. ; 12°. *BNF*[8]

Gutachter: [Giovanni Francesco Caroelli OSBOliv]
Gutachten: 3 S., [22. September 1745]

[unterzeichnet:] Paolus Antonius Cappellonus S: Roman[ae], et Vniversalis Inquisitionis Notarius [...]. Bl. 125r: Schreiben des Erzbischofs von Ferrara (10. September 1745). Bl. 125v: Approbatio (Fr. Thomas Barberini de Cento, Ord. Min. Obs. S. Fran., Consultor S.O).

4 Mit Dekret SO vom 16. Februar 1746 wurde die Druckerlaubnis verweigert.

5 Ermittelt wurde auch: SINZENDORF, PHILIPP LUDWIG VON <Breslau, Bischof ; Kardinal>: Nos Philippus Ludovicus, Dei miseratione Sacrae Romanae Ecclesiae [...] Cardinalis de Sintzendorff, Episcopus Wratislaviensis [...] Burggravius in Rheinegg [...] Placuit [...] Benedicto Papae [...] XIV. [...] per Breve Apostolicum datum [...] die II. Julii 1747. [...] : [... Datum Wrat. in Residentia nostra Episc. die II. Aug. 1747. Philippus, Cardinalis de Sinzendorff, Episcopus Wratislaviensis]. - [S.l.] : [S.n.], 1747. - [1] Bl. ; 4°. *HBZ*.

6 Als externer Gutachter.

7 Laut Dekret SO vom 24. Februar 1746 sollte das Werk vom SO einbehalten werden.

8 Das Werk wird auch Joachim LeGrand zugeschrieben. *COPAC*, s. Quérard.

Gutachter: Filippo da Carbognano OFMObs
Gutachten: 5 S., [2. März 1746]

Dekret: SO 2. März 1746[9]
Bando: CIndex 7. Oktober 1746*

Weiterhin beiliegend: Arrest// Du Conseil D'État// Du Roy,// Au Sujet du livre intitulé, Histoire de Louis XI. &c.// Du 28 Mars 1745. : Extrait des Registres du Conseil d'État. […] Signé Phelypeaux. - A Paris : De L'Imprimerie Royale, 1745. - 2 S.

ACDF SO CL 1746-1747, Nr. 5

1746. Censura in libell. ins[criptu]m: Response au Memoire du Recteur des Penitens de la Misericorde.

Anonym [MANNE, LOUIS-FRANÇOIS]: Réponse au mémoire du recteur des Pénitens de la Miséricorde. - [S.l.] : [S.n.], [1745]. - 23 S. ; 4°. *CCFR; ACDF SO CL 1746-1747, Nr. 5*

Gutachter: Giovanni Francesco Caroelli OSBOliv
Gutachten: 3 S., [8. März 1746]

Dekret: SO 8. März 1746[10]
Bando: CIndex 7. Oktober 1746*

ACDF SO CL 1746-1747, Nr. 6

1746. Censura in libr. cui. titul.: Lettres edifiantes et Curieuses sur la Visite Apostolique de M[onsigneu]r de la Baume Eveque d'Halicarnasse, a la Conchichine etc. par M[onsieu]r Faure Prete Suisse etc. A Venise 1746.

FAVRE, PIERRE FRANÇOIS: Lettres édifiantes et curieuses sur la visite apostolique de M. de La-Baume, évêque d'Halicarnasse, à la Cochinchine en l'année 1740, où l'on voit les voyages et les travaux de ce zélé prélat, la conduite des missionaires jésuites et de quelques autres, avec de nouvelles observations, etc. : pour servir de continuation aux „Memoires historiques" du R.P. Norbert capucin / par Mr. Favre prêtre suisse, protonotaire apostolique et provisiteur de la même visite. - A Venise [i.e. Neuchâtel] : chez les frères Barzotti, 1746 (Avec la Permission des Superieurs). - VIII, [2], 379 S. ; 4°. *RERO*[11]

Gutachter: Antonio Andrea Galli CRL
Gutachten: 6 S., [1. Juni 1746]

---

9 Mit Dekret SO vom 2. März 1746 sollte das Werk von der CIndex verboten werden.
10 Mit Dekret SO vom 8. März 1746 sollte das Werk von der CIndex verboten werden.
11 Enth.: Oraison funèbre de M. d'Halicarnasse, prononcée en langue du pays par un prêtre chinois à Hué [...]. - S. 255-280; Lettre du R.P. Norbert, capucin, au provisiteur de la Cochinchine. - S. 297-372; Breve summi pontificis Benedicti XIV ad R.P. Norbertum. - S. 373-374. Abes, *COPAC*.

Dekret: SO 1. Juni 1746
Bando: SO 16. Juni 1746

Weiterhin beiliegend: (1) Feuille-D'Avis, Nr. 31 (Sa. 16. Apr., 1746). - 4 S. (2) Joseph Hubert De Boccard// Par La Grace De Dieu, & Du// S. Siege Apostolique Evêque &// Comte De Lausanne, Prince Du S. Empire &c. &c.// […]// Donné en Nôtre ditte Cour à Fribourg ce 15. Decembre 1746. Par Ordon.ce// Pierre Simon Fremiot,// Not. Apostol. & Secretaire. [Incipit: Faisons savoir à Tous]. - [S.l.] : [S.n.], [S.a.]. (Einblattdruck)

ACDF SO CL 1746-1747, Nr. 7

1746. Censura Operis, cui. titul.: Concordia Praelatorum, duobus voluminibus distinct. alterum inscribitur: De unione ecclesiarum et Beneficiorum; alterum De Exemptione Personarum et Ecclesiarum, vel de immediata Regis protectione, compositum a P[at]re Joanne Bapt. Garido Benedictinae Congregat[ion]is Hispaniar. Generali Magistro. Matriti 1745.

GARRIDO, JUAN BAUTISTA: Concordia pr[ae]latorum tractatus duplex [...] De unione ecclesiarum, & beneficiorum ; De exemptione personarum, & Ecclesiarum, tùm Pontificia, tùm Regia, vel de immediata regia protectione [...] / auctore [...] Ioanne Baptista Garrido [...]. - Matriti : apud Viduam Francisci del Hierro, 1745. - 2 vol. ; 2°. *REBIUN*

Gutachter: Gianantonio Bianchi OFMObs
Gutachten: 17 S., [22. April 1746][12]

Dekret: nicht aufgefunden
Bando: Breve 9. Juni 1746

Weiterhin beiliegend: Nos Los Inquisidores Apostolicos […] Dado en la Inquisicion de Madrid à tres de Julio de mil setecientos i quarenta i seis. Por mandado del Santo Oficio. - [S.l.] : [S.n.], [S.a.]. (Einblattdruck)

ACDF SO CL 1746-1747, Nr. 8

1746. Prohibetur impressio libri ins[cript]i: Descrizione della vita della Serva di Dio Suor Lucia Tartaglia da Cortona Terziaria dell'Ord. di S. Francesco etc. Composta da Nicolò Marino Galli Prete dell'Oratorio etc.

GALLI, NICOLO MARIA: Descrizione// Della Vita della Serva di Dio// Suor Lucia Tartaglini da// Cortona// Terziaria dell'Ordine di S. Francesco, e Fodatrice// del Conservatorio alla Torre de Sciri in// Perugia / Composta da Nicolò M[ari]a Galli Prete dell'Oratorio,/ e dedicata/ A sua Eminenza// Il Sig.[or]e Cardinale Giacomo Oddi// Patrizio Perugino, Legato di Urbino. - [S.a.]. (hs. Titelblatt) *ACDF SO CL 1746-1747, Nr. 8*

---

12 Abschriften von Gutachten, Stellungnahmen span. Theologen und Korrespondenz in ACDF SO Vota CL I (1740-1757), Nr. 17. Weiterführendes Material in ACDF SO CL 1739-1741, Nr. 21.

Gutachter: keine Angabe
Gutachten: nicht aufgefunden[13]

ACDF SO CL 1746-1747, Nr. 9

1746. Censura in Manus[criptu]m, cui. titul.: Filosofia per le Dame esposta in Sonetti e spiegata con tanti discorsi famigliari a una Dama etc. divisa in tre Tomi dal Conte Giuseppe Lavini Patrizio della Città di S. Severino.

LAVINI, GIUSEPPE: Filosophia per le Dame : esposta tutta in Sonetti, e spiegata con tanti discorsi familiari ad una Dama erudita in una virtuosa villeggiatura, Divisa in tre Tomi / dal Conte Giuseppe Lavini Patrizio della Città di Sanseverino. - [S.a.]. (Manuskript) *Das Manuskript wurde nicht nachgewiesen*[14]

Gutachter: Filippo da Carbognano
Gutachten: 2 S., [20. April 1746]

Gutachter: Gianfrancesco Baldini CRS
Gutachten: 6 S., [27. Juli 1746][15]

Weiterhin beiliegend: Il Marchese// Antonio Belluccio Gentili// De' Signori Di Rovellone, Marchese Del// Castello Di Poggio Manente, E Patri-//zio Della Città Di Sanseverino// Nella Marca. - [S.l.] : [S.n.], [S.a.] - 1 S.

ACDF SO CL 1746-1747, Nr. 10

1746. Ordinatur collectio exemplarium Liberculi, cui. titul.: Breve compendio di quanto devono osservare li Fratelli e le Sorelle del 3.° Ordine del Serafico P. S. Francesco abitanti nelle proprie Case etc.

Das Werk wurde nicht ermittelt

Gutachter: keine Angabe
Gutachten: nicht aufgefunden[16]

ACDF SO CL 1746-1747, Nr. 11

1746. Censura in libellos ins[cripto]s

1.^{s} Lettres d'un Theologien a M[onseigneu]r de Charancy Eveque de Montpellier a l'occasion de sa response a M. l'Eveque d'Auxerre. Premiere lettre 30 Decembre 1744.

---

[13] In der Audienz mit dem Papst vom 16. Juni 1746 wurde die Druckerlaubnis mit Hinweis auf frühere Verordnungen des MSP verweigert.

[14] Die Angaben zum Titel stammen aus dem weiterhin beiliegenden Druck „Il Marchese"; eine Druckfassung des Werks wurde nicht ermittelt.

[15] Mit Dekret SO vom 27. Juli 1746 wurde die Druckerlaubnis verweigert. Laut Faszikelumschlag wurde mit Dekret SO vom 24. August 1746 das Manuskript zusammen mit Kopien der Gutachten dem Autor zurückgeschickt, damit dieser Korrekturen vornehmen könne.

[16] Laut Dekret SO vom 29. November 1746 sollte der Bischof von Osimo alle Exemplare einziehen. Dazu Hinweise auf weitere Verhandlungen: ACDF SO CL 1744-1745, Nr. 20 und ACDF SO CL 1751, Nr. 3.

2.^s inscrib.: Seconde Lettre de M[onseigneur] l'Eveque d'Auxerre a M. l'Eveque de Montpellier a l'occasion de sa response a ce Prelat, en date du premier Avril 1744. M. 1745.

3.us inscrib.: Response aux difficultez proposees au Sujet d'un Ecrit intitulè: Dernier eclaircessement sur le Vertus Theologales. 1742. 5 Fevrier.

4.^s inscribitur: Dissertation sur le Vertus Theologales, ou l'on examine 1° quel est l'objet de ces virtus; 2° Si la Foi e l'Esperance Theologales renferment un Saint Commencement au moins d'amour de Dieu; 3° Qu'est ce que contient la Charitè, 1744.

1. Anonym: Lettres d'un théologien à M. de Charancy, évêque de Montpellier, à l'occasion de sa résponse à M. l'Evêque d'Auxerre. (3 novembre 1744 - 30 décembre 1744.). - [S.l.] : [S.n.], [ca. 1744]. - 4°. *BNF*[17]

2. CAYLUS, CHARLES DANIEL DE: Seconde Lettre de Monseigneur l'évêque d'Auxerre à Monseigneur l'évêque de Montpellier, à l'occasion de sa réponse à ce prélat, en date du 1er avril 1744. - [S.l.] : [S.n.], 1745. - IV, 111 S. ; 4°. *BNF*

3. Anonym [PETITPIED, NICOLAS]: Reponse aux Difficultés proposées au sujet d'un ecrit intitulé, Dernier eclaircissement sur les vertus théologales. - [S.l.] : [S.n.], [1742]. - 11 S. ; 4°. *BNF*[18]

4. Anonym [BOURSIER, LAURENT FRANÇOIS]: Dissertation sur les vertus téologales, où l'on examine: 1. Quel est l'objet de ces vertus. 2. Si la foi et l'espérance théologales renferment un saint commencement au moins d'amour de Dieu. 3. Qu'est ce que contient la Charité? - [S.l.] : [S.n.], 1744. - 2 Teile in 1 vol. - IV, 206, 34, [4] S. ; 4°. *Abes*[19]

Gutachter: Antonio Andrea Galli CRL
Gutachten: 7 S., [6. Dezember 1746] (zu Nr. 1-4)

Dekret: SO 6. Dezember 1746
Bando: [CIndex 11. September 1750] (zu Nr. 1-4)[20]

ACDF SO CL 1746-1747, Nr. 12

1746. Instantia Archiep[iscop]i Spalatri pro imprimenda Bibblia Sacra in idiomate Illyrico.

♦ Biblia sacra : versio illyrica selecta, seu declaratio vulgatae editionis latinae, Bartholomaei Casij curictensis e Societate Iesu Professi, ac sacerdotis theologi, ex mandato Sacrae Congregationis de propag: fide, Anno 1625 [kroatische Bibel des Bartol Kašić] / ediderunt Hans Rothe et Christian Hannick e codocibus manuscriptis transtulerunt Petar Bacic et Julije Derossi et Zlata Derossi curis elaboravit atque

17 Verhandelt wurde: Première lettre 30 Decembre 1744.
18 Erscheinungsjahr ermittelt nach *BNF*.
19 Erscheinungsort nach *COPAC*: [Paris?].
20 Vgl. ACDF Index Diari 17 (1749-1763), Bl. 8r-v.

apparatu critico intruxit Petar Bacic. - Paderborn [u.a.] : Schöningh, 1999-2000. - (Biblia Slavica : Ser. 4., Südslavische Bibeln ; Bd. 2). *LIBRIS*, *SWB*

Gutachter: keine Angabe
Gutachten: nicht aufgefunden[21]

ACDF SO CL 1746-1747, Nr. 13

1746. Acta in libell. ins[criptu]m: Censura S. Facultat. Theologicae Nanneten. Lata die 19 Aprilis 1746 etc. adversus Propositiones excerptas ex Libro, cui. titul.: Les Pouvoirs légitimes du Premier e du second'Ordre etc.

Acta in Proposition. extractas a Facult. Parisien. ex praef[at]o libro - Les Pouvoirs etc.

1. Propositiones Extractae// ex Libro cui titulus: Les pouvoirs légitimes du pre-//mier & du second Ordre dans l'administration des// Sacremens & le gouvernement de l'Eglise, où il est// traité de la Jurisdiction & Approbation des Evêques// & des Curés aux Prêtes inférieurs, pour l'exercice// de leur sacré Ministere, de la juste étendue des ex-//communications de droit & de sentence portée, en-//couruë ou à encourir par le seul fait, & des régles// qu'on doit observer avec les excommuniés pendant// la vie, à la mort & après la mort.// [...]// M.DCC.XLIV. qui liber delatus est ad// Sacram Facultatem die primâ mensis Decembris 1745. - [S.l.] : [S.n.], 1745. - 10 S. ; 4°. *ACDF SO CL 1746-1747, Nr. 13*, *BNF*[22]

2. Censura// Sacrae Facultatis// Theologiae Nannetensis,// Lata die 19. Aprilis anno 1746.// Relecta & approbata die 20. eiusdem// mensis & anni.// Adversus Propositiones// Excerptas ex Libro cui titulus: les Pouvoirs// legitimes du premier & du second Ordre, &c. - Nannetis : Ex Typis Andreae Querro, Academiae Typographi & Bibliopolae, 1746. - 24 S. ; 4°. *ACDF SO CL 1746-1747, Nr. 13*

Gutachter: keine Angabe
Gutachten: nicht aufgefunden (zu Nr. 1-2)[23]

ACDF SO CL 1746-1747, Nr. 14

1747. Censura in Opus in duos Tomos divisum, cui. titul.: Moralis Christiana ex Scriptura S., Traditione, Conciliis, Patribus etc. Authore P. Jacobo Besombes Doct[or]e Theologo Cong[regatio]nis Doctrinae Christianae etc. Mutinae 1745.

BESOMBES, JACQUES: Moralis Christiana Ex Sciptura Sacra, Traditione, Conciliis, Patribus, & insignioribus Theologis Excerpta : In qua positis et statutis principiis

21 Zu diesem Fall wurde keine Entscheidung getroffen. Hinweis: Vid. Volum. Censur. anni 1633.
22 Abweichende Umfangsangabe nach *BNF*: 12 S.
23 Jedoch Tamburini, 2 S. und [Besozzi], 11 S., [17. September 1746]. Die Kard. Tamburini und Besozzi waren vom Papst direkt konsultiert worden, der dann das Material an den Ass. SO weitergeben ließ. Auf dem Faszikelumschlag finden sich keine Hinweise auf weiteren Entscheidungen des SO.

generalibus deducuntur Consectaria ; Quibus casus conscientiae sigillatim explicantur / Auctore R.P. Jacobo Besombes, Doctore Theologo, Congregationis Doctrinae Christianae, & in Provincia Tolosana ejusdem Congregationis Praeposito Provinciali. - [Mutinae] ; prostant Venetiis : [apud Simonem] Occhi [...], 1745. - 2 vol. ; 4°. *BVB*, *SBN*[24]

Gutachter: Tommaso Maria de Luca da Molfetta OP
Gutachten: 3 S., [11. Januar 1747][25]

ACDF SO CL 1746-1747, Nr. 15

1747. Censura in Libr. ins[criptu]m: Journal d'Henri III. Roy de France et de Pologne etc. 1744.

L'ESTOILE, PIERRE DE: Journal De Henri III. Roy de France & de Pologne: Ou Memoires Pour Servir A L'Histoire De France / Par M. Pierre de L'Estoile. - Nouvelle Édition: Accompagnée de Remarques Historiques, & des Pièces manuscrites les plus curieuses de ce Regne. - A La Haye : Chez Pierre Gosse [et se trouve à Paris : chez la veuve de Pierre Gandouin], 1744. - 5 vol. ; 8°. *SBB*, *Abes*[26]

Gutachter: Giacomo Maria di Tarsia OM
Gutachten: 4 S., [17. Januar 1747]

Dekret: SO 17. Januar 1747
Bando: [CIndex 11. September 1750][27]

ACDF SO CL 1746-1747, Nr. 16

1747. Arrestum Senatus Parisien. sub die 7 Januar. 1747, quo supprimitur Liber ins.: Avvis donnè par M[onseigneu]r l'Eveque d'Amiens aux Curès de son Diocese, au sujet de ceux qui n'ètant pas soumis a la Bulle Unigenitus demandent le Sacramen.

Arrestum Senat. Parisien. diei 1. Februar. 1747, quo prohibet folium inscriptum: Nouelles Ecclésiastiques, ou Memoires pour servir a l'Histoire de la Constitution Unigenitus etc.

---

[24] Ermittelt wurde auch: BESOMBES, JACQUES: Moralis Christiana ex Sciptura Sacra, traditione, Conciliis, Patribus, & insignioribus theologis excerpta : In qua positis & statutis principiis generalibus deducuntur Consectaria; quibus casus conscientiae sigillatim explicantur / Auctore r.p. Jacobo Besombes [...]. - Mutinae ; prostant Venetiis : apud Simonem Occhi [...], 1747. - 2 vol. ; 4°. *SBN*. Ermittelt wurde auch die Ausg. Tolosae (1709), auf die sich de Luca im Gutachten bezieht: BESOMBES, JACQUES: Moralis christiana ex Sciptura Sacra, traditione, conciliis, patribus et insignioribus theologis excerpta [...] / autore R.P. Jacobo Besombes [...]. - Tolosae : apud G. Robert [...], 1709-1711. - 8 vol. ; 12°. *BNF*.

[25] Mit Dekret SO vom 11. Januar 1747 wurde das Buch zugelassen.

[26] Erscheinungsvermerks ergänzt nach *Abes*. Hg. der Neuaufl.: Nicolas Lenglet DuFresnoy. *Abes*. Die 1. Aufl. erschien u.d.T.: L'ESTOILE, PIERRE DE: Journal des choses mémorables advenues durant le règne de Henri III, roi de France et de Pologne ou mémoires pour servir à l'histoire de France. *HBZ*.

[27] Vgl. ACDF Index Diari 17 (1749-1763) Bl. 8r-v.

1. Arrest// De La Cour// Du Parlament,// Qui ordonne la Suppression d'un Imprimé intitu-//lé: Avis donné par Monseigneur l'Evêque d'A-//miens, aux Curés de son Diocèse, au sujet de// ceux qui n'étant pas soumis à la Bulle Unigenitus// demandent les Sacremens.// Du 7 Janvier 1747// […] Signé Dufranc. - A Paris : chez Pierre-Guillaume Simon, Imprimeur// du Parlement [...], 1747. - 3 S. ; [4°]. *ACDF SO CL 1746-1747, Nr. 16, Abes*[28]

2. Arrest// De La Cour// Du Parlement,// Qui condamne deux Feuilles intitulées: Nouvelles// Ecclésiastiques, ou Memoires pour servir à l'Histoire// de la Constitution, &c. à être lacerées & brûlées par// l'Exécuteur de la Haute-Justice.// Du premier Fevrier 1747.// […] Signé Dufranc. - A Paris : chez Pierre Guillaumee Simon,// Imprimeur du Parlement [...], 1747. - 4 S. ; [4°]. *ACDF SO CL 1746-1747, Nr. 16, Abes*[29]

Gutachter: keine Angabe
Gutachten: nicht aufgefunden (zu Nr. 1-2)[30]

Weiterhin beiliegend: (1) ORLEANS DE LA MOTTE, LOUIS FRANÇOIS D' <Amiens, Bischof>: Avis// Donné Par Monseigneur// L'Evêque D'Amiens,// Aux Curés De Son Diocèse,// Au sujet de ceux qui, n'étant pas soumis à la Bulle// Unigenitus, demandent les Sacremens.// […]// Signé + Louis François Gabriel, Ev. d'Amiens.// Par Monseigneur./ Ducauroy, Chanoine & Secrétaire. - [S.l.] : [S.n.], [1746]. - 7 S. ; [4°]. *COPAC*[31]; (2) Arrest// Du Conseil D'État// Du Roy,// Rendu au Sujet de l'Arrêté fait par le Parlement// de Paris le 17 février 1747.// Du 21 Février 1747.// […]// Signé Phelypeaux [...]. : A Paris : De L'Imprimerie Royale, 1747. - 4 S. ; [4°]. *Abes*[32] (3) Nouvelles ecclésiastiques, ou mémoires pour servir à l'histoire de la constitution Unigenitus. - Utrecht : [S.n.], (1713) - (1803). *ZDB*[33]

ACDF SO CL 1746-1747, Nr. 17

1747. Censura in Libellos, quorum 1.[us] inscribitur: Introduction a la Theologie, dans laquelle on diveloppe, quelle est la nature de la Theologie et quelles en sont les principes etc. A Utrecht 1746. Anonym.

---

28 Formatangabe ergänzt nach *Abes*.
29 Formatangabe ergänzt nach *Abes*.
30 Zu diesem Fall wurde keine Entscheidung aufgefunden.
31 Verfasser- und Formatangabe ergänzt nach *COPAC*
32 Formatangabe ergänzt nach *Abes*.
33 Gegenstand dieses Verbots können nur die bis 1747 erschienenen Ausg. gewesen sein. Erscheinungsverlauf: 1713/27; 1.1728/30(1735) - 3.1734/37(1738); 1738 - 1803[?]. Hauptsacht. anfangs: Nouvelles ecclésiastiques, ou mémoires pour servir à l'histoire ecclésiastiques; Hauptsacht. 1713 - 1729: Nouvelles ecclésiastiques; Hauptsacht. teils: Suite des nouvelles ecclésiastiques; Hauptsacht. teils: Nouvelles ecclèsiastiques ou mémoires pour servir à l'histoire de la constitution; auf dem Bandtitelbl. teils: Nouvelles ecclésiastiques, collegii parisiens Societatea Jesu ou mémoires pour servir à l'histoire ecclésiastiques; Erschienen in mehreren Neuausg. mit leicht abweichendem Hauptsacht. Zählung einer Neuausg.: 1 (1728/30) - 18 (1797/1803). *ZDB*. Erscheinungsort 1728 - 1803 bzw. 1728 - 1793 auch Paris. *AMICUS*, *COPAC*.

2.us inscribit[ur]: Exposition Claire et precise des differens points de doctrine, qui ont rapport aux materies de Religion etc. A Utrecht 1745. Anonym.

3.us inscribitur: Memoire Apologetique des sentences rendues au Buillinge et Siege presidial de Reims en faveur de la Domoiselle Unitè dans le quel un stabilit etc. Anonym.

1. Anonym: Introduction a la theologie, dans laquelle on developpe quelle est la nature de la theologie, & quelles en sont les proprietes; quels sont les principes sur lesquels elle etablit les verites qu'elle propose; quelle est la methode qu'[il faut suivre dans la recherche des points de doctrine ...]. - A Utrecht : [S.n.], 1746. - VIII, 455, [1] S. ; 12°. *SBN*[34]

2. Anonym [Ilharat de la Chambre, François]: Exposition claire et précise des différens points de doctrine qui ont rapport aux matières de religion [...] / [par l'abbé F. Ilharat de La Chambre]. - Utrecht : [S.n.], 1745. - 2 vol. ; 12°. *BNF*

3. Anonym: Memoire apologetique des sentences rendues au bailliage & siége présidial de Reims, en faveur de la demoiselle Vuiet, dans lequel on établit: 1. Que les pasteurs ne sont point en droit de refuser le saint viatique aux malades, sous pretexte qu'ils ne representent pas un billet ou certificat de confession. 2. Que les juges royaux sont competens pour connoître des refus injustes de sacremens. - [S.l.] : [S.n.], 1745. - 84 S. ; 12°. *Abes*

Gutachter: [Giovanni Francesco Caroelli OSBOliv]
Gutachten: 8 S., [12. April 1747] (zu Nr. 1-3)

Dekret: SO 12. April 1747
Bando: nicht aufgefunden (zu Nr. 1-3)[35]

ACDF SO CL 1746-1747, Nr. 18

1747. Censura in Libr., cui. titul.: Memoire sur les Libertes de l'Église Gallicane Trouvé Parmi les Papiers de Mons[eigneu]r le Dauphin, composé par son Ordre.

Anonym: Memoire// Sur Les Libertès// De L'Eglise// Gallicane,// Trouvé Parmi Les Papiers De Monseigneur Le Dauphin// & composé par son ordre. - [S.l.] : [S.n.], [S.a.]. - 25 S. ; 2°. *ACDF SO CL 1746-1747, Nr. 18*[36]

Gutachter: Bartolomé del Valle y Saavedra OCarm
Gutachten: 3 S., [3. Oktober 1747]

Gutachter: Angelo Guarnieri
Gutachten: 24 S., [2. August 1747]

---

[34] Titelaufnahme ergänzt nach den Angaben im Gutachten.
[35] Laut Dekret SO vom 12. April 1747 sollte das Werk von der CIndex verboten werden.
[36] Das Werk erschien nach *Abes* (dort allerdings mit abweichender Formatangabe: 4°) vermutl. zwischen 1715 und 1723.

Gutachter: Angelo Guarnieri
Gutachten: 9 S. „Propositiones“

Dekret: SO 3. Oktober 1747[37]
Bando: nicht aufgefunden

ACDF SO CL 1746-1747, Nr. 19

1747. Non permittitur reimpressio Libri, cui. titul[us]: Instructio pratica de Confessionibus ritè, et fructuosè excipiendis Authore P. Tobia Lohner Soc. Jesu.

♦ LOHNER, TOBIAS: Instructio practica de confessionibus : rite, ac fructuose excipiendis, doctrinas tam generales, quam speciales ad varios hominum status accomodatas complectens: ad juniorum sacerdotum potissimum utilitatem [...] / a R.P. Tobia Lohner Societate Jesu sacerdote. - Editio septima. - Pataui : Ex Typ. Semin. ; apud Jo: Manfre, 1741. - 516, [12] S. ; 12°. *REBIUN*[38]

Gutachter: keine Angabe
Gutachten: 2 S.[39]

ACDF SO CL 1746-1747, Nr. 20

1747. Non permittitur publicatio Libri ins[cript]i: Breve Metodo di praticare la via Crucis del nostro appassionato Gesù, ovvero strada dolorosa, che fece dalla strada di Pilato sino al Calvario. Ascoli 1747. Nisi correctum in illis verbis: Spasimante Correndetrice dell'uman genere.

Anonym: Breve Metodo// Di Pratticare La// Via-Crucis// Del Nostro Appassionato// Gesù// Ovvero Strada dolorosa, che fece dalla// Casa di Pilato fino al Calvario,// Da pratticarsi in ogni Pio Luogo. - In Ascoli : Per Angelantonio Valenti// Stampatore Vescovile, 1747. (Con Licenza de' Superiori). - 12 S. ; [8°?]. *ACDF SO CL 1746-1747, Nr. 20*

Gutachter: keine Angabe
Gutachten: nicht aufgefunden[40]

---

[37] Laut Dekret SO vom 3. Oktober 1747 sollte das Werk von der CIndex verboten werden.

[38] Das Gesamtwerk (u.d.T. „Instructio practica ... “) erschien nach *VD17* ab 1644 in verschiedenen Aufl. bis ins 18. Jahrhundert. „De Confessoribus Rite ac fructuose excipiendis“ erschien als vol. 5 bereits in der Ausg.: LOHNER: TOBIAS: Instructio practica [...] / a R.P. Tobia Lohner, Soc. Jesu Sacerdote [...]. - Editio prima. - Dilingae : Typis & Sumptibus Joann. Caspari Bencard, Bibliopolae Academici, 1677. - 8°. *VD17, SBB.*

[39] Mit Dekret SO wurde die Druckerlaubnis verweigert.

[40] Mit Dekret SO wurde die Druckerlaubnis verweigert.

ACDF SO CL 1748-1750

ACDF SO CL 1748-1750, Nr. 1

1748. Non permittitur Versio Vernacula Epistolarum S. Pauli quantumvis Canonico textui versio huiusmodi fideliter respondeat.

Das Werk wurde nicht ermittelt

Gutachter: Lorenzo Ganganelli OFMConv
Gutachten: 7 S., [22. Januar 1748]

Gutachter: Alessandro Pio Sauli da Forlì OP
Gutachten: 8 S.[1]

ACDF SO CL 1748-1750, Nr. 2

1748. Censura in Libr. ins[criptu]m: Histoire Naturelle de l'Ame de M[onseigneu]r Charo traduit dal'Anglois per feu M. H. de l'academie des sciences. Hage Comitum 1745.

CHARP <Pseudonym> [LAMETTRIE, JULIEN OFFRAY DE]: Histoire naturelle de l'âme / traduite de l'anglois de M. Charp, par feu M. H** de l'Academie des sciences. - La Haye : J. Neaulme, 1745. - [XII], 398 S. ; 12°. *Abes*, *BNF*[2]

Gutachter: Tommaso Sergio PO
Gutachten: 4 S., [7. Februar 1748]

Dekret: SO 7. Februar 1748
Bando: [CIndex 11. September 1750]

ACDF SO CL 1748-1750, Nr. 3

1748. Censura in Libr. P. Bernardi d'Arras Ord[ini]s Cappuccinor., cui. titul.: Code des Paroisses, ou Recueil des plus importantes questions sur les Curès, e leur Paroissiens etc.

BERNARD <D'ARRAS>: Code des paroisses, ou recueil des plus importantes questions sur les curés et leurs paroissiens, résolues par l'écriture, les conciles, &

---

1 Mit Dekret SO vom 1. Februar 1748 wurde die Druckerlaubnis für eine Ausgabe in der Volkssprache verweigert.

2 M. H.** steht vermutl. für François Joseph Hunauld. Das Werk ist aber möglicherweise keine Übers. *Abes, BNF*. Abweichende Formatangabe: 8°. *HBZ, COPAC*.

les pères : Précédées de quelques dissertations contre le livre intitulé, Les pouvoirs légitimes du premier & du second ordre dans l'administration des sacremens & le gouvernement de l'Eglise, en France 1744. / Pour le père Bernard d'Arras, capucin. - A Paris : Chez Hérissant et Hérissant fils, 1746. - 2 vol. ; 12°. *Abes*

Gutachter: [Giovanni Francesco Caroelli OSBOliv]
Gutachten: 4 S., [6. März 1748]

Gutachter: Antonio Andrea Galli CRL
Gutachten: 4 S., [3. April 1748][3]

ACDF SO CL 1748-1750, Nr. 4

1748. Permittitur impressio Manuscripti, cui. titul.: Dialogo di Vincenzo Ricetti della Compagnia di Gesú, dove ne congressi di più giornate delle Forze vive, e dell'azioni delle Forze morte si tien discorso.

Censura in opus in duos Tomos divisum, cui. titul.: Bononiensis Archigymnasii Historia etc. Authore Alexandro de Formaliariis Bononien. Eccles. Archidiacono eiusdem Archigymnasii maiori Cancellario.

1. RICCATI, VINCENZO: Dialogo// di// Vincenzo Riccati// della Comp.[agni]a di Gesù// dove ne' congressi di piú giornate// Delle Forze vive// e dell'Azioni delle forze morte// si tien discorso. - [In Bologna] : [nella stamperia di Lelio dalla Volpe], [1749]. - [428, [4] S.] ; [4°]. (hs. Titelblatt) *ACDF SO CL 1748-1750, Nr. 4, SBN*[4]

2. [FORMAGLIARI, ALESSANDRO?]: Bononiensis Archigymnasii// Historia / Authore Alexandro de Formaliariis// Bononiensis Ecclesia Archidiacono// eiusdemque Archigymnasii// Marjori Cancellario. - [S.l.] : [S.n.], [S.a.]. - 2 vol. (hs. Titelblatt) *ACDF SO CL 1748-1750, Nr. 4*[5]

Gutachter: keine Angabe
Gutachten: nicht aufgefunden[6]

ACDF SO CL 1748-1750, Nr. 5

1748. Censura in Manus[criptu]m: cui. titul.: Memorie intorno la vita del Sacerdote D. Jacopo Antonio Panizza morto nella Città di Guastalla li 2. Maggio 1744. Descritta dall'Abate Giuseppe Negri Canonico nella sud[dett]a città.

---

3 Am 3. April 1748 wurde das Buch zugelassen.
4 Titelaufnahme ergänzt nach *SBN*.
5 Enth.: Vol. 1. [...] ab Origine, et incremento, a dignitate et auctoritate, ab amplitudine, et Splendore eiusdem deducta cum Auctario de Bononiensibus Archidiaconis [...]; vol. 2. [...] ad illustriorum eiusdem Magistrorum, Doctorum, et Alumnorum Studiis, gestisque deducta [...].
6 Die Druckerlaubnis wurde für Nr. 1 erteilt, für Nr. 2 wurde sie durch päpstliches Dekret vom 19. Dezember 1748 verweigert.

NEGRI, GIUSEPPE: Memorie intorno la vita del Sacerdote D. Jacopo Antonio Panizza morto nella Città di Guastalla li 2. Maggio 1744. / descritta dall'Abate Giuseppe Negri Canonico nella sud[dett]a città. (Manuskript) *Das Manuskript wurde nicht nachgewiesen*

Gutachter: Venanzio di S. Luigi OAD
Gutachten: 2 S., [12. Juni 1748][7]

ACDF SO CL 1748-1750, o.Nr.[8]

Decretum S. Cong[regatio]nis sub die 19. Julii 1748. statuens Rescribendum P[at]ri Inq[uisito]ri Parmae, eidem iniungendo, ut Josepho Gagliardi Bibliopolae reddat Libros non prohibitos; Prohibitos verò retineat in S. Off[ici]o. Quod verò attinet ad paenam 25. aureorum ad eodem Bibliopola incursam, illam ipsi ex gratia pro hac vice tantum, eo dummodo non transeat in exemplum remittat, seu condonet.

Es liegt kein konkreter Zensurfall vor

Gutachter: keine Angabe
Gutachten: nicht aufgefunden

ACDF SO CL 1748-1750, Nr. 6

1748. Non permittitur, quod imprimatur Novum Testamentum ex vulgata latina editione in idioma Anglicum a R. D. Alberto Gordon Scoto nuper translatum.[9]

Das Werk wurde nicht ermittelt

Gutachter: Patrick Brullaughan OP
Gutachten: 1 S., 29. April 1748

Gutachter: Lorenzo Ganganelli OFMConv
Gutachten: 4 S., [15. Juli 1748][10]

Gutachter: Alessandro Pio Sauli da Forlì OP
Gutachten: 6 S., [15. Juli 1748][11]

---

7 Mit Dekret SO wurde die Druckerlaubnis verweigert.

8 Diese Nummer fehlt in der Rubricella SO CL. Hier ist der Eintrag des Faszikelumschlags wiedergegeben. Es handelt sich um den Fall des Buchhändlers Giuseppe Gagliardi, von dem eine Büchersendung aus Frankreich vom lokalen Inquisitor von Parma beschlagnahmt wurde. Eine Liste mit einem Teil dieser Bücher findet sich im Faszikel.

9 Vgl. ACDF SO Tit.Libr. 1729-1745, Nr. 163.

10 Vgl. ACDF SO Vota CL I (1740-1757), Nr. 18.

11 Mit Dekret SO wurde die Druckerlaubnis verweigert.

ACDF SO CL 1748-1750, Nr. 7

1748. Acta in Libr. manus[criptu]m exinde impressum, cui. Titul.: Nouveau Systeme sur la Predestination etc. Latine vero - Nodus Praedestinationis laxatus. Authore P. Ludovico Cordier Societ. Jesù.

THEODULUS, ELEUTHERUS <Pseudonym> [CORDIER, PHILIBERT LOUIS]: Nodus Praedestinationis// Laxatus / Auctore Eleuthero Theodulo. - [S.a.]. - 45 S. (Manuskript) *ACDF SO CL 1748-1750, Nr. 7*[12]

Gutachter: Angabe
Gutachten: nicht aufgefunden[13]

Weiterhin beiliegend: Anonym: Remarques et nouveau Systeme sur la predestination. - [S.a.]. - 66 S. (Manuskript)

ACDF SO CL 1748-1750, Nr. 8

1748. Censura in Libr. ins[criptu]m: Les principes de la Morale et du Gout en Deux Poemes traduits da l'Ingles de M. Pope. Nouvelle edition. A Paris 1745.

1. POPE, ALEXANDER: Les principes de la morale et du gout : En deux poèmes / traduits de l'anglois de M. Pope, par M. Du Resnel [abbé de Sept-Fontaines]. - Nouvelle edition. - A Paris : Chez Briasson [...]. - 1745. - VIII, 225, [7], 69 S. ; 8°. - (Oeuvres de M. Pope ; 1). *COPAC, SWB*[14]

---

[12] Vgl. Anonym [CORDIER, PHILIBERT LOUIS]: Nouveau sistème sur la prédestination. - Amsterdame : Compagnie des libraires, 1746. - 274 S. ; 16°. *HBZ*. Ermittelt wurde auch: Anonym [CORDIER, PHILIBERT LOUIS]: Nouveau sistème sur la prédestination. - [S.l.] : [S.n.], 1749. *BVB*.

[13] Cordier hatte 1746 eine Ausg. seines Werks drucken lassen, obwohl ihm die Ordensleitung der Jesuiten dieses untersagt hatte. Der Orden ließ dann von drei Revisoren das Werk in der vorliegenden lat. Übers. erneut untersuchten. Als der Orden Maßnahmen gegen Cordier ergriff, wandte dieser sich an den Papst, der mit Dekret vom 16. Oktober 1748 feststellte, dass dem Druck des Werks nichts entgegenstehe, aber mit Dekret vom 18. Dezember 1748 das Vorgehen hinsichtlich der Person Cordiers und des Buches dem Ordensgeneral überließ.

[14] Enth. Übers. der Werke: Essay on man (1733), Essay on criticism (1711); Enth. außerdem: La boucle de cheveux enlevée : poème héroicomique / de M. Pope. [Übers.:] M. L. D. F. [DESFONTAINES, PIERRE FRANÇOIS GUYOT]. *COPAC*. Zuerst erschienen: Paris : Briasson, [ca. 1728] bzw. Paris : Briasson, 1738. (Ausg. mit unterschiedlicher Seitenzahl). *GBV*, *SBB*. Ermittelt wurde auch: POPE, ALEXANDER: Les principes de la morale, et du goût : En deux poëmes / traduits de l'anglois de M. Pope, par M. Du Resnel [...]. - Nouvelle édition. - Paris : Briasson. - 1745. - 2 Teile ; 12°. - (Les oeuvres de M. Pope, traduites en françois). *COPAC*. Teil 2 u.d.T.: La Boucle de cheveux enlevée [...] / Traduit de l'anglois, par M. L. D. F. [Desfontaines, Pierre François Guyot]. - Paris : Briasson, 1745. *COPAC*, *GBV*. Vgl. Anonym [POPE, ALEXANDER]: The Rape of the lock : An heroi-comical poem, in: Miscellaneous poems and translations : By several hands. - London : printed for Bernard Lintott, 1712. - ([8], 320, [3], 356-376, [8] S.) ; 8°. *GBV*, *BL*; POPE, ALEXANDER: The Rape of the Lock : An heroi-comical poem. In five canto's. - London : Bernard Lintott, 1714. - 48 S. *BL*. Den im Gutachten erwähnten Titel „Les principes de la morale, ou essai sur l'homme“ trägt eine 1739 in Amsterdam & Leipzig als Teil von „Les Principes de la morale et de gout“ erschienene Ausg. *SBB*.

2. Anonym [GAULTIER, JEAN BAPTISTE]: Le Poëme de Pope intitulé „Essay sur l'homme" convaincu d'impiété : Lettres pour prévenir les fidèles contre l'irreligion. - 3ème éd. / [par l'abbé J. B. Gaultier]. - Londres : [S.n.], 1747. - 120 S. ; 12°. *Abes*

3. POPE, ALEXANDER: La Boucle de cheveux enlevée [...] / Traduit de l'anglois, par M. L. D. F. [Desfontaines, Pierre François Guyot]. - Paris : Briasson, 1745. *COPAC, SWB*[15]

Gutachter: Paolo Taglialatela PO[16]
Gutachten: 5 S., [27. Februar 1748] (zu Nr. 1)

Gutachter: Antonin Brémond OP
Gutachten: 20 S. (zu Nr. 2-3)

Gutachter: Fortunato Tamburini OSB
Gutachten: 3 S. (zu Nr. 1)[17]

ACDF SO CL 1748-1750, Nr. 9

1748. Scriptum pro notitia traditum ab Em[inentissim]o Barberino[18], cui. titul.: Relatio super Librum, cui. titul.: Tuba mirum spargens sonum, quam de i[m]mediata voluntate Mariae immaculatae Virginis etc. Authore Fr. Caesareo M[a]r[i]a de humilitate Mariae Heremitae Ord[ini]s Servorum.

CAESARIUS MARIA <?>: Relatio// Super Librum cui titulus// Tuba// mirum spargens sonum// quam// De immediata Voluntate// Mariae// immaculata Virginis// et Sanctissimae Dei Genitricis// Mortalium sub Cruce Jesu Matris constituta,// Christi Con-Martyris, et Martyrum Regina,// Matris dupliciter Dolorosissima// jam vero ab// Altissio, et Unigenito Dei Filio// Orbis Christiani, successive Universi// potentissima, et gloriosissima/ Reformatricis// Electa et constituta/ in urbe paratam// S.S. Domino Domino// Clementi// Papa XII.// post humillima Pedum oscula / defert// Fr Caesarius Maria de humilitate Maria Eremita Ord: Serv: ejusd. B.V.M. et Sac: Theologiae// Professor.// Roma an. Dom. MDCCXXXIX. - Roma, [1739]. - 6 S. (Manuskript) *ACDF SO CL 1748-1750, Nr. 9*

Gutachter: keine Angabe
Gutachten: nicht aufgefunden[19]

---

15 Erschien als 2. Teil von: POPE, ALEXANDER: Les principes de la morale et du gout : En deux poëmes / traduits de l'anglois de M. Pope, par M. Du Resnel [abbé de Sept-Fontanes]. - Nouvelle edition. - A Paris : Chez Briasson [...]. - 1745. - 8°. - (Oeuvres de M. Pope ; 1). *COPAC*, *GBV*. Das Werk war bereits erschienen (mit unterschiedlicher Seitenzahl): Paris : Briasson, [ca. 1728]. - 69 S. ; 8°. *SBB* und: A Paris : Chez Briasson Libraire [...], 1738. - 88 S., [2] Bl. *GBV*. Vgl. Anonym [POPE, ALEXANDER]: The Rape of the lock : An heroi-comical poem, in: Miscellaneous poems and translations : By several hands. - London : printed for Bernard Lintott, 1712. - ([8], 320, [3], 356-376, [8] S.) ; 8°. *GBV*, *BL*; Pope, Alexander: The Rape of the Lock : An heroi-comical poem. In five canto's. - London : [Bernard Lintott], 1714. - 48 S. *BL*.

16 Als externer Gutachter.

17 Zu diesem Fall wurde keine Entscheidung getroffen.

18 Auf dem Faszikelumschlag ist an dieser Stelle der Name „Otthobono" angegeben.

19 Hinweise auf weitere Verhandlungen des SO wurden nicht aufgefunden.

Weiterhin beiliegend: Relationis// Argumentum. - [S.a.]. - 6 S. (Manuskript) *ACDF SO CL 1748-1750, Nr. 9*

ACDF SO CL 1748-1750, Nr. 10

1749. Censura in Manus[criptu]m, cui. titul.: Rime Filosofiche con le sue annotazioni del Conte Giuseppe Lavinio da Cingoli.

LAVINY, GIUSEPPE: Rime filosofiche colla sue annotazioni / del Conte Giuseppe Lavinio da Cingoli. - [S.a.]. (Manuskript) *Das Manuskript wurde nicht nachgewiesen*

♦ LAVINY, GIUSEPPE: Rime filosofiche, colle sue annotazioni alle modesime / Conte Giuseppe Laviny patrizio Romano. - a Milano, 1750. - 4°. *SBB*

♦ LAVINY, GIUSEPPE: Rime filosofiche / del conte Giuseppe Lavini patrizio romano, e della citta di S. Severino, colle sue annotazioni alle medesime. - In Milano : nel Regio ducal palazzo a spese di Giuseppe Bonacina mercante di libri, 1750. - XXXII, 232 S. ; 4°. *SBN*[20]

Gutachter: Gianantonio Bianchi OFMObs
Gutachten: 1 S., [5. Januar 1750]

Gutachter: Filippo da Carbognano OFMObs
Gutachten: 2 S., [28. Januar 1750][21]

ACDF SO CL 1748-1750, Nr. 11

1749. Acta in attentata impressione Venetiis facienda plurium Opusculorum criticorum inter quae reperiuntur nonnulla concernentia Originem et Fundationem Ord[in]is S. Dominici et Carmelitarum.

1. Vol. ♦ PAPEBROCHIUS, DANIEL [u.a.]: Acta Sanctorum Bollandiana apologeticis libris in unum volumen nunc primum contractis vindicata. Seu supplementum apologeticum ad Acta Bollandiana. - Antverpiae : [S.n.], 1755. - XXVI, 1024 S. ; 2°. *BL*

♦ Acta Sanctorum Bollandiana apologeticis libris in unum volumen nunc primum contractis vindicata. Seu Supplementum apologeticum ad acta Bollandiana Sanctissimo Domino nostro papae Benedicto XIV. - Antverpiae : apud Bernardum Albertum Van der Plassche, 1755. - [16], XXVI, [2], 1024 S. ; 2°. *BNF*[22]

---

20 Titelvariante: Rime filosofiche / del conte Giuseppe Lavinj patrizio romano [...]. *SBN*.

21 Mit Dekret SO wurde die Druckerlaubnis erteilt.

22 Enth.: PALAZOL, JUAN DE: Collyrium adhibitum occasione controversiae de Eliana Carmelitarum origine : Ex Hispanico idiomate [...] translatum; Lossada, Luis de: Epistola familiaris ad D. Petrum Joseph de Mesa Benitez de Lugo; Lossada, Luis de: Vita et salus celebris epistolae familiaris Parrochi Morillani super Guzmanico S. Dominici genere; Cuypers, Willem: Dissertatio de Guzmanico S. Dominici stemmate : in qua recentiora Bonoiensium monumenta examinantur & eruditis aequisque arbitris expendenda proponuntur; Anonym: Apologia altera pro hagiographis

2. Vol. CYPERS, WILLEM: [Dissertatio de Guzmanico S. Dominici stemmate] Guil. Cuperi Dissertatio de Guzmanico S. Dominici stemmate : In qua recentiora Bononensium monumenta examinantur & eruditis aequisque arbitris expendenda proponuntur / auctore Guilielmo Cupero. - Antverpiae : Van der Plassche, 1740. - CXI S. *BVB*[23]

3. Vol. JANNING, COENRAAD: Apologia pro Actis sanctorum contra adm. R.P. Sebastianum a S. Paulo, provincialem carmeli flandro-belgici / auctore Conrado Janningo [...]. - Antverpiae : apud H. Thieullier, 1695. - 179 S. ; 8°. *BNF*[24]

4. Vol. PAPEBROCHIUS, DANIEL: [Responsio ... Ad Exhibitionem Errorum ...] Responsio Danielis Papebrochii ex Societate Jesu Theologi Ad Exhibitionem Errorum Per Adm. R.P. Sebastianum A S. Paulo, Ordinis Carmelitani in Belgio bis Provincialem, olim sacrae Theologiae Professorem Lovanii, evulgatam Anno MDCXCIII Coloniae. - Antverpiae : Thieullier, 1696-1698. - 3 Teile ; [4°]. *BVB*[25]

5. Vol. PAPEBROCHIUS, DANIEL: Elucidatio Historica Actorum In Controversia Super origine, antiquitate, & historiis Sacri Ord. B. M. de Monte Carmeli : Inter quosdam illius et Societatis Jesu Scriptores, Acta Sanctorum illustrare professos; Quae est Pars III & Ultima Responsionum Danielis Papebrochii S. I. T. Ad Exhibitionem Errorum [...]. - Antverpiae : Thieullier, 1698. - [3] Bl., 212, 46 S. ; [4°]. - (PAPEBROCHIUS, DANIEL: Responsio Danielis Papebrochii [...] Ad Exhibitionem Errorum Per Adm. R.P. Sebastianum A S. Paulo, Ordinis Carmelitani in Belgio bis Provincialem, olim sacrae Theologiae Professorem Lovanii, evulgatam Anno MDCXCIII Coloniae ; 3). *BVB*[26]

Antverpiensibus Societatis Jesu; Anonym: Apologia pro hagiographis Antverpiensibus Societatis Jesu. *BNF*.

23 Abweichende Umfangs- und Formatangabe nach *BNF*: 112 S. ; 8°. Ermittelt wurde auch: CUYPERS, WILLEM: Dissertatio de Guzmanico S. Dominici stemmate : in qua recentiora Bonoiensium monumenta examinantur & eruditis aequisque arbitris expendenda proponuntur, in: Acta sanctorum Bollandiana apologeticis libris in unum volumen nunc primum contractis vindicata. Seu Supplementum apologeticum ad acta Bollandiana Sanctissimo Domino nostro papae Benedicto XIV. - Antverpiae : apud Bernardum Albertum Van Der Plassche, 1755. - 2°. *BNF*, *BL*.

24 Abweichender Erscheinungsvermerk nach *REBIUN*: Antuarpiae : apud Henricum Thieulier.

25 1. [...] ad XII priores articulos. (1696); 1. [...] ad XII priores Articulos. - Ed. 2 ab auctore recognita et nonnihil aucta. (1696); 2. Ad posteriores XII Articulos (1697); 2. Ad posteriores XII Articulos. (1698); 3. Elucidatio Historica Actorum In Controversia Super origine, antiquitate, & historiis Sacri Ord. B. M. de Monte Carmeli : Inter quosdam illius et Societatis Jesu Scriptores, Acta Sanctorum illustrare professos ; Quae est Pars III & Ultima Responsionum Danielis Papebrochii S. I. T. Ad Exhibitionem Errorum [...]. Accedit Synopsis quaestionum curiosarum, tractatarum in utraque parte Responsionum. (1698). *BVB*.

26 Enth. beigefügtes Werk: Synopsis quaestionum curiosarum, tractatarum in utraque parte priorum Responsionum. *BVB*. Ermittelt wurde auch: PAPEBROCHIUS, DANIEL: Elucidatio historica actorum in controversia super origine, antiquitate & historiis sacri ord. B.M. de Monte Carmeli inter quosdam illius et Societatis Jesu scriptores, acta sanctorum illustrare professos, quae est Pars III & ultima Responsionum Danielis Papebrochii [...] ad exhibitionem errorum ipsi perperam imputatorum ad [...] R.P. Sebastian a S. Paulo carmelita. Accedit Synopsis quaestionum curiosarum [...] tractatarum in utraque parte priorum responsionum. - Antverpiae : apud viduam et heredes Henria Thieullier, 1698. - 2 Teile in 1 vol. - 212, 46 S. ; 4°. - (Papebrochius, Daniel: Responsio Danielis Papebrochii [...] Ad Exhibitionem Errorum Per Adm. R.P. Sebastianum A S. Paulo, Ordinis Carmelitani in Belgio bis Provincialem, olim sacrae Theologiae Professorem

5a. Beigef.: XARAMILLO, ANTONIO MATEO: Apologia// Pro Veritate// Contra varias imposturas// & accusationes publicas : Hispanice vulgatus adversus personam et libros P. Danielis Papebrochii Ipsumque Societatis Iesu Institutum / Auct. P. Antonio Xaramilio Olim Sacrae Theologiae Cathedratico, tunc Procuratore generali Provinciarum Indicarum [...] Latine autem reddita à P. Petro Cant, omnibus praefatae Societatis Iesu Theologis. - Antverpiae : Apud Viduam Et Heredes Henrici Thieullier, 1698. - VIII, 162 S., [1] Bl. ; [4°]. *HBZ*, *KB*[27]

5b. Beigef.: IBAÑEZ DE SEGOVIA PERALTA Y MENDOZA, GASPAR: Examen divinitatis quam in Carmelo Vespasianus consuluit, sive C. Suetonii Tranquilli locus de deo carmelo / Hispanice Explicatus per Excellentiss. Dominum D. Gasparem de Mendoza Interprete Daniele Papebrochio S. I. T. cadem ex causa calumniam passo. - Antverpiae : Thieullier, 1698. - [35 S.]. - Enth. in: PAPEBROCHIUS, DANIEL: Elucidatio Historica Actorum In Controversia Super origine, antiquitate, & historiis Sacri Ord. B. M. de Monte Carmeli : Inter quosdam illius et Societatis Jesu Scriptores, Acta Sanctorum illustrare professos; Quae est Pars III & Ultima Responsionum Danielis Papebrochii S. I. T. Ad Exhibitionem Errorum [...]. - Antverpiae : Thieullier, 1698. - [4°]. - (PAPEBROCHIUS, DANIEL: Responsio Danielis Papebrochii [...] Ad Exhibitionem Errorum Per Adm. R.P. Sebastianum A S. Paulo, Ordinis Carmelitani in Belgio bis Provincialem, olim

---

Lovanii, evulgatam Anno 1693 Coloniae ; 3). *Abes*, *BVB*; PAPEBROCHIUS, DANIEL: Elucidatio historica actorum in controversia super origine, antiquitate, & historiis Sacri Ord. B. M. de Monte Carmeli inter quosdam illius & Societatis Jesu scriptores, Acta Sanctorum illustrare professos. Quae est pars 3. & ultima responsionum Danielis Papebrochii [...] Accedit Synopsis quaestionum curiosarum, tractatarum in utraque parte priorum responsionum. - Antverpiae : apud viduam et heredes Henrici Thieullier, 1698. - 6 Teile. - ([12], 212, [2]; [8], 26 [i.e. 62, [2]; VIII, 162, [2]; 11, [1], 40, 19, [9]; [4], 35, [1]; 46, [2] S.) ; 4°. - PAPEBROCHIUS, DANIEL: Responsio Danielis Papebrochii ex Societate Jesu theologi ad exhibitionem errorum per adm. r.p. Sebastianum a S. Paulo, ... evulgatam anno 1693 Coloniae ; 3) *SBN*; Abweichende Umfangsangabe: [6], 212 S., [2] Bl., [6], 26 [i.e. 62] S., [2] Bl., 46 S., [2] Bl.,[2], 36, VIII, 162, [2], 12, [4], 40, 19 S. ; 4°. *REBIUN*; Enth.: Examen juridicó-theologicum praeambulorum a D.M. R.P. Sebastiani a S. Paulo ad exhibitionem errorum Danieli Papebrochio S.I.T. ab illo imputatorum [...] / auctore Nicolao Rayaeo [...]; Synopsis quaestionum curiosarum historico-theologicarum [...]; Examen divinitatis quam in Carmelo Vespasianus consuluit [...] / interprete Daniele Papebrochio; Apologia pro veritate contra varias imposturas [et] accusationes publicas Hispaniae vulgatas adversus personam E-libros P. Danielis Papebrochii [...] / auct. P. Antonio Xaramilio; Vera origo et continuata physicè nec unqua interrupto successio Sacri Ordinis Carmelitani historice demonstrata / per Danielem Papebrochium; Non vera origo alque Successio Sacri Ordinis Carmelitani in confirmationem verae originis atque successionis ejdem historico-chronologiae demonstrata / per Danielem Papebrochium [...]; Danielis Papebrochii protestatio iterata de silentio circa primaevam Sacri Ordinis Carmelitani institutionem [...]. *REBIUN*.

27 Formatangabe ergänzt nach *KB*. Enth. in: PAPEBROCHIUS, DANIEL: Elucidatio Historica Actorum In Controversia Super origine, antiquitate, & historiis Sacri Ord. B. M. de Monte Carmeli : Inter quosdam illius et Societatis Jesu Scriptores, Acta Sanctorum illustrare professos; Quae est Pars III & Ultima Responsionum Danielis Papebrochii S. I. T. Ad Exhibitionem Errorum [...]. - Antverpiae : Thieullier, 1698. - [4°]. - (Papebrochius, Daniel: Responsio Danielis Papebrochii [...] Ad Exhibitionem Errorum Per Adm. R.P. Sebastianum A S. Paulo, Ordinis Carmelitani in Belgio bis Provincialem, olim sacrae Theologiae Professorem Lovanii, evulgatam Anno MDCXCIII Coloniae ; 3). *BVB*. Vgl. XARAMILLO, ANTONIO MATEO: Apologia, la verdad contra varias imposturas y acusaciones publicas / compuesta por el Padre Antonio Xaramillo, de la Compañia de Jesus [...]. - En Madrid : [S.n.], 1697. - [48], 468 [i.e. 466], [2] S. ; 4°. *REBIUN*.

sacrae Theologiae Professorem Lovanii, evulgatam Anno MDCXCIII Coloniae ; 3). *BVB*, *GBV*[28]

5c. Beigef.: RAYÉ, NICOLAS: Examen juridico-theologicum Praeambulorum adm. R. P. Sebastiani a S. Paulo ad exhibitionem errorum, Danieli Papebrochio S. I. T. ab illo imputatorum, tribus responsionum partibus praeponendum / Auctore Nicolao Rayaeo eiusdem Societatis similiter Theologo. - Antverpiae : Thieullier, 1698. - 26 [i.e.62], 46, 11, 40, 19 S. *HBZ*[29]

6. Vol. PAPEBROCHIUS, DANIEL: Responsio Danielis Papebrochii [Papenbroeck] ad exhibitionem errorum per [...] Sebastianum a S. Paulo [...] evulgatam anno 1693 Coloniae / Daniel van Papenbroeck. - [Ed. 2 ab Auctore recogn. et nonnihil aucta]. - Antverpiae : Thielullier, 1696-1698. - 3 vol. ; 8° [i.e. 4°]. *SBB*, *SBN*[30]

7. Vol. ♦ Anonym: Apologia pro Hagiographis Antverpiensibus Societatis Jesu adversus tres insulsas Epistolas, quibus anonymus quidam Commentarium praevium ad Acta S. Dominici pueriliter impugnavit / Auctore Germano quodam Romano-Catolico. - Coloniae : [S.n.], 1734. *GBV*

♦ Anonym: Apologia pro hagiographis Antverpiensibus Societatis Jesu / auctore Germano quodam Romano-Catholico. - Coloniae : [S.n.], 1734-1735. - 2 vol. *SWB*[31]

---

28 Umfangsangabe ergänzt nach *GBV*; abweichend nach *HBZ*: 34 S. Vgl. IBÁÑEZ DE SEGOVIA PERALTA Y MENDOZA, GASPAR: Explicacion de un lugar de Suatonio, y examen de la deldad que consulto Vespasiano en el Carmelo / Gaspar de Mendoza Ibanez de Segovia y Peralta. - Sevilla : Herederos de Juan Gomez Blas, [1678]. - [4°?]. *PORBASE*.

29 Enth. (außerdem): RAYÉ, NICOLAS: Synopsis Quaestionum Curiosarum, Historico-Theologicarum / tractatarum in Responsione ad Exhibitionem Errorum, P. Danieli Papebrochio S.J. imputatorum; Papebrochius, Daniel: Vera Origo Et continuata Physice nec unqua[m] interrupta Successio Sacri Ordinis Carmelitani / historice demonstrata per Danielem Papebrochium; Papebrochius, Daniel: Non Vera Origo Atque Successio Sacri Ordinis Carmelitani [...] / per Danielem Papebrochium; Papebrochius, Daniel: Danielis Papebrochii Protestatio Iterata De Silentio, Circa primaevam sacri Ordinis Carmelitani institutionem & antiquitatem, Semper sibi optato, nunc demum inviolabiliter tenendo. *HBZ*. Enth. in: PAPEBROCHIUS, DANIEL: Elucidatio Historica Actorum In Controversia Super origine, antiquitate, & historiis Sacri Ord. B. M. de Monte Carmeli : Inter quosdam illius et Societatis Jesu Scriptores, Acta Sanctorum illustrare professos; Quae est Pars III & Ultima Responsionum Danielis Papebrochii S. I. T. Ad Exhibitionem Errorum [...]. - Antverpiae : Thieullier, 1698. - [4°]. - (Papebrochius, Daniel: Responsio Danielis Papebrochii [...] Ad Exhibitionem Errorum Per Adm. R.P. Sebastianum A S. Paulo, Ordinis Carmelitani in Belgio bis Provincialem, olim sacrae Theologiae Professorem Lovanii, evulgatam Anno MDCXCIII Coloniae ; 3). *BVB*.

30 1. Pars prima ad 12. priores articulos. Editio 2 ab auctore recognita & nonnihil aucta; 2. Pars secunda ad posteriores 12. articulos 25. de post-notatis; 3. Elucidatio historica actorum in controversia super origine, antiquitate, & historiis Sacri Ord. B. M. de Monte Carmeli inter quosdam illius & Societatis Jesu scriptores, Acta Sanctorum illustrare professos. Quae est pars 3 & ultima responsionum Danielis Papebrochii […] S. I. T. Ad Exhibitionem Errorum [...] Accedit Synopsis quaestionum curiosarum, tractatarum in utraque parte priorum responsionum. *SBN*. Teil 3 mit separatem Titelbl.: Examen juridico-theologicum praeambulorum adm. R.P. Sebastiani a S. Paulo ad exhibitionem errorum [...] Apologia pro veritate contra varias imposturas & accusationes publicas [...] Examen divinitatis quam in carmelo Vespasianus consuluit [...]. *KB*.

31 Vol. 1 u.d.T.: Adversus tres insulsas epistolas, quibus anonymus quidam commentarium praevium ad Acta S. Dominici pueriliter impugnavit. (1734); vol. 2 u.d.T.: Adversus duos tresve scriptores

8. Vol. Anonym: Apologia altera pro hagiographis Antverpiensibus Societatis Jesu : adversus duos tresve scriptores ignotos, ab alio Anonymo aggressore distinctos, qui variis modis commentarios ad Acta Sanctorum impugnarunt / [Germanus Romano-Catholicus]. - Coloniae : [S.n.], 1735. *WorldCat*, *BVB*[32]

Gutachter: keine Angabe
Gutachten: nicht aufgefunden[33]

ACDF SO CL 1748-1750, Nr. 12

1749. Censura in Librum idiomate Hybernico impressum continentem Librum ins[criptu]m: Introductio ad devotam vitam etc. cui. titul.: Remarks upon The introduction to a Devout Life etc.

CULLIN, MICHAEL: Remarks// Upon// The Introduction// To A// Devout Life : In Which// The Errors of the English Transla-//tion are set forth / By Michael Cullin,// [...]. - Dublin : [S.n.], [Printed in the year] 1742. - 18 S. ; 4°. *ACDF SO CL 1748-1750, Nr. 12*, *WorldCat*

Gutachter: Francis Higgins OFMObs[34]
Gutachten: 127 S., 20. Mai 1749[35]

ACDF SO CL 1748-1750, Nr. 13

1749. Censura in Libell. ins[criptu]m: Vita e Miracoli de Santi Confessori Giulio Prete, e Giuliano Diacono Greci del secolo IV. Opera dell'Ab[at]e. Carlo Michele Giulini Milanese. Piacenza 1749.

GIULINO, CARLO MICHELE: Vita e miracoli de' santi confessori Giulio prete e Giuliano diacono greci del secolo 4. : I quali riposano nella riviera detta di s. Giulio diocesi di Novara, con alcune raccolte inedite attinenti a questi santi, ed in fine la tavola cronologica de' vescovi di Novara / Opera dell'abate Carlo Michele Giulino milanese. - Piacenza : presso il Salvoni stampator Regio-Ducale, 1749. - 2 vol. ; 8°. *SBN*[36]

Gutachter: Alessandro Pio Sauli da Forli OP
Gutachten: 1 S., [19. November 1749][37]

---

ignotos, ab alio anonymo aggressore di stinctos, qui variis modis commentarios ad Acta Sanctorum impugnarunt. (1735). *SWB*.

32 Titel nach *BVB*: Apologia altera pro hagiographis Antverpiensibus Societatis Jesu : adversus [...].

33 Es ging um eine Neuausg., ergänzt um bislang nicht publizierte Schriften, die der Jesuit Francescantonio Zaccharia vornehmen und Kard. Querini widmen wollte. Mit Dekret SO vom 29. April 1749 wurde die Druckerlaubnis verweigert.

34 Als externer Gutachter. Higgins war Professor für Kontroverstheologie in S. Isidoro.

35 Am 25. Juli 1749 nahmen die Kard. das Gutachten zur Kenntnis, ohne eine Entscheidung zu treffen.

36 Vol. 2 u.d.T.: Raccolte inedite attinenti a' santi confessori Giulio prete e Giuliano diacono colla serie cronologica de'vescovi di Novara. *SBN*.

37 Mit Dekret SO vom 19. November 1749 wurde das Buch zugelassen.

ACDF SO CL 1748-1750, Nr. 14

1749. Censura in Libellum ins[criptu]m: Theses Logicae, Ontologicae, Pneumatologicae, Physicae, Physico-Mathematicae ex universa Philosophia etc. quas publicè propugnandas exhibet Comes Ludovicus Testa de Marsciano Mutinen. Collegii Nobilium Mutinae Convictor adsistente excellen. DD. Thoma Declo Cong[regatio]nis B. M[a]r[i]ae et S. Caroli Sacerdote Mutinen., et publico Philosophiae Lectore anno 1748.

DECLÒ, TOMMASO (Praes.) ; TESTA DE MARSCIANO, LUDOVICO (Resp.): Theses// Logicae, Ontologicae, Pneumatologicae, Physicae,// Physico-Mathematicae : Ex Universa// Philosophia / Quas sub Auspiciis// Illustrissimi, & Reverendissimi D. D.// Juliani// De Comitibus// Sabbatinis// [...]// Publicè propugnandas exhibet// Comes Ludovicus Testa de Marsciano// Mutinensis// Collegii Nobilium Mutinae Convictor. - Mutinae : Typis Bartholomaei Soliani (Superiorum Permissu.), [1748]. - 46 S., [8] Bl. ; 8°. *ACDF SO CL 1748-1750, Nr. 14*

Gutachter: Lorenzo Ganganelli OFMConv
Gutachten: 9 S.

Gutachter: Lorenzo Ganganelli OFMConv
Gutachten: 2 S.

Gutachter: Giuseppe Tommaso Tavella OP
Gutachten: 2 S., [10. Dezember 1749][38]

ACDF SO CL 1748-1750, Nr. 15

1749. Conceditur impressio deletis verbis: Come ci obbliga la virtù della Religione; folii continentis votum credendi B. Virginem immunem esse a peccato Originali.

Das Werk wurde nicht ermittelt

Gutachter: keine Angabe
Gutachten: nicht aufgefunden[39]

ACDF SO CL 1748-1750, Nr. 16

1750. Censura in Manus[criptu]m, cui. titul.: Il Paradiso riacquistato del Conte Giuseppe Lavini Patrizio Romano, e Settempedano.[40]

---

[38] Der Autor war Professor für Philosophie an die Universität von S. Carlo in Modena. Laut Dekret SO vom 10. Dezember 1749 sollte der Bischof die Thesen zurückziehen, ohne Aufsehen zu erregen, und den Autor ermahnen, sie nicht mehr zu unterrichten.

[39] Es handelte sich um eine Formel, welche die Seminaristen von Reggio anlässlich eines Marienfeiertags gebrauchten. Laut Rubricella wurde die Druckerlaubnis erteilt.

[40] Vgl. ACDF SO Tit.Libr. 1746-1758, Nr. 52.

LAVINY, GIUSEPPE: Il Paradiso Riacquistato : [Libri tre] / del Conte Giuseppe Lavini// Patrizio Romano, e// Settempedano. - [S.a.]. - 12, 119, 139, 141. (Manuskript) *ACDF SO CL 1748-1750, Nr. 16*

♦ LAVINY, GIUSEPPE: Del paradiso riacquistato / del conte Giuseppe Laviny patrizio romano, e della citta di San severino. - In Roma : nella stamperia di Antonio de' Rossi, 1750-1756. - 3 vol. ; 4°. *SBN*[41]

Gutachter: [Filippo da Carbognano OFMObs]
Gutachten: nicht aufgefunden [25. September 1749]

Gutachter: [Gianfrancesco Baldini CRS]
Gutachten: nicht aufgefunden[42]

Gutachter: [P. Boscovitz SJ][43]
Gutachten: 3 S., [7. Januar. 1750][44]

Weiterhin beiliegend: (1) LAVINY, GIUSEPPE: Del// Paradiso// Riacquistato : Libro Primo [...]. - [S.l.] : [S.n.], [S.a.]. - 8 S.[45] (2) LAVINY, GIUSEPPE: Il Paradiso// Riacquistato : Libro Primo. - [Camerino] : [S.n.], [S.a.]. - 8 S.[46] (3) Del Paradiso// Riacquistato : Libro Primo. - [Ancona] : [S.n.], [S.a.]. - 8 S.[47]

ACDF SO CL 1748-1750, Nr. 17

1750. Censura in Libr[um] ins[criptu]m: Dissertation sur l'honaraire des messes etc. 1748.

Anonym [COTTET, JACQUES?/GUIARD, ANTOINE?]: Dissertation sur l'honoraire des messes, où l'on traite de son origine, des illusions et autres abus qui s'en sont suivis [...]. - [S.l.] : [S.n.], 1748. - XVI, 327 S. ; 8°. *Abes*[48]

Gutachter: Eduardo di S. Francesco Savero OCD
Gutachten: 8 S., [4. Juni 1749]

Gutachter: Pier Francesco Foggini
Gutachten: 7 S., [23. Juli 1749]

---

41 Verleger/Drucker wechselt. Vol. 3 erschien: In Roma : nella stamperia de' Salvioni, 1756. *SBN*. Die „seconda edizione senza note" erschien: In Roma : nella stamperia di Angelo Rotili, 1756. - [2] vol. ; 4°. *SBN*. Die „3a edizione [...] ritoccata in vari luoghi dall'autore" erschien: In Vercelli : per G. Panialis, 1780. - 3 vol. ; 4°. *BNF*. Die „Prima edizione toscana" erschien: Firenze : nella stamparia Bonducciana per Pietro del Mancino [...], 1821-1822. - 4 vol. ; 4°. *SBN*.

42 Am 21. Februar 1749 wurden die Gutachten Carbognanis und Baldinis an das Staatssekretariat übergeben.

43 Als externer Gutachter.

44 Mit Dekret SO vom 7. Januar wurde die Druckerlaubnis mit der Auflage erteilt, das Werk zu korrigieren.

45 Ex. unvollst.

46 Vermutl. Erscheinungsort nach hs. Notiz auf dem Titelbl.: „Stampa a Camerino". Ex. unvollst.

47 Vermutl. Erscheinungsort nach hs. Notiz auf dem Titelbl.: „Stampa a Ancona". Ex. unvollst.

48 Das Werk wird Jacques Cottet oder Antoine Guiard zugeschrieben. *Abes*, *BNF*. Vermutl. Erscheinungsort nach *BL*: Paris. Die im Gutachten genannten Erscheinungsvermerke: „Genevre typis Chamber [...]" und „Parisiis apud G. Martin, J. B. Coignan, et H. J. Guerin" wurden nicht ermittelt.

Gutachter: Ignazio Francesco Simonetti
Gutachten: 13 S., [18. Februar 1750][49]

Dekret: SO 19. Februar 1750
Bando: [CIndex 11. September 1750][50]

ACDF SO CL 1748-1750, Nr. 18

1750. Acta in nonnullos libros impressos absque consueta licentia Rev. P. Magistri S. Pal. repertos in Typographia Comarek.

1. ♦ BECANUS, MARTINUS: [Manuale controversiarum huius temporis] Rev. Patris Martini Becani [...] Theologia dogmatica sive Manuale controversiarum : in VI. libros distributum, quibus controversiae de fide breviter dilucidantur. - Accessit in hac novissima editione dissertatio de Socinianismo, etc. [Enth.: Appendix monumentorum ecclesiasticorum, quorum cognitio ad quaestiones polemicas de recentioribus erroribus perquam utilis est]. - Coloniae : [S.n.], 1750. - 606, CXXXVIII S. ; 4°. *COPAC*

2 ♦ Anonym [TOURNELY, HONORÉ]: Dissertatio theologica de Jansenii Iprensis systemate, propositionibus, & censurâ. - Editio tertia auctior. - Parisiis : Apud Jacobum Delusseux, typis J. B. Lamesle, 1740. - XXXII, 508 S. ; 12°. *COPAC*[51]

3. Anonym: Dissertatio// In Doctrina Jansenii de duobus Amoribus// Num in ea Jansenius se fati purget a Crimine Baianismi an potius omni eius excusatio subdola sit, ac fraudulenta. - [S.a.]. - 93 S. - (Manuskript) *ACDF SO CL 1748-1750, Nr. 18*

Gutachter: keine Angabe
Gutachten: nicht aufgefunden (zu Nr. 1-3)[52]

ACDF SO CL 1748-1750, Nr. 19

1750. Censura in Librum, seù Comediam cum sua praefatione, cui. titul.: Tamburro Parafrasi in Versi sciolti della Commedia tradotta in Prosa dal Sig. Des Touches dall'Originale Inglese di Monsieur Addisson. In Firenze 1750.

---

49 Vgl. ACDF SO St.St. I-6-d, Nr. 15.

50 Vgl. ACDF Index Diari 17 (1749-1763), Bl. 8r-v.

51 Das Werk war bereits erschienen: Anonym [TOURNELY, HONORÉ]: Dissertatio theologica de Jansenii Iprensis systemate, propositionibus, & censura - Editio nova, auctior & emendatior. - Parisiis : Apud Jacobum Delusseux ; [Paris] : Typis J. B. Lamesle [...], 1732. - XXXII, [3], 508 S. ; 12°. *COPAC.*

52 Jedoch „Observationes", 15 S., nicht gezeichnet, zu Nr. 2. Laut Dekret SO vom 21. Juli 1750 hatte der Drucker sich strafbar gemacht, indem er gegen das Dekret vom 17. September 1744 verstieß, welches das Verbot enthielt, Bücher ohne Erlaubnis des MSP zu drucken. Demnach sollten alle nicht erlaubten Drucke, bes. die Briefe des Bischofs von Montpellier, die sich beim Drucker oder bei Pater Fauré fänden, vom SO einbehalten werden. Die Beschlagnahmung der übrige, [vom MSP erlaubten] Werke sollte rückgängig gemacht werden. Außerdem sollte der Pater Fauré streng ermahnt werden. Mit Bezug auf seinen Antrag wurde die Druckerlaubnis für eine Neuaufl. verweigert.

ADDISON, JOSEPH: Il Tamburo : parafrasi in versi sciolti della commedia / tradotta in prosa dal signor Des Touches dall'originale inglese di M.[onsieu]r Addisson [...]. - In Firenze : appresso Andrea Bonducci, 1750. - XXIX S., [3], 114 S. ; 8°. *SBN*[53]

Gutachter: Antonio Andrea Galli CRL
Gutachten: 8 S., [10. Juni 1750]

Gutachter: Celestino Orlandi OSB
Gutachten: 26 S., [19. Augustus 1750]

Dekret: SO 19. August 1750
Bando: SO 19. August 1750; [CIndex 11. September 1750][54]

Weiterhin beiliegend: [Zeitschriftenartikel mit Rezension zu ADDISON, JOSEPH: Il Tamburo ...]. - [S.l.] : [S.n.], Nr. 26. (27. Juni 1750). - S. 201-208.[55]

---

53 Abweichende Umfangsangabe nach *SBN*: XXIV, 96 S. Das Werk ist eine freie Übers. der franz. Ausg. des engl. Orig.: Vgl. ADDISON, JOSEPH: Le Tambour nocturne, ou le Mari devin : comedie angloise / Mise au theatre françois par monsieur Nericault Destouches [...]. - A Paris : chez Prault pere, 1736. - [10], 116, [4] S. ; 12°. *BNF*; ADDISON, JOSEPH: Le tambour nocturne, ou le mari devin : comedie angloise / Mise au théâtre français par Mr. Nericault-Destouches [...]. - A Paris : Chez Prault pere, 1737. - 100 S. ; 8°. *Abes* ; ADDISON, JOSEPH: Le Tambour nocturne, ou le Mari devin : comedie angloise / Mise au théâtre françois par monsieur Nericault Destouches [...]. - A La Haye : chez Antoine Van Dole, 1737. - 131, [1] S. ; 8°. *BNF*. Vgl.: Anonym [ADDISON, JOSEPH]: The drummer; or, the haunted house : A comedy. As it is acted at the Theatre-Royal in Drury-Lane, by His Majesty's servants. - London : printed for Jacob Tonson, 1716. - [8], 58, [2] S.; 4°. *COPAC*. Abweichendes Erscheinungsjahr nach *GBV*: 1715.

54 Vgl. ACDF Index Diarium 17 (1749-1763), Bl. 8r-v.

55 Der Druck ist vermutl. einer Zeitschrift entnommen, deren Titel nicht bekannt ist. Die Rezension des verhandelten Werks befindet sich auf den Seiten 203-205.

ACDF SO CL 1751

ACDF SO CL 1751, Nr. 1

1751. Censura in seguent. Libros

1us inscribitur: Lettres avec ces Mots Latins. Ne repugnate vestro bono etc. Seneca de Constantia Sap. Cap. 29. A Londres 1750.

2us inscrib.: La voix du Sage et du Peuple. Amsteldam 1750.

Breve S[anctis]s[i]mi DD. Benedicti XIV. quo prohibentur praefati Libri.

Decret. prohibens seguent. Libellum: Examen impartial des Immunites Ecclesiastiques etc. A Londres 1751, et omnes alios Libellos, qui ecclesiasticorum Bonorum Immunitatem oppugnant.

1. ♦ Anonym [BARGETON, DANIEL]: Lettres. - A Londres [i.e. Paris] : [S.n.], 1750. - 4 Teile in 1 vol. - ([2], 26 S.; 180 S.; 80 S.; 23, [1] S. ; 12°. *Abes*[1]

2. Anonym [VOLTAIRE]: La Voix du sage et du peuple. - À Amsterdam [i.e. Paris] : chez Le Sincère, 1750. - 16 S. ; 8°. *BNF*[2]

3. Anonym [CHAUVELIN, HENRI PHILIPPE]: Examen impartial des immunites ecclesiastiques : contenant les maximes du droit public, & les faits historiques qui y ont rapport. - A Londres [i.e.Parigi], 1751. - [6], 112, 175, [1], 171, [1] S. ; 12°. *SBN*[3]

Gutachter: Lorenzo Ganganelli OFMConv
Gutachter: Antonin Brémond OP[4]

---

[1] Enth.: Remontrances du clergé, pésentées au roi le 24 août 1749, au sujet de la levée du Vingtième. *Abes.* Erscheinungsort fingiert. Das Titelbl. enthält ein Zitat aus Seneca: De constantia sapientis, Kap. 19: „Ne repugnate vestro bono [...]“. Es wurden zahlreiche weitere Ausg. ermittelt, z.B.: Anonym [BARGETON, DANIEL]: Lettres [...]. - A Londres [i.e. Paris?] : [S.n.], 1750. - 2 Teile in 1 vol. - [4], 195, [1], 24 S. ; 8°. *Abes*; Anonym [BARGETON, DANIEL]: Lettres [...]. - Nouvelle edition, revûe, & considérablement augmentée avec notes. - A Londres [i.e. Paris?] : [S.n.], 1750. - [4], 40, 289, [1], 36, 62 S. ; 12°. *BNF*; Anonym [BARGETON, DANIEL]: Lettres. - Dernière édition, revûë &c considérablement augmentée avec notes. - Londres [i.e. Paris?] : [S.n.], 1750. - [4], 40; 300; 36; 31, [1]; 67, [3] S. ; 12°. *GBV*; Anonym [BARGETON, DANIEL]: Lettres. - Deuxième édition. Augmentée de notes. - Londres [i.e. Paris?] : [S.n.], 1750. - 236 S. ; 12°. *GBV*.

[2] Abweichende Formatangabe nach *BNF*: 12°. Erscheinungsort nach *BNF* fingiert. Als tatsächlicher Erscheinungsort wird neben Paris auch Rouen vermutet. *BNF*.

[3] Erscheinungsort vermutl. fingiert. *SBN*, *SWB*. Abweichende Umfangsangabe nach *SBN*: [6], 70, 111, [1], 105, [3] S.

[4] Das Gutachten ist zudem von Brémond unterzeichnet, der sich der Einschätzung Ganganellis anschließt. Ganganelli hatte zuvor aus beiden Büchern Propositionen zusammengestellt, übersetzt und kommentiert: 22 S. (zu Nr. 1); 10 S. (zu Nr. 2).

Gutachten: 11 S., [14. Januar 1751] (zu Nr. 1-2)

Gutachter: keine Angabe
Gutachten: nicht aufgefunden (zu Nr. 3)

Dekret: SO 14. Januar 1751
Bando: Breve 25. Januar 1751; CIndex 2. März 1752 (zu Nr. 1-2)

Dekret: SO 19. Mai 1751
Bando: CIndex 2. März 1752 (zu Nr. 3)

ACDF SO CL 1751, Nr. 2

1751. Non permittitur reimpressio epistolae ins[cripta]e.: Lettera Pastorale di M[onsigno]r Vescovo di Montpellier in occasione di uno scritto ritrovato nella sua Diocesi l'anno 1736 etc. nella quale si scuoprono le frodi e le male arti de Giansenisti etc. Edizione seconda Italiana. Roma 1751. Scriptum cui. titul.: Giustificazione della Pastorale di Montpellier dat. a P. Fauvre Soc. Jesu.

1. BERGER DE CHARANCY, GEORGE LAZARE <Montpellier, Bischof>: Lettera// Pastorale// Di// Monsignor Vescovo// Di Montpellier// In occasione di un Scritto ritrovato nella sua Diocesi// l'Anno MDCC XXXVI.// In Montpellier nell'Anno MDCCXL. : Tradotta dal Franzese in Italiano.// Nella quale si scuoprono le frodi, e le male arti de' Giansenisti,// ed il veleno della lor dottrina. - Edizione Seconda Italiana. - Roma : [S.n.], 1750 (Con licenza de' Superiori.). - 46 S. ; 4°. *ACDF SO CL 1751, Nr. 2*[5]

2. Giustificazione// Della Pastorale di Montpelllier. - [S.a.]. - 11 S. bzw. 15 S. (Manuskript, 2 Ex.) *ACDF SO CL 1751, Nr. 2*[6]

Gutachter: keine Angabe
Gutachten: nicht aufgefunden[7]

Weiterhin beiliegend: Costituzioni// O Segreto// Del Giansenismo : Lettere Circolari// A' Signori Discepoi di Sant'Agostino per far// loro conoscere l'ignoranza di coloro, che// abbracciano una dottrina diversa da// quella, che la Chiesa professa. - [S.l.] : [S.n.], [S.a.]. - 11 S.

ACDF SO CL 1751, Nr. 3

1751. Censura in seguent. Libros.

1.us inscribitur: Compendio della Regola del Terzo Ordine di S. Francesco d'Assisi per gli Fratelli e Sorelle secolari etc.[8]

---

5 Vgl. BERGER DE CHARANCY, GEORGE LAZARE <Montpellier, Bischof>: Lettre pastorale de Monseigneur l'évêque de Montpellier au sujet d'un écrit trouvé dans son diocèse. [Lettres circulaires à MM. les disciples de S. Augustin]. (16 septembre 1740). - Montpellier : impr. A. F. Rochard, 1740. - 60 S. ; 4°. *Abes*.

6 2 Ex. mit abweichendem Umfang.

7 Laut Rubricella wurde die Druckerlaubnis verweigert.

2.[us] inscribit[ur]: Fons patens domui David Zacchar. 13 v. 1 al Terzo Ordine Serafico de Penitenti istituito dal P. S. Francesco. Ecco aperto etc. et consistit in folio quodam etc.

3[us] inscribitur: Modus acquirendi Indulgentias a SS. Pontificibus praecipue Urbano VIII. Heremitis Camaldulensibus specialiter concessas etc.

4[us] inscribitur: Epistola Encyclica SS. D[omi]ne Benedicti XIV. die 19. Mart. 1748.

1. FRANCISCUS <ASSISIAS>: Compendio// Della Regola del Terz' Ordine de Penitenti instituita dal Serafico Patriarca S. Francesco d'Assisi per li Fratelli, e Sorelle secolari viventi nelle proprie loro Case sotto la Protezione del su detto S. Patriarca, confermata da Papa Nicolo IV., e da altri Sommi Pontefici : Con una breve Aggiunta consistente in alcune chiare notizie sopra la presente Regola, suoi Privilegi, ed Indulgenze// Dedicata al merito sempre grande di sua eccellenza il Sig[nor]e D. Pietro// Maria della nobilissima casa Rossi de Marchesi di S. Secondo Grande// Ereditario di Spagna, Nobile Patrizio Veneto etc. e Fratello Professo del// sacro Terz'Ordine nella Congregazione di S. Secondo// dalli uffficiali della medema congragazione.// In Roma MDCCXXVIII nella stamparia Camerale// ed [in Parma?] in quest'Anno 1750 per [...] (con licenza de'). - 84 S. (Manuskript) *ACDF SO CL 1751, Nr. 3*[9]

2. Al Terz' Ordine Serafico De' Penitenti// Istituito// Dal Padre S. Francesco,// Ed approvato dal Sommo Pontefice Nicolo' IV. nella sua Bolla Super monetem. Ecco aperto, come ad adunanza prediletta// da Dio, il Fonte perenne delle seguenti Indulgenze, e Privilegi.// [...]. - In Parma : nella Stamparia di Cristoforo Salaroli su la Rocchetta, 1745. (Col permesso de' Superiori.). - 1 S. *ACDF SO CL 1751, Nr. 3*

3. Modus// Acquirendi// Indulgentias// A Summis Pontificibus,// Praecipuè// Urbano VIII.// Eremitis Camaldulensibus// specialiter concessas,// & confirmatas// A Clemente IX. - Parmae : Typis Haeredum Pauli// Monti, 1728. (Superiorum permissu.). - 22 S. *ACDF SO CL 1751, Nr. 3*

4. BENEDICTUS <Papa, XIV.>: Epistola Encyclica S[ancti]s[i]mi D[omi]ni N[ost]ri Benedicti XIV.// Ad Patres Generales Ordinum Regularium, quibus a Sancta Sede indulta est, aut// indulgebitur facultas Pontificiam Benedictionem effundendi super Populum// statis diebus, super modo, et ritu, quibus praed[ict]a Benedictio danda est.// Romae 1748. ex Typographia Reverendae Camerae Apostolicae. [Incipit: Exemplis Praedecessorum; datiert: 19. März 1748]. - 1748. - 4 S. (Manuskript) *ACDF SO CL 1751, Nr. 3*

---

8. Weiterführendes Material in ACDF SO CL 1746-1747, Nr. 10 und ACDF SO CL 1753-1754, Nr. 1 und Nr. 5. Hinweise auf die Verhandlungen in den Jahren 1741-1742 wurde nicht aufgefunden.

9 Ermittelt wurde auch die gedr. Ausg.: FRANCISCUS <ASSISIAS>: Compendio della regola del terz'ordine de penitenti Istituito dal Serafico Patriarca S. Francesco D'Assisi per Li Fratelli, e Sorelle Secolari viuenti nelle proprie lor Case sotto la protezzione del sudetto S. Patriarca, confermata da Papa Nicolo 4. & altri Sommo Pontefici. - In Roma : nella Stamparia Camerale, 1728. - [8], 143, [9] S. ; 4°. *SBN.*

Gutachter: Teodoro dello Spirito Santo OCD[10]
Gutachten: 7 S., [13. Januar 1751] (zu Nr. 1-3)[11]

Gutachter: keine Angabe
Gutachten: nicht aufgefunden (zu Nr. 4)[12]

Dekret: SO 13. Januar 1751[13]
Bando: nicht aufgefunden (zu Nr. 2-3)

ACDF SO CL 1751, Nr. 4

1751. Censura in Libr. ins[criptu]m: Observations sur un écrit intitulè: Extrait du Process Verbal. Anonym. 1750.

1. Anonym: Observations sur un écrit intitulé: „Extrait du procès-verbal de l'Assemblée générale du clergé de France temue à Paris, par permission du roi, au couvent des Grands-Augustins, en l'année 1750". - [S.l.] : [S.n.], (12 novembre) 1750. - 4°. *BNF*[14]

2. BOURSIER, LAURENT FRANÇOIS: Lettres de monsieur Boursier [...] sur l'indéfectibilité de l'Eglise dans la tradition de sa doctrine, & sur son infaillibilité dans les jugemens qu'elle porte concernant la foi & les moeurs. Contre la VIII. lettre pastorale de M. Languet archevesque de Sens. - Ouvrage posthume. - [S.l.] : [S.n.], 1750. - VII S., [1], 79 S. ; 4°. *Abes*[15]

Gutachter: Lorenzo Ganganelli OFMConv
Gutachten: 2 S., [10. März 1751] (zu Nr. 1-2)[16]

Dekret: SO 10. März 1751[17]
Bando: nicht aufgefunden (zu Nr. 1)

---

10 Als externer Gutachter. Teodoro dello Spirito Santo (Teodoro Tolli; 1691-1764) war Lektor für Theologie und Philosophie in Rom und wurde 1744 erwähnt als Theologe des Kard. Guadagni, examinator Episcoporum und Konsultor CIndulg. Vgl. ACDF SO Juramenta 1737-1749, o. Bl. Ein Antrag auf Ernennung als Konsultor CIndex wurde in 1727 abgelehnt; vgl. ACDF Index Prot. 76 (1727-1728), Bl. 187r-v.

11 Mit Dekret SO vom 13. Januar 1751 wurde die Druckerlaubnis verweigert (zu Nr. 1); diese Entscheidung sollte dem Inquisitor von Parma mitgeteilt werden.

12 Mit Dekret SO vom 13. Januar 1751 wurde die Druckerlaubnis erteilt (zu Nr. 4).

13 Laut Dekret SO vom 13. Januar 1751 sollten die Werke unter Nr. 2-3 von der CIndex verboten werden. Der Inquisitor von Parma sollte den Druck der Werke nicht erlauben. Dem Papst sollte empfohlen werden, alle Indulgenzen der Dritten Orden der Franziskaner gemäß dem Vorbild Pauls V. in der Konstitution Romanus Pontifex einbeziehen und neu zu erteilen.

14 Ermittelt wurde auch: Anonym: Observations sur un écrit intitulé: „Extrait du procès-verbal de l'Assemblée générale du clergé de France tenue à Paris, par permission du roi, au couvent des Grands-Augustins, en l'année 1750". - 2e éd. - [S.l.] : [S.n.], 1751. - 4°. *BNF*.

15 Enth.: Premiere lettre sur l'indéfectibilité de l'Eglise dans sa tradition; Seconde lettre sur l'infaillibilité de l'Eglise dans les jugemens qu'elle porte sur la foi et sur les moeurs. *Abes*.

16 Nr. 2 wurde nur begutachtet, insoweit es im Fall von Nr. 1 befürwortet wurde.

17 Laut Dekret SO vom 10. März 1751 sollte das Werk durch die CIndex verboten werden.

ACDF SO CL 1751, Nr. 5[18]

1751. Censura in Librum lingua Gallica primum conscriptum in tres Tomos divisum, ac deinde in italicam redditum extra Urbem impressum, cui. titul.: Memorie istoriche intorno alle Missioni Orientali del P. Norberto Lorenese, Cappuccino.

Censura in reimpressionem praefator. Librorum cum additionibus inscript.: Memoires Historiques Apologetiques etc. presentes en 1751 au Souverain Pontifiè Benoit XIV etc. A Londres chez les Libraires Francois 1751.

1. NORBERT <DE BAR-LE-DUC>: Mémoires historiques présentés en 1744 au Souverain Pontife Benoît XIV sur les missions des Pères Jésuites aux Indes orientales où l'on voit leur constante opiniâtreté à défendre et à pratiquer les rits idolâtres et superstitieux du Malabar, condamnés et anathémisés par plusieurs papes et les continuelles persécutions qu'ils ont faites aux fidèles ministres de l'Evangile et du Siège apostolique, avec un détail de ce qui s'est passé depuis que cet ouvrage a été mis au jour et que la Constitution du même Pontife contre les rits a été publiée [...] dans l'Eglise. - IIIe édition. - Besançon : chez Jean Pierre Le Fevre ; [Londres] : [chez les Libraires françois], 1747-[1751]. - [3] vol. ; 4°. *Abes*[19]

2. ♦ NORBERT <DE BAR-LE-DUC>: Mémoires historiques, apologétiques, &c. Présentès en 1751. au souverain pontife Benoit XIV : Sur les missions de la Societé

---

[18] Vgl. ACDF SO Vota CL I (1740-1757), Nr. 15.

[19] Die Forts. der vol. 1-2 erschien u.d.T.: NORBERT <DE BAR-LE-DUC>: Mémoires historiques, apologétiques, &c. Présentès en 1751. au souverain pontife Benoit XIV : Sur les missions de la Societé de Jésus aux Indes & à la Chine, où l'on voit le commerce immense, & les fausses rélations de leurs missionnaires, les persécutions qu'ils ont faites aux envoyés du siege apostolique, & aux fidéles ministres de l'evangile, leur opiniâtreté à pratiquer les rits idolâtres & superstitieux, anathématisés par plusieurs papes, & nouvellement par deux éclatantes bulles, qu'on donnera dans ce volume ; avec un détail de la conduite des péres Jésuites à l'égard de Benoit XIV. & de l' auteur de cet ouvrage / Par le R.P. Norbert, capucin de Lorraine, missionnaire apostolique de ces pays-là, & procureur général en cour de Rome, de ces mêmes missions. - A Londres : Chez les libraires françois [i.e. Paul Vaillant, François Changuion, and Guillaume Meyer], 1751. - IV S., S. V-XXIV, 687, [1] S. ; 4°. - (Mémoires historiques présentés en 1744 au Souverain Pontife Benoît XIV sur les missions des Pères Jésuites aux Indes orientales ; 3). *COPAC*. Ausg. laut Gutachten: NORBERT <DE BAR-LE-DUC>: Memorie istoriche presentate al sommo pontefice Benedetto XIV, intorno alle missioni dell' Indie orientali : in cui dassi a divedere, che i pp. Cappuccini missionari hanno avuto motivo di separarsi di communione da i rr. pp. missionari Gesuiti per aver essi ricusato di sottomettersi al Decreto dell'eminentissimo cardinale di Tournon, Legato della Santa Sede / opera del r.p. Norberto Cappuccino Lorenese, missionario appostolico e procuratore delle prefate missioni nella corte di Roma. [...] Tradotta dal Francese. - Lucca : per Salvatore e Gian-Domenico Marescandoli, 1744. - 3 vol. in 2. *COPAC*, Nebent.: Memorie storiche intorno alle missioni dell'Indie orientali. *COPAC*. Formatangabe nach *SBN*: 4°. Vol. 2 mit dem Erscheinungsvermerk: per Domenico Ciuffetti, e Filippo Maria Benedini. *COPAC*. Vgl. NORBERT <DE BAR-LE-DUC>: Mémoires historiques présentés au souverain pontife Benoit XIV sur les missions des Indes orientales : où l'on fait voir que les PP. Capucins Missionnaires ont eu raison de se séparer de communion des RR. PP. Missionnaires Jésuites [...]. - Ouvrage qui contient une suite complette des constituans, brefs et autres décrets apostoliques concernans ces rits, pour servir de règle aux missionnaires de ces pays-là / par le R.P. Norbert. - Luques [Avignon] : par Salvateur et Jean-Dominique Marescandi, 1744. - 2 vol ; 4°. *Abes*, *COPAC* nach *NUC* -1956.

de Jésus aux Indes & à la Chine, où l'on voit le commerce immense, & les fausses rélations de leurs missionnaires, les persécutions qu'ils ont faites aux envoyés du siege apostolique, & aux fidéles ministres de l'evangile, leur opiniâtreté à pratiquer les rits idolâtres & superstitieux, anathématisés par plusieurs papes, & nouvellement par deux éclatantes bulles, qu'on donnera dans ce volume; avec un détail de la conduite des péres Jésuites à l'égard de Benoit XIV. & de l' auteur de cet ouvrage / Par le R.P. Norbert, capucin de Lorraine, missionnaire apostolique de ces pays-là, & procureur général en cour de Rome, de ces mêmes missions. - A Londres : Chez les libraires françois [i.e. Paul Vaillant, François Changuion, and Guillaume Meyer], 1751. - IV S., S. V-XXIV, 687, [1] S. ; 4°. - (Mémoires historiques présentés en 1744 au Souverain Pontife Benoît XIV sur les missions des Pères Jésuites aux Indes orientales ; 3). *COPAC*

3. NORBERT <DE BAR-LE-DUC>: Memoires utiles et necessaires, tristes et consolans, sur les missions des Indes orientales, &c / [...] par le R.P. Norbert de Bar-le-Duc [...] = Memoriali utili e necessarii a flittivi e consolanti, rispetto alle missioni delle Indie orientali, &c. / [...] per il R.P. Norberto da Bar-le-Duco. - A Luques : De l'imprimerie d'Antoine Rossi, 1742. - [2], XXXIV, 377, [1] S. ; 8°. *COPAC*[20]

4. NORBERT <DE BAR-LE-DUC>: Oraison funèbre de M[onseigneu]r de Visdelou, Jésuite, évêque de Claudiopolis [...] décédé à Pondichéri le 11 nov. 1737 [...] prononcée le 11 décembre suivant [...] / par le R.P. Norbert de Bar-le-Duc [...]. - Cadix : A. Pereira, 1742. - [6 Bl., 201, XVI S.] ; 8°. *BNF*, *BVB*[21]

Gutachter: Antonio Andrea Galli CRL
Gutachten: 7 S., [21. Oktober 1744] (zu Nr. 1, 3 und 4)

Gutachter: Lorenzo Ganganelli OFMConv
Gutachten: 39 S., [1745] (zu Nr. 1)

Gutachter: Lorenzo Ganganelli OFMConv
Gutachten: 6 S. (zu Nr. 1)

Gutachter: Gianantonio Bianchi OFMObs
Gutachten: 4 S. (Nr. 1-2)

Gutachter: Gianantonio Bianchi OFMObs
Gutachten: 104 S., [24. November 1751] (zu Nr. 2)

Dekret: SO 1. April 1745[22]
Bando: SO 1. April 1745 (zu Nr. 1)[23]

20 Ital. Parallelt. Text und Einl. franz. und ital. Text der Dokumente franz., ital., portug. und lat. *COPAC*.

21 Umfangsangabe ergänzt nach *BVB*.

22 Mit Dekret SO vom 1. April 1745 wurde das Buch verboten; erstens weil es außerhalb Roms ohne Genehmigung des Generalvikars von Rom und des MSP gedruckt worden war; zweitens weil es sich mit den Missionen beschäftigte, jedoch ohne Erlaubnis der CProp veröffentlicht worden war.

23 Das Bando wurde eigentlich als Polizeiverordnung verfasst, da es sich nicht um ein reines Buchverbot handelt, sondern um die Wiederholung des Verbots, Bücher ohne Genehmigung des

Dekret: SO 24. November 1751
Bando: CIndex 2. März 1752 (zu Nr. 2)[24]

ACDF SO CL 1751, Nr. 6

1751. Censura in Libros Marchionis Maffei et P. Ab. Celsi Migliavacca Cong[regatio]nis S. Salvatoris censura in Libr. March. Maffei impress. Tridenti 1742, cui. titul.: Istoria Teologica della Dottrina e delle opinioni corse ne primi cinque secoli della Chiesa in proposito della divina Grazia del libero arbitrio e della Predestinazione etc.

Censura in Librum Ab. Celsi Migliavacca editum Francofurti 1749 et Lucae 1750, cui. titul.: Animadversiones in Historiam Theologicam Dogmatum, et Opinionum de divina Gratia a Cl. V. Marchione Scipione Maffei elaborata etc.

Censura in Libr. March. Maffei ins[criptu]m: Risposta all'Anonymo Autore delle Animadversioni etc. Verona 1749.

Censura in Libr. Ab. Migliavacca, cui. titul.: Difesa dell'Animadversioni contro di un Libello stampato in Verona 1749.

Censura in parvum Libr. March. Maffei, cui. titul.: Replica del March. Scipione Maffei all'Anonimo. Verona 1750.

Censura in alium Libr. March. Maffei ins[criptu]m: Conferma delle risposte date all'Anonimo Impugnatore della Storia Ecclesiastica. Verona 1751.

Consulitur Marchio Maffei quod recedat ab impressione Operi ins[cript]i: Giansenismo nuovo dimostrato in parte il medesimo e in parte assai peggiore del Vecchio e se[r]ve per riconferma delle risposte date all'Anonimo impugnatore della Storia Ecclesiastica.[25]

1. MAFFEI, SCIPIONE: Istoria teologica delle dottrine e delle opinioni corse ne' cinque primi secoli della Chiesa in proposito della divina Grazia, del libero arbitrio, e della Predestinazione : Nella quale [...] si raccolgono i sentimenti in queste materie di Sant'Agostino [...] Si aggiungono alcuni Opuscoli ecclesiastici dell'autor medesimo con importanti anecdoti in membrane antichissime rinvenuti / [Scipione Maffei]. - In Trento : per Gianbattista Parone stampatore episcopale ; si vende in Verona al Seminario episcopale, 1742. - XXXVII, [1], 506, [6], 272 S. ; 2°. *SBN*

2. ♦ Anonym [MIGLIAVACCA, CELSO]: Animadversiones in historiam theologicam dogmatum et opinionum de divina gratia; a clarissimo viro marchione Scipione Maffaejo elaboratam. - Francofurti ad moenum : apud fratres Durenios sacrae caes. maj. typogr. ac bibliop., 1749. - 159, [1] S. ; 4°. *SBN*

MSP oder des Generalvikars von Rom im Kirchenstaat zu drucken. Mit Dekret SO vom 24. November 1751 wurde das Buch dem Verbot der früheren Ausg. desselben Werks unterstellt.

[24] Zu Nr. 3 und 4 wurden keine Hinweise auf eine Entscheidung aufgefunden. Galli war in seinem Gutachten der Meinung, dass die Bücher zu erlauben seien.

[25] Zu demselben Autor (und demselben Thema), vgl. ACDF SO Tit.Libr. 1729-1745, Nr. 150.

♦ Anonym [MIGLIAVACCA, CELSO]: Animadversiones in historiam theologicam dogmatum et opinionum de divina gratia; a [...] Scipione Maffaejo elaboratam. - Editio secunda emendatior. - Lucae : ex typographia Philippi Mariae Benedini, 1750. - XXVIII, 204 S. ; 4°. *SBN*[26]

3. Anonym [MAFFEI, SCIPIONE]: Risposta all'anonimo autore delle Animadversiones in Historiam theologicam a cl. v. march. Scip. Maffeio elaboratam. Francofurti an. 1749 : Dedicata a i buoni teologi di tutte le scuole cattoliche. - In Verona : per Agostino Carattoni, [1749]. - 149, [1] S. ; 12°. *SBN*

4. Anonym [MIGLIAVACCA, CELSO]: Difesa delle animavversioni contro d'un libello stampato in Verona, col titolo Risposta all'anonimo autore delle Animadversiones in Historiam Theologicam a [...] S. Maffejo elaboratam. - Lucca : [S.n.], 1750. - 4°. *COPAC*

5. MAFFEI, SCIPIONE: Replica del marchese Scipione Maffei all'anonimo. - Verona : per Agostino Carattoni [...], 1750. - 14, [2] S. ; 4°. *SBN*

6. Anonym [MAFFEI, SCIPIONE]: Conferma delle risposte date all'anonimo impugnatore dell'istoria teologica / [Sig. Marchese Maffei]. - In Verona : nella stamperia di Agostino Carattoni librajo [...], 1751. - XII, 234, [2] S. ; 4°. *SBN*

7. Anonym [MAFFEI, SCIPIONE]: Giansenismo nuovo dimostrato nelle conseguenze il medesimo, o ancor peggiore del vecchio : Serve per riconferma delle risposte date all'anonimo impugnatore dell'Istoria teologica. Si aggiunge una breve ricerca delle dottrine d'Aristotele in quanto riferir si possono a tal materia. - In Venezia : appresso Gio. Battista Pasquali, 1752. - [8], 210, [2] S. ; 4°. *SBN*[27]

Gutachter: Antonio Andrea Galli CRL
Gutachten: 20 S. (zu Nr. 2)

Gutacher: Filippo da Carbognano OFMObs
Gutachten: 6 S., [5. Januar 1751] (zu Nr. 2)

Gutachter: Domenico Teoli
Gutachten: 6 S., [28. April 1751] (zu Nr. 2)[28]

Gutachter: Pier Francesco Foggini
Gutachten: 22 S., [11. August 1751] (zu Nr. 1-6)[29]

---

[26] Als Verf. des Werks wird häufig Scipione Maffei genannt (z.B. *BVB, GBV*), mit dessen „Istoria theologica" sich das verhandelte Werk jedoch kritisch auseinandersetzt. Als tatsächlicher Verf. wurde Celso Migliavacca ermittelt, s. Reusch, Franz Heinrich: Der Index der verbotenen Bücher. - Bonn : Cohen, 1885, S. 770.

[27] Text ital., lat., griech. *SBN*.

[28] Laut Dekret SO vom 28. April 1751 sollten die beiden Autoren schriftlich ermahnt werden, das Thema nicht mehr in ihren Schriften zu behandeln. In den Briefen sollte bekräftigt werden, dass dieses Verbot für beide galt.

[29] Laut Dekret SO vom 11. August 1751 sollte der Inquisitor die beteiligten Parteien zum Schweigen bringen. Am 4. Oktober 1752 wurde entschieden, dass Kard. Tamburini den vermutl. Autor warnen sollte, das Buch u.d.T. Giansenio Nuovo dimostrato in parte il medesimo, e in parte assai peggiore

ACDF SO CL 1751, Nr. 7

1751. Censura in Libr. ins[criptu]m: Essai de Philosophie Morale. A Berlin 1749.

Anonym [MAUPERTUIS, PIERRE LOUIS MOREAU DE]: Essai de philosophie morale. - A Berlin : [S.n.], 1749. - [4], 107, [1] S. ; 12°. *COPAC*[30]

Gutachter: Ignazio Francesco Simonetti
Gutachten: 5 S., [21. April 1751]

Gutachter: Luigi Maria di Gesù OCD
Gutachten: 4 S., 2. Juni 1751[31]

ACDF SO CL 1751, Nr. 8

1751. Censura in quemdam Librum partim impressum tractantem de Authoritate S. Pontificis compositum a P[at]re. Ab[at]e Romano Cong[regatio]nis Olivetanae, qui repertus fuit in eius Cubiculo post eiusdem obitum.

Das Werk wurde nicht ermittelt

Gutachter: Luigi Antonio Stampa OSBOliv
Gutachten: 7 S., [21. Juli 1751]

Dekret: SO 21. Juli 1751
Bando: nicht aufgefunden

ACDF SO CL 1751, Nr. 9[32]

1751. Censura in Theses propugnandas Auximi ins[cripta]s: Theses Philosophicae quas etc. defendet Franciscus M[ari]a Arcangeli Barchiensis - Praeside P. Joanne M[ari]a Fabbri Ord[ini]s Minor. Convent. S. Francisci Collegii Episcopalis Auximi Philosophiae Professore; 2.ª Thesis sic dicit: Inter Universi Systemata nobis Copernicanum arridet, ut potè quod Physicae, et Astronomiae mitificè videtur consonare.

FABBRI, JOANNES MARIA (Praes.) ; ARCANGELI, FRANCISCUS MARIA (Resp.?): Theses Philosophicae / quas// Em[inentissim]o, ac Rev[erendissi]mo Principi// A. A. S. R. E. Cardinali Amplissimo// D. D. D.// Franciscus Maria Arcangeli Barchiensis// I. Congruum omnino est naturae atque Universi unitati intra Sphaeram// elementarem omnia pronunciare absolute gravia.// II. Inter Universi Systemata nobis Copernicanum arridet, ut pote quod Phisicae, et As-//tronomiae

---

del vecchio, e serve per riconferre a delle risposte date all'anonimo impugnatore della storia eccesiastica zu veröffentlichen.

30 Abweichende Formatangabe nach *SBB*, *COPAC*: 8°.

31 Mit Dekret SO vom 2. Juni 1751 wurde das Buch zugelassen.

32 Ohne Eintrag in der Rubricella; Titel nach Faszikelumschlag.

minfice videtur consonare.// III. Fontium originem non immediate a Mari per subterraneam viarum communicationem, sed a pluvys. solutisque rivibus juxta perspicuam Valisnery sententiam repetendam esse censemus.// IV. Bruta non esse pura Authomata eorum operationes non evincunt. Disputabuntur publice Auximi in Aula Episcopalis Collegii Campa-//na. Objectis recurrente qui supra f. Cathedram mo-//derabitur P. M. Joannes Maria Fabbri Ordinis// Min. S. Francisci Con. Forosemproniensis ejusdem Col-//legii Philosophiae Professor. Anno 1751. Mense// die. - [ca. 1751]. - 1 S. (Manuskript) *ACDF SO CL 1751, Nr. 9*

Gutachter: Lorenzo Ganganelli OFMConv
Guachten: 2 S., [3. August 1751][33]

ACDF SO CL 1751, Nr. 10

1751. Statuitur nihil extare contra Fidem in oratione quam vult imprimere P. Ioannes Damascenus Garofalo Soc. Jesu, ins[cript]a: Breve Orazione a Gesù Cristo N[ost]ro Signore Incipit: Signor mio Gesù Cristo v'adoro etc.

Das Werk wurde nicht ermittelt

Gutachter: keine Angabe
Gutachten: nicht aufgefunden[34]

ACDF SO CL 1751, Nr. 11

1751. Censura in Manus[criptu]m, cui. Titul.: De Authoritate Ecclesiae damnantis quinque famosas Propositiones haereticas in sensu Jansenii et internum assensum imperantis. Disputatio Polemica habita in Collegio Romano Soc. Jesu Mense Augusto.

CARPANI, [GIUSEPPE]?: De Auctoritate Ecclesiae// Damnantis Quinque Famosas Propositiones// Haereticas in Sensu Jansenii// Et internum Assensum Imperantis : Disputatio Polemica habita// In Collegio Romano// Soc. Jesu// Anno 1751 Mens Augus. - [1751]. - 57 S. (Manuskript) *ACDF SO CL 1751, Nr. 11*

Gutachter: Lorenzo Ganganelli OFMConv
Gutachten: 4 S., [11. August 1751][35]

ACDF SO CL 1751, Nr. 12

1751. Censura et decretum prohibitionis seguentium libellu.

1.us inscribitur: Ad Philalethem Romanum, cuius est epistola de iusta Bibliothecae Jansenianae proscriptione data Romae pridie Idus Martii 1750.

---

33 Laut Dekret SO vom 3. August 1751 sollte die Publikation der Thesen aufgeschoben werden.
34 Laut Rubricella wurde die Druckerlaubnis erteilt.
35 Datum des Verbotsdekrets. Mit Dekret SO vom 11. August 1751 wurde die Druckerlaubnis verweigert; es wurde verboten, die im Manuskript enthaltenen Thesen zu vertreten.

Hispani Philaletae responsio ubi de iusta proscriptione Norisii per hispanam inquisitionem. Hispali 1751.

2.us inscrib. Epistola doct. Sorbonici ad amicum, Parisiis XII. Calend. Decembris 1749 seu Lettre d'un Docteur de Sorbonne a un de ses Amis en Flandres etc.

3.us inscribitur. Sorbonici Doctoris ad Rev[erendissimu]m Ricchinium S. Cong[regatio]nis Indicis Secret[ariu]m Gratiarum actio, quod epistolam Sorbonicam nomine Sac. Cong[regatio]nis proscribendo egregie confirmaverit.

1. HISPANUS PHILALETHES <Pseudonym> [OSSORIO, IGNACIO]: Ad Philalethem Romanum, cujus est epistola De justa Bibliothecae Janseniae proscriptione data Romae [...] 1750, Hispani Philalethae responsio, ubi de justa proscriptione Norisii per Hispanam Inquisitionem. - Hispali : [S.n.], 1751. - 24 S. *COPAC*[36]

2. Anonym: Lettre d'un docteur de Sorbonne à un de ses amis en Flandres = epistola doctoris Sorbonici ad amicum Belgam. - [S.l.] : [S.n.], [1749]. - 11 S. ; 4°. *CCFR*[37]

3. Anonym: Sorbonici Doctoris Ad Reverendissimum Ricchinium Sacrae Congregationis Indicis Secretarium Gratiarum Actio, Quod Epistolam Sorbonicam Nomine S. Congregationis proscribendo egregiè confirmaverit. - [S.l.] : [S.n.], [ca. 1750]. - 3 S. *BVB*

Gutachter: Gianantonio Bianchi OFMObs
Gutachter: Tommaso Sergio PO[38]
Gutachten: 16 S. (zu Nr. 1)

Gutachter: [Filippo da Carbognano OFMObs][39]
Gutachten: nicht aufgefunden (zu Nr. 2)

Gutachter: keine Angabe
Gutachten: 4 S. (zu Nr. 3)

Dekret: SO 24. November 1751
Bando: SO 24. November 1751; CIndex 2. März 1752 (zu Nr. 1 und Nr. 3)

Dekret: CIndex 5. Mai 1750;[40] SO 24. November 1751
Bando: CIndex 6. Mai 1750; SO 24. November 1751; CIndex 2. März 1752 (zu Nr. 2)

ACDF SO CL 1751, Nr. 13

1751. Censura in manus[criptu]m cui. titul.: Additamentum in quo breviter votum de tuenda immunitate B. Virginis ab originali usque ad effusionem

36 Philalethes Romanus ist ein Pseudonym für Daniele Concina. *COPAC*. Laut Zettelkatalog befindet sich ein Ex. des Werks in der Bibliothek des ACDF.
37 Text franz. und lat. *CCFR*.
38 Sergio schloss sich Bianchis Urteil an.
39 Als Konsultor CIndex.
40 Vgl. Congr. gen. der CIndex 5. Mai 1750.

sanguinis etc. Auctore Joan. Bap[tis]ta ex comitibus Gaddi Patritius Forolinien.

Das Werk wurde nicht ermittelt

Gutachter: keine Angabe
Gutachten: nicht aufgefunden[41]

ACDF SO CL 1751, Nr. 14

1751. Censura in duas homilias recitatas ab Archiep[iscop]o Firmano in die Omnium Sanctorum nempe 22 et 26 quae impressae sunt in eius libro inscr[ipt]o: Raccolta delle omilie di Mons[igno]r Arcives[cov]o di Fermo dedicata alla Santità di N[ost]ro Signore Benedetto XIV. In praefatis homiliis asseritur omnes Catholicos ferme salvos fieri.

Homilia manuscripta approbata a S. Cong[regation]e in qua Archiep[iscop]us firmanus se retractat circa propositionem assertam 1751.

1. *Das Werk* Raccolta delle omilie *wurde nicht ermittelt*

2. [BORGIA, ALESSANDRO]: Omelia / Di Monsignor / Alessandro Borgia / Arcivescovo E Principe Di Fermo / Per la Festa de' SS. Appostoli / Pietro, e Paolo / Nel MDCCLI. – Fermo : Per Gio: Francesco de' Monti, e Frat. Stamp. Cam. ed Arciv., 1751 (Con Licenza de' Superiori) - 12 S. in ?°. *ACDF SO CL 1751, Nr. 14*[42]

Gutachter: Tommaso Sergio PO
Gutachten: 5 S., [21. April 1751] (zu Nr. 1)

Gutachter: Tommaso Sergio PO
Gutachten: 4 S., [nach 12. Mai 1751] (zu Nr. 1)

Gutachter: Tommaso Sergio PO
Gutachten: 1 S., [nach 6. Juli 1751] (zu Nr. 2)

Gutachter: Tommaso Sergio PO
Gutachten: 1 S. (zu Nr. 1-2)

---

41 Jedoch zwei Gutachten der Inquistion von Faenza: (1) Antonius Josephus Maria Poggi, Rector Parochialis Ecclesiae S. Antonii, S. Theol. Doctor, et Sancti Officii Consultor, 1 S.; (2) Dominicus Scara Ordinis Praedicatorum Lector Primarius, et S. Officii primus Consultor, 1 S. Der Inquisitor von Faenza, Dionisio Mingeri, schickte die beiden Voten mit Schreiben vom 29. November 1751 nach Rom. Mit Dekret SO vom 15. Dezember 1751 wurde die Druckerlaubnis verweigert.

42 Gegenstand der Prüfung war das beiliegende Manuskript u.d.T. Omelia / di Mons[igno]r Arcivesc[cov]o di Fermo / nella Festa de SS. Apostoli / Pietro, e Paolo / nel 1751. (Manuskript, 27 S.). Laut Rubricella wurde die Druckerlaubnis für das Werk unter Nr. 2 erteilt.

ACDF SO CL 1752

ACDF SO CL 1752, Nr. 1

1752. Non permittitur impressio folii inscript.: Nuova, vera, e distinta Relazione etc. del successo in Cadice il dì 15 Agosto 1751. di uno Mercante, che tentò sparare un archibuscata ad un'imagine dell'Immacolata Concezione di Maria etc.

Anonym: Nuova, Vera, E Distinta// Relazione// La quale dà ragguaglio distintamente del Successo// seguìto in Cadice il dì 15. Agosto 1751. / Di Un Mercante,// Che per disperazione dè suoi Negozj ebbe tanto ardire// di sparara una Schioppettata ad una Immagine// Dell'Immacolata Concezione// Di Maria// Santissima,// E sentiranno come restò Essa colpìta. - In Lucca, Ravenna, ed in Sinigaglia : Nella Stampèria del Calvani, 1751. (Con Licenza dè Superiori). - 4 S. *ACDF SO CL 1752, Nr. 1*

Gutachter: keine Angabe
Gutachten: nicht aufgefunden[1]

ACDF SO CL 1752, Nr. 2

1752. Censura in Libr., cui. titulus: Ouvrages Posthumes de M[onseigneu]r l'Evesque de Babylone. Ou il est principalement traitè des Miracles contre M[onseigneu]r l'Archeveque de Sens. A Cologne 1751.

VARLET, DOMINIQUE MARIE: Ouvrages// Posthumes// De Monseigneur// L'Evesque// de// Babylone;// Où il est principalement traité des Miracles contre M. l'Archevêque de Sens. - A Cologne : Chez les Libraires de la Compagnie, 1751. - II, 68 S. *ACDF SO CL 1752, Nr. 2*[2]

Gutachter: [Giovanni Francesco Caroelli OSBOliv]
Gutachten: 3 S., [1. Februar 1752]

Dekret: SO 1. Februar 1752
Bando: CIndex 2. März 1752[3]

---

[1] Laut Rubricella wurde die Druckerlaubnis verweigert.
[2] Verf. ermittelt nach *Abes*, *GBV*, *PND-HBZ*.
[3] Vgl. ACDF Index Prot. 83 (1749-1752), Bl. 372.

ACDF SO CL 1752, Nr. 3

1752. Censura in Theses propugnatas in Sorbona die 18 Novembr. 1751 a Mag. Joan. de Prades. Presbitero Montalbanen. eiusd. Facult. Baccalaur. sub titulo: Quaestio Theologica. Quis est ille, cuius in faciem Deus inspiravit spiraculum vitae? Gen. 27

Censura Facultatis Parisiens. in praefatas Theses.

Edictum episcopi Montis Alban. sub die 23 Februar 1752. quo prohibet praefatas Theses.

Simile edictum Archiep[iscop]i. Parisien sub die 29 Januar. 1752.

HOOKE, LUKE JOSEPH (Praes.) ; PRADES, JEAN MARTIN DE (Resp.): Jerusalem Coelesti : Quaestio Theologica// Quis est ille, cujus in faciem Deus inspiravit Spiraculum vitae? Gen. cap. 2. v. 7. / Has theses, Deo duce, auspice Dei-parâ et Praeside S.M.N. Lucio Josepho Hooke, Sacrae Facultatis Parisiensis, Doctore Theologo, Socio Sorbonico, et Regio Theologiae Professore,// tueri conabitur Joannes Martinus De Prades, Presbyter Montalbanensis, ejusdem Sacrae Facultatis Parisiensis Baccalaureus Theologus,// die Jovis decimâ-octavâ mensis Novembris, anno Domini 1751. ab octavâ matutinâ ad sextam vespertinam.// In Sorbona// Pro Majore Ordinaria. - [S.l.] : [S.n.], [ca. 1751]. (Einblattdruck) *ACDF SO CL 1752, Nr. 3*[4]

Gutachter: Antonin Brémond OP
Gutachten: 12 S., [nach dem 6. Februar 1752][5]

Dekret: nicht aufgefunden
Bando: Breve 22. März 1752; CIndex 22. Februar 1753

Weiterhin beiliegend: (1) Censura// S. Facultatis Parisiensis// Lata in Thesim Majorem Ordinarium nuncupatam,// In Sorbona propugnatam die 18. Novembris 1751.// à M.// Joanne-Martino de Prades, Presbytero Montalbanensi,// ejusdem Facultatis Baccalaureo. [...] Lectum et confirmatum in Congregatione generali S. Facaltatis,// die vigesima. septima Januarii 1752.// De Mandato D. Decani & DD. Magistrorum Sacrae Fa-//cultatis Parisiensis, Herrissant, Scriba. - [S.l.] : [S.n.], [ca. 1752]. - 8 S.; (2) Ragguaglj Universali Di Europa.// E Di Altri Luoghi. [...]. - In Mantova : per l'Erede di Alberto Pazzoni, Regio-Ducale Stampatore (Con Licenza dè Superiori,// E Privilegio Di Sua Maestà.), Nr. 9 (3. März 1752). - 4 S. *COPAC*[6]; (3) VERTHAMON DE CHAVAGNAC, MICHEL <Montauban, Bischof>: Mandement//

4 Ermittelt wurde: HOOKE, LUKE JOSEPH (Praes.) ; PRADES, JEAN MARTIN DE (Resp.): Jerusalem coelesti : quaestio theologica: Quis est ille, cujus in faciem Deus inspiravit spiraculum vitae? Gen. cap. 2. v. 7. / [Thesis quam tueri conabitur Joannes Martinus De Prades, die 18. novembris, anno 1751]. - [S.l.] : [S.n.], [ca. 1752]. - 11 S. ; 4°. *BNF*, *SBN*.

5 Zum Gutachten Brémonds liegt noch eine Stellungnahme Sergios vor.

6 Erscheinungsverlauf unter diesem Titel nach *COPAC:* 10. Feb. 1741 bis 19. Dez. 1758. Die übrigen Ausg. haben keinen Titel, sondern sind lediglich datiert. Abweichend der Nachweis nach *SBN*: Ragguagli universali di Europa, e di altri luoghi. - Mantova : per i'Erede di Alberto Pazzoni, 1 - (4 Jan. 1754-).

De Monseigneur// L'Evêque// De Montauban,// Portant Condamnation d'une These soutenue en// Sorbonne, le dix-huit Novembre, mil sept cent cin-//quante-un, par Jean-Martin de Prades,// Prêtre de ce Diocèse. - A Montauban,// Et se vend à Paris : chez Merigot Pere [...], 1752. - 8 S. ; [4°]. *BNF*[7]; (4) BEAUMONT, CHRISTOPHE DE <Paris, Erzbischof>: Mandement// De Monseigneur// L'Archevêque// De Paris,// Portant condamnation d'une Thèse soutenue// en Sorbonne le 18. Novembre 1751. par Jean-Martin De// Prades// Prêtre du Diocèse de Montauban, Bachelier// en Thèologie de la Facultè de Paris. - A Paris : Chez Claude Simon, Pere, Imprimeur de Monseigneur l'Archevêque [...] ; Et// Cl.-Fr. Simon, Fils, Imprimeur de la Reine & de l'Archevêqué [...], 1752. - 16 S. ; [4°]. *BNF*[8]; (5) Anonym [PRADES, JEAN MARTIN DE]: Le Tombeau// De La// Sorbonne. - A Constantinople : [S.n.], 1753. - 22 S. ; [12°]. *BNF*[9]

ACDF SO CL 1752, Nr. 4

1752. Decret. S. Cong[regatio]nis sub die 2. Aug. 1752, prohibens collocari super altaria picturas aut imagines rappresentantes cor Jesus vulneratum.

Es liegt kein konkreter Zensurfall vor

Gutachter: keine Angabe
Gutachten: nicht aufgefunden[10]

ACDF SO CL 1752, Nr. 5

1752. Censura in libr. impress., cui. titul.: Compendio dell'Indulgenza plenaria, e Giubileo perpetuo etc. conceduto dalla propria bocca di N[ost]ro Signore G. Cristo ad istanza del P. Serafico S. Francesco etc. alla S. Cappella degli Angioli situata presso Assisi etc. In Cremona 1747.[11]

♦ Compendio della indulgenza plenaria e giubileo perpetuo per tutti li fedeli cristiani concessa dalla bocca di nostro signor Gesu Cristo ad istanza del serafico patriarca de' poveri san Francesco ed intercessione della beatissima Vergine Maria alla cappella della Madonna degli Angeli detta Portiuncula, situata nel piano d'Assisi / Per il padre f. Santi Villa di Milano [...]. - In Vicenza : per Antonio Giusto, [S.a.]. - 36 S. ; 12°. *SBN*[12]

---

7 Formatangabe ergänzt nach *BNF*.

8 Formatangabe ergänzt nach *BNF*.

9 Das Werk wird nach *BNF* auch Voltaire zugeschrieben. Formatangabe ergänzt nach *BNF*. Abweichende Formatangabe nach *Abes*: 16°.

10 Das Faszikel wurde aus der Akte entfernt.

11 Vgl. Genehmigung eines erneuten Drucks 1803, ACDF SO Tit.Libr. 1802-1808, Nr. 3 mit Gutachten von Francesco Vincenzo Pani MSP, 4 S. und Abschriften der Dokumente, die die Verhandlungen von 1752 betreffen.

12 Ermittelt wurde auch: Compendio dell'indulgenza plenaria, e giubileo perpetuo, per tutti li fedeli cristiani Conceduto dalla propria bocca di nostro Signore Gesù Cristo Ad istanza del serafico p. s. Francesco Coll'intercessione della B. V. Maria alla Sacra Cappella detta della Madonna degli Angioli, o sia Porzioncola, situata presso ad Assisi : Stampato ad istanza del Sig. Vincenzo

Gutachter: Alessandro Pio Sauli da Forlì OP
Gutachten: 6 S., [22. März 1752][13]

ACDF SO CL 1752, Nr. 6

1752. Censura in seg. Libr.

1.us inscrib.: Instructions sur les Verites de la Grace, e de la Predestination. A Cologne 1702.

2.us inscrib.: Mandement de M[onseigneu]r l'Eveque d'Auxerre etc. 1751. Concernit circa Sacrificii novae legis institutionem.

3.us inscrib.: Addition aux nouvelles ecclesiastiques del'annee 1750 etc.

1. Anonym [HUGOT, NICOLAS]: Instructions sur les vérités de la grâce et de la prédestination, en faveur des simples fidèles / [Par N. Hugot]. - Cologne : [S.n.], 1702. - XXIV, 420 S. ; 12°. *BNF*[14]

2. CAYLUS, CHARLES DANIEL DE <Auxerre, Bischof>: Mandement// De Monseignuer// L'Evêque D'Auxerre,// Portant permission de manger de Oeufs pendant le// Carême de la présente année 1751. [...]. - À Auxerre : de l'Imprimerie de F. Fournier, 1751. - 23 S. ; [4°]. *ACDF SO CL 1752, Nr. 6, Abes*[15]

3. Addition// Aux Nouvelles Ecclesiastiques De L'Année 1750.// Sur la dispute de M. de Saleon Archevêque de Vienne, Avec le P. Berti// Augustin,// Professeur de Théologie à Rome. - [Paris?] : [S.n.]. - 22 S. *ACDF SO CL 1752, Nr. 6, Mirlyn*

Gutachter: Giovanni Francesco Caroelli OSBOliv
Gutachten: 7 S., [28. Juli 1751] (zu Nr. 1-3)

Gutacher: Giacomo Maria di Tarsia OM
Gutachten: 9 S., [26. April 1752] (zu Nr. 1)

Gutacher: Giacomo Maria di Tarsia OM
Gutachten: 3 S. [3. Mai 1752] (zu Nr. 2-3)[16]

Bombozzi Regolatore Generale del Serafico Consorzio del Santo Perdono d'Assisi eretto nella Chiesa de' RR. PP. Minori Osservanti di s. Bernardino in Crema l'Anno 1759 / [santi Villa da Milano Minor' Osservante]. - In Milano : Nella Stamperia di Antonio Agnelli, 1761. - 95, [1] S. *MAI*; Compendio dell'indulgenza plenaria e giubileo perpetuo, per tutti li fedeli christiani [...]. - Trani : [S.n.], 1711. - 55, [2] S. ; 24°. *MAI*.

13 Mit Dekret SO vom 22. März 1752 wurde die Druckerlaubnis für eine Neuaufl. verweigert. Vgl. spätere Verhandlungen ACDF SO Tit.Libr. 1802-1806, Nr. 3.

14 Ermittelt wurde auch: Anonym [HUGOT, NICOLAS]: Instructions sur les verités de la grace et de la prédestination, en faveur des simples fidéles : En deux parties. - A Cologne : [S.n.], 1702. - XXI, [3], 418, [2] S. ; 12°. *Abes*.

15 Formatangabe ergänzt nach *Abes*.

16 Zu Nr. 2: Am 3. Mai 1752 wurde entschieden, das Werk einem zweiten Gutachter zu übergeben. Hinweise auf weitere Verhandlungen wurden jedoch nicht aufgefunden.

Dekret: SO 3. Mai 1752
Bando: nicht aufgefunden (zu Nr. 1-3)[17]

ACDF SO CL 1752, Nr. 7[18]

1752. Censura in duas Theses impressas Cremonae in quarum una videtur atribui naturae per peccatum infirmae consideratae sine gratia necessitas transgrediendi legem. In altera videtur in resurrectione corporum excludi Pueros, qui decesserunt absque Baptismo.

1. Ill[ustrissi]mo Ac Rev[erendissi]mo Domino// D. Ignatio// Fraganeschi// Sanctae Cremonensis Ecclesiae// Episcopo Vigilantissimo// Pontificio Solio Assistenti & Comiti &c.// Seraphim Antignatus// Partheniae Illustratorum Academiae// Assessor// Se Suasque Theologicas Propositiones// Publico Ad Lauream Experimento// Propugnandas// D. D. D.// Dato cuilibet arguendi loco. [Disputabuntur Cremonae in Universitate// Societatis Jesu// Anno 1750. Mense Die Hora]. - Cremonae : In Episcopali Typographia Francisci Cajetani Ferrarii (Superiorum permissu), 1750. - 10 S. *ACDF SO CL 1752, Nr. 7*

2. Homo in praesenti ordine providentiae ordinatus est ad videndum Deum pro ut est in se [...] : Disputabuntur publicè in Universitate Societatis Jesu Cremonae// Mense Decembri Die Hora Anno 1749. (Superiorem permissu). - Cremonae : Ex Praelo Episcopali Francisci Cajetani Ferrarii, 1749. - [1] Bl. (Einblattdruck) *ACDF SO CL 1752, Nr. 7*

Gutachter: Alessandro Pio Sauli da Forlì OP
Gutachten: 11 S., [14. Juni 1752] (zu Nr. 1-2)[19]

ACDF SO CL 1752, Nr. 8

1752. Censura in libr. ins[criptu]m: Istruzione Cristiana per ammaestrare con facilità e chiarezza i Fanciulli ne Misteri della n[ost]ra S. Fede etc. estratta dalla Dottrina Cristiana dell'Em[inentissim]o Card. Bellarmino etc. Fatta ristampare dell'Em[inentissim]o e Rev[erendissi]mo Sig[no]r Card. Domenico M[a]r[i]a Corsi Vescovo vigilantissimo di Rimini. In Venezia ed in Bassano.

♦ CORSI, DOMENICO MARIA (Hg.): Istruzione cristiana : per ammaestrare con facilità, e chiarezza i Fanciulli ne'Misteri della S. Fede, e nelle cose appartenenti all'Eterna salute : estratta dalla Dottrina Cristiana dell'eminentissimo Bellarmino, e d'altri autori / fatta ristampare dall'eminentissimo signor Dominico Maria Corsi, vescovo di Rimini. - Venezia : Remondini, 1762. - 202 S. *WorldCat*

---

17 Eine spätere Edition dieses Werk (Avignon 1752; Ital. Übers. Venedig 1766) wurde verboten und erschien auf dem Bando CIndex 1. März 1768.

18 Nummer aus der Rubricella.

19 Am 9. August 1752 nahmen die Kard. das Gutachten zur Kenntnis, ohne weitere Entscheidungen zu treffen.

♦ CORSI, DOMENICO MARIA (Hg.): Istruzione cristiana per ammaestrare con facilita, e chiarezza i fanciulli ne' misterj della s. fede, e nelle cose appartenenti all'eterna salute : estratte dalla dottrina cristiana dell'eminentissimo Bellarmino, e d'altri autori / fatta ristampare dall'eminentissimo Domenico Maria Corsi [...]. - [Bassano] : Nella stamperia di Bassano ; a spese Remondini di Venezia, 1769. - 168 S. ; 12°. *SBN*[20]

Gutachter: Alessandro Pio Sauli da Forlì OP
Gutachten: 6 S., [26. Juli 1752][21]

ACDF SO CL 1752, Nr. 9

1752. Censura in libr. anonymum, cui. titul.: Lettres a un ami sur la constitution Unigenitus. 1752.

Anonym: Lettres à un ami, sur la constitution Unigenitus. - [S. l.] : [S.n.], 1752. - VIII, 210 S. ; 12°. *COPAC*

Gutachter: Joan Tomás de Boixadors OP
Gutachten: 7 S., 24. Mai 1752

Dekret: SO 24. August 1752
Bando: CIndex 22. Februar 1753

ACDF SO CL 1752, Nr. 10

1752. Censura in libr. ins[criptu]m: Oeuvres de M[onsieu]r de Voltaire Nouvelle edition. Dresdae 1748.

1. VOLTAIRE: Oeuvres De Mr. De Voltaire. - Nouvelle Edition Revue, Corrigée Et Considerablement Augmentée Par L'Auteur Enrichie De Figures En Taille-Douce. - A Dresde : Chez George Conrad Walther Libraire Du Roi, 1748-1754. - 10 vol. ; 8°. *SBB*[22]

2. VOLTAIRE: La henriade : avec les variantes. - Nouvelle edition. - [S.l., Paris?] : [S.n.], 1746. - 2 vol. - [2], XXIII, [1], 220, [5], 222-447, [1] S. ; 12°. *COPAC*[23]

Gutachter: Thomas Leseur OM
Gutachten: 17 S., [19. April 1752] (zu Nr. 1)

---

20 Ermittelt wurde auch: CORSI, DOMENICO MARIA (Hg.): Istruzione cristiana per ammaestrare con facilita, e chiarezza i fanciulli ne' misterj della S. Fede, e nelle cose appartenenti all'eterna salute : estratta dalla dottrina cristiana dell'eminentissimo Bellarmino, e d'altri autori / fatta ristampare dall'eminentiss. signor cardinale Domenico Maria Corsi [...]. - In Bassano : a spese Remondini di Venezia, 1779. - 168 S. ; 12°. *SBN*.

21 Sauli bezieht sich auf ein Gutachten der Inquisition von Osimo (Antonio Guarnieri, 4 S., 15. Juni 1751) und auf zwei Gutachten der Inquisition von Ancona (Pier Paolo Rebattuti, 2 S.; Hieronymus Scalamonti OSA, 3 S.).

22 Verhandelt wurden vermutl. vol. 1-8 (1748). Vol. 9 erschien 1750. Vol. 8-10 mit Erscheinungsvermerk im Kolophon: à Leipsic, de l'Imprimerie de Jean Gottlob Immanuel Breitkopf. *SBB*.

23 Vermutl. Drucker nach *BNF*: Prault.

Gutachter: Thomas Leseur OM
Gutachten: 5 S. (zu Nr. 2)

Gutachter: Lorenzo Ganganelli OFMConv
Gutachten: 22 S., 28. August 1752 (zu Nr. 1)[24]

Gutachter: Gianantonio Bianchi OFMObs
Gutachten: 11 S., 29. November 1751 (zu Nr. 2)[25]

Gutachter: keine Angabe
Gutachten: 12 S., [20. April 1752] (zu Nr. 1)[26]

Dekret: SO 6. September 1752
Bando: CIndex 22. Februar 1753 (zu Nr. 1-2)

ACDF SO CL 1752, Nr. 11

1752. Censura in diversas propositiones usui Duellorum faventes.

Es liegt kein konkreter Zensurfall vor

Gutachter: keine Angabe
Gutachten: nicht aufgefunden[27]

Dekret: nicht aufgefunden
Bando: Breve 10. November 1752

ACDF SO CL 1752, Nr. 12

1752. Censura in Opus in duos Tomos divisum, cui. titul.: Apologie de tous les jugemens rendus par les Tribunaux seculiers en France contre le Schisme dans la quelle on entablit etc.

1. Anonym [Mey, Claude ; Maultrot, Gabriel Nicolas]: Apologie de tous les jugemens rendus par les tribunaux séculiers en France, contre le schisme; dans laquelle on établit: 1°. L'injustice & l'irrégularité des refus de sacremens, de sépulture, & des autres peines qu'on prononce contre ceux qui ne sont pas soumis à la constitution Unigenitus. 2°. La compétence des juges laïcs pour s'opposer à tous ces actes de schisme. - En France : [S.n.], 1752. - 2 vol. - (XIX, 741, [9] S.; 434, [2] S.) ; 12°. *Abes*[28]

---

24 Vgl. ACDF SO Vota CL I (1740-1757), Nr. 2 und Nr. 20.

25 Zum Band „La Henriade avec les variantes" der Ausg. 1746 [vermutl. Bd. 7]. Vgl. ACDF SO Vota CL I (1740-1757), Nr. 16.

26 Vgl. ACDF SO Vota CL I (1740-1757), Nr. 20.

27 Jedoch eine Notiz, aus der hervorgeht, dass die Kard. Tamburini und Besozzi und der Revisor SO Filippo da Carbognano vom Papst zur Abgabe eines „sentimento" aufgefordert wurden. Darüber hinaus nicht gezeichnet, 7 S.

28 Nach *Abes* wurde Teil 1 von Claude Mey und Teil 2 von Gabriel Nicolas Maultrot verfasst. Titelvariante: Apologie de jugemens rendus en France contre le schisme par les tribunaux séculiers [...]. *Abes*.

2. Anonym: Reflexions sur l'arret du conseil, du 23 aout 1752. – [S.l.] : [S.n.], [1752]. – 7, [1] S. ; 4°. *SBN*

3. *Das* Arreté du Parlement du 1. Septembre 1752 *wurde nicht ermittelt*

4. Decision des docteurs de Sorbonne sur la question de sçavoir si l'arrêt du Conseil, qui casse celui du Parlement suffit pour relever les sieurs Brunet, Fressinet et Meurizet des condamnations infâmantes contre eux prononcées par l'arrêt du Parlement du 19 août 1752. [Délibérée en Sorbonne le 22 août 1752] - [S.l.] : [s.n.], [s.d.]. 6 S. ; 4°. *Abes*

5. ♦ Lettre d'un théologien aux evesques qui ont écrit au roi pour se plaindre de l'arrêté du Parlement du 5 mai 1752 [le 16 août 1752] A Amsterdam 1752. - 26 S. 4°. *Abes*

Gutachter: Gianantonio Bianchi OFMObs
Gutachten: 111 S., [9. September 1752] (zu Nr. 1)[29]

Gutachter: Gianantonio Bianchi OFMObs
Gutachten: 25 S., [nach 9. September 1752] (zu Nr. 1)[30]

Gutachter: Antonin Brémond OP
Gutachten: 8 S. (zu Nr. 1)[31]

Gutachter: Gianantonio Bianchi OFMObs
Gutachten: 2 S., [nach 9. September 1752] (zu Nr. 2-5)[32]

Dekret: nicht aufgefunden
Bando: Breve 20. November 1752;[33] CIndex 22. Februar 1753 (zu Nr. 1)

ACDF SO CL 1752, Nr. 13[34]

1752. Censura in duos libellos idiomate gallico impressos.

1.us inscribitur: Memoire sur le refus des Sacremens a la Mort, qu'on faite ceux qui n'acceptent pas la Constitution, et une addition concernent les Bollets de Confession -1750.

2.us inscribitur: Lettre de M. L. ... A. M. B. ..., ou Relation circonstancée de ce qui s'est passé au Sujet du refus de Sacremens fait a M. Cofin Conseiller au

29 Vgl. ACDF SO Vota CL I (1740-1757), Nr. 22.

30 Es handelt sich um ein „ristretto per presentarlo a Sua Santità", das Bianchi nach der Abgabe seines Gutachtens erstellen wollte.

31 Abschrift 9 S., 6. August 1752, in ACDF SO Vota CL I (1740-1757), Nr. 22. Beiliegend noch vier Abschriften dieses Gutachtens.

32 Es handelt sich um ein „ristretto per presentarlo a Sua Santità", das Bianchi nach der Abgabe seines Gutachtens erstellen wollte.

33 Laut Dekret des Papstes vom 9. November 1752 sollte die Entscheidung „in Camera" getroffen werden. Zu Nr. 2-5 wurden keine Hinweise auf weitere Verhandlungen aufgefunden.

34 Diese Position findet sich nicht in der Rubricella SO CL. Anstelle des Eintrags der Rubricella ist der des Faszikelumschlags wiedergegeben.

Chatelet; par le Sieur Bovettin, Curè de S. Etienne du Mont a la Haye etc. 1751.

1. Anonym [Gueret, Louis Gabriel? ; Maultrot, Gabriel Nicolas?]: Mémoire sur le refus des sacremens à la mort, qu'on fait à ceux qui n'acceptent pas la Constitution, et une addition concernent les billets de confession. - [S.l.] : [S.n.], 1750. - XII, 69 S. ; 12°. *BNF*[35]

2. L*** [Luche, Mathieu de]: Lettre de M. L*** à M. B*** ou Relation circonstanciée de ce qui s'est passé au sujet du refus de sacremens fait à M. Coffin, conseiller au Châtelet par le sieur Bouettin, curé de S. Etienne du Mont. - A La Haye : aux dépens des associés, 1751. - 94, [1] S. ; 12°. *Abes*[36]

Gutachter: Luigi Maria di Gesù OCD
Gutachten: 2 S., 5 Dezember 1752 (zu Nr. 1-2)

Dekret: SO 5. Dezember 1752
Bando: CIndex 22. Februar 1753 (zu Nr. 1-2)

[35] Das Werk wird (nach einer zeitgenössischen hs. Anmerkung) Louis Nicolas Guéret oder Gabriel Nicolas Maultrot zugeschrieben. *BNF*, *Abes*, s. Barbier. Abweichende Formatangabe nach *SBB*, *GBV*: 8°. Mutmaßlicher Erscheinungsort nach *COPAC*: [Paris?].

[36] Abweichende Umfangsangabe nach *BNF*: 95 S.

ACDF SO CL 1753-1754

ACDF SO CL 1753-1754, Nr. 1

1753. Censura in epistolam pastoralem manuscriptam episcopi Assisien. inscript.: Le Prerogative, Indulti etc. raccolte, esaminate, rapportate et ammirate nel Terz'Ordine secolare di S. Francesco detto di Penitenza o continenza etc. fatte publiche con la seguente lettera pastorale etc.

RINGHIERI, OTTAVIO <Assisi, Bischof>: Le Prerogative, Indulti, Privileggi, e Doni, anco di Santità,// raccolte, esaminate, rapportate, ed ammirate// nel Terzo Ordine secolare di S. Francesco detto// di Penitenza, e Continenza, e suoi Terziarij dell'// uno, e l'altro sesso, e secolari, e Regolari nella// Serafica Città, e Diocesi d'Assisi, e fatte pubbliche// colla seguente lettera pastorale dell' Ill[ustrissi]mo, e R[everendissi]mo// Monsig.[nor]e Ottauio de' Conti Ringhieri Patrizio di// Bologna, e d' Assisi.// Vescovo d' Assisi// alla Santa Sede immediatamente soggetto. - [Assisi?] : [S.a., ca. 1749]. - 384 Bl. ; 2°. (Manuskript) *BAV Vat. lat. 12818*[1]

Gutachter: [Pietro Paolo Conti][2]
Gutachten: 12 S.[3]

ACDF SO CL 1753-1754, Nr. 2

1753. Declaratur prohibitas a S. Rituum Congr[egation]e litanias cordis Jesu esse et proinde ad assessorem cum Em[inentissim]o Urbis Vicario ad effectu resciendi, an in Ecclesia S. Theodori Urbis eadem publice recitentur et quatenus id subsistat eas prohibeat.

La Divozione// All'Amabilissimo E Divino Cuore// Di Nostro Signor// Gesù Cristo// Esposta nella Veneranda Chiesa// delle RR.MM. di S. Chiara// in Udine// Colla erezione della Pia Confraternità Canoni-//camente istituita sotto questo Augustissimo Titolo, e con alcune Pratiche di// divoti Esercizi per onorarlo. - In

---

1 Titelaufnahme nach Autopsie in *BAV*. Datierung nach Inhaltsverzeichnis. Das Werk entstand zwischen 1749 und dem Verhandlungstermin. Blattmaße: 27,5 x 20 cm. Bl. 7r-8v unbeschrieben. Vorderseite Vorsatzbl. Provenienzeintrag: S. Off.; Vorwort des Verf. - Bl. 2r-4r; Indice de' Capitoli, e Paragrafi dell'Opera. - Bl. 5r-6v.

2 Als externer Gutachter.

3 Darüber hinaus ein Gutachten der Inquisition von Perugia: Modestini Conventuale 12 S., [26. September 1752] „Annotazioni". Datum des Übermittlungsschreibens des Gutachtens durch den Inquisitor von Perugia, Pietro Palma, an das SO in Rom.

Udine : Appresso Giambattista Fongarino. (Con Licenza dè Superiori), 1751. - 188 S. ; 12°. *ACDF SO CL 1753-1754, Nr. 2*

Gutachter: keine Angabe
Gutachten: nicht aufgefunden

Dekret: SO 28. März 1753[4]
Bando: nicht aufgefunden

ACDF SO CL 1753-1754, Nr. 3

1753. Censura in librum sub ficto Nomine Iusti Nave, cui. titul.: Fr. Paolo Sarpi giustificato.

NAVE, GIUSTO <Pseudonym> [BERGANTINI, GIUSEPPE GIACOMO]: Fra Paolo Sarpi giustificato : Dissertazione epistolare / di Giusto Nave. - In Colonia : presso Pietro Mortier, 1752. - IV, 152 S. ; 8°. *MAI*[5]

Gutachter: Lorenzo Ganganelli OFMConv
Gutachten: 9 S., 14. April 1753

Gutachter: Giuseppe Antonio Martinelli OFMConv
Gutachten: 5 S.[6]

Dekret: SO 2. Mai 1753
Bando: CIndex 11. März 1754

ACDF SO CL 1753-1754, Nr. 4

1753. Censura in libru. inscr[criptu]m: Neuvième discours de M[onsieur] l'Abbé Fleury sur les libertes de l'èglise Gallicane. 1753 Anonym.[7]

FLEURY, CLAUDE: Neuvième discours de M. l'abbé Fleury, sur les libertés de l'Église gallicane. - [S.l.] : [S.n.], 1753. - 100 S. ; 12°. *BNF*

Gutachter: Gianantonio Bianchi OFMObs
Gutachten: 27 S., 26. April 1753

Dekret: SO 2. Mai 1753; SO 2. Juni 1753[8]
Bando: SO 13. Februar 1725;[9] CIndex 21. November 1757*

---

4 Laut Dekret SO vom 28. März 1753 sollte das Werk von der CRiti verboten werden.

5 Erscheinungsort fingiert. Als mögliche tatsächliche Erscheinungsorte werden Venedig (Drucker: G. Pasquali oder T. Bettinelli) und Lucca (Drucker: Benedini) genannt. *MAI.*

6 Das Gutachten Martinellis befindet sich in ACDF Index Prot. 84 (1753-1754), Bl. 237r-239r, 431r-432r; vgl. auch Bl. 230r. Martinelli ist Konsultor CIndex.

7 Zu Verhandlungen der Werke von Fleury, 1737-1738, vgl. auch ACDF SO St.St. O-4-b.

8 Vgl. ACDF Index Prot. 84 (1753-1754), Bl. 84r, 229r und 380r; ACDF Index Diari 17 (1749-1763), Bl. 42r.

9 Die Verhandlungen von 1725 wurden nicht aufgefunden.

ACDF SO CL 1753-1754, Nr. 5

1753. Non permittitur reimpressio libri, cui. titul.: Regola del Terz'Ordine de Penitenti istituito del Serafico P. S. Francesco etc. col sommario dell'Indulgenze etc. del P. Michele di S. Vito de Min. Osserv[an]tis etc. nisi in eo enuncientur indulgentiae, iuxta tenorem Bullae Benedicti PP. XLV.

MICHELE <DA S. VITO> (Bearb.): Regola del terz'ordine de' penitenti instituito dal serafico padre s. Francesco per i fratelli, e per le sorelle meramente secolari, che vivono nelle loro case sotto la protezione di questo gran patriarca, confermata da Papa Niccolo quarto, e da altri sommi pontefici, col sommario delle indulgenze [...] / Raccolta [...] dal p. Michele di S. Vito [...]. - In Lucca : per Sebastiano Dom. Cappuri, e Antonio M. Santini, 1718. - 375, [1] S. ; 8°. *SBN*

Gutachter: keine Angabe
Gutachten: nicht aufgefunden[10]

ACDF SO CL 1753-1754, Nr. 6

1753. Censura in libru. ins[criptu]m: Vies interessantes et edificantes des amis de Port Royal. A Utrecht 1751.

Anonym [LACROIX, ABBÉ DE, I.E. QUILLET DE LACROIX-CHRIST?]: Vies interessantes et edifiantes des amis de Port-Royal, pour servir de suite aux Vies intéressantes et édifiantes des religieuses de cette maison. - A Utrech : aux dépens de la Compagnie, 1751. - [4], 488 S. ; 12°. *Abes*[11]

Gutachter: Joan Tomás de Boixadors OP
Gutachten: 8 S., 27. Juli 1753

Dekret: SO 8. August 1753[12]
Bando: CIndex 11. März 1754

---

10 Mit Dekret SO vom 11. Juli 1753 wurde die Druckerlaubnis für eine Neuaufl. verweigert, diese Entscheidung sollte dem Inquisitor von Parma gemeldet werden.

11 Enth.: Memoires sur la vie de M. Charles Walon, sieur de Beaupuis, prêtre, bachelier en théologie de la Faculté de Paris. - S. 1-362; Relation de la mort de la soeur Elisabeth de Sainte Marcelline, niéce de M. Walon de Beaupuis & soeur de la soeur de Sainte Darie. 12 décembre 1681. / Par la Sr. madeleine-Christine Briquet. - S. 363-376; Relation de la mort de soeur Françoise de Sainte Darie, niéce de M. Walon de Beaupuis & soeur de la soeur Marcelline, morte le 29. mars 1682. - S. 376-438; Relation abregée de la vie de M. Manguelen / Par M. De Beaupuis. - S. 438-472; Lettre de M. de Beaupuis sur la mort de M. de Sacy, du 27. janvier 1684. - S. 472-476; Lettre de M. Nicole, ecrite du village de S. Jean des Troux vers l'an 1656. le 22. août, à M. Walon de Beaupuis [...]. - S. 476-479; Lettre de M. Tristan. - S. 479-485; Extrait d'une lettre de monseigneur l'evesque de Beauvais, écrite en 1660. / A un docteur de ses amis. - S. 485-486; Extrait d'une autre lettre du même prélat, sur le même sujet, à monseigneur l'evêque de laon. - S. 487-488. Tatsächlicher Erscheinungsort möglicherweise Paris. *Abe*s. Abweichende Umfangsangabe nach *BNF*: IV, 488 S.

12 Vgl. ACDF Index Prot. 84 (1753-1754), Bl. 436r, 437r und Index Diari 17 (1749-1763), Bl. 43v.

ACDF SO CL 1753-1754, Nr. 7

1753. Censura in libr. ins[criptu]m: Traitè du Pouvoir Du Magistrat Politique sur les choses sacres Traduit du latin de Grotius. A Londre 1751.

GROTIUS, HUGO: Traité du pouvoir du magistrat politique sur les choses sacrées / traduit du latin de Grotius [par C. A. Lescalopier de Nourar]. - Londres : [S.n.], 1751. - VI, 519 S. ; 12°. *Abes*[13]

Gutachter: Giovanni Francesco Caroelli OSBOliv
Gutachten: 11 S., [22. August 1753]

Dekret: SO 22. August 1753[14]
Bando: nicht aufgefunden

ACDF SO CL 1753-1754, Nr. 8

1753. Censura in sequent. libros.

1.us inscribitur: Principes sur l'essence, la distintion et les limites des Deux puissances spirituelle, et Temporelle. Ouvrage posthume du Père de la Borde del Oratoire. 1753.

2.us inscribitur: Relazione dei Fatti, i quali manifestano il sistema d'independenza, che i vescovi anno apposto in differenti secoli ai principi invariabili della giustizia sovrana del Re sopra tutti i suoi sudditi indistintamente, e la necessità di lasciar agire a Giudici secolari contro le loro imprese per mantenere l'osservanza delle leggi e la tranquilità publica. Anonimo.

1. ♦ LABORDE, VIVIEN DE: Principes sur l'essence, la distinction, et les limites des deux puissances, spirituelle et temporelle : Ouvrage posthume / du Pere de La Borde, de l'Oratoire. - [S. l.] : [S.n.], 1753. - VIII, 98, [2] S. ; 12°. *Abes*[15]

♦ LABORDE, VIVIEN DE: Principes sur l'essence, la distinction et les limites des deux puissances spirituelle et temporelle : ouvrage posthume / du P. de La Borde [...]. - Paris : Le Clère, 1753. - 96 S. ; 12°. *BNF*

2. Anonym: Relazione de Fatti, i quali manifestano il sistema d´indipendenza, che i vescovi hanno apposto in differenti secoli ai principi invariabili della giustizia sovrana del Re sopra tutti i suoi sudditi indistintamente, e la necessità di lasciar agire i Giudici secolari contro le loro imprese per mantenere la osservanza delle leggi, e la tranquilità pubblica. - [S.l.] : [S.n.], [S.a.]. - 363 S. ; 8°. *Das Werk wurde nicht nachgewiesen*

---

[13] Vgl. GROTIUS, HUGO: [De imperio summarum potestatum circa sacra commentarius posthumus] Hugonis Grotii, [...] de Imperio summarum potestatum circa sacra commentarius posthumus. - Lutetia Parisiorum : [S.n.], 1647. - 12, 391 S. ; 8°. *BNF.*

[14] Laut Dekret SO vom 22. August 1753 sollte das Werk von der CIndex verboten werden. Vgl. ACDF Index Diari 17 (1749-1763), Bl. 42v und ACDF Index Prot. 84 (1753-1754), Bl. 380r.

[15] Abweichende Umfangsangabe: VIII, 98 S. *Abes.*

Gutachter: Gianantonio Bianchi OFMObs
Gutachten: 37 S., 1. August 1753 (zu Nr. 1)[16]

Gutachter: Lorenzo Ganganelli OFMConv
Gutachten: 3 S., 1. August 1753 (zu Nr. 2)[17]

Dekret: SO 23. August 1753
Bando: CIndex 11. März 1754; Breve 4. März 1755; Breve 17. April 1755 (zu Nr. 1)

Dekret: SO 23. August 1753[18]
Bando: CIndex 11. März 1754 (zu Nr. 2)[19]

ACDF SO CL 1753-1754, Nr. 9

1753. Censura in libru. ins[criptu]m: Les ouvres de Messire Charles Gabriel de Thubieres de Caylus Eveque de Auxerre. A Cologne 1751.

CAYLUS, DANIEL-CHARLES-GABRIEL DE TUBIERES DE <Auxerre, Bischof>: Les Oeuvres de Messire Charles-Gabriel de Thubières de Caylus, evêque d'Auxerre. - Cologne : aux dépens de la Compagnie, 1751. - 4 vol. ; 12°. *Abes*, *UvA*[20]

Gutachter: Ignazio Francesco Simonetti
Gutachten: 27 S., 29. August 1753

Gutachter: Ignazio Francesco Simonetti
Gutachten: 84 S., 29. August 1753

Dekret: SO 29. August 1753[21]
Bando: CIndex 11. März 1754

ACDF SO CL 1753-1754, Nr. 10

1753. Censura in libr. ins[criptu]m: Le comba. de l'erreur contre la veritè suite du Pararelle etc. A Utrecht. 1749.

Anonym [PEAN, N.]: Le combat de l'erreur contre la vérité : suite du: Parallèle de la doctrine condamnée par la bulle Unigenitus / [par Péan]. - Utrecht : [S.n.], 1749. - 168 S. *UU*

---

16 Vgl. ACDF SO Vota CL I (1740-1757), Nr. 24.

17 Vgl. ACDF SO Vota CL I (1740-1757), Nr. 24.

18 Vgl. zu beiden Werken ACDF Index Prot. 84 (1753-1754), Bl. 436r, 438r. Laut Dekret SO vom 23. August 1753 sollten die Werke verboten werden, die Publikation des Verbots aber wurde aufgeschoben, bis ähnliche Werke verhandelt worden seien (zu Nr. 1-2).

19 Verboten wurde die franz. Ausg. u.d.T. Tradition des Faits qui manifestent le système d'independence, que les Eveques ont opposé dans les differens siecles au principes invariable de la justice sovraine du Roi sur tous ses Sujects indistinctement &c.

20 Drucker nach *UvA:* Compagnie Keulen. Abweichender Erscheinungsverlauf nach *BVB*, *SBN*: 1751-1755. - 8 vol.; nach *Abes*: 1745-1754. - 7 vol. (T. 1 - T. 4: 1751).

21 Vgl. ACDF Index Prot. 84 (1753-1754), Bl. 436r, 439r.

Gutachter: Francesco Angelo Pastrovich OFMConv
Gutachten: 5 S., 5. September 1753

Dekret: SO 7. September 1753[22]
Bando: CIndex 11. März 1754

ACDF SO CL 1753-1754, Nr. 11

1753. Censura in libr. ins[criptu]m: Traitè des Droits du Roy sur les Benefices de les états. Tom. premier. Tom. second.

M*** [SIMONEL, DOMINIQUE]: Traité des droits du Roy sur les bénéfices, de ses États : Ouvrage dans lequel on traite aussi de plusieurs droits des evêques / Par M*** avocat au Parlement. - [Paris] : [Jean-Baptiste-Claude Bauche], 1752. - 2 vol ; 4°. *BNF*[23]

Gutachter: Jean André Julien de Morvan
Gutachten: 29 S., 30. August 1753

Dekret: SO 12. September 1753
Bando: CIndex 11. März 1754

ACDF SO CL 1753-1754, Nr. 12

1753. Censura in libr. ins[criptu]m: Defense de l'autoritè et des decisions des Merveilles que Dieù ne cesse point des fare en France depuis un grand nombre d'années. Premiere partie etc. 1752.

Anonym: Défense de l'autorité et des décisions des merveilles que Dieu ne cesse point de faire en France depuis un grand nombre d'années. - [S. l.] : [S.n.], 1752. - 2 vol. ; 12°. *BNF*[24]

Gutachter: Benedetto Baldoriotti OSM
Gutachten: 16 S., 25. September 1753

---

22 Vgl. ACDF Index Prot. 84 (1753-1754), Bl. 500r, 501r.

23 Nebent.: Traité des bénéfices. *BNF.*

24 Verhandelt wurde: 1re Partie. Décision de Dieu en faveur des secours violents. Récit de la vie de Gabrielle Moler, corrigé et augmenté. Récit et preuves de l'état irrémédiable où était tombée M[ademos]elle Cécile d'Achon et de la guérison miraculeuse qu'elle en a obtenue, par l'intercession de Gabrielle Moler, le 26 et 27 février 1749 ; le tout corrigé et augmenté. Démonstration des deux miracles de guérison opérés sur M[ademos]elle Guesselin, par l'intercession de Gabrielle Moler, le 26 février 1750 à 4 et 8 heures du matin. *BNF.* 2e Partie u.d.T.: Réfutation des propositions les plus erronées forgées par les auteurs du Préservatif pour tâcher d'anéantir l'autorité des miracles qui condamnent leurs préventions. *BNF.* Ermittelt wurde auch: Anonym: Défense de l'autorité, et des décisions des merveilles que Dieu ne cesse point de faire en France depuise un grand nombre d'années. Première Partie. Décision de Dieu en faveur des secours violens. Récit de la vie de G. Moler [...] Récit et preuves de l'état irrémédiable où était tombée M[ademose]lle C. d'Achon et de la guérison miraculeuse qu'elle en a obtenu, par l'intercession de G. Moler [...] février 1749 [...] Démonstration des deux miracles de guérison opérés sur M[ademose]lle Guesselin [...] février 1750. - [Paris?] : [S. n.], 1752. - [8], 408, 88, [4] S. ; 12°. *COPAC.*

Dekret: SO 25. September 1753
Bando: CIndex 11. März 1754

ACDF SO CL 1753-1754, Nr. 13

1753. Censura in libr., cui. titul.: Traitè des Deux Puissances ou maximes sur l'abus. Par Monsieur l'Abbé de Foy. A Paris 1752.

FOY, LOUIS ETIENNE DE: Traité des deux puissances, ou Maximes sur l'abus, avec les preuves tirées du droit canonique, des principes du droit public et de l'histoire / par M. l'abbé de Foy, [...]. - Paris : L. d'Houry, 1752. - XVIII, 359 S. ; 8°. *BNF*[25]

Gutachter: Francesco Palmieri CR
Gutachten: 7 S., 3. Oktober 1753

Dekret: SO 3. Oktober 1753[26]
Bando: CIndex 11. März 1754

ACDF SO CL 1753-1754, Nr. 14

1753. Censura in libr. ins[criptu]m, cui. titul.: Lettres a M[onseigneu]r l'evêque d'Angers au sujet d'un pretendu extrait du Cathechisme de Montpellier. A Thoulouse 1752.

Anonym [GAULTIER, JEAN BAPTISTE]: Lettres à monseigneur l'évêque d'Angers au sujet d'un prétendu extrait du catéchisme de Montpellier autorisé par ce prélat. - A Toulouse : [S. n.], 1752. - 192 S. ; 12°. *Abes*

Gutachter: Francesco Angelo Pastrovich OFMConv
Gutachten: 4 S., 14. November 1753

Dekret: SO 14. November 1753[27]
Bando: CIndex 11. März 1754

ACDF SO CL 1753-1754, Nr. 15

1753. Censura in folia impressa, quorum titul.: Pauli Valcarenghi Propositio a Joanne Cadonico perperam impugnata, mox ab eruditissimis Theologis merito approbata.

♦ VALCARENGHI, PAOLO: De causis et effectibus concupiscentiae dissertatio philophili antaphrodisii. Seu dilucidationes propositionis illustriss. d.d. Pauli Valcarenghi [...] contra hallucinationes reverendiss. d. d. Jo: cadonici sacerdotis veneti, in cathedrali ecclesia cremonensi canonici. Eminentiss., et reverendissimo

---

25 Erscheinungsvermerk und abweichende Umfangsangabe nach *SBN*: A Paris : chez Laurent D'Houry fils, imprimeur libraire [...], 1752. - XVIII, 454 [i.e. 354], [6] S. ; 8°.
26 Vgl. ACDF Index Prot. 84 (1753-1754), Bl. 494r, 495r.
27 Vgl. ACDF Index Prot. 84 (1753-1754), Bl. 388r-389r.

domino s.r.e. cardinali Joanni Baptistae Barni [...]. - Ferrariae : apud Bernardinum Pomatelli impress. archieposcopalis, 1753. - 144, [2] S. ; 4°. *SBN*

Gutachter: Lorenzo Ganganelli OFMConv
Gutachten: 8 S., 24. Juli 1753[28]

Weiterhin beiliegend: Nos Marchio Aymus Goldonus Vidonus Regius Duc. Senator Mediolani// Pro Praeses Senatus Excellentissimi, et ab eodem Delegatus super visione,// et approbatione Librorum, et quorumcumque Operum etc.// excudendorum, vendendorum etc., et promulgandorum// in hoc Dominio per quocumque Typographos,// et Bibliopolas. [Incipit: La notizia pervenuta; 18. Sept. 1753]. - In Milano : nella Regia Ducal Corte, per Giuseppe Richino Malatesta Stampatore Regio Camerale, 1753. - 1 S. (Einblattdruck)[29]

ACDF SO CL 1753-1754, Nr. 16

1753. Theses publice propugnatae in Oppido Regio S. Salvatoris Dominii Regis Sardiniae a tribus Cappuccinis sub assistentia P. F. Nicolai a Casali, dicate Provinciali eiusdem Ord[ini]s, Praefate Theses versantur circa Proposit[ione]s Cleri Gallicani de Potestate Pontificis.

Das Manuskript wurde nicht ermittelt

Gutachter: keine Angabe
Gutachten: nicht aufgefunden[30]

ACDF SO CL 1753-1754, Nr. 17

1754. Censura in libell., cui. titul.: Dialogo istruttivo sul sagramento della penitenza raccolto da più libri accreditati, e proposto a confratelli dell'oratorio solito farsi ogni Domenica sulla sera nel Collegio della Compagnia di Gesù. In Cremona 1750.

MANZI, CESARE: Dialogo istruttivo sul sacramento della Penitenza raccolto da più libri// accreditati, e nella Processione del giovedì grasso presentato a Confratel-//li dell'Oratorio nel Collegio della// Compagnia di Gesù. - [S.a.]. - 31 S. (Manuskript)
ACDF SO CL 1753-1754, Nr. 17

Gutachter: Lorenzo Ganganelli OFMConv
Gutachten: 7 S.[31]

---

[28] Weiterhin beiliegend: Abschrift, 9 S. Laut Dekret SO vom 25. November 1753 sollte der Inquisitor von Ferrara die Blätter, insoweit sie mit den üblichen Genehmigungen veröffentlicht worden waren, erlauben und zurückgeben; ein Exemplar sollte dem SO zugestellt werden.

[29] Es geht um die verbotene Einfuhr folgenden Werks: CADONICI, GIOVANNI: Dialoghi tre in difesa delle vindicie Agostiniane : Colla prefazione di un anonimo / Giovanni Cadónici. - Roveredo : [S.n.], 1753. - 4°. *SBB*.

[30] Die Thesen wurden dem SO vom Inquisitor von Pavia am 30. November 1753 zugestellt.

[31] Vgl. ACDF SO Vota CL I (1740-1757), Nr. 25. Mit Dekret SO wurde die Druckerlaubnis verweigert; der Autor sollte verwarnt werden.

ACDF SO CL 1753-1754, Nr. 18

1754. Censura in librum ins[criptu]m: Suite du Catechisme Historique et Dogmatique.

Anonym [TROYA D'ASSIGNY, LOUIS]: Suite du catéchisme historique et dogmatique. - A Utrecht : aux dépens de la Compagnie. 1751. - 2 vol. - (315 S.; 419 S.) ; 12°. *Abes*[32]

Gutachter: Luigi Antonio Stampa OSBOliv
Gutachten: 3 S., 1. August 1753

Dekret: SO 11. März 1754[33]
Bando: CIndex 11. März 1754

ACDF SO CL 1753-1754, o.Nr.[34]

Censura in librum Manuscriptum, cui titulus: Vita della Madre Suor Paola Antonia della Volontà di Dio Fondatrice delle Cappuccine di Meldola incominciata dal Sacerdote D. Tommaso Balloni, proseguita e terminata da Ferrante Orselli.

BELLONI, TOMMASO: Vita della Madre Suor Paola Antonia della Volontà di Dio Fondatrice delle Cappuccine di Meldola / incominciata dal Sacerdote D. Tommaso Balloni, proseguita e terminata da Ferrante Orselli. - [S.a.]. (Manuskript) *Das Manuskript wurde nicht nachgewiesen*

♦ BELLONI, TOMMASO: Vita della madre suor Paola Antonia della volonta di Dio fondatrice delle Cappuccine di Meldola / incominciata dal sacerdote D. Tommaso Belloni, proseguita, e terminata da Ferrante Orselli [...]. - In Venezia : appresso Gio. Battista Recurti, 1755. - XII, 491, [1] S. ; 4°. *SBN*

Gutachter: keine Angabe
Gutachten: nicht aufgefunden[35]

ACDF SO CL 1753-1754, Nr. 19

1754. Censura in fol. Manus[criptu]m, cui. titul.: Informazione circa i santuari della Basilica di S. Maria degli angioli detta di Porziuncula, situata nel piano d'Assisi serafica Città dell'Umbria.

---

32 Das Werk wird nach *BNF* auch Nicolas LeGros zugeschrieben. Nebent.: La vraie doctrine de l'Eglise, au sujet les abus qui se sont introduits dans son sein: opposée à la doctrine de la bulle Unigenitus, & de ses promoteurs. *Abes*, *BNF*.

33 Laut Dekret SO vom 11. März 1754 sollte das Werk von der CIndex verboten werden.

34 Ohne Eintrag in der Rubricella. Aufnahme nach Faszikeltitel.

35 Mit Dekret SO vom 26. Juni 1754 wurde die Druckerlaubnis mit der Auflage erteilt, das Werk zu korrigieren.

Anonym: Informazione// Circa i Santuari della Basilica di S. Maria degli Angioli detta di Porziuncula, situata nel piano d'Assisi// Serafica Città dell'Umbria. - [S.a.]. - 2 S. (Manuskript) *ACDF SO CL 1753-1754, Nr. 19*

Gutachter: keine Angabe
Gutachten: nicht aufgefunden[36]

ACDF SO CL 1753-1754, Nr. 20

1754. Acta in impressione librorum P. Balla Soc. Jesu facta Mutinae, quorum titul.: Risposta alle lettere Teologico Morali scritte dal P. N. N. sotto nome di Eusebio Eraniste in difesa della Storia del Probabilismo del P. Daniello Concina. In Modena 1753.

Anonym [BALLA, FILIBERTO]: Risposta alle lettere teologico-morali scritte dal P.N.N. sotto nome di Eusebio Eraniste in difesa dell'istoria del probabilismo del p. Daniello Concina. - In Modena : per gli eredi di Bartolomeo Soliani stampatori ducali, 1753. - 102, [4], [2] S., S. 103-281, [5] S., S. 283-458, [2] S. ; 8°. *SBN*

Gutachter: Lorenzo Ganganelli OFMConv
Gutachten: 1 S.[37]

ACDF SO CL 1753-1754, Nr. 21

1754. Protestatio et declaratio typis edita a P. Ghezzio Soc. J. super nonnullas propositiones male sonantes contentas in eius libro inscripto: De Principi della morale Filosofia etc.

GHEZZI, NICOLO: De' principj della morale filosofia riscontrati co' principj della cattolica religione : Libri tre / di Nicolo Ghezzi della compagnia di Gesù. - In Milano : nel regio ducal Palazzo, 1752. - 2 vol. ; 4°. *SBN*

Gutachter: keine Angabe
Gutachten: nicht aufgefunden[38]

Weiterhin beiliegend: Dichiarazione, E Protesta dell'Autore. 8 S. (Manuskript)

---

[36] Mit Dekret SO vom 24. Mai 1754 wurde die Druckerlaubnis mit der Auflage erteilt, das Werk zu korrigieren.

[37] Darüber hinaus: 3 S., 12. Februar 1754 Anzeige und Gutachten von fra Filippo Boccadoro, Inquisitor von Modena; 11 S. Gutachten desselben; 25 S. Abschrift des Gutachtens von fra Filippo Boccadoro: „Indice delle cose più notabili contenute nelle precedenti sei lettere". Laut Dekret SO vom 20. August 1754 sollte der Ass. mit dem Rektor der Jesuiten von Siena vereinbaren, den Druck des Buches zu unterbrechen.

[38] Beiliegend ein Brief des Sekr. CIndex, 14. Juni 1754, der bestätigte, dass die Protestatio und Declaratio Ghezzis mit der Richtlinien der CIndex übereinstimmte. Das Buch wurde von der CIndex verhandelt. Vgl. Congr. gen. der CIndex 2. Mai 1753.

ACDF SO CL 1755-1756

ACDF SO CL 1755-1756, Nr. 1

1755. Censura in Manus[criptu]m, cui. titul.: Il Mistero Ascoso di Maria Verg[in]e, cioè l'Immacolata Concezione della Madre di Dio data da Antonio Mainoldi Arcipr[et]e di Dossolo etc.

MAINOLDI, ANTONIO: Il Misterio Ascoso// Di Maria Vergine,// cioè// L'Immaculata Concez:ione// della Madre di Dio / data da Antonio Mainoldi// Arciprete di Dossolo// da leggere, e meditare, a chi vuol prepararsi// alla sua Festa colla Santa Novena.// Operetta Dedicata// nelle mani di S.E. il Sig. Conte// Vice-Governatore di Mantova &c. - [ca. 1753?]. - 2 Teile in 1 vol. - 224 S., [2] Bl. ; [2°]. (Manuskript)
BAV Vat. lat. 12843[1]

Gutachter: Eduardo di S. Francesco Saverio OCD
Gutachten: 8 S., 8. Januar 1755[2]

ACDF SO CL 1755-1756, Nr. 2

1755. Censura in Libr. ins[criptu]m: Lettre ecritte de Rome, ou l'on Montre l'exacte conformità qu'il y a entre le Papisme et la Religion des Romains.

---

1 Titelaufnahme nach Autopsie *BAV*. Blattmaße: 28,5 x 18,5 cm. Die Umfangsangabe der Titelaufnahme folgt der ursprünglichen Zählung. Zusätzlich wurde eine zweite Zählung (117 Bl.) eingedruckt. Titelbl. auf S. 5 (=Bl. 3r neu). Auf dem Titelbl. unten: Cristiani/ all' Adorabile, ed Amabile istessa/ Madre di Dio. Enth.: 1. Parte Prima// Il Misterio Ascoso di Maria Vergine,// o sia L'Immaculata Concezione// della Madre di Dio,// Piamente credibile.// Lezioni,// nelle quali s'espongono al Divoto// i motivi di questa pia credibilità. - S. 13-152 (= Bl. 7r-79v neu); 2. Parte Seconda// Il Misterio Ascoso Di Maria Vergine,// O Sia L'Immaculata Concezione/ della Madre di Dio// Venerabile Ne' Suoi Privilegii.// Meditazioni,// nelle quali contempla, e si compiace il Divoto// di qvesta Divina Parzialitâ. - S. 153-224 (=Bl. 80r-115v neu). Incipit: Adorabile, ed Amabile/ Madre di Dio/ Mi ricrea talmente. - S. 7. (=Bl. 4r neu). Des. [...] bisognoso a voi rassegno. Amen - S. 224 (=Bl. 115v neu). Vort.: Il Misterio// Ascoso// Di Maria// Vergine. - S. 1 (= Bl. 1r neu); Hauptt. auf S. 5 (=Bl. 3r neu). S. 3 (=Bl. 2r neu) ist für eine Illustration vorgesehen. Text in Rahmung: Immagine// dell' Immaculata// Concezione// di Maria; darunter: Benedicta sit sancta, & immacu-//lata Conceptio Beatae Virginis Mariae. Enth. außerdem: Schreiben des Verf. (unterzeichnet: Antonio Mainoldi// L'in[..]egno frài vostri Divoti.). - S. 7-10 (=Bl. 4r-5v neu); Schreiben des Verf..: (Eccellenza// ...; unterzeichnet: ... Antonio Mainoldi). - S. 11-12 (= Bl. 6r-6v neu); Index. - Bl. 116r-117r neu. Im vorderen Einbanddeckel: 4. julij 1753.// A. R. P. Ignatius [S?]adisi Cong. [S...e Con..] S. Offi.// uideat, et referat.// [I. I. I.?] Cremona [S...?] O. Cremon[ae]; Provenienzvermerk: S. Off.; Decretum/Censura S. O. 8 Jan. 1755: Feria 10. Die 8. Januarij 1755. E[minentissi]mi de[cr...]uerunt// Impressione[m?] libri de quo agitur non expedire// [i?]deoque non esse permittenda[m?], [i?]dque signif[...]// P. [...].ti Cremon[ae] per sui notitia.// [unterzeichnet?: L. de Galina[?] ...].

2 Mit Dekret SO vom 8. Januar 1755 wurde die Druckerlaubnis verweigert.

Item in alium Librum ins[criptu]m: Conformites des Ceremonies avec les Anciennes etc.

1. MIDDLETON, CONYERS: Lettre Écrite De Rome. Ou l'on montre l'exacte Conformité qu'il y a entre le Papisme & la Religion des Romains d'aujourd'hui, dérivée de leurs Ancêtres Payens : Avec Un Discours Preliminaire, où en répondant à toutes les Objections d'un Livre Papiste intitulé Le Chretien Catholique Instruit, On a rassemblé de nouveaux Faits & de nouveaux Témoignages, pour constater la vérité qu'on a dessein d'établir dans cette Lettre ; Et Un Postcript [!] où l'on examine spécialement l'Opinion de Mr. Warburton sur le Paganisme de Rome Moderne / Traduit de l'Anglois de Mr. Conyers Middleton [...]. - A Amsterdam : Chez Maynard Uytwerf, 1744. - [1] Bl., 308 S. ; [12°]. *GBV*[3]

2. Anonym [MUSSARD, PIERRE]: Conformités Des Ceremonies Modernes Avec Les Anciennes. Où l'on prouve par des Autorités incontestables, que les Cérémonies de l'Eglise Romaine sont empruntées des Payens : Avec un Traité de la Conformité qu'ils ont dans leur conduite, mis à la fin sous le titre d'Additions de quelques Conformités outre les Cérémonies / [Pierre Mussard]. - Nouvelle Edition corrigée, & augmentée de la Lettre Ecrite De Rome sur le même sujet par Mr. Conyers Middleton. - A Amsterdam : Chez Maynard Uytwerf., 1744. - [10] Bl., 307 S., [1] Bl., 308 S. ; 12°. *GBV*[4]

Gutachter: G[iovanni] B[attista] Zanobetti[5]
Gutachten: 13 S. (zu Nr. 1)

Gutachter: G[iovanni] B[attista] Z[anobetti][6]
Gutachten: 8 S., [5. Februar 1755] (zu Nr. 2)

---

3 Formatangabe ergänzt nach *Abes*. Enth. in: Anonym [MUSSARD, PIERRE]: Conformités Des Ceremonies Modernes Avec Les Anciennes. Où l'on prouve par des Autorités incontestables, que les Cérémonies de l'Eglise Romaine sont empruntées des Payens : Avec un Traité de la Conformité qu'ils ont dans leur conduite, mis à la fin sous le titre d'Additions de quelques Conformités outre les Cérémonies / [Pierre Mussard]. - Nouvelle Edition corrigée, & augmentée de la Lettre Ecrite De Rome sur le même sujet par Mr. Conyers Middleton. - A Amsterdam : Chez Maynard Uytwerf., 1744. - [10] Bl., 307 S., [1] Bl., 308 S. ; 12°. *GBV*. Das Werk ist möglicherweise (auch) selbständig erschienen (eigenes Titelbl. und Impressum, separate Seiten- und Bogenzählung). *GBV*. Vgl. MIDDLETON, CONYERS: A letter from Rome, shewing an exact conformity between Popery and paganism: or, the religion of the present Romans to be derived entirely from that of their heathen ancestors / By Conyers Middleton [...]. - London : printed for W. Innys, 1729. - 70 S. ; 4°. *COPAC*.

4 Das Werk war bereits erschienen: Anonym [MUSSARD, PIERRE]: Les Conformitez des cérémonies modernes avec les anciennes, où il est prouvé par des autoritez incontestables que les cérémonies de l'Eglise romaine sont empruntées des payens : Avec un traité de la conformité qu'ils ont en leur conduite [...] sous le titre d'Additions de quelques autres conformitez outre les cérémonies. - Leyde : J. Sambix le jeune, 1667. - XII, 374 S. ; 12°. *Abes*; Anonym [MUSSARD, PIERRE]: Les Conformitez Des Ceremonies Modernes Avec les Anciennes: Ou il est prouvé par des autoritez incontestables que les Ceremonies de l'Eglise Romaine sont empruntées des Payens : Avec un Traitté de la Conformité qu'ils ont en leur conduite, mis à la fin, sous le titre d'Additions de quelques autres Conformitez outre les Ceremonies / [Pierre Mussard]. - [S.l.] : [S.n.], 1667. - [5] Bl., 305 S. ; 8°. *VD17*.

5 Als externer Gutachter.

6 Im Gutachten wird auf das Gutachten zu Nr. 1 hingewiesen.

Dekret: SO 12. März 1755[7]
Bando: CIndex 14. April 1755 (zu Nr. 1)

ACDF SO CL 1755-1756, Nr. 3

1755. Censura in Manus[criptu]m, cui. titul.: Compendio della vita della Beata Elena Duglioli dall'Olio.

Anonym [BENTIVOGLIO, CARLO?]: Compendio della vita della Beata Elena Duglioli dall'Olio. - [S.a.]. (Manuskript) *Das Manuskript wurde nicht nachgewiesen*

♦ BENTIVOGLIO, CARLO: Compendio della vita della Beata Elena Dall'Olio vergine, maritata, e vedoua / epilogato dal co. Carlo del co. Costante Bentiuogli. All'Altezza Sereniss. dell'Infanta Maria di Sauoia. - In Bologna : presso Gio. Battista Ferroni, 1651. - 16 S. ; 4°. *SBN*

Gutachter: Eduardo di S. Francesco Saverio OCD
Gutachten: 10 S., 22. März 1757[8]

ACDF SO CL 1755-1756, Nr. 4

1755. Decernitur dimmittendam esse Comediamins[cripta]m: Pregiudizio de Paesi piccoli ovvero, il Paese degli Orbi del Dot. Bonifaci di Cingoli.

Das Werk wurde nicht ermittelt

Gutachter: keine Angabe
Gutachten: nicht aufgefunden[9]

ACDF SO CL 1755-1756, Nr. 5

1755. Acta circa impressionem Opusculorum S. Augustini de Gratia.

♦ AUGUSTINUS, AURELIUS: [De gratia Dei et libero arbitrio hominis et praedestinatione sanctorum] S. Aur. Augustini hipponensis episcopi De gratia dei et libero arbitrio hominis et praedestinatione sanctorum : Opera selecta. - Editionem emendatissimam, & variis lectionibus undique collectis praecipue vero ex codd. mss. Vaticanis adornatam / curavit P.F.F. - Romae : apud Fratres Palearinios, 1754. - 2 vol. ; 12°. *SBN*[10]

♦ AUGUSTINUS, AURELIUS: [De gratia Dei et libero arbitrio hominis et praedestinatione sanctorum] S. Aur. Augustini, [...] de Gratia Dei et libero arbitrio

---

7 Vgl. ACDF Index Prot. 85 (1755-1757), Bl. 330r. Nr. 2 war schon durch Dekret CIndex 10. Januar 1668 verboten worden.

8 Weiterhin beiliegend eine kürzere Zusammenfassung 4 S. Mit Dekret SO vom 22. März 1757 wurde die Druckerlaubnis verweigert. Vgl. ACDF SO CL 1757, Nr. 1.

9 Mit Dekret SO vom 2. April 1755 wurde das Werk zugelassen.

10 Titelvariante: S. Aur. Augustini opera selecta. *SBN*.

hominis et Praedestinatione sanctorum : opera selecta. - Editionem emendatissimam [...] / curavit P. F. F. [Petrus Franciscus Fogginius]. - Romae et prostant Parisiis : apud viduam Cavelier et filium, 1756. - 2 vol. ; 12°. *BNF*

Gutachter: Ludovico Valenti
Gutachten: 12 S.[11]

ACDF SO CL 1755-1756, Nr. 6

1755. Censura in Manus[criptu]m, cui. titul.: Breve ragguaglio della vita, e morte di Girolamo Tiraboschi Novizzo de Chierici Regolari de Ministri degli Infermi.

Anonym: Breve ragguaglio della vita, e morte di Girolamo Tiraboschi Novizzo de Chierici Regolari de Ministri degli Infermi. - [S.a.]. (Manuskript) *Das Manuskript wurde nicht nachgewiesen*

♦ Anonym: Breve Ragguaglio della vita, e morte di Girolamo Tiraboschi. - Bologna : L. della Volpe, 1755. - 59 S. *LBÖS*

Gutachter: Filippo Bonfigli B
Gutachten: 1 S., 23. April 1755[12]

ACDF SO CL 1755-1756, Nr. 7

1755. Censura in Thesim: Probari nullimode potest, Divinitatem a Corpore Christi separatam in Triduo Mortis fuisse; Quin contrarium longe probabilius est: Quae Thesis una cum aliis edita fuit Bononiae, et propugnata Ferrariae anno 1755. A Don Rudesindo Passerini Olivet[an]ae Cong[regatio]nis Monaco in Monast[eri]o S. Georgii Ferrariae etc. Praeside D. Francesco ab Arrengharia in praef[at]o Monast[eri]o S. Theologiae Lectore.

ARRENGHERIA, FRANCISCO AB (Praes.) ; PASSERINI, RUDESINDUS (Resp.): Propositiones Theolicae / Quas// Sub Faustissimis Ausspiciis// […]// Archepiscopi Vigilantissimi// Marcelli Cresscentii// Publicé propugnandas exhibit// D. Rudesindus Passerini Olivetanae Congregationis Monachus// Et in Monasterio S. Georgii de Ferraria sacrae Theologiae Auditor.// [...] III.// Probari nullimodè potest, Divinitatem a Christi Domini Corpore separatam in triduo mortes fuisse: quia contrarium// longe probabilius est.// Disputabuntur publicé in Ecclesia S. Franciscae Farrariae, praeside D. Francisco ab Arrengheria in Monasterio S. Georgii// sacrae Theologiae Lectore. Anno 1775 [1755?] Mense Die Hora. - Bononiae : ex Typographia Laelii a Vulpe. (Superiorum permissu), [ca. 1755?] (Einblattdruck) *ACDF SO CL 1755-1756, Nr. 7*

Gutachter: Benedetto Baldoriotti OSM
Gutachten: 6 S., 4. Juni 1755[13]

---

[11] Am 3. Oktober 1755 wurden die Verhandlungen zu diesem Fall „pro nunc" suspendiert.
[12] Mit Dekret SO vom 23. April 1755 wurde die Druckerlaubnis erteilt.

Gutachter: keine Angabe
Gutachten: 4 S.

ACDF SO CL 1755-1756, Nr. 8

1755. Censura in Theses propugnat. in Cathedrali Asculi anno 1749. Praeside P. F. Antonio August[in]o Marioni Eugubino Ord[in]is. Minor. Convent., ac in Seminario Asculi Theologicae, ac Physices Lect. Publico. Theses inscribuntur: Positiones ex Logica, Ontologia, Etiologia etc. in quarum una asseritur: Animam creari, nec fieri ex Tra[...] spirituali non est certum, nec Scripturis, nec Traditione, neque ulla Ecclesiae definitione, sed adhuc dubia res est, quam nulla ratio suadet etc.

MARIONI, ANTONIO AGOSTINO (Praes.); RETA, THOMAS ANTONIUS (Resp.): Positiones// Ex Logice, Ontologia, Etiologia, Psycho-//logia, et Naturali Theologia// Quas// Illustrissimo ac Reverendissimo Domino// D. Paullo// Marrana// Patricio Januensi, Episcopo, ac Principi Asculi, Terrae Ancaranii Domino Solii Assistenti / Thomas Antonius Reta// Januensis// In Seminario Asculi Convictor Offert, Dicat, et Consecrat,// Auxilio erit F. Antonius Augustinus Marioni Eugubinus// Ordinis Minorum Conventualium S. Francesci, & in eodem// Seminario Theologiae, ac Physices Lector Publicus. - Asculi : Typis Nicolai Ricci Impres. Publici, nec non Palatii Apostolici,// Superiorum Facultate, [S.a., ca. 1749]. - 15 S. *ACDF SO CL 1755-1756, Nr. 8*[14]

MARIONI, ANTONIO AGOSTINO (Praes.) ; VANDOLINI, JACOBUS (Resp.): Positiones// Ex Logice, Ontologia, Etiologia, Psycho-//logia, et Naturali Theologia,// Illustrissimo ac Reverendissimo Domino// D. Paullo// Marrana// Patricio Januensi, Episcopo, ac Principi Asculi, Terrae Ancaranii Domino Solii Assistenti / A Jacobo Vandolini// Seminarij Asculi Alumno oblata// Praesidio erit F. Antonius Augustinus Marioni Eugubinus// Ordinis Minorum Conventualium S. Francesci, & in eodem// Seminario Theologiac, ac Physices Lector Publicus. - Asculi : Typis Nicolai Ricci Impres. Publici, nec non Palatii Apostolici,// Superiorum Facultate, [S.a., ca. 1749] - 15 S. *ACDF SO CL 1755-1756, Nr. 8*[15]

Gutachter: Lorenzo Ganganelli OFMConv
Gutachten: 2 S., [23. Juli 1750]

Gutachter: Tommaso Sergio PO
Gutachter: Lorenzo Ganganelli OFMConv[16]
Gutachten: 4. S.

---

13 Es handelt sich um die erste Begutachtung. Laut Dekret SO vom 4. Juni 1755 sollte der General der Olivetaner angemahnt werden, die Thesen, nach Korrektur und Ergänzung von Kard. Tamburini, vom selben Disputanten vertreten zu lassen. Die Inquisitoren von Ferrara und Bologna sollten angewiesen werden, den Druck der These „Probari nullimodo potest etc." zu erlauben.

14 Vermutl. Erscheinungsjahr nach den Angaben zum Prüfungstermin.

15 Ex. unvollständig. Vermutl. Erscheinungsjahr nach den Angaben zum Prüfungstermin.

16 Ganganelli schloss sich dem Gutachten Sergios an.

Gutachter:´ Giacomo Maria di Tarsia OM
Gutachten: 7 S., [14. Mai 1755][17]

ACDF SO CL 1755-1756, Nr. 9

1755. Non permittitur impressio folior. continentium compositiones recitatas in Accademia habita in collegio PP. Societ. Jesu Persuiti occasione obitus PP. Generalis Visconti.

Esercitazione// Accademica// Nella quale, in occasione della Morte// Del. R[everendissi]mo Pr[incip]e Ignazio Visconte// XVI Preposito Generale della Compagnia di Gesù// Recitarono alcune funebri Poetiche Composizioni/ I Signori Nobiliti, e Scolari// Nel Collegio della medesima Compagnia// In Città di Cartello// Il di [...] Luglio l'anno M. DCC. LV. - [ca. 1755]. - 17 S. (Manuskript, hs. Abschrift) *ACDF SO CL 1755-1756, Nr. 9*

Gutachter: keine Angabe
Gutachten: nicht aufgefunden[18]

ACDF SO CL 1755-1756, Nr. 10

1755. Acta in Libr. impressum, seu Epistolas Francisci Rothfiscerii ad Em[inentissi]mum Cardinal. Quirini, in quarum secunda censurantur tria Opera R. P. D. Joannis Josephi Trauthson Archiep[iscop]i Viennensis.

ROTHFISCHER, FRANZ IGNATIUS: [Animadversiones apologeticae et criticae ad Eminemtissimum Card. Quirinum duabus epistolis ad Quirinianas responsoriis comprehensae] Francisci Rothfischeri// in Ivlia Carolina Helmstadii Philosophiae// Professoris P.O.// Animadversiones// Apologeticae et Criticae// ad// Eminemtissimvm Card. Qvirinvm// Dvabvs Epistolis// Ad Quirinianas Responsoriis// Comprehensae : Quarum prima rectractat opuscola quaedam minora Auctoris antehac edita, aliaque de// eius transitu ad Protestantes Eminentissimvm monet. Altera: de// hodiernis in ecclesia Romana dissidiis modeste disserit.// Praemittvntvr ipsae epistolae Quirinianae// ad Auctorem. - Gvelpherbyti et Lipsiae : in commissione// apud Ioann. Christ. Meisner, 1754. - 182 S. ; 4°. *ACDF SO CL 1755-1756, Nr. 10, GBV*

TRAUTSON, JOHANN JOSEPH VON <Wien, Erzbischof>: Litera Pastoralis ad concionatores [incipit: Ut primum Pastorale]. - [1. Jan. 1752]. - 7 S. *ACDF SO CL 1755-1756, Nr. 10*[19]

---

17 Mit Dekret SO vom 12. August 1750 wurde die Druckerlaubnis erteilt nach einer Ermahnung des Autors durch den Sekr.

18 Mit Dekret SO vom 29. August 1755 wurde die Druckerlaubnis verweigert; das Werk sollte vom SO einbehalten werden.

19 Ermittelt wurde auch: TRAUTSON, JOHANN JOSEPH <Wien, Erzbischof>: Epistola Pastoralis Ioannis Iosephi E Comitibvs Travthson de Falckenstein, S. R. I. Principis Et Archi-Episcopi Viennensis Ad Clervm Svvm Et Concionatores Data Viennae 1. Jan. 1752 / quam observationibus practicis moralibus theologicis secundum veram lucem evangelicam exposuit, enucleavit,

Gutachter: keine Angabe
Gutachten: 4. S.[20]

ACDF SO CL 1755-1756, Nr. 11

1756. Censura in Theses, quas P. Velo imprimere volebat defendendas in ecclesia Theatinor. S. Andreae. inscribuntur praefatae theses: De Pelagianis etc.

VELO, PADRE: De Pelagianis […]. - [S.a.]. - 7 S. (Manuskript, hs. Kopie) *ACDF SO CL 1755-1756, Nr. 11*[21]

Gutachter: keine Angabe
Gutachten: 3 S., 21. April [1756][22]

ACDF SO CL 1755-1756, Nr. 12

1756. Censura in Libr. Gallicum, cuius titul. in idiomate italico redditus: Lettera di un amante della patria sulla Tolleranza Civile de Protestanti in Francia, e su i Vantagi, che ne risultarebbero al Regno.

♦ Anonym [COURT, ANTOINE]: Lettre// D'Un Patriote// Sur La Tolérance Civile// Des Protestans De France// Et sur les avantages qui en résulteroient// pour le Royaume. - [S.l.] : [S.n.], 1756. - 119, [1] S. ; 8°. *SBB, EROMM*[23]

Gutachter: G[iovanni] B[attista] Zan[obetti][24]
Gutachten: 14 S., [30. April 1756][25]

ACDF SO CL 1755-1756, Nr. 13

1756. Censura in Libr. Sacerdot. Joannis Moutinho Lusitano ins[criptu]m: Lettera dommatica, Politicam, scritta a S. M. Portoghese Giuseppe I.

Das Werk wurde nicht ermittelt

Gutachter: keine Angabe
Gutachten: 76 S., [13 Mai 1756][26]

---

illustravit Alexius L. B. de Rewa. - Vitembergae Et Servestae : Apvd Sam. Godofred. Zimmermannvm, [1752]. - [1] Bl., 66 S. ; 4°. *GBV*.

20 Darüber hinaus, nicht gezeichnet, Abschrift, 4 S. Dazu Gutachten, 4 S., von Franciscus Rothfischerius, Professor der Philosophie in Helmstedt. Zu diesem Fall wurde keine Entscheidung getroffen.

21 Hs. Kopie der Thesen.

22 Jahr aus den Akten. Am 21. April 1756 wurde der Fall dem Ass. zugestellt, der die Thesen einbehalten sollte.

23 Abweichende Umfangsangabe nach *GBV*: 93 S.

24 Als externer Gutachter.

25 Am 30. August wurde das Gutachten referiert. Hinweise auf weitere Verhandlungen wurden nicht aufgefunden.

26 Das Gutachten befindet sich in ACDF SO Vota CL I (1740-1757), Nr. 27.

Dekret: SO 13. Mai 1756
Bando: nicht aufgefunden[27]

ACDF SO CL 1755-1756, Nr. 14

1756. Censura in Manus[criptu]m gallicum continentem Orationem funebrem recitatam a Canonico Flaviani in obitu R. P. D. Stelluti Episcopi Maceraten.[28]

Das Manuskript wurde nicht ermittelt

Gutachter: Giuseppe Simone Assemani
Gutachten: 2 S., [28. Juli 1756][29]

Gutachter: keine Angabe
Gutachten: 4 S., [3. August 1756][30]

ACDF SO CL 1755-1756, Nr. 15

1756. Censura in Libr. ins[criptu]m: Ufficio de Sette dolori della B. Vergine M[a]r[i]a composto da S. Bonaventura con la Coroncina, ed altre divote orazioni. In Napoli 1744.

♦ BONAVENTURA <SANCTUS>: Ufficio de' sette dolori della beatissima Vergine Maria : con la coronella ed altre divote orazioni / composta da s. Bonaventura. - In Napoli : [S.n.], 1735. - [4], 102 S. *MAI*[31]

Gutachter: Fortunato Tamburini OSB
Gutachten: 3 S., 7. August 1756[32]

---

27 Das Werk sollte privat verbrannt werden. Außerdem sollte der Autor die von den Konsultoren verfassten Propositionen widerrufen. Dieses sollte den Vertretern Portugals und des Grossherzogtums Toskana in Rom mitgeteilt werden.

28 Vgl. ACDF SO Tit.Libr. 1746-1758, Nr. 63.

29 Mit Dekret SO vom 28. Juli 1756 wurde die Druckerlaubnis verweigert; diese Entscheidung sollte dem Inquisitor von Ancona mitgeteilt werden.

30 Mit Dekret SO vom 3. August 1756 wurde die Druckerlaubnis mit der Auflage erteilt, das Werk zu korrigieren.

31 Das Werk war bereits erschienen in Neapel: BONAVENTURA <SANCTUS>: Ufficio de' sette dolori della beatissima vergine Maria / composto da S. Bonaventura, con la coronella, ed altre divote orazioni. - In Napoli : nella stamperia di Felice Mosca, 1730. - 84 S. ; 12°. *SBN*. Ermittelt wurden auch: BONAVENTURA <SANCTUS>: Ufficio de' sette dolori della beatissima Vergine Maria / composto da S. Bonaventura colla coronella ed altre divote orazioni, si da graziosamente a tutti da D. Giuseppe Laviano [...]. - In Napoli : per Vincenzo Manfredi, 1768. - [2], 116, [24] S. *MAI*; BONAVENTURA <SANCTUS>: Ufficio de'sette dolori della Beatissima Vergine Maria / composto da S. Bonaventura colla coronella ed altre divote orazioni si da'graziosamente a tutti dal marchese del Tito. - Napoli : [S.n.], 1776. - [8], 116 S. ; 12°. *MAI*.

32 Mit Dekret SO vom 11. August 1756 wurde die Druckerlaubnis für eine Neuaufl. verweigert.

ACDF SO CL 1755-1756, Nr. 16

1756. Censura in Libr. ins[criptu]m: De Societate Mentis, et Corporis etc.

Item in aliud Libr. ins[criptu]m: Isidori Bacchetti in locum quemdam disputationis de Societate Mentis, et Corporis Animadversiones etc. Romae 1756.

1. ♦ UBALDINI, PIETRO: De societate mentis, et corporis disputatio psychologico-physica / a Petro Ubaldino patricio florentino Collegii Nazareni convictore habita et Johanni Francisco Banchierio s.r.e. cardinali amplissimo Ferrariae legato nuncupata. - Romae : excudebat Johannes Zampel prope Montem Jordanum, 1754. - 47, [1] S. ; 2°. *SBN*

2. ♦ BACCHETTUS, ISIDORUS: [In locum quendam disputationis de societate mentis, & corporis, a doctissimo viro Urbano Tosetto Romae habitae anno 1754 in Collegio Nazareno, animadversiones ad virum clarissimum Benedictum Stay ...] Isidori Bacchetti [...] In locum quendam disputationis de societate mentis, & corporis, a doctissimo viro Urbano Tosetto Romae habitae anno 1754 in Collegio Nazareno, animadversiones ad virum clarissimum Benedictum Stay [...]. - Romae : excudebat Generosus Salomoni, 1755. - 50, [2] S. ; 8°. *SBN*[33]

Gutachter: Michelangelo Monsagrati CRL
Gutachten: 2 S., [1. September 1756][34]

ACDF SO CL 1755-1756, Nr. 17

1756. Acta in Controversia inter duos Parochos Hollandiae orta ex duabus propositionibus in quodam sermone enunciatis ab uno ex dictis Pastoribus. Censura in praefatas propositiones quae concernunt commixtionem bonorum, et Malorum hominum in hoc mundo.

F., M. [FRAATS, MARTINUS ANTONIUS?]: De// Parabel// Van Het// Onkruid// Tusschen De// Goede Tarwe,// In Zes Predikatiën// Ontvouwen / Door M. F. R. P. - Te Hoorn : Gedrukt, By T. Tjallingius,// Boekverkooper, 1755. - 136 S. ; 4°. *ACDF SO CL 1755-1756, Nr. 17, BL*

N., J. [NANNING, JAN]: Betoog// Der// Regtzinnige leringe / Van// J. N.// Aangerand Door// M. F. R. P. - Te Amsterdam : By Theodorus Crajenschot,// Boekverkoper [...], 1755. - 22 S. ; 8°. *ACDF SO CL 1755-1756, Nr. 17, BL*

F., M. [FRAATS, MARTINUS ANTONIUS?]: Bericht// Van M. F. R. P.// Aangaande een Betoog van den Heere// J. N. - [S.a.] : [S.n.], [ca. 1755]. - 16. S. ; 4°. *ACDF SO CL 1755-1756, Nr. 17, UU*[35]

33 Das Werk wird nach *Abes* auch Luís António Verney zugeschrieben.
34 Mit Dekret SO vom 1. September 1756 sollten die Werke vom SO einbehalten werden.
35 Vermutl. Erscheinungsjahr und Umfangsangabe nach *UU* abweichend: [ca. 1750]. - XVI S.

GONDOLA, FRANZ JOSEF VON <Tempe, Titularbischof; Paderborn, Auxiliarbischof>: Approbatio von Joseph Franciscus, Bischofs von Tempe, Paderborn 12. März 1756. - 2 S. *ACDF SO CL 1755-1756, Nr. 17*

GONDOLA, FRANZ JOSEF VON <Tempe, Titularbischof; Paderborn, Auxiliarbischof>: Vertaaling// Van De// Approbatie […] Paderbonae 12: Martii 1756. / Josephus Franciscus// Episcopus Tempensis. - 2 S. *ACDF SO CL 1755-1756, Nr. 17*

Gutachter: Felice Maria Nerini OSH
Gutachten: 14 S., 14. September 1756[36]

ACDF SO CL 1755-1756, Nr. 18

1756. Censura in Libr. ins[criptu]m: Eclaircissement importans sur les Matieres qui sont le Sujet des disputes du Temps etc.

Anonym: Éclaircissemens importans sur les matieres qui font le sujet des disputes du temps [...] / par M.**** docteur en théologie de la Faculté de Paris [...]. - Louvain : Chez les héritiers de L. Duprat [...], 1751-1753. - [2 Teile] ; 4°. *COPAC*[37]

Gutachter: Isidoro Mancini OM
Gutachten: 38 S.[38]

ACDF SO CL 1755-1756, Nr. 19

1756. Acta in nonnullas Theses circa Animae Rationalis immortalitatem impressas Ferrariae a P. Joanne Bapt[ist]a Vicecomes Cl. Regul. Theatino, sed suspensas a P[atr]e Inq[isito]re Ferrariensi.[39]

Avvisso al pubblico. - [S.a.]. - 8 S. ; 4°. *ACDF SO CL 1755-1756, Nr. 19*

Articulus I de facultate cognoscitiva. - [S.a.]. - 30 Bl. (Manuskript) *ACDF SO CL 1755-1756, Nr. 19*

Gutachter: Pier Francesco Foggini
Gutachten: 10 S., [17. November 1756]

Gutachter: Luigi Antonio Stampa OSBOliv
Gutachten: 10 S.

Gutachter: keine Angabe
Gutachten: 8 S.

---

36 Mit Dekret SO vom 29. Februar 1756 sollten beide Parteien zum Schweigen gebracht werden.

37 Enth.: 1. Premiere partie, les secrets de la justification, ou entretiens theologiques sur les dispositions qui y sont requises; 2. Seconde partie, Le mystere de la grace [...]. *COPAC*. Erscheinungsjahr des 1. Teils nach *UniMaas*: 1753.

38 Zu diesem Fall wurde keine Entscheidung getroffen.

39 Laut Notiz auf Faszikelumschlag: Censura in praefatas Theses. Votum Ab. Foggini super controversias doctrinales inter D.m Franciscum Zannotti Bononien, et P. Castum Innocentem Angaldi Ord.is Praed.m Librum ins.m: Saggio di Filosofia Morale etc. Opus Maupertii Accademici Berolinen.

Gutachter: keine Angabe
Gutachten: 15 S.[40]

[40] Zu diesem Fall wurde keine Entscheidung getroffen.

ACDF SO CL 1757-1758

ACDF SO CL 1757-1758, Nr. 1

1757. Censura in quasdam Theses, quas imprimere volebat P[ate]r Feltre Scholarum piar. Lector in Collegio Novo Callasantio, quae versantur circa creationem Mundi.

Item Censura in Manuscripta Philosophica dictata ab eodem P[at]re Feltre.

Die Manuskripte wurden nicht ermittelt

Gutachter: [Gorgoni][1]
Gutachten: 10 S.

Gutachter: Giovanni Luigi Mingarelli CRL
Gutachten: 2 S. + 1 S.[2]

ACDF SO CL 1757-1758, Nr. 2

1757. Censura in Libr. Anonym. ins[criptu]m: La Pucelle d'Orleans. Poeme Heroicomique.

Anonym [VOLTAIRE]: La pucelle d'Orléans : poeme heroi-comique. - Premiere edition. - A Paris : [S.n.], 1755. - [4], 216 S. *COPAC*[3]

Gutachter: Benedetto Baldoriotti OSM
Gutachten: 10 S.[4]

Dekret: SO 20. Januar 1757
Bando: SO 20. Januar 1757; CIndex 21. November 1757

ACDF SO CL 1757-1758, Nr. 3

1757. Censura in Libr., cui. titul.: Dissertation Theologique, et Historique sur la Conception de la Vierge, dans la quelle on prouve par l'Ecriture, et par une Tradition de tous les Siecles de l'Eglise jusque a nos jours, que la Sainte Vierge a reellemen, et de faict contracté la tache du peché original.

---

1 Als externer Gutachter. Gorgoni war Erzbischof.

2 Am 12. Januar 1757 nahmen die Kard. den Fall zur Kenntnis. Die Manuskripte sollten dem Autor zurückgegeben werden.

3 Abweichende Umfangs- und Formatangabe nach *COPAC*: 216 S. ; 12°.

4 Vgl. ACDF SO Vota CL I (1740-1757), Nr. 28.

Anonym [LERIDANT, PIERRE]: Dissertation théologique et historique sur la Conception de la Vierge, dans laquelle on prouve par l'Écriture et par une tradition de tous les siècles de l'Église jusqu'à nos jours que la Sainte Vierge a réellement et de fait contracté la tache du péché originel. - [S. l.] : [S.n.], 1756. - 212 S. ; 12°. *BNF*[5]

Gutachter: keine Angabe
Gutachten: 13 S.[6]

Gutachter: keine Angabe
Gutachten: 8 S.[7]

Dekret: SO 26. Januar 1757[8]
Bando: nicht aufgefunden

ACDF SO CL 1757-1758, Nr. 4

1757. Acta in librum anonym ins[criptu]m: Commentarium in Bullam Pauli III. Licet ab Inizio datam anno 1542.

Anonym [FAURE, GIOVANNI BATTISTA]: Commentarium in bullam Pauli III licet ab initio, datam anno 1542 quâ romanam Inquisitionem constituit & ejus regimen non regularibus sed clero seculari commisit [...] accessit appendix historico-theologica de proscriptione sub annum 1725 extortâ contrà duacenam academiam sanctae romanae sedi addictissimam. - [S.l.] : [S.n.], 1750. - [16], 288 S. ; 8°. *REBIUN*[9]

Gutachter: Giovanni Battista Faure SJ
Gutachten: 8 S., 8. Oktober 1756[10]

Gutachter: Felice Maria Nerini OSH
Gutachten: 22 S., 16. November 1756[11]

Gutachter: Giovanni Battista Faure SJ
Gutachten: 60 S., 8. Oktober 1756[12]

Dekret: SO 21. Juli 1757[13]
Bando: CIndex 21. November 1757

---

5 Abweichende Umfangs- und Formatangabe nach *Abes*: [4], 210, [2] S. ; 8°.
6 Vgl. ACDF SO Vota CL I (1740-1757), Nr. 30.
7 Vgl. ACDF SO Vota CL I (1740-1757), Nr. 30.
8 Laut Dekret SO vom 26. Januar 1757 sollte das Buch von der CIndex verboten werden.
9 Verf. ermittelt nach *REBIUN*, *COPAC*. Abweichende Formatangabe nach *COPAC*: 12°.
10 Laut Gutachten wurde Faure vom Sekr. CIndex mit der Begutachtung des Buches beauftragt.
11 Weiterhin beiliegend: „Summarium", 22 S. Das Gutachten trägt den Titel: „De Libello Anonimo / Iudicium et Sententia / D. Felicis Nerini / Cum Summarium". Vgl. ACDF SO Vota CL I (1740-1757), Nr. 29.
12 Vgl. ACDF SO Vota CL I (1740-1757), Nr. 29.
13 Vgl. ACDF Index Prot. 85 (1755-1757), Bl. 65r und Bl. 132r-v.

ACDF SO CL 1757-1758, Nr. 5

1757. Censura in novos Catechismos Scotiae pro usu illarum Missionum Catholicarum.

Die Werke wurden nicht ermittelt

Gutachter: [Alexander Lesler SJ][14]
Gutachten: 18 S.[15]

Gutachter: [Antonio Andrea Galli CRL]
Gutachten: 26. S.

ACDF SO CL 1757-1758, Nr. 6

1757. Censura in Lib. ins[criptu]m: Propugnaculum Hyerosilimitanum, seu S. Religionis Militaris S. Joan. Hyerosilimitani militiae regularis Compendium, Opus Historicum, Politicum, Theologicum, Authore d. Ferdinando de Escanno eiusdem Religionis in Provincia Bethica titulati advocato. Hispali in Hispania 1663.

ESCAÑO, FERDINANDUS DE: Propugnaculum Hierosolymitamum sive Sacrae Religionis Militaris S. Ioannis Hierosolymit. Militae Regularis compendium : Opus historicum, politicum, theologicum et iuridicum [...] / authore lic. D. Ferdinando de Escanno [...]. - Hispali, 1663 [Hispali : apud Ioannem Gomez a Blas, eiusdem civitatis maiorem typographum, 1664]. - [26], 417 [i.e. 419], [1] S. *SBN*

Gutachter: Giuseppe Maria Castelli
Gutachten: 67 S.[16]

Gutachter: Felice Maria Nerini OSH
Gutachten: 16 S., 23. Februar 1757[17]

Gutachter: [Ludovico Valenti]
Gutachten: 6 S.

Weiterhin beiliegend: (1) MALEUITANA MARESCIALLATUS. [Letzte Seite:] R. P. D.// Cerro// Maleuitana Maresciallatus.// Pro// Ill[ustrissi]mo D. Maresciallo Fr. Petro// de Iumilhac.// Contra// Ill[ustrissi]mum D. Comendatarium Fr. Fran- //ciscum de Saint Aullier.// fregio// Restrictus Iurium super Articolo// Simoniae. - [S.l.] : Typis De Comitibus, 1716. - 20 S. (2) Summarium// Additionale. [Letzte Seite:] R. P. D.// Cerro// Maleuitana Maresciallatus// Pro// Ill[ustrissi]mo Maresciallo Fr. Petro// de Iumilhac.// Summarium Additionale. - [S.l.] : Typis De Comitibus, 1716. - 16 S.

14 Als externer Gutachter. Alexander Lessler SJ war Pönitentiar an St. Peter für die Englische Nation.
15 Es gibt auch ein weiteres Gutachten bzw. eine Abschrift des Orig. mit Korrekturen, mit dem Titel: „Examen animadversionum in nuperrimum Scotiae Catechismum". 26 S. Mit Dekret SO vom 28. Dezember 1757 wurde die Druckerlaubnis mit der Auflage erteilt, das Werk zu korrigieren.
16 Zu diesem Fall wurde keine Entscheidung getroffen.
17 Weiterhin beiliegend: „Summarium", 14 S.

ACDF SO CL 1757-1758, Nr. 7

1758. Censura in libr. anonym. inscript.: De L'Esprit a Paris Chez Durant. Editus Regis Galliar. Sub die 10 april. 1758. quo supprimit praefatum librum. Censura Facultatis Theologiae Parisien. in praefatum librum.[18]

Anonym [HELVETIUS, CLAUDE ADRIEN]: De l'esprit. - A Paris : chez Durand libraire [...] [im Kolophon: De l'imprimerie de Moreau, imprimeur de la Reine & de monseigneur le Dauphin], 1758. - [2], XXII, 643, [1] S. ; 4°. *REBIUN*

Gutachter: Benedetto Baldoriotti OSM
Gutachten: 22 S.

Dekret: SO 11. Januar 1759
Bando: Breve 31. Januar 1759; CIndex 5. März 1759[19]

Weiterhin beiliegend: (1) [Estratti delle Nouvelles Ecclesiastiques dell'Università Sorbona del 12 novembre 1758 e del 18 novembre 1758 sul libro], in: Nouvelles ecclésiastiques, ou mémoires pour servir à l'histoire de la constitution Unigenitus, (12. Nov. 1758), S. 181-184; (18. Nov. 1758), S. 185-188. *ZDB*[20] (2) HELVETIUS, CLAUDE ADRIEN: Lettre// Au Révérend Pere ***// Jésuite / [signé: Helvetius]. - [S.l., Paris?] : [S.n.], [ca. 1758]. - 9 S. ; [4°]. *COPAC*[21] (3) Arrest// Du Conseil D'État// Du Roi,// Rendu au sujet du privilége ci-devant accordé pour// l'impression de l'Ouvrage intitulé, de l'Esprit.// Du 10 Août 1758. : Extrait des Registres du Conseil d'État. - A Paris : De L'Imprimerie Royale, 1758. - 2 S. *AMICUS*

ACDF SO CL 1757-1758, Nr. 8

1758. Censura in Theses continentes fere totius Theologiae materiam universam propugnatas in Sorbona Mense Augusti 1758. Et circa Decretum Senatus Parisien., et Regis Galliar. imponens silentium in materia Bullae Unigenitus etc.

1. BILLETTE, ANNA LUDOVICUS (Resp.): Quaestio Teologica// Quis bene omnia fecit? Marc. 17. V. 19. / [Schluß:] Has Theses, Deo duce, et auspice Dei-para, tueri conabitur Anna Ludovicus Billette, Presbyter, Parisinus Sacrae Facultatis Parisiensis Baccaluraeus Theologus,// Socius Navarricus, die [hs.:] decima septima, mensis [hs.:] Maii anno Domini 1758. à sextâ matutinâ ad sextam vespertinam.// In

---

[18] Das Buch wurde vom Pariser Nuntius zusammen mit einigen sowohl vom franz. Hof als auch vom Erzbischof in Paris unternommenen Maßnahmen an das Staatssekretariat geschickt.

[19] Vgl. ACDF Index Prot. 86 (1757-1759), Bl. 224r und Bl. 229r-230r.

[20] Hauptsacht. anfangs: Nouvelles ecclésiastiques, ou mémoires pour servir à l'histoire ecclésiastiques. Hauptsacht. 1713 - 1729: Nouvelles ecclésiastiques. Hauptsacht. teils: Suite des nouvelles ecclésiastiques. Hauptsacht. teils: Nouvelles ecclèsiastiques ou mémoires pour servir à l'histoire de la constitution. Auf dem Bandtitelbl. teils: Nouvelles ecclésiastiques, collegii parisiens Societatea Jesu ou mémoires pour servir à l'histoire ecclésiastiques. Erschien in mehreren Neuausg. mit leicht abweichendem Hauptsacht. Erscheinungsverlauf: 1713/27; 1.1728/30 (1735) - 3.1734/37(1738); 1738 - 1803[?]. Zählung einer Neuausg.: 1.1728/30 - 18.1797/1803. *ZDB*.

[21] Formatangabe ergänzt nach *COPAC*. Abweichende Umfangsangabe nach *COPAC*: 4 S.

Sorbona.// Pro Sorbonica.". - [S.l., Parisiis?] : [S.n.], [ca. 1758]. (Plakat) *ACDF SO CL 1757-1758, Nr. 8*

2. BRIDOU, JOSEPH-ROMAIN (Resp.): Quaestio theologica.// Qui est ille in cujus facies Deus spiravit spiraculum vitae? Gen. cap. 2 V? 7." / [Schluß:] „Has Theses, Deo duce, et auspice Dei-para, tueri conabitur Fr. Josephus-Romanus Bridou, Presbyter Carmelita Attrebatensis Franciae Alumnus, nec non Sacra// Facultatis Parisiensis Theologus, die Veneris decimâ nonâ mensis Maii, anno Domini 1758. à fexta matutinâ ad fextam vespertinam./ In Sorbona.// Pro Sorbonica". - [S.l., Parisiis?] : [S.n.], [ca. 1758]. (Plakat) *ACDF SO CL 1757-1758, Nr. 8, BNF*[22]

3. GERVAISE, JOANNES CLEMENS (Praes.) ; LABARRE, HENRI-MAURICE DE (Resp.): Quaestio Teologica.// Quis conclusit omnia incredulitate, ut omnium misereatur? Epist. S. Pauli ad Rom. cap. II. V. 32 / [Schluß:] Has Theses, Deo duce, auspice Dei-parâ, et Praeside S. M. N. Joanne Clemente – Gervaise, sacrae Facultatis Parisiensis Doctore et Syndico, Regiae Navarrae// summo Moderatore, nec-non Sancti Nicolai de Misevaio Abbate Commendatario, tueri conabitur Henricus Mauricius De La Barre, Presbyter// Nivernensis Baccalaureus Theologus Socius Sorbonicus, die Mercurii decimâ Maii, anno Domini 1758, ab octavâ matutinaâ ad sextam Vespertinam.// In Sorbona.// Pro Sorbonica. - [S.l., Parisiis?] : [S.n.], [ca. 1758]. (Plakat) *ACDF SO CL 1757-1758, Nr. 8, BNF*[23]

4. DOLLE, JOHANNES WILHELM(US) (Praes.) ; DUMONT, JOANNES BAPTIST (Resp.): Quaestio Teologica// Quis creavit coelum et terram? Psal. 67 / [Schluß:] Has Theses, Deo duce, auspice Dei-parâ, et Praeside S. M. N. Joannes-Guglielmo Dolle, Augustiniano, sacrae Facultatis Parisisensis Doctore Theologo,// tueri conabitur Joannes-Baptista Dumont, Presbyter Belvacensis, ejusdem sacrae Facultatis Parisiensis Baccalaureus Theologus, Socius Choletaeus,// die Sabbati vigesimâ-tertiâ mensis Decembris, anno Domini 1758, ab octavâ matutinâ ad sextam vespertinam.// In Domo Choletaea.// Pro Majore Ordinaria. - [S.l., Parisiis?] : [S.n.], [ca. 1758]. (Plakat) *ACDF SO CL 1757-1758, Nr. 8*

5. SIMON, GREGORIUS (Praes.) ; ADHENET, CAROLUS (Resp.): Quaestio Theologica.// Quae ad perfectum adducunt. Hebr. cap. 7. V. 9 / [Schluß:] Has Theses, Deo duce, auspice Dei-parâ, et Praeside S. M. N. gregorio Simon, sacrae Facultatis Parisiensis Doctore Theologo, tueri conabitur Carolus// Adhenet,// Presbyter Parisinus, ejusdem Sacrae Facultatis Parisiensis Baccalaureus Theologus, Socius Sorbonicus, die Lunae decimâ-octavâ mensis Decembris,// anno Domini 1758. à primâ ad sextam.// In Sorbona.// Pro Minore Ordinaria. - [S.l., Parisiis?] : [S.n.], [ca. 1758]. (Plakat) *ACDF SO CL 1757-1758, Nr. 8*

6. MARTIN, PETRUS FRANCO-AMABILI (Praes.) ; LECHEVALIER, MICH(A)EL ALBERT(US) (Resp.): Quaestio Theologica.// Quodnam sit scutum fidei? Ephes. 6. V. 16 / [Schluß:] Has Theses, Deo duce, auspice Dei-parâ, et Praeside S. M. N. F. Petro-Franco-Amabili Martin, sacrae Facultatis Parisiensis Doctore Theologo, tueri

22 Ansetzung des Verf. nach *BNF*. Formatangabe ergänzt nach *BNF*.
23 Ansetzung des Verf. (Resp.) nach *BNF*. Formatangabe ergänzt nach *BNF*.

conabitur// Michael-Albertus Le Chevalier, Presbyter Constantiensis, die Martis duodecimâ mensis Decembris,// anno Domini 1758. ab octavâ matutinâ ad meridiem.// In Regis Carmelitarum Scholis.// Pro Tentativa. - [S.l.] : [S.n.], [ca. 1758]. (Plakat) *ACDF SO CL 1757-1758, Nr. 8*

7. SCHNEIDER, JOHANNES STEPHAN(US) (Praes.) ; TROULLET, PETRUS FRANCISCUS (Resp.): Quaestio Theologica.// Quae facta est ad imaginem Dei? Genes. I / [Schluß:] Has Theses, Deo duce, auspice Dei-parâ, et Praeside S. M. N. F. Joanne-Stephano Schneider, Augustiniano, sacrae Facultatis Parisiensis Doctore Theologo, tueri conabitur Petrus// Franciscus Troullet, Presbyter Gratianopolitanus, ejusdem sacrae Facultatis Parisiensis Baccalaureus Theologus, Socius Sorbonicus, die Mercurii vigesimâ mensis Decembris,// anno Domini 1758. ab octavâ matutinâ ad sextam vespertinam.// In Sorbona.// Pro Majore Ordinaria. - [S.l., Parisiis?] : [S.n.], [ca. 1758]. (Plakat) *ACDF SO CL 1757-1758, Nr. 8*

8. TAFFIN, JOANNES BAPTIST JOSEPH(US) (Resp.): Quaestio Theologica.// Quis Pater orbis terrarum? Sap. cap. 10. V. I / [Schluß:] Has Theses, Deo duce, auspice Dei-parâ, tueri conabitur F: Joannes Baptista Josephus Taffin, Minorita, sacrae Facultatis Parisiensis Baccalaureus// Theologus, die Martis decimâ quartâ mensis Novembris, anno Domini 1758. à sextâ matutinâ ad sextan vespertinam.// In Sorbona.// Pro Sorbonica. - [S.l., Parisiis?] : [S.n.], [ca. 1758]. (Plakat) *ACDF SO CL 1757-1758, Nr. 8*

9. CARPILHET, PAUL(US) DE (Resp.): Quaestio Theologica.// Qui mortuos in Adam omnes vivificat [...] I. Corint. Cap. 15. V. 22 / [Schluß:] Has Theses, Deo duce, auspice Dei-parâ, tueri conabitur Paulus de Carpilhet, Presbyter Grassaeus, sacrae Facultatis Parisiensis// Baccalaureus Theologus, die Lunae decimâ-quartâ mensis Augusti, anno Domini 1758. à sexstâ matutinâ ad sextam vespertinam.// In Sorbona.// Pro Sorbonica. - [S.l., Parisiis?] : [S.n.], [ca. 1758]. (Plakat) *ACDF SO CL 1757-1758, Nr. 8*

10. BONHOM(M)E, PETRUS (Praes.) ; QUENESCOURT, LUDOVICUS CAROLUS FRANCISCUS (Resp.): Quaestio Theologica.// Quis creavit Coelum et Terram? Gen. cap. I. V. I / [Schluß:] Has Theses, Deo duce, auspice Dei-parâ, et Praeside S. M. N. Fr. Petro Bonhome, Minorita, tueri conabitur Ludovicus-Carolus-Franciscus// Quenescourt, Presbyter Ambianus, ejusdem sacrae Facultatis Parisiensis Baccalaureus Theologus, Socius Choletaeus, nec non Ecclesiae Parochialis Sancti Medarài// vulgò de Creil-sur-Oise, Pastor, die Mercurii nonâ mensis Augusti, anno Domini 1758. ab octavâ matutinâ ad sextam vespertinam.// In Domo Choletaea.// Pro Majore Ordinaria. - [S.l.] : [S.n.], [ca. 1758]. - [groß-2°] (Plakat) *ACDF SO CL 1757-1758, Nr. 8*

11. TRISSEMENT, PETRUS (Praes.) ; CARPILHET, PAUL(US) DE (Resp.): Quaestio Theologica.// Quae pars nostra in aeternum? Psal. 72 / [Schluß:] Has Theses, Deo duce, auspice Dei-parâ, et Praeside S. M. N. F. Petro Trissement, Minorita, sacrae Facultatis Parisiensis Doctore Theologo,// tueri conabitur Paulus de Carpilhet, Presbyter Grassanus, ejusdem sacrae Facultatis Parisiensis Baccalaureus Theologus,// die Jovis tertia mensis Augusti, anno Domini 1758, ab octavâ matutinâ

ad sextam vespertinam.// In Scholis Doctoris Subtilis.// Pro Majore Ordinaria. - [S.l., Parisiis?] : [S.n.], [ca. 1758]. (Plakat) *ACDF SO CL 1757-1758, Nr. 8*

12. Declaration Du Roi// Par Raport A' L'Observation// De La Bulle Unigenitus : Faite dans son Lit de Justice tenu a Paris// le 13. Decembre 1756. - [Paris], 1756. - 2 S. [S. 239-240] (ausgeschnittenes Einzelblatt) *ACDF SO CL 1757-1758, Nr. 8*

Gutachter: keine Angabe
Gutachten: 13 S.[24]

Gutachter: Felice Maria Nerini OSH
Gutachten: 10 S., 15. Oktober 1758[25]

Gutachter: Lorenzo Dionisio
Gutachten: 8 S.

ACDF SO CL 1757-1758, Nr. 9

1758. Non permittitur impressio operis, in quo agitur de Origine, et Authoritate Muneris P[at]ris Commissarii S.Off[ic]ii de Urbe Authore P. Catalano Presbit[er]o Cong[regation]is S. Hyeronimi dicti della Carità.

♦ CATALANI, GIUSEPPE: De magistro sacri palatii apostolici : libri duo quorum alter originem, praerogativas, ac munia, alter eorum seriem continet, qui eo munere ad hanc usque diem donati fuere ad reverendissimum patrem fr. Antoninum Bremond [...] / auctore Josepho Catalano [...]. - Romae : typis Antonii Fulgoni apud S. Eustachium, 1751. - XVI, 232 S. ; 4°. *SBN*, *SWB*

Gutachter: keine Angabe
Gutachten: nicht aufgefunden[26]

ACDF SO CL 1757-1758, Nr. 10

1758. Censura in Lib. ins[criptu]m: Quindeni occulti cruciatus, et dolores, quos Christus D[ivi]nus piae, ac Deum Amanti Sanctae Sorori Mariae Magdalenae ex Ordine S. Clarae etc. oretenus revelavit etc. Augustae.

Anonym: Quindeni occulti// Cruciatus, et dolores,// Quos// Christus Dominus piae, et Deum = amanti,// Sanctae Sorori / Mariae Magdalenae// ex Ord. S. Clarae// Quae Romae in magna Sanctitate vixit, et beate// mortua est, oretenus revelavit;// Una cum declaratione Super Gloria Patri// et notitia Sex Missarum, qiomodo pro visis// et defuntii offerri debeat.// Augustæ typis editi Anno. - [S.a.]. - 7 S. (Manuskript) *ACDF SO CL 1757-1758, Nr. 10*

Gutachter: Eduardo di S. Francesco Saverio OCD
Gutachten: 8 S., [5. Juli 1758]

---

24 Laut Dekret des Papstes vom 7. Februar 1759 behielt der Papst sich die Entscheidung zu diesem Fall vor.

25 Weiterhin beiliegend: Nerini, 1 S., „Appendix"; nicht gezeichnet, 14 S. „Summarium".

26 Mit Dekret SO vom 22. Februar 1758 wurde die Druckerlaubnis verweigert.

Dekret: SO 5. Juli 1758
Bando: CIndex 5. März 1759[27]

ACDF SO CL 1757-1758, Nr. 11

1758. Censura in Theses propugnatas in Ecclesia Clericor. Regular. S. Pauli Urbis Sanct. Severini, 13. Julii 1758 Praeside P. Paulo Falicca eiusd. Cong[regation]is S. Pauli, quarum 1.ª sic habet: Nihil obstat quo minus Copernicanum sistema tamquam Hypothesis physicae et Astronomiae mirificè conveniens, possit a viro Catholico propugnari.

Das Werk wurde nicht ermittelt

Gutachter: Angelo Maria Augustini OCarm
Gutachten: Bl. 1-23, 22 S.

Gutachter: keine Angabe
Gutachten: 7 S.[28]

ACDF SO CL 1757-1758, Nr. 12

1758. Censura in Manus[criptu]m, cui. titul.: Breve notizia della vita, e morte della Madre Suor Maria Colomba Pallavicini Cappuccina nel Monastero del S[antis]s[i]mo Sagramento di Pavia morta lì 14. Novembre 1757 d'anni 69, e 50 di Religione.

Anonym: Breve// Notizia// Della Vita e Virtù// della Madre// Suor Maria Colomba// Pallavicini// Cappuccina// nel Monastero// Del SS.mo Sagramento// di Pavia// morta li 14 Novembre 1757 d'anni 69.// e 50 di Religione. - [ca. 1757]. - 27 S. (Manuskript) *ACDF SO CL 1757-1758, Nr. 11*

Gutachter: Eduardo di S. Francesco Savero OCD
Gutachten: 3 S., 13. Juni 1758[29]

ACDF SO CL 1757-1758, Nr. 13

1758. Prohibetur Charta, seu folium, cui. titul.: Grazie concesse alle Crocette della Ven. Madre Aloisia da Corleone Monaca di S. Chiara, e a tutte quelle, che toccheranno le medesime.

Anonym: Grazie concesse alle Crocette della Ven. Mad[r]e Alojsia da Corleone Monaca di S. Chiara, e a tutte quelle, che toccheranno le medesime, e sono [...]. - [S.a.]. - 1 S. (Manuskript) *ACDF SO CL 1757-1758, Nr. 13*

---

27 Vgl. ACDF Index Prot. 86 (1757-1759), Bl. 24r, Exemplar der Schrift, Bl. 15r-23r.

28 Darüber hinaus ein Gutachten u.d.T. „Fatto dottrinale con le osservazioni critiche", verfasst von Pio Valerio Rossi OP, Theologe des Bischofs von Sanseverino. Am 11. September 1758 wurde entschieden, den Bischof von Sanseverino über den Fall zu benachrichtigen und mit weiteren Untersuchungen zu beauftragen. Hinweise auf weitere Verhandlungen wurden nicht aufgefunden.

29 Mit Dekret SO vom 23. September 1757 wurde die Druckerlaubnis für das Werk verweigert.

Gutachter: keine Angabe
Gutachten: nicht aufgefunden[30]

ACDF SO CL 1757-1758, Nr. 14

1758. Acta in reimpressione Catechismi Lusiensis.

Arnauld, Henri <Angers, Bischof> ; Laval de Boisdauphin, Henri-Marie de <La Rochelle, Bischof> ; Barillon, Henri de <Luçon, Bischof>: Catechisme ou Doctrine chrétienne / Imprimé par ordre de messeigneurs les evêques d'Angers, de la Rochelle & de Luçon, pour l'usage de leurs dioceses. - A Lyon : chez la Veuve de Fleury Martin [...], 1685. - [16], 27, [1], [4], 93, [3], [16], 382, [2], 31, [1] S. ; 12°. *BNF*[31]

Gutachter: Antonio Andrea Galli CRL
Gutachten: 1 S., 22. April 1759[32]

Weiterhin beiliegend: Relation// De l'affaire de M. l'Evêque de Luçon avec// les Jésuites, au sujet de son Sèminaire. - [S.l.] : [S.n.], 1758. - [92 S.] ; [12°]. *Abes*[33]

ACDF SO CL 1757-1758, Nr. 15

1758. Censura in Libell. ins[criptu]m: Tridicena da farsi da divoti del Glorioso S. Antonio di Padova etc. Lecce etc.

Anonym: Tridicena// Da Farsi// Da Divoti Del Glorioso// S. Antonio// Da Padova// In Quelle Chiese// Ove Si Celebra La Sua Festa : Copiata da un Tomo di sua Vita// Nuovamente Stampato. - In Lecce : nella Stamperia di Domenico Riverito. (Con licenza de' Superiori), [S.a.]. - 14 S. *ACDF SO CL 1757-1758, Nr. 15*

Gutachter: [Alessandro Pio Sauli da Forlì OP?]
Gutachten: 1 S.[34]

---

30 Laut Rubricella wurde die Druckerlaubnis verweigert.

31 Auch genannt: Catechisme „des trois Henry". *BNF*. Enth.: Hirtenbrief der Bischöfe von Angers, La Rochelle und Luçon. - S. [3-12]; Petit catechisme ou abregé de la doctrine chrétienne : Pour l'instruction des petits enfans. - 27 S.; Catechisme ou doctrine chrétienne : Pour l'instruction des jeunes gens qui se disposent à leur premiere communion, ou qui desirent participer aux autres sacremens de l'Eglise. - 93 S.; Catechisme ou doctrine chrétienne [en general]. - 382 S.; Prières [...]. - 31 S. *BNF*.

32 Hinweise auf eine Entscheidung zu diesem Fall wurde nicht aufgefunden; Galli war der Meinung, er sollte nicht weitergeführt werden. Vgl. auch die Verhandlung in der Congr. gen. der CIndex 28. August 1758.

33 Umfangs- und Formatangabe ergänzt nach *Abes*.

34 Mit Dekret SO [o.D.] wurde das Werk zugelassen. Für eine Neuaufl. sollte es korrigiert werden.

ACDF SO CL 1759, Bd. I

ACDF SO CL 1759, Bd. I, Nr. 1

1759. Censura in Diarium Encyclopedicum editum tum Leodii tum Lucae. Decret. Serenis Principis Episcopi Leddiensis sub die 27 aug[ust]i 1759, quo prohibit diarium encyclopedicum typis Leodiensibus editum ab impressore Rosseau.[1]

Journal encyclopédique [ou universel] / par une société de gens des lettres. - Liège : Kints, [1] (1756) - [76] (1793). *ZDB*[2]

♦ Giornale enciclopedico di Liegi : tradotto in lingua italiana con nuove aggiunte. - In Lucca : nella stamperia di Vincenzo Giuntini, vol. 1 (1756) - vol. 32 (1760). *SBN*[3]

♦ Giornale// Enciclopedico// Di Liegi : Tradotto in lingua Italiana// con nuove aggiunte. - In Lucca : Nella Stamperia di Vincenzo Giuntini. (Con Licenza De' Superiori.), vol. 1,1 [Tomo 1, Parte 1] (Januar 1756) - [13] Bl. (Ausschnitt, Vorwort des Druckers) *ACDF SO CL 1759, Bd. I, Nr. 1*

♦ Giornale// Enciclopedico// XXV.// Tomo Nono. Parte Prima.// Estratto del sesto Volume del Dizionario En-//ciclopedico pubblicato in Parigi nel Mese di Ottobre 1756.// […]// * Protesta degli Autori del Giornale Enciclo-// pedico stampato in Lucca. - [S.l.], [ca. 1756]. - S. 3-5. ; 8°. (Ausschnitt) *ACDF SO CL 1759, Bd. I, Nr. 1*

Gutachter: Felice Maria Nerini OSH
Gutachten: 13 S., 29. Februar 1760[4]

Gutachter: Lorenzo Dionisio
Gutachten: 28 S.[5]

Gutachter: Mauro Sarti OSBCam
Gutachten: 31 S.[6]

---

1 Der Fall wurde dem SO vom Erzbischof von Lucca mit Schreiben vom 16. Dezember 1759 zugestellt.

2 Hauptsacht. anfangs: Journal encyclopédique. Bandzählung ergänzt nach der Repr., erschienen Genève : Slatkine ; Nedeln : Kraus. *ZDB*.

3 Vgl. Journal encyclopédique [ou universel] / par une société de gens des lettres. - Liège : Kints, [1] (1756) - [76] (1793). *ZDB*. Hauptsacht. anfangs: Journal encyclopédique. Bandzählung ergänzt nach der Repr., erschienen Genève : Slatkine ; Nedeln : Kraus. *ZDB*.

4 Zu den zwölf in der ersten Hälfte des Jahres 1757 veröffentlichten Bänden. Abgleich des Lütticher Orig. mit der ital. Übers.

5 Zur Ausg. der zweiten Hälfte des Jahres 1757. Abgleich des Lütticher Orig. mit der ital. Übers.

Gutachter: Ferdinando Mingarelli OSBCam
Gutachten: 4 S.[7]

Gutachter: Giuseppe Agostino Orsi OP
Gutachten: 5 S.[8]

Weiterhin beiliegend: (1) GUYAUX, J. J. ; VANGAMEREN, H. [u.a.]: Lettre// De// MM. Les Docteurs// En Theologie// De L'Universite De Louvain,// Au sujet du Journal Encyclopédi-//que; adréssée à MM: les Curés// de la Ville de Liege, pour// servir de résponse à leur Consul-//tation / [Signé par: J. J. Guyaux, H. Vangameren, L. J. Lelivelt ...]. - [Louvain] : [S.n.], 1759. - 52 S. ; 8°. *Abes*[9] (2) [Öffentliche Mitteilung bezüglich des Verbots des Journal Encyclopedique. Ismaring, den 27. August 1759]. - [Liège] : [S.n.], [ca. 1759]. - (Plakat, Einblattdruck) (3) Ai Signori Italiani// Vincenzo Giuntini// Stampatore in Lucca. - [S.a.]. (Einblattdruck) (4) Ai Signori Italiani// Jacopo Giusti// Stampatore in Lucca. - [S.a.]. (Einblattdruck)[10]

ACDF SO CL 1759, Bd. I, Nr. 2

1759. Censura in librum ins[criptu]m: Traitè Theologique, Dogmatique Critique des Indulgences, et Jubilés de l'Eglise Catholique – Avignon 1751.

Item censura in librum ins[criptu]m: Lettre d'un Curé a un des ses Confreres au sujet du Jubilè.

1. Anonym [BOIDOT, ABBÉ]: Traité théologique, dogmatique et critique des indulgences et jubilés de l'Église catholique / [par l'abbé Boidot, revu par Goujet ; suivi d'une instruction pastorale, ou avis nécessaires sur le jubilé ... de 1701, par l'abbé V. Loger]. - Avignon : aux dépens de la Société, 1751. - VI, 280 S. ; 12°. *BNF*

2. Anonym [MARIETTE, FRANÇOIS DE PAULE]: Lettre// D'Un Cure// A Un De Ses// Confreres,// au sujet du Jubilè. - [Orléans] : [S.n.], [1759]. - 23 S. - [12°?]. *ACDF SO CL 1759, Bd. I, Nr. 2*[11]

Gutachter: Luigi Maria di Gesù OCD
Gutachten: 21 S., 23. Februar 1752 (zu Nr. 1-2)[12]

---

6 Befindet sich mit Abschrift in ACDF SO Vota CL II (1757-1809), Nr. 33, zur ital. Ausg.

7 Buchstabe B. Befindet sich mit Abschrift in ACDF SO Vota CL II (1757-1809), Nr. 33, zur ital. Ausg.

8 Buchstabe C. Befindet sich mit Abschrift in ACDF SO Vota CL II (1757-1809), Nr. 33, zur ital. Ausg. Mit Dekret SO vom 13. Februar 1760 wurde dem Nuntius von Brüssel Zurückhaltung auferlegt. Der Druck der Bände sollte unterbrochen werden.

9 Titelvariante: Lettre// De// Messieurs De Louvain,// Contre// Le Journal// Encyclopedique. Unterzeichner: J.J. Guyaux, H. Vangameren, L.J. Lelivelt [u.a.]. *Abes*. Das Werk wurde im Bericht des Ass. erwähnt.

10 Giacomo Giusti wurde in einem Schreiben des Erzbischofs von Lucca als Drucker des Werks identifiziert. Der Übersetzer war Padre Marcuccio aus der Congr. della Madre di Dio; als Revisor wurde Padre Giandomenico Mansi aus derselbe Kongregation angegeben. Die Veröffentlichung wurde von Gregorio Marcuccio, Arzt und Chirurg, finanziert.

11 Formatangabe ergänzt nach *BNF*.

Gutachter: Luigi Antonio Stampa OSBOliv
Gutachten: 2 S., 15. März 1752 (zu Nr. 1-2)

Gutachter: Lorenzo Ganganelli OFMConv
Gutachten: 2 S., [22. März 1752] (zu Nr. 1-2)

Dekret: SO 15. März 1752
Bando: CIndex 22. Februar 1753 (zu Nr. 1)[13]

Weiterhin beiliegend: Anonym: Reponse// D'Un Curé// A La Lettre/ D'Un// Des Ses Confreres// Au sujet du Jubilé. - [S.l.] : [S.n.], [S.a.]. - 21 S. ; [6°?].

ACDF SO CL 1759, Bd. I, Nr. 2bis

1759. Torino. Censura. Circa il Libro intitolato: Heures, et Instructions Chretiennes a l'usage de Troupes de la Majesté le Roi de Sardeigne a Taurin. 1758. [14]

♦ Anonym [PORTULA, PERE]: Heures et instructions chrétiennes à l'usage des troupes de France / [par le père Portula]. - Lyon : Delaroche, 1758. - 12°. *BM-Grenoble.*[15]

Gutachter: Felice Maria Nerini OSH
Gutachten: 6 S., 20. Januar 1759[16]

Gutachter: Angelo Maria Augustini OCarm
Gutachten: 19 S.

Dekret: SO 21. März 1759[17]
Bando: CIndex 5. September 1760

ACDF SO CL 1759, Bd. I, Nr. 3

1759. Censura in librum ins[criptu]m: Tractatiuncula de Fontibus Juris Canonici Germanici etc. a Joanne Horix J.U.D. etc. Maguntiae 1748.[18]

---

12 Weiterhin beiliegend eine kürzere Version von Luigi Maria di Gesù, 8 S., 23. Februar 1752.

13 Laut Dekret SO vom 15. März 1752 sollte das Werk von der CIndex verboten werden. Gegenstand der Verhandlungen 1759 war das Werk unter Nr. 2. Mit Dekret SO vom 29. August 1759 wurde das Werk zugelassen.

14 Titel auf Faszikelumschlag. In der Rubricella fehlen Hinweise auf das Faszikel.

15 Ermittelt wurde auch: Anonym: Heures, et Instructions chretiennes [...]. - Neufchateau : Beaucolin-Robin, [S.a.]. - 12°. *BNF*.

16 Vgl. ACDF SO Vota CL II (1757-1809), Nr. 37.

17 Vgl. ACDF Index Prot. 86 (1757-1759), Bl. 249r-250r.

18 Weiteres Material: Schreiben vom 22. März 1759, in dem mitgeteilt wird, dass der Erzbischof von Mainz kein Imprimatur für dieses Buch erteilt hätte. Der Brief des Erzbischofs, von dem berichtet wird, ist vom 22. November 1758, ACDF Index Prot. 86 (1757-1759), Bl. 256r/v. Darüber hinaus Anzeige im Auftrag des Erzbischofs an den Papst (Kopie), ACDF Index Prot. 86 (1757-1759), Bl. 258r-260r. Beiliegendes Exemplar, ACDF Index Prot. 86 (1757-1759), Bl. 262r-284v. Mainzer Verbot des Buches (Druck) vom 22. Januar 1759, ACDF Index Prot. 86 (1757-1759), Bl. 286r. Protestatio Horix' vom 22. Januar 1759, ACDF Index Prot. 86 (1757-1759), Bl. 287r-289v.

HORIX, JOHANN BAPTIST VON: Tractatiuncula// De// Fontibus// Juris Canonici// Germanici / Qua// Praelectiones Suas Academicas// Ad Decimam Tertiam Novembris// Anno MDCCCLVIII. Publice Indicit// Joannes Horix, J. V. D.// Eminentiss., Ac Cels. Princ. Elector. Mog. Jud. Aul. Consiliar.// In Alma Univers. Moguntina// Profess. Jur. Extraordin. Judiciique Cam. Et// Civitatis Assessor. - Moguntiae : [S.n.], [1758]. - 46 S. ; 4°. (2 Ex.) *ACDF SO CL 1759, Bd. I, Nr. 3, SBB*[19]

Gutachter: Giuseppe Agostino Orsi OP
Gutachten: 6 S.

Gutachter: Felice Maria Nerini OSH
Gutachten: 7 S., 28. Februar 1759[20]

Dekret: SO 22. März 1759
Bando: SO 22. März 1759; CIndex 5. September 1760

ACDF SO CL 1759, Bd. I, Nr. 4

1759. Censura in libru, cui titulus: Memoire servant de clef de David, ou le Molinisme et le Materialisme demasques.

Anonym: Le Molinisme// Et// Le Matérialisme// Démasqués. - [S.l.] : [S.n.], [S.a.]. - 44 S. ; 4°. *ACDF SO CL 1759, Bd. II, Nr. 9, BNF*[21]

Gutachter: Giovanni Luigi Mingarelli CRL
Gutachten: 9 S.

Dekret: SO 12. September 1759[22]
Bando: nicht aufgefunden

ACDF SO CL 1759, Bd. I, Nr. 5

1759. Censura in libr. ins[criptu]m: Probleme Historique, qui des Jesuites, ou Luther et Calvin ont le plus nuì a l'Eglise Chretienne - Avignon 1757.

Anonym [MESNIER, ABBÉ]: Problème historique: Qui des Jésuites, ou de Luther et Calvin, ont le plus nui à l'Église chrétienne? : La solution de ce Problème découvrira le véritable cause des maux qui affligent l'Église et le royaume de

---

19 Erscheinungsjahr ergänzt nach *SBB*.

20 Vgl. ACDF SO Vota CL II (1757-1809), Nr. 42.

21 Ex. nicht beiliegend. Nebent. (auf S. 1) nach *BNF*: Mémoire servant de clef de David, ou Le molinisme et le matérialisme démasqués, fait, en exécution des ordres du ministre et secrétaire d'État, de cinquante-une des principales questions à consulter, auxquelles, pour parvenir à un concile national composé des députés des trois états, ou plutôt à une paix générale, on peut fixer, pendant un bref délai, toutes les disputes de l'École touchant la religion et le gouvernement de l'Église [...]. *BNF*. Umfangsangabe nach *BVB* und dem in *ACDF SO CL 1759, Bd. II, Nr. 9.* beiliegendem Ex. Vermutl. Erscheinungsjahr nach *BVB*: [ca. 1755].

22 Mit Dekret SO vom 12. April 1759 sollte das Werk von der CIndex verboten werden.

France, et le seul moyen efficace qu'on puisse prendre pour les fair cesser. - Avignon : [S.n.], 1757. - 2 vol. ; 12°. *BNF*

Gutachter: Felice Maria Nerini OSH
Gutachten: 10 S., 16. April 1759[23]

Gutachter: Teodoro dello Spirito Santo OCD[24]
Gutachten: 5 S., 27. April 1759

Dekret: SO 17. Mai 1759
Bando: SO 17. Mai 1759; CIndex 5. September 1760

ACDF SO CL 1759, Bd. I, Nr. 6

1759. Censura in libros Marchion. Josephi Gorini Mediolanen. inscriptos: Trattato Fisico-Morale del March[es]e Gorini diviso in tre libri: Copia de corregersi l'uomo etc. Iustitia et pax. In Lucca 1756.[25]

1. GORINI CORIO, GIUSEPPE: L'uomo : trattato fisico morale ; diviso in tre libri / del marchese Giuseppe Gorini Corio - In Lucca : [S.n.], 1756. - 3 vol. - 480 [i.e. 492] S. ; 4°. *SBN*[26]

2. Anonym: Avviso// Tradotto dal Francese// La Traduzione, e impressione dal Francese, del Trattato metafisico// dell'Uomo, Opera stampata in Italia dal Sig. Marchese Go-//rini, si darà da noi Anglet, e Vernò. Se ne avanza un'as-//saggio formato sul nuovo Originale da illustre penna, che darà// altresì molte note, e il cui solo alto nome sarà gran pregio di// tale nostra produzione. - Vercelli : per Carl'Antonio Zelbi, 1758. (Con Licenza de' Superiori). - XV S. ; 4°. *ACDF SO CL 1759, Bd. I, Nr. 6*

Gutachter: Raimondo Besozzi OCist
Gutachten: 31 S. (zu Nr. 1)[27]

Gutachter: Raimondo Besozzi OCist
Gutachten: 4 S. (zu Nr. 2)

Dekret: SO 19. Juli 1759
Bando: SO 19. Juli 1759; CIndex 5. September 1760 (zu Nr. 1)[28]

---

23 Weiterhin beiliegend eine Zusammenfassung des Werks, 12 S.

24 Als externer Gutachter. Zu dello Spirito Santo vgl. ACDF SO CL 1751, Nr. 3.

25 Vgl. auch ACDF SO Tit.Libr. 1729-1745, Nr. 142, wo ein Manuskript „Critica intorno l'opera del Signore Marchese Gorini Corio, ed intorno tutti i suoi critici, di D/P Alberto Ripa" für die Erteilung einer Druckerlaubnis vorgelegt wurde. Laut Schreiben des Inquisitors von Novara handelt es sich um eine Reaktion auf ein Werk Gorinis, dass bereits verboten worden war.

26 Enth.: 1. L'esser dell'uomo; 2. Le passioni dell'uomo; 3. I doveri dell'uomo. *SBN*.

27 Vgl. ACDF SO Vota CL II (1757-1806), Nr. 31. Eine ältere Ausg. dieses Werks wurde bereits verhandelt; vgl. Referat Fromondis in der Congr. gen. der CIndex 16. Dezember 1755.

28 Auf dem Bando wurde auf ein Verbot eines anderen Werks von Gorini durch die CIndex vom 4. Juli 1742 hingewiesen. Vgl. weitere Bücherverbote des SO; Bando SO 4. Juli 1742. Hinweise auf Verhandlungen oder ein Bando der CIndex wurden nicht aufgefunden.

Dekret: [SO 27. September 1758]
Bando: SO 27. September 1758; CIndex 5. März 1759 (zu Nr. 2)

ACDF SO CL 1759, Bd. I, Nr. 7

1759. Censura in libr. ins[criptu]m: Histoire de l'admirabile Dom Inigo de Guipuscoa. A la Haye 1758. Tom. 1. 2.

RASIEL DE SELVA, HERCULE <Pseudonym> [QUESNEL, PIERRE]: Histoire de l'admirable dom Inigo de Guipuscoa, chevalier de la Vierge, et fondateur de la monarchie des Inighistes : avec une description abrégée de l'établissement et du gouvernement de cette formidable monarchie / par Hercule Rasiel de Selva. - Nouvelle édition augmentée de l'„Anticotton", & de l'histoire critique de ce fameux ouvrage. - A la Haye : aux dépens de la Compagnie ; chez la veuve de Charles Le Vier, 1758. - 2 vol. ; 12°. *RERO*[29]

Gutachter: Lorenzo Savorini OFMConv
Gutachten: 19 S., [12. Mai 1759]

Dekret: SO 26. Juli 1759[30]
Bando: CIndex 5. September 1760

ACDF SO CL 1759, Bd. I, Nr. 8

1759. Censura S. Congregationis Indicis in librum, cui. titulus: Examen de trois questions importantes sur le Mariage. Anonym., et sine loco impressionis.

Anonym [LERIDANT, PIERRE]: Examen de deux questions importantes sur le mariage : comment la puissance civile peut-elle déclarer des mariages „nuls", sans entreprendre sur les droits de la puissance ecclésiastique? quelle est, en conséquence, l'étendue du pouvoir des souverains sur les empêchemens dirimans le mariage?. - [S.l.] : [S.n.], 1753. - XXIV, 588 S. ; 4°. *Abes*[31]

Gutachter: Giuseppe Antonio Martinelli OFMConv
Gutachten: 5 S.[32]

Dekret: CIndex 8. Juli 1754
Bando: CIndex 14. April 1755

---

[29] Das Werk wird nach *GBV* auch Charles Gabriel Porée zugeschrieben. Enth.: PLAIX, CESAR DE: Anti-Cotton (Anti-Cotton, ou réfutation de la lettre déclaratoire du père Cotton : livre où est prouvé que les Jésuites sont coupables et auteurs du parricide exécrable commis en la personne du roi très-chrétien Henri IV. d'heureuse mémoire. - Suivant l'édition originale de 1610.); MARCHAND, PROSPER: Histoire critique de ce fameux ouvrage. *RERO.* Abweichende Formatangabe nach *BNF*, *GBV*: 8°.

[30] Vgl. ACDF Index Prot. 86 (1757-1759), Bl. 224r-v und Bl. 328r-329v.

[31] Nebent.: Traité sur le mariage. *Abes*.

[32] Vgl. Congr. gen. der CIndex 8. Juli 1754.

ACDF SO CL 1759, Bd II

ACDF SO CL 1759, Bd. II, Nr. 1

1759. Censura in librum in septem volumina Parisiis editus, cui. titul.: Encyclopedia, ou dictionaire raysonne des sciences etc.

DIDEROT, DENIS: Encyclopedie, ou Dictionnaire raisonne des sciences, des arts et de metiers / par une societe de gens de lettres. Mis en ordre et publie per M. Diderot, [...] e quant a la partie mathematique par M. d'Alembert, [...]. - A Paris [vol. 8-17 mit fingiertem Erscheinungsort: Neufchastel] : chez Briasson [...] ; [chez] David l'aine [...] ; [chez] Le Breton, imprimeur ordinaire du Roy [...] ; [chez] Durand [...], 1751-1765. - 17 vol. ; 2°. *SBN*

Gutachter: Mauro Sarti OSBCam
Gutachten: 27 S.

Gutachter: Ferdinando Mingarelli OSBCam
Gutachten: 4 S.[1]

Gutachter: Giuseppe Agostino Orsi OP
Gutachten: 7 S.[2]

Gutachter: Raimondo Besozzi OCist
Gutachten: 3 S.

Dekret: keine Angabe
Bando: CIndex 5. März 1759; Breve 3. September 1759;[3] CIndex 5. September 1760

ACDF SO CL 1759, Bd. II, Nr. 1a[4]

1770 et sequentibus. Firenze, e Livorno. Nuova edizione dell'Opera dell'Enciclopedia già condannata, che si stà facendo e in Firenze, e in Livorno.

---

1 Mingarelli sollte prüfen, ob die in Frankreich bereits verbotene Enzyklopädie veröffentlicht werden dürfe. Ein Gutachten von Mingarelli zum ersten Teil der Enzyklopädie befindet sich in ACDF Index Prot. 86 (1757-1759), Bl. 180r-183r; zum zweiten Teil in ACDF Index Prot. 86 (1757-1759), Bl. 184r-185r.

2 Orsi sollte prüfen, ob die in Frankreich bereits verbotene Enzyklopädie veröffentlicht werden dürfe.

3 Für die Verhandlungen der CIndex, vgl. Congr. gen. der CIndex 27. April 1756, 31. August 1756, 28. Februar 1757, 24. April 1758, 28. August 1758 und 5. Dezember 1758. Außer Mingarelli wurden von der CIndex noch weitere Gutachter mit der Prüfung beauftragt.

4 Moderne Nummerierung mit Bleistift in der Rubricella.

♦ DIDEROT, DENIS: Encyclopedie, ou Dictionnaire raisonne des sciences, des arts et des metiers / Par une societe de gens de lettres. Mis en ordre et publie par m. Diderot, [...] & quant a la partie mathematique, par m. d'Alembert, [...]. - Seconde edition enrichie de notes & donnee au public par m. Octavien Diodati noble lucquois. - A Lucques : chez Vincent Giuntini imprimeur, 1758-1776. - 28 vol. ; 2°. *SBN*

Gutachter: keine Angabe
Gutachten: nicht aufgefunden[5]

Weiterhin beiliegend: Octavien Diodati// Aux Sçavans. - [S.l.] : [S.n.], [S.a.]. - XXII S. ; 4°. (Ausschnitt)

ACDF SO CL 1759, Bd. II, Nr. 2

1759. Censura in libr. ins[criptu]m: Recueil d'Ordinances pour les Eglises du Pays de Vaud. a Berne 1758.

Recueil d'ordonnances pour les Eglises du Pays-de-Vaud. - A Berne : de l'imprimerie de LL. EE. [i.e. Leurs Excellences], 1758. - 141, [17] S. ; 4°. *RERO*[6]

Gutachter: keine Angabe
Gutachten: nicht aufgefunden[7]

ACDF SO CL 1759, Bd. II, Nr. 3

1759. Censura in libellum ins[criptu]m: Ouveres de Messire Antoine Arnauld doct. De la Maison, et Societè de Sorbonne proposè par Souscription etc. Avignon 1759.

ARNAULD, ANTOINE: Oeuvres// De Messire// Antoine Arnauld,// Docteur De La Maison// Et Societé// De Sorbonne : Proposé Par Souscription. - A Avignon,// Et se vend à Lausanne : Chez Sigismond D'Arnay, 1759. - 12 S. ; 4°. *ACDF SO CL 1759, Bd. II, Nr. 3*

Gutachter: [Lorenzo] Dionisio
Gutachten: 8 S.

---

5 Das Werk war bereits durch ein Breve vom 3. September 1759 verboten worden. Vgl. ACDF SO CL 1759, Bd. II, Nr.1. Das Faszikel besteht aus Korrespondenzen und Sitzungsprotokollen, die sich auf diese Korrespondenzen beziehen. Hinweise auf erneute Verhandlungen des Werks in Rom wurden nicht aufgefunden. Jedoch wurde laut Sitzungsprotokoll der Feria IV 21. November 1770 der Nuntius von Florenz beauftragt, die neue Ausg. des Werks mit älteren Editionen zu kollationieren.

6 Vermutl. Erscheinungsjahr und abweichende Umfangs- und Formatangabe nach *GBV*: [1758]. - 141 S., 8 Bl. ; 8° [i.e. 4°].

7 Laut Dekret SO vom 8. August 1759 sollte dem Nuntius in der Schweiz mitgeteilt werden, dass die Blätter calvinistische Gesetze behandeln und damit bereits verboten waren.

Dekret: SO 14. August 1759[8]
Bando: CIndex 5. September 1760; SO [Editto] 14. August 1759

Weiterhin beiliegend: (1) MANZI, FRANCESCO MARIA <Avignon, Erzbischof>: Ordonnance// De Monseigneur L'Archevêque// Aux Libraires, et Imprimeurs d'Avignon. […] : Donné à Avignon dans notre Palais Archiépiscopal ce II. Juillet 1759. [...]. - A Avignon : chez Alexandre Giroud, Imprimeur de Monseigneur l'Archevêque, [ca. 1759]. (Plakat, Kleinformat) (2) Le Courrier. - A Avignon : [chez Alexandre Giroud], Nr. 57 (17. Juli 1759). - S. 229-232. (Ausschnitt) (3) Editto. […] : Dato dal Palazzo del S.Uffizio questo dì 17. Aprile 1743. - [Roma?] : [S.n.?], [ca. 1743]. (Plakat, Kleinformat) (4) ELCI, RANIERO D' <Ostia-(Velletri), Bischof ; Kardinal>: Editto// Nos Raynerius Episcopus Ostiens […] : Dato dal Palazzo del S. Offizio 14. Agosto 1759. - [Roma?] : [S.n.?], [ca. 1759]. (Plakat, Kleinformat, 4 Ex.)

ACDF SO CL 1759, Bd. II, Nr. 4

1759. Censura in Theses propugnatas Parisiis a PP. S. Benedicti Monasterii S. Dionisii anno 1759, quarum titul.: Quaestiones Theologicae de Hierarchia Ecclesiastica, et ordinatione sacramentali etc.

Anonym: Quaestiones Theologicae// De Hyerarchia ecclesiastica et ordinatione// Sacramentalis / [Resp.: PP. S. Benedicti Monasterii S. Dionisii]. - [Parisiis?], [1759]. - 5 S. (Manuskript) *ACDF SO CL 1759, Bd. II, Nr. 4*[9]

Gutachter: Ferdinando Mingarelli OSBCam
Gutachten: 2 S., [25. August 1759][10]

ACDF SO CL 1759, Bd. II, Nr. 5[11]

1759. Censura in libellos editos concernentes factum doctrinale circa solutionem matrimonii neophiti Borach Levi, interpellato prius muliere iudea, quae renuit, quae renuit se christiana fieri.

1.[us] inscribitur: Dissertation ou l'on prouve, que S. Paul dans le septieme Chapitre etc.

2.[us] Playdojer pour M[onsigneu]r Eveque de Soisson etc.

3.[us] Memoire pour le Sieur Dage, Curè de la Villeneuve sur Belos intime etc.

---

8 Mit Dekret SO vom 14. August 1759 wurde ebenfalls verboten, sich einer Vereinigung anzuschließen, die den Druck dieses Werks anstrebte.

9 Verf., vermutl. Prüfungsort und Entstehungsjahr ergänzt nach den Angaben in der Rubricella.

10 Am 29. August 1759 wurde entschieden, die Thesen gemeinsam mit ähnlichem Material mit Bezug auf Frankreich zu archivieren. Hinweise auf weitere Verhandlungen zu diesem Fall wurden nicht aufgefunden.

11 Hinweis auf ACDF SO St.St. Mm-3-l.

4.[us] Memoire a Consulter, et Consultation de M[onsigneu]r Pothouin d'Huillet, et Travers Avvocaut du Parlament.

5.[us] Consultation sur le Mariage du Juif Borach Levi etc.

1. Anonym [DESESSARTS, ALEXIS]: Dissertation// Ou L'On Prouve Que S[ain]t Paul// dans le septiéme Chapitre de la premiere// aux Corinthie[n]s, n'enseigne pas que le// mariage puisse être rompu lorsq'une// des Parties embrasse la Religion Chré-//tienne. - A Bruxelles,// Et se trouve à Paris : Chez Cellot, Libraire, […], 1758. - 15 S. ; 4°. *ACDF SO CL 1759, Bd. II, Nr. 5, BNF*

2. SEGUIER, ANTOINE LOUIS ; MOREAU, […] [u.a.]: [Factum. Levi, Joseph-Jean-François-Elie. 1758] Plaidoyé// Pour M. L'Evesque De Soissons, Pair De France, Intimé.// Contre Joseph-Jean-François-Elie// Levy, ci-devant Borach Levy, Juif// de Nation, Appellant comme d'abus / [Signé:] Monsieur Seguier, Avocat Général.// M.e Moreau, Avocat. Le Quieux Le jeune, Procureur. - A Paris : De l'Imprimerie de Pierre Alexandre Le Prieur. Imprimeur du Roi, 1758. - 94 S. ; 4°. *ACDF SO CL 1759, Bd. II, Nr. 5*

3. SEGUIER, ANTOINE LOUIS ; SERIEUX, JEAN ADRIEN [u.a.]: [Factum. Levi, Joseph-Jean-François-Elie. 1757] Memoire// Pour le sieur Dage, Curé de Villeneuve sur belot, Intimé.// Contre Joseph-Jean-François-Elie Levi, Appellant comme d'abus, de deux Sentences de l'Of-//ficialité de Soissons / [Signé:] Monsieur Seguier, Avocat Général.// Me Serieux, Avocat.// Gaulier, Procureur. - [Paris] : De l'Imprimerie de la Veuve Lottin, […], 1757. - 64 S. ; 4°. *ACDF SO CL 1759, Bd. II, Nr. 5, BNF*

4. POTHOUIN D'HUILLET, [...] ; TRAVERS, [...]: [Factum. Levi, Joseph-Jean-François-Elie. 1757] Memoire// A Consulter:// Et Consultation// De M[onsigneur]es Pothouin D'Huillet & Travers,// Avocats au Parlement.// Sur l'Appel comme d'abus interjetté par Levy// de deux Sentences de l'Officialité de Soissons, qui// l'ont déclaré non-revocable dans sa demande tendante// à contracter dans le Christianisme un nouveau Mariage// du vivant de la femme qu'il avoit époisée dans le Judaïsme. [30 décembre 1757.]. - A Paris : Au Palais ; De l'Imprimerie de la Veueve Paulus-Du-Mesnil,// Imprimeur-Libraire, [...], 1757. - 51 S. ; 4°. *ACDF SO CL 1759, Bd. II, Nr. 5, BNF*

5. LERIDANT, PIERRE: [Factum. Levi, Joseph-Jean-François-Elie. 1758] Consultation// Sur// Le Mariage// Du Juif// Borach Levi / [Signé: Le Ridant]. - A Paris, Au Palais : Chez La Veuve de Paulus-Du-Mesnil, Imprimeur-//Libraire, […].// Knapen, Imprimeur-Libraire, […], 1758. - 87 S. ; 4°. *ACDF SO CL 1759, Bd. II, Nr. 5, BNF*

Gutachter: Angelo Maria Villimpenta OSM
Gutachten: 24 S. (zu Factum)

Gutachter: Angelo Maria Villimpenta OSM
Gutachten: 14 S. (zu Nr. 1-5)

Gutachter: Angelo Maria Villimpenta OSM
Gutachten: 26 S. (zu Nr. 1)

Dekret: SO 6. September 1759[12]
Bando: CIndex 5. September 1760 (zu Nr. 1-5)

Weiterhin beiliegend: LEGRAS, [...]: [Factum. Levi, Joseph-Jean-François-Elie. 1757] Memoire// Pour Joseph-Jean-François-Elie// Levi, Bourgeois de Villeneuve-sur-Bellot,// Appelant.// Contre Monsieur François, Duc De// Fitz-Jam, Evêque de Soisson, prenant// le fait et cause de son Promoteur.// Et le Sieur Louis Daage, Curé de Ville-//neuve-sur Bellot, Intimés / [Signé:] M.e Le Gras, Avocat. - [Paris] : De l'Imprimerie de la Veuve Paulus-Du-Mesnil, […], 1757. - 72 S. ; 4°. *BNF*[13]

ACDF SO CL 1759, Bd. II, Nr. 6

1759. Dimittitur libel. Thesium propugnat. Paris die 7. Aug[ust]i 1759 a canonico regul. S. Genovefae, cui. titul.: Theses Theologicae Parisii 1759. Quis est Pater Noster. Matth. 6. v. 9.

1. Anonym: Quaestiones// Theologicae. - Parisiis : Typis P. Ae. Le Mercier, Congregationis Gallicanae// Typographi ac Bibliopolae, [...], 1759. - 15 S. ; 4°. *ACDF SO CL 1759, Bd. II, Nr. 6*

2. Anonym: Quaestio// Theologica. - Parisiis : Typis P. Ae. Le Mercier, Congregationis Gallicanae// Typographi ac Bibliopoae, [...], 1759. - 9 S. ; 4°. *ACDF SO CL 1759, Bd. II, Nr. 6*

Gutachter: keine Angabe
Gutachten: nicht aufgefunden[14]

ACDF SO CL 1759, Bd. II Nr. 7

1759. Permittitur evulgatio libri R. P. D. Bossuet de Concupiscentia, et Libero Arbitrio traducti in Lingua italica.

BOSSUET, JACQUES BÉNIGNE: Del libero arbitrio e della concupiscenza : opera istruttiva / di Jacopo Benigno Bossuet ; tradotta dall'original francese. - Padova : Nella stamperia del seminario, appresso Gio: Manfrè, 1733. - 94, 145 S. ; [12°]. *Saintmeinrad*[15]

Gutachter: keine Angabe
Gutachten: nicht aufgefunden[16]

---

12 Vgl. ACDF Index Prot. 87 (1759-1762), Bl. 10r-v. Hinweise auf weitere Verhandlungen der CIndex wurden nicht aufgefunden; diese theologischen Auseinandersetzungen sollten nicht weiter verhandelt werden.

13 Erscheinungsort ergänzt nach *BNF*.

14 Laut Rubricella wurden die Thesen zugelassen.

15 Abweichende Umfangs- und Formatangabe nach *SBN*: 145 S. ; 12°. Vgl. BOSSUET, JACQUES BENIGNE: Traitez du libre-arbitre, et de la concupiscence : Ouvrages posthumes / de Messire Jacques-Benigne Bossuet, Evêque de Meaux [...]. - Paris : Chez Barthelemy Alix [...] ; [im Kolophon:] De l'imprimerie de Claude Simon, 1731. - 26, [6], 155, [5], 218, [14] S. ; 12°. *COPAC.*

16 Laut Rubricella wurde die Druckerlaubnis erteilt.

ACDF SO CL 1759, Bd. II, Nr. 8

1759. Censura in quasdam theses theologicas propugnatas a P. Hieronimo Bertolio Societ. Jesu dicatas Episcopo Novarienti.

Das Werk wurde nicht ermittelt

Gutachter: Armando Maria Bandini OSM
Gutachten: 23 S.[17]

ACDF SO CL 1759, Bd. II, Nr. 9

1759. Liber gallicus inscriptus: Le Molinisme et le Materialisme démasques.

Anonym: Le Molinisme// Et// Le Matérialisme// Démasqués. - [S.l.] : [S.n.], [S.a.]. - 44 S. ; 4°. *ACDF SO CL 1759, Bd. II, Nr. 9, BNF*[18]

Gutachter: keine Angabe
Gutachten: nicht aufgefunden

Dekret: SO 12. September 1759
Bando: CIndex 5. September 1760[19]

ACDF SO CL 1759, Bd. II, Nr. 10

1759. Acta in decreta Principis Caroli a Lotharingia Gubernatoris Belgii Austriaci, quibus prohibet libros.

1.us inscrib.: Dictata de Sacramento Poenitentiae per R. D. P. Dens

2.us Supplementum Theologiae R. D. Laurentii Neessen de Veritate Religionis etc. per R. P. D. Dens.

3.ius inscribit[u]r: Apologia P. Tomsonii Recollecti. De schedulis Auricularis Confessionis

4. us Index Librorum prohibitorum, noviter impressus Romae de mandato S[anctis]s[i]mi D. Benedicti XIV.

Censura in praefata Opera Theologica Canonici Dens, et in Apologiam P[at]ris Tomsonii.

Censura in praefata decreta Gubernatoris Belgii.[20]

---

17 Am 16. August 1759 wurde das Werk und eine Kopie des Gutachtens dem Kard. Tamburini übergeben. Zu diesem Fall wurde keine Entscheidung getroffen.

18 Nebent. nach *BNF*: Mémoire servant de clef de David, ou Le molinisme et le matérialisme démasqués, fait, en exécution des ordres du ministre et secrétaire d'État, de cinquante-une des principales questions à consulter, auxquelles, pour parvenir à un concile national composé des députés des trois états, ou plutôt à une paix générale, on peut fixer, pendant un bref délai, toutes les disputes de l'École touchant la religion et le gouvernement de l'Église [...]. Vermutl. Erscheinungsjahr nach *BVB*: [ca. 1755]. Siehe auch: *ACDF SO CL 1759, Bd. I, Nr 4.*

19 Vgl. ACDF Index Prot. 87 (1759-1762), Bl. 14r.

1. DENS, PIERRE: Dictata De Sacramento Poenitentiae : Cum Appendice / Per Reverendum Admodum Dominum Petrum Dens S. T. L. [...]. - Mechliniae : Typis Joannis Francisci Vander Elst, 1758. - [2], 316 S. - (Supplementum theologiae Rev. Adm. D. Laur. Neesen : De virtute religionis reliquisque virtutibus justitiae annexis, et de virtute temperantiae / Per [...] P. Dens [...] ; Pars 2). *KB*, *HBZ*[21]

2. DENS, PIERRE: Supplementum theologiae Rev. Adm. D. Laur. Neesen : De virtute religionis reliquisque virtutibus justitiae annexis, et de virtute temperantiae / Per [...] P. Dens [...] ; secunda pars continet ejusdem Dictata de sacramento poenitentiae. - Mechliniae : typis Joannis Francisci vander Elst, 1758. - 2 Teile. - V, [3], 294; [2], 316 S. ; 4°. *KB*, *HBZ*.

3. *Das Werk* Apologia P. Tomsonii Recollecti *wurde nicht ermittelt*

Gutachter: Felice Maria Nerini OSH
Gutachten: 17 S., 15. September 1759 (zu Nr. 1-3)[22]

Weiterhin beiliegend: (1) KARL ALEXANDER <Lothringen, Herzog>: Décrets// Du Prince// Charles-Alexandre// De Lorraine,// Gouverneur Des Pays-Bas Autrichiens, &c.// Portant Suppression:// 1°. De Différens Ecrits de Théologie, comme contenant des principes// contraires à l'autorité Royale & aux maximes inviolablement obser-//vées dans les Pays-Bas, notamment sur les Billets de Confes-//sion, &c.// 2°. De l'Index Librorum prohibitorum &c. publié par ordre de Benoît XIV, comme mettant au rang des Livres proscrits les Ouvrages du// Docteur Van-Espen & autres qui établissent les Droits du Sou-//verain. - A Bruxelles : [S.n.], 1759. - 8 S. ; 4°. *BNF* (2) RUDDERE, BENEDICTUS DE: Benedictus De Ruddere// Ecclesiae Metropolitanae et Primatialis S. Rumoldi Mechliniae, et Archi-Dioecesis Mechliniensis,// Sede Archi-Episcopalis vacante, Vicarius Generalis. [...] Datum Mechliniae in Palatio Archi-Episcopali die 25. Aprilis 1759. [...]. - Mechliniae : typis Joannis Francisci Vander Elst Typographi Vicariatûs, [ca. 1759]. (Einblattdruck) (3) Suite Des Nouvelles Ecclesiastiques. - [Utrecht], (7. Aug. 1759). - S. 129-132. (Ausschnitt)[23]

Weiterhin Hinweise auf: ♦ RICCHINI, TOMMASO AGOSTINO (Bearb.): Index librorum prohibitorum SSmi D.N. Benedicti XIV. Pontificis maximi jussu

---

20 Zusammenfassungen und ital. Übers. der Dekrete von Charles-Alexandre De Lorraine (Buchstabe A) und ein Foglio Istruttivo (Buchstabe B) befinden sich in ACDF SO Vota CL II (1757-1809), Nr. 32.

21 Titel des Gesamtwerks: DENS, PIERRE: Supplementum theologiae Rev. Adm. D. Laur. Neesen : De virtute religionis reliquisque virtutibus justitiae annexis, et de virtute temperantiae / Per [...] P. Dens [...] ; secunda pars continet ejusdem Dictata de sacramento poenitentiae. - Mechliniae : typis Joannis Francisci vander Elst, 1758. - 2 Teile. - V, [3], 294; [2], 316 S. ; 4°. *KB*, *HBZ*.

22 Vgl. ACDF SO Vota CL II (1757-1809), Nr. 32. Am 6. Februar 1760 nahmen die Kard. den Fall zur Kenntnis, ohne eine Entscheidung zu treffen.

23 Hauptsacht. anfangs: Nouvelles ecclésiastiques, ou mémoires pour servir à l'histoire ecclésiastiques. Hauptsacht. 1713 - 1729: Nouvelles ecclésiastiques; Hauptsacht. teils: Suite des nouvelles ecclésiastiques; teils: Nouvelles ecclèsiastiques ou mémoires pour servir à l'histoire de la constitution. Auf dem Bandtitelbl. teils: Nouvelles ecclésiastiques, collegii parisiens Societatea Jesu ou mémoires pour servir à l'histoire ecclésiastiques. Ersch. in mehreren Neuausg. mit leicht abweichendem Hauptsacht. Erscheinungsverlauf: 1713/27; 1.1728/30 (1735) - 3.1734/37 (1738); 1738 - 1803[?]. Zählung einer Neuausg.: 1.1728/30 - 18.1797/1803. *ZDB*.

recognitus, atque editus. - Romae : ex typographia rev. Camerae apostolicae, 1758. - [10], XXXVI, 304 S. ; 8°. *COPAC*[24]

[24] Abweichende Umfangsangabe nach *COPAC*: [6], XXXVI, 304, 8 S. Nach *COPAC* erschien im selben Jahr noch eine weitere Ausg. (Umfang: 6, 1, XXXIX, 268 S.). Ermittelt wurde auch: RICCHINI, TOMMASO AGOSTINO (Bearb.): Index librorum prohibitorum Sanctissimi Domini nostri Benedicti XIV. Pontificis Maximi jussu Recognitus, atque editus. - Editio postrema caeteris ornatior, cum additamentis. - Romae : Ex Typogr. Rev. Camerae Apostolicae, 1761. - LVI, 122 [i.e. 322] S. ; 8°. *GBV*.

ACDF SO CL 1760-1761

ACDF SO CL 1760-1761, Nr. 1

1760. Censura in Manus[criptu]m - cui. titulus: Vita della Serva di Dio Suor Maria Gesualda della S[antis]s[i]ma Trinità, nominata nel Secolo Felice Acciaccaferri da S. Severino, Religiosa Domenicana della stretta osservanza nel Monistero del Corpus Domini della Terra di Loro, Diocesi di Fermo, descritta in Compendio dal P. Pietro Divini Sacerdote della Cong[regazio]ne dell'Oratorio etc.

DIVINI, PIETRO: Vita della Serva di Dio Suor Maria Gesualda della SSm. Trinità, nominata nel secolo Felice Acciaccaferri da S. Severino. Religiosa Domenicana della stretta osservanza nel Monistero del Corpus Domini della Terra di loro diocese di Fermo : descritta in compendio / dal P. Pietro Divini sacerdote della Cong. dell´Oratorio. - [S.a.]. (Manuskript) *Das Manuskript wurde nicht nachgewiesen*

Gutachter: Raimondo Besozzi OCist
Gutachten: 15 S.[1]

ACDF SO CL 1760-1761, Nr. 2

1760. Prohibetur liber editus a Potzdam, cui. titul.: Oeuvres du Philosophe de Sans Souci. Continens multiplicis generis carmina ab incerto Authore gallico Idiomate exarata.

♦ PHILOSOPHE DE SANS-SOUCI [FRIEDRICH <Preussen, König, II.>]: Oeuvres du philosophe de Sans-Souci. - Potsdam et se trouve à Amsterdam : J. H. Schneider, 1760. - 8°. *HBZ*

♦ PHILOSOPHE DE SANS-SOUCI [FRIEDRICH <Preussen, König, II.>]: Oeuvres du philosophe de Sans-Souci. - 2. éd. - Potzdam : [S.n.], 1760-. - 2 vol. ; 8°. *HBZ*[2]

Gutachter: [Benedetto Veterani]
Gutachten: [12. März 1760]

Dekret: SO 12. März 1760
Bando: CIndex 5. September 1760

---

1 Mit Dekret SO vom 23. Januar 1760 wurde die Druckerlaubnis verweigert.

2 Ermittelt wurde auch: PHILOSOPHE DE SANS-SOUCI [FRIEDRICH <Preussen, König, II.>]: Poésies diverses ou oeuvres du philosophe de Sans-Souci. - Nouvelle édition plus complette qu'aucune de celles qui ont paru. - Pozdam : [S.n.], 1760-. - 2 vol. *HBZ*.

ACDF SO CL 1760-1761, Nr. 3

1760. Censura in Catechism. Scotiae impress., cui. titul.: A short Abridgment, of Christian Doctrine etc.

A// Short Abridgment// Of// Christian Doctrine. - [S.l.] : [S.n.]. - 18 S. ; 8°. *ACDF SO CL 1760-1761, Nr. 3*[3]

Gutachter: keine Angabe[4]
Gutachten: nicht aufgefunden[5]

ACDF SO CL 1760-1761, Nr. 4

1760. Censura in concionem typis editam, et recitatam a Francesco Neumayr. Soc. Jesu Augustae quae inscribitur: Frag. Ob der Probabilismus.

NEUMAYR, FRANZ: Frag:// Ob der// Probabilismus// oder// Die gelindere Sitten-Lehr// Catholischer Schulen// Abscheulich// Und zu vermaledeyen seye? / Beantwortet// Von// P. Francisco Neumayr Soc. Jesu// Deß hohen Dom-Stiffts der Reichs-Stadt Aug-//spurg Ordinari Predigern// Wider die Protestantische Zeitungs-Schreiber// Am Oster-Dienstag// Im Jahr Christi 1759. - Zweyte Auflag.// Mit Genehmhaltung der Oberen. - München, und Ingolstadt : Verlegts Franz Xaveri Cratz, und Thomas Summer, [1759]. - 40 S. ; 4°. *ACDF SO CL 1760-1761, Nr. 4, GBV*[6]

Gutachter: Giovanni Battista Colombini OFMConv
Gutachten: 54 S., [7. April 1760][7]

Dekret: SO 29. Mai 1760
Bando: SO 29. Mai 1760

Weiterhin beiliegend: (1) Suite Des Nouvelles Ecclesiastiques. - [Utrecht], (7. Mai 1760). - S. 89-92. (Ausschnitt)[8] (2) NEUMAYR, FRANZ: Not[h]ae Theologicae// Pro//

---

3 Ermittelt wurde auch: A short abridgement of Christian doctrine : Publish'd with allowance. - [Glasgow?] : [S.n.], 1728. - 24 S. ; 12°. *COPAC.*

4 Möglicherweise Spinelli, laut Korrespondenz mit dem Ass.

5 Jedoch: 19 S., Gutachten und vermutl. gleichzeitige Anzeige der Nuntiatur in Venedig. Angabe aus der Korrespondenz zwischen Spinelli und dem Ass. Mit Dekret SO vom 26. März wurde der Katechismus zugelassen.

6 Gegenstand der Prüfung war eine beiliegende hs. ital. Übers. u.d.T. NEUMAYR, FRANZ: Risposta del P. Francesco Neümajer Gesuita// Predicatore Ordinario della// Chiesa Cattedrale di// Augusta,// alla questione:// Se il Probabilismo, o sia la Dottrina benigna che inse-//gnasi nelle Scuole Cattoliche, sia Mostruosa e degna di esecrazione.// Contro i Novellisti Protestanti.// Seconda Edizione Monaco e Ingolstast 1759.// Apresso Francesco Saverio Crätz,/ e Tommaso Summer. - 130 S. (Manuskript).

7 Vgl. ACDF SO Vota CL II (1757-1809), Nr. 47-49.

8 Hauptsacht. Nouvelles ecclésiastiques, ou mémoires pour servir à l'histoire de la constitution Unigenitus. Erschienen: Utrecht. Hauptsacht. anfangs: Nouvelles ecclésiastiques, ou mémoires pour servir à l'histoire ecclésiastiques. Hauptsacht. 1713 - 1729: Nouvelles ecclésiastiques; Hauptsacht. teils: Suite des nouvelles ecclésiastiques; teils: Nouvelles ecclèsiastiques ou mémoires pour servir à l'histoire de la constitution. Auf dem Bandtitelblatt teils: Nouvelles ecclésiastiques,

Tutela// Probabilismi : Sine sua culpa graviter accusati// In// Animadversionibus// Theologicis// Plur. Rev. P.F. Dominici Reichard Ord. Prae-//dicatorum SS. Theol. Praesentati, ac Stud. Gen.// Augustani Baccalaurei &c.&c. / Religiose Autem Defensi// A// P. Francisco Neumayr Soc. Jesu// Cathedralis Ecclesiae Augustanae// Oratore Ordinario// Anno Christi MDCCLX.// (Cum Licentia Superiorum). - Monachii & Ingolstadii : Sumptibus Francisci Xaverii Cräz, & Thomae Summer, 1760. - [6] Bl., 70 S. ; 4°. *HBZ*[9] (3) GÖZ, [...] SEN. ; GÖZ, [...] JUN. (STECHER): R. P. Franciscus Neumayr Societatis Jesu Cathedralis Ecclesiae Augustanae Vindelicorum Concionator Ordinarius.// Si consistant adversum me castra// non timebit cor meum, Ps. 26. v. 3. (Portrait des Franz Neumayr) [Bildliche Darstellung] / Göz Sen. et Iun. Fec. A.V. - [S.a.]. - 1 Graphik (Portr., Kupferstich) (4) STOCK[ER]MANN, [I. A.?] JUN. (STECHER): R. P. Franc. Neumayr// Soc. Jesu// Conc. Cathedr. Augustanae. (Portrait des Franz Neumayr) [Bildliche Darstellung] / I.P. For. Stockermann Iun. Sc. A.V. - [S.a., 1759?]. - 1 Graphik (Portr., Kupferstich)[10] (5) Anonym?: R. P. Franc. Neumayr Soc. Jesu Conc. Cathedr. Augustanae.// Verae Romanae Defensor Ecclesiae// Si Ecclesiam non audierit, sit tibi sicut Ethnicus.// Der die Chirch nicht höret, den sollst halten wie einen Seÿden.// Ita Leo de tribu Iuda. Matth. 18.17. (Portrait des Franz Neumayr) [Bildliche Darstellung]. - [1751?]. - 1 Graphik (Portr., Einblattdruck)[11]

ACDF SO CL 1760-1761, Nr. 5

Cremona 1757, et 1760. Censura in libr. ins[criptu]m: Orazioni Cristiane, ovvero esercizi ordinari del cristiano etc. de P. Croiset della Compagnia di Gesù tradotto dal Francese. Venezia 1753.

♦ CROISET, JEAN : Orazioni cristiane, ouuero tutti gli esercizi ordinari del cristiano con un ristretto di sua fede / Del reu. padre Giovanni Croiset [...] traduzione dal francese di Seluaggio Canturani. - Venezia : nella stamperia Baglioni, 1750. - XXIII, 587, [1] S. ; 12°. *SBN*[12]

---

collegii parisiens Societatea Jesu ou mémoires pour servir à l'histoire ecclésiastiques. Ersch. in mehreren Neuausg. mit leicht abweichendem Hauptsacht. Erscheinungsverlauf: 1713/27; 1.1728/30(1735) - 3.1734/37(1738); 1738 - 1803[?]. Zählung einer Neuausg.: 1.1728/30 - 18.1797/1803. *ZDB*.

9 Abweichende Umfangsangabe: 72 S. *BNF*; [4] Bl., 70 [i.e. 72] S. *HBZ*, *BVB*.

10 Einen von I. A. Stockmann gefertigten Kupferstich mit dem Portr. des Verf. enth. nach *GBV*: NEUMAYR, FRANZ: Frag: Ob der Probabilismus Oder Die gelindere Sitten-Lehr Catholischer Schulen Abscheulich Und zu vermaledeyen seye? : Beantwortet Wider die Protestantischen Zeitungs-Schreiber / Von P. Francisco Neumayr Soc. Jesu Der Hohen Dom-Stiffts Kirchen zu Augspurg Ordinari Predigern Am Oster-Dienstag Im Jahr Christi 1759. - München, und Ingolstadt : Verlegts Frantz Xaveri Crätz, und Thomas Summer, [1759]. - 40 S., [1] gef. Bl. ; 4° [8°].

11 Vermutl. Erscheinungsjahr nach Chronogramm.

12 Das Werk war bereits erschienen: CROISET, JEAN: Orazioni cristiane, ovvero Tutti gli esercizj ordinarj del cristiano, con un ristretto di sua fede / Del rev. padre Giovanni Croiset della Compagnia di Gesu. Traduzione dal francese di Selvaggio Canturani. - Venezia : nella Stamperia Baglioni, 1740. - XXIII, [1], 588 S. ; 12°. *SBN*. Ermittelt wurde auch: CROISET, JEAN: Orazioni cristiane, ovvero Tutti gli esercizj ordinarj del cristiano / del rev. padre Giovanni Croiset della Compagnia di Gesu: colla parafrasi degli uffizi di Maria Vergine, de' morti [...] Traduzione dal

Gutachter: Clemente di Gesù Maria OCD
Gutachten: 10 S., [14. Juli 1760][13]

ACDF SO CL 1760-1761, Nr. 5bis[14]

1760. Roma. Essendo stata presentata al P. M[aest]ro del S. Palazzo un Opera intitolata: La Vita di Gesu Cristo, nostra Via, Verità, e salute etc. scritta dal M. R. P. Camillo Durante Teatino, ed essendo stata fatta rivedere dal P. M[aest]ro del S. Palazzo, questo ne concesse la licenza, con la clausola: dummodo a S. Cong[regation]e S. Off[ic]ii approbetur opus circa ea, quae spectant revelationes Agrelanos.

DURANTE, CAMILLO: La Vita// Di// Gesu' Cristo// Nostra Via, Verita', E Salute. [Libro I.// Delle notizie preliminari, o Prenozioni. Capitolo I.// Il Decreto dell'Incarnazione. Prenozione I.] - [S.l.] : [S.n.], [S.a.]. - 16 S. ; [8°?]. *ACDF SO CL 1760-1761, Nr. 5bis*

Gutachter: Luigi Antonio Stampa OSBOliv
Gutachten: 4 S., [8. September 1760][15]

ACDF SO CL 1760-1761, Nr. 6

1760. Censura in dissertationem ins[cripta]m: Politica Ecclesiæ potestas et eius a tributo civili immunitas cum positionibus Theologicis etc. sub praesidio Patris Jordanis Simon ord[ini]s S. Augustini. Wircerburgo in Franconia.

SIMON, JORDAN (Praes.): [Meletēsis] Μελέτησις// Verborum Christi Matth. XVII. 24.// Qvid Tibi Videtvr Simon? Reges Terrae A Qvi-//bvs Accipivnt Tribvtvm Vel Censvm? A Filiis// Svis An Ab Alienis?// Sive// Politica Ecclesiae// Potestas// Et Ejus// A Tribvto Civili Immvnitas// Cvm// Positionibvs Theo-//logicis// Annvente S. Facvltate Theologica / Svb Praesidio// M. F. Jordani Simon […]. – Erfordiae : Litteris Heringianis, Acad. Typogr., 1759. - 6 S. [Einleitung], 47, 14 S. [Positiones Theologicae] ; 4°. *ACDF SO CL 1760-1761, Nr. 6, BVB*

Gutachter: Luigi Antonio Stampa OSBOliv
Gutachten: 10 S., [14. Juli 1760][16]

francese di Selvaggio Canturiani. - Venezia : nella stamperia Baglioni, 1759. - XXIII, [1], 608, [4] S. ; 18°. *SBN*. Vgl. CROISET, JEAN: Heures ou prières chrétiennes : contenant tous les exercices ordinaires du chrétien, avec un abrégé de notre créance / par Jean Croiset S.J. - Bruxelles : Chez Jean Leonard, 1730. - [16], 498 S. ; 8°. *UBVU*.

13 Am 14. Juli 1760 waren die Konsultoren der Meinung, dass der Inquisitor dieses Buch ignorieren solle.

14 Vgl. Eintrag in der Rubricella unter Nr. 7.

15 Mit Dekret SO vom 10. September 1760 wurde die Druckerlaubnis verweigert, damit theologische Auseinandersetzungen nicht in der Volkssprache verbreitet würden.

16 Am 3. September 1760 nahmen die Kard. den Fall zur Kentniss, ohne eine Entscheidung zu treffen.

ACDF SO CL 1760-1761, o. Nr.

1760. Acta in reimpressione Bibliae Sacrae facta de mandato principii Caroli Alberti de Hoenzolleert Waldenburg in Lingua Germanica.

Das Faszikel fehlt[17]

Gutachter: keine Angabe
Gutachten: nicht aufgefunden

ACDF SO CL 1760-1761, Nr. 7

1760. Censura in manus[criptu]m: Vita di Gesù Cristo etc. del P. Camillo Durante Teatino.

Das Faszikel fehlt[18]

Gutachter: keine Angabe
Gutachten: nicht aufgefunden

ACDF SO CL 1760-1761, Nr. 7

1760. Germania. Sopra la ristampa della Biblia sacra in Lingua Tedesca con figure in Rame.

Das erste Buch Mose. - [S.l.] : [S.n.], [S.a.]. - 1 S. (Druck) *ACDF SO CL 1760-1761, Nr. 7*

♦ Katholische Bibel, das ist, die ganze Heilige Schrift alten und neuen Testaments, nach der uralten gemeinen Lateinischen, und von der Heil. Katholischen Kirch bewährten, und in derselbigen bishero allzeit gebrauchten Uebersetzung, mit jedes Capitels nothwendigen Summarien, und mit vielen Kupfern der fürnehmsten Historien, samt einer ordentlichen Anzeig aller Evangelien und Episteln für die Sonntäg, und in Deutschland meistentheils gewöhnlichen Feyertagen, auch einem Biblischen Catechismo versehen, zum Gebrauch der Römisch-Catholischen / Auf gnädigste Veranlassung, und unter besonderer Protection Sr. Hochfürstl. Durchleucht zu Hohenlohe und Waldenburg Schillingsfürst [...] also besorgt und herausgegeben von des hohen deutschen Ritter-Ordens bey der Löbl. Commenden in Nürnberg verordneten Geistlichen. (Mit Bewilligung der Obern, und allergnädigsten Kayserlichen Privilegio). - Nurnberg : gedruckt bey Johann Joseph Fleischmann, Raths- und Canzley-Buchdruckern, 1763. - [1], [30], 684, 272, 315, [38], 88 S. ; 2°. *COPAC*[19]

Gutachter: Giuseppe Simone Assemani
Gutachten: 19 S., [September 1760][20]

---

17 Vgl. ACDF SO CL 1760-1761, Nr. 7.

18 Vgl. ACDF SO CL 1760-1761, Nr. 5bis.

19 Die Bibelausg. wird auch „Lotterie-Bibel" genannt. Enth.: Kurzgefasster Catholischer Biblischer Catechismus, [...]. (Nürnberg : Christian de Launoy, 1763). *COPAC*.

20 Vgl. ACDF SO Vota CL II (1757-1809), Nr. 44. Mit Dekret SO vom 4. September 1760 wurde die Druckerlaubnis verweigert. Dem Nuntius von Köln sollte mitgeteilt werden, dass Rom eine

ACDF SO CL 1760-1761, Nr. 8

1760. Censura in Libell. ins[criptu]m: Trattato dell'Officio divino, e della maniera di ben recitarlo, tradotto dal Francese emendato, e corretto.

Das Manuskript wurde nicht ermittelt

Gutachter: Tommaso Angelo Ricchini OP
Gutachten: 2 S., [5. November 1760][21]

ACDF SO CL 1760-1761, Nr. 9

1760. Censura in Libr. Gallicum, cuius titul. italice redditus: Riflessioni d'un Militare sull'utilità della Religione, per la condotta dell'Armate, e il Governo de Popoli etc. A Londra 1759.

M*****, [...] DE [MAUVILLON, ÉLEAZAR DE]: Reflexions D'Un Militaire Sur L'Utilité De La Religion Pour La Conduite Des Armées Et Le Gouvernement Des Peuples : Addressees Au Gouvernement, A L'Etat Militaire Et A La Magistrature / Par M. De M*****. - Londres : Nourse, 1759. - [34], 180, [44] S. ; [12°]. *HBZ*[22]

Gutachter: [Filippo da Carbognano OFMObs]
Gutachten: 9 S., [Nach 26. Januar 1760][23]

ACDF SO CL 1760-1761, Nr. 10

1760. Considerationes super doctrinam traductam e Lingua Graeca in Italam, cui. titul.: Dottrina Cristiana da dirsi dalli Discepoli de Gesuiti in Scio etc. Zanclifi 1754. Praetenditur Authorem huius doctrinae esse P. Velasti Jesuitam.

Censura in Libellum ins[criptu]m: Denuncia d'un empio Catechismo alla Chiesa, e rimonstranze de Fedeli ai Primi Pastori, intorno al Libro parimente stampato in Zanclifi in Lingua greca volgare l'anno 1754. intitolato: Dottrina Cristiana etc.

1. Anonym: Denunzia di un empio Catechismo [col titolo ... di Dottrina Cristiana da dirsi dalli discepoli de' Gesuiti in Scio ... Composta dal P. V.] alla Chiesa, e rimostranze de' fedeli ai primi pastori. - Lugano : [S.n.], 1763. - 8º. *BL*

2. ♦ Anonym [VELASTI, THOMAS STANISLAS?]: Dottrina cristiana da dirsi dalli discepoli de'Gesuiti in scio orazione Mattutina ed altre diverse devozioni. - [S.l.] : [S.n.], 1754. - 12°. *BNF*

Neuaufl. der Hl. Schrift in der Volksprache nicht beglaubigen könne. Der Fürst sollte sich mit den Bischöfen verständigen.

21 Mit Dekret SO vom 5. November 1760 wurde die Druckerlaubnis mit der Auflage erteilt, das Werk zu korrigieren. Das Werk dürfe unter Umständen auch in Rom gedruckt werden, weiterhin solle ein Exemplar oder das Manuskript des Werks vom SO archiviert werden.

22 Formatangabe ergänzt nach *SBN*, *BNF*.

23 Zu diesem Fall wurde keine Entscheidung getroffen.

Gutachter: Giuseppe Simone Assemani
Gutachten: 16 S. [30. Juni 1761] (zu Nr. 2)

Gutachter: Giuseppe Simone Assemani
Gutachten: 4 S. [30. Juni 1761] (zu Nr. 1)[24]

Weiterhin beiliegend: FASSADONI, MARCO: On Sayng// His First Mass// Francis Onigo's Count// Blank Verses. - [S.l.] : [S.n.], [S.a.]. (Plakat, Großformat)[25]

ACDF SO CL 1760-1761, Nr. 11

1761. Censura in theses, quae inscribuntur: probabilismus pubblicae disputationi ven. clero Avisiensis exercitii gratia expositus contra probabiliorismum stricte talem utpote negotium perambulans in tenebris pro die 10 iunii 1760 in edibus canonicalibus Avisii etc.

Anonym [AGOSTINO BONORA]: Probabilismus// Publicae Disputationi Ven. Clero Avisiensi exercitii gratia expositus contra Proba-//biliorismus stricte talem, utpote negotium perambulans in tenebris.// Pro die 10. Junii 1760. - [Avisii] : [In aedibus Canonicalibus], [ca. 1760]. (Einblattdruck) *ACDF SO CL 1760-1761, Nr. 11*

Gutachter: Felice Maria Nerini OSH
Gutachten: 28 S. 31. Dezember 1760 [26]

Gutachter: Giovanni Battista Colombini OFMConv
Gutachten: 32 S.[27]

Dekret: CIndex 19. Januar 1761[28]; SO 26. Februar 1761
Bando: CIndex 28. August 1761

Weiterhin beiliegend: ALBERTI D'ENNO, FRANCESCO FELICE <Trient, Bischof>: Franciscus Felix// Dei Gratia Episcopus [...]. Datum Tridenti ex Arce Nostrae Residentiae hac die tertia Januarii 1761. [...]. - Tridenti : Ex Typografia Episcopali Joannis Baptistae Monauni, [ca. 1761]. - 4 S.

ACDF SO CL 1760-1761, Nr. 12

1761. Censura in nonnullas propositiones concernentes Gratiam sufficientem et spiritualitem animae in Bestiis contentas in Diariis Litterariis Florentiae, quae attribuentur Doctori Joanni Lami.[29]

24 Am 9. Juli 1761 nahmen die Kard. den Fall zur Kenntnis, ohne eine Entscheidung zu treffen.
25 Gedicht von Mark Fassadoni beginnend mit „Great God ...". Text zweisprachig (engl. und ital.).
26 Vgl. ACDF SO Vota CL II (1757-1809), Nr. 52.
27 Vgl. ACDF SO Vota CL II (1757-1809), Nr. 52.
28 Vgl. ACDF Index Prot. 87 (1759-1762), 278r. Beiliegend Schreiben des Bischofs von Trient vom 20. Mai 1761 und die Unterwerfung des Augustinerkanonikers Agostino Bonora vom 13. Mai 1761. Hinweise auf diesen Fall in ACDF SO CL 1794-1795, Nr. 8.
29 Vgl. ACDF SO Vota CL II (1757-1809), Nr. 50.

Novelle letterarie, pubblicate in Firenze. - Firenze : Tartini e Franchi, Jg. 1., Nr. 1 (Jan. 1740) - Jg. 30. Nr. 52 (29. Dez. 1769); 2. Ser. Jg. 1., Nr. 1 (Jan. 1770) - 23. (1792?). *ZDB, SBN*[30]

1. Novelle Letterarie. - Firenze, Jg. 21 [L'anno 1760], Nr. 51 (19. Dez. 1760). - Sp. 801-815 ; 4°. (Ausschnitt) *ACDF SO CL 1760-1761, Nr. 12*

2. Novelle Letterarie// Per L'Anno MDCCLXI. - Firenze, Jg. 22 [L'anno 1761], Nr. 1 (2. Jan. 1761). - Sp. 1-16 ; 4°. (Ausschnitt) *ACDF SO CL 1760-1761, Nr. 12*

3. Novelle Letterarie. - Firenze, Jg. 22 [L'anno 1761], Nr. 8 (20. Febr. 1761). - Sp. 113-128 ; 4°. (Ausschnitt) *ACDF SO CL 1760-1761, Nr. 12*

4. Novelle Letterarie. - Firenze, Jg. 22 [L'anno 1761], Nr. 10 (6. März 1761). - Sp. 145-160 ; 4°. (Ausschnitt) *ACDF SO CL 1760-1761, Nr. 12*

5. Novelle Letterarie. - Firenze, Jg. 22 [L'anno 1761], Nr. 12 (20. März 1761). - Sp. 177-192 ; 4°. (Ausschnitt) *ACDF SO CL 1760-1761, Nr. 12*

6. Novelle Letterarie. - Firenze, Jg. 22 [L'anno 1761], Nr. 27 (3. Juli 1761). - Sp. 418-432 ; 4°. (Ausschnitt) *ACDF SO CL 1760-1761, Nr. 12*

7. Novelle Letterarie. - Firenze, Jg. 22 [L'anno 1761], Nr. 28 (10. Juli 1761). - Sp. 433-448 ; 4°. (Ausschnitt) *ACDF SO CL 1760-1761, Nr. 12*

8. Novelle Letterarie. - Firenze, Jg. 22 [L'anno 1761], Nr. 29 (17. Juli 1761). - Sp. 449-464 ; 4°. (Ausschnitt) *ACDF SO CL 1760-1761, Nr. 12*

9. Novelle Letterarie. - Firenze, Jg. 22 [L'anno 1761], Nr. 30 (24. Juli 1761). - Sp. 465-480 ; 4°. (Ausschnitt) *ACDF SO CL 1760-1761, Nr. 12*

10/11. Novelle Letterarie. - Firenze, Jg. 22 [L'anno 1761], Nr. 32 (7. Aug. 1761). - Sp. 497-512 ; 4°. (Ausschnitt, 2 Ex.) *ACDF SO CL 1760-1761, Nr. 12*

Gutachter: Serafino Torni da Venezia OP
Gutachten: 33 S.[31]

Gutachter: Serafino Torni da Venezia OP
Gutachten: 10 S.[32]

Gutachter: Felice Maria Nerini OSH
Gutachten: 22 S., 3. März 1761[33]

Gutachter: [Felice Maria Nerini OSH][34]
Gutachten: 6 S.[35]

---

30 Verhandelt wurden die beiliegenden Artikel/Ausschnitte aus verschiedenen Ausg. der Jahre 1760 und 1761. Hg. zum Zeitpunkt der Verhandlung: Giovanni Lami, in Zusammenarbeit mit Giovanni Panfilo Gentili, Anton Francesco Gori, Giovanni Targioni und Bartolomeo Bianucci. *SBN*. Wöchentlich erscheinendes Periodikum in monographischen Bänden. Verleger wechselt. *SBN*

31 Das Gutachten bezieht sich auf „de brutorum animis".

32 Das Gutachten bezieht sich auf „de gratia sufficiente".

33 Das Gutachten bezieht sich auf „de brutorum animis". Darüber hinaus: 2 S.: „Appendix" von 8. März 1761 und „Appendix altera" vom 19. März 1761.

34 Name nach Handschriftenvergleich.

35 Das Gutachten bezieht sich auf „de gratia sufficiente".

Gutachter: Giuseppe Agostino Orsi OP[36]
Gutachten: 15 S.

ACDF SO CL 1760-1761, Nr. 13

1761. Censura in Libr. ins[criptu]m: L'Oracle des Anciens Fideles pour servir de suite, et d'Eclaircissement a la S. Bible.

B*****, L'ABBÉ <Pseudonym> [VOLTAIRE]: L'Oracle des Anciens Fidèles, pour servir de suite & d'éclaircissement à la Sainte Bible. - Berne : [S.n.], 1760. VIII, 127 S. ; 12°. *BL*

Gutachter: keine Angabe
Gutachten: nicht aufgefunden

Dekret: CIndex 8. Mai 1761[37]
Bando: CIndex 28. August 1761

Weiterhin beiliegend: YSABEAU, [...]: Arrest// De La Cour// De Parlement,// Qui condamne un Ecrit intitulé: l'Oracle// des anciens Fideles, à être lacéré et brûlé par// l'Exécuteur de la Haute-Justice : Extrait Des Registre Du Parlement.// Du 3. Décembre 1760. / [Signé: Ysabeau]. - A Paris : chez P. G. Simon, Imprimeur du Parlement, [...], 1760. - 3 S. *BL*

ACDF SO CL 1760-1761, Nr. 14

1761. Censura in quinque volumina continentia expositionem fidei catholicae.

1.um volumen inscribitur: Spiegazione del simbolo della Fede Cattolica. In Napoli 1958. [38]

2.um inscrib.: Esposizione dell'Orazione Dominicale. In Napoli 1759.

3.um inscrib.: Esposizione del Decalogo. In Napoli 1759.

4.um inscrib.: Esposizione de Sagramenti. In Napoli 1760.

5.um inscrib.: Esposizione de' Commandamenti della Chiesa con la giunta di un Trattato di Giustificazione. In Napoli 1760.

♦ Anonym [MÉSENGUY, FRANÇOIS PHILIPPE]: Esposizioni sulla Dottrina Cristiana. - Neapel : Simoniana, 1760. - 5 vol. ; [8°?]. *LBÖS*[39]

---

36 Am 7. Mai 1761 wurde das Verbot des verhandelten Foliums „de spiritualitate, et immortalitate anime brutorum" suspendiert, damit der Autor nach Ermahnung durch Kard. Orsi seine Widerrufung erklären könnte. Der Fall sollte laut Sitzungsprotokoll vom 19. August 1761 in der Feria V coram Sanctissimo verhandelt werden. Hinweisen auf weitere Verhandlungen wurden nicht aufgefunden.

37 Vgl. Congr. gen. der CIndex 8. Mai 1761.

38 Vgl. auch ACDF SO St.St. Q-5–b.

39 Verhandelt wurde vol. 5. Esposizione de' Comandamenti della chiesa. (1760). *LBÖS*. Verf. ermittelt nach *BNF*. Vgl. Anonym [MESENGUY, FRANÇOIS-PHILIPPE]: Exposition de la doctrine

Gutachter: keine Angabe[40]
Gutachten: 64 S. (zu Nr. 1-5)[41]

Dekret: nicht aufgefunden
Bando: Breve 16. Juni 1761; CIndex 28. August 1761 (zu Nr. 1-5)

Weiterhin beiliegend: (1) CLEMENS <PAPA, XIII.>: [Epistola enciclica ad patriarchas, primates, archiepiscopos, & episcopos universale ecclesiae catholicae] Santissimi In Cristo Patris// Et Domini Nostri// Clementis// Divina Providentia// Papae XIII.// Epistola Enciclica// Ad Patriarchas, Primates, Archiepiscopos,// & Episcopos Universale Ecclesiae// Catholicae. - Romae : Ex Typographia Reverendae Camerae Apostolicae, 1761. - VIII S. ; 4°. (2) CLEMENS <PAPA, XIII.>: Damnatio, Et Prohibitio// Versionis Italicae Operis Gallicè scripti hoc titulo: Exposition de la Doctrine Chretienne, ou Instructions sur les principales veritès// de la Religion, editae quinque Voluminibus, quorum Primo titulus est: Spiegazione del Simbolo della Fede Cattolica;// Secundo: Esposizione dell'Orazione Dominicale; Tertio: Esposizione del Decalogo; Quarto: Esposizione de' Sacramenti;// Quinto: Esposizione de' Comandamenti della Chiesa, con la Giunta di un Trattato della Giustificazione. […] : Datum in Arce Gandulphi Albanen. Diocesis sub Annulo Piscatoris die XVI. Junii MDCCLXI. […]. - Romae : Ex Typographia Reverendae Camerae Apostolicae, 1761. - [2°]. *BL*[42]

chrétienne, ou Instructions sur les principales vérités de la religion [...] / [Par l'abbé F.-P. Mésenguy]. - Utrecht : aux dépens de la Compagnie, 1744. - 6 vol. ; 12°. *BNF*.

40 Der Bericht des Sekr. Lugani (40 S.) erwähnte als beteiligten den MSP Ricchini, den Comm. SO Torni, Colombini, Besozzi, Villavecchia, Nerini, Vezzosi, „il P. Venereo Barnabita, il P. Giovanni Tommaso Maria De Luca OP Minor Osservante,e il Padre Cristoforo da Roma minor riformato".

41 Darüber hinaus eine Abschrift, 115 S. Vgl. ACDF SO Vota CL II (1757-1809), Nr. 35 (mit beiliegenden Druck Breve Clemens XIII) und Nr. 54. Vgl. auch ACDF SO St.St. I-6-c, Nr.6.

42 Formatangabe ergänzt nach *BL*.

ACDF SO CL 1762-1764

ACDF SO CL 1762-1764, Nr. 1

1762. Censura in libr. inscript.: Lettere scritte da Luigi di Montalto ad un provinciale de suoi amici con le annotazioni di Guglielmo Wendrok, tradotte nell'Itagliana Favella con delle nuove annotazioni. Venezia nella stamperia de P. P. Gesuiti 1761.[1]

MONTALTE, LOUIS DE <Pseudonym> [PASCAL, BLAISE] ; WENDROCK, WILHELM <Pseudonym> [PIERRE, NICOLE]: Le Provinciali o lettere scritte da Luigi di Montalto ad un provinciale de' suoi amici colle annotazioni di Guglielmo Wendrok tradotte nell'italiana favella con delle nuove annotazioni. - Venezia : Nella Stamperia de' PP. Gesuiti [...], 1761. - 6 vol. ; 8°. *SBN*[2]

Gutachter: keine Angabe
Gutachten: 59 S.[3]

Dekret: SO 3. März 1762
Bando: SO 3. März 1762

ACDF SO CL 1762-1764, Nr. 2

1762. Censura in Libell. Sacerdot. Bernardini Santi Dioec. Belluni, cui. Titul.: Dottrina per i Puttelli per uso della Pieve di Alpago.

SANDI, BERNARDINO: Dottrina// Per I Puttelli// Per uso della Pieve// D'Alpago / [A Sua Eccellenza Reverendisima// Monsignor// Gio: Battista// Sandi// Vescovo Di Belluno / Bernardino Sandi// Cappellano di Alpago]. - [S.l.] : [S.n.], [S.a.]. - 23 S. ; [12°]. *ACDF SO CL 1762-1764*, *SBN*[4]

---

1 Im Faszikel liegt eine Zusammenfassung [estratto] des Werks, 52 S. Der Verfasser der Zusammenfassung ist unbekannt.

2 Vgl. MONTALTE, LOUIS DE <Pseudonym> [PASCAL, BLAISE] ; WENDROCK, WILHELM <Pseudonym> [PIERRE, NICOLE]: Les provinciales: ou les lettres escrites par Louis de Montalte à un provincial de ses amis, et aux RR. PP. Jésuites, sur le sujet de la morale et de la politique de ces pères ; Avec les notes de Guillaume Wendrock. - Nouvelle édition. - Cologne : [S.n.], 1739. - 4 vol. ; 8°. *COPAC*. Vgl. auch MONTALTE, LOUIS DE <Pseudonym> [PASCAL, BLAISE]: Les Provinciales, ou les Lettres escrites par Louis de Montalte à un provincial de ses amis et aux RR. PP. jésuites, sur le sujet de la morale et de la politique de ces Pères. - A Cologne : chés Pierre de La Vallée ; Paris, 1657. *BNF*.

3 Das Gutachten befindet sich in ACDF SO Vota CL II (1757-1809), Nr. 58.

4 Formatangabe ergänzt nach *SBN*.

Gutachter: keine Angabe
Gutachten: nicht aufgefunden[5]

ACDF SO CL 1762-1764, Nr. 3

1762. Censura in Scripturam Avocatorum Francisci Guerrazzi, et Cosimi Ulivelli causam Ruttilii Gini patrocinantium, typis Florentinis Cusa., cui. Titul.: Pientina Censurarum etc.[6]

GUERAZZI AL ROMANELLI, FRANCESCO DOMENICO ; ULIVELLI, COSIMO: Piantina// Censurarum / [Francesco Guerrazzi Avvocato.// Cosimo Ulivelli Avvocato]. - In Firenze : Nella Stamperia di Pietro Gaetano Viviani. (Con Lic. De' Sup.), 1761. *ACDF SO CL 1762-1764, Nr. 3*

Gutachter: Raimondo Besozzi OCist
Gutachten: 7 S., [24. Mai 1762][7]

ACDF SO CL 1762-1764, Nr. 4

1762. Censura in manus[criptu]m: cui titul.: Vita ammirabile dell'inclita Vergine S. Geltrude Religiosa Benedittina della Sassonia Superiore descritta da D. Gaspare Antonio Campacci etc.[8]

CAMPACCI, GASPARE ANTONIO: Vita ammirabile dell´inclita Vergine S. Geltrude Religiosa Benedettina della Sassonia Superiore / descritta da D. Gaspare Antonio Campacci. - [S.a.]. (Manuskript) *Das Manuskript wurde nicht nachgewiesen*

♦ CAMPACCI, GASPARE ANTONIO: Vita di S. Gertrude vergine, badessa dell'ordine di S. Benedetto, detta per la sua eroica santita, la grande, la magna / Descritta da Gasparo Antonio Campacci, diuisa in due parti. Nella prima si narrano le sue eroiche virtu, azioni. Nella seconda li diuini ammaestramenti riceuuti da Gesu Cristo suo amatissimo sposo [...]. - In Venezia : presso Niccolo Pezzana, 1748. - [12], 409, [21] S. ; 4°. *SBN.*

---

5 Mit Dekret SO vom 9. Mai 1762 sollte der Inquisitor von Belluno beauftragt werden, das Werk in Absprache mit dem Bischof wieder einzuziehen, ohne dabei Aufsehen zu erregen.

6 Faszikeldeckel: Pienza. Circa una Scrittura fatta stampare in sua difesa dal D[otto]re Rotilio Gini contro Mon[signor]e Vescovo per tre Scomuniche contro d'esso fulminate come continente proposizioni erronee.

7 Am 2. Juni 1762 wurde das Votum der Konsultoren vom 24. Mai 1762 von den Kard. bestätigt. Mit Dekret SO vom 2. Juni 1762 sollte lediglich geantwortet werden, dass die Kard. den Fall zur Kenntnis genommen hatten.

8 Weiterhin beiliegend ein hs. Frontispiz: „Vita ammirabile / Dell'inclita Vergine Santa Metilde / Religiosa Benedettina nella Sassonia Superiore / Descritta / Da P. Gaspare Antonio Campacci / Dott[o]re di Sagra Teologia, o d'ambe le leggi / Rettore in Bologna del Collegio Ferrero / Della Viola / Consecrata / Alle Altezze Reali delle Madame/ Eleonora, Maria Teresa / Maria Luisa Gabriella, e / Maria Felicita Principesse Reali di Savoia. / Divisa in due Parti. / Das Orig. des Werks wurde im Namen des Autors vom Pfarrer Ponte dem SO zugestellt.

Gutachter: keine Angabe[9]
Gutachten: 8 S.[10]

Gutachter: Francesco Angelo Pastrovich OFMConv
Gutachten: 9 S.[11]

ACDF SO CL 1762-1764, Nr. 5

1762. Censura in sequent. Libellos.

1.us inscrib.: De la Nature. A Amsterdam 1761.

Alter inscrib.: Emile, ou l'education, par J. J. Rousseau, Citoyen de Geneve. Aya 1762.

1. Anonym [ROBINET, JEAN BAPTISTE RENE]: De la nature. - A Amsterdam : chez E. van Harrevelt, 1761. - XX, 456 S. ; 12°. *SBN*[12]

2. ROUSSEAU, JEAN-JACQUES: Émile, ou, De l'éducation / par J.J. Rousseau, citoyen de Genève. - La Haye : Chez Jean Néaulme, 1762. - 4 vol. ; [8°]. *COPAC*[13]

Gutachter: Bruno Saverio Toma da Lodi OP
Gutachten: 12 S. (zu Nr. 1)[14]

Gutachter: keine Angabe
Gutachten: 4 S. (zu Nr. 1)

Gutachter: Francesco Antonio da Corbara OFMObs
Gutachten: 6 S. (zu Nr. 2)[15]

Dekret: SO 26. August 1762
Bando: SO 9. September 1762; CIndex 19. Januar 1763 (zu Nr. 1)

Dekret: SO 9. September 1762
Bando: SO 9. September 1762; CIndex 19. Januar 1763 (zu Nr. 2)

Weiterhin beiliegend: Arrest// De La Cour// De Parlement,// Qui condamne un Imprimé ayant pour titre, Emile,// ou de l'Education; par J. J. Rousseau, imprimé à la// Haye […] M. D CC. LXII. à être lacéré et brûlé par l'Exé-//cuteur de la Haute-Justice : Extrait Des Registres Du Parlement.// Du 9 Juin 1762 […]. - A Paris : chez P. G. Simon, Imprimeur du Parlement [...], 1762. - 7 S.

---

9 Evtl. Lorenzo Dionisi; vgl. Sitzungsprotokoll vom 14. November 1762.

10 Vgl. ACDF SO Vota CL II (1757-1809), Nr. 57. Das Gutachten bezieht sich auch auf volkssprachliche Übers. der Hl. Schrift.

11 Als zweiter Gutachter. Vgl. ACDF SO Vota CL II (1757-1809), Nr. 57. Mit Dekret SO vom 23. Juni 1762 wurde die Druckerlaubnis verweigert.

12 Verf. ermittelt nach *SBN*. Abweichende Formatangabe nach *SBB*: 8°.

13 Erscheinungsvermerk nach *COPAC* fingiert.

14 Vgl. ACDF SO Vota CL II (1757-1809) Nr. 56, mit Relation der Konsultorensitzung.

15 In zwei Exemplaren.

ACDF SO CL 1762-1764, Nr. 6

1762. Censura in libellum manus[criptu]m praesentatum episcopo Papien. pro eius impressione a P[at]re Zannotti congregationis Sancti Pauli, continentem vitae Antoniae Mayer Battaglia quae Papiae cum fama sanctitatis obiit die S. Martii 1759. [16]

Das Manuskript wurde nicht ermittelt

Gutachter: Francesco Antonio da S. Romolo OFMRef
Gutachten: 7 S., 10. November 1762[17]

ACDF SO CL 1762-1764, Nr. 7

1763. Censura in folium continens exorcismos, et in librum, cui titul.: Ratio Energumenos dignoscendi Authore Stephano Colletti.

1. Ad Majorem Dei Gloria// […]// Venetiis MDCCLXII. [= Typis Antonii Zatta = Superiorum Permissum =. Decretum S. Cong[regatio]nis sub die 5. Januarii 1763. statuens, ut tam Folium impressum Venetiis anno 1762. circa Esorcismos, quam Liber, cui titulus: Ratio Energumenos dignoscendi Authore Stephano Colletti. remitti debere ad S. Congregationem Indicis =]. (hs. Abschrift, Einzelblatt) *ACDF SO CL 1762-1764, Nr. 7*

2. ♦ COLETI, STEPHANUS: Energumenos dignoscendi et liberandi; tum maleficia quelibet dissolvendi [...] / auctore Stephano Coleti [...]. - Veronae : P. A. Berni, 1746. - [276 S.] *UTMB*, *WorldCat*[18]

Gutachter: keine Angabe
Gutachten: nicht aufgefunden[19]

Dekret: CIndex 17. Januar 1763
Bando: CIndex 19. Januar 1763 (zu Nr. 1-2)

ACDF SO CL 1762-1764, Nr. 8

1763. Censura in libr. ins[criptu]m: Del Matrimonio, Ragionamento d'un Filosofo Mugellano Edizione 2.ª con l'aggiunta d'una lettera ad una sposa tradotta dall'Inglese da una Fanciulla Mugellana. Parigi 1762. [20]

1. ♦ COCCHI, ANTONIO: Del matrimonio / discorso di Antonio Cocchi mugellano. - In Londra : [S.n.], 1762. - 56, [2] S. ; 4°. *SBN*[21]

---

16 Laut Gutachten hatte Antonia Mayer ihr Leben auf ausdrücklichen Befehl ihrer beiden geistlichen Direktoren, Teodosio Zanotti B und Carlo Francesco Calderara B., selbst niedergeschrieben. Weiterhin ein Hinweis auf ein Verfahren des SO gegen Mayer wegen angemaßter Heiligkeit.

17 Mit Dekret SO vom 2. Dezember 1762 wurde die Druckerlaubnis verweigert.

18 Umfangsangabe ergänzt nach *WorldCat*.

19 Laut Dekret SO vom 5. Januar 1763 sollten die Werke der CIndex übergeben werden. Vgl. Congr. gen. der CIndex 17. Januar 1763.

20 Vgl. ACDF SO Vota CL II (1757-1809), Nr. 55.

♦ COCCHI, ANTONIO: Del matrimonio / discorso del dot. Antonio Cocchi mugellano coll'aggiunta del giudizio dato sopra questa operetta da un dottissimo anonimo. - In Londra : [S.n.], 1762. - 42, [2] S. ; 4°. *SBN*

2. Anonym [COCCHI, ANTONIO]: Del// Matrimonio / Ragionamento// D'Un Filosofo Mugellano. - Edizione Seconda// Coll'Aggiunta// Di Una Lettera Ad Una Sposa// Tradotta Dall'Inglese// Da Una Fanciulla Mugellana. - In Parigi [i.e. Lucca] : Nella Stamperia Italiana, 1762. - [4], 76 S. ; 4°. *ACDF SO CL 1762-1764, Nr. 8, SBN*[22]

Gutachter: Giovanni Domenico Villavecchia OP
Gutachten: 49 S. (zu Nr. 1)

Gutachter: keine Angabe[23]
Gutachten: 7 S. (zu Nr. 2)

Gutachter: keine Angabe[24]
Gutachten: 12 S. (zu Nr. 1)

Dekret: SO 16. März 1763
Bando: SO 16. März 1763; CIndex 28. Februar 1764 (zu Nr. 1-2)

ACDF SO CL 1762-1764, Nr. 9

1763. Censura in libr. insc[riptu]m: Examen de la Religion d'ont on cherche l'Ecclairissement de bone foi attribué a M[essieu]r De St. Evremond etc. a Londre 1763.

Anonym [LASERRE, ... DE]: Examen de la religion dont on cherche l'éclaircissement de bonne foy, attribué à M. de St.-Evremond / traduit de l'anglois de Gilbert Burnet. - Londres : G. Cook, 1761. - 143 S. ; 12°. *BNF*[25]

Gutachter: [Serafino Torni da Venezia OP][26]
Gutachten: 2 S.

Dekret: SO 29. November 1763[27]
Bando: CIndex 28. Februar 1764

---

21 Erscheinungsort vermutl. fingiert, das Werk wurde möglicherweise in Italien gedruckt. *SBN*, *COPAC*.

22 Tatsächlicher Erscheinungsort ergänzt nach *SBN*, s. Parenti. Enth. außerdem: COCCHI, BEATRICE: Lettera ad una sposa. *BVB*.

23 Colombini oder Besozzi.

24 Colombini oder Besozzi.

25 Das Werk wird auch César Chesneau Du Marsais zugeschrieben. *HBZ*. Abweichende Umfangsangabe nach *SBN*: [2], X, 143, [1] S. Eine engl. Orig.-Ausg. wurde nicht ermittelt.

26 Durch Handschriftenvergleich.

27 Vgl. ACDF Index Diari 17 (1749-1763), Bl. 104v; hierzu ACDF Index Prot. 88 (1763-1767), Bl. 125r: Begleitbrief an den Sekr. CIndex.

ACDF SO CL 1762-1764, Nr. 10

1763. Acta in Libellum ins[criptu]m: Breve Ragguaglio delle virtuose azioni della serva di Dio Angiola Spolverini Parmiggiana descritte dal P. D. Francesco Noli Chierico Regol[ar]e della Cong[regazio]ne di S. Paolo.

NOLI, FRANCESCO: Breve// Ragguaglio// delle virtuose azioni// della Serva di Dio// Angela Spolverini// Parmigiana / Descritte// per esemplare di perfezione// dal suo confessore// il P.D. Francesco Noli// Cherico regolare// della Congregazione di S. Paolo// Superiore del collegio// della beata vergine del popolo. - [S.a.]. (Manuskript, Titelbl.) *ACDF SO CL 1762-1764, Nr. 10*

Gutachter: [Fausto Maroni SP][28]
Gutachten: nicht aufgefunden[29]

ACDF SO CL 1762-1764, Nr. 11

1764. Acta in Libellum impressum Neapoli, cui. titul.: Supplica al Re Nostro Signore da Deputati, per opporsi ai pregiudici, che risultano dal preteso e mai conosciuto Tribunale del S. Off[ici]o. Napoli 10 Febbraro 1764.

Anonym: Supplica// Al// Re Nostro Signore// De' Deputati, per opporsi ai pregiudizj,// che risultano dal preteso, e mai// conosciuto Tribunale del S. Officio. - [Napoli] : [S.n.], [1764]. - XLVI S. *ACDF SO CL 1762-1764, Nr. 11, SBN*[30]

Gutachter: keine Angabe
Gutachten: nicht aufgefunden[31]

ACDF SO CL 1762-1764, Nr. 12

1764. Censura in libr. ins[criptu]m: Reflexions sur la Foi andressees a M[onseigneu]r L'Archeveque de Paris par le R. P. Isaac Berruyer de la Compag. de Jesus a Trevoux 1760. Item censura in libell. ins[criptu]m: Collazione del Simbolo Niceno, e Costantinopolitano col Simbolo, che si ricava dalle Dottrine de PP. Arduino, e Berruyes Gesuiti 1763.[32]

1. BERRUYER, ISAAC JOSEPH: Réflexions sur la foi adressées à Mr. l'archevêque de Paris / par le R. P. Isaac-Joseph Berruyer, [...]. - Trévoux : [S.n.], 1760. - 224 S. ; 12°. *BNF*

2. Anonym: Collazione// Del// Simbolo Niceno// E// Costantinopolitano// Col// Simbolo// Che Si Ricava Dalle Dottrine// De' PP. Arduino, E Berruyer// Gesuiti :

28 Als externer Gutachter.
29 Zu diesem Fall wurde keine Entscheidung getroffen.
30 Erscheinungsort und -jahr nach den Angaben auf S. XLVI: „Napoli 10. Febbrajo 1764."
31 Laut Votum der Konsultoren SO vom 19. März 1764 sollte den Beteiligten die Kenntnisnahme des Falls gemeldet werden, ohne dass eine weitere Entscheidung gefällt wurde.
32 Vgl. ACDF SO Vota CL II (1757-1809), Nr. 61; ACDF SO St.St. O-4-a; und ACDF SO St.St. I-6-b, Nr. 4. Vorherige Verhandlungen zum Fall in ACDF SO Vota CL II (1757-1809), Nr. 36 und 40.

Indicati i luoghi delle loro Opere donde sono tratte. - [S.l.] : [S.n.], 1763. - 20 S. ; 12°. *ACDF SO CL 1762-1764, Nr. 12, SBN*

Gutachter: Felice Maria Nerini OSH
Gutachten: 50 S. (zu Nr. 1)

Gutachter: [Felice Maria Nerini OSH]
Gutachten: 13 S. (zu Nr. 2)

Dekret: SO 6. Juni 1764
Bando: CIndex 8. Januar 1765 (zu Nr. 1)

Dekret: SO 19. Juli 1764[33]
Bando: CIndex 8. Januar 1765 (zu Nr. 2)

ACDF SO CL 1762-1764, Nr. 13

1764. Censura in folium ins[criptu]m: Theses ex iure canonico de Processu iudiciali antiquo etc. Item censura in aliud fol. ins[criptu]m: Theses in proemium iuris canonici De Legum Materia etc. Item in fol. ins[criptu]m: Theses ex iure canonico, et civili; ex historia iuris ecclesiastici etc. Item in fol. ins[criptu]m: Theses canonicae de usu S. Potestatis maxime in Germania etc. quae propugnata fuerunt in conventu ad S. Salvatorem Fuldae Praeside Benedicto Oberhauser Benedictino etc.

Item censura in libell. ins[criptu]m: Praelectiones canonicae iuxta titulos libri I. II et I. III Decretalium ex Monumentis, Auctoribus, et Controversiis melioris notae a P. Benedicto Oberhauser Benedictino Lambacensi etc. accomodatae etc.

1. Anonym [OBERHAUSER, BENEDICT? (Praes.)]: Theses Ex Jure Canonico// Ex Historia De Processu Judiciali Antiquo. […] In Perillustri Conventu ad S. Salvatorem Fuldae [die 19 Augusti 1761. Hora 1. pomeridiana]. - Fuldae : Typis Joannis Christophori Dempter, [ca. 1761]. (Einblattdruck, 2 Ex.) *ACDF SO CL 1762-1764, Nr. 13*

2. Anonym [OBERHAUSER, BENEDICT? (Praes.)]: Theses Canonicae// In Proemium Juris Canonici// De Legum Materia.// […] In Perillustri Conventu ad S. Salvat. Fuldae [die 20. Aprilis 1761. Hora 1. pomeridiana]. - Fuldae : Typis Joannis Christophori Dempter, [ca. 1761]. (Einblattdruck) *ACDF SO CL 1762-1764, Nr. 13*

3. Anonym [OBERHAUSER, BENEDICT? (Praes.)]: Theses Ex Jure Canonico// Et Civili.// Ex Historia Juris Ecclesiastici.// […] In Perillustri Conventu ad S. Salvatorem Fuldae [die 26. Januarii 1763. Hora 1. pomeridiana]. - Fuldae : Typis Joannis Christophori Dempter, [ca. 1761]. (Einblattdruck) *ACDF SO CL 1762-1764, Nr. 13*

---

33 Vgl. dazu ACDF Index Prot. 88 (1763-1767), Bl. 155^{a}r-155^{a}v, 2 S., 19. Juli 1764 und ACDF Index Diari 18 (1764-1807), Bl. 3r.

4. Anonym [OBERHAUSER, BENEDICT (Praes.)]: Theses Canonicae// De Usu S. Potestatis Maxime In Germania// Generalia Ex Historia. [...] In Perillustri Conventu ad S. Salvatorem Fuldae [die 13. Julii 1761.]. - Fuldae : Typis Joannis Christophori Dempter, [ca. 1761]. (Einblattdruck) *ACDF SO CL 1762-1764, Nr. 13*

5. ♦ OBERHAUSER, BENEDICT (Praes.): Praelectiones canonicae juxta titulos libri [...] decretalium : ex monumentis, authoribus & controversiis melioris notae [...] / a Benedicto Oberhauser. - Lauterbaci : Hegelund, 1762-1763. - 3 Teile. *HBZ*[34]

Gutachter: Giovanni Battista Colombini OFMConv
Gutachten: 85 S. (zu Nr. 1-5)[35]

Gutachter: Giovanni Battista Colombini OFMConv
Gutachten: 21 S. (zu Nr. 5)[36]

Dekret: SO 16. Februar 1764
Bando: CIndex 8. Januar 1765 (zu Nr. 1-5)[37]

ACDF SO CL 1762-1764, Nr. 14

1764. Acta in Manus[criptu]m, cui titul.: Epistola ad Philosophos etc. continens Carmina. Authore Claudio Buissono Doct[or]e Physico degente Amberti Dioecesis Claremontensis.

BUISSON, CLAUDE: [Epistola ad philosophos ...]. - [S.a.]. - 189 S. (Manuskript) *ACDF SO CL 1762-1764, Nr. 14*[38]

Gutachter: keine Angabe
Gutachten: nicht aufgefunden[39]

---

34 Verhandelt wurden [1]. Praelectiones canonicae juxta titulos libri primi decretalium / Franciscus Carolus Schlereth (Resp.); [2]. Praelectiones canonicae juxta titulos secundi decretalium / Columbanus Pfeiffer (Resp.); [3] Praelectiones canonicae juxta titulos libri tertii decretalium / Sebastianus Schaaff (Resp.). *HBZ.*

35 Begutachtet wurden die Thesen und der erste Teil des Werks unter Nr. 5.

36 Begutachtet wurden die folgenden Bände des Werks unter Nr. 5.

37 Darüber hinaus der Widerruf von Oberhauser. Vgl. auch ACDF Index Diari 18 (1764-1807), Bl. 6r.

38 Titelaufnahme ergänzt.

39 Das Manuskript wurde dem Papst über die Inquisition [von Avignon] und den Vizelegaten von Avignon vom Autor selbst übergeben. Zu diesem Fall wurde keine Entscheidung getroffen.

ACDF SO CL 1765

ACDF SO CL 1765, Nr. 1

1765. Censura in Libell. Thesium, ins[criptu]m: Augustissimo Senatui Tolosano, de Ecclesiastica Potestate Regum, ac Principum imperio nequaquam metuendam etc. ad normam Declarationis, quam edidit Clerus Gallicanus 1682. Assertiones Dogmaticas, Metaphysicas, Historicas, Apologeticas ad Sacerdotii, et Imperii ius publicum spectantes. Fratres Praedicatores Tolosani DD. DD. DD. Tolosae 1764.

DUFOUR, JOSEPH (Praes.) ; CAUSSANEL, BENOÎT (Resp.): Augustissimo// Senatui Tolosano,// De Ecclesiastica// Potestate// Regum Principum Imperio// Nequaquam Metuenda,// Cunctisque Hominibus Veneranda Et Amanda// Ad Normam Solemnis Declarationis Quam Edidit Clerus Gallicanus Anno 1682.// Assertiones Dogmaticas, Metaphysicas, Historicas, Apologeticas,// Ad Sacerdotii et Imperii Ius Publicum Spectantes,// FF. Praedicatores Tolosani DD. DD. DD. / [Praedictas assertiones ... praeside Petro Josepho Du Four ... tueri conabitur F. Benedictus Caussanel ... die 12 augusti ... 1764]. - Tolosae : Ex Typographiâ N. Caranove [...], [ca. 1764]. - 33 S. ; [4°]. *ACDF SO CL 1765, Nr. 1, BNF*[1]

Gutachter: Felice Maria Nerini OSH
Gutachten: 18 S., [15. April 1765]

Gutachter: Michelangelo Monsagrati CRL
Gutachten: 35 S., [15. April 1765]

Dekret: SO 9. Mai 1765[2]
Bando: CIndex 4. Februar 1766

ACDF SO CL 1765, Nr. 2

1765. Censura in Libr., cui titul: Rev[erendissi]mi ac Celsis[si]mi D. D. Josephi Mariae exempti Episcopi et S. R. D. Principis Pataviensis ... emendata, et notis illustrata versio novi Testamenti: Pars 1.[a] complectens quatuor Evangelia, et Acta Apostolorum etc. in idiomate Germanico.

♦ THUN, JOSEPH MARIA VON <Passau, Bischof> (Hg./Bearb.): [Verbesserte und mit Anmerkungen erläuterte Uebersetzung des Neuen Testaments Erster Theil, welcher die vier Evangelien und die Geschichte der Apostel enthält] Des Hochwürdigsten

---

1 Titelaufnahme ergänzt nach *BNF*.

2 Vgl. ACDF Index Prot. 88 (1763-1767), Bl. 241r.

Hochgebohrnen Herrn Herrn Josephs Maria, exempten Bischofes und des heiligen römischen Reichs Fürsten zu Passau, Grafen von Thun und Hochenstein [...] verbesserte und mit Anmerkungen erläuterte Uebersetzung des Neuen Testaments Erster Theil, welcher die vier Evangelien und die Geschichte der Apostel enthält. - Passau : Mangold, 1762. - [5] Bl., 691 S., [9] Bl. *BVB*[3]

Gutachter: Dominicus Wanderpohl OP
Gutachten: 28 S.[4]

Gutachter: Johannes Winckelmann[5]
Gutachten: 19 S.

Gutachter: Michelangelo Monsagrati CRL
Gutachten: 50 S.[6]

Dekret: SO 12. Juni 1766[7]
Bando: CIndex 16. Juni 1766

ACDF SO CL 1765, Nr. 3

1765. Censura in Librum traductum in Linguam italicam ex idiomate Gallico, cui titul.: Istruzioni intorno la S. Sede. Tradotto dal Francese. Buglione 1765.

Titulus verò libri in idiomate Gallico: L'Esprit de Gerson, ou instruction Catholique Touchant le Saint Siege. 1692.

1. Anonym [LENOBLE, EUSTACHE]: Istruzioni// intorno// la Santa Sede : tradotte dal francese. - [im Kolophon:] Buglione : Per Guglielmo Evrardi, 1765. - 152 S. ; 4°. *ACDF SO CL 1765, Nr. 3, SBN*[8]

2. Anonym [LENOBLE, EUSTACHE]: L'esprit de Gerson, ou Instructions catholiques touchant le Saint-Siége. - [S.l.] : [S.n.], 1692. - 249 S. ; 12°. *CCFR*[9]

Gutachter: Giovanni Damasceno Bragaldi OFMConv
Gutachten: 13 S., [22. April 1704] (zu Nr. 2)[10]

---

3 Einheitssacht.: Testamentum novum <dt.>. Es erschien nur der verhandelte 1. Th. (1762). *BVB*. Ermittelt wurde auch: [Der vier Evangelien und Geschichte der Apostel verbesserte und mit Anmerkungen erläuterte Uebersetzung] Des Hochwürdigsten Hochgebohrnen Herrn Herrn Josephs Maria, exempten Bischofes und des heiligen römischen Reichs Fürsten zu Passau, Grafen von Thun und Hochenstein etc. des Erzstifts Salzburg Domherrn, der vier Evangelien und Geschichte der Apostel verbesserte und mit Anmerkungen erläuterte Uebersetzung. - Passau : Mangold, 1762. - [4] Bl., 691 S., [9] Bl. *BVB*. Eine weitere Ausg. erschien 1663. *BVB*.

4 Darüber hinaus, nicht gezeichnet, 24 S.: „Relatio […] ex Germania Romam transmissa".

5 Als externer Gutachter.

6 Vgl. ACDF SO Vota CL II (1757-1809), Nr. 64.

7 Der Fall war von der CIndex dem SO übergeben worden. Vgl. Referat von Johann Jacob Schweigmann in der Congr. gen. der CIndex 13. August 1764.

8 Vgl. Anonym [LENOBLE, EUSTACHE]: L'esprit de Gerson, ou Instructions catholiques touchant le Saint-Siége. - [S.l.] : [S.n.], 1691. - [1], 249 S. ; 12°. *CCFR*.

9 Das Werk wird nach *CCFR* auch Claude de Saint-Georges zugeschrieben.

10 Zur Verhandlung der franz. Ausg., vgl. ACDF SO CL 1704-1705, o. Nr. und ACDF SO St.St. UV 28, Bl. 363r.

Gutachter: Serafino Maccarinelli OP
Gutachten: 15 S., [4. Juli 1765] (zu Nr. 1)[11]

Gutachter: [Michelangelo Monsagrati CRL]
Gutachten: 13 S., [4. Juli 1765] (zu Nr. 1)

Dekret: SO 4. Juli 1765
Bando: SO 4. Juli 1765; CIndex 4. Februar 1766 (zu Nr. 1)

Dekret: SO 22. April 1704
Bando: SO 15. September 1707; SO 4. Juli 1765 (zu Nr. 2)

ACDF SO CL 1765, Nr. 4

1765. Prohibitio Libri ins[cript]i: Lettera prima, 2.ª e 3.ª intorno la Bolla, che incomincia: Apostolicum pascendi Dominicae gregis munus etc. Napoli 1765.

Anonym [CONTIN, TOMMASO ANTONIO]: Lettera// prima [seconda e terza]// intorno la Bolla,// che comincia// Apostolicum pascendi Dominicae// Gregis munus. - Napoli : Appresso Sebastian Paletti (Con le dovute Licenze), 1765. - 87 S. ; [8°]. *ACDF SO CL 1765, Nr. 4, SBN*[12]

Gutachter: keine Angabe
Gutachten: nicht aufgefunden

Dekret: SO 4. September 1765
Bando: SO 4. September 1765; CIndex 4. Februar 1766

ACDF SO CL 1765, Nr. 5

1765. Acta in Theses propugnatas Asculi 1765, die 13. Septembris a P. Josepho de la Motha Portugalliensi Jesuita, in quibus defenditur Probabilismus.

MOTHA, JOSEPH DEL LA: Conclusionum Theologicarum libellus typis impressus, sub die Veneris 13 Septembris 1765 in Templo S. Venantii hujus Asculanae Urbis publicae expositarum.[13]

Conclusiones Theologicas de Praedestinatione, Beatitudine, & Actibus humanis &c. - Interamniae Praecutinorum [i.e. Interamniae Praetutianorum, ital.: Teramo] : Ex Typograph. Francisci Cardi. (Superiorum facultate), 1765. *Das Werk wurde nicht nachgewiesen*

Gutachter: keine Angabe
Gutachten: nicht aufgefunden[14]

---

[11] Vgl. auch ACDF SO St.St. I-6-d, Nr. 5.
[12] Titel und Formatangabe ergänzt nach *SBN*, *COPAC*, s. Zettelkatalog des ACDF.
[13] Siehe De Backer/Sommervogel, vol. 5, Sp. 1338.
[14] Laut Votum der Konsultoren SO vom 11. November 1765 sollte der Fall vom Ass. SO und Kardinalstaatssekr. fortgeführt; diesem Votum schlossen sich die Kard. an.

Weiterhin beiliegend: (1) Acta utriusque cleri// asculanensis in Piceno// super quibusdam publicis conclusionibus, nec non// scripturis theologicis R. P. Josephi de la Motha potugalliensis e societate [Jesu]// in collegio Asculano. - [S.l.] : [S.n.], [S.a.]. - 7 S. ; [4°].[15] (2) Intimatio// coram universo litterarum// orbe catholico. - [Asculi] : [S.n.], [20. Octobris 1765]. - 2 S. ; [4°].[16]

ACDF SO CL 1765, Nr. 6

1765. Acta in quasdam Theses propugnatas Perpignani in Gallia a Canonico Vidalien. concernentes Materiam de Gratia diebus 30, e 31. Maii 1763.

Das Werk wurde nicht ermittelt

Gutachter: Tommaso Angelo Ricchini OP
Gutachten: 3 S., 11. Dezember 1765[17]

ACDF SO CL 1765, Nr. 7

1765 Bressanon. Censura Pris. Ab. Monsacrati Canon. Regular. S. Salvator consult. S. Off[ic]ii in Libellum ins[criptu]m: Positiones ex Jure Universo, quas sine Praeside publicae disputationi submittit Ignatius Jos. Joan. Andr. S. R. I. Comes de Tannenberg Societatis Liter. Roboretanae Socius in Alma Caesarea Regia Leopoldina Universitate Oenipontana die 10. Julii 1764 etc.

TANNENBERG, IGNAZ JOSEF VON (Resp.): Positiones// Ex// Jure Universo / Quas// Sine Praeside// Publicae Disputationi// Submittit// Ignatius// Jos. Joan. Andr.// S.R.I. Comes// De// Tannenberg,//Societatis Litter. Roboretanae// Socius.// In Alma Caesareo-regia Leopoldina// Universitate Oenipontana.// Die [hs.: 18. Julij] 1764.// (Permessu superiorum). - Oeniponti : Formis Michaelis Antonii Wagner, Caes. Regiae Majestatis Aulae & Universitatis// Typographi ac Bibliopolae, [ca. 1764]. - 8 S. *ACDF SO CL 1765, Nr. 7*

Gutachter: Michelangelo Monsagrati CRL
Gutachten: 23 S., [30. Mai 1765][18]

Dekret: SO 30. Mai 1765
Bando: CIndex 4. Februar 1766

15 Titelaufnahme ergänzt nach De Backer/Sommervogel, vol. 5, Sp. 1337f.
16 Titelaufnahme ergänzt nach De Backer/Sommervogel, vol. 5, Sp. 1338.
17 Ricchini war der Meinung, dass die Thesen zugelassen werden sollten. Darüber hinaus: Anzeige von Gaudentius Bigaros OP, königlicher Professor.
18 Der Fall war dem SO vom Bischof von Brixen übergeben worden.

ACDF SO CL 1766

ACDF SO CL 1766, Nr. 1

1766. Notula diversorum Librorum perniciosorum transmissa a P. Secret[ari]o Cong[regatio]nis Indicis. Epistola Encyclica S[anctis]s[i]mi D. D. Clementis XIII sub die 15. Novembr. 1766 ad omnes Episcopos, ut creditum, sibi ipsis Dominicum Gregem a noxiorum Librorum Lectione avertant.[1]

1. Anonym [VOLTAIRE]: Dictionnaire philosophique portatif. - Nouvelle édition revue, corrigée et augmentée de divers articles par l'auteur. - Londres [i.e. Nancy] : [J. B. H. Leclerc], 1765. - [VIII], 336 S. ; 8°. *CCFR*[2]

2. P. H. B. D. R. A. P. [HAYER, HUBERT] ; MR.** [BOULLIER, DAVID RENAUD]: Le Pyrrhonisme de l'Église romaine, ou Lettres du P. H. B. D. R. A. P. à Mr.** : avec les réponses. - Amsterdam : J. F. Jolly , 1757. - VI, 260 S. ; 12°. *BNF*[3]

3. ♦ ROUSSEAU, JEAN-JACQUES: Lettres écrites de la montagne / [par J.J. Rousseau]. - [Amsterdam] : [Marc Michel Rey], 1765. - 2 vol. ; 8°. *CCFR*[4]

4. ♦ Anonym [CHICANEAU DE NEUVILLE, DIDIER PIERRE]: Dictionnaire philosophique, ou introduction a la connoissance de l'homme. - Nouvelle edition

---

1 Vgl. ACDF SO CL 1766, Nr. 8. Zu Mosca, vgl. auch ACDF SO CL 1769, Nr. 1.

2 Erscheinungsort fingiert, tatsächlicher Erscheinungsort und Drucker/Verleger ergänzt nach *BNF*. Abweichende Umfangsangabe der Neuaufl. nach *CCFR*: [4], 308 S. Im Anzeigebrief an Kard. Peretti wurde hingewiesen auf: Anonym [VOLTAIRE]: Dictionnaire philosophique, portatif. - Londres [i.e. Genève] : [Cramer], 1764. - VIII, 344 S. ; 8°. *BNF*.

3 Abweichende Umfangs- und Formatangabe nach *COPAC*: 259, [1] S. ; 8°.

4 Abweichende Formatsangabe nach *SBN*: 12°. An anderer Stelle (vgl. ACDF SO CL 1767-1768, Nr. 4. und Bando SO 29. Julii 1767) wird als Erscheinungsjahr der verhandelten Ausg. 1764 angegeben. Ermittelt wurde dazu: ROUSSEAU, JEAN-JACQUES: Lettres écrites de la montagne : En 2 partie / par J.J. Rousseau. - Amsterdam : M. M. Rey, 1764. - 2 vol. ; 8°. - (Oeuvres / de Jean Jacques Rousseau ; 9). *SBB*, *GBV*. ROUSSEAU, JEAN-JACQUES: Lettres écrites de la montagne. - Nouvelle édition, revue, corrigée & augmentée de plusiers morceaux qui n'avoient point encore paru. - Amsterdam : M. M. Rey, 1764. - 2 vol. ; 8°. - (Oeuvres / de Jean Jacques Rousseau ; 9). *SBB*, *GBV*. Ermittelt wurde u.a. auch: ROUSSEAU, JEAN-JACQUES: Lettres écrites de la montagne / par J.J. Rousseau. - A Amsterdam : chez Marc Michel Rey, 1764. - 2 Teile in 1 vol. - ([10], 334, [2]; [4], 226, [2] S.) ; 8°. *CCFR*; ROUSSEAU, JEAN-JACQUES: Lettres écrites de la montagne / par J.J. Rousseau. - A Amsterdam : chez Marc Michel Rey, 1764. - [10], 368 S. ; 12°. *COPAC*; ROUSSEAU, JEAN-JACQUES: Lettres écrites de la montagne / par J.J. Rousseau. - Amsterdam : chez M. M. Rey, 1765. - 310 S. ; [8°?]. *CCFR*; ROUSSEAU, JEAN-JACQUES: Lettres écrites de la montagne / [par J.J. Rousseau]. - [Amsterdam] : [Marc Michel Rey], 1765. - 2 vol. - 231; 154 S. ; [8°?]. *CCFR*.

revue, corriegee & augmentee considerablement [...]. - A Paris : chez Durand, [...] ; chez Guilyn, [...] [De l'imprimerie de Moreau], 1764. - XIV, [2], 576 S. ; 12°. *SBN*[5]

5. MOSCA BARZI, CARLO: Lettere// Scritte Dal Signor Marchese// Carlo Mosca Barzi// Ad Un Suo Amico Di Roveredo// In Proposito Della Limosina. - Roveredo : [S.n.], 1765. - LXVIII S. ; 4°. *ACDF SO CL 1766, Nr. 8, MAI, BAV*[6]

Gutachter: keine Angabe
Gutachten: nicht aufgefunden (zu Nr. 1-4)[7]

Gutachter: [Domenico Teoli]
Gutachten: nicht aufgefunden [nach 3. August 1765] (zu Nr. 5)

Dekret: CIndex 8 Juli 1765; SO 29. Januar 1766[8]
Bando: CIndex 4. Februar 1766 (zu Nr. 1)

Dekret: SO 29. Juli 1767
Bando: SO 29. Juli 1767; CIndex 1. März 1768 (zu Nr. 3)

Dekret: SO 29. Januar 1766;[9]
Bando: nicht aufgefunden (zu Nr. 2 und Nr. 4)

Dekret: SO 20. März 1766
Bando: CIndex 16. Juni 1766 (zu Nr. 5)[10]

Weiterhin beiliegend: (1) GIRALDI, UBALDO: Expositio Juris Pontificii : Juxta Usu Receptam Ecclesiae Disciplinam / Auctore// Ubaldo Giraldi A. S. Cajetano […]. (Einblattdruck)[11] (2) CLEMENS <PAPA, XIII.>: [Epistola enciclica ad omnes episcopos, ut creditum sibi ipsis Dominicum Gregem a noxiorum librorum lecitone avertant] Sanctissimi In Christo Patris// Et Domini Nostri Domini// Clementis// Divina Providentia// Papae XIII.// Epistola Enciclica// Ad Omnes Episcopos,// Ut

---

5 Das Werk war bereits erschienen: Anonym [CHICANEAU DE NEUVILLE, DIDIER PIERRE]: Dictionnaire philosophique ou Introduction à la connoissance de l'homme. - Londres [i.e. Paris] : [Laurent Durand], 1751. - [4], IV, 381 S. ; 8°. *CCFR*. Ermittelt wurde auch die Ausg. mit leicht variiertem Titel: Anonym [CHICANEAU DE NEUVILLE, DIDIER PIERRE]: Dictionnaire philosophique, portatif, ou Introduction a la connoissance de l'homme. - Seconde Edition, Revue, corrigée & augmentée considérablement [...]. - A Lyon : chez Jean-Marie Bruyset, 1756. - VII, [1], 276, [3] S. ; 8°. *CCFR*.

6 Mehrere Werke bzw. Ausg. sind vohanden in ACDF SO CL 1766, Nr. 8.

7 Die Anzeige wurde von Kard. Peretti dem Ass. zugestellt. Laut Notiz wurden die Werke vergeblich in Rom gesucht.

8 Vgl. Congr. gen. der CIndex 8. Juli 1765.

9 Hinweis auf Verbot der CIndex, Hinweise auf Verhandlungen der CIndex wurden jedoch nicht aufgefunden.

10 Laut Bando hatte der Autor das Werk am 15. April 1766 formell widerrufen.

11 Nach den Angaben des Zettelkatalogs enthält die Bibliothek des ACDF die Ausg: Giraldi, Ubaldo: [Expositio iuris pontifici] Expositio juris pontificii [...]. - Romae : ex typ. C. Barbiellini, 1769. - 2 vol. in 1 ; [2°?]. *ACDF SO E 64*. Ermittelt wurde: Giraldi, Ubaldo: [Expositio iuris pontificii] Expositio juris pontificii : iuxta recentiorem ecclesiae disciplinam in duas partes distributa / auctore Ubaldo Giraldi [...]. - Romae : ex typographia Caroli Barbiellini [...], 1769. - 2 Teile [in 3] vol. ; 2°. *SBN*.

creditum sibi ipsis Dominicum Gregem a noxiorum Librorum lecitone avertant. - Romae : Ex Typographia Reverendae Camerae Apostolicae, 1766. - VIII S. ; 2°.

ACDF SO CL 1766, Nr. 2

1766. Censura in Libell. ins[criptu]m: Breve istruzione Catechistica etc. per com[m]andamento del Rev[erendissi]mo Sig[no]re D. Francesco D[otto]r Martinelli, Arciprete etc. data in Luce del M. R. Sig[no]r D. Francesco Brandolese etc. Venezia 1765.

BRANDOLESE, FRANCESCO (Hg.): Breve// Instruzione Catechistica / Composta e recitata per comandamento// Del Reverendiss. Sig. D.// Francesco Dot. Martinelli// Arciprete della Chiesa Maggiore// di Santa Sofia di Lendinara// e data in luce dal M. R. Sig.// D. Francesco Brandolese// Dott. Teologo e Catechista ordinario// nella medesima Chiesa.// Consagrata alla gloria beatissima// del gran Taumaturgo// San Vincenzo Ferreri. - In Venezia : presso Antonio Bassanese, 1765. - [1] Bl., 50 S. ; 12°. *ACDF SO CL 1766, Nr. 2*

Gutachter: Lorenzo Dionisio
Gutachten: 8 S.[12]

ACDF SO CL 1766, Nr. 3

1766. Instantia Abbatis D. Appiani Bonafede Monaci Celestini pro suppressione Libelli infamatorii ins[cript]i: Frusta letteraria.

SCANNABUE, ARISTARCO <Pseudonym> [BERETTI, GIUSEPPE] (Hg./Verf.?): La frusta letteraria / di Aristarco Scannabue. - In Roveredo [i.e. Venezia] : [A. Zatta], Jg. 1 (1763) - Jg. 3 (1765). - 3 vol. *CBT*, *COPAC*[13]

Gutachter: keine Angabe
Gutachten: nicht aufgefunden[14]

ACDF SO CL 1766, Nr. 4

1766. Censura in Theses propugnatas a PP. Dominicanis inscript.: Amplissimo Lemovicensium Senatui se suasque Theses de Ecclesia Christi, de Libertatibus Gallicanis D. Franciscus Peyrat Collegii FF. Praedicatorum Theologus. Lemovicis 1765. Disputabuntur die 24 Augusti 1765 Praeside P. Bernardo Lambert pubblico Theologiae Professore.

---

12 Mit Dekret SO vom 11. Februar 1766 wurde das Werk zugelassen.

13 Verhandelt wurde vol. 2 [=Jg. 2], [Nr. 13 - 24] (1764). *SBN*, *COPAC*. Erscheinungsverlauf im Detail: Jg. 1, Nr. 1 (1. Okt. 1763) - Jg. 3, Nr. 33 (15. Jul. 1765). Verlagsort und Verleger ab Nr. 26 (1. Apr. 1765): Trento [i.e. Ancona] : [Belelli]. *CBT*, *COPAC*.

14 Am 11. Februar 1766 wurde erklärt, das SO sei nicht zuständig. Den Klägern sollte mündlich (nicht schriftlich) mitgeteilt werden, sie hätten sich an die CIndex zu wenden, da sie über das allgemeine Verbot gegen Schmähschriften urteile.

LAMBERT, BERNARD (Präs.) ; PEYRAT, FRANCISCUS (Resp.): [Theses de ecclesia Christi & libertatibus gallicanis] Amplissimo / Lemovicensium / senatui / se suasque theses de ecclesia / christi et libertatibus Gallicanis D. Franciscus Peyrat Collegii F.F. Praedicatorum theologus. - Lemovicis : ex Typographia Petri Chapoulaud Collegii Typographi, 1765. *ACDF SO Vota CL II (1757-1809), Nr. 63*[15]

Gutachter: Tommaso Angelo Ricchini OP
Gutachten: 13 S.[16]

Dekret: SO 19. Februar 1766
Bando: SO 19. Februar 1766; CIndex 16. Juni 1766

ACDF SO CL 1766, Nr. 5

1766 Censura in Libr. ins[criptu]m: Joan. Opstraet S. Th. Licentiati Pastor bonus, officium, et praxis Pastorum typis pluries evulgatus etc. Passavie 1764.

Insuper censura plurium Thesium propugnatarum in novo seminario episcopali Passaviensi, quae continentur tum in manuscripto transmisso, tum in libellis, quorum unus inscribitur: Positiones ex universa theologia etc. 2us Synopsis Theologiae Moralis practicae ad usum seminarii episcopal. Passavien.

1. O., J. [OPSTRAET, JOHANNES]: [Pastor bonus, seu idea officium et praxis pastorum] J. O. S. T. L. Pastor Bonus, Seu Idea Officium Et Praxis Pastorum / Jussu [...] Leopoldi Ernesti, Exemtae Ecclesiae Passaviensis Episcopi [...] Proposita. - Editio Emendatior. - Passaviae : Mangold, 1764. - [19] Bl., 656 S., [14] Bl. *BVB*

2. *Die Thesen wurden nicht ermittelt*[17]

3. WALTPAUER, JOHANN NEPOMUK (Praes.) ; DANNEGGER, J. B. (Resp.): Positiones ex universa Theologia. - [Passavii], [1766]. *Das Werk wurde nicht nachgewiesen*

♦ WALTPAUER, JOHANN NEPOMUK (Praes.) ; DITTRICH, FRIEDRICH VON (Resp.): Positiones Ex Universa Theologia / quas [...] propugnandas suscipit Fridericus De Dittrich [...] Praeside Joan[n]e Nepumuceno Waltpauer [...]. Anno M.DCC.LXVII. [...]. - [ca. 1767], enth. in: BOSSUET, JACQUES BÉNIGNE ; FLEURY, CLAUDE: [Doctrinae Catholicae, de iis argumentis, de quibus controversiae sunt, expositio] Jacobi Benigni Bossvet [...] Doctrinae Catholicae, De Iis Argumentis, De Quibus Controversiae Sunt, Expositio / ex interpretatione Clavdii Flevrii [...] ab ejusdem expositionis authore recognita. - Ed. novissima. - Patavii : [S.l.], 1767. *SWB*

4. WALTPAUER, JOHANN NEPOMUK: [Synopsis theologiae dogmat. moral. pract. in usum sem. episcopal. Pataviens.] Joan. Nep. Waltpauer SS. Theol. Doct. [...]

---

15 Seitenzahl und Format wurden nicht ermittelt.

16 Das Gutachten befindet sich in ACDF SO Vota CL II (1757-1809), Nr. 63.

17 Laut Bericht des Ass. SO handelt es sich um Stellungnahmen, die im Seminar von Passau vertreten und im Laufe des Jahres 1766 gedruckt worden waren.

Synopsis Theologiae Dogmat. Moral. Pract. In Usum Sem. Episcopal. Pataviens. : In Tres Partes Divisae. - [Passavii] : Mangold, 1766. - 63, 41, 102 S., [1] Bl. *BVB*

Gutachter: Raimondo Besozzi OCist
Gutachten: 9 S. (zu Nr. 1-2 und 4)[18]

Gutachter: Felice Maria Nerini OSH
Gutachten: 8 S. (zu Nr. 4)

Gutachter: Felice Maria Nerini OSH
Gutachten: 2 S., o. D. (zu Nr. 3)

Gutachter: Raimondo Besozzi OCist
Gutachten: 3 S. (zu Nr. 2)

Gutachter: Giulio Maria Bianchi OP
Gutachten: 23 S. (zu Nr. 1)[19]

Gutachter: Raimondo Besozzi OCist
Gutachten: 37 S. (zu Nr. 1)

Gutachter: Raimondo Besozzi OCist
Gutachten: 4 S. (zu Nr. 2)[20]

Gutachter: Raimondo Besozzi OCist
Gutachten: 8 S. (zu Nr. 3-4)

Gutachter: Felice Maria Nerini OSH
Gutachten: 12 S., 28. Juni 1766 (zu Nr. 4)

Gutachter: Felice Maria Nerini OSH
Gutachten: 3 S. (zu Nr. 3)[21]

Dekret: SO 27. Februar 1766
Bando: CIndex 26. Januar 1767 (zu Nr. 1)

Dekret: SO 14 Juli 1766
Bando: nicht aufgefunden (zu Nr. 4)[22]

---

[18] Darüber hinaus 37 S. hs: Anzeige und Gutachten eines Passauer Pfarrers. Mit Dekret SO vom 27. Februar 1766 wurden die Thesen zugelassen.

[19] Mit Titel: Dubium // Utrum episcopus in sua dioecesi aliquis damnare possit // propositiones ad moralem dotrinam, securitatem conscientie // suorum subditorum attinentes, inconsulta sancta Sede? Das Gutachten bezieht sich nicht unmittelbar auf das verhandelte Werk, sondern auf dieses Dubium.

[20] Laut Votum der Konsultoren vom 18. November 1765 sollten die Thesen und die anderen Schriften, die im Seminar von Passau für die Lehre benutzt wurden, nicht verboten werden. Dem Bischof sollte aber das Verbot des unter Nr. 1 [in der Konsultorensitzung vom 11. November 1765] verhandelten Werks gemeldet werden.

[21] Laut Votum der Konsultoren SO vom 14. Februar 1766 sollte über dieses Werk nicht weiter gesprochen werden.

[22] Laut Dekret SO vom 14. Juli 1766 sollte das Verbot durch die CIndex veröffentlicht werden. Vorher sollte dem Bischof von Passau ohne genauere Angaben mitgeteilt werden, dass im Buch fragwürdige Meinungen vertreten wurden und es deswegen eingezogen werden sollte, um eine

ACDF SO CL 1766, Nr. 6

1766. Censura in libr. ins[criptu]m: Brevi di Sua Santità Clemente XIII. emanati in favore de RR. PP. Gesuiti colle osservazioni sopra i medesimi e sopra la bolla Apostolicum. In Venezia 1766.

CLEMENS <PAPA, XIII.>: Brevi// Di Sua Santita'// Clemente XIII.// Emanati in favore// de R.R. P.P. Gesuiti// Colle Osservazioni// Sopra i medesimi// E Sopra La Bolla// Apostolicum. - In Venezia : presso Vincenzo Radici, 1766. - 72 S. ; 8°. *ACDF SO CL 1766, Nr. 6, SBN*

Gutachter: Michelangelo Monsagrati CRL
Gutachten: 12 S.[23]

Dekret: SO 12. März 1766
Bando: SO 12. März 1766; CIndex 16. Juni 1766

Weiterhin beiliegend: (1) CLEMENS <PAPA, XIII.>: Concessione// di Indulgenze, e di Privilegj// per le Indie,// Clemente XIII.// a Perpetua Memoria. - [S.l., Roma?] : [S.n., nella Stamperia della Reverenda Camera Apostolica?], [S.a., 1766?][24] (2) Anonym: Aggiunta// Alla Raccolta De' Brevi// Di Sua Santità// Clemente XIII.// Emanati in favore// Dei R.R. P.P. Gesuiti// Con Osservazioni importanti sopra// li medesimi. - In Venezia : presso Vincenzo Radici, 1766. (Con Licenza de' Superiori). - 51 S. ; 8° *SBN*

ACDF SO CL 1766, Nr. 7

1766. Marchio Franciscus Gabbuccini Fanensis conqueritur, eo quod Pisauri impressa fuerint folia, in quibus refertur eius causa in S. Consulta examinata.

Anonym?: Italia// Roma 22. Febbraio. […], in: Gazzetta di Pesaro. - [Pesaro] : In Casa Gavelli. (Con licenza de' Superiori, e Privilegio), (4. März 1766), S. 93-100. (Auschnitt) *ACDF SO CL 1766, Nr. 7, SBN*

Gutachter: keine Angabe
Gutachten: nicht aufgefunden[25]

ACDF SO CL 1766, Nr. 8

1766. Censura in duas impressas epistolas.

Primae titulus est: Lettera del Marchese Carlo Mosca Barzi di risposta ad un suo amico etc. contro il fautore delle sue dissertazioni sopra la Limosina etc.

Publikation des Verbots zu vermeiden. Der Bischof sollte ermahnt werden, die Rechtgläubigkeit in seinem Seminar künftig besser zu überwachen.

[23] Darüber hinaus: Abschrift, 12 S.

[24] Titelaufnahme ergänzt nach *SBN*. Umfangsangabe nach *SBN*: 20 S.

[25] Laut Dekret SO vom 23. April 1766 sollte dem Vikar der Inquisition von Pesaro aufgetragen werden, den Drucker Gavelli anzuweisen, die Gazzetta künftig nicht mehr ohne kirchliche Genehmigung zu drucken.

2[ae] titulus est: Esame dell'ammonizione fatta al Sig[no]r March[es]e Caval. Carlo Mosca Barzi etc. sopra le sue lettere etc. in proposito della Limosina etc.

1. MOSCA BARZI, CARLO: Lettere// Scritte Dal Signor Marchese// Carlo Mosca Barzi// Ad Un Suo Amico Di Roveredo// In Proposito Della Limosina. - Roveredo : [S.n.], 1765. - LXVIII S. ; 4°. *ACDF SO CL 1766, Nr. 8, MAI, BAV*

2. Anonym: Esame dell'ammonizione fatta al sig. marchese cavaliere Carlo Mosca Barzi sopra le sue lettere scritte ad un suo amico di Roveredo in proposito della limosina. - Roveredo : [Francescantonio Marchesani], 1766. - CXX, XVI S. ; 4°. *CBT*

Gutachter: Domenico Teoli[26]
Gutachten: 8 S. (zu Nr. 1)[27]

Gutachter: Vincenzo Ludovico Pavoni OP
Gutachten: 33 S. (zu Nr. 1)

Gutachter: keine Angabe
Gutachten: nicht aufgefunden (zu Nr. 2-3)[28]

Dekret: SO 20. März 1766
Bando: CIndex 16. Juni 1766 (zu Nr. 1)

Weiterhin beiliegend: MOSCA BARZI, CARLO: Lettera// Del Marchese// Cavalier Carlo Mosca Barzi// Di Risposta ad un suo amico, in proposito di una ammonizione,// fatta ai Fautori delle sue Dissertazioni sopra la// limosina. - [S.l., Roveredo?] : [S.n.], [1766]. - CXX S. ; 4°.

ACDF SO CL 1766, Nr. 9

1766. Censura in libr. ins[cript]um: Ragionamenti accademici del conte Nicola Graziani dedicati alle Dame d'Italia.

GRAZIANI, NICOLA: Ragionamenti accademici del conte Niccola Graziani da Macerata, recitati per la prima volta in Firenze, e dal medesimo dedicati alle dame d'Italia. - In Lucca : nella stamperia di Jacopo Giusti, 1766. - 88 S. ; 8°. *SBS*

Gutachter: Francesco Angelo Pastrovich OFMConv
Gutachten: 30 S.

---

26 Vgl. ACDF SO CL 1766, Nr. 1.

27 Darüber hinaus: Abschrift, 7 S.

28 Laut Anzeige des Inquisitors von Pesaro wurden beide Werke veröffentlicht, nachdem Mosca seinen ersten Brief bereits formell widerrufen hatte. Die Werke wurden der Inquisition von Pesaro von Mosca selbst zugestellt, da sie ohne sein Wissen gedruckt und ihm aus Venedig zugeschickt worden waren. Laut Dekret SO vom 29. April 1766 sollte die CIndex schnellstmöglich das Verbotsdekret gegen die ersten beiden Briefe Moscas veröffentlichen und im Bando verzeichnen, dass die Werke zum Zeitpunkt des Verbots bereits durch den Autor widerrufen worden waren. Weiterhin sollte der Autor eine formelle Erklärung unterschreiben, dass der neue Brief ohne sein Wissen gedruckt worden war. Der Widerruf und die formelle Erklärung sollten daraufhin separat gedruckt werden und zusammen mit dem Verbotsdekret den Inquisitoren zugeschickt werden.

Dekret: CIndex 26. Januar 1767[29]
Bando: CIndex 26. Januar 1767

ACDF SO CL 1766, Nr. 10

1766. Liber transmissus a P. Inq[uisito]re Firmi, cuius titulus: Ragionamento intorno a beni temporali posseduti dalle chiese, dagli ecclesiastici, e da quelli tutti, che si dicono mani morte. Venezia 1766.

Anonym [MONTEGNACCO, ANTONIO DI]: Ragionamento// Intorno// A' Beni Temporali// Posseduti// Dalle Chiese,// Dagli Ecclesiastici// E da quelli tutti, che si dicono// Mani morte. - In Venezia : Appresso Giuseppe Zorzi, 1766. - CXXVIII S. ; 8°. *ACDF SO CL 1766, Nr. 10, SBN*

Gutachter: keine Angabe
Gutachter: nicht aufgefunden

Dekret: CIndex 15. September 1766[30]
Bando: CIndex 26. Januar 1767

ACDF SO CL 1766, o.Nr.

1766. Liber manuscriptus transmissus a P[at]re Inq[isito]re Bononien. Pro revisione: Inscript. Officio della B. Vergine in verso sciolto. Di Cesare Trassoni. Vide in Volumine Censurarum anni 1770.

FRASSONI, CESARE: Uffizio// della Beata Vergine// in// Verso Sciolto / Di Cesare Frassoni. - [S.a.]. - 2 Teile. - 256 S. (Manuskript) *ACDF SO CL 1770, Nr. 8*

Gutachter: keine Angabe
Gutachter: nicht aufgefunden[31]

---

29 Mit Dekret SO vom 18. Dezember 1766 wurden Werk und Gutachten der CIndex zugestellt. Vgl. Referat Lazzeris in der Congr. gen. der CIndex 26. Januar 1766.

30 Hinweise auf weitere Verhandlungen des SO wurden nicht aufgefunden. Vgl. Referat Gabrinis in der Congr. gen. der CIndex 15. September 1767.

31 Laut Rubricella. Das Faszikel fehlt; vgl. ACDF SO CL 1770, Nr. 8.

ACDF SO CL 1767-1768

ACDF SO CL 1767-1768, Nr. 1

1767. Censura in Scripta, seu Lectiones de iure Canonico habitas in Universitate Papiensi a P. Perondolo Olivetano pubblico Sacror. Canonum Professore, et transmissas ab Em[inentissim]o D. Cardin. Durinì Episcopo Papien.

1. PERONDOLI, STANISLAO: [De iuris canonici origine] Liber Primus.// Cap. I.// De Iuris Canonici Origine. - [S.a.]. - 90 S. (Manuskript, Abschrift). *ACDF SO CL 1767-1768, Nr. 1*

2. PERONDOLI, STANISLAO: [De rerum divisione] Institutionum Canonicarum// Liber Secundus./ / Titulus P[rim]us// De rerum Divisione. - [S.a.]. - 44 S. (Manuskript, Abschrift). *ACDF SO CL 1767-1768, Nr. 1*

Gutachter: Raimondo Besozzi OCist
Gutachten: 11 S. (zu Nr. 1-2)[1]

ACDF SO CL 1767-1768, Nr. 2

1767. Francia. Censura in libr. ins[criptu]m: De l'autoritè du Clergè et du pouvoir du Magistrat Politique sur l'esercice des functions du Ministere Ecclesiastique etc. Amsterdam 1766.

Arrestum consilii Status Regis Galliar. sub die 18. Iul. 1766, quo supprimitur praefatus liber.[2]

M.** [RICHER, FRANÇOIS]: De l'autorité du clergé, et du pouvoir du magistrat politique, sur l'exercice des fonctions du ministère ecclésiastique / Par M.**. Avocat au Parlement. - A Amsterdam [i.e. Paris] : chez Arkstée & Merkus, 1766. - 2 vol. ; 12°. *BNF*[3]

Gutachter: Bruno Saverio Toma da Lodi OP
Gutachten: 11 S.[4]

---

1 Vgl. ACDF SO Vota CL II (1757-1809), Nr. 65. Laut Votum der Konsultoren SO vom 5. Januar 1767 sollte der Fall an den Ass. weitergeleitet werden, der Kard. Torrigiani, Staatssekr. und Protektor der Olivetaner, benachrichtigen sollte. Letztgenannter solle sich mit dem Erzbischof von Pavia darüber verständigen, damit Perondoli die vom SO abgelehnten Thesen widerrufe und sie künftig nicht mehr vertrete. Das Votum wurde mit Dekret SO vom 28. Januar 1767 bestätigt.

2 Vgl. ACDF SO CL 1795-1796, Nr. 10.

3 Verf. ermittelt nach *BNF*, s. Barbier. Erscheinungsort nach *BNF* fingiert.

4 Vgl. ACDF SO Vota CL II (1757-1809), Nr. 65.

Dekret: SO 26. März 1767
Bando: SO 26. März 1767; CIndex 1. März 1768

Weiterhin beiliegend: Arrest// Du Conseil D'État// Du Roi,// Qui supprime un Ouvrage intitulé, De l'autorité du Clergé,// & du pouvoir du Magistrat politique sur l'exercice// des fonctions du ministére Ecclésiastique.// Du 18 Juillet 1766. : Extrait des Registres du Conseil d'État. […]. - A Paris : de l'Imprimerie Royale, 1766. - 2 S.

ACDF SO CL 1767-1768, Nr. 3

1767. Transmittitur ad S. Cong[regatione]m Indicis libellus ins[criptu]s: Piano ecclesiastico.

Anonym: Piano ecclesiastico per un regolamento da tentare nelle circostanze de' tempi presenti : Con aggiunta d'un discorso sopra l'autorita della Chiesa. - In Venezia : appresso Bortolo Baronchelli, 1767. - LVIII, [2] S. ; 8°. *MAI*

Gutachter: keine Angabe
Gutachten: nicht aufgefunden[5]

Dekret: CIndex 27. November 1767
Bando: CIndex 1. März 1768

ACDF SO CL 1767-1768, Nr. 4

1767. Censura in sequentes libellos.

1.us inscrib. Christophori Christophori Santii Nucleus Historiae Ecclesiasticae exhibitus in Historia Arianorum tribus libris comprehensa. Coloniae 1676.[6]

2. us Appendix addendorum, confirmandorum, et emendandorum cum tribus epistolis. Col. 1678

3. us La Religion des Dames etc. Amsterdam 1698.

4. Discours un the miracles. Hoc est Thomae Woolston Sermones de miraculi Salvatoris N[ost]ri comparate ad quaestionem, quae nunc agitur incredulos inter, et apostata Londini 1727.

4. us Eodem authore Defense as the Discours, hoc est apologia sermonum de miraculis etc.

5. Traité de la Morale des Pères, de l'Eglise etc. Amsterdam 1728.

6. us Lettres ecritte de la Montagne. Par J.J. Rousseau – Vitam impendere vero. Amsterdam 1764.

[5] Das Werk wurde der CIndex übergeben. Vgl. Referat Martinellis in der Congr. gen. der CIndex 27. November 1767.

[6] Vgl. ACDF SO CL 1718-1721, Nr. 20.

7.[us] Inscribitur latinè: Reddite quae sunt Caesaris, Caesari, et quae Papae sunt Papae.

8. Recherches sur l'Origine dù dispotisme, Seconde Partie, et tria continet tria Opuscula nempe: Dissertations sur Elie, et Enoch; Sur Esope Fabuliste; et Traitè Mathematiche sur le Bonbeur

Ultimus inscrib.: Di una Riforma d'Italia, o sia dei mezzi di riformare i più cattivi costumi e le più perniciose leggi d'Italia. Villafranca 1767.

1. SAND, CHRISTOF: [Nucleus historiae ecclesiasticae ...] Christoph. Christophori// Sandii// Nucleus// Historiae Ecclesiasticae,// exhibitus in// Historia Arianorum,// tribus libris comprehensa : Quibus praefixus est// Tractatus// De Veteribus Scriptoribus Ecclesiasticis. - Secunda editio ab Authore locupletata [et] emendata. - Coloniae : Apud Joannem Nicolai, 1676. - [4] Bl., 436 S., [10] Bl. ; 4°. *VD17*

2. SAND, CHRISTOF: [Appendix addendorum, confirmandorum & emendandorum ad nucleum historiae ecclesiasticae] Christophori Christoph. Sandii// Appendix// Addendorvm,// Confirmandorum & Emen-//dandorum// Ad// Nvclevm Historiae// Ecclesiasticae : In quâ sub finem adduntur tres epistolae,// Quarum prima est Autoris ejusdem ad D. Samve-//lem Gardinervm, scripta in defensionem sui// Nuclei Historiae Ecclesiasticae: secunda D. Gardi-//neri responsoria: tertia Authoris respon-//soria est ad epistolam D. Gardineri. - Coloniae : Apud Ioannem Nicolai, 1678. - [2] Bl., 159 S., [2] Bl. ; 4°. *VD17*

3. Anonym [STEPHENS, .../LOCKE, JOHN?]: La Religion Des Dames / Par un Théologien de l'Eglise Anglicane [i.e. John Locke]. Traduit de l'Anglois. - A Amsterdam : Chez Antoine Schelte, Marchand Libraire, 1698. - [18] Bl., 152 S., [2] Bl. ; 8°. *GBV*[7]

4a. WOOLSTON, THOMAS: A Discourse On The Miracles Of Our Saviour : In View of the Present Controversy between Infidels and Apostates / By Thomas Woolston, sometime Fellow of Sidney-College in Cambridge [...]. - London : Printed for the Author, Sold by him [...], and by the Booksellers of London, and Westminster, 1727-1729. - 6 vol. ; 8°. *GBV*

4b. ♦ WOOLSTON, THOMAS: Mr. Woolston's defence of his discourses on the miracles of our Saviour, against the bishops of St. David's and London, and his other adversaries. - London : printed for the author, and sold by him, and by the booksellers of London and Westminster, 1729-1730. - Pt. 1-2 in 2 vol. ; 8°. *COPAC*

♦ WOOLSTON, THOMAS: Mr. Woolston's defence of his discourses on the miracles of our saviour, against the Bishops of St. David's and London, and his other adversaries. - The second edition. - London : printed for the author, and sold by

7 Das Werk wird neben John Locke (*GBV*, *Abes*, s. Barbier) auch dem in Gutachten genannten Stephens zugeschrieben. *GBV*. Vgl. Anonym ; ADEISIDAEMON <Pseudonym>: A lady's religion : In a letter to the Honourable Lady Howard / By a divine of the Church of England. With a prefatory epistle to the same lady, by a lay-gentleman. - London : printed for Tho. Warren for Richard Baldwin [...], 1697. - [24], 71, [1] S. ; [12°]. *COPAC*. Die „prefatory epistle" ist mit Adeisidaemon unterzeichnet. *COPAC*.

him, and by the booksellers of London and Westminster, 1729-1730. - Pt. 1-2 in 2 vol. ; 8°. *GBV*

♦ WOOLSTON, THOMAS: Mr. Woolston's Defence Of His Discourses on the Miracles of our Saviour, Against the Bishops of St. David's and London, and his other Adversaries. - 3. ed. - London : Printed for the Author, and Sold by him, [...] and by the Booksellers of London and Westminster, 1729-1730. - Pt. 1-2 in 2 vol. ; [8°]. *GBV*, *KB*[8]

5. BARBEYRAC, JEAN: Traite De La Morale Des Peres De L'Eglise: où, en défendant un Article de la Preface sur Puffendorf, contre l'Apologie De La Morale des Peres du P. Ceillier, Religieux Bénédictin de la Congregation de St. Vanne & de Hydulphe, on fait diverses reflexions sur plusieurs matieres importantes / Par Jean Barbeyrac. - Amsterdam : Chez Pierre De Coup. [...], 1728. - XLII S., [1] Bl., 334 S., [10] Bl. ; 4°. *GBV*[9]

6. ROUSSEAU, JEAN-JACQUES: Lettres écrites de la montagne / par J.J. Rousseau. - A Amsterdam : chez Marc Michel Rey, 1764. - 2 Teile in 1 vol. - ([10], 334, [2]; [4], 226, [2]) S. ; 8°. *CCFR*[10]

7. Anonym: Gebet dem Kaiser, was des Kaisers ist, und dem Pabst, was des Pabstes ist. [S.l.] : [S.n.], [ca. 1766]. - 88 S. ; 8°. *HEBIS-Retro*, *COPAC*[11]

8. ♦ Anonym [BOULANGER, NICOLAS ANTOINE]: Dissertation sur Elie et Enoch / par l'auteur des Recherches sur l'origine du despotisme oriental et servant de suite à cet ouvrage. - [S.l] : [S.n.], [ca. 1760]. - XVI, 284 S. *SBB*. Enth: BOULANGER, NICOLAS ANTOINE: Esope fabuliste ou dissertation sur les incertitudes qui concernent les premiers écrivains de l'antiquité. - [ca. 1760]; KRANTZOVIUS, IRENAEUS <Pseudonym> ; A. B. [BENJAMIN STILLINGFLEET]: Traité mathematique sur le bonheur / par Irenée Krantzovius. - Ouvrage trad. de l'allemand en anglois avec des remarques / par A. B. [Benjamin Stillingfleet], et trad. de l'anglois en

---

8 Formatsangabe der 3. Aufl. ergänzt nach *KB*.

9 Ermittelt wurde auch: BARBEYRAC, JEAN: Traité De La Morale Des Peres De L'Eglise: Où en défendant un Article de la Preface sur Puffendorf, contre l'Apologie De La Morale Des Peres du P. Ceillier, Religieux Bénédictin de la Congregation de St. Vanne & de St. Hydulphe, on fait diverses reflexions sur plusieurs matieres importantes / Par Jean Barbeyrac [...]. - A Amsterdam : Chez Herman Uytwerf, 1728. - XLII S., [1] Bl., 334 S., [10] Bl. ; 4°. *GBV*. Abweichende Formatangabe nach *SBN*: 2°.

10 Ermittelt wurde u.a. auch: ROUSSEAU, JEAN-JACQUES: Lettres écrites de la montagne : En 2 partie / par J.J. Rousseau. - Amsterdam : M. M. Rey, 1764. - 2 vol. ; 8°. - (Oeuvres / de Jean Jacques Rousseau ; 9). *SBB*, *GBV*; ROUSSEAU, JEAN-JACQUES: Lettres écrites de la montagne. - Nouvelle édition, revue, corrigée & augmentée de plusiers morceaux qui n'avoient point encore paru. - Amsterdam : M. M. Rey, 1764. - 2 vol. ; 8°. - (Oeuvres / de Jean Jacques Rousseau ; 9). *SBB*, *GBV*.

11 Abweichendes Erscheinungsjahr nach *Hebis-Retro*: [ca. 1750]; nach *COPAC*: [ca. 1760-80?]. Vermutl. Erscheinungsjahr ermittelt nach den Angaben im Gutachten und dem Zeitpunkt des Erscheinens der Schrift: MERZ, ALOYS: Frag, Ob der Verfasser der Schrift Gebt dem Kaiser was des Kaisers ist, Und dem Pabst was des Pabstes ist, Eine ächte, und Evangelische Austheilung gemacht habe / In den heiligen Weynacht-Feyertagen Beantwortet von P. Aloysio Merz, S.J. des hohen Domstifts der freyen Reichsstadt Augsburg Ordinari-Predigern, Im Jahr Christi 1766. - Augsburg und Innsbruck : Im Verlag bey Joseph Wolff, 1766. - 70 S., [1] Bl. ; 4°. *GBV*.

françois, avec une lettre préliminaire par le traducteur françois [Étienne de Silhouette]. - [ca. 1760] *SBB*[12]

♦ L'auteur des „Recherches sur l'origine du despotisme oriental" [BOULANGER, NICOLAS ANTOINE]: Dissertation sur Elie et Enoch / Par l'auteur des 'Recherches sur l'origine du despotisme oriental' et servant de suite à cet ouvrage. - [S.l., Amsterdam?]: [S.n., M. M. Rey?], au dix-huitième siècle [ca. 1762]. - XIV, 216 S., [1] Bl./Taf. ; [12°]. *COPAC*, *SBN*, *Orbis*[13]

♦ Anonym [BOULANGER, NICOLAS ANTOINE]: Dissertation sur Élie et Énoch / Par l'auteur des Recherches sur l'origine du despotisme oriental et servant de suite à cet ouvrage. - [S.l.] : [S.n.], Dix huitieme siecle [i.e. 176-?]. - XII, 256 S., [1] Bl. ; 8°. *COPAC*[14]

9. Anonym [PILATI, CARLO ANTONIO]: Di una riforma d'Italia ossia dei mezzi di riformare i piu cattivi costumi e le piu perniciose leggi d'Italia. - In Villafranca [i.e. Coira] : [Società tipografica], 1767. - [4], 354, [2] S. ; 8°. *SBN*[15]

Gutachter:	Serafino Maccarinelli OP
Gutachten:	50 S. (zu Nr. 1-9)[16]
Dekret:	SO 29. Juli 1767
Bando:	SO 29. Juli 1767; CIndex 1. März 1768 (zu Nr. 1-6 und Nr. 8-9)
Dekret:	CIndex 25. Mai 1767;[17] SO 29. Juli 1767

12 Vort.: Dissertations sur Elie et Enoch, sur Esope fabuliste, et Traité mathématique sur le bonheur. Verf. und Hg. ermittelt *SBB*, *COPAC*. Nach *SWB* Kopft. der enth. Werke auf S. 105 u. 203. Abweichendes Erscheinungsjahr: [1764?]. *BNF;* Dixhuitieme siecle [ca. 1764]. *Orbis*; dix-huitième siècle [ca. 1762]. *SWB*. Vgl. KRANTZOVIUS, IRENAEUS ; A. B. <Pseudonym> [STILLINGFLEET, BENJAMIN]: Some thoughts concerning happiness / By Irenaeus Krantzovius. Translated from the original German, with notes, by A. B. [...]. London : Printed for W. Webb, […], 1738. – 31, [1] S. ; 8°. *COPAC*. Verlagsangabe und dt. Orig.-Ausg. nach *COPAC* fingiert.

13 Titelvariante nach *SBN*: Recherches sur l'origine du despotisme. Seconde partie ; [Continuazione di] Recherches sur l'origine du despotisme oriental. - Ouvrage posthume / de mr. B.I.D.P.E.C. [Boulanger, ingénieur des ponts et chausses]. *SBN*. Enth.: BOULANGER, NICOLAS ANTOINE: Esope fabuliste, ou, Dissertation sur les incertitudes qui concernent les premiers écrivains de l'antiquité ; KRANTZOVIUS, IRENAEUS <Pseudonym> [BENJAMIN STILLINGFLEET]: Traité mathématique sur le Bonheur / par Irenée Krantzovius. Abweichendes Erscheinungsjahr: Au dix-huitieme siecle [1764]. *SBN*; au dix-huitieme siecle [1764?]. Orbis. Formatsangabe ergänzt nach *SBN*, *Orbis*. Vgl. KRANTZOVIUS, IRENAEUS ; A. B. [STILLINGFLEET, BENJAMIN]: Some thoughts concerning happiness / By Irenaeus Krantzovius. Translated from the original German, with notes, by A. B. [...]. - London : Printed for W. Webb, […], 1738. - 31, [1] S. ; 8°. *COPAC*. Verlagsangabe und dt. Orig.-Ausg. nach *COPAC* fingiert.

14 Enth.: BOULANGER, NICOLAS ANTOINE: Ésope fabuliste, ou Dissertation sur les incertitudes qui concernent les premiers écrivains de l'antiquité. - S. [96]-183; KRANTZOVIUS, IRENÉE <Pseudonym> [STILLINGFLEET, BENJAMIN]: Traité mathématique sur le Bonheur / par Irenée Krantzovius [...] traduit de l'anglois en françois, avec une lettre préliminaire du traducteur françois [Étienne de Silhouette]. - S. [187]-256. Vgl. KRANTZOVIUS, IRENAEUS <Pseudonym> ; A. B. [STILLINGFLEET, BENJAMIN]: Some thoughts concerning happiness / By Irenaeus Krantzovius. Translated from the original German, with notes, by A. B. [...]. London : Printed for W. Webb, […], 1738. - 31, [1] S. ; 8°. *COPAC*. Verlag und dt. Orig.-Ausg. nach *COPAC* fingiert.

15 Erscheinungsort und Verlag ermittelt nach *SBN*.

16 Vgl. ACDF SO Vota CL II (1757-1809) Nr. 66.

Bando: SO 29. Juli 1767; CIndex 1. März 1768 (zu Nr. 7)

Weiterhin beiliegend: SIZZO DE NORIS, CRISTOFORO <Trient, Bischof>: [Dekret des Bischofs von Trient betreffend das Verbot des Werks Nr. 9] Nos Christophorus// Dei, Et Apostolicae Sedis Gratia Episcopus, Et S.R.I.// Princeps Tridenti, Marchio Castellarii &c. &c. [...]. Datum Tridenti ex Arce Nostrae Residentiae hac die 15. Junii 1767. - [S.l.] : [S.n.], [1767]. (Verbotsdekret, Einblattdruck)

ACDF SO CL 1767-1768, Nr. 5

1767. Censura in Liberculum ins[criptu]m: Breve, e divota Orazione da portarsi addosso contro i Demonj, fatture etc. Napoli 1752.[18]

Anonym: Breve,// E Divota// Orazione// Da portarsi addosso in onore,// e gloria di Dio, e dell'Im-//macolata sempre Ver-//gine Maria.// Contro i demonj, fatture, legature,// malefici, fascinazioni, incantesi-//mi, e contro i traditori.// Cavata dalla Sagra Scrittura. - In Nap. : Per Domenico Roselli, 1752. - 16 S. ; 8°. *ACDF SO CL 1767-1768, Nr. 5*

Gutachter: keine Angabe
Gutachten: nicht aufgefunden

Dekret: keine Angabe[19]
Bando: nicht aufgefunden

ACDF SO CL 1767-1768, Nr. 6

1767. Censura in Librum ins[criptu]m: Memoire sur les Professions Religieuses en faveur de la Raison contre les Prejuges. Avignon 1766.

Item Censura in Opuscul. ins[criptu]m: Memoire a presenter a Messeurs le Commissaires preposes per le Roi pour proceder a la Reformation des Ordres Religieux.

1. ♦ Anonym: Mémoire sur les professions religieuses, en faveur de la raison contre les préjugés. - A Avignon : [S.n.], 1766. - 272 S. ; [12°]. *BAV*[20]

2. Anonym: Mémoire à présenter à Messieurs les commissaires préposés par le roi pour procéder à la réformation des ordres religieux. - [S.l.] : [S.n.], 1767. - [2], 113 S. ; 12°. *CCFR*

Gutachter: Giacomo Maria di Tarsia OM
Gutachten: 4 S. (zu Nr. 1-2)

Dekret: CIndex 27. November 1767[21]

---

17 Vgl. Referat Wanderpohls in der Congr. gen. der CIndex 25. Mai 1767.

18 Die Rubricella gibt 1734 als Publikationsdatum an.

19 Laut Antwort des SO an den Bischof von Gravina war das Buch bereits verboten.

20 Formatangabe ergänzt nach *CCFR*. Abweichende Umfangs- und Formatangabe: 272, [2] S.; 12°. *CCFR*; 276 S. ; 12°. *CCFR*; 206 S. ; [12°]. *AMICUS*.

Bando: CIndex 1. März 1768 (zu Nr. 1-2)

ACDF SO CL 1767-1768, Nr. 7

1767. Censura in Librum Germanicum cuius titul. latine redditus: Veremundi de Lochstein fundamenta tam pro, quam contra immunitatem Ecclesiasticam in rebus Temporalibus. Argentorati 1766.

LOCHSTEIN, VEREMUND VON <Pseudonym> [OSTERWALD, PETER VON]: [Gründe sowohl für als wider die geistliche Immunität in zeitlichen Dingen] Veremunds von Lochstein Gründe sowohl für als wider die Geistliche Immunität in zeitlichen Dingen / Herausgegeben und mit Anmerkungen begleitet von F. L. W. - Straßburg : [S.n.], 1766. - [4] Bl., 280 [i.e. 288], 44 S., [18] Bl. ; 4°. *HBZ*

Gutachter: Dominicus Wanderpohl OP[22]
Gutachten: 29 S., [1. Februar 1767][23]

Dekret: CIndex 26. Januar 1767[24]
Bando: CIndex 26. Januar 1767

Weiterhin beiliegend: LOCHSTEIN, VEREMUND VON <Pseudonym> [OSTERWALD, PETER VON]: [Fundamenta tam pro quam contra Immunitatem Ecclesiasticam in rebus temporalibus] Veremundi de Lochstein// fundamenta// tam pro// quam// contra// Immunitatem Ecclesiasticam// in rebus temporalibus// edita, et adnotationibus aucta// F. aL. W.// Argentorati, 1766. - [ca. 1766]. - 34 S. (Manuskript)

ACDF SO CL 1767-1768, Nr. 8

1768. Censura in libr. ins[criptu]m: Istruzioni generali in forma di Catechismo di Mons[igno]r Carlo Gioacchino Colbert Vescovo di Montpellier, e tradotto in lingua Portoghese da M[onsigno]r vescovo di Evora. Lisbona 1765.[25]

Anonym [POUGET, FRANÇOIS-AIME] ; COLBERT, CHARLES JOACHIM <Montpellier, Bischof>: [Catéchisme de Montpellier <port.>] Instrucçones geraes em forma de catecismo : nas quaes se explicao em compendio pela Sagrada Escritura, e tradiçao a Historia, e os dogmas da religiao, a moral christa, os sacramentos, as oraçoes, as ceremonias, e os usos da Igresa / impressas por ordem do senhor Carlos Joaquim Colbert, Bispo de Montpellier [...] ; traduzidas na lingua portugueza por mandado

21 Mit Dekret SO vom 16. September 1767 wurden die Werke der CIndex zugestellt. Vgl. Referat Lazeris in der Congr. gen. der CIndex 27. November 1767.

22 Wahrscheinlich als Konsultor der CIndex.

23 Wahrscheinlich im Auftrag der CIndex. Vgl. ACDF Index Prot. 89 (1767-1770), Bl. 8r; Bl. 44r-54r; und ACDF Index Diari 18 (1764-1807), 16r-17r.

24 Vgl. Referat Wanderpohls in der Congr. gen. der CIndex 26. Januar 1767.

25 Vgl. ACDF SO Tit.Libr. 1710-1721, Nr. 128.

do senhor Arcebispo de Evora Dom Joao, [...]. - Lisboa : na officina de Miguel Manescal da Costa [...], 1765. - 3 Teile in 4 vol. *CCPB*[26]

Gutachter: Bruno Saverio Toma da Lodi OP
Gutachten: 10 S.[27]

ACDF SO CL 1767-1768, Nr. 9

1768. Ordinatur nuntio Viennensi, ut agat ne confraternitates sub titulo Jesus, Mariae, et Josephi erectae in monasterio Lilienfelden. Dioec. Passavien. in recitanda salutatione angelica quidquam addant contra Universalis Ecclesiae usum.

Anonym: Jesus, Maria, Joseph.// Bruderschaft zu sonderbahren Ehre des heiligen Josephs, [...]. - Crembs : gedruckt bey Ignatz Anton Präxl Wiennerisch, [S.a.]. (Einblattdruck) *ACDF SO CL 1767-1768, Nr. 9*[28]

Gutachter: keine Angabe
Gutachten: nicht aufgefunden[29]

ACDF SO CL 1767-1768, Nr. 10

1768. Censura in Catechismum Manuscriptum Authore Gulielmo Passera Praeposito Casalis Borgonii Dioec. Hypporesien. cui titul.: Questioni Proemiali della Dottrina Cristiana.

---

26 Vgl. Anonym [POUGET, FRANÇOIS-AIME] ; COLBERT, CHARLES JOACHIM <Montpellier, Bischof>: [Catéchisme de Montpellier] Instructions générales en forme de catechisme, ou l'on explique en abrégé par l'Ecriture sainte & par la tradition, l'histoire & les dogmes de la religion, la morale chrétienne, les sacremens, les prieres, les cérémonies & les usages de l'Eglise / Imprimées par ordre de messire Charles Joachim Colbert, evêque de Montpellier. A l'usage des anciens & des nouveaux catholiques de son diocése, & de tous ceux pui [sic] sont chargez de leur instruction. Avec deux catéchismes abrégez, à l'usage des enfans. - Paris : chez Augustin Leguerrier, marchand libraire, [...], 1702. - 4 vol. ; 12°. *BNF.*

27 Das Gutachten bezieht sich ebenfalls auf Verhandlungen der Übers. des franz. Orig., vgl. Congr. gen. der CIndex 23. April 1720, 21. Januar 1721, 4. Dezember 1724 und 15. Januar 1725; 30. April 1726. Zu diesem Fall wurden keine Hinweise auf eine Entscheidung aufgefunden.

28 Auch die lat. Übers. liegt bei. Die Josephi-Bruderschaft bestand am Zisterzienserkloster Lilienfeld in der Diözese Passau. Ermittelt wurde auch: BATTHYANI, CARL VON: Jesus, Maria, Joseph. Die Hochlöbliche Ertz-Bruderschaft des Allerheiligsten Patriarchen Joseph, Nährvatters Christi, und Bräutigams der allerseeligsten ohne Erbsünd empfangenen Jungfrau Maria, Jn dem Fürstlichen Stift und Closter Lilienfeld des Heiligen Cistercienser-Ordens, wünschet allen Mit-Glidern jedes Standes Von Jesus, Maria Joseph, Heyl und ewigen Seegen / [Gegeben ... den 1. Tag in Monath Mertzen ... 1758 ... Carolus, Graf von Batthyan, ...]. - Crembs : gedruckt bey Jgnatz Anton Präxl, Wiennerisch-Universität. Buchdr., [1758]. - [5] Bl. *GBV.*

29 Laut Dekret SO vom 16. März 1768 sollte eine anonymisierte Kopie der Anzeige dem Nuntius von Wien zugestellt werden. Letztgenannter sollte darauf achten, dass die Jesus, Maria, und Joseph geweihte Bruderschaft im Kloster von Lilienfeld (Bistum Passau) bei der Rezitation der Salutatio Angelica keine Erneuerungen einführte, die im Widerspruch mit den Bräuchen der universalen Kirche standen.

P., […] [PASSERA, GUGLIELMO]: Questioni Proemiali// della// Dottrina Cristiana / P. - [S.a.]. - 27 S. (Manuskript) *ACDF SO CL 1767-1768, Nr. 10*

Gutachter: Serafino Maccarinelli OP
Gutachten: 9. S., [23. Juni 1768][30]

ACDF SO CL 1767-1768, Nr. 11

1768. Censura in libr. cui. titul.: Le Royaume mis en interdit. Tragedia.

Anonym [GUDIN DE LA BRENELLERIE, PAUL PHILIPPE]: Le// Royaume// Mis// En Interdit : Tragedie. - [S.l.] : [S.n.], [S.a.]. - 88 S. ; 8°. *ACDF SO CL 1767-1768, Nr. 11, CCFR*[31]

Gutachter: Vincenzo Ludovico Pavoni OP
Gutachten: 8 S.

Dekret: SO 21. September 1768
Bando: SO 21. September 1768; CIndex 26. März 1770

ACDF SO CL 1767-1768, Nr. 12

1768. Edictum prohibens Diaria quae imprimatur in Oppido Lugani in Helvetia factum ab em[inentissim]o Cardin. Secretario Status sub die 13. septembr. 1768.

♦ FEBRONIUS, JUSTINUS <Pseudonym> [HONTHEIM, JOHANN NIKOLAUS VON]: Dello stato della chiesa e della legittima potesta' del pontefice romano [...] / da Giustino Febronio [...] Tradotto dall' originale Latino. - Prima edizione Italiana [...]. - Venezia : G. Bettinelli, 1767-1769. - 5 vol. in 2 ; 8°. *NYPL*

♦ FEBRONIUS, JUSTINUS <Pseudonym> [HONTHEIM, JOHANN NIKOLAUS VON]: Dello stato della Chiesa e della legittima potesta del pontefice romano : Trattato / composto da Giustino Febronio [...] tradotto dall'originale latino. - Prima edizione italiana colle aggiunte e correzioni ultime del medesimo autore. - In Venezia : apresso Giuseppe Bettinelli, 1767-1768. - 4 vol. ; 8°. *MAI*

♦ FEBRONIUS, JUSTINUS <Pseudonym> [HONTHEIM, JOHANN NIKOLAUS VON]: Dello stato della chiesa e della legittima potestà del pontefice romano : trattato / composto da Giustino Febronio giureconsulto ; ad oggetto di conciliar le discordie fra cristiani in materia di religione. Tradotto dall'originale latino. - Prima edizione italiana colle aggiunte e correzioni ultime del medesimo autore. - In Venezia : presso Giuseppe Bettinelli, 1767. - 5 vol. *MAI*[32]

---

30 Am 23. Juni 1768 wurde entschieden, den Erzbischof von Torino, den ehemaligen Bischof von Ivrea, darauf hinzuweisen, dass seine Pfarrer die Lehrbücher Bellarmins für den Unterricht der Jugend benutzen sollten; für Erwachsene sollte der Trienter Katechismus herangezogen werden.

31 Titelvariante: Lothaire et Valrade ou le royaume mis en interdit : tragédie. *RERO.*

32 Vgl. FEBRONIUS, JUSTINUS <Pseudonym> [HONTHEIM, JOHANN NIKOLAUS VON]: [De statu ecclesiae et legitima potestate Romani pontificis liber singularis] Justini Febronii J[uris]c[onsul]ti

Gutachter: keine Angabe
Gutachten: nicht aufgefunden[33]

Weiterhin beiliegend: TORRIGIANI, LUIGI MARIA <Kardinalstaatssekretär>: Editto// Luigi Maria Diacono di S. Agata della S.R.C.// Cardinal Torrigiani, [...]. : Dato dal Palazzo Apostolico Quirinale questo dì 13. Settembre 1768. - [S.l., Roma] : [S.n.], [1768]. (Plakat, Kleinformat, 2 Ex.)

ACDF SO CL 1767-1768, Nr. 13[34]

1768. Alterum edictum Secretarii Status sub die 18 novembris 1766 quo vetat associationem editioni operis traducti in lingua italica sub ementito nomine Justini Febronii.

Das Faszikel fehlt

Gutachter: keine Angabe
Gutachten: nicht aufgefunden[35]

ACDF SO CL 1767-1768, Nr. 13

1768. Scriptum P. Ignatii Como Ord[ini]s Minor. Convent. Ad S. Pontificem Clementem XIV., in quo proponit Consultationem in correctionem cuiusdam Propositionis repertae in Missali Romano in Benedictione Palmarum, et Olivarum etc.

COMO, IGNAZIO: [Thesis in materia fidei ... in correctionem cuiusdam propositionis Romano in missali repertae] Sanctissimo in Christo Patri// Ac// Domino Nostro// Clementi XIII.// Thesis in materia Fidei// Per viam Consultationis Sanctae//

De Statu ecclesiae et legitima potestate Romani pontificis liber singularis : ad reuniendos dissidentes in religione Christianos compositus. - Bullioni [i.e. Frankfurt a.M.] : Evrardus, 1763-[1774]. - 4 vol. ; 4°. *HBZ*. Erschienen T. [1] - 4 (=vol. [1] - 4,2); T. 2 - 4 in Francofurti et Lipsiae erschienen. *HBZ*. Ermittelt wurde auch: FEBRONIUS, JUSTINUS <Pseudonym> [HONTHEIM, JOHANN NIKOLAUS VON]: [De statu ecclesiae et legitima potestate Romani pontificis liber singularis] Justini Febronii j[uris]c[onsul]ti De statu ecclesiae et legitima potestate Romani pontificis liber singularis : ad reuniendos dissidentes in religione Christianos compositus. - Editio altera, priore emendatior et multò auctior. - Bullioni [i.e. Frankfurt a.M.] : apud Guillelmum Evrardi 1765-[1774?]. - 4 Teile ; 4°. *KB*. Enth. Appendix 1-4 in 1 vol. (1765). *KB*, *HBZ*; FEBRONIUS, JUSTINUS <Pseudonym> [HONTHEIM, JOHANN NIKOLAUS VON]: [De statu ecclesiae et legitima potestate Romani pontificis] Justini Febronii J[uris]c[onsul]ti De Statu Ecclesiae Et Legitima Potestate. Romani Pontificis Liber Singularis : Ad Reuniendos Dissidentes In Religione Christianos Compositus. - Editio Altera, Priore Emendatior Et Multò Auctior. - Bullioni [Frankfurt a. M.] : Apud Guillelmum Evrardi, 1765. - [35] Bl., 816, 150 S., [20] Bl. ; 4°. *HBZ*. Enth. Appendix 1 - 4.

33 Es handelt sich um ein Verbot, Genossenschaften zu gründen, die die Drucklegung einer ital. Übers. des Werks von Febronius bezwecken. Das lat. Orig. wurde von der CIndex verhandelt und verboten; vgl. Referat Baldoriottis in der Cong. gen. der CIndex 27. Februar 1764; vgl. auch ACDF SO CL 1769, Nr. 1bis.

34 Angabe in der Rubricella.

35 Vgl. ACDF SO CL 1767-1768, Nr. 12.

Romanae, ac Universalis Inquisitio-//nis humiliter, et reverenter// Oblata:// In correctionem cujusdam Propo-//positionis Romano in Missali repertae,// cujus opposita est Evangelica auc-//toritate consecrata per ea-// quae praesenti M.S. producuntur / Scriptore// F. Ign[a]tio Como Ord. Min. Sancti// Francisci Conventualium in Coenobio// SS. XII. Apostolorum de Urbe.// Anno Domini MLCCLXVIII. 6. idus Nov. - 1768. - 24 S. (Manuskript) *ACDF SO CL 1767-1768, Nr. 13*

Gutachter: keine Angabe
Gutachten: nicht aufgefunden[36]

[36] Laut Notiz hatte der Papst angeordnet, die „nutzlosen Hirngespinste dieses melancholischen Mönchs“ zu ignorieren.

ACDF SO CL 1769

ACDF SO CL 1769, Nr. 1

1769. Pesaro. Censura P[at]ris Ab[ati]s Besutii Cisterciensis Consult[ori]s S. Officii in diversas epistolas manuscriptas quas imprimere cupit marchio Carolus Mosca Pisaurensis. [1]

1. ♦ MOSCA BARZI, CARLO: Saggio di una nuova spiegazione del flusso, e riflusso del mare con altri filosofici pensieri / raccolti in una lettera diretta ad un amico dal cavaliere marchese Carlo Mosca Barzi. - In Pesaro : per le stampe di Pasquale Amati, 1764. - VIII, XLIX, [3], S. ; 4°. *MAI*

2. ♦ MOSCA BARZI, CARLO: Nuove ragioni sopra il saggio del flusso, e riflusso del mare / dato in luce dal cavaliere marchese Carlo Mosca Barzi ; raccolte in questa seconda lettera del medesimo autore. - In Pesaro : per le stampe di Pasquale Amati, 1764. - VIII, [2], LXV S. ; 4°. *MAI*

3. ♦ MOSCA BARZI, CARLO: Pensieri filosofici espressi in alcune lettere / scritte ad un amico dal cavaliere marchese Carlo Mosca Barzi. - In Pesaro : nella Stamperia Amatina, 1769. - [8], CCCLXXIX, [11] S. ; 4°. *SBN*[2]

Gutachter: Raimondo Besozzi OCist
Gutachten: 4 S., [20. März 1769][3]

ACDF SO CL 1769, Nr. 1bis[4]

1769. Censura del P[ad]re Nerini Consultore del S. Off[izi]o sopra il Libro del P. Pereira Sacerdote dell'Oratorio di Lisbona stampato in Lingua Portoghese,

---

1 Zu Mosca, vgl. auch ACDF SO CL 1766, Nr. 1 und Nr. 8.

2 Ermittelt wurde auch: MOSCA BARZI, CARLO: Lettera scritta al signor marchese Giovanni Paolucci [...] sopra una dissertazione spettante al diluvio dal marchese cavalier Carlo Mosca Barzi. - Seconda edizione, accresciuta, ricorretta dall'autore, ed addatata in comprova del suo nuovo sistema pubblicato sotto il titolo di Pensieri filosofici con una aggiunta in fine, toccante alcune difficolta espresse nel periodico letterario Foglio di Firenze contro il detto sistema. - In Venezia : nella stamperia di Gio. Batista Albrizzi q. Girolamo, 1770. - [16], LXXII, [4] S. ; 4°. *SBN*.

3 Laut Dekret SO vom 6. Dezember 1768 sollte der Vikar der Inquisition von Pesaro die Begutachtung der Briefe Moscas mit der Bedingung, dass Mosca auf die Widmung an den König von Preußen verzichte, weiterführen. Laut Notiz hatte der Revisor der Inquisition von Pesaro einige Schwierigkeiten aufgefunden, woraufhin die Manuskripte nach Rom geschickt worden waren. Die Tatsache, dass eine Kopie des Gutachtens von Besozzi ebenso wie die Orig.-Briefe der Inquisition von Pesaro am 25. März 1769 wieder zugestellt wurden, lässt darauf schließen, dass die Druckerlaubnis mit der Auflage erteilt wurde, das Werk zu korrigieren.

4 Nicht in der Rubricella. Vgl. ACDF SO Vota CL II (1757-1809), Nr. 67 und 69.

e poi tradotto in Lingua Italiana intitolato: Della Podestà de Vescovi circa le dispense ne pubblici impedimenti di Matrimonio.

[...]

Censura del P. Lorenzo Savorini Minor. Conventuale.

Censura del P. Baldoriotti de Servi Consultore dell'Indice sopra il Libro del Febronio.

In vigore delle dette due censure, e di un' altra del P. Vasco Chierico Regolare di S. Lorenzo in Lucino è stata proibita dalla S. Cong[regazio]ne dell'Indice tal Opera del P. Pereira con decreto publicato della Feria 2ª 16. Giugno 1766.

Censura dell'Abb[at]e Nerini sopra il dubio an adsint in Libro Pereirae propositiones haereticae.

Censura super idem dubium P.M. Ricchinis Mag. S. Palatii.

Additatio ad Censuram P[atr]is Baldoriotti, super dubium, an inventarium in Libro Febronii propositiones haereticae.[5]

1. FIGUEIREDO, ANTÓNIO PEREIRA DE: Della podesta de' vescovi circa le dispense ne' pubblici impedimenti di matrimonio, e l'assoluzione de' casi riservati al papa, ogni e qualunque volta lo richiegga la pubblica urgente necessità de' loro sudditi, quando ne sia impedito il ricorso alla sede apostolica : Dissertazione teologica-canonica-critica / d'Antonio Perejra sacerdote e teologo di Lisbona ; traduzione dal portoghese di D. Marcolino Romano [...]. - In Venezia : appresso Vincenzo Radici, 1767. - XXVII, [1], 243, [1] S. ; 4°. *MAI*[6]

2. ♦ FEBRONIUS, JUSTINUS <Pseudonym> [HONTHEIM, JOHANN NIKOLAUS VON]: [De statu ecclesiae et legitima potestate Romani Pontificis] Justini Febronii Jcti De Statu Ecclesiae Et Legitima Potestate Romani Pontificis : Liber Singularis, Ad Reuniendos Dissidentes In Religione Christianos Compositus. - Bullioni : Apud Guillelmum Evrardi, 1763. - [32] Bl., 655 S., [28] Bl. ; 4°. *HBZ*

♦ FEBRONIUS, JUSTINUS <Pseudonym> [HONTHEIM, JOHANN NIKOLAUS VON]: [De statu ecclesiae et legitima potestate Romani pontificis liber singularis] Justini Febronii j[uris]c[onsul]ti De statu ecclesiae et legitima potestate Romani pontificis liber singularis : ad reuniendos dissidentes in religione Christianos compositus. - Editio altera, priore emendatior et multò auctior. - Bullioni [i.e. Frankfurt a.M.] : apud Guillelmum Evrardi 1765-[1774?]. - 4 Teile ; 4°. *KB*[7]

---

5 Vgl. ACDF SO CL 1767-1768, Nr. 12.

6 Vgl. FIGUEIREDO, ANTÓNIO PEREIRA DE: Tentativa theologica em que se pretende mostrar que impedido o recurso á sé apostolica se devolve aos senhores bispos a faculdade de dispensar nos impedimentos publicos do matrimonio, e de prover espiritualmente em todos os mais cazos reservados ao papa, todas as vezes que assimo pedir a publica e urgente necessidade dos subditos / seu autor Antonio Pereira, presbytero e theologo lisbonense. - Lisboa : na officina de Miguel Rodrigues, impressor do eminentissimo senhor Cardeal Patriarca, 1766. - [48], XI, [1], 286, [46] S. ; 4°. *REBIUN*.

7 Zweite, erw. lat. Ausg.

Gutachter: Felice Maria Nerini OSH
Gutachten: 13 S. [28. April 1768] (zu Nr. 1)[8]

Gutachter: Lorenzo Savorini OFMConv
Gutachten: 13 S. (zu Nr. 1)

Gutachter: Benedetto Baldoriotti OSM[9]
Gutachten: 14 S., [27. Februar 1764] (zu Nr. 2)[10]

Gutachter: Felice Maria Nerini OSH
Gutachten: 13 S., [9. Februar 1769] (zu Nr. 1-2)[11]

Gutachter: Tommaso Angelo Ricchini OP
Gutachten: 14 S., [9. Februar 1769] (zu Nr. 1)[12]

Gutachter: Benedetto Baldoriotti OSM
Gutachten: 11 S., [9. Februar 1769] (zu Nr. 2)[13]

Dekret: SO 28. April 1768[14]
Bando: nicht aufgefunden (zu Nr. 1-2)[15]

Weiterhin beiliegend: FIGUEIREDO, ANTÓNIO PEREIRA DE: [Responsio apologetica ad censuram Gabrielis Galindi] Antonii Pereriae// E Congregatione Oratorii S. Philippi Nerii// Olisiponensis, Regiae Curiae Censo-//riae Decemviri Ordinarii,// Responsio// Apologetica// Ad Censuram// Gabrielis Galindi// Theologi Matritensis// E Clericorum Regularium Minorum// Ordine,// In tentamen Theologicum Olisipone edi-//tum de Auctoritate Episcoporum// Tempore Scissurae. - Olisipone : Apud Antonium Rodericium Galliardum, Typographum & Librarium Regiae Curiae Censoriae, 1768. - 75 S. ; 8°. *BNP*

---

8 Mit Dekret SO vom 28. April sollte das portug. Orig., das von der CIndex verboten worden war, die ital. Übers. und alle Ausg. oder Übers. des Werks durch ein päpstliches Breve verboten werden, da die Lehre Pereiras vom Werk des Febronius inspiriert worden sei und jenes Werk ebenfalls von der CIndex und durch ein Breve verboten worden war. Vgl. auch Congr. gen. der CIndex 16. Juni 1766.

9 Als Konsultor CIndex.

10 Das Gutachten zur ersten Ausg. von 1763 wurde im Auftrag der CIndex verfasst.

11 Zum Gutachten Baldoriottis über Febronius. Nerini musste u.a. prüfen, ob die Begründung des Verbots im Gutachten Baldoriottis auch für das Buch Pereiras galten; vgl. Dekret SO 28. April 1768 zu diesem Werk.

12 Das Gutachten Ricchinis bezieht sich auf das Dekret SO 28. April 1768.

13 „Censura di proposizioni nel Febronio come eretiche fatta dal P.Baldoriotti". Titel des Gutachtens: „Aggiunzione alla Censura del R[everendissi]mo P. Baldoriotti sull'Opera di Giustino Febronio".

14 Laut Votum der Konsultoren SO sollten beide Werke verboten werden. Aufgrund des Ablebens des Papstes wurden die Verhandlungen suspendiert; Sein Nachfolger, Clemens XIV., behielt sich die Entscheidung des Falles vor. Danach geriet der Fall ins Vergessen.

15 Zur Verhandlung und Verbot von Febronius, vgl. Congr. gen. der CIndex 27. Februar 1764 und 3. Februar 1766 (resp. Bandi CIndex 28. Februar 1764 und 4. Februar 1766). Neuaufl. dieses Werks wurden ebenfalls durch Dekret und Bando CIndex 28. Mai 1771 und Dekret CIndex 29. März 1773 (Bando CIndex 16. November 1773) verboten. Vgl. auch die Verhandlungen der Congr. gen. der CIndex 24. Mai 1771 und 29. März 1773.

ACDF SO CL 1769, Nr. 2

1769. Zurigo. Censura Patris Ricchini Magistri S. Palatii super librum ins[criptu]m: Succinto ragguaglio de Privilegi, e Giurisdizione de Svizzeri circa le cose dette Sagre, ed Ecclesiastiche. Zurigo 1768.

Anonym [BALTHASAR, JOSEPH ANTON FELIX VON]: De Helvetiorum// Juribus// Circa / Sacra,// das ist:// Kurzer historischer Entwurf der Freÿheiten,// und der Gerichtsbarkeit der Eidsgenossen,// in so genannten geistlichen// Dingen. - Zürich : beÿ Orell, Gessner und Comp., 1768. - 86 S., [1] Bl. ; [8°]. *ACDF SO CL 1769, Nr. 2, IDS*[16]

Gutachter: Tommaso Angelo Ricchini OP
Gutachten: 5 S.

Dekret: SO 1. Februar 1769
Bando: SO 1. Februar 1769; CIndex 26. Marz 1770[17]

ACDF SO CL 1769, Nr. 3

1769. Lione in Franc. Censura P[atr]is Bruni Xaverii Toma Ord[ini]s Praed[icatoru]m Qualificat. S. Off[ic]ii super Theses Theologicas de Legibus propugnatas pubblice in Scholis FF. Praedicatorum Lugduni anno 1768. Arbiter fuit Fr. Emmanuel Dheran, Theologiae Professor.

DHERAN, EMMANUEL (Präs.) ; PERRIN, JOANNES-FRANCISCUS (Resp.): Theses Theologicae.// De Legibus.// Per me Regis regnant, et legum conditores justa decernunt. Prov. 8. v. 15. / Has Theses, Deo Duce, Auspice Deiparâ, tueri conabitur// Joannes-Franciscus Perrin, Dombensis, è loco Marlieux.// Die vigesimâ-sextâ mensis Julii, anno 1768, à secundâ ad Vesperam, in Scholis publicis FF. Praedicatorum.// Arbiter erit Emmanuel Dheran, Theologiae Professor.// Pro Actu Publico. - Lugduni : Typis Amati De La Roche, Academiarum Typographi, 1768. (Plakat, Großformat) *ACDF SO CL 1769, Nr. 3*

Gutachter: Bruno Saverio Toma da Lodi OP
Gutachten: 4 S.

Dekret: SO 12. April 1769[18]
Bando: CIndex 26. März 1770

ACDF SO CL 1769, Nr. 4

1769. Foligno. Episcopus Fulminei mandat duas epistolas impressas Lucae, quibus ipse licentiam negavit, ut possint Fulginei, licet P. Vicarius S. Off[ic]ii licentiam concesserit; Epistolae hunc titulum prae se ferunt: Lettere di un

---

16 Formatangabe ergänzt nach *IDS*.
17 Hin weise auf weitere Verhandlungen der CIndex wurden nicht aufgefunden.
18 Laut Dekret der Konsultoren SO in der Congr. delegata sede vacante vom 12. April 1769 sollten die Thesen durch Dekret der CIndex verboten werden.

Teologo ad un Vescovo sopra la Questione, - Se nelle Domeniche di Quaresima in caso d'indulto generale, o di dispensa particolare sia lecito mangiar due volte carne, e latticini, o cenare di grasso - 1768.

Anonym: Lettere// Di Un Teologo// Ad Un Vescovo// Sopra La Questione// Se nelle Domeniche della Quaresima in caso d'indulto// generale, o di dispensa particolare sia lecito// mangiare due volte carne, o latticini,// o cenare di grasso. - In Lucca : Per Giovanni Riccomini, 1768. - 52 S. ; 4°. *ACDF SO CL 1769, Nr. 4, MAI*

Gutachter: [Felice Maria Nerini OSH]
Gutachten: nicht aufgefunden[19]

ACDF SO CL 1769, Nr. 5

Censura Pat[r]is Thoma Ord[ini]s Praed[icatoru]m Qualificat. S. Off[ic]ii in Cathechismum pubblicatum ab illo Archiepiscopo anno 1767. Pro. Civitate, et diocesi Lugdunensi in Gallia.

MALVIN DE MONTAZET, ANTOINE DE <Lyon, Erzbischof>: Catéchisme// Du Diocèse// De Lyon / Donné par Monseigneur Antoine// De Malvin De Montazet,// Archevêque et Comte de Lyon,// Primat de France, etc. - A Lyon : chez Aimé De La Roche, Imprimeur de Monseigneur l'Archevêque & du Clergé [...] Claude Cizeron, Libraire de Monseigneur l'Archevêque & du Clergé [...], 1767. - 156 S. ; 12°. *ACDF SO CL 1769, Nr. 5, CCFR*

Gutachter: Bruno Saverio Toma da Lodi OP
Gutachten: 7 S., [12. April 1769][20]

ACDF SO CL 1769, Nr. 6

1769. Lucerna. Censura P. Ab[ati]s Nerini Consultor S. O. Super Librum ins[criptu]m: Riflessioni di uno Svizzero sopra il Quesito: Se proficua ed avantaggiosa fosse all'Elvezia Cattolica l'abolizione totale degl'Ordini Regolari, ovvero almeno La Riforma di essi 1769.

Anonym [HEIDEGGER, ...?]: Reflexionen// eines// Schweizers// über die// Frage:// Ob es der Catholischen Eidgenoßschaft// nicht zuträglich wäre, die regularen// Orden gänzlich aufzuheben, oder// wenigstens einzuschänken? - [S.l.] : [S.n.], 1769. - [5] Bl., 44 S. ; 8°. *ACDF SO CL 1769, Nr. 6, Helveticat*[21]

---

19 Laut Notiz wurde dem beteiligten Bischof vom Ass. SO ein Lob ausgesprochen, weil er die Drucklegung des Werks verboten hatte. Der Ass. SO hatte vorher die Meinung Nerinis eingeholt.

20 Darüber hinaus die Anzeige von Crupisson, Pfarrer von St. Paulus in Laon. Vgl. ACDF SO Vota CL II (1757-1806), Nr. 73. Am 9. November 1769 bestätigte der Papst den ersten Teil des Votums der Konsultoren, nämlich dass Rom nicht antworten solle. Die Konsultoren hatten dem Papst außerdem empfohlen, eine günstige Gelegenheit abzuwarten, um dem Erzbischof von Laon sein Missfallen über die vom Erzbischof selbst unterstützte Verbreitung des Katechismus von Montpellier deutlich zu machen; dieser war mehrfach von Rom verboten worden.

21 Verf. nach den Angaben im Zettelkatalog des ACDF: Johann Conrad (Konrad) Heidegger. Das Werk wird zumeist Heinrich Heidegger zugeschrieben. *HBZ*, *Hebis-Retro*, *BVB*, *SWB*, *RERO*.

Gutachter: Felice Maria Nerini OSH
Gutachten: 10 S., 10. August 1769

Dekret: SO 7. September 1769
Bando: SO 13. September 1769; CIndex 26. März 1770

ACDF SO CL 1769, Nr. 7

1769. Lucerna. Censura P. Ab[ati]s Nerini Consultor S. Off[ic]ii Confutazioni del libro intitolato: Riflessioni di un Svizzero sopra il quesito. Se proficua ed avantaggiosa fosse all'Elvezia Cattolica l'abolizione totale degl'Ordini Regolari, ovvero almeno la Riforma di essi. 1769.

Anonym: Widerlegung der Reflexionen eines Schweizers, ueber die Frage: Ob es der Catholischen Eidgenossschaft nicht zutraeglich waere, die regularen Orden gaenzlich aufzuheben, oder wenigstens einzuschraenken?. - [S.l.] : [S.n.], 1769. - 72 S. ; 8°. *Helveticat*[22]

Gutachter: Felice Maria Nerini OSH
Gutachten: 8 S., 10. November 1769[23]

ACDF SO CL 1769, o. Nr.

1793. Anno 1793 a RPD Zondadari segretario S. Congregationis de Propaganda Fide transmissa fuerunt tria opuscula edita in idiomate Anglo a Sacerdote D. Josepho Berington missionario in Anglia in quibus pretenditur reperiri plures propositiones hereticas et schismaticas, de quibus plures Catholici Angli cupiunt condemnationem. Mandat extractum prefatarum prepositionum, que numerate sunt octaginta quatuor.

1. Berington, Joseph: The state and behaviour of English Catholics : from the Reformation to the year 1780. With a view of their present number, wealth, character, &c. In two parts. London : printed for R. Faulder, 1780. - [2], xiii, [1], 190, [2] S. ; 8°. *COPAC*

2. Berington, Joseph: Reflections addressed to the Rev. John Hawkins : to which is added, an exposition of Roman Catholic principles, in reference to God and the

---

22 Das Werk wird nach Melvyl Josef Rudolf Valentin Meyer zugeschrieben. Als vermutl. Erscheinungsort und Verlag werden genannt: [Zürich] : [Orell, Gessner und Compagnie]. Melvyl. Nachgewiesen wurden die Ausg. B [mit] Verbesserungen und die Ausg. C. *Helveticat*, *IDS*. Ermittelt wurde auch: Anonym: Reflexionen eines Schweizers über die Frage, ob es der catholischen Eidgenossschaft nicht zuträglich wäre, die regularen Orden gänzlich aufzuheben, oder wenigstens einzuschrenken? : geprüfet und beantwortet durch entgegen-gesetzte Reflexionen eines Schweizers. - [S.l.] : [S.n.], 1769. - 112 S. ; 8°. *IDS*.

23 Laut Dekret SO vom 27. November 1769 sollte das Werk von der CIndex verboten werden. Dieses Dekret wurde laut Faszikelumschlag vom Papst aufgehoben, die Gründe für diese Maßnahme wurden in beiliegenden Briefen an den Bischof von Konstanz und an den Nuntius von Luzern erläutert.

country / by the Rev. Joseph Berington. Birmingham : Printed by M. Swinney: for T. Booker, 1785. - [1], 498, [2] S. ; 4°. *COPAC*

3. BERINGTON, JOSEPH: The history of the lives of Abeillard and Heloisa : comprising a period ... from 1079 to 1163. With their genuine letters, from the collection of Amboise. The second edition / By the Rev. Joseph Berington. - Birmingham : printed by M. Swinney; for G. G. J. and J. Robinson, and R. Faulder, London, 1788. - [1], 498, [2] S. ; 4°. *COPAC*

Gutachter: keine Angabe
Gutachten: nicht aufgefunden[24]

24 Jedoch ein Katalog der zu prüfenden Thesen. Laut Faszikelumschlag liegt kein Verbot vor.

ACDF SO CL 1770

ACDF SO CL 1770, Nr. 1

1770. Londra. Censura magistri Caroli O'Kelli Ord[ini]s Praed[ica]torum Theologi Casanatensis in librum ins[criptu]m: Novum Universale Catholicorum Manuale, quo tanquam a Ductore Spirituali manuducuntur Fideles devote aspirantes ad salutem aeternam etc. cui addita fuit quaedam appendicula. Londini 1767.

Das Werk wurde nicht ermittelt[1]

Gutachter: Charles O'Kelly OP[2]
Gutachten: 5 S., 7. Dezember 1769

Dekret: SO 25. Januar 1770 (zum Anhang)
Bando: nicht aufgefunden[3]

ACDF SO CL 1770, Nr. 2

1770. Amsteldam. Censura P. Ambrosii Erba Min Observ. Consult. S. C. Indic. Super Libros ins[cripto]s: Oeuvres Philosophiques de M[onsieu]r de la Mettrie Amsterdam 1753. Abregè dell'Histoire Ecclesiastique de Fleury traduit de l'Anglois: Les collimaçons etc. cum aliis sex opusculis huic Libro annexis et in hoc opere collectis. Alia censura super praefator Libros P. Mamachi Secretar. S. C. Indicis, et S. Off[ic]ii qualificator.

1. LA METTRIE, JULIEN OFFRAY DE: Oeuvres philosophiques / de Mr. de La Mettrie [...]. - Amsterdam : [S.n.], 1753. - 2 vol. ; 12°. *BNF*[4]

---

1 Verhandelt wurde eine Dubliner Neuausg. des lobenswerten Werks, das 1767 in London veröffentlicht worden war. Die Neuausg. enthielt aber eine Anlage mit Propositionen, die sich auf die Macht des Papstes beziehen, und daher schon lange Zeit vom Hl. Stuhl verboten waren.

2 Als externer Gutachter.

3 Mit Dekret SO vom 25. Januar 1770 sollte der Anhang auf den Index gesetzt werden unter Angabe des Dekretsdatums Feria V. Dieses sollte den irischen Bischöfen durch ein Schreiben der CProp mitgeteilt werden. Letztgenannte sollten darüber hinaus ermutigt werden, das Werk zu beschlagnahmen und nach Entfernung des Anhangs einen neuen Katechismus drucken zu lassen.

4 Enth.: 1. Discours préliminaire. L'Homme machine. Traité de l'âme; 2. Abrégé des systèmes. Les Animaux plus que machines. L'Homme plante. Sistème d'Epicure. Anti-Sénèque. L'Art de jouir. *BNF*, *SWB*. Das Werk war bereits erschienen: Anonym [LA METTRIE, JULIEN OFFRAY DE]: Oeuvres philosophiques. - Londres [i.e. Berlin] : chez Jean Nourse, 1751. - LVI, 364 S. ; 4°. *ECCO*. Ermittelt wurde auch: LA METTRIE, JULIEN OFFRAY DE: Oeuvres philosophiques / de Mr. de La Mettrie. - Nouvelle édition, corrigée & augmentée. - A Berlyn : [S.n.], 1764. - 2 vol. ; 12°. *BNF*. Enth.: 1. Discours préliminaire. Traité de l'âme. Abrégé des systèmes. Système d'Épicure; 2.

2. ♦ Anonym [PRADES, JEAN MARTIN DE]: Abrégé De L'Histoire ecclésiastique De Fleury : Traduit de l'Anglois. - Nouvelle edition, corrigée [avec une préface de Frédéric II]. - A Berne [i.e. Berlin] : [S.n.], 1767. - 2 vol. ; 8°. *CCFR*[5]

3. VOLTAIRE (Hg.): L'Evangile// Du Jour// Contenant Colimaçons (Les) du Reverend Pere l'Escarbo-//tier, [...] Remontrances du Corps des Pasteurs du Gévaudan [...]. - Londres [i.e. Amsterdam] : [Marc-Michel Rey], 1769. - 2 Teile in 1 vol. - ([2], 87, [1]; 98 S.) ; 8°. - (L'evangile du jour ; [1]). *ECCO*, *BNF*[6]

Gutachter: Ambrogio Maria Erba da Milano OFMObs[7]
Gutachten: 2 S. (zu Nr. 3)[8]

Gutachter: Ambrogio Maria Erba da Milano OFMObs
Gutachten: 6 S. (zu Nr. 2)[9]

Gutachter: Tommaso Maria Mamachi OP[10]

L'Homme plante. Les Animaux plus que machines. Discours sur le bonheur. Épître à Mlle A. C. P., ou la Machine terrassée. La Volupté, par M. le chevalier de M**, capitaine au régiment Dauphin. *BNF*. Enth. nach *COPAC*: 1. Discours preliminaire. Traité de l'ame. Abrégé des systèmes. Système d'Epicure; 2. L'homme plante. Les animaux plus que machines. Anti-Seneque, ou Discours sur le bonheur. Epitre à mlle. A.C.P. ou la Machine terrassée. Epitre à mon esprit, ou L'anonyme persiflé. La volupté. Par mr. le chevalier de M** capitaine au regiment dauphin [pseud.].

5 Autor des adaptierten Werks ist Claude Fleury. Verf. des Vorwortes nach *CCFR*, *SBB*: Friedrich <Preußen, König, II.>. Der Hinweis auf eine Übers. aus dem Engl. ist nach *COPAC* vermutl. fingiert. Das Werk war bereits erschienen: Anonym [PRADES, JEAN MARTIN DE]: Abrégé De L'Histoire Ecclésiastique De Fleury : Traduit de l'Anglois. - Berne [i.e. Berlin] : [S.n.], 1766. - [2] vol. [in 1] ; 12° [i.e. groß-16°]. *HBZ*, *COPAC*.

6 Vermutl. Verleger, abweichende Umfangs- und Formatangabe ergänzt nach *SBB*: [1] Bl., 87, 98 S. ; 8°. Erscheinungsverlauf des übergeordneten Werkes: 1769-1775. *SBB*; 1769-1780. *GBV*. Enth.: 1. L'ESCARBOTIER, PERE. <Pseudonym> [VOLTAIRE]: Les// Colimaçons// Du Révérend Père l'Escarbotier, par la// grace de Dieu, Capucin indigne, prédi-//cateur ordinaire, [et] cuisinier du grand// Couvent de la ville de Clermont en Auvergne : Au Révérend Pere Elie, Carme chaussé Docteur en Théologie. (1768). - S. 23 S. *ECCO*; 2. Anonym [VOLTAIRE]: Conseils// Raisonnables// A// Monsieur Bergier,// Pour la défense du Christianisme / Par// une société de Bacheliers en Théologie. *ECCO*; 3. KAISERLING, MAJOR <Pseudonym> [VOLTAIRE]: Discours// Aux// Confédérés// Catholiques// De Kaminiek// En Pologne / Par// Le Major Kaiserling au service du Roi de Prusse. (1768). *ECCO*; 4. Anonym [VOLTAIRE]: Les// Droits// Des Hommes,// Et Les// Usurpations// des Autres : Traduit de l'Italien. (1768). *ECCO*; [5. Anonym [VOLTAIRE]: De Naples. *ECCO*]; 6. Anonym [VOLTAIRE]: L' Epitre// Aux// Romains. *ECCO*; 7. BOURN, PASTEUR (SAMUEL?) <Pseudonym> [VOLTAIRE]: Homelie// Du Pasteur Bourn,// Prêchée à Londres le jour de la Pentecôte. (1768). *ECCO*; 8. BOLINGBROKE, HENRY ST. JOHN <Pseudonym> [VOLTAIRE]: Fragment// D'une Lettre// Du Lord Bolingbroke. *ECCO*; 9. Anonym [VOLTAIRE]: La// Profession// De Foy// Des Théistes. *ECCO*; 10. Le corps des pasteurs du Gévaudan <Pseudonym> [VOLTAIRE]: Remontrances// Du Corps// Des Pasteurs Du Gévaudan.// A Antoine Jean Rustan,// Pasteur Suisse à Londres. *ECCO*.

7 Vermutl. als Konsultor CIndex. Vgl. Congr. gen. der CIndex 11. August 1769.

8 Aus dem Engl., Bern 1766. Für die Verhandlungen der CIndex, vgl. ACDF Index Prot. 89 (1767-1770), Bl. 361r; Bl. 388r-391v; und ACDF Index Diari 18 (1764-1807), Bl. 29v-32r.

9 Le colimaçons, 1768, Anonym. In denselben Band sind sechs zusätzliche „Opuscoli" eingebunden. Für Verhandlungen der CIndex, vgl. ACDF Index Prot. 89 (1767-1770), Bl. 361r; Bl. 388r-391v; und ACDF Index Diari 18 (1764-1807), Bl. 29v-32r.

10 Vermutl. als Konsultor der CIndex. Vgl. Congr. gen. der CIndex 11. August 1769.

Gutachten: 31 S. (zu Nr. 1)[11]

Dekret: SO 1. März 1770
Bando: SO 1. März 1770; CIndex 26. März 1770 (zu Nr. 1-3)

ACDF SO CL 1770, Nr. 3

1770. Censura del P. Dugnani Teatini Consultor S. C. Indicis super Librum ins[criptu]m Riflessioni di un italiano sopra la Chiesa in generale, sopra il clero Regolare, e Secolare, sopra i Vescovi, ed i Pontefici Romani, e sopra i Diritti Eccl[esiast]ici de Prencipi. In Borgo Francone 1768.

Anonym [PILATI, CARLO ANTONIO]: Riflessioni di un italiano, sopra la chiesa in generale, sopra il clero si regolare che secolare, sopra i vescovi ed i pontefici romani, e sopra i diritti ecclesiastici de' principi. - In Borgo Francone : [S.n.], 1768. - 14, [2], 564, [2] S. ; 8°. *SBN*

Gutachter: Francesco Dugnani CR
Gutachten: 13 S.[12]

Dekret: SO 1. März 1770
Bando: SO 1. März 1770; CIndex 26. März 1770

ACDF SO CL 1770, Nr. 4

1770. Salisburgo. Censura transmissa ab Archiep[iscop]o Salisburgensi super Librum Germanice conscriptum ins[criptu]m: Epistolae Bavari cuiusdam ad amicum suum, circa Potestatem Ecclesiae, et Pontificis. 1770.

♦ Anonym [ZAUPSER, ANDREAS]: Briefe eines Baiern an seinen Freund, über die Macht der Kirche und des Pabstes. - [S.l., Nürnberg? ; Würzburg?] : [S.n.], 1770. - 136 S. *BVB*

♦ Anonym [ZAUPSER, ANDREAS]: Briefe eines Baiern an seinen Freund, über die Macht der Kirche und des Pabstes. - [Nürnberg?] : [S.n.], 1770. - 95 S. *BVB*

Gutachter: [Leonardo Antonelli]
Gutachten: nicht aufgefunden[13]

Dekret: CIndex 3. Dezember 1770
Bando: CIndex 28. Mai 1771

---

11 Das Werk war 1760 bereits verhandelt worden: vgl. ACDF SO Tit.Libr. 1759-1783, Nr. 33.

12 Vgl. ACDF SO Vota CL II (1757-1809), Nr. 72.

13 Darüber hinaus: 16 S., Zensur der Theologische Fakultät von Salzburg. Vgl. ACDF SO Tit.Libr. 1759-1783, Nr. 59. Mit Dekret SO vom 25. April 1770 wurde das Werk der CIndex zugestellt. Vgl. Congr. gen. der CIndex 3. Dezember 1770. Vgl. auch ACDF SO St.St. Q-4-f.

ACDF SO CL 1770, Nr. 5

1770. Polonia. Censura D[omi]ni Patriarchae Lascari Consult. S. Off[ic]ii super Librum in Lingua Polona conscriptum, cui. titul.: O Religii Poczcwsch Ludzi. Idest: Della Religione degli uomini onesti; composto dal P. Stanislao Konarski delle Scuole Pie.

KONARSKI, STANISLAW: O religii poczciwych ludzi / przez Stanisława Konarskiego. - Warszawie : [S.n.], 1769. - 161 S. *BVB*

Gutachter: Giorgio Maria Lascaris CR[14]
Gutachter: Serafino Maccarinelli OP[15]
Gutachten: 48 S.

Gutachter: keine Angabe[16]
Gutachten: 7 S.

Gutachter: keine Angabe[17]
Gutachten: 4 S.

Gutachter: keine Angabe[18]
Gutachten: 6 S.[19]

Dekret: SO 19. Juli 1770 *donec corrigatur*
Bando: nicht aufgefunden[20]

Weiterhin beiliegend: KONARSKI, STANISLAW: [De religione honestorum hominum] Stanislai Konarski// E Scholis Piis// De// Religione Honestorum Hominum. - Varsaviae : Typis Regiis et Reip: apud Sch: Pias, 1771. - [10] Bl., 303 S. ; 8° *SBB*

ACDF SO CL 1770, Nr. 6

1770. Polonia. Censura P. Ab[ati]s Monsacratis Consult. S. O. super librum ins[criptu]m: Saggio storico sulle dissenzioni delle chiese di Polonia. Item agitur de libro ins[cript]o: Il Bellisario di Marmontal tradotto in Lingua Polacca.

1. BOURDILLON, JOSEPH <Pseudonym> [VOLTAIRE]: Essai// Historique Et Critique// Sur Les// Dissentions Des Egli-//ses De Pologne / Par// Joseph Bourdillon// Professeur En Droit Public. - Nouvelle Edition// Revue Corrigeé

---

14 Vgl. ACDF SO Vota CL II (1757-1809) Nr. 74. Beiliegend Correzioni da farsi (...) gezeichnet von Maccarinelli und Lascaris. Vgl. ACDF SO CL 1770 Nr. 2, mit Hinweisen auf die Verhandlungen der CIndex. Hinweise auf Verhandlungen der CIndex zu diesem Werk wurden nicht aufgefunden; jedoch weiterführendes Material unter Congr. gen. der CIndex 12. Dezember 1768.

15 Maccarinelli schloss sich dem Votum Lascaris an.

16 Auf der ersten Seite: „Theologo ex Soc. Jesu."

17 Auf der ersten Seite: „Scripta est á Theologo Trinitario seu Rev. Cap."

18 Auf der ersten Seite: „Scripta est a Theologo Ord. Praedicatorum."

19 Darüber hinaus: 3 S., „Correzioni" von Lascaris und Maccarinelli.

20 Mit Dekret SO vom [...] Juli 1770 sollte der Autor benachrichtigt werden. Inzwischen wurde die Veröffentlichung des Verbots aufgeschoben.

Augmen-//tée Et Dediée// À Monseigneur// Le Prince Repnin// Ambassadeur De Sa Majesté// Russienne A Warschau. - À Basle : [S.n.], 1768. - [16] Bl., 40 S. ; 4°. *ACDF SO CL 1770, Nr. 6, GBV*

2. ♦ MARMONTEL, JEAN FRANÇOIS: Belizaryusz / przez p. Marmontela [...] napisany ; z fr. wyłożony. - Ed. nowa. - Warszawa : w Drukarniach połączonych Gazety Warszawskiey i Sukces ; T. Le Brun, 1805. - [12], 268 S. KaRo. Vgl. Marmontel, Jean François: Belisaire / Par M. Marmontel [...]. - A Paris : chez Merlin, libraire [...], 1767. - [2], X, [2], 340, [3] S. ; 12° *BNF*[21]

Gutachter: Michelangelo Monsagrati CRL
Gutachten: 13 S. (zu Nr. 1)[22]

Gutachter: keine Angabe
Gutachten: nicht aufgefunden (zu Nr. 2)

Dekret: CIndex 12. Dezember 1768;[23] SO 22. August 1770[24]
Bando: CIndex 26. März 1770 (zu Nr. 1)

Dekret: CIndex 25. Mai 1767
Bando: CIndex 1. März 1768 (zu Nr. 2)[25]

ACDF SO CL 1770, Nr. 7

1770. Bologna. Censura duorum Theologorum ex comissione P. Inq[uisitoris] Bononiensis super manuscriptum imprimendum ins[criptu]m: Doctrina morum: P[a]tris Petri Alcantara a S. Petronio Carmelita Excalceato.

Censura super prefatum librum facta in Urbe a P. Idelfonso a Matre Dei Augustiniano Excalceato Professore Theologiae in Archigimnasio Sapientiae Urbis.

Alia Censura P. Mag. Vincentii Mariae Badetti Ord[ini]s Praed[icatoru]m professore Theologiae in eodem Archigymnasio.

PETRUS ALCANTARA <A SANCTO PETRONIO>: Doctrina morum ex omnibus operibus D. Thomae Aquinatis summatim depromta S. Concilii Tridentini Decretis, Summorum Pontificum et Patrum sanctionibus sparsim firmata : Qua et novatorum et casuistarum errores praedamnati conspiciuntur. Opus Theologiae magistris, concionatoribus [... utile] / Ordine quo iacet dispositum a Rev. admodum Patre Fr. Petro Alcantara a Sancto Petronio Carmelita excalceato et Provinciae Longobardiae

21 Eine vor dem Verhandlungstermin (1769?) erschienene poln. Übers. wurde nicht ermittelt
22 Weiterhin beiliegend: Abschrift, 12 S.
23 Vgl. Congr. gen. der CIndex 12. Dezember 1768.
24 Am 22. August 1770 entschied der Papst, das Dekret der CIndex durch ein Dekret SO vom 17. Mai (Feria V coram Sanctissimo) zu bekräftigen.
25 Hinweis auf Verbot *donec corrigatur* von der CIndex des 1767 in Paris gedr. franz. Orig. In der poln. Ausg. war aber das 15. Kapitel entfernt worden. Der Fall sollte demnach laut Dekret SO vom 13. Juni 1770 in einem Brief an den Bischof von Posen, der eigentlich ein anderes Verbot betraf, indirekt zur Sprache gebracht werden. Weiterführendes Material in ACDF SO CL 1770, Nr. 5.

definitore ; et ab eodem Deo Optimo Maximo dicatum. - Ed. I. - Florentiae : Ex Typ. Magni Ducis Etruriae per C. Cambiagi, 1772. - IV, 407 S ; [4°]. *MAI*

Gutachter: [Giovanni Luigi] Mingarelli CRL[26]
Gutachten: 7 S., 18. Dezember 1769

Gutachter: Carlo Maria Offredi CR[27]
Gutachten: 5 S., 3. Februar 1770[28]

Gutachter: Ildefonsus a Matre Dei OAD[29]
Gutachten: 18 S., [16. Juli 1770]

Gutachter: Vincenzo Maria Badetti OP[30]
Gutachter: 30 S., [16. Juli 1770][31]

ACDF SO CL 1770, Nr. 8

1766. Bologna. Censura P. Cunich Societ. Jesu per librum manuscriptum imprimendum ins[criptu]m: Uffizio della B. Vergine in Verso Sciolto - di Cesare Frassoni.[32]

FRASSONI, CESARE: Uffizio// della Beata Vergine// in// Verso Sciolto / Di Cesare Frassoni. - [S.a.]. - 2 Teile. - 256 S. (Manuskript) *ACDF SO CL 1770, Nr. 8*

Gutachter: Raimondo Cunich SJ
Gutachten: 4 S., [3. September 1766][33]

---

26 Mingarelli war vorher Konsultor CIndex. Hier wurde er als externer Gutachter von der Inquisition von Bologna beauftragt. Ortsangabe: Monastero di S. Salvatore.

27 Als externer Gutachter beauftragt von der Inquisition von Bologna. Unterzeichnet als CR von S. Bartolomeo Apostolo, Professor [publicus] der Theologie und Revisor SO.

28 Ortsangabe: Bononiae, ex edibus S. Bartholomaei Apostoli.

29 Als externer Gutachter. Unterzeichnet als OAD und Zensor der Theol. Akademie der Sapienza.

30 Als externer Gutachter. Unterzeichnet als Annalista OP und Professor der Theologie an der Sapienza.

31 Mit Dekret SO vom 9 August 1770 wurde das Votum der Konsultoren, die Druckerlaubnis zu erteilen, vom Papst bestätigt. Allerdings sollte der Inquisitor von Bologna dem Autor, mit Hinweis auf die päpstliche Meinung, von der Veröffentlichung abraten. Laut Schreiben des Comm. SO an den Inquisitor wurde das Manuskript einbehalten.

32 Vgl. Hinweis auf ein leeres Faszikel in Rubricella, o. Nr., in ACDF SO CL 1766.

33 Mit Dekret SO vom 3. September 1766 wurde die Druckerlaubnis erteilt, unter der Bedingung dass der Inquisitor von Bologna darauf achte, dass das Werk korrigiert werde. Laut Notiz sollte eine Kopie des Gutachtens verfasst werden, damit das Orig. im SO einbehalten werden könne.

ACDF SO CL 1771-1772

ACDF SO CL 1771-1772, Nr. 1

1771. Censura P. Ab[at]is Nerini Consultoris S. Officii super librum inf[rascriptu]m: Sisteme de la Nature ou des Loix du Monde Physique, e du Monde Morale. Londres 1770 sub falso nomine M[onsieu]r Mirabaud.

MIRABAUD, JEAN BAPTISTE DE <Pseudonym> [HOLBACH, PAUL HENRI THIRY D']: Systême De La Nature Ou Des Loix du Monde Physique & du Monde Moral / Par M. Mirabaud. Secrétaire Perpétuel, & l'un des Quarante de l'Academie Françoise. - Londres [Amsterdam?] : [S.n., M.-M. Rey?], 1770. - 2 vol. ; 8°. *HBZ*[1]

Gutachter: Felice Maria Nerini OSH
Gutachten: Bl. 1r-10v, 20 S., 26. November 1770[2]

Dekret: SO 9. November 1770[3]
Bando: CIndex 28. Mai 1771

ACDF SO CL 1771-1772, Nr. 2

1771. Vienna. In tipografia Greco Illirica Viennae impressum fuit Abecedarium pro usu Populi Greci uniti ad effectum eos instruendi, in quo insertum fuit symbolum S. Athanasii, in quo opera vicarii San[c]ti Graecorum unitorum omissa verba: Lo Filio. Hinc natus est rumor unde imperatrix regina decrevit, ut medio Nuncio Apostolico scribatur ad S. Pontificem pro decisione. Duae disertationes missae a nuncio super praefatam controversiam votum sacerdoti Philippi Dionesii super praedictam omissionem - Filioque -

Votum sacerdoti Spalletta Scriptorii in Bibliotheca Vaticana.

Votum P. M. Augustini Giorgi Ord[ini]s S. August[in]i consultoris S. Off[ic]ii.

♦ PAPAGEŌRGIU, MICHAEL: Alphabētikon bibliarion / Para Michaēl Papa Geōrgiu. - En tē Biennē : [S.n.], 1766. - [23] Bl. *GBV*[4]

Gutachter: Lorenzo Dionisio
Gutachten: 7 S.

---

1 Tatsächlicher Erscheinungsort und vermutl. Verlag ergänzt nach *CCFR*.

2 Vgl. ACDF SO Vota CL II (1757-1809), Nr. 77.

3 Vgl. ACDF Index Diari 18 (1764-1807), Bl. 40v.

4 Ermittelt wurde auch: PAPAGEŌRGIU, MICHAEL: To mega alphabētarion. - 11. ekd. [Nachdr. der Ausg. Wien 1771]. - Thessalonikē : Kadmos, [o.J.]. - 96 S. *KOBV*; MICHAEL <FILIUS GEORGII SIATISTENSIS>: Lexikon Romaiiko Germanikon (Lexicon Romano-Germanicum). - Viennae : Sultzinus, 1768. Mit Alphabetarion Germanikon. *ÖNB*.

Gutachter: Giuseppe Spalletti[5]
Gutachten: 15 S.

Gutachter: Agostino Antonio Giorgi OSA
Gutachten: 75 S., [11. September 1771][6]

ACDF SO CL 1771-1772, Nr. 3

1771. Padova. P. Inq[uisito]r Patavini transmittit folia quarundam Thesium cum notis, quae confutant dissertationem commonitoriam Advocati Blasi - De Festo Cordis Jesu.

BLASI, CAMILLO: [De festo cordis Jesu dissertatio commonitoria] Camilli Blasii Auximatis J.U.D. et in Romana curia advocati De festo cordis Jesu dissertatio commonitoria : cum notis et monumentis selectis. - Romae : apud Benedictum Franzesi, 1771. - XXVIII, 330, [2] S. ; 4° *CBT*

Gutachter: keine Angabe
Gutachten: nicht aufgefunden[7]

ACDF SO CL 1771-1772, Nr. 4

1771. Pisa. Franciscus Marchetti petit facultatem reimprimendi Opus Lucretii cum traductione Alexandri Marchetti appositis notis correctionis.

♦ LUCRETIUS CARUS, TITUS: [Della natura delle cose] Di Tito Lucrezio Caro Della natura delle cose libri sei / tradotti da Alessandro Marchetti lettore di filosofia e mattematiche nell'universita di Pisa et accademico della Crusca. - Prima edizione. - Londra : per Giovanni Pickard, 1717. - [18], 400, [8] S. ; 8°. *MAI*[8]

Gutachter: keine Angabe
Gutachten: nicht aufgefunden[9]

ACDF SO CL 1771-1772, Nr. 5

1772. Censura P[at]ris Maccarinelli Commissarii S. Off[ic]ii in folia impressa ins[cript]a: Materies, atque Ordo Scholarum, quas anni 1771, et 1772

---

5 Als externer Gutachter. Unterzeichnet als Priester und Schreiber der Vatikanischen Bibliothek.

6 Mit Dekret SO vom 11. September 1771 sollte der Königin von Ungarn geantwortet werden, dass das griech. Lexikon beseitigt werden sollte. Weiterhin wurden Maßnahmen eingeleitet, um die Regierungskreise in Wien von der Berechtigung dieser Entscheidung zu überzeugen.

7 Am 18. September 1771 nahmen die Kard. den Fall zur Kenntnis, ohne eine Entscheidung zu treffen.

8 Eine vom Antragsteller Francesco Marchetti, einem Sohn des Übers. Alessandro Marchetti, hg. Ausg. des verhandelten Werks wurde nicht ermittelt. Allerdings erschienen zeitnah mehrere auf der Übers. Marchettis basierende ital. Ausg.: Londra [i.e. Venezia], 1764-1765; [S.l.], 1768; Londra [i.e. Livorno], 1774. *SBN*, *MAI*.

9 Am 31. August 1771 wurde die Kenntnisnahme bestätigt. Es findet sich auch ein Hinweis auf vorherigen Verhandlungen; vgl. ACDF SO CL 1718-1721, Nr. 6.

explicaturus est in gymnasio Patavino Angelus Antonius Faber Tarvisinus Iuris publici Ecclesiastici Professoris. Patavii ex Typographia Gonzati.

In hac positione adest prohibitio, et damnatio facta anno 1772 a Reformatoribus Studii Patavini plurium Librorum.

Aliae Censurae anonimae.

FABRO, ANGELO ANTONIO: Materies// Atque Ordo Scholarum : Quas ann. 1771. & 1772. explicaturus est// In Gymnasio Patavino / Angelus Antonius Faber// Tarvisinus,// Juris Publici Ecclesiastici P.P. - Patavii : Ex Typographia Conzatti, [ca. 1772]. - XII S. ; [8°?]. *ACDF SO CL 1771-1772, Nr. 5, MAI*[10]

Gutachter: Serafino Maccarinelli OP
Gutachten: 13 S.

Gutachter: keine Angabe
Gutachten: 3 S.

Dekret: SO 11. März 1772
Bando: CIndex 25. Mai 1772[11]

Weiterhin beiliegend: (1) Anonym: Riflessioni,// Sopra alcuni Fogli stampati in Padova recen-//temente, che ànno per titolo.// Materies// Atque Ordo Schola-//rum,// Quas ann. 1771. & 1772. explicaturus est in Gymnasio// Patavino / Angelus Anton[iu]s Faber// Tarvisinus// Juris Pubblici Ecclesiastici P.P. - [ca. 1772]. - 16 S. (Manuskript) (2) Ordine// Degl'Illustrissimi, Ed Eccellentissimi Signori// Riformatori// Dello Studio Di Padova.// [...]// Addi' 9. Maggio 1772. : Pubblicato sopra le Scale si S. Marco, e di Rialto. - [Venezia] : Stampato Per Gli Figliuoli Del Qu. Z. Antonio Pinelli Stampatori Ducali, 1772. (Verbotsdekret, Plakat, Großformat)

ACDF SO CL 1771-1772, Nr. 6

1772. Ravenna, e Venezia. Censura P. Johannis Baptistae Curli Scholarum Piarum in Librum inscriptum: Divinae Fidei Analysis etc. Auctore Henrico Holden – Venetiis 1770.

HOLDEN, HENRY: Divinae Fidei Analysis, Seu Se Fidei Christianae Resolutione Libri Duo : Additae sunt eiusdem Auctoris vita & aliquot Epistolae / Auctore Henrico Holden. - Editio Novissima, Innumeris propemodum mendis repurgata. - Venetiis : Ex Typographia Balleoniana, 1770. - XV, 201 S. ; [4°]. *HEBIS*[12]

Gutachter: Paolo Giovanni Battista Curlì SP[13]
Gutachten: 27 S., [16. Januar 1772][14]

---

10 Abweichende Formatangabe nach *MAI*: 4°.
11 Vgl. ACDF Index Prot. 90 (1771-1773), Bl. 154r und 155r.
12 Formatangabe ergänzt nach *SBN*.
13 Als externer Gutachter.
14 Es existieren zwei weitere Exemplare dieses Gutachtens: 1) 16 S. und 2) 27 S.

Gutachter: Tommaso Vincenzo Falletti[15]
Gutachten: 25 S., [9. Juli 1772]

Dekret: SO 9. Juli 1772[16]
Bando: nicht aufgefunden

15 Externer Gutachter, zur Prüfung des Buches vom SO nach Rom gerufen. Lektor OP und erster Konsultor der Inquisition von Ravenna. Es befindet sich eine Abschrift des Gutachtens, 58 S., in ACDF SO Vota CL II (1757-1809) Nr. 76.

16 Laut Dekret SO vom 9. Juli 1772 sollte das Werk durch die CIndex verboten werden.

ACDF SO CL 1773-1775

ACDF SO CL 1773-1775, Nr. 1

1773. Genova. Carteggio di Mons. Assessore con il P[ad]re Inq[uisito]re di Genova sopra la stampa dell'opera del P. Masnatti Gesuita intitulata: La sola ragione naturale intorno alla religione Cattolica, Apostolica, Romana. E sopra l'altra stampa del libro di d[ett]o P. Masnatti intitolato: Giustificazioni dell'autore dell'opera intitulata: La sola ragione etc. publicate da Fratelli, ed altri amici dell'autore. l'anno 1772. Non si trova sopra tali libri alcun decreto.

Anonym [MASNATA, GIOVANNI MARIA]: Giustificazioni// Dell'Autore Dell'Opera Intitolata,// La Sola Ragione Naturale// Intorno Alla Religion Cattolica// Apostolica Romana Etc. / Pubblicate Da' Fratelli,// E Da Altri Amici// Dell'Autore. - [S.l.] : [S.n.], 1772. - 68 S. *ACDF SO CL 1773-1775, Nr. 1*

Gutachter: keine Angabe
Gutachten: nicht aufgefunden[1]

ACDF SO CL 1773-1775, Nr. 2

1773. Sopra la nuova edizi[on]e volgare della Bibbia da stamparsi in Venezia.[2]

La sacra Bibbia volgarizzata da Niccolo Malermi, approvata dalla Sac. Congregazione dell' Inquisizione l'anno 1567. : ridotta allo stile moderno, e arricchita di note. - Edizione XXIX. Veneziana. [...]. - Venezia : l'Erede di Niccolo Pezzana, 1773. - 7 vol. ; 8°. *SWB*

Gutachter: [Michelangelo Monsagrati CRL]
Gutachten: nicht aufgefunden[3]

ACDF SO CL 1773-1775, Nr. 3

1773. Ingolstadt. Censura P. Vasco Cleric. Regol. Qualificatoris S. Off[ic]ii super librum cui. titul.: Udalrici Mayr, Monaci Cisterciensis Dissertatio Historico-Politica de Nexu Statisticae cum Iurisprudentia ecclesiastica etc. Ingolstadii anno 1772.

---

1 Zu diesem Fall wurde keine Entscheidung aufgefunden.

2 Vgl. ACDF SO Tit.Libr. 1759-1783, Nr. 48. Laut Schreiben aus Venedig, 28. August 1773, an Antonelli wurde das Werk bereits im Laden des Verlags zum Verkauf angeboten.

3 Mit Dekret SO vom 7. September 1773 sollten die Inquisitoren des Kirchenstaats die Verbreitung dieser volkssprachlichen Bibel verhindern.

MAYR, ULRICH: [Dissertatio historico-politica inauguralis de nexu statisticae, cum iurisprudentia ecclesiastica] Udalrici Mayr,// Monachi Cisterciensis E Monasterio Imperiali,// Et Immediate Libero B. V. M. De Caesarea, AA. LL.// Et Phil. Doctoris, Ac Ibid. Phil. Professoris,// Et Bibliothecarii// Dissertatio Historico-Politica// Inauguralis// De Nexu Statisticae,// Cum Jurisprudentia// Ecclesiastica : Quam Una Cum// Selectis Ex Univ. Jure Corollariis// Annuente Inclyto Senatu Juridico// Ingolstadiensi// Pro Suprema Doctoratus Laurea Consequenda// Ipsis Jubilaei Academici Diebus// defendet// Permissu Superiorum// Die Julii MDCCLXXII. - [Ingolstadii] : Typis Joan. Ferd. Luzenberger, Universitatis Typographi, 1772. - [4] Bl., 85 S., [9] Bl. ; 4°. *ACDF SO CL 1773-1775, Nr. 3*, *BVB*

Gutachter: José Vasco CCRRMM
Gutachten: 7 S., 16. Dezember 1772[4]

Dekret: SO 4. Februar 1773
Bando: nicht aufgefunden[5]

ACDF SO CL 1773-1775, Nr. 4

1773. Londra. Censura P. Lazari Societ. Jesu. Consultor. S. Cong[regatio]nis Indicis super Librum ins[criptu]m: Il vero dispotismo. Londra 1770.

Anonym [GORANI, GIUSEPPE]: Il vero dispotismo. - In Londra [i.e. Milano] : [S.n.], 1770. - 2 vol. *SBN*[6]

Gutachter: Pietro Lazeri SJ[7]
Gutachten: 19 S.

Dekret: SO 18. August 1773
Bando: SO 26. August 1773; CIndex 16. November 1773

ACDF SO CL 1773-1775, Nr. 5

1774. Venezia. Censura P. Caroli Voenna Scholarum Piarum Qualificatoris S. Off[ic]ii in Librum inscriptum: L'antica disciplina della liturgia o sia Messa celebrata colle sole offerte per li Vivi, e per li Morti. In Venezia 1768. Alia censura anonyma super praefatum librum.[8]

4 Darüber hinaus: Abschrift, 11. S. Beiliegend auch eine Abschrift des Breve Clemens' XIV. an den Erzbischof von Trier und Administrator von Augsburg mit Verbot der Dissertation, [Inc.: Evangelicae Servitatis], 6 S., 12. Februar 1773. Die Dissertation Mayrs wurde mit Breve verboten, da Trier in Rom zu Frankreich gezählt wurde und Frankreich die Dekrete des SO und der CIndex nicht anerkannte. Vgl. ACDF SO Vota CL II (1757-1809), Nr. 79.

5 Mit Dekret SO vom 4. Februar 1773 wurde die Veröffentlichung des Verbots aufgeschoben. Der Bischof von Augsburg sollte versuchen, den Autor zu überzeugen, seine Thesen zu widerrufen und nicht mehr ohne kirchliche Genehmigung zu veröffentlichen.

6 Formatangabe nach *COPAC*: 8°.

7 Als Konsultor CIndex. Vgl. Congr. gen. der CIndex 29. März 1773.

8 ACDF SO Vota CL II (1757-1809), Nr. 80.

Anonym [DADICH, FRANCESCO]: L'Antica// Disciplina// Della Liturgia// O Sia// Messa// Celebrata Colle Sole Offerte// Per li Vivi, e per li Morti. - In Venezia : Per il Graziosi.// Stampatore, E Librajo, 1768. - 96 S. ; 4°. *ACDF SO CL 1773-1775, Nr. 5, BVB, MAI*

Gutachter: Carlo Maria Voenna SP
Gutachten: 13 S.

Gutachter: keine Angabe
Gutachten: 9 S.

Dekret: SO 13. April 1774
Bando: CIndex 24. April 1776[9]

ACDF SO CL 1773-1775, Nr. 6

1774. Roma. Censura P. Faure Theologi Casanaten. Item alia censura P. Xaverii Toma Ord. Pred[icatoru]m Qualificat. S. Off[ic]ii factae ex com[m]issione P. Generali Ord[ini]s Pred[icatoru]m super manuscriptum, cui. titulus: N. N. in Theologiam R. P. Gazzaniga 15 iun. 1772 a R. D. Caffor Ord[ini]s Praed[icatoru]m.

CAFFOR, [...] [CAFFE, PÈRE?]: Animadversiones// In Theologicas praelectiones R.P. Gazzaniga in Vindobonensi universitate// publici sacrae Theologiae professoris. - [15. Jun. 1772]. - 31 S. (Manuskript) *ACDF SO CL 1773-1775, Nr. 6*[10]

Gutachter: Ludovicus Faure OP
Gutachten: 4 S.

Gutachter: Joan Tomás de Boixadors OP
Gutachten: 6 S.[11]

ACDF SO CL 1773-1775, Nr. 7

1775. Treviso. Sopra un catechismo manoscritto compilato dal Vescovo di Treviso per com[m]odo, ed istruzione del Popolo della sua Diocesi.

Das Manuskript wurde nicht ermittelt[12]

---

9 Vgl. ACDF Index Prot. 91 (1773-1778), Bl. 6r.

10 Titelaufnahme nach dem Kopft. auf der ersten Seite des Manuskripts. Umschlagt.: N N. in Theologiam// R.P. Gazzaniga// 15. junii 1772 / a R.P. Caffor, Ord. Praed.

11 Laut Votum der Konsultoren vom 25. Juli 1774 sollte der Autor nach Rom gerufen werden, damit ein Strafverfahren gegen ihn einberufen werden könne. Am 3. August 1774 wurde entschieden, dass der General der Dominikaner ein Verfahren einberufen sollte.

12 Ermittelt wurde: GIUSTINIANI, PAOLO FRANCESCO <Treviso, Bischof>: [Lucubrationes ex Sacra Scriptura, conciliis, catechismo, ac Romano pontificali, nec non ex ss. patrum, ac magni nominis theologorum doctrinis excerptae ad clericorum institutionem] Paulli Francisci Justiniani episcopi Tarvisini Lucubrationes ex Sacra Scriptura, conciliis, catechismo, ac Romano pontificali, nec non ex ss. patrum, ac magni nominis theologorum doctrinis excerptae ad clericorum institutionem. - Tarvisii : Curis seminarii episcopalis [Julius Trentus excudebat], 1786. - 168 S. ; 4°. *SBN*.

Gutachter: keine Angabe
Gutachten: nicht aufgefunden[13]

ACDF SO CL 1773-1775, Nr. 8

1775. Roma. Censura Joannis Antonii Costantii Revisoris huius Supremae librorum Hebraicorum in librum, cui titulus: Il Maghazor. Impressum Amstelodami per Abrahamum d'Attias anno 1740 cum pluribus aliis.

♦ SEDER TEFILOT : [...] ke-minhag Sefaradim [...]. - Be-'Amś.terdam [Amsterdam] : ba-defus ha-mesuba.h sel [...] 'Avraham ben [...] Refa'el .Hizqiyahu 'A.ti'a's [Abraham ben Raphael Hezekiah Athias], [5]500 [1740]. - 4 Teile. ; 32°. *UvA*[14]

♦ Mahzor Sefardim. - Amsterdam : Abr. A.tiaś, 500 [1740]. 8°. *GBV*

Gutachter: Giovanni Antonio Costanzi
Gutachten: 10 S.[15]

ACDF SO CL 1773-1775, Nr. 9

1775. Venezia. Censura P[at]ris. Bruni Xaverii Toma Ord[ini]s Praed[icatoru]m. Qualificat. S. Off[ic]ii in libros, quorum titulus: Nuova Geografia di Antonio Federico Büsching tradotta in lingua Toscana dall'Ab[at]e Gaudioso Tagemann.

♦ BÜSCHING, ANTON FRIEDRICH: Nuova geografia / di Ant. Federico Busching [...] tradotta in lingua toscana dall'ab. Gaudioso Jagemann. - Edizione prima veneta corretta, illustrata, e d'alcuni rami adornata. - In Venezia : presso Antonio Zatta, 1773-1782. - 34 vol. ; 8°. *SBN*

♦ BÜSCHING, ANTON FRIEDRICH: Nuova geografia all'altezza reale di Pietro Leopoldo Principe Reale d'Ungheria, e di Boemia Arciduca d'Austria Granduca di Toscana ec. ec. ec. / [di Ant. Federigo Busching ; tradotta dalla lingua tedesca da F. Gaudioso Jagemann]. - Firenze : per lo Stecchi e Pagani, 1769-1773. - 4 Teile in 15 vol. ; 8°. *MAI, SBN*

♦ BÜSCHING, ANTON FRIEDRICH: Nuova geografia / di Ant. Federigo Busching ; tradotta dalla lingua tedesca da f. Gaudioso Jagemann. - Firenze : nella stamperia di S. A. R., 1769-1773. - 4 Teile in [15] vol. ; 8°. *SBN*[16]

---

13 Der Fall wurde dem SO durch die Konzilskongregation zugestellt. Mit Hinweis auf Dekret SO vom 3. Juli 1743 sollte der Bischof angewiesen werden, den Katechismus Bellarmins zu benutzen. Falls der Bischof weiterhin seine Schrift verwenden wolle, müsse sie geprüft werden.

14 Enthält: Teil 1: Seder tefilot le-.hodasim ule-mo'adim ke-minhag Sefaradim [...]; Teil 2: Seder tefilot ha-mo'adim ke-minhag Qq Sefaradim [...]; Teil 3: Ma.hazor Sefardim le-yamim nora'im [...]; Teil 4: Seder hamisah ta'aniyot ke-minhag qaq Sefaradim halo hem zom Gedalyah, 'aśarah be-.Tevet, zom Ester, 17 be-Tamuz, we-tis'ah be-'Av [...]. *UvA*.

15 Laut Dekret SO vom 4. Oktober 1775 sollten die Bücher den Juden zurückgegeben werden, nachdem die Klage des Autors nach den Anweisungen im Gutachten entfernt worden sei.

Gutachter: Bruno Saverio Toma da Lodi OP
Gutachten: 11 S., [27. November 1775][17]

ACDF SO CL 1773-1775, Nr. 10[18]

[Ohne Titel]

Anonym [GUIDI, LOUIS]: Dialogue// Entre// Un Évêque// Et Un Curé,// Sur Les Mariages Des Protestans. - [S.l., Paris?] : [S.n.], 1775. - IV, 120 S. ; [12°]. *ACDF SO CL 1773-1775*, Nr. 10, *BNF*[19]

Gutachter: keine Angabe
Gutachten: nicht aufgefunden[20]

ACDF SO CL 1773-1775, Nr. 11[21]

[Ohne Titel]

Notizie del mondo. - Firenze : [S.n.], Nr. 17 (18. Okt. 1768) - Nr. 105 (31. Dez. 1791). - 24 vol. *SBN*[22]

Gutachter: keine Angabe
Gutachten: nicht aufgefunden[23]

---

16 Die venezianische Ausg. erschien: Tomo 1-3 (1773), Tomo 4-10 (1774), Tomo 11-14 (1775), Tomo 15-17 (1776), Tomo 18-22 (1777), die weiteren Tomi erschienen 1778-1782. *SBN*. Die Ausg. Firenze : per lo Stecchi e Pagani, 1769-1773 erschien: Teil 1 vol. 1-3 (1769-1770), Teil 2 vol. 4-6 (1770), Teil 3 vol. 7-12? (1771-1772), Teil 4 vol 13?-15 (1773). *SBN*. Abweichender Erscheinungsverlauf nach *GBV* 1768-. [16?] vol. Vgl. BÜSCHING, ANTON FRIEDRICH: [Neue Erdbeschreibung] M. Anton Friderich Büsching Mitglieds der kosmographischen Gesellschaft zu Nürnberg neue Erdbeschreibung. - [1.-3. Aufl.]. - Hamburg : bey Johann Carl Bohn, 1754-1807. - 8°. *GBV*.

17 Vgl. ACDF SO Vota CL II (1757-1809), Nr. 81. Toma sollte die Ausg. von Venedig und Florenz vergleichen. Verhandelt wurden laut Gutachten 5 vol. Mit Dekret SO vom 12. Dezember 1775 wurden die Werke und das Gutachten der CIndex zugestellt. Vgl. Congr. gen. der CIndex 31. Januar 1777.

18 Ohne Angabe in der Rubricella. Nummer laut Faszikelumschlag.

19 Titelvariante: Dialogue entre un évêque de l'Assemblée et un curé de Paris. *BNF*. Vermutl. Erscheinungsort ergänzt nach Angabe im Zettelkatalog des ACDF. Formatangabe ergänzt nach *BNF*.

20 Verhandlungen zu diesem Fall, vom Staatssekreteriat dem SO am 22. Dezember 1775 zugestellt, wurden nicht aufgefunden.

21 Ohne Angabe in der Rubricella. Nummer laut Faszikelumschlag.

22 Verhandelt wurde ein als hs. Auszug beiliegender Artikel („Leopoli 22. Luglio") aus Nr. 68 (26. Aug.? 1775). *SBN*. Vorg.: Gazzetta di Firenze. Forts.: Gazzetta universale. *SBN*.

23 Laut Dekret SO vom 10. September 1775 sollte dem Papst empfohlen werden, durch Dekret des Staatssekretariates den Besitz oder Verbreitung der Diaria u.d.T. „notizie del mondo", die in Florenz gedruckt worden waren, zu verbieten; dabei sollte auf ein anderes Verbot durch Dekret des Staatssekretariates vom 13. September 1768 der Blätter u.d.T. „avvisi di Lugano" hingewiesen werden; diese Empfehlung wurde vom Papst bestätigt.

ACDF SO CL 1776

ACDF SO CL 1776, Nr. 1

1776. Breslavia. Censura P. Eustachii Bous Ord[ini]s Praed[icatoru]m super Librum, cui. titul.: Regolamentum pro Universitate Wratislavien., ac catholicis gymnasiis in Ducatu Silesiano et comitatu Graiacen. Breslau 1775.

Schul-Reglement// für die// Universitaet// in Breslau// und die// katholischen Gymnasien// in dem// Herzogthume Schlesien// und der Graffschaft Glatz. - Breslau : [S.n.], 1775. - 62 S. ; 8°. *ACDF SO CL 1776, Nr. 1*

Gutachter: Eustachius Bous OP[1]
Gutachten: 7 S.[2]

ACDF SO CL 1776, Nr. 2

1776. Censura sacerdotis Philippi Dionisi Qualificatoris S. Off[ic]ii in librum ins[criptu]m: Saggio filosofico sul matrimonio. Haec venus est nobis. 1774.

Anonym [DELFICO, MELCHIORRE]: Saggio filosofico sul matrimonio. - [S.l.] : [S.n.], 1774. - 197 S. ; [8°?]. *MAI*

Gutachter: Lorenzo Dionisio
Gutachten: 21 S.

Dekret: SO 11. Januar 1776[3]
Bando: CIndex 14. Juli 1777

ACDF SO CL 1776, Nr. 3

1776. Grotteria in Regno. Essendo stato dinunciato, che nella diocesi di Gerace in Calabria s'insegna publicamente come Domma di Fede vi è nell'Ostia consagrata vi è il Padre, il Figlio e lo Spirito Santo. Fu risoluto, che rescribatur

---

1 Als externer Gutachter.

2 Darüber hinaus, Abschrift, 12 S. Laut Votum der Konsultoren SO vom 22. Januar 1766 sollte über diesen Fall nicht mehr gesprochen werden. Der Nuntius von Polen sollte beauftragt werden, darauf zu achten, dass in den katholische Schulen des Königreichs Preußen und der Grafschaft Glatz nichts gegen den katholischen Glauben unterrichtet wurde und dass man die alte Unterrichtsmethode beibehielt.

3 Laut Dekret SO vom 11. Januar 1776 sollte das Werk durch die CIndex verboten werden. Vgl. ACDF Index Prot. 91 (1773-1778), Bl. 304r und 305r.

denuncianti, ut transmittat scripta etc. Ma di questo affare non se n'è più trattato.

Gutachter: keine Angabe
Gutachten: nicht aufgefunden[4]

Weiterhin beiliegend: CALOGERO, THOMAS HYACINTHUS: Dissertatio Fr. Thomae Hyacinthi Calogero Ordinis Praedicatorum Alumnus Provinciae Calabriae. - [S.a.]. - 12 S. (Manuskript)

ACDF SO CL 1776, Nr. 4

1776. Brescia. Censura P. Benedicti Baldoriotti Ord[ini]s Servor. Qualificatoris S. Off[ic]ii in librum ins[criptu]m: Vita del P. Daniello Concina dell'Ord[in]e de Pred[icato]ri etc. Anonymo. Brescia 1768.

Anonym (SANDELLIUS, DIONYSIUS <Pseudonym> [FASSINI, VINCENZO]?; ERANISTE, EUSEBIO <Pseudonym> [PATUZZI, GIOVANNI VINCENZO]): Vita del padre Daniello Concina dell'ordine de' predicatori che serve di compimento alle celebri lettere teologico-morali di Eusebio Eraniste. - In Brescia : dalle stampe di Giammaria Rizzardi, 1768. - XXIV, 300 S. ; 8°. *MAI*[5]

Gutachter: Benedetto Baldoriotti OSM
Gutachten: 18 S., 5. Dezember 1775

Dekret: SO 11. Mai 1776 *donec corrigatur*[6]
Bando: CIndex 14. Juli 1777

ACDF SO CL 1776, Nr. 5

1776. Metz. Censurae P. Bous Ord[ini]s Praed[icatoru]m, et P. Martinelli Consult. S. Off[ic]ii super catechismum in lingua Germanica editum, cuius titulus latine redditus est: Cathechismus sive lac verbi divini. Auctore R. D[omi]no Knöpfler Parocho sive Pastore. In Rothe dioeces. Metensis. Una cum d[ett]o catechismo annexa sunt opuscula gallica: Avertissement; Requette au Roy; Extraies des Msc. CW.

1. KNÖPFLER, [?]: Catechismus:// oder,// Milch des goettlichen Wortes. - [S.a.]. - 26 S. ; 4°. (Manuskript) *ACDF SO CL 1776, Nr. 5*[7]

---

4 Zu diesem Fall wurde keine Entscheidung getroffen.

5 Abweichend wird auch EUSEBIO ERANISTE <Pseudonym> [PATUZZI, GIOVANNI VINCENZO] als (weiterer) Verf. genannt. *MAI*, s. Melzi. Vgl. SANDELLIUS, DIONYSIUS <Pseudonym> [FASSINI, VINCENZO]: [De Danielis Concinae vita et scriptis commentarius] Dionysii Sandelli [...] De Danielis Concinae vita et scriptis Commentarius. - Brixiae : e typographio Jo. Mariae Rizzardi, 1767. - XXVIII, 292, 100 S. ; 4°. *SBN*.

6 Auf dem Bando als Dekret der CIndex 14. Juli 1777 gekennzeichnet.

7 Beigebunden: Avertissement,// qu'ont mis à la tete des vrais Msc. d'un C.// du W. des personnes qui se proposent de// les rendre publies. - Sur la Saare : & se vend chez Weiss,// à Saareguemines, [S.a.]. - VI S. *ACDF SO CL 1776, Nr. 5.*

2. Projet De Reguette// Au// Roi / Par les Curés Lorrains-Allemands. - [S.l., Sarreguemines?] : [S.n.], [S.a.]. - 7 S. *ACDF SO CL 1776, Nr. 5, Abes*

3. Anonym: Extraits// Des Msc. du C. du W.// Pour être ajountés// à ses premieres Feuilles. - [S.l.] : [S.n.], [S.a.] - 8 S. *ACDF SO CL 1776, Nr. 5*

Gutachter: Eustachius Bous OP[8]
Gutachten: 6 S. (zu Nr. 1)

Gutachter: Giuseppe Antonio Martinelli OFMConv
Gutachten: 17 S. (zu Nr. 1-3)[9]

Dekret: SO 11. Mai 1776[10]
Bando: CIndex 14. Juli 1777 (zu Nr. 1-3)

ACDF SO CL 1776, Nr. 6

1776. Troies. Nuncius Parisien. trasmittit particulam epistolae sibi transmissae ab episcopo Trecensis in qua petit facultatem reducendi Breviarum pro ecclesia collegiata S. Urbani e pro diebus Dominicis recitari solum tres p[s]almos, et in reliquis Festivitatibus reducere officium ad unum Nocturnum.

Es liegt kein konkreter Zensurfall vor[11]

Gutachter: keine Angabe
Gutachten: nicht aufgefunden[12]

ACDF SO CL 1776, Nr. 7

1776. Francia. Censura P. Baldoriotti Ord[ini]s Servor. In libellum ins[criptu]m: La Raison par Alphabet. 1769. Transmissa a P. Secretario S. Congr. Indicis ut solemniter prohibeatur et publice comburatur per Carnificem.

Anonym [VOLTAIRE]: La Raison par alphabet. - 6e éd. rev., corr. & augm. par l'auteur. - [S.l., Genève] : [S.n.], 1769. - 2 vol. ; 8°. *CCFR*[13]

Gutachter: Benedetto Baldoriotti OSM[14]
Gutachten: 19 S.[15]

8 Als externer Gutachter.
9 Darüber hinaus Mojses Hajduk OFM, Pönitentiar an St. Peter, 1 S. (zu Nr. 1).
10 Auf dem Bando als Dekret der CIndex 14. Juli 1777 gekennzeichnet. Hinweise auf weitere Verhandlungen der CIndex wurden jedoch nicht aufgefunden.
11 Verhandelt wurde eine Anfrage des Stifts von St. Urbain in Troyes zur Kürzung des röm. Breviers.
12 Durch Votum der Konsultoren SO vom 6. Mai 1776, vom Papst bestätigt. Laut Dekret SO vom 8. Mai 1776 sollte dem Nuntius von Paris mitgeteilt werden, dass der Hl. Stuhl die Anfrage nicht gutheißen könne. Der Nuntius sollte den vom Comm. SO zu verfassenden Richtlinien folgen.
13 Enth.: Première partie [A-I]; Seconde partie [L-V]; L'A, B, C. Dix-sept dialogues trad. de l'anglais. *CCFR.*
14 Als Konsultor CIndex.

Dekret: SO 11. Juli 1776
Bando: SO 11. Juli 1776

ACDF SO CL 1776, Nr. 8

1776. Vienna. Censura sacerdotis Michaelis de Petro Qualificatoris S. Off[ic]ii super librum, cui. Titul.: De iustitia Placeti Regii. Vienne 1774.

REMIZ, ANTON (Resp.): [Dissertatio inauguralis-juridica de iustitia placeti regii] Antonii Remiz, carnioli de commenda S. Petri, Dissertatio inauguralis-juridica de justitia placeti regii. - Viennae : de Trattner, 1774. - 45 S. *HBZ*[16]

Gutachter: Michele di Pietro[17]
Gutachten: 22 S.

Gutachter: Michelangelo Monsagrati CRL
Gutachten: 39 S.

Dekret: SO 22. August 1776[18]
Bando: CIndex 14. Juli 1777

ACDF SO CL 1776, Nr. 9

1776. Vienna. Censura (quae deest) in librum ins[criptu]m: De iure imperantis in personas, et bona civitatis etc. Francisci Bihl. Viennae 1774.

BIHL, FRANZ (Resp.): Dissertatio// Inavgvralis-Jvridica,// De// Jvre Imperantis// In Personas,// Et// Bona Civitatis : Qvam Exantlatis Ex Omnigena Jvrisprudentia// Quatvor Rigorosis Examinibus// Avthoritate Et Consensv// Reuerendissimorum, & Illustrissimorum, Perillustrium, Magni-//ficorum, Spectabilium, Praenobilium, Clarissimorum ac Consul-//tissimorum Virorum,// Reuerendissimi, Perillustris ac Magnifici// Domini Rectoris,// Perillustris, Magnifici, ac Consultissimi// Domini Directoris,// Perillustris ac Spectabilis// Domini Decani,// Inclytae facultatis Juridicae// DD. Professorvm, Seniorvm, Sac. Caes.// Reg. Et Apost. Majestatis Consiliariorvm,// Referendariorvm, Assessorvm Et Doctorvm;// Adeoque totius amplissimi// DD. Jvrisconsvltorum Collegii// In Antiquissima, Ac Celeberrima Vniversitate// Viennensi / Pro consequenda Doctorali Juris Laurea publicae Eruditorum// Disquisitioni subiicit// Franciscus Bihl// Avstriacvs Corneobvrgensis.// In Magno Vniversitatis Palatio// Hora III. post meridiem Die 16 Mensis Iunii MDCCLXXIV. - Viennae : Typis Joannis Thomae Nob. De Trattnern,

---

15 Vgl. Referat Baldoriottis in Congr. gen. der CIndex 22. April 1776. Vgl. auch ACDF SO Vota CL II (1757-1809), Nr. 75.

16 Titelvariante: De iustitia placeti regii. *NEBIS*. Erscheinungsvermerk nach *NEBIS* typis Joan. Thomae nob. de Trattnern.

17 Zu di Pietro vgl. Prosopographie 19. Jh.

18 Vgl. ACDF Index Prot. 91 (1773-1778), Bl. 306r-307r. Auf dem Bando als Dekret der CIndex 31. Januar 1777 gekennzeichnet.

Sac. Caes. Reg. Avl. Typogr. et Bibliot., [ca. 1774]. - 68, [4] S. *ACDF SO CL 1776, Nr. 9, SWB*[19]

Gutachter: Michele di Pietro[20]
Gutachten: 22 S., [5. September 1776][21]

Dekret: SO 5. September 1776[22]
Bando: CIndex 14. Juli 1777

ACDF SO CL 1776, Nr. 10

1776. Ancona. Censura P[at]ris Ambrosii Erba Ord[ini]s Minor. Observ. in manuscriptum, cui titul.: Il Paroco in dottrina o sia Dottrina Cristiana etc. del P. M[aest]ro Girolamo M[a]r[i]a Vigo Carmelitano della Congregaz[ion]e di Mantova.

VIGO, GIROLAMO MARIA: Il Paroco in Dottrina o sia Dottrina Cristiana spiegata per lo spazio di dieciotto anni di cura à suoi Parochiani. - [S.a.]. - 2 vol. (Manuskript). *Das Manuskript wurde nicht nachgewiesen*

Gutachter: Ambrogio Maria Erba da Milano OFMObs
Gutachten: 14 S.[23]

Weiterhin beiliegend: Anonym: Atti delle virtù teologali. - Roma : Generoso Salomoni, 1770. (Faltblatt)

ACDF SO CL 1776, Nr. 11

1776. Treviso. P. Inq[uisito]r Ferrarien. transmisit quoddam folium impressum continens argumenta recitata in Accademia Trevisiensis seminarii.

Argomento// dell'Accademia// da recitarsi// nel seminario di Treviso// L'Anno 1776. - [S.l.] : [S.n.], [ca. 1776]. (Einblattdruck) *ACDF Index Prot. 91 (1773-1778), Bl. 300r*

Gutachter: keine Angabe
Gutachten: nicht aufgefunden

Dekret: CIndex 31. Januar 1777[24]

---

19 Titelvariante: De iure imperantis in personas et bona civitatis. Umfangsangabe nach *SWB*: 68 S., [2] Bl.

20 Zu di Pietro vgl. Prosopographie 19. Jh.

21 Das Gutachten befindet sich in ACDF SO Vota CL II (1757-1809), Nr. 83.

22 Vgl. ACDF Index Prot. 91 (1773-1778), Bl. 308r-309r. Auf dem Bando als Dekret der CIndex 31. Januar 1777 gekennzeichnet.

23 Vgl. ACDF SO Vota CL II (1757-1809), Nr. 86 Ancona 1776. Mit Dekret SO vom 19. September 1776 wurde die Druckerlaubnis verweigert; der Inquisitor von Ancona sollte den Autor ermahnen, das Manuskript und alle Exemplare seines Katechismus dem SO zu übergeben.

24 Mit Dekret SO vom 19. September 1776 wurde das Werk der CIndex übergeben. Vgl. Congr. gen. vom 31. Januar 1777.

Bando: nicht aufgefunden[25]

ACDF SO CL 1776, Nr. 12[26]

1776. Mantova. Censurae tum P[at]ris Mag[istr]i Giorgi Consultoris S. Off[ic]ii, tum P[at]ris Thomae Ballapani Ord[ini]s Praed[icatoru]m Concionatoris in Synagoga Judeorum Urbi editum. Mantuae 1775, cui. titul.: Lettera Apologetica scritta dal Sig[no]r N. N. in occasione di certo libello diffamatorio contro agli Ebrei venuto alla luce sotto il titolo di Dissertazione della Religione, e del Giuramento degli Ebrei fallacemente attribuito al Sig[no]r Avvocato Gio. Battista Benedetti.

Anonym: Lettera apologetica a sua eccellenza il signor marchese N.N. amico del signor avvocato Giovambattista Benedetti di Ferrara / scritta dal signor N. N. Nell'occasione di certo libello diffamatorio contro agli Ebrei venuto alla luce sotto il titolo di Dissertazione della Religione e del Giuramento degli Ebrei fallacemente attribuito al detto Sig. Avvocato. - In Mantova : Per l'Erede di Alberto Pazzoni, 1775. - VII, 110 S. ; [4°]. *MAI*

Gutachter: Agostino Antonio Giorgi OSA
Gutachten: 29 S.[27]

Dekret: SO 12. Dezember 1776[28]
Bando: CIndex 14. Juli 1777

ACDF SO CL 1776, Nr. 13

1776. Bologna. Censura et Votum P[at]ris Martinelli consultor S. O. super libr. ins[criptu]m: Esercizio di Meditazioni ad onore del S[antis]s[i]mo Cuore di Gesù etc. Iam editu Romae, Januae et Mediolani etc. an scilicet debeat permitti nova impressio facienda Bononiae.

ROUVILLE, ALEXANDRE JOSEPH DE: Esercizio// Di Meditazioni, Lezioni// Ed Atti Divoti// Ad Onore// Del Ss. Cuore// Di// Gesù Cristo// Pel primo Venerdì D'Ogni Mese// E Per Disposizione Alla Sua// Solennità / Del Padre Alessandro Derouville// Della Compagnia Di Gesù// Traduzione dal Francese. - Quinta impressione// Ridotto a miglior ordine. - In Roma, Genova, ed in Milano : Per il Mazzucchelli,

---

25 Hs. Bando CIndex 14. Juli 1777 in ACDF Index Prot. 91 (1773-1778), Bl. 353r-354r nach Titel 8 (L'Histoire) wurde durchgestrichen: „Argomento dell'Accademia da recitarsi nel Seminario di Treviso l'anno 1776, ove si ricerca, se gli Uomini per le leggi e per le distribuzioni della Civil Società abbino il sentiero della felicitá umana appianato o ristretto, o se per queste Leggi medesime sieno in rapporto alla loro felicità nel primiero stato rimasti."

26 Nr. laut Rubricella. Faszikelnr. 11.

27 Darüber hinaus: 11 s., Anzeige Ballapanis, Prediger der röm. Juden. Vgl. auch ACDF SO Vota CL II (1757-1809), Nr. 84.

28 Laut Votum der Konsultoren SO vom 12. Dezember 1776 sollte das Werk von der CIndex verboten werden. Vgl. ACDF Index Prot. 91 (1773-1778), Bl. 289bisr-290r.

nella Stamperia Malatesta (Con licenza de' Superiori), [S.a.]. - 235 S. ; 12°. *ACDF SO CL 1776, Nr. 13, SBN*[29]

Gutachter: Giuseppe Antonio Martinelli OFMConv
Gutachten: 28 S.[30]

---

[29] Vgl. Anonym [ROUVILLE, ALEXANDRE JOSEPH DE]: Exercices de piété, pour passer saintement la veille et le jour de la fête du S. Coeur de Jésus [...] / par l'auteur de l'Imitation de la sainte Vierge [...]. - Avignon : A. Offray, 1770. - VIII, 194 S. ; 12°. *BNF*.

[30] Mit Dekret SO vom 2. Mai 1776 wurde die Druckerlaubnis erteilt. Allerdings sollte der Inquisitor von Bologna Sorge tragen, dass die Neuaufl. nicht von früheren Editionen abweiche. Laut Dekret SO vom 8. Mai 1776 sollte das Werk nicht von der vorletzten Ausg. abweichen: die Passagen über die Offenbarung der Hl. Margherita Maria Alacogne und das Wunder des jungen Celestinus, die in die letzte Ausg. eingefügt worden waren, sollten wieder entfernt werden. Weiterführendes Material in ACDF SO St.St. 4-C-p und ACDF SO CL 1779-1780, Nr. 3.

ACDF SO CL 1777[1]

ACDF SO St.St. O-4-i, [Nr. 1]

1777. Vienna. Censura sacerdotis D. Michaelis de Petro qualificat. S. Off[ic]ii in librum ins[criptu]m: Synopsis iuris ecclesiastici publici, et privati, quod per terras haereditarias Augustissimae Mariae Theresiae Imperatricis obtinet. Vindobonae 1776.

Item censura P[at]ris Baldoriotti Qualificat. S. Off[ic]ii in libr. impressum Viennae an. 1776. ins[criptu]m: Introductio, et designatio ad systematicam, Dogmaticam Theologiam etc.

1. [EYBEL, JOSEPH VALENTIN (Praes.)? ; HOECK, KARL (Resp.)?]: Synopsis// Juris Ecclesiastici// Publici Et Privati,// Quod// Per Terras Haereditarias// Augustissimae Imperatricis// Mar. Theresiae// Obtinet. - Vindobonae : Typ. Ioan. Thomae Nob. De Trattnern,// Caes. Reg. Avla[e] typogr. et Bibliopol., 1776. - 77 S. ; [8°]. *ACDF SO St.St. O-4-i, Nr. 1*[2]

2. Anonym: Correcta Theses ex Synopsis Juris Ecclesiastici. - [S.a.]. - 7 S. (Manuskript) *ACDF SO St.St. O-4-i, Nr. 1*

3. Abschrift zweier Dekrete des kaiserlichen Hofes in Wien [Incipit: Sua Caesareo-Regia M[aiest]as per Decretum Aulicam 2. Nov. Currentis anni, 14. Nov. 1776]; [Incipit: Sua Caesareo-Regia M[aiest]as per Decretum Aulicam 3.a Octob. an. currentis, 2. Okt. 1776]. *ACDF SO St.St. O-4-i, Nr. 1*

4. Anonym [RAUTENSTRAUCH, FRANZ STEPHAN]: Anleitung// und// Grundriß// zur// Systematischen Dogmatischen// Theologie. - Wien : gedruckt bey Johann Thomas Edlen von Trattnern, kaiserl. königl. Hofbuchdruckern und Buchhändlern, 1776. - 48 S. ; 4°. *ACDF SO St.St. O-4-i, Nr. 1*

Gutachter: Michele di Pietro[3]
Gutachten: 27 S., [20. Januar 1777] (zu Nr. 1)[4]

Gutachter: Michele di Pietro
Gutachten: 6 S. (zu Nr. 2-3)[5]

---

1 Der Band befindet sich in ACDF SO St.St. O-4-i.

2 Das Werk wird auch Franz Stephan Rautenstrauch oder Paul Josef von Riegger zugeschrieben. *ÖNB*, *HBZ*. Abweichende Formatangabe nach *HBZ*: 4°.

3 Zu di Pietro vgl. Prosopographie 19. Jh.

4 Vgl. ACDF SO Vota CL II (1757-1809), Nr. 85.

5 Vgl. ACDF SO Vota CL II (1757-1809), Nr. 85. Hinweise auf weitere Verhandlungen wurden nicht aufgefunden.

Gutachter: Benedetto Baldoriotti OSM
Gutachten: 25 S., 10. Januar 1777 (zu Nr. 4)[6]

Gutachter: keine Angabe
Gutachten: 3S. (zu Nr. 4)[7]

Dekret: SO 13. Februar 1777[8]
Bando: nicht aufgefunden

ACDF SO St.St. O-4-i, [Nr. 2]

1777. Vienna. Censura, seu votum omnium consultorum super Catechismum elucidatum ad usum Scholarum Germanicarum in Dominiis haereditariis Caesarea Regiae Maiestatis, ipsius iussu, ac privilegio, nec non permissu, atque approbatione Praesulum ecclesiasticorum. Viennae impressum.

1. Erläuterter Kathechismus zum Gebrauche der deutschen Stadtschulen in den kaiserlich-königlichen Erbländern : Mit Gutheißung der geistlichen Oberhirten auf allerhöchsten Befehl zum Druck befördert. - Wien : Im Verlage der deutschen Schulanstalt, 1773. - [3] Bl., 136 S., [1] Bl. *ÖNB*

2. *Die Ausg. mit dem Erscheinungsjahr* 1776 *wurde nicht ermittelt*

Gutachter: Eustachius Bous OP[9]
Gutachten: 11 S., [1. Juli 1776] (zu Nr.1)

Gutachter: Giuseppe Antonio Martinelli OFMConv
Gutachten: 46 S., [1. Juli 1776] (ohne Angabe der Ausg.)[10]

Gutachter: Giuseppe Owiler[11]
Gutachten: 6 S., 12. August 1776 (zu Nr.1-2)[12]

---

6 Vgl. ACDF SO St.St. O-4-i, Nr. 2 und ACDF SO Vota CL II (1757-1809), Nr. 89.

7 Das Gutachten befindet sich in ACDF SO Vota CL II (1757-1809), Nr. 89 und bezieht sich ebenfalls auf das Gutachten Baldoriottis. Laut Votum der Konsultoren SO vom 2. Februar 1777 sollte der Fall suspendiert werden, bis das vom Autor im verhandeltem Werk angekündigte Buch zur dogmatischen Theologie veröffentlicht worden sei.

8 Laut Votum der Konsultoren SO vom 20. Januar 1777 sollte das Werk verboten werden. Dem Papst wurde empfohlen, sich mit dem Kaiserhof über die Beseitigung des Werks zu verständigen. Laut Dekret SO vom 13. Februar 1777 sollte dem Nuntius von Wien eine Instruktion zugestellt werden. Diese Instruktion befindet sich in ACDF SO St.St. O-4-i, Nr. 2.

9 Als externer Gutachter.

10 Laut Votum SO vom 1. Juli 1776 sollte das Gutachten und eine Liste der fehlerhaften Propositionen dem Nuntius von Wien geschickt werden, damit er sich mit dem Erzbischof über Korrekturen bzw. eine Neuausg. verständige. Mit Dekret SO vom 28. August 1776 sollte eine Instruktion an den Nuntius in Wien verfasst werden; inzwischen sollten Martinelli und der Comm. SO die Korrektur vorbereiten.

11 Als externer Gutachter. Giuseppe Owiler OFMConv, Pönitentiar an St. Peter, war auch mit der Übers. des Katechismus von 1776 ins Ital. beauftragt.

12 Mit Dekret SO vom 13. August 1776 wurden die Verhandlungen zur Ausg. von 1773 suspendiert, die Ausg. von 1776 sollte für eine weitere Prüfung des Werks durch alle Konsultoren übersetzt werden. Laut Notiz befindet sich die Übers. im ACDF.

Gutachter: Domenico Giordani
Gutachten: 1 S., [10. Februar 1777][13] (zu Nr. 2)

Gutachter: Serafino Maccarinelli OP
Gutachten: 9 S., [10. Februar 1777] (zu Nr. 2)

Gutachter: Tommaso Angelo Ricchini OP
Gutachten: 4 S., [10. Februar 1777] (zu Nr. 2)

Gutachter: Giorgio Maria Lascaris CR
Gutachten: 4 S., [10. Februar 1777] (zu Nr. 2)

Gutachter: Hyacinthe-Sigismond Gerdil B
Gutachten: 3 S., [10. Februar 1777] (zu Nr. 2))

Gutachter: Stefano Borgia[14]
Gutachten: 7 S., 6. Oktober 1776 (zu Nr. 2)

Gutachter: Agostino Antonio Giorgi OSA
Gutachten: 7 S., [10. Februar 1777] (zu Nr. 2)

Gutachter: Giacomo Pistorozzi
Gutachten: 1 S., [10. Februar 1777] (zu Nr. 2)

Gutachter: Vincenzo Maria Alisani OP
Gutachten: 3 S., [10. Februar 1777] (zu Nr. 2)

Gutachter: Alessandro Biagioli
Gutachten: 3 S., [10. Februar 1777] (zu Nr. 2)

Gutachter: Felice Maria Nerini OSH
Gutachten: 4 S., [10. Februar 1777] (zu Nr. 2)

Gutachter: Giuseppe Antonio Martinelli OFMConv
Gutachten: 6 S., [10. Februar 1777] (zu Nr. 2)

Gutachter: Michelangelo Monsagrati CRL
Gutachten: 4 S., [10. Februar 1777] (zu Nr. 2)

Gutachter: Francesco Antonio Marcucci PO
Gutachten: 14 S., 28. Dezember 1776 (zu Nr. 2)

Gutachter: Hyacinthe-Sigismond Gerdil B
Gutachten: 6 S.

13 Laut Votum der Konsultoren SO vom 10. Februar 1777 könnte die Ausg. von 1776 zugelassen werden unter der Bedingung, dass der Nuntius von Wien den Erzbischof zu überzeugen suche, künftige Ausg. in Übereinstimmung mit den röm. Korrekturvorschlägen zu überarbeiten. Bei der Ausg. von 1773 sollte das Dekret SO vom 28. August 1776 angewandt werden.

14 Als Gutachter der CProp.

Weiterhin Beiliegend: Anonym: Piano d'Istruzione / per / Mons. Nunzio Apostolico / in / Vienna (Manuskript). - 7 S.[15]

ACDF SO St.St. O-4-i, [Nr. 3]

1777. Faenza. Non obstante prohibitionis P[at]ris. Inq[uisito]ris Faventini facta Nobili Joanni Francisco Borrea imprimendi duas conciones se habitas in publica ecclesia confraternitatis stigmatum Lugi, pro lotione pedum confratrum unam, alteram in honorem passionis D. N. J. C. impressae fuerunt Venetiis praefatae conciones et clam introducatae fuerunt Lugi et Faventiae absque facultate.

BOREA (DE) BUZZACARINI, GIANFRANCESCO: Due Sacri Discorsi / Del Nobile Signore// Gianfrancesco Borea// Buzzacarini// Di Lugo/ Consecrati/ Alla Regina Degli Angeli, E Degli Uomini/ L'Eccelsa/ Vergine Maria// Madre di Dio. - Venezia : Presso Giambattista Costantini (Con Licenza De' Superiori), 1777. - [35 S]. *ACDF SO St.St. O-4-i, Nr. 3*

Gutachter: keine Angabe
Gutachten: nicht aufgefunden[16]

ACDF SO St.St. O-4-i, [Nr. 4]

1777. Faenza e Luge. Censura P[at]ris Richini Mag. S. P. H. Consultor S. O. super librum ins[criptu]m: Lettera prima ad un lettore di Teologia in Roma sopra la morte di Gesù Cristo e sua discesa all'inferno. In Pavia 1776.

NATALI, MARTINO: Lettera 1. ad un lettore di teologia in Roma sopra la morte di Gesu Cristo e sua discesa all'inferno. - In Pavia : Presso il Porro, Bianchi, e Compagni stampatori [...], [1776]. - 160 S. ; 8°. *SBN*

Gutachter: Tommaso Angelo Ricchini OP
Gutachten: 28 S. (darin: 3 S. „Pro memoria")[17]

ACDF SO St.St. O-4-i, [Nr. 5]

1777. Rovigo e Faenza. Votum seu censura P. Caroli Voenne Schol. Piar. Qualific[atori]s S. Off[ic]ii. Item aliud votum P. Ambrosii Erba Ord[ini]s Minor. Observ[antu]m qualific[atori]s tunc S. Off[ic]ii in librum manuscriptum ad effectum eum imprimendum, cuius auctor praesumitur P. Julius Sangallus Ord[ini]s Minor. Conventual. Inquisitor Rovigii, cui titulus:

15 Vgl. auch die Werke in ACDF SO St.St. O-4-i, Nr. 1.

16 Laut Dekret SO vom 26. November 1777 sollte der Verleger nach Rom kommen, um wegen der unerlaubten Veröffentlichung der beiden Predigten gerügt zu werden. Die Exemplare wurden beschlagnahmt.

17 Am 11. Dezember 1777 nahmen der Papst und die Kard. den Fall zur Kenntnis; das Werk wurde einem zweiten Gutachter übergeben. Hinweise auf weitere Verhandlungen wurden nicht aufgefunden.

Romani Pontificis summa potestas iurisdictio et praestantia Oecumenicorum Conciliorum iudicia, atque ipsius Gallicanae ecclesiae sanctionibus asserta defensa et vindicata etc.

Anonym [SANGALLO, GIULIO ANTONIO]: Romani Pontificis summa potestas iurisdictio et praestantia Oecumenicorum Conciliorum iudicia, atque ipsius Gallicanae ecclesiae sanctionibus asserta defensa et vindicata [...]. - [S.a.]. (Manuskript) *Das Manuskript wurde nicht nachgewiesen*

♦ Anonym [SANGALLO, GIULIO ANTONIO]: Dello stato della chiesa e legittima potestà del Romano Pontifice dal medesimo sostenuta conforme l'antica tradizione : libro apologetico contro il nuovo sistema dato alla luce da Giustino Febronio per conservare nell'unione i fideli […] / Composto da un Francescano Min. Conventuale. - Venezia : Tommaso Bettinelli, 1766. - 281 [i.e. 481] S. ; 4°. *HBZ*

Gutachter: Giuseppe Francesco Ridolfi CRL
Gutachter: Michelangelo Monsagrati CRL
Gutachten: 3 S., 30. November 1777[18]

Gutachter: Carlo Maria Voenna SP
Gutachten: 10 S.

Gutachter: Ambrogio Maria Erba da Milano OFMObs
Gutachten: 3 S.[19]

ACDF SO St.St. O-4-i, [Nr. 6]

1777. Vienna. Censura sacerdotis D. Michaelis de Petro qualificat. S. Off[ic]ii in librum ins[criptu]m: Josephi Valentini Eybel etc. Collectio selectarum elucubrationum iurisprudentiam ecclesiasticam illustrantium etc. Viennae 1775.

EYBEL, JOSEPH VALENTIN: [Collectio selectarum lucubrationum iurisprudentiam ecclesiasticam illustrantium publicis in publicam utilitatem occasione academicorum exercitiorum futuris subinde distributionibus destinata] Josephi Valentini Eybel// J.U.D. Et Jur. Eccl. Prof. Publ.// Extraord. Caes. Reg.// Collectio// Selectarum Lucubrationum// Jurisprudentiam Ecclesiasti-//cam Illustrantium// Publicis In Publicam Utilitatem// Occasione Academicorum// Exer-//citiorum Futuris Subinde Distri-//butionibus Destinata. - Viennae : Typis Joseph Kurzböck Caes. Reg. Aulae Illir-//Orientalis nec non incl. Inf. Austr. Ord.// Typog. & Bibliop., 1775. - 7 Bl., [4], 52, [4] S. ; 8°. *ACDF SO St.St. O-4-i, Nr. 6, HBZ*

Gutachter: Michele di Pietro[20]

---

18 Es handelt sich um Korrekturvorschläge.

19 Laut Dekret SO vom 16. Januar 1777 sollte dem Autor wegen seiner Rechtgläubigkeit und seines Eifers ein Lob ausgesprochen werden. Durch den Inquisitor von Faenza sollte er aber dazu angehalten werden, das Werk so zu korrigieren, dass er die Gegner des Hl. Stuhls überzeugen könne. Mit Dekret SO vom 10. Dezember 1777 wurde die Druckerlaubnis erteilt. Das Werk und die Korrekturen wurden dem Inquisitor von Faenza zugestellt.

Gutachten: 21 S.[21]

Dekret: SO 27. November 1777 (zum Appendix)
Bando: nicht aufgefunden[22]

20 Zu di Pietro vgl. Prosopographie 19. Jh.
21 Vgl. ACDF SO CL Vota CL II (1757-1809), Nr. 82.
22 Mit Dekret SO vom 27. November 1777 sollte die Anlage des Werks ohne Angabe der Beteiligung des SO durch CIndex verboten werden. Das Verbot wurde aufgeschoben, bis dem Nuntius von Wien weitere vom Papst angeordnete Richtlinien vorliegen sollten.

ACDF SO CL 1778, Bd I[1]

ACDF SO St.St. N-5-r

1778. Magonza. Circa il Libro intitolato: Nuovo Tentativo sulla Profezia di Emmanuele di Giovanni Lorenzo Isenbiehl. 1778.

Censura P[at]ris Magistri Martinelli Ord[ini]s Minorum Conventualium super praefatum librum.

Alia censura anonyma in praefatum librum facta a decano, professoribus et assessoribus facultatis theologicae. Heidelberg 17. martii 1778.

Alia censura sacerdotis de Petro professoris Archigymnasii, in Romano, Historiae ecclesiasticae Professoris.

Plures censurae factae in Germania transmissae ab Ordinarii in praefatum librum.

Feria V die 18 martis 1779. Em[inentissim]i quia S[anctis]s[i]mus non interfuit rescripserunt – Dilata et ad assessorem iuxta mentem la mente è che il P[ad]re Consult[or]e Martinelli facci un estratto delle proposizioni dal libro con le congrue censure a ciascheduna da esso Padre e da un altro consultore e qualificatore per potersi proibire il libro con le qu[al]ifiche, aparendo inusitata nel Tribunale la qualifica di opera contraria verbo Dei, si osservi in archivio, se mai sia stata usata.

Relazione delle diligenze fatte in archivio.

Elencho delle Proposizioni fatte dal P. M. Martinelli; e censura delle medesime.

Censura fatta a singole Proposizioni del Sacerdote P. da Petro.

Altra censura del P. Pani Primo Compagno.

Feria V Die 12. augusti 1779 santissimus perlectis omnibus et auditis em[inentissimo]rum DD. Cardinalium suffragiis decrevit praefatum librum prohibendum esse per Breve.

Plures minutae Brevis.

Praefatum Breve typis editum, et pubblicatum die 20. septembris 1779.

---

[1] Der Band befindet sich in ACDF SO St.St. N-5-r. Angabe des Inhalts nach Faszikelumschlag. Vgl. auch ACDF SO CL 1788, Nr. 3.

Carte sta[mpa]te dopo la proibizione consegnate al S. Off[ici]o da nostro Signore, le quali contengono diverse lettere de vescovi della Germania, e tra queste si trova una stampa intitolata: Iudicium doctrinale Sacrae Facultatis Parisiensis circa commentationem in vaticinium Isaiae (cap. VII. vers. 14) a Joanne Laurentio Isembiehls editam.

ISENBIEHL, JOHANN LORENZ: [Neuer Versuch über die Weissagung vom Emmanuel] Johann Lorenz Isenbiehl's neuer Versuch über die Weissagung vom Emmanuel. - [Coblenz] : [Huber], 1778. - [8] Bl., 292 S. ; 8°. *HBZ*

Gutachter: Giuseppe Antonio Martinelli OFMConv
Gutachten: Bl. 1-98, 196 S., [18. März 1779][2]

Gutachter: Michele di Pietro[3]
Gutachten: 22 S.[4]

Gutachter: Tommaso Vincenzo Pani OP[5]
Gutachten: 9 S.

Dekret: SO 12. August 1779
Bando: Breve 20. September 1779; CIndex 7. Februar 1783[6]

Weiterhin beiliegend: (1) Judicium// Doctrinale// Sacrae Facultatis Parisiensis,// Circà commentationem in Vaticinium Isaïae// (Cap. VII, v. 14) de Emmanuele, à Joanne// Laurentio Isembiehls editam : Extractum è Commentariis Sacrae Facultatis// Parisiensis. - [Parisiis] : Typis Clousier, 1778. - 11 S. ; 4°. *BNF* (2) LIMBURG-STYRUM, DAMIAN AUGUST <Speyer, Bischof>: Nos Augustus// Dei Gratia Episcopus Spi-//rensis, Ecclesiae Principalis Weissenburgensis Praepositus, S.R.I. Princeps, Comes De Limburg Stirum etc. etc.// Universo Clero Nostro tam seculari quam regulari [...] Datum Bruchsaliae [...] die Septima Octobris 1779. - 4 S. (3) Teologale// Giudizio// del// Nuovo Tentame Isenbiehlico// sopra la Profezia// di// Emmanuele// de dato Heidelbergae 17. Marzo 1778.// cum facultate Ordinarij.// Magonza// stampato e da trovarsi presso Gio: Giuseppe Alef,// Erede del quondam Haefner, 1778. - [1778]. - 87 S. (Manuskript)[7]

2 Datum der Feria V, „coram Sanctissimo".

3 Zu di Pietro vgl. Prosopographie 19. Jh.

4 Darüber hinaus eine Abschrift, 58 S.

5 Zu Pani vgl. Prosopographie 19. Jh.

6 Weiterhin beiliegend in ACDF Index Prot. 92 (1779-1781), Bl. 626r Bando Pius VI. vom 20. September 1779: Verbot Libri Germanico idiomate editi, & in duas partes divisi, cui Titulus: Johann Lorenz Isenbiehl's neuer Versuch über die Weissagung vom Emmanuel. 1778.

7 Ermittelt wurde: Iudicium Theologorum Argentinensium De Libro Germanice Vulgato: J. L. Isenbiehls Neuer Versuch über die Weissagung vom Emmanuel, 1778 : d. d. Argentinae 5. Aprilis 1778. - Moguntiae : Alef, 1778. - 173 S. *BVB*.

ACDF SO CL 1778, Band II

ACDF SO CL 1778, Bd II, Nr. 1

1778. Roma. Censura, sive Observationes factae a P[at]re Quinnones Mag[istr]o Gen[era]li Ord[ini]s Praed[icatoru]m super librum ins[criptu]m: Vita di S. Pietro Apostolo cavata dalla S. Scrittura etc. dell'Abbate Luigi Cuccagni. Parte 1. in Roma 1777.

CUCCAGNI, LUIGI: Vita di s. Pietro principe degli apostoli : cavata dalla sacra Scrittura, e illustrata colle considerazioni de' santi Padri / per opera dell'abate Luigi Cuccagni [...]. - In Roma : nella stamperia di Giovanni Zempel, 1777-1781. - 3 vol. ; 8°. *SBN*[1]

Gutachter: Balthasar de Quiñones OP
Gutachten: 70 S. [19. Januar 1778][2]

Gutachter: keine Angabe[3]
Gutachten: 6 S., [19. Januar 1778][4]

ACDF SO CL 1778, Bd II, Nr. 2

1778. Fermo, e Civitanova. Censura del P. M[aest]ro Pani Primo Compagno del S. Off[ici]o sopra due libri. Primus inscribitur: Filosofia della natura di Tito Lucrezio Caro, e confutazione del suo Deismo, e materialismo, etc. dell'Ab[at]e Pastori Raffaelle ex Gesuita. Londra 1776.

1. LUCRETIUS CARUS, TITUS ; PALEARIO, AONIO [u.a.]: La filosofia della natura di Tito Lucrezio Caro, e confutazione del suo deismo e materialismo, col poema di Aonio Paleario dell'immortalità degli animi / dell' abate Raffaele Pastore. - In Londra [Venezia?] : [S.n.], 1776. - 2 vol. ; 8°. *MAI*[5]

---

1 Verhandelt wurde vol. 1 (1777). Vol. 2-3 erschienen 1781. *SBN*.

2 Durch Votum der Konsultoren SO vom 19. Januar 1778 wurde die Entscheidung aufgeschoben, der Autor sollte nach Rom gerufen werden, um seine Propositionen zu erläutern. Laut Dekret SO vom 5. März 1778 sollte die von Quiñones verfasste Liste mit Propositionen vorher von den Kard. geprüft werden. Laut Notiz erschien der Autor in Rom, um die vom SO zensierten Propositionen zu verteidigen.

3 Als zweiter Gutachter. Im Gutachten finden sich Hinweise auf das Gutachten von Quiñones.

4 Das Gutachten befindet sich in ACDF SO St.St. I-6-d, Nr. 1.

5 Erscheinungsort nach *MAI* fingiert. Tatsächlicher Erscheinungsort vermutl. Venedig. *MAI*. Vol 2 enth.: Saggio di poesie toscane, e latine / dell'abate Raffaele Pastore. *MAI*, *COPAC*.

2. PASTORE, RAFFAELE: Saggio di poesie toscane e latine [...]. - [S.l.] : [S.n.], [S.a.]. - 64 S. *BAV*[6]

Gutachter: Tommaso Vincenzo Pani OP[7]
Gutachten: 24 S. (zu Nr. 1-2)

Gutachter: Atanasio da Pogno OFMCap
Gutachten: 11 S. (zu Nr. 1-2)[8]

Dekret: SO 24. Februar 1779[9]
Bando: SO 24. Februar 1779; CIndex 24. Juni 1779 (zu Nr. 1-2)

Dekret: SO 25. Februar 1779[10]
Bando: CIndex 24. Juni 1779 (zu Nr. 2)

ACDF SO CL 1778 Bd II, Nr. 3

1778. Ancona e Recanati. Censura P. Bruno Toma Ord[ini]s Praed[icatoru]m in manuscriptum, cui. titul.: Direzione Ascetico-Mistica, in cui alle persone divote si danno sodi insegnamenti per acquistare la perfezione Cristiana etc. Operetta del Canonico Bartolomeo Giaccherini

Censura factae Recinetti super praefatum manuscriptum. Responsiones autoris ad praefatas censuras.

1. GIACCHERINI, BARTOLOMEO: Direzione// Ascetico-Mistica// In cui alle Persone divote// si danno sodi insegnamenti// per acquistare la Perfezione// Cristiana// e giungere all'Unione con Dio / Operetta// Del Canonico Bartolomeo Giac-//cerini// Coll'aggiunta di due risposte apo-//logetiche alle Censure del Sig:[no]re N.N.// e di un Religioso date alla medesima. - [S.a.]. - 11 S. (Manuskript) *ACDF SO CL 1778, Bd. II, Nr. 3*

2. GIACCHERINI, BARTOLOMEO: Risposta Apologetica / Del Canonico D. Bartolomeo// Giaccherini// Alle censure, e riflessioni fatte// Sopra la Direzione Ascetico-Mistica// Dal Signor N.N.// fregio// Quaeso, ut patienter audias, non enim de// Adversario victoriam, sed contra Menda-//cium quaerimus veritatem.// S. Hyeronimus Lib. I. Dialog. adversus Pelag. - [S.a.]. - 60 S. (Manuskript) *ACDF SO CL 1778, Bd. II , Nr. 3*

6 Auch enth. in vol. 2 des ebenfalls verhandelten Werks: LUCRETIUS CARUS, TITUS ; PALEARIO, AONIO [u.a.]: La filosofia della natura di Tito Lucrezio Caro, e confutazione del suo deismo e materialismo, col poema di Aonio Paleario dell'immortalità degli animi / dell' abate Raffaele Pastore. - In Londra [Venezia?] : [S.n.], 1776. - 2 vol. ; 8°. *MAI.*

7 Zu Pani vgl. Prosopographie 19. Jh.

8 Das Gutachten wurde laut Notiz nicht referiert.

9 Vgl. ACDF Index Prot. 92 (1779-1781), Bl. 21r. Das Buch sollte auf dieselbe Weise verboten werden wie das Werk von Alessandro Marchesi (Hinweise auf Verhandlungen nicht aufgefunden). Im Verbotsdekret sollte das Werk Palearios nicht erwähnt werden.

10 Vgl. ACDF Index Prot. 92 (1779-1781), Bl. 22r. Das Buch sollte laut Dekret SO vom 24. Februar 1779 durch die CIndex verboten werden.

3. GIACCHERINI, BARTOLOMEO: Risposta Apologetica / Del Can[oni]co D. Bartolomeo Giaccherini// Alle censure date da un Religioso// Alla Direzione Ascetico-Mistica// fregio// Si in difensionem mei aliqua scripsero// in te sit, qui provocasti, non in me,// qui rispondere compulsus sum =// S. Hyer. Epist. 14: ad August.// tom. 2. Oper. Sanct. August. edit. Paris.// 1637 pag. 24. - [S.a.] - 82 S. (Manuskript) *ACDF SO CL 1778, Bd. II, Nr. 3*

Gutachter: Francesco Paolo Diana OM[11]
Gutachten: 8 S. (zu Nr. 1)[12]

Gutachter: Bruno Saverio Toma da Lodi OP
Gutachten: 18 S. (zu Nr. 1-3)[13]

ACDF SO CL 1778, Bd II, Nr. 4

1778. Faenza; e Siena. Censura D. Michaelis de Petro Qualificatoris S. Off[ic]ii super manuscriptum cui titulus: Declaratio Decreti S. Rituum Congreg[atio]nis 6. Februar. 1765, quo conceditur officium, et Missa propria in honorem S[anctis]s[i]mi. Cordis Jesu. etc. dell'Ab[ate]e D. Giuseppe Bottari.

1. Declaratio Decreti S. Ritu congregationis 6 Febr 1765, quo conceditur officium et missa propria in honorem SS. Cordis Jesu. Authore il sacerdote Giuseppe Guerara, Theologo Spagnolo// [...]. - [S.a.]. (Manuskript) *Das Manuskript wurde nicht nachgewiesen*

2. Anonym [BOTTARI, GIUSEPPE]: Lettera// di un solitario// ad un amico// intorno ai libri stampati contro// La divozione al santissimo cuore di Gesù,// particolarmente// contro La Lettera Istruttiva di un Teologo Romano / Del Ab[at]e D. Giuseppe Bottavi. - [S.a.]. - 40 S. (Manuskript)

Gutachter: Michele di Pietro[14]
Gutachten: 28 S., [26. März 1778] (zu Nr. 1)[15]

Gutachter: keine Angabe
Gutachten: nicht aufgefunden (zu Nr. 2)[16]

---

11 Als externer Gutachter.

12 Vgl. ACDF SO St.St. I-6-b, o.Nr. [Nr. 8].

13 Weiterhin beiliegend: Censure Fatte in Recanate al suddetto Manoscritto. Laut Dekret SO vom 14. Januar 1779 sollten beide Parteien durch den Bischof von Recanate zum Schweigen gebracht werden. Der Bischof selbst sollte angewiesen werden, alle Exemplare des Drucks zu unterdrücken; Gespräche mit dem Autor über dieses Werk wurden verboten. Der Bischof sollte dem Autor die Beichte verweigern. Am 16. Mai 1781 wurde die Bitte des Letztgenannten, das Verbot aufzuheben, nicht erfüllt.

14 Zu di Pietro vgl. Prosopographie 19. Jh.

15 Vgl. ACDF SO Vota CL II (1757-1809), Nr. 96. Mit Dekret SO vom 26. März 1778 wurde die Druckerlaubnis verweigert. Der Inquisitor von Faenza sollte den Autor anweisen, das Werk nicht zu veröffentlichen.

16 Der Autor wurde 1782 von di Pietro als der Verf. des damals von ihm verhandelten Werks u.d.T. „L'Autorità della Chiesa" identifiziert. Weiterhin beiliegend zwei Abschriften dieses Gutachtens, das ebenfalls vorliegt in ACDF SO CL 1782, Nr. 4. Mit Dekret SO vom 26. März 1778 wurde die

ACDF SO CL 1778, Bd II, Nr. 5

1778. Ceneda. Liberculus ins[criptu]s: Orazione funebre recitata in un assemblea di amanti del buonsenso. Venezia 1777. Sed cum auctor ironice ait, composuisse dictam orationem, a S. Cong[regatio]ne nihil actum fuit.

Anonym [ZAGURI, PIETRO MARCO]: Orazione Funebre// Recitata// In Un' Assemblea// Di Amanti// Del// Buonsenso / [hs.: di [...] Zagu[r]i Vescovo di Ceneda]. - In Venezia : Dalle Stampe di Pietro Savioni (Con Le Ordinarie Approvazioni), 1777. - XLVI S. ; [12°]. *ACDF SO CL 1778, Bd. II, Nr. 5*[17]

Gutachter: keine Angabe
Gutachten: nicht aufgefunden[18]

Weiterhin beiliegend: Non possis oculo contendere Lynceus;// Non tamen idcirco contemnas lippus inungi.// Q. Hor. L. I. Ep. I. [Orazione Funebre recitata in un'Assemblea// di Amanti del buon senso]. Venezia 1777// per Pietro Savioni con licenza de' Supe-//riori, in 8. di pag. 46. - [S.l.?] : [S.n.?], [ca. 1777]. - 18 S.

ACDF SO CL 1778, Bd II, Nr. 6

1778. Pavia. Censura P. Ab. Stampa Olivetani Consultor S. Off[ic]ii in librum: Meditazione filosofica di Fran[esc]o L... P. P. in Pavia 1778.

L***, FRANCESCO [LUINI, FRANCESCO]: Meditazione// Filosofica / Di// Francesco L***// P. P. - In Pavia : Per Giuseppe Bolzani Impressore della// Regio-Imperiale Università, 1778. - [16], 65 S. ; 8°. *ACDF SO CL 1778, Bd. II, Nr. 6, MAI*

Gutachter: Luigi Antonio Stampa OSBOliv
Gutachten: 40 S.

Dekret: SO 17. Dezember 1778
Bando: SO 17. Dezember 1778

Druckerlaubnis verweigert. Am 2. März 1778 wurde entschieden, den Inquisitor von Faenza zu benachrichtigen.

17 Anonym [ZAGURI, PIETRO MARCO]: Piano per dar regolato sistema al moderno spirito filosofico, ovvero, Istruzioni anecdote di un libero pensatore con una Orazione funebre recitata in un'assemblea di amanti del buon senso. - Edizione terza riveduta dall'autore. - Roma : per Paolo Giunchi, 1779. - XXIV, 335, [1] S ; 12°. *MAI*; Anonym [ZAGURI, PIETRO MARCO]: Orazione funebre recitata [da monsig. Marco Zaguri vescovo di Vicenza] in un'assemblea di amanti del buon senso. - [S.l.] : [S.n.], [S.a.]. - XXX S. ; 16°. *ICCU.*

18 Laut Rubricella wurden keine Maßnahmen ergriffen. Vgl. ACDF SO Tit.Libr. 1784-1797, Nr. 33.

ACDF SO CL 1779-1780

ACDF SO CL 1779-1780, Nr. 1

1779. Venezia. Censura PP. Consultori Georgi, Qualificatoris Nardi Minor. Observant. Et Mag[istr]i Fabrizi Dominicani super Librum, cui. titul.: La difesa de Libri Santi e della Religione Giudaica contro le imputazioni e varie dicerie del Sign[o]r di Voltaire etc. Venezia 1770.

Anonym [CLÉMENCE, JOSEPH GUILLAUME]: La difesa de' Libri Santi e della religione giudaica contro le imputazioni e varie dicerie del sig. di Voltaire, contenuta in varie lettere e riflessioni corredate ed illustrate con note critiche, oltre un picciolo comento estratto da altro maggiore : Opera tradotta dall'idioma francese, utilissima e necessaria per l'intelligenza delle Sacre [Scrittue]. - Venezia : [presso Giuseppe] Bettinelli, 1770. - 188 S. ; [4°]. *URBE, SBN*[1]

Gutachter: Agostino Antonio Giorgi OSA
Gutachten: 28 S.[2]

Gutachter: Desiderio da Coccigliano OFMObs
Gutachten: 29 S., [18. Januar 1779]

Gutachter: Gabriele Fabrizi OP[3]
Gutachten: 58 S., 30. Mai 1779

Gutachter: Agostino Antonio Giorgi OSA
Gutachten: 10 S.[4]

ACDF SO CL 1779-1780, Nr. 2

1779. Foligno. Si era sparso in Foligno un foglio manuscritto intit.: Verità proposta a consolazione de' Peccatori, nel quale viene esaltata l'Orazione.

---

1 Titelaufnahme ergänzt nach *SBN*. Nach den Angaben im Gutachten liegt der ital. Ausg. folgendes Werk zugrunde: Anonym [GUENEE, ANTOINE]: Lettres de quelques juifs portugais et allemands, a M. de Voltaire : avec des réflexions critiques, &c. et un petit commentaire extrait d'un plus grand. - A Lisbonne, et se trouve à Paris : chez Laurent Prault, 1769. - VIII, 424 S. ; 8°. *CCFR*.

2 Vgl. Relation in ACDF SO St.St. I-6-d, Nr. 15.

3 Als externer Gutachter. Unterzeichnet als Ord. Praed. Theologus Casanatensis. Fabrizi wurde ungefähr 1725 in Saint Maximin (Provence) geboren und starb 1800. Er war Bibliothecarius Casanatensis.

4 Das Gutachten bezieht sich ebenfalls auf das Gutachten Cocciglianos. Am 17. Mai 1782 äußerte sich der Papst zu diesem Werk. Er war der Meinung, dass kein Dekret verfasst werden sollte, jedoch sollten die Inquisitoren beauftragt werden, das Buch zu beschlagnahmen, falls es in ihrem Jurisdiktionsbereich verbreitet würde.

Anonym: Verità proposta a consolazione de Peccatori. - [S.a.]. - 3 S. (Manuskript)
ACDF SO CL 1779-1780, Nr. 2

Gutachter: keine Angabe
Gutachten: nicht aufgefunden[5]

Weiterhin beiliegend: VITALINI, ALBERTO: Verità Cattolica / Dal P. F. Alberto Vitalini dell'Ordine de' Predicatori// Maestro di Sacra Teologia, e Vicario// del S. Officio nella Città// di Fuligno// Contrapposta// All'ereticale Dottrina contenuta in un Foglio// Manoscritto clandestinamente distribuito// Intitolato// Verità proposta a consolazione de' Peccatori. - [S.a.]. - 18 S. (Manuskript)

ACDF SO CL 1779-1780, Nr. 3

1779. Reggio. Monsig[no]r Vescovo di Reggio dimanda, se è proibito il libro intitolato - La Divozione al Sacro Cuore di Gesù etc. con l'aggiunta-compendio della Vita di S[uo]r Margarita Maria Alacoque.

Anonym [CROISET, JEAN]: La divozione al Sacro Cuore di Nostro Signor Gesù Cristo : tradotta dal francese nell'italiano. Aggiuntovi il compendio della vita di suor Margherita Maria Alacoque, della quale Iddio si è servito per diffondere questa divozione; ed un Ragionamento intorno l'adorazione del medesimo Sacro Cuore. - In Bassano : a spese Remondini di Venezia, 1781. - 392 S. *BAV*[6]

Gutachter: keine Angabe
Gutachten: nicht aufgefunden[7]

ACDF SO CL 1779-1780, Nr. 4

1780. Ancona. Il P[ad]re Inq[uisito]re di Ancona avvisa avere il suo vicario di Loretto intercettato due Libri, che trasmette, e sono intitolati: il primo: Quanto sia incerto, che il corpo del Serafico S. Francesco esista in Assisi etc. Losanna 1779. Il 2°.: Breve compendio della Vita di Fr. Flaminio da Latera

---

5 Die Werke wurden dem Comm. SO vom Inquisitor von Spoleto zugestellt. (Begleitschreiben 19. Januar 1779). Die Manuskripte sollten beschlagnahmt werden.

6 Enth.: Compendio della vita di suor Margherita Maria Alacoque [...]. - S. 304-364; L'adorazione del Sacro Cuore di Gesù [...]. - S. [365]-389. *BAV.* Vgl.: Anonym [CROISET, JEAN]: La Dévotion au Sacré-Coeur de Jésus Christ / par un P. de la Compagnie de Jésus ; suivi de Abbregé de la vie d'une religieuse de la visitation de Sainte Marie. - Lyon : chez Antoine et Horace Molin, 1691. - [24], 512, 106, [3] S. ; 12°. *Abes.*

7 Jedoch Angabe verschiedener Präzedenzfällen in der Korrespondenz zu diesem Fall mit dem Bischof von Reggio. Dekret SO 18. September 1771, aus Anlass einer Meldung des Inquisitors von Perugia, dass schreckliche Bilder auf den Altären der Kirchen ausgestelllt worden waren; Hinweise auf Verbote der CIndex (Index von 1744) eines Werks mit ähnlichem Titel und selbem Inhalt „La divozione al Sacro Cuore di N.S.G.C. di un sacerdote della Compagnia di Gesù" und des Buches von Lamsperg mit dem Titel „la devozione dell'amabilissimo e Divino Cuore di Gesù" (vom SO verboten; Bando CIndex 22. Mai 1745). Päpstliches Verbot durch Dekret SO vom 8. Mai 1776 der Vita von Schwester Margherita Maria Alacogne, mit Hinweis auf ACDF SO CL 1776, Nr. 3. Der Bischof sollte seine Entscheidung mit diesen Beschlüssen abstimmen.

Volgarmente detto Fr. Mignatta etc. Nell'isole luttanti in Culagna; Nella Stamparia Gomorreana all'Insegna del Silenzio. Mandò poi altro libro intercettato, il di cui titolo è: Confutazione della risposta, che il P[ad]re Flaminio da Latere sotto il finto nome di un suo amico presume d'aver avvanzata all'esame critico dell'avvocato Painacca etc. Venezia 1779.

1. Anonym [ANNIBALI, FLAMINIO]: Quanto incerto sia che il corpo del serafico S. Francesco esista in Assisi nella basilica del suo nome, ed altro che si premette intorno a varj libelli pubblicati dai PP. Conventuali contro il P. Flaminio Annibali da Latera, minorita, contro l'ordine suo, ed i suoi aderenti sotto diversi titoli. - Lusanna : [S.n.], 1779. - 106 S. *MAI*[8]

2. Anonym [BERGAMASCO, BASTIANELLO <Pseudonym>]: Breve compendio della vita di F. Flaminio Annibali da Latera volgarmente detto F. Mignatta con le annotazioni piu interessanti le di lui eroiche imprese [...]. - Nell'Isole Natanti di Culagna : dalla stamperia Gomorreana all'Insegna del Silenzio, [S.a.]. - 64 S. ; 8°. *SBN, ICCU*[9]

3. Anonym [FERRARI, GIUSEPPE ANTONIO]: Confutazione della risposta, che il p. Flaminio da Latera sotto il finto nome di un suo amico presume di aver'avanzata all'esame critico dell'avvocato Painacca, da questo stesso distesa, e dedicata agli uomini savj, ed onesti della repubblica letteraria. - Venezia : appresso Francesco Sansoni, 1779. - 230, [2] S. ; 4°. *MAI*

Gutachter: keine Angabe
Gutachten: nicht aufgefunden (zu Nr. 1-3)[10]

ACDF SO CL 1779-1780, Nr. 5

1780. Ravenna. Votum P[at]ris Ab[at]is Nerini Consultoris S. Off[ic]ii in Librum: Tabulae Cronologicae in Octodecim Aerae Christianae saecula etc. Ravennae 1778.

Tabulae// Cronologicae// In Octodecim// Aerae Christianae Saecula// Pontifices, SS. PP., Script. Eccl., Concilia, Haereses// Aliaque Ad Ecclesiasticam Disciplinam Spectantia Exhibentes : Sub Avspiciis// Reverendissimi Domini// Marci Castelli// Vigilantissimi Portuensis Canonicae Abbatis// Atque Lateranensis Congregationis// Amplissimi Generalis Moderatoris. - Ravennae : Ex Typographia Antonii Roveri. (Superiorum Facultate). [hs.: Loco originalis, typis impressi, quod restitutum fuit], 1778. - XLI S. ; 4°. *ACDF SO CL 1779-1780, Nr. 5, BFCP*[11]

---

8 Abweichende Umfangs- und Formatangabe nach *SBN*: [2], 106 S. ; 8°. Ermittelt wurde auch: SANGALLO, [...]: Quanto incerto sia che il corpo del serafico S. Francesco esista in Assisi nella basilica del suo nome. - Lusanna : Soc. Ed., 1779. - 106 S. ; 16°. *SBN*.

9 Das Werk entstand vermutl. nach 1778. *SBN*.

10 Laut Dekret SO vom 30. September 1779 sollte dem Inquisitor von Ancona ein Lob ausgesprochen werden, außerdem sollte er alle Exemplare beschlagnahmen bzw. einbehalten.

11 Abweichende Umfangsangabe nach *BFCP*: XLI, [1] S.

Gutachter: Felice Maria Nerini OSH
Gutachten: 11 S., 22. März 1780[12]

ACDF SO CL 1779-1780, Nr. 6

1780. Censura P[at]ris Pani Socii S. Off[ic]ii in Libellos: Primus inscribitur: Istruzioni ai Fanciulli etc. 1779. Alter inscrib.: Metodo facile etc.

1. PANICIS, TIZIO CARLO DE: Instruzione// A Fanciulli// Sopra La// Dottrina// Cristiana// Diretta A' Padri Di Famiglia / Dal Reverendo// D. Tizio Carlo De Panicis// Di Mosciano// Missionario Apostolico. - In Teramo : pel Conforti, e Felcini. (Con Licenza de' Superiori), [1779]. - 31 S. *ACDF SO CL 1779-1780, Nr. 6*

2. PANICIS, TIZIO CARLO DE: Metodo Facile// Per Istruire I Fanciulli// In Forma Di Dialogo : Diviso In Due Parti// Contenendo la prima gli Esercizi quotidiani per la mattina,// e per la sera, e le cose più importanti a sapersi della Dot-//trina Cristiana; e la seconda una breve spiegazio-//ne del S. Sacrifizio della Messa de' Sagri ar- //redi ad essa necessarj, ed un modo prattico assistervi;// Aggiuntivi ancora gl'atti preparatorj per la S. Confessione,// e Communione la visita al SS. Sacramento, ed a Maria// SS. del buon Conseglio, le Regole per ben vi-// vere, e le Canzoncine Spirituali / Del Reverendo Sacerdote// D. Tizio Carlo De Panicis// Di Mosciano// Missionario, e Predicatore al Regno di Napoli// Dedicato// Alla Grande Imperatrice Del Cielo// Maria SS.ma// Del Buon Conseglio. - In Teramo : Pel Consorti, E Felcini. (Con Permesso De' Superiori), 1772. - 44 S. *ACDF SO CL 1779-1780, Nr. 6*

Gutachter: [Tommaso Vincenzo Pani OP][13]
Gutachten: nicht aufgefunden[14]

ACDF SO CL 1779-1780, Nr. 7

1780. Fiorenza. Censura P. Martinelli Minor. Convent. Consultoris in foliis impressis Florentiae cum denominatione Annalium ecclesiasticorum.

---

12 Laut Dekret SO vom 7. Juni 1780 sollte dem Erzbischof von Ravenna für die Maßnahmen ein Lob ausgesprochen werden, die er in seinem Jurisdiktionsbereich getroffen hatte, um Druckerlaubnisse zu erteilen oder zu verweigern. Weitere Verhandlungen wurden aufgeschoben. Der Inquisitor von Faenza sollte das Orig. und die Übers. ausfindig machen und dem SO zustellen.

13 Angabe auf Faszikelumschlag. Zu Pani vgl. Prosopographie 19. Jh.

14 Jedoch: 3. S., „Relazione" des Bischofs von Teramo mit Begleitschreiben vom 2. März 1780 über das Verhör des Autors am 3. Januar 1780. Dazu eine Anzeige, 7 S., mit dem Verhör der Drucker Felcini und Conforti am 4. Januar. Laut Dekret SO vom 14. Juni sollte dem Bischof von Teramo ein Lob ausgesprochen werden. Er sollte darauf achten, dass alle Exemplare des Werks beschlagnahmt und einbehalten werden; weiterhin sollte er das Buch, wenn möglich, verbieten. Darüber hinaus sollte ihm der Katechismus Bellarmins für den Unterricht der Gläubigen empfohlen werden.

Annali ecclesiastici : pubblicati nel [...], secolo decimottavo. - [Firenze] : Si dispensa da Anton Giuseppe Pagani gazzettiere in Firenze, ([1780/]1781-) [T. 1 , Nr. 1 (2 giu. 1780)-]. *MAI*, *ACNP*[15]

Gutachter: Giuseppe Antonio Martinelli OFMConv
Gutachten: 84 S.[16]

Dekret: CIndex 3. Dezember 1781[17]
Bando: CIndex 7. Februar 1783

ACDF SO CL 1779-1780, Nr. 8

1780. Ravenna. Permittitur impressio Voti, seu judicii dati ab em[inentissim]o Josepho M[a]r[i]a Thomasio super censuras latas adversus Librum Manuscriptum Agnelli Ravennatis cum notis P. Abbatis Bacchini.

1. ♦ AGNELLUS <DE RAVENNA>: [Liber pontificalis, sive vitae pontificum ravennatum] Agnelli, qui et Andreas, [abbatis S. Mariae ad Blachernas, et S. Bartholomaei Ravennatis] Liber pontificalis, sive vitae pontificum Ravennatum / D. Benedictus Bacchinius abbas S. Mariae de Lacroma O.S.B. Congregationis Casinensis ex Bibliotheca Estensi eruit, dissertationibus, & observationibus, nec non Appendice Monumentorum illustravit, & auxit [...]. - Mutinae : typis Antonii Capponii impressoris episcopalis, 1708. - 3 vol. ; 4°. *MAI*

2. TOMASI, GIUSEPPE MARIA ; VEZZOSI, ANTONIO FRANCESCO (Bearb.): [Opera omnia] Venerabilis viri Josephi Mariae Thomasii S.R.E. cardinalis Opera omnia / ad mss. codices recensuit notisque auxit Antonius Franciscus Vezzosi. - Romae : ex typographia Palladis excudebant Nicolaus et Marcus Palearini [...], 1747-1754. - 7 vol. ; 4°. *MAI*[18]

3. FONTANINI, DOMENICO: Memorie della vita di monsignor Giusto Fontanini arcivescovo di Ancira canonico della basilica di S. Maria Maggiore e abate di Sesto / scritte dall'abate Domenico Fontanini nobile udinese e divise in tre parti, nelle quali, oltra varie notizie letterarie, si narrano molte cose, accadute sotto quattro pontefici Clemente XI. Innocenzo XIII. Benedetto XIII. e Clemente XII. - In Venezia : appresso Pietro Valvasense, [... a spese dell'autore], 1755. - XII, 227, [1] S. ; 4°. *MAI*

---

15 Erscheint wöchentlich. Titel der Hefte: Continuazione degli Annali ecclesiastici. *MAI*. Verhandelt wurden die Jg. (1780) - (1781) und Nr. 31 (1780?).

16 Ttiel: „Relazione di quel che si contiene ne Fogli del *Continuatore degli annali* che si stampano in Firenze, rispetto alla dottrina Giansenistica". Darüber hinaus ein Schreiben (1. Februar 1780) aus dem Apostolischen Palast an den Ass. SO, der Kard. Pallavinci beauftragte alles (inkl. Gutachten Martinellis) dem Sekr. CIndex zu übergeben. Darüber hinaus: 8. S., Zusammenfassung des Gutachters Martinellis: „Per dire in succinto il mio debole sentimento".

17 Vgl. Congr. gen. der CIndex 3. Dezember 1781.

18 Im Gutachten erwähnt wird vol. 7. [...] in quo Opuscula varia cum apologia et indice generali. (1754). *MAI*. Erscheinungsvermerk auch: Excudebant Romae : Nicolaus, et Marcus Palearini [...]. *MAI*.

Gutachter: keine Angabe
Gutachten: nicht aufgefunden (zu Nr. 1-3)[19]

ACDF SO CL 1779-1780, Nr. 9

1780. Iesi.[20] Censura P. Antonii Mariae Minor. Observant. super librum casuum (Q. xii etc.) ins[criptu]m: L'Ircocervo de Dialettici, ritratto al Naturale e viva immagine del P. Vileta etc. Iesi 1779. Per Pietro Paolo Bonelli.

GABRIELLI, VITTORIO: L'Ircocervo// De' Dialettici : Ritratto// Al Naturale, E Viva Immagine// Del P. Vileta// Dia-trion-tom-piperon// Lepidissima, Critico-Teologica,// Morale, Ammonitoria// Risposta// Ad Una Scipida Contumeliosa Lettera Del Medesimo / Di Vittorio Gabrielli// Canonico Teologo, e Lettor Pubblico di Filosofia, e Teologia// in Sassoferrato sua Patria. - Jesi : Presso Pietropaolo Bonelli Stampatore Pubblico, Vescov. e del S. Uffizio. (Con Permesso), [1779]. - 125 [i.e. 127], [1] S. ; 4°. *ACDF SO CL 1779-1780, Nr. 9, SBN*[21]

Gutachter: keine Angabe
Gutachten: nicht aufgefunden[22]

---

19 Jedoch, 4 S., 20. November 1779, Antonio Maria Marini OFM. Mit Dekret SO wurde die Druckerlaubnis erteilt. Im Brief an den Inquisitor von Faenza sollte auf die Publikation der „Opera" von Giuseppe Maria Tomasi (Rom 1754), bearbeitet vom späteren Kard. Vezzosi, hingewiesen werden.

20 Ort laut Faszikelumschlag: Ancona

21 Umfangsangabe ergänzt nach *SBN*.

22 Laut Dekret SO vom 19. Juli 1780 sollte dem Inquisitor von Ancona ein Lob ausgesprochen werden; er sollte ebenfalls beauftragt werden, alle Exemplare des Werks zu beschlagnahmen und den Autor einzuberufen, um ihn über die Strafe der Exkommunikation zu unterrichten, die für Untertanen des Kirchenstaats gelte, die ihre Werke außerhalb der Kirchenstaats drucken. Auch sollte der Vikar der Inquisition von Iesi wegen der Erteilung der Druckerlaubnis zu diesem Werk gerügt werden.

ACDF SO CL 1781

ACDF SO CL 1781, Nr. 1

1781. Macerata. Censura P. Mag[istr]i Pani Primi Socii in quasdam Theses impressas cum approbatione Episcopi Solius quae primum exhibitae fuerunt pro impressione P. Vicario S. Off[ic]ii, sed fuerunt tantum approbatae cum clausula. Dummodo corrigantur, vel planius explicentur. Praefatae Theses versantur circa sacramenta in genere ac de baptismo, et disputatae publice fuerunt in Seminario Asculano.

AMBROSI, VINCENTIUS (Resp.): [Theologicas hasce theses de sacramentis in genere, ac de baptismo] Ill[ustrissi]mo, ac R[everendiss]mo Domino// Petro Paulo// De Leonardis// Episcopo, Et Principi Asculano, Terrae// Ancarani Domino, ac Patrono Etc.// Theologicas hasce Theses// De Sacamentis In Genere,// Ac De Baptismo / Publice disceptandas// Vincentius Ambrosi// Patritius Asculanus// In Episcopali Seminario Sac. Theol. Auditor// D. D. D. - Asculi : Ex Typographia Angeli antonimi Valenti &c., [S.a.]. - XIV S. *ACDF SO CL 1781, Nr. 1*

Gutachter: Tommaso Vincenzo Pani OP[1]
Gutachten: 23 S.[2]

ACDF SO CL 1781, Nr. 2

1781. Genova. Censura P. Mag. Josephi Tamagna Minor Convent. In Doctrinam Christianam reimprimendam Genuae cum aliquibus correctionibus factis a Pat[re] Molinelli Rectore Scholarum Piarum Collegii Genuensis.

BELLARMINO, ROBERTO: Dottrina// Cristiana// Breve// Composta per ordine della fel. mem.// Di Papa Clemente VIII. / Dell'Illustriss. Sig. Cardinale// Roberto Bellarmino// Rivista ed approvata dalla Congregazione della// Riforma, affinché tolta via la varietà ai modi d'insegnarla, renda uniforme, e più// facile questo santo esercizio d'istruire le per-//sone idiote: ed i fanciulli nelle cose della// nostra S. Fede.// Con aggiunta d'alcuni Esercizi Spirituali// per li Scolari delle Scuole Pie,// e modo di servire la S. Messa. - Genova : Stamperia Gesiniana. (Con licenza de' Superiori.), [S.a.]. - 36 S. *ACDF SO CL 1781, Nr. 2*

---

1 Zu Pani vgl. Prosopographie 19. Jh.

2 Darüber hinaus ein von Pfarrer Cerasola verfasstes Gutachten im Auftrag des Inquisitors von Ancona und des Vikars der Inquisition von Macerata. Laut Dekret SO vom 17. Februar 1781 sollten das Buch und das hinzugefügte Folium beseitigt werden, der Autor sollte ermahnt werden, auf solche Unternehmen zu verzichten. Ferner sei der Bischof von Asculano von diesem Dekret in Kenntnis zu setzen.

Gutachter: Giuseppe Tamagna OFMConv
Gutachten: 18 S.[3]

ACDF SO CL 1781, Nr. 3

1781. Venezia. Sanctissimus d. Pius VI. consignavit Assessoris S. Off[ic]ii libellum consignandum magistro S. Palat., cui titulus: Compendio critico della Storia Veneta antica, e moderna di. U. I. Venezia 1781.

F., V... [FORMALEONI, VINCENZO]: Compendio critico della storia veneta antica, e moderna / di V[...] F. - Venezia : a spese dell'Autore, 1781. - VIII, 206, [1] S. ; 12°.
MAI[4]

Gutachter: keine Angabe
Gutachten: nicht aufgefunden[5]

Dekret: CIndex 6. Dezember 1784 *donec corrigatur*
Bando: CIndex 7. Dezember 1784

ACDF SO CL 1781, Nr. 4

1781. Ancona. P. Inq[uisito]r Anconae transmittit pro facultate impressionis volumina ins[cript]a: Storia del Testamento vecchio composta dal P. D. Alessandro Morosi Ab[at]e Camaldolese quae iam fuerat revisa et approbata a P[at]re D. Hyacintho Ghisoni revisore Ordinis.

Das Werk wurde nicht ermittelt

Gutachter: Balthasar de Quiñones OP
Gutachten: 32 S.[6]

ACDF SO CL 1781, Nr. 5

1781. Ancona. Censura P[at]ris Giorgi Consultor S. Off[ic]ii, et Canonici Redincowich periti in Lingua Illirica super Librum, cuius titulus in lingua Italica redditus est sequens: compendium Theologiae Moralis in septem

---

[3] Weiterhin 3 S. „Correzioni e giunte, che desidera il P. Molinelli Rettore di questo Collegio delle Scuole Pie, di fare alla Dottrina Cristiana del Cardinale Bellarmino composta etc.", mit einem Begleitschreiben des Inquisitors von Genua 18. November 1780. Laut Dekret SO vom 15. März 1781 sollte der Inquisitor von Genua dem Autor die Entscheidung der Kongregation mitteilen. Er sollte ebenso dem Erzbischof von Genua mitteilen, dass eine eventuelle neue Edition der Doctrina Christiana auf der röm. Ausg. von 1779 zu basieren habe.

[4] Verf. nach der Widmung. *MAI.*

[5] Der Fall wurde der CIndex am 12. Juli 1781 übergeben, ACDF Index Prot. 92 (1779-81), Bl. 545r. Vgl. das Referat Bonfiglis in der Congr. gen. der CIndex 6. Dezember 1784.

[6] Weiterhin beiliegend das Gutachten des Revisors der Inquisition von Ancona, Antonio Maria Marini OFMObs, 4 S. Laut Dekret SO vom 12. Juli 1781 sollte das Manuskript eingezogen worden, der Autor sollte angewiesen werden, es nicht zu veröffentlichen. Dieses Dekret sollte dem Prokurator und dem General der Kamaldulenser in Rom zugestellt werden, die den Revisor des Ordens, Giacinto Ghisoni, ermahnen sollten, denn dieser hatte die Druckerlaubnis erteilt.

Catholicae Ecclesiae Sacramenta illirico idiomate donatum opera et studio Illus. Ac Rev[erendissi]mi DD. Fratris Marci Dobretich Episcopi Eretrionen. Vicarii Ap[osto]lici Bosniae Argentinae etc.

♦ DOBRETIĆ, MARKO: Krakto skupgliegne chiudoredné, illiti morale bogoslovicze svarhu sedam katolicanske czrkve sakramenatah [...] : za obchienuh sluxbu parokah, ilti xupnikah Naroda Slovinskoga, navlastito seglianskih, za missionare, za onneh, koih imadu pochi na ordine, za ispovidnike, i za sve, koih podigliuju, i primaju svereh sakramente = Breve compendium moralis theologiae in septem Catholicae Ecclesiae sacramentae [...] ; ad communem usum parochorum Nationis Illyricae, maxime ruralium, aliorumque missionariorum, ordinandorum, confessariorum & c. illyrico idiomate donatum / pomgliuo sloxeno [...] f. Marka Dobreticha [= opera et studio ... fr. Marci Dobretich]. - Ankonina [= Anconiae] : po Petru Paulu Ferri [= ex aedibus Petri Pauli Ferri], 1782. - XII, 580, VIII S. *MAI*[7]

Gutachter: Agostino Antonio Giorgi OSA
Gutachten: 43 S.[8]

ACDF SO CL 1781, Nr. 6

1781. Bologna. Editus fuit primo Firmi impressus anno 1774 deinde reimpressus Bononiae anno 1777. Liber ins.: raccolta di vari esercizi di Pietà ed istruzioni nelle quali s'impegna e si spiega tutto quello che è necessario di sapere ed operare per vivere da vero Buon Christiano etc. Author istius libri dicitur il P[ad]re Monaci Signore della Missione. Adversus dictum librum insurrexit, ac reprobavit D. Emanuel Ituraga sacerdos e gesuita, ac contra eumdem edidit librum anonymum impressum Venetiis anno 1779, cui titulus: Esame Critico-Teologico etc. Censura P[at]ris Ambrosii Erba Minor. Observant. Consult[ori]s S. Off[ic]ii in utrumque opus.

Censura P. Pani Primi Socii S. Off[ic]ii.

Alia amborum censura.[9]

---

7 Enth.: Decreta Sacrae Congregationis de Propaganda Fide facultas impertiendi benedictionem cum indulgentia plenaria christifidelibus in locis missionum in mortis articulo constitutis. *MAI.* Ermittelt wurde auch: DOBRETIĆ, MARKO: Kratko skupgliegne chiudoredne illiti morale bogoslovicze svarhu sedam katolicanske czarkve sakramenatah = Breve compendium moralis theologiae in septem catholicae ecclesiae sacramenta : iz Svetoga Pisma, iz sveti saborah, iz odregegniah sveti ottaczah papii, iz nauka naucitegliah czarkve Boxie i iz ostalii izvarsniji bogoslovaczah i kanonischtah izvageno ; za obchienuh sluxbu parokah ilti xupnikah naroda Slovinskoga, navlastito seglianskih, za missionare, za onneh koih imadu pochi na Ordine, za ispovidnike i za sve koih podigliuju i primaju sveteh sakramente / pomglivo sloxeno i skupglieno u slavni illiricki jezik i nasvitlost dato za dobro obchieno od prisvitloga gospodina f. Marka Dobreticha reda sv. Frances. [...]. - U Ankoni : po Petru Pavlu Ferri, 1783. - XII, 580 S. ; 4°. *NSK.*

8 Darüber hinaus: Gutachten des Illyrischen Manuskripts verfasst von Radincowich, Konsultor CProp. Der Autor war Apostolischer Vikar im Ottomanischen Bosnien. Das Werk wurde vom Inquisitor von Ancona, der die Druckerlaubnis erteilt hatte, der CProp zugestellt, wonach Giorgi die von Radincowich angezeigten Passagen überprüfen musste. Mit Dekret SO vom 20. Dezember 1781 wurde die Druckerlaubnis mit der Auflage erteilt, das Werk zu korrigieren. Werk und Korrekturen sollten dem Inquisitor von Ancona zugestellt werden.

1. Anonym: Raccolta di varj esercizj di pieta ed istruzioni nelle quali s'insegna, e si spiega tutto quello, che e necessario di sapere, ed operare per vivere da vero buon cristiano, e salvarsi : operetta utilissima, ad ogni sorta di persone [ed anche a' parrochi, e confessori, ed a tutti quelli che debbono insegnare ad altri]. - Edizione seconda ricorretta, ed accresciuta dall'istesso autore di varie aggiunte. - In Bologna : per Lelio dalla Volpe, 1777. - 384 S. ; 12°. *SBN*, *MAI*[10]

2. Anonym: Esame critico teologico, che servirà per fare una errata corrige ad un certo libro stampato in Bologna per Lelio della Volpe l'anno 1777. intitolato: Raccolta di varj esercizi di pietà, ed istruzioni [nelle quali s' insegna, e si spiega tutto quello che e necessario di sapere, ed operare per vivere da vero buon cristiano, e salvarsi; operetta utilissima ad ogni sorta di persone, ed anche a' parrochi, e confessori, ed a tutti quelli che debbono insegnare ad altri]. Edizione seconda ricorretta ed accresciuta dall'istesso autore di varie aggiunte. - In Venezia : per Giambatista Novelli, 1779. - XII, 188 S. ; 8°. *MAI*[11]

Gutachter: Tommaso Vincenzo Pani OP[12]
Gutachten: 110 S. (zu Nr. 1-2)

Gutachter: Ambrogio Maria Erba da Milano OFMObs
Gutachten: 87 S. (zu Nr. 1-2)

Gutachter: Tommaso Vincenzo Pani OP
Gutachten: 86 S. (zu Nr. 1)

Gutachter: Ambrogio Maria Erba da Milano OFMObs
Gutachten: 39 S. (zu Nr. 1-2)[13]

Weiterhin beiliegend: 1783. Fogli relativi all'Istruzione Pastorale dell'em[inentissim]o arciv[escov]o di Bologna, ed agli opusculi usciti pro e contro la medesima.

---

9 Vgl. ACDF SO CL 1788, Nr. 5. Das Buch wurde in Venedig bei Novelli gedruckt. Da es keine Erlaubnis bekam, wurde es heimlich nach Bologna gebracht und vom Drucker Petronio della Volpe zum Kauf angeboten. Im Faszikel findet man außerdem „Fogli, che si vorranno aggiungere nella Ristampa della Critica di P. Iturriaca". Manuskript von Iturriaga. 81 S., als „memoriale" dem S.O. geschickt, um die Erlaubnis für den Verkauf der schon gedruckten Kopien und für den erneuten Druck zu bekommen. Man vermutet, dass der Autor des ersten Werks P. Monaci Signore della Missione sei, während der Autor des zweiten (so die Feststellung des SO) der Ex-Jesuit Don Emmanuele Iturriaga sei, der sein „memoriale" unter dem Namen „Don Emmanuele Mariani" dem MSP zukommen lassen habe. Vgl. auch ACDF SO St.St. I-6-d, Nr. 15.

10 Titelaufnahme ergänzt nach den Angaben im Gutachten und *MAI*.

11 Abweichende Formatangabe nach *MAI*: [4°?].

12 Zu Pani vgl. Prospographie 19. Jh.

13 Laut Dekret SO vom 26. Juni 1783 sollten die Exemplare der beiden Werke eingezogen werden. Der Autor sollte jedoch dazu angehalten werden, eine neue Ausg. vorzubereiten gemäß den Korrekturen, die von Comm. SO und Martinelli zusammentragen werden sollten.

ACDF SO CL 1782

ACDF SO CL 1782, Nr. 1

1782. Sicilia. Censura P[at]ris Ridolfi Ab[ati]s S. Petri in Vincula Qualificatoris S. Off[ic]ii in propositiones in materia de Gratia transmissas ab Episcopo Caephalumen., sparsas voce, et scripto a P. Aloysio Anfuso Ord[ini]s Cappuccinorum.

ALOYSIO MARIA <A CEPHALEDIO>: Propositiones assertae, et propugnatae / a Patre Aloysio// Maria a Cephaledio, Sacerdote professo Ordinis// Capucinorum S. Francesci, Provinciae// Siculae Messanensis. - [S.a.]. - 1 S. (Manuskript) *ACDF SO CL 1782, Nr. 1*[1]

Gutachter: Tommaso Vincenzo Pani OP[2]
Gutachten: 20 S.[3]

Gutachter: Giuseppe Francesco Ridolfi CRL
Gutachten: 13 S.[4]

ACDF SO CL 1782, Nr. 2

1782. Ancona. Censura del P. M. Pani Primo Compagno del S. Off[ici]o sopra la stampa, che si voleva fare, e in parte fatta dal Sacerdote D. Gioanni Batt[ist]a Tondini Professore di eloquenza in Macerata.

TONDINI, GIAMBATISTA: Raccolta di lettere inedite di Personne Illustri. - [S.a.]. - 23 S. (Manuskript) *ACDF SO CL 1782, Nr. 2*

♦ TONDINI, GIAMBATTISTA: Delle lettere di uomini illustri pubblicate ora per la prima volta / dall'abate Giambatista Tondini Brisighellese pubblico lettore di eloquenza nell'Universita di Macerata. - Macerata : presso Bartolommeo Capitani stampator del pubblico, dell'Universita degli studj, e dell'Accademia de' Catenati, 1782. - 2 vol. ; 4°. *SBN*

Gutachter: Tommaso Vincenzo Pani OP[5]
Gutachten: 46 S.[6]

---

1 Variante des Verfassernamens: Aloysio Anfuso.
2 Zu Pani vgl. Prospographie 19. Jh.
3 Ristretta relazione della causa del P[ad]re Anfuso Cappuccino.
4 Vgl. ACDF SO CL 1795-1796, Nr. 6. Laut Dekret SO vom 16. Dezember 1777 sollte der Verf. die Thesen widerrufen gemäß der Instruktion, die den Ordensoberen zugestellt werden sollte.
5 Zu Pani vgl. Prospographie 19. Jh.

ACDF SO CL 1782, Nr. 3

1782. Perugia. Censura sopra diversi Libretti fatta dal P[at]re Pani Primo Compagno, intitolati: Riflessioni intorno all'uso, che deve farsi dell'acqua benedetta con due Confutazioni dell'istessa opera, una col titolo di confutazione, e l'altra di risposta.

1. Anonym: Riflessione intorno all'uso che deve farsi dell'acqua benedetta anche nei giorni del giovedì, e venerdì della settimana santa di G.C. - In Perugia : per Mario Riginaldi Stamp. Cam. e Vesc., 1781. - 18 S. ; 8°. *MAI*

2. Anonym: Lettera di risposta sulla riflessione del signor G.C. Intorno all'uso che si deve fare dell'acqua benedetta, ne' giorni del giovedì, e venerdì santo. - In Perugia : Per Mario Riginaldi Stamp. Cam. e Vesc., 1781. - 42 S. ; 8°. *MAI*

3. *Das Werk* Risposta apolegetica di G.C. *wurde nicht ermittelt*

4. *Das Manuskript* Nuova Confutazione *wurde nicht nachgewiesen*

Gutachter: Tommaso Vincenzo Pani OP[7]
Gutachten: 2 S. (zu Nr. 1-4)[8]

ACDF SO CL 1782, Nr. 4

1782. Cesena. Censurae sacerdotis Michaelis de Petro Qualificator. S. Off[ic]ii super Librum cui. titul.: Lettera del Nobile Sig[no]re.... di Bergamo sopra la devozione del Cuore di Gesù etc. e circa quoddam manoscriptum pro responsione ad praefatam Epistolam.

1. Anonym: Lettera// del nobile Sig. ***// di Bergamo// sopra [la] divozione del cuor di Gesù. - [im Kolophon:] In Venezia : Appresso Simone Occhi (Con licenza de' superiori), 1780. - 24 S. ; [8°]. *ACDF SO CL 1782, Nr. 4, MAI*[9]

2. Anonym: L'autorità della Chiesa in favore della divozione del S. Cuore// di Gesù Cristo ad una lettera del Nob. Sig. ...// di Bergamo, Stampata in Venezia l'Anno 1780. - [Venezia?] : [S.n., Antonio Zatta?], [1781?]. - 13 S. ; [16°?]. *ACDF SO CL 1782, Nr. 4, ICCU*[10]

---

6 Mit Dekret SO vom [...] April 1782 wurde die Druckerlaubnis mit der Auflage erteilt, das Werk zu korrigieren.

7 Zu Pani vgl. Prospographie 19. Jh.

8 Ein weiteres Gutachten von Francesco Nervi. Am 21. August wurde entschieden, die Werke der CIndex zu übergeben. Vgl. ACDF Index Prot. 93 (1781-84), Bl. 276r-279r, 363r-365v und 367r-368r.

9 Das Werk wird nach Bujanda: Index librorum prohibitorum, S. 539 Giuseppe [Maria] Pujati zugeschrieben. Formatangabe ergänzt nach *MAI*. Umfangsangabe nach *MAI* abweichend in röm. Zählung.

10 Titelaufnahme ergänzt nach *ICCU*. Abweichender Titel nach *ICCU*: L'autorità della Chiesa in favore della divozione del S. Cuore di Gesù Cristo contrapposta ad una lettera del nobili Sig. ... di Bergamo Stampata in Venezia l'anno 1780. Ermittelt wurde auch: Anonym: L'Autorità Della Chiesa// In Favore Della Divozione// Del// S. Cuore Di Giesù Cristo// Contrapposta Ad Una Lettera// Del Nobil Sig. [...]// Di Bergamo// Stampata in Venezia l'anno 1780. - [Venezia] : Dalle

Gutachter: Michele di Pietro[11]
Gutachten: 20 S. (zu Nr. 1)[12]

Gutachter: Michele di Pietro
Gutachten: 18 S. (zu Nr. 2)[13]

Dekret: SO 29. Mai 1782; CIndex 8. Juli 1782[14]
Bando: CIndex 7. Februar 1783 (Zu Nr. 1)

ACDF SO CL 1782, Nr. 5

1782. Ancona. P. Inquisitor Anconitanus petiit Oraculum S. Cong[regatio]nis, an debeat dare licentiam reimprimendi Officium parvum B. Mariae Virginis tran[s]latum e lingua latina in Italicam iam impressum Viennae anno 1672 iussu Imperatricis Eleonorae Reginae Bohemiae, et Hungariae.

BONINI, FILIPPO MARIA (Bearb./Übers.): L'Offizio// Di// Maria Vergine// Madre di Dio : Trasportato dalla Latina all'Italiana// lingua per comandamento// Della// S.C.R.M.// Di// Eleonora// Augusta, Regina di Boemia, ed Ungaria / Dall'Abate Filippo Maria Bonine// Dottore Teologo Consultore assistente// della S. Inquisizione, e Consigliere// della medesima Maestà. - In Vienna : appresso Leopoldo Voigt, 1672. (hs. Titelbl.) *ACDF SO CL 1782, Nr. 5*

♦ BONINI, FILIPPO MARIA (Bearb./Übers.): L' officio di Maria Vergine Madre di Dio : Trasportato dalla latina all'italiana lingua per comandamento della S. C. R. M. di Eleonora Augusta, regina di Boemia, e d'Hungaria / Dall'abbate Filippo Maria Bonini. Dottore teologo consultore assistente della santa inquisizione [...]. - In Vienna : appresso Gio. Eichario Hertz ; [In Vienna : appresso Leopoldo Voigt, stampator dell'Università], 1672. - [38], 595 [i.e. 597], [1] S. ; 8°. *SBN*

Gutachter: keine Angabe
Gutachten: nicht aufgefunden[15]

Stampe Di Antonio Zatta (Con Licenza de' Superiori), 1780. - 24 S. ; [6°?]. *ACDF SO CL 1783-1784, Nr. 3.*

11 Zu di Pietro vgl. Prosopographie 19. Jh.

12 Vgl. ACDF SO Vota CL II (1757-1809), Nr. 96.

13 In seinem Gutachten identifizierte Di Pietro den Autor als den anonymen Schriftsteller der „lettera da un solitario", die er 1778 begutachtet hatte, und deren Druckerlaubnis vom SO ebenfalls verweigert worden war (vgl. ACDF SO 1778, Bd. II, Nr 4). Mit Dekret SO wurde die Druckerlaubnis verweigert. Der Inquisitor von Faenza sollte benachrichtigt werden, außerdem sollten die Inquisitoren beauftragt werden, alle Anträge auf Druckerlaubnisse für Bücher zur Auseinandersetzung mit der Verehrung des Hl. Herzens dem SO zur Untersuchung zu übergeben. Weiterführendes Material in ACDF SO St.St. 4-C-p.

14 Vgl. ACDF Index Prot. 93 (1781-84), 268r.

15 Mit Dekret SO vom 17. Juni 1782 wurde die Druckerlaubnis für eine Neuaufl. verweigert. Der Inquisitor von Ancona sollte davon in Kenntnis gesetzt und auf vorherige Verbotsdekrete aufmerksam gemacht werden.

ACDF SO CL 1782, Nr. 6

1782. Alatri. Censura P. M. Pani Primi Socii in Librum ins[criptu]m: Nuovo Compendio della Dottrina Cristiana accomodato all'intendimento della tenera Gioventù etc. fatto stampare in Napoli dal Sacerdote Gaetano Chingari Paroco in Alatri, e dedicato al suo Vescovo.

CHINGARI, GAETANO: Compendio// della doctrina Cristiana// accomodato all'intendimento// della tenera gioventu : Dedicato// All'Illustr. e Reverend. Signore Monsignor// Pietro Stefano Speranza// Vescovo della Città di Alatri / D. Gaetano Chingari// Paroco della Chiesa Parochiale di S. Sil-//vestro di detta Città. - In Napoli : [S.n.] (Con licenza de' Superiori), 1779. - 31 S. *ACDF SO CL 1782, Nr. 6*

Gutachter: Tommaso Vincenzo Pani OP[16]
Gutachten: 14 S.

Dekret: SO 20. Juli 1782[17]
Bando: nicht aufgefunden

ACDF SO CL 1782, Nr. 7

1782. Roma. Diversae censurae in Libri subsequentes -

Discorso indirizzato al Papa da un Filosofo Tedesco.

L'Aretin Moderne; Premiere, et secondae partiae, a Romae 1776.

La Gamologia, o sia educazione delle Zitelle destinate per il Matrimonio - Opera etc. divisa in XVII. lettere del Sig[no]re di Cerfool, e tradotta da Francese in italiano da L. S. A. F. In Torino 1778.

Lo Spione Italiano num[er]o 1., e 2.°

1. ♦ Anonym: Discorso indirizzato al papa / da un filosofo tedesco tradotto da quella lingua. - [S.l.] : [S.n.], [VIII. giugno] 1782. - XXIV S. ; 8°. *MAI*

♦ Anonym: Discorso indirizzato al papa / da un filosofo tedesco. - 2. éd. - [S.l.] : [S.n.], 1782. *SWB*

2. DULAURENS, HENRI-JOSEPH: L'Arretin moderne. - A Rome : aux dépens de la Congrégation de l'Index, 1776. - 2 tom. in 1 vol. ; 12°. *CCFR*

3. CERFVOL, [...] DE: La gamologia, o sia Dell'educazione delle zittelle destinate per il matrimonio : Opera nella quale si tratta dell'eccellenza del matrimonio, della sua utilità politica, del suo fine, e delle cagioni che lo rendono felice, o infelice ; divisa in 17. lettere / del signore di Cerfool. Tradotta per la prima volta in idioma toscano

16 Zu Pani vgl. Prospographie 19. Jh.

17 Außerdem sollte der Bischof von Alatrino die in seinem Bistum verbreiteten Exemplare beschlagnahmen und den Autor abmahnen.

da L.S.A.F. - Torino : a spese del sig. abate don Ciccio Finfin, 1778. - XI, [1], 188 S.; 4°. *MAI*[18]

4. Lo spione italiano o sia corrispondenza segreta, e famigliare fra il March. di Licciocara, e il conte Rifiela, tutti due Viaggiatori incogniti per le diuerse corti dell'Europa [...]. - Europa [i.e. Livorno?] : [S.n.], [Nr. 1 (1782) - Nr. 3 (1782?)]. - 16°. *SBN*[19]

Gutachter: Giuseppe Antonio Martinelli OFMConv
Gutachten: 13 S., [5. August 1782] (zu Nr. 1-4)[20]

Gutachter: Gaetano Gallìa OFMConv[21]
Gutachten: 10 S., [8. Juli 1782] (zu Nr. 3)

Gutachter: Giacinto Maria Bonfigli OP[22]
Gutachten: 4 S., [8. Juli 1782] (zu Nr. 2)

Gutachter: Giacinto Maria Bonfigli OP
Gutachten: 4 S., [8. Juli 1782] (zu Nr. 4)[23]

Gutachter: Giacinto Maria Bonfigli OP[24]
Gutachten: 3 S., [8. Juli 1782] (zu Nr. 1)

Dekret: SO 13. August 1782[25]
Bando: SO 13. August 1782; CIndex 7. Februar 1783 (zu Nr. 2-3)

Dekret: SO 13. August 1782[26]
Bando: CIndex 7. Februar 1783 (zu Nr. 1 und Nr. 4)

ACDF SO CL 1782, Nr. 8

1782. Fermo. Supprimitur, utpote impressum contra Regulas Indicis, et decreta Apo[stol]ica Opus ins[criptu]m: Dominici Baldassarii Fratris Ord[ini]s Minor. S. Francisci Conventual. de restituenda divinae gratiae simplicitate sua

---

[18] Erscheinungsort und Verlag nach *MAI* fingiert. Das Werk wurde vermutl. in der Toskana gedruckt. *MAI*, s. Parenti. Vgl. CERFVOL, [...] DE: La Gamologie ou de l'éducation des filles destinées au mariage : ouvrage dans lequel on traite de l'excellence du mariage, de son utilité politique, de sa fin et des causes qui le rendent heureux ou malheureux / par M. de Cerfvol. - Paris : veuve Duchesne, 1772. - 12°. *CCFR*.

[19] Verhandelt wurden Nr. 1 - 2 (1782). Vermutl. Erscheinungsort nach *SBN*. Das Werk wird Vittorio Alfieri zugeschrieben, s. Bujanda: Index librorum prohibitorum, S. 850; Pier Carlo Masini: Alfieri / Pier Carlo Masini. - Pisa : *BFS*, 1997. - 95 S. („Collana Perduti e ritrovati" ; 2). *AMICUS*.

[20] Vgl. ACDF SO St.St. I-6-c, Nr. 7.

[21] Als Konsultor CIndex. Vgl. Congr. gen. der CIndex 8. Juli 1782.

[22] Als Sekr. CIndex. Vgl. Congr. gen. der CIndex 8. Juli 1782.

[23] Der Sekr. CIndex. Bonfigli gab an, den dritten Teil nicht zur Verfügung zu haben. Der Gutachter setzte sich nicht mit dem Corriere Europeo auseinander. Vgl. Congr. gen. der CIndex 8. Juli 1782.

[24] Als Sekr. CIndex. Vgl. Congr. gen. der CIndex 8. Juli 1783.

[25] Das Dekret wurde am 14. August vom Papst bestätigt.

[26] Laut Dekret SO vom 13. August sollten die Werke durch die CIndex verboten werden.

epistolae XIV. S. Augustini com[m]entationibus concinnatae ad Petrum Tamburinum.

BALDASSARI, DOMENICO ANTONIO: [De restituenda divinae gratiae simplicitate sua epistolae XIV. S. Augustini commentationibus concinnatae ad Petrum Tamburinum] Dominici Antonii Baldassarii [...] de restituenda divinae gratiae simplicitate sua Epistolae XIV. S. Augustini commentationibus concinnatae ad Petrum Tamburinum. - [S.l.] : [S.n.], [S.a.]. *Arch*

Gutachter: keine Angabe
Gutachten: nicht aufgefunden[27]

ACDF SO CL 1782, Nr. 9

1782. Censura P. Vasco Cleric. Regul. Minor. Consult. S. C. Indicis in Librum ins[criptu]m: Histoire Critique de Jesus Christ., ou analyse raisonnée des Evangiles.

Alia censura in eumdem Librum P. Giorgi Consult[ori]s S. Off[ic]ii.

Censura Sacerdotis Philippi del Signore Consult[ori]s S. C. Indicis super Librum anonymum, cui titulus: Nouveaux Melanges, Philosophiques, Historiques, Critiques.

1. ♦ Anonym [HOLBACH, PAUL HENRI THIRY D']: Histoire critique de Jésus-Christ, ou analyse raisonnée des évangiles. - A Amsterdam : [S.n.], 1778. - XXXII, 304 S. ; 8°. *CCFR*[28]

2. ♦ Anonym [VOLTAIRE]: Nouveaux mélanges philosophiques, historiques, critiques. - [S.l.] : [S.n.], 1770-1775. - 19 vol. ; 8°. *CCFR*[29]

Gutachter: José Vasco CCRRMM[30]
Gutachten: 6 S., [16. Februar 1778] (zu Nr. 1)

Gutachter: José Vasco CCRRMM
Gutachten: 16 S., [16. Februar 1778] (zu Nr. 1)[31]

---

27 Laut Dekret SO vom 28. August 1782 sollte der Comm. SO den Inquisitor von Fermo benachrichtigen. Er sollte in seinem Schreiben das Erstaunen der Kongregation darüber ausdrücken, dass der Autor die Indexregeln und die Dekrete, die die Drucklegung von Werken außerhalb des Kirchenstaats ohne kirchliche Genehmigung verbieten, offenkundig nicht kannte. Der Inquisitor sollte alle Exemplare des Werks in seinem Amtsgebiet einziehen und den Autor streng ermahnen.

28 Ermittelt wurde auch: Anonym [HOLBACH, PAUL HENRI THIRY D']: Histoire critique de Jesus Christ ou analyse raisonnée des Evangiles. - [Amsterdam] : [M. M. Rey], [1770]. - XXXII, 326 S. *CCFR*. Ermittelt wurde außerdem eine weitere vermutl. 1770 erschienene Ausg. mit abweichendem Umfang (VIII, XII, 398, [2] S.). *CCFR*.

29 Das Werk war bereits erschienen: Anonym [VOLTAIRE]: Nouveaux mélanges philosophiques, historiques, critiques. - [S.l.] : [S.n.], 1765. - 3 vol. ; 8°. *CCFR*. Als Erscheinungsort und Verlag werden auch genannt: Geneve : Cramer. *CCFR*.

30 Als Gutachter der CIndex. Vgl. Congr. gen. der CIndex 16. Februar 1778.

31 „Propositiones formaliter haereticae". ACDF Index Prot. 91 (1773-1778), Bl. 311r-314v.

Gutachter: Filippo Delsignore MI[32]
Gutachten: 3 S., [16. Februar 1778] (zu Nr. 2)

Gutachter: Agostino Antonio Giorgi OSA
Gutachten: 20 S. (zu Nr. 1)

Gutachter: Agostino Antonio Giorgi OSA
Gutachten: 26 S. (zu Nr. 2)

Dekret: SO 8. August 1782
Bando: nicht aufgefunden (zu Nr. 1)

Dekret: SO 22. August 1782
Bando: CIndex 16. November 1773 (zu Nr. 2)[33]

ACDF SO CL 1782, Nr. 10

1782. Censura P. Ab[ati]s Monsagrati Consultoris S. Off[ic]ii in Librum impressum sine nomine Authoris, et Typographi, cui titulus: I progressi della Fisica Discorso Accademico.

PASCALE, GIUSEPPE NICOLA: I Progressi della fisica : Discorso Accademico / di// Giuseppe Nicola Pascale. - [S.l.] : [S.n.], [S.a.]. - XII, 83 S. ; [8°]. ACDF SO CL 1782, Nr. 10, *ICCU*[34]

Gutachter: Michelangelo Monsagrati CRL
Gutachten: 56 S.

Dekret: SO 14. November 1782[35]
Bando: CIndex 7. Februar 1783[36]

ACDF SO CL 1782, Nr. 11

1782. Censura sull'Opuscolo: Quid est Papa di Eybelis. (Questo fascicolo fa parte delle posizione C.L. 1786-89, n° 3 !).[37]

Anonym [EYBEL, JOSEPH VALENTIN]: Was ist der Pabst? - Wien : Kurzbeck, 1782. - 48 S. ACDF *SO CL 1786-1788, Nr. 3, SWB*[38]

Gutachter: Tommaso Maria Mamachi OP
Gutachten: 36 S.

32 Als Gutachter der CIndex. Vgl. Congr. gen. der CIndex 16. Februar 1778.

33 1782 ging es um Teile des Werks, die 1773 noch nicht verboten worden waren. Das Dekret sollte nicht veröffentlicht werden. Vgl. Congr. gen. der CIndex 16. Februar 1778.

34 Formatangabe ergänzt nach *ICCU*.

35 Laut Dekret SO vom 14. November 1782 sollte der Autor identifiziert werden, bevor das Werk durch Bando CIndex verboten wurde.

36 Vgl. ACDF Index Prot. 93 (1781-1784), Bl. 272r.

37 Vgl. ACDF SO CL 1786-1788, Nr. 3 und ACDF SO St.St. I-6-b, Nr. 3.

38 Ermittelt wurde auch: Anonym [JOSEPH VALENTIN]: Was ist der Pabst? : mit einer Vorr. u. Nachrede / von Georg Feiner. - Zweite, verb., u. von vielen Druckfehlern gereinigte Aufl. - [S.l.] : [S.n.], 1782. *HEBIS*.

ACDF SO CL 1783-1784

ACDF SO CL 1783-1784, Nr. 1

1783. Bologna. Censurae factae ex comissione P. Inq[uisito]ris Bononien. tum a P. Petro Thomas Marocchi Ord[ini]s Carmelitarum tum a P. Joanne Franscisco Bergonzani Ord[ini]s Minor. Convent. super librum ins[criptu]m: Lettera di un Ecclesiastico Torinese ad un Ecclesiastico di Bologna etc. nel quale si vuole potersi sodisfare al precetto della santificazione delle Feste ed solo ascoltare la messa.

Manda altro libro d[ett]o P. Inq[uisito]re intitolato: Memoria Cattolica, il quale è stato proibito per mezzo del P. M[aest]ro del S. Palazzo.

1. Anonym [FUENSALIDA, DIEGO JOSE]: Lettera di uno ecclesiastico torinese ad uno ecclesiastico di Bologna. - [S.l., Assisi?] : [S.n.], [1781?]. - 168, [2] S. ; 8°. *MAI*[1]

2. ♦ Anonym [BORGO, CARLO]: Memoria cattolica da presentarsi a Sua Santità opera postuma. - Cosmopoli [i.e. Roma] : [Perego], 1780. - 189, [3] S. ; 8°. *SBN*[2]

♦ Memoria cattolica. - [S.l.] : [S.n.], 1781. - 142 S., [2] S. ; 8°. *SBN*

Gutachter: keine Angabe
Gutachten: nicht aufgefunden (zu Nr. 1-2)[3]

Dekret: keine Angabe
Bando: Breve 13. Juni 1781;[4] CIndex 7. Februar 1783 (zu Nr. 2)

---

1 Erscheinungsort ermittelt nach *MAI*, s. Melzi; Sommervogel.

2 Erscheinungsort fingiert. Tatsächlicher Erscheinungsort und Verlag ermittelt nach *SBN*, s. Melzi.

3 Zu Nr. 1 (bezieht sich auf ein Werk u.d.T. Dissertazione Teologico-Morale intorno alla Santificazione delle Feste. Modena 1780) jedoch drei Gutachten der Inquisition von Bologna: nicht gezeichnet, 14 S.; Petrus Thomas Marrocchi Ord. Carmelit. Doctor Colleg. S. Theol. M[a]g[i]ster, ac Definitor Perpetuus, 6 S.; Joannes Franciscus Bergonzoni Ord. Min. Conv. S. Theologiae M[a]g[i]ster, ejusdemque Facultatis in Bononiens. Archigym[nasi]o subs. Professor, necnon in Colleg. Semin. Philosophiae Lector, 4 S. Laut Dekret SO vom 29. Januar 1783 sollte der Comm. SO den Inquisitor von Bologna darüber benachrichtigen, dass letztgenannter die Abschriften der „Lettera d'un ecclesiastico" einbehalten und den Priester Almeida zu sich bestellen solle. Falls jener keine Lizenz vorlegen könne, solle der Inquisitor auch die „Memoria Cattolica" einbehalten.

4 Hierbei handelte es sich um ein Strafverfahren u.a. gegen die Ex-Jesuiten Filippo Vidauré, Domenico Baldez und Simone Almeyda aus Bologna wegen „clandestina introduzione e vendita" der beiden genannten Bücher. Laut Notiz wurde die „Memoria Cattolica" vom MSP verboten.

ACDF SO CL 1783-1784, Nr. 2

1783. Ancona. Votum, et Censura P. Ab[ati]s Ridolfi Qualificat. S. Off[ici]i super manuscriptum imprimendum, cui titul.: Osservazione Teologico-Storico, Critiche sulla Storia Ecclesiastica del fu Sig[no]r Ab[at]e Fleury etc. Autore, e traduttore della medesima il M. R. P. Zaccaria di Roma Minor Riformato.

ZACCARIA, FRANCESCO ANTONIO: Raccolta di opuscoli critici sulla Storia Ecclesiastica del Sig[no]r Ab[at]e Fleury / [tradotti dal Francese dal M. R. P. Zaccaria di Roma Min. Riformato. e Lettore di Teologia in S. Pietro in Montorio di Roma]. - [ca. 1783]. - 3 vol. (Manuskript) *Das Manuskript wurde nicht nachgewiesen*

♦ ZACCARIA, FRANCESCO ANTONIO: Raccolta di opuscoli critici sulla Storia ecclesiastica del sig. ab. Fleuri : utilissimi a chiunque si fara a leggerli e sommamente necessarj a chi con frutto vorra leggere l'anzid. istoria / tradotti dal francese nell'italiana favella dal m. rev. padre Zaccaria di Roma [...] ; coll'aggiunta di due Dissertazioni preliminari critico-apologetiche fatte dal medesimo traduttore. - Ancona : nella stamperia di Pietro Ferri, 1783. - 3 vol. ; 8°. *SBN*[5]

♦ ZACCARIA, FRANCESCO ANTONIO: Raccolta di Opuscoli Critici sulla Storia Ecclesiastica del Sign. Ab. Fleuri : Con varie Dissertazioni, Analisi de' Padri, ed altre discussioni sopra differenti materie / Tradotte dal Francese nell'Italiana Fauella dal M. Reu. Padre Zaccaria di Roma [...]. - In Ancona : nella Stamperia di Pietro Ferri, 1783. - 3 vol. ; 8°. *SBN*

Gutachter: Giuseppe Francesco Ridolfi CRL
Gutachten: 3 S., 27. Mai 1780 (zu vol. 1)[6]

Gutachter: Giuseppe Francesco Ridolfi CRL
Gutachten: 3 S., 30. November 1780 (zu vol. 2)

Gutachter: Giuseppe Francesco Ridolfi CRL
Gutachten: 1 S., 8. Februar 1783 (zu vol. 2)[7]

ACDF SO CL 1783-1784, Nr. 3

1783. Bologna, e Faenza. Introductio in Civitate Bononien., et Faventina Libri, cui titul.: Autorità della Chiesa in favore della Divozione del Sagro Cuor di Gesù – 1781. Venezia. Dalle stampe di Antonio Zatta.

Anonym [MAGNANI, AGOSTINO?]: L'Autorità Della Chiesa// In Favore Della Divozione// Del// S. Cuore Di Giesù Cristo// Contrapposta/ Ad Una Lettera// Del Nobil Sig. [...]/ Di Bergamo// Stampata in Venezia l'anno 1780. - Venezia : [im

5 Vol. 2 u. 3 u.d.T.: Osservazioni teologico-storico-critiche ec. sulla Storia ecclesiastica del sig. ab. Fleuri : con varie Dissertazioni, analisi de' Padri ed altre discussioni sopra differenti materie [...]. (1783). *SBN*.

6 Gegenstand der Prüfung waren die Manuskripte. Die Manuskripte wurden von der Inquisition von Ancona zugestellt. Mit Dekret SO vom 5. Dezember 1783 wurde die Druckerlaubnis erteilt.

7 Das Gutachten bezieht sich auf den zweiten Teil des zweiten Bandes.

Kolophon:] Dalle Stampe// Di Antonio Zatta (Con Licenza de' Superiori), [1781]. - XXIV S. ; [8°]. *ACDF SO CL 1783-1784, Nr. 3*[8]

Gutachter: keine Angabe
Gutachten: nicht aufgefunden (zu Nr. 1-2)[9]

Weiterhin Hinweise auf: Anonym [GUSTA, FRANCISCO]: Vita di Sebastiano Giuseppe di Carvalho, e Melo march. di Pombal conte di Oeyras ec. segretario di stato e primo ministro del re di Portogallo d. Giuseppe 1. - [S.l., Firenze?] : [S.n.], 1781. - 5 vol. ; 8°. *SBN*[10]

ACDF SO CL 1783-1784, Nr. 4

1783. Faenza. Introductio absque licentia in Civitate Faventiae Libri anonymi sine loco impressionis, cui titul.: Saggi Critico-Apologetici sul famoso processo, e tragico fine del fù P. Gabrielle Malagrida, Sacerdote professo, e celebre Missionario della già soppressa Compagnia di Gesù ... giustificato a Lisbona a die 20 Settembre 1761.

Anonym [FORTI, GAETANO ; CORDARA, GIULIO CESARE]: Il buon raziocinio dimostratto in due scritti, o siano saggi critico-apologetici sul famoso processo, e tragica fine del fu P. Gabriele Malagrida [sacerdote professo, e celebre missionario della ... Campagnia di Gesù ...] : giustiziato a Lisbona addì 20. settembre 1761 [...]. - [S.l.] : [S.n.], 1782. - [20], CLXXXII, [2] S. ; 8°. *MAI*[11]

---

8 Vermutl. Verf. nach den Angaben im Gutachten. Erscheinungsjahr und Formatangabe ergänzt nach *MAI*.

9 Hierbei handelte es sich um ein Verfahren, das den Druck und die Verbreitung des genannten Werks und weiterer nicht näher bestimmter Bücher zur Herz-Jesu-Verehrung betraf. Im Mittelpunkt stand der vermeintliche Autor Agostino Magnani, ein Ex-Jesuit, der u.a. im Kirchenstaat und in Bologna versucht hatte, eine Druckerlaubnis zu bekommen. Später wanderte er nach Weissrussland aus, wo er erneut in den Orden eintrat. Darüber hinaus Berichte in der Relation aus Bologna und der Relation des SO zu Nr. 2, dass das Werk ohne Genehmigung der Inquisition von Bologna gedruckt worden war. Am 12. März 1783 wurde die Entscheidung zu diesem Fall vertagt. Falls Magnani im Kirchenstaat zurückkehrte, sollte der Inquisitor von Bologna die Kongregation benachrichtigten. Weitere Ex-Jesuiten, nämlich Dohanerius Carolus Natali, Antonio Martelli, Giuseppe Maspoti und Luigi Canetti, sollten ermahnt werden. Vgl. auch ACDF SO CL 1783-1784, Nr. 4.

10 Abweichende Bandzählung nach *Abes*: 5 T. in 2 vol. Ermittelt wurde auch: GUSTA, FRANCESCO: Vita di Sebastiano Giuseppe di Carvalho e Melo, March. di Pombal, Comte di Oeyras ec. segretario' di stato e primo ministro del Re di Portogallo D. Giuseppe I. / Par le P. Francisco Gusta. - Firenze : [S.n.], 1781. - 3 vol. ; 8°. *Abes*.

11 Verf. ermittelt nach *MAI*, *COPAC*, wobei Gaetano Forti die erste, Giulio Cesare Cordara die zweite Schrift zugeschrieben wird, s. De Backer/Sommervogel; Melzi. Titelaufnahme ergänzt nach *MAI*. Abweichende Umfangsangabe: [18], CLXXXII S. *MAI*, *ICCU*; [20], CLXXXII, [1]. *COPAC*. Ermittelt wurde auch: Anonym [FORTI, GAETANO ; CORDARA, GIULIO CESARE]: Il buon raziocinio dimostrato in due scritti, o siano saggi critico-apologetici sul famoso processo, e tragico fine del fu p. Gabriele Malagrida [...] fatto morire a Lisbona addi 20 Settembre 1761. - Edizione seconda di nuove illustrazioni a dovizia arricchita, e colla maggiore diligenza ripulita, e corretta. Con in fine una confacente, e con eguale precisione ragionata appendice intorno ai capi di accusa, contenuti nella sentenza del Tribumale d'Inconfidenza contra il medesimo preteso reo; dichiarato complice, e

Gutachter: keine Angabe
Gutachten: nicht aufgefunden[12]

Weiterhin Hinweise auf: Anonym [GUSTA, FRANCISCO]: Vita di Sebastiano Giuseppe di Carvalho, e Melo march. di Pombal conte di Oeyras ec. segretario di stato e primo ministro del re di Portogallo d. Giuseppe 1. - [S.l., Firenze?] : [S.n.], 1781. - 5 vol. ; 8°. *SBN*[13]

ACDF SO CL 1783-1784, Nr. 5

1783. Venezia. Censura Sacerdotis D. Michaelis de Petro Qualificator. S. Off[ic]ii super Librum ins[criptu]m: La verità della Grazia, e della Predestinazione per ammaestramento de buoni, e semplici Cattolici etc. Venezia 1766.[14]

Anonym [HUGOT, NICOLAS]: Le verità della Grazia e della Predestinazione per ammaestramento de' semplici e buoni cattolici. - Venezia : presso Niccolò Pezzana, 1766. - XXIV, 466 , [2] Bl. ; 12°. *SBN*[15]

Gutachter: Michelangelo Monsagrati CRL
Gutachten: 10 S.[16]

Gutachter: Michele di Pietro[17]
Gutachten: 111 S.[18]

---

capo di congiura addì 12. Gennaio 1759. - In Lugano, 1784. - [36], CCCVII, [1] S ; 8°. *MAI*. Abweichende Umfangsangabe nach *MAI*: 307 S.

12 Jedoch Pistorozzi, 10. S., eine Relation der Inquisition von Faenza: [Vincenzo Ludovico Pavoni], 6 S., [30. Juli 1783], und mehrere Befragungsprotokolle. Pistorozzi vermerkte, dass das *Introducatur* verweigert wurde, weil die Druckerlaubnis der Inquisition von Venedig wahrscheinlich gefälscht war. Gleichzeitig fand ein Strafverfahren gegen den Ex-Jesuiten Giuseppe Antonio de Fonseca Texeira statt, der das Buch ohne Lizenz nach Ravenna eingeführt hatte. Pistorozzi erwähnte in seiner Relation Gerüchte, wonach Texeira auch der Autor des Werks sei. Darüber hinaus Berichte in der Relation aus Bologna und der Relation des SO zu Nr. 2, das ohne Genehmigung der Inquisition von Bologna gedruckt worden war. Vgl. ACDF SO CL 1783-1784, Nr. 3. Laut Dekret SO vom 13. August 1783 sollten alle Exemplare beschlagnahmt werden. Der Inquisitor sollte Texeira befragen und nach einer Ermahnung entlassen.

13 Verf. und vermutl. Erscheinungsort ermittelt nach *SBN*, s. *NUC* pre-1956; Melzi. *SBN*. Abweichende Bandzählung nach *Abes*: 5 T. in 2 vol. Vgl. auch GUSTA, FRANCESCO: Vita di Sebastiano Giuseppe di Carvalho e Melo, March. di Pombal, Comte di Oeyras ec. segretario' di stato e primo ministro del Re di Portogallo D. Giuseppe I. / Par le P. Francisco Gusta. - Firenze : [S.n.], 1781. - 3 vol. ; 8°. *Abes*.

14 Vgl. ACDF SO Tit.Libr. 1784-1797, Nr. 4.

15 Vgl. Anonym [HUGOT, NICOLAS]: Instructions sur les vérités de la grâce et de la prédestination en faveur des simples fidèles. - Avignon : aux dépens de la Société, 1748. - XXIV, 444 S. ; 12°. *CCFR*. Abweichende Auflagenbezeichnung nach *UU*: Nouv. éd. rev. et corr. Abweichende Umfangsangabe nach *UBN*: XXIV, 441 S. Ebenfalls im Gutachten erwähnt wurde auch eine weitere franz. Ausg.: Anonym [HUGOT, NICOLAS]: Instructions sur les vérités de la grâce et de la prédestination, en faveur des simples fidèles. - Avignon : Aux dépens de la Société, 1752. - XXIV, 444 S. ; 12°. *Abes*. Abweichende Auflagenbezeichnung nach *UU*: Nouv. éd. rev. et corr.

16 Es handelt sich um ein Gutachten der CIndex. Vgl. Congr. gen. der CIndex 1. März 1768.

17 Zu di Pietro vgl. Prosopographie 19. Jh.

ACDF SO CL 1783-1784, Nr. 6

1783. Trento.[19] A Secretaria Status habitus fuit Liber, cui titul.: Apologia Parvulorum ab obstetricibus baptizatorum, Authore Antonio Lanucara. Napoli 1782. Tal libro non è stato esaminato, e censurato, ma posto in obblivione.

LANUCARA <A MARTINA>, JOANNES ANTONIUS: Apologia Parvulorum ab obstetricibus Baptizatorum / Auctore Joanne Antonio Lanucara a Martina. - Napoli : [S.n.], 1782. *Das Werk wurde nicht nachgewiesen*[20]

Gutachter: keine Angabe
Gutachten: nicht aufgefunden[21]

ACDF SO CL 1783-1784, Nr. 7

1783. Augusta. Censura P[at]ris Quinones Magistri Gen[era]lis Ord[ini]s Praed[icatoru]m in Librum ins[criptu]m: Primus passus ad futuram unionem Ecclesiarum Catholicae atque evangelicae attentatus a quodam Monacho P. F. R. Vienna 1779. 2.ª edizione.

Anonym [MAYR, BEDA]: Der erste Schritt// zur künftigen// Vereinigung// der// katholischen// und der// evangelischen Kirche / gewaget von – –// Fast wird man es nicht glauben,// gewaget// von einem Mönche:// P. F. R. in W. - Zwote Auflage. - [S.l.] : [S.n.], 1779. - 29 S. ; 8°. *ACDF SO CL 1783-1784, Nr. 7, BSB*

Gutachter: Balthasar de Quiñones OP
Gutachten: 32 S.[22]

Dekret: CIndex 3. Dezember 1781; SO 31. Juli 1783[23]
Bando: CIndex 27. September 1783

---

18 Vgl. ACDF SO Vota CL II (1757-1809), Nr. 88. Darüber hinaus in ACDF SO CL 1783-1784, Nr. 5, 3 S., „Conclusione“ desselben. Mit Dekret SO vom 27. März 1783 wurde das Votum der Mehrheit der Konsultoren, dass das Verbot der CIndex 1. März 1768 ausreiche, bestätigt. Der Fall wurde neu aufgenommen, da die Inquisitoren von Venedig und Verona überprüfen sollten, ob es sich bei der Ausg. von 1776 um einen Neudruck oder um ein neues Werk handle.

19 Abweichend auf dem Faszikelumschlag: Taranto.

20 Titelaufnahme nach den Angaben der Faszikelaufschrift.

21 Hinweise auf weitere Verhandlungen wurden nicht aufgefunden. Laut Notiz war das Werk ohne weitere Informationen zur Vorgeschichte des Falls vom Staatssekretariat übergeben worden. Später wurde es archiviert, damit der Fall wieder aufgenommen werden könne.

22 Beiliegend ein ital. Übers., 5 S., und eine lat. Übers., 7 S. In der Relation des Ass. SO für die Sitzung vom 31. Juli 1783 wurde der anonyme Verf. identifiziert.

23 Vgl. Verhandlung und Verbot in der Congr. gen. der CIndex 3. Dezember 1781. Mamachi (als Gutachter der CIndex) hatte dem Papst vorgeschlagen, das Urteil durch ein Breve zu bekräftigen. Laut Dekret SO war aber das Verbot vom 31. Juli 1783 ausreichend. Am 6. August wurde diese Entscheidung der CIndex mitgeteilt; vgl. ACDF Index Prot. 93 (1781-1784), Bl. 486r.

ACDF SO CL 1783-1784, Nr. 8

1783. Censura P. Ab[at]e Monsegrati Consult[or]is S. Off[ic]ii in Libellum transmissum a Duce Parmae Ferdinando Infanti Hispaniarum, cui titulus: Traité des Trois Imposteurs. Verdon de l'Imprimerie du Professeur de Felice. 1768.

Anonym: Traité des trois imposteurs. - A Yverdon : De l'imprimerie du Professeur de Felice, 1768. - 143, [1] S. ; 8°. *COPAC*[24]

Gutachter: Michelangelo Monsagrati CRL
Gutachten: 22 S.

Dekret: SO 28. August 1783
Bando: CIndex 27. September 1783[25]

ACDF SO CL 1783-1784, Nr. 9

1784 Ancona. P. Inq[uisito]r Anconae mandat manuscriptum etc. pro cuius impressione licentiam negavit. Titulus est: Medico disinganno, o siano riflessioni Medico-critiche in versi Martelliani – di Giuseppe Garbini Veneziano Medico Venturiere in Ancona.

Censura in praefatum Librum P. Antonii Mariae Marini Min. Observ[antiu]m Consultoris S. Off[ic]ii Anconitani.

GARBINI, GIUSEPPE: Il medico disinganno, ossiano Riflessioni critico-mediche / del signor Giuseppe Garbini, veneto-viaggiatore, e dottore di medicina, e chirurgia. Coll'aggiunta di varie lettere, e consulti comprovanti le stesso argomento, ed un Dialogo di rimedj utili, semplici, galenici, e chimici. Opera in versi martelliani cogli argomenti in ottava rima, adorna di molti sonetti ec. [...]. - Sinigaglia : presso Settimio Stella stamp. pubb. vesc. e del S. Offiz., 1783. - 223, [1] S. ; 8°. *MAI*

Gutachter: Antonio Maria Marini OFMObs[26]
Gutachten: 3 S.[27]

---

24 Das Werk beruht nach *COPAC*, *KB*, *CCFR* auf: Anonym [LUCAS, JEAN MAXIMILIEN?]: La vie et l'Esprit de Mr. Benoit de Spinoza [...]. - [S.l., La Haye] : [S.n.], 1719. - 208 S. ; 8°. *HEBIS-Retro*, *GBV* und wird Jan Vroes(en), Jean Aymon und Jean Rousset de Missy zugeschrieben. Enth.: Sentimens sur le Traité des trois imposteurs, extrait d'une lettre ou Dissertation / de M. de La Monnoye à ce sujet ; Réponse à la Dissertation de M. de La Monnoye [vermutl. Verf. Peter Friedrich Arpe]. *CCFR*. Abweichende Umfangs- und Formatangabe der Ausg. 1768: 144 S. *CCFR*; 144, [1] S. ; 16°. *RERO*. Ermittelt wurde auch das im Gutachten ebenfalls erwähnte lat. Werk: Anonym: De tribus Impostoribus. - [S.l.] : [S.n.], 1598. - 46 S. ; 8°. *GBV*.

25 Vgl. ACDF Index Prot. 93 (1781-1784), Bl. 482r.

26 Als externer Gutachter. Marini ist Konsultor der Inquisition von Ancona. Vgl. ACDF SO CL 1781, Nr. 4.

27 Mit Dekret SO wurde die Druckerlaubnis verweigert.

ACDF SO CL 1783-1784, Nr. 10

1784. Vienna. Prohibitio Libelli impressi in Idiomate Germanico, cui Titulus in lingua Italica versus sic habet: Cosa contengono i Documenti della Cristiana antichità relativamente alla Confessione Auriculare di Eybel. Vienna 1784.

♦ EYBEL, JOSEPH VALENTIN: Was enthalten die Urkunden des christlichen Althertums von der Ohrenbeichte / von Eybel. - Wien : [s.n.], 1784. - 63 S. *BVB*

♦ EYBEL, JOSEPH VALENTIN: Was enthalten die Urkunden des christlichen Alterthums von der Ohrenbeichte. - Wien : bey Joseph Edlen von Kurzbek k. k. Hofbuchdrucker, Groß- und Buchhändler, 1784. - 88 S. ; 8°. *HBZ*

Gutachter: keine Angabe
Gutachten: nicht aufgefunden[28]

Dekret: nicht aufgefunden
Bando: Breve 11. November 1784;[29] CIndex 7. Dezember 1784

Weiterhin beiliegend: (1) ONHAUSER, IGNAZ THEODOR: Katholischer// Unterricht// von der Ohrenbeicht// wider// die Brochüre// des// Herrn v. Eybel / Von// Ig. Th. Onhauser. - Wien : bey Mathias Andreas Schmidt, 1784. - 38 S. ; 8°. *LBÖS* (2) Anonym? [OHNHAUSER, IGNAZ THEODOR]: Documenta authentica christianae antiquitatis de Confessione auriculari contrà Libellum D[omi]ni de Eybel : Continuatio et Conclusio Instructionis Catholicae de Confessione auriculari. - Viennae : apud Mathiam Andream Schmidt, 1784. - 61 S. (Manuskript)[30] (3) HAIDEN, THOMAS JOSEPH VON: Thomas Josephus de Haiden [Provicarius in spiritualibus generalis; Augustae Vindelicorum] : [Incipit: Es ist eine Piece (6. März 1784)]. - [Augsburg] [S.n.], [1784]. (Einblattdruck)

ACDF SO CL 1783-1784, Nr. 11

1784. Vienna. Prohibitio per Breve Libri, cui titulus: Universalis Professio Fidei omnium Religionum: 1784. Sano hominis intellectui dicata: Agnosce Deum, et esto honestus vir.

Censura P. Martinelli Consultor S. Off[ic]ii in praefatum Librum.

Propositiones extractae a praefato Libro ab R. P. D. Viceggerenti, et a P[ad]re Consultore Martinelli.[31]

---

28 Vgl. ACDF SO CL 1788, Nr. 6 und ACDF SO CL 1795-1796, Nr. 3 und Nr. 9. Beiliegend eine lat. Übers., 45 S. hs. Laut eines „Biglietto per SS. Consultori“ vom 13. Mai 1784 sollten sich alle Konsultoren an der Untersuchung beteiligen.

29 Der Entwurf des Breve wurde von Monsagrati verfasst; vgl. Brief Monsagrati vom 12. Juli 1784.

30 Ermittelt wurde auch: OHNHAUSER, IGNAZ THEODOR: Die ächten Urkunden des christlichen Alterthums von der Ohrenbeicht, wider die Broschüre des Herrn v. Eybel : eine Fortsetzung, und der Schluß des katholischen Unterrichts von der Ohrenbeicht. - 2. Aufl. - Wien : M.A. Schmidt, 1784. - 93 S. *LBÖS*.

31 Vgl. ACDF SO CL 1795-1796, Nr. 2.

Anonym [SCHÖNEMANN, FRIEDRICH LEBERECHT]: Allgemeines// Glaubensbekenntniß// aller// Religionen. - [Wien] : [S.n.], 1784. - 8 S. ; [8°?] *ACDF SO CL 1783-1784, Nr. 11*[32]

Gutachter: Francesco Antonio Marcucci PO
Gutachten: 13 S., 19. Juli 1784

Gutachter: Giuseppe Antonio Martinelli OFMConv
Gutachten: 12 S. „Propositiones"

Gutachter: Giuseppe Antonio Martinelli OFMConv
Gutachten: 12 S.

Dekret: nicht aufgefunden
Bando: Breve 17. November 1784; CIndex 7. Dezember 1784

[32] Erscheinungsort ergänzt nach den Angaben im Gutachten. Verf. ermittelt nach der Ausg.: SCHÖNEMANN, FRIEDRICH LEBERECHT: Allgemeines Glaubensbekenntniß aller Religionen / Friedrich Lebrecht Schönemann. - Dessau : Schönemann, 1782. - 16 S. ; 8°. *GBV*.

ACDF SO CL 1784

ACDF SO CL 1784, Nr. 1

1784. Perug. Censura P. Mag. Xalvieri Minor Convent. Consultoris S. Off[ic]ii Perusii in Manuscriptum: Leggenda della vita, e miracoli di S. Margarita da Cortona etc. Scritta da P[ad]re Giunta Bevignati dell'Ord[in]e de Minori Confessore di s[uddett]a Santa.

IUNCTA <BEVEGNATIS>: Leggenda della vita, e miracoli di S. Margarita da Cortona / Scritta dal P[ad]re Giunta Bevignati dell'Ordine de Minori Confessore di s[uddett]a Santa. - [S.a.]. (Manuskript) *Das Manuskript wurde nicht nachgewiesen*

♦ IUNCTA <BEVEGNATIS>: Antica leggenda della vita e de'miracoli di S. Margherita di Cortona / scritta dal di lei confessore Fr. Giunta Bevegnati dell'ordine di menori, colla traduzione italiana di detta leggenda posta dicontro al testo originale latino e con annotazioni e dissertationi diverse ad illustrazione del medesimo testo per opera di un sacerdote [...] [Hrsg.: Lodovico da Pelago]. - Lucca : Presso F. Bonsignori, 1793. - 342 S, 2 Bl., 199 S. ; 4°. *GBV*[1]

Gutachter: [Calvieri OFMConv][2]
Gutachten: 63 S.[3]

ACDF SO CL 1784, Nr. 2

1784. Fermo. Non expedit, ut imprimatur Concio Panegyrica in Laudem S[anctissi]mi Cordis Jesu recitata Firmi a P. Guardiano illorum Cappuccinorum.

ANGELICUS <DAL PORTE DI FERMO>: Orazione// In Onore del Sagro Cuor di Gesù : composta, e recitata in Fermo// nel di 27 Giugno 1783 / dal P. Angelico dal Porto di

---

1 Ermittelt wurden auch: IUNCTA <BEVEGNATIS>: Antica leggenda della vita e de' miracoli di S. Margherita di Cortona / scritta dal di lei confessore fr. Giunta Bevegnati dell'ordine de' minori colla traduzione italiana di detta leggenda posta dicontro al testo originale latino e con annotazioni e dissertazioni diverse ad illustrazione del medesimo testo per opera di un sacerdote divoto di detta santa e socio della insigne accademia etrusca di Cortona. - Lucca : Presso Francesco Bonsignori, 1793. - 342, [2], 199, [7] S. ; 2°. *Abes*; IUNCTA <BEVEGNATIS>: Legenda de Vita et Miraculis Beatae Margaritae de Cortona: MS Cortona, Marguerita Convent MS. - [1308]. (Autograph/Manuskript). Quelle: *http://users.bart.nl/~roestb/franciscan/ (Zugriff: 15.07.2008).*

2 Als externer Gutachter. Unterzeichnet als Konsultor der Inquisition von Perugia. Zu ihm vgl. ACDF SO CL 1786-1788, o.Nr. und ACDF SO CL 1788-1793, Nr. 3.

3 Vgl. auch ACDF SO CL 1786-1788, o. Nr. und ACDF SO CL 1788-1793, Nr. 3; hier wurde die Druckerlaubnis verweigert.

Fermo Guardiano,// e Lettor Cappuccino. - [1783]. - 11 S. (Manuskript) *ACDF SO CL 1784, Nr. 2*

Gutachter: keine Angabe
Gutachten: nicht aufgefunden[4]

ACDF SO CL 1784, Nr. 3

1784. Spoleto, e Perugia. Revocatio quarumdam Imaginum in Rame incisarum exprimendum Tollerantiam Religionum, et Libertatem.

1. HEIß, GOTTL. (fil.): [Bildunterschrift:] Verlaßen soll ich dich der Andacht heilge Stille?// Verlaßen dich geliebtes Schwesternchor?// Ein Thränenstrom quillt aus des bangen Herzens fülle!/ Wie Donnerstim[m]e klingt das meinem Ohr! (Mand. Caesar. Joseph. II.do) [Bildliche Darstellung] / Gottl. Heiiß Fil. fec. exc. A.V. - [S.l.] : [S.n.], [S.a.]. - 1 Graphik. *ACDF SO CL 1784, Nr. 3*

2. HEIß, GOTTL. (fil.): [Bildunterschrift:] Doch Dich mein Jesu werd ich nim[m]ermehr verlaßen!// Ich halte treulich was ich zugesagt.// Die Welt mit ihrer Lust, die Sünde werd ich haßen.// Troz dem der meine Treu zu stöhren wagt! (Mand. Caesar. Joseph. II.do) [Bildliche Darstellung] / Gottl. Heiiß Fil. fec. exc. A.V. - [S.l.] : [S.n.], [S.a.]. - 1 Graphik. *ACDF SO CL 1784, Nr. 3*

3. HEIß, GOTTL. (fil.): [Bildunterschrift:] Sprüche Salomonis Cap. XII. v. 20. (Tolerantia Religionum ; Galat. Cap. V. v. XIII.) [Bildliche Darstellung] / Gottl. Heiiß Fil. fec. exc. A.V. - [S.l.] : [S.n.], [S.a.]. - 1 Graphik. *ACDF SO CL 1784, Nr. 3*

4. HEIß, GOTTL. (fil.): [Bildunterschrift:] Klageliedern Jeremia Cap. 1. v. 12. (Bulla Unigenitus ; Bulla In coena Domini ; Mandata Caesaris Josephi II.di) [Bildliche Darstellung] / Gottl. Heiiß Fil. fec. exc. A.V. - [S.l.] : [S.n.], [S.a.]. - 1 Graphik. *ACDF SO CL 1784, Nr. 3*

Gutachter: keine Angabe[5]
Gutachten: nicht aufgefunden[6]

ACDF SO CL 1784, Nr. 4

1784. Rimini. Censura Ab[ati]s Michaelis de Petro super Librum, cui titulus: Memorie Istorico Ecclesiastiche etc. Opera di un Italiano. Konisberga 1782.

In praefata positione reperiuntur plura decreta prohibitionum Librorum, in quibus exprimuntur Qualificationes propositionum.[7]

---

4 Mit Dekret SO wurde die Druckerlaubnis erteilt.

5 Die Drucke wurden dem SO vom Inquisitor von Perugia bzw. vom Inquisitor von Spoleto zugestellt.

6 Laut Rubricella sollten die Bilder widerrufen u./o. beschlagnahmt werden.

7 In diesem Faszikel geht es neben der Buchzensur auch um den Prozess gegen den vermeintlichen Autor Florio Negri und gegen die Personen, die das Buch in Fano und S. Costanza eingeführt

Anonym [LUCCHESINI, LUCCHESINO]: Memorie istorico-ecclesiastiche per servire di apologia a quanto si va presentemente praticando in differenti corti di Europa a fine di ridurre la disciplina ecclesiastica, specialmente regolare (per quanto sia possibile) al primiero suo istituto / opera d'un italiano. - Konisberga : si vendono da Luigi, e Benedetto Bindi mercanti di libri, e stampatori in Siena, 1782. - [2], 72 S. ; 8°. *SBN*

Gutachter: Michele Di Pietro[8]
Gutachten: 47 S.[9]

Dekret: SO 12. Februar 1784[10]
Bando: CIndex 7. Dezember 1784

---

hatten. Das SO beschloss zudem am 24. März 1784, einen Katalog von Propositionen auf der Grundlage dieses und anderer nicht genannter Werke zusammenzustellen, die Lehren „contra Jurisdictionem, Immunitatem, et Disciplinam Ecclesiasticam" enthalten.

8 Zu di Pietro vgl. Prosopographie 19. Jh.

9 Darüber hinaus Adv. Fiscalis Pistorozzi und Adv. Reorum Biagioli, 8 S., Juli 1784; nicht gezeichnet, 10 S., worin Conte Florio Negri del Friuli als vermutl. Verf. angezeigt wurde. Vgl. ACDF SO Vota CL II (1757-1809), Nr. 91.

10 Nachdem der Beschluss des SO am Morgen des 12. Februar 1784 (laut Bando: 11. Februar) gefällt worden war, schrieb der Papst am Nachmittag des gleichen Tages eine Mitteilung an den Ass. SO mit der Anweisung, die Publikation des Beschlusses und seine Mitteilung an den Sekr. CIndex aufzuschieben. Stattdessen sollten die beiden Exemplare des Werks, die sich im SO befanden, nacheinander an die Kard. des SO gegeben werden. Sie sollten sich in einer Kongregation über die Frage des Papstes beraten, ob Propositionen extrahiert bzw. zensiert werden sollten. Der Papst ließ schließlich den Beschluss des SO vom 12. Februar 1784 ausführen. Die Verhandlungen der CIndex (vgl. Congr. gen.vom 6. Dezember 1784) wurden nicht weitergeführt.

ACDF SO CL 1785

ACDF SO CL 1785, Nr. 1

1785. Gubbio, Camerino, e Perugia. Ordinatur Inquisitori Eugubino, ut sine strepitu curet omnia exemplaria Librorum sequentium

1.^{s} inscribitur – Meditazioni sul divinissimo Cuor di Gesù etc.

2.^{s} Affetti divoti a Gesù sagramentato, ed al suo divin Cuore etc.

1. NENTE, IGNAZIO DEL: Meditazioni// Sul Divinissimo// Cuore// Di Gesù Cristo// Tratte dall'Opere del V. P. M.// F. Ignazio Del Nente// Dell'Ordine de' Predicatori// Stampate in Firenze per ordine del// Reverendiss. suo P. Generale// Niccolao Ridolfi// del 1643. e 45.// Con applauso universale.// Dalle annesse Considerazioni si racco-//glie ad evidenza l'antichità, ed// autenticità di quel Culto, che ora// più che mai si và rendendo al// medesimo Divinssimo Cuore. - Forlì : per Achille Marozzi (Con licenza de' Superiori), 1779. - 12 S. *ACDF SO CL 1785, Nr. 1*[1]

2. Affetti Divoti// A Gesù// Sacramentato// Ed al suo Divin Cuore. - [S.l.] : [S.n.], [S.a.]. - 4 S. *ACDF SO CL 1785, Nr. 1*

Gutachter: keine Angabe
Gutachten: nicht aufgefunden (zu Nr. 1-3)[2]

Weiterhin beiliegend: Raccolta// Di Varj Divoti Esercizj// Ad onore del Santissimo// Cuor Di Gesù// Con Nove Meditazioni// Che servir possono per 9. Venerdì,// o 9. giorni precedenti alla Festa,// che si celebra il primo Venerdì// dopo l'Octava del Corpo D[omi]ni. - In Roma : Per Arcangelo Casaletti a S. Eustachio (Con licenza de' Superiori), 1770. - 108 S. ; 12°.

---

1 Ermittelt wurde: NENTE, IGNAZIO DEL: Meditazioni sul divinissimo cuore di Gesù Cristo tratte dall'opere del V.P.M. F. Ignazio Del Nente [...]. - Sesta edizione con varie aggiunte [...]. - Forli : per Achille Marozzi, 1779. - 36 S. ; 12°. *MAI.*

2 Die Werke unter Nr. 1 und Nr. 2 waren vom Inquisitor von Gubbio, Tommaso Roncalli, an das SO gesandt worden, nachdem ein Priester diese in die Stadt eingeführt hatte. Das SO beschloss, dass beide Werke ohne großes Aufsehen beschlagnahmt werden sollten. Das Werk unter Nr. 1, in einer um Offenbarungen der Hl. Gertrude, der Hl. Katharina von Genua und der Seligen Battista Varani erweiterten Ausg., war zusammen mit der Schrift unter Nr. 3 an den Inquisitor von Perugia, Pier Domenico Bernardi, vom Vikar der Inquisition von Camerino geschickt worden mit der Bitte um Imprimatur für einen erneuten Druck. Daraufhin wandte sich Bernardi in einem Schreiben vom 5. Juli 1785 an das SO, da dieses mit Dekret vom Mai 1782 den Druck von Manuskripten, welche die Herz Jesu-Verehrung zum Inhalt haben, verboten hatte. Dem Inquisitor von Perugia erteilte das SO das Imprimatur mit einigen Auflagen für das Werk unter Nr. 3. Weiterführendes Material in ACDF SO St.St. 4-C-p.

ACDF SO CL 1785, Nr. 2

1785. Faenza, e Cesena. Censura Ab[ati]s Michaelis de Petro in Librum impressum, cui titul.: La Crusca in Sacco – Prodromo dell'Avvocato Scardavi Accademico Quirin., e Filop. – Cesena 1785.

SCARDAVI, GIAMBATTISTA: La Crusca// In Sacco : Prodromo / Dell'Avvocato// Scardavi// Accad. Quirin., e Filop. - In Cesena : Per Gregorio Biasini [...] (Con Licenza de' Superiori), 1785. - 47 S. ; 8°. *ACDF SO CL 1785, Nr. 2, SBN*[3]

Gutachter: Michele Di Pietro[4]
Gutachten: 9 S.[5]

ACDF SO CL 1785, Nr. 3

1785. Perugia, e Città di Castello. Attentatio pro impressione in Civitate Castelli Instructionis Pastoralis D. Roberti Ranieri Mariae Costaguti Episcopi S. Sepulcri ad Clerum, et Fideles suae Dioecesis occasione pubblicandi Legem Principis concernentem suppressionem Veterum, et Novarum errectionum Confraternitatum.

COSTAGUTI, ROBERTO RANIERI MARIA <San Sepolcro, Bischof>: Instruzione Pastorale// Di Monsignor Roberto Ranieri Maria Costaguti// Vescovo di Sansepolcro// diretta a tutto il Clero ed a tutti i Fedeli della// sua Diocesi in occasione di pubblicare la Legge Sovrana// Riguardante la soppressione delle vecchie, e l'erezione delle nuove// Compagnie di Carità, con i Capitoli generali// da osservarsi dalle medesima. [Incipit: Niente vi è (17. April 1785)]. - [1785]. - 31 S. (Manuskript) *ACDF SO CL 1785, Nr. 3*

Gutachter: keine Angabe
Gutachten: nicht aufgefunden[6]

ACDF SO CL 1785, Nr. 4

1785. Germania. Censura ab[bati]s D. Michaelis a Petro facta nomine Congregationis Indicis supra Libr. cui titul.: Il Papa, o siano ricerche sul Primato di questo Sacerdote. Eleuteropoli 1783.

Anonym [CATANI, FRANCESCO SAVERIO]: Il papa o siano ricerche sul primato di questo sacerdote. - Eleutheropoli : [S.n.], 1783. - 167 S. ; 8°. *MAI*

---

3 Abweichende Umfangsangabe nach *SBN*: 47, [1] S. Hs. ist auf der Titelseite vermerkt: „Dono dell'Autore a Sua Eminenza il Sig[no]r Card[ina]le Gerdil".

4 Zu di Pietro vgl. Prosopographie 19. Jh.

5 Laut Dekret SO sollte der Autor vom Inquisitor von Faenza ermahnt werden, künftig auf Solches zu verzichten. Das Introducatur sollte verweigert werden. Der Vikar SO vom Cesena sollte dazu angehalten werden, mit größerer Vorsicht Druckerlaubnisse zu erteilen.

6 Der Ass. des SO hatte mit Schreiben vom 13. Mai 1785 das Manuskript an die Kard. Pallotta, Riminaldi und Gerdil versandt. Mit Dekret SO wurde die Druckerlaubnis verweigert.

Gutachter: [Michele Di Pietro][7]
Gutachten: 38 S.[8]

Dekret: CIndex 6. Dezember 1784; SO 21. April 1785
Bando: SO 21. April 1785[9]

ACDF SO CL 1785, Nr. 5

1785. Ancona, e Osimo. Acta super impressione facta Auximi Libri Patris Josephi Felicis Min. Observ., cui titulus: Pratica istruzione per li Novelli Sposi etc.

1. GIUSEPPE FELICE <DA MONDOLFO>: Morale Cristiana// indirizzata// A' Parrochi e Confessori,// Per illuminare quelli, che chiamati// si sentono allo stato di matrimonio : Opera// assai utile eziando agli stessi conjugati / Di F. Giuseppe Felice Bartolini di// Mondolfo// Minore osservante di s. Francesco. - [S.a.]. - 400 S. (Manuskript) *ACDF SO CL 1785, Nr. 5*

2. ♦ GIUSEPPE FELICE <DA MONDOLFO>: Pratica istruzione pe' nouelli sposi ouuero Morale cristiana indirizzata a' parrochi e confessori per illuminare quelli, che chiamati si sentono allo stato di Matrimonio / Opera [...] di f. Giuseppe Bartolini di Mondolfo minore osservante di S. Francesco. - Osimo : presso Domenicantonio Quercetti, 1773. - VIII, 294, [2] S. (+ 9 hs. Briefe) ; 4°. *MAI*

Gutachter: keine Angabe
Gutachten: nicht aufgefunden[10]

ACDF SO CL 1785, Nr. 6

1785. Vienna. Censura, sed deest, P. Mag[istr]i Pani primi Socii S. Off[ic]ii super Librum a S. Cong[regatio]ne Indicis prohibitur, sed ab ea transmissum, ut digna qualificatione proscribatur, cui titulus: Exercitatio Politico-Theologica, in qua de Libertate conscientiae, et de receptatione in Imperio Romano Teuthonico Religionum tolerantia, tum Theologica, tum Politica disputatur; Nec non de disunitorum statu Graecorum tractatur – Viennae 1782; Di questo Libro è l'Autore il P[ad]re Giovanni Nepomuceno Bartolotti dell'Ord[in]e di S. Paolo primo Eremita.

---

7 Als Gutachter der CIndex. Vgl. Congr. gen. der CIndex 6. Dezember 1784. Zu di Pietro vgl. Prosopographie 19. Jh.

8 Das Gutachten befindet sich in ACDF, Index Prot. 94 (1784), Nr. 15.

9 Laut Dekret CIndex 6. Dezember 1784 sollte das Werk verboten werden mit Dekret SO Feria V.

10 Mit Dekret SO vom 28. April wurde das Werk nacheinander an die Kard. Stoppani, Rezzonico, Rossi, Castelli, Colonna, Boschi und Torregiani versandt. Das in der Rubricella erwähnte Werk wurde schon 1773 verhandelt. 1785 lag ein neues Manuskript desselben Verf. vor. Das Dekret SO vom 2. Juni 1773 war ausschlaggebend für den Beschluss des SO vom 2. März 1785, die Druckerlaubnis zu verweigern (zu Nr. 1). Ebenfalls war das Dekret SO vom 2. Juni 1773 ausschlaggebend für die Verweigerung der Druckerlaubnis zu Nr. 2. Danach wurde das Manuskript vom SO einbehalten.

♦ BARTHOLOTTI, JOHANN NEPOMUK: [Exercitatio politico-theologica] Ioan. Nep. Bartholotti [...] Exercitatio politico-theologica : in qva de libertate conscientiae et de receptarvm in Imperio Romano-Thevtonico religionvm tolerantia cvm theologica tvm politica dispvtatvr ; nec non de disvnitorvm statv Graecorvm tractatvr. - Viennae : Typis Josephi nobilis de Kurtzbek, 1782. - [8], 263, [1] S. *CornellUL*

♦ BARTHOLOTTI, JOHANN NEPOMUK: Exercitatio politico-theologica : in qua de libertate conscientiae et de receptarum in Imperio Romano-Theutonico religionum tolerantia cum theologica tum politica disputatur. Nec non de disunitorum statu Graecorum tractatur. - Viennae : Kurtzbek, 1782. - [4], 263 S. *HU*

Gutachter: [Tommaso Vincenzo Pani OP][11]
Gutachten: nicht aufgefunden

Dekret: CIndex 26. September 1783;[12] SO 27. Januar 1785
Bando: nicht aufgefunden[13]

ACDF SO CL 1785, Nr. 7

1785. Perugia. Acta in Librum, quem volebat typis edere Perussi e Gallico in Idiomate Italico traductum inscript.: Compendio della Storia del Vecchio Testamento con varie dichiarazioni, e riflessioni etc. il P[ad]re Ab[at]e Ascanio Dolci Monaco Cassinese, Verum cum eidem a Sacra Congregatione praescriptum fuit, ut transmittat Quinternulos traductionis, d[ett]o Pater Dolci P. Inq[usito]ri Perusino significavit, quod exemplatio Quinternulorum, cum importet graves expenses se dimisisse omnem cogitationem circa editionem cum sua traductione praefati Operis.

Anonym [MÉSENGUY, FRANÇOIS PHILIPPE]: Compendio// Dell'Istoria del Vecchio Testamento : in cui si sono conservate,// per quanto è stato possibile, le proprie parole della// Sacra Scrittura, con Dichiarazioni, e Riflessioni. - [S.a.]. - vol 1. - 42 S. (Manuskript, unvollständig) *ACDF SO CL 1785, Nr. 7*[14]

---

11 Zu Pani vgl. Prospographie 19. Jh.

12 Vgl. ACDF, Index Prot. 93 (1781-1784), Bl. 276r-279r. Das Buch wurde durch Dekret CIndex dem SO übergeben.

13 Es liegt ein hs. Bando der CIndex vom 27. September 1783 vor in ACDF Index Prot. 93 (1781-1784), Bl. 394r-395r. Der Titel wurd jedoch nicht auf dem gedruckten Bando der CIndex 27. September 1783 aufgefunden.

14 Es handelt sich um die Übers. des vol. 1 der Ausg.: MESENGUY, FRANCOIS-PHILIPPE: Abrege de l'histoire de l'Ancien Testament, ou l'on a conserve autant qu'il a ete possible, les propres paroles de l'ecriture sainte, avec des eclaircissements et des reflexions. - [Nouvelle édition]. - A Paris : chez Desaint & Saillant, rue S. Jean de Beauvais, vis-a-vis le College, 1754-1774. - 10 vol. ; 12°. *SBN*. Vol. 1 war 1773 erschienen mit dem Erscheinungsvermerk: chez la veuve Desaint, [...] ; chez Saillant, [...]. *SBN*, *CCFR*. Das Werk war bereits in franz. Sprache erschienen: Anonym [MESENGUY, FRANÇOIS PHILIPPE]: Abrégé de l'histoire de l'Ancien Testament; ou l'on a conservé, autant qu'il a été possible, les propres paroles de l'ecriture sainte, avec des eclaircissemens & des refléxions. - A Paris : chez Jean Desaint [...], 1737-1738. - 3 t. in 3 vol. ; 12°. *REBIUN*. Ermittelt wurden auch die Ausg. in ital. Sprache: Anonym [MESENGUY, FRANÇOIS PHILIPPE]: Il compendio dell'istoria e della morale del Testamento Vecchio : nel quale si è osservato, quando è stato possibile, l'ordine e le parole istesse della Sagra Bibbia ; arricchito di

Gutachter: keine Angabe
Gutachten: nicht aufgefunden[15]

ACDF SO CL 1785, Nr. 8[16]

1785. Ferrara. Circa il Libro intitolato: Saggio di libertà sopra vari punti di Alessandro Pepoli.

PEPOLI, ALESSANDRO: Saggio di liberta sopra varj punti / di Alessandro Pepoli. - In Ginevra : da Bonnant, 1783. - 148 S. ; 8°. *MAI*

Gutachter: keine Angabe
Gutachten: nicht aufgefunden[17]

Dekret: SO 16. März 1785
Bando: nicht aufgefunden[18]

---

alcune note per maggior chiarezza / tradotto dal francese da Giuseppe Landi [...]. - In Arezzo : per Michele Bellotti, 1773. - 2 vol. ; [8°]. *MAI*; Anonym [MESENGUY, FRANÇOIS PHILIPPE]: Compendio dell'istoria e della morale dell'Antico Testamento con spiegazioni e riflessi : Traduzione dal francese. - In Vicenza : appresso Antonio Veronese, 1777-1783. - 10 t. in 22 vol. - 8°. *MAI*. Eine weitere Ausg. erschien: In Vincenza : appresso Antonio Veronese, 1785. - 24 vol. ; 8°. *MAI*.

15 Jedoch ein Gutachten von Arcangelo Minaretti CR der Kongreg. S. Salvatore, 24 S. Laut Dekret SO vom 16. März 1785 sollte der Inquisitor von Perugia dem Autor mitteilen, dass das SO nur nach Prüfung des Orig. Druckerlaubnisse für Neuaufl. erteilte; dass das Gutachten Mingarellis im Auftrag des Inquisitors von Perugia verfasst wurde; und dass Mingarelli demnach nicht mit der Autorität des SO auftrat. Laut Schreiben des Inquisitors von Perugia hatte er P. Ascanio Dolci OSB die Entscheidung des SO mitgeteilt, dass die Druckerlaubnis verweigert werden sollte.

16 Die Angabe stammt vom Faszikelumschlag, da in der Rubricella Nr. 8 fehlt.

17 Jedoch „Riflessioni (…)", nicht gezeichnet, 12 S. Vermutl. handelt es sich hierbei um das „piccolo ristretto di proposizioni erronee, e sentimenti anche sediziosi", das der Erzbischof von Ferrara, Alessandro Kard. Mattei, mit dem Schreiben vom 26. Januar 1786 an das SO gesandt hatte. Darüber hinaus nicht gezeichnet, 3 S., [7. März 1785], ein „Progetto di Condotta" in ACDF SO Vota CL II (1757-1809), Nr. 92. Kein röm. Gutachter wurde mit der Prüfung des Werks beauftragt.

18 Durch Votum der Mehrheit der Konsultoren SO vom 7. März 1785, das von den Kard. am 16. März 1785 bestätigt worden war, sollte die Publikation des Verbots aufgeschoben werden, bis der Inquisitor von Ferrara den Autor über die Entscheidungen in Rom in Kenntnis gesetzt hatte. Pepoli sollte dementsprechend alle Exemplare einziehen, dem SO zustellen und das Werk widerrufen. Der Widerruf sollte vom Inquisitor von Ferrara noch vor dem Druck dem SO zugestellt werden.

ACDF SO CL 1786-1788

ACDF SO CL 1786-1788, Nr. 1

Censurae P[at]ris Consultoris Martinelli, P[at]ris Vascho Exgeneralis Clericorum Regularium Minorum, et Abb. D. Michaelis de Petro super Manuscriptum, cui titulus: Jus Naturae, et Gentium in Indiis Meridionalibus attenuatum. Cur?

1. *Das Werk* Monumenta Historica, cronologica, dogmatica *wurde nicht ermittelt* [1]

2. Anonym [MURIEL, DOMINGO]: Ius Naturae et Gentium,// In Indie Meridionalibus attenuatum. - [S.a.]. - 284 S. (Manuskript) *ACDF SO CL 1786-1788, Nr. 1*[2]

Gutachter: Giuseppe Antonio Martinelli OFMConv
Gutachten: 5 S., [16. August 1786] (zu Nr. 2)

Gutachter: José Vasco CCRRMM
Gutachten: 14 S., 8. November 1786 (zu Nr. 2)

Gutachter: [Michele Di Pietro][3]
Gutachten: nicht aufgefunden [10. Januar 1787] (zu Nr. 2)

Gutachter: keine Angabe
Gutachten: nicht aufgefunden (zu Nr. 1)[4]

ACDF SO CL 1786-1788, Nr. 2

1786. Visso, e Spoleto. Reformantur quaedam verba in Imagine depicta, et deinde incisa, B. Mariae Virginis in Ecclesia S. Francisci, Vissi, quae tenet in

---

1 In einem Brief von Pavoni, Inquisitor von Faenza, vom 30. August 1786 an die Kongregation wurde der Autor identifiziert als Domenico Muriel, span. Ex-Jesuit. Laut Notiz wurde das Manuskript archiviert; vgl. ACDF SO St.St. G-7-g.

2 Ermittelt wurde auch: MORELLUS, CYRIACUS <Pseudonym> [MURIEL, DOMINGO]: Rudimenta iuris naturae et gentium : libri duo / auctore D. Cyriaco Morelli [...]. - Venetiis : apud Iosephum Rosa, 1791. - IV, 388 S. ; 4°. *CCPB*.

3 Am 10. Januar 1787 wurde nach dem Referat des Gutachtens entschieden, dass der Gutachter zu prüfen habe, ob die Druckerlaubnis erteilt werden könne mit der Auflage, das Buch zu korrigieren, oder ob sie verweigert werden sollte. Zu di Pietro vgl. Prosopographie 19. Jh.

4 Die Verhandlungen zu diesem Werk wurden vermutl. nicht weitergeführt. Am 16. August 1786 sollte Muriel geantwortet werden, dass seine Bitte um die Rückgabe seines Manuskripts und um die Erteilung einer Druckerlaubnis das SO erstaunt habe, weil ihm der Inquisitor von Faenza das Werk bereits nur unter der Bedingung zurückgegeben habe, dass der Autor auf eine Veröffentlichung verzichte.

Brachio Puerum Jesum, ex cuius ore exeunt haec verba: Mia cara, esaudite le preghiere le preghiere de Peccatori, che a Voi ricorrono.

Vera e, miracolosa Immagine di Maria S[antissi]ma della Rosa// Che si venera nella Chiesa de PP. Min. Conv. della Terra di Visso. (Spruch Jesu: Mia Cara Madre, esaudite le preghiere de peccatori, che a voi ricorrono). [Bildliche Darstellung Mariens mit dem Jesuskind nach einem Gemälde aus der Kirche S. Francesco in Visso]. - Macerata : dalla Calcografia di Antonio Cortesi, [S.a.]. - 1 Graphik (Kupferstich) *ACDF SO CL 1786-1788, Nr. 2*

Gutachter: [Giuseppe Antonio Martinelli OFMConv] [5]
Gutachten: nicht aufgefunden

ACDF SO CL 1786-1788, Nr. 3

1786. Vienna. Censura P[at]ris Mamachii Magistri S. Palatii, et Consultor S. Off[ic]ii in Libro idiomate Germanico impressum, cui titulus latine versus: Quid est Papa? deinde in pluribus Linguis traduct.

Minuta Brevis prohibitivi praefati Libri.[6]

Anonym [Eybel, Joseph Valentin]: Was ist der Pabst? : Mit Dispensation der kaiserl. königl. Büchercen-//sur=Kommission wegen Beysetzung des Namens. - Wien : bey Joseph Edlen von Kurzbeck, 1782. - 48 S. ; 8°. *ACDF SO CL 1786-1788, Nr. 3*, *COPAC*

Gutachter: Tommaso Maria Mamachi OP
Gutachten: 66 S.

Dekret: SO 3. August 1786
Bando: Breve 28. November 1786[7]

ACDF SO CL 1786-1788, Nr. 4

1787. Perugia. Censura Anonyma in Librum impressum Assisii, et publicatum absque licentia, cui titulus: Lettera di un Ecclesiastico Italiano diretta a Mons[igno]r Scipione Ricci, Vescovo di Pistoia, e Prato.

1. Anonym: Lettera// Di Un' Ecclesiastico Italiano// Diretta A Monsignore// Scipione De' Ricci// Vescovo Di Pistoja, E Prato// In Toscana. - In Genova : Per Pietro Pizzurno Stampatore (Con Permesso). - 24 S. ; 4°. *ACDF SO CL 1786-1788, Nr. 4*[8]

---

5 Laut Dekret SO vom 24. November 1786 sollten der Comm. SO und Martinelli das Wort „esaudire" ohne Rücksichtnahme durch „intercedere" ersetzen (lassen).

6 Hinweis auf ein Breve vom 17. November 1784 mit Verbot eines anderen Werks von Eybel (vgl. ACDF SO CL 1783-1784, Nr. 10). Vgl. auch ACDF SO CL 1782, Nr. 11.

7 Ein hs. Entwurf liegt vor.

8 Weitere Ausg. des Werks werden Giuseppe Maria Ferrari oder P. Tamagni zugeschrieben. *MAI.*

2. Anonym [FERRARI, GIUSEPPE MARIA?]: Lettera// Di Un' Ecclesiastico Italiano// Diretta// A Monsignore// Scipione De' Ricci// Vescovo Di Pistoja, E Prato// In Toscana. : Concernente Il Sinodo Diocesano. - [S.l., Assisi?] : [S.n., Sgariglia?], [S.a., 1786?]. - 40 S. ; [8°]. *ACDF SO CL 1786-1788, Nr. 4, MAI*[9]

Gutachter: keine Angabe
Gutachten: nicht aufgefunden (zu Nr. 1-2)[10]

Weiterhin beiliegend: [Incipit: Dai Torchj], in: Gazzetta Universale. - [auf letzter Seite:] Assisi per Pompeo Campana Stampator Vesc., (e Pubb. con permesso), Nr. 5. (2. Febr. 1787). - S. 36.

ACDF SO CL 1786-1788, Nr. 5

1787. Perugia, e Camerino. Revocatio cuiusdam imaginis S. Francisci incisae, in cuius fine signatur quaedam Oratio, seu Benedictio, in qua attribuitur dictae Chartae virtus operandi illas gratias, de quibus nos certi sumus. etc.

Censura Anonyma in praefatas Imagines.

Benedizione Di S. Francesco D'Assisi [Bildunterschrift: Tutti vengono esortati] [Bildliche Darstellung]. - [S.l.] : [S.n.], [S.a.]. - 1 Graphik. *ACDF SO CL 1786-1788, Nr. 5*

Gutachter: [Tommaso Vincenzo Pani OP][11]
Guatchten: 8 S.[12]

ACDF SO CL 1786-1788, Nr. 6

1787. Bologna. Censura P. Mamachi Magistri S. Palatii in quoddam Manuscriptum in lingua Gallica, cui titul.: Lettre apologetique d'un Militajre sur son Changement de la Religion. praesentatum pro eiusdem impresssione.

Anonym: Lettre apologetique// d'un Militaire// sur son changement de religion. - [S.a.]. - 68 S. (Manuskript) *ACDF SO CL 1786-1788, Nr. 6*

Gutachter: Tommaso Maria Mamachi OP
Gutachten: 24 S., 1. April 1787[13]

---

9 Vermutl. Erscheinungsort, Verlag und Format ergänzt nach *MAI*. Als Erscheinungsort und -jahr werden nach einem Eintrag auf S. 40 auch „Genova, 1787" angegeben. *MAI*.

10 Am 26. Februar 1787 wurde entschieden, dass der Comm. SO dem Inquisitor von Perugia mitteilen sollte, dass er auf die Erteilung einer Druckerlaubnis verzichten solle, außerdem solle er sich bei der Erteilung des Imprimaturs immer an die Indexregeln halten.

11 Zu Pani vgl. Prospographie 19. Jh.

12 Laut Rubricella wurde das Bild beschlagnahmt.

13 Mit Dekret SO wurde die Druckerlaubnis verweigert.

ACDF SO CL 1786-1788, o.Nr.

1789. Perugia. Censura P. Mag. Calvieri Ord. S. Franc. Revisoris S. Off[ic]ii Perusiae in Manuscriptum pro impressione: cui titulus – Leggenda della Vita, Miracoli di S. Margarita da Cortona Compilata dal P. Giunta Bevegnati dell'Ordine de Minori. Confessore di detta Santa – Colla Traduzione Lettera di essa Leggenda in lingua italiana.

Q[ues]ta Posizione si è trovata al Volume Censurae Librorum 1788 ad 1793, n. 3 e vi si è lasciata.

Iuncta <Bevegnatis>: Leggenda della Vita, Miracoli di S. Margarita da Cortona / Compilata dal P. Giunta Bevignati dell'Ordine de Minori Confessore di detta Santa. - [S.a.]. (Manuskript) *Das Manuskript wurde nicht nachgewiesen*

♦ Iuncta <Bevegnatis>: Antica leggenda della vita e de'miracoli di S. Margherita di Cortona / scritta dal di lei confessore Fr. Giunta Bevegnati dell'ordine di menori, colla traduzione italiana di detta leggenda posta dicontro al testo originale latino e con annotazioni e dissertationi diverse ad illustrazione del medesimo testo per opera di un sacerdote [...] [Hrsg.: Lodovico da Pelago]. - Lucca : Presso F. Bonsignori, 1793. - 342 S, 2 Bl., 199 S. ; 4°. *GBV*

♦ Iuncta <Bevegnatis>: Antica leggenda della vita e de' miracoli di S. Margherita di Cortona scritta dal di lei confessore fr. Giunta Bevegnati dell'ordine de' minori colla traduzione italiana di detta leggenda posta dicontro al testo originale latino e con annotazioni e dissertazioni diverse ad illustrazione del medesimo testo per opera di un sacerdote divoto di detta santa e socio della insigne accademia etrusca di Cortona. - Lucca : Presso Francesco Bonsignori, 1793. - 342, [2], 199, [7] S. ; 2°. *Abes*[14]

Gutachter: keine Angabe
Gutachten: nicht aufgefunden[15]

ACDF SO CL 1786-1788, Nr. 7

1787. Spagna. Censura singulorum Consultorum S. Off[ic]ii consignata S[anctissi]mo Pio PP. VI. super decem, et octo propositiones consignatas eidem S[anctissi]mo ab Equite Azzara ut extractas a quodam Libro edito in Hispania, cui titulus: De contrabannis Clericorum.[16]

Calà, Carlo: De contrabannis clericorum in rebus extrahi prohibitis a Regno Neapolitano : Dissertatio iuridico-politica / D. Caroli Cala i.c. in supremis regni tribunalibus aduocati. - [Napoli] : [S.n.], [1646?]. - [8], 128, [24] S. ; 4°. *MAI.*

---

[14] Ermittelt wurde auch: Iuncta <Bevegnatis>: Legenda de Vita et Miraculis Beatae Margaritae de Cortona: MS Cortona, Marguerita Convent MS. - [1308]. (Autograph/Manuskript) Quelle: *http://users.bart.nl/~roestb/franciscan/ (Zugriff: 15.07.2008).*

[15] Vgl. ACDF SO CL 1784, Nr. 1 und ACDF SO CL 1788-1798, Nr. 3 (Verweigerung Druckerlaubnis).

[16] Der Faszikelumschlag spricht von einem weiteren Buch „de eadem materia".

Enth.: Proposizioni [Incipit: Prima = Nè il Papa]. - [S.a.]. - 3 S. (hs. Abschrift, 2 Ex.) *ACDF SO CL 1786-1788, Nr. 7*

Gutachter: Francesco Saverio Passari
Gutachten: 7 S.

Gutachter: Balthasar de Quiñones OP
Gutachten: 17 S.

Gutachter: Raimondo Migliavacca da Milano OP
Gutachten: 23 S.

Gutachter: Francesco Antonio Contarini OFMConv
Gutachten: 3 S.

Gutachter: Agostino Antonio Giorgi OSA
Gutachten: 18 S.

Gutachter: Filippo Liberti
Gutachten: 29 S.

Gutachter: Ambrogio Maria Erba da Milano OFMObs
Gutachten: 33 S.

Gutachter: Tommaso Maria Mamachi OP
Gutachten: 38 S.

Gutachter: Michelangelo Monsagrati CRL
Gutachten: 56 S.

Gutachter: Filippo Liberti
Gutachter: 31 S.

Gutachter: Vincenzo Barberini OP
Gutachten: 9 S.[17]

ACDF SO CL 1786-1788, Nr. 8

1788. Bologna. Correctiones, et Additiones factae iussu S[anctissi]mi D[omi]ni Pii Papae VI. a R. P. D[omin]o D. Ab[at]e Michaele Angelo Monsecrati Ab. Gen[era]li Congregationis Lateranen. S. Salvatoris super manuscriptum imprimendum, cui titul.: Lettere Apologetiche intorno alla punizione degli Eretici, ed al Tribunale della Santa Inquisizione del P. Tommaso Vincenzo Pani Riminese Inquisi[tor]e di Bologna.

Anonym [PANI, TOMMASO VINCENZO]: Della punizione degli eretici e del tribunale della Santa Inquisizione : lettere apologetiche divise in due tomi. - [Faenza] : [S.n.], 1789. - 2 vol. ; 8°. *SBN*[18]

---

17 Darüber hinaus nicht gezeichnet, 6 S. Im Auftrag des Papstes sollten sich alle Konsultoren an der Untersuchung beteiligen. Die Gutachten sollten dann direkt dem Papst übergeben werden, der sich die endgültige Entscheidung vorbehalten hatte.

Gutachter: Michelangelo Monsagrati CRL
Gutachten: 61 S., [30. November 1787][19]

ACDF SO CL 1786-1788, Nr. 9

1786. Macerata. Manoscritto dell'Abate Bolgini: Che cosa è un Appellante. Sopra il quale fece delle osservazioni il Card. Gerdil, ed il P. Zaccaria.[20]

1. BOLGENI, VINCENZO: Anti-Appellante// ossia// Osservazioni Teologico-critiche [// di Gaetano da Brescia//] sopra due Libri intitolati// Cosa è un Appellante?// e// Continuazione dell'Appellante// dati in luce dal// Sig. D. Pietro Tamburini Lettore di Teologia morale// nella Università di Pavia. - [S.a.]. - 169 S. (Manuskript) *ACDF SO CL 1786-1788, Nr. 9*[21]

2. BOLGENI, GIOVANNI VINCENZO: Esame di una opera divisa in due parti, e intitolata: Vera Idea della Santa Sede, stampata in Pavia 1784. - [ca. 1784]. (Manuskript) *Das Manuskript wurde nicht nachgewiesen*

♦ BOLGENI, GIOVANNI VINCENZO: Esame fatto da Gianvincenzo Bolgeni sull'opera intitolata Vera idea della Santa Sede stampata in Pavia nel 1784. - Edizione terza con aggiunta di risposta agli Annali Ecclesiastici di Firenze, e di nuove annotazioni dell'Autore. - In Fuligno : per Giovanni Tomassini stamp. vescovile, 1791. - 331, [1] S. ; 8°. *MAI*[22]

Gutachter: Francesco Antonio Zaccaria[23]
Gutachten: 39 S., 25. Juni 1743 (zu Nr. 1)

Gutachter: [Hyacinthe-Sigismond Gerdil B]
Gutachten: 20 S. (zu Nr. 1)

Gutachter: Francesco Antonio Zaccaria[24]
Gutachten: 11 S., [13. September 1785] (zu Nr. 2)[25]

Weiterhin beiliegend: Anonym [BOLGENI, VINCENZO?]: Correzioni, e Aggiunte da farsi al MS. intitolato Esame della Vera Idea della S[ant]a Sede. – [1786?] – 22 S. (Manuskript)[26]

---

18 Gegenstand der Prüfung war das Manuskript. Eine weitere Ausg. erschien 1795.
19 „Correzzioni ed Aggiunte". Mit Dekret SO wurde die Druckerlaubnis erteilt.
20 Vgl. ACDF SO St.St. P-5–g.
21 Auf dem Manuskript wurde nachträglich Gaetano da Brescia als Autor eingefügt. In einem Schreiben vom 10. Juni 1785 bezeichnete sich Bolgeni jedoch selbst als Autor. Vgl. auch ACDF SO Tit.Libr. 1784-1797, Nr. 52.
22 Das Werk war bereits erschienen: BOLGENI, GIOVANNI VINCENZO: Esame della Vera idea della Santa Sede, operetta divisa in due parti e stampata in Pavia nel 1784. - Macerata : [S.n.], 1785. - 222 S. ; 8°. *BL*.
23 Als externer Gutachter.
24 Als externer Gutachter.
25 Darüber hinaus nicht gezeichnet, 11 S., „Osservazioni/Correzioni". Die Akten wurden den Kard. Rezzonico, Boschi, Borromeo, De Zelada, Antonelli, Gerdil und Pallotta zur Urteilsbildung übergeben. Mit Dekret SO wurde die Druckerlaubnis mit der Auflage erteilt, beide Werke zu korrigieren.
26 Vermutl. Verf. ergänzt durch Handschriftenvergleich.

ACDF SO CL 1788

ACDF SO CL 1788, Nr. 1

Circa librum cui Titulus: Dissertatio Theologico-Dogmatico-Scholastico-Critica, Theses CV continens selectas de Creatura Innocenti, de Peccato O[rigina]li, de Praedestinatione Electorum ad Gloriam, et Impiorum cum negativa, tum positiva reprobatione, tandem de Gratia actuali, et habituali ad mentem Divi Parentis Augustini elucubrata, quam ab adversariorum maledictis vindicandam suscipio Fr. Augustinus Falangola in Augustinensi S. Joannis ad Carbonariam Lyceo Sacrae Facultatis defendens, moderante Fr. Antonio Orsi Studiorum Regente.

Censura P.P. Consult. F. Fr[ancis]ci Ant. Contarini O.M.C.

P. Bonavent. Amici O.C.Regul.

P. Thomae M[ari]ae Mamachj O.Praed.

ORSI, ASCANIO (Praes.) ; FALANGOLA, AUGUSTINUS (Resp.): Dissertatio// Theologico-Dogmatico-Scholastico-// Critica// Theses Continens Selectas// De Creatura Innocenti// De Peccato Originali,// De Praedestinatione Electorum Ad Gloriam, Et Impiorum// Cum Negativa,// Tum Positiva Reprobatione, Tandem// De Gratia Actuali, Et Habituali, Ad Mentem// Divi Parentis Augustini Elucubrata / Quam Ab Adversariorum Maledictis// Vindicandam Suscipit// Fr. Augustinus Falangola// In Augustinensi S. Joannis Ad Carbonariam Licaeo// Sacrae Facultatis Defendens// Facta Cuilibet Post Secundum Argumentandi// Potestate.// Disputatio Habebitur Neapoli// In Conv. S. Joannis ad Carb.// Anno 1788. Mense Februarii Die [...] hora// Exedram Moderante// Fr. Ascanio Orsi// Studiorum Regente. - [Napoli?] : [S.n.], [ca. 1788]. - 51, [1] S. ; 8°. *ACDF SO CL 1788, Nr. 1*[1]

Gutachter: Francesco Antonio Contarini OFMConv
Gutachten: 24 S., [4. Juli 1788]

Gutachter: Bonaventura Amici MI[2]

---

1 Ermittelt wurde auch: ORSI, ASCANIO (Praes.) ; MASSA OREFICE, BASILIUS (Resp.): Dissertatio theologico-dogmatico-scholastico-critica Theses continens selectas de Creatura Innocenti, de Peccato Originali, de Praedestinatione electorum ad gloriam, et impiorum cum negativa, tum positiva reprobatione, tandem de Gratia Actuali, et Habituali, ad mentem Divi Parentis Augustini elucubrata quam ab adversariorum maledictis vindicandam suscipit Fr. Basilius Massa Orefice [...]. Disputatio habebitur Neapoli in Conv. S. Ioannis ad Carb. Anno 1788 Mense Februarii Die hora [...] Exedram Moderante Fr. Ascanio Orsi [...]. - [Neapoli] : [S.n.], [1788]. - 51 S. ; 4°. *Catalogo Palatino* [*BNCF*].

2 Als externer Gutachter. Unterzeichnet als „Romani Cleri Examinator Apostolicus".

Gutachten: 7 S.[3]

Gutachter: Bonaventura Amici MI[4]
Gutachten: 11 S.[5]

Gutachter: Tommaso Maria Mamachi OP
Gutachten: 72 S.[6]

Gutachter: Tommaso Maria Mamachi OP
Gutachten: 75 S.[7]

ACDF SO CL 1788, Nr. 2

Vienna. Circa il nuovo Regolamento che si vorrebbe mettere in Milano sulla Censura, Stampa, ed Introduz. de Libri.

♦ Istruzione generale per le regie intendenze politiche provinciali della Lombardia austriaca. - [S.l.] : [S.n.], [nach 1786]. - [2], 156 S. ; 8°. *MAI*

Gutachter: keine Angabe
Gutachten: nicht aufgefunden

ACDF SO CL 1788, Nr. 3

Germania. Circa il Libro intitolato: Nuovo tentativo sulla Profezia d'Emanuelle di Gio. Lorenzo Isenbiehl diretto a mostrare che il vaticinio espresso in Isaia Ecce Virgo concipietur non è diretto a G. C. né alla Mad[r]e. Vide 1778, P. I.[8]

ISENBIEHL, JOHANN LORENZ: [Neuer Versuch über die Weissagung vom Emmanuel] Johann Lorenz Isenbiehl's neuer Versuch über die Weissagung vom Emmanuel. - [Coblenz] : [Huber], 1778. - [8] Bl., 292 S. ; 8°. *HBZ*

Gutachter: keine Angabe
Gutachten: 16 S.
Dekret: nicht aufgefunden

---

3 „Theologicae Censurae".
4 Als externer Gutachter.
5 „Animadversiones". Vgl. ACDF SO St.St. I-6-a, Nr. 8.
6 „Series Propositionum quibus e dissertatione, seu ex libello thesium P Orsi Eremitae Augustiniani excerptis Censurarum Theologicarum notas apponendas Duxit F. Th. M. S. P. A. M."
7 „De Propositionibus Dissertatoris Orsii Eremitae Augustiniani quam semel tuli, eamdem [sic] non est cur revocem, aut immutem sententiam." Das Gutachten befindet sich in ACDF SO St.St. I-6-d, Nr. 3. Am 11. August 1788 konnten die Konsultoren sich über die Modalitäten eines Verbots nicht einigen. Mit Dekret SO vom 21. August 1788 wurde die Entscheidung aufgeschoben; ein zweiter Gutachter sollte vom Papst beauftragt werden. Dieses Gutachten befindet sich in ACDF SO CL 1788, Nr. 9. Vgl. auch ACDF SO St.St. I-6-a, Nr. 8; ACDF SO St.St. I-6-c; Nr. 7, und ACDF SO St.St. I-6-d, Nr. 7.
8 Vgl. ACDF SO St.St. N-5–r,-s und ACDF SO St.St. I-6-d, Nr. 15.

Bando: Breve 20. September 1779; CIndex 7. Februar 1783[9]

Weiterhin beiliegend: PIUS <PAPA, VI.>: [Incipit: Supremum Catholicae Ecclesiae]. Minute. - [Sa.]. - 10 S. (Manuskript)

ACDF SO CL 1788, Nr. 4

Condanna fatta da Pio VI. del Libro intitolato etc. di Eybel v. l. a. → al nr. 6.

EYBEL, JOSEPH VALENTIN: [Collectio selectarum lucubrationum iurisprudentiam ecclesiasticam illustrantium publicis in publicam utilitatem occasione academicorum exercitiorum futuris subinde distributionibus destinata] Josephi Valentini Eybel// J.U.D. Et Jur. Eccl. Prof. Publ.// Extraord. Caes. Reg.// Collectio// Selectarum Lucubrationum// Jurisprudentiam Ecclesiasti-//cam Illustrantium// Publicis In Publicam Utilitatem// Occasione Academicorum// Exer-//citiorum Futuris Subinde Distri-//butionibus Destinata. - Viennae : Typis Joseph Kurzböck Caes. Reg. Aulae Illir-//Orientalis nec non incl. Inf. Austr. Ord.// Typog. & Bibliop., 1775. - 7 Bl., [4], 52, [4] S. ; 8°. *ACDF SO St.St. O-4-i, Nr 6, HBZ*

Gutachter: keine Angabe
Gutachten: nicht aufgefunden[10]

ACDF SO CL 1788, Nr. 5

Censura sull'esame critica etc.[11]

1. Anonym: Raccolta di varj esercizj di pieta ed istruzioni nelle quali s'insegna, e si spiega tutto quello, che e necessario di sapere, ed operare per vivere da vero buon cristiano, e salvarsi : operetta utilissima, ad ogni sorta di persone [ed anche a' parrochi, e confessori, ed a tutti quelli che debbono insegnare ad altri]. - Edizione seconda ricorretta, ed accresciuta dall'istesso autore di varie aggiunte. - In Bologna : per Lelio dalla Volpe, 1777. - 384 S. ; 12°. *SBN, MAI*[12]

2. Anonym: Esame critico teologico, che servirà per fare una errata corrige ad un certo libro stampato in Bologna per Lelio della Volpe l'anno 1777. intitolato: Raccolta di varj esercizi di pietà, ed istruzioni [nelle quali s' insegna, e si spiega tutto quello che e necessario di sapere, ed operare per vivere da vero buon cristiano, e salvarsi; operetta utilissima ad ogni sorta di persone, ed anche a' parrochi, e confessori, ed a tutti quelli che debbono insegnare ad altri]. Edizione seconda ricorretta ed accresciuta dall'istesso autore di varie aggiunte. - In Venezia : per Giambatista Novelli, 1779. - XII, 188 S. ; 8°. *MAI*[13]

Gutachter: Ambrogio Maria Erba da Milano OFMObs

9 Vgl. ACDF Index Prot. 92 (1779-1781), Bl. 626r.
10 Vgl. ACDF SO CL 1788, Nr. 6 und ACDF SO CL 1783-1784, Nr. 10; ACDF SO CL 1795-1796, Nr. 3 und Nr. 9.
11 Vgl. ACDF SO CL 1781, Nr. 6.
12 Titelaufnahme ergänzt nach den Angaben im Gutachten und *MAI*.
13 Abweichende Formatangabe nach *MAI*: [4°?].

Gutachten: 90 S. (zu Nr. 2)

Gutachter: Tommaso Vincenzo Pani OP[14]
Gutachten: 85 S. „Censura“ (zu Nr. 1)

Gutachter: Ambrogio Maria Erba da Milano OFMObs
Gutachten: 107 S. (zu Nr. 1)[15]

ACDF SO CL 1788, Nr. 6

De libello de Eybel de Auriculari Confess[ion]e. Vide 1783-84, n. 10.[16]

♦ EYBEL, JOSEPH VALENTIN: Was enthalten die Urkunden des christlichen Althertums von der Ohrenbeichte / von Eybel. - Wien : [s.n.], 1784. - 63 S. *BVB*

♦ EYBEL, JOSEPH VALENTIN: Was enthalten die Urkunden des christlichen Alterthums von der Ohrenbeichte. - Wien : bey Joseph Edlen von Kurzbek k. k. Hofbuchdrucker, Groß- und Buchhändler, 1784. - 88 S. ; 8°. *HBZ*

Gutachter: Balthasar de Quiñones OP
Gutachten: 26 S.[17]

Gutachter: Giammaria Riminaldi
Gutachten: 3 S., 23. Mai 1784[18]

Gutachter: Giuseppe Antonio Martinelli OFMConv
Gutachten: 23 S. „Propositiones“

Gutachter: Agostino Antonio Giorgi OSA
Gutachten: 22 S.

Gutachter: Stefano Borgia
Gutachten: 20 S.

Gutachter: Tommaso Vincenzo Pani OP[19]
Gutachten: 9 S.

Gutachter: Ambrogio Maria Erba da Milano OFMObs
Gutachten: 11 S.

Gutachter: Raimondo Migliavacca da Milano OP
Gutachten: 7 S.

Dekret: nicht aufgefunden
Bando: Breve 11. November 1784;[20] CIndex 7. Dezember 1784

14 Zu Pani vgl. Prospographie 19. Jh.
15 Hinweise auf weitere Verhandlungen oder Ergebnisse des Verfahrens wurden nicht aufgefunden.
16 Vgl. ACDF SO CL 1783-1784, Nr. 10; ACDF SO CL 1788, Nr. 4, und ACDF SO CL 1795-1796, Nr. 3 und Nr. 9.
17 Eingebunden zwischen ACDF SO CL 1788, Nr. 1 und Nr. 2.
18 Eingebunden zwischen ACDF SO CL 1788, Nr. 1 und Nr. 2.
19 Zu Pani vgl. Prospographie 19. Jh.

ACDF SO CL 1788, Nr. 7

Censura sopra il libro Ebraico: Scenè Luchòt habberith. Distesa da Gio. Ant[oni]o Costanzi.

♦ HOROWITZ, ISAIAH: Šenê luḥôt hab-berît. - Amsterdam : [S.n.], 1649 [= 5409]. - 422 Bl. *BSB*

♦ HOROWITZ, ISAIAH: Sēfer Šenē lûḥôt hab-berît. - Wilhermsdorf : Katz, 1686 [= (5)446]. - 339 Bl. *BSB*

♦ HOROWITZ, ISAIAH: Sēfer šenē lûḥôt hab-berît / Yešayāhŭ B. Hôrôvîs. - [Wilhermsdorf] : Jüdels, (5)446 [1686]. - 339 Bl. ; 2°. VD17, *BSB*

♦ HOROWITZ, ISAIAH: Sefer sené lûhot ha-berît / Isaias Hurwitz ben Abrham. - Fuerth : [S.n.] ; [Fuerth : Ha-Ogen Loew], 1764. - 421, 44 S. ; 2°. *REBIUN*

Gutachter: [Giovanni Antonio Costanzi]
Gutachten: 17 S.[21]

ACDF SO CL 1788, Nr. 8

Censura in LXXVI Propositiones decerptas ex libro morali N. N. Opus Fr. Silv. Epis[cop]us Porphyriens.

Das Werk ist nicht nachweisbar

Gutachter: Silvestro Merani OSA[22]
Gutachten: 155 S.[23]

ACDF SO CL 1788, Nr. 9

Censura anonima di alcune Tesi Napolitane, alla quale censura rispose pure il P. Consultore de Conventuali Contarini, ma [...]. N.B. Li è osservato appartenere altro, per cui vi fu riunito al n. 1.

ORSI, ASCANIO (Praes.) ; FALANGOLA, AUGUSTINUS (Resp.): Dissertatio// Theologico-Dogmatico-Scholastico-// Critica// Theses Continens Selectas// De Creatura Innocenti// De Peccato Originali,// De Praedestinatione Electorum Ad Gloriam, Et Impiorum// Cum Negativa,// Tum Positiva Reprobatione, Tandem// De Gratia Actuali, Et Habituali, Ad Mentem// Divi Parentis Augustini Elucubrata / Quam Ab Adversariorum Maledictis// Vindicandam Suscipit// Fr. Augustinus

---

20 Das Entwurf des Breves wurde von Monsagrati laut Begleitschreiben vom 12. Juli 1784 verfasst.

21 Hinweise auf weitere Verhandlungen oder Ergebnisse des Verfahrens wurden nicht aufgefunden.

22 Als externer Gutachter. Der am 23. Juli 1764 verstorbene Merani war Provinzial seines Ordens in Umbrien und hatte das Titularbistum von Prophyreon inne.

23 U.d.T. Beatiss[im]o Patri ac D[omin]o N[ostr]o / Benedicto XIV / Pontifici Optimo / Religione, Zelo, Doctrina, Prudentia / Vt Dignitate Maximo / Annotata / In LXXVI Propositiones / Ex Libro Morali N. N. Decerptas / S[anctissi]mis Pedibus provolutus / offert / Fr Silv[este]r Ep[iscop]us Porphyrien.

Falangola// In Augustinensi S. Joannis Ad Carbonariam Licaeo// Sacrae Facultatis Defendens// Facta Cuilibet Post Secundum Argumentandi// Potestate.// Disputatio Habebitur Neapoli// In Conv. S. Joannis ad Carb.// Anno 1788. Mense Februarii Die [...] hora// Exedram Moderante// Fr. Ascanio Orsi// Studiorum Regente. - [Napoli?] : [S.n.], [ca. 1788]. - 51, [1] S. ; 8°. *ACDF SO CL 1788, Nr. 1*

Gutachter: keine Angabe
Gutachten: 8 S.[24]

24 Es handelt sich um eine Prüfung der Thesen im Auftrag des Papstes, vgl. ACDF SO CL 1788, Nr. 1.

ACDF SO CL 1788-1793

ACDF SO CL 1788-1793, Nr. 1

1788. Faenza. Circa la dottrina Cristiana esposta dal Ven. Card. Bellarmino ridotta a metodo più facile da impararsi a mente da Fanciulli dal Sac. Pietro Mogas Spagnolo.

BELLARMINO, ROBERTO ; MOGAS, PIETRO (Bearb.): Dottrina Cristiana / esposta dal Ven. Card. Roberto Bellarmino.// ridotta a metodo più facil da impararsi a mente// da' Fanciulli.// dall'Abb. Pietro Mogas Sacerdote Spagnuolo. - [S.a.]. - 123, 3 S. (Manuskript) *ACDF SO CL 1788-1793, Nr. 1*

Gutachter: keine Angabe
Gutachten: nicht aufgefunden[1]

ACDF SO CL 1788-1793, Nr. 2

1788. Perugia. Esame della Tragedia intitolata: Gli Ugonotti ovvero L'Intolleranza che ha per scopo la tolleranza degli Eretici.

Minucci, […]: Gli Ugonotti ovvero Intolleranza. - [S.a.]. (Manuskript) *Das Manuskript wurde nicht nachgewiesen*

Gutachter: Filippo Liberti
Gutachten: Bl. 73r-v, 2 S.[2]

Gutachter: [Vincenzo Barberini OP][3]
Gutachten: Bl. 74r-77v, 8 S.

ACDF SO CL 1788-1793, Nr. 3

1789. Perugia. Acta et Censurae in Manuscriptum imprimendum cui titulus: Leggenda della Vita e Miracoli di S. Margarita da Cortona compilata dal P.

---

1 Jedoch ein Gutachten der Inquisition von Faenza: Bl. 2r-4v, [Vincenzo Ludovico Pavoni], 6 S., [8. Juli 1788]. Name und Datum laut Begleitschreiben Bl. 1r. Auf dem Faszikelumschlag ist vermerkt, dass die Akten vom Adv. Fiscalis, vom Comm. SO und von einem noch zu beauftragenden zweiten Konsultor als „Compagno" gesichtet werden sollten. Das Manuskript sollte in Cesena gedruckt werden, aber mit Dekret SO wurde die Druckerlaubnis verweigert.

2 Mit Dekret SO wurde die Druckerlaubnis verweigert.

3 Die Zuschreibung ist vage. Liberti bezog sich in seinem Gutachten auf ein „sentimento" Barberinis.

Giunta Bevegnati dell'Ordine de Minori Confessore di d[ett]a Santa. [Loch] Traduzione letterale di essa leggenda in lingua Italiana.

IUNCTA <BEVEGNATIS>: Leggenda della vita, e miracoli di S. Margarita da Cortona / Scritta dal P[ad]re Giunta Bevignati dell'Ordine de Minori Confessore di s[uddett]a Santa. - [S.a.]. (Manuskript) *Das Manuskript wurde nicht nachgewiesen*

♦ IUNCTA <BEVEGNATIS>: Antica leggenda della vita e de'miracoli di S. Margherita di Cortona / scritta dal di lei confessore Fr. Giunta Bevegnati dell'ordine di menori, colla traduzione italiana di detta leggenda posta dicontro al testo originale latino e con annotazioni e dissertationi diverse ad illustrazione del medesimo testo per opera di un sacerdote [...] [Hrsg.: Lodovico da Pelago]. - Lucca : Presso F. Bonsignori, 1793. - 342 S, 2 Bl., 199 S. : 3 Pl., 1 Tab. ; 4°. *GBV*

♦ IUNCTA <BEVEGNATIS>: Antica leggenda della vita e de' miracoli di S. Margherita di Cortona scritta dal di lei confessore fr. Giunta Bevegnati dell'ordine de' minori colla traduzione italiana di detta leggenda posta dicontro al testo originale latino e con annotazioni e dissertazioni diverse ad illustrazione del medesimo testo per opera di un sacerdote divoto di detta santa e socio della insigne accademia etrusca di Cortona. - Lucca : Presso Francesco Bonsignori, 1793. - 342, [2], 199, [7] S. ; 2°. *Abes*[4]

Gutachter: Filippo Liberti
Gutachten: Bl. 104r-113r, 19 S.[5]

ACDF SO CL 1788-1793, Nr. 4

1793. Macerata. Circa varii libri proibiti comprati in Firenze dal Marchese Francesco Ricci.

Es liegt kein konkreter Zensurfall vor

Gutachter: keine Angabe
Gutachten: nicht aufgefunden

ACDF SO CL 1788-1793, Nr. 5

1793. Ferrara. Esame di varii Manoscritti trovati al Sac. def[unt]o Domenico Angelini Arciprete di Ariano circa le usure, il costume degli Eccl[esiastic]i, il cattivo uso dei Beni Ecc[esia]li che si fa dai Preti, il Possedimento dei Beni Stabili dei Religiosi, ed in fine contro il Papa e i Cardinali a quali rinfaccia che abbiano piutosto l'occhio alle Decretali, che al Vangelo e ai Padri.

---

4 Ermittelt wurde auch: IUNCTA <BEVEGNATIS>: Legenda de Vita et Miraculis Beatae Margaritae de Cortona: MS Cortona, Marguerita Convent MS. - [1308]. (Autograph/Manuskript). Quelle: *http://users.bart.nl/~roestb/franciscan/ (Zugriff: 15.07.2008).*

5 Darüber hinaus ein Gutachten, Bl. 100r-101r, P. Mag. Calvieri OFMConv. Revisor der Inquisition von Perugia und Professor der Theologie, 3 S., 16. Februar 1788. Mit Dekret SO wurde die Druckerlaubnis verweigert. Vgl. ACDF SO CL 1784, Nr. 1.

1. Anonym: [Incipit: Che se noi ci maravigliamo]. - [S.a.]. - 12 S. (Manuskript) *ACDF SO CL 1788-1793, Nr. 5, Bl. 175r-180v*

2. Anonym: [Incipit: Gli empi libertini]. - [S.a.]. - 24 S. (Manuskript, unvollständig) *ACDF SO CL 1788-1793, Nr. 5*

3. Anonym: [Incipit: Se mi si dimanda]. - [S.a.]. - 6 S. (Manuskript, unvollständig) *ACDF SO CL 1788-1793, Nr. 5*

Gutachter: keine Angabe
Gutachten: nicht aufgefunden (zu Nr. 1)

Gutachter: Tommaso Maria Cerboni OP[6]
Gutachten: Bl. 173r, 1 S. (zu Nr. 2-3)[7]

ACDF SO CL 1788-1793, Nr. 6

1793. Civitavecchia. Esame dei Libri intitolati: Libera e indipendente Sovranità del Re delle due Sicilie contro le assurde, e ideali pretenzioni della Corte di Rome. Sul divorzio e Scattole oscene perquisite ad uno Spazzino.

1. Anonym [TURBOLO, TOMMASO]: Libera, ed indipendente sovranita dei re delle due Sicilie ec. vindicata contro l'assurde, e ideali pretensioni della corte di Roma. - [S.l.] : [S.n.], 1788. - 2 vol. ; 8°. *SBN*

2. *Das Werk* Sul Divorzio *wurde nicht ermittelt*

3. *Das Werk* Scattole oscene *wurde nicht ermittelt*[8]

Gutachter: keine Angabe
Gutachten: nicht aufgefunden[9]

ACDF SO CL 1788-1793, Nr. 7

1793. Forlinpopoli. Trasmissione di Cinque Rame relativi ai misteri Massonici, che si crede stampati dallo Stampatore Ottavio Sgariglia di Assisi unitamente all'Opera intitolata: I Liberi Muratori schiacciati, presa in esame in S.O.

5 Illustrationen zu: Anonym [PÉRAU, GABRIEL LOUIS CALABRE]: I Liberi Muratori// Schiacciati : Origine, Dottrina, Ed Avanzamento// Della Setta Filosofica Ora Dominante [...], (s. ACDF SO CL 1788-1793, Nr. 8). [Bildliche Darstellung]. - [ca. 1793]. - 5 Graphiken. *ACDF SO CL 1788-1793, Nr. 7*[10]

---

6 Als externer Gutachter. Cerboni war Prokurator OP und leistete am 7. Januar 1778 einen Eid im SO als Sekretär (adjutor studiorum) des Konsultors Luigi Antonio Stampa OSBOliv. ACDF SO Juramenta 1777-1796, Bl. 37.

7 Mit Dekret SO vom 18. Dezember 1792 sollte der Generalvikar von Adria die Schriften in Ferrara aufspüren, beschlagnahmen und ein rechtliches Verfahren gegen den Pfarrer Angelini einleiten.

8 Zudem findet sich in diesem Faszikel eine „Nota de' libri" mit einer Auflistung von 35 Buchtiteln.

9 Hinweise auf weitere Verhandlungen oder Ergebnisse des Verfahrens wurden nicht aufgefunden.

10 Die Illustrationen sind bestimmt für: Anonym [PÉRAU, GABRIEL LOUIS CALABRE]: I Liberi Muratori// Schiacciati : Origine, Dottrina, Ed Avanzamento// Della Setta Filosofica Ora Dominante

Gutachter: keine Angabe
Gutachten: nicht aufgefunden[11]

ACDF SO CL 1788-1793, Nr. 8

1788. Assisi. Mogas Pietro. I liberi muratori schiacciati . Casseda d. Pietro Saverio. Note fattevi. Stampata nel 1783.

Anonym [PÉRAU, GABRIEL LOUIS CALABRE]: I Liberi Muratori// Schiacciati : Origine, Dottrina, Ed Avanzamento// Della Setta Filosofica Ora Dominante / Opera// Composta da Uom pratichissimo delle Loggie, ora// tradotta dall'edizione di Amsterdam// Dal Sig. Abbate// Don Pietro Mogas// Sacerdote Spagnuolo// Confermata con Note relative alle presenti rivoluzioni// e novità di Europa// Dal Sig. Abbate// D. Pietro Saverio Casseda// Pompejopolitano.// Coll'aggiunta di un'Appendice in sostegno della Cattolica Religione. - In Assisi : Per Ottavio Sgariglia Stamp. Vesc. E Pubb. (Con permesso de' Superiori), 1793. - 273 S., XII S. ; 4°. *ACDF SO CL 1788-1793, Nr. 8, MAI*[12]

Gutachter: Francesco Antonio Contarini OFMConv
Gutachten: Bl. 286r-295v, 20 S.[13]

/ Opera// Composta da Uom pratichissimo delle Loggie, ora// tradotta dall'edizione di Amsterdam// Dal Sig. Abbate// Don Pietro Mogas// Sacerdote Spagnuolo// Confermata con Note relative alle presenti rivoluzioni// e novità di Europa// Dal Sig. Abbate// D. Pietro Saverio Casseda// Pompejopolitano.// Coll'aggiunta di un'Appendice in sostegno della Cattolica Religione. - In Assisi : Per Ottavio Sgariglia Stamp. Vesc. E Pubb. (Con permesso de' Superiori), 1793. - 273 S., XII S. ; 4°. *ACDF SO CL 1788-1793, Nr. 8, MAI.*

11 Die Bilder gehören zu „I Liberi Muratori", vgl. ACDF SO CL 1788-1793, Nr. 8. Hinweise auf Verhandlungen oder Ergebnisse des Verfahrens wurden nicht aufgefunden.

12 Das Werk wird auch Larudan und Giovanni Gualberto Bottarelli zugeschrieben. *MAI, UvA*. Zur Zuschreibung an Mr. Péton, s. Melzi. Abweichende Umfangsangabe nach *MAI*: X, 272 S. Vgl. P*** [PERAU, GABRIEL LOUIS CALABRE]: Les Secrets de l'ordre des francs-maçons devoilés & mis au jour / par Monsier P*** [...]. - Amsterdam [i.e. Frankfurt a.M. : [Duren], 1745. - 2 T. in 1 vol. ; [8°]. *PUL*; Anonym [PERAU, GABRIEL LOUIS CALABRE]: L'Ordre des Francs-maçons Trahi, Et Le Secret Des Mopses Revelé. - Amsterdam : [Jean Neaulme], 1745. - [2], XXVIII, 240, 39, [1] S., VIII Taf. ; 8°. *SWB, UvA*. Enth. außerdem: Chansons De La Très-Venerable Confrérie Des Franc-Maçons; Anonym [PERAU, GABRIEL LOUIS CALABRE]: Les Francs-Maçons Écrasés : Suite Du Livre Intitulé L'Ordre Des Francs-Maçons Trahi / [Gabriel Louis Calabre Pérau]. Traduit Du Latin [par l'abbé Larudan]. - A Amsterdam : [s.n.], 1747. - XXXIV S., [1] Bl., 445 S., [1] Bl., V gef. Bl. ; 8°. *SWB*.

13 Darüber hinaus unter Bl. 256r-v ein Bericht des Archivars SO Cavazzi, 23. Oktober 1793 und ein Gutachten, Bl. 240r, von P. Giustino di Cassoli OFMObs; Lektor der Theologie und Revisor der Inquisition von Assisi, 1 S., 2. Februar 1793. Mit Dekret SO vom 11. Dezember 1793 wurde die Druckerlaubnis für eine Neuaufl. des bereits gedruckten Werks verweigert, bei der Benachrichtigung der Inquisitoren von Assisi, Foligno und Perugia sollte betont werden, dass bei der Erteilung des Imprimaturs die 10. Indexregel angewendet werden sollte. Darüber hinaus Korrespondenz mit der Inquisition von Perugia über die Anwendung der 10. Indexregel.

ACDF SO CL 1794-1795

ACDF SO CL 1794-1795, Nr. 1

1794. Censura super libr. cui titulus: Riflessioni sul discorso Istorico Politico, dell'origine, del Progresso, e della decadenza de Chierici sulle Signorie Temporali con un Ristretto dell'Istoria delle due Sicilie. Dialogo del Sig. Censorini Italiano col Sig. Ramour Francese. Filadelfia.

CENSORINI, [...] <Pseudonym> [CAPECELATRO, GIUSEPPE]: Riflessioni// Sul// Discorso// Istorico-Politico// Dell'origine, del progresso, e della decadenza// del potere de' chierici su le signorie// temporali, con un ristretto dell'// istoria delle due Sicilie : Dialogo / Del Signor Censorini Italiano// Col Signor Ramour Francese. - Filadelfia [i.e. Napoli] : [S.n.], [1788?]. - 94 ; 8°. *ACDF SO CL 1794-1795, Nr. 1, MAI*[1]

Gutachter: Vincenzo Ludovico Pavoni OP
Gutachten: Bl. 10r-23r, 27 S., [20. Februar 1794][2]

Dekret: SO 20. Februar 1794[3]
Bando: SO 20. Februar 1794; CIndex 26. Januar 1795

Weiterhin Hinweise Auf: ♦ CAPECELATRO, GIUSEPPE: Discorso istorico-politico dell'origine, del progresso, e della decadenza del potere de'chierici su le signorie temporali. Con un ristretto dell'Istoria delle due Sicilie. – Filadelfia [Neapel?] : [S.n.], [1788]. – VIII, 195 S. ; 8°. *BL*[4]

ACDF SO CL 1794-1795, Nr. 2

1794. Foligno. Ricorso dello Stampatore Fosi di Foligno al Card. Segr[etar]io di Stato, perché quel P. Vicario avea negato il Publicetur alla traduzione dell'Opera da esso già stampata, intitolata: Spirito, Pensieri, e Massime di M[onsigno]r Maury.

---

1 Erscheinungsort fingiert. Tatsächlicher Erscheinungsort und vermutl. Erscheinungsjahr ermittelt nach *MAI*. Abweichende Umfangsangabe nach *MAI:* 94, [2] S.

2 Darüber hinaus Censura di dottrine e proposizioni estratte dal Discorso Istorico Politico (…), Bl. 3r-6v, nicht unterzeichnet.

3 Das Buch wurde dem SO von der CIndex übergeben.

4 Verboten mit Dekret SO 29. Januar 1789 und Bando CIndex 19. September 1789. Dazu findet sich unter Bl. 3r-6v ein nicht gezeichnetes Gutachten, 8 S.

♦ MAURY, JEAN SIFREIN: Esprit, pensées et maximes de M. l'abbé Maury, député a l'Assemblée Nationale. - Paris : Cuchet, 1791. - VIII, 384 S. ; 8°. *CCFR*[5]

Gutachter: keine Angabe
Gutachten: nicht aufgefunden[6]

ACDF SO CL 1794-1795, Nr. 3

1794. Faenza. Circa il libro intitolato: Compendio della Vita del Buon Servo di Dio Fr[ances]co Saverio Camerini Missionario Ap[osto]lico del Tunkino.

ELIZONDO, GIOACCHINO: Compendio della vita del buon servo di Dio Francesco Saverio Camerini [...] / Scritta, e dedicata dal sig. abate Gioacchino Elizondo al grande appostolo dell'Indie S. Francesco Saverio. - In Assisi : per Ottavio Sgariglia stamp. ves. e pubb., 1794. - 158 [i.e. 156], [4] S. ; 8°. *SBN*

Gutachter: keine Angabe
Gutachten: nicht aufgefunden[7]

ACDF SO CL 1794-1795, Nr. 4

1795. Rimini e Fano. Circa varie Stampe in lingua Ebraica stampate in Firenze depositate nella dogana di Fano da un vetturale dirette a Pesaro all'Ebreo Rimini, e seguistrate dal P. Inquisitore.

♦ TERNI, DANIEL (BEN MOSES DAVID) ; RIMINI, MOSES ḤAYYIM: Sēfer mattenat jad we-'immō Sēfer māḥār ḥōdes, biûr [...] 'al injān qidûš ha-ḥōdeš [...] / [Verf.: Dānijjēl Terni ; Mōše Ḥajjim Rimini]. - Firenze : G. Cambiagi, [1794-]1795. - 36, 42 Bl. ; 8° [4°]. *SBB*

♦ RIMINI, MOSES ḤAYYIM: Sefer maḥar ḥodesh mimeni we-me'eti hasa'ai Mosheh Hayyim Rimini [...] 'al be'ur sugyot `amuqot hovi'u ba-masekhet ro'sh ha-shanah [...] we-be-sofo yavo' quntris ha-hassagot she-`asiti 'al sefer maṭṭeh DaN kuzri. - Firenze : Per Gaet. Cambiagi Stamp. Grand., 1794. - 43 Bl. ; 8°. *COPAC*

♦ TERNI, DANIEL (BEN MOSES DAVID): Śimḥat mitsṿah 'al ḥinukh ha-bayit bet ha-keneset Itali'ano be-Firentsi [...]. - Firenze : Per Gaetano Cambiagi stampator grand., [1793]. - 14 Bl. *HU*[8]

Gutachter: [Rettore de´Catechumeni][9]
Gutachten: nicht aufgefunden

5 Eine ital. Übers. des Werks wurde nicht ermittelt.
6 Jedoch Bl. 66r-74r, nicht gezeichnet, 17 S. Censura und Resoconto der Vorgeschichte dieser Affäre. Weitere Verhandlungen oder Ergebnisse des Verfahrens wurden nicht aufgefunden.
7 Weitere Verhandlungen oder Ergebnisse des Verfahrens wurden nicht aufgefunden. Jedoch eine Notiz auf der Rückseite des Schreibens des Inquisitors von Faenza, wonach der MSP keine Einwände gegen die bereits in Assisi gedruckte Neuaufl. des Werk habe.
8 Ermittelt wurden hebr. Werke, bei Cambiagi gedr.
9 Als externer Gutachter.

ACDF SO CL 1794-1795, Nr. 5

1795. Perugia. Esame di una Orazione in onore di S. Pio V., e della divozione ed orazione della Piaga della Spalla di N. S. G. C. contenuta nel libro che si voleva ristampare Indirizzo a vivere cristianamente; Sondrio.

1. Divozione che si praticava da S. Pio Quinto consecrata a Gesù Crocifisso ed alla S. Chiesa sua sposa. - Roma : Salomoni, [1789]. - 12 S. ; [16°]. *UniGre, Biblioteca Casanatense*[10]

2. *Verlagsort* Sondrio *wurde nicht ermittelt*

♦ Anonym? [De Vecchi, Felice]: Indirizzo a vivere cristianamente solito a proporsi negli esercizj spirituali e nelle missioni de' Chierici Regolari di S. Paolo barnabiti / [Felice De Vecchi barnabita] - Casale : Maffei, [S.a.]. - 171 S. *URBE*

♦ Anonym: Indirizzo per vivere cristianamente solito a proporsi negli esercizi spirituali de' cherici regolari di S. Paolo barnabiti. - Milano : per Gaetano Motta, 1794. - [4], 342 S. ; 12°. *SBN*

♦ Anonym: Indirizzo per vivere cristianamente solito a proporsi negli esercizi spirituali de' cherici regolari di S. Paolo barnabiti. - Milano : Presso Gaetano Motta, 1794. - 347, [1] S. ; 12°. *SBN*

♦ Anonym: Indirizzo per vivere cristianamente solito a proporsi negli esercizj spirituali e nelle missioni da' Chierici Regolari di S. Paolo Barnabiti. - Milano : dalla Stamperia di Gaetano Motta, [S.a.]. - 335 S. *SBN*

♦ Anonym: Indirizzo per vivere cristianamente / a cura dei Barnabiti. - Livorno : Società tipogr., 1795. - 24°. *MAI*

Gutachter: keine Angabe
Gutachten: nicht aufgefunden (zu Nr. 1-2)[11]

Weiterhin beiliegend: Preghiera al glorioso S. Cristoforo martira titolare e prottettore della ven. parrocchia di S. Cristoforo per implorare qualunque grazia. - 1 S. (Manuskript)

ACDF SO CL 1794-1795, Nr. 6

1795. Pisa. Circa la ristampa del Catechismo Universale osia Educazione Cristiana da volersi fare dal dr. Marcello del Mare.

---

10 Formatangabe ergänzt nach *Biblioteca Casanatense.*

11 Es handelte sich um eine Neuaufl. des in Sondrio gedruckten Werks, das von P. Giuseppe Maria Lesmi bearbeitet und in Perugia von Carlo Baduel gedruckt worden war. Der Bearbeiter hatte sich vorgenommen, eine eher fragwürdige spirituelle Übung zu entfernen. Am 9. September 1795 beschloss das SO dem Inquisitor von Perugia mitzuteilen, dass sein Generalvikar die gedruckten Exemplare des Werks dem SO zustellen solle, damit das Gebet der sechsten Wunde (u.d.T. „Divozione alla SS. Piaga della Spalla diritta efficacissime per vincere le tentazioni") durch Gebete aus dem Andachtsbuch von S. Pius V. ersetzt werden könne. Für die Erlaubnis eines an den Hl. Christophorus gerichteten Gebets sollte sich der Bittsteller an die CRiti wenden.

1. Del Mare, Paolo Marcello: [Praelectiones de locis theologicis senis habitae] Pauli Marcelli Del Mare, presbyteri Genuensis in almo Pisarum archigimnasiosacrorum bibliorum profes Praelectiones de locis theologicis senis habitae. - Liburni : ex typographia Palladis et Mercurii, 1789. - XII, 356, [2] S. ; 12°. *SBN*

2. Del Mare, Paolo Marcello: Educazione ed istruzione cristiana ossia catechismo universale : diviso in tre volumi. - Quarta edizione riveduta e corretta. - Genova : presso Repetto in Canneto, 1779. - 3 vol. ; 8°. *SBN*

3. Guadagnini, Giovanni Battista: Esame delle riflessioni teologiche e critiche sopra molte censure fatte al Catechismo composto per ordine di Clemente VIII ed approvato dalla Congregazione dalla Riforma : Ove specialmente si tratta de' bambini morti senza battesimo, e si danno alcune regole per ben comporre un nuovo Catechismo, correggere un vecchio e spiegar l'uno o l'altro ai fedeli : Parere intorno a' così detti Atti di fede, Speranza, Carità ed altre cristiane virtù / Giambattista Guadagnini arciprete di Cividate di Valcamonica. - Ed. I. - Pavia : Pietro Galeazzi, 1786-1787. - 2 vol. ; [8°]. *IbisWeb, REBIUN*[12]

Gutachter: keine Angabe
Gutachten: Bl. 187r-194v, 14 S.[13]

Gutachter: Vincenzo Ludovico Pavoni OP
Gutachten: Bl. 234r-v und 237r-260r, 43 S. (zu Nr. 3)

Dekret: CIndex 9. Dezember 1793; SO 5. März 1795[14]
Bando: CIndex 27. Januar 1795; SO 5. März 1795 (zu Nr. 1)

Dekret: CIndex 20. Januar 1783[15]
Bando: CIndex 7. Februar 1783 (zu Nr. 2)

Dekret: CIndex 9. Dezember 1793; SO 14. Januar 1796
Bando: CIndex 27. Januar 1795; SO 14. Januar 1796 (zu Nr. 3)

Weiterhin beiliegend: (1) Bl. 180r-182v: Pissino, Andrea: Ritrattatione fatta dal P. Andrea Pissini Mona-//co Oliuetano nella Congregatione del S. Offi-//tio tenuta nel Conuento di Santa Maria sop-//ra Minerua auanti gli Eminentissimi, e Re-//uerendissimi Signori Cardinali Generali In-//quisitori li 2. Decembre 1676. [d'alcune propositioni, ó dottrine] contenute nel// suo libro intitolato: Naturalium

12 Formatangabe ergänzt nach *REBIUN*.

13 Keine Angabe des begutachteten Buches. Vgl. ACDF SO Tit.Libr. 1784-1797, Nr. 16. Dazu noch ein Verweis auf ACDF SO St.St. O-5-n,-p.

14 Das Buch wurde auf Befehl des Papstes von der CIndex dem SO übergeben. Paolo Marcello del Mare unterwarf sich und widerrief alle Lehren, die der Kirche widersprachen. Das SO sollte prüfen, ob dieser Widerruf ausreichend war. Vgl. dazu Bl. 178r-v; 184r-v: Briefentwurf an den Erzbischof von Pisa mit den Voten der Konsultoren.

15 Zu weiteren Verhandlungen und zum Urteil vgl. Congr. gen. der CIndex 10. Juli 1780, 3. Dezember 1781, 8. Juli 1782 und 20. Januar 1783. Die Ausg. Genova 1779 war mit einem Dekret CIndex 20. Januar 1783 verboten worden mit dem Zusatz, dass das Verbot für alle Ausg. (inkl. Übers.) dieses Werks gelte. Vgl. Notiz unter Bl. 208r.

Doctrina, &c.// della materia degli Atomi. - [im Kolophon:] In Roma : Nella Stamperia della Reu. Cam. Apost, 1677. - 4 S. ; 2°. *COPAC*[16] (2) Bl. 201r-204v: GHEZZI, NICOLO: Dichiarazione, E Protesta// Dell'Autore [des Werks: De' Principj della Morale Filosofia ec. – P. Ghezzi Gesuita, Verbot durch CIndex 1754]. - [S.l.] : [S.n.], [S.a., 1754?]. - 8 S. ; [4°]. *MAI*[17] (3) Bl. 230r-233r: Anonym: Alli// Coltivatori// Dell'Eloquenza. [Incipit: Non è vana lusinga]. - [Im Kolophon:] Parma : Presso Luigi Mussi, [1804]. - 6 S.

ACDF SO CL 1794-1795, Nr. 7

1795. Riez. Esame del Manoscritto del Vicario G[enera]le di Riez concernente l'atto di sommissione alle leggi della Republica Francese con giuramente etc.

GARCIN, JOSEPH: De Juramento seù declaratione submittendi se Legibus// Reipublicae// Decisio Doctoris Theologi. - [S.a.]. - 8 S. (Manuskript) *ACDF SO CL 1794-1795, Nr. 7*

Gutachter: keine Angabe
Gutachten: nicht aufgefunden[18]

ACDF SO CL 1794-1795, Nr. 8

1795. Fano. Censura di alcune Tesi che ci volevano stampare in Fano, contenenti il laxismo ed il probabilismo, e fatte dal Lettore di quel Seminario P. Fr[ances]co Villalobos. V[id]e P. 5 ab an. 1795 ad 1796.

VILLALOBOS, FRANCESCO: Selectae Doctrinae Capita,// et Conclusiones// Theologiae Dogmatico-Moralis// pro annuo examine// hujus Sacrae Facultatis Auditorum// ex Titulo Produomo primo.// Notitiae historiae. - [S.a.]. - 9 S. (Manuskript) *ACDF SO CL 1794-1795, Nr. 8*[19]

Gutachter: Michelangelo Monsagrati CRL[20]
Gutachten: Bl. 290r-302r, 26 S.[21]

---

16 Ermittelt wurde: PISSINO, ANDREA: Naturalium doctrina Andreae Pissini Lucensis, qua funditùs eversis materiei primae, formaeque substantialis & accidentalis, cunctisque fermè sectariorum sententijs, cujuslibet auctoritate posthabita, rationibus firmis inopinata substituuntur, aut penitùs obsoleta revocantur. - Nunc primùm prodit. - Augustae Vindelicorum : typis Koppmayrianis, 1675. - [28], 493, [15] S. ; 12°. *MAI.*

17 Ermittelt wurde: GHEZZI, NICOLO: De principj della morale filosofia riscontrati co principj della cattolica religione : libri tre / di Nicolo Ghezzi della compagnia di Gesu. - In Milano : nel regio ducal palazzo, 1752. - 3 vol. ; 4°. *MAI.*

18 Mit Dekret SO wurde die Druckerlaubnis verweigert.

19 Hierbei handelt es sich um eine durch den Notar der Inquisition von Fani, Hieronymus Cruciani, beglaubigte Kopie. Das Manuskript liegt in weiteren Abschriften vor.

20 Von der Hand Monsagratis liegen darüber hinaus die „Notizie risguardanti la Question del Probabilismo tratte dall'Archivio del S. Offizio. Posizione delle Tesi di Avisio sul Probabilismo dell'anno 1761", Bl. 365r-v; 368r-370v, 8 S. vor, eine Anamnese, die der Begutachtung beider Werke dienen soll. Vgl. ACDF SO CL 1760-1761, Nr. 11.

21 Unter Punkt I. Darüber hinaus ein Gutachten der Inquisition von Rimini: Bl. 283r, Aloysius Franchini, Cancellarius der Inquisition von Rimini, 1. S.

Gutachter: Tommaso Maria Mamachi OP
Gutachten: Bl. 343r-363v, 42 S.

Gutachter: Vincenzo Ludovico Pavoni OP
Gutachten: Bl. 371r-376r, 11 S.[22]

Gutachter: Tommaso Vincenzo Pani OP[23]
Gutachten: Bl. 385r-390r, 11 S.[24]

Weiterhin Hinweise auf: ORSI, ASCANIO (Praes.) ; FALANGOLA, AUGUSTINUS (Resp.): Dissertatio// Theologico-Dogmatico-Scholastico-//Critica// Theses Continens Selectas// De Creatura Innocenti// De Peccato Originali,// De Praedestinatione Electorum Ad Gloriam, Et Impiorum// Cum Negativa,// Tum Positiva Reprobatione, Tandem// De Gratia Actuali, Et Habituali, Ad Mentem// Divi Parentis Augustini Elucubrata / Quam Ab Adversariorum Maledictis// Vindicandam Suscipit// Fr. Augustinus Falangola// In Augustinensi S. Joannis Ad Carbonariam Licaeo// Sacrae Facultatis Defendens// Facta Cuilibet Post Secundum Argumentandi// Potestate.// Disputatio Habebitur Neapoli// In Conv. S. Joannis ad Carb.// Anno 1788. Mense Februarii Die [...] hora// Exedram Moderante// Fr. Ascanio Orsi// Studiorum Regente. - [Napoli?] : [S.n.], [ca. 1788]. - 51, [1] S. ; 8°.[25]

---

22 Darüber hinaus eine Abschrift (unter Punkt III), 9 S., Bl. 429r-433r.

23 Zu Pani vgl. Prospographie 19. Jh.

24 Keine Angabe, aber Abschrift (unter Punkt II) von Pani unterschrieben, 9 S., Bl. 423r-427v. Weiterhin beiliegend Indices zu Nr. 1: 1) IV, 9 S., 20. Februar 1796, Unterschrift und Anmerkungen von Pani, Bl. 435r-439r; 2) V, 15 S., mit Protestatio auctoris, Bl. 441r-448r. Aufgrund des Votums der Mehrheit der Konsultoren SO vom 8. August 1796 sollte die Druckerlaubnis für Villalobos' Thesen verweigert werden. Einige waren dem SO durch den Inquisitor von Fano übergeben worden, die anderen durch den Bischof von Fano. Ein weiterer Teil der Thesen war dem MSP vorgelegt worden. Die Konsultoren schlugen vor, dass zunächst der Inquisitor und der Bischof von Fano benachrichtigt werden sollten, damit sie jede Unterstellung des „Missbrauchs des Probabilismus" in den Thesen entfernten (Hinweis auf Concilio Romano anno 1725 Tit 15 Cap 9 und Appendix xvii num 8; und auf die Enzyklika Benedikts XIV. von 1749 §1). Mit Dekret SO vom 24. August 1796 wurde dieses Votum bestätigt.

25 Vgl. ACDF SO CL 1788, Nr. 1.

ACDF SO CL 1795-1796

ACDF SO CL 1795-1796, Nr. 1

1795. Parma. De Explanatione 5. Decretalium Libr. P. Contini.

Anonym?: In Explanationem quinque Decretalium Li[br. P. Contini]. - [S.a.]. - 28 S. (Manuskript) *ACDF SO CL 1795-1796, Nr. 1*[1]

Gutachter: keine Angabe
Gutachten: nicht aufgefunden[2]

ACDF SO CL 1795-1796, Nr. 2

1795. German. Damnatio opusculi cui titulus: Universalis Professio Fidei omnium Religionum.[3]

SCHÖNEMANN, FRIEDRICH LEBERECHT: Allgemeines Glaubensbekentniß aller Religionen / Friedrich Leberecht Schönemann. - Dessau : Schönemann, 1782. - 16 S. ; 8°. *GBV*[4]

Gutachter: keine Angabe
Gutachten: nicht aufgefunden[5]

Dekret: nicht aufgefunden
Bando: Breve 17. November 1784; CIndex 7. Dezember 1784

Weiterhin beiliegend: (1) PIUS <PAPA, VI.>: [Incipit: Militantem Ecclesiam]. [Entwurf Verurteilungsbreve für das genannte Buch]. - [S.a.]. - 16 S. (Manuskript) (2) PIUS <PAPA, VI.>: [Incipit: Signatum cum sit super nos]. [Entwurf Verurteilungsbreve für das genannte Buch]. - [S.a.]. - 12 S. (Manuskript)[6]

---

1 Titelbl. unvollständig.

2 Es handelt sich um Korrekturvorschläge, deren Ursprung unbekannt ist. Hinweise auf weitere Verhandlungen und Ergebnisse des Verfahrens wurden nicht aufgefunden.

3 Vgl. ACDF SO CL 1783-1784, Nr. 11.

4 Enth.: MARÉES, SIMON LUDWIG EBERHARD DE ; SCHÖNEMANN, FRIEDRICH LEBERECHT: Briefwechsel zwischen de Marées und Friederich Leberecht Schönemann, des letztern allgemeines Glaubenbekenntniß aller Religionen betreffend; ein Beytrag zur Toleranz- und Religionsgeschichte. - Leipzig : Selbstverl., 1784. - 13 S. ; 8°. *GBV*.

5 Nur das Breve vom 17. November 1784 liegt vor.

6 Ermittelt wurde: PIUS <PAPA, VI.>: Damnatio, et prohibitio Libelli Germanico idiomate editi, cui titulus Allgemeines Glaubensbekenntiss aller Religionen 1784 Dem gesunden Menschenverstande gewiedmet. : Latine vero Universalis professio fidei omnium religionum 1784 sano hominis intellectui dicata / [Pius Papa sextus]. - Romae : Ex Typographia Rev. Camerae Apostolicae, 1784. - [6] S. *HEBIS*.

ACDF SO CL 1795-1796, Nr. 3

1795. Circa la proibizione del libro di Eybel sopra la Confessione Auriculare. V[ed]i 1788. P. 2 lit. A.[7]

♦ EYBEL, JOSEPH VALENTIN: Was enthalten die Urkunden des christlichen Althertums von der Ohrenbeichte / von Eybel. - Wien : [s.n.], 1784. - 63 S. *BVB*

♦ EYBEL, JOSEPH VALENTIN: Was enthalten die Urkunden des christlichen Alterthums von der Ohrenbeichte. - Wien : bey Joseph Edlen von Kurzbek k. k. Hofbuchdrucker, Groß- und Buchhändler, 1784. - 88 S. ; 8°. *HBZ*

Gutachter: Giorgio Maria Lascaris CR
Gutachten: 25 S.

Gutachter: keine Angabe
Gutachten: 10 S.

Gutachter: Balthasar de Quiñones OP
Gutachten: 13 S.[8]

Dekret: nicht aufgefunden
Bando: Breve 11. November 1784;[9] CIndex 7. Dezember 1784

Weiterhin beiliegend: PIUS <PAPA, VI.>: [Incipit: Commissum Nobis]. [Entwurf Verurteilungsbreve für das genannte Buch]. - [S.a.]. - 8 S. (Manuskript)[10]

ACDF SO CL 1795-1796, Nr. 4

1795. Napoli et Lisbona. Censura dell'opuscolo di Antonio Pereira de Figuereido intitolato: Analisi della Professione di Fede del S. P. Pio IV. stampato in Lisbona nel 1791.

FIGUEIREDO, ANTONIO PEREIRA DE: Analisi della professione di fede del santo padre Pio IV / di Antonio Pereira de Figuereido [...] ; ora tradotta dal portoghese con alcune dilucidazioni. - Napoli : nella stamperia di Nicola Russo, 1792. - XV, [1], 140, [4] S. ; 4°. *CCPB*

FIGUEIREDO, ANTONIO PEREIRA DE: Analyse da profissão de Fé do Santo Padre Pio IV / por António Pereira de Figueiredo. - Lisboa : na Offic. de Simão Thaddeo Ferreira, 1791. - 92 S. *BNP*

---

7 Vgl. ACDF SO CL 1783-1784, Nr. 10; ACDF SO CL 1788, Nr. 4 und Nr. 6; und ACDF SO CL 1795-1796, Nr. 3 und Nr. 9.

8 Das Gutachten befindet sich in ACDF SO CL 1795-1796, Nr. 9.

9 Das Entwurf des Breve wurde von Monsagrati verfasst; vgl. Brief Monsagrati 12. Juli 1784.

10 Ermittelt wurde: PIUS <PAPA, VI.>: Damnatio, et prohibitio libri germanico idiomate editi, cui titulus Was enth[a]lten die Urkunden des christlichen Alterthums von der Ohrenbeichte? [Von Eybel. Wien]. Latine vero Quid continent documenta antiquitatis christianae de auriculari confessione? ab Eybel. Vindobonae apud Josephum nobilem de Kurzbek &c. MDCCLXXXIV. / [Pius papa sextus]. - Romae : ex typographia rev. Camerae Apostolicae, 1784. - [4] S. ; 2°. *SBN, ÖBV.*

Gutachter: Giovanni Agostino Carabelloni OSA
Gutachten: 85 S.

Gutachter: Enrico Sanclemente OSBCam[11]
Gutachten: 50 S.[12]

Gutachter: Carlo Francesco Caselli OSM[13]
Gutachten: 27 S.[14]

Dekret: CIndex 26. Januar 1795[15]
Bando: CIndex 27. Januar 1795

ACDF SO CL 1795-1796, Nr. 5

1795. Fano. Tesi Teologiche dogmatiche del Professore D. Francesco Villabos. V. P. 8 volum[in]is praec[edentis].[16]

VILLALOBOS, FRANCESCO: Selectae Doctrinae Capita,// et Conclusiones// Theologiae Dogmatico-Moralis// pro annuo examine// hujus Sacrae Facultatis Auditorum// ex Titulo Produomo primo.// Notitiae historiae. - [S.a.]. - 9 S. (Manuskript) *ACDF SO CL 1794-1795, Nr. 8*

Gutachter: Michelangelo Monsagrati CRL[17]
Gutachten: 19 S.

Gutachter: Vincenzo Ludovico Pavoni OP
Gutachten: 6 S.

Gutachter: Francesco Antonio Contarini OFMConv
Gutachten: 60 S.[18]

ACDF SO CL 1795-1796, Nr. 6

1795. Cefalù. Esame di 8. Prop[osizio]ni del P. Cappuccino Luigi M[ari]a Anfuso sulla Predestinazione.

♦ ALOYSIO MARIA <A CEPHALEDIO>: Propositiones assertae, et propugnatae / a Patre Aloysio// Maria a Cephaledio, Sacerdote professo Ordinis// Capuccinorum S.

11 Zu Sanclemente vgl. Prosopographie 19. Jh.
12 Vgl. ACDF SO St.St. I-6-c, Nr. 4.
13 Zu Caselli vgl. Prosopographie 19. Jh.
14 Vgl. ACDF SO St.St. I-6-c, Nr. 4.
15 Der Fall wurde vom SO der CIndex übergeben. Vgl. Congr. gen. der CIndex 26. Januar 1795.
16 Vgl. ACDF SO CL 1794-1795, Nr. 8 und ACDF SO St.St. I-6-b, Nr. 9. Weiterhin Materialien über die Verhandlungen zur Erteilung einer Druckerlaubnis für: Saggio Letterario, che si darei dai Convittori del Seminario di Fano avanti Vacanze Auttunnali.
17 Darüber hinaus liegen auch die „Notizie risguardanti la Question del Probabilismo tratte dall'archivio del S. Officio" (11 S.) Monsagratis (vgl. ACDF, SO CL 1794-1795, Nr. 8) und ein Index des Buches mit Anmerkungen, 10 S. vor.
18 Für weitere Verhandlungen und Ergebnisse des Verfahrens, vgl. ACDF SO CL 1794-1795, Nr. 8.

Francesci, Provinciae// Siculae Messanensis. - [S.a.]. - 1 S. (Manuskript) *ACDF SO CL 1782, Nr. 1*[19]

Gutachter: Giuseppe Francesco Ridolfi CRL
Gutachten: 9 S. [18. August 1777][20]

ACDF SO CL 1795-1796, Nr. 7

1795. Valcamonica. Censura dell'opera del Sac. Gio. Batt[ist]a Guadagnini Arciprete di Valcamonica sopra i Bambini morti senza il Battesimo, e sopra gli atti di Fede, e Speranza, e Caritá, ed altre Cristiane virtù!

GUADAGNINI, GIOVANNI BATTISTA: Esame delle riflessioni teologiche e critiche sopra molte censure fatte al Catechismo composto per ordine di Clemente VIII ed approvato dalla Congregazione dalla Riforma : Ove specialmente si tratta de' bambini morti senza battesimo, e si danno alcune regole per ben comporre un nuovo Catechismo, correggere un vecchio e spiegar l'uno o l'altro ai fedeli : Parere intorno a' così detti Atti di fede, Speranza, Carità ed altre cristiane virtù / Giambattista Guadagnini arciprete di Cividate di Valcamonica. - Ed. I. - Pavia : Pietro Galeazzi, 1786-1787. - 2 vol. ; [8°]. *IbisWeb, REBIUN*[21]

Gutachter: keine Angabe
Gutachten: nicht aufgefunden[22]

ACDF SO CL 1795-1796, Nr. 8

1796. Napoli. Esame del Discorso Accademico sopra l'uso della lingua latina composto dal Sac. D. Giovanni Aira.

AITA, GIOVANNI: Discorso Accademico sopra l'uso della Lingua Latina / composto dal R. Sacerdote D. Giovanni Aita di nazione Napolitano dilegato in questa Isola fin da dieci anni per delitto di Stato dalla Maestra di Ferdinando IV. Re delle due Sicilie. - [S.a.]. - 8 S. (Manuskript, hs. Abschrift) *ACDF SO CL 1795-1796, Nr. 14*

Gutachter: keine Angabe
Gutachten: nicht aufgefunden[23]

ACDF SO CL 1795-1796, Nr. 9

v[id]e no. 3.

---

19 Variante des Verf.-Namens: Aloysio Anfuso.

20 Das Gutachten befindet sich in ACDF SO St.St. I-6-b, Nr. 8; vgl. auch ACDF SO St.St. I-6-c, Nr. 7. In ACDF SO CL 1795-1796, Nr. 6 liegt eine weitere Relation vor, 35 S., vom 26. Juni 1782. Vgl. auch ACDF SO CL 1782, Nr. 1. Hinweis auf Dekret SO vom 16. Dezember 1777. Der Autor musste seine Thesen zurückziehen.

21 Formatangabe ergänzt nach *REBIUN*.

22 Der Faszikel fehlt in diesem Band.

23 Der Faszikel fehlt in diesem Band. Vgl. ACDF SO CL 1795-1796, Nr. 14.

♦ EYBEL, JOSEPH VALENTIN: Was enthalten die Urkunden des christlichen Althertums von der Ohrenbeichte / von Eybel. - Wien : [s.n.], 1784. - 63 S. *BVB*

♦ EYBEL, JOSEPH VALENTIN: Was enthalten die Urkunden des christlichen Alterthums von der Ohrenbeichte. - Wien : bey Joseph Edlen von Kurzbek k. k. Hofbuchdrucker, Groß- und Buchhändler, 1784. - 88 S. ; 8°. *HBZ*

Gutachter: Giorgio Maria Lascaris CR
Gutachten: 25 S.[24]

Gutachter: keine Angabe
Gutachten: 10 S.[25]

Gutachter: Balthasar de Quiñones OP
Gutachten: 13 S.

Dekret: nicht aufgefunden
Bando: Breve 11. November 1784;[26] CIndex 7. Dezember 1784

ACDF SO CL 1795-1796, Nr. 10

1796. Censura del libro intitolato: De l'autorité du Clergé et du Pouvoir du Magistrat Politique sur l'Exercice des fonctions du Ministere Ecclesiastique. Par M. ... Avvocat au Parlement.[27]

M*** [RICHER, FRANÇOIS]: De l'autorité du clergé et du pouvoir du magistrat politique sur l'exercice des fonctions du ministère ecclésiastique / par M*** [François Richer], avocat au parlement. - Amsterdam : Arkstée et Merkus, 1776. - 2 vol. ; 12°. *CCFR*[28]

Gutachter: Bruno Saverio Toma da Lodi OP
Gutachten: 10 S.

Dekret: SO 26. Marz 1767
Bando: SO 26. Marz 1767; CIndex 1. Marz 1768

---

24 Das Gutachten befindet sich in ACDF SO CL 1795-1796, Nr. 3.
25 Das Gutachten befindet sich in ACDF SO CL 1795-1796, Nr. 3.
26 Das Entwurf des Breve würde von Monsagrati verfasst; vgl. Brief Monsagrati 12. Juli 1784. Vgl. ACDF SO CL 1788, Nr. 6 und ACDF SO CL 1795-1796, Nr. 3.
27 Vgl. ACDF SO CL 1767-1768, Nr. 2.
28 Eine 1776 erschienene Ausg. wurde nur für die Stadtbibliothek Chalon sur Soane nachgewiesen *CCFR*. Als nächste Ausg. wurde ermittelt: M** [RICHER, FRANÇOIS]: De l'autorité du Clergé et du pouvoir du magistrat politique, sur l'exercice des fonctions du ministère ecclésiastique / Par M**, avocat au Parlement. - Amsterdam : Arkstée et Merkus, 1767. - 2 vol. ; 12°. *CCFR*. Das Werk war bereits erschienen: M.** [RICHER, FRANÇOIS]: De l'autorité du clergé, et du pouvoir du magistrat politique, [...] / Par M.**. Avocat au Parlement. - A Amsterdam [i.e. Paris] : chez Arkstée & Merkus, 1766. - 2 vol. ; 12°. *BNF*. Erscheinungsort nach *BNF* fingiert.

ACDF SO CL 1795-1796, Nr. 11

1796. Censura del libro intitolato: Della necessità ed utilità del matrimonio degli Eccl[esiastic]i, in cui si dimostra che il Papa può dispensare dal Celibato quelli, che lo richiedono composto da Fromberger.

Anonym [DESFORGES, PIERRE]: Della necessità ed utilità del matrimonio degli ecclesiastici : in cui si dimostra che il Papa può dispensare dal celibato quelli che lo richiedono ; Si aggiugne una lettera a' sovrani cattolici con una breve dissertazione storica e filosofica sopra il celibato e il progetto dell'abate di S.Pierre. - [S.l.] : [S.n.], 1770. - 2 vol. ; 8°. *SBN*[29]

Gutachter: Giuseppe Antonio Vioni DC[30]
Gutachten: 11 S.[31]

Dekret: CIndex 26. August 1771
Bando: CIndex 25. Mai 1772

Beiliegend: FROMBERGER, [...]: De Permittendo Matrimonio Civili// et// coacto Ecclesiasticorum coelibatu// abolendo : Item duo verba// de// Obligatione Legum Ecclesiasticarum. - 1786. - 69 S. (Manuskript)

ACDF SO CL 1795-1796, Nr. 12

1796. Pesaro. Censura di alcune Tesi sulla Predestinazione difese dal P. Ignazio Lacorte Studente Agostiniano sotto la direzione del P. Giacomo Aureli.

AURELI, NICOLAUS (Praes.) ; LACORTE, IGNAZIO (Resp.): De Doctrina// Et Auctoritate// Fulgidissimi Ecclesiae Luminis, Doctorisque maximi// S. Augustini Patris Nostri// Publica Concertatio// Juxta Vindicias Norisianas// Facta cuilibet post tertium contradicendi libertate.// Occurret Objectis / Fr. Ignatius Lacorte// Theologiae Auditor// Praeside// Patre Nicolao Aurelj. - Pisauri : Ex Typographia Gavelliana. (Cum Superiorum licentia), 1758. - 24 S. *ACDF SO CL 1795-1796, Nr. 12*

Gutachter: Francesco Antonio da S. Romolo OFMRef
Gutachten: 43 S.[32]

ACDF SO CL 1795-1796, Nr. 13

1796. Noli e Albenga. Censura di uno scritto presentato da M. Vescovo di Noli al Senato di Genova in opposizione alla Bolla dogmatica Auctorem Fidei di P. Pio VI, e di tre Voti de Teologi di quella Republica.

---

[29] Vgl. Anonym [DESFORGES, PIERRE]: Avantages du mariage, et combien il est nécessaire & salutaire aux prêtres & aux évêques de ce tems-ci d'épouser une fille chrétienne. - A Bruxelles : [S.n.], 1758. - 2 vol ; 12°. *Abes.*

[30] Als Konsultor der CIndex. Vgl. Congr. gen. der CIndex 26. August 1771.

[31] Darüber hinaus nicht gezeichnet, 17 S. Inhaltsangabe des Werks.

[32] Hinweise auf weitere Verhandlungen und Ergebnisse des Verfahrens wurden nicht aufgefunden.

1. *Das Werk wurde nicht ermittelt*

2. Anonym [SOLARI, BENEDETTO?]: Motivi dell'opposizione// del Vescovo di Noli// alla publicazione di un Decreto del S. Off[izi]o// di Genova// relativo alla Costituzione Auctorem Fidei// del N. S. Padre Pio VI.// e della denunzia fattane al Ser[enissi]mo Senato// con lettera del dì 8. Ottobre 1794. - [ca. 1794]. - 55, 1 S. (Manuskript) *ACDF SO CL 1795-1796, Nr. 13*[33]

Gutachter: Francesco Antonio Contarini OFMConv
Gutachten: 15 S. (zu Nr. 1) [34]

Gutachter: Francesco Antonio Contarini OFMConv
Gutachten: 41 S. (zu Nr. 2) [35]

Weiterhin beiliegend: ANSELMI, JOHANNES STEPHANUS <Inquisitor von Genua>: [Notum facimus (19. Sept. 1794)]. - Genuae : Ex Typographia Jo. Bartholomaei Como, [1794]. (Einblattdruck)[36]

ACDF SO CL 1795-1796, Nr. 14

1796. Lipari. Discorso accademico sopra l'uso della lingua latina del Sac. D. Gio. Aita Napoletano.

AITA, GIOVANNI: Discorso Accademico sopra l'uso della Lingua Latina / composto dal R. Sacerdote D. Giovanni Aita di nazione Napolitano dilegato in questa Isola fin da dieci anni per delitto di Stato dalla Maestra di Ferdinando IV. Re delle due Sicilie. - [S.a.]. - 8 S. (Manuskript, Abschrift) *ACDF SO CL 1795-1796, Nr. 14*

Gutachter: keine Angabe
Gutachten: nicht aufgefunden[37]

---

[33] Vermutl. Verf. ermittelt nach: Anonym [SOLARI, BENEDETTO?]: Motivi dell'opposizione del Vescovo di Noli alla pubblicazione d'un decreto del S. Ufficio di Genova relativo alla costituzione Auctorem fidei del N. S. padre Pio 6., e della denunzia fattane al [...] Senato di Genova con lettera del dì 7 ottobre 1794. - Enth. in: VITTORE <DI S. MARIA>: Riflessioni in difesa di Mr. Scipione de Ricci e del suo sinodo di Pistoja sopra la costituzione Auctorem Fidei pubblicata in Roma il di 28. agosto 1794. sotto il nome del sommo pontefice. - [S.l.] : [S.n.], 1796. - 480, 75, [3] S. ; 8°. *SBN.*

[34] Eine Abschrift liegt vor. Vgl. auch ACDF SO Vota CL II (1757-1809), Nr. 100.

[35] Zu Nr. 2 liegen außerdem die Gutachten von drei Genueser Theologen vor: (1) Giovanni Battista Molinelli SP, 19 S.; (2) Fortunio Benedetto Molfino SP, 5 S.; (3) Prospero Semino OAD, 5 S., 3. Juni 1795. Vgl. auch ACDF SO St.St. I-6-d, Nr. 8. Laut Dekret SO vom 24. Februar 1796 sollte der Entwurf eines Edikts von Kard. Antonelli verfasst werden, das dem Inquisitor von Genua zur Veröffentlichung zugestellt werden sollte.

[36] Das Bando bezieht sich auf das Verbot in der Konstitution vom 28. August 1794 der Propositionen in den Atti e Decreti del Concilio Diocesano di Pistoja dell'Anno MDCCLXXXVI. Pistoja per Atto Bracali Stampatore Vescovile con approvazione.

[37] Für weitere Verhandlungen und Ergebnisse, vgl. ACDF SO CL 1795-1796, Nr. 8.

ACDF SO CL 1797-1802

ACDF SO CL 1797-1802, Nr. 1

1797. Faenza. Circa l'introduzione di certi libri e stampe provenienti da Bologna e da altre parti d'Italia occupate dai Francesi, che sebbene in approvazione stampati sembrano pericolosi: e circa l'imprimatur di alcune thesi theologiche riguardandi il primato del Papa del D. Temperini Agostiniano. Ravenna.

Berinsonae Augustinensium Coenobii Praesuli Meritissimo / R. Admodum P. F. Aloysio Brolia S. T. Magistro / Sapientia, Consilio, Doctrina, Religione Eximio / Ceterisque ejusdem Eremitanae Familiae Patribus, [et] Alumnis / Exemplo, Prudentia, Morum probitate Praeclaris / Theologicas Hasce Theses Quas Publice Propugnandas Assumit / P. F. Basilius Bruni Theol. Facultatis Auditor Ac Defendens / D. D. D. [...] Publica de his disputatio, cui praeevit P. F. J. T. S. R. habebitur apud PP. Augustinenses mense [fehlt] Die [fehlt] hora [fehlt] an. [1796]. / Romae ex Calcogr. Jacobi Billy, [et] typis Jo. Zempel. Sup. perm. (Einblattdruck, Großformat) *ACDF SO CL 1797-1802, Nr. 1*

Gutachter: keine Angabe
Gutachten: nicht aufgefunden[1]

ACDF SO CL 1797-1802, Nr. 2

1801. Piacenza

Das Werk wurde nicht ermittelt[2]

Gutachter: Filippo Liberti
Gutachten: 3 S.[3]

---

1 Jedoch ein Schreiben von MSP Pani, 2 S. Neben der Bitte um das Imprimatur für die theologischen Thesen findet sich in diesem Faszikel eine Anfrage des Inquisitors von Faenza, Angelo Maria Merenda, vom 29. Januar 1797, betreffend den Umgang mit Drucken und Büchern aus den französisch besetzten Teilen Italiens. Am 11. Januar 1797 entschied das SO, dass der Inquisitor von Faenza und der Vikar der Inquisition von Ravenna die Thesen verbieten sollten, da keine Druckerlaubnis erteilt worden sei. Von weiteren Erklärungen sah man ab, da der Regens mit seiner vermutl. Anfrage um eine Druckerlaubnis Anstoß in Rom und Ravenna erregt hatte. Deshalb sollte er von dem Erzbischof von Ravenna ermahnt werden, künftig die üblichen Dienstwege zu gehen.

2 Es handelte sich um den Antrag auf Druckerlaubnis des Ex-Jesuiten Giuseppe Antonio Masden für seine Doktoratsthesen.

3 Darüber hinaus eine Relation des Comm. SO, 5 S., 24. Juni [1801]. Laut Votum der Konsultoren SO vom 22. Juni 1801 sollte der Inquisitor von Piacenza darauf verzichten, die These, die sich auf

ACDF SO CL 1797-1802, Nr. 3

1801. Breviarium germanicum.

♦ Anonym [DERESER, THADDAEUS]: Deutsches Brevier für Stiftsdamen, Klosterfrauen und jeden guten Christen. - Augsburg : Im Verlage der Joseph-Wolffischen Buchhandlung, 1794. - 4 vol. ; 8°. *HBZ*[4]

Gutachter: Angelo Maria Merenda OP[5]
Gutachten: 24 S.[6]

Dekret: nicht aufgefunden
Bando: Breve 26. August 1795

ACDF SO CL 1797-1802, Nr. 4

Loreto.

1. Anonym [FANCIULLI, LUCA]: Risposta// Alla Dissertazione// Intitolata// Controcritica// In Difesa Del Vero// Sull'Identità// Di San Basso Martire// E Primo Vescovo Di Nizza In Provenza// Ora venerato// Nella Terra Di Marano. - Osimo : Presso Domenicantonio Quercetti// Stampator Vescovile E Pubblico. (Con approvazione), 1795. - 68 S. ; 4°. *ACDF SO CL 1797-1802, Nr. 4, MAI*[7]

2. Anonym [FANCIULLI, LUCA]: Esame// Dell'Apologia// Alla Controcritica// In Difesa Del Vero// Sull'Identità Del Sacro Corpo// Di San Basso// Primo Vescovo E Primo Martire// Di Nizza In Provenza// Ora venerato nella Terra di Marano// nel Piceno. - Osimo : Presso Domenicantonio Quercetti// Stamp. Vescov. E Della

---

das „Peccatum philosophicum" bezieht, gutzuheißen. Er sollte aus der These „de scientia" die Wörter „in sensu semipelagianorum, in quo non curarunt, et ut in aliis bene multis" entfernen lassen. Außerdem sollte der Comm. SO dem Inquisitor in einem privaten Schreiben mitteilen, dass die oben genannte These bereits von Alexander VIII. am 24. August 1690 verboten worden war. Der Inquisitor sollte also versuchen, die Lehre Masdens mit Hilfe der Notizen seiner Studenten zu prüfen, und diese dem SO zu übergeben. Laut einer Notiz wurde der Papst in der Audienz über den Fall vom Ass. SO informiert, weil die Sitzung von 24. Oktober in der Minerva vertagt worden war und erwartet wurde, dass die Infantin von Parma sich mit dem Papst über diesen Fall in Verbindung setzen würde. In der Audienz vom 24. Oktober wurde das Votum der Konsultoren vom Papst bestätigt.

4 Das Werk war bereits erschienen: Anonym [DERESER, THADDAEUS]: Deutsches Brevier für Stiftsdamen und Klosterfrauen. - Augsburg : Im Verlage der Joseph-Wolffischen Buchhandlung, 1792. - 4 vol. ; 8°. *HBZ*.

5 Zu Merenda vgl. Prosopographie 19. Jh.

6 Darüber hinaus Relation des Comm. SO, 1 S., [26. März 1801], und Verbot des Buches durch den Erzbischof von Trier. Vgl. auch Schreiben des Staatssekretärs an den Sekr. CIndex., 16. Juni 1793, ACDF Index Prot. 101 (1796), Bl. 311r.

7 Abweichende Umfangsangabe nach *MAI*: 67, [1] S. Zur Verfasserschaft Fanciullis siehe auch: MURRI, VINCENZO: Apologia alla controcritica in difesa del vero sull'identita del sacro corpo di san Basso primo vescovo [...] contro la risposta dell'osimano censore signor canonico Luca Fanciulli / data in luce dall'abbate don Vincenzo Murri [...]. - Sinigaglia : per Lazzarini, 1797. - 175, [1] S. ; 4°. *SBN*.

Reggenza Cesar. Reg. (Con Approvazione), 1799. - 119 S. ; 4°. *ACDF SO CL 1797-1802, Nr. 4, MAI*[8]

Gutachter: keine Angabe
Gutachten: nicht aufgefunden (zu Nr. 1-2)[9]

ACDF SO CL 1797-1802, Nr. 5

Germania e Genova.

♦ WEILLER, KAJETAN VON: Ueber den Unglauben welcher in unsern Schulen gelehrt wird : Eine Rede am Ende des ersten Semesters des Jahrs 1802 bey der öffentlichen Verlesung der H. H. Lizäisten / von Kaj. Weiller, Professor und Rektor d. L. - München : bey Joseph Lindauer, 1802. - 68 S. *HEBIS*

♦ WEILLER, KAJETAN VON: Ueber den Unglauben welcher in unsern Schulen gelehrt wird : Eine Rede am Ende des ersten Semesters des Jahrs 1802 bey der öffentlichen Verlesung der H. H. Lizäisten / von Kaj. Weiller, Professor und Rektor d. L. - München : Lentner, 1802. - 68 S. *BVB*

♦ WEILLER, KAJETAN VON: Ueber den Unglauben welcher in unsern Schulen gelehrt wird : eine Rede am Ende des ersten Semesters des Jahrs 1802 bey der öffentlichen Verlesung der H. H. Lizäisten / von Kaj. Weiller. - 2. Aufl. - München : Lentner, 1802. - 71 S. *BVB*[10]

Gutachter: Rocco Carboni
Gutachten: 25 S.[11]

ACDF SO CL 1797-1802, Nr. 6

Macerata.

Compendio// Della// Dottrina Cristiana// Divisa In Tre Classi// Necessaria a sapersi da tutti per la// eterna salute : Coll'aggiunta di pochi e brevi esercizj// Del Cristiano. - Macerata : Presso Bartolommeo Capitani. (Con approvazione), 1800. - 94 S. ; 12°. *ACDF SO CL 1797-1802, Nr. 6*

Gutachter: Tommaso Vincenzo Pani OP[12]
Gutachten: 2 S., [3. April 1802][13]

---

8 Abweichende Umfangsangabe nach *MAI*: 119, [1] S.

9 Jedoch nicht gezeichnet, 2 S. (zu Nr. 1); nicht gezeichnet, 1 S. „Proposizioni da censurarsi" (zu Nr. 1). Hinweise auf weitere Verhandlungen oder Ergebnisse des Verfahrens wurden nicht aufgefunden.

10 Beiliegend eine hs. lat. Übers., die von Thil angefertigt wurde.

11 Das Gutachten liegt in zehn weiteren Abschriften vor. Darüber hinaus nicht gezeichnet, 19 S. „Excerptum". Die Anzahl der an die Konsultoren und/oder die Mitglieder der Kongregation gerichteten Abschriften lässt vermuten, dass das Gutachten nicht referiert wurde. Vgl. auch ACDF SO St.St. I-6-d, Nr. 10. Hinweise auf weitere Verhandlungen oder Ergebnisse des Verfahrens wurden nicht aufgefunden.

12 Zu Pani vgl. Prospographie 19. Jh.

ACDF SO CL 1797-1802, Nr. 7

Perugia.

MARIOTTI, ANNIBALE: Parlata// Intorno Ad Alcune Imputazioni// Che Si Credono Date// Ad Annibale Mariotti// Per Supporlo Reo// Di Giacobinismo. - [S.l.] : [S.n.], [1800]. - 111 S. ; 8°. *ACDF SO CL 1797-1802*, Nr. 7, *SBN*[14]

Gutachter: Antonio Tracchini OFMConv[15]
Gutachten: 4 S., [vor 12. Juni 1802][16]

ACDF SO CL 1797-1802, Nr. 8

Damasco.

Antwort// des// bayerischen Klerus// auf den// von Herrn Erzbischof zu Damaskus,// apostolischen Nuntius// in München// erlassenen Hirtenbrief. - [S.l.] : [S.n.], 1799. - 22 S. ; 4°. *ACDF SO CL 1797-1802, Nr. 8, BVB*[17]

Gutachter: keine Angabe
Gutachten: nicht aufgefunden[18]

ACDF SO CL 1797-1802, Nr. 9

Herbipol.

METZ, ANDREAS: Darstellung der Hauptmomente der Elementarlehre der Kantischen Kritik der reinen und practischen Vernunft : oder zweyte verbesserte, und vermehrte Ausgabe der kurzen, und deutlichen Darstellung des Kantischen Systems nach seinem Hauptzwecke, Gange, und inneren Werthe / von Andreas Metz. - Bamberg [und Würzburg] : Göbhardt, 1802. - 2 Teile in 1 vol. - XXII, 236 S.; S. [237]-359 ; [8°]. *SWB, HBZ, SBB*[19]

Gutachter: Rocco Carboni
Gutachten: 98 S.[20]

---

13 Durch Votum SO vom 26. April 1802 sollte dem Bischof von Macerata gemeldet werden, dass der Gebrauch dieses Katechismus zugelassen sei. Falls der Bischof allerdings einen Neudruck erwäge, solle der Titel entfernt werden und durch „Esercizi spirituali etc" ersetzt werden. Mit Dekret SO vom 5. Juni 1802 wurde das Votum bestätigt.

14 Abweichende Umfangsangabe nach *SBN*: [4], 111, [1] S.

15 Zu Tracchini vgl. Prosopographie 19. Jh.

16 Beiliegend eine Abschrift. Mit Dekret SO vom 21. Juli 1802 sollten die verhandelten Exemplare vom SO einbehalten werden und es sollten, sofern möglich, auch die anderen Exemplare ermittelt, dem SO übergeben und vernichtet werden, ohne Aufsehen zu erregen. Diese Entscheidung sollte dem Inquisitor von Perugia mitgeteilt werden.

17 Abweichende Formatangabe nach *GBV*: 8°. Erscheinungsort nach *GBV*: München.

18 Hinweise auf weitere Verhandlungen oder Ergebnisse des Verfahrens wurden nicht aufgefunden.

19 Formatangabe ergänzt nach *SBB*. Die 1. Ausg. war 1795 u.d.T. „Kurze und deutliche Darstellung des Kantischen Systems nach seinem Hauptzwecke, Gange, und innern Werthe" erschienen. *HBZ*.

20 Das Gutachten liegt in zwei weiteren Abschriften bei. Hinweise auf weitere Verhandlungen oder Ergebnisse des Verfahrens wurden nicht aufgefunden.

ACDF SO CL 1803-1806

ACDF SO CL 1803-1806, Nr. 1

1803. Vienna. Esame dell'opuscolo intitolato: Jus privatum naturale.

ZEILLER, FRANZ VON: Das natürliche Privat-Recht / von Franz von Zeiller. - Wien : bey Christian Friedrich Wappler und Beck, 1802. - [8], 208, [8] S. ; 8°. *ACDF SO M 38*, *RERO*[1]

Gutachter: keine Angabe
Gutachten: nicht aufgefunden[2]

ACDF SO CL 1803-1806, Nr. 2

1803. Germania. Nova Liturgia Parrochi M. in K. Dipartimenti L. cum appendice de medies melioribus ad habendum bonos Sacerdotes, proposita gallicanae synodo nationali pro approbatione Tubingae apud Iacobum Frider. Heerbrandt. 1802.

Anonym [PRACHER, BEDA]: Neue Liturgie des Pfarrers M. in K. im Departement L. : mit einem Anhang von den besten Mitteln, gute Geistliche zu erhalten / [Beda Pracher]. - Tübingen : Heerbrandt, 1802. - 184 S. *SWB*, *HBZ*

Gutachter: keine Angabe
Gutachten: nicht aufgefunden[3]

ACDF SO CL 1803-1806, Nr. 3

1803. Spoleto. Circa la stampa del Manoscritto di Fr[ances]co Forti dell'esame dei diritti dell'Uomo dello Spedalieri.

FORTI, FRANCESCO: Esame De' Diritti dell'Uomo Di Nicola Spedalieri : All'ombra illustre del P. Mamacchi. - [S.a.]. - 90 S. (Manuskript) *ACDF SO CL 1803-1806, Nr. 3*

---

1 Abweichende Umfangsangabe: 208 S., [4] Bl. *HBZ*; 208 S. *HEBIS-Retro*.

2 Der Fall wurde dem SO durch Kard. Antonelli vom Staatssekretariat übergeben: vgl. Schreiben an den Ass. SO Malvasia vom 7. Januar 1803. Hinweise auf weitere Verhandlungen oder Ergebnisse des Verfahrens wurden nicht aufgefunden. In ACDF SO CL 1803-1806, Nr. 2 findet sich eine hs. lat. Übers., die von Thil angefertigt worden war.

3 Es liegt eine hs. lat. Übers. bei, die von Thil angefertigt worden war. Hinweise auf weitere Verhandlungen oder Ergebnisse des Verfahrens wurden nicht aufgefunden.

Gutachter: [Tommaso Vincenzo Pani OP][4]
Gutachten: 3 S.[5]

ACDF SO CL 1803-1806, Nr. 4

1805. Corfù. Censura delle Lettere polemiche sui punti Teologici che si controvertono dalla Chiesa Greca composta dal Sac. D. Dom[enic]o Teixeira. Et n. 4a vide in fine voluminis.[6]

1. ♦ TEIXEIRA, DOMENICO: Lettere polemiche sui punti teologici che si contrastano dalla Chiesa greca. - Venezia : Appresso Modeso Fenzo, 1802. - 331 S. *AMICUS*

♦ TEIXEIRA, DOMENICO: Lettere polemiche sui punti teologici che si contrastano dalla Chiesa greca. - Venezia : M. Fenzo, 1802. - 2 vol ; 8°. *BNF*

2. COLONNA, BIAGGIO: La Difesa della chiesa greca ultimamente assalita da Comenido Reaixtei [Anagr.: Teixeira, Domenico] / scritta da Biaggio Colonna. - Corfú : [Stelio Vlassopulo]. - 183 S. ; 8°. *BNF*[7]

Gutachter: Agapito da Palestrina OFMRef[8]
Gutachten: 15 S., 7. Januar 1803 (zu Nr. 1)[9]

Gutachter: Gaudenzio Patrignani OFMObs[10]
Gutachten: 17 S. (zu Nr. 2)[11]

Dekret: SO 27. April 1803
Bando: CIndex 24. Juli 1804 (zu Nr. 2)

ACDF SO CL 1803-1806, Nr. 5

1805. Olanda. Circa un Catechismo composto e pubblicato nel distretto di Osnabrugense, di cui è Vic[ari]o G[enera]le M[onsigno]r Vesc[ov]o di Paros, dal Parroco Marx.

MARX, JOHANN HERMANN: Grösseres katechetisches Religionslehrbuch für Lehrer und Kinder in katholischen Bürger- und Landschulen, wie auch für junge Christen : zur Erleichterung und Wiederholung der vornehmsten Glaubens- und Sittenlehren / von Joh. Herm. Marx. - Osnabrück : H. Blothe, 1803. - 2 Bde. (Titelbl. Bd. 1) *ACDF SO CL 1803-1806, Nr. 5, HBZ*

---

4 Zu Pani vgl. Prospographie 19. Jh.

5 Mit Dekret SO wurde die Druckerlaubnis erteilt, die Benachrichtigung des Autors jedoch verschoben.

6 Der Fall wurde dem SO durch die CProp mit Schreiben vom 15. Februar 1802 übergeben.

7 Auflösung des Anagramms nach *BNF*.

8 Zu Agapito da Palestrina vgl. Prosopographie 19. Jh.

9 Beiliegend eine Abschrift. Laut Votum SO vom 14. März 1803 sollte die Entscheidung verschoben werden. Der Gutachter schlug vor, das Werk unter den Schismatikern zu verbreiten.

10 Zu Patrignani vgl. Prosopographie 19. Jh.

11 Darüber hinaus eine nicht gezeichnete Auflistung von „Errori", 2 S. Zu Nr. 2 vgl. auch ein Gutachten der CIndex: Ostini, ACDF Index AeD 1 (1802-1820), Nr. 278, 2 S., 10. Februar 1820.

Gutachter: keine Angabe
Gutachten: nicht aufgefunden[12]

ACDF SO CL 1803-1806, Nr. 6

1806. Monaco. Circa librum cui titulus: Lucrum Curiae Romanae de Indulgentiis, et Confraternitatibus a Bartholomaeo Forster Presbytero 1803 apud Josephum Zaengl Typographum.

J[unct]o. Circa alterum librum cui titulus: Superstitio detecta circa reliquias, imagines aliasq. res benedictas ad restaurationem puri Christianesimi, auctore praed[ict]o Sacerdote.

1. FORSTER, BARTHLMÄ: Von dem Interesse der römischen Kurie an Ablässen und Bruderschaften / [von Bartlmä Forster]. - München : J. Zängl, 1803. - [48 S.]. *ACDF SO CL 1803-1806, Nr. 6, BVB*[13]

2. FORSTER, BARTHLMÄ: Entlarvter Aberglaube bei Reliquien, Bildern und anderen geweihten Sachen zur Wiederherstellung des reinen Christenthums. - München : J. Zängl, 1803. - [51 S.]. *ACDF SO CL 1803-1806, Nr. 6, BVB*[14]

3. FESSMAIER, JOHANN GEORG (Praes.) ; BRUNNER, CASPAR (Resp.): Sätze aus der Rechtswissenschaft : Mit Genehmigung der kurfürstlichen Iuristenfacultät zur Erlangung der juridischen Licentiatenwürde / unter dem Vorsitze des Herrn Hofraths und Professors Dr. Fessmaier der öffentlichen Prüfung vorgelegt von Caspar Brunner von Luehe aus der Oberpfalz der Rechte Kandidaten. Landshut den 16 Decemb. 1801. - Landshut : [S.n.], 1801. *ACDF SO CL 1803-1806, Nr. 6, BVB*

4. MOSHAMM, FRANZ XAVER VON (Praes.) ; CLARMANN, JOHANN NEPOMUK (Resp.): Sätze aus der Rechtswissenschaft / welche mit Genehmigung der kurfürstlichen Juristen-Facultät bey Erlangung der jurid. Licentiaten-Würde unter dem Vorsitze des Hrn. Hofraths und Professors Dr. v. Moshamm der öffentlichen Prüfung vorgelegt von Johann Nepom. Clarmann von Augsburg, Kandidat der Rechte. Landshut den 6ten September 1803. - [Landshut] : Gedruckt mit Hagenschen Schriften, [1803]. - [4 Bl.]. *ACDF SO CL 1803-1806, Nr. 6, BVB*[15]

---

[12] Der Fall wurde dem SO durch die CProp übergeben. Laut Dekret SO vom 8. August 1805 sollte der Staatssekretär den Oberen der holländischen Missionen und den Generalvikar des Bistums Osnabrück über das Vorhaben des Papstes in Kenntnis setzen. Zunächst sollten die beiden den Katechismus nach Rom schicken, den Lebenswandel des Autors prüfen, und sich informieren, ob das Werk bereits einen Skandal ausgelöst hatte. Während dieser Untersuchung sollten erlaubte Lehrbücher verwendet werden.

[13] Verf.- und Umfangsangabe ergänzt nach *BVB*.

[14] Umfangsangabe ergänzt nach *BVB*.

[15] Erscheinungsort und -jahr sowie Umfangsangabe ergänzt nach *BVB*. Ermittelt wurde auch: MOSHAMM, FRANZ XAVER VON (Praes.) ; CLARMANN, JOHANN NEPOMUK (Resp.): Sätze aus der Rechtswissenschaft / welche [...] der öff. Prüfung vorleget J. N. Clarmann. - Landshut : [S.n.], 1804. *BVB*.

Gutachter: Carlo Felice di S. Reparata OCD
Gutachten: 36 S. (zu Nr. 1)[16]

Gutachter: Carlo Felice di S. Reparata OCD
Gutachten: 42 S. (zu Nr. 2)[17]

Gutachter: Paolino da S. Bartolomeo OCD[18]
Gutachten: 3 S. (zur Nr. 1)

Gutachter: Paolino da S. Bartolomeo OCD
Gutachten: 3 S., 23. März 1804 (zu Nr. 2)

Gutachter: Paolino da S. Bartolomeo OCD
Gutachten: 3 S. (zu Nr. 3)[19]

Gutachter: Paolino da S. Bartolomeo OCD
Gutachten: 1 S. (zu Nr. 4)[20]

Dekret: SO 6. Februar 1806[21]
Bando: nicht aufgefunden (zu Nr. 1-2)[22]

ACDF SO CL 1803-1806, Nr. 7

1806. Roma. Circa il libro, che ha per titolo: Pensieri politici di Vincenzo Russo Napolitano stampato in Roma presso il cittadino Vincenzo Poggioli anno 1.° della ristabilita Republica Romana.

RUSSO, VINCENZO: Pensieri politici / di Vincenzio Russo napoletano. - Roma : presso il cittadino Vincenzio Poggioli, anno 1. della ristabilita Repubblica Romana [1798]. - [189 S.] *ACDF SO V 502*, *SBN*[23]

Gutachter: Rocco Carboni
Gutachten: 37 S.[24]

---

16 Beiliegend eine Abschrift sowie eine hs. lat. Übers. des Werks durch Josephus Danej.
17 Beiliegend eine Abschrift sowie eine hs. lat. Übers. des Werks durch Josephus Danej.
18 Paolino da S. Bartolomeo ist Gutachter der CIndex. Vgl. zu diesem und den folgenden Gutachten die Congr. gen. der CIndex 26. August 1805; hier sind andere Werke Forsters verhandelt und verboten worden.
19 Hinweise auf weitere Verhandlungen oder Ergebnisse des Verfahrens wurden nicht aufgefunden.
20 Hinweise auf weitere Verhandlungen oder Ergebnisse des Verfahrens wurden nicht aufgefunden.
21 Vgl. auch Congr. consultorum der CIndex 9. Juli 1704, ACDF Index Diari 18 (1764-1807), Bl. 89r-91r.
22 Laut Dekret SO vom 6. Februar 1806 sollten beide Bücher separat verboten werden, und Kard. Antonelli sollte mit dem Staatssekretär über die Modalitäten der Publikation dieses Verbots sprechen.
23 Umfangsangabe ergänzt nach *SBN*. Abweichende Umfangs- und Formatangabe nach *SBN*: 190 S. ; 8°. Als Erscheinungsjahr nach dem Gregorianischen Kalender wird (irrtümlich) auch 1791 angegeben. *SBN*.
24 Beiliegend eine Abschrift. Vgl. Congr. gen. der CIndex 26. August 1805, und ACDF SO St.St. I-6-c, Nr. 9.

Dekret: SO 24. April 1806; CIndex 17. Januar 1820
Bando: SO 24. April 1806; CIndex 17. Januar 1820[25]

ACDF SO CL 1803-1806, Nr. 8

1806. Cinque Chiese in Ungaria e Modon. Circa la proposizione sostenuta da M. Vescovo di Modon: Panis in Eucharistia non convertitur in Corpus D[omi]ni, sed in auras dissipatur.

Es liegt kein konkreter Zensurfall vor

Gutachter: Angelo Maria Merenda OP[26]
Gutachten: 94 S.[27]

ACDF SO CL 1803-1806, Nr. 9

1804. Vicenza. Censura dell'Opuscolo stampato in Vicenza nel 1801: Dell'Assoluzione sagramentale etc. Dissertazioni, del Can[oni]co Cristoforo Muzzani Can[oni]co Penit[enzier]e di quella Cattedrale.

MUZANI, CRISTOFORO: Della assoluzione sacramentale, e del dolor dei peccati necessario a riceverla salutarmente : dissertazioni due / di Cristoforo Muzani [...]. - Vicenza : per Giovanni Rossi, 1801. - 158, [2] S. ; 8°. *SBN*

Gutachter: Michelangelo Toni MI[28]
Gutachten: 49 S., [10. Januar 1803][29]

---

25 Zum Verbot durch die CIndex vgl. Edition der Bandi 19. Jh.; vgl. auch Congr. gen. der CIndex 17. Januar 1820 im Repertorium CIndex 19. Jh.

26 Zu Merenda vgl. Prosopographie 19. Jh.

27 Darüber hinaus umfangreiches Material u.a. hs. Notizen vom Ass. SO Malvasia, nicht gezeichnet, 10 S.

28 Zu Toni vgl. Prosopographie 19. Jh.

29 Darüber hinaus nicht gezeichnet, 6 S. „Riflessioni sui Schiavimenti inviati del Sig[nor]e Can[onic]o Muzzani in seguito della lettera scrittagli in nome di Sua S[antit]à". Möglicherweise handelte es sich beim Verfasser um den Ass. SO Malvasia. Darüber hinaus Briefe u.a. von Fontana (1 S., 13. Februar 1804) und Toni (1 S., 2. Februar 1804). Mit Dekret SO vom 15. Februar 1804 wurde die Druckerlaubnis mit der Auflage erteilt, das Werk zu korrigieren. Die Verhandlungen zwischen Autor und Zensoren wurden bis Ende 1804 weitergeführt.

ACDF SO CL 1807-1809

ACDF SO CL 1807-1809, Nr. 1

1807. Magonza. Esame dell'opera del Can[onic]o della Collegiata di Treveri D. Antonio Oehmbs col titolo: Opuscula de Deo Uno et Trino ad genuinam Evangelii doctrinam et Ecclesiae traditionem, de Trinitate etc. Formola della ritrattazione etc.[1]

1. OEHMS, ANTON: Opuscula De Deo Uno Et Trino : Ad Genuinam Evangelii Doctrinam Et Ecclesiae Traditionem De SS. Trinitate Restituendum Contra Numericae Identitatis Sententiam, Et Defendendum Adversus Haereses Ac Quosvis Sanctae Religionis Catholicae Contemptores Et Derisores / Autore Antonio Oehmbs, Doctore Theologo, Sacrae Theologicae Facultatis Et Universitatis Trevirensis Assessore, Seniore: Atque Insignis Collegiatae Ad S. Paulinum Augustae Trevirorum Canonico Capitulari. - Moguntiae : Typis Et Sumptibus Joann. Joseph. Alef, Haered. Haeffner, Aulae Et Universitatis Typographi Privileg., 1789. - XXVIII, 236 S. ; 2°. *ACDF St.St. N-5-q, HBZ*[2]

2. OEHMS, ANTON: Jesus Christus Ecclesiae Suae Hierarchiam ordinans, sive Hierarchia Ecclesiae a Jesu Christo Ordinata separatis iis, quae ex ordinatione ecclesiastica originem trahunt, ita ut Suprema Petri et hujus successoris Potestas etim concedendi indulgentias pro vivis, et defunctis, uti et illa Presbyterorum immediate a Deo, ac juris divini: illa vero episcoporum omniumque ecclesiae praefatorum in quantum supra presbyteros elevati sunt a successore Divi Petri, seu ecclesia i.e. juris ecclesiastici demonstrentur Primo ex quatuor evangeliis : Secundo ex actibus apostolorum, et epistolis : Tertio ex unanimi SS Patrum Consensu. (Manuskript) *Das Manuskript wurde nicht nachgewiesen*

Gutachter: Enrico Sanclemente OSBCam[3]
Gutachten: 206 S., [28. November 1803] (zu Nr. 1)[4]

---

1 In den Relationen und Gutachten dieses Faszikels finden sich viele Hinweise auf vorherige Verhandlungen, vgl. Opera sulla SS Trinità di Antonio Oehmbs [...], ACDF SO St.St. N-5-p.

2 Groß- und Kleinschreibung sowie Umfangs- und Formatangabe nach *HBZ*. Beiliegend hs. Teil IV, der in der gedruckten Ausg. nicht enthalten ist, u.d.T.: „Opusculum IV. De Deo Uno & Trino Ad Genuinam Evangelii Doctrinam Et Ecclesiae Traditionem De SS. Trinitate Restituendum Contra Numericae identitatis Sententiam & Defendendum Adversus Haereses ac quosvis Sanctae Religionis catholicae Contemptores & Derisores, Nominatim Contra Judicium Theologorum Coloniensium Apologia Trium praecedentium Opusculorum, Autore Antonio Oehmbs 1792".

3 Zu Sanclemente vgl. Prosopographie 19. Jh.

4 Laut einer nicht gezeichneten Relation wurde das Werk schon Anfang der 1790er von der Theologischen Fakultät der Universität Köln verurteilt. Drei Abschriften im zweiten Faszikel liegen vor. Die Konsultorenversammlung vom 28. November 1803 schlug bereits vor, das Werk

Gutachter: Enrico Sanclemente OSBCam[5]
Gutachten: 12 S., 8. April 1806 (zu Nr. 1-2)[6]

Dekret: SO 7. August 1806; SO 14. Juni 1807[7]
Bando: nicht aufgefunden (zu Nr. 1)

ACDF SO CL 1807-1809, Nr. 2

1809. Fuligno. Circa un Manoscritto che ha per titolo: Explanatio Casuum, qui in Fulginati Ecclesia Ep[iscop]o reservantur: accedunt Scholia Viro Theologo maxime perutilia; auctore Antonio Marcellio Priore Parocho.

MARCELLIO, ANTONIO: Explanatio Casuum, qui in Fulginati Ecclesia Ep[iscop]o reservantur accedunt Scholia Viro Theologo maxime perutilia. - [1808]. - 152 S. (Manuskript) *ACDF SO CL 1807-1809, Nr. 2*

Gutachter: Maurizio Benedetto Olivieri OP[8]
Gutachten: 65 S.[9]

ACDF SO CL 1807-1809, Nr. 3

1809. Torino. Circa il libro: Vera idea del matrimonio analoga ai principj Religiosi, ed alle nuove leggi di Francia.

Anonym: Vera idea del matrimonio analoga ai principj religiosi ed alle nuove leggi di Francia [...]. - Torino : dalla stamperia di Domenico Pane e comp., 1805. - 424, [4] S. *SBN*

---

per Breve zu verbieten. Mit Dekret SO vom 15. Dezember 1803 verschob der Papst die Entscheidung. Inzwischen sollte der Autor angewiesen werden, sein Werk in Übereinstimmung mit einer in Rom zu verfassenden Retractatio zu widerrufen. Beiliegend auch mehrere Entwürfe des formellen Widerrufs: Sanclemente, 4 S.; mit Gutachten von MSP Pani, 12 S., [11. Mai 1804]; Belli, 3 S., [11. Mai 1804]; Toni, 14 S., [11. Mai 1804]. Vgl. ACDF Index AeD 1 (1802-1820), Nr. 38a-d; ACDF Index Prot. 102 (1800-1808), Nr. 94-97 und ACDF SO St.St. N-5-q.

5 Zu Sanclemente vgl. Prosopographie 19. Jh.

6 Eine Abschrift befindet sich im zweiten Faszikel. Zu Nr. 2: Das Werk wurde dem Hl. Stuhl von Oehms selbst zugestellt. Mit Dekret SO vom 7. August 1806 sollte das Manuskript eingezogen werden, außerdem sollte der Autor eine Ermahnung durch den Erzbischof von Trier erhalten.

7 Außerdem sollte der Autor zum dritten Mal ermahnt werden, den formellen Widerruf zu unterschreiben. Die Retractatio war bereits am 16. August 1804 nach Mainz geschickt worden. Das Werk sollte durch Breve verboten werden.

8 Zu Olivieri vgl. Prosopographie 19. Jh.

9 Aufgrund des Votums der Konsultoren SO vom 24. April 1809 sollte das Manuskript vom SO einbehalten werden. Außerdem sollten Marcellios Schriften für weitere Prüfungen eingezogen werden. Weiterhin sollte der Autor von der Lehrtätigkeit in der Theologie suspendiert werden. Dieses Dekret sollte vom Bischof von Foligno mit Benachrichtigung des Inquisitors von Spoleto durchgeführt werden. Zum selben Autor, vgl. Dekret SO vom 28. März 1816. Vgl. auch ACDF SO St.St. I-6-d, Nr. 13.

Gutachter: Domenico Nicola del Ss. Rosario OAD[10]
Gutachten: 13 S.

Gutachter: Onofrio Maria del Sole
Gutachten: 55 S.

Gutachter: Onofrio Maria del Sole
Gutachten: 119 S.

Dekret: SO 29. April 1809[11]
Bando: nicht aufgefunden

ACDF SO CL 1807-1809, Nr. 4

1808. Lisbona. Libro stampato in Lisbona nel 1794 col titolo: Medicina Teologica mandato da M. Nunzio di Portogallo Piu Circa una lettera sull'avvicinamento della fine del mondo, ed altra inconfutazione etc., i[unct]a lettera mandata da M[onsigno]r Nunzio di Madrid. n. b. In Posizione non vi è nè il libro nè le lettere.

1. Anonym [MELLO FRANCO, FRANCISCO DE]: Medicina Theologica, ou Supplica Humilde, feita a todos os Senhores Confessores, e Directores, sobre o modo de proceder com seus Penitentes na emenda dos peccados, principalmente da Lascivia, Colera, e Bebedice. - Lisboa : na Offi. de Antonio Rodrigues Galhardo Impressor da Serenissima Casa do Infantado (Com Licença da Real Meza da Commissaõ Geral sobre o Exame, e Censura dos Livros), 1794. - 147, [1 br., 3] S. ; 4°. *PORBASE*[12]

2. ♦ Anonym: Lettera di un canonico ad uno de suoi amici su la vicinanza della fine del mondo : Tradotta dal francese. - Firenze : presso Carli e comp. in Borgo SS. Apostoli, vendesi nella detta stamperia, 1806. - 30 S. *SBN*[13]

♦ Anonym: La vicinanza delle fine del mondo : lettera / d'un canonico. - [Bologna] : vendibile alla tipografia ai Celestini, [1799?]. - 30, [2] S. ; 8°. *SBN*[14]

---

10 Domenico Nicola del SS. Rosario ist Konsultor CIndex. Der Fall wurde von der CIndex an das SO übergeben, vgl. Congr. gen. der CIndex 18. Juli 1808.

11 Laut Dekret SO vom 29. April 1809 sollte das Werk unter Angabe der Begründung mit päpstlicher Bulle verboten werden.

12 Abweichende Umfangsangabe nach *COPAC*, *LC*: 147, [5] S.

13 Das Werk war bereits erschienen: Anonym: Lettera di un Canonico ad uno de' suoi amici su la vicinanza della fine del mondo / Tradotta dal francese de F. A. C. - Fermo : [S.n.], 1790. - 59 S. ; 8°. *COPAC*; Anonym: Lettera di un canonico ad uno de' suoi amici su la vicinanza della fine del mondo / Tradotta dal francese de F.A.C. - [Fermo] : [dai torchi di Pallade], [1790?]. - 59, [3] S. ; 8°. *SBN*.

14 Ermittelt wurde auch: Anonym [GUEVARA, GIUSEPPE]: Risposta all'anonimo della lettera sopra la vicinanza della fine del mondo. - Bologna : vendibile alla Tipografia ai Celestini, 1800. - 64 S. ; 8°. *SBN*; Anonym: Riflessioni critiche sulla lettera di un canonico ad uno de' suoi amici risguardante la vicinanza della fine del mondo compilate da T.N.M.N. - Sinigaglia : pel Lazzarini imp. vesc. e pubb., 1790. - 53, [3] S. ; 8°. *SBN*.

Gutachter: keine Angabe
Gutachten: nicht aufgefunden (zu Nr. 1-2)[15]

[15] Jedoch ein „Sentimento", das aus drei Briefen von Gioacchino Cortes besteht, der vom Comm. SO mit einer Begutachtung beauftragt worden war. Laut Votum der Konsultoren SO vom 14. November 1808 sollte die Entscheidung verschoben werden, es sollte eine sorgfältiger bearbeitete Version des Werks verfasst werden, um es genauer prüfen zu können. Mit Dekret SO vom 16. August 1808 wurde das Votum bestätigt. Hinweise auf weitere Verhandlungen wurden nicht aufgefunden.

ACDF SO VOTA CL I (1740-1757), Nr. 1-30

ACDF SO Vota CL I (1740-1757), Nr. 2

1740. Utrecht in Olanda. Condanna di una pastorale dello pseudo-arcivescovo di Utrecht.

Lat. Manuskript und niederländ. Druckausg. wurden nicht ermittelt[1]

Gutachter: Luigi Maria Lucini da Milano OP
Gutachten: 11 S., [1. Dezember 1740]

Dekret: [SO 1. Dezember 1740]
Bando: [Breve 24. Januar 1741][2]

ACDF SO Vota CL I (1740-1757), Nr. 3

[S.a. Pinerolo] Sentimento sulla omelia del vescovo di Pinerolo e sulla censura del Regio Revisore.

Das Werk wurde nicht ermittelt[3]

Gutachter: keine Angabe
Gutachten: 19 S.[4]

ACDF SO Vota CL I (1740-1757), Nr. 4

1744. Roma. Ristampa delle due lettere d'avviso su i casi reservati in Venezia etc. proibite già con decreto del Sant'Officio.

Es liegt kein konkreter Zensurfall vor

Gutachter: keine Angabe
Gutachten: nicht aufgefunden[5]

---

1 Ermittelt wurde: MEINDARTS, PETRUS JOHANNES <Utrecht, Erzbischof>: Instrumentum Appellationis [...] Archiepiscopi Ultrajectensis Ad Futurum Generale Concilium A quodam Brevi praeferente nomen SS. D. Benedicti XIV. dato 24 Januarii 1741. Atque item à Brevi Clementis XII. dato 6. Octobris 1739 / [Petrus Johannes Archiep. Ultraj.]. - Utrecht : [S.n.], 1741. *GBV*.

2 Laut Votum der Konsultoren SO vom 1. Dezember 1740 sollte der Hirtenbrief in einem neuen Breve als schismatisch, subversiv usw. getadelt werden. Das Breve sollte demjenigen vom 6. Oktober 1739 gegen die Wahlen des Utrechter Domkapitels ähnlich gestaltet werden.

3 Keine Hinweise auf Publikation bzw. Ort, Jahr und Drucker.

4 Es handelt sich um eine Predigt des Bischofs, die von einem staatlichen Zensor verboten worden war. Der Gutachter stufte sie als orthodox ein.

Weiterhin Beiliegend: Sacra// Congregatione// S. Officii// Romana praetensae conventionis,// pro// DD. Hieronymo, & Joanne de Mainardis. Contra Fiscum.// Memoriale cum Restrictu Processus. - [Romae] : Typis Reverendae Camerae Apostolicae, [S.a.]. - 4°. (3) Romana assertae contra// ventionis. [In dorso:] Sacra// Congregatione// S. Officii// Romana assertae contra// ventionis.// Pro// Generoso Salomone// Contra// Fiscum// Facti, & Juris. - [Romae] : Typis Rev. Cam. Apost., 1744.

ACDF SO Vota CL I (1740-1757), Nr. 5

1744. Napoli. Censura di due libretti pubblicati sotto il titolo di Avviso salutevole, e secondo avviso salutevole all'autore delle due lettere contro la dissertazione intorno ai casi riservati in Venezia.

♦ Anonym [FAURE, GIOVANNI BATTISTA]: All'autore delle due epistole contro la dissertazione de' casi riservati in Venezia : Avviso salutevole accio conosca se stesso [...]. - In Palermo : [S.n.], 1744. - 48 S. ; 4°. *SBN*

♦ Anonym [FAURE, GIOVANNI BATTISTA]: All'autore delle due epistole contro la dissertazione de' casi riservati in Venezia : Secondo avviso salutevole accio conosca se stesso [...]. - [Palermo] : [S.n.], [1744?]. - 60 S. ; 4°. *SBN*

♦ Anonym? [FAURE, GIOVANNI BATTISTA]: All'autore delle due epistole contro la dissertazione dei casi riservati in Venezia : Secondo auuiso saluteuole accio conosca se stesso [...]. - Napoli : [S.n.], 1744. - 87 ; 4°. *SBN*

Gutachter: Gianantonio Bianchi OFMObs
Gutachten: 9 S.[6]

Weiterhin Hinweise auf: BENZI, BERNARDINO: Dissertatio in casus reservatos Venetae dioeceseos / auctore Bernardino Benzi Societatis Jesu presbytero. - Venetiis : apud Joannem Mariam Lazaronio [...], 1743. - 24 S. ; 4°. *SBN*[7]

ACDF SO Vota CL I (1740-1757), Nr. 6

[S.a.] Germania. Osservazioni sulla pastorale di Mons. Di Konnisgratz per rapporto ad alcune proposizioni faventi alla tolleranza.

♦ Anonym [ITURRIAGA, MANUEL MARIANO DE]: Sul Sistema della tolleranza lettera : di monsig. Vescovo Di****** indirizzata a monsignore Leopoldo Ab-Hai vescovo di Konigsgratz. - Asisi : Scariglia, 1783. - [3] Bl., 95 S. *BVB*

♦ ITURRIAGA, MANUEL MARIANO DE: Operette del m.r. sarcerdote d. Emmanuele Mariano d'Iturriaga. Volume 1. [-4.] - In questa edizione tutte raccolte, ricorrette, e

---

5 Jedoch Relation über das gerichtliche Verfahren gegen die beteiligten Drucker. Vgl. ACDF SO CL 1744-1745, Nr. 3.

6 Hinweise auf weitere Verhandlungen oder Ergebnisse des Verfahrens wurden nicht aufgefunden. Vgl. ACDF SO St.St. G-5-g.

7 Vgl. ACDF SO CL 1744-1745, Nr. 3.

dall'autore accresciute Pubblicazione: Genova : Stamperia Gesiniana, 1789-1790. - 4 vol. ; 8°. *SBN*[8]

Gutachter: keine Angabe
Gutachten: 5 S.[9]

ACDF SO Vota CL I (1740-1757), Nr. 7

[S.a.] Parigi. Annotazioni sulla lettera pastorale del preteso sinodo diocesano di quella metropoli.

Das Werk wurde nicht ermittelt

Gutachter: keine Angabe
Gutachten: 6 S.[10]

ACDF SO Vota CL I (1740-1757), Nr. 8

[S.a.]. Embrun. Pastorale del vescovo di Embrun.

Das Werk wurde nicht ermittelt

Gutachter: keine Angabe
Gutachten: 9 S.[11]

ACDF SO Vota CL I (1740-1757), Nr. 9

[S.a.] Germania. Osservazioni sulla pastorale di Mons. Vescovo di Gurk.

Das Werk wurde nicht ermittelt

Gutachter: keine Angabe
Gutachten: 8 S.[12]

ACDF SO Vota CL I (1740-1757), Nr. 10

1742. Montis-Pesullan. Condanna di uno scritto di rimostranze avvanzate da due sacerdoti scomunicati.

---

8 Enth.: Vol. 3. Contenente la confutazione della pastorale del vescovo di Konigsgratz. La risposta all'esame critico dell'abate d. Isacco Vanspeuspeg. (1790). - 295, [1] S. *SBN*.

9 Hinweise auf weitere Verhandlungen oder Ergebnisse des Verfahrens wurden nicht aufgefunden. Vgl. auch ACDF SO Vota CL I (1740-1757), Nr. 9.

10 Hinweise auf weitere Verhandlungen oder Ergebnisse des Verfahrens wurden nicht aufgefunden.

11 Das Gutachten schlägt Korrekturen vor. Hinweise auf weitere Verhandlungen oder Ergebnisse des Verfahrens wurden nicht aufgefunden.

12 Laut Gutachten handelt es sich um eine lange Lobrede auf das kaiserliche Toleranzedikt. Die SO erwog eine Ermahnung der Bischöfe von Königgrätz und Gurk durch den Hl. Stuhl. Der Gutachter schlug vor, die Bischöfen durch ein Breve streng zu ermahnen. Hinweise auf weitere Verhandlungen oder Ergebnisse des Verfahrens wurden nicht aufgefunden. Vgl. auch ACDF SO Vota CL I (1740-1757), Nr. 6.

Das Werk wurde nicht ermittelt[13]

Gutachter: Thomas Leseur OM
Gutachten: 17 S., [15. Februar 1742]

Dekret: SO 15. Februar 1742
Bando: nicht aufgefunden

ACDF SO Vota CL I (1740-1757), Nr. 11

1742. Rodez. Sommario della dottrina contenuta nella lettera del P. Le Viou al Monsignor Vescovo di Rodez, in cui difende alcune poposizioni in materia di grazia sparse in un suo manoscritto.

VIOU, JEAN-PIERRE: Lettres du P. Viou à Monseigneur l'évêque de Rhodez [sic], où, en justifiant la doctrine de ses cahiers sur la grâce il expose les motifs qui l'ont empêché de souscrire au „Projet de rétractation" qui lui a été remis de la part de ce prélat, avec une „Dénonciation des erreurs" enseignées par les PP. Jésuites dans leur collège de Rhodez. (5 avril 1737). - En France : [S.n.], 1738. - 244 S. ; 4°. *Abes*[14]

Gutachter: keine Angabe
Gutachten: 57 S.[15]

ACDF SO Vota CL I (1740-1757), Nr. 12

1742. Francia. Condanna di due opere Giansenistiche: Reflexions sur l'instruction pastorale de M. l'Evêque de Rodez etc e La foi des appellans justifiée.

1. Anonym [PETITPIED, NICOLAS]: Reflexions sur l'instruction pastorale de Monsieur l'évêque de Rhodez au sujet des erreurs de Jansenius : [Decembre. 1740]. - [S.l.] : [S.n.], 1740. - 11 S. ; 4°. *BNF*

2. La Foi des appellans justifiée contre les calomnies contenues dans une lettre pastorale de Monsieur Berger de Charancy, évêque de Montpellier, en datte du 24

---

13 Die Pfarrer wurden im Gutachten identifiziert als Joannes Graz und Theodericus Mercier. Die Remonstrances beziehen sich auf Unigenitus. Weiterhin Hinweise auf die Bischöfe Berger de Charancy (Montpellier), seinen Vorgänger Charles Joachim Colbert und Jean Soanen Bischof von Senez.

14 Ermittelt wurde auch: VIOU, JEAN-PIERRE: Lettres du P. Viou [...] à Monseigneur l'evêque de Rhodez, où, en justifiant la doctrine de ses cahiers sur la grâce, il expose les motifs qui l'ont empêché de souscrire au projet de rétractation qui lui a été remis de la part de ce prélat, avec une dénonciation des erreurs enseignées par les PP. Jésuites dans leur collège de Rhodez. - En France : [S.n.], 1738. - [3], 244 S. ; 4°. *UU*.

15 Hinweise auf weitere Verhandlungen oder Ergebnisse des Verfahrens wurden nicht aufgefunden. Vgl. ACDF SO St.St. G-1-a,-b.

septembre 1740. (Au mois de décembre 1740). - En France : [S.n.], 1740. - 2 Teile in 1 vol. - 22, 21 S. ; 4° *Abes*[16]

Gutachter: Thomas Leseur OM
Gutachten: 13 S. (zu Nr. 1)

Gutachter: Thomas Leseur OM
Gutachten: 16 S. (zu Nr. 2)

Dekret: SO 15. April 1742
Bando: SO 19. April 1742 (zu Nr. 1-2)

ACDF SO Vota CL I (1740-1757), Nr. 19

1749. [Francia]. Esame di un discorso sulla predestinazione.

Das Werk wurde nicht ermittelt[17]

Gutachter: Tommaso Sergio PO
Gutachter: Gianantonio Bianchi OFMObs[18]
Gutachten: 5 S.[19]

ACDF SO Vota CL I (1740-1757), Nr. 26

1755. [Roma] Vota sulla condanna di un [libro] stampato in Roma col tito[lo] De Praxi Quesnelliana in dilatione [sa]cramentalis absolutionis.

[FAURE, GIOVANNI BATTISTA]: De praxi Quesnelliana in dilatione sacramentalis absolutionis ad propositiones LXXXVII. & LXXXVIII. ex CI. Proscriptis in bulla Vnigenitus dissertatio dogmatica / publicae disputationi proposita in Collegio Romano a patribus Societatis Jesu anno 1755. - Romae : typis Joannis Generosi Salomoni, 1755. - [2], 80 S. ; 4°. *SBN*[20]

Gutachter: Luigi Antonio Stampa OSBOliv
Gutachten: 27 S.

Gutachter: keine Angabe
Gutachten: 28 S.[21]

Gutachter: Isidoro Mancini OM
Gutachten: 27 S.[22]

16 Ermittelt wurde auch: La foi des appellans justifiée contre les calomnies contenues dans une lettre pastorale de M. Berger de Charancy, évêque de Montpellier, en datte du 24 Septembre 1740. - [S.l.] : [S.n.], 1741. - 24 S. ; 4°. *UU.*

17 Verhandelt wurde eine franz. Predigt des Missionars P. Franciscus Victore OFMCap.

18 Das Gutachten wurde auch von Bianchi unterschrieben.

19 Hinweise auf weitere Verhandlungen oder Ergebnisse des Verfahrens wurden nicht aufgefunden.

20 Umfangsangabe nach *BVB*: [1] Bl., 80 S. Das Werk war bereits erschienen: De praxi Quesnelliana in dilatione sacramentalis absolutionis. - Romae : [S.n.], 1753. *BVB.*

21 Buchstabe A. Letzte Seiten (und Unterschrift) fehlen.

22 Buchstabe B. Weiterhin beiliegend eine Abschrift.

Gutachter: Alessandro Pio Sauli da Forlì OP
Gutachten: 29 S.[23]

Dekret: SO o.D.[24]
Bando: CIndex 21. November 1757

Weiterhin Hinweise auf: (1) BENZI, BERNARDINO: Dissertatio in casus reservatos Venetae dioeceseos / auctore Bernardino Benzi Societatis Jesu presbytero. - Venetiis : apud Joannem Mariam Lazaronio [...], 1743. - 24 S. ; 4°. *SBN*; (2) ♦ Anonym? [FAURE, GIOVANNI BATTISTA]: All'autore delle due epistole contro la dissertazione dei casi riservati in Venezia : Secondo auuiso saluteuole accio conosca se stesso [...]. - Napoli : [S.n.], 1744. - 87 ; 4°. *SBN*[25]

---

23 Buchstabe D. Vgl. auch ACDF SO St.St. I-6-b, Nr. 6.

24 Anlass für die Prüfung war die Bitte des Autors um Druckerlaubnis. Der bereits gedruckte Teil sollte von der CIndex verboten werden, der hs. Teil sollte eingezogen werden.

25 Vgl. ACDF SO Vota CL I (1740-1757), Nr. 5; ACDF SO CL 1744-1745, Nr. 3; ACDF SO St.St. G-5-g.

ACDF SO Vota CL II (1757-1809), Nr. 31-100

ACDF SO Vota CL II (1757-1809), Nr. 36

1758. Venezia. Censura di un libro intitolato: Storia del Popolo di Dio dalla nascita del Messia etc.

BERRUYER, ISAAC JOSEPH: Storia del popolo di Dio : dalla nascita del Messia sino al fine della sinagoga tratta da' soli libri santi ovvero il testo sacro de' libri del Nuovo Testamento ridotto in un corpo di storia / dal padre Isacco-Gioseffo Berruyer [...] Seconda parte tradotta dal franzese giusta l'edizione di Anversa da un religioso della medesima compagnia. - In Venezia : nella stamperia Remondini, 1756. - 4 vol. ; 4°. *MAI*[1]

Gutachter:	Lorenzo Dionisio
Gutachten:	83 S., [Januar 1758?]
Gutachter:	Giovanni Chrysostomo Trombelli CRL[2]
Gutachten:	19 S., [Januar 1758?][3]
Dekret:	SO o.D.[4]
Bando:	Breve 2. Dezember 1758;[5] SO 30. August 1759[6]

Weiterhin Hinweise auf: BERRUYER, ISAAC JOSEPH: Storia del popolo di Dio : dalla sua origine sino alla nascita del Messia tratta da' soli libri santi: ovvero il testo sacro de' libri dell'Antico Testamento ridotto in un corpo di storia / dal p. Isacco-Gioseffo Berruyer della Compagnia di Gesù. Traduzione dal francese di d. Canziano Franceschini. - Seconda edizione [...]. - In Venezia : presso Giambattista Recurti, 1755. - 7 vol. ; 4°. *MAI*[7]

---

1 Vgl. BERRUYER, ISAAC JOSEPH: Histoire du peuple de Dieu : depuis la naissance du Messie jusqu'a la fin de la synagogue, tirée des seuls livres saints; ou le texte sacré des livres du Nouveau Testament, réduit en un corps d'histoire. Par [...] Isaac-Joseph Berruyer [...]. - Edition plus exacte. Seconde partie. - Anvers : Chez les Libraires Associés, 1753-1754. - 8 vol. ; 8°. *COPAC.*

2 Als externer Gutachter vom SO beauftragt.

3 „Votum prolixius". Darüber hinaus eine Zusammenfassung, 8 S.

4 Laut Notiz wurde der Fall in einer Sitzung Feria V Coram Sanctissimo in Januar 1758 referiert.

5 Das franz. Orig. wurde verhandelt in der Congr. gen. der CIndex 3. Dezember 1754. Vgl. zu Berruyer auch Congr. gen. der CIndex 24. April 1758. Vgl. auch ACDF SO CL 1762-1764, Nr. 12; ACDF SO St.St. O-4-a und eine Relation in ACDF SO St.St. I-6-a, Nr. 6c. Zur Verhandlungen des Werks in 1758-1760 vgl. auch ACDF SO Vota CL II (1757-1809), Nr. 40 und Nr. 60-61.

6 Das Bando wies auf dasVerbot per Breve vom 2. Dezember 1759 hin und bezog sich ebenfalls auf evtl. Übers.

7 Das Werk war bereits erschienen: BERRUYER, ISAAC JOSEPH: Storia del popolo di Dio dalla sua origine sino alla nascita del Messia tratta da' soli libri santi: ovvero il testo sacro de' libri

ACDF SO Vota CL II (1757-1809), Nr. 39

1759. Soissons. Censura su di alcuni manoscritti contro il Vescovo di Soissons in materia d'innoservanza del formulario di Alessandro VII per i sagri ordini e benefizi e di Giansenismo, e su di una pastorale del medesimo in occasione di giubileo.[8]

Die Manuskripte wurden nicht ermittelt

Gutachter: Felice Maria Nerini OSH
Gutachten: 21 S., [3. August 1759]

Gutachter: [Felice Maria Nerini OSH]
Gutachten: 6 S., [3. August 1759][9]

Weiterhin Hinweise auf: FITZJAMES, FRANÇOIS DE <Soissons, Bischof>: Mandement de Monseigneur l'evesque de Soissons, pour le jubile universel accorde par N.S.P. le Pape Clement 13., au commencement de son pontificat. - A Soissons : chez P. Courtois, imprimeur de Monseigneur l'eveque, rue des rats, pres l'election, 1759. - 26, [2] S. ; 4°. *SBN*

Weiterhin beiliegend: Sommario: (1) Lettera di Mons. Nunzio di Parigi al Signore Cardinale Segretario di Stato in data di 11 Giugno 1759; (2) Traduzione dal Francese di un § della celebre Enciclica di PP Benedetto XIV al clero di Francia e di alcune interpretazioni dategli da un anonimo; (3) Decreto della S. Congregazione del Sant'Offizio nella causa Mons. Languet già vescovo di Soissons.

ACDF SO Vota CL II (1757-1809), Nr. 40

1759. Nancy. Qualifiche di un'operetta intitolata: Le Pere Beruyer justifié contre l'auteur d'un libelle intitulé: Le Pere Berruyer Jesuite convincu d'obstination etc.

1. MONTIGNOT, HENRI: Le pere Berruyer justifie contre l'auteur d'un libelle intitule: Le pere Berruyer, jesuite, convaincu d'obstination dans l'arianisme, le pelagianisme, le nestorianisme, ec. - A Nancy, 1759. - 2 vol. ; 12°. *SBN*

---

dell'Antico Testamento ridotto in un corpo di storia / Dal p. Isacco-Gioseffo Berruyer dalla Compagnia di Gesu'. Traduzione dal francese di D. Canziano Franceschini. - In Venezia : presso Giambatista Recurti, 1741. - 7 vol. ; 4°. *SBN*. Vol. 5 dieser Ausg. in 2, vol. 6 in 3 Teilen. *SBN*. Vgl. BERRUYER, ISAAC JOSEPH: Histoire du peuple de Dieu : depuis son origine jusqu'à la naissance du Messie, tirée des seuls livres saints ou le texte sacré des livres de l'Ancien Testament réduit en un corps d'histoire / Par le P. Isaac Joseph Berruyer. - A Paris : chez Knapen père ; Cailleau ; Saugrain ; Prault ; Huart l'aîné ; Knapen fils ; Bordelet, 1728[-1734 Suppl.]. - 9 vol. *Abes*. Abweichender Erscheinungsverlauf und Formatangabe: 1728. - 7 vol. ; 4°. *SBN*; 1728. - 7 tom. in 8 vol. ; 4°. *Abes*; 1728-1734. - 8 vol. in 9 ; 4°. *COPAC*; 1728-1755. - 12 vol. ; 4°. Die franz. Ausg. wurde verboten in der Congr. gen. der CIndex 27. Mai 1732 (Bando CIndex 17. Mai 1734).

8 Vgl. ACDF SO Vota CL II (1757-1809), Nr. 38.

9 Verhandelt wurde ein Hirtenbrief des Bischofs von Soissons anlässlich des Jubiläums. Der Gutachter war der Meinung, dass der Nuntius weitere Informationen einholen müsse. Hinweise auf weitere Verhandlungen oder Ergebnisse des Verfahrens wurden nicht aufgefunden.

2. Anonym: Lettre à un docteur de Sorbonne sur la dénonciation et l'examen des ouvrages du Père Berruyer. - [S.l.] : [S.n.], 1759. - 22 S. ; 12°. *Abes*

Gutachter: Benedetto Baldoriotti OSM
Gutachten: 24 S., 12. Juli 1759 (zu Nr. 1)[10]

Gutachter: Benedetto Baldoriotti OSM
Gutachten: 6 S. [Nach 12. Juli 1759] (zu Nr. 2)

Dekret: SO 16. August 1759[11]
Bando: SO 30. August 1759; CIndex 5. September 1760 (zu Nr. 1-2)

ACDF SO Vota CL II (1757-1809), Nr. 41

1759. [Belgio]. Sentimento della Facoltà Teologica di Lovanio riportato nell'opusculo: Nouveau triomphe des lettres d'un chanoine, in materia di Matrimoni.

Anonym [DOYAR, PIERRE DE]: Le Nouveau Triomphe Des Lettres D'Un Chanoine Pénitencier, &c. Et Observations Sur La Réponse Qu'on A Cru Y Faire : Supplément Aux dix-huit Editions qu'on a fait des Lettres de ce Pénitencier. - A Avignon, Chez Orthodoxe, Librairie, 1787. - [2] Bl., 89 S. ; 8°. *HBZ*[12]

Gutachter: keine Angabe
Gutachten: nicht aufgefunden[13]

Weiterhin beiliegend: Avis de l'étroite faculté de Theologie de Louvain sur la matiere du pouvoir du souverains, touchant les empêchemens dirimans de Marriage. Lovanii hac 12 Januarii 1789. [In dorso: è riferito questo sentimento della facoltà teologica di Lovanio nell'opusculo intitolato: Le nouveau Triomphe des lettres d'un chanoine Penitencier etc et observations sur la reponce qu'on a fait des lettres de ce penitencier. A Avignon chez Orthodoxe, Libraire, rue de la vérité M [DCC] LXXXVII.]

ACDF SO Vota CL II (1757-1809), Nr. 43

1759. [Francia]. Censura di un libro intitolato: Problema Istorico chi abbia recato maggior nocamento.

Anonym [MESNIER <ABBÉ>]: Problema istorico, in cui si domanda; chi abbia piu nociuto alla chiesa cristiana; o i Gesuiti, o Lutero e Calvino, in alcuni punti confutato : Lo scioglimento di questo problema scoprira la vera cagione de' mali,

---

10 Buchstabe A. Beiliegend eine Abschrift unter Buchstabe C.
11 Vgl. auch ACDF SO CL 1762-1764 und ACDF SO Vota CL II (1757-1809), Nr. 36 und Nr. 60-61.
12 Erscheinungsjahr nach einem Chronogramm. *HBZ*.
13 Hinweise auf Verhandlungen oder Ergebnisse des Verfahrens wurden nicht aufgefunden.

che affliggono la chiesa, ed il Regno di Francia; [...] Tradotto dal francese. - In Losanna : appresso Michele Bousquet, e Compagni, 1763. - 2 vol. ; 12°. *SBN*[14]

Gutachter: Felice Maria Nerini OSH
Gutachten: 9 S.

Gutachter: Teodoro dello Spirito Santo OCD[15]
Gutachten: 14 S.

Dekret: SO 17. Mai 1759
Bando: nicht aufgefunden

ACDF SO Vota CL II (1757-1809), Nr. 45

[Nach 1754]. Roma. Arciconfraternita della dottrina Cristiana. Privativa di stampa della dottrina del Bellarmino.

♦ BELLARMINO, ROBERTO: Dottrina christiana breue composta per ordine di papa Clemente 8. di fel. mem. Dal p. Roberto Bellarmino della Compag. di Giesu che fu poi Cardinale di santa Chiesa. Riueduta, & approuata nella Congregatione della Riforma, affineche tolta via la varieta de i modi d'insegnare, si renda vniforme, e piu facile questo santo esercitio d'istruire le persone idiote, & i fanciulli, nelle cose della nostra S. Fede. Con Priuileggio all'Archiconfraternita di farla stampare priuatiue ad ogni altro. - [Roma] : si vendono da Michelangelo Bertcochi [!] [...] ; In Roma : per il successore del Mascardi, 1680. - 48 S. ; 12°. *MAI*[16]

Gutachter: [Ferdinando Maria de Rossi]
Gutachten: nicht aufgefunden[17]

ACDF SO Vota CL II (1757-1809), Nr. 46

1760. [Farfa, e Roma]. Censura di alcune Proposizioni insegnate da un lettor Teologo del seminario di S. Salvator Maggiore Abbazia di Farfa.

Das Werk wurde nicht ermittelt[18]

---

14 Vgl. Anonym [MESNIER, ABBE]: Problème historique : qui, des Jésuites ou de Luther et Calvin, ont le plus nuit à l'Église chrétienne ? [...] / [par l'abbé Mesnier]. - Avignon : [S.n.], 1757. - 2 vol. ; 12°. *Abes*.

15 Als externer Gutachter. Zu Dello Spirito Santo vgl. ACDF SO CL 1751, Nr. 3.

16 Verhandelt wurde eine Ausg. mit Erscheinungsort Velletri. Die Ausg. wurde nicht ermittelt.

17 Laut Relation von Antonelli hatte der Vizeregent einen Katalog von Fehlern verfasst, die jedoch eher als Druckfehler zu bezeichnen waren. Bei dieser Gelegenheit wurde die Politik der Kongregation bezüglich des Drucks des Katechismus von Bellarmin erläutert. Vgl. z. B. ACDF SO CL 1722-1723, Nr. 11bis und in ACDF SO CL 1773-1775, Nr. 7.

18 Verhandelt wurde ein Syllabus für den Unterricht im Seminar, 200 S., u.d.T. „Tractatus de Christi Ecclesia, et de sacramentis, in genere et in specie." Autor und Angezeigter ist Louis des Fontaines aus Douai, 60 Jahre alt, und Zensor der Sapienza. Des Fontaines war als Lektor am Seminar in der Abtei von Farfa tätig. Vgl. ACDF SO St.St. I-6-d, Nr. 7. Zu des Fontaines vgl. Prosopographie 18. Jh.

Gutachter: Giacomo Maria di Tarsia OM
Gutachten: 9 S.

Gutachter: Alessandro Pio Sauli da Forlì OP
Gutachten: 7 S.[19]

ACDF SO Vota CL II (1757-1809), Nr. 51

1703 ad 1761. Elenco di Proibizioni fatte per breve d'opere censurate con note inferiori a quelli di eresia formale.

Es liegt kein konkreter Zensurfall vor

Gutachter: keine Angabe
Gutachten: nicht aufgefunden

ACDF SO Vota CL II (1757-1809), Nr. 53

[1752]. Vicenza. Esame di alcuni scritti di un pubblico professore di Teologia, e Filosofia.

Die Werke wurden nicht ermittelt[20]

Gutachter: Gianantonio Bianchi OFMObs
Gutachten: 32 S., 17. August 1752[21]

ACDF SO Vota CL II (1757-1809), Nr. 59

1763. [s.l.] Censura di un'opusculo intorno alla natura della spazio.

Das Manuskript wurde nicht ermittelt

Gutachter: [François Jacquier OM]
Gutachten: nicht aufgefunden[22]

ACDF SO Vota CL II (1757-1809), Nr. 62

1765. Venezia. Diritto della chiesa di rivedere i libri destinati alle stampe in ciò che concerne la fede.

Es liegt kein konkreter Zensurfall vor[23]

---

19 Weiterhin beiliegend Anzeige und Zeugnisse der Seminaristen und eine Relation des gerichtlichen Verfahrens. Mit Dekret SO vom 21. Februar 1760 bestätigte der Papst das Votum der Konsultoren; verschiedene Propositionen sollten begutachtet werden.

20 Verhandelt wurden Schriften von Girolamo Zenere (Variante: Hieronymus Zénón), Professor der Theologie und Philosophie der Universität von Vicenza, bes. ein astronomisches Traktat über die Bewegung der Erde. Hinweise auf Galilei.

21 Beiliegend eine Abschrift. Bianchi schlug vor, die Zensuren der lokale Inquisition zu bestätigen. Hinweise auf weitere Verhandlungen oder Ergebnisse des Verfahrens wurden nicht aufgefunden.

22 Jedoch eine Überarbeitung, 5 S., des Gutachtens, verfasst von Jacquier.

Gutachter: keine Angabe
Gutachten: nicht aufgefunden

Weiterhin beiliegend: Memoriale (+ verschiedene Abschriften) sopra il diritto della Chiesa etc.

ACDF SO Vota CL II (1757-1809), Nr. 68

1768. [Dekret Maria Teresa über der Buchzensur im Herzogtum Milan 30. September 1768].

Es liegt kein konkreter Zensurfall vor

Gutachter: keine Angabe
Gutachten: nicht aufgefunden

ACDF SO Vota CL II (1757-1809), Nr. 71

1768. Lucca. Proibizione del libro intitolato: Metodo per i Maestri, e maestre, che insegnano i primi principi della dottrina Cristiana.

BERNARDINI, GIOVANNI BERNARDO: Metodo per i maestri, e maestre che insegnano i primi principi della dottrina christiana nella chiesa parocchiale di S Pietro Somaldi di Lucca secondo la mente di Clemente XIII Felicemente regnante, cioè a norma del Catechismo Romano : dedicato all' illustrissimo, et reverendissimo Mons. Gio. Domenico Mansi arcivescovo di Lucca ecc. / [Gio. Bernardo Bernardini]. - Edizione IV nuovamente accresciuta, e corretta dall'Autore. - [S.l.] : [S.n.], [S.a.].
Das Werk wurde nicht nachgewiesen

Gutachter: Tommaso Angelo Ricchini OP
Gutachten: 48 S., [11. Februar 1768][24]

ACDF SO Vota CL II (1757-1809), Nr. 78

1772. Bologna, e Ravenna. Sull'introduzione de' libri.

Es liegt kein konkreter Zensurfall vor

Gutachter: keine Angabe
Gutachten: nicht aufgefunden

ACDF SO Vota CL II (1757-1809), Nr. 87

1776. Avignone. Carte risguardanti il nuovo editto da pubblicarsi rapporto alle stampe, e libri.

23 Anlass der Verhandlungen war das Dekret des Senats vom 3. August 1765, welches die Kontrolle eines geistlichen Beirats bei der Erteilung von Druckerlaubnissen durch das SO vorschrieb.

24 Laut schwer leserlicher Notiz, wurde die Entscheidung verschoben. Der Erzbischof von Lucca sollte inzwischen die Exemplare beschlagnahmen und das Werk öffentlich ablehnen. Ein formelles Verbot wurde erwogen.

Es liegt kein konkreter Zensurfall vor

Gutachter: keine Angabe
Gutachten: nicht aufgefunden

ACDF SO Vota CL II (1757-1809), Nr. 94

[1776]. [s.l.]. Esame di un manuscritto di autore anonimo, intitolato: Istruzione cristiana in forma di Catechismo.

Anonym: Istruzione cristiana in forma di catechismo. - [S.a.]. (Manuskript). *Das Manuskript wurde nicht nachgewiesen*[25]

Gutachter: keine Angabe
Gutachten: 24 S.[26]

ACDF SO Vota CL II (1757-1809), Nr. 95

[Nach 1785]. Vienna. Osservazioni su di alcuni Mss. contro la S. Legge del Celibato.

Die Manuskripte wurden nicht ermittelt[27]

Gutachter: keine Angabe
Gutachten: 14 S.[28]

ACDF SO Vota CL II (1757-1809), Nr. 97

1787. Austria. Censura di un'opera intitolata: Des empeschemens dirimant le Contract du Mariage.

OUTREPOND, [...?]: [Des] Empêchemens Diriman[t] le contract de Mariage, dans le Pays-Bas, Autrichiens, selon l'édit de sa majesté l'Empereur & Roi Joseph II, du 28 Septembre 1784. / Par M. D. Outrepond, avocat en conseil souverain de Brabant. - [S.l.] : [S.n.], 1787. *Das Werk wurde nicht nachgewiesen*[29]

---

25 In der Einleitung zum Gutachten wurde das Werk als eine ital. Überarbeitung des Katechismus von Montpellier erkannt.

26 Weitere Angaben zum Ergebnis des Verfahrens wurden nicht aufgefunden.

27 Verhandelt wurden: (1) controversia de matrimonio ecclesiae permittendo = lezione dettata nell'università di Vienna nell'agosto del 1785 da certo signor Stügger/Hügger professore di storia ecclesiastica in detta università; (2) Proposizioni trasmesse al prelodato sign. Segretario dal sudetto Monsignor Nunzio nel dispaccio sopra indicato [September 1785] ; (3) Un voluminoso manuscritto indirizzato alla santità di Nostro Signore felicemente regnante da un parroco anonimo, qual Mss per organo del Signore Cardinal Segr. di Stato fu rimesso alla nostra Suprema.

28 Der Gutachter wies auf Verhandlungen von Werken zum selben Thema hin. Die Prüfung setzte sich kein formelles Verbot zum Ziel, da es sich um Manuskripte handelte; allerdings könnte es als Vorarbeit dienen für ein evtl. päpstliches Breve zu diesem Thema.

29 Titelaufnahme ergänzt nach: Apologie du mariage chrétien ou mémoire critique, canaonique et politique : servant de Réponse au commentaire intitulé: Des empêchemens dirimant le Contract de

Gutachter: keine Angabe
Gutachten: 102 S.[30]

ACDF SO Vota CL II (1757-1809), Nr. 98

1789. Lisbona. Censura di un opera intitolata: Paschalis Josephi Institutionum juris civilis.

FREIRE, PASCHOAL JOSE DE: Paschalis Josephi Mellii Freirii [...] Institutionum juris civilis Lusitani cum publici, tum privati, jussu Acad. Reg. Scientiarum in lucem editus, liber [I-IV]. - Olsipone : Ex Typographia Regalis Academiae Scientiarum Olisiponensis, 1789-93. - 4 lib. [in 4 vol.?] ; 4°. *COPAC*

Gutachter: keine Angabe
Gutachten: 40 S. (partim).[31]

ACDF SO Vota CL II (1757-1809), Nr. 99

1792. Roma. Opposizioni de' PP Domenicani all'opera intitolata: Diritti dell'uomo.

Es liegt kein konkreter Zensurfall vor

Gutachter: keine Angabe
Gutachten: nicht aufgefunden[32]

Mariage, dans le Pays-Bas, Autrichiens, selon l'Édit de sa Majesté l'Empereur & Roi Joseph II, du 28 Septembre 1784. - Strasbourg : [S.n.], 1788. - VIII, 164 S. *SWB.*

30 Angaben zum Ergebnis des Verfahrens wurden nicht aufgefunden.

31 Angaben zum Ergebnis des Verfahrens wurden nicht aufgefunden.

32 Jedoch „Riflessioni“ (nicht gezeichnet, 2 S.); weiterhin beiliegend ein Biglietto dell'efemeridista all'abbate Nicolai und ein Attestato del Ministro di Salvioni. Hinweis auf ein Gutachten von Tamagna, 20 S. Gemäß den „Riflessioni“ sei das Buch widerrechtlich von den Dominikanern zensiert worden, die versucht hätten, den Gutachter Tamagna zu beeinflussen. Außerdem wird der Einfluss der Dominikanern im Bereich der Buchzensur beklagt.

ACDF SO Tit.Libr. 1705-1710

ACDF SO Tit.Libr. 1705-1710, Nr. 12

Anonym: Columna// Ludovici Maximi// Philippo V.// Praecipua Avi Gesta,// ab imo ad summum scapo,// opere anaglyptico, cochleatimque excisa,// referens,// in Virtutis heroicae stimulos.// Ad// Ludovicum Delphinum// Ludovici Maximi// Christianissimi Galliarum Regis// Filium Unicum:// Philippi V.// Catholici Hispaniarum Regis// Patrem Augustum. - [Erscheinungsvermerk im Kolophon] Mutinae : Typis Bartholomaei Soliani Impressoris (Superiorum Permissu), 1705. - 64 S. ; 8°. *ACDF SO Tit.Libr. 1705-1710, Nr. 12, BNCF*[1]

Gutachter: [Tommaso Maria Bosi OP?][2]
Gutachten: nicht aufgefunden

ACDF SO Tit.Libr. 1705-1710, Nr. 148

1. Anonym: Brief// Van een Pastoor in het Bisdom van Parys// aan// een Hoogleeraar van de Sorbonne// zynen Vriend,// wegens// de nieuwe bul// van// Paus Clemens den XI// over// de Jansenistery : Uit het Fransch vertaalt. - [S.l.] : [S.n.], [S.a.]. - 8 S. ; 8°. *ACDF SO Tit.Libr. 1705-1710, Nr. 148, UU*[3]

2. Anonym [QUESNEL, PASQUIER]: Propositions// Extraites du livre// des Reflexions sur le// Nouveau Testament, edi-//tion de 1699. Censurées à// Rome come seditieuses// Propositions// Extraites des// Theologiens de la Societé// approuvées à Rome com-//me orthodoxes, & comme// propres à maintenir la// tranquilité des Royaumes,// & la Foi de l'Eglise. - [S.l.] : [S.n.], [S.a.]. - 8°. *ACDF SO Tit.Libr. 1705-1710, Nr. 148*[4]

Gutachter: keine Angabe
Gutachten: nicht aufgefunden[5]

---

1 Umfangsangabe ergänzt nach *BNCF*.

2 Als Comm. SO (Todesdatum 26. April 1705). Bis Juli 1705 war Luigi Maria Lucini OP als Pro-Comm. SO tätig. Am 15. April 1705 entschieden die Kard., dass das Werk vom Comm. SO geprüft werden sollte. Am 13. Mai 1705 wurde entschieden, dem Inquisitor von Modena aufzutragen, den Verleger Bartolomeo Soliano im Auge zu behalten, um bei Gelegenheit ein Gerichtsverfahren wegen Veröffentlichung ohne Druckerlaubnis eröffnen zu können.

3 Umfangsangabe ergänzt nach *UU*.

4 Verf. ermittelt nach *Calames-ABES* (Manuscrits de la Bibliothèque Sainte-Geneviève).

5 Am 17. April 1709 wurde entschieden, das Werk einem Gutachter zu übergeben. Hinweise auf weitere Verhandlungen wurden nicht aufgefunden.

ACDF SO Tit.Libr. 1710-1721

ACDF SO Tit.Libr. 1710-1721, Nr. 28

FONTANA ALDIGHERIO (Übers.): L'offizio// della beata vergine Maria// Ridotto in versi Toscani// Dedicato// alla serenissima Altezza// di// Madama la Principessa// Elisabetta Augusta// Contessa Palatina del Reno// Duchessa di Baviera, Giulia, Clivia, delli Monti,// di Bierze, Dubinki, Slucko, e Kopil:// Principessa in Mersia:// Contessa di Valdenza, Spoinalmo, della Marca, e Ravensburgo// Signora in Ravenstain, Nebel, e Sibiez &c. / Dal Conte Aldigherio Fontana// Canonico della cattedrale di Parma. - In Insprugg : Presso gli eredi di Jacopo Cristoforo Wagner Stampator Cesareo, 1711. - [6], 176, [14] S. *SBN*[1]

Gutachter: keine Angabe
Gutachten: nicht aufgefunden[2]

---

1 Umfangsangabe ergänzt nach *SBN*.

2 Am 8. Juni 1712 sollte der Inquisitor von Bologna beauftragt werden, ein Exemplar des von ihm erwähnten Werks dem SO zuzustellen. Am 28. Juni 1712 wurde entschieden, das Buch zu prüfen und dem Inquisitor von Bologna mitzuteilen, dass das SO die notwendigen Schritte veranlassen würde.

ACDF SO Tit.Libr. 1729-1745

ACDF SO Tit.Libr. 1729-1745, Nr. 142

PEREGRINUS: Speculum opinantium. - [Venetiis] : [S.n.], 1741. - 8°. *BNE*

Gutachter: keine Angabe
Gutachten: nicht aufgefunden[1]

ACDF SO Tit.Libr. 1729-1745, Nr. 155

GUALDO, GABRIELE: Baptisma// Puerorum// In Uteris Existentium// Iterum Assertum : Dissertatio// Medico-Theologica / Auctore// P.D. Gabriele Gualdo// Clerico Regulari// Sacrae Theologiae Professore. - In hac Secunda Editione Correctior, & Auctior. - Patavii : Apud Fratres Sardi (Superiorum Permissu), 1712. - [8], 94 S. ; 8°. *BNCF*

Gutachter: keine Angabe
Gutachten: 1 S., 7. August 1745[2]

ACDF SO Tit.Libr. 1729-1745, Nr. 162

SCHMIDT, JOHANN LORENZ ; TYROFF, MARTIN: Die göttlichen Schriften vor den Zeiten des Messie Jesus : Der erste Theil worinnen Die Gesetze der Jisraelen enthalten sind nach einer freyen Ubersetzung welche durch und durch mit Anmerkungen erläutert und bestätiget wird. - Wertheim : Nehr, 1735. - 48 S., [2] Bl., 1040 S. ; 4°. *BVB*[3]

Gutachter: [Theologus Casanatensis: Germanica]
Gutachten: nicht aufgefunden

---

1 Am 8. Mai 1743 wurde der Inquisitor von Venedig beaufgetragt, das Manuskript für weitere Prüfungen nach Rom zu schicken. Hinweise auf weitere Verhandlungen wurden nicht aufgefunden.

2 Ortsangabe: Santa Francesca Romana. Das Buch war bereits verhandelt worden, vgl. Congr. gen. der CIndex 12. Januar 1712 und 28. Januar 1715. Der anonyme Gutachter wies auf eine Untersuchung durch Sekr. CIndex Pipia hin. Der Inquisitor von Parma war am 31. März 1745 beauftragt worden, ein Exemplar nach Rom zu schicken. Laut Notiz ließ man die Sache auf sich beruhen.

3 Einheitssacht.: Pentateuchus «dt.». Mehr nicht erschienen. *BVB.*

ACDF SO Tit.Libr. 1746-1758

ACDF SO Tit.Libr. 1746-1758, Nr. 1

RIZETTI, GUILELMUS: Theses Theologicae// Quae sub faustissimis auspiciis eminentissimi ac reverendissimi principis// Caroli S.R.E. Cardinalis Rezzonico Episcopi Patavini// Pro Comitiis Majoribus Congregationis Casinensis publice disputandas exhibet in Templo D. Justinae / D. Guilielmus Rizetti Venetus. - [Padova] : [Giovanni B. Consatti], [S.a.]. *ACDF SO Tit.Libr. 1746-1758, Nr. 1*[1]

Gutachter: Tommaso Sergio PO
Gutachter: Celestino Orlandi OSB
Gutachten: 5 S.[2]

ACDF SO Tit.Libr. 1746-1758, Nr. 30

Die Werke wurden nicht ermittelt[3]

Gutachter: keine Angabe
Gutachten: nicht aufgefunden[4]

ACDF SO Tit.Libr. 1746-1758, Nr. 39

1. Novena// della purissima// ed immacolata// Concezione// della gloriosa// Vergine,// e madre di dio// Maria// Santissima// Da praticarsi per li nove giorni// precedenti la sua festa,// ed in ogni altro tempo dell'An'//no in cui volesse il divo//to adoperarsi in tale// esercizio. - In Firenze, & in Urbino : Nella Stamperia Camerale (Con Licenza de' Superiori), 1725. - 30 S. ; 16°. *ACDF SO Tit.Libr. 1746-1758, Nr. 39*

2. Novena// della purissima// ed immacolata// Concezione// della gloriosa// Vergine,// e madre di dio// Maria// Santissima// Da praticarsi per li nove giorni pre//cedenti la sua festa,// ed in ogni// altro tempo dell'Anno in// cui volesse il divoto// adoperarsi in tale// esercizio. - In Urbino : Nella Stamperia della Ven. Cap. del SS. Sagramento (Con Licenza de' Superiori), 1749. - 12 S. ; 16°. *ACDF SO Tit.Libr. 1746-1758, Nr. 39*

---

1 Erscheinungsort und Verleger ergänzt nach den Angaben im Gutachten und in der Korrespondenz.
2 Am 28. April 1746 wurde der formelle Widerruf Rizzettis dem Ass. vom Nuntius zugestellt.
3 Verhandelt wurden zwei Bücher, jeweils für Schwestern, Beichtväter und Prediger; und für die Verwalter des erzb. Seminars, die ohne Erlaubnis des SO vom erzb. Drucker veröffentlicht worden waren.
4 Laut Dekret SO vom 29. Januar 1750 sollte der Inquisitor von Genua nichts weiter unternehmen.

Gutachter: keine Angabe
Gutachten: nicht aufgefunden[5]

ACDF SO Tit.Libr. 1746-1758, Nr. 44

REMO, REMIGIO (Praes.) ; AMBIANUS, JOACHIMUS (Resp.): D.O.M.// Quaestio Theologica// Quis est vivus sermo Die & efficax et penetrabilior omni gladio anticipiti? Ad Hebr. Cap. 8. v. 12. / Has Theses, deo duce, auspice die-para, favente Seraphico Patre Francisco, Praeside P.F.Remigio Remo, in Sacra Theologia lectore, tueri conabitur P. Joachimus Ambianus// Die Veneris, vigesima prima junii, anno domini 1748. Hora post meridiem secunda ad vesperam// In Conventu FF Minorum Capucinorum Paludensium. - [S.l.] : [S.n.], [ca. 1748]. *ACDF SO Tit.Libr. 1746-1758, Nr. 44*

Gutachter: keine Angabe
Gutachten: nicht aufgefunden[6]

ACDF SO Tit.Libr. 1746-1758, Nr. 53

1. Anonym: Breve Istruzione// Per tutti quelli, che sono aggregati, e che bramano aggregarsi nella confraternità erett-//ta nella Chiesa delli M.R. Padri Minimi di San Francesco di Paolo in Torino sotto// il Titolo di Maria sempre Vergine Ausiliatrice, la di cui Festa si solen-//nizza alli due di Febraro nel giorno della Purificazione. - In Torini : per Alfonso Gio. Battista Guigonio, Stampatore del S. Officio (Con Licenza de' Superiori). - [S.l.] : [S.n.], [S.a.]. *ACDF SO Tit.Libr. 1746-1758, Nr. 53*

2. Informazione// Circa la confraternita della Beata V.M. Ausiliatrice// o dell'obbligo di far celebrare le due Messe, eretta// in Ispruck nel Tirolo nella Chiesa della S.S. Trinità// della Compagnia di Gesu'. - [S.a.] : [S.n.], [S.a.]. *ACDF SO Tit.Libr. 1746-1758, Nr. 53*[7]

Gutachter: keine Angabe
Gutachten: nicht aufgefunden[8]

---

5 Die Druckerlaubnis war von der Inquisition von Rimini verweigert worden, vom SO hingegen gewährt.

6 Jedoch wurde in dem Text ein Hinweis auf Molina als „Novator“ gestrichen. Auf der Rückseite: au reverend pere Jean fr. D'Abbéville definiter [ast] honore.

7 Ermittelt wurden: Informazione circa la confraternita della B.V.M. Ausiliatrice, e dell'obbligo di far celebrare le due messe, eretta in Ispruck nel Tirolo nella Chiesa della SS. Trinita della Compagnia di Gesu. - In Inspruck, e Roma : per il Rossi, [nach 1733]. - 1 Bl. ; 8°. *SBN*; Informazione […]; eretta in Inspruch nel tirolo, nella chiesa della Santissima Trinita delli reverendi padri della Compagnia di Gesu. - In Inspruch, ed in Roveredo : presso Francescantonio Marchesani stampatore, e librajo, 1748. - [1 Bl.] (Plakat) *SBN*. [Incipit: L'anno di nostro signor Gesu Cristo 1640. ... fu canonicamente eretta dalli padri gesuiti ... una confraternita]. *SBN*.

8 Mit Dekret SO vom 3. Januar 1753 wurde das Werk zugelassen. Weiterhin Hinweise auf das Verbot von „Lega spirituale de' viventi formata co' morti o vero lega spirituale de' viventi co' morti sotta la protezzione di Maria ausiliatrice : ovvero compendio della confederazione mariana“.

ACDF SO Tit.Libr. 1759-1783

ACDF SO Tit.Libr. 1759-1783, Nr. 38

GEREMIA <DA PADOVA>: De Peculiari// apud fratres minores observantes// syndicorum usu// diatriba / auctore// P. Jeremia de Padua// Ordinis Minor. De Obsevant[es]// lectore jubilato. - In hac secunda Editione pluribus Additionibus, ac Animadversionibus aucta, illustrata, corroborata, atque a censura cujusdam Scriptoris Anonymi vindicata. - Venetiis : Excudebat Angelus Pasinelli (superiorum permissu), 1760. - 291 S. ; 8°. *ACDF SO Tit.Libr. 1759-1783, Nr. 38, SBN*[1]

Gutachter: keine Angabe
Gutachten: nicht aufgefunden[2]

ACDF SO Tit.Libr. 1759-1783, Nr. 39

KALLIWODA, JOANNES (Resp.): Positiones// ex// jure ecclesiastico / quas// in exercitio scholastico// defendet// reverendus et doctissimus dominus// Joannes Kalliwoda,// Moravus Brunensis, AA. LL. et philo-//sophiae magister, seminarii clerico-//rum Olomucensis alumnus ecclesias-//ticus, juris ecclesiastici auditor.// Opponent// Reverendi et doctissimi domini// Ignatius Chornitzer// Moravus Telczensis// et// Jacobus Horak// Moravus Pustomierzensis, AA. LL. et phi-//losophiae magistri, ejusdem seminarii Alum-//ni ecclesiastici, juris ecclesiastici auditores// In collegio juridico die Martii MDCCLXXVIII. - Olomucii in metropoli Moraviae : Typis Josephae Hirnlianae, factore Josepho Francisco Loserth, [ca. 1778]. - 4 S. ; 8°. *ACDF SO Tit.Libr. 1759-1783, Nr. 39*

Gutachter: keine Angabe
Gutachten: nicht aufgefunden[3]

ACDF SO Tit.Libr. 1759-1783, Nr. 65

Anonym: Copia// di lettera// scritta da Bergamo// In data dei 18. Agosto 1772// Coll'ultima mia presi la libertà di partecipare la novità, che// qui abiamo di questo nostro Prevosto di Sorisole D. Antonio Rubbi con due guarigioni singolarmente

---

1 Titel ergänzt nach *SBN*. Als erste Ausg. wurde ermittelt: PITHANOPHILUS <Pseudonym> [FORTUNATO <DA BRESCIA>]: De peculiari apud fratres minores observantes syndicorum usu diatriba / Auctore P. Pithanophilo. - Patavii : ex typographia Jo: Baptistae Penada, 1750. - 128 S. ; 8°. *SBN*.

2 Am 27. Februar 1764 entschieden die Konsultoren, dass das SO nicht zuständig sei.

3 Der Denunziant war Josephus Okuszko, polnischer Priester und Protonotar. Hinweise auf weitere Verhandlungen wurden nicht aufgefunden.

qui// operate da Dio col mezzo della Benedizione di questo suo// Servo nelle persone della Prestini, ed// ora l'accompagno con una vera Relazione de' casi medesi-//mi, e di un altro egualmente prodigioso. - In Bergamo, Fermo, Loreto, ed in Pesaro : In Casa Gavelli (Con Licenza de' Superiori), [nach 1772]. - 4 S. ; 8°. *ACDF SO Tit.Libr. 1759-1783, Nr. 65*

Gutachter: keine Angabe
Gutachten: nicht aufgefunden[4]

Weiterhin beiliegend: Editto del S. Officio// Circa alle Stampe, Libri Proibiti, Abuso de'Cibi vietati da Santa Chiesa// e de' Segni Superstiziosi agli'Infermi. - In Ancona : presso Niccola Bellelli Stamp. del S. Officio, 1776. (Einblattdruck, Großformat)

ACDF SO Tit.Libr. 1759-1783, Nr. 76

STÖGER, FERDINAND: [Introductio in historiam ecclesiasticam Novi Testamenti ad usum suorum auditorum] Ferdinandi Stöger// presbyteri// historiae ecclesiasticae in universi-//tate Vindobonensi professoris// publici et ordinarii// Introductio// in// Historiam// Ecclesiasticam// Novi Testamenti// ad usum// suorum auditorum. - Vindobonae : Typ. Joann. Thomae Nob. De Trattnern., Caes. Reg. Aulae Typogr. Et Bibliopol., 1776. - 196 S. ; 8°. *ACDF SO Tit.Libr. 1759-1783, Nr. 76*

Gutachter: keine Angabe
Gutachten: nicht aufgefunden[5]

ACDF SO Tit.Libr. 1759-1783, Nr. 79

LOMBARDI, GIROLAMO: Vita della b. Angela Merici fondatrice della Compagnia di S. Orsola / scritta da Girolamo Lombardi sacerdote veronese. - In Venezia : presso Francesco di Niccolo Pezzana, 1778. - XXIII, 385, [3] S. ; 4°. *MAI*

Gutachter: keine Angabe
Gutachten: nicht aufgefunden[6]

ACDF SO Tit.Libr. 1759-1783, Nr. 80

Anonym: Ragguaglio// Della Vita, Azioni, E Virtu'// Di// Clemente// Quartodecimo// Pontefice Ottimo Massimo : Illustrata// Con Medaglie, Iscrizioni, E// Altri Documenti. (Con Licenza de' Superiori.) - In Firenze : nella stamperia di Domenico Marzi, e Comp., 1775. - 95, [1], XXII, [1] S. ; 4°. *BNCF*

---

4 Am 25. November 1772 wurde entschieden, dass der Inquisitor von Perugia die Druckerlaubnis für eine Neuaufl. verweigern solle. Die bereits gedruckte Blätter sollte er aber dulden.

5 Im Auftrag des Papstes sollte der Nuntius von Wien weitere Informationen einholen.

6 Jedoch ein „Pro Memoria", ohne Unterschrift, 2 S. Da der Autor die alten Litaneien und Gebete im Anhang als historische Quellen aufgenommen hatte, konnte das Werk nicht verurteilt werden, ohne Benedikt XIV. und die Bollandisten zu verurteilen.

Gutachter: keine Angabe
Gutachten: nicht aufgefunden[7]

ACDF SO Tit.Libr. 1759-1783, Nr. 85

STRATICO, ANTONIO: [Istorikē Mystagogia, [...] Iōannē Kōnstantínō Maurochordátō, Egemóni kai Prinkipi pasēs Moldoblachias] Ἱστορικη`// Μυσταγωγια,// […]// Ἰωα’ννη˛ Κωνσταντίνω˛// Μαυροχορδάτω˛,// Ἡγεμόνι και Πρινκιπι πασης Μολδοβλαχιας. (Con Licenza de' Superiori). - [Enetíēsin] Ενετίησιν [...] : [para Antōniō tō Bortoli] παρά Αντωνίω τω Βορτολι, 1750. - 248 S. ; 8°. *ACDF SO Tit.Libr. 1759-1783, Nr. 85*

Gutachter: keine Angabe
Gutachten: nicht aufgefunden[8]

ACDF SO Tit.Libr. 1759-1783, Nr. 88

1. Anonym [RISTORI, GIOVANNI]: Storia politica dell'anno 1781. / Scritta da un pensatore italiano arricchita delle carte geografiche della Baja di Gibilterra, e delle Colonie Unite d'America, con l'aggiunta di alcune Riflessioni capricciose, che altri chiamerebbero filosofiche. - In Modena : presso la Società Tipografica, [1782]. - [2], 95 S. ; 4°. *SBN*[9]

2. Memorie Enciclopediche// [del 1783]. - In Bologna : per Carlo Trenti (Con licenza superiori), Nr. 6 (Februar 1783). - [Bl.? 40-48] ; 4°. *ACDF SO Tit.Libr. 1759-1783, Nr. 88*[10]

Gutachter: keine Angabe
Gutachten: nicht aufgefunden (zu Nr. 1-2)[11]

ACDF SO Tit.Libr. 1759-1783, Nr. 91

Preghiere// Al santissimo// Crocefisso// Di già mandate in luce// da Papa Benedetto XIV.// Colle Indulgenze, che concede a// quelli, che le leggeranno, pre-//gando Dio per li pretensi bisogni// di Santa Madre Chiesa. Quelli// poi, che non fanno leggere, reci-//teranno cinque Pater, ed Ave// conforme l'intenzione del Sommo Pontefice. - Nel Seminario e Collegio di Città di Castello : presso Fedele Toppi (Con Licenza

---

7 Jedoch auf der Rückseite eine Notiz über die Audienz des Ass. beim Papst.

8 Jedoch ein Zensur, nicht gezeichnet, 5 S. Hinweise auf weitere Verhandlungen wurden nicht aufgefunden.

9 Fragment: Libro terzo. - [Bl.?] 49-56.

10 Ermittelt wurde: Memorie enciclopediche / [Società Letteraria, Bologna]. - Bologna : [S.n.], [nachgewiesen: (1781)-(1784)]. *ACNP*. Die Zeitschrift enth. eine Rezension des Werks unter Nr. 1, mit einer Widerlegung der Vorwürfe, die der Autor gegen die Inquisition verbreitet.

11 Jedoch eine Relation der vom SO unternommenen Untersuchung. Hinweise auf weitere Verhandlungen wurden nicht aufgefunden.

de' Superiori), [S.a.]. (Einblattdruck, Kleinformat) *ACDF SO Tit.Libr. 1759-1783, Nr. 91*[12]

Gutachter: keine Angabe
Gutachten: nicht aufgefunden[13]

ACDF SO Tit.Libr. 1759-1783, Nr. 96

1. DEL MARE, PAOLO MARCELLO: Educazione ed istruzione cristiana ossia catechismo universale : diviso in tre volumi. - Quarta edizione riveduta e corretta. - Genova : presso Repetto in Canneto, 1779. - 3 vol. ; 8°. *SBN*

2. DI SOISSONS, FRANCESCO: Istruzioni per le domeniche e feste dell'anno. Pubblicate gia' da monsignore vescovo di Soissons. Ed ora stampate per la prima volta nell'italiana favella. - Genova : presso Felice Repetto in Canneto, 1780. - 416 S. 2 Teile in 4 vol. ; 12°. *SBN*

Gutachter: keine Angabe
Gutachten: nicht aufgefunden (zu Nr. 1-2)[14]

ACDF SO Tit.Libr. 1759-1783, Nr. 99

„Divozione". In dorso: Folium typis impressum incipien: Papa Clemente III etc. *Das Werk wurde nicht ermittelt*

Gutachter: keine Angabe
Gutachten: nicht aufgefunden

Dekret: SO 17. April 1782; CIndex 8. Juli 1782
Bando: CIndex 7. Februar 1783

---

12 Enth.: Bildliche Darstellung mit Legende: „E l'amor, e il furor vi uccise, o Dio;// L'amor fu vostro, ed il furor fu mio."

13 Mit Dekret SO sollte der Bischof von Viterbo alle Exemplare des Werks beschlagnahmen.

14 Weiterhin beiliegend: Nota dei Libri trasmessi al Reverendissimo Padre Segretario dell'Indice li 16 Dicembre 1782 per fare quell'ufficio che si crederà opportuno, mit weitere Hinweise auf Werke u.d.T. „Lettera all'illustrissimo e reverendissimo monsignore Giovanni Sercari Arcivescovo di Genova scritta da Cattolico Romano in occasione de la denunzia facta al medesimo prelato di varie proposizioni estratte dal libro dell'istruzioni per le domeniche, e feste dell'anno pubblicate da Monsignor di Soissons etc. stampata in Genova 1781" und „Il Cattolico Romano autore della lettera all'illustrissimo etc. Posto a l'indicato Italia 1781" Die Werke unter Nr. 1-2, die in der beiliegenden Notiz erwähnt wurden, wurden der CIndex übergeben. Hinweise auf weitere Verhandlungen der CIndex wurden nicht aufgefunden. Spätere Verhandlungen zum Katechismus des Del Mare in ACDF SO CL 1794-1795, Nr. 6.

ACDF SO Tit.Libr. 1784-1797

ACDF SO Tit.Libr. 1784-1797, Nr. 1

Anonym: Il Taccuino// Per gl'Italiani// o sia// Lunario per l'anno bisestile// 1784// Si vende Mezzo Paolo// Ai Poveri gratis. - [S.l.] : [S.n.], [ca. 1784]. - 42 S. ; 8°. *ACDF SO Tit.Libr. 1784-1797, Nr. 1*

Gutachter: keine Angabe
Gutachten: nicht aufgefunden[1]

ACDF SO Tit.Libr. 1784-1797, Nr. 7

Estratto del Foglio Periodico di Vienna d. 30 Aprile 1786. *Das Werk wurde nicht ermittelt*[2]

Gutachter: [Raimondo Migliavacca da Milano OP]
Gutachten: 7 S.[3]

ACDF SO Tit.Libr. 1784-1797, Nr. 10

Lo spirito dell'Europa letteraria e politica. - Ceillan ; Catai ; Tibet [Firenze] : [S.n.], 1785-. - 8°. *SBN*

Gutachter: keine Angabe
Gutachten: nicht aufgefunden[4]

1 Mit Dekret SO vom 28. Januar 1784 wurde die Beschlagnahmung des Werks durch den Inquisitor von Foligno bekräftigt.

2 Es handelt sich um eine Predigt vom Pfarrer von [Lettenseim] (Ortsangabe nicht ermittelt) in seiner Pfarrkirche am 25. März 1786 gegen die Bilderverehrung. Vermutl. wurde die Predigt auch gedruckt.

3 Faszikelumschlag: die Predigt wurde vom Wiener Nuntius nach Rom geschickt und vom Papst an den Ass. SO in der Audienz vom 7. Juni 1786 übergeben. 14. Juni 1786, „al sentire che il Discorso era soltanto scandaloso", entscheidet der Papst „che non occorreva farne più parlare".

4 Laut Faszikelumschlag entscheidet die Congregatio consultorum vom 16. August 1788, dass die Bücher dem SO übergeben werden sollen. Hinweise auf weitere Verhandlungen wurden jedoch nicht aufgefunden.

ACDF SO Tit.Libr. 1784-1797, Nr. 12[5]

1. Atti E Decreti// Del Concilio// Diocesano// Di Pistoja// Dell'Anno MDCCLXXXVI. - In Pistoja : Per Atto Bracali stampatore vescovile (Con approvazione), [ca. 1788]. - X, [2], 255, [1], 143, [1] S. ; 4º. *BNCF*[6]

2. ♦ Punti ecclesiastici compilati e trasmessi da Sua Altezza Reale a tutti gli arcivescovi e vescovi della Toscana e loro respettive risposte. - In Firenze : per Gaetano Cambiagi stampatore granducale, 1787. - IV, 717, [3] S. ; 4°. *SBN*

♦ Punti ecclesiastici compilati e trasmessi da Sua Altezza Reale a tutti gli arcivescovi e vescovi della Toscana e loro respettive risposte. - Firenze : per Gaetano Cambiagi stampatore granducale, 1788. - IV, 717, [3] S. ; 4°. *MAI*

♦ Punti ecclesiastici compilati e trasmessi da Sua Altezza Reale a tutti gli arcivescovi e vescovi della Toscana e loro respettive risposte : Divise in due parti. - seconda edizione esattamente corretta sulla prima di Firenze. - Lugano : Per gli Agnelli, e C., 1791. - 2 vol. ; 8°. *SBN*

3. Anonym [TANZINI, REGINALDO]: Istoria dell'assemblea degli arcivescovi e vescovi della Toscana tenuta in Firenze l'anno 1787. - Firenze : a spese di Niccolo Pagni, 1788. - 3 vol. ; 8°. *MAI*[7]

4. Atti dell'assemblea degli arcivescovi e vescovi della Toscana tenuta in Firenze l'anno 1787. - In Firenze : per Gaetano Cambiagi stampatore granducale, 1787. - 4 vol. ; 4°. *MAI*

5. Anonym [GABRIELLO <DA BAGNO>]: Esame critico della lettera pubblicata sotto nome di Monsignor Franzesi vescovo di Montepulciano in risposta a diversi punti sopra materie ecclesiastiche, comunicati dal governo ai vescovi del Granducato per averne il loro parere. - Firenze : per Gaetano Cambiagi, 1787. - 263, [5] S. ; 8°. *MAI*[8]

6. Anonym: Apologia// Contro La Censura// Fatta Da XIV. Vescovi// Della Toscana// Ad Alcuni Libri// Pubblicati In Pistoia. - In Firenze : per Gaetano Cambiagi stampatore granducale, 1787. - [8], 175, [3] S. ; 4°. *BNCF*

Gutachter:	keine Angabe
Gutachten:	nicht aufgefunden
Dekret:	nicht aufgefunden
Bando:	Bulle 28. August 1794[9] (zu Nr. 1)

[5] Nota delle Stampe di Toscana trasmesse dalla Segretaria di Stato al S.Officio con biglietto di 18 Ottobre 1788.

[6] Enth.: Appendice al Sinodo Diocesano di Pistoja del MDCCLXXXVI. Ermittelt wurde auch: Atti e decreti del Concilio Diocesano di Pistoja dell'anno 1786. - In Pistoja : per Atto Bracali stampatore vescovile, 1786. - X, [2], 255, [1], 143, [1] S. ; 4°. *SBN*.

[7] Verf. ermittelt nach *MAI*.

[8] Verf. ermittelt nach *MAI*, s. Codignola, II, S. 75. Seitenzahl ergänzt nach *BNCF*.

[9] Bulle in ACDF Index Prot. 100 (1794-1795), Bl. 97. Die anderen Werke wurden nicht explizit verurteilt, da die Bulle ebenfalls ein allgemeines Verbot der Werke enthielt, die für die Synode

ACDF SO Tit.Libr. 1784-1797, Nr. 22

Anonym: Esercizj// del// Cristiano// da farsi in tre tempi del// Giorno// cioè// La Mattina, il Mezzo Giorno,// La Sera// Ristampati in questo picciol Libretto per// maggior comodo di chi aspira a salvarsi// l'anima : con l'agiunta di un discor-//so preliminare per istimolo al Divo-//to Cristiano di pratticar fedelmen-//te ogni giorno i predetti Eser-//cizj, e la ristampa della di-//vozione intitolata// unione di tre persone pie in onore// della Santissima Trinità// e degli Atti di Fede, di Speranza, di// Carità, e di Dolore in fine. - Fermo : per Bartolommeo Bartolini Stamp. Arciv. (Con Lic. De Sup.), [S.a.]. - 47 S. ; 16°. *ACDF SO Tit.Libr. 1784-1797, Nr. 22*

Gutachter: keine Angabe
Gutachten: nicht aufgefunden[10]

ACDF SO Tit.Libr. 1784-1797, Nr. 23

Anonym: A Gerusalemme// Bonus Homo// de Bono Thesauro// Potest bona// et// Malus Homo// de malo thesauro// Profert Mala// Matth. Cap. XII. 35. - [S.l.] : [S.n.], 1791. - 19 S. ; 8°. (Lied) *ACDF SO Tit.Libr. 1784-1797, Nr. 23, ICCU*[11]

Gutachter: keine Angabe
Gutachten: nicht aufgefunden[12]

ACDF SO Tit.Libr. 1784-1797, Nr. 24

Anonym: Sincero e genuino ritratto del piacere abbozzato co' colori presi dalla ragione, e buona filosofia, e dipoi perfezionato con gli altri piu vivi somministrati dal Vangelo / Opera di un cavaliere il quale cela il suo nome perche bramoso non della sua gloria, ma soltanto dell'altrui bene. - Viterbo : per il Poggiarelli impressore vescovile, 1792. - VI, 141, [1] S. ; 4°. *SBN, MAI*

Gutachter: keine Angabe
Gutachten: nicht aufgefunden[13]

---

oder für die Lehre der Synode eintraten. Laut Schreiben [des Ass. SO] vom 10. [Januar] 1789 an den Inquisitor von Genua hatte der Papst die Bücher an einige Bischöfe und Theologen zur Prüfung übergeben.

10 Laut Votum der Konsultoren SO vom 18. Juni 1791 sollte der Fall zur Kenntnis genommen werden, ohne weitere Entscheidungen zu treffen. Hinweise auf weitere Verhandlungen wurden nicht aufgefunden.

11 Umfangsangabe ergänzt nach *ICCU*.

12 Laut Votum der Konsultoren SO vom 23. März 1792 sollte der Fall wieder aufgerollt werden, falls sich Neuigkeiten ergäben.

13 Laut Votum der Konsultoren SO vom 18. August 1792 sollte der Fall zur Kenntnis genommen werden, ohne weitere Entscheidungen zu treffen. Hinweise auf weitere Verhandlungen wurden nicht aufgefunden.

ACDF SO Tit.Libr. 1784-1797, Nr. 25

MARIOTTINI, FELICE: Prose varie / di// Felice Mariottini. - Napoli : per Vincenzo Flauto (Con Licenza de' Superiori), 1791. - 220 S. ; 8°. *ACDF SO Tit Libr. 1784-1797, Nr. 25, MAI*

Gutachter: keine Angabe[14]
Gutachten: nicht aufgefunden[15]

ACDF SO Tit.Libr. 1784-1797, Nr. 31

Anonym?: Societatis Jesu insignia suorum in omni genere scelerum merces vere digna [Bildliche Darstellung] [Bildunterschrift: Arme Istoriate de Gesuiti a cagione de misfatti in ogni genere di cui sono colpevoli]. - [S.l.] : [S.n.], [S.a.]. - 1 Graphik (Einblattdruck, Großformat) *ACDF SO Tit.Libr. 1784-1797, Nr. 31*

Gutachter: keine Angabe
Gutachten: nicht aufgefunden

ACDF SO Tit.Libr. 1784-1797, Nr. 36

[ALVANI, TINDARO]: Fatto Informativo// L'Anno MDCC XCIV// con approvazione. - [S.l.] : [S.n.], [S.a.]. - 34 S. ; 4°. *ACDF SO Tit.Libr. 1784-1797, Nr. 36*[16]

Gutachter: keine Angabe
Gutachten: nicht aufgefunden[17]

ACDF SO Tit.Libr. 1784-1797, Nr. 38

ACRIVIO, ERGASTO <Pseudonym> [FRANCESCO MARIA <DA BOLOGNA>?]: Satirette morali e piacevoli / d'Ergasto Acrivio pubblicate per l'applauditissimo matrimonio del nobil uomo signor marchese, e senatore Sebastiano Tanari con la nobil donna signora contessa Giulia Malvasia [...]. - In Bologna : per Giuseppe Longhi, 1793. - CXXX, [2] S. ; 12°. *MAI*

ACRIVIO, ERGASTO <Pseudonym> [FRANCESCO MARIA <DA BOLOGNA>?]: Satirette morali e piacevoli / di Ergasto Acrivio. - In Fuligno : per Gio. Tomassini stamp. vescov., 1794. - 240 S. ; 8°. *MAI*

---

14 Laut Relation des Ass. SO wurde das Buch jedoch vom derzeitigen Comm. SO und vom MSP Pani geprüft, der vorher als Comm. SO für die Präventivzensur des Manuskripts Mariottinis zuständig gewesen war.

15 Der Inquisitor von Perugia sollte die Exemplare, die er in Perugia beschlagnahmt hatte, einbehalten.

16 Verf.-Name ergänzt nach Angabe im Begleitschreiben. Das Werk wurde in der Toskana gedruckt.

17 Laut Votum der Konsultoren SO vom 17. September 1794 sollte der Inquisitor von Perugia das Werk an das SO übergeben. Allerdings sollte er die Stellen angeben, welche die kirchliche Gerichtsbarkeit vermeintlich schädigten, falls den Bischöflichen Gerichtshof der Widerruf erreichen sollte.

Gutachter: [Vincenzo Ludovico Pavoni OP]
Gutachten: 3 S.[18]

ACDF SO Tit.Libr. 1784-1797, Nr. 42

Il corriere milanese : [il cittadino libero]. - In Milano : dallo stampatore Luigi Veladini [...], Nr. 98 (9. Dez. 1793) - Nr. 162 (8. Juli 1815). *SBN*[19]

Gutachter: keine Angabe
Gutachten: nicht aufgefunden[20]

ACDF SO Tit.Libr. 1784-1797, Nr. 45

Il Codice// della libertà Italiana// rigenerata nell'anno// MDCCXCVII// Conterrà una serie completa di carte// pubbliche, Leggi, Proclami ecc.// emanati da tutte le municipalità d'Italia. - Venezia : [S.n.], 1797. - 8 S. ; 8°. *ACDF SO Tit.Libr. 1784-1797, Nr. 44, SBN*[21]

Gutachter: keine Angabe
Gutachten: nicht aufgefunden[22]

---

18 Darüber hinaus Korrekturen vom Inquisitor von Faenza, der das Manuskript vor der Drucklegung begutachtet hatte. Der Comm. SO sollte prüfen, ob die Korrekturen des Erstgenannten verarbeitet worden waren. Am 12. November 1794 wurde das Votum des Comm. SO bekräftigt, der Inquisitor von Faenza solle mit dem Autor verhandeln. Dem Vikar der Inquisition von Foligno könne gemeldet werden, dass er das Verkaufsverbot des hier verhandelten Buches aufheben solle.

19 Titelzusatz ab Nr. 38 (1796): il cittadino libero. *SBN*. Vorg.: I compilatori dell'antica staffetta di Sciaffusa, ovvero Traduzione delle gazzette di Sciaffusa. (1791)-(1793). *SBN*. Ausg. Tit.Lib.: (1) Il Corriere Milanese// ossia// il cittadino libero : traduzione genuina dei principali Fogli di Francia. - [S.l., Milano] : [S.n.], Nr 38/39 (Donnerstag 19 Mai 1796). - 8 S. (Bl. 303-310). *ACDF SO Tit.Libr. 1784-1797, Nr. 42* (2). Il Corriere Milanese// ossia// il cittadino libero : traduzione genuina dei principali Fogli di Francia. - Milano : dallo Stampatore Luigi Veladini, Nr. 40 (Samstag 21 Mai 1796). - 12 S. (Bl. 311-322). *ACDF SO Tit.Libr. 1784-1797, Nr. 42* (3) Il Corriere Milanese// ossia// il cittadino libero : traduzione genuina dei principali Fogli di Francia. - Milano : dallo Stampatore Luigi Veladini, Nr. 41 (Montag 23 Mai 1796). - 8 S. (Bl. 323-330). *ACDF SO Tit.Libr. 1784-1797, Nr. 42.*

20 Dem Gouverneur von Ferrara sollte vom Staatssekretariat geantwortet werden, dass er den Verkauf nicht verbieten solle. Er müsse aber weitere Informationen über das Vertriebsnetzwerk sammeln. Hinweise auf weitere Verhandlungen wurden nicht aufgefunden.

21 Es handelt sich um einen Prospekt. Ermittelt wurde: Il codice della liberta italiana rigenerata nell'anno 1797. Conterra una serie completa delle carte pubbliche, leggi, proclami ec., emanati da tutte le municipalita d'Italia. - Venezia [S.n.], 1797. - VIII S. *SBN*; Il codice della liberta italiana rigenerata nell'anno 1797. Conterra una serie completa delle carte pubbliche, leggi, proclami ec., di tutte le municipalita d'Italia. - Venezia : presso Ant. Zatta qu: Giac. Stamp. del governo, 1797 anno I della liberta ital. - 3 vol. ; 8°. *SBN*. Enth.: 1. Manifesti e proclami della municipalita provvisoria di Venezia. Parte I [-II]; 2. Manifesti e proclami della municipalita provvisoria di Bergamo. Tomo I [-II]. *SBN.*

22 Am 9. August 1797 wurde entschieden, dass der Inquisitor [von Spoleto] die Verbreitung der Edikte verhindern sollte.

ACDF SO Tit.Libr. 1784-1797, Nr. 46

1. PANAZZI, PIETRO: Libertà – Eguaglianza// Il solo popolo è il Sovrano.// Il suo governo e' Conforme al Vangelo.// Allocuzione / Del Cittadino Pietro Dottor Panazzi. - [S.l.] : [S.n.], [S.a.]. (Einblattdruck, Großformat) *ACDF SO Tit.Libr. 1784-1797, Nr. 46*

2. Anonym: Inno Patriottico. - [S.l.] : [S.n.], [S.a.]. (Einblattdruck, Kleinformat) *ACDF SO Tit.Libr. 1784-1797, Nr. 46*

3. Il monitore bolognese : [repubblica Cispadana]. - Bologna : [Tip. del Sassi], Nr. 1 (2. Aug. 1796) - Nr. 105 (9 nevoso anno X. repubblicano [30. Dez. 1801]). - 2°. *SBN*[23]

Gutachter: keine Angabe
Gutachten: nicht aufgefunden (zu Nr. 1-3)[24]

ACDF SO Tit.Libr. 1784-1797, Nr. 47

DE TOMMASO, MICHELE: Catéchisme// Sur les droits de l'homme / composé// par les citoyens Tomaso// et Orsi// Patriotes Napolitains refugies = Catechismo// su i diritti dell'uomo / composto// dai cittadini Tomaso,// ed Orsi,// Patrioti Napoletani rifuggiti. - Au Fort-d'Hercule ci-devant Monaco : De L'imprimerie Montagnarde de Straforelli, et Compagnie, [S.a.]. - 163 S. ; 8°. *ACDF SO Tit.Libr. 1784-1797, Nr. 47, SBN*[25]

Gutachter: keine Angabe
Gutachten: 3 S.[26]

ACDF SO Tit.Libr. 1784-1797, Nr. 50

Tesi stampate, e difese pubblicamente nell'università di Pavia (75 tesi). *Das Werk wurde nicht ermittelt*[27]

---

23 Gesamttitel. Titelaufnahme ergänzt nach: Il monitore bolognese : repubblica Cispadana. - Bologna : Tip. del Sassi, Jg. 1, Nr. 1 (3 Jan. 1797) - Jg. 2, Nr. 52 (30 Juli 1798). - [2°]. *SBN*. Erscheinungsverlauf ermittelt nach: Il monitore bolognese raccolta completa dal giorno del di lui principio sino al presente ossiano Annali Patrii e vera storia della rivoluzione italiana colla serie di tutte le gradazioni della medesima e di que' fatti, e traversie che l'hanno ridotta sino allo stato presente. - In Bologna : [S.n.]. - 8 vol. ; 2°. *SBN*. Ausg. Tit.Lib.: Il Monitore Bolognese. - [S.l.] : [S.n.], Nr. 67 (Anno I, Reppubblicano ... Octidì 18 Thermidor Anno V. Era Francese [5. Aug. 1797]). - [8 S.?] (Bl. 549-556) ; 8°. *ACDF SO Tit.Libr. 1784-1797, Nr. 46.*

24 Am 16. August 1797 wurde entschieden, dass der Inquisitor von Spoleto nichts unternehmen sollte, da es sich um private Briefe handle. Eine Veröffentlichung sollte aber verhindert werden.

25 Das Werk in franz. und ital. Sprache erschien nach *SBN* vermutl. zwischen Juni 1794 und März 1795, s. P. Onnis Rosa: Filippo Buonarroti e altri studi. - Roma, 1971, S. 92-95.

26 Am 6. September 1797 wurde entschieden, dass der Inquisitor von Genua den Erzbischof ermutigen sollte, die ihm zur Verfügung stehenden Rechtsmittel zu nutzen.

27 Nach Angabe im Gutachten wurden die Thesen von dem Verleger der Universität Jo. Balzani gedruckt.

Gutachter: [Vincenzo Ludovico Pavoni OP?]
Gutachten: 23 S.[28]

Gutachter: [Michele di Pietro][29]
Gutachten: nicht aufgefunden

ACDF SO Tit.Libr. 1784-1797, Nr. 51

Anonym [BOUHOURS, DOMINIQUE]: Les Véritables Sentimens Des Jésuites Touchant Le Peché Philosophique. - Cologne : Schouten, 1690. - [4] Bl., 87 S. ; 12°. *SBB, CCFR*

Gutachter: keine Angabe
Gutachten: nicht aufgefunden[30]

---

28 Es handelt sich nicht um ein Gutachten im engeren Sinne. Der Ass. SO schlug vor, den Fall an eine andere Kongregation weiterzuleiten, weil sich die Thesen auf die bereits verbotene Lehre Pistoias bezogen.

29 Die 75 Thesen sollten ebenso wie die anderen Fälle, die derzeit in der CIndex verhandelt wurden (Vgl. Congr. gen. der CIndex 7. August 1786 bis 31. März 1788), an das SO weitergeleitet werden. Weiterhin Hinweise auf die vom Papst bestellte Kongregation für die Verhandlungen von Pistoia. Zu di Pietro vgl. Prosopographie 19. Jh.

30 Angaben zu evtl. Verhandlungen im 18. Jh. wurden nicht aufgefunden.

ACDF SO Tit.Libr. 1802-1808

ACDF SO Tit.Libr. 1802-1808, Nr. 1

FERRATINI-POLI, UBALDO: Al Nobile Signore// Don Fausto Poli / Il Conte Ubaldo Ferratini-Poli. - [Spoleto] : [S.n.], [1801]. - 20 S. ; 4°. *ACDF SO Tit.Libr. 1802-1808, Nr. 1*

Gutachter: keine Angabe
Gutachten: nicht aufgefunden[1]

ACDF SO Tit.Libr. 1802-1808, Nr. 8

1. ♦ CAVALLARI, DOMENICO: [Institutiones iuris canonici] Dominici Cauallarii [...] Institutiones iuris canonici : quibus vetus et noua ecclesiae disciplina enarratur in vsum priuati auditorii conscriptae. - Editio quarta auctior & emendatior. - Neapoli : apud Simones, 1781. - 2 vol. ; 8°. *SBN*[2]

2. ♦ CAVALLARI, DOMENICO: [Institutiones iuris canonici] Dominici Cavallarii in Regia Neapolitana Academia primarii professoris Institutiones juris canonici : quibus vetus et nova Ecclesiae disciplina enarratur. - Editio secunda veneta auctior et emendatior. - Bassani : Typographia Remondiniana, 1803. - 2 vol. *REBIUN*

Gutachter: keine Angabe
Gutachten: nicht aufgefunden[3]

ACDF SO Tit.Libr. 1802-1808, Nr. 9

1. HÄRZBURG-FRÄNKEL, LEO SAMUELSSOHN: Sendschreiben// eines// Jüdischen Rabbiners// an seine// Glaubensgenossen// in Betref// der neuesten merkwürdigsten

1 Das Werk wurde ohne Erlaubnis gedruckt. Laut Votum der Konsultoren SO vom 24. Dezember sollten die Exemplare eingezogen werden, ohne Aufsehen zu erregen. Die Verleger Giuseppe Bossi, Felice Sacoccia und Giuseppe Bassoni sollten streng ermahnt werden, künftigt auf derartige Aktivitäten zu verzichten.

2 Erscheinungsjahr 1781, aber vermutl. 4. Aufl. Ermittelt wurde u.a. auch: CAVALLARI, DOMENICO: Institutiones Juris Canonici : In Tres Partes, Ac Sex Tomos Distributae, Quibus Vetus & Nova Ecclesiae Disciplina & Mutationum Caussae Enarrantur / A Dominico Cavallario Juris Canonici Et Civilis Professore Conscriptae. - Venetiis : Remondini, 1791. - 4 vol. *BVB*.

3 Am 14. Mai 1806 wurde entschieden, dass der Inquisitor von Ancona gemäß der Instruktion benachrichtigt werden sollte. Währenddessen sollte das Werk Cavallaris für weitere Prüfungen und ein evtl. Verbot an die CIndex weitergeleitet werden. Laut Notiz auf dem Faszikelumschlag wurden der CIndex zwei Bände übergeben. Hinweise auf weitere Verhandlungen wurden nicht aufgefunden.

Ereignisse// in der// Christenwelt// Zunächst und zuförderst// der// Schlesischen Judenschaft / zugeeignet / von// ihrem Land-Rabbiner// L.S. Fränkel. - Breslau : [S.n.], 1807. - 16 S. ; 8°. (Manuskript) *ACDF SO Tit.Libr. 1802-1808, Nr. 8*[4]

2. H., C. F. [HAHN, CHRISTIAN FRANZ]: Widerlegung// der Vorurtheile// für und wider// Das Christenthum// nebst Vorschlägen// zu einer Universal-Kirchen-Reform// Vereinigung aller Religionen// und// Organisation eines Weltgerichts,// das hauptsächlich in solchen Fällen,// wo gegenwärtig Krieg zu führen nothig ist// entscheidet// und somit// allen Völkern, Königen und Fürsten// einen ewigen Friden sichert / Der gesammten Menschheit zur Prüfung vorgelegt// von C.F.H*h*. - [Breslau] : [Gehr], [1807]. - [XII, 180] S. *ACDF SO Tit.Libr. 1802-1808, Nr. 8, ÖNB*[5]

3. H., C. F. [HAHN, CHRISTIAN FRANZ]: Refutatio Praejudiciorum// pro et contra// Religionem Christianam// praeter// Consilia, ad universalem Ecclesiarum re-//formationem, Religionum omnium unionem,// et formationem judicii mundani, cui iis prae-//cipue in casibus, in quibus bello gerendo hodie// opus est, decedere incumbat, quodque hac rati-//one omnibus populis, regibus, et principibus// usum pacis perpetuae reddat certum / universo hominum generi exami-//nanda proposita a// C.F. H.*h.*//Typis Wratislaviensibus anno 1806// sumptibus auctoris : in commissione apud// Adolphum Gehr. - 48 S. (hs. Übersetzung) *ACDF SO Tit.Libr. 1802-1808, Nr. 8*[6]

Gutachter: keine Angabe
Gutachten: nicht aufgefunden[7]

4 Ermittelt wurde auch: HÄRZBURG-FRÄNKEL, LEO SAMUELSSOHN: Sendschreiben eines jüdischen Rabbiners an seine Glaubensgenossen in Betref der neuesten Ereignisse in der Christenwelt / Levy Samuelssohn Fraenkel. – Breslau : [s.n.] 1807. *SWB*.

5 Titelaufnahme ergänzt nach *ÖNB*. Abweichendes Erscheinungsjahr nach der hs. Übers.: 1806.

6 Verf. ermittelt nach *SWB*.

7 Jedoch ein Schreiben des Wiener Nuntius an den Autor. Das Buch und die hs. Übers., die vom Nuntius mit einem Begleitschreiben vom 3. September 1808 nach Rom versandt wurden, wurden am 15. Oktober 1808 vom Staatssekretariat an die Kongregation übergeben. Hinweise auf weitere Verhandlungen wurden nicht aufgefunden.

Weitere Bücherverbote des SO

Bando SO 27. April 1701

Instruction contre le Schisme des pretendutz Reformez par Messire Pier Iean François de Persin du Mongaillard Eveque de Saint Pons. Donec corrigatur.

♦ MONTGAILLARD, PIERRE-JEAN-FRANÇOIS PERCIN DE: Instruction contre le schisme des prétendus réformez où l'on montre, que de tous les prétextes qu'ils ont pris pour se séparer des catholiques, il n'y en a pas qui soit légitime / adressée par Messire Pierre Jean François de Persin de Montgaillard, evêque de St Pons, à ceux de la Religion Pretenduë Reformée de son diocese, l'année 1683. - A Toulouse : chez Guillaume-Louis Colomiez et Jerome Posuel, 1686. - [24], 619, [28] S. ; 8°. *CCFR*

Du Droit, & du Pouvoir des Eveques de regler les Offices Divins dans leur Diocèses &c. Eodem Auctore.

MONTGAILLARD, PIERRE-JEAN-FRANÇOIS PERCIN DE: Du droit et du pouvoir des evesques de regler les offices divins dans leurs dioceses. Suivant la tradition de tous les siecles depuis Jesus Christ jusques a present. / Par messire Pierre Iean Francois de Persin, de Mongaillard, eveque de Saint Pons. - [S.l.] : [S.n.], [1681]. - 229, [3] S. ; 8°. *SBN*[1]

Recueil des Factum, & autres Pieces &c. à la defence du Calendrier du Diocèse de Saint Pons 1686. unâ cum Proprio Sanctorum renovato ab eodem Episcopo, necnon Directorijs, ac Calendarijs eiusdem Ecclesiae, ac Dioecesis ab anno 1681. citra.

1. MONTGAILLARD, PIERRE-JEAN-FRANÇOIS PERCIN DE: Recueil des factums et autres pieces, qui ont servies a la deffence du calendrier du diocese de Saint Pons. - [S.l.] : [S.n.], 1686. - [10], 269, [3] S. ; 8°. *SBN*

2. MONTGAILLARD, PIERRE-JEAN-FRANÇOIS PERCIN DE (Hg.): Proprium sanctorum ecclesiae cathedralis et diaecesis Sti Pontii Tomeriarum, illustrissimi ac reverendissimi in Christo Patris D.D. Petri-Joannis-Francisci de Persin de Montgaillard, Dei providentia Sancti Pontii Tomeriarum episcopi ac domini jussu, ac ejusdem Ecclesiae Capituli consensu, editum. - Tolosae : G.-L. Colomyez et Posuël, 1692. - [2, 12], 375 [1, 6, 4] S. ; 8°. *CCFR*

3.-4. *Die* Directoria *und* Calendaria *wurden nicht ermittelt*

---

[1] Die Jahreszahl geht aus der Widmung hervor. *SBN*.

Instruction Pastorale sur differentes Questions touchant les fonctions Hierarchiques, adressée aux Fidelles de son Diocèse, avec l'Ordonnance, qui à donnè occasion à ces Questions, & un Parallele de la Doctrine des Recollets, & de celle de ce Prelat. A Toulouse Chez Guillaume Louis Colomiez. Donec corrigatur.

MONTGAILLARD, PIERRE-JEAN-FRANÇOIS PERCIN DE: Instruction pastorale de messire Pierre-Jean-Francois, evêque de Saint Pons, sur differentes questions touchant les fonctions hierarchiques, adressée aux fidelles de son diocese : avec l'ordonnance qui a donné occasion à ces questions & un parallele de la doctrine des Recollets & de celle de ce prélat. - A Toulouse : chez Guillaume-Louis Colomyez, 1697. - [24], 352, [2] S. ; 4°. *UU*

Ordonnance de M. l'Eveque de S. Pons portant dèfense à ses Diocesains d'assister aux Offices Divins dans l'Eglise des Recollets de la Ville de Saint Pons &c. 18. Septembre 1694.

MONTGAILLARD, PIERRE-JEAN-FRANÇOIS PERCIN DE: Ordonnance de M. l'évêque [...] portant défense à ses diocésains d'assister aux offices divins dans l'église des Recollets de [...] S. Pons, parce qu'ils lui ont fermé les portes de leur église, et qu'ils en ont chassé ses domestiques avec injure, et qu'ils les ont menacé du bâton, y ayant porté ses ornemens pour la célébration de la Ste messe et la visite de leur église. - [S.l.] : [S.n.], [1694]. - 12 S. ; 4°. *BNF*[2]

Epistolae duae, quarum titulus - Lettre de l'Eveque de Saint Pons à Messeigneur les Archevèques, & Eveques de l'Eglise Gallicane &c.

1. MONTGAILLARD, PIERRE-JEAN-FRANÇOIS PERCIN DE: Lettre de l'Évêque de S.-Pons à Mrs les archevêques et évêques de l'Église gallicane, pour servir d'éclaircissement à ce que l'on a publié contre lui [1697]. - [S.l.] : [S.n.], [S.a.]. - 15 S. ; 4°. *BNF*

2. MONTGAILLARD, PIERRE-JEAN-FRANÇOIS PERCIN DE: Lettre de M. l'Évêque de Saint-Pons à Nosseigneurs les évesques de France. - [S.l.] : [S.n.], [S.a.]. - 4 S. ; 4°. *BNF*

Libelli duo, quorum uni titulus – Memoire – & alteri – Requète du Precenteur de l'Eglise de Saint Pons, demandeur en reparation des calomnies contre le Sindic des Peres Recollets de la Province de S. Bernardin du Convent de Saint Pons.

1. Anonym: Mémoire pour le précenteur de l'église de Saint-Pons, demandeur en réparation de calomnies, contre le R. P. Chérubin de Ste-Marie Rupé, syndic des R. P. Récollets de la province de Saint-Bernardin du couvent de S. Pons. - [S.l.] : [S.n.], [1697]. - 4°. *BNF*

---

2 Datiert auf den 18. September 1694. *BNF.*

2. Anonym: Requête du precenteur de l'Eglise de Saint Pons demandeur en réparation de calomnies contre le sindic des pères recolets de la province de St Bernardin du couvent de St Pons. - [S.l.] : [S.n.], [S.a.]. - 4°. *BNF*

Lettre d'un Docteur en Theologie du Diocèse de Saint Paul Trois-Chateaux à un de ses Amis, qui luy avoit envoyè le nouveau libelle diffamatoire, que les Recollets de la Province de S. Bernardin d'Avignon ont publiè en dernier lieu contre M. Royer Precenteur de l'Eglise de Saint Pons.

Anonym: Lettre d'un docteur en theologie du Diocese de St Paul Trois-Châteaux, à un de ses amis qui luy avait envoyé le nouveau libelle diffamatoire, que les Recollets de la Province de S. Bernardin d'Avignon ont publié en dernier lieu contre M. Royer Precenteur de l'Eglise de S. Pons. - [S.l.] : [S.n.], [S.a.]. - [4 S.] ; 4°. *CCFR*[3]

Reflexions Chretienes sur l'Ordonnance de Monseigneur l'Eveque de Saint Pons du 18. Septembre 1694. M.DC.XCV.

♦ Anonym: Réflexions chrétiennes sur l'ordonnance de monseigneur l'évêque de Saint-Pons, du 18 septembre 1694. - [S.l.] : [S.n.], 1695. - 4°. *BNF*

Reflexions Chretiennes adressées à Monseigneur l'Eveque de Saint Pons, au sujet de son Ordonnance contre les Recollets du 18. Septembre 1694. M.DC.XCV.

Das Werk wurde nicht ermittelt

Factum, & Instruction pour le Sindic des Recollets de la Province appellée de Saint Bernardin &c. M.DC.XCVI.

RUPPE, CHERUBIN DE SAINTE-MARIE: Factum et instruction pour le syndic des Récollets de la province appelée de S. Bernardin, située dans la comté d'Avignon, et les provinces de Languedoc et de Provence, appelant comme d'abus d'une ordonnance de Mr l'évêque de S. Pons, du 18 septembre 1694, et appelant aussi d'une sentence du sénéchal de Carcassonne, du 30 décembre 1695. - [S.l.] : [S.n.], 1696. - 4°. *BNF*

Examen iuste, & Catholique d'une Apologie du Sieur Royer, soy-disant Docteur, & Precenteur de l'Eglise de Saint Pons &c.

RUPPE, CHERUBIN DE SAINTE-MARIE: Examen juste et catholique d'une Apologie du Sieur Royer soy-disant Docteur et Précenteur de l'Eglise de S. Pons, adressée en forme de Requête à Nosseigneurs du Parlement, demandant réparation de calomnies supposées, et d'être, dit-il, receu partie intervenante et jointe avec Messieurs les Gens du Roy de Carcassonne, contre un Religieux qui n'a jamais calomnié personne [...]. - [S.l.] : [S.n.], [1697]. - 60 S. ; 4°. *CCFR*

La Veritable Devotion à la Mere de Dieu etablie sur les Principes du Christianisme, & reduite en Pratique, divisèe en trois Parties. Par le P.

---

3 Datiert auf den 2. August 1697. *CCFR.*

Cherubin de Sainte Maire Rupè Recolez de la Province d'Avignon, appellèe du Saint Bernardin 1691. Donec corrigatur.

RUPPE, CHERUBIN DE SAINTE-MARIE: La Veritable devotion a la mere de dieu établie sur les principes du christianisme & reduite en pratique. Divisee en trois parties. Tome [...] / par le P. Cherubin de Sainte Marie Ruppé [...]. - Troisieme edition. Revuë & aumentée par l'auteur. - A Toulouse : Chez Jean Boude, 1691. - 2 vol. ([22], 599, [1]; 621, [3] S.) ; 12 °. *Abes*[4]

Lettre du P. Seraphin Picot Provincial de la Province de Recollets du Saint Bernardin, adressèe aux Eveques de France.

PICOT, SERAPHIN: Lettre du r.p. Picot provincial des Recollets de la province de saint Bernardin d'Avignon, a nosseigneurs les eveques. - [S.l.] : [S.n.], [1698?]. - 14 S. ; 4°. *SBN*[5]

Epistola Francisci Gabrielis de Thesan du Puiol Ecclesiae Cathedralis Sancti Pontij Archidiaconi &c. ad Sanctissimum Dominum Innocentium XI., incipiens -- Non dubitans, quin &c.

THESAN DU PUJOL, FRANÇOIS GABRIEL DE: Texte de la lettre de l'archidiacre de S. Pons a N.T.S.P. le pape Innocent 12. Franciscus Gabriel de Thesan du Pujol, ecclesiae cathedralis sancti Pontii solus archidiaconus [...]. - [S.l.] : [S.n.], [nach 1690.] - 40 S. ; 4°. *SBN*[6]

Lettre d'une Prelat à Monseigneur l'Eveque de Saint Pons, una incipien. Monseigneur. Il y à long tems – & alia – Monseigneur. Ie ay lù avec admiration –- & ambae finien. – Votre tres - humble, & tres - obeissant Serviteur Confraire T. E. C.

T. E. C.: Lettre d'un prélat à monseigneur l'évêque de Saint-Pons [Brief I-IV]. - [S.l.] : [S.n.], [S.a.]. - 4°. *BNF*

Bando SO 26. Oktober 1701

Lrcubr ationes Physico-Mechanicae Doctoris Philosophi Ferdinandi Santanelli à Foreno Neapolis in septem Tractatus divisae. Venetijs 1698.

SANTANELLI, FERDINAND: Lucubrationes Physico-Machanicae / doctoris philosophi Ferdinandi Santanelli a foreno Napoli, in septem divisae, [...] dicatae [...], Carolo comiti a Manchester, [...]. – Venetii : apud Nicolaum Ciera, 1698. – [12], 171, [5] S. ; 4°. *SBN*

---

4 Enth.: vol. 1. Tome premier. Contenant la première & la seconde partie. (1691) und vol. 2 Tome second. Contenant la troisième partie. (1691). *Abes.*

5 Die Jahreszahl ergibt sich aus dem Brief des Bischofs von Saint-Pons-de Thomières, Pierre-Jean-François Percin de Montgaillard, in Antwort auf diesen Brief Picots. Neben dem Brieftext auf derselben Seite: Remarques sur plus de trente faussetez contenues dans la lettre du P. Picot. *SBN.*

6 Auf die Abschnitte des lat. Briefes folgt auf Franz. ein umfangreicher Kommentar des Bischofs von Saint-Pons-de Thomières, Pierre-Jean-François Percin de Montgaillard. *SBN.*

Scudo di Christo, overo di David in trè libri distinto dal R. D. Carlo de Fabri da Mondolfo I. U. D. in Bracciano 1621.

FABRI, CARLO DE: Scudo di Christo overo di David : in Tre Libri Distinto. Ne'Quali [...] / dal R.D. Carlo de Fabri da Mondolfo I.V.D. – In Bracciano : Per Andrea Fei Stampatore Ducale, 1621. – [10] Bl., 522 [i.e. 524] S., [14] Bl. ; 4°. *GBV*

Bando SO 17. Januar 1703

Lettre de Monseur Malaval à Monsieur l'Abbè de Foresta. Colongue &c. A Marseille 1695.

MALAVAL, FRANÇOIS: Lettre de M. Malaval à M. l'abbé de Foresta-Colongue, [...] vicaire général et official [...] de Marseille. - Marseille : J. et P. Penot, 1695. - 273 S. ; 12°. *BNF*

Bando SO 12. Juli 1703

Lega Spirituale de Viventi fermata co'Morti[7]

Anonym: Lega spirituale de' viventi fermata co' morti. - In Trento : per Giacom' Antonio Vida, stamp. episc. priuil, [nicht vor 1675] (Con lic. de' superiori). - 1 Bl. ; 2°. *CBT*[8]

Bando SO 18. Juli 1703

Lotto Spirituale per le povere Anime del Purgatorio molto bisognose di Christiano soccorso &c.

Das Werk wurde nicht ermittelt

Bando SO 3. April 1704

Declaratio Archiepiscopi Sebasteni Apostolici in Hollandiae Missione Vicarij super pluribus, quae tùm ad ipsum, tùm ad illam pertinent, interrogationibus. Romae Typis Reverendae Camerae Apostolicae 1701.

CODDE, PIETER: Declaratio archiepiscopi Sebasteni apostolici in Hollandiae missione vicarii, super pluribus, quae tum ad ipsum, tum ad illam pertinent, interrogationibus. - [Romae] : [typis r. cam. apost.], [1701]. - 20 S. ; 4°. *SBN*

Responsiones Archiepiscopi Sebasteni in Belgio Foederato Vicarij Apostolici ad scriptum varia accusationum capita continens iussu Eminentissimorum

---

7 Vgl. ACDF SO Tit.Libr. 1746-1758, Nr. 53.

8 Verf. ist die „Confraternita di Maria Ausiliatrice, Innsbruck". Die Jahresangabe resultiert aus dem Text. *CBT*.

Deputatorum ei traditum. Romae Typis Reverendae Camerae Apostolicae 1701.[9]

CODDE, PIETER: Responsiones archiepiscopi Sebasteni in Belgio foederato vicarii apostolici, ad scriptum varia accusationum capita continens, jussu eminentissimo deputatorum, ei traditum. - [Romae] : [typis rev. cam. apost.], [1701]. - 127, [1] S. ; 4°. *SBN*

Bando SO 23. Juli 1704

Defensio Petri Coddaei Archiepiscopi Sebasteni adversus Decretum Inquisitionis Romae emanatum Feria v. die tertia Aprilis 1704.

CODDE, PIETER: Defensio Petri Coddaei Archiepiscopi Sebasteni, Adversus Decretum Inquisitionis, Romae Emanatum Feria V. die 3. Aprilis 1704. - [S.l.] : [S.n.], 1704. - [1] Bl., 9 S. ; 4°. *GBV*

Bando SO 26. Oktober 1707

Apologia per i Riformatorij, e per la Religione Riformata contro le Invettive di Fr. Panigarola, e P. Segneri composta da Giacomo Picenino, Stampata in Coira l'anno 1706.

PICENINO, GIACOMO: Apologia Per i Riformatori e per la Religione Riformata Contro le Invettive di F[rancesco] Panigarola, e P[aolo] Segneri / Composta da Giacomo Picenino. - Coira : Gioann Giacomo Smid, 1706. - XVI, 557, [18] S. ; 4°. *Helveticat*

Gisberti Amstelij expostulatio prima adversùs eos, qui dicunt, se de consortio Iesu esse, & non sunt, sed sunt Synagoga Satanae. Editio secunda. Coloniae 1704.[10]

AMSTELIUS, GISBERTUS <Pseudonym>: [Expostulatio] Gisberti Amstelii Expostulatio, adversus eos qui dicunt se de consortio Jesu esse et non sunt, sed sunt Synagoga satanae ; Expostulatio altera, adversus Loiolitas, foedos Societatis Jesu desertores ; Expostulatio tertia, adversus injustos nominis Jesu possessores. - Coloniae : apud Balthazar ab Egmont., 1704 - 35, [1] S. *UU*

Disputatio theologica de necessaria secessione ab Ecclesia Romana, quam auspice Spiritu Sancto, su praesidio plurimùm Reverendi, clarissimi, & doctissimi Viri Ioannis Caspari Wolphy SS. Theologiae in Lyceo Tigurino Professoris Ordinarij. Tiguri 1705.

WOLF, HANS KASPAR (Praes.) ; PERACHER, JOHANN FORTUNAT (Resp.): Disput[...] de necessaria secessione ab Ecclesia Romana, quam [...] sub praesidio [...] Joannis

---

9 Ein Gutachten, „Propositiones Excerptae", von Giovanni Damasceno Bragaldi OFMConv zu beiden Werken, 13 S. [23. Juli 1704] befindet sich in ACDF SO St.St. UV 28, Bl. 409r-415r.

10 Vgl. Verbot (durch Breve) Expostulatio altera et tertia; ACDF SO CL 1704-1705, Nr. 21.

Caspari Wolphii [...] subjicit Joannes Fortunatus Peracherus [...]. - Tiguri [i.e. Zürich] : [S.n.], 1705. - 32 S. ; 4°. *CCFR*

Motivum Iuris prò R. D. Guilielmo Van de nesse Pastore S. Catherinae in Civitate Bruxellensi apud Senatum Brabantiae supplicante contra Ill[ustrissi]mum, & R[everendissi]mum D. Archiepiscopum Mechliniensem &c.[11]

Anonym: Motivum juris pro R. Domino Guilielmo van de Nesse pastores S. Catharinae in Civitate Bruxellensi apud Senatum Brabantiae supplicante, contra Ill.mum ac R.mum D. Archi-episcopum Mechliniensem inthimatum & excepientem [...] ; [Monumenta quorum in hoc Motiva fit mentio ...]. - [S.l.] : [S.n.], [ca. 1705]. - 98, [2] ; 36 S. ; 4°. *KBR*[12]

Appendix ad motivum Iuris prò R. D. Guilielmo Van de nesse Pastore S. Catherinae apud supremum Brabantiae Senatum, supplicante contra Illustrissimum, ac Reverendissimum D. Archiepiscopum Mechliniensem intimatum, & excipientem &c.[13]

Anonym: Appendix ad Motivum juris pro Reverendo Domino Guilielmo vande Nesse pastore Sanctae Catharinae apud Supremum Brabantiae Senatum supplicante contre Illustrissimum ac Reverendissimum Dominum Archiepiscopum Mechliniensem inthimatum & excipientem [...]. - [S.l.] : [S.n.], [1697-]. - 12 S. ; 4°. *KBR*[14]

Ordonnance ampliative de Son Altesse Royale pour supplement de celles des mois de Iuillet, & Aout 1701. donnec à Luneville le 19. fevrier 1704. A Nances chez Paul Barbier Imprimeur ordinaire de S. A. R. sùr la Pace de la Ville neuve 1704. Avec Privileg. de S.A.R.

LEOPOLD <Lothringen, Herzog, I.>: Ordonnance ampliative de Son Altesse Royale, pour suplément de celles des mois de juillet & août 1701. Donnée à Lunéville, le 19 février 1704. - A Nancy : Chez Paul Barbier , 1704. - 162 S. ; 12°. *CCFR*

Theses, thomistico, canonico, civilistico iuridicae practicae, quas Praeside R. P. Nicolao Conen Ord. Praedicat. in Universitate Colon. Sac. Theol. Licentiato, & studij confluentini Sac. Canonum Professore defendent in Conventu confluentino apud Fratres Predicat. Die ... Martij horis prima, & secunda post meridiem Per Illustris, & gratiosus D. D. Carolus Gaspar Erwinus liber Baro à Wallpott de, & in Bassenherin Ecclesiae Metropolitanae Trevirensis Canonicus &c. R. P. Vincentius Sterpenich Ord. Praed. D. Iacob Waldscheidt

[11] Ein Gutachten zu diesem Werk von Giovanni Damasceno Bragaldi OFMConv, 10 S., [10. August 1707] befindet sich in ACDF SO St.St. UV 57, Nr. 9.

[12] Die Schrift wird Zeger Bernard van Espen oder Guillaume van de Nesse zugeschrieben. Jahreszahl aus dem Text. *SBN*.

[13] Ein Gutachten zu diesem Werk von Giovanni Damasceno Bragaldi OFMConv, 10 S., [10. August 1707] befindet sich in ACDF SO St.St. UV 57, Nr. 9.

[14] Die Schrift wird Zeger Bernard van Espen oder Guillaume van de Nesse zugeschrieben. Jahreszahl aus dem Text. *KBR*.

ex Mandercheidt R. P. Iordanus Krahn Ord. Praed.; Defendent 7., & 8. antè meridiem Praenobiles, & eruditi D. D. Iuris Canonici Candidati D. Ioannes Iacobus Burmer ex Weiss. D. Ioan. Laur. Edel Montaburanus D. Ioannes Safftig ex Wassenach., D. Nicolaus Eggener Boppardius. Manè oppugnabunt post Fr Ludovicus Steincamp Ord. Praed. D. Gasparus Roth Vindelicus. Dominus Engelbertus Volff. ex Hiederrenberg; D. Ioannes Zimmerman ex Nieckenich. Confluentiae Typis Ioannis Francisci Krabben 1707.[15]

Das Werk wurde nicht ermittelt

Theses Theologicae, quarum titulus: Quaestio theologica; Quaenam est lucerna Pedibus meis? Ps. 118. v. 101. Praeside S. M. N. Petro le Paige Sac. Facultatis Parisiensis Theologo, necnon Ecclesiae Collegialis S. Sepulchri Canonico tueri conabitur Balthazar Aubret Diaconus Lugdunensis eiusdem Sac. Facultatis Baccalaureus Theologus die 11. mensis Iunij 1707. In Collegio de mercede. Pro Maiore Ordinaria.

Das Werk wurde nicht ermittelt

Theses Theologicae, quarum titulus: Quaestio Theologica: Quod est verè verbum Dei? Primae ad Thess. 2. v. 13. Praeside S. M. N. Philippo de Cougniou Sac. Facultatis Parisiensis Doctore Theologo tueri conabitur Bernardus Fransquin Tullensis eiusdem Sac. Facultatis Theol. Die 22. Augusti. Prò Maiore Ordinaria. In Sorbona.

Das Werk wurde nicht ermittelt

Theses Theologicae, quarum titulus: Quaestio Theologica. Quae est circumdata varietate? Ps. 44. Praeside S. M. N. Ioanne Baptista Mayou Sac. Facultatis Parisiensis Doctore Theologo tueri conabitur Claudius Franciscus Monnier Diaconus Bisuntinus eiusdem Sac. Facultatis Baccalaureus Theologus. Die Sabbathi 10. mensis Septembris 1707. In Sorbona. Prò Maiore Ordinaria.

Das Werk wurde nicht ermittelt

Theses Theologicae, quarum titulus: Quaestio Theologica: Quodnam est scutum fidei? Eph. cap. 6. v. 16. Praeside S. M. N. F. Carolo de la Grange Sac. Facultatis Parisiensis Doctore Theologo Abbatiae Regalis S. Victoris, Canonico Regulari &c. tueri conabitur Amabilis Guillelmus de Chaumont Praesbyter Rothomageus eiusdem Sac. Facultatis Parisiensis Baccalaureus Theologus. Die 13. Septembris 1707. In Regia Victorina. Prò Maiore Ordinaria.

Das Werk wurde nicht ermittelt

Theses Theologicae, quarum titulus: Virgini Deiparae Quaestio Theologica: Quid est Columna, & firmamentum Veritatis? 1. Tim. 6. 3. v. 14. Praeside S. M. N. Petro Courcier Sac. Facultatis Parisiensis Doctore Theologo Socio

[15] Ein Gutachten von Giovanni Damasceno Bragaldi OFMConv zu diesem Werk, 9 S., [29. August 1707] befindet sich in ACDF SO St.St. UV 57, Nr. 10.

Sorbonico, nec non Metropolitanae Ecclesiae Parisiensis Canonico Theologo: tueri conabitur Ioachinus Dreux Praesbyter Parisinus Baccalaureus Theologus è Regia Societate, nec non insignis Ecclesiae Lingonensis Canonicus, & Decanus. Die Veneris 3. Iunij 1707. In Regia Navarra. Prò Maiore Ordinaria.

Das Werk wurde nicht ermittelt

Theses Theologicae, quarum titulus: Procendenti ab utroque. Quaestio Theologica, quae est speciosior sole? Sap. 7. v. 29. Praeside S. M. N. Ioanne Binet Sac. Facultatis Parisien. Doctore Theologo Abbate Blasimontensi, necnon regalis inferioris Sacrosanctae Cappellae Parisien. Pastore vigilantissimo, tueri conabitur Ioannes Roland Praesbyter Parisinus, & eiusdem Sac. Facultatis Baccalaureus Theologus Die Iovis prima Septembris 1707. In Scholis exterioribus Sorbonae. Prò Maiore Ordinaria.

Das Werk wurde nicht ermittelt

Bando SO 17. Juli 1709

Remarques sur le Bref. De N. S. P. le Pape CLEMENT XI. à Mre. Humbert Guill. à Precipiano Archeveque de Malines &c. du 3. Mars 1708.

Anonym [NESSE, GUILLAUME VAN DE?]: Remarques sur le bref de N. S. P. le pape Clement XI. a M.re Humbert Guill. a Precipiano archevêque de Malines, &c. du 3. mars 1708. - [S.l.] : [S.n.], [1708]. - 6 S. ; 4°. *CCFR*

Bando SO 2. Dezember 1711

Artes Jesuiticae in sustinendis pertinacitèr novitatibus laxitatibusque Sociorum (quarum plusquam mille hìc exhibentur) S. D. N. CLEMENTI Papae XI. atque orbi universo denuntiatae per Christianum Aletophilum. Editio secunda media ferè parte auctior. Argentorati apud Amatorem Kerckhoven 1710.

ALETHOPHILUS, CHRISTIANUS <Pseudonym> [HENRI <DE SAINT-IGNACE>]: Artes// Jesuiticae// In Sustinendis Pertinaciter// Novitatibus Laxitatibusque// Sociorum// (Quarum plusquam mille híc exhibentur)// Clementi Papae XI.// Atque Orbi Universo// Denuntiatae / Per Christianum Aletophilum. - Editio Secunda Media ferè parte auctior. - Argentorati : Apud Amatorem Kerckhoven, 1710. - 581 S. *UBN*[16]

Bando SO 16. März 1712

Defensio piae memoriae Illustrissimi, ac Reverendissimi Domini D. Petri Coddei. Archiepiscopi Sebasteni, & per faederatum Belgium Vicarij Apostolici ad clarissimum Dominum 1711.

---

16 Laut *KB* und *UBVU* eigentlicher Erscheinungsort Utrecht. Gebunden wie 12°, Format jedoch 8°. *KB*, *UBVU*.

Anonym: Defensio piae memoriae illustrissimi ac reverendissimi domini D. Petri Codde, archiepiscopi Sebasteni et per Foederatum Belgium vicarii apostolici ad clarissimum dominum ***. - [S.l.] : [S.n.], 1711. - 30 S. ; 8°. *UU*

Iustification de la memoire de M. Pierre Codde, Archeveque de Sebaste, Vicaire Apostolique dans les Provinces unies contre un Decret de l'Inquisition du 14. Ianvier 1711. en deux parties 1711.

Anonym [PETITPIED, NICOLAS]: Justification de la mémoire de M. Pierre Codde, archeveque de Sebaste, vicaire apostolique dans les Provinces-Unies, contre un decret de l'Inquisition du 14. janvier 1711. En deux parties. - [S.l.] : [S.n.], 1711. - [8], 148 S. ; 12°. *BNF* [17]

Bando SO 22. Juni 1712

La Suite du Comte de Gabalis, ou nouveaux entretiens sur les Sciences secretes, touchant la nouvelle Philosophie. Ouvrage posthume. A Amsterdam 1708.[18]

♦ MONTFAUCON DE VILLARS, NICOLAS PIERRE HENRI: La suite du Comte de Gabalis, ou nouveaux entretiens sur les sciences secretes, touchant la nouvelle philosophie. - Ouvrage posthume. - Amsterdam : Roger, 1708. - 178 S. ; 8°. *GBV*

♦ MONTFAUCON DE VILLARS, NICOLAS PIERRE HENRI: La suite du Comte de Gabalis, Ou Nouveaux Entretiens Sur Les Sciences Secretes, Touchant La Nouvelle Philosophie. - Ouvrage Posthume. - A Amsterdam : Chez Pierre De Coup, Libraire, 1708. - [1] Bl., 176 S. ; 8°. *GBV*

Divers abus, & nullites du decret de Rome du 4. Octobre 1707. au Sujet des affaires de l'Eglise Catholique des Provinces unies 1708.

OLIVERIUS, F. [QUESNEL, PASQUIER]: Divers abus et nullités du decret de Rome du 4 octobre 1707 : au sujet des affaires de l'eglise catholique des provinces unies [...]. - [S.l.] : [S.n.], 1708. - 234, [6] S. ; 12°. *Orbis*

Apologie de la veritable Theologie Chretienne ainsi qu'elle est soutenue, & prechèe, par le Peuple, appellè par mepris, les Trembleurs &c. à Londres 1702.

BARCLAY, ROBERT: Apologie// De La Veritable// Theologie// Chretienne,// Ainsi// Qu'elle est soutenüe, & Prêchée, par le Peuple,// appellé par Mépris,// Les// Trembleurs:// Qui Est// Une Ample Explication, & une Défense de leurs// Principes & de leurs Doctrines, par plusieurs Argumens,// tirez de L'Ecriture, & de la Droite Raison, &// des Témoignages des Fameux Autheurs, tant An-//ciens que Modernes: Avec une Ample Réponse aux plus// fortes Objections qui leur sont faites Communement.// Ecrit en Latin & en Anglois,// Par Robert Barclay,// Et depuis Traduite en Allemand & en Hollandois, comme aussi à// Present en François, pour

[17] Verf. ermittelt nach *BNF*. „Avertissement" datiert auf den 29. Juni 1711. *BNF.*

[18] Vgl. ACDF SO CL 1711-1714, Nr. 6 und ACDF SO Tit.Libr. 1705-1710, Nr. 139.

l'Instruction des Etrangers [...]. - A Londres : Imprimé & se vend par T. Sowle [...], 1702. - [17], 654, [9] S. ; 8°. *ECCO, BL*[19]

Bando SO 29. November 1712

Tertium motivum Iuris in Causa Doctoris Martin contra Patres Iesuitas, & caeteros Molinistas, oblatum Urbi, & Orbi; cuius priori partè exibetur confessio, & retractatio erratorum, de quibus tantùm abest, ut adversarij Doctorem illum accusarent, quin potiùs impensè laudarent. Posteriori verò parte diluuntur falsa crimina eidem Doctori per eosdem obiecta anno 1712.

Anonym [MARTIN, FRANÇOIS]: Tertium iuris motivum in causa Doctoris Martin contra patres Iesuitas et ceteros molinistas : oblatum urbi et orbi ; cuius priori parte exhibetur confessio & retractatio erratorum, de quibus tantum abest, ut adversarii doctorem illum accusarent, quin potius impense laudarent ; posteriori vero parte diluuntur falsa crimina eidem doctori per eosdem obiecta. - [Louvain]: [S.n.], 1712. - 44 S. ; [4°]. *BVB*[20]

Quartum Iuris motivum in Causa Doctoris Martin contra Theologos Societatis, & cunctos eis adhaerentes, & faventes, oblatum Urbi, & Orbi; quo exponuntur insigna beneficia, quae Doctor ille quibusdam eorum praestitit, & gravamina, & nocumenta, quae passus est ab illis, narraturque Historia informationum biscè diebus captarum sub Vicario Generali Mechliniensi contra illum Lovanij Mense Maio anno 1712.

Anonym [MARTIN, FRANÇOIS]: Quartum iuris motivum in causa Doctoris Martin contra theologos societatis, et cunctos eis adhaerentes, et faventes : oblatum urbi et orbi ; quo exponuntur insignia beneficia quae Doctor ille quibusdam eorum praestitit, et gravamina ac nocumenta, quae passus est ab illis. Narraturque historia informationum hisce diebus captarum sub vicario generali Mechliniensi contra illum. - Lovanii : [S.n.], 1712. - 24 S. ; [4°]. *BVB*[21]

---

19 Vgl. BARCLAY, ROBERT: [Theologiae verè Christianae Apologia] Roberti Barclaii// Theologiae// Verè Christianae// Apologia [...]. - [S.l.] : Typis excusa, [...]// Pro Jacob Claus, Bibliopola, habitante Amstelodami [...], Veneunt praeterea,// Londini : apud Benjamin Clark [...],// Roterodami : [apud] Isaacum Naeranum, [...]// Francofurti : [apud] Henricum Betkium.// Et in quibusdam aliis locis, 1676. - 12, 374, [25] S. *EEBO, Orbis*. Vgl. auch BARCLAY, ROBERT: An// Apology// For the// True Christian Divinity,// As the same is held forth, and preached by the people,// Called, in Scorn,// Quakers;// Being a full explanation and vindication of their Principles// and Doctrines, by many arguments, deduced from Scri-//ptur and right Reason, and the testimonys of famous Au-//thors, both antient and modern, with a full answer to// the strongest objections usually made against them,// Presented to the King.// Written and published in Latine, for the information of Strangers, by// Robert Barclay.// And now put into our own language, for the benefit of// his countrey-men. - [Aberdeen?] : [S.n.], 1678. - [12] Bl., 412, [27] S. ; [4°]. *EEBO, Orbis.*

20 Erscheinungsort und Format ergänzt nach *BNF*. Datiert auf den 10. Mai 1712. *BNF*.

21 Format ergänzt nach *Libis*.

Bando SO 26. März 1714

Lettre Pastorale, & Mandement de Son Eminence Monseigneur le Cardinal de Noailles Archevesque de Paris au sujet de la Constitution de Nôtre Saint Pere le Pape du 8. de Septembre 1713. A Paris 1714.

NOAILLES, LOUIS ANTOINE DE: Lettre Pastorale// Et Mandement// De Son Eminence// Monseigneur// Le Cardinal De Noailles// Archevesque De Paris.// Au sujet de la Constitution de Nôtre Saint Pere le Pape,// du 8. Septembre 1713. (Avec Privilege De Sa Majesté). - A Paris : Chez Jean Baptiste Coignard, Imprimeur ordinaire du Roy, & de son Eminence Monseigneur l'Archevêque [...], 1714 . - 8 S. ; 4°. *UBN*

Mandement de Monseigneur l'Archevêque de Tours. A Tours ce 15. Fevrier 1714.

YSORE D'HERVAULT, MATTHIEU: Mandement de monseigneur l'archevêque de Tours. Lettre à monseigneur l'archevêque de Tours. - [S.l.] : [S.n.], [15. Februar 1714] - 12°. *BNF*

Bando SO 2. Mai 1714

Lettre Pastorale, & Mandement de Monseignéur l'Eveque de Boulogne au sujet de la Constitution de Nôtre Saint Pere le Pape du 8. Septembre 1713. quod incipit: Pierre & c. Ce qui s'est passè &c.; & definit: Donnè à Boulogne le 12. Mars 1714.

LANGLE, PIERRE DE: Lettre pastorale et mandement de monseigneur l'evéque de Boulogne au sujet de la constitution de Nôtre Saint Pere la pape du 8. septembre 1713. - [S.l.] : [S.n.], [12. März 1714]. - 4 S. ; 4°. *CCFR*

Lettre Pastorale, & Mandement de Monseigneur l'Illustrissime, & Reverendissime Eveque Comte de Chaalons, Pair de France au sujet de la Constitution de Nôtre Saint Pere le Pape du 8. Septembre 1713 quod incipit: Gaston &c. L'interêt, que vous avez pris & desinit: Donnè à Chaalons &c. le quinzieme de Mars mil sept cent quatorze.

NOAILLES, GASTON JEAN BAPTISTE LOUIS DE: Lettre Pastorale Et Mandement De Monseigneur L'Illustr.me Et Reverend.me Eveque Comte De Chaalons, Pair De France, Au sujet de la Constitution de Nôtre Saint Pere le Pape : du 8. Septembre 1713. - [Chaalons] : [Seneuze], 1714. - 10 S. ; [4°]. *BVB*[22]

Lettre Pastorale, & Mandement de Monseignéur l'Evêque de Bayonne au sujet de la Constitution de Nôtre Saint Pere le Pape du 8. Septembre 1713. quod incipit: Andrè &c. Des incommoditez & definit: Donnè à Bayonne &c. ce 22. Mars 1714.

22 Format ergänzt nach *CCFR*. Datiert auf den 15. März 1714. *CCFR*.

DRUILLET, ANDRE: Lettre pastorale ou Mandement [de Monseigneur l'évêque de Bayonne,] au sujet de la constitution de N.S.P. le pape, du 8 septembre 1713. - [S.l.] : [S.n.], [1714]. - 4 S. ; 4°. *BNF*[23]

Bando SO 22. August 1714

Mandement, & Instruction Pastorale de Monseigneur l'Evêsque de Metz pour la Publication de la Constitution de N. S. P. le Pape du 8. Septembre 1713. A Metz, De l'Imprimerie de Brice Antoine Imprimeur du Roy, & de Mondit Seigneur, sous les Arcades de la Place d'Armes, au Signe de la Croix 1714.

DUCAMBOUT DE COISLIN, HENRI CHARLES: Mandement et instruction pastorale de monseigneur l'evesque de Metz, pour la publication de la constitution de N.S.P. le pape, du 8. Septembre 1713. - A Metz : de l'imprimerie de Brice Antoine [...], 1714. - 30, [2] S. ; 4°. *SBN*[24]

Bando SO 12. September 1714

Memoire sur la publication de la Bulle Unigenitus dans le Pais- Bas ou l'on expose le raisons qui doivent empecher de permettere cette publication. Avec le Lettre Pastorale de M. le Cardinal de Novaille 1714.

Memoire Sur La Publication De La Bulle Unigenitus, Dans Le Pais-Bas : Ou L'on expose les raisons qui doivent émpêcher de permettre cette publication. Avec La Lettre Pastorale de M. le Cardinal de Noailles, les Lettres de cette Eminence, & de MM. les Archevêque & Evêques qui lui sont unis, au Pape & au Roi, & la Protestation ou Opposition de M. Hulot Docteur de Sorbonne. - [S.l.] : [S.n.], 1714. - 45 S. ; 12°. *GBV*

Bando SO 12. Dezember 1714

Mandement de Monseigneur l'Evêque de Mirepoix aux Fideles de son Diocese. M.DCC.XIV. – qui incipit – Mes Chers Freres. Il n'est pas possible, &c. – & desinit – tout ce qui me reste de vie: in laudem gloriae gratiae suae – sine subscriptione, & sine loco impressionis, & nomine Impressoris.

LA BROUE, PIERRE DE: Mandement de Monseigneur l'Evêque de Mirepoix aux fidèles de son Diocèse. - [S.l.] : [S.n.], 1714. - 68 S. ; 12°. *CCFR*

Bando SO 3. Februar 1717[25]

Observationes in quinque Epistolas, quae circumferuntur nominem Universitatis Salmanticensis, ac praesertìm in quintam scriptae ad illos, à

23 Titel ergänzt nach *CCFR*. Datiert auf den 22. März 1714. *BNF*.
24 Datiert auf den 20. Juni 1714. *Abes*.
25 Vermutl. nicht veröffentlichter Probedruck.

quibus legitur prima subscripta 1716. sine loco impressionis, & nomine Impressoris.

[D.P.C.V.B.M.A.L. Licenciatus Theologus]: Observationes in quinque epistolas quae circumferuntur nomine Universitatis Salmanticensis ac preasertim in quintam scriptae ad illos à quibus legitur prima subscripta. - [S.l.] : [S.n.], 1716. - 32 S. ; 8°. *CCFR*[26]

Bando SO 17. Februar 1717

Lettre de M. Moulin Curè de Barils, Doyennè de l'Aigle, du Diocese d'Evreux ecrite à Monseigneur l'Evêque d'Evreux le 28. Decembre 1716. cum subscriptione Moulin sine loco impressionis, & nomine Impressoris.

Item: Lettre de M. Barbault Curè de Bouillant, Diocese de Senlis ecrite à Monseigneur l'Evêque de Senlis au mois de Novembre 1716. cum subscriptione Barbault sine loco impressionis, & nomine Impressoris.

Moulin, M. <Abbé >: Lettre de M. Moulin, curé des Barils, doyenné de l'Aigle, du diocèse d'Evreux, écrite à Monseigneur l'Evêque d'Evreux, le 28 décembre 1716. - [S.l.] : [S.n.], [S.a.]. - 11 S., [1] Bl. ; 12°. *CCFR.* Enth.: Barbault, [?]: Lettre de M. Barbault, curé de Bouillant, diocèse de Senlis, écrite à Monseigneur l'Evêque de Senlis, au mois de novembre 1716. *CCFR.*

Retractations du Chapitre de Nevers, & des Curez d'Evreux, de Nevers, & de Toulon, de la publication de la Bulle Unigenitus 1716. sine loco impressionis, & nomine Impressoris: in quo continentur Folia sequentia.

Rétractations du chapître de Nevers et des curez d'Evreux, de Nevers et de Toulon, de la publication de la Bulle Unigenitus. - [S.l.] : [S.n.], 1716. - 24 S. ; 12°. *CCFR.* Enth.: Barbault, [?]: Lettre de M. Barbault, curé de Bouillant, diocèse de Senlis, écrite à Monseigneur l'Evêque de Senlis, au mois de novembre 1716. *CCFR*

Copie de la Lettre de Messieurs les Curez de Saint Estienne, & de Sainte Foy de Conches presenteè à Monseigneur l'Evêque d'Evreux' le 24. Novembre 1716. cum subscriptione De Hovëtte-ville Curè de S. Estienne de Conches: Rignier Curè de Sainte Foy de Conches.

Lettre de M. M. les Curez de Saint-Etienne et de Sainte-Foi de Conches [abbé Regnier], écrite à Mgr. l'Evêque d'Evreux en date du 24 Novembre 1716 au sujet de la Constitution Unigenitus. - [S.l.] : [S.n.], 1716. - 4 S. ; 4°. *Abes*

Deliberation de Chàpitre de Nevers: quod incipit: Cejourdhui 13. Novembre plusieurs des Messieurs on representè au Chàpitre & definit qui demandent publiquement pardon à leurs Paroissiens, & à leurs Evêques d'avoir publiez la Constitution.

---

[26] Die Angabe zum Verf. geht aus der Unterschrift hervor. *CCFR.*

Deliberation du chapitre de Nevers du 23. novembre 1716 sur la constitution Unigenitus, confirmée le 27. - [S.l.] : [S.n.], [1716]. - [4°]. *COPAC*

Interrogatoires faits le 16. Octobre 1716. à M. Begue Curè de la Paroisse Saint Louis de Toulon par le Vicegerent à la Requete du Promoteur au sujet de la Retractation de la publication de la Constitution Unigenitus.

Das Werk wurde nicht ermittelt

Copie de la Lettre de Messieurs les Curez de Nevers à Monseigneur le Cardinal de Noailles cum subscriptione Iean Gilbert Curè de Saint Trohè, Docteur en Theologie: François Flamand Curè de S. Leon, Docteur en Theologie, & Syndic des Curez de Nevers: Claude Camuzet Curè de Saint Pierre: Charles de S. Divier, Curè de Saint Victor: François Vincent, Curè de Saint Etienne: Joseph Moutardier, Curè de Saint Lazare.

Das Werk wurde nicht ermittelt

Lettre de Monsieur de Bellaunay Archidiacre; & de M. L. Martin Chanoine Theologal de Seez ecrite à M. l'Evêque de Seez au mois de Nov. ou Dec. 1716. sur les dispositions de ce Diocese par rapport à la Constitution Unigenitus cum subscriptione De Bellaunay Archidiacre de Corbonois: L. Martin Chanoine Theologal sine loco impressionis, & nomine Impressoris.

BELLAUNAY, DE ; MARTIN, L.: Lettre de M. de Bellaunay, archidiacre, et de M. L. Martin, chanoine théologal de Seez, écrite à M. l'évêque de Seez, au mois de nov. ou déc. 1716. Sur les dispositions de ce diocèse par rapport à la constitution „Unigenitus". - [S.l.] : [S.n.], 1716. - 9 S. ; 12°. *CCFR*

Lettre ecrite à Monseigneur l'Archevêsque de Rouën par Messieurs les Curez d'Ennecourt-Leage: de Jammericourt: de Tourly: de Lattainville: de Notre Dame de Liencourt: de l'Aillerie: de Senot: de Serifontaine: de Flavacourt, Doyennè de Chaumont, Vicariat de Pontoise au sujet de la Constitution Unigenitus cum subscriptione Pierre Grivet Curè d'Ennecourt-Leage: Jean Biot, Curè de Jammericourt, Bachelier en Theologie de la Facultè de Paris: Nicolas Poupart, Curè de Tourly: Jean Charles Rosset, Curè de Lattainville: Jean Valèe, Curè de N.D. de Liencourt: Jean du Buse, Curè de l'Aillerie: Pierre Hamel, Curè de Senot: Jean-Baptiste Julien, Curè de Seri-fontaine: Jean Angot, Curè de Flavacourt, Maitre ès Arts de l'Universitè de Paris: Doyennè de Chaumont en Vexin Vicariat de Pontoise: sine datâ, sine loco impressionis, & nomine Impressoris.

B. [u.a.] [GRIVET, PIERRE ; BIOT, JEAN (u.a.)]: Lettre écrite à monseigneur l'archevêque de Rouen, par Messieurs les curés d'Ennecourt-Leage, de Jammericourt, de Tourly, de Lattainville, de Notre-Dame de Liencourt, de l'Aillerie, de Senot, de Serifontaine, de Flavacourt, doyenné de Chaumont, vicariat de Pontoise, au sujet de la Constitution „Unigenitus". - [S.l.] : [S.n.], [S.a.]. - [6 S.] ; 12°. *BNF*[27]

[27] Die erste Unterschrift lautet „B.". *BNF*. Umfangsangabe ergänzt nach *CCFR*.

Lettre de Six Curez de Senlis à Monseigneur l'Evêsque de Senlis quod incipit: Il faudroit etre insensible pour ne point prendre part aux troubles, que cause dans l'Eglise la Constitution & desinit Nous sommes avec un tres profond respect cum subscriptione Dorgon, Curè de Baron, & Doyen rural: Doutreleau, Curè de Daray: Coger, Curè de Borest: Harè, Curè de Bailly, & Doyen rural: Le Fevre, Curè de Versigny: Vignon, Curè de Droiselles sine datâ, sine loco impressionis, nomine Impressoris.

DORGON ; COGER [u.a.]: Lettre de six curez de Senlis, à Monseigneur l'évesque de Senlis. - [S.l.] : [S.n.], [ca. 1715-1716]. - 3 S. ; 12°. *CCFR*

Lettre de M. Bizault Pretre de l'Oratoire Curè de Fossey ecrite a Monseigneur l'Archevèque de Roüen le ... Octobre 1716. au sujet de la Constitution Unigenitus cum subscriptione Bizault Curè de Fossey sine loco impressionis, & nomine Impressoris.

BIZAULT, LE P.: Lettre de M. Bizault, prêtre de l'Oratoire, curé du Fossey, écrite à monseigneur l'archevêque de Rouen, le octobre 1716, au sujet de la constitution „Unigenitus". - [S.l.] : [S.n.], [S.a.]. - 4 S. ; 12°. *BNF*

Lettre ecrite a Monseigneur l'Evèque de Beauvais par M. de Cambronne Chanoine de Clermont quod incipit: Ayant appris dans le public & definit & un respectueux attachement cum subscriptione De Cambronne Chanoine de N. D. de Clermont en Beauvaisis le 5. Nov. 1716. sine loco impressionis, & nomine Impressoris.

CAMBRONNE, ABBÉ DE: Lettre écrite à monseigneur l'évêque de Beauvais / par M. de Cambronne, chanoine de Clermont. (5 novembre 1716.). - [S.l.] : [S.n.], [S.a.]. - 2 S. ; 12°. *BNF*

Lettre des Curez de Paris, & du Diocese a Son Eminence Monseigneur le Cardinal de Noailles le 15. Decembre 1716. quod incipit: Nous sommes trop interessez dans la Cause, que V. E. a la gloire de soutenir & definit Nous sommes avec le devoüement le plus respectueux, & le plus inviolable &c. sine subscriptione, sine loco impressionis, & nomine Impressoris.

Lettre des curez de Paris, et du diocese, a Son Eminence monseigneur le cardinal de Noailles. Le 15. decembre 1716. - [S.l.] : [S.n.], [1716]. - 8 S. ; 12°. *Abes*

Bando SO 18. August 1717

Arrest de la Cour de Parlement portant suppression d'un Libelle intitulè Memoire pour le Corps des Pasteurs, qui ont reçû la Constitution Unigenitus Du Samedy quatrieme jour [...][28]1716. A Paris chez la Veuve de Fraçois Muguet [...].

Arrest de la Cour du Parlement portant suppression d'un libelle intitulé : Mémoire pour le Corps des Pasteurs qui ont reçu la Constitution Unigenitus, du Samedy, 4e

28 Zeile unleserlich im Schnitt.

jour d'avril 1716. - [A Paris] : [chez la Vve de Fr. Muguet ; Hubert Muguet et L. Denis de la Tour], 1716. - 8 S. *CCFR*

Arrest de la Souveraine Cour de Parlement d'Aix, da vingt-unieme Avril mil-sept-cens-seize, au sujet du Recüeil des Ordonnances Synodales de M. l'Evêque de Marseille, publièes en son Synode le 18. Avril 1712. sur la copie imprimèe a Aix. A Paris de l'Imprimerie de J. B. Delespine &c. 1716.

Arrest de la souveraine Cour de Parlement d'Aix, du 21e avril 1716, au sujet du recueil des ordonnances synodales de M. l'évêque de Marseille, publiées en son synode le 18 avril 1712. - [Sur la copie impr. à Aix]. - [Paris] : [impr. de J. B. Delespine], 1716. - 8 S. ; 4°. *CCFR*

Arrest de la Cour de Parlement portant suppression d'un Libelle intitulè: Lettre d'un Evêque a un Evêque, & autres imprimez Du 11. May 1716. A Paris chez la Veuve de François Muguet &c. 1716.

Arrest de la cour de Parlement portant suppression d'un libelle intitulé: Lettre d'un évesque à un évesque, et autres imprimez. Du 11 may 1716. - [Paris] : [Vve de F. Muguet] : [H. Muguet], [1716]. - 12 S. ; 4°. *Abes*

Arrest de la Cour de Parlement, qui fait defenses a tous Archevêques, & Evêques d'introduire dans leurs Dioceses l'usage des souscriptions, & signatures sans deliberation des Evêques, revetüe de Lettres Patentes du Roy registrèes en la Cour. Du 28. May 1716. A Paris chez la Veuve de François Muguet &c. 1716.

Arrest de la cour de parlement qui fait défense à tous archevêques et évêques, d'introduire dans leurs diocèses l'usage des souscriptions et signatures, sans délibération des évesques, revestüe des Lettres patentes du roy, registrées en la cour. Du 28 may 1716. - Paris : Vve de F. Muguet, H. Muguet et D. L. de La Tour, 1716. - 12 S. ; 4°. *Abes*

Arrest de la Cour de Parlement de Dijon portant suppression d'un Mandement de l'Evêque de Châlons sur saône, pour la publication des Censures faites par la derniere Assemblèe de Clugè de France, contre les livres intitulez: Timoignage de la Veritè dans l'Eglise, & les Hexaples, ou six Colonnes sur la Constitution Unigenitus & defenses a tous Archevêques, & Evêques d'introduire dans leurs Dioceses l'usage des souscriptions, & signatures sans deliberation des Evêquer, revetüe de Lettres Patentes du Roy registrèes en la Cour: sur la copie imprimèe à Dijon. A Paris de l'Imprimerie de J. B. Delespine &c. 1716.

Arrest de la cour de parlement de Dijon, portant suppression d'un mandement de l'évêque de Châlons sur Saône, pour la publication des censures faites, par la dernière Assemblée du clergé de France, contre les livres intitulez: Témoignage de la vérité dans l'Eglise, et les Hexaples ou Six colonnes sur la Constitution Unigenitus [et défenses à tous Archevêques et Evêques d'introduire dans leurs Diocèses l'usage des souscriptions et signatures sans délibération des Evêques, revêtue des lettres patentes du Roy registrées en la Cour]. [13 juin 1716]. - Sur la copie imprimée à Dijon. - Paris : impr. de J. B. Delespine, 1716. - 8 S. ; 8°. *Abes*[29]

Arrest de la Souveraine Cour de Parlements [de Provence] du quinzieme Juin mil-sept-cens-seize dans la Grand-Chambre. A Aix chez la Veuve de C. David &c.

♦ Arrêt de la souveraine Cour de Parlement d'Aix, du 15 Juin 1716, dans la Grand-Chambre. Extrait des Registres de Parlement. - [Paris] : [imp. J.-B. Delespine], 1716. - [8 S.] ; 4°. *CCFR*[30]

Arrest de la Souveraine Cour de Parlement d'Aix du diz-septieme Juin mil-sept-cens-seize dans la Grand-Chambre. Sur la copie imprimèe a Aix. A Paris de l'Imprimerie de J. B. Delespine &c. 1716.

Arrest de la souveraine Cour de parlement d'Aix, du 17 juin 1716. - [Sur la copie imprimée à Aix]. - [A Paris] : [J.-B. Delespine], 1716. - 8 S. ; 4°. *CCFR*[31]

Arrest de la Cour du Parlement de Flandres portant suppression d'une These saîtencië dans le Convent des Recolets de la dite Ville, au sujet de la Constitution Unigenitus Du Mercredy 22. Juillet 1716. Suivant la copie imprimèe a Douay, avec permission. A Paris chez François Joüenne &c. 1716.

Arrest de la Cour de parlement de Flandres, portant suppression d'une thèse soutenue dans le couvent des Recolets de ladite ville [de Douay], au sujet de la constitution Unigenitus. [Du 22 juillet 1716.] - [Suivant la copie imprimée à Douay]. - [A Paris] : [Fr. Jouenne], 1716. - 7 S. ; 4°. *CCFR*

Arrest de la Cour de Parlement de Bretagne: qui defend d'imprimer, ou debiter aucun Livret, ou Libelle sans approbbtion, & permission; qui maintient la Facultè de Theologie de l'Universitè de Nantes dans tous ses droits, & privileges; qui fait defenses aux Evêques de ce Ressort d'introduire l'usage des souscriptions, & signatures sans une deliberation precedente du Clergè autorizèe de Lettres Patentes du Roy enregistrèes en la Cur; & à toutes personnes de s'attaquer, ou provoquer en public, & en particulier par des termes odieux de Novateurs, Heretiques, Excommuniez, ou autres Noms de party, le treizieme No2embre mil-sept-cens-seize. Sur la copie imprimèe a Rennes. De l'Imprimerie de Jean-Baptiste Delespine &c. 1716.

Arrest de la cour de parlement de Bretagne qui défend d'imprimer ou débiter aucun livret ou libelle sans approbation et permission [...] qui fait défenses aux évêques de ce ressort d'introduire l'usage des souscriptions et signatures sans une délibération précédente du clergé autorisée de lettres patentes du roy enregistrées en la cour [...].

29 Titel ergänzt nach *CCFR.*

30 Es handelt sich um die Verurteilung des Hirtenbriefes des Bischofs von Apt, vom 1. Mai 1716, und des Hirtenbriefs des Bischofs von Grasse, vom 14. Mai 1716, die die Bulle Unigenitus betreffen. *CCFR.*

31 Es handelt sich um die Verurteilung des Briefes eines Verwaltungsbeamten an M. Joly de Fleury. *CCFR.*

[13 novembre 1716]. - [Sur la copie imprimée à Rennes]. - [Paris] : [impr. de J. B. Delespine], [1716]. - 8 S. ; 4°. *Abes*

Arrest de Cour de Parlement, qui renouvelle les defenses de recevoir, publier, ou executer, imprimer, vendre, ou distribuer aucunes Bulles, ou Crefs de Cour de Rome sans Lettres Patentes du Roy, registrèes en la dite Cour. Du Mercredy 16. Decembre 1716. A Paris chez la Veuve de François Muguet &c. 1716.

Arrest de la Cour de Parlement, qui renouvelle les défenses de recevoir, publier ou exécuter, imprimer, vendre ou distribuer aucunes bulles ou brefs de cour de Rome, sans lettres patentes du roy, registrées en ladite cour. Du mercredy 16 décembre 1716. - [Paris] : [veuve Fr. Muguet], 1716. - 7 S. ; 4°. *CCFR*

Arrest de la Cour de Parlement de Normandie, qui fait defenses de recevoir, publier, ou executer, imprimer, vendre, ou distribuer aucunes Bulles, ou Crefs de Cour de Rome sans Lettres Patentes du Roy, registrèes en la dite Cour. Du Mardy vingt-deux Decembre 1716. Sur la copie imprimèe a Rovën. De l'Imprimerie de Jean-Baptiste Delespine &c. 1717.

Arrest de la cour de parlement de Normandie qui fait défenses de recevoir, publier ou exécuter [...] aucunes bulles ou brefs de la cour de Rome, sans lettres patentes du roy, registrées en ladite cour. Du [...] 22 décembre 1716. - [Sur la copie imprimée à Roüen]. - [Paris] : [impr. de J. B. Delespine], [1717] - 4 S. ; 4°. *Abes*

Arrest de la Cour de Parlement [de Dovay] qui renouvelle les defenses de recevoir, publier, ou executer, imprimer, vendre, ou distribuer aucunes Bulles, ou Brefs de Cour de Rome sans Lettres Patentes du Roy, registrèes en la dite Cour. Du Jeudy 24. Decembre 1716. A Dovay de l'Imprimeire de Jean Jacques. A Taverne &c. 1716.

Arrest de la Cour de Parlement qui renouvelle les défenses de recevoir publier ou exécuter, imprimer vendre ou distribuer aucunes bulles ou brefs de Cour de Rome sans lettres patentes du roy registrées en ladite Cour, du Jeudi 24 décembre 1716. - [Douay] : [J. J. Taverne], 1716. - 3 S. ; 4°. *CCFR*

Arrest de la Cour de Parlement de Bretagne, qui fait defenses de recevoir, faire lire, publier, ou executer, imprimer, vendre, ou distribuer aucunes Bulles, ou Brefs de Cour de Rome, sans Lettres Patentes du Roy, registrèes en la dite Cour, ce Jourdhuy 24. Decembre 1716. Sur la copie imprimèe a Rennes. De l'Imprimerie de Jean-Baptiste Delespine etc. 1716.

Arrest de la cour de parlement de Bretagne qui fait défenses de recevoir, faire lire, publier ou exécuter, [...] aucunes bulles ou brefs de la cour de Rome, sans lettres patentes du roy, régistrées en ladite cour. [...] 24 décembre 1716. - [Sur la copie imprimée à Rennes]. - [Paris] : [impr. de J. B. Delespine], [1716]. - 4 S. ; 4°. *Abes*

Arrest de la Cour de Parlement de Dijon, qui fait defenses de recevoir, publier, ou executer aucunes Bulles, Brefs, ou autres expeditions emanèes de la Cour de Rome, sans Lettres Patentes du Roy, registrèes en la dite Cour. Du Lundy

vingt-huit Decembre 1716. Sur la copie imprimèe a Dijon. De l'Imprimeire de Jean.Baptiste Delespine &c. 1717.

Arrest de la cour de parlement de Dijon qui fait défenses de recevoir, publier ou exécuter [...] aucunes bulles ou brefs ou autres expéditions émanées de la cour de Rome, sans lettres patentes du roy registrées en ladite cour. Du [...] 28 décembre 1716. - [Sur la copie imprimée à Dijon]. - [Paris] : [impr. de J. B. Delespine], [1717]. - 4 S. ; 4°. *Abes*

Arrest de la Cour de Parlement de Toulouse, qui fait defenses de recevoir, faire lire, publier, & executer aucunes Decrets emanez de la Cour de Rome, ensemble a tous Libraires, ou imprimeurs, colporteurs, & autres de les imprimer, vendre, & debiter, qu'apres qu'ils auront atè revètres de Lettres Patentes du Roy registrèes en la Cour. Du 30. Decembre 1716. Sur la copie imprimèe a Toulouse. De l'Imprimerie de Jean-Baptiste Delespine &c. 1717.

Arrest de la cour du Parlement de Toulouse qui fait défenses de recevoir, faire lire, publier et exécuter aucuns Decrets émanez de la Cour de Rome, ensemble à tous libraires ou imprimeurs, [...] de les imprimer, vendre et débiter, qu'après qu'ils auront été revêtus de Lettres patentes du roy registrées en la cour. Du 30. décembre 1716. - [Sur la copie imprimée à Toulouse]. - [Paris] : [impr. de J. B. Delespine], [1717]. - 4 S. ; 4°. *Abes*

Arrest de la Cour de Parlement de Provencc portant defenses a tous Archevêques, & Evêques, leurs Vicaires Generaux, & Officiaux, ensemble sux Recteurs, & Premissiers des Universitez, ou autres Oommunautez Ecclesiastiques de faire lire, publier, ni executer aucunes Bulles, ou Brefs, ni autres Expeditions emanèes en Cour de Rome, sans Lettres Patentes du Roy, en registrès en Parlement. Du 7. Janvier 1717. Sur la copie imprimèe a Aix. de l'Imprimerie de Jean-Baptiste Delespine &c. 1717.

Arrest de la Cour du Parlement de Provence portant défenses à tous Archevêques et Evêques, leurs Vicaires Généraux et Officiaux, ensemble aux Recteurs et Prémisses des Universitez ou autres communautez ecclésiastiques, de faire lire, publier ni exécuter aucunes Bulles ou Brefs ni autres Expéditions émanées en Cour de Rome, sans lettres patentes du Roy enregistrées au Parlement. Du 7 janvier 1717. - [Paris] : [J. B. Delespine], 1717. - 4 S. *CCFR*

Arrest du Conseil Souverain d'Alsace, qui fait defenses sur les Conclusions de Monsieur le Procureur General du Roy de recevoir, publier, ou executer, imprimer, vendre, ou distribuer aucunes Bulles, ou Brefs de Cour de Rome, sans Lettres Patentes du Roy, registrèes au dit Conseil. Du 14. Janvier 1717. A Colmar chez Jean Henry Decker &c.

Das Werk wurde nicht ermittelt

Arrest de la Cour du Parlement de Metz en faveur de Me. Pince Proüillet Prêtre, Curè, & Doyen de Mouzon, Apellant comme d'abus de la Procedure extraordinairement instruite, Decret prise de Corps, & suspense des Fonctions de ses Ordres decernè contre lui par l'Official de Reims le seizieme Novembre

1716. au sujet de la Constitution Unigenitus 28. Juin 1717. A Metz chez Brice Antoine &c. 1717.

Arrest de la cour du Parlement de Metz en faveur de Me Ponce Drouïllet, prêtre, curé et doyen de Mouzon, appellant comme d'abus de la procédure [...] instruite, décret de prise de corps et suspense des fonctions de ses ordres, décerné contre luy par l'official de Reims, le seizième novembre 1716, au sujet de la Constitution Unigenitus. Du 28 juin 1717. - [Metz] : [B. Antoine], [1717]. - 7 S. ; 4°. *Abes*

Bando SO 16. Februar 1718

Instrumentum appellationis interjectae die primâ Martii 1717. ab Illustrissimis, & Reverendissimis Episcopis Mirapicensi, Senecensi, Montis-Pessulani, & Boloniensi ad futurum Concilium Generale à Constitutione Sanctissimi Domini Nostri Domini Clementis Papae XI. datâ Romae Anno MDCCXIII. Sexto Idus Septembris, necnon ab omnibus indè secutis, aut secuturis, & à gravaminibus occasione eiusdem Constitutionis a Sanctissimo Domino Nostro Domino Clemente Papâ XI. suâ, vel cuiusuis authoritate illatis, vel inferendis, seù adversùs dictos Episcopos, seù adversùs ipsis adhaerentes, subjunctis conclusionibus, quibus dictae Appellationi adhaeserunt, Sacra Facultas Theolog. Parisiensis, in Comitiis Generalibus die quintâ habitis, coram praefatis Illustrissimis, & Reverendissimis Episcopis, Sacra Facultas Theolog. Remensis die octavâ, & Sacra Facultas Theolog. Nannetensis die decimâ eiusdem mensis. Gallicè verò Titulus est: Acte d'Appel interjettè le primier Mars 1717. Par les Illustrissimes, & Reverendissimes Evèques de Mirepoix, de Senez, de Montpellier, & de Boulognè au futur Concile General de la Constitution de Notre Saint Pere le Pape Clement. XI. du 8. Septembre 1713., Ensemble de tout ce qui s'en est ensuivi, ou s'ensuiura; comme aussi des Griefs portez, ou à porter à l'occasion de cette Constitution soit de l'Autoritè de Notre Saint Pere le Pape Clement XI., ou de quelle qu'autre autoritè que ce soit, contre les dits Evèques, ou ceux qui leur adherent, ou qui leur adhereront. On y ioint la Conclusion par la quelle la Facultè de Theologie de Paris a adherè à cet Appel, en presence des dits Illustrissimes, & Reverendissimes Evèques, dans son Assemblee Generale du 5. du mème mois, celle de la Faculté de Theologie de Reims du 8., & celle de la Facultè de Theologie de Nantes du 10. du mème mois. Sine loco impressionis, & nomine Impressoris, utì continentem Propositiones falsas, seditiosas, scandalosas, temerarias, Summo Pontifici contumeliosas, schismaticas, ac insupèr haereticas.

La Broue, Pierre de ; Soanen, Jean [u.a.]: Instrumentum appellationis interjectae, die prima martii 1717 [...] Acte d'appel interjeté, le 1er mars 1717, par nosseigneurs les illustrissimes et révérendissimes évêques de Mirepoix, de Senez, de Montpellier, et de Boulogne, au futur concile général de la constitution de N.S.-P. le pape Clément XI, du 8 septembre 1713, ensemble de tout ce qui s'en est suivi ou s'ensuivra, comme aussi des griefs portés ou à porter à l'occasion de cette constitution, soit de l'autorité de N. T.-S.-P. le pape Clément XI, ou de quelque autre autorité que ce soit, contre lesdits évêques ou ceux qui leur adhèrent ou qui leur adhéreront. On y joint la conclusion par laquelle la Faculté de théologie de Paris a adhéré à cet appel, en présence desdits illustrissimes et révérendissimes évêques, dans son assemblée générale du 5 du même mois : celle de la Faculté de théologie de Reims du 8, et celle de la Faculté de théologie de Nantes des 10 et 11 du même mois. - [S.l.] : [S.n.], [S.a.]. - 12°. *BNF*

Acte d'Appelle de Son Eminence Monseigneur le Cardinal de Noailles Archevèque de Paris du 3. Avril 1717. au Pape mieux conseillè, & au futur Concile General de la Constitution de Notre Saint Pere le Pape Clement XI. du 8. Septembre 1713. qui incipit: Attachez à la Chajere de Saint Pierre &c. & definit qui y ont tous adherè.

Noailles, Louis Antoine de: Acte d'appel se Son Eminence monseigneur le cardinal de Noailles, archevêque de Paris. Du 3. avril 1717. Au pape mieux conseillé, & au futur concile général, de la constitution de Notre Saint Pere le pape Clément XI. du 8. septembre 1713.- [S.l.] : [S.n.], [1717]. - 8 S. ; 4°. *Abes*

Bando SO 3. August 1719

Premier Instructione Pastorale de Son Eminence Monseigneur le Cardinal de Noailles Archevesque de Paris au Clerge Seculier, e Regulier de Son Diecese sour la Costitution Unigenitus.

Noailles, Louis Antoine de: Premiere instruction pastorale de son eminence monseigneur le cardinal de Noailles archeveque de Paris, au clerge seculier & regulier de son diocese, sur la Constitution Unigenitus. - A Paris : chez Jean-Baptiste Delespine, imprimeur-libraire ordinaire du roy, & de son eminence monseigneur le cardinal de Noailles archeveque de Paris [...], 1719. - 40, 195, [1] S. ; 4°. *SBN*[32]

Bando SO 8. Januar 1722

Epistola Illustrissimorum, ac Reverendissimorum Ecclesiae Principum, Francisci Caillebot de la Salle, olìm Episcopi Tornacensis, Ioannis Baptistae de Verthamont Episcopi Apamiensis, Ioannis Soanen. Episcopi Senecensis, Caroli Ioachim Colbert de Croissy Episcopi Montis-pessulani, Petri de Langle Episcopi Boloniensis, Caroli de Caylus Episcopi Antissiodorensis, & Michaelis Cassagnet de Tilladet Episcopi Matisconensis, ad Sanctissimum Dominum Nostrum INNOCENTIUM PAPAM XIII. occasione Constitutionis UNIGENTUS datae Romae anno Domini millesimo septingentesimo decimo tertio, sexto Idus Septembris – 1721. – sinè loco impressionis, & nomine Impressoris.

Caillebot de la Salle, François ; Verthamon, Jean-Baptiste de [u.a.]: Epistola illustrissimorum ac reverendissimorum Ecclesiae principum, Francisci Caillebot de La Salle, olim episcopi tornacensis ; Joannis-Baptistae de Verthamont,

[32] Datiert auf den 14. Januar 1719. *BNF*.

episcopi apamiensis ; Joannis Soanen, episcopi senecensis ; Caroli-Joachim Colbert de Croissy, episcopi montispessulani ; Petri de Langle, episcopi boloniensis ; Caroli de Caylus, episcopi autissiodorensis ; et Michaelis Cassagnet de Tilladet, episcopi matisconensis, ad sanctissimum D. D. Innocentium, papam XIII, occasione constitutionis Unigenitus, datae Romae, anno Domini millesimo septingentesimo decimo tertio sexto, idus septembris. - [S.l.] : [S.n.], 1721. - 91, [1] S. ; 4°. *CCFR*[33]

Bando SO 29. Juli 1722

Du Refus de Signer le Formulaire pour servir de response à un ecrit, qui à pour titre: Second preservatif 1709. Sinè nomine Authoris, & Impressoris, & loco impressionis.[34]

Anonym [PETITPIED, NICOLAS]: Du refus de signer le formulaire. Pour servir de reponse à un ecrit qui a pour titre : Second preservatif. - [S.l.] : [S.n.], 1709. - X, [6] S., S. 3-481, [31] S. ; 12°. *BNF*[35]

Denunciation à Monseigneur le Procureur General du Parlement de Dyon d'un Libelle intitulè Lettre de M. l'Eveque de Challon Sur Saone, pour servir de reponse acelle, que M. de Cruge lui avoit ecrite au Suiet de Son Mandement sur le Livre des Hexaples &c. quae incipit: Monseigneur, quoique ie ne croye pas Et definit les imprimeurs, & distributeurs sinè nomine Authoris, & Impressoris, & loco impressionis.[36]

Anonym: Denonciation a Monseigneur le procureur general du Parlement de Dijon d'un libelle intitule, Lettre de M. l'eveque de Challon sur Saone, pour servir de reponse a celle que M. de Cruge lui avoit ecrite au sujet de son mandement sur le livre des Hexaples, [...]. - [S.l.] : [S.n.], [1716]. - 12 S. ; 4°. *SBN*[37]

La Fallibilitè des Papes dans le Decisions dogmatique demonstrèe par toute la tradition d'où il resulte, qu'on n'est point obligè de recevoir aveuglement la Constitution Unigenitus ni aucoune autre decision des Sovrains Pontifes. Avec de Remarque sur une lettre au Pape de M. l'Archeveque de Malines, & des autres Eveques du Pais bas. Tome premier 1720, & Tome second 1720. Sinè nomine Authoris, & Impressoris, & sine loco impressionis.

Anonym [HOFFREUMONT, SERVAIS]: La faillibilité des papes dans les decisions dogmatiques demontrée par toute la tradition. D'ou il resulte qu'on n'est point obligé de recevoir aveuglément la constitution Unigenitus, ni aucune autre décision des souverains pontifes. Avec des remarques sur une lettre au pape de M.

---

33 Verf. nach *UU* und *BNF*: Laurent François Boursier.

34 Ein Bando SO 18. August 1717 mit Verbot dieses Werks wurde ebenfalls aufgefunden. Vermutl. nicht veröffentlichter Probedruck.

35 Kopft.: Du refus de signer le formulaire ou Suite des reflexions sur un ecrit qui a pour titre Second preservatif, ou Réponse à un libelle intitulé : Seconde lettre à une dame sur l'excommunication injuste, par un docteur en theologie. *BNF*.

36 Ein Bando SO 18. August 1717 mit Verbot dieses Werks wurde ebenfalls aufgefunden. Vermutl. nicht veröffentlichter Probedruck.

37 Kopft. *SBN*.

l'archevêque de Malines & des autres evêques du Païs-Bas. (Avec approbation). - [S.l.] : [S.n.], 1720. - 2 vol. ; [8°?]. *CCFR*

Nouveau memoire sur les Appels de Iugemens Ecclesiastique 1717. Sinè loco impressionis, & nomine Impressoris.

Anonym [PETITPIED, NICOLAS?]: Nouveau memoire sur les appels des jugemens ecclesiastiques, où l'on examine : I. La justice & la force des appels aux conciles en general, & en particulier de celui qui a été interjetté de la constitution Unigenitus par les quatre evêques, ausquels se sont joints plusieurs autres prélats, facultez, chapitres, curez, communautez, ecclesiastiques, &c. II. La necessité d'adherer à cet appel, pour rétablir la paix, la tranquillité dans l'Eglise & dans le royaume. - [S.l.] : [S.n.], 1717. - [16], 279, [1] S. ; 12°. *CCFR*

Opusculum contrà Librum Authoris Anonymi intitulatum Praedicatoris Ordinis Fides, & Religio vindicata; Editum sub patrocinio S. Ioseph Deiparae Virginis castissimi Sponsi. Authore Fr. Sebastiano Knippenbergh Ordinis Praedicatorum Sac. Theologiae Doctore, & Inquisitore Coloniensi Coloniae apùd Sebastianam Ketteler Biblip: propè S. Paulum sub signo Gall. Anno 1721. Permissu Superiorum, & approbatione.

KNIPPENBERG, SEBASTIAN: Opusculum Contra Librum Authoris Anonymi, intitulatum Praedicatorii Ordinis, Fides Et Religio Vindicata. Editum sub patrocinio S. Josephi Deiparae Virginis Castissimi Sponsi / Authore Fr. Sebastiano Knippenbergh, Ordinis Praedicatorum Ss. Theologiae Doctore & Inquisitore Coloniensi. - Coloniae : Ketteler, 1721. - 111 S. ; [8°]. *HBZ*[38]

Observationes in quinque Epistolas, quae circumferuntur nomine Universitatis Salmaticensis, ac praesertim in quintam, scriptae ad illos, à quibus legitur prima subscripta 1716. Sinè loco impressionis, & nomine Impressoris.[39]

[D.P.C.V.B.M.A.L. LICENCIATUS THEOLOGUS]: Observationes in quinque epistolas quae circumferuntur nomine Universitatis Salmanticensis ac preasertim in quintam scriptae ad illos à quibus legitur prima subscripta. - [S.l.] : [S.n.], 1716. - 32 S. ; 8°. *CCFR*

Bando SO 1. Juli 1723

Dell' Istoria Civile del Regno di Napoli libri XI. scritti da Pietro Giannone Giureconsulto, ed Avvocato Napoletano: In Napoli 1723. Per lo Stampatore Nicolò Naso.[40]

GIANNONE, PIETRO: Dell'//Istoria// Civile// Del// Regno Di Napoli// Libri XL. / Scritti// Da Pietro Giannone// Giureconsulto, ed Avvocato Napoletano. [...]. - In Napoli : Per lo Stampatore Niccolo Naso, 1723. - 4 vol. ; 4°. *BNP*

---

[38] Format ergänzt nach *BNE*.

[39] Vgl. Bando SO 3. Februar 1717.

[40] Vgl. ACDF SO St.St. N-5-e,-f; ACDF, SO St.St. N-5-a,-b,-c,-d; und ACDF SO St.St. N-5-g,-h,-i,-l,-m,-n. Vgl. ACDF SO Tit.Libr. 1746-1758, Nr. 56 und 1759-1783, Nr. 10.

Bando SO 14. Juli 1723

Lettre de Monseigneur l'Evèque d'Auxerre à Monseigneur l'Evèque des Soissons à l'occasion de ce que ce Prelat dit de lui dans sa primiere lettre à Monseigneur l'Eveque de Boulogne: 1722.

CAYLUS, DANIEL-CHARLES-GABRIEL DE TUBIERES DE: Lettre de monseigneur l'évêque d'Auxerre a monseigneur l'évêque de Soissons, a l'occasion de ce que ce prélat dit de lui dans sa premiere lettre à monseigneur l'évêque de Boulogne. - [S.l.] : [S.n.], 1722. - 38, [1] S. ; 4°. *Abes*[41]

Ordonnance, & Instruction Pastorale de Monseigneur l'Evèque, & Comte de Rodez, pour la condamnation du Traitè des Actes Humains, dictè au College de Rodez par le P. Cabrespine Iesuite l'an 1722. A Rodez Chez N. le Roux Imprimeur du Roy, & de Monseigneur l'Evèque, & Comte de Rodez.

LA VOVE DE TOUROUVRE, JEAN-ARMAND DE: Ordonnance// Et// Instruction Pastorale// De Monseigneur L'Evêque// Et Comte De Rodez,// Pour// La Condamnation Du Traitè// des Actes Humains dicté au College de Rodez par// le P. Cabrespine Jesuite l'an 1721.- A Rodez : chez N. Le Roux, Imprimeur du Roy & de Monseigneur// l'Evêque & Comte de Rodez, [1722]. 32 S. ; 4°. *UBN*[42]

Mandement de Son Altesse Monseigneur Francois Armand. de Lorraine Evèque de Bayeux contenant le iugement, qù il à portè sur differentes Propositions, qui lui on etè denoncèe. A Paris Chez Baptiste Delespine : 1722.

LORRAINE, FRANÇOIS ARMAND DE: Mandement// De Son Altesse// Monseigneur// François-Armand// De Lorraine,// Evesque de Bayeux,// Contenant le jugement qu'il a porté sur dif-//ferentes Propositions qui lui ont été dénoncées. (Avec Privilege Du Roy). - A Paris : chez Jean-Baptiste Delespine, Imprimeur Libraire// ordinaire du Roy, du Clergé de France, & de Son// Eminence Monseigneur le Cardinal de Noailles Arche-//vêque de Paris [...], 1722. - 6, 114 S. ; 4°. *UBN*[43]

Bando SO 23. September 1723

Lettre de MM. Les Illustrissimes, & Reverendissimes François Caillebot, ancien Evêque de Tournay, Jean Baptiste de Verthamont, Evêque de Pamiers, Jean Soanen Evêque de Senez, Charles Joachim Colbert de Croissy, Evêque de Montepellier, Pierre de Langle, Evêque de Boulogne, Charles de Caylus, Evêque d'Auxerre, & Michel Cassagnet de Tilladet, Evêque de Macon au Roy, au sujet de l'Arrêt du Conseil d'Etat de sa Majestè du 19. Avril 1722. contre la Lettre des susdits Prelats à N. S. P. le Pape INNOCENT XIII. au sujet de la Bulle Unigenitus 1722.

---

41 Datiert auf den 13. November 1721. *Abes.*

42 Datiert auf den 15. März 1722. *CCFR.*

43 Format ergänzt nach *CCFR.* Datiert auf den 25. Januar 1722, veröffentlicht am 15. April 1722. *BNP.*

CAILLEBOT DE LA SALLE, FRANÇOIS ; VERTHAMON, JEAN-BAPTISTE DE [u.a.]: Lettre de MM. les illustrissimes et révérendissimes François Caillebot, ancien évêque de Tournay; Jean-Baptiste de Verthamont, évêque de Pamiers; Jean Soanen, évêque de Senez; Charles Joachim Colbert de Croissy, évêque de Montpellier Pierre de Langle, évêque de Boulogne; Charles de Caylus, évêque d'Auxerre; et Michel Cassagnet de Tilladet, évêque de Mâcon, au Roy, au sujet de l'arrêt du conseil d'état de Sa Majesté du 19 avril 1722, contre la lettre des susdits prélats à N.S.P. le Pape Innocent XIII. au sujet de la Bulle Unigenitus. - [S.l.] : [S.n.], 1722. - 48 S. ; 4°. *CCFR*[44]

Bando SO 13. Februar 1725

Lettre de M. M. les Illustrissimes, & Reverendissimes Jean Baptiste de Verthamont Evêque de Pamiers; Jean Soanen Evêque de Senez; Charles-Joachim Colbert de Croissy Evêque de Montpellier; Pierre de Langle Evêque de Boulogne, Charles de Caylus Evêque d'Auxerre; & Michel Cassagnet de Tilladet Evêque de Macon. Au Roy, par la quelle ills supplient sa Majestè de se faire rendre compte de leur response al l'Instruction Pastorale de M. le Cardinal des Bissy au sujet de la Bulle Unigenitus. 1723. sinè loco impressionis, & nomine Impressoris.

VERTHAMON, JEAN-BAPTISTE DE ; SOANEN, JEAN [u.a.]: Lettre de MM. les illustrissimes et reverendissimes Jean-Baptiste de Verthamont, évêque de Pamiers, Jean Soanen, évêque de Senez, Charles-Joachim Colbert de Croissy, évêque de Montpellier; Pierre de Langle, évêque de Boulogne, [Charles de Caylus, evêque d'Auxerre et Michel Cassagnet de Tilladet, evêque de Mâcon] au roy, par laquelle ils supplient sa majesté de se faire rendre compte de leur réponse à l'Instruction pastorale de M. le cardinal de Bissy au sujet de la Bulle Unigenitus. - [S.l.] : [S.n.], 1723. - [3] S. ; 4°. *CCFR*[45]

Le tres humbles remonstrances de M. l'Evêque de Montpellier au Roy, au sujet de l'Arret de Conseil d'Etat de sa Majestè du 11. Mars 1723., signifiè le 27. du meme mois, publiè, & affichè le 26. Fevrier de la presente annèe 1724. sinè loco impressionis, & nomine Impressoris.

COLBERT DE CROISSY, CHARLES JOACHIM: Les Très humbles Remontrances de M. l'Evesque de Montpellier au Roy, au sujet de l'Arrêt du Conseil d'Etat de sa Majesté, du 11 mars 1723, signifié le 27 du même mois, publié et affiché le 26 février de la présente année 1724. - [S.l.] : [S.n.], [ca 1724]. - 64 S. ; 4°. *CCFR*[46]

Lettre Pastorale de M. l'Evêque de Montpellier au Clergè de son Diocese, au sujet de Iroubles excites dans son Diocese; e de quelques libelles repandus dans le public à l'occasion de la signature de Formulaire. 1724. sinè loco impressionis, & nomine Impressoris.

---

44 Datiert auf den Juli 1722. *CCFR*.
45 Titelergänzung nach *BAV*. Datiert auf Februar 1723. *CCFR*.
46 Datiert auf den 2. Mai 1724. *CCFR*.

COLBERT DE CROISSY, CHARLES JOACHIM: Lettre pastorale de M. l'Evesque de Montpellier, au clergé de son diocèse, au sujet des troubles excités dans son diocèse, et de quelques libelles répandus dans le public, à l'occasion de la signature du Formulaire. - [S.l.] : [S.n.], 1714. - 69 S. ; 4°. *CCFR*[47]

Lettre de M. Duguet à Monseigneur l'Evêque de Montpellier au sujet de ses Remonstrances au Roy. 25. Iuillet 1724. sinè loco impressionis, & nomine Impressoris.

DUGUET, JACQUES JOSEPH: Lettre// De M. Duguet,// A Monseigneur// L'Evesque De Montpellier,// Au sujet de ses Remontrances au Roy. - [S.l.] : [S.n.], [1724]. - 12 S. ; 4°. *UBN*[48]

Ordonnance, & Instruction de son Altesse Monseigneur de Lorraine Evêque de Bayeux 1724. sinè loco impressionis, & nomine Impressoris.

LORRAINE, FRANÇOIS ARMAND DE: Ordonnance et instruction pastorale de Son Altesse Monseigneur de Lorraine, evêque de Bayeux, portant condamnation de deux libelles, intitulez l'un, Instruction en forme de catéchisme au sujet de la Constitution Unigenitus ; l'autre, Instruction théologique pour servir de réponse d'un libellé intitulé, Entretien familier au sujet de la Constitution Unigenitus, que les Jansénistes ont répandu depuis peu dans la ville de Doüai. - [S.l.] : [S.n.], 1724. - 13 S. ; 4°. *CCFR*[49]

Bando SO 13. Februar 1725

Libellum Gallico idiomate editum sine loco, & anno impressionis, & nomine Impressoris, cui Titulus: Neuvieme Discours de M. l'Abbè Fleury sur les libertez de l'Eglise Gallicane nempè tam discursum, quàm notas discursui appositas.

♦ FLEURY, CLAUDE: Neuvième discours de M. l'abbé Fleury, sur les libertés de l'Église gallicane. - [S.l.] : [S.n], [S.a.]. - IV-93 S. ; 12°. - *BNF*

Bando CIndex 23. September 1726 [nach Dekret SO 12. Mai 1711][50]

Risposta alla Lettera Apologetica in difesa della Teologia Scolastica di Benedetto Aletino. Opera, nella quale si dimostra esser quanto necessaria, ed utile la Teologia Dogmatica, e Metodica, tanto inutile, e vana la volgare Teologia Scolastica. Con licenza de Superiori in Colonia 1699.

Anonym [GRIMALDI, COSTANTINO]: Risposta alla lettera apologetica in difesa della teologia scolastica di Benedetto Aletino : Opera nella quale si dimostra esser quanto

47 Datiert „Du jour de la Pentecôte 1724". *CCFR*.
48 Kopft. *UBN*. Format ergänzt nach *CCFR*. Datiert auf den 25. Juli 1724. *CCFR*.
49 Datiert auf den 17. Juli 1724. *CCFR*.
50 Vermutet aufgrund des Dekrets SO 12. Mai 1711 zu den in ACDF SO CL 1711-1714, Nr. 3 verhandelten und verbotenen Werken.

necessaria ed utile la teologia dogmatica e metodica; tanto inutile, e vana la volgar teologia scolastica. Laonde si avvertono le ottime regole per potersi perfettamente teologare. - In Colonia [i.e. Ginevra] : appresso Sebastiano Hecht [Samuel de Tournes], 1699. - [20], 236 S. ; 8°. *SBN*[51]

Bando SO 17. September 1727

Relation de ce qui s'est passè tant a Rome, que de la part de M. le Cardinal de Noailles sur l'affaire de la Constitution depuis l'exaltation de N. S. Pere le Pape Benoît XIII. A Paris le 16. Septembre 1726. Sine nomine Impressoris.

Anonym: Relation de ce qui s'est passé, tant à Rome que de la part de M. le Cardinal de Noailles, sur l'affaire de la Constitution, depuis l'exaltation de N.S.P. le pape Benoist XIII. (Paris, le 16. septembre 1726). - [S.l.]: [S.n.], [1726]. - 15 S., [1] Bl. ; 4°. *Abes*

Bando SO 22. August 1731

La vie de M. Paris Diacre. À Bruxelles Chez Foppens àl enseigne du Saint Esprit 1731.

Anonym [BOYER, PIERRE]: La vie de monsieur de Paris, diacre. - Bruxelles [i.e. Paris] : Chez Foppens, à l'enseigne du Saint Esprit, 1721 [i.e. 1731]. - [2], XXXV, [1], 223, [8] S. ; 12°. *Abes*[52]

Bando SO 26. August 1733

Memoires sur les Droits, du second ordre du Clergè, avec la tradition, qui prouve les Droits du second Ordre. En France 1733.

Anonym [LEGROS, NICOLAS]: Memoire sur les droits du second ordre du clergé : avec la tradition qui prouve les droits du second ordre. - En France : [S.n.], 1733. - [2], 4, 82, 56, [4] S. ; 4°. *COPAC*

Bando SO 10. November 1734

Jesus Christ Sous l'Anatheme Sinè loco impressionis, & nomine Impressoris.

♦ Anonym [GUDVER, (...)]: Jesus-Christ sous l'anatheme. - [S.l.] : [S.n.], [1734]. - [4], XI, [1], 67, [1] S. ; 12°. *SBN*

♦ Anonym [GUDVER, (...)]: Jesus-Christ sous l'anatheme et l'excommunication. - A Amsterdam : chez Nicolas Potier, Libraire, 1731. - IX, 61, 3 S. ; 8°. *SBN*

---

51 Erscheinungsort und Drucker nach *SBN* fingiert, s. Melzi; Parenti.

52 Das Werk wird auch Jacques Joseph Duguet oder Charles Charpentier zugeschrieben. *Abes*. Titelvariante: La vie d'un parfait ecclesiastique. *Abes*.

♦ GUDVER, [...]: Gesù Cristo sotto l'anatema e sotto la scomunica ovvero riflessioni sul Mistero di Gesù Cristo rigettato, condannato e scomunicato dal Gran Sacerdote e dal corpo dei Pastori del popolo di Dio : per l'istruzione e la consolazione di quelli che nel seno della Chiesa provano un simil trattamento / [del sig. Gudvert]. - In Pistoia : Presso Atto Bracali, 1786. - XXVI, 208 S. ; 8°. *MAI*[53]

Bando SO 17. August 1735

Iani Perontini Iurisconsulti de Consiliis, ac Dicasteriis, quae in Urbe Vindobonâ habentur liber singularis. Halae Magdeburgicae ann. MDCCXXXII.

PERONTINUS, JANUS <Pseudonym> [GIANNONE, PIETRO]: [De consiliis ac dicasteriis, quae in urbe Vindobona habentur] Jani// Perontini// Jurisconsulti// De// Consiliis// Ac// Dicasteriis,// Quae In Urbe Vindobona// Habentur// Liber Singularis. - Halae Magdeburgicae [i.e. Venezia] : [Francesco Pitteri], 1732 [i.e. 1734/1735]. - XII, 189, [1] S. ; 12°. *MAI*[54]

Bando SO 7. September 1735

La Veritè renduè sensible à tout le Mond contre les Defenseurs de la Constitution Unigenitus. Par demandes, & par Responses. Ouvrage, dans lequel on detruit clairement toutes les Difficultez, qù on oppose à ceux, qui rejettent cette Bulle. Quatrieme edtion. Revuè, corrigèe, & beaucoup augumentèe. A Bruxelles MDCCXXXIII.

Anonym [DUSSAUSSOY, <ABBÉ>]: La verité rendue sensible a tout le monde, contre les défenseurs de la constitution Unigenitus. Par demandes & par réponses. Ouvrage dans lequel on detruit clairement toutes les difficultez qu'on oppose à ceux qui rejettent cette bulle. - Quatriéme edition revuë, corrigée, & beaucoup augmentée. - Bruxelles : [S.n.], 1733. - [14], 308, [4] ; 363, [5] S. ; 12°. *CCFR*[55]

Bando SO 20. Juni 1736

Requeste prèsentèe au Parlement par vingt-trois Curès de la Ville, Fauxbourgs, & Banlieue de Paris, contre l'Instruction Pastorale de M. Languet, Archeveque de Sens, imprimèe en 1734. aù sujet des Miracles operes par l'intercession de M. de Paris.

---

53 Format ergänzt nach *SBN*. Der Name des Verf. wird im Werk genannt. *MAI*.

54 Erscheinungsvermerk ermittelt nach *MAI*, s. Melzi. Das ital. Original erschien erst später in posthumen Werkausg., z.B.: Breve relazione de' consigli e dicasterj della città di Vienna. In: GIANNONE, PIETRO: Opere postume di Pietro Giannone colla di lui vita, in questa ultima edizione da infiniti errori emendate, e notabilmente accresciute sugli originali dell'autore. - Napoli : Nella stamperia di G. Gravier, 1770-1777. - 2 vol. *HU*.

55 Das Werk wird auch Abbé Goy zugeschreiben. *CCFR*.

Requeste présentée au parlement par vingt-trois curés de la ville, fauxbourgs & banlieue de Paris, contre l'instruction pastorale de M. Languet, archevêque de Sens, imprimée en 1734, au sujet des miracles opérés par l'intercession de M. de Paris. - [Paris] : [de l'Impr. de Ph. Nic. Lottin], [1735]. - [1], 41 S. ; 4°. *CCFR*[56]

Vie de Monsieur de la Noè-Mènard, Prestre du Diocese de Nantes, Directeur du Seminaire, & Primier Directeur de la Communautè Ecclesiastique de Saint Clement, Auteur du Cathechisme de Nantes, mort en odeur de Sainteté le 15. Avril 1717. avec l'Histoire de Son Culte, & les Relations de Miracles operés a son Tombeau. À Bruxelles chez Vander Agen. 1734.

Anonym [GOURMEAU, JEAN]: Vie de monsieur de La Noë-Mênard prestre du diocese de Nantes, directeur du seminaire, & premier directeur de la communauté ecclesiastique de Saint Clement, auteur du Cathechisme de Nantes, mort en odeur de sainteté le 15. avril 1717. Avec l'histoire de son culte, & les relations des miracles operez à son tombeau. - A Bruxelles [i.e. Paris] : chez Vander-Agen, 1734. - [2], VIII S., S. 11-18, 238 [i.e. 236], [6] S. ; 12°. *CCFR*[57]

Bando SO 18. Februar 1739 [1]

Relation Apologique, & Historique de la Societè des Franc-Macons par I. G. D. M. F. M... A Dublin chez Patrice Odonoko MDCCXXXVIII.

J. G. D. M. F. M. [RAMSAY, ANDREW MICHAEL?]: Relation apologique et historique de la Société des Franc-maçons. / par J. G. D. M. F. M. [...]. - A Dublin : Chez Patrice Odonoko, Libraire & Imprimeur, 1738. - 92 S. ; 8°. *GBV*[58]

Bando SO 18. Februar 1739 [2]

La Veritè des Miracles operès à l'intercession de M. de Paris impressus anno 1737. Sine loco impressionis, & nomine impressoris.

♦ CARRE DE MONTGERON, LOUIS BASILE: La verite des miracles operes par l'intercession de M. de Paris, demontree contre l'Archeveque de Sens. – Utrecht : chez les Libraires de la Compagnie, 1737. - [variierende Seitenzählung] ; 4°. *SBN*

Bando SO 6. Juli 1741

quaedam folia Gallico idiomate impressa, alterum videlicèt sub titulo: 95. Suite des Nouvelles Ecclesiastiques du 20. Juin 1740. Alterum verò: 45. Suite des Nouvelles Ecclesiastiques du 20. Mars 1741.[59]

Die Bände wurden nicht ermittelt

---

56 Datiert auf den 19. April 1735. *COPAC.*
57 Erscheinungsvermerk ergänzt nach *CCFR*, s. Weller.
58 Druckort fingiert, gedruckt auf dem europäischen Kontinent. *COPAC.*
59 Vgl. ACDF SO CL 1739-1741, Nr. 8.

Bando SO 15. Februar 1742

Plainte, & Protestation de Jean Gras Prêtre Curè de Layrargues, & de Teodorit Mercier Prêtre Curè de Saint Annez d'Aurous tous deux du Diocèse de Montpellier Excommuniez ... al'Eglise Universelle, a N. Saint Pere le Pape, a tous les Evesques Catholiques, & notamment aux Evesques de France, dont ils implorent la protection, & la justice. Et a tous les Fideles, a qui ils demandent le secours de leur prieres, & la consolation de leur charitè. En France 1741.

Das Werk wurde nicht ermittelt

Relation du miracle arrivè en la personne de Marie-Anne Pollet affligée depuis pres de quatre annèes d'une complication. de Maux etranges, & guêrie le IV. May de la presente annèe par l'Intercession de l'Illustrissime Seigneur Jean Soanen de saint memoire Evêque de Senez appellant au futur Concile General de la Bulle Unigenitus, & de l'infraction de la Paix de Clement. IX., condamnè au Conciliabule d'Embrun, exilè, & détenu prisonnier à la Chaise-Dieu depuis le 21. Octobre 1727. jusqu'au 25. Decembre 1740. jour de son decès MDCCXLI.

Das Werk wurde nicht ermittelt

Idée de la vie de M.r Jean Soanen Evêque de Senez, & son Testament spirituel.

Das Werk wurde nicht ermittelt

Testament spirituel de Monseigneur Jean Soanen Evêque de Senez en datte du 28. Mars 1735. confirmé, & lù le 10. Decembre 1740. en presence de toute la Communaute de la Chaise Dieu &c.

Das Werk wurde nicht ermittelt

Bando CIndex 4. Mai 1742* [nach Dekret SO 24. März 1740][60]

Officium parvum Beatae Mariae semper Virginis quotidié recitandum in honorem ejus Immaculatae Conceptionis, *Itemque* : Novena in honore dell'immacolata Concezione di Maria , data in luce da un suo Divoto. Venetiis anno 1739.

Das Werk wurde nicht ermittelt

---

60 Vgl. ACDF Index Prot. 81 (1737-1740), Bl. 256r-v: Biglietto SO vom 12. November 1740. Die CIndex wurde mit dem Verbot folgender Bücher beauftragt : a) Regola del 3.° Ordine fatta dal Serafico P. S. Francesco &c.; b) libretto stampato in Lisbona l'anno 1733: Beatae Mariae Virgini sinè Originali late conceptae &c.; c) Officium parvum B. Mariae semper Virginis. ACDF Index Prot. 82 (1740-1748), Bl. 31r-v: Biglietto SO 27. April 1742.

Bando SO 4. Juli 1742; Bando SO 19. Juli 1759

Politica, Diritto, e Religione per ben pensare, e scegliere il vero dal falso in queste importantissime materie. Del Marchese Giuseppe Gorini Corio ... in Milano 1742. nelle Stampe di Francesco Agnelli con licenza de' superiori.[61]

GORINI CORIO, GIUSEPPE: Politica, diritto e religione per ben pensare, e scegliere il vero dal falso in queste importantissime materie / del marchese Giuseppe Gorini Corio. - In Milano : nelle stampe di Francesco Agnelli, 1742. - [16], 363 [i.e. 355], [1], 180 S. ; 4°. *SBN*

Bando SO 13. April 1763; CIndex 28. Februar 1764

Ordonnance & Instruction Pastorale de Monseigneur l'Eveque de Soissons au sujet des Assertions extraites par le Parlement, des Livres, Theses, Cahiers, composès, publiès & dictès par les Jesuites – A Soissons chez Ponte Courtois Imprimeur de Monseigneur l'Eveque 1762.

FITZJAMES, FRANÇOIS DE: Ordonnance et instruction pastorale de Monseigneur l'évêque de Soissons, au sujet des assertions extraites par le parlement, des livres, theses, cahiers, composés, publiés & dictés par les Jesuites. - A Soissons : chez P. Courtois [...] et a Paris : chez Despilly [...], 1762. - 24 S. ; 4°. *Abes*[62]

Bando CIndex 1. März 1768 [nach Dekret SO 24. März 1766][63]

Jalkult Reubeni idest Raccolta di Rabbin Reuben Oschi. Decreto S. Officii 24. Martii 1766.

♦ KAṢ, RE'UVEN AVRAHAM: Yalḳuṭ Re'uveni : eleh divre Ḳabalah mi-divre sofrim / asher yaga' u-matsa [...] Re'uven mo.ha-r.R. Hoshḳi Kats. - Prag : Bene Ya'aḳov Baḳ, 420 [1659/1660]. - [160] Bl. *Franklin*

♦ KAṢ, RE'UVEN AVRAHAM: Yalḳut [Re'uveni] 'al ha-Torah. - V̱ilhermrshdorf : 'al yede Yitsḥak b.r. Yehudah Leb Yudels Kat mi-miapaḥat ha-Gershoni, 441 [1681]. - 5, [5], 7-194 Bl. *JTS*

♦ KAṢ, RE'UVEN AVRAHAM: Yalḳuṭ Re'uveni 'al ha-Torah. : ma'amarim u-midrashim / ḥibero Re'uven ben Ḥoshḳi Kats. V̱e-Eleh mosif 'al ha-rishonim: Sefer Shikheḥat Leḳeṭ. - Huva li-defus pa'am 2. - Amshṭerdam : be-vet 'Imanu-El Ben Yosef 'Aṭiash, 460 [1700]. - 1, 184, 1, 9 Bl. *JTS*[64]

---

61 Vgl. zum selben Autor ACDF SO CL 1759 Bd. I, Nr. 6.

62 Datiert auf den 27. Dezember 1762. *Abes*.

63 Vgl. ACDF Index Prot. 89 (1767-1770), Bl. 65r, 1 S., 24. Mai 1767: Übermittlung des Verbots des Buches vom SO an die CIndex durch den Notar des SO.

64 Weitere Angaben zum Titel: Midrash Yalḳuṭ Re'uveni [ha-gadol]. Enth. außerdem: NATHAN BEN ISAAC JACOB BONN: Shikheḥat leḳeṭ. Vorwort von: Wronke, Ẕebi Hirsch ben Abraham. *JTS*.

♦ KAṢ, RE'UVEN AVRAHAM: Yalḳuṭ Re'uveni : eleh divre Ḳabalah mi-divre sofrim / asher yaga' u-matsa [...] Re'uven ben Hashḳi Kats [...]. - Homburg : Ba-defus he-ḥadash shel Zeliḳman Rais, 472, 1712. - 77 Bl. *HU*[65]

Bando CIndex 7. Februar 1783 [nach Dekret SO 13. August 1782]

Idem N. III e Il Corriere Europeo. N. I. II. e III.

1. Lo// Spione// Italiano// O Sia// Corrispondenza segreta, e famigliare fra// il March. di Licciocara, e il conte// Rifiela, tutti due Viaggiatori incogniti// per le diverse Corti dell'Europa [...]. - In Europa [i.e. Livorno] : [S.n.], (1782). - 136, 136, 128 S. ; 16°. *MAI*[66]

2. Il corriere europeo, o sia, Carteggio galante fra due cavalieri erranti su le presenti vicende, e costumi del secolo. - In Europa [i.e. Livorno] : [S.n.], (1782), Nr. 1-3. - 128, 128, 116 S. ; 8°. *MAI*[67]

Bando SO 29. Januar 1789

Discorso Istorico Politico dell'Origine, del Progresso, e della Decadenza del Potere dei Chierici sù le Signorie Temporali, con un Ristretto dell'Istoria delle Due Sicilie. Filadelfia.[68]

♦ CAPECELATRO, GIUSEPPE: Discorso istorico-politico dell'origine, del progresso, e della decadenza del potere de'chierici su le signorie temporali. Con un ristretto dell'Istoria delle due Sicilie. - Filadelfia [Neapel?] : [S.n.], [1788]. - VIII, 195 S. ; 8°. *BL*

Bando SO 7. April 1791

MAÇONERIE EGYPTIENNE.

♦ CAGLIOSTRO, ALESSANDRO DI ; HAVEN, MARC <Pseudonym> [LALANDE, EMMANUEL] (Hg.) [u.a.]: Rituel de la Maçonnerie égyptienne: annoté par le Dr Marc Haven et précédé d'une étude-introduction de Daniel Nazir tirée des ouvrages du Dr M. H. - Nice : Éditions des Cahiers astrologiques, 1947. [Faksimile]. - 147 S. ; 8°. *Abes*[69]

65 Zu allen ermittelten Titeln: eine weitere Ansetzungsform des Autornamens ist international gebräuchlich: Katz, Reuben Hoeshke ben Hoeshke. *HU*.

66 Enth. 3 Nr. in 1 vol. Verboten wurde hier Nr. 3 (1782). Tatsächlicher Erscheinungsort nach *SBN*, s. Parenti S. 80. Das Werk wird Vittorio Alfieri zugeschrieben. *UChicago*. Weiterführendes Material zur Verhandlungen und zum Verbot der Nummern 1 und 2 befindet sich in ACDF SO CL 1782, Nr. 7.

67 Fortsetzung des „Spione Italiano". Tatsächlicher Erscheinungsort ermittelt nach *MAI*, s. Parenti.

68 Vgl. ACDF SO CL 1794-1795, Nr. 1.

69 Gegenstand des Verbots war das Manuskript. Das Manuskript wurde nicht nachgewiesen.